उम्मीद है, आएगा वह दिन

उपन्यास

उम्मीद है, आएगा वह दिन

एमील एदवार शार्ल अंतुआन ज़ोला

अनुवाद

द्रोणवीर कोहली

राजकमल

विश्व क्लासिक

ISBN : 978-81-267-1385-1

मूल्य : ₹450

इस रूप में पहली बार 2007

This book is printed on **Print on Demand** Technology : 2026

प्रकाशक : राजकमल प्रकाशन प्रा.लि.
1-बी, नेताजी सुभाष मार्ग, दरियागंज
नई दिल्ली-110 002

शाखाएँ : अशोक राजपथ, साइंस कॉलेज के सामने, पटना-800 006
पहली मंज़िल, दरबारी बिल्डिंग, महात्मा गांधी मार्ग, प्रयागराज-211 001
1, अनमोल सोराबजी संतुक लेन, धोबी तलाव, मरीन लाइंस, मुम्बई-400 002
वेबसाइट : www.rajkamalprakashan.com
ई-मेल : info@rajkamalprakashan.com

चयन : रामबाबू
संयोजन : हरीश आनन्द

UMMEED HAI, AAYEGA VAH DIN
Novel *by*
Translated by Droane Vir Kohli

प्रकाशकीय

नई शताब्दी के प्रवेश-वर्ष में हिन्दी पाठकों के लिए विशेष उपहार के तौर पर हम आधुनिक विश्व-क्लासिकी की तीन शृंखलाएँ प्रस्तुत कर रहे हैं—**धरोहर**, **परम्परा** और **विरासत**।

'धरोहर' के अन्तर्गत हम पुनर्जागरण (रेनेसाँ) और प्रबोधनकाल (एज ऑफ एनलाइटेनमेण्ट) के लगभग साढ़े तीन सौ वर्षों के दौरान की उन महानतम साहित्यिक क्लासिकी कृतियों का अनुवाद हिन्दी पाठकों के समक्ष प्रस्तुत करेंगे जो किसी एक देश या राष्ट्र की नहीं बल्कि पूरी मानव-सभ्यता की धरोहर हैं। आधुनिक विश्व साहित्य के ये प्रारम्भिक कीर्ति-शिखर, वैज्ञानिक तर्कणा और मानव-मुक्ति के भविष्य-स्वप्नों के जन्म और विकास के साक्षी दस्तावेज हैं।

'परम्परा' के अन्तर्गत उन्नीसवीं शताब्दी की स्वच्छन्दतावादी और महान यथार्थवादी कृतियों का प्रतिनिधि चयन प्रस्तुत किया जायेगा जिसमें मुख्यतः, "बूढ़े यूरोप" और दीर्घ निद्रा से जागते रूस से लेकर अमेरिका की "नई दुनिया" तक के सभी महत्त्वपूर्ण लेखकों की कृतियाँ शामिल होंगी। इस युगान्तरकारी शताब्दी के साहित्य में उस समय का सजीव चित्र मिलेगा जब मुक्ति-स्वप्नों को पैर टिकाने के लिए यथार्थ की ठोस खुरदरी जमीन मिल रही थी और उड़ान भरने के लिए स्वच्छन्द कल्पना का अनन्त आकाश।

'विरासत' बीसवीं शताब्दी की श्रेष्ठतम क्लासिकी रचनाओं की शृंखला है। राष्ट्रीय मुक्ति-संघर्षों और सर्वहारा क्रान्तियों के पहले चक्र के जय-पराजय की महागाथा अपने भीतर समेटे हुए, इस शताब्दी ने मानव-सभ्यता की कलात्मक सम्पदा को अतुलनीय रूप से समृद्ध किया है। नये यथार्थ की जटिलता, मानव-चेतना के उन्नत धरातल और उन्नत सामाजिक प्रयोगों ने इस शताब्दी के साहित्य को नई व्यापकता, नई ऊँचाई और अपूर्व वैविध्य प्रदान किया। औपनिवेशिक दासता से लड़ते हुए और मुक्त होते हुए लातिनी अमेरिका, एशिया और अफ्रीका के देशों में बीसवीं शताब्दी में जो साहित्य रचा गया, उसने विश्व साहित्य को नई ऊष्मा-ऊर्जा देकर नई ऊँचाइयों तक पहुँचाया।

हिन्दी में विश्व-क्लासिकी कृतियों के अनुवाद पहले भी प्रकाशित होते रहे हैं, पर इस दिशा में अब भी बहुत कम काम हुआ है और जो हुआ है, वह भी काफी अव्यवस्थित ढंग से। **'राजकमल'** से विश्व की प्रसिद्ध कृतियों के

अनुवाद पहले भी लगातार छपते रहे हैं। अब हमने इस काम को व्यवस्थित ढंग से, संकल्पपूर्वक, नये सिरे से हाथ में लिया है। हमारी यह महत्त्वाकांक्षी परियोजना इसके सम्पादकों के एक वर्ष से भी अधिक समय के श्रमसाध्य शोध-अध्ययन का सुफल है और हिन्दी के योग्य-अध्यवसायी अनुवादकों की सहायता से हम इसे कार्यान्वित कर रहे हैं।

हिन्दी में स्तरीय-गम्भीर साहित्य की प्रस्तुति और विचार की संस्कृति के विकास के लक्ष्य से **'राजकमल'** की प्रतिबद्धता का लगभग आधी सदी पुराना इतिहास रहा है। इन शृंखलाओं का प्रकाशन इसी क्रम में हमारा एक और प्रयास है। हमें हिन्दी पाठकों से विशेष समर्थन-प्रोत्साहन पाने की आशा है। हमारा अनुरोध है कि इस परियोजना के बारे में अपनी राय और सुझाव हमें अवश्य भेजें।

इस शृंखला के बारे में

'परम्परा' शृंखला के अन्तर्गत उन्नीसवीं शताब्दी की महान क्लासिकी कृतियों का एक प्रतिनिधि चयन हिन्दी पाठकों के समक्ष प्रस्तुत करने की हमारी महत्वाकांक्षी योजना है।

उन्नीसवीं शताब्दी की वैचारिक-कलात्मक समृद्धि को यदि थोड़े में बताना हो तो इतना कहकर भी काम चलाया जा सकता है कि वह **बाल्ज़ाक** और **तोल्स्तोय** की शताब्दी थी। इतना यदि अपर्याप्त लगे तो कहा जा सकता है कि वह **बाल्ज़ाक, स्तांधाल, गोंकूर बन्धुओं, ह्यूगो, दूयूमा, फ्लाबेयर, जोला, मोपासां, डिकेन्स, थैकरे, ब्राण्टे बहनों, ऑस्टेन, हार्डी** और **मार्क ट्वेन** की शताब्दी थी; **पुश्किन, गोगोल, बेलिंस्की, चेर्निशेव्स्की, हर्ज़ेन, तुर्गनेव, तोल्स्तोय, दोस्तोयेव्स्की** और **चेखव** की शताब्दी थी; तथा **शेली, वर्ड्सवर्थ, बायरन, कीट्स** और **वाल्ट ह्विटमैन** की शताब्दी थी। मानवीय सारतत्व की यह महान सम्पदा समूचे विश्व की जनता की साझी विरासत है। इससे अपरिचित या वंचित होना किसी भी राष्ट्र या किसी भी भाषा के लिए एक विकट दुर्भाग्य ही होगा। भारतीय राष्ट्रीय जागरण के सांस्कृतिक सूत्रधारों ने बीसवीं शताब्दी के पूर्वार्द्ध में उन्नीसवीं शताब्दी की महान कृतियों को हिन्दी में प्रस्तुत करने का महत्त्वपूर्ण उपक्रम शुरू किया, जो छठे दशक तक जारी रहने के बाद धीरे-धीरे क्षीण पड़ता गया। यह राष्ट्रीय जीवन में क्रमशः चतुर्दिक फैलते गये गतिरोध, निराशा और मोहभंग का ही परिणाम था और द्योतक भी। बाजार की अन्धशक्तियों की सर्वग्रासी जकड़बन्दी ने उत्कृष्ट-गम्भीर साहित्य को उन्नत चेतना वाले आम पाठकों से दूर करने में महत्त्वपूर्ण भूमिका निभाई है। जो अभिजन समाज विश्व-क्लासिकी साहित्य अपने ड्राइंग रूम और स्टडी में सजाकर गौरवान्वित होता है, उसे हिन्दी अनुवादों की जरूरत नहीं है। लेकिन आज समय की इस माँग को जागरूक-प्रबुद्ध हिन्दी समाज शिद्दत के साथ महसूस कर रहा है कि गतिरोध और विपर्यय के वर्तमान दौर में जड़ हो जाने से बचने के लिए हमें जड़ों तक की यात्रा करनी होगी, नये कार्यभारों को पूरा करने के लिए अतीत से प्रेरणा लेनी होगी और अनुभवों की मंजूषा टटोलनी होगी, तथा नये भविष्य-स्वप्नों और जीवन के नवनिर्माण की परियोजनाओं के लिए अपने देश और समूची मानवता की सांस्कृतिक वैचारिक सम्पदा को अपनाना होगा। यह आज के नये क्रान्तिकारी पुनर्जागरण और प्रबोधन के कार्यभारों का एक महत्त्वपूर्ण अंग है।

जिनका आशावाद महज कुछ शुभंकर भविष्यवाणियों से जन्मा था और महज कुछ महान सामाजिक क्रान्तियों के मॉडलों से ईंधन पाकर जीवित था; जो इतिहास को सीधी रेखा में केवल आगे ही बढ़ना देखना चाहते थे; वे आज संशयग्रस्त हैं, संतप्त हैं, किंकर्तव्यविमूढ़ हैं, या ''अंत'' के बारे में सोच रहे हैं। जो इतिहास की गतिकी को समझते थे या समझने के लिए सचेष्ट थे, वे वर्तमान समय की अराजकता और गतिरोध

में उस उर्वर कोख की शिनाख्त कर रहे हैं जहाँ भविष्य-बीज अँकुरा रहे हैं। उन्हें इतिहास से बहुत कुछ लेना है—वह कलात्मक-सांस्कृतिक सम्पदा भी जो अतीत के महान संघर्षों की धमन-भट्टी में तपी-ढली थी और जिसे नये मानव के निर्माण में एक संघटक अवयव की भूमिका निभानी थी। **माओ** ने यह अनायास नहीं कहा था कि क्रान्तिकारी परिवर्तन की योजनाओं-परियोजनाओं पर सोचते समय हमारे चिन्तन के केन्द्र में हमेशा इंसान होना चाहिये। **लेनिन** ने युवा सर्वहारा क्रान्तिकारियों को यह राय यूँ ही नहीं दी थी कि उन्हें मानव जाति की समस्त सांस्कृतिक सम्पदा को आत्मसात करना होगा।

नई शताब्दी के निर्माण का काम अपने हाथ में लेने के लिए संकल्पबद्ध अभियंताओं-शिल्पियों को शताब्दी-समीक्षा करनी होगी, आलोचनात्मक विवेक के साथ सिंहावलोकन करना होगा। और इस दृष्टि से उन्नीसवीं शताब्दी भी उतनी ही महत्त्वपूर्ण है जितनी बीसवीं शताब्दी।

आज हम जिस दुनिया को जान रहे हैं और जिसमें जी रहे हैं, उसकी उत्पत्ति अठारहवीं शताब्दी के अन्त और उन्नीसवीं शताब्दी के प्रारम्भ की उन औद्योगिक-राजनीतिक क्रान्तियों से जुड़ी हुई है, जिनकी बदौलत मानव इतिहास के उस समय तक के महानतम रूपान्तरण का सूत्रपात हुआ। इन क्रान्तियों ने पूँजीवादी उद्योगों के प्रसार पर आधारित जिस विशिष्ट सामाजिक-आर्थिक संरचना और सांस्कृतिक-राजनीतिक अधिरचना को जन्म दिया, वही अपने चरम विकसित रूप में आज हमारे सामने मौजूद है। बीसवीं शताब्दी में सर्वहारा क्रान्तियों ने वैकल्पिक ढाँचा खड़ा करने के महान प्रयोग भी किये। सर्वहारा क्रान्तियों की वैचारिक-सांस्कृतिक सम्पदा अक्षुण्ण है और इस विषय पर चर्चा के पर्याप्त आधार हैं कि नई शताब्दी की नई सर्वहारा क्रान्तियों का स्वरूप क्या होगा, पर आज के समय का सच यह है कि असाध्य ढाँचागत संकट का शिकार, घोर मानवद्रोही विश्व-पूँजीवाद हमारे समक्ष खड़ा है और सर्वहारा क्रान्तियों के प्रथम संस्करण पराजित-विघटित हो चुके हैं। पूँजी और श्रम की शक्तियाँ एक बार फिर आमने-सामने खड़ी हैं। आज जो चीज भूमण्डलीय परिघटना के रूप में दीख रही है और विशेषकर भारत और अन्य उत्तर-औपनिवेशिक समाजों में पूँजीवादी रूपान्तरण जो परिदृश्य निर्मित कर रहा है, वह उन्नीसवीं शताब्दी के यूरोप से सादृश्य-निरूपण के लिए काफी आधार उपलब्ध कराता है। समकालीन भारतीय जीवन में डिकेन्स के उपन्यासों के परिवेश तथा बाल्ज़ाक, स्तांधाल और तोल्स्तोय के पात्रों की अनुकृतियों-प्रतिच्छायाओं को ढूँढ़ और पा लेना काफी आसान है, भले ही इतिहास की मार ने इन अनुकृतियों-प्रतिच्छवियों को विकृत-विरूपित कर दिया हो।

विश्व-इतिहास के युगान्तरकारी परिवर्तन पूरे भूमण्डल पर एक साथ घटित नहीं होते। परिवर्तन की धाराएँ अनगिन दृश्य-अदृश्य सूत्रों से परस्पर गुँथी-बुनी होती हैं, पर भविष्य की दिशा निर्धारित करने वाली क्रान्तिकारी घटनाओं के रंचमंच प्रायः यहाँ से वहाँ स्थानान्तरित होते रहते हैं। इसके सुनिश्चित ऐतिहासिक कारण थे (जिनकी चर्चा यहाँ सम्भव नहीं है) कि पुनर्जागरण, प्रबोधन, बूर्ज्वा जनवादी क्रान्तियों और उन्नीसवीं शताब्दी के पूँजीवादी विकास का मुख्य रंगमंच यूरोप बना रहा। लेकिन ये ऐतिहासिक परिघटनाएँ यूरोपीय नहीं, बल्कि विश्व-ऐतिहासिक परिघटनाएँ थीं। क्रान्तिकारी

रूपान्तरण की इस पूरी प्रक्रिया में मानववाद, वैज्ञानिक तर्कणा, भौतिकवाद और जनवाद के जिन मूल्यों का जन्म हुआ, वे उन्नीसवीं शताब्दी के उत्तरार्द्ध तक पिछड़े हुए रूस में भी पहुँच चुके थे और उपनिवेशों में जब राष्ट्रीय मुक्ति के संघर्ष संगठित होने लगे तो उनके झण्डों पर भी मानववाद और जनवाद के नारे अंकित थे।

उन्नीसवीं शताब्दी वह शताब्दी थी जिसने क्रान्ति के अग्रदूत, प्रबोधनकाल के दार्शनिकों के "तर्कबुद्धि के राज्य" और "शाश्वत न्याय" के आदर्शों को बूर्ज्वा राज्य और बूर्ज्वा न्याय की नग्न निर्लज्जताओं में रूपान्तरित होते देखा। इसकी पहली प्रतिक्रिया, कला-साहित्य की दुनिया में, स्वच्छन्दतावाद के रूप में सामने आई। प्रतिक्रियावादी स्वच्छन्दतावाद की धारा बूर्ज्वा-पूर्व सामाजिक प्रणाली का प्रशस्ति-गान करती थी, जबकि **बायरन** और **शेली** जैसे क्रान्तिकारी स्वच्छन्दतावादी कवि पूँजीवाद को ठुकराकर भविष्य की ओर देखते थे। स्वच्छन्दतावाद की यह धारा अठारहवीं शताब्दी के प्रबोधनकालीन यथार्थवाद की तुलना में अत्यधिक गहन-गम्भीर थी। इसने मनुष्य के आन्तरिक जगत का चित्रण करने तथा व्यक्तित्वों के अन्तरविरोधों-विसंगतियों और उनकी "मनोगत अनन्तता" को उद्‌घाटित करने के साथ ही कला में इतिहासपरतावाद (हिस्टॉरिसिज्म) के सिद्धान्तों को समाविष्ट करने और समान्यजन के जीवन से निकट सम्बन्ध स्थापित करने का भी काम किया।

1830 के दशक में क्रान्तिकारी बूर्ज्वा यथार्थवाद का उत्कर्ष बाल्ज़ाक, स्तांधाल, डिकेन्स आदि की जिस आलोचनात्मक यथार्थवादी धारा के रूप में सामने आया, वह स्वच्छन्दतावाद के साथ जैविक रूप से जुड़ी हुई थी। बूर्ज्वा क्रान्ति की परिणतियों से मोहभंग और पूँजीवादी व्यवस्था का नकार—ये प्रवृत्तियाँ दोनों ही धाराओं के मूल में थीं। कविता की विधा में स्वच्छन्दतावाद की धारा आगे तीन रूपों में विकसित हुई—(i) **पुश्किन, लर्मन्तोव** आदि रूसी कवियों और विभिन्न पूर्वी यूरोपीय कवियों की धारा (ii) **वाल्ट व्हिटमैन** की धारा तथा (iii) **हाइने, बेयेर्थ, फ्रैलिगराथ** आदि प्रारम्भिक सर्वहारा कवियों की धारा।

आलोचनात्मक यथार्थवाद मुख्यतः उपन्यास विधा को अपनाकर आगे बढ़ा। अपनी अलग-अलग विशिष्टताओं के साथ महान यथार्थवादी उपन्यासकारों ने सम्पत्ति-स्वामित्व की दुनिया में संघर्षरत व्यक्तित्वों के बहिर्जगत एवं अन्तर्जगत को, व्यापारियों की धूर्तताओं एवं तिकड़मों को, गरीबों के दुर्भाग्य एवं उजरती गुलामी के नर्क को तथा आने-पाई के ठण्डे पानी में डूबते रागात्मक सम्बन्धों को जीवन्त रूप से और निर्मम वस्तुपरकता के साथ चित्रित किया। उन्नीसवीं शताब्दी के उत्तरार्द्ध में जब पश्चिमी यूरोप के पूँजीवादी समाज में इजारेदारी के लक्षण उत्पन्न हो रहे थे और क्रान्तियों के तूफानों का केन्द्र पश्चिम से पूरब की ओर खिसक रहा था, तब आलोचनात्मक यथार्थवाद भी प्रकृतवाद के रूप में स्खलित-विघटित होने लगा था। इस समय भी वहाँ **जार्ज इलियट** और **मोपासां** जैसे लेखकों के यथार्थवादी लेखन में उदात्त मानववादी आदर्श उपस्थित थे, पर आलोचनात्मक यथार्थवाद की क्रान्तिकारी ऊष्मा और व्यापकता अब मुख्यतः स्थानान्तरित होकर रूस पहुँच चुकी थी जहाँ **तुर्गनेव, चेर्निशेव्स्की, तोल्स्तोय** आदि से लेकर **चेखव** तक क्रान्तिकारी गद्य साहित्य की महान

परम्परा विकसित हुई। उधर अमेरिका में **मार्क ट्वेन** माल-मुद्रा की दुनिया की संस्कृति एवं पूर्वाग्रहों पर हर पहलू से मारक चोट करते हुए उन्नीसवीं शताब्दी के यथार्थवादी गद्य का एक नया शिखर निर्मित कर रहे थे।

यही वह समृद्ध परम्परा थी जिसे बीसवीं शताब्दी में **गोर्की, जैक लण्डन, अप्टन सिंक्लेयर** आदि सर्वहारा लेखकों की पहली पीढ़ी ने अर्जित किया और विकसित किया। **रोलां, गाल्सवर्दी, मान** आदि से लेकर **फॉकनर** और **हेमिंग्वे** आदि तक का कृतित्व भी इसी परम्परा का विस्तार है।

आज, इक्कीसवीं सदी की दहलीज पर, समकालीन जीवन के नये यथार्थ और उसमें से फूटती भविष्य की सम्भावित दिशाओं को समझने में तथा सही-सटीक ढंग से रचनाओं में प्रस्तुत करके एक नया यथार्थवाद विकसित करने में, उन्नीसवीं शताब्दी का महान यथार्थवादी साहित्य भी उतना ही सहायक होगा जितना कि बीसवीं शताब्दी का।

कार्ल मार्क्स का विचार था कि *"पूँजीवादी उत्पादन आत्मिक उत्पादन के कुछ रूपों से, उदाहरण के लिए, कला तथा काव्य से शत्रुता रखता है।"* फिर भी यदि उन्नीसवीं शताब्दी के पूँजीवादी समाज में कला-साहित्य का प्रचंड विकास हुआ तो इसका कारण यह था कि शोषण का पूँजीवादी स्वरूप उन मानवतावादी आदर्शों के गहन अन्तरविरोध में साथ था, जो सच्चे कलाकारों को प्रेरणा देते थे। कला के प्रति बूर्ज्वा समाज की शत्रुता ने ही साहित्य में पूँजीवाद की आलोचना को जन्म दिया तथा नाटकीय त्रासदीपूर्ण टकरावों से भरे कलात्मक यथार्थ के सृजन का आधार प्रस्तुत किया।

आज पूँजी के दीप्तिमान वैभव की दुनिया की पार्श्वभूमि में जितना गहरा अँधेरा है और घोर मानवद्रोही पूँजीवादी संस्कृति जिस आक्रामकता के साथ समस्त मानवतावादी आदर्शों पर प्रहार कर रही है, उसे देखते हुए यह आशा की जानी चाहिये कि हमारे समय में भी कलेजे के मजबूत और प्रतिभा के धनी कुछ सर्जक व्यक्तित्व आगे आयेंगे जो अपनी लेखनी से पूँजीवादी समाज पर प्रचंड प्रहार करेंगे, उसकी प्रखर अन्तर्भेदी आलोचना प्रस्तुत करेंगे और जन समुदाय को अपना नया भविष्य स्वयं रचने का विधान समझायेंगे।

एक नये क्रान्तिकारी पुनर्जागरण और प्रबोधन के समस्त उपक्रम आज इसी दिशा में निर्देशित होने चाहिये। इसके लिए इतिहास को खंगालते हुए, हमें उन्नीसवीं शताब्दी की महान यथार्थवादी रचनाओं से काफी कुछ हासिल करना होगा, यह तय है।

—सम्पादक

एमील ज़ोला : जीवन और संघर्ष के लिए समर्पित मानवीय अंतःकरण

सौन्दर्य या परिपूर्णता से मुझे ज्यादा मतलब नहीं है। महान शताब्दियों की मैं चिन्ता नहीं करता। मैं सिर्फ जीवन, संघर्ष, भावप्रवणता से सरोकार रखता हूँ।

(मेरी घृणाएँ : एमील ज़ोला, 1866)

स्वच्छन्दतावादी स्वप्निलता या कटु यथार्थ के आदर्शीकरण की प्रवृत्ति उसमें रंचमात्र नहीं थी। जीवन के अन्धकारमय, कुरूप और यहाँ तक कि नैराश्यपूर्ण पक्षों को भी सामने लाना वह कलाकार का सामाजिक-नैतिक दायित्व समझता था। उसकी अंत्येष्टि के अवसर पर अगली पीढ़ी के एक अग्रणी यथार्थवादी फ्रांसीसी लेखक **अनातोल फ्रांस** ने कहा था : *"वह मानवीय अंतःकरण का एक क्षण था।"*

एमील ज़ोला अपने समय में, और उसके बाद भी, आलोचकों के बीच विवादास्पद, और प्रायः अप्रिय, बना रहा। लेकिन अपने जीवनकाल में ही उसे जितना बड़ा पाठक समुदाय मिला और अपने समकालीन तथा उत्तरवर्ती पीढ़ी के लेखकों पर उसने जितना व्यापक और गहरा प्रभाव छोड़ा, उतना बहुत कम लेखकों के लिए ही सम्भव हो पाया है। उसकी कुछ रचनाएँ 1872 में ही रूस में प्रकाशित हो चुकी थी। आगे चलकर, उसकी कुछ कृतियाँ फ्रांस से भी पहले रूस में प्रकाशित हुईं। **इवान तुर्गनेव** और **तोल्स्तोय** ज़ोला के प्रशंसक थे। तुर्गनेव के आग्रह पर 1875 से 1880 के बीच *'वेस्तनिक एवरोपी'* पत्रिका के लिए ज़ोला ने नियमित रूप से लिखा।

1890 के दशक से लेकर बीसवीं शताब्दी के प्रारम्भिक दो दशकों के दौरान एमील ज़ोला के प्रकृतिवादी यथार्थवाद की प्रभाव-छायाएँ अमेरिकी उपन्यासों और कथा-साहित्य के एक बड़े हिस्से पर दीखती हैं। *'मकरेकर्स'* (कूड़ा छाँटने-बीनने वाले) नाम से प्रसिद्ध अमेरिकी पत्रकारों-लेखकों का जो समूह तेजी से औद्योगीकृत हो रहे अमेरिका में शक्तिशाली पूँजीपति घरानों के राजनीतिक-आर्थिक भ्रष्टाचार और मेहनतकशों के नारकीय जीवन की वस्तुपरक तस्वीर अपनी रिपोर्टों एवं रचनात्मक लेखन में उपस्थित कर रहा था, उस पर एमील ज़ोला का गहरा प्रभाव था। **फ्रैंक नोरिस, एम्ब्रोस बियर्स** और **स्टीफन क्रेन** जैसे अमेरिकी लेखकों को तो उस समय 'ज़ोलावादी' की उपाधि ही दे दी गयी थी। **थियोडोर ड्रेज़र, अप्टन सिंक्लेयर, ऑगस्ट स्ट्रिण्डबर्ग** आदि प्रारम्भिक बीसवीं शताब्दी के अग्रणी यथार्थवादी लेखकों ने अपनी दृष्टि एवं शिल्प पर एमील ज़ोला के प्रभाव को स्वयं स्वीकार किया था।

फ्रेडरिक एंगेल्स ने **बाल्ज़ाक** के यथार्थवाद का महत्व-प्रतिपादन करते हुए, मात्र एक जगह अपने एक पत्र में ज़ोला पर एक टिप्पणी की है, जो अपनी सापेक्षिक नकारात्मकता के चलते ही उल्लेखनीय बनी रही। लेकिन उसे न तो ज़ोला का संतुलित-समग्र मूल्यांकन माना जा सकता है और न ही ऐसे किसी मूल्यांकन का आधार बनाया जा सकता है। पर यह एक दुर्भाग्यपूर्ण विडम्बना ही है कि मार्क्सवादी समालोचकों की उत्तरवर्ती पीढ़ियाँ प्रायः एंगेल्स की टिप्पणी से ध्वनित नकारात्मक मूल्यांकन से प्रत्यक्षतः-परोक्षतः प्रभावित होती रही हैं और ज़ोला का अद्वंद्वात्मक-अनैतिहासिक मूल्यांकन प्रस्तुत करती रही हैं। **पॉल लफ़ार्ग** से लेकर **जॉर्ज लूकाच** तक, ज्यादातर मार्क्सवादी आलोचकों ने प्रकृतिवाद के अग्रणी सूत्रधार के रूप में, ज़ोला के कृतित्व में बाल्ज़ाक, **स्तान्धाल** आदि की महान यथार्थवादी परम्परा के विघटन को ही अधिक रेखांकित किया और इसे ज़ोला की रचनात्मक विफलता के रूप में देखा। ज़ोला के युग की ऐतिहासिक पृष्ठभूमि की प्रायः उपेक्षा करते हुए ही ये आलोचनाएँ प्रस्तुत की गईं। दूसरे, इस तथ्य की भी प्रायः अनदेखी की गयी कि ज़ोला द्वारा निरूपित प्रकृतिवाद की सैद्धान्तिक मान्यताओं और स्वयं ज़ोला की ही कृतियों में यथार्थ-निरूपण की पद्धति में स्पष्ट अन्तरविरोध हैं। तीसरे, अपने लेखन के उत्तरवर्ती दौर में प्रकृतिवाद नाम का प्रयोग करते हुए भी ज़ोला न केवल क्रान्तिकारी बुर्जुआ यथार्थवाद की मान्यताओं के निकट जाते हुए बल्कि उसे आगे विस्तार देते हुए भी प्रतीत होता है। चौथे, इस तथ्य की भी प्रायः अनदेखी की जाती रही है, या इस पर समुचित ज़ोर नहीं दिया जाता रहा है कि मेहनतकशों के जीवन और संघर्ष के प्रति ज़ोला की प्रतिबद्धता उन्नीसवीं शताब्दी के आखिरी दशक तक उस मंज़िल तक विकसित हो चुकी थी कि उसे *"उभरते हुए समाजवाद के अन्दर भविष्य के सामाजिक विधान, सबके लिए श्रम के विधान का भ्रूण"* दीखने लगा था ("युवाओं के बीच एक भाषण', 1893)। **राल्फ फॉक्स** एक ऐसे मार्क्सवादी आलोचक थे, जिन्होंने ज़ोला के युगीन परिवेश की वस्तुगत सीमाओं को ध्यान में रखते हुए, उसकी प्रतिभा का ऊँचा मूल्यांकन किया और उसकी असफलता को भी ऐसी "शानदार असफलता" बताया जिससे काफी कुछ सीखा जा सकता है। **लुनाचार्स्की** ने भी ज़ोला के कृतित्व का ऊँचा मूल्यांकन किया। **मक्सिम गोर्की** का कहना था कि : *"एमील ज़ोला के उपन्यासों के माध्यम से कोई व्यक्ति एक पूरे युग का अध्ययन कर सकता है।"*

एमील ज़ोला का जन्म 2 अप्रैल, 1840 को पेरिस में हुआ था। वह फ्रांस आ बसे इतालवी पिता और फ्रांसीसी माँ की सन्तान था। ज़ोला के बचपन और कैशोर्य का अधिकांश समय दक्षिणी फ्रांस में एक्स-अं-प्रोवेंस में बीता, जहाँ उसके सिविल इंजीनियर पिता म्युनिसिपल वाटर सिस्टम के निर्माण के काम में लगे हुए थे। 1847 में पिता की आकस्मिक मृत्यु ने परिवार को गम्भीर आर्थिक संकट के भँवर में धकेल दिया।

एक्स में भावी प्रसिद्ध चित्रकार पॉल सेज़ां ज़ोला का स्कूली दोस्त हुआ करता था। आगे चलकर पेरिस में फिर दोनों दोस्तों की मुलाकात हुई और सेज़ां के जरिए ही ज़ोला एदवार माने और अन्य इम्प्रेशनिस्ट चित्रकारों के भी निकट आया। ज़ोला के

कला-विषयक विचारों पर इन दोस्तियों का काफ़ी गहरा प्रभाव पड़ा।

पेरिस में अपनी स्कूली पढ़ाई पूरी कर लेने के बाद ज़ोला दो प्रयासों के बाद भी बेकेलोरिएत परीक्षा में उत्तीर्ण न हो सका। नतीजतन उच्च शिक्षा के रास्ते बन्द हो गये और ज़ोला को रोज़गार की तलाश में जुट जाना पड़ा। अगले दो वर्ष ज्यादातर बेरोज़गारी और भयंकर गरीबी में कटे। अन्ततोगत्वा 1862 में एक प्रकाशन संस्थान में उसे क्लर्क की नौकरी मिली। जल्दी ही मिली तरक्की ने उसे विज्ञापन विभाग में पहुँचा दिया। जिन्दगी जैसे ही थोड़ी आसान हुई, ज़ोला की कलात्मक-साहित्यिक अभिरुचि तेजी से सर्जनात्मक महत्वाकांक्षा में तब्दील होने लगी। ज़ोला ने विभिन्न पत्र-पत्रिकाओं में समसामयिक विषयों पर जब लिखना शुरू किया तो उसका उद्देश्य साहित्य की दुनिया में पहचान बनाने के साथ ही कुछ अतिरिक्त कमाई करके जीना सुगम बनाना भी था। 1864 में उसकी कहानियों का पहला संग्रह 'टेल्स फॉर निनों' और 1865 में पहला उपन्यास 'क्लोदूस कन्फेशन' प्रकाशित हुआ। युवा ज़ोला फ्रांसीसी लेखकों ए. द मुसे और विक्टर ह्यूगो से बहुत अधिक प्रभावित था और उसकी प्रारम्भिक कहानियों और पहले उपन्यास पर कविता के स्वच्छंदतावादी सिद्धान्त का स्पष्ट प्रभाव दीखता है। लेकिन स्वच्छन्दतावादी काव्यात्मकता ज़ोला को बहुत समय तक बाँधे नहीं रह सकी और एक वर्ष के भीतर ज़ोला वास्तविक जीवन की रुक्षता और कुरूपता के यथातथ्य चित्रण का प्रबल आग्रही बन गया। अब बाल्ज़ाक उसके पसंदीदा लेखक थे (और आगे भी बने रहे), लेकिन यथार्थ का यथातथ्य चित्रण, और आदर्शीकरण का प्रतिषेध करते हुए निषेधवाद के निकट तक जा पहुँचना—ये नये ज़ोला की कुछ ऐसी विशिष्टताएँ थीं जो उसे बाल्ज़ाक और स्तान्धाल की परम्परा से अलग करती थीं। ज़ोला के नये, निर्माणाधीन विचारों की झलक 1865 से 1868 के बीच के साहित्य और कला-विषयक उसके आलोचनात्मक निबन्धों और समीक्षात्मक टिप्पणियों में देखने को मिलती है ('माई हेट्स', 1866; 'माई सैलों', 1866; और 'एदवार माने', 1867)। कला-विषयक अपने निबन्धों में ज़ोला ने आधिकारिक सैलों अकादमिक कला की तीखी आलोचना की और इम्प्रेशनिस्ट चित्रकारों के शुरुआती दौर के कामों की जमकर प्रशंसा की। ज़ोला के विचार से माने और उसके इम्प्रेशेनिस्ट साथियों का सबसे महत्त्वपूर्ण योगदान यह था कि उन्होंने वास्तविक जीवन का साहसिक और स्वतःस्फूर्त नैसर्गिकता के साथ चित्रण किया। इम्प्रेशेनिस्ट कलाकारों की उत्तरवर्ती कृतियों में इन गुणों के अभाव के लिए ज़ोला ने उनकी आलोचना भी की।

वर्ष 1866 तक ज़ोला एक आलोचक, लेखक और पत्रकार के रूप में इतना स्थापित हो चुका था कि पूरी तरह कलम के बूते ही अपनी आजीविका कमा सके। प्रकाशन संस्थान की नौकरी छोड़कर अब वह एक पूर्णकालिक लेखक और फ्री-लांस पत्रकार बन गया।

ज़ोला जिस पेरिस में रह रहा था, वह उस बुर्जुआ समाज से कई गुना पतित, भ्रष्ट और अनैतिक था, जिसे बाल्ज़ाक के नायकों ने देखा था। ज़ोला प्रायः महसूस करता था कि विज्ञान की अंधी शक्तियों के सहारे पूँजी की जो सत्ता लाखों मेहनतकशों को पीस और रौंद रही है, उसकी पूरी कार्यप्रणाली को, पूँजीवादी समाज की पूरी गतिकी

को स्पष्ट रूप से समझना होगा और तभी जाकर इसके द्वारा पैदा की गयी बीमारियों का निदान भी ढूँढ़ा जा सकेगा। पूँजीवादी बीमारियों के निदान की तलाश में गणतंत्रवादी ज़ोला सेंट-सीमोन और फूरिये के काल्पनिक समाजवादी विचारों की ओर आकृष्ट हुआ और अपने समय के सामाजिक यथार्थ को वैज्ञानिक ढंग से समझने की कोशिश ने उसका झुकाव ओगुस्त कोम्त, लफ़्फ़ीत, मिल, ईपोलीत तेन और स्पेन्सर द्वारा प्रतिपादित प्रत्यक्षवाद और प्रकृतिवाद की ओर पैदा किया। यह भी एक इत्तफाक ही था कि कोम्त पहले सेण्ट-सीमोन का सचिव और सहयोगी भी रह चुका था। कोम्त और उनके सहयोगी विचारक सामाजिक जीवन पर जीव-विज्ञान सम्बन्धी नियमों को हूबहू लागू करने की कोशिश करते थे। वे ठोस (आनुभविक) विज्ञानों को सच्चे ज्ञान का एकमात्र स्रोत मानते थे और दार्शनिक अध्ययन के संज्ञानात्मक मूल्य को स्वीकार नहीं करते थे। यही प्रत्यक्षवाद उस प्रकृतिवाद की आधारशिला था जो प्रकृति के नियमों (जलवायु, पर्यावरण, लोगों के बीच के जैविक, नस्ली अन्तर आदि) की सहायता से समाज-विकास की गतिकी को समझना चाहता था। यह एक किस्म की पूर्व-मार्क्सवादी विचारधारा थी जो काफी हद तक नृविज्ञानवाद के निकट थी। ज़ोला उन पहले कलाकारों-लेखकों में से एक था जो नये यथार्थ के अवबोध में सक्षम एक अलग किस्म की वैज्ञानिक कलात्मक विधि की तलाश में अन्तरविरोधपूर्ण निष्कर्षों तक जा पहुंचे और प्रकृतिवाद के प्रवर्तक बने। प्रकृतिवाद सौन्दर्यात्मक विचारों की एक ऐसी प्रणाली और एक ऐसी कलात्मक विधि के रूप में सामने आया जो प्रकृति के नियमों को जीवन पर लागू करने की कोशिश में कलात्मक सृजन को सांयोगिक तथा अलग-थलग वस्तुओं एवं परिघटनाओं की अनुकृति या प्रतिच्छाया मात्र बना देता था। प्रकृतिवाद व्यक्तित्व के निर्माण में सामाजिक और ऐतिहासिक उपादानों की भूमिका की जगह प्राकृतिक व जैविक नियतत्ववाद को प्रधानता देता था। प्रकृतिवादी कलात्मक पद्धति यथार्थ की सारभूत, गहन प्रक्रियाओं में पैठने में विफल रही और असमाधेय अन्तरविरोधों में जा फँसी। लेकिन दिलचस्प बात यह है कि प्रकृतिवाद के सौन्दर्यशास्त्रीय सिद्धान्तों के अन्तरविरोध सबसे पहले एमील ज़ोला की कृतियों में ही सघन रूप में प्रकट हुए जो प्रकृतिवाद के प्रवर्तकों में से एक था। उसके उपन्यासों में प्रस्तुत यथार्थ प्रायः ऐसी गहन मानवतावादी अन्तर्वस्तु और पूँजीवादी समाज की ऐसी प्रखर आलोचना प्रस्तुत करता था जो सामाजिक तथा जैविक परिघटनाओं की एकरूपता, राजनीति तथा नैतिकता से कला की स्वतंत्रता, आदि के बारे में उसके सैद्धान्तिक प्रतिपादनों से कतई मेल नहीं खाती थी। ज़ोला के बारे में विचार करते हुए उसकी सैद्धान्तिक निष्पत्तियों से अलग उसकी रचनाओं के मूल स्वर और उसके अन्तरविरोधों की सही ढंग से पड़ताल का काम काफी कम हुआ है। और उसके प्रति इस मायने में ज्यादातर मार्क्सवादी समालोचकों ने भी अन्याय ही किया है। इस प्रश्न पर हम आगे कुछ और विस्तार से चर्चा करेंगे।

वर्ष 1867 में ज़ोला के उपन्यास 'तेरेस राक्वीं' के प्रकाशन से उसके साहित्यिक कैरियर के नये, परिपक्व चरण की शुरुआत हुई। 'तेरेस राक्वीं' के दूसरे संस्करण की भूमिका में ज़ोला ने पहली बार यह घोषणा की कि वह "प्रकृतिवादी लेखकों के समूह" का सदस्य है जो साहित्य में प्रत्यक्षवादी सौन्दर्यशास्त्रीय सिद्धान्तों के साथ ही प्रकृति

विज्ञान की नयी खोजों तथा चिकित्सा और शरीरक्रिया विज्ञान के सिद्धान्तों को लागू करना चाहते हैं। 'तेरेस राक्वीं' उपन्यास में एक वीभत्स हत्या और उसके बाद के घटनाक्रम का वर्णन प्रभावी ढंग से प्रस्तुत किया गया है। आम पाठकों के बीच यह उपन्यास आज भी काफी लोकप्रिय माना जाता है। 1868 में प्रकाशित अपने अगले उपन्यास 'मेदेलीन फेरा' में ज़ोला ने आनुवंशिकता के सिद्धान्त को लागू करने की कोशिश की, लेकिन तर्क और कला—दोनों ही दृष्टि से वह इसमें विफल रहा।

1868 से 1870 के बीच ज़ोला ने गणतंत्रवादी विपक्ष के दो अखबारों 'ला त्रिब्यून' और 'ल रेपेल' के लिए नियमित रूप से लिखा। 1870-71 के फ्रांस-प्रशा युद्ध की पूर्वबेला में उसने खुले तौर पर नेपोलियन तृतीय की सत्ता को उखाड़ फेंकने का आह्वान किया। युद्ध के लिए जिम्मेदार नेपोलियन तृतीय की उकसावे की कार्रवाइयों का विरोध करते हुए 1870 में 'ला क्लोश' अखबार में ज़ोला ने "युद्ध" शीर्षक अपना प्रसिद्ध निबन्ध लिखा। फ्रांसीसी इतिहास के उस दौर की राजनीतिक-सामाजिक सरगर्मियों ने कला और जीवन में ज़ोला की स्वाभाविक जनपक्षधरता और उसकी प्रत्यक्षवादी सौन्दर्यशास्त्रीय मान्यताओं के बीच के अन्तरविरोधों को बढ़ाने में अहम भूमिका निभाई। बोनापार्टवादी सत्ता का राजनीतिक अलगाव प्रकृतिवाद के सौन्दर्यशास्त्र से ज़ोला के प्रस्थान के विचारधारात्मक कारणों में से एक था।

लेकिन 1868 में जब ज़ोला ने द्वितीय साम्राज्य के दौर के फ्रांसीसी जीवन पर बाल्ज़ाक की 'ह्यूमन कामदी' जैसी ही एक महत्वकांक्षी उपन्यास-शृंखला के बारे में सोचना शुरू किया, उस समय तक तेन के प्रत्यक्षवादी सौन्दर्यशास्त्रीय सिद्धान्तों और जीवशास्त्रीय नियतत्ववाद के प्रति उसकी प्रतिबद्धता अभी काफी हद तक कायम थी। एक ओर तो वह व्यक्तित्व के संघटन में आनुवंशिकता या जीवशास्त्रीय नियतत्ववाद को अभी भी केन्द्रीय उपादान मानता था, दूसरी ओर राष्ट्रीय जीवन और इतिहास की विकास-यात्रा में राजनीतिक-सामाजिक उपादानों की महत्ता भी उसके लिए एक निर्विवाद सच्चाई थी। ज़ोला एक ऐसे संक्रमण से गुजर रहा था जब उसका मानस जनवादी गणतंत्र के प्रबोधनकालीन आदर्शों के प्रति आस्था और जीवशास्त्रीय नियतत्ववादी मान्यता के बीच टकराव की रणस्थली बना हुआ था। काफी हद तक इसी मानसिक द्वंद्व के साथ 1868 के अंत में ज़ोला ने अपने जीवन की सर्वाधिक महत्वाकांक्षी सृजन-परियोजना पर काम की शुरुआत की।

आलोचनात्मक यथार्थवाद के विलक्षण नक्षत्र बाल्ज़ाक ने अपनी 'मानवीय कामदी' शृंखला को पहले 'उन्नीसवीं शताब्दी की जीवन-चर्या का अध्ययन' का नाम दिया था। उनकी मूल योजना इस शृंखला के अंतर्गत 144 उपन्यासों के लेखन की थी, हालाँकि इनमें से कुल नब्बे ही लिखे जा सके। ज़ोला ने बाल्ज़ाक की इसी विरासत की जमीन पर खड़े होकर कई उपन्यासों के एक ऐसे चक्र की अवधारणा को अमली जामा पहनाने की शुरुआत की, जिसे पूरी शताब्दी के बजाय द्वितीय साम्राज्य के काल के फ्रांस पर केन्द्रित होना था। 'रूजों-मकार : द्वितीय साम्राज्य के अधीन एक परिवार का प्राकृतिक और सामाजिक इतिहास' शृंखला के अंतर्गत शुरू में मात्र दस उपन्यासों के लेखन की

योजना थी जिनमें से प्रत्येक को, एक ही परिवार के अलग-अलग सदस्य पर केन्द्रित होना था, लेकिन धीरे-धीरे इन उपन्यासों की संख्या बढ़कर बीस तक जा पहुँची और इनमें भी कम ही ऐसे थे, जो छोटे हों।

इस शृंखला के पहले उपन्यास 'दि रूजों फैमिली फार्च्यून' का धारावाहिक प्रकाशन 1870 में शुरू हुआ, लेकिन जुलाई में फ्रांस-प्रशा युद्ध भड़क उठने के बाद यह सिलसिला टूट गया। अन्ततः यह अक्टूबर, 1871 में पुस्तकाकार प्रकाशित हो सका।

जुलाई, 1870 में नेपोलियन तृतीय ने प्रशा के विरुद्ध युद्ध की घोषणा कर दी। इसके पीछे उसकी सोच यह थी कि प्रशा से जंग जीतकर वह अपने अन्दरूनी राजनीतिक संकट पर काबू पा लेगा। लेकिन उसकी ख़ामख्याली ने तो एक तरीके से प्रशा के शासक बिस्मार्क के मन की मुराद ही पूरी कर दी। "लहू और लोहे" के बल पर जर्मनी को एक कर देने पर तुला हुआ बिस्मार्क लोहे की खानों से समृद्ध और सामरिक महत्व वाले फ्रांस के अल्सास और लोरेन प्रदेशों को दखल करना चाहता था। भ्रष्टाचार और कुशासन से ग्रस्त नेपोलियन तृतीय की सत्ता बिस्मार्क की संगठित शक्ति का मुकाबला करने में विफल रही और सितम्बर 1870 में प्रशा से पराजय के तत्काल बाद वह भहरा गयी। पेरिस में गणतंत्र की घोषणा की गयी। इस गणतंत्र पर शुरू से ही बड़े पूँजीपति काबिज थे जो जागृत और शस्त्रबद्ध मेहनतकश जनता से पहले से ही भयाक्रान्त थे। आर्थिक रूप से जर्जर फ्रांस को उबारने के लिए नयी सत्ता के सामने दो ही रास्ते थे—या तो दुश्मन के सामने आत्मसमर्पण, या फिर आम अवाम को लामबन्द करके राष्ट्रीय प्रतिरोध संगठित करना। पूँजीपतियों की वफादार सरकार ने बेखटक पहला रास्ता चुना। जनता ने उसे "राष्ट्रीय दगाबाजी की सरकार" का नाम दिया। जनवरी, 1871 में पेरिस के आत्मसमर्पण के बाद, फ्रांसीसी भूमि पर, वर्साय में, जर्मन बादशाह के साम्राज्य की घोषणा हुई। पाँच अरब फ्रांक के जुर्माने के साथ फ्रांस ने अल्सास और लोरेन प्रदेश जर्मनी को सौंप दिये। फरवरी, 1871 में हुए चुनाव के बाद घोर प्रतिक्रियावादी थियेर सरकार ने सत्तारूढ़ होते ही पहला काम यह किया कि अपनी फौजों को पेरिस के सभी मज़दूरों से सभी हथियार छीन लेने का हुक्म दे दिया। युद्ध के दौरान गठित सैन्यदल 'नेशनल गार्ड' में मुख्यतः मज़दूर ही शामिल थे। फौजें थियेर के हुक्म की तामील में नाकाम रहीं। पेरिस के मज़दूरों ने विद्रोह कर दिया। 'नेशनल गार्ड' की टुकड़ियाँ उनसे आ मिलीं। थियेर वर्साय भाग गया और वहाँ से 'नेशनल असेम्बली' की घोषणा करने लगा। इतिहास में पहली बार पेरिस में मज़दूर वर्ग की राज्यसत्ता कायम हुई। 28 मार्च को टाउनहाल के सामने आम सभा में कम्यून की घोषणा हुई। पेरिस कम्यून 72 दिनों तक कायम रहा और उसने सर्वहारा जनतंत्र की कार्य विधि एवं संस्था-निर्माण के मामले में महान ऐतिहासिक प्रयोग किये। इन अनुभवों के आधार पर राज्य और क्रान्ति तथा सर्वहारा अधिनायकत्व विषयक मार्क्सवाद की बुनियादी प्रस्थापनाएँ विकसित करने में मार्क्स और एंगेल्स को विशेष मदद मिली। लेकिन सर्वहारा वर्ग का यह पहला समाजवादी गणतंत्र 72 दिनों बाद खासकर बिस्मार्क और आम तौर पर पूरे यूरोप की बुर्जुआ सत्ताओं की मदद से खून के दलदल में डुबो दिया गया। पेरिस के मज़दूरों की ऐतिहासिक गलती यह थी कि सुसंगठित एवं विचारधारात्मक रूप से मजबूत नेतृत्व के

अभाव में वे न तो वर्साय की ओर आगे बढ़े, न ही पूरे देश की मज़दूर-किसान आबादी को अपने पक्ष में संगठित करने की दिशा में कदम उठाये। बुर्जुआ वर्साय ने अंततः सर्वहारा पेरिस को कुचल दिया।

उन्नीसवीं शताब्दी की इस महान क्रान्तिकारी ऐतिहासिक घटना ने एमील ज़ोला की वैचारिक अवस्थिति के विकास में और उसे एक नया मोड़ देने में महत्त्वपूर्ण भूमिका निभाई। 1870-71 का ज़ोला एक गणतंत्रवादी था। उसे किसी भी रूप में समाजवादी या क्रान्तिकारी नहीं कहा जा सकता था। उस समय भी उसे भरण-पोषण के लिए पत्रकारिता करनी पड़ रही थी। कम्यून के प्रारम्भिक सप्ताहों के दौरान वह वर्साय और पेरिस के बीच आता-जाता रहा और फिर उसने पेरिस में ही रुकने का फैसला किया। नरसंहार और कम्यून की पराजय से एक पखवारा पहले उसने पेरिस छोड़ दिया। इस दौरान उसने एक ही साथ दो अखबारों के लिए रिपोर्टिंग का काम किया। इनमें पहला था पेरिस स्थित गणतंत्रवादी अखबार 'ला क्लोश' और दूसरा था मार्सेई स्थित दक्षिणपंथी अखबार 'ल सेमाफोर'। इन अखबारों में लिखते समय ज़ोला दोनों की सम्पादकीय नीतियों का ख्याल करते हुए चतुराई पूर्वक तथ्यों का चयन और शैली का निर्धारण करता था, लेकिन दक्षिणपंथी 'ल सेमाफोर' के लिए लिखी गयी रिपोर्टों में भी वह वस्तुपरकता का विशेष ख्याल रखता था। ऐसी ही एक रिपोर्ट में उसने कम्यून द्वारा पादरियों को दण्डित किए जाने, सम्पत्ति के अधिकार को छीन लेने की घटनाओं तथा तलाशियों और मुकदमों की कार्रवाइयों की आलोचना की थी, लेकिन साथ ही कुछ अखबारों में छपी इन खबरों को पूरी तरह से अफवाह बताया था कि पेरिस की सड़कों पर खून बह रहा है। वर्साय भागकर कम्यून को कुचल डालने के लिए दुरभिसंधि रचने वाले बुर्जुआ राजनीतिज्ञों के साथ उसकी रत्ती भर सहानुभूति नहीं थी। गौरतलब है कि ज़ोला जिस समय 'ल सेमाफोर' में कम्यून के कुछ फैसलों की आलोचना कर रहा था, ठीक उसी समय 'ला क्लोश' में यह भी लिख रहा था कि : "निकम्मी बहसबाजी में लीन वर्साय, और चुनाव के द्वारा व्यवस्था बहाल कर लेने वाले पेरिस के बीच, मैं स्वीकार करता हूँ कि अपनी सहजवृत्ति से मैं उस महान और गौरवशाली नगर (पेरिस) के साथ खड़ा हूँ।"

महान ऐतिहासिक घटनाएँ सृजनशील मानस पर जो तात्कालिक प्रभाव छोड़ती हैं, वह उस दूरगामी प्रभाव की तुलना में नितान्त तुच्छ होता है जो कालान्तर में व्यक्तित्व एवं चिन्तन के विकास की पूरी दिशा ही बदल डालता है। पेरिस कम्यून की ऐतिहासिक घटना के साथ एमील ज़ोला का कुछ ऐसा ही रिश्ता कायम हुआ। गणतंत्रवादी ज़ोला सौन्दर्य और परिपूर्णता की चिन्ता किये बगैर जीवन और संघर्ष के कटु यथार्थ की प्रस्तुति के अपने संकल्प और तर्कणा एवं विज्ञान के प्रति अपने आग्रह के बावजूद अपने अग्रज लेखक फ्लाबेयर, गोतिए और गोंकूर बंधुओं की ही तरह, 1860 के दशक के दौरान और कमोबेश 1870 के दशक के पूर्वार्द्ध तक मज़दूरों की 'संस्कृतिविहीन अँधेरी भीड़' को 'विनाश और विघटन के प्रलयंकारी दूत' के रूप में ही देख रहा था। उसकी गणतंत्रवादी प्रतिबद्धताएँ प्रबोधनकालीन आदर्शों को मूर्त रूप देने वाले नागरिक समाज की हिमायती थीं, लेकिन उसके सामने बुर्जुआ समाज और शासन का जो रूप मौजूद

था, वह पूँजीवादी जनवाद के घोषित उसूलों के विकृत प्रहसनात्मक रूप से अधिक कुछ भी नहीं था। सामाजिक जीवन पर तर्कणा और विज्ञान को लागू करने की कोशिश में वह आनुवांशिकता के सिद्धान्त, प्रत्यक्षवादी दर्शन तथा ईपोलीत तेन के सौन्दर्यशास्त्र की ओर उन्मुख हुआ तथा प्रकृतिवाद का प्रतिपादक बना, लेकिन 1870 तक आते-आते वह 'प्रकृतिवाद' नाम का इस्तेमाल करते हुए भी वस्तुतः एक नये दौर के आलोचनात्मक यथार्थवाद का प्रस्तोता बन गया। आगे हम देखेंगे कि ज़ोला का यथार्थवाद बाद के वर्षों में भी निरन्तर विकासमान रहा। 1890 के दशक का उसका कृतित्व इस मायने में पहले से भिन्न था कि इसमें ज़ोला मनुष्य की प्रकृति व सामाजिक नियति के निर्धारण में आनुवांशिकता और प्राकृतिक परिवेश के बजाय आर्थिक-सामाजिक उपादानों की निर्णायकता को स्वीकारता नजर आता है और बुर्जुआ समाज के विघटन की प्रक्रिया में समाजवादी समाज के भ्रूणों को देखने-पहचानने की कोशिश भी करता है।

ज़ोला से पहले मज़दूर वर्ग की भूमिका को लेकर फ्लॉबेयर भी कुछ भयंकर भ्रान्तियों के शिकार रहे थे और गोंकूर बंधु भी। जून, 1848 के दिनों की घटनाओं का नतीजा फ्लॉबेयर मात्र इसी रूप में निकाल सके थे कि क्रान्ति के बुर्जुआ नेतृत्व ने कोरे नारों से खिलवाड़ करते हुए मज़दूर वर्ग के रूप में ऐसी काली शक्तियों को उभार दिया है जो सभ्य समाज के अस्तित्व को खतरे में डालती हैं। अपने पत्रों पर 'बुर्जुआ फोबस' (बुर्जुआ वर्ग से घृणा करने वाला) नाम से हस्ताक्षर करने वाले फ्लॉबेयर की बुर्जुआ वर्ग से घृणा अद्वितीय थी। वे घोषणा करते थे कि पूरा बुर्जुआ समाज उनके "उगालदान में डूब जायेगा।" गोंकूर बंधुओं का मानना था कि पहले जिस तरह हर चार-पाँच सौ साल बाद दुनिया में नया प्राण फूँकने के लिए बर्बरों द्वारा सभ्य समाज नष्ट कर दिया जाता था, कुछ वैसी ही भूमिका उन्नीसवीं शताब्दी के यूरोप में मज़दूर वर्ग की है। इस तरह वे मज़दूर वर्ग की "विनाशकारी" भूमिका की ऐतिहासिक रचनात्मकता को तर्कशः स्वीकार करते थे और पेरिस कम्यून को उन्होंने इसी रूप में देखा भी। लेकिन फ्लॉबेयर और गोंकूर बंधुओं की सीमा यह थी कि बुर्जुआ समाज के स्थान पर एक नये समाज की और उसके निर्माण में मज़दूर वर्ग की भूमिका की वे कल्पना तक नहीं कर पाये। दरअसल इन महान सर्जकों की विफलता के कारणों की तलाश उनके ऐतिहासिक युग की विशिष्टताओं में ही की जा सकती है। और वह विशिष्टता थी—यूरोप में एकाधिकारी अवस्था की ओर बढ़ते पूँजीवादी समाज की पतनशीलता और निर्वीर्यता। फ्लॉबेयर की मृत्यु 1880 में हुई, एदमोंद गोंकूर की 1896 में और उनके भाई जूल द गोंकूर की 1870 में। ये महान उपन्यासकार इतिहास, अर्थशास्त्र या समाज-विज्ञान के गहन अध्येता नहीं थे कि अपने समकालीन कार्ल मार्क्स और एंगेल्स की तरह नवयुग की निर्मात्री ऐतिहासिक सामाजिक शक्ति की शिनाख्त कर पाते, या कि बुर्जुआ समाज के विघटन की तार्किक परिणति के तौर पर समाजवाद के आविर्भाव के बारे में कुछ पूर्वानुमान लगा पाते। पूँजीवाद का वह युग बीत चुका था जब अपने लेजिटिमिस्ट विचारों के बावजूद यथार्थवाद के आचार्य बाल्ज़ाक समाज को उसके गतिशील रूप में देख पाने और उसकी आन्तरिक गतिकी को समझ पाने में सफल हुए थे। यूरोप के अन्तिम सामन्ती गढ़ों के ढहने और आधुनिक राष्ट्रों के निर्माण के बाद दर्शन की एकता विखण्डित हो चुकी थी।

काण्ट और हेगेल तक आते-आते अपने शिखर तक विकसित प्रत्ययवादी दर्शन यथार्थवादी-भौतिकवादी दार्शनिक सरणियों पर कुछ समय के लिए छा-सा गया था। मानव जीवन के बारे में किसी सुसंगत दृष्टिकोण के अभाव में बुर्जुआ यथार्थवाद प्रायः जीवन या व्यक्तिगत चेतना के किसी अंश को अलग-थलग करके चित्रित करने का काम करने लगा था। इस अन्तरविरोध को हल करने के लिए फ्लॉबेयर ने काण्ट, हेगेल, देकार्त, ह्यूम आदि की छानबीन करते हुए स्पिनोजा के दर्शन को ही फिर से अपनाने की इच्छा महसूस की और गोंकूर बन्धुओं ने दिदेरो के द्वंद्ववादी चिन्तन को अपनाना चाहा। इन महान लेखकों ने अपनी विफलताओं और कमियों को शिद्दत से महसूस किया, लेकिन आलोचनात्मक यथार्थवाद की इन ऐतिहासिक युगीन सीमाओं का अतिक्रमण कर पाने में वे विफल रहे।

एमील ज़ोला भी उपरोक्त विफलता के सन्दर्भ में अपने इन अग्रज लेखकों का साझीदार था, पर उन्नीसवीं शताब्दी के अंत तक जीवित और सक्रिय रहते हुए वह अपने अग्रजों की सीमाओं का अतिक्रमण करने में एक हद तक सफल भी रहा। मानव जीवन के बारे में किसी सुसंगत दृष्टिकोण के अभाव से जूझते हुए ज़ोला उसी तरह प्रत्यक्षवादी दर्शन की ओर मुड़ा, जिस तरह फ्लाबेयर स्पिनोजा की ओर और गोंकूर बन्धु दिदेरो की ओर देख रहे थे। लेकिन ज़ोला ने व्यवहार में और आगे बढ़ते हुए प्रकृतिवाद की साहित्यिक विचार-सरणि एवं शैली की वकालत की और इसी आधार पर अपने रचनात्मक लेखन की भी शुरुआत की। लेकिन 'प्रकृतिवाद' नाम का इस्तेमाल करते हुए भी 1870 के ही दशक में वह रचनात्मक धरातल पर अपने पूर्व प्रतिपादित विचार से विच्छेद कर चुका था और अपने उत्तरवर्ती जीवन में क्रमशः उससे ज्यादा से ज्यादा दूर होता चला गया। रूजों-मकार श्रृंखला के उपन्यासों के लेखन के दौरान ज़ोला क्रमशः अँधेरे में टटोलते हुए प्रकाश की दिशा में आगे बढ़ा। गणतंत्रवादी ज़ोला धीरे-धीरे मज़दूर वर्ग के कठोर एवं कटु, लेकिन उमंग, जिजीविषा और युयुत्सा भरे जीवन के करीब पहुँचता गया। वह एक क्रान्तिकारी जनवादी लेखक बना और फिर अपने जीवन के अन्तिम वर्षों तक श्रम के शासन में मानवता का भविष्य देखने की मंजिल तक जा पहुँचा। इस तरह उसने फ्रांसीसी यथार्थवाद की सीमाओं को आगे विस्तार दिया। उसके यथार्थवाद की सीमाएँ थीं। उसकी रचनात्मक विफलताएँ भी थीं, पर फ्लॉबेयर और गोंकूर बन्धुओं की तरह वह उनसे वाकिफ था और उनसे इस मायने में आगे था कि उन्नीसवीं शताब्दी के यथार्थवाद को वह उस मुकाम तक आगे ले जाने में सफल रहा जहाँ से बीसवीं शताब्दी की दो धाराएँ आगे बढ़ चलीं—एक धारा अप्टन सिंक्लेयर, थियोडोर ड्रेज़र, जैक लण्डन, सिंक्लेयर लुइस, मक्सिम गोर्की, फदेयेव, फेदिन, शोलोखोव आदि की थी, तो दूसरी धारा अनातोल फ्रांस, रोम्याँ रोलाँ, गाल्सवर्दी, सॉमरसेट मॉम, हेमिंग्वे, फॉकनर आदि की थी। ज़ोला की रचनात्मक विफलताएँ भी अपने आप में काफी शानदार थीं और उत्तरवर्ती पीढ़ियों के लिए काफी शिक्षाप्रद थीं।

1870 में ज़ोला ने पाँच वर्षों की अपनी प्रेयसी और सहयोगी गब्रील-अलेक्सांद्रीन मेले के साथ विवाह कर लिया। युवा दम्पति का ज़ोला की माँ विशेष ख्याल रखती थीं। ज़ोला

इस दौरान नियमित रूप से फ्लॉबेयर, तुर्गनेव, एदमोंद गोंकूर, अल्फोंस दोदे आदि के साथ मिलता-जुलता था। 1878 के प्रारम्भ में ज़ोला पेरिस के निकट ही सीन नदी के किनारे मेदां में रहने लगा। वहाँ उसके शिष्य लेखकों की एक मण्डली प्रायः जुटा करती थी जिसमें मोपासां और योरी-कार्ल हुईमांस जैसे आगे चलकर प्रसिद्ध होने वाले लेखक भी शामिल थे। इन सभी ने 1880 में एक साथ मिलकर अपनी कहानियों का एक साझा संकलन 'ईवनिंग्स ऐट मेदां' भी प्रकाशित किया था। हालाँकि गब्रील के साथ ज़ोला का दाम्पत्य मृत्युपर्यन्त चला, लेकिन पत्नी की एक नौकरानी जीन रोज़ेरो के साथ 1888 में शुरू हुआ उसका प्रेम-सम्बन्ध भी आखिर तक बना रहा। गब्रील निस्संतान रही, लेकिन जीन ज़ोला की दो सन्तानों की माँ बनी, जिन्हें ज़ोला की मृत्यु के बाद गब्रील ने भी स्वीकार कर लिया। ज़ोला को अपनी वैचारिक प्रतिबद्धता के चलते राजनीतिक तौर पर लगातार परेशानियों का सामना भले ही करना पड़ा हो, लेकिन उसका पारिवारिक जीवन सुखद और शान्तिपूर्ण था जिसने धुआँधार लिखने में उसकी काफी मदद की।

पेरिस कम्यून के दमन के बाद शासक वर्गों के बीच कठिन संघर्षों का एक चढ़ाव-उतार भरा दौर चलता रहा और फिर तीसरे गणतंत्र की स्थापना हुई, लेकिन प्रतिक्रियावादी दमन चक्र बदस्तूर जारी रहा। कम्यून की प्रतिक्रिया ने धार्मिक पुनरुत्थान की एक लहर को जन्म दिया। मज़दूर आन्दोलन अपनी शैशवावस्था में ही कुचल दिया गया था। अधिकांश क्रान्तिकारी और मज़दूर नेता निर्वासित जीवन बिता रहे थे। फ्रांसीसी समाजवाद का पुनर्जीवन 1880 की आम माफी के बाद ही किसी हद तक सम्भव हो पाया।

इसी राजनीतिक सामाजिक परिवेश में ज़ोला ने अपनी महत्वाकांक्षी उपन्यास-शृंखला की कड़ियों का निर्माण आगे बढ़ाया। समग्रता में, समाज में व्यक्तित्व, परिवार और सामाजिक समूहों के विकास की गतिकी तथा इतिहास में समाज के विकास की गतिकी के उद्घाटन का विचार ही वह योजक-सूत्र है जो इस शृंखला के सभी उपन्यासों को परस्पर जोड़ता है। साम्राज्यकालीन अतीत की गणतांत्रिक वर्तमान से तुलना करते हुए ज़ोला ने वस्तुतः इस शृंखला के जरिए दोनों सत्ताओं के बीच के अन्तर्सम्बन्धों को अनावृत्त करने तथा बुर्जुआ-गणतांत्रिक लफ्फाजी और वर्ग-सामंजस्य के पाखंडी झूठ का पर्दाफाश करने की सफल एवं प्रभावी कोशिश की है।

पूरी शृंखला की कहानी द्वितीय साम्राज्य के दौर में ही चलती है जो धूमकेतु सदृश राजनीतिक चरित्रों के उत्थान-पतन, नये उद्योगों के उद्भव, मज़दूरों के विस्थापन, आधुनिक पेरिस के विकास और वित्तीय सट्टेबाजी का युग था। 1848 के बाद दो दशकों का समय निर्बाध बुर्जुआ शासन का समय था। पूरी शृंखला के मुख्य चरित्र एक ही परिवार की तीन पीढ़ियों से आते हैं। एदेलाओर फोक नामक महिला की एक सन्तान अपने पति रूजों से है, जबकि दो अवैध सन्तानें उसके प्रेमी तस्कर मकार से है। इस वंश की वैध शाखा ऊपर उठकर समाज के कुलीन संस्तरों में शामिल हो जाती है और अवैध शाखा नीचे गिरकर सर्वहारा और किसानों की तलछटी दुनिया का अंग बन जाती है। ज़ोला के ही शब्दों में इन सभी चरित्रों में "क्षुधातिरेक" है और यह अलग-अलग

चरित्रों के परिवेश पर निर्भर करता है कि यह क्षुधा सत्ता की है या धर्म की है या सेक्स की है, या सामाजिक न्याय की है या कला की है, अथवा हत्या की है। इस शृंखला के सभी उपन्यासों के पन्ने-पन्ने से फूटती बुर्जुआ वर्ग के प्रति दहकती घृणा ही इनकी मूल शक्ति प्रतीत होती है। बुर्जुआ लोभ, निर्ममता और कूपमण्डूकता का चित्रण पूरी शृंखला की थीम में सर्वव्याप्त है।

शुरुआती छह उपन्यासों में 1851 के सत्ता-परिवर्तन और उसके उत्तरवर्ती दौर का कालखण्ड लिया गया है। सम्राट लुई बोनापार्त की सत्ता के सुदृढ़ीकरण में राजनीतिज्ञों, सट्टेबाजों और चर्च की भूमिका का इन उपन्यासों में प्रभावी यथार्थ-चित्रण किया गया है। 1872 में प्रकाशित उपन्यास 'दि किल' में ज़ोला ने दूसरे साम्राज्य के दौरान पेरिस के पुनर्निर्माण में हुई जमीन की सट्टेबाजी और वित्तीय घोटालों का प्रामाणिक ब्योरा प्रस्तुत किया। बुर्जुआ वर्ग के प्रति ज़ोला की तीव्र घृणा की सर्वाधिक सशक्त अभिव्यक्ति हमें 'सैवेज पेरिस' (1873) में देखने को मिलती है। पेरिस फूड मार्केट की पृष्ठभूमि में अवस्थित यह उपन्यास निम्न-बुर्जुआ दुकानदार वर्ग के जीवन और मनोविज्ञान का चित्रण करता है। शुरुआती क्रान्तियों के दौरान इस वर्ग ने जुझारू भूमिका निभाई थी, लेकिन दूसरे साम्राज्य के काल तक आते-आते यह आत्मतुष्ट, कूपमण्डूक और संकीर्णमना बन चुका था। बाल्ज़ाक के यथार्थवाद की विशिष्टता यह थी कि उसने व्यापक धरातल पर बुर्जुआ उत्पादन और विनिमय-सम्बन्धों को रेशा-रेशा उधेड़कर प्रस्तुत किया और मानव-सम्बन्धों के केन्द्र में मुद्रा की सत्ता स्थापित होने की प्रक्रिया का आधिकारिक चित्रण किया। ज़ोला ने अलग-अलग वर्गों के, और विशेषकर समाज के तलघर के उपेक्षित निवासियों के आर्थिक जीवन—उनके खानपान, रहन-सहन आदि पर अपना ध्यान केन्द्रित किया और ग्राफिक विस्तार के साथ उनका चित्रण किया। यह चीज हमें 'सैवेज पेरिस' में भी खास तौर पर देखने को मिलती है। उपन्यास में राजनीतिक आयाम जोड़ता है व्यापारी स्त्री-पात्र लिज़ा क्यून्यू के पति का भाई फ्लोरें जो 1848 में निर्वासन का दण्ड पाया हुआ एक क्रान्तिकारी है। लिज़ा उसके साथ विश्वासघात करती है और भाई के घर लौटे हुए फ्लोरें के बारे में पुलिस को खबर कर देती है। फिर ज़ोला का भर्त्सनामूलक समाहार बुर्जुआ समाज के तीव्र आलोचक चित्रकार क्लोद लेंतिए के इस वक्तव्य के जरिए सामने आता है : "कैसे कचरे-कमीने होते हैं ये इज्जतदार लोग!"

'सैवेज पेरिस' में ज़ोला ने जहां बाजार को एक व्यापक सामाजिक फ्रेमवर्क में अवस्थित करते हुए मुद्रा की विकृतिकारी शक्ति की पड़ताल करने की कोशिश की थी वहीं 1876 में प्रकाशित उपन्यास 'हिज़ एक्सिलेंसी यूजीन रूजों' की विषयवस्तु लुई बोनापार्त के काल की भ्रष्ट बुर्जुआ राजनीति थी। इस उपन्यास में लुई बोनापार्त के मंत्रिमण्डल के मंत्रियों-अधिकारियों की साजिशों, जोड़-तोड़, तीन-तिकड़म और भ्रष्टाचार का प्रामाणिक चित्र उपस्थित किया गया है।

रूजों-मकार शृंखला के कुछ शुरुआती उपन्यासों के प्रकाशन के ही बाद, भद्र बुर्जुआ समाज में ज़ोला की छवि एक खतरनाक विद्रोही की बन गयी थी। 1872 में ही रूढ़िवादी बुर्जुआ पत्र 'ल पे' ने यह टिप्पणी की थी : 'रोजाना सभ्य समाज के विरुद्ध

अपराधों के लिए ऐसे लोगों को सजाएँ दी जा रही हैं जो नागरिक ज़ोला के मुकाबले कम दोषी हैं।' 1873 में पुलिस ने ज़ोला के बारे में एक फाइल तैयार की। फाइल में दर्ज एक पुलिस भेदिए की सूचना के अनुसार ज़ोला पहले इण्टरनेशनल का सदस्य था। निश्चय ही इस सूचना का सच्चाई से दूर-दूर तक कोई वास्ता नहीं था, लेकिन इससे यह तो पता चल ही जाता है कि सत्ता ज़ोला के लेखन को कितना विस्फोटक मान रही थी और यह भी कि ज़ोला की राजनीति जिस रंग की मालूम पड़ रही थी और (स्वयं ज़ोला के भी अनजाने) जिस दिशा में विकसित हो रही थी, उसका बोध बुर्जुआ वर्ग को भी एक हद तक होने लगा था।

वर्ष 1877 में प्रकाशित रूजों-मकार शृंखला का अगला उपन्यास 'दि ड्रामशॉप' या 'दि ड्रंकर्ड' ज़ोला के सर्वाधिक सफल और लोकप्रिय उपन्यासों में से एक माना जाता है। इसमें मज़दूर वर्ग के जीवन का प्रभावशाली चित्र उकेरा गया है। लेकिन यह मज़दूर वर्ग अभी अपनी स्थितियों और आवश्यकताओं का दास बना हुआ है। यह जागरूक और संघर्षशील मज़दूर वर्ग नहीं है। पेरिस कम्यून के बाद के वर्षों के दौरान लिखा गया यह उपन्यास अतीत में हुई एक और पराजय के दौर का कहानी प्रस्तुत करता है। जून 1848 के बाद पेरिस के मज़दूरों का गणतंत्र से विश्वास उठ चुका था। दिसम्बर 1851 में उन्होंने गणतंत्र की सुरक्षा के लिए संघर्ष में भागीदारी से इनकार कर दिया। 'दि ड्रामशॉप' के एक दृश्य में ज़ोला इसी ऐतिहासिक घटना को लेकर कहानी का ताना-बाना बुनता है जहाँ मज़दूर गूजो और कूपो "सभाकक्षों के निठल्लों" के लिए कोई जोखिम मोल लेने से इनकार कर देते हैं।

उपन्यास का घटना-स्थल उत्तरी पेरिस में गार दु नॉर के पीछे स्थित र्यू द ला गूते-दआर का इलाका है, जहाँ आज मुख्यतः उत्तरी अफ्रीका से आये आप्रवासी मज़दूर रहते हैं। उन्नीसवीं शताब्दी में प्रान्तीय फ्रांस के गाँवों से उजड़कर आयी गरीब आबादी मुख्यतः इसी इलाके में रहती थी। 1848 में यह इलाका जुझारू मज़दूर आन्दोलन का सबसे मजबूत केन्द्र था। ज़ोला ने 1848 की क्रान्तिकारी सरगर्मियों के बीच पराजय के बिन्दु से कहानी की शुरुआत की है जब मज़दूर वर्ग की एकता पूरी तरह से विघटित हो चुकी थी और उसके पारिवारिक-आत्मिक जीवन तक में पतनशीलता और अमानवीकरण का घटाटोप छाया हुआ था। परिवार टूट रहे थे। शराबखोरी व वेश्यावृत्ति चरम पर थी। ऐसे परिवेश में इस इलाके में रहने वाले इमारती मज़दूर कूपो और उसकी पत्नी धोबिन जर्वेस मकार के क्रमशः पतन और अमानवीकरण की प्रक्रिया का ज़ोला ने ग्राफिक चित्र उपस्थित किया है। कूपो के दुर्घटनाग्रस्त होने के बाद यह दम्पति शराबखोरी में डूब जाता है और गहन अवसाद, सन्निपात और मृत्यु के बिन्दु पर पहुँचकर उपन्यास का अंत होता है। ज़ोला का रुक्ष और बीहड़ यथार्थवाद प्रातिनिधिक रूप में इस उपन्यास में देखने को मिलता है। मज़दूर वर्ग के नारकीय जीवन के सांस्कृतिक पहलू के विभिन्न आयामों का सूक्ष्मग्राही संवेदनशील चित्रण इस उपन्यास की मूलभूत शक्ति है और इसमें भी भाषा का पक्ष सबसे महत्त्वपूर्ण है जो इसे ज्यादा से ज्यादा प्रामाणिक बनाता है। मज़दूरों की भाषा को पुनर्प्रस्तुत करने की अपनी इस कोशिश को ज़ोला ने 'एक विशुद्ध भाषा-मीमांसीय अध्ययन' की संज्ञा दी थी। न केवल

उपन्यास के पात्रों की, बल्कि 'नैरेटर' की भाषा भी मानक फ्रांसीसी का 'अशुद्ध' रूप है और उसमें मज़दूर जीवन के यथार्थ की ऊर्जस्विता और ठोसपन आद्यंत उपस्थित है। ऐसा करते हुए ज़ोला ने न केवल साहित्यिक शालीनता की तत्कालीन जड़ीभूत मान्यताओं पर तिलमिला देने वाली चोट की, बल्कि वर्ग और संस्कृति के अन्तर्सम्बन्धों की पड़ताल की दिशा में भी एक महत्त्वपूर्ण कदम उठाया।

'दि ड्रामशॉप' को जहाँ आम पाठकों के बीच अप्रत्याशित लोकप्रियता मिली, वहीं साहित्यिक जगत और कुलीन समाज के लिए इसका प्रकाशन एक विस्फोट के समान था। 1876 में 'ल बियें पब्लिक' पत्रिका के सम्पादकों ने अपने सम्भ्रान्त-सम्मानित पाठकों को खो देने के भय से इस उपन्यास का धारावाहिक प्रकाशन बीच में ही स्थगित कर दिया और इसकी जगह घोर प्रतिक्रियावादी लेखक लिओपोल स्ताप्लो के एक उपन्यास की किश्तें छपने लगीं। न केवल दक्षिणपंथी धारा के लेखकों ने ज़ोला पर 'गन्दगी में लोट लगाने' का आरोप लगाया, बल्कि अधिकांश रैडिकल और प्रगतिशील लेखकों ने भी ज़ोला के इस उपन्यास की कटु आलोचना की। गणतंत्रवादी आर्थर रांक ने एक पैम्फलेट लिखकर ज़ोला पर आम लोगों के प्रति 'बुर्जुआ अवमानना' का रुख अपनाने का आरोप लगाया। शार्ल फ्लोके ने अपने एक भाषण में ज़ोला को 'सार्वजनिक कुत्सा-प्रचारक' की उपाधि दी। विक्टर ह्यूगो ने, उस पर 'नग्न निर्धनता' को 'तमाशा' बनाने का आरोप लगाया।

लेकिन ऐसा भी नहीं था कि उस समय की समूची वाम धारा ज़ोला के खिलाफ हो। लन्दन में निर्वासित जीवन बिता रहे पेरिस कम्यून के नेताओं में से एक, जूल वाले ने 'दि ड्रामशॉप' की प्रशंसा करते हुए लिखा था, "ज़ोला साहित्य में लाल रंग वाले हैं, वे कलम के कम्युनार्ड हैं।" जूल गेद फ्रांसीसी समाजवादी आन्दोलन और दूसरे इण्टरनेशनल के एक संस्थापक और नेता थे। हालाँकि पहले विश्वयुद्ध के दौरान वे भी अन्धराष्ट्रवाद और वर्ग-सहयोग की काउत्स्कीपंथी राह के राही बन गये थे, लेकिन उसके पहले के दशकों तक फ्रांसीसी समाजवादी पार्टी के वामपक्ष के एक नेता के रूप में उन्होंने महत्त्वपूर्ण भूमिका निभायी थी। गेद ने 'दि ड्रामशॉप' को लेकर उठ खड़े हुए विवाद में पुरजोर ढंग से ज़ोला का पक्ष लिया। उन्होंने द्वितीय साम्राज्य के अन्तर्गत उन मज़दूरों की जिन्दगी के प्रामाणिक यथार्थ-चित्रण के लिए ज़ोला की जमकर तारीफ की, जो "अतीत के भारी बोझ तले कुचल दिये थे, कमरतोड़ मशक्कत ने जिन्हें पशुवत बना दिया था और काम के असह्य दबाव ने जिनको शराबखोरी के गर्त में धकेल दिया था।"

ज़ोला का सरोकार सामाजिक परिघटनाओं के नैतिकीकीरण के बजाय उनके कारणों को समझने से था। ज़ोला की आलोचना जब वामपक्ष से की जाती है तो उसके पीछे निश्चित तौर पर मज़दूर वर्ग के आदर्शीकरण की प्रवृत्ति काम करती रहती है। मज़दूर वर्ग की भूमिका शुरू से ही सामाजिक परिवर्तन के अभिकर्ता की नहीं होती है। शुरू में हमेशा ही वह पूँजीवाद द्वारा अमानवीकृत, समस्त मानवीय मूल्यों से रिक्त, मात्र अपने अस्तित्व को कायम रखने की लड़ाई लड़ता है। फिर अस्तित्व रक्षा की यही बुनियादी चेतना पूँजीवादी उत्पादन-प्रणाली की सामाजिक प्रकृति के प्रभाव में संगठित प्रतिरोध की चेतना की दिशा में आगे बढ़ती है और 'क्लास इन इटसेल्फ' 'क्लास फॉर

इटसेल्फ' में रूपान्तरित हो जाता है। कार्ल मार्क्स और फ्रेडरिक एंगेल्स ने 'पवित्र परिवार' में यह स्पष्ट उल्लेख किया है कि समाजवादी लेखक सर्वहारा वर्ग को देवता के रूप में नहीं देखता, बल्कि, "बात इसके उलट है। चूँकि पूर्ण रूप से गठित सर्वहारा वर्ग में सभी मानवीय चीजों से, मानवीय चीजों के **आभास** तक से पृथक्करण लगभग पूरा हो गया है; चूँकि सर्वहारा वर्ग के जीवन की अवस्थाओं में आज के जीवन की तमाम अवस्थाओं का सर्वाधिक अमानवीय रूप में समाहार है; चूँकि सर्वहारा में मनुष्य अपने को खो बैठा है, परन्तु साथ ही उसने इस खोने की सैद्धान्तिक चेतना हासिल ही नहीं की है, अपितु वह तात्कालिक, अब दूर न की जा सकने वाली, अब छुपायी न जा सकने वाली, सर्वथा अपरिहार्य **आवश्यकता**—**अनिवार्यता** की व्यावहारिक **अभिव्यक्ति**—के जरिए इस अमानवीयता के विरुद्ध सीधे विद्रोह करने के लिए विवश है, तो इससे यह अर्थ निकलता है कि सर्वहारा अपने को स्वतंत्र कर सकता है और उसे ऐसा करना होगा" (मार्क्स-एंगेल्स : साहित्य और कला, पृ. 184, प्रगति प्रकाशन, मास्को, 1981)। मार्क्स-एंगेल्स की इस द्वंद्वात्मक पहुँच और पद्धति से देखें तो ज़ोला द्वारा मज़दूर वर्ग के अमानवीय जीवन के वस्तुपरक चित्रण के माध्यम से प्रस्तुत पूँजीवादी समाज की आलोचना के मर्म को सहज ही समझा जा सकता है। 'दि ड्रामशॉप' लिखते समय ज़ोला अपनी विचार-प्रक्रिया के विकास की उस मंजिल में खड़ा था जहाँ वह मज़दूर वर्ग को सामाजिक क्रान्ति के वाहक के रूप में नहीं देखता था लेकिन उसके जीवन की समस्त नारकीयता के लिए पूँजीवाद को जिम्मेदार अवश्य मानने लगा था। अपने आलोचकों को कड़ा प्रत्युत्तर देते हुए उसने लिखा था : "क्या जर्वेस और कूपो निठल्ले और पियक्कड़ हैं? कतई नहीं। वे निठल्ले और पियक्कड़ बन गये हैं, यह सर्वथा अलग बात है।"

'दि ड्रामशॉप' लिखते समय ज़ोला की राजनीतिक अवधारणाएँ 1860 के दशक के मुकाबले बदल चुकी थीं, लेकिन अभी वे अपने विकास की दूसरी अवस्था में थीं। उनके विकास की तीसरी और चौथी अवस्थाएँ हमें कमोबेश, क्रमशः 1880 और 1890 के दशकों में देखने को मिलती हैं। इस उपन्यास के बारे में उसने लिखा था कि यह प्रोपेगैण्डा का लेखन नहीं बल्कि सच्चाई को प्रस्तुत करने वाला लेखन है। लेकिन उसी समय अपने एक पत्र में उसने यह भी लिखा था कि 'दि ड्रामशॉप' का सबक यह है कि मज़दूरों के बीच शिक्षा के प्रचार और शराबखोरी के उन्मूलन का अभियान चलाया जाना चाहिए और मज़दूर बस्तियों की परिस्थितियों को सुधारा जाना चाहिए। निश्चय ही यह एक सुधारवादी सोच थी, लेकिन इसके बावजूद, उस समय भी ज़ोला अपने तमाम समकालीनों की अपेक्षा वाम अवस्थिति अपनाकर खड़ा था। महत्त्वपूर्ण यह है कि उसकी सुधार की सोच उपन्यास के सीमान्तों के भीतर घुसपैठ नहीं करती। उपन्यास पूँजीवादी समाज की आलोचना और मज़दूरों के जीवन के वस्तुपरक चित्रण तक ही सीमित रहता है।

'दि ड्रामशॉप' के बाद के (और 'जर्मिनल' के पहले के) उपन्यासों में ज़ोला मज़दूर जीवन से पुनः बुर्जुआ परिवेश की ओर वापस लौटा। 'दि ड्रामशॉप' की सफलता और उस पर

उठे विवादों ने अब ज़ोला के हमलों और अधिक धारदार बना दिया था। 1879 में प्रकाशित उपन्यास 'नाना' जर्वेस की बेटी की त्रासद नियति का भयावह चित्रण प्रस्तुत करता है, जो कुलीनों के बीच अत्यधिक लोकप्रिय वेश्या थी। चेचक से मौत के पहले का उसका कैरियर बेहद चमकदार रहा। बाद के दौर में उसके छीजते-गलते शरीर के रूप में ज़ोला ने द्वितीय साम्राज्य के क्षरण और पतन का मारक रूपक प्रस्तुत किया है।

पूँजीवादी अभिजन समाज की आत्मिक वंचना और विकृति की बेलागलपेट आलोचना के साथ ही 'नाना' प्रकारान्तर से स्त्री-प्रश्न पर एक विमर्श भी प्रस्तुत करता प्रतीत होता है। उपन्यास में यौन-गतिविधियों की सनसनीखेज तफसीलों की भरमार है और इस बात से इनकार नहीं किया जा सकता कि सनसनी के ऊँचे बाजार भाव को ज़ोला भलीभाँति समझता था और उस पर ध्यान भी देता था, लेकिन साथ ही इसके पीछे विकृतियों पर पर्देदारी की पाखंडी कुलीन मानसिकता को तार-तार करने की सोच भी थी। साथ ही, पूरा उपन्यास वर्ग और सेक्स (यौन-भेद प्रश्न या स्त्री प्रश्न) से जुड़े कुछ बुनियादी प्रश्नों की ओर इंगित करते हुए पूँजीवादी समाज में माल के रूप में सेक्स की सामाजिक प्रकृति की पड़ताल की एक गम्भीर कोशिश करता है। वेश्यावृत्ति दुनिया का "प्राचीनतम पेशा" है। इसकी मौजूदगी पूँजीवाद के जन्म के काफी पहले से रही है, लेकिन उपन्यास इस तथ्य को प्रामाणिक ढंग से दर्शाता है कि पूँजीवाद ने इसे नये रूप में ढाला और नयी ऊँचाइयों तक विकसित किया। उल्लेखनीय है कि द्वितीय साम्राज्य का काल Folies Bergere का युग था, जब पेरिस ने मनोरंजन और संदिग्ध आनन्दोपभोग की राजधानी के रूप में अन्तरराष्ट्रीय "साख" अर्जित कर ली थी। उपन्यास के प्रारम्भ में ही एक थिएटर-मैनेजर को जब उसके संस्थान की भव्यता के लिए बधाई दी जाती है तो वह रुक्ष-सपाट ढंग से उत्तर देता है : "तुम्हारा मतलब मेरे रण्डीखाने से है।" वर्ग की थीम उपन्यास में आद्यंत उपस्थित है। नाना मज़दूरों की गन्दी बस्तियों की सन्तान है, उसकी जिन्दगी को ज़ोला उन परजीवी लोगों के प्रति मज़दूरों के प्रतिशोध के रूप में देखता है, जिनके साथ वह नियमित रूप से हमबिस्तर होती रहती है। उसकी भूमिका के सारतत्व को उसने एक मक्खी के बिम्ब के रूप में प्रस्तुत किया है :

"...रोशनी के रंग की एक मक्खी, जो गोबर के ढेर से उड़कर आयी है, एक मक्खी जिसने सड़क किनारे पड़े सड़ते कचरे से मौत को चूसा है, और अब, भिनभिनाती हुई नाच रही है और एक कीमती पत्थर की तरह दमक रही है, महलों की खिड़कियों से अन्दर घुस रही है और उनमें रहने वाले लोगों को, महज उनके ऊपर बैठकर, जहर दे रही है।"

नाना के भड़कीले जीवन और फिर उसके वीभत्स-भयावह अंत के रूप में ज़ोला ने द्वितीय साम्राज्य के समारोही खोखलेपन का एक रूपक रचने की भी कोशिश की है।

वर्ष 1882 में प्रकाशित उपन्यास 'रेस्टलेस हाउस' तक आते-आते बुर्जुआ समाज के प्रति ज़ोला की आलोचना में तीक्ष्णता के साथ ही अपेक्षतया अधिक स्पष्ट वर्ग-दृष्टि एवं इतिहास-बोध भी दीखने लगता है। 'रेस्टलेस हाउस' की रूपरेखा तैयार करते हुए एक टिप्पणी में ज़ोला ने अपनी दृष्टि एवं उद्देश्य को इन शब्दों में काफी खोलकर रखा है :

"बुर्जुआ वर्ग के बारे में बात करने का मतलब है, फ्रांसीसी समाज के खिलाफ, जिस हद तक मुमकिन हो, अधिकतम सम्भव उग्र भाषा में अभियोग-पत्र प्रस्तुत करना...जनता का चित्रण करने के बाद, बुर्जुआ वर्ग को नंगा करके पेश करना, और उसे और अधिक घृणित रूप में प्रस्तुत करना–उस वर्ग को जो अपने को व्यवस्था और प्रतिष्ठा के प्रतिनिधि के रूप में देखता है...बुर्जुआ वर्ग को जो अपने भोग-विलास में मगन है और हर तरह के परिवर्तन का विरोध करता है। वे अपनी स्वार्थपूर्ति हेतु, अपनी हैसियत बनाये रखने के लिए मतदान का इस्तेमाल करते हैं। वे नये विचारों से घृणा करते हैं, जनता से डरते हैं और जब वे सत्ता में आ जाते हैं तो क्रान्ति को वहीं रोक देने के लिए दृढ़प्रतिज्ञ होते हैं। जब भी वे कोई डर महसूस करते हैं तो आपस में एकजुट हो जाते हैं।"

बुर्जुआ वर्ग के बारे में ज़ोला के इस कुशाग्र पर्यवेक्षण की इतिहाससम्मति आज भी मानो स्वयंसिद्ध है। 'रेस्टलेस हाउस' उपन्यास एक अपार्टमेण्ट हाउस में रहने वाले लोगों की नियतियों-भवितव्यों की शिनाख्त करता हुआ बुर्जुआ वर्ग के निजी जीवन के भीतर प्रवेश करता है, जो सिर से पाँव तक सड़ चुका है। बुर्जुआओं के अन्तरवैयक्तिक सम्बन्धों और खासकर यौन-सम्बन्धों में हिंसा एवं निस्सारता-निरर्थकता की गहन एवं व्यापक अन्तर्व्याप्ति को ज़ोला ने जिस निर्मम वस्तुपरकता और प्रामाणिकता के साथ उघाड़ने का काम किया है वह अपनेआप में अद्वितीय है। अंतरंग सम्बन्धों की नींव में छुपी स्वार्थपरता और हृदयहीनता को उजागर करने वाले प्रसंगों की उपन्यास में भरमार है। ऐसा ही एक जुगुप्सापूर्ण प्रसंग वह है जब अपनी रखैल द्वारा ठुकराये जाने के बाद त्यूवेरिए घर लौटकर खुद को गोली मार लेता है। उसके घायल जबड़े से बहता खून देखकर उसकी पत्नी सोचती है कि शायद वह फिर अपने को गोली मारने की कोशिश करेगा और भय से चीख उठती है : "जाओ, बाहर जाकर मरो।"

ज़ोला ने अपनी कई रचनाओं में इस सच्चाई का प्रभावी ढंग से चित्रण किया है कि किस तरह बुर्जुआ परिवार औरत की आजादी और मानवीय संवेदनाओं को कुचल डालता है। उपन्यास के एक प्रसंग में मदाम जोसेरां अपनी बेटी बेर्थ के लिए एक पति खोजने में परेशान है। उसकी बेटी बताती है कि किस तरह एक हैसियतदार कुलीन ने (जो उसके पति के रूप में बहुत ही उपयुक्त माना जा रहा था) नाच के दौरान जब उसे बाजुओं में समेटने की कोशिश की थी तो उसने उसे धकेल दिया था। यह सुनकर उसकी माँ उस पर चीख पड़ती है कि ऐसा करके उसने अपनी शादी की बेहतरीन सम्भावना को तबाह कर लिया। वह बताती है कि उसे उस रईस को अपने मन की मुराद पूरी करने देनी चाहिए थी और उसे शादी के जाल में फाँसना चाहिए था। इस तस्वीर का दूसरा त्रासद पहलू यह है कि नौकरानी एदेल को गुमनामी और तनहाई की स्थिति में भय और भयंकर यंत्रणाओं के बीच बच्चे को जन्म देना पड़ता है। ऐसे प्रसंगों के जरिए ज़ोला सीधे उस समाज को कठघरे में खड़ा करता है जिसने स्त्रियों को इन नारकीय स्थिति में धकेल दिया है।

उम्मीद है, आएगा वह दिन

'जर्मिनल' *(उम्मीद है, आएगा वह दिन)* को ज्यादातर आलोचक ज़ोला की सर्वोत्कृष्ट रचना मानते हैं। यहाँ आकर ज़ोला एक बार फिर मज़दूर जीवन के चित्रण की ओर वापस लौटता है। लेकिन 'जर्मिनल' के मज़दूर 'दि ड्रामशॉप' के मज़दूरों की तरह अपनी इच्छाओं-आवश्यकताओं के बन्दी नहीं हैं, बल्कि वे दमनकारी परिस्थितियों का प्रतिरोध करने और विद्रोह करने में सक्षम सर्वहारा हैं। वे 'क्लास इन इटसेल्फ' से आगे बढ़कर 'क्लास फॉर इटसेल्फ' में रूपान्तरित हो रहे हैं। सरगर्मियों का रंगमंच भी यहाँ तक आते-आते बदल चुका है। 'दि ड्रामशॉप' के मज़दूर जहाँ छोटे-छोटे वर्कशापों की पुरानी दुनिया से अभी बाहर निकल ही रहे होते हैं, वहीं 'जर्मिनल' की घटनाएँ उन कोयला खदानों की बड़ी दुनिया में घटित होती हैं जिन्हें फ्रांस के उदीयमान पूँजीवाद के लिए ऊर्जा का प्रमुख स्रोत होने के नाते उस समय सर्वाधिक महत्त्वपूर्ण उद्योग का दर्जा हासिल हो चुका था। बेहद खतरनाक स्थितियों में धरती के अँधेरे गर्भ में उतरकर हाड़तोड़ मेहनत करने वाले अनुशासित मज़दूरों की भारी आबादी खनन उद्योग की बुनियादी जरूरत थी। आधुनिक युग के ये उजरती गुलाम खदानों के आसपास बसे खनिकों के गाँवों में नारकीय जीवन बिताते थे। एकजुटता इस नये वर्ग की उत्पादक कार्रवाई से निर्मित चेतना का एक बुनियादी अवयव थी और उसकी एक बुनियादी जरूरत भी। 'जर्मिनल' खदान मज़दूरों की जिन्दगी के वर्णन के साथ-साथ मज़दूर वर्ग और बुर्जुआ वर्ग के बीच के सम्बन्धों का प्रामाणिक चित्र उपस्थित करता है। साथ ही, यह खदान मज़दूरों की एक हड़ताल के दौरान और उसके बाद घटी घटनाओं का मूल्यांकन प्रकारान्तर से उस दौर के उन राजनीतिक आन्दोलनों के सन्दर्भ में भी करता है जो सर्वहारा वर्ग की समस्याओं के अलग-अलग समाधान तथा उनके अलग-अलग रास्ते प्रस्तुत कर रहे थे। मोटे तौर पर ऐसी तीन धाराएँ उस समय यूरोप में मौजूद थीं—मार्क्सवाद, अराजकतावाद और ट्रेडयूनियवाद। ज़ोला द्वारा कोयला खदानों की इंसानों को लील जाने वाले राक्षस से तुलना और मज़दूरों के चरित्र-चित्रण के लिए पशुजगत और वनस्पति विज्ञान के बिम्बों का प्रयोग ऐसे उपन्यास की महाकाव्यात्मक सम्भावनाओं को उद्‌घाटित करने में सहायक बनते हैं जो अभिशाप और पुनरुद्धार के प्राचीन मिथक की आधुनिक सन्दर्भों में प्रतिकृति तैयार करता है।

उपन्यास का शीर्षक फ्रांसीसी क्रान्ति के बाद, 1792 में लागू क्रान्तिकारी कैलेण्डर के एक महीने के नाम से लिया गया है। जर्मिनल का महीना मार्च-अप्रैल के आसपास, यानी बसन्त के दौरान आता है और अंकुरण (जर्मिनेशन) और आशाओं का महीना माना जाता है। लेकिन इसके अतिरिक्त उपन्यास के शीर्षक-चयन के पीछे ऐतिहासिक प्रतीकात्मकता का भी एक महत्त्वपूर्ण पहलू था। तीसरे वर्ष के बारहवें जर्मिनल (1 अप्रैल 1795) को पेरिस में भूखी जनता की भीड़ ने सड़कों पर जबर्दस्त हंगामा मचाया था तथा "रोटी और 1793 के संविधान को लागू करने" की माँग की थी। इन्हीं घटनाओं ने पहले क्रान्तिकारी समाजवादी बाब्येफ को अपने गुप्त संगठन 'आर्गनाइजेशन ऑफ ईक्वल्स' की स्थापना की प्रेरणा दी थी। 'जर्मिनल' उपन्यास में ज़ोला का उद्देश्य कोयला

खदान मज़दूरों के जीवन और संघर्ष के ग्राफिक और प्रामाणिक चित्रण से भी कहीं अधिक शायद यह दिखलाना था कि अपनी क्रान्ति पूरी कर लेने के बाद बुर्जुआ वर्ग नीचे से उठने वाली क्रान्ति की किसी भी नयी लहर को हर कीमत पर कुचल देना चाहता था।

'जर्मिनल' के पहले भाग में भूमिगत कोयला खदानों से कोयला निकालने की प्रक्रिया का लम्बा वर्णन है। निस्सन्देह, किसी क्षेत्र-विशेष की उत्पादन-प्रक्रिया का प्रामाणिक ब्योरा प्रस्तुत करने वाले शुरुआती उपन्यासों में 'जर्मिनल' का स्थान सबसे ऊपर आता है। उपन्यास का दूसरा खण्ड मज़दूरों की हड़ताल की गतिकी पर केन्द्रित है। इसके पहले के किसी भी उपन्यास में किसी औद्योगिक संघर्ष का इतना विस्तृत और प्रामाणिक चित्रण नहीं मिला। यहाँ तक कि बीसवीं शताब्दी में भी ऐसे गिने-चुने उपन्यास ही देखने को मिलते हैं जो इस मायने में 'जर्मिनल' के आसपास ठहरते हों। उपन्यास का केन्द्रीय चरित्र एतिएन लेंतिए, जर्वेस मकार का बेटा और नाना का सौतेला भाई है जो खनिकों के गाँव के लिए एक बाहरी आदमी है। वह एक मज़दूर बुद्धिजीवी है जो शराबखोरी और आवारागर्दी में डूबे आम खदान मज़दूरों से अलग किस्म की जिन्दगी बिताता है, समाजवादी अखबार और पैम्फलेट्स पढ़ा करता है और रूसी प्रवासी सूवारीन से बातें करता है। मैनेजमेंट जब वेतन-दरों में कटौती करता है और हड़ताल की शुरुआत होती है तो एतिएन हड़ताली मज़दूरों के नेता के रूप में उभरकर सामने आता है। भीड़ का मिजाज भाँपते हुए मज़दूरों की जनसभा में एतिएन प्रभावशाली भाषण देता है। आन्दोलन की लहरों पर सवार, लोकप्रियता के नशे में चूर एतिएन संसद में पहुँचने वाला पहला मज़दूर होने तक के सपने देखने लगता है। लेकिन संघर्ष जब आगे बढ़ता है तो संगठन के विचारों-परम्पराओं से अनभिज्ञ आम मज़दूर एतिएन के नियंत्रण से बाहर निकल जाते हैं। हड़ताल तोड़ने की कोशिश करने वाले गद्दारों-भेदियों के विरुद्ध हिंसात्मक कार्रवाई करने और मशीनों को तोड़ने जैसी गतिविधियों से वह मज़दूरों को रोकने की कोशिश करता है। हड़ताल जब लम्बी खिंच जाती है तो वही मज़दूर एतिएन को खारिज कर देते हैं और अपेक्षतया अधिक नरमपंथी रासेनोर की ओर मुड़ जाते हैं जिसे कभी एतिएन ने ही आगे बढ़ाया था।

हड़ताल अंततः विफल होती है और पराजित खनिक काम पर वापस लौट आते हैं, तो एतिएन उनमें हड़ताल के एक अगुआ मज़दूर और अपने एक भरोसेमंद सथी को देखकर अवाक रह जाता है। सदमे और ताज्जुब से भरकर वह पूछता है : "तुम भी?" वह आदमी बेबसी दिखाते हुए उत्तर देता है : "मैं और करता भी क्या? मैं एक शादीशुदा आदमी हूँ।"

ज़ोला न तो मज़दूर आन्दोलन का सिद्धान्तकार था, न ही कोई मज़दूर नेता, लेकिन 'जर्मिनल' उपन्यास में स्वतःस्फूर्तता से संगठन की मंजिल तक हड़ताल के विकास का और फिर उसकी पराजय का विस्तृत प्रामाणिक विवरण प्रस्तुत करते हुए उसने आम हड़ताली मज़दूरों के मनोविज्ञान का—उनकी चेतना की गतिकी का जो चित्रण किया है उससे यह स्पष्ट हो जाता है कि इस मुकाम तक आते-आते उसके कृतित्व में आनुवांशिकता और जैविक नियतत्ववाद का स्थान मूल चालक शक्ति के रूप में नहीं रह गया था। उनका स्थान सामाजिक मनुष्य के बारे में ऐतिहासिक दृष्टिकोण

ने ले लिया था। सर्वहारा वर्ग को ज़ोला अब एक ऐसे सामाजिक समूह के रूप में देख रहा था जो अमानवीकृत कर देने वाली सामाजिक परिस्थितियों की उपज था और जो उन परिस्थितियों का प्रतिरोध करने में, उनके विरुद्ध विद्रोह करने में सक्षम था।

'जर्मिनल' मज़दूर आन्दोलन में स्वतःस्फूर्तता की महत्ता स्पष्ट करते हुए संघर्ष में सचेतनता के आविर्भाव और क्रमिक विकास की जटिल और मंथर प्रक्रिया को तथा संघर्ष की विभिन्न मंजिलों को इतने प्रभावी ढंग से दर्शाता है कि मज़दूर आन्दोलन में सक्रिय कार्यकर्ताओं के लिए आज भी यह एक जरूरी अध्ययन-सामग्री लगने लगता है। ज़ोला ने इस प्रक्रिया का प्रभावशाली चित्रण किया है कि किस प्रकार अल्पविकसित चेतना वाले मज़दूर नये विचारों के कायल होते हैं, किस प्रकार अपनी जीवन-स्थिति को नियति मानकर जीने वाले मज़दूरों के सोचने-समझने का ढंग हड़ताल के प्रभाव में बदलने लगता है और किस प्रकार वे आन्दोलन द्वारा उठाये गये सवालों को समझने और उनके हल के बारे में सोचने की कोशिश करने लगते हैं। उपन्यास मज़दूरों की हड़ताल के दौरान कार्यनीति या रणकौशल (टैक्टिक्स) से जुड़े प्रश्नों पर भी विस्तार में जाता है। मिसाल के तौर पर इसमें हड़ताल के दौरान तोड़फोड़ की कार्रवाई और 'फ्लाइंग पिकेट्स' की सम्भावित भूमिकाओं पर भी विचार किया गया है। 'फ्लाइंग पिकेट्स' की हड़ताल के दौरान एक विशेष भूमिका दर्शायी गयी है। यह इतिहास का तथ्य है कि फ्रांसीसी कोयला खदानों में इनकी स्थापित परम्परा रही थी और 1869 की ल्वार हड़ताल के दौरान इनका विशेष रूप से इस्तेमाल किया गया था। हड़ताल के दौरान, उसकी अलग-अलग मंजिलों में, मज़दूर वर्ग के नेतृत्व के प्रश्न को भी ज़ोला ने व्यावहारिक धरातल पर कुछ इस तरह से उठाया है कि उससे कुछ सैद्धान्तिक निष्पत्तियाँ भी निगमित की जा सकती हैं। मज़दूर नेतृत्व को ज़ोला ने एक नियत सोपानबद्ध सम्बन्ध के रूप में नहीं बल्कि एक निरन्तर परिवर्तनशील अन्तर्सम्बन्ध के रूप में दर्शाने की कोशिश की है।

हड़ताल में स्त्रियों की भूमिका पर ज़ोला ने विशेष रूप से ध्यान दिया है। इन स्त्रियों में खदान मज़दूरों की पत्नियाँ और खदान मज़दूर स्त्रियाँ—दोनों ही शामिल हैं। उस समय तक खदानों में स्त्री-श्रम के इस्तेमाल पर अभी रोक नहीं लगी थी। उस समय तक लगभग सर्वमान्य 'वीकर सेक्स' की परम्परागत अवधारणा के विपरीत 'जर्मिनल' की स्त्रियाँ असाधारण रूप से दृढ़ संकल्प, स्वतंत्र व्यक्तित्व और युयुत्सु चरित्र वाली हैं और इनमें भी मेह्यूद विशेष रूप से उल्लेखनीय है। सदा अपमान, अतिशोषण और यौन-उत्पीड़न झेलने वली स्त्रियाँ विद्रोह की ज्वाला भड़क उठने पर किस कदर क्रूर प्रतिशोध ले सकती हैं, यह दूकानदार मेग्रा की हत्या के बाद वाले प्रसंग से स्पष्ट हो जाता है। मेग्रा कर्ज नहीं चुका पाने वाली स्त्रियों का प्रायः यौन-शोषण करता रहा था। एक हमले में जब वह मारा जाता है तो स्त्रियाँ उसका गुप्तांग काटकर एक डण्डे पर टाँगकर सड़कों पर जुलूस निकालती हैं।

'जर्मिनल' एक तरह से उन्नीसवीं शताब्दी के उत्तरार्द्ध के यूरोपीय मजूदर आन्दोलन का एक लघु प्रतिरूप प्रस्तुत करता है। खदान मज़दूरों के एक छोटे से गाँव में तीन राजनीतिक धाराओं के सुस्पष्ट-सटीक प्रतिनिधियों की उपस्थिति हमें देखने को मिलती है। रासेनोर एक सुधारवादी है जो टकराव के बजाय वार्ताओं की राजनीति में

विश्वास रखता है। सूवारीन अराजकतावादी है। एतिएन की अवस्थिति इन दोनों के बीच की बनती है। अनुभववादी ढंग से वह जुझारू वर्ग संघर्ष की सोच की ओर क्रान्तिकारी जनदिशा की सोच की ओर आगे बढ़ता हुआ चरित्र है। पेरिस कम्यून के पूर्व, पहले इण्टरनेशनल में भी यही तीन राजनीतिक धाराएँ कमोबेश प्रभावी रूप में मौजूद थीं।

सूवारीन उपन्यास के सर्वाधिक दिलचस्प चरित्रों में से एक है। वह एक रूसी अराजकतावादी क्रान्तिकारी है जिसने जार की ट्रेन उड़ाने की एक विफल कोशिश की थी और अब फ्रांस में शरणार्थी के रूप में रह रहा था। उसकी प्रेमिका जार की पुलिस की पकड़ में आ गयी थी और उसे सूवारीन की आँखों के सामने फाँसी दे दी गयी थी। सूवारीन सभी ट्रेड यूनियन कार्रवाइयों को फालतू मानता था। उसकी एकमात्र आशा थी 'अराजकता, प्रत्येक चीज का अन्त, जब पूरी दुनिया खून से नहायेगी और अग्नि द्वारा शुद्ध की जायेगी।' बहादुरी और कुर्बानी के तमाम जज्बे के बावजूद, सूवारीन द्वारा वर्ग-संघर्ष के अस्वीकार के पीछे आम जनता के प्रति गहन अविश्वास से भरा हुआ वही कुलीनतावाद और नायक-पूजा की वही भावना है जो हर किस्म के आतंकवाद में अन्तर्निहित होती है। लेकिन हड़ताल की पराजय के बाद ही वह वैकल्पिक कार्रवाई के बारे में सोचता है और खदान में तोड़फोड़ की योजना को अंजाम देता है। ज़ोला ने आतंकवाद को कमजोरी की निशानी के तौर पर, सामूहिक कार्रवाई में भरोसे की कमी के तौर पर और आन्दोलन के उतार के दौर में पैदा होने वाली निराशा की अभिव्यक्ति के रूप में देखा है, लेकिन उल्लेखनीय बात यह है कि उसकी भर्त्सना करने के बजाय उसने एक राजनीतिक प्रवृत्ति या परिघटना के रूप में उसे समझने की कोशिश की है।

'जर्मिनल' मज़दूर हड़ताल के विविध पक्षों का प्रामाणिक ब्योरा प्रस्तुत करते हुए भी यहीं तक सीमित नहीं रहता। वह शक्तिशाली कलात्मकता के साथ पूँजीवादी समाज के मानवद्रोही चरित्र की मर्मभेदी ऐतिहासिक आलोचना प्रस्तुत करता है। ज़ोला ने प्रकृति और जीवन के शक्तिशाली बिम्बों और रूपकों के माध्यम से उस पूँजीवाद की विमानवीकारी (डीह्यूमनाइजिंग) शक्ति को दर्शाने की प्रभावी कोशिश की है जिसमें असंख्य आम स्त्री-पुरुष अपनी स्वतंत्रता, मानवीय सम्पूर्णता और नैसर्गिकता खोकर एक अनैसर्गिक तर्क-प्रक्रिया के वशीभूत होकर जीने लगते हैं जिसमें माल का उत्पादन मनुष्य के जीवन से हजारों गुना अधिक महत्त्वपूर्ण होता है, मनुष्य की जरूरतों को पूरा करने के लिए मनुष्य के ही द्वारा निर्मित मशीनें और उनके द्वारा उत्पादित माल मनुष्य के जीवन पर शासन करने लगते हैं और मनुष्य मानो मशीन रूपी मानवभक्षी दैत्यों का निर्जीव चारा बन जाता है। ज़ोला ने भूमिगत कोयला खदान की तुलना एक जीवित दैत्य से की है जो मनुष्यों को लगातार निगलता रहता है और फिर भी उसकी भूख मिटने का नाम नहीं लेती।

अपने एक पत्र में ज़ोला ने लिखा था कि 'जर्मिनल' क्रान्ति का ही नहीं बल्कि करुणा का कृतित्व है, लेकिन इसके साथ ही, इसी पत्र में उसने यह भी लिखा था : "मैं चाहता यह था कि जो इस दुनिया के खुशकिस्मत लोग हैं, जो मालिक लोग हैं, उनसे चीखकर कहूँ: 'सावधान हो जाओ, धरती के नीचे देखो, उन अभिशप्तों को देखो जो

खट रहे हैं और तकलीफें झेल रहे हैं। शायद अभी भी अन्तिम महाविपदा को टाला जा सकता है। लेकिन न्यायशील बनने में देर न करो अन्यथा खतरा यह है कि धरती फट पड़ेगी और इतिहास के सर्वाधिक भयंकर महाविप्लवों में से एक, सभी राष्ट्रों को निगल जायेगा।" कहा जा सकता है कि यह एक क्रान्तिकारी द्वारा क्रान्ति का आह्वान नहीं, बल्कि एक मध्यवर्गीय सुधारक की चेतावनी है, लेकिन साथ ही इतना अवश्य जोड़ा जाना चाहिए कि इस सुधारक के ऐतिहासिक परिप्रेक्ष्य में क्रान्ति की सम्भावना समाहित है। 'जर्मिनल' के लेखन के समय, (और उसके बाद के लगभग एक दशक के समय तक) ज़ोला की वैचारिक अवस्थिति दरअसल इसी मुकाम तक विकसित हुई थी। फ्लॉबेयर और गोंकूर बंधुओं की ही तरह वह बुर्जुआ वर्ग से और मुद्रा की सत्ता के वर्चस्व से गहरी घृणा करता था, लेकिन उन्हीं की तरह सर्वहारा वर्ग की इतिहास-निर्मात्री शक्ति में उसे भी रंचमात्र भरोसा नहीं था। वह उसे रुग्ण समाज के व्रण और विनाश के दूत के रूप में देखता था और इसके लिए पूँजीवादी अन्याय को जिम्मेदार मानता था। लेकिन यहीं पर हमें वह अन्तरविरोध भी अपने गहन रूप में देखने को मिलता है जो ज़ोला की वैचारिक अवस्थिति तथा उसके द्वारा यथार्थ के कलात्मक पुनर्सृजन के रूप में मौजूद है। कहना न होगा कि ऐसे ही अन्तरविरोध हमें अलग-अलग रूपों में तोल्स्तोय, बाल्ज़ाक या दोस्तोयेव्स्की जैसे आलोचनात्मक यथार्थवाद के अन्य पुरोधाओं में भी देखने को मिलते हैं। हड़ताल की पराजय के बावजूद 'जर्मिनल' की कथावस्तु पूँजीवादी उत्पादन-प्रक्रिया को वस्तुपरक ढंग से प्रस्तुत करती हुई समग्र प्रभाव के तौर पर पाठक को इस तार्किक परिणति तक पहुँचाती प्रतीत होती है कि पूँजीवाद को "न्यायशील" बनाना पूँजीवादी समाज के सूत्रधारों की इच्छा पर निर्भर नहीं करता और यह कि सामाजिक क्रान्ति का महाविस्फोट ही इसकी आन्तरिक गति की अन्तिम निष्पत्ति है। साथ ही, इसके मज़दूर चरित्र हमें आन्दोलन के तूफान के दौरान क्रमशः चेतनशील होते जाने वाली सक्रिय सामाजिक शक्ति के रूप में देखने को मिलते हैं, जो बात ज़ोला की तत्कालीन वैचारिक अवस्थिति से मेल नहीं खाती। यहीं पर उपन्यास के समापन-बिन्दु पर भी गौर करना जरूरी हो जाता है। एतिएन खनिक गाँव छोड़ देता है, इसलिए नहीं कि मज़दूर वर्ग से उम्मीद रखना उसने छोड़ दिया है, बल्कि इसलिए कि प्लूशार ने उसके सामने पेरिस में नौकरी का प्रस्ताव रखा है। चूँकि प्लूशार पहले इण्टरनेशनल का एक संगठनकर्ता था और चूँकि उपन्यास का कालखण्ड 1867 के आसपास का है, इसलिए ऐसा सोचना सर्वथा तर्कसंगत है कि ज़ोला पेरिस कम्यून की सरगर्मियों में भागीदारी की दिशा में एतिएन के प्रयास की ओर इंगित करना चाहता है।

सोचने की बात है कि मध्यवर्गीय जीवन और सोच वाला एक उपन्यासकार एक औद्योगिक हड़ताल और उसके विभिन्न चरणों में मज़दूरों की मनःस्थिति का इतना प्रामाणिक और बोधगम्य ब्योरा प्रस्तुत करने में किस तरह से सफल हो सका? 1884 तक फ्रांसीसी मज़दूर वर्ग कम्यून की पराजय के झटके से उबरने लगा था। आंज़ां के खदान मज़दूर जब हड़ताल पर गये, तो 'जर्मिनल' की सामग्री बटोरने के लिए ज़ोला ने स्वयं को वामपंथी सांसद जिआर का सेक्रेटरी दिखलाते हुए हड़ताल प्रभावित खदान क्षेत्र का दौरा किया और हड़ताल के दौरान मज़दूरों के जीवन और उसकी सारी

गतिविधियों को नजदीक से और बारीकी से देखा। मैनेजमेण्ट की इजाजत लेकर वह 675 मीटर नीचे तक घुटनों के बल रेंगते हुए भूमिगत खदान के भीतर भी गया। आंज़ां में ज़ोला की मुलाकात एमील बास्ली नामक एक भूतपूर्व खदान मज़दूर से भी हुई। 'जर्मिनल' के सुधारवादी रासेनोर का चरित्र बास्ली को ही मॉडल मानकर गढ़ा गया है। इस प्रत्यक्ष अनुभव के साथ ही 'जर्मिनल' के ब्योरों की बारीकियों और प्रामाणिकता का एक स्रोत ज़ोला का जूल वाले के साथ निकट सम्पर्क भी था। जूल वाले उस दौर का एक महत्त्वपूर्ण समाजवादी लेखक था, हालाँकि फ्रांस में वाम धारा के साहित्येतिहास के लेखकों और समालोचकों द्वारा भी बहुधा उसकी उपेक्षा ही की जाती रही है। साथ ही, वह पेरिस कम्यून का एक नेतृत्वकारी संगठनकर्ता भी था। 1880 में आम माफी दिये जाने तक वाले ने लन्दन में निर्वासित जीवन बिताया। ज़ोला ने कठिन दिनों में उसे अखबारों से कुछ काम दिलाया था। वाले की सशक्त आत्मकथात्मक उपन्यास-त्रयी के लेखन के पीछे ज़ोला के निरन्तर प्रोत्साहनों का काफी हाथ रहा था। वाले ने 1869 और 1870 की खदान मज़दूरों की उन हड़तालों पर कई लेख लिखे थे, जिनके दमन के लिए सेना तक का इस्तेमाल करना पड़ा था। 12 मार्च 1884 को भी वाले ने आंज़ां के खदान मज़दूरों के समर्थन में एक जनसभा में भाषण दिया था। उसी वर्ष गर्मियों में, 'जर्मिनल' के लेखन के दौरान ज़ोला मोंत-दोर में जूल वाले के साथ रोज ही घण्टों इस विषय पर बातचीत करता रहता था।

'जर्मिनल' की जिस महत्ता को अकादमिक-साहित्यिक दुनिया में वामपंथी धारा के लोग भी नहीं समझ सके, उसे मज़दूर आन्दोलन में सक्रिय कार्यकर्ताओं ने अपनी नैसर्गिक वर्गदृष्टि से सहज ही पहचान लिया। 1984-85 के दौरान मार्गरेट थैचर के शासनकाल में जब ब्रिटेन की कोयला-खदानों की प्रसिद्ध लम्बी हड़ताल जारी थी तो एक जुझारू खदान-मज़दूर ने अपने संघर्ष और 'जर्मिनल' की घटनाओं के बीच कई महत्त्वपूर्ण सादृश्यताओं को रेखांकित करते हुए लिखा था : "इस पुस्तक की घटनाओं और वर्तमान खदान-मज़दूर हड़ताल के दौरान घट रही घटनाओं के बीच कई समानताएँ हैं। दोनों ही मामलों में मैनेजमेण्ट ने जानबूझकर हड़ताल को भड़काने का काम किया क्योंकि वे आश्वस्त थे कि खदान मज़दूरों की हार होगी और उसके बाद वे अपनी सत्ता को और मजबूत बनाने में सफल होंगे। दोनों ही मामलों में, मज़दूरों ने एक व्यक्ति पर, एतिएन और स्कारगिल पर, जरूरत से ज्यादा भरोसा किया। फ्रांसीसी मज़दूरों ने, पराजय के रूप में इसकी कीमत चुकायी। हालाँकि संगठन की कमी, भूख और गोली के द्वारा मज़दूर पराजित किये जा चुके थे, लेकिन संघर्ष के द्वारा वे बदल दिये गये थे। अब जिन्दगी के अपने हिस्से को वे उसी रूप में स्वीकार करने के लिए तैयार नहीं थे, विद्रोह के बीज बोये जा चुके थे" (नार्मन स्ट्राइक, 'सोशलिस्ट वर्कर', 21 जुलाई, 1984)।

संघर्ष द्वारा मज़दूरों की चेतना में आया परिवर्तन ही उपन्यास का वह सकारात्मक पहलू है जो हड़ताल की पराजय के बिन्दु पर कथा के समापन के बावजूद इसे पराजयवादी नहीं होने देता और पूँजीवादी सामाजिक-आर्थिक संरचना की प्रखर आलोचना के साथ जुड़कर यह पहलू पाठक की चेतना को एक न्यायसंगत वैकल्पिक सामाजिक ढाँचे की परिकल्पना की दिशा में उन्मुख करता है। समग्रता में, यह उपन्यास

मज़दूरों के कष्टों और स्वतःस्फूर्त विद्रोह के विवरण से आगे बढ़कर, उन्हें वर्गचेतस बनाने तथा उनके प्रतिरोध को संगठित करने के रास्ते का भी वर्णन करता है, या कम से कम इस दिशा में किये जाने वाले कुछ प्रयासों का नमूना पेश करता है।

कोयला खदानों के मज़दूरों के जीवन को उपन्यास का विषय बनाने वाला ज़ोला कोई पहला फ्रांसीसी लेखक नहीं था। 'जर्मिनल' के लेखन से लगभग एक दशक पहले कोयला खदानों के जीवन के विविध पक्षों पर कम से कम छह उपन्यास लिखे गये थे। हालाँकि यह भी सच है कि उन्नीसवीं शताब्दी में औद्योगिक क्रान्ति के देश ब्रिटेन की अपेक्षा फ्रांस में मज़दूर वर्ग के जीवन पर केन्द्रित उपन्यासों की परम्परा कमजोर थी। 1880 में कम्युनार्डों को आम माफी दिये जाने के बाद के चार वर्षों के दौरान, जब फ्रांसीसी मज़दूर आन्दोलन नये सिरे से उठ खड़े होने की प्रक्रिया में था, फ्रांस में 'जर्मिनल' के अतिरिक्त तीन और ऐसे उपन्यास प्रकाशित हुए जो खदान मज़दूरों के जीवन पर केन्द्रित थे। ये थे : मोरिस ताल्मीर का उपन्यास 'ग्रिसू' (1880), यीव्स गुदो का उपन्यास 'ला फैमिल पिशो'(1882) और जी. मेसनोव का उपन्यास 'प्लेबिएन' (1884)। ज़ोला का उद्देश्य जहाँ मध्यवर्गीय पाठक समुदाय की चेतना को जागृत करते हुए उन्हें मज़दूरों के अमानवीय जीवन और बर्बर उत्पीड़न की समस्या के प्रति संवेदनशील बनाना तथा पूँजीवादी समाज की मानवद्रोही प्रकृति की आलोचना प्रस्तुत करते हुए इसके मानवीय और न्यायसंगत विकल्प की दिशा में सोचने के लिए प्रेरित करना था : वहीं ताल्मीर, गुदो और मेसनोव के उपन्यास किसी न किसी रूप में मज़दूरों के बारे में मध्यवर्गीय पूर्वाग्रहों को और अधिक मजबूत बनाने का ही काम करते थे।

ताल्मीर पेरिस कम्यून को कुचलने वाली थियेर की सेना में शामिल था। बाद में उसने पत्रकार के रूप में कुछ समाजवादी और गणतंत्रवादी अखबारों में लेखन किया। उसका उपन्यास मुख्यतः जाकमिन नामक खदान मज़दूर की अतिनाटकीय जीवन-कथा और उसके मनोविज्ञान पर केन्द्रित है। खदान मज़दूरों के जीवन और हड़ताल का इस्तेमाल एक तरह से पृष्ठभूमि के रूप में किया गया है। ताल्मीर प्रकारान्तर से शोषण के विमानवीकारी (डीह्यूमनाइजिंग) प्रस्ताव को तो स्वीकार करता है, लेकिन वह मजूदरों को आत्ममुक्ति में अक्षम एक विमानवीकृत सामाजिक समुदाय के रूप में ही देखत है।

गुदो मूलतः आर्थिक मामलों का विशेषज्ञ लेखक और एक उदारवादी राजनीतिज्ञ था जो समाजवसदी "वितण्डावाद" और "अत्याचार" के विरुद्ध पहले ही कुछ पुस्तकें लिख चुका था और हर तरह की हड़ताल का घोर विरोधी था। उसका उपन्यास एक खान दुर्घटना और फिर 'म्युचुअल एड फण्ड' के सवाल पर हुई एक विफल हड़ताल की पृष्ठभूमि में एक खदान मज़दूर परिवार की कहानी बयान करते हुए सामाजिक व्यवस्था की कुछ सामान्य आलोचनाएँ प्रस्तुत करता है, लेकिन कोई सकारात्मक विकल्प नहीं प्रस्तुत करता। गुदो के अनुसार, मज़दूर अराजक हिंसात्मक कार्रवाई के अतिरिक्त और कुछ नहीं कर सकते और यह कि विफलता ही किसी भी हड़ताल की एकमात्र नियति हो सकती है। गुदो अज्ञान को सारी समस्या की जड़ मानता है और इसका समाधान ज्ञान-प्रसारण के उपक्रमों में ढूँढ़ता है।

मेसनोव का उपन्यास कई छद्म नामों वाले एक मज़दूर आन्दोलनकर्ता जुलिएं

की जीवन-कथा है, जिसका विध्वसंवादी मानस उसके बचपन और पारिवारिक पृष्ठभूमि की देन है। 1870 के दशक में जेनेवा-यात्रा के दौरान निर्वासित कम्युनार्डों से मिलने के बाद वह किसी रहस्यमय गुप्त संगठन का सदस्य बन जाता है और किसी गुप्त बॉसनुमा व्यक्ति के निर्देश पर मासूम खदान मज़दूरों को पथभ्रष्ट करने तथा हड़ताल उकसाने का काम करता है। मेसनोव सभी क्रान्तिकारियों और मज़दूर नेताओं को विकृतमानस षड्यंत्रकारी के रूप में तथा सभी हड़तालों को विध्वंस की कार्रवाई के रूप में प्रस्तुत करता है। वह इस सच्चाई को सिरे से खारिज करता है कि वर्ग हितों के टकराव असमाधेय होते हैं। खदान मज़दूरों को वह ऐसे नेकदिल मासूम लोगों के रूप में प्रस्तुत करता है जो दुष्टात्मा क्रान्तिकारियों द्वारा दिग्भ्रमित कर दिये जाते हैं।

बुनियादी तौर पर, समाजवाद-विरोधी और मज़दूर-विरोधी इन तीनों उपन्यासों में मज़दूर वर्ग के जीवन एवं संघर्षों के बारे में मध्यवर्गीय पूर्वाग्रहों के आधार पर कुछ 'स्टीरियोटाइप' चरित्र गढ़े गये हैं और इन सभी में जो चीज सिरे से गायब है वह है मज़दूरों की वर्ग-चेतना। तीनों उपन्यास खदान मज़दूरों को निर्मम-बर्बर जंगली लोगों या फिर एकदम भेड़वृत्ति की शिकार जमात के रूप में दिखलाते हैं जो मालिकों के साथ अपने हितों के साझेपन को समझ नहीं पाते और प्रायः आन्दोलनकारियों के उकसावे में आ जाते हैं।

इन्हीं उपन्यासों के साथ ज़ोला का उपन्यास 'जर्मिनल' प्रकाशित हुआ जिसने मज़दूर वर्ग की ऐतिहासिक क्रान्तिकारी भूमिका की पहचान न करने के बावजूद, उसके विमानवीकरण के लिए पूँजीवादी आर्थिक-सामाजिक ढाँचे को जिम्मेदार ठहराया और मज़दूर वर्ग के नारकीय जीवन को उसकी नियति मानने के बजाय उसके लिए पूँजीपति वर्ग को कठघरे में खड़ा किया। ज़ोला ने हड़ताल को शोषण-उत्पीड़न की तार्किक परिणति के रूप में चित्रित किया और तत्कालीन मज़दूर संघर्ष की अलग-अलग राजनीतिक दिशाओं का प्रामाणिक चित्रण करते हुए न्याय-निर्णय की जिम्मेदारी अपने पाठकों पर डाल दी। जैसा कि स्वयं उसने लिखा था, 'जर्मिनल' सभ्य समाज से न्यायशील होने का पुरजोर आग्रह था और इस बात की चेतावनी भी कि ऐसा न होने की स्थिति में सामाजिक क्रान्तियों के तूफान में सब कुछ तबाह हो जाना अवश्यम्भावी होगा।

'जर्मिनल' के प्रकाशन के अगले ही वर्ष, 1886 में 'रूजों-मकार' शृंखला का अगला उपन्यास 'दि मास्टरपीस' प्रकाशित हुआ। सभ्य जगत के तलघर में जीने वाले उजरती गुलामों की दुनिया के एकदम विपरीत, इस उपन्यास की विषयवस्तु पेरिस का कलाजगत और कलाकारों का जीवन है। ज़ोला की अपेक्षतया अल्पचर्चित यह कृति इस मायने में एक प्रयोगशील रचना है कि इसमें 1860 से लेकर 1880 के दशक के मध्य तक एक फ्रांसीसी कलाकार के जीवन का चित्रण करते हुए ज़ोला ने कला और जीवन के अन्तर्सम्बन्धों के बारे में अपने विचारों का प्रभावशाली निरूपण किया है। उपन्यास में वर्णित इम्प्रेशनिस्ट चित्रकार क्लोद लेंतिए और प्रकृतिवादी उपन्यासकार पिएर सेंदोज़ की दोस्ती में ज़ोला और पॉल सेज़ां तथा अन्य इम्प्रेशनिस्ट चित्रकारों के बीच की दोस्ती की झलक सहज ही देखी जा सकती है। एदुआर माने और अन्य इम्प्रेशनिस्ट चित्रकारों

के प्रारम्भिक चित्रों में वास्तविक जीवन की स्वतःस्फूर्तता और 'बोल्डनेस' के चित्रण का ज़ोला जबर्दस्त प्रशंसक था, जबकि उनकी उत्तरवर्ती कृतियों में इन गुणों के ह्रास का वह कटु आलोचक था। 1860 के दशक में कला-आलोचना विषयक अपने निबंधों में ज़ोला अपने इन विचारों को प्रस्तुत कर चुका था। 'दि मास्टरपीस' में उसने एक बार फिर इस विषय को उठाया और यथार्थवादी कला के पक्ष में अपने विचार पुरजोर ढंग से प्रस्तुत किये।

अपने अगले उपन्यास 'दि अर्थ' (1887) में ज़ोला ने औद्योगिक मज़दूरों, बुर्जुआओं और शहरी मध्यवर्ग की दुनिया से अलग गाँव और किसानों के जीवन को विषय-वस्तु बनाया। 'जर्मिनल' की ही तरह 'दि अर्थ' भी ज़ोला के सर्वाधिक सफल उपन्यासों में से एक माना गया। उस समय अधिकांश फ्रांसीसी और अंग्रेजी उपन्यासों में किसानों के जीवन को गँवारपन-उजड्डपन और फूहड़पन के प्रतिनिधि उदाहरण के रूप में चित्रित करने की परम्परा आम थी। दूसरी ओर, अधिकांश रूसी उपन्यासों में ग्राम-समुदायों के जीवन को आदर्शीकृत रूप में, तथा समस्त पूँजीवादी बुराइयों के निदान के रूप में प्रस्तुत करने का आम चलन था। केवल बाल्ज़ाक और तोल्स्तोय को ही इन दो आम प्रवृत्तियों का महत्त्वपूर्ण अपवाद माना जा सकता है। इसके बाद यदि किसी लेखक ने गाँवों में पूँजी के प्रवेश के बाद होने वाले परिवर्तनों के विविध आयामों के वस्तुपरक पर्यवेक्षण और यथार्थ-चित्रण की कोशिश की, तो निस्सन्देह वह ज़ोला ही था। इस मायने में ज़ोला के 'दि अर्थ' को बेहिचक बाल्ज़ाक के 'किसान' की परम्परा की अगली कड़ी माना जा सकता है। 'किसान' में भूमि-सम्बन्धों के पूँजीवादी रूपान्तरण का चित्रण करते हुए बाल्ज़ाक ने सूदखोरी द्वारा किसानों को दोहरे स्तर पर निचोड़ने की प्रक्रिया और सामन्ती शोषण के जाल से मुक्त होकर पूँजीवादी शोषण के जाल में फँस चुके छोटे किसान की त्रासदी को प्रभावशाली ढंग से प्रस्तुत किया है। ज़ोला ने 'दि अर्थ' में इस यथार्थ का प्रामाणिक विवरण प्रस्तुत किया है कि भूमि-सम्बन्धों के पूँजीवादीकरण के साथ ही मुनाफे की अमिट हवस ने किसानी समाज को भी उसी तरह अपनी चपेट में ले लिया है जिस तरह कि शहरी जीवन को। इसके साथ ही ज़ोला ने जमीन के लिए किसानों की भूख और उसकी तार्किक परिणतियों का भी इस उपन्यास में काफी प्रभावशाली चित्रण किया है।

'जर्मिनल' के लेखन ने ज़ोला के राजनीतिक विकास में एक महत्त्वपूर्ण भूमिका निभायी और अपने समय के सामाजिक प्रश्नों के निदान की तलाश में उसने फ्रांस में प्रचलित समाजवाद की विभिन्न धाराओं का अध्ययन शुरू किया। लेकिन इन सभी के द्वारा प्रस्तुत निदान और इनकी व्यावहारिक राजनीति ज़ोला को आकृष्ट नहीं कर सकी। 'दि अर्थ' उपन्यास के लेखन की तैयारी करते हुए ज़ोला ने फ्रांस में मार्क्सवादी धारा के प्रमुख नेता जूल गेद से भी लम्बी बातचीत की। ज़ोला के नोट्स के अनुसार, जूल गेद फ्रांस के गाँवों में तकनीकी प्रगति के आधार पर समाजवाद के निर्माण की वकालत कर रहे थे। उस समय अमेरिका के उन्नत मशीनरी वाले विशाल फॉर्म इतना अधिक उत्पादन कर रहे थे कि अपने कृषि-उत्पादों का निर्यात करके उन्होंने यूरोपीय बाजारों को पाट दिया था। गेद के विचार से प्रतियोगिता द्वारा फ्रांसीसी किसानों को बाध्य कर

दिया जाना था कि अपना उत्पादन बढ़ाकर बाजार में टिके रहने के लिए वे भूमि के राष्ट्रीकरण को स्वीकार कर लें। दरअसल, एक मार्क्सवादी होने के दावे के बावजूद, गेद की दृष्टि 'वैज्ञानिक क्रमविकासवादी' थी। उनका मार्क्सवाद वर्ग संघर्ष और वर्ग चेतना से रिक्त था। ज़ोला के अनुसार, वे मात्र करों और अनिवार्य सैनिक सेवा के उन्मूलन की घोषणा करने वाले पोस्टरों के जरिए किसानों को समाजवाद के पक्ष में ला खड़ा करना चाहते थे। ज़ोला के लिए वर्ग-संघर्ष जीवन की एक वास्तविकता थी, लेकिन वह समाजवाद के लिए न तो वर्ग-संघर्ष को अपरिहार्य मानता था, न ही मज़दूरों की पहलकदमी और आत्मविमोचक शक्ति में उसकी आस्था थी। वर्ग-संघर्ष उसके लिए पूँजीवादी अनाचारों की नकारात्मक परिणति था न कि इतिहास-निर्माण की मूल चालक शक्ति। उसकी समाजवादी आस्थाएँ यूटोपियाई थीं और समाजवाद निर्माण के मार्ग के बारे में स्पष्टता के अभाव में उसके द्वारा प्रस्तुत पूँजीवाद की कटु आलोचना भी अन्ततः नैतिकतावाद के गड्ढे में जा गिरती थी। ज़ोला अपने विचार-जगत के जिस अन्तर्निहित अन्तरविरोध से जूझ रहा था, उसका हल उसे गेद के "मार्क्सवाद" में नहीं मिला, लेकिन वह कम से कम उनकी एक बात से सहमत था कि फ्रांसीसी किसानों के जीवन की तमाम आपदाओं का निराकरण एकमात्र समाजवाद द्वारा ही सम्भव हो सकता है। 'दि अर्थ' में पूँजीवाद की आलोचना से एक कदम आगे ज़ोला के इस यूटोपियाई सकारात्मक चिन्तन के विविध पहलुओं की सहज ही शिनाख़्त की जा सकती हैं। लेकिन समाजवाद के प्रति अपनी इस नयी रुझान के बावजूद ज़ोला अपने देश के समाजवादियों के रवैये का कटु आलोचक था और 'दि अर्थ' में उसने कैनों को एक ऐसे समाजवादी के रूप में प्रस्तुत किया है जिसका समाजवाद यांत्रिक, अतिसरलीकृत, नियतत्ववादी और निरंकुश किस्म का था।

1890 के दशक में यूरोपीय मज़दूर आन्दोलन में समाजवादी प्रवृत्तियों के नवोन्मेष ने समाजवाद के भविष्य के प्रति ज़ोला के विश्वास को और अधिक मजबूत बनाने का काम किया। 1893 में युवकों की एक सभा में उसने कहा था कि "उभरते हुए समाजवाद में भविष्य के सामाजिक नियम के, सबके लिए श्रम के नियम के भ्रूण" की शिनाख्त की जा सकती है।

1892 में प्रकाशित रूजों-मकार शृंखला के अगले उपन्यास 'दि डिबेकल' की पूरी थीम, और खास तौर पर उसके नरसंहार वाले प्रसंग, उस पूँजीवाद की एक आनुभविक लेकिन दूरदर्शी आलोचना प्रस्तुत करते हैं जो साम्राज्यवाद की अवस्था में प्रवेश के बाद युद्धपिपासु और निरंकुश जनविरोधी चरित्र वाला हो चुका है। हालाँकि इस उपन्यास की घटनाएँ फ्रांस-प्रशा युद्ध और द्वितीय साम्राज्य के निर्णायक पतन से लेकर पेरिस कम्यून तक के ऐतिहासिक कालखण्ड में अवस्थित हैं, लेकिन इनके माध्यम से ज़ोला पूँजीवाद की उन बुराइयों और विभीषिकाओं का भी एक चित्र उपस्थित करता है जिनका 1880 और 1890 के दशक में वह साक्षी बन रहा था तथा जो भविष्य में, बीसवीं शताब्दी में, और भी अधिक नग्न-वीभत्स रूप में उभरकर सामने आने वाली थीं। विनाशकारी फ्रांस-प्रशा युद्ध पर केन्द्रित उपन्यास का पहला भाग आधुनिक युद्धों की विभीषिका का प्रभावशाली चित्रण करता है। इस सन्दर्भ में इसकी तुलना पहले विश्वयुद्ध

(1914-19) के बाद लिखे गये युद्ध की विषयवस्तु वाले कुछ सर्वोत्कृष्ट यूरोपीय उपन्यासों से की जा सकती है। उपन्यास का दूसरा भाग पेरिस कम्यून की घटनाओं पर केन्द्रित है। सामाजिक क्रान्ति और राज्यसत्ता का ध्वंस चूँकि इस भाग की केन्द्रीय अन्तर्वस्तु है, इसलिए ज़ोला की राजनीतिक दृष्टि के अन्तरविरोध यहाँ एकदम मुखर होकर सामने आये हैं और वह भी अपने नकारात्मक पहलू पर विशेष बल के साथ। अपने समय के सामाजिक (जैसे स्त्री-प्रश्न, कुलीन का भ्रष्ट जीवन, आदि), आर्थिक (जैसे भूमि-सम्बन्धों का पूँजीवादीकरण, व्यापार की दुनिया, कारखानों-खदानों में शोषण एवं आर्थिक संघर्ष) और सांस्कृतिक (जैसे पूँजीवादी समाज में कला और कलाकारों का जीवन) प्रश्नों को उठाते हुए ज़ोला तत्कालीन फ्रांस के पूँजीवादी समाज के अन्तरविरोधों का वस्तुपरक चित्रण करता है और अपने विश्व-दृष्टिकोण और राजनीतिक दृष्टि के प्रतिगामी पक्ष के बावजूद तब उसकी रचनाएँ उसके देशकाल के यथार्थ को मूलतः और मुख्यतः सही ढंग से प्रतिबिम्बित करती हैं। यथार्थवाद की महती विजय की परिघटना जिन अर्थों में लेजिटिमिस्ट बाल्ज़ाक और धर्मप्राण काउण्ट तोल्स्तोय के साथ घटित हुई थी, कुछ-कुछ उन्हीं अर्थों में ज़ोला के साथ भी होता प्रतीत होता है। लेकिन जहाँ ज़ोला राज्य क्रान्ति या मज़दूर-विद्रोह के विषय से सीधे टकराता है, वहाँ उसकी राजनीतिक दृष्टि में निहित यूटोपिया, अनैतिहासिकता और मज़दूर वर्ग के प्रति संशय-अविश्वास एकदम उभर आता है तथा अपने सुधारवादी आग्रहों के चलते यथार्थ की गतिकी को समझने में वह पूरी तरह से विफल हो जाता है। सामाजिक-आर्थिक-राजनीतिक जीवन का जो तर्क क्रान्ति की सम्भावनाओं को जन्म देता है, ज़ोला का यथार्थ-चित्रण उसे दिखलाने में कोताही नहीं बरतता, लेकिन क्रान्ति के प्रबल वेगवाही झंझावात की अपरिहार्यता से ज़ोला नजरें चुराता है, घबराता है, उसे मात्र ध्वंस के रूप में देखता है और उसकी इतिहास-निर्मात्री शक्ति की पहचान नहीं कर पाता। 'दि डिबेकल' में पेरिस कम्यून का चित्रण भी कुछ इसी परिप्रेक्ष्य में उसने किया है। कम्यून की घटनाओं के वस्तुपरक चित्रण पर ज़ोला की मनोगत दृष्टि यहाँ पूरी तरह से हावी दीखती है। निस्सन्देह ज़ोला इस उपन्यास के लेखन के समय तक समाजवाद का मुखर समर्थक बन चुका था। मज़दूर वर्ग के प्रति उसकी गहरी सहानुभूति थी, लेकिन इस वर्ग की पहलकदमी, सर्जनात्मकता और इतिहास-निर्मात्री सामूहिक शक्ति में उसकी रंच मात्र भी आस्था नहीं थी। समाजवादी आदर्शों की पक्षधरता के सन्दर्भ में वह गोतिए, फ्लॉबेयर और गोंकूर बंधुओं से आगे था, लेकिन सर्वहारा वर्ग के प्रति अनास्था के मामले में वह उन जैसा ही था। 'दि डिबेकल' में मोरिस और शूतो—ये दो चरित्र कम्युनार्डों का प्रतिनिधित्व करते हैं। इनमें से मोरिस ईमानदार लेकिन बचकाना और अतिउत्साहवादी है जबकि शूतो भ्रष्ट और हिंसक प्रकृति का है। ज़ोला द्वारा चित्रित वामपंथी आन्दोलनकारियों में शायद ये सर्वाधित विरूपित चरित्र हैं। विडम्बना तो यह कि एक अग्रणी कम्युनार्ड जूल वाले, ज़ोला के घनिष्ठ थे और ज़ोला के वैचारिक विकास में उनका काफी योगदान रहा था, लेकिन 'दि डिबेकल' में प्रस्तुत कम्यून के भोंड़े प्रहसनात्मक चित्र में उन जैसे किसी चरित्र की छाया तक देखने को नहीं मिलती।

उन्नीसवीं शताब्दी के आखिरी दशकों के पतनशील पूँजीवाद की तमाम

नृशंसताओं- बर्बरताओं का समाधान तार्किक धरातल पर ज़ोला को समाजवादी प्रकल्प में दीख रहा था लेकिन इसके लिए अनिवार्य वर्ग-संघर्ष के रास्ते के साथ उसकी रंचमात्र भी सहमति नहीं थी। सर्वहारा वर्ग के प्रति अविश्वास उसे गोतिए, फ्लॉबेयर और गोंकूर बंधुओं से विरासत में मिला था। इसके चलते, एक ओर वह समाजवाद की ओर आकृष्ट होता दीखता था, दूसरी ओर यथार्थ-चित्रण की वस्तुपरकता के प्रति आग्रह के चलते अपनी कृतियों में, अपने समय में जारी वर्ग-संघर्षों का प्रामाणिक ब्योरा भी प्रस्तुत करता था और तीसरी ओर, वर्ग संघर्ष और सर्वहारा वर्ग के प्रति अनास्था के चलते अपनी पुरानी दार्शनिक अवस्थिति से वह मुक्त भी नहीं हो पा रहा था। अपने अन्तर्जगत के इसी असमाधेय अन्तरविरोध के चलते रूजों-मकार श्रृंखला में वह कई बार आनुवांशिकता के सिद्धान्त की ओर वापस लौटता है, हालाँकि तब भी वह सामाजिक परिवेश और मनुष्य के सचेतन प्रयासों की भूमिका का पूर्ण तिरस्कार नहीं करता। 'दि डिबेकल' में पेरिस कम्यून का प्रहसन जैसा नकारात्मक चित्र उपस्थित करने के बाद श्रृंखला के आख़िरी उपन्यास 'डाक्टर पास्कल' (1893) में ज़ोला एक बार फिर आनुवांशिकता के सिद्धान्त की वकालत करता नजर आता है, लेकिन यहाँ पर उसे वह जीवशास्त्रीय नियतत्ववाद की परिणति तक आगे नहीं ले जाता।

एक परिवार की कथा के जरिए द्वितीय साम्राज्यकालीन फ्रांस के बुर्जुआ समाज की पतनशीलता और बुर्जुआ कुलीनों के तमाम छल-छद्म को उजागर करने वाली परियोजना की समाप्ति के तत्काल बाद ज़ोला ने अपनी अगली उपन्यास-त्रयी 'तीन शहर' पर काम करना शुरू कर दिया। इस श्रृंखला का पहला उपन्यास 'लूर्द' 1894 में, 'रोम' 1896 में और 'पेरिस' 1889 में प्रकाशित हुआ। तीनों उपन्यासों का मुख्य पात्र पिएर फ्रोमें नामक पादरी है। तीन शहरों के उसके अनुभवों के आधार पर ज़ोला के चर्च के धार्मिक धन्धों तथा बुर्जुआ राजनीति और समाज में व्याप्त भ्रष्टाचार व पतनशीलता की तीखी आलोचना प्रस्तुत की है। अपने इन तीन उपन्यासों में, ज़ोला मानो नये सिरे से अपने वैचारिक अन्तरविरोधों को हल करने के लिए प्रबोधनकालीन दार्शनिकों की बिरासत की ओर वापस लौटता है। ईसाई धार्मिक विश्वासों को वह वैज्ञानिक तर्कणा की कसौटी पर कसता है और इस सच्चाई को उजागर करता है कि धार्मिक आस्थाओं के प्रचार और "चमत्कारों के व्यापार" का एकमात्र उद्देश्य अज्ञानी आम जनता को उल्लू बनाना और उसका शोषण करना है। पादरी पिएर फ्रोमें लूर्द शहर में व्याप्त अन्धविश्वासों से तंग आकर रोम जाता है। वहाँ धर्मसत्ता के चतुर्दिक व्याप्त कैरियरवाद और भ्रष्टाचार को देखने के बाद धर्म की व्यवस्था और कर्मकाण्डों से उसका पूरी तरह से मोहभंग हो जाता है और वह चर्च को छोड़कर पेरिस लौट आता है, जहाँ धनी और गरीब के बीच की गहरी और चौड़ी खाई है, आँसुओं के सागर में विलासिता के जगमग द्वीप हैं, संसदीय राजनीति भीषण भ्रष्टाचार में डूबी हुई है और 'चैरिटी' का काम एक धंधे से अधिक कुछ भी नहीं है। त्रयी की आखिरी कड़ी 'पेरिस' में ज़ोला एक बार फिर साल्वा और गेलोम के प्रसंगों के जरिए आतंकवाद के विषय को उठाता है और यह स्थापना प्रस्तुत करता है कि आतंकवादी हिंसा असह्य निर्धनता और भयंकर शोषण की प्रत्यक्ष उपज होती है तथा इसके लिए राजनीति की नपुसंकता और 'चैरिटी'

की निरर्थकता प्रमुखतः जिम्मेदार होती हैं। साथ ही, ज़ोला आतंकवाद को निरुपाय निराशा की अभिव्यक्ति भी मानता है। उल्लेखनीय है कि इस उपन्यास में ज़ोला ने फाँसी की सजा का विरोध यह कहते हुए कहा है कि, "यह खून के बदले खून का तरीका है, यह मानवीय कृपणता द्वारा शाश्वत ऋण से मुक्ति की कोशिश है, लेकिन इससे मनुष्यता स्वयं को कष्टों से कदापि मुक्त नहीं कर सकती।"

इस उपन्यास-त्रयी की आखिरी कड़ी 'पेरिस' का लेखन समाप्त होते ही ज़ोला ने अपने जीवन की आखिरी परियोजना पर काम करना शुरू कर दिया। यह चार उपन्यासों—'फेकंडिटी' (1899), 'लेबर' (1901), 'ट्रुथ' (1903, मरणोपरान्त प्रकाशित) और 'जस्टिस' (अपूर्ण)—की एक श्रृंखला थी, जिसमें ज़ोला ने तर्कणा और श्रन की विजय के अपने स्वप्न को एक सामाजिक यूटोपिया के रूप में प्रस्तुत करने की कोशिश की है। इस उपन्यास-चतुष्टयी के चार नायक मैथ्यू, मार्क, ल्यूक और जॉन चार बुनियादी मानवीय गुणों—उर्वरता, श्रम, सत्य और न्याय का प्रतिनिधित्व करते हैं। 'लेबर' उपन्यास में ज़ोला यूटोपियाई समाजवाद के आदर्शों को कथात्मक साँचे में ढालने की प्रभावशाली कोशिश करता है। ल्यूक एक छोटे से शहर में एक स्टील मिल खरीदता है और फूरिए के विचारों से प्रभावित होकर उसे मज़दूरों के सहकारी उपक्रम में बदल देता है। इसके बाद सहकारिता पर आधारित जीवन-प्रणाली का एक प्रभावशाली और तर्कसंगत चित्र उपस्थित किया गया है और यह दिखलाया गया है कि किस प्रकार, बिना किसी दबाव या लालच के, केवल मिसाल पेश करके, व्यावहारिक उदाहरण के सहारे कायल करके, लोगों को सहकारी जीवन अपनाने के लिए तैयार किया जाता है। लेनिन द्वारा इस उपन्यास को पसन्द किये जाने का शायद यही कारण रहा होगा ('Zola: Génies et Realitiés' नामक निबन्ध संग्रह में ए. वुर्मसे का लेख)। कहने की जरूरत नहीं कि यूटोपियाई समाजवादी विचारों के सारे अन्तरविरोध और सारी कमजोरियाँ भी इस उपन्यास में मौजूद हैं। मजूदर वर्ग द्वारा स्वयं अपने प्रयासों से स्वयं को मुक्त करने के वैज्ञानिक समाजवादी सिद्धान्त के 'एण्टीथीसिस' के रूप में यहाँ ल्यूक का पितृसत्तात्मक संरक्षण मौजूद है। राज्यसत्ता का प्रश्न यहाँ सिरे से अनुपस्थित है। 'एक नगर में समाजवाद' का विकास होता है और शेष फ्रांस इसमें कोई बाधा नहीं उपस्थित करता। न तो राष्ट्रीय बाजार और माल-उत्पादन की देशव्यापी व्यवस्था पर हावी पूँजी की सर्वग्राही-सर्वव्याप्त सत्ता की आर्थिक शक्ति और न ही बुर्जुआ राज्यसत्ता की राजनीतिक शक्ति कोई अड़चन पैदा करती है। स्पष्ट है कि ज़ोला पेरिस कम्यून का सही समाहार कर पाने में पूरी तरह से असफल रहा था और उससे उसने केवल कुछ गलत एवं नकारात्मक शिक्षाएँ ही ली थीं। उस समय तक समाजवादी बस्ती बसाने के राबर्ट ओवेन के प्रयासों को विफल हुए दशकों गुजर चुके थे, लेकिन इस तथ्य के भी वैज्ञानिक अध्ययन की ज़ोला ने कोई कोशिश नहीं की थी।

इस अन्तिम श्रृंखला पर काम शुरू करने के दौरान ही ज़ोला ड्राइफस-मुकदमा प्रकरण में जा फँसा। इस पूरे प्रकरण में ज़ोला की ऐतिहासिक भूमिका ने सिद्ध कर दिया कि अपनी विचारधारात्मक अवस्थिति के अन्तरविरोधों और प्रतिगामी पक्षों के बावजूद वह सच्चे अर्थों में एक निर्भीक और न्यायनिष्ठ क्रान्तिकारी जनवादी था। 1894 में

फ्रांसीसी सैन्यतंत्र के प्रतिक्रियावादी-राजतंत्रवादी हलकों द्वारा फ्रांसीसी जनरल स्टॉफ के एक यहूदी अफ़सर ड्राइफस पर जासूसी और देशद्रोह के झूठे आरोप में मुकदमा चलाकर उसे आजीवन कारावास की सजा सुनायी गयी। फौजी प्रतिक्रियावादियों और पुरोहितवादियों ने इस मामले का पूरे देश में यहूदी-विरोधी भावनाएँ भड़काने के लिए तथा गणतांत्रिक शासन और जनवादी स्वतंत्रता पर हमला बोलने के लिए भरपूर इस्तेमाल किया। पूरा देश लगभग गृहयुद्ध के कगार पर जा पहुँचा। ऐसे समय में कुछ प्रगतिशील बुर्जुआ जनवादियों और कुछ समाजवादियों ने ड्राइफस मुकदमे की फिर से सुनवाई के लिए व्यापक अभियान चलाया और पूरे मामले ने एक विस्फोटक राजनीतिक शक्ल अख्तियार कर ली। यह पूरा अभियान चलाने में ज़ोला, जॉन जोरेस, गेद, अनातोल फ्रांस आदि की अग्रणी भूमिका थी। लेकिन बाद में गेद और लफार्ग के नेतृत्व वाली समाजवादी मज़दूर पार्टी, जोरेस की समाजवादी पार्टी तथा संघाधिपत्यवादी समाजवादियों की पार्टी ने ड्राइफस के मसले को जनवादी अधिकार का प्रश्न मानने के बजाय यह अवस्थिति अपनाई कि इस 'बुर्जुआ गृहयुद्ध' में मज़दूरों को किसी भी पक्ष का समर्थन नहीं करना चाहिए। निस्संदेह, यह हिमालय जैसी भूल थी। गेद और जोरेस ने भी अपनी-अपनी पार्टी की आधिकारिक अवस्थिति (बहुमत की अवस्थिति) को मान लिया और अभियान से पीछे हट गये। इस घटना ने समाजवाद की मार्क्सवादी धारा के प्रति ज़ोला के पूर्वाग्रहों को और मजबूत बनाने में महत्त्वपूर्ण भूमिका निभायी। ड्राइफस-मुकदमे के फैसले के खिलाफ अभियान में शामिल होने से पहले, 1896 में ज़ोला ने फ्रांस में व्याप्त यहूदी-विरोध की नस्लवादी मुहिम के विरुद्ध एक तीखा लेख लिखा था। इसके बाद ही कुछ बुद्धिजीवियों ने ज़ोला से ड्राइफस मामले में हस्तक्षेप की अपील की। ज़ोला की अभियान में भागीदारी मात्र जनवादी अधिकार-रक्षा की भावना से ही प्रेरित नहीं थी। यह नस्लवाद, अंधराष्ट्रवाद, सैन्यवाद, राज्य-मशीनरी के जनविरोधी चरित्र और सामाजिक असहिष्णुता की संस्कृति के बहुमुखी विरोध पर आधारित था। 13 जनवरी 1898 को पेरिस के साहित्यिक अखबार 'ल ऑरोर' में ज़ोला का इतिहास-प्रसिद्ध लेख 'आई एक्यूज़' प्रकाशित हुआ। यूरोप और अमेरिका के कई पत्रकारों और इतिहासकारों ने इसे इतिहास के महानतम अखबारी लेख की संज्ञा दी है। फ्रांसीसी इतिहासकार ज्यां-देनी ब्रेदां फ्रांस के राष्ट्रपति के नाम खुले पत्र के रूप में लिखे गये 4 हजार शब्दों के इस ओजस्वी लेख के प्रकाशन के चलते 13 जनवरी 1898 की तारीख को पत्रकारिता के इतिहास का एक ऐतिहासिक दिन बतलाते हैं। आज भी यह लेख न केवल 'पॉलिमिक्स का 'मास्टरपीस' माना जाता है बल्कि साहित्यिक शैली की दृष्टि से भी बेजोड़ माना जाता है। इस लेख के प्रकाशन को अनातोल फ्रांस ने 'सदी की सर्वाधिक साहसिक कार्रवाइयों में से एक' कहा था। 13 जनवरी 1898 को 'ल ऑरोर' अखबार की तीन लाख प्रतियाँ छपीं। इस प्रसिद्ध लेख के अंत में ज़ोला ने लिखा था : "यदि सच्चाई छुपाई जायेगी, उसे पोशीदा रखा जायेगा, तो यह इकट्ठी होती जायेगी और इतनी विस्फोटक शक्ति अर्जित कर लेगी कि जब यह फटेगी तो अपने साथ हर चीज को उड़ा देगी...मैं यहाँ जो कार्रवाई कर रहा हूँ, वह सच्चाई और न्याय के विस्फोट को त्वरान्वित करने का क्रान्तिकारी साधन मात्र है।"

इस लेख के प्रकाशन के साथ ही पूरे फ्रांस में मानो हंगामा बरपा हो गया। न केवल सेनाधिकारी और सभी नस्लवादी प्रतिक्रियावादी ज़ोला पर टूट पड़े बल्कि पूरी हुकूमत को उसका यह "दुस्साहस" नागवार लगा। ज़ोला पर अवमानना का मुकदमा चला और उसे दोषी पाया गया। मुकदमे के दौरान अदालत के भीतर और बाहर प्रतिक्रियावादी गुण्डे एकत्र होकर "ज़ोला मुर्दाबाद!" के नारे लगाते रहते थे। सजा से बचने के लिए ज़ोला इंगलैण्ड चला गया। पर इस पूरे प्रकरण के चलते जनमत का दबाव इतना बढ़ गया कि 1898 में ड्राइफस मुकदमा पुनर्विचार के लिए फिर से खोला गया। एक बार फिर ड्राइफस को दोषी ठहराया गया, लेकिन हवा का रुख देखते हुए उसे माफी देकर रिहा कर दिया गया। अब ड्राइफस से भी अधिक ज़ोला प्रतिक्रियावादियों का घृणा-पात्र बन चुका था। प्रसंगवश, ड्राइफस मुकदमे के बारे में यहाँ यह उल्लेख कर देना भी जरूरी है कि 1906 में, यानी ज़ोला की मृत्यु के चार वर्षों बाद अपील अदालत ने ड्राइफस को निर्दोष ठहराया और सेना में उसे उसके पद पर फिर से बहाल कर दिया गया।

1899 में ड्राइफस को माफी मिलने के बाद ज़ोला फ्रांस वापस लौट आया। तमाम खतरों के बावजूद जनवादी अधिकारों के प्रति ज़ोला की प्रतिबद्धता न केवल बरकरार रही बल्कि पहले से भी अधिक मजबूत हो गयी। फ्रांस लौटते ही वह जेलों में बंद अराजकतावादियों की रिहाई के लिए जारी एक अभियान में शामिल हो गया। लेकिन उसका लेखन-कार्य भी पूर्ववत निरन्तरता के साथ जारी रहा। ड्राइफस प्रकरण ने ज़ोला की राजनीतिक दृष्टि के विकास में एक महत्त्वपूर्ण भूमिका निभायी। राज्य के प्रश्न पर उसने नये सिरे से सोचने की शुरुआत की। इस अनुमान के पर्याप्त आधार मौजूद हैं कि राज्य की भूमिका पर ज़ोला के नये चिन्तन का उसके यूटोपियाई समाजवादी परियोजना के साथ संश्लेषण उसे आने वाले दिनों में वैज्ञानिक समाजवाद और सर्वहारा क्रान्ति की अवधारणा के निकटतर ला सकता था, लेकिन मृत्यु ने उसे इसका अवसर नहीं दिया। ज़ोला की आखिरी उपन्यास-शृंखला की तीसरी कड़ी 'ट्रुथ' (1902) काफी हद तक ड्राइफस-प्रकरण का औपन्यासिक रूपान्तरण माना जा सकता है। यहाँ ज़ोला एक बार फिर अपने उसी पुरानी 'पोलेमिकल' ओजस्विता, उसी निर्मम तेजाबी आलोचना की धार की धार और कटुतम-नग्नतम यथार्थ के बेलागलपेट बयान के उसी साहस के साथ सामने आता है जो रूजों-मकार शृंखला के उसके कुछ श्रेष्ठतम उपन्यासों की विशिष्ट अभिलाक्षणिकता थी। धर्म के साथ उसकी शत्रुता अब और प्रचंड हो चुकी थी। 'ट्रुथ' में एक जगह वह लिखता है : "उन सभी देशों में, जहाँ कैथोलिकवाद की विजय हुई है, गन्दगी और विषैले कीड़ों का आधिपत्य कायम है।"

अपनी अन्तिम उपन्यास-शृंखला के आखिरी उपन्यास 'जस्टिस' को ज़ोला पूरा नहीं कर सका। अपार्टमेण्ट की चिमनी बन्द होने के चलते कार्बन मोनोऑक्साइड गैस से दम घुटकर 29 सितम्बर 1902 को ज़ोला की मृत्यु हो गयी। उसकी रहस्यमय मृत्यु की परिस्थितियाँ कभी भी बहुत स्पष्ट नहीं हो सकीं लेकिन यह आशंका उस समय से लेकर आधी सदी बाद तक बार-बार प्रकट की जाती रही कि ज़ोला से नफरत करने वाले प्रतिक्रियावादियों के किसी गुट ने ही उसके फ्लैट की चिमनी बन्द कर दी थी और उसकी मौत दुर्घटना नहीं थी बल्कि वह हत्या के षड्यंत्र का शिकार हुआ था। ज़ोला

की मृत्यु की खबर फैलते ही नगर की दूकानें बन्द हो गयीं। लोग कार्यालयों-घरों से सड़कों पर निकल आये। छह दिनों बाद जब उसे दफनाने के लिए ले जाया जा रहा था, तो सड़कों के किनारे खड़े खदान मज़दूर "जर्मिनल! जर्मिनल!" चिल्ला रहे थे। शवयात्रा में अनातोल फ्रांस और कई गणमान्य लेखकों-कलाकारों के अतिरिक्त कैप्टन ड्राइफस भी शामिल था। अपनी मृत्यु के समय तक ज़ोला न सिर्फ यूरोप के महानतम उपन्यासकारों में से एक माना जाने लगा था, बल्कि सत्य और न्याय की रक्षा के लिए तत्पर निर्भीक बुद्धिजीवी और मेहनतकशों के पक्षधर के रूप में भी उसकी ख्याति फ्रांस की सीमाओं के बाहर पूरे यूरोप में और अमेरिका तक फैल चुकी थी। छह वर्षों बाद 1908 में ज़ोला के अवशेषों को पैंथियन ले जाया गया और वहीं वोल्तेयर, रूसो, विक्टर ह्यूगो जैसे ऐसे फ्रांसीसी लेखकों की समाधियों के साथ उसकी समाधि बनायी गयी, जिन्होंने ज़ोला की ही तरह फ्रांसीसी समाज और साहित्य के इतिहास की दिशा तय करने में महत्त्वपूर्ण भूमिका निभाई थी।

अपनी आखिरी उपन्यास-शृंखला पर काम करते समय ज़ोला एक नये किस्म के लोकप्रिय थिएटर के प्रयोग का महत्वाकांक्षी सपना भी देख रहा था। 'फ्रांस मार्चेज़ ऑन' शीर्षक नाटकों की शृंखला के जरिए वह उस तीसरे गणतंत्र के विरुद्ध अपना संघर्ष जारी रखना चाहता था जिसके क्रान्तिकारी मुखौटे के पीछे राजतंत्रवादी स्पिरिट लगातार मौजूद रही। असामयिक मृत्यु ने ज़ोला के इस सपने को भी पूरा नहीं होने दिया।

एमील ज़ोला की साहसिक जनपक्षधरता के बारे में भले ही कोई सवाल न उठाया जाता रहा हो, लेकिन वामपंथी धारा के अधिकांश शीर्षस्थ समालोचकों ने भी उसके साहित्य का मूल्यांकन करते हुए प्रायः उसके वैचारिक विकास-प्रक्रिया की गतिकी की उपेक्षा की है और एकांगीपन एवं स्थैतिकता की पहुँच-पद्धति अपनायी है।

ज़ोला की आलोचना प्रायः प्रकृतिवाद के उसके सिद्धान्त एवं निरूपण-पद्धति को लेकर की जाती रही है। ज़ोला के कृतित्व में बाल्ज़ाक और स्तान्धाल के महान यथार्थवाद के स्खलन और विघटन के लिए प्रायः ज़ोला कम और पूँजीवाद के इतिहास का वह दौर अधिक जिम्मेदार था, जिसमें ज़ोला ने अपना जीवन बिताया और लेखन किया। गिओर्गी प्लेखानोव लिखते हैं : "प्रारम्भिक यथार्थवादियों की संकीर्णतावादी, और यहाँ तक कि अंशतः प्रतिक्रियावादी मनोवृत्ति अपने वातावरण का सांगोपांग अध्ययन करने और महान कलात्मक मूल्य की चीजें सृजित करने में उनके आड़े नहीं आती थीं। लेकिन निस्सन्देह इससे उनकी दृष्टिसीमा काफी संकुचित हो गयी। अपने समय के महान मुक्ति आन्दोलनों से खिन्न होकर मुँह फेर लेने के चलते, उन्होंने अपने प्रेक्षण में "शंकुदंतों" और "घड़ियालों" में से सबसे दिलचस्प नमूनों को ही छाँटकर अलग कर दिया, उन लोगों को जिनका आन्तरिक जीवन सबसे समृद्ध था। वस्तुतः उन्होंने जिस वातावरण का अध्ययन किया, उसके प्रति उनके वस्तुगत दृष्टिकोण में, सहानुभूति का अभाव था। और तब यह स्वाभाविक ही था कि उन्हें, अपने रूढ़िवाद के चलते, सिर्फ घिसे-पिटे मध्यवर्गीय जीवन के "गन्दगी भरे कीचड़" में पैदा होने वाले "क्षुद्र विचार" और "क्षुद्र मनोभाव" ही दिखायी दिये, जिनसे वे सहानुभूति नहीं रख सकते थे। लेकिन वे जिन चीजों को

देख या सृजित कर रहे थे उनके प्रति सहानुभूति का अभाव जल्द ही उनकी दिलचस्पी को भी घटा देने वाला था, और ऐसा ही हुआ भी। इस प्रकार, प्रकृतिवाद, जिसकी शुरुआत उनकी उत्कृष्ट कृतियों से हुई, जल्द ही हुइसमान के शब्दों में, "एक अंधी गली, एक बन्द सुरंग में" जा पहुँचा। अब यह, हुइसमान के ही शब्दों में, सिफलिस समेत हरेक चीज को अपनी विषयवस्तु बना सकता था। लेकिन आधुनिक मज़दूरवर्गीय आन्दोलन इसकी परिधि से बाहर ही बना रहा। बेशक, मैं यह भूला नहीं हूँ कि ज़ोला ने 'जर्मिनल' भी लिखा। लेकिन इस उपन्यास के कमजोर बिन्दुओं को छोड़ दें तो भी, यह जरूर याद रखना चाहिए कि जहाँ खुद ज़ोला, जैसा कि उसने कहा था, समाजवाद की ओर झुकने लगा था, वहीं उसकी तथाकथित प्रयोगात्मक विधि महान सामाजिक आन्दोलनों के कलात्मक अध्ययन और वर्णन के लिए अनुपयुक्त थी, और अनुपयुक्त बनी रही। यह विधि उस भौतिकवाद के दृष्टिकोण से घनिष्ठ रूप से जुड़ी हुई थी जिसे मार्क्स ने प्राकृतिक-वैज्ञानिक कहा था, जो यह समझ पाने में असफल होता है कि *सामाजिक* मनुष्य की कार्रवाइयाँ, मानसिक रुझानें, अभिरुचियाँ और आदतें *शरीर-क्रिया विज्ञान या रोग विज्ञान* द्वारा समुचित रूप से व्याख्यायित नहीं की जा सकतीं, कारण कि वे *सामाजिक सम्बन्धों* द्वारा निर्धारित होती हैं।" ('कला और सामाजिक जीवन')

राल्फ फॉक्स ज़ोला की प्रतिभा, प्रयोगों और युयत्सा के कुछ अधिक मुरीद दीखते हैं। वे अपनी कृति 'उपन्यास और लोकजीवन' में उन्नीसवीं शताब्दी के पूँजीवादी समाज के उस मानवद्रोही-कलाद्रोही चरित्र की तफसील से चर्चा करते हैं जो जेरार लाब्रूइन, आर्थर रिम्बो, पॉल गोगां, पॉल सेजाँ, विन्सेट वैन गॉग आदि लेखकों-कलाकारों को आत्महत्या, पागलपन, सामाजिक जीवन से पलायन या फिर अपनी कृतियों को नष्ट कर देने के लिए बाध्य कर देता है। फिर आगे वे लिखते हैं : "किन्तु ठीक इसी काल में उनका मित्र और हिमायती एमील ज़ोला, अस्पष्ट किन्तु सच्चे मायने में प्रतिभावान, अँधेरे में टटोलता हुआ प्रकाश की ओर अग्रसर होता है। और ज्यों-ज्यों मज़दूर वर्ग के कठोर और कटु, किन्तु उमंग भरे जीवन के निकट पहुँचता है, उसे अपने अन्दर एक नयी ज्वाला का आभास होता है। ज़ोला सफल नहीं हो पाता, अपने पूर्वजों के गलत सिद्धान्तों के बोझ से दबा हुआ वह उन्हीं सिद्धान्तों के आधार पर, प्रकृतिवाद के घातक तथा यांत्रिक सिद्धान्त की रचना करता है। किन्तु उसकी यह असफलता भी शानदार असफलता है जिससे हम बहुत कुछ सीख सकते हैं" ('उपन्यास और जनसमुदाय')।

जॉर्ज लूकाच आलोचनात्मक यथार्थवाद के महान पुरोधाओं की पूर्ववर्ती पीढ़ी से तुलना करते हुए मुख्य जोर 'समग्रता' की अवधारणा पर देते हैं और ज़ोला की इस बात के लिए आलोचना करते हैं कि वह केवल तथ्यों की तफसील में जाता है और उन्हें इकट्ठा करने का काम करता है। वह स्वीकार करते हैं कि ज़ोला आधुनिक जीवन के बाहरी आवरण का चित्रण करने में सफल हुआ था, "लेकिन केवल **बाहरी** आवरण का ही। वे एक विराट पृष्ठपट बनाते हैं जिसके सामने बौने, अस्त-व्यस्त लोग इधर-उधर घूमते हैं और अपना अस्त-व्यस्त जीवन जीते हैं। ज़ोला वह कभी नहीं हासिल कर सका, जो महान यथार्थवादी बाल्ज़ाक, तोल्स्तोय या डिकेन्स कर पाने में सफल रहे : सामाजिक संस्थाओं को मानव सम्बन्धों के रूप में और सामाजिक वस्तुओं के इन सम्बन्धों के

वाहक के रूप में प्रस्तुत करना" ('स्टडीज़ इन यूरोपियन रियलिज्म' में संकलित निबंध 'दि ज़ोला सेप्टेनरी')।

इन आलोचनाओं की आलोचना के क्रम में सबसे पहले हम ज़ोला के "प्रकृतिवाद के सिद्धान्त' एवं निरूपण-पद्धति की चर्चा करेंगे। ज़ोला 1867 से लेकर मृत्युपर्यन्त अपने को प्रकृतिवादी कहता रहा, लेकिन उन्नीसवीं शताब्दी के उत्तरार्द्ध और बीसवीं शताब्दी के पूर्वार्द्ध के प्रकृतिवादी लेखकों से वह इस मायने में भिन्न था कि प्रकृतिवाद कहते हुए भी उसकी सैद्धान्तिक मान्यताओं में लगभग तीन दशकों के दौरान लगातार परिवर्तन होते रहे। दूसरी बात यह कि ज़ोला की जो सैद्धान्तिक मान्यताएँ थीं, प्रायः उसके उपन्यासों में निरूपित यथार्थ-चित्रण की पद्धति उनके अनुरूप होने के बजाय उनका अतिक्रमण करती प्रतीत होती है। 1860 के दशक में ज़ोला ने बाल्ज़ाक को आदर्श और फ्लॉबेयर को उस्ताद मानते हुए वास्तविक जीवन के साहसिक और स्वतःस्फूर्त नैसर्गिक चित्रण के आग्रह के साथ लेखन की शुरुआत की। लेकिन बाल्ज़ाक के प्रतिक्रियावादी लेजिटिमिस्ट विचारों के विपरीत ज़ोला गणतंत्रवादी था और तर्कणा के प्रबोधनकालीन आदर्शों का प्रबल आग्रही भी। तर्कणा के प्रति इसी आग्रह के चलते सामाजिक जीवन की गतिकी के नियमों और सामाजिक परिघटनाओं के कारण-कार्य सम्बन्धों की तलाश करते हुए वह प्रत्यक्षवादी दर्शन तथा शरीरक्रिया विज्ञान एवं आनुवांशिकता के सिद्धान्त तक जा पहुँचा था। उसने सामाजिक- राजनीतिक जीवन के यथार्थ का चित्रण करते हुए अपनी सैद्धान्तिक मान्यताओं को लागू करने की पूरी कोशिश की, पर पूरी तरह से कहीं भी सफल नहीं हो सका। प्रायः आनुभविक पर्यवेक्षण के आधार पर चित्रित यथार्थ उसकी अपनी सैद्धान्तिक मान्यताओं के विरोधी पाले में जा खड़ा होता था और आनुवांशिकता जैसे कारकों के बजाय व्यक्तित्वों-घटनाओं के विकास में सामाजिक-आर्थिक उपादानों की भूमिका अधिक प्रभावी होकर सामने आती थी। धीरे-धीरे ऐसा ज्यादा से ज्यादा होता गया, लेकिन बहुत बाद के दिनों में भी बीच-बीच में ज़ोला अपनी किसी-किसी कृति में बहुत आरोपित ढंग से अपने प्रकृतिवादी वैचारिक आग्रहों को लाने की कोशिश करता था, जैसा 'ला बेत ह्युमेन' (1890) में या फिर 'डाक्टर पास्कल' (1893) में हमें देखने को मिलता है।

बोनापार्तवादी सत्ता का राजनीतिक अलगाव प्रकृतिवाद के सौन्दर्यशास्त्र से ज़ोला के वस्तुगत तौर पर प्रस्थान करने के विचारधारात्मक कारणों में से एक था। 1870 के बाद 'प्रकृतिवाद' संज्ञा का प्रयोग करते हुए भी ज़ोला यथार्थवादी क्रिया-विधान के निकटतर आता प्रतीत होता है। 'स्व' की संरचना का निर्धारण करने वाले सामाजिक और मनोवैज्ञानिक उपादानों का कलात्मक विश्लेषण करते हुए प्रायः वह जीवशास्त्रीय नियतत्ववाद को खारिज करता नजर आता है। 'सैवेज पेरिस' (1873) उपन्यास को इसके एक प्रतिनिधि उदाहरण के तौर पर देखा जा सकता है। 'जर्मिनल' तक आते-आते आनुवांशिकता के सिद्धान्त पर ऐतिहासिक-सामाजिक उपादानों' की प्रधानता स्पष्ट दीखने लगती है।

'प्रकृतिवाद के सिद्धान्त" को निरूपित करते हुए 1880 के दशक में ज़ोला ने मुख्यतः तीन सैद्धान्तिक कृतियाँ लिखीं : 'दि एक्सपेरिमेंटल नॉवेल' (1880),

'नेचुरलिस्ट्स नॉवेलिस्ट्स' (1881) और 'लिटरेरी डॉक्युमेंट्स' (1881)। लेकिन यहाँ उसके सैद्धान्तिक प्रतिपादनों में भी हमें 1860 के दशक की तुलना में स्पष्ट भिन्नता देखने को मिलती है। आनुवांशिकता के सिद्धान्त को मुखर रूप से खारिज नहीं करने और 'प्रकृतिवाद' संज्ञा के इस्तेमाल के बावजूद ज़ोला सारतः इसे यथार्थवाद के निकटस्थ अर्थों में प्रयोग करता नजर आता है। साथ ही रूजों-मकार शृंखला के 1890 के दशक में लिखे गये अधिकांश उपन्यासों में व्यक्तित्व-विकास की गतिकी को वह समाज विकास की गतिकी के अनुवर्ती या सहवर्ती रूप में प्रस्तुत करता नजर आता है। साथ ही, इनमें वह रेलवे, खदान, स्टॉक एक्सचेंज जैसे पूँजीवाद के दैत्याकार 'आर्थिक अंगों' का अत्यन्त प्रामाणिक यथार्थ-चित्रण प्रस्तुत करता हैं। इसमें सन्देह नहीं कि ज़ोला के चरित्र बहुधा अपने शरीरक्रिया-वैज्ञानिक पहलुओं के चलते बाल्ज़ाक के नायकों से बौद्धिक तौर पर कम शक्तिशाली प्रतीत होते हैं, लेकिन इसका मुख्य कारण ज़ोला की सर्जनात्मक विफलता में नहीं, बल्कि युग-परिवर्तन की वस्तुगत सच्चाई में निहित है। बाल्ज़ाक के युग से सर्वथा अलग ज़ोला पतनशील-ह्रासमान पूँजीवाद के युग का लेखक था। कहा जा सकता है कि उसके उपन्यास मूलतः और मुख्यतः पूँजीवाद के स्वतंत्र प्रतियोगिता के दौर से साम्राज्यवाद के दौर में संक्रमण के दौरान फ्रांसीसी समाज का सामाजिक मनोवैज्ञानिक अध्ययन प्रस्तुत करते हैं। ऐसा करते हुए ज़ोला प्रकृतिवाद से अलग होता हुआ यथार्थवादी पद्धति की दिशा में आगे बढ़ता हुआ दिखाई पड़ता है। साथ उसकी राजनीतिक दृष्टि गणतंत्रवादी अवस्थिति से आगे यूटोपियाई समाजवादी अवस्थिति तक और फिर उससे भी आगे विकसित होती हुई दीखती है।

राल्फ फॉक्स का यह पर्यवेक्षण एकदम सही है कि यथार्थवाद के महान दौर में, बाल्ज़ाक, स्तांधाल आदि के उपन्यासों में हमारी भेंट एक ऐसे युवा नायक से होती है "जो समाज से संघर्षरत है, और अन्त में जिसके सारे भ्रम नष्ट हो जाते हैं, या जो समाज द्वारा परास्त कर दिया जाता है। बेशक ज़ोला के (और उसके समकालीन यथार्थवादियों के भी) उपन्यासों में ऐसे नायक की उपस्थिति देखने को नहीं मिलती। पर इसका कारण यह है कि बुर्जुआ समाज के नायक की ज़ोला के समय में मृत्यु हो चुकी थी। उस समय तक बुर्जुआ समाज में व्यक्तित्व के विघटन की महागाथा अपने अन्तिम दौर में पहुँच चुकी थी। समष्टिगत सर्जना की नुमाइन्दगी करने वाला जो नया नायक इतिहास के रंगमंच पर उपस्थित था, उसे मात्र पूँजीवाद की प्रखरतम आलोचना करने वाला या यूटोपियाई समाजवाद की जमीन पर खड़ा कोई सर्जक पहचान नहीं सकता था। यह काम आगे चलकर समाजवादी यथार्थवाद के प्रस्तोताओं-पुरोधाओं के हाथों सम्पन्न होना था। एमील ज़ोला की यही ऐतिहासिक त्रासदी थी। पूँजीवाद के कलाद्रोही-मानवद्रोही चरित्र के चरम उद्घाटन के इस दौर में, जब, राल्फ फॉक्स के अनुसार, कुछ लेखक संघर्ष में समझौते का सफेद झण्डा लहराकर 'कला कला के लिए' का सिद्धान्त अपना रहे थे, और जब, प्लेखानोव के अनुसार, बहुतेरे लेखक रहस्यवाद के शरणागत हो रहे थे, उस समय एमील ज़ोला लगातार नये यथार्थ के कलात्मक पुनर्सृजन की समस्या से साहसपूर्वक जूझ रहा था और यथार्थवाद के सीमान्तों को नया विस्तार दे रहा था। ज़ोला का प्रकृतिवाद कोई जड़ चीज नहीं था। उसकी वैचारिक, अन्तर्वस्तु लगातार विकासमान

रही। उसकी गतिकी की उपेक्षा करना एकांगीपन और यांत्रिकता का शिकार होना होगा। द्वंद्ववाद इसकी इजाजत नहीं देता। साथ ही, ज़ोला के यथार्थवाद की सीमाओं पर हम उसकी युगीन पृष्ठभूमि की उपेक्षा करके चर्चा नहीं कर सकते।

ज़ोला के कलात्मक-वैचारिक अन्तरविरोधों का उसके युग के अन्तरविरोधों के परावर्तन के रूप में अध्ययन किया जाना चाहिए। महान लेखकों की परस्पर तुलना उनके अपने ऐतिहासिक कालों को दृष्टि ओझल करके नहीं की जा सकती।

जैसा कि मिखाइल ख्रापचेंको ने लिखा है : "यथार्थवाद सदा वास्तविकता और मनुष्य का जिज्ञासापूर्ण अवगाहन, जीवन की गहन प्रक्रियाओं तथा लोगों के अंतर्जगत की जटिलता का उद्घाटन करने वाला अवगाहन था और है। ठीक इसलिए कि महान यथार्थवादी कलाकार इस उद्देश्य को पूरी तरह पा लेते हैं, उनकी रचनाओं में ऐसी ऊर्जा होती है कि जो अनेक पीढ़ियों को आविष्ट कर डालती है। उनके कलात्मक सामान्यीकरण विभिन्न युगों के लोगों को अपने आपको और विकासशील जीवन को जानने-समझने में मदद करते हैं। बताने की आवश्यकता नहीं कि यथार्थ के बाह्य रूप के चित्रण से अथवा नकल से ऐसे परिणाम नहीं पाये जा सकते" ('साहित्य और सौन्दर्यशास्त्र', बीसवीं शताब्दी का साहित्य-एक, रादुगा प्रकाशन, में संकलित लेख 'समकालीन सौन्दर्यशास्त्र की समस्याएँ)। ज़ोला का लेखन ऐसा ही लेखन था। इसलिए लूकाच के इस विचार से सहमत होना कठिन है कि उसने केवल आधुनिक जीवन के बाह्य रूप का चित्रण किया।

ब्रेष्ट ने लिखा था कि बदलते जीवन के साथ उसके चित्रण के रूप भी बदलते रहते हैं और यह कि "कोई रचना यथार्थपरक है या नहीं, यह उसकी यथार्थवादी मानी जाने वाली—और अपने समय के लिए सही तौर पर ऐसी मानी जाने वाली—रचनाओं से समानता अथवा असमानता सिद्ध करके ही तय नहीं किया जा सकता है। हर रचना के मामले में जीवन के प्रतिबिम्ब की मात्र अन्य प्रतिबिम्बों से नहीं, बल्कि इससे भी बढ़कर स्वयं प्रतिबिम्बित जीवन से तुलना की जानी चाहिए..."

ज़ोला एक सच्चे यथार्थवादी के समान यथार्थ के प्रतिबिम्बन की पूर्वप्रयुक्त विधियों-युक्तियों तक सीमित रहने के बजाय कलात्मक सामान्यीकरण की नयी प्रविधियों की खोज करता रहा। साथ ही, न्याय और मानव-मुक्ति की राह की तलाश की बेचैनी लगातार उसके वैचारिक विकास को उत्प्रेरित करती रही। अपने विश्व दृष्टिकोण में निहित प्रतिगामिता और साहित्यिक सिद्धान्तों में निहित अन्तरविरोधों के बावजूद ज़ोला की जनपक्षधरता निर्भीकतापूर्ण और अटूट थी। पूँजीवाद की क्रूरता, पाखंड और लोभ-लालच की संस्कृति से वह जीवन भर नफरत करता रहा और समता, न्याय और श्रम की गरिमा से युक्त सामाजिक संरचना के निर्माण के बारे में अन्तिम साँस तक सोचता रहा। जब तक पूँजीवाद इतिहास के रंगमंच पर मौजूद रहेगा, ज़ोला द्वारा उसकी आलोचनाओं की और ज़ोला के भविष्य-स्वप्नों की प्रासंगिकता बनी रहेगी।

—कात्यायनी
सत्यम

पहला खंड

1

सीधी-सपाट धरती और स्याही-सा गाढ़ा गुंजान आकाश। कहीं कोई तारा दिखाई नहीं पड़ता था। ऐसी वेला में एक निपट अकेला आदमी मारशियन से मोंसू जानेवाले मार्ग पर पाँव-पाँव चले जा रहा था। कोई छह मील लम्बा गच रास्ता था, जो चुकन्दर के खेतों में से होकर जाता था। सामने अन्धकारपूर्ण धरती कहाँ तक फैली है, इसका अन्दाज़ा यह शख़्स नहीं लगा पाया था। यह तो मार्च मास में चलनेवाला समुद्री झंझावात था—जो मीलों फैली दलदली, ठंठार भूमि पर रपटकर आने से हड्डियों तक को सुन्न किए दे रहा था—जिसने उसे भान कराया कि आकाश कितना असीम और अनन्त है। क्षितिज पर कहीं किसी पेड़ की कालिमा तक दिखाई नहीं पड़ती थी और सामने घटाटोप अन्धकार में डूबी सड़क ऐसे लगती थी जैसे धरती पर कोई सीधा स्तून पड़ा हो।

यह आदमी कोई दो बजे मारशियन से रवाना हुआ था और लम्बे डग भरते हुए चलता जा रहा था। देह पर मात्र पतली-सी सूती मिरजई और गाढ़े की पतलून तथा हाथों में चारखाना अँगोछे की पोटली थी, जिस कारण उसे चलने में असुविधा हो रही थी। सो, पोटली को उसने पहले एक कोहनी से, फिर दूसरी कोहनी से बग़ल में दबोचा ताकि दोनों हाथों को जेब में डाले रख सके। पूर्व दिशा से पड़नेवाले हवा के थपेड़ों से उसके हाथ सुन्न होकर फट गए थे। यह आदमी था भी बेकार और बेघर। उस वक्त, बस, एक ही बात उसके ज़हन में थी—सूर्योदय के बाद सर्दी शायद इतनी कड़ाके की नहीं होगी। घंटा-भर चलने के उपरान्त उसे बाईं ओर, यानी मोंसू से लगभग एक मील इधर, लाल लपटें दिखाई पड़ीं। वास्तव में, वे तीन धधकती हुई भट्ठियाँ थीं जो अधर में लटकी प्रतीत होती थीं। यह आदमी पहले तो डर के मारे थोड़ा झिझका, फिर सुन्न पड़ गए हाथों को क्षण-भर सेंक लेने का लोभ संवरण न कर सका।

सड़क घाटी में उतरती थी। एक-एक वस्तु जैसे एकाएक ओझल हो गई। दाहिनी ओर लगता था लकड़ी का कोई बाड़ा था, जैसे चौड़े-चौड़े फटों की फ़सील हो, जिसके पीछे रेलवे लाइन थी। बाईं ओर चरागाह जैसी ढलवीं ज़मीन थी, जहाँ तिकोनी बुर्जियों का जमघट-सा था। प्रतीत होता था, वहाँ एक ही तरह के छोटे-छोटे घरों-मकानोंवाला कोई गाँव-गामड़ा हो।

यह शख़्स कोई सौ गज़ और चलकर आगे आया। सड़क के मोड़ पर पहुँचा, तो एकाएक फिर लपटें दिखाई दीं, जो अब काफी निकट आ गई थीं। लेकिन तब भी उसकी समझ में बात नहीं आई कि निस्तब्ध आकाश में धूमिल चन्द्रमाओं जैसी इतनी

ऊँची लपटें क्यों उठी रही हैं।

तभी उसकी दृष्टि धरती पर एक जगह जाकर अटक गई। वहाँ भी जमघट-सा लगा था। वास्तव में वह छोटी-छोटी इमारतों का झुंड था, जिनके बीच कोई फैक्टरी सिर उठाए खड़ी थी। यहाँ-वहाँ कालिख़ पुती खिड़कियों में रोशनी भी दिखाई पड़ती थी। बाहर कोई बड़ा-सा ढाँचा था जिस पर पाँच-छह धुँधली-धुँधली लालटेनें टँगी थीं। ढाँचे के स्याह-से पड़ गए काठ से आभास होता था कि उस जगह कोई विशाल पाड़ बँधा था। रात और धुँए में डूबी इस विलक्षण-सी प्रेत छाया से एक ही आवाज़ निकलती सुनाई पड़ती थी : किसी अदृश्य पम्प की हँफनी।

अब जाकर कहीं सारी बात इस आदमी की समझ में आई। कोई कोयलाखान है इस जगह। लेकिन यह अनुभूति होते ही वह एकाएक संकुचित-सा हो गया : क्यों, पशेमान होता है, रे ? तेरे को कोई काम-धन्धा नहीं मिलनेवाला यहाँ। सो, इमारतों की तरफ़ जाने के बजाय उसने कोयले की केरी की टेकरी पर चढ़ने का फ़ैसला किया जहाँ कारखाने को गर्म रखने के लिए और रोशनी देने के लिए धातु के डलों में कोयला दहकाया जा रहा था। मरम्मत करनेवाले मज़दूरों की पाली ने देर तक काम किया होगा। तभी तो कूड़ा-कचरा अभी निकाला ही जा रहा था। पाड़ के निकट रेलडिब्बों को ठेलने का कोलाहल सुनाई पड़ रहा था और प्रत्येक अँगीठी के निकट चलती-फिरती परछाइयाँ छकड़ों को उलटने-पलटने में लगी थीं।

'परनाम', वह एक अँगीठी के निकट जाते हुए बोला।

ठेलेवाला कोई बूढ़ा था जो अँगीठी की तरफ़ पीठ किए खड़ा था। उसकी देह पर जामुनी-से रंग की ऊनी स्वेटर और सिर पर खरहे की खालवाली टोपी थी। उसका बड़ा-सा घोड़ा यानी कि ज़र्द-से रंग का टट्टू पत्थर के बुत की तरह इस प्रतीक्षा में खड़ा था कि जिन छह छकड़ों को वह कोयला-खान से खींचकर लाया है, वे कब खाली होते हैं। छकड़ों को खाली करनेवाला मज़दूर एकदम मरियल-सा लगता था। बाल उसके ललछौंहे-से थे। प्रतीत होता था उसे कोई जल्दी नहीं थी। उनींदी आँखों को झपझपाते हुए लीवर दबाए जा रहा था। ऊपर हवा भी वेग पकड़ने लगी थी और उत्तर दिशा से लगनेवाले बर्फ़ीले थपेड़े दराँती की तरह काट कर रहे थे।

'परनाम !' बूढ़े ने जवाब में कहा।

इसके बाद ख़ामोशी छा गई।

नौजवान को एकाएक लगा कि वे लोग उसे शक की निगाहों से देख रहे हैं। सो, तत्काल उसने अपना नाम बताया।

'जी, मेरा नाम एतियन लांतिए है...मैं इंजिनमैन हूँ। यहाँ कोई काम-धाम मिल सकता है क्या ?'

आग की लौ में उसकी उम्र इक्कीस-बीस की ही लगती थी। रंग पका हुआ और छरहरी देह। इसके बावजूद शरीर से बलिष्ठ।

छकड़ेवाले को सारी मालूमात थीं। उसने मुंडी हिलाई।

'इंजिनमैन का काम ! तौबा-तौबा ! कल भी दो आदमी नौकरी की फ़िराक में इधर आए थे। न, भइया, यहाँ कोई नौकरी-वौकरी नहीं मिलेगी।'

हवा के थपेड़ों से थोड़ा व्यवधान पड़ा बातचीत में। तदनन्तर एतियन उस तरफ़ केरी की टेकरी की ओर इंगित करते हुए पूछता है, 'जी, वहाँ कोई कोयला-खान है क्या ?'

अबके बूढ़े ने तत्काल जवाब नहीं दिया। एकाएक उसे इतनी ज़ोर की खाँसी छिड़ी कि गला रुँध गया। अन्ततः उसने बलग़म फेंका, तो लपलपाती लपटों से सुर्ख हुई धरती पर काली चित्ती-सी बन गई।

'हाँ, कोयला-खान ही है—ल वोरअ।...देख, उधर गाँव है।'

बाँह उठाकर उसने गाँव की दिशा में संकेत किया, जिसकी छतें इस आदमी को रास्ते में दिखाई पड़ी थीं। इस दौरान छह के छह छकड़े खाली हो गए थे और बूढ़ा छकड़ों के पीछे-पीछे चल पड़ा था। प्रतीत होता था, गठिया के कारण उसकी टाँगों में जकड़न थी। ज़र्द रंग का घोड़ा अपने-आप चल पड़ा था। कोड़ा वग़ैरह फटकारने की ज़रूरत नहीं पड़ी, और वह पूरा दम लगाकर छकड़ों को पटरी पर खींचते हुए लिये जा रहा था। हवा का झोंका आया और घोड़े की अयाल को अस्त-व्यस्त करते हुए निकल गया।

ल वोरअ कोयला-खान अन्धकार में से उभरने लगी थी। आग के आगे चिन्तामग्न-सा बैठा एतियन हाथ ताप रहा था। कोयला-खान के एक हिस्से की तरफ़ उसने निगाह डाली। वहाँ दिखाई पड़ा डामर पुती छतवाला कोयला छाँटने का ओसारा, कोयला-खान की शाफ़्ट के ऊपर का हेडफ्रेम, विशाल हायस्टिंग इंजिन रूम और ड्रेनेज पाइप की चौकोर मीनार। यह कोयला-खान क्या थी, घाटी के पेंदे में धसकी, ईंट की अवसन्न-सी सिमटी-सिकुड़ी इमारतों का जमघट, जिनके बीच चिमनी भयावह सींग की नाईं उभरी दिखाई पड़ रही थी जो उस मनहूस, नैश जन्तु सदृश लगती थी जो दुनिया को फाड़ खाने को तत्पर हो। कोयला-खान की तरफ़ निगाहें टिकाए एतियन सोचे जा रहा था कि किस तरह पिछले पाँच सप्ताह से वह काम की तलाश में ख़ानाबदोश की तरह मारा-मारा फिरता रहा है और उसे लील से नहीं, हर जगह से खदेड़ा ही गया है। शनिवार तक वह मारशियन पहुँच गया था जहाँ उसे ख़बर लगी थी कि ले फ़ार्ज़ कोयला-खान में काम मिल सकता है। लेकिन उसके हाथ-पल्ले कुछ न पड़ा था—न तो ले फ़ार्ज़ में और न ही सनवील में। रविवार उसने छकड़े बनानेवाले बढ़ई के अहाते में बिताया था, जहाँ वह लकड़ियों के टाल के नीचे छिपकर बैठा रहा था और चौकीदार ने थोड़ी ही देर पहले—सवेरे दो बजे—उसे वहाँ से भी खदेड़ दिया था। इसके पल्ले कुछ न था—एक सू तक नहीं, सूखी रोटी का छिलका तक नहीं। पता नहीं कैसी दुर्गति होगी यदि सड़कों पर वह इस हालत में निरुद्‌देश्य-सा भटकता फिरेगा ! वह यह भी नहीं जानता था कि झंझावात से बचने के लिए सिर कहाँ छिपाएगा।

हाँ, निस्सन्देह वह कोयला-खान ही था। कुछेक लालटेनों की रोशनी अहाते में पड़ रही थी, और जब एकाएक दरवाज़ा खुला, तो भट्ठियाँ दिखाई दीं, जिसमें से निकलती लपलपाती लपटों से उसकी आँखें चौंधियाने लगीं। अब जाकर सारी बात उसकी समझ में आई कि यह शोर तो था पम्प के ज़ोर-ज़ोर से हाँफने का, जो लगातार चल रहा था और ऐसे लगता था, जैसे कोई दैत्य साँस ले रहा हो।

छकड़े खाली करनेवाले आदमी की पीठ के पुट्ठे उभरे हुए थे। उस शख़्स ने आँख उठाकर देखा तक नहीं था उसकी तरफ़। एतियन ज़मीन से अपनी गठरी-पोटली उठाने

ही वाला था कि ज़ोर-ज़ोर से खाँसने की आवाज़ कानों में पड़ते ही समझ गया कि छकड़ेवाला लौट रहा है। और वह आ भी गया धीरे-धीरे निकलकर। पीछे उसका ज़र्द घोड़ा था, जो छह और छकड़े खींचकर ला रहा था।

'मोंसू में कोई फ़ैक्टरी-वैक्टरी भी है क्या ?' एतियन ने उससे पूछा।

बूढ़े ने काला बलग़म फेंका और मुँह ऊपर उठाते हुए जवाब दिया, 'हाँ, बथेरी हैं। तीन-चार साल पहले आते, तो देखते। लहर-बहर थी। इधर कोई मज़दूर ही नहीं मिलता था, ऐसा टोटा था। पगार भी तगड़ी थी। और अब हालत यह है कि हम लोगों को पेट पर पट्टी बाँधकर सोना पड़ता है। चारों तरफ़ बदबख़्ती है, बदहाली ही बदहाली है—मज़दूरों को निकाला जा रहा है और एक-एक करके फैक्टरियाँ बन्द होती जा रही हैं...ठीक है, हो सकता है इसमें बादशाह का कोई दोष न हो, लेकिन कोई यह तो बताए, वह अमेरिका जाकर क्यों पंगा कर रहा है ? और फिर तुर्रा यह कि ढोर-डंगर तक हैज़े से मर रहे हैं आदमियों की तरह।'

बूढ़ा और यह नौजवान, दोनों अपना रोना रोते रहे। हवा का तेज़ झोंका आता, तो तनिक बिलम जाते। एतियन बताता रहा कि पिछले हफ़्ते से किस तरह वह अकारथ मारा-मारा फिरा है : क्या इसी तरह भूखों मरने की नौबत आएगी ? देखना, वह दिन दूर नहीं जब गली-कूचों में भिखमंगे ही भिखमंगे दिखाई देंगे।

'बिलकुल !' बूढ़े ने कहा। 'उपद्रव होंगे। लानत है, भले-चँगे लोगों को ऐसे कैसे गलियों-सड़कों पर फेंक सकते हैं !' थोड़ा रुककर बोला, 'लोगों को रोज़ाना मांस भी मयस्सर नहीं होता !'

'कम-से-कम सूखी रोटी ही नसीब हो जाए, तो ग़नीमत है।'

हवा के झोंकों में इनके स्वर डूब जाते और साँय-साँय करते हुए दूर कहीं गुम हो जाते।

'देख !' छकड़ेवाला पुनः बोला, तनिक ऊँचे स्वर में। फिर दक्षिण दिशा में उन्मुख होकर कहता है, 'उधर है मोंसू।'

उसने पुनः हाथ उठाकर कुछ अदृश्य स्थलों की तरफ़ संकेत किया और एक-एक का नाम बताता रहा। बोला कि उधर नीचे मोंसू में फ़्रोवेल शुगर रिफ़ाइनरी अभी चल रही है। मगर ऊताँ में जो फ़ैक्टरी है, वहाँ के मज़दूरों को निकाल बाहर किया गया है। केवल द्युतियल आटा मिल और ब्लज़ केबल वर्क्स अभी बरकरार हैं।

इसके उपरांत सगरी उत्तर दिशा की तरफ़ हाथ के इशारे से आधे क्षितिज को समेटते हुए उसने यह बात कही : सनवील कंस्ट्रक्शन कम्पनी को पहले जितने आर्डर मिलते थे, अबके एक-तिहाई भी नहीं मिले। मारशियन फ़ार्ज़ की तीन धमन-भट्ठियों में से इन दिनों दो ही सुलगाई जाती हैं। और, अन्त में, गाज़बुआ ग्लास वर्क्स में हड़ताल का अन्देशा है, क्योंकि सुनते हैं, वहाँ पगार में कटौती की जाएगी।

'जानता हूँ, जानता हूँ,' एक-एक कारखाने का नाम सुनकर नौजवान बोल उठता था। 'अभी उधर से ही आ रहा हूँ।'

'जहाँ तक हम लोगों का ताल्लुक है, अभी तक ऊपरवाले की मेहर है !' छकड़ेवाला कह रहा था। 'लेकिन कोयला-खानों से अब ज़्यादा कुछ निकलता-विकलता नहीं है।

उधर निगाह डाल, ला विक्तुआर की तरफ़। कुल जमा दो ही भट्ठियाँ जलती हैं उसकी।'

उसने थूका। फिर उनींदे घोड़े को खाली छकड़ों में जोतकर लौट गया।

एतियन के सामने पूरा इलाका फैला पड़ा था। अँधेरा अभी गाढ़ा था। मगर बूढ़े के इंगित करते हाथों ने उसके भीतर गहरा विषाद भर दिया था, जिसकी उपस्थिति एतियन अपने चारों ओर फैले असीम-अनन्त आकाश में सर्वत्र अनुभव करने लगा था। नंगी धरती पर साँय-साँय करता मार्च महीने का यह झंझावात कहीं भूख की विरुदावलि तो नहीं ? ऐसा प्रतीत होता था, हवा के थपेड़े यह डंका पीट रहे हों कि काम-धाम खत्म हुआ, अब भुखमरी का ऐसा तांडव होगा कि लोग बेतहाशा मारे जाएँगे। अपने चारों तरफ़ दृष्टिपात करते हुए वह सघन अन्धकार को जैसे बेधने का जतन कर रहा था। आँख भरकर देखने की उत्कट अभिलाषा भी थी और त्रास भी।

उस अँधेरी रात की अभेद्य गहराइयों में हर चीज़ छिपी थी। बस, दूर, बहुत दूर कहीं कुछ धमन-भट्ठियों और कोक-भट्ठियों की झलक मात्र दिखाई पड़ती थी। फिर उन लपटों में कोक-भट्ठियों की करीब-करीब सौ तिरछी चिमनियों के खाके-भर दिखाई पड़ते थे। फिर परे, बाईं ओर खाली आसमान की पृष्ठभूमि में दो नीली-नीली चिमनियाँ चमक रही थीं। लगता था, जैसे भीमकाय प्रकाश स्तम्भ हों। बड़ा विषादमय दृश्य था, क्योंकि कोयले और लोहे की इस धरती के भयावह क्षितिज पर ये रात्रिकालीन अग्निपुंज सितारों की भाँति चमकते-से लगते थे।

'बेल्जियम से आए हो ?' छकड़ेवाले ने एक बार फिर एतियन के पीछे से निकलते हुए पूछा।

वह अबके केवल तीन ही छकड़े लेकर आया था। कोयला-खान के भीतर कोई दुर्घटना हुई थी—पिंजरे की ढिबरी टूट गई थी—और लगभग पन्द्रह मिनट तक काम स्थगित ही रहेगा। मगर तीनों छकड़ों को खाली तो करना ही था। केरी की टेकरी के नीचे एकदम सन्नाटा था, ट्रामों की जो निरन्तर गड़गड़ाहट सुनाई पड़ रही थी, वह भी थम गई थी और पाड़ों का थर्राना भी रुक गया था। कोयला-खान में से, बस, एक ही आवाज़ सुनाई पड़ती थी, और वह थी धातु की चादरों पर पड़ती घन की चोटें।

'ना, मैं तो मिदी से आ रहा हूँ,' एतियन ने जवाब दिया।

छकड़ों को खाली करनेवाला आदमी बैठ गया था। ख़ुश था कि दुर्घटना हो गई। अपनी निष्ठुर चुप्पी नहीं तोड़ी उसने। बीच-बीच में मलिन आँखें उठाकर वह छकड़ेवाले की तरफ़ देख लेता था, मानो इतनी बतकही उसे रास नहीं आ रही थी। वास्तव में, यह बूढ़ा इतनी लम्बी-चौड़ी बात किया नहीं करता था। ज़रूर ही यह अजनबी उसे अच्छा लगा था। सो, बतियाने को विवश हो गया था और यह ऐसा आवेग था, जिसके वशीभूत वृद्धजन अकसर बातें करने लगते हैं—चाहे अपने आपसे ही।

'मैं मोंसू में रहता हूँ,' वह बोला। 'मेरा नाम बोनमोर्त है।'

'यह तो तख़ल्लुस हुआ न, क्यों ?' एतियन ने हैरानी के स्वर में कहा।

बूढ़े ने खीसें निपोरते हुए ल वोरअ की तरफ़ इशारा किया।

'हाँ, तीन बार उन्होंने खींचकर मुझे बाहर निकाला—हालत मेरी मरे हुए से भी गई-गुज़री थी। एक बार तो सिर के बाल झुलस गए थे। दूसरी बार मेरी अँतड़ियों में

ख़ाक धँस गई थी, और तीसरी बार पेट पानी भरने से फूल गया था—बिलकुल मेंढ़क की तरह...जब देखा इन्होंने कि यह आदमी तो किसी चीज़ से मरता ही नहीं है, तो हँसी-हँसी में मेरा नाम बोनमोर्त धर दिया।'

वह और भी ज़ोर से खिलखिलाकर हँस पड़ा। उसकी हँसी ऐसी थी, जैसी कि सही चिकनाई के अभाव में कोई ग़रारी चिचियाती है। हँसते-हँसते खाँसी छिड़ गई। भट्ठी की दहकती आग में एकदम उसका भारी-भरकम सिर और धौले विरल बाल और पांडु वर्ण के चेहरे पर नीली-नीली चित्तियाँ उजागर हो उठीं। कद उसका ठिंगना था। गर्दन स्थूल और टांगें ऐंठ गई थीं बाहर निकली और पैरों के पंजे भीतर मुड़े थे। लम्बी बाँहें तथा भारी-भरकम हाथ घुटनों तक झूल जाते थे। बाकी, वह भी अपने घोड़े की तरह—जो जुम्बद न जुम्बद गुल मुहम्मद की तरह खड़ा था—ऐसे लगता था, जैसे पत्थर का बुत हो, जिसे न तो सर्दी और न ही कानों पर साँय-साँय करती हवा व्यापती थी। जब खाँसता, तो ऐसा प्रतीत होता, जैसे कोई तेज़ रेती उसके गले को रेत रही हो। जब डलिया के निकट उसने थूका, तो वह जगह काली स्याह हो गई।

एतियन ने पहले बूढ़े की तरफ़, फिर ज़मीन पर धब्बे की तरफ़ देखा।

'बहुत दिनों से इस कोयला-खान में काम करते आ रहे हो ?'

बोनमोर्त हाथ उठाते हुए बोला, 'बहुत दिनों से ? यही समझ लो। आठ बरस का भी नहीं था जब मैं कोयला-खान में उतरा था—इसी ल वोरअ कोयला-खान में—और अब अट्ठावन का हूँ—समझे ! मैंने हर काम किया है—पहले मुंडू का काम किया, जब देह में कोयला ढोने की ताकत आई, तो ढुलाई-लदाई करनेवाला मज़दूर बना, और फिर अठारह बरस तक कोयला काटा। और फिर जब टाँगें जवाब दे गईं, तो इन्होंने मरम्मत के काम में, बैंकिग के काम में, पैचिंग के काम में ठेल दिया—और ये सारे काम मैं तब तक करता रहा जब तक डॉक्टर ने यह मशविरा नहीं दिया कि यदि इस शख़्स को ऊपर नहीं लाया गया, तो हमेशा के लिए नीचे ही रह जाएगा। और अब पाँच बरस से गाड़ीवान हूँ...है न कमाल की बात, है या नहीं ? पचास बरस कोयला-खान में—उनमें से पैंतालीस बरस नीचे कोयला-खान के भीतर !'

इस तरह जब वह बोल रहा था, तो बीच-बीच में अँगीठी से अँगार छिटककर बाहर गिरते और उनके लाल अक्स से उसका पांडु चेहरा रोशन हो उठता।

'बोलते हैं, अब तू आराम कर,' उसने बात आगे बढ़ाई। 'क्यों करूँ ? ऐसा झिलंगा-झटोका नहीं हूँ। अभी दो साल और डटा रहूँगा—जब तक साठ का नहीं हो जाता—उसके बाद मुझे 180 फ़्रां पेंशन मिलेगी। अगर अब काम छोड़ता हूँ, तो फ़कत 150 ही पाऊँगा। बड़े चतुर हैं ये हराम के ! फिर अभी तो मैं चंगा-भला हूँ, सिर्फ़ टाँगें साथ नहीं दे रहीं। क्या बताऊँ, यह पानी की ही बरक्कत है कि नीचे मैं भीगता रहता था और यह मुसीबत गले पड़ गई। कोई-कोई दिन तो ऐसा आता है कि ज़रा भी हिलता-डुलता हूँ, तो चीखें निकल जाती हैं।'

उसे फिर खाँसी छिड़ी और बातचीत में व्यवधान पड़ा।

'क्या इसी वजह से खाँसी छिड़ती है ?' एतियन ने पूछा।

उसने ज़ोर से सिर हिलाया। फिर जब बात करने लायक हुआ, तो बोला, 'न, रे !

पिछले महीने सर्दी खा गया था। पहले खाँसी आती ही नहीं थी, और अब पिंड ही नहीं छोड़ती...और अजीब बात, थूकता ही रहता हूँ...थूकता ही रहता हूँ...'

एक बार फिर उसके गले में घरघराहट हुई और उसने बलग़म का थक्का उगता।

'खून आता है ?' आख़िर हिम्मत करके एतियन ने पूछ ही लिया।

बोनमोर्त ने उलटी हथेली से हौले-हौले मुँह पोंछ डाला।

'यह तो कोयला है। मेरी अँतड़ियों में इतना भरा है कि मरते दम तक तापने के लिए काफ़ी है। और अब पाँच बरस से नीचे कोयला-खान में कदम नहीं रखा। शायद अनजाने में ही अपने भीतर कोयला सँजोता रहा हूँ। ठीक है, आँतें ख़राब नहीं होतीं।'

इसके बाद की चुप्पी में कोयला-खान में दूर कहीं पड़नेवाले लगातार प्रहारों की ध्वनि सुनाई पड़ती रही। अँधेरी रात में हवा की साँय-साँय भूख और थकान का आर्तनाद-सा लगता था। बूढ़ा धधकती आग के सामने खड़ा था। स्वर उसका तनिक नरम हो आया था और अपनी स्मृतियों का ताना-बाना बुन रहा था। हाँ, अर्सा पहले उसने और उसके परिवार ने इस कोयला-खान में काम करना शुरू किया था। आरम्भ से ही कम्पनी की मोंसू कोयला-खान में उसका परिवार काम करता आया है—और यह काफ़ी पुरानी, कोई एक सौ छह बरस पहले की बात है...उसके दादा गियोम माहअ की उम्र तब करीब पन्द्रह बरस की होगी, जब उसने रकैयार नामक जगह पर, खांड के कारखाने के निकट साफ़्ट कोल के भंडार ढूँढ़ निकाले थे। अब तो वह जगह परित्यक्त पड़ी है, लेकिन वह कम्पनी की पहली खदान थी, और यहाँ का रहनेवाला एक-एक जन जानता है कि उसके दादा ने ही उसकी खोज की थी। इसका प्रमाण यह कि उसके दादा के नाम पर ही कोयला-खान का नाम रखा गया था गियोम खदान...अपने दादा के उसे दर्शन नहीं हुए, लेकिन बताते हैं कि वह कद-काठी से ऊँचा-लम्बा और बलिष्ठ आदमी था और साठ की वृद्धावस्था में उसकी मृत्यु हुई थी। फिर उसके पिता निकोलस माहअ की मृत्यु भी ला वोरअ में ही हुई—हर कोई उसे 'कम्युनिस्ट' कहता था और मृत्यु के समय मुश्किल से वह चालीस का था : वे खुदाई कर ही रहे थे कि एकाएक छत बैठ गई थी और उसका कचूमर निकल गया था। चट्टानें उसका रक्त चूसकर हड्डियाँ निगल गई थीं। तदुपरान्त उसके दो चाचा और तीन भाई भी इसी खान में मृत्यु को प्राप्त हुए थे। और वह—वेंसा माहअ—किसी तरह अक्षत निकल आया था। हाँ, उसकी दोनों टाँगें ऐंठ गई थीं। हरेक की ज़बान पर यही बात थी कि वह क़िस्मत का धनी है...तो, किया भी क्या जा सकता था ! काम तो करना ही पड़ता है न, और दूसरे काम-धन्धों की तरह यह धन्धा भी बाप से बेटे को विरासत में मिलता आया है। अब उसका बेटा तूसैं माहअ अपने आपको इस कोयला-खान में खपा रहा है। और यही हश्र होने जा रहा है उसके पोतों का भी और कुटुम्ब के बाकी सब जनों का। वे सब सामनेवाले गाँव में रहते हैं। एक सौ छह बरस से सभी ने—क्या बूढ़ों ने और क्या जवानों ने—अपने-आपको इसी कम्पनी में झोंक रखा है। कुछ पल्ले पड़ा तेरे ?—ढेरों अमीर-उमरा हैं। उनका इतना बढ़िया इतिहास है !

'कम-से-कम पेट भरने का वसीला तो हो,' एतियन फिर बुदबुदाया।

'यही तो कहता हूँ। दाल-रोटी मिलती रहे, तो जीवन का गाड़ा खिंच ही जाता है।'

बोनमोर्त चुप हो गया। लगा गाँव की दिशा में देखने, जहाँ एक-एक करके बत्तियाँ जलने लगी थीं। मोंसू के घंटाघर की घड़ी चार बजा रही थी। और सर्दी और तीखी हो गई थी।

'तुम्हारी कम्पनी होगी तो मालदार ?' एतियन पूछ बैठा।

बूढ़े ने कन्धे उचकाए, फिर नीचे झुका लिए, मानो सोने के सिक्कों के भार तले दब गए हों।

'अच्छा ! निकट ही जो आंज़ैं कम्पनी है न, उतना तो नहीं, लेकिन लाखों-करोड़ों के वारे-न्यारे होते हैं। अब तो कोई गिनती ही नहीं है। उन्नीस कोयला-खानें हैं—जिनमें से तेरह तो चलू हैं—ल वोरअ, ला विक्तुआर, क्रेवकर, मीरू, सैं-तोमा, मादलेन, फ़त्री-कांतेल। और भी कितनी सारी हैं—फिर छह और हैं जो पानी की निकासी या रोशनी के लिए हैं, जैसे रकैयार। दस हज़ार आदमी काम करते हैं, 67 कम्पनियों में अख़्तियारे-हक हैं, हर रोज़ पाँच हज़ार टन कोयला निकलता है। एक-एक कोयला-खान तक, एक-एक वर्कशाप तक, एक-एक फ़ैक्टरी तक रेलगाड़ी आती-जाती है...बेशुमार दौलत है !'

पाड़ पर एकदम छकड़ों के लुढ़कने की खड़खड़ाहट से ज़र्द टट्टू के कान खड़े हो गए। ज़रूर ही नोचे पिंजरा मरम्मत हो गया होगा और मज़दूर काम में लग गए होंगे। टट्टू को दूसरे फेरे के लिए जोतते हुए बूढ़ा हौले-हौले उससे बतिया रहा था :

'काहिल कहीं के, निकम्मे, इतना कनरस ठीक नहीं। मोंस्यो हेनबो ने अगर देख लिया कि इस तरह तू वक्त बरबाद करता है, तो...'

गहरी सोच में डूबा एतियन अँधेरे में दृष्टि गड़ाए पूछता है, 'मोंस्यो हेनबो इस कोयला-खान का मालिक है ?'

बूढ़े ने जवाब दिया, 'नहीं, जनरल मनीजर है। उसे भी पगार मिलती है, हमीं लोगों की तरह।'

नौजवान ने घटाटोप अँधेरे की तरफ़ देखते हुए पूछा, 'तो फिर इन सबका मालिक कौन है ?'

उसी क्षण बोनमोर्त को फिर खाँसी का दौरा पड़ा और खाँसते-खाँसते एकदम बदहवास हो गया। अन्ततः होंठों से काली झाग पोंछते हुए वेग पकड़ती हवा की तरफ़ मुख करके बोला, 'क्या ? कौन मालिक है इसका ?...कौन जाने ! कोई तो होगा।'

वह यों ही दूर अँधेरे में किसी अज्ञात स्थल की ओर देखता रहा, जहाँ वे 'कोई-न-कोई लोग' बसते होंगे, जिनकी कोयला-खानों में माहअ का सारा ख़ानदान सौ से भी ज़्यादा बरसों से हाड़ तोड़ता आ रहा था। उसके लहज़े में भय और विस्मय का मिला-जुला भाव था, मानो वह किसी ऐसे अगम, अगोचर देवस्थल के विषय में बता रहा था, जिसमें कोई अघाया हुआ देवता प्रतिष्ठित था और जिसके लिए इन्होंने अपने प्राणों की बाजी लगा रखी थी मगर जिसका दर्शन लाभ इन्हें कभी नहीं हुआ।

'आदमी को कम-से-कम पेट भरने लायक रोटी मिलती रहे,' एतियन ने उसी रौ में सम्भवतः तीसरी बार यह बात कही।

'तू ठीक बोलता है रे ! लेकिन हमेशा भरपेट रोटी मयस्सर होती रहती, तो फिर रोना किस बात का था !'

टट्टू चला गया था। उसके बाद गाड़ीवान भी खदबदाते हुए उसके पीछे ओझल हो गया। जो आदमी छकड़ों को पलट रहा था, वह हिला-डुला तक नहीं। ठुड्डी घुटनों में दबाए गुड़ीमुड़ी-सा बैठा मलिन आँखों से शून्य में टकटकी लगाए देखे जा रहा था।

एतियन ने अपनी पोटली उठाई, लेकिन उठकर खड़ा नहीं हुआ। धधकती अग्नि की ऊँची उठती लपटों से उसका सीना भुनने लगा था, मगर पीठ बर्फ़ीली हवा के थपेड़े पड़ने से अकड़ गई थी। बैठा-बैठा सोच रहा था—क्यों न कोयला-खान के दफ़्तर के भीतर जाकर दरियाफ़्त करूँ ? मुमकिन है, बूढ़े को इल्म न हो। और फिर काम जैसा भी होगा, पकड़ लूँगा। फिर जाऊँ तो जाऊँ कहाँ, ऐसे मुल्क में जहाँ बेकारी की वजह से भुखमरी फैली है ? किसी भटके कुत्ते की तरह क्या अपनी लाश किसी दीवार के पीछे छोड़ जाऊँ ? लेकिन फिर पसोपेश में पड़ गया। कोई बात उसे मथ रही थी—सम्भवतः ल वोरअ का डर, जो इस सपाट धरती पर रोप दी गई थी और घनी रात में डूबी थी। सर्दीली हवा के थपेड़े क्षण-प्रतिक्षण तीक्ष्ण होते जा रहे थे, मानो दूर क्षितिज से आ रहे हों। निस्तब्ध आकाश पर पौ फटने की लालिमा तक दृष्टिगोचर नहीं होती थी। मात्र अँगीठियों और कोक-भट्ठियों की लपटें ही दिखाई पड़ रही थीं जो अन्धकार में लोहित लौ तो भर रही थीं मगर उसके रहस्यों को उद्घाटित करने में असमर्थ थीं। और ल वोरअ अपने विवर की तली में घात लगाए किसी पापात्मा जन्तु की नाईं अब भी ऐंठी-सी बैठी थी और ज़ोर-ज़ोर से हाँफ रही थी, मानो मनुष्य की मांस-मज्जा को पचाने की उदर-पीड़ा से व्याकुल हो।

2

काले आसमान के नीचे गेहूँ और चुकन्दर के खेतों के बीच गहरी नींद में डूबा था 'ग्राम 240'। छोटे-छोटे घरों-मकानों के चार बड़े-बड़े खंड थे, जो धुँधले-धुँधले-से दिखाई पड़ते थे। मकानों के पिछवाड़े एक-दूसरे के साथ एकदम सटे हुए थे और उनका निर्माण भी उसी करीने से किया गया था, जिस करीने से बैरकें या अस्पताल की इमारतें बनाई जाती हैं—ज्यामिती के सिद्धान्तों के अनुसार, समानान्तर और तीन चौड़ी-चौड़ी गलियों द्वारा विभाजित, जहाँ बराबर लम्बाई-चौड़ाईवाली बगीचियाँ थीं।

इस उजाड़-बियाबान इलाके में, बस, एक ही ध्वनि सुनाई पड़ती थी, और यह ध्वनि थी हवा के थपेड़ों से बगिया की दीवारों के साथ ढीली-ढाली झँझरियों के टकराने से उत्पन्न झनझनाहट।

माहूअ परिवार का सोलह नम्बर का मकान खंड दो में था। उस मकान में कोई हिल-डुल तक नहीं रहा था। पहले तले के एकमात्र कमरे में सघन अन्धकार था, जो उन लोगों की नींद को रौंदता-सा लगता था जो थकावट के मारे चकनाचूर होकर मुँह बाए पड़े थे। ये लोग दिखाई तो नहीं पड़ते थे, मगर उनकी उपस्थिति अनुभव की जा

सकती थी। बाहर कड़कड़ाती सर्दी के बावजूद, भीतर ग़ज़ब की तपिश थी—बिलकुल वैसी ही घुटन, वैसी ही मानुष-गन्ध, जैसी कि एकदम साफ़-स्वच्छ बैरकों में विद्यमान रहती है।

नीचे के तल में कुकु क्लॉक ने चार बजाए। वहाँ ज़ोर-ज़ोर से साँस की सीटियों और खर्राटों के अलावा जीवन का कोई लक्षण दिखाई नहीं पड़ता था।

कैथरीन एकाएक उठकर बैठ गई। हर रोज़ की तरह नीचे से चार बार सुनाई पड़नेवाली घड़ी की टनटनाहट उसके कानों में पड़ी ज़रूर थी, लेकिन इतनी थकी-माँदी थी कि पूरी तरह सचेत होने की हिम्मत नहीं जुटा पा रही थी। किसी तरह कम्बल के नीचे से ज़बरदस्ती टाँगें खींच निकालते हुए वह टटोल रही थी। अन्ततः माचिस हाथ लगी, तो उसे जलाकर मोमबत्ती बाली। लेकिन उठकर खड़ी नहीं हुई, वहीं बैठी रही। सिर इतना भारी था कि लगता था, दोनों कन्धों के बीच धँसता जा रहा है। अवश-सी पुनः तकिए में मुँह डालकर पड़ गई।

मोमबत्ती की रोशनी में सब कुछ उजागर हो गया था। उस वर्गाकार कमरे में दो झरोखे थे और तीन बिछौने थे जो एक-दूसरे के साथ एकदम सटे हुए थे। फिर एक आलमारी थी। एक मेज भी थी और अखरोट की लकड़ी की दो कुर्सियाँ, जिनकी गहरी रंगत उनके पीछे फीके रंग की दीवारों के साथ साफ़ उजागर हो रही थी। इनके अलावा, कमरे में और कोई शै नहीं थी—हाँ, कुछ चिथड़े मेखों से ज़रूर लटक रहे थे और टाइलों के फ़र्श पर एक मटका और मटके की बग़ल में मिट्टी का तसला रखा था, जिसमें ये लोग मुँह-हाथ धोया करते थे। बाईं ओर के बिछौने पर सबसे बड़ा भाई ज़कारी, जिसकी उम्र इक्कीस बरस की थी, अपने भाई यांलैं के साथ सो रहा था, जो करीब ग्यारह बरस का था। दाईं ओर के बिस्तर पर छह बरस का लेनोर और चार बरस का आरी गलबहियाँ डाले गहरी निद्रा में निमग्न थे। तीसरी शैया कैथरीन की और उसकी नौ बरस की बहन अलज़ीर की थी। अलज़ीर इतनी दुर्बल थी कि बड़ी बहन कभी महसूस ही न करती कि वह उसके साथ सोई है यदि उसका कूबड़ उसकी पसलियों में चुभता न रहता। काँचवाला दरवाज़ा खुला था और उसके बाहर ज़ीने की चौकी पर—जो कि आने-जाने का रास्ता था—चौथी शैया थी, जिस पर इनके माँ-बाप सो रहे थे। शैया के साथ इनकी सबसे छोटी बेटी एस्तेल का पालना रखा था। वह अभी तीन मास की भी नहीं थी।

कैथरीन निढाल पड़ी थी। उठने का मन ही नहीं था। अँगड़ाई लेते हुए उसने माथे और गर्दन पर छितराए ललछौंहे-से केशों को हाथों में जकड़ लिया। वह थी तो पन्द्रह बरस की, परन्तु देह से अत्यन्त क्षीण। एकदम चुस्त शमीज़ पहने हुए थी, जिसमें से उसके नीले पड़ गए पाँव—जिन्हें मानो कोयले से गोद डाला गया था—और नाजुक बाँहें उघड़ी थीं और उनकी दूधिया सफ़ेदी लड़की के पांडु वर्ण से कतई मेल नहीं खाती थीं, क्योंकि लगातार रुखड़ा साबुन इस्तेमाल करते-करते उसकी सारी त्वचा चौपट हो गई थी।

कैथरीन ने जम्हाई ली, तो उसके चौड़े मुँह के भीतर हरे-से मसूड़े और मनोहर दन्तावली चमकी। कैथरीन की नींद पूरी नहीं हुई थी और फटी-फटी कजरारी आँखों

से ताके जा रही थी जिनमें ऐसी वेदना थी जिसने उसकी समूची नग्न देह को क्लान्त-श्रान्त करके फुला-सा दिया था।

तभी ज़ीने के बिस्तर पर कराहट-सी सुनाई पड़ी और फिर माहूअ का भर्राया हुआ लड़खड़ाता-हकलाता स्वर उभरा : 'अरी, कमबखत...वक्त हो गया...कैथरीन ! मोमबत्ती तूने बाली है ?'

'हाँ, मैंने बाली है...नीचे घड़ी ने अभी-अभी चार बजाए हैं।'

'निकम्मी कहीं की...जल्दी से उठ मर। इतवार को इतनी नाचती-मटकती न रहती, तो हमें जगा देती। एकदम हड्डहराम हो गई है यह छोकरी !'

और बेटी पर झींकते-झींकते वह पुनः नींद की आग़ोश में चला गया। उसकी बड़बड़ाहट खर्राटों में घुलती चली गई।

कैथरीन मात्र शमीज़ में नंगे पैरों कोठरी में डोल रही थी। आरी और लेनोर की शैया के निकट आई, तो देखती है कि उनका कम्बल सरक गया है। उसने पुनः ओढ़ा दिया। लड़के बालसुलभ गहरी निद्रा में लीन थे। हिले-डुले तक नहीं। अलज़ीर अखियाँ उघाड़े देख रही थी और उस स्निग्ध जगह पर सरक आई थी जहाँ से थोड़ी देर पहले उसकी बहन उठ कर गई थी।

'ज़कारी, उठ जा। यांलैं, तू भी उठ। चलो, दोनों उठो !' कैथरीन अपने दोनों भाइयों की शैया के निकट खड़ी बोल रही थी, जो तकिए में मुँह छिपाए पसरे पड़े थे।

कैथरीन ने बड़े लड़के को कन्धे से पकड़ कर झकझोड़ा, तो वह लगा अबा-तबा बोलने। कैथरीन ने कम्बल खींचकर उतारा, तो लड़के टाँगें मारने लगे। यह सारा दृश्य कैथरीन को बड़ा हास्यास्पद लगा और हँसती चली गई।

'गधी कहीं की ! छोड़।' ज़कारी उठकर बैठ गया और गुर्राया। 'क्यों परेशान करती है ?...बाप रे, सच्ची, देर हो गई !'

ज़कारी एकदम दुबला-पतला था और लगता भी गावदी-सा था। चेहरा लम्बोतरा और मसें भीग रही थीं। बाल भी सारे परिवार की तरह भूरे-भूरे, ललछौंहे-से। शरीर में रक्त की कमी। चेहरा पीला-पीला-सा हो गया था। झगा उसका थोड़ा ऊपर उठ गया था। संकोच से नहीं, बल्कि ठंड से बचने के लिए उसने नीचे खींच लिया।

'नीचे घड़ी टन-टन बोल चुकी है,' कैथरीन ने उसे फिर चेताया। 'चल, बाप गुस्से हो रहा है।'

यांलैं कुंडली-सी मारे लेटा था। आँखें मूँद हड़काते हुए बोला, 'जा, जा, मुझे नींद लगी है।'

कैथरीन एक बार फिर ठठा कर हँसी और हँसती ही चली गई। लड़का पिद्दा-सा लगता था। दुबली-पतली टाँगों और बाँहों के जोड़ बुरी तरह सूजे हुए थे। कैथरीन ने सहज ही उठाकर उसे अंक में भर लिया। लड़के का चेहरा मुरझा गया था। एकदम बन्दर जैसा लगता था। सब्जी-सी आँखें धँस गई थीं। फिर खड़कन्ना भी था। एकदम तिलमिला गया। बोला तो कुछ नहीं, मगर एकाएक उसने कैथरीन की दाहिनी छाती में दाँत गड़ा दिए।

'पाजी !' अपनी चीख को दबाते हुए कैथरीन बड़बड़ाई और लड़के को फर्श पर

पटक दिया।

अलज़ीर सो नहीं रही थी। ठुड्डी तक कम्बल ओढ़े चुपचाप पड़ी थी। एक अशक्त-असमर्थ व्यक्ति की तरह ग़ौर से भाई-बहन को कपड़े पहनते हुए ताके जा रही थी। हाथ-मुँह धोनेवाले तसले पर फिर झगड़ा हुआ। लड़कों ने धकिया कर बहन को हटाया, क्योंकि कैथरीन हाथ-मुँह धोने में देर लगा रही थी। लड़कों ने झग्गे उतार फेंके और नींद के झोंकों के साथ उसी लापरवाही से हलके होने लगे, जिस तरह साथ-साथ पलने वाले पिल्ले हगते-मूतते हैं।

कैथरीन सबसे पहले तैयार हुई। खान मज़दूरों वाली पतलून और ऊपर गाढ़े की फतूही डाली, बालों का सिर के ऊपर जूड़ा बनाया और नीली टोपी पहनी। सोमवार का दिन था। कैथरीन मज़दूरों के इस पहरावे में नाटे कद की पुरुष लगती थी। इसमें उसका स्त्रीत्व तो एकदम छिप गया था, लेकिन कूल्हों की हलकी मटक छिपाए छिपती नहीं थी।

'जब बाबा घर आएगा,' ज़कारी मुँह बिचकाते हुए कीने से बोला, 'तो बिस्तर की यह हालत देखकर बड़ा खुश होगा...और यह भी बता दूँगा उसे, यह सारी कारिस्तानी तेरी है।'

यह बाबा और कोई नहीं, इनका दादा बोनमोर्त था, जो रात को काम करता था और दिन को सोता था। सो, बिस्तर कभी ठंडा पड़ता ही नहीं था। हमेशा कोई न कोई उसमें पसर कर खर्राटे मारता ही रहता था।

कैथरीन ने बिना बोले-चाले बिस्तर पर कम्बल बिछाया और उसके किनारों को खोंस दिया। थोड़ी देर से पड़ोस के घर से दीवार भेदकर आवाज़ें आ रही थीं। कम्पनी के ये ईंट के घर इतने सस्ते बने थे कि ज़रा-सी आहट भी आर-पार सुनाई पड़ जाती थी। सारे घर एक सिरे से लगाकर दूसरे सिरे तक इस तरह एक-दूसरे के साथ सटे हुए थे कि किसी के निजी जीवन को कोई भी बात—यहाँ तक कि बच्चों से भी—छिपी नहीं रह सकती थी। तभी भारी-भरकम पदचाप से ज़ीना लरज़ा और हलका-सा छपाका हुआ, और फिर जैसे चैन की साँस ली किसी ने।

'ले,' कैथरीन बोली। 'लवाक नीचे उतरा और बूतलू उसकी जोरू ला लवाक के बिस्तर में घुसा।'

यांलैं ठी-ठी करके हँसने लगा। अलज़ीर की आँखें भी चमक उठीं।

पड़ोस में रहनेवाले इन तीन जनों की हरकतों से इन लोगों का सुबह-सुबह खासा मनोरंजन होता था। लवाक कोयला काटनेवाला मज़दूर था और उसने एक मिस्त्री को घर में रख लिया था, जिसका मतलब यह था कि उसकी औरत के दो मरद थे—एक रात का, दूसरा दिन का।

'फ़िलोमेन खाँस रही है,' कैथरीन ने क्षण-भर कान खड़े करके सुनने के बाद कहा।

उसने यह बात लवाक की सबसे बड़ी बेटी के बारे में कही थी, जो उन्नीस बरस की ऊँची-लम्बी लड़की और ज़कारी की प्रेमिका थी...और उसके दो बच्चे जन चुकी थी। उसके फेफड़े इतने नाज़ुक थे कि अब कोयला-खान में उससे कोयला छानने का ही काम लिया जाता था। उसका स्वास्थ्य कभी इस लायक हुआ नहीं कि वह नीचे खान में जाकर काम कर पाती।

'अरी ! फ़िलोमेन के लिए तू क्यों जान हलकान करती है।' ज़कारी बोला। 'किसी को भाव नहीं देती वो। बस, सोती ही रहती है। एकदम काहिल सुअरनी छह बजे तक पड़ी रहती है।'

पतलून चढ़ाते-चढ़ाते ज़कारी को अचानक कुछ याद आया, तो उसने खिड़की खोली। बाहर अँधेरे में गाँव जागने लगा था। एक-एक करके खिड़कियों की छिपटियों में से रोशनी दिखाई पड़ने लगी थी। ज़कारी को इस तरह बाहर झाँकते देख फिर बहस होने लगी : वह यह देखने के लिए झाँक रहा था कि शायद वोरअ कोयला-खान का फ़ोरमैन निकलता दिखाई पड़ जाए, क्योंकि यह बात फैल रही थी कि वह ला पियरोन के साथ सोता है। लेकिन उसकी बहन चीख-चीखकर बता रही थी कि उसका ख़ाविन्द तो कल दिन की पाली में ढुलाई स्टेशन पर गया था। सो, यह हो ही नहीं सकता कि दांसायर रात को यहाँ सोने आया हो। कोठरी के भीतर ज़ख़ हवा के झोंके आ रहे थे और भाई-बहन एक-दूसरे पर गर्मी खा रहे थे। दोनों बज़िद थे—ज़कारी कहता था कि उसकी जानकारी सही है, कैथरीन कहती थी, वह सही है।

तभी रोने-बिलबिलाने का स्वर सुनाई पड़ा। पालने में पड़ी एस्तेल ठिठुरते हुए चीखने-चिल्लाने लगी थी।

माहूअ उठकर बैठ गया था। 'अरे, यह क्या ! मुझे क्या हुआ ? लोफ़र-लफ़ंगे की तरह फिर सो गया।...' वह इतने ज़ोर से बोला कि साथ कोठरी में बच्चों की ऊपर की साँस ऊपर और नीचे की नीचे। ज़कारी ने और यांलैं ने किसी तरह गिरते-पड़ते हाथ-मुँह धोया। अलज़ीर फटी-फटी आँखों से अब भी ताके जा रही थी। दोनों बालक, लेनोर और आरी, गलबहियाँ डाले निश्चल-से पड़े थे और इस शोर-शराबे के बीच हलके-हलके साँस ले रहे थे।

'कैथरीन ! तनिक मोमबत्ती तो देना।' माहूअ ने ऊँचे स्वर में कहा।

कैथरीन ने कुर्ती के बटन बन्द करके बाप को मोमबत्ती पकड़ाई। पीछे दोनों भाई दरवाज़े से आती रोशनी में अपने-अपने कपड़े ढूँढ़ रहे थे। माहूअ एकदम बिफरते हुए बिस्तर में से निकला। मगर कैथरीन ठहरी नहीं। भारी ऊनी मोज़ों में रास्ता टटोलती हुई नीचे उतर गई और वहाँ जाकर उसने एक और मोमबत्ती जलाई और कॉफ़ी बनाने लग गई। सारे परिवार के 'साबो'* आलमारी के नीचे गड्डमड्ड-से पड़े थे।

'चुप होती है या नहीं, आफ़त की पुड़िया कहीं की।' माहूअ चीख उठा, क्योंकि एस्तेल के लगातार किकियाने से वह बेज़ार हो गया था।

बूढ़े बोनमोर्त की भाँति माहूअ का कद-बुत भी नाटा और गठीला था। सिर भारी-भरकम, चेहरा चौड़ा-चकला और कलौंस-सा तथा बाल एकदम छोटे और भूरे-भूरे-से। बालिका को अपने ऊपर झूलती गठीली बाँहें दिखीं, तो त्रस्त होकर चीख उठी।

'बच्ची को क्यों डाँट रहा है ? तू जानता है, यह इस तरह चुप नहीं होगी।' बिस्तर के बीचों-बीच पसरते हुए उसकी पत्नी ला माहूद कह रही थी। अभी-अभी उसकी नींद खुली थी और खीझ रही थी—यह भी कोई ज़िन्दगी है, रात को भी सोना नसीब न हो ! ये लोग हल्ला किए बिना बाहर नहीं जा सकते क्या ?

---

* काठ के जूते।

ला माहृद ने ऊपर तक कम्बल ओढ़ रखा था। कम्बल के बाहर उसके स्थूल नयन-नक्शवाला चेहरा ही दिखाई पड़ता था जो तंगहाली के कारण और फिर उनतालीसवें साल में कदम रखते-रखते सात बच्चे जनने से और बिगड़ गया था। छत पर टकटकी लगाए जब वह हौले-हौले बोल रही थी, तो उसका मरद कपड़े पहनने में व्यस्त था। बालिका का गला रोते-रोते रुँध गया था, मगर न माँ ने, न बाप ने उसकी ख़बर ली।

'सुन रहा है, पैसा चुक गया है, और आज अभी शनिवार का दिन है—तेरी पगार आने में अभी छह दिन बाकी हैं। इस तरह कैसे दिन कटेंगे ? तू सब मिलाकर कुल-जमा नौ फ्रां ही तो लाता है। इतने में कहाँ तक गिरस्ती का गाड़ा खिंच सकता है ?—दस जने हैं घर में खानेवाले।'

'क्या कह रही है—नौ फ्रां ?' माहृअ ने पलटकर देखा। 'ज़कारी और मैं, दोनों तीन-तीन पाते हैं। हुए छह...कैथरीन दो पाती है। मेरा बाप भी दो पाता है। यानी कि हुए चार...चार जमा छह, दस हुए न...और यांलैं एक लेकर आता है...कुल हुए न ग्यारह...।'

'तू सही बोलता है, ग्यारह ही होते हैं...फिर इतवार नहीं पड़ते क्या ? फिर कई बार काम मिलता ही नहीं...हिसाब लगाकर देख ले, नौ से जियादा कभी नहीं हुए।'

माहृअ फ़र्श पर गिरी पेटी ढूँढ़ रहा था। सो, तत्काल कुछ बोला नहीं। फिर पीठ सीधी करते हुए कहता है, 'अरे, झींक क्यों रही है ? अभी तो मैं चुस्त-दुरुस्त हूँ। ढेर सारे लोगों को तो बयालीसवें में ही मरम्मत के काम में जोत दिया जाता है।'

'जोतते होंगे। लेकिन इन बातों से पेट नहीं भरता। बता, अब क्या करूँ ? तेरे खीसे में है कुछ ?'

'दो सू रखे हैं।'

'उन्हें रख अपने पास, पेट में बियर डाल लेना...हे ईश्वर ! अब क्या करूँ ? छह दिन बाकी हैं। ख़त्म होने में ही नहीं आते। साठ फ्रां देने हैं मेग्रे के। परसों गई थी। दुत्कारकर खदेड़ दिया उसने। फिर उसके धौरे जाती हूँ, मगर फिर झटक दिया उसने तो...'

और वह इस तरह दुखड़ा रोती रही। सर भन्ना रहा था। आँखें मोमबत्ती की रोशनी में चौंधियाने लगी थीं। बस, बोलती रही कि रसोई में सब चुक गया है। बच्चे मक्खन-रोटी माँगते हैं। कॉफ़ी भी चुक गई है। पीने का पानी ऐसा है कि मरोड़ लग जाते हैं। कितने दिन गोभी के पत्ते उबाल-उबालकर पेट भरते रहेंगे।

एस्तेल इस तरह चीख रही थी कि माँ को और ज़ोर से बोलना पड़ रहा था। बालिका का किकियाना असह्य होता जा रहा था। अब जाकर लगा कि माहृअ को सारी स्थिति समझ नें आ रही है। एकदम आपे से बाहर हो गया। लपककर उसने पालने में से बालिका को उठाया और आवेश में बोलते हुए उसे माँ के बिस्तर पर पटक दिया।

'सँभाल इसे ! ऐसा न हो, मेरे हाथों इसका कपाल फूट जाए। हे ईश्वर ! कैसी छोकरी है यह ? जो चाहती थी, पा गई। माँ की छाती पी चुकी, फिर भी किकियाए जा रही है। चीख-चीखकर छोकरी ने सारा घर सिर पर उठा रखा है।'

एस्तेल माँ की छाती चूँघने लग गई थी। कम्बल के नीचे स्निग्धता पाई, तो शान्त होते-होते लोलुपता से चटखारे मारने लगी।

'ला पिओलेन वाले बोले नहीं थे कि आकर मिलो ?' एक क्षण की चुप्पी के बाद माहूअ बोला।

उसकी औरत ने दुविधापूर्वक होंठ भींच लिये।

'हाँ, मिले थे। ग़रीब बच्चों के लिए कपड़े ले जा रहे थे...ठीक है, दिन निकलते ही लेनोर को और आरी को साथ लेकर उनके यहाँ जाऊँगी। पाँच फ्रां ही झोली में डाल दें, तो भी काफ़ी होंगे।'

पुनः चुप्पी छा गई। माहूअ तैयार खड़ा था। एक क्षण निश्चल-सा देखता रहा, फिर मरे स्वर में बोला, 'ठीक है, कर भी क्या सकते हैं ! संसार ऐसे ही चलता है। रात के खाने का कोई बन्दोबस्त कर...इसी बात को लेकर सिर खपाने का कोई फ़ायदा नहीं। अब चलूँ काम पर।'

'जा।' वह बोली। 'मोमबत्ती बुझाता जा। अपनी उधेड़बुन के लिए किसी रोशनी की ज़रूरत नहीं मुझे।'

उसने फूँक मारकर मोमबत्ती बुझाई। ज़कारी और यांलैं ज़ीना उतर कर आ रहे थे। माहूअ भी उनके पीछे-पीछे उतरा। मोज़ोंवाले भारी पदचापों से सीढ़ियों जैसे कराहने लगी थीं। कमरा भी और ज़ीने की चौकी भी अँधेरे में डूबे थे। बच्चे अभी तक सो रहे थे। अलज़ीर भी आँखें मूँदे पड़ी थी। मगर माँ घुप्प अँधेरे में दृष्टि गड़ाए अपने ख़यालों में ग़र्क थी और बालिका थी कि माँ की थकौहाँ-क्लान्त, लटकती छातियों को खसोटते हुए बिलौटे की तरह घुरघुरा रही थी।

कैथरीन ने नीचे आते ही आग जला दी थी—ढालवें लोहे की अँगीठी के बीच झँझरी और दाएँ-बाएँ चूल्हे थे, जिनमें रात-दिन कोयला दहकता रहता था। कम्पनी की तरफ़ से प्रत्येक परिवार को हर महीने करीब बाईस बुशेल कोयला मिलता था, जो कोयला-खान के गलियारों में से बीना जाता था। इस कोयले को दहकाने में थोड़ी परेशानी होती थी, इसलिए कैथरीन करती यह थी कि रात को ही अंगारों को समेटकर राख में दबा दिया करती थी और सुबह उन्हें झाड़कर ऊपर चुन-चुनकर कोयला डाल देती थी। आग जलाकर उसने केतली चढ़ा दी थी और आलमारी के आगे दुबककर बैठी थी।

निचले तले पर, बस, यही एक कमरा था जो ख़ासा बड़ा था। पीले-हरे रंग में पुता किसी डच कमरे की भाँति एकदम साफ़-शफ़्फ़ाक लगता था। फ़र्श की सिलों को बाल्टियाँ डाल-डालकर धोया जाता था और फिर उस पर सफ़ेद बालू बिछा दी जाती थी। कमरे में देवदार की आलमारी थी, जिस पर रोग़न हुआ था। आलमारी के अलावा देवदार की ही मेज़-कुर्सियाँ थी। दीवारों पर रंग-बिरंगी तस्वीरें चिपकी थीं—कम्पनी द्वारा उपहार में मिली सुनहरी रंगोंवाली सम्राट और साम्राज्ञी की तथा सैनिकों की तथा सन्तों की तस्वीरें। कहाँ तो वह छूछा-सा कमरा और कहाँ ये चटकीली तस्वीरें—कोई मेल नहीं था उनमें।

इसके अलावा कमरे में कुछ सजावट की चीज़ें भी थीं—जैसे आलमारी के ऊपर

गुलाबी रंग का गत्ते का डिब्बा सजाकर रखा गया था। फिर रंग-बिरंगी कुकु क्लॉक थी, जिसकी ऊँची टिक-टिक कमरे के खालीपन को भरती प्रतीत होती थी। ज़ीने के दरवाज़े के निकट ही एक और द्वार था जो तहख़ाने में खुलता था।

सफ़ाई का ध्यान रखने के बावजूद कमरे में व्याप्त बासी-गर्म हवा में हमेशा कोयले का कसैलापन भरा रहता था। आज तो रात को भूने गए प्याज़ की गन्ध भी भरी थी जिससे वह और दुःसह हो रही थी।

आलमारी के खुले कपाटों के आगे बैठी कैथरीन चिन्ता कर रही थी। थोड़ी-सी पावरोटी, थोड़ा-सा सफ़ेद पनीर भी था, मगर मक्खन पोटा-भर ही था, और चार जनों के लिए सैंडविच बनाने थे। अन्ततः उसने हल सोच लिया। पावरोटी के स्लाइस काटे। कुछ पर थोड़ा-थोड़ा पनीर रखा, कुछ पर ज़रा-ज़रा मक्खन लगाया और उन्हें जोड़ दिया। इस तरह 'ब्रिकेट' यानी कि सैंडविच बन गई जो ये लोग सुबह अपने साथ कोयला-खान में लेकर जाते थे। चार सैंडविच बनाकर उसने मेज़ पर अलग-अलग धर दीं। बड़े-छोटे का ख़याल रखते हुए उसने सबसे बड़ी तो बाप के लिए रखी थी और सबसे छोटी यांलैं के लिए।

यों तो कैथरीन अपने काम में तल्लीन थी, लेकिन उसके मस्तिष्क में चीफ़ फ़ोरमैन और ला पियरोन के बीच चक्कर को लेकर ऊहापोह थी जिसकी ख़बर ज़कारी ने उसे दी थी। कैथरीन ने आगे का दरवाज़ा खोलकर बाहर नज़र दौड़ाई। हवा के झोंके अब भी आ रहे थे और गाँव के सिमटे-सिकुड़े घरों में एक-एक करके रोशनियाँ टिमटिमाने लगी थीं और सुबह की थोड़ी-बहुत हलचल शुरू हो गई थी। दरवाज़े बन्द हो रहे थे और मज़दूरों की काली कतारें अँधेरे में ओझल होती जा रही थीं।

कैथरीन को लगा कि इस तरह बेकार खड़ी ठिठुर रही है, क्योंकि लादिया मज़दूर अभी तो सो रहा होगा और तभी उठेगा जब छह बजे की पाली में जाने का वक्त होगा। यह सोचने के बावजूद, वह वहीं खड़ी रही और बगीची के उस तरफ़वाले मकान पर दृष्टि गड़ाए रही। तभी दरवाज़ा खुला, तो उसने चौंककर देखा। लेकिन नहीं, वह तो लिडी थी—पियरों की छोटी बेटी, जो कोयला-खान में काम करने जा रही थी।

भाप की सिसकार सुन कैथरीन ने पलटकर देखा। दरवाज़ा बन्द करके दौड़ी—पानी उबाल खाकर उफन रहा था, जिससे आग बुझने को थी। कॉफ़ी चुक गई थी और ज़्यादा-से-ज़्यादा अब वह कर यह सकती थी कि कल बचे-खुचे चूरे पर पानी डालकर कॉफ़ी बनाए। यह करके उसने केतली में थोड़ी-सी शक्कर डाली। उसी समय बाप और भाई उतरकर आए।

'बेकार !' ज़कारी ने कॉफ़ी का प्याला उठाकर सूँघा, तो बिफरते हुए बोला। 'यह कॉफ़ी है ?'

माहूअ ने लापरवाही से कन्धे उचकाए। 'ऐसी बुरी तो नहीं—कम-से-कम गर्म तो है।'

यांलैं ने पावरोटी के वे किनारे बटोरकर प्याले में डाल लिये जो सैंडविच बनाने से निकले थे। कैथरीन कॉफ़ी पी चुकी, तो केतली में जितनी बची रह गई थी, उसे टीन की फ़्लास्कों में डाला। चारों जन धुँधआती मोमबत्ती की रोशनी में खड़े थे और

जल्दी-जल्दी कॉफ़ी हलक से उतार रहे थे।

'क्या ! अभी तक हम लोग तैयार ही नहीं हुए ?' बाप बोला। 'समझते हो, बंक के मनीजर हैं हम !'

ज़ीने के खुले दरवाज़े में से स्वर सुनाई पड़ा। ला माहूद ऊँचा-ऊँचा बोले जा रही थी, 'सारी पावरोटी ले जाओ। बच्चों के लिए थोड़ी सेवैयाँ रखी हैं।'

'अच्छा !' कैथरीन बोली।

अँगारों को संजोकर उसने राख से ढक दिया। फिर रात का बचा-खुचा सूप अँगीठी के किनारे इस तरह रखा कि बाबा जब छह बजे लौटे, तो गर्म मिले। सभी ने आलमारी के नीचे से अपने-अपने साबो निकाले, फ़्लास्कें कन्धों पर डालीं और कमीज़ और फतूही के बीच पीठ पर सैंडविच की अंटियासी बनाकर डाली और चलने को तैयार हो गए। पहले मर्द निकले। फिर कैथरीन निकली। उसने फूँक मारकर मोमबत्ती बुझाई और दरवाज़ा बन्द किया। सारा घर एक बार फिर अँधेरे में डूब गया।

'देख, प्रतीत होता है, हम साथ-साथ निकल रहे हैं।' साथ वाले मकान का दरवाज़ा बन्द करते हुए कोई बोल रहा था।

यह लवाक का स्वर था। उसके साथ था उसका बारह बरस का बेटा बेबेर, जो यालैं का लंगोटिया यार था। चकित कैथरीन ने मुश्किल से हँसी रोकी और ज़कारी के कान में फुसफुसाते हुए कहा, 'यह एक नई बात हुई ! बूतलू में इतना सबर नहीं...मरद के जाने तक का भी सबर नहीं उसमें।'

गाँव की बत्तियाँ बुझने लगी थीं। आख़िरी दरवाज़ा भड़ाक से बन्द हुआ और एकदम सन्नाटा छा गया। बिस्तरों में जो जगहें खाली हो गई थीं, उनमें औरतें और बच्चे पुनः नींद में डूब गए थे। अँधेरे में ग़र्क गाँव से लगाकर हाँफती हुई कोयला-खान के बीच तीखी हवा के थपेड़ों को झेलती परछाइयों का ताँता लगा था—खान मज़दूर काम पर जा रहे थे, जिनके कन्धे झुके थे, बेडौल बाँहें छाती पर टिकी थीं और पीठ पर बँधी सैंडविच के कारण ऐसा प्रतीत होता था, जैसे इनके कूबड़ निकले हों। हालाँकि झीने कपड़ों में वे ठिठुरते हुए जा रहे थे, फिर भी इन्हें किसी प्रकार की हड़बड़ी नहीं थी। मगर इस तरह बिखरे-बिखरे-से सड़क पर चले जा रहे थे जिस तरह भटकैया मवेशियों का रेवड़ चलता है।

3

एतियन कचरे की टेकरी से उतरा और ल वोरअ के भीतर चला गया। कुछ लोगों से बातचीत में उसने यह पूछ लिया था कि यहाँ कोई काम मिल सकता है या नहीं। मगर सबने मुँडी हिलाकर जतलाया था कि यहाँ कोई काम नहीं है और बतलाया था कि चीफ़ फ़ोरमैन आएगा, तो उससे पूछ देखना। बस, उस अँधेरी इमारत में वह डोलता फिरा। कमरों की और मंज़िलों की भूलभुलैयाँ-सी थी। एक ख़स्ताहाल ज़ीने पर चढ़कर उसने एक अँधेरी, तारीक पुलिया पर कदम रखा, तो वह डोलने लग गई। वहाँ से वह कोयला छाननेवाले ओसारे में जा निकला जहाँ आधी रात जैसा घुप्प अँधेरा था—ऐसा अँधेरा

कि हाथ फैलाकर टटोलते हुए चला, ताकि किसी चीज़ से टकरा न जाए। एकाएक सामने अँधेरे में से गाँसती दो बड़ी पीली-पीली आँखें दिखाई दीं। एतियन अब शाफ़्ट की चौकी पर बने हेडफ्रेम के नीचे खड़ा था।

ऐन उस समय चैकर के दफ़्तर की तरफ़ एक फ़ोरमैन जा रहा था। वह था बूढ़ा रिशोम, जो कद-काठी से चौड़ा-चकला था और भला-सा लगता था। ये बड़ी-बड़ी मूँछें थी उसकी।

'जनाब, किसी आदमी की ज़रूरत है आपको ? कोई-सा भी काम हो...' एतियन ने इस व्यक्ति से भी वही बात कही।

रिशोम के मुख से 'नांह' निकलने ही वाली थी कि फिर कुछ सोच उसने भी वही बात कही जो दूसरे लोगों ने एतियन से कही थी।

'चीफ़ फ़ोरमैन मोंस्यो दांसायर आता ही होगा। उससे पूछ देखना।'

वहाँ चार लालटेनें टँगी थीं। उनकी रोशनी को शाफ़्ट पर डालने के लिए जो आईने लगे थे, वे लोहे के जंगलों पर, सिग्नलों पर, कैचर के लीवरों पर और लकड़ी के उन गाइडों पर प्रकाश फेंक रहे थे जिन पर दो पिंजरे चलते थे। और उस विशाल कमरे के बीच के हिस्से में चलती-फिरती परछाइयों का ताँता लगा था। पीछे केवल लैम्परूम में ही तेज़ रोशनी थी। चैकर के कमरे में मद्धम रोशनीवाला लैम्प था, जो उस तारे जैसा लगता था जो डूबने जा रहा हो। पिंजरों की आवाजाही शुरू हो गई थी। ढालवें लोहे के फ़र्श पर कोयले के छकड़े लुढ़काए जा रहे थे और उनकी गड़गड़ाहट लगातार सुनाई पड़ रही थी। फिर मज़दूरों का निरन्तर आना-जाना जारी था। इस कोलाहल-भरी, अँधेरी, हाँफती गुलझट्टी में उनकी झुकी पीठ ही दिखाई पड़ती थी।

एतियन को न तो कुछ दिखाई पड़ता था, और न ही कुछ सुनाई पड़ रहा था। क्षण-भर निश्चल-सा खड़ा देखता रहा। चारों तरफ़ से हवा के थपेड़े पड़ रहे थे और देह सुन्न होती जा रही थी। फिर वह इंजिन की तरफ़ जाने को तत्पर हुआ, क्योंकि उसका चमकता इस्पात और ताँबा दूर से ही दिखाई पड़ता था। यह इंजिन शाफ़्ट से लगभग पच्चीस फुट पीछे थोड़ी ऊँचाई पर बनी ईंट की मजबूत नींव पर टिका था। इंजिन हालाँकि चार सौ हार्सपावर का था और पूरी गति से चल रहा था, फिर भी दीवारों में लेशमात्र भी कम्पन नहीं हो रहा था, क्योंकि सही चिकनाई के कारण उसका पिस्टन सुचारु रूप से काम कर रहा था। आपरेटिंग लीवर पर खड़े इंजिनमैन के कान विभिन्न सिग्नलों पर और आँखें इंडिकेटर पर टिकी थीं, जिस पर शाफ़्ट और उसके भिन्न-भिन्न तले चिह्नित थे। इसमें पिंजरों की स्थिति दर्शानेवाले सीसे के बाट ऊपर-नीचे होते रहते थे। जब भी इंजिन चालू होता, तीस-तीस फुट की दो विशाल चरखियों के नाहों पर इस्पात की केबलें विपरीत दिशा में लिपटने-खुलने लगती थीं। ये चरखियाँ इतने वेग से घूमती थीं कि एकदम धुँधली-सी दिखने लगती थीं।

'ओय, ध्यान से !' भारी-भरकम सीढ़ी खींचकर लानेवाले तीन मज़दूरों ने उसे सावधान किया।

एतियन बाल-बाल बचा। उसकी आँखें अब अभ्यस्त हो चली थीं। उसने भागती केबलों की तरफ़ देखा। सौ फुट से भी लम्बी इस्पाती कॉयल थी, जो हेडफ्रेम में जाकर

ग़रारियों में से निकलती थी और नीचे शाफ़्ट में एक्स्ट्रेक्शन पिंजरों तक जाती थी। ग़रारियाँ लोहे के ढाँचे में लगी थीं जो किसी ऊँचे घंटाघर का आभास देती थीं। द्रुत गति अर्थात् तीस फुट प्रति सेकेंड की गति से पच्चीस टन तक का भार उठा सकने की क्षमता वाली भारी-भरकम केबल का आना-जाना निर्विघ्न भी था और निःशब्द भी—मानो आकाश में कोई पक्षी तिरते हुए जा रहा हो।

'अरे रे रे, पीछे हट !' सीढ़ी को दूसरी तरफ़ घुमाते हुए मज़दूर चिल्लाए, क्योंकि उन्हें बाईं ओर की ग़रारी का निरीक्षण करना था।

एतियन हौले-हौले चलते हुए पैड़ीवाले कमरे में लौट आया। सर्द हवा के थपेड़ों से सुन्न और ऊपर भयंकर कोलाहल से स्तंभित-सा वह पिंजरों को आते-जाते देखता रहा। कोयलेवाले छकड़ों की गड़गड़ाहट से कान बहरे हुए जा रहे थे। शाफ़्ट के साथ ही सिग्नल यानी कि घन जैसा लीवर था जिसे नीचे से रस्सी खींचती थी और वह एक खंड पर चोट मारता था। एक आघात पर रुकता था और दो से नीचे गिरता था और तीन आघात से ऊपर उठता था। इस तरह यह प्रक्रिया निरन्तर चल रही थी और उसके बाद कर्कश घंटी बज उठती थी, जिसकी आवाज़ में सारा कोलाहल डूब जाता था। इसी के साथ ही इन सारी गतिविधियों का संचालन करनेवाला कर्मचारी मैगाफ़ोन पर चिल्ला-चिल्लाकर इंजिनमैन को निर्देश दे रहा था, जिससे हो-हल्ला और बढ़ गया था। इस सारे गुलगपाड़े के बीच पिंजरों का आना-जाना, खाली होना और फिर भरना जारी था। एतियन खड़ा असमंजस से देखे जा रहा था। समझ नहीं पा रहा था कि यह सारा गोरखधन्धा है क्या।

हाँ, एक बात ज़रूर उसकी समझ में आई : शाफ़्ट बीस-बीस, तीस-तीस जनों का कौर बनाकर भकोसती जा रही थी—इतने सहज ढंग से कि उन्हें उदरस्थ करते हुए उसे तनिक भी असुविधा नहीं होती थी। चार का घंटा बजते ही मज़दूरों ने कोयला-खान में उतरना शुरू कर दिया था। कपड़े बदली करनेवाले ओसारे से वे नंगे पैरों हाथों में लैम्प लिए निकलते और यहाँ-वहाँ छोटी-छोटी टोलियों में खड़े हो जाते। जब लादी लायक मज़दूर एकत्र हो जाते, तो कोयला-खान में उतरते। पिंजरा चुपचाप रात को विचरण करनेवाले किसी जन्तु की भाँति एकाएक अँधेरे में से निकलकर आता। उसमें चार तल थे और प्रत्येक तल पर कोयले से भरे दो-दो छकड़े होते थे और वह अँधेरे में उछलकर कैचर को पकड़ लेता। हर पैड़ी पर मज़दूर कोयले के छकड़ों को उतारते जाते और उनकी जगह या तो खाली छकड़ों को या ऐसे छकड़ों को चढ़ा देते जिनमें शहतीर-बल्लियाँ वग़ैरह लदी होतीं। खाली छकड़ों में मज़दूर सवार हो जाते—प्रत्येक में पाँच-पाँच। यदि सारे छकड़े खाली होते, सो लगभग चालीस मज़दूर उनमें जा सकते थे। मैगाफ़ोन से गड्डमड्ड-सी, बेसुरी-सी चिल्लाहट सुनाई पड़ती और नीचे घंटी की रस्सी चार बार खिंच जाती—'यह गोश्त का सिग्नल' होता—यानी कि यह संकेत कि यह लादी मानव मांस की है। पिंजरा हलका-सा झटका खा, ख़ामोशी से कूद जाता—बिलकुल उसी तरह जिस तरह कोई ढेला नीचे गिरता है। पीछे रह जाती काँपती हुई केबल की जुम्बिश।

'गहरी है ?' एतियन ने एक मज़दूर से पूछा जो उसके निकट खड़ा ऊँघ रहा था।

‘अठारह सौ अट्ठाइस फीट,’ वह बोला। ‘लेकिन कोयला-खान की तली से पहले चार चौकियाँ हैं—पहली एक हज़ार छप्पन फीट पर।’

दोनों चुपचाप खड़े रहे। दृष्टि उनकी ऊपर चढ़ती केबल पर अटकी थी।

‘और कभी टूट जाए।...’ एतियन बोला।

‘ओह, जब टूटती है...’

खान मज़दूर ने हाव-भाव से अपनी बात पूरी की। नीचे जाने की उसकी बारी आ गई थी, क्योंकि पिंजरा एकाएक प्रकट हो गया था। अपने साथी मज़दूरों के साथ वह पिंजरे के भीतर गया और पिंजरा नीचे उतर चला। लेकिन चार मिनट बाद ही फिर ऊपर आ गया—मनुष्यों की एक और लादी को निगलने के लिए। इसी तरह, आध घंटे तक कोयला-खान आदमियों को निगलती-भकोसती रही। यह इस बात पर निर्भर करता था कि इन लोगों को किस तल पर उतरना है। फिर भी, यह प्रक्रिया अविराम चलती रही, जैसे कोयला-खान की क्षुधा कभी शान्त ही नहीं होगी, मानो उसकी आँतों में समूचे राष्ट्र को पचा जाने की सामर्थ्य थी। वह भकोसती रही, भकोसती रही, मगर नीचे का अँधेरा निर्जीव बना रहा और पिंजरा उस कोटर से मूक लोलुपता के साथ उठता रहा।

अन्ततः एतियन फिर व्याकुल हो उठा, बिलकुल वैसे ही, जैसे कचरे के ढेर पर व्याकुल हुआ था।

‘उससे क्यों पूछूँ ? यह चीफ़ फ़ोरमैन भी उसी तरह टरका देगा, जिस तरह दूसरे लोगों ने टरकाया था।’

एक अव्यक्त-सी आशंका के वशीभूत उसने एकाएक यह फ़ैसला किया। तत्काल वहाँ से चल पड़ा और बाहर निकल बायलर हाउस के निकट जाकर दम लिया। चौड़े द्वार में से दो-दो भट्ठियोंवाले सात बायलर दिखाई पड़ते थे। सफ़ेद भाप के बादलों और वाल्वों की फुफकारों के बीच एक फ़ायरमैन भट्ठी में कोयला झोंक रहा था। ताप इतना प्रचंड था कि तपिश दरवाज़े तक महसूस हो रही थी। गर्मी पाकर एतियान खिल उठा। धीरे-धीरे चलकर वह थोड़ा और निकट गया, तो रास्ते में उन मज़दूरों की टोली मिली जो कोयला-खान की तरफ़ जा रही थी। ये थे माह्अ परिवार तथा लवाक परिवार के लोग। आगे-आगे कैथरीन थी। इस लड़की की लड़के जैसी असली शक्ल देख एतियन को लगा कि एक कोशिश और कर लेनी चाहिए।

‘ज़रा सुनो, भाइयो ! कोई आदमी चाहिए इन्हें ? कैसे भी काम के लिए ?’

कैथरीन ने उसकी तरफ़ देखा। अँधेरे में से इस तरह अप्रत्याशित रूप से उभरे इस स्वर से वह चौंकी और थोड़ी डर भी गई। मगर माह्अ उसके पीछे खड़ा था। आवाज़ सुन वह भी ठिठका और बतियाने लगा। बोला—नहीं, इन्हें आदमी की ज़रूरत नहीं है। फिर भी, उसे लगा कि किस्मत का मारा यह आदमी भटककर इधर आ निकला है। सो, उसके भीतर सहानुभूति जागी और एतियन को वहीं छोड़ माह्अ ने दूसरे मज़दूरों के निकट जाकर यह बात कही : ‘यह आदमी हममें से भी कोई हो सकता है...हम लोग तो यों ही गिला-शिकवा करते रहते हैं—ऐसे लोग भी दुनिया में हैं जो ज़िन्दगी-भर खटते रहते हैं पर जिन्हें मौत भी नहीं मिलती।’

ये लोग चलते-चलते सीधे कपड़े बदली करने के ओसारे में पहुँचे। बहुत बड़ा कमरा

था, जिसका पलस्तर ऊबड़-खाबड़ था। वहाँ आलमारियाँ-पेटियाँ रखी थीं जिनमें ताले लगे थे। कमरे के बीचोंबीच अँगीठी दहक रही थी, जिसका द्वार नहीं था। उसमें धधकता हुआ कोयला इस तरह ठुँसा था कि अंगार बाहर छिटककर पक्के फ़र्श पर लुढ़क रहे थे। कमरे में इस आग के कारण ही रोशनी थी और कालिखपुती दीवारों पर और काली छत पर लाल लपटों की परछाइयाँ लपलपा रही थीं।

जब माहूअ परिवार भीतर आया, तो उस दमघोंटू गर्मी में ठहाके गूँज रहे थे। तीसेक मज़दूर थे जो आग की तरफ़ पीठ करके आराम से खड़े ताप रहे थे। नीचे कोयला-खान में जाने से पहले हर मज़दूर यहाँ आकर आग तापता था और त्वचा में थोड़ी हरारत लेकर जाता था, ताकि खान के भीतर की सीलन बरदाश्त कर सके। लेकिन उस दिन वे कुछ ज़्यादा ही चहक रहे थे। ढुलाई करनेवाली छोकरी मूकेत से मसखरी कर रहे थे। मूकेत अठारह बरस की मोटी-झोटी लड़की थी। उसकी छातियाँ और पिछाड़ी इतनी भारी-भरकम थीं कि लगता था उसकी मिरज़ई को और पतलून को फाड़कर बाहर निकल आएँगी। यह छोकरी रकैयार में अपने बूढ़े बाप मूक, जो साईस की नौकरी करता था, और भाई मूके के साथ रहती थी, जो ट्राम चलाता था। चूँकि तीनों एक साथ काम करने नहीं आते थे, सो मूकेत अकेली आया करती थी और गर्मियों में गेहूँ के खेतों के बीच और जाड़ों में किसी भी दीवार की ओट में अपने चालू यार के साथ गुलछर्रे उड़ाती थी। कोयला-खान में काम करनेवाला एक-एक मरद इस यार-बाश, फ़राग़-दिल और शोख़ छोकरी पर सवारी गाँठ चुका था। एक बार किसी ने इस छोकरी पर यह तोहमत लगाई थी कि उसने मारशियन के कील बनानेवाले कारीगर से आशनाई की, तो वह बिफर पड़ी थी और चीख-चीखकर बोली थी, 'मैं कोई ऐसी-वैसी लड़की नहीं हूँ, इतनी गई-गुज़री नहीं हूँ।' और इसके साथ यह बात भी कही थी, 'अगर कोई यह साबित कर दे कि किसी खान मज़दूर को छोड़कर मुझे किसी आदमी के साथ देखा भी गया है, तो अपनी बाँह कटवा दूँगी।'

'क्यों, शावाल से मन भर गया तेरा ?' एक मज़दूर ने ठीठी करते हुए पूछा था। 'अब उस नाटे के अलावा और कोई नहीं मिला तेरे को ? अरी, उसे तो सीढ़ी लगानी पड़ेगी ! तुम दोनों को मैंने अपनी आँखों से देखा है रकैयार के पीछे—बेचारे को मील के पत्थर के ऊपर चढ़कर खड़ा होना पड़ा था !'

'तो क्या हुआ ?' मूकेत ने चहकते हुए कहा। तेरा क्या बिगड़ा ! तेरे को तो नहीं बुलाया था हमने धक्का मारने के वास्ते, क्यों रे ?'

और इस हास-परिहासपूर्ण अश्लीलता ने पुरुषों को और भी उल्लसित किया। आग की गर्मी से तपे कन्धे उचका-उचकाकर वे अट्टहास करते रहे और यह औरत भी अपनी अश्लील वेशभूषा में अपने भौंडे उभारों और गोलाइयों की नुमाइश-सी करते हुए हँसती-इतराती रही। सारा दृश्य हास्यास्पद भी था और क्षोभजनक भी।

लेकिन जल्दी ही ये ठहाके थम गए। मूकेत माहूअ को बता रही थी कि फ़्लारांस अब काम पर कभी नहीं आएगी। कल लोगों ने देखा, वह अपने बिस्तर पर अकड़ी पड़ी थी। कोई कहता, दिल का दौरा पड़ा है, कोई कहता, जिन की बोतल गटागट चढ़ा गई थी।

माहूअ हताश खड़ा था : बेकार की एक और अड़चन पैदा हो गई। ढुलाई करनेवाली यह औरत गई और उसकी जगह भरने के लिए तत्काल कोई आदमी मिल नहीं सकता था। चार लोग—वह स्वयं, ज़कारी, लवाक और शावाल—एक टोली में काम करते थे और जितनी ढुलाई करते थे, उसी के मुताबिक उजरत पाते थे। अब अगर ढुलाई के काम के लिए केवल कैथरीन रह जाएगी, तो ज़्यादा कोयला बाहर भेज नहीं पाएँगे...

एकाएक वह बोला, 'अरे, वो आदमी कैसा रहेगा, वही जो काम के लिए मारा-मारा फिरता था ?'

संयोग से, उसी समय दांसायर कपड़े बदली करनेवाले ओसारे से निकलकर आया। माहूअ ने सारी बात उसे बताई और उस आदमी को काम पर लगाने की अनुमति माँगी। फिर बोला कि कम्पनी भी चाहती है कि ढुलाई करनेवाली लड़कियों की जगह लड़कों को लगाया जाए, जैसा कि अज़ैं में भी वे लोग कर रहे हैं। चीफ़ फ़ोरमैन पहले तो मुस्कराया, क्योंकि कोयला-खान में औरतों के बदले जब भी मर्दों को लगाने की बात छिड़ती थी, खान मज़दूर परेशान हो उठते थे। उन्हें नैतिकता अथवा स्वास्थ्य से अधिक चिन्ता अपनी बेटियों के लिए नौकरी की रहती थी। अन्ततः चीफ़ फ़ोरमैन ने थोड़ी हिचकिचाहट के बाद अनुमति दे दी, लेकिन इसके साथ आगाह भी कर दिया कि इसके लिए इंजीनियर साहब यानी मोंस्यो नेगरेल इस फ़ैसले की स्वीकृति देंगे, तभी।

'वह आदमी जिस तरह तेज़-तेज़ चलकर जा रहा था, अब तक तो काफ़ी दूर निकल गया होगा,' ज़कारी बोला।

'नांह !' कैथरीन बोली। 'बायलर हाउस में उसे खड़े देखा है मैंने।'

'तो भागकर उसके पीछे जा। खड़ी देख क्या रही है ?' माहूअ ने कहा।

इधर, मज़दूरों की टोली कोयला-खान में उतरी, उधर कैथरीन भागी। इन लोगों के जाने से दूसरे मज़दूरों को आग तापने की जगह मिल गई। बाप की राह देखे बिना यांलैं बेबेर के साथ, जो मोटा, सीधा-सधुक्कड़ा-सा लड़का था, और लिडी के साथ, जो दसेक बरस की रुग्ण मरगिल्ली-सी लड़की थी, अपना लैंप लेने चल पड़ा।

उनके आगे-आगे अँधेरे ज़ीने पर मूकेत जा रही थी। एकाएक वह चीखने-चिल्लाने लगी। 'ग़लीज़ लौंडे' और न जाने क्या-क्या कहकर लानत-मलामत कर रही थी :

'छिछोरे न हों कहीं के ! अब किसी ने चिकोटी काटी, तो झाँपड़ मार दूँगी।'

एतियन बायलर हाउस में फ़ायरमैन के पास खड़ा बतिया रहा था, जो भट्ठियों में कोयला झोंकने में व्यस्त था। एतियन यह सोच-सोचकर ही सिहर उठा था कि इतनी सर्दी में रात खुले में किस तरह बिताएगा। अभी वह बायलर हाउस से चलने को सोच ही रहा था कि किसी के हाथ का स्पर्श उसने अपने कन्धे पर महसूस किया।

'चल मेरे साथ,' कैथरीन बोली। 'तेरी नौकरी लग गई।'

पहले तो बात उसकी समझ में नहीं आई। फिर एकाएक ख़ुशी से उछल पड़ा और लड़की के हाथों को अपने हाथों में लेकर बेतहाशा झकझोड़ने लगा।

'शुक्रिया-शुक्रिया, यार ! तू सच्चा दोस्त है, सच्ची।'

कैथरीन हँसने लग गई। भट्ठी की लाल लपटों में एतियन के चमक उठे चेहरे को

निहारते जा रही थी। अभी कैथरीन की देह खुली नहीं थी। लम्बे केशों को उसने टोपी के नीचे आंट रखा था और वह यह देख-देखकर उल्लसित हो रही थी कि यह आदमी उसे लड़का समझ बैठा है। एतियन भी ठहाका मारकर हँस रहा था। एक क्षण के लिए दोनों के गाल रक्ताभ हो उठे थे और अग़ल-बग़ल खड़े होकर एक-दूसरे की खिल्ली उड़ा रहे थे।

कपड़े बदली करनेवाले ओसारे में माहूअ अपने लॉकर के सम्मुख उकड़ूँ-सा बैठा अपने साबो और भारी ऊनी मोज़े उतार रहा था। एतियन आया और दो हर्फ़ों में ही सारी बात तय हो गई : तीन सू प्रतिदिन और कमरतोड़ काम, जिसे वह जल्दी सीख जाएगा। माहूअ ने उससे जूते पहने रखने को कहा। सिर की रक्षा के लिए उसे अपनी चमड़े की पुरानी टोपी दे दी। यह एहतियात तो बरतनी ही पड़ती थी, जिसके लिए बाप और बेटे, सभी नाक-भौं सिकोड़ते थे। लॉकर में से जो औज़ार निकाले गए, उनमें फ़्लारांस का बेलचा भी था। माहूअ जब अपने साबो और मोज़े तथा एतियन की पोटली ताले में बन्द कर चुका, तो एकदम अधीर स्वर में बोला, 'यह शावाल कहाँ मर गया ? किसी कुतिया को लेकर पड़ा होगा पत्थरों के ढेर पर...आध घंटा अबेर हो गई, रे !'

ज़कारी और लवाक इत्मीनान से कन्धे सेंक रहे थे। ज़कारी बोला, 'शावाल की राह देख रहे हो ? अरे, वह तो हम लोगों से भी पहले यहाँ आ गया था और सीधा नीचे चला गया।'

'मतलब है, तेरे को सब मालूम था और तूने मुझे बताया नहीं। चल, अब फटाफट चल।'

कैथरीन हाथ सेंक रही थी लेकिन जब सब गए, तो उसे भी जाना पड़ा। एतियन उसे आगे करके स्वयं उसके पीछे-पीछे चलने लगा। एक बार वह उन्हीं ज़ीनों और अँधियारे गलियारे की भूलभुलैयाँ में आ निकला था। उनके नंगे पैरों की हलकी-हलकी आहट सुनाई पड़ती थी। लेकिन लैम्परूम से तेज़ रोशनी आ रही थी। कमरे की खिड़कियों में से टाँड़ों की कतारें दिखाई पड़ती थीं, जिन पर सैकड़ों डेवी लैम्प रखे थे। पिछले दिन लैम्पों की जाँच-पड़ताल करके उन्हें साफ़ किया गया था और इस समय वे इस तरह जल रहे थे जैसे अन्त्येष्टि वाले चैपल में पतली-पतली मोमबत्तियाँ जलती हैं। चेक-आउट खिड़की पर हर मज़दूर अपने नम्बर के ठप्पे वाला लैम्प लेकर उसकी जाँच करके स्वयं उसे बन्द करता और मेज़ के पीछे बैठा क्लर्क अपने रजिस्टर में उस मज़दूर के कोयला-खान में उतरने का समय इन्दराज करता जाता।

ढुलाई के लिए माहूअ जिस नए मज़दूर को लेकर आया था, उसे लैम्प दिलवाने के लिए उसे अनुनय-विनय करनी पड़ी। इसके बाद एक बार फिर जाँच-पड़ताल का सिलसिला शुरू हुआ। मज़दूरों को इन्स्पेक्टर के आगे से होकर जाना पड़ता था, जो यह देखता था कि लैम्पों को कसकर बन्द कर लिया गया है या नहीं।

'अरे, नीचे इतनी गरमी नहीं,' कैथरीन ठिठुरते हुए बुदबुदाई।

एतियन ने सिर हिला-भर दिया। वह एक बार फिर शाफ़्ट के सम्मुख उस लम्बे-चौड़े कमरे में खड़ा था जहाँ हवा के थपेड़े पड़ रहे थे। हालाँकि वह अपने-आपको बहादुर समझता था, फिर भी छकड़ों की गड़गड़ाहट से, सिग्नलों के आघातों से मैगाफ़ोन

से आती दबी-घुटी बड़बड़ाहट से, चरखियों पर केबलों के निरन्तर लिपटने-उतरने की द्रुत गति से उत्पन्न कोलाहल से वह क्षुब्ध हो उठा। पिंजरे क्या थे, रात को विचरण करनेवाले जन्तुओं की भाँति ऊपर-नीचे रेंगते हुए निरन्तर मनुष्यों को निगलते जा रहे थे और विशाल विवर में समा जाते थे।

अब एतियन की बारी थी। उसके हाथ-पैर फूलने लगे थे। उसे इस तरह व्याकुल और ख़ामोश खड़े देख ज़कारी और लवाक ठीठी करने लगे। दोनों इस अजनबी को काम देने के विरुद्ध थे—विशेष रूप से लवाक तो बिलकुल नहीं चाहता था कि इस आदमी को काम दिया जाए। उसे गुस्सा इस बात का था कि इस बारे में उससे पूछा ही नहीं गया। इसलिए कैथरीन ने जब देखा कि उसका बाप एतियन को कुछ समझा रहा है, तो खुश हो गई।

'पिंजरे के ऊपर देख। बचाव की एक तरकीब है इसमें। लोहे का जो शिकंजा-सा दिखता है न, अगर कभी केबल टूट भी जाती है, तो यह शिंकजा छड़ों को जकड़ लेता है। आम तौर पर कारगर ही साबित होता है...हाँ, शाफ़्ट तीन हिस्सों में बँटी है, जिसमें ऊपर से लगाकर नीचे तक तख़्ते-फट्टे लगे हैं। पिंजरे बीचोंबीच हैं। बाईं तरफ़ सीढ़ीदार कुआँ है...'

हालाँकि माहूअ ऊँचा बोलने से डरता था, लेकिन अपनी बात अधूरी छोड़ वह लगा बड़बड़ाने, 'हो क्या रहा है ? यहाँ खड़ा करके रख दिया है। ठिठुराकर मारेंगें क्या ?'

फ़ोरमैन रिशोम ने माहूअ को उखड़ते देखा। वह भी नीचे जाने की प्रतीक्षा में खड़ा था। खुला लैम्प उसकी चमड़े की टोपी में खुँसे काँटे से लटक रहा था।

'हुश्, कोई सुन लेगा रे,' वह माहूअ को आगाह करने की ग़र्ज़ से बोला। कभी वह भी खान मज़दूर हुआ करता था और आज भी मज़दूर वर्ग से सहानुभूति रखता था। 'वक्त तो लगता है न...चल, अपने आदमियों को लेकर सवार हो जा।'

वास्तव में पिंजरा अपने अड़ंगों पर खड़ा उन्हीं की प्रतीक्षा कर रहा था। पिंजरे में लोहे की चद्दरें एवं महीन जालीदार पर्दे लगे थे। माहूअ, ज़कारी, लवाक और कैथरीन—ये लोग पीछे वाले छकड़े में सवार हुए। चूँकि पाँच जने जा सकते थे, सो एतियन भी उसमें आ गया। चारों आराम से खड़े थे, इसलिए एतियन को कैथरीन के साथ सटकर खड़े होना पड़ा। इससे लड़की की कोहनी एतियन के पेट में चुभ रही थी। एतियन इसी शशोपंज में देख रहा था कि अपना लैम्प कहाँ रखे। किसी ने सुझाव दिया कि अपनी फतूही के काज में टाँग ले, मगर उसे सुनाई नहीं पड़ा और एक अनाड़ी की तरह लैम्प को हाथ में लिये खड़ा रहा। ऊपर भी और नीचे भी लदान होता रहा—घबराए हुए जन्तुओं की लदौनी। ये लोग चला क्यों नहीं रहें ? माजरा क्या है ? उसे लगा कि वह पता नहीं कब से प्रतीक्षा में खड़ा है। अन्ततः पिंजरा झटके के साथ हिला। चारों तरफ़ की चीजें उसे उड़ती हुई लग रही थीं और नीचे धसकते जाने की सनसनाहट और चकराहट से पेट में मरोड़ उठने लगे थे। जब तक वह प्रकाश में रहा, और दो चौकियाँ निकल नहीं गई और शहतीर-बल्लियों की सनसनाहट ख़त्म नहीं हो गई, वह यही महसूस करता रहा। इसके उपरान्त जब कोयला-खान के घुप्प अँधेरे में गिरा, तो ऐसा चकराया कि उसे यह बोध ही नहीं हुआ कि महसूस क्या कर रहा है।

'लो, हम चले,' माहूअ ने शान्त मन से कहा।

लगता था बाकी लोग भी आराम से खड़े हैं। जहाँ तक एतियन का सम्बन्ध था, उसे कभी अचरज होता कि वह ऊपर जा रहा है या नीचे, कभी लगता कि पिंजरा छड़ों का स्पर्श किए बिना तेज़ी से नीचे जा रहा है, कभी एकाएक थरथराहट होती, तख़्तों-पटरों के बीच खड़खड़ाहट-सी होने लगती, तो वह घबरा जाता कि ऐसा तो नहीं कि दुर्घटना होने वाली है। वह खड़ा तो था तार की जाली के साथ मुँह सटाए, लेकिन शाफ़्ट की दीवारें तक भी उसे दिखाई नहीं दे रही थीं। हाँ, दूसरे छकड़े में सवार फ़ोरमैन का खुला लैम्प प्रकाश स्तम्भ की तरह चमक रहा था।

'इसका व्यास पन्द्रह फुट है,' माहूअ अपनी व्याख्या जारी रखते हुए एतियन को समझा रहा था। 'अब तो इसका नया खोल बनना चाहिए।...देख, हम पानी की सतह के निकट पहुँचनेवाले हैं।...आवाज़ सुनाई पड़ रही है न ?'

एतियन को तो पहले ही यह सोचकर अचरज हो रहा था कि यह आवाज़ कैसी है। ऐसे लगता था, जैसे झड़ी लगी हो। पहले कुछ मोटी-मोटी बूँदें पिंजरे की छत पर पड़ीं, बिलकुल वैसे ही, जैसे फव्वारा खुलता है। फिर बारिश तेज़ होती गई, तेज़ बौछारें पड़ने लगीं और ऐसे लगा जैसे सैलाब आ गया हो। ज़रूर ही छत में सूराख होंगे। तभी तो कन्धे पर टपकते पानी से वह भीतर तक भीग गया था। सर्दी में बर्फीलापन आ गया था और वे सीलन-भरे अन्धकार में उतरते जा रहे थे। तभी प्रकाश की कौंध में उसे उस गुफ़ा में जैसे चलते-फिरते मानवों की झलक मिली। उसके बाद फिर वे शून्य में गिरते चले गए।

माहूअ बता रहा था, 'यह पहला ढुलाई स्टेशन था। हम लोग दस हज़ार छप्पन फीट नीचे उतर आए हैं...ज़रा देख तो, कितनी रफ़्तार से हम जा रहे हैं।'

माहूअ ने अपना लैम्प ऊपर उठाते हुए छड़ों की लकड़ियाँ दिखाईं। वे उसी तेज़ी से दौड़ती-सी लगती थी जिस तेजी से पूरी रफ़्तार से दौड़ती रेलगाड़ी से पटरियाँ दिखाई पड़ती हैं। इसके अलावा, और कोई चीज़ दिखाई नहीं पड़ती थी। प्रकाश की कौंध के साथ तीन और ढुलाई स्टेशन निकल गए। अँधेरे में तीव्र वृष्टि के कारण कानों पड़ी आवाज़ भी सुनाई नहीं पड़ती थी।

'कितनी गहरी है ?' एतियन को जिज्ञासा हुई।

ऐसा प्रतीत होता था, वे घंटों से नीचे चले जा रहे हों। एतियन जिस तरह भिंचकर खड़ा था, उससे बड़ी असुविधा हो रही थी उसे, मगर हिलने-डुलने तक की हिम्मत नहीं कर पाता था, और कैथरीन की कोहनी के कारण वह परेशान था। कैथरीन एक शब्द भी नहीं बोली थी। एतियन अपने साथ सटी गरमाहट को महसूस कर रहा था। अन्ततः पिंजरा जब धरती पर उतरा यानी कि 1828 फीट नीचे पहुँचा, तो उसे यह जानकर अचरज हुआ कि यहाँ तक पहुँचने के लिए उन्हें केवल एक मिनट ही लगा था। लेकिन अड़ानियों के शिकंजे कसने की आवाज़ और अपने पैरों के नीचे ठोस भूमि महसूस करते ही वह एकदम खिल गया और हँसते हुए कैथरीन से बोला : 'तेरी त्वचा के नीचे ऐसा क्या है जो तेरे को गरम रखता है ? जानता है, तेरी कोहनी मेरे पेट में घुसी जा रही है ?'

सुनते ही कैथरीन हँस पड़ी।–कितना बेवकूफ़ होगा यह शख़्स, जो अब भी समझ रहा है, मैं लड़का हूँ। अन्धा कहीं का !

'मेरी कोहनी तेरी आँख में होगी,' वह ठहाका मारते हुए बोली। तब भी सकपकाए एतियन की समझ में बात नहीं आई।

पिंजरा खाली होता जा रहा था। मज़दूर ढुलाईवाले चबूतरे से आगे चले, जिसका निर्माण चट्टान को काटकर किया गया था और मज़बूती के लिए चिनाई भी कर दी गई थी। रोशनी के लिए तीन बड़े-बड़े खुले लैम्प थे। लदाई करनेवाले मज़दूर ढलवे लोहे के फ़र्श पर भरे छकड़ों को धकेलकर ले जा रहे थे। दीवारों से नमी रिस रही थी और निकटस्थ अस्तबल से शोरे की सर्द गन्ध में घुले-मिले गर्म झकोरे आ रहे थे। चौड़े मुँहवाले चार गलियारे उसी जगह खुलते थे।

'इस तरफ़,' माहूअ ने एतियन से कहा। 'अभी नहीं पहुँचे हैं वहाँ। एक मील और जाना है।'

खान मज़दूर टोलियों में बँटकर काली-काली माँदों में अदृश्य होते जा रहे थे। करीब पन्द्रह मज़दूर बाईं ओर वाली माँद में प्रविष्ट हुए। एतियन सबसे पीछे था। उसके आगे माहूअ था और माहूअ के आगे कैथरीन, ज़कारी और लवाक चल रहे थे। यह ढुलाईवाली सुरंग थी जो इतनी ठोस चट्टान में से निकाली गई थी कि बहुत थोड़ी जगहों पर बल्लियाँ लगानी पड़ी थीं। अपने-अपने लैम्प के क्षीण प्रकाश में ये लोग एक कतार में धीरे-धीरे चलते जा रहे थे। एकदम चुपचाप। कोई किसी से बतिया नहीं रहा था। एतियन कदम-कदम पर लड़खड़ाता, क्योंकि उसके पैर रेल पटरी में उलझ-उलझ जाते थे। थोड़ी देर से वह किसी दबे-घुटे स्वर के कारण व्याकुल था। प्रतीत होता था जैसे दूर कहीं तूफान का शोर, जो क्षण-प्रतिक्षण बढ़ता ही जा रहा था और लगता था जैसे यह शोर धरती की गहराई से निकलकर आ रहा था। कहीं ऐसा तो नहीं यह खान के धसकने की गड़गड़ाहट हो और विशाल भूखंड हरहराता हुआ ऊपर आ गिरे और सब अन्धकार में कैद हो जाएँ ? एक चट्टान को चीरती हुई रोशनी आ रही थी। एतियन को लगा कि चट्टान काँप रही है, डोल रही है। वह भी तत्काल बाकी मज़दूरों के साथ दीवार के साथ सटकर खड़ा हो गया। तभी एतियन ने देखा कि एक ऊँचा-लम्बा सफ़ेद घोड़ा उसके आगे से निकला है और अपने पीछे छकड़ों की एक कतार को खींचते हुए ले जा रहा है। बेबेर पहले छकड़े पर घोड़े की लगामें थामे बैठा था और यांलैं अन्तिम छकड़े के पीछे-पीछे नंगे पाँव दौड़ रहा था।

मज़दूरों ने फिर चिल्लाना शुरू किया। थोड़ा आगे संगम यानी जंक्शन था। वहीं पर दो और गलियारे थे। एक बार फिर टोली बँट गई और काम करने वाले स्थलों पर मज़दूर छूटते गए।

ढुलाईवाली सुरंग में बल्लियाँ लगी थीं। छत को सहारा देने के लिए बलूत के शहतीर और धसकनेवाली चट्टान को थाम रखने के लिए लकड़ी के चौखटे लगाए गए थे। इन चौखटों में से अभ्रकवाली स्लेट की पट्टियाँ और खुरदरी रेतीली चट्टानें दिखाई पड़ती थी।

आने-जानेवाले खाली या भरे छकड़ों का ताँता लगा था। धुँधले-धुँधले-से दिखाई

पड़नेवाले जानवर भूत-प्रेत की तरह चलते हुए-से लगते थे और छकड़ों की घड़घड़ाहट चारों दिशाओं में गूँज रही थी। एक साइडिंग यानी बग़ली की दुहरी पटरी पर लम्बा, काला सर्प सोया था—खड़े छकड़ों की कतार—जिसका फूत्कार छोड़ता घोड़ा अँधेरे में इस तरह खड़ा था कि उसका पुट्ठा ठीक-ठीक दिखाई ही नहीं पड़ता था और ऐसे प्रतीत होता था, जैसे ऊपर मेहराब से गिरी लोथ हो। हवा के लिए जो झरोखे बने थे, उनके किवाड़ धीरे-धीरे, खड़खड़ा रहे थे। ये लोग जितना आगे बढ़ते जाते थे, सुरंग उतनी ही सँकरी, छत और नीची तथा ऊबड़-खाबड़ होती जा रही थी, जिस कारण इन्हें झुककर चलना पड़ता था।

एक जगह एतियन का सिर जोर से टकराया। सिर पर चमड़े की टोपी न होती, तो उसका कपाल फूट गया होता। ऐसा इस बात के बावजूद हुआ था, हालाँकि माहूअ के एक-एक इशारे का ध्यान रखकर वह चल रहा था। माहूअ आगे था और उसकी काली छाया लैम्पों की रोशनी में दिखाई पड़ रही थी। बाकी कोई मज़दूर किसी चीज से नहीं टकराया। प्रतीत होता था, वे ज़मीन के एक-एक टीले-टेकरी से, लकड़ियों की एक-एक गाँठ से, चट्टानों के एक-एक कोने से और उभार से वाकिफ़ थे।

एतियन को फिसलनी धरती के कारण भी परेशानी हो रही थी। ज्यों-ज्यों वे आगे बढ़ते जा रहे थे, त्यों-त्यों ज़मीन और गीली होती जा रही थी। बीच-बीच में पानी के डबरों में से निकलकर जाना पड़ता था। इन डबरों का पता भी तब चलता, जब पैर गन्दले पानी में जा पड़ता। मगर सबसे अधिक अचरज उसे इस बात का हो रहा था कि तापमान कैसे एकाएक घट या बढ़ जाता है। शाफ़्ट के पेंदे में सख़्त सर्दी थी और पहली ढुलाईवाली सुरंग जो थी, जिसमें से कोयला-खान के लिए हवा गुज़रकर जाती थी, उसकी सँकरी दीवारों के बीच से बर्फ़ानी हवा चलती, तो आँधी-झक्खड़ का रूप धारण कर लेती। मगर वहीं से निकलकर जब वे दूसरे रास्तों पर चलते, जहाँ हवा का दबाव कम होता, तो गर्मी से दम घुटने लगता।

माहूअ एकदम चुपचाप चलता जा रहा था। दाहिने गलियारे में प्रविष्ट होते ही उसने बिना मुड़े बस, इतनी-सी बात कही, 'गियोम दरार।'

इसी दरार में इनका चबूतरा था। एतियन कुछ ही कदम चलकर गया था कि उसके सिर में और कोहनियों पर ज़र्बें आ गईं। ढलुआँ छत इतनी नीची थी कि बीस-तीस गज़ तक उसे झुककर चलना पड़ा। पानी उसके टखनों तक आ गया था। करीब दो सौ गज़ तक वे आगे गए। फिर लवाक, ज़कारी और कैथरीन एकाएक अदृश्य हो गए—मानो आगे खुलनेवाला तंग शिगाफ़ उन्हें निगल गया था।

'तेरे को अब ऊपर चढ़ना होगा,' माहूअ बोला। 'लैम्प को काज में फँसा ले और बल्लियों के सहारे चढ़ जा।'

वह भीतर गया और एतियन पीछे चल पड़ा। दरार में बनी इस चिमनी का उपयोग एक अतिरिक्त निकासी के लिए किया जाता था। इसकी चौड़ाई कोयले की परत जितनी यानी मुश्किल से दो फुट ही थी। सौभाग्य से, एतियन शरीर से दुबला-पतला था। अभी तक वह जिस तरह अनाड़ी-सा व्यवहार करता आ रहा था, उसी अनाड़ीपने से, ख़ूब दम लगाकर, कन्धों को और नितम्बों को ऊपर खींचते हुए, वह बल्लियों के

सहारे एक-एक हाथ बढ़ते हुए चढ़ता जा रहा था। पचास फुट ऊपर वे पहले उपमार्ग पर पहुँचे। लेकिन अभी और भी आगे जाना था। जिस चबूतरे पर माहूअ की टोली काम कर रही थी, वह छठे निकासी मार्ग पर था—जिसका नाम इन्होंने 'नरक' रख छोड़ा था। ये निकासी मार्ग एक-दूसरे के ऊपर से होकर निकलते थे। पचास-पचास फुट करके वे इस सँकरी अन्तहीन दरार में चढ़ते गए, जिसमें उनकी पीठ और छाती छिलती जा रही थी। एतियन हाँफने लगा था, मानो चट्टानों के बोझ तले उसका अंग-प्रत्यंग कुचला जा रहा हो। हाथ छिल गए थे। टाँगों पर चोटें आ गई थीं। मगर इससे भी दुखदायी बात यह थी कि उसकी जान साँसत में आ गई थी और दम घुटने लगा था। उसे लगने लगा था कि त्वचा फट जाएगी और शरीर से रक्त की धाराएँ बह निकलेंगी। एक रास्ते पर उसे धुँधले-धुँधले-से दो जानवर दिखाई पड़े—एक बड़ा, एक छोटा—जो छकड़ों को खींचते हुए आ रहे थे। एक थी लिडी, दूसरी थी मूकेत, जो काम करने आ गई थी। एतियन को अभी दो और चबूतरे चढ़कर जाना था। आँखों में पसीना आ जाने से कुछ दिखाई नहीं पड़ता था और दूसरों के संग-संग चल पाने में असमर्थ होने से वह थोड़ा हताश हो गया था, क्योंकि देख रहा था कि वे लोग फुर्ती से चट्टानों पर रेंगते हुए चढ़ते जा रहे हैं।

'बस, यहीं तक आना था।' यह स्वर कैथरीन का था।

एतियन ऊपर चढ़ा, तो चबूतरे के पिछवाड़े में से एक और स्वर सुनाई पड़ा, 'मामला क्या है ? मेरे को बेवक़ूफ़ समझते हो क्या ? मोंसू से मील से भी ज़्यादा पैंडा मारकर आता हूँ और पहुँचता भी हूँ सबसे पहले !'

यह शावाल का स्वर था जो करीब पच्चीस बरस का लम्बा-तड़ंगा, दुबला-पतला हड़ीला नौजवान था और चेहरे-मोहरे से उद्धत लगता था। खड़ा-खड़ा देख रहा था और बड़े आवेश में था। जब उसकी नज़र एतियन पर पड़ी, तो तिरस्कारपूर्वक पूछता है, 'यह कौन ?'

माहूअ की ज़बानी सारी बात सुन वह दाँत पीसते हुए बोला, 'तो अब मर्द छोकरियों की रोज़ी-रोटी भी छीनने पर उतारू हैं !'

दोनों आदमियों ने इस निगाह से एक-दूसरे की तरफ़ देखा जिसमें सहज विद्वेष होता है और जिसके शोले अकस्मात् भड़क उठते हैं। एतियन ने समझे-बूझे बिना ही इसे अपना अपमान समझ लिया। फिर एकदम चुप्पी छा गई और सभी अपने-अपने काम में जुट गए। रफ़्ता-रफ़्ता दरार मज़दूरों से भर गई थी। हर तल पर कोयला काटा जा रहा था। क्षुधातुर कोयला-खान मनुष्यों का दैनिक भोजन भकोस चुकी थी और करीब सात सौ मज़दूर इस विशाल बांबी में सब दिशाओं से खन्दकें खोदने के काम में जी-जान से जुट गए थे। धरती को खोद-खोदकर इन्होंने इस तरह छलनी कर डाला था कि यह बांबी दिखने में ऐसी लगती थी जैसे कीड़ों से खाई हुई लकड़ी हो। इस बोझिल चुप्पी के बीच, अगर कोई ऊपरवाले अनेक तलों के भारी बोझ के नीचे चट्टान के साथ कान लगाकर आहट लेता, तो काम में ग़र्क इन मानव कीटों के स्वर के साथ-साथ पिंजरों को ऊपर-नीचे लाने-ले जानेवाली केबल की सनसनाहट और कोयला-खान के पेंदे में कोयला काटने-खोदनेवाले औज़ारों की खनखनाहट भी सुनाई

पड़ती थी।

एतियन मुड़ा और एक बार फिर उसने पाया कि वह कैथरीन के साथ सटकर खड़ा है। मगर इस बार सहसा उसे कैथरीन के कलियाते कूचों की गोलाई दिख गई और बरबस उस गरमाहट, उस तपिश का मर्म समझ में आ गया जिसने उसे बींधकर रख दिया था।

'अरी, तू लड़की है !' भौंचक्का-सा वह बुदबुदाया।

कैथरीन झेंपे बिना अपने स्वाभाविक प्रमुदित स्वर में जवाब देती है, 'और क्या ! लड़की ही तो हूँ...अलबत्ता तेरे को इसका ज्ञान हुआ काफ़ी देर बाद जाकर !'

4

कोयले की कटाई करनेवाले चारों आदमी सुरंग के ढालू मोहरे पर एकदम पसरे पड़े थे। उनके मध्य आंकड़ेवाले फट्टे थे, जिनकी बदौलत ढीला पड़ जानेवाला कोयला नीचे गिर नहीं पाता था। प्रत्येक व्यक्ति ने दरार की पन्द्रह-पन्द्रह फुट जगह घेर रखी थी जो इतनी सँकरी थी—मुश्किल से बीसेक इंच ही होगी इस स्थल पर—कि मज़दूर लोग छत और दीवार के बीच एकदम भिंच-से जाते थे और उन्हें घुटनों और कोहनियों के बल घिसट-घिसटकर काम करना पड़ता था। हिलना-डुलना तक दुश्वार हो जाता था। ज़रा हिले नहीं कि कन्धे छिले नहीं। कोयला काटने के लिए करवट के बल लेटना पड़ता था। गेंती भी छोटे दस्ते की चलाते, तो गर्दन मोड़कर और बाँह उठाकर एक कोण से।

ज़कारी निचले हिस्से में, लवाक और शावाल उसके ऊपरवाले हिस्से में और माहूअ एकदम ऊपरवाले तल पर था। ये सब लोग गेंतियों से सलेटी पत्थर की परतें काट रहे थे। दरार में ऊपर से नीचे खड़ी झिर्रियाँ बनाते और सबसे ऊपरवाले शिलाखंड टुकड़े-टुकड़े होकर कोयला मज़दूरों के पेट और जंघाओं पर से लुढ़क कर फट्टों पर गिरता। नीचे जब ढेर लग जाता, तो कोयला काटनेवाले दिखाई ही नहीं पड़ते थे, क्योंकि सँकरी दरार के पीछे वे छिप जाते थे।

सबसे ज़्यादा तकलीफ़ माहूअ को हो रही थी। ऊपरवाले तल का तापमान 95 डिग्री तक चला जाता था। हवा भी गुम रहती थी जिससे दमघोंटू तपिश एकदम असह्य हो उठती थी। सब कुछ साफ़ दिखाई पड़े, इसके लिए उसने लैम्प को अपने सिर के एकदम निकट खूँटे पर टाँग रखा था। लैम्प से निकलती गर्मी खोपड़ी पर पड़ती, तो कानों में रक्त की सनसनाहट होने लगती। मगर इससे भी अधिक कष्टदायक थी वहाँ की सीलन। माहूअ के चेहरे से कुछ ही इंच ऊपर की जगह से पानी रिस रहा था और एक ही स्थल पर बूँदें इस लय के साथ टपकती रहती थीं कि आदमी बावला हो जाए। गर्दन घुमाना या सिर मोड़ना व्यर्थ था : बूँदें चेहरे पर टपकती थीं और अनवरत छींटे उड़-उड़कर फैलते रहते थे। पन्द्रह मिनटों में ही माहूअ पसीने से सराबोर हो गया। देखकर ऐसे लगता था, जैसे कपड़े धोनेवाली नाँद से भाप निकल रही हो।

उस दिन सुबह से ही जो आँख में निरन्तर बूँदें टपकती रही थीं, उससे वह भन्ना गया था। मगर कोयला काटना बन्द नहीं किया। फिर भीषण वेग से जो उसने चोटें

मारीं, तो इस ज़ोर का झटका लगा कि चट्टान की दो परतों में वह फँस गया और हालत उसकी किताब के पन्नों के बीच भिंचे कीट जैसी हो गई—बराबर यह ख़तरा रहता कि कहीं कचूमर ही न निकल जाए।

कोई कुछ बोल नहीं रहा था। सब हथोड़े-गेतियाँ चलाने में व्यस्त थे। बिना किसी तरतीब के दबे-दबे प्रहारों के सिवा और कुछ सुनाई नहीं पड़ता था और लगता था जैसे कहीं दूर चोटें पड़ रही हों। उस अनुगूँजरहित मृत वातावरण में ये ध्वनियाँ डरावनी लगती थीं और प्रतीत होता—मानो काम में लगी ये परछाइयाँ अजीब-सी कालक से पुती हों और जिनकी आँखें कोयले की उड़ती राख से और गाढ़ी तथा गैसों के कारण और बोझल होकर झपझप रही हों। धातु की जालियों में से लैम्पों की बाती से लाल बिन्दु जैसा प्रकाश निकल रहा था। ऐसी रोशनी में कुछ सुझाई भी कैसे पड़ता। चबूतरा इस तरह खुला था मानो कोई बड़ी और चपटी और तिरछी चिमनी हो जिसके कण-कण में दस शीत ऋतुओं ने घोर अँधियाला भर दिया हो। आकृतियाँ प्रेतात्माओं की तरह डोल रही थीं और मंद प्रकाश-रश्मियों में किसी के गोल-से कूल्हे की, किसी की बलिष्ठ बाँह की, किसी के काले पड़ गए विकृत चेहरे की झलक-भर मिलती थी, मानो ये लोग कोई अपराध करने को तत्पर हों। बीच-बीच में जब कोयले के पिंड ढीले पड़ते और उन पर एकाएक रोशनी पड़ती, तो वे चमक उठते और स्फटिक-सी झिलमिलाहट होने लगती। उसके बाद फिर अँधेरा छा जाता। गेंतिया फिर ज़ोर-ज़ोर से बजने लगतीं, और उस दमघोंटू माहौल में एक बार फिर बेचैन, थकौंही हँफनी और ज़मीन के नीचे बहते पानी की टप-टप सुनाई पड़ती रहती।

ज़कारी पिछली रात रंगरेलियाँ मनाता रहा था। इस कारण उसकी बाँहें शिथिल पड़ गई थीं। उसने इस बहाने काम छोड़ दिया था कि अब वह बल्लियों-शहतीरों का काम देखेगा। यह काम ऐसा था कि शून्य में ताकते हुए उसे ख़याली पुलाव पकाने का मौका मिल गया और हौले-हौले वह सीटी बजाने लगा। कोयला काटनेवालों के पीछे करीब दस फुट की दरार काटी जा चुकी थी। मगर ख़तरे की परवा किए बिना समय बचाने की खातिर अभी तक किसी ने भी उसमें टेक लगाने की सावधानी नहीं बरती थी।

'ओय गुरु !' ज़कारी ने एतियन को आवाज़ लगाई। 'तनी थोड़े-से लट्ठे तो पकड़इओ।'

एतियन कैथरीन से बेलचा चलाना सीख रहा था। यह काम छोड़ वह गया और कुछ लट्ठे उठाकर चबूतरे तक ले जाने लगा। वहाँ पहले से ही कुछ लट्ठे रखे थे। प्रायः सुबह-सवेरे ही वे कोयले की परत के आकार के अनुसार लट्ठे डाल दिया करते थे।

'ओ भइया ! ज़रा तेज चल !' ज़कारी ने कहा, क्योंकि देख रहा था कि कोयला ढोने के काम पर लगा यह नया आदमी हाथों में बलूत के चार लट्ठे लिए कोयले के ढेर पर गिरता-पड़ता आ रहा है।

ज़कारी ने गेंती से एक खाँचा छत में और एक खाँचा दीवार में बनाया और उनमें लट्ठे के सिरे टिका दिए, ताकि चट्टान को टेक मिल जाए। गलियारों के सिरे पर मज़दूर

लोग जो कत्तल काटकर डाल जाते थे, उसे साँझ की पालीवाले मज़दूर उठाकर खोदी हुई जगहों को पाटकर लट्ठे गाड़ दिया करते थे जिससे ऊपरवाला और ढुलाईवाला रास्ता खुला रहे।

माहूअ का बड़बड़ाना बन्द हो गया था। अन्ततः अपने शिलाखंड को खंड-खंड करने में वह सफल हुआ था। पसीने से सराबोर अपने चेहरे को आस्तीन से पोंछते हुए उसने ज़कारी को हुड़का, 'अरे, पीछे तू क्या कर रहा है ? उसे रहने दे। दोपहर को खाना खाने के बाद देखेंगे इसे। अभी तू कोयला काट। तभी छकड़े भरने का कोटा पूरा होगा।'

'लेकिन यह तो गिरने-गिरने को हो रही है,' ज़कारी बोला। देखो, वहाँ तरेड़ आ गई है। कहीं ढह न जाए।'

बाप ने मात्र कन्धे उचकाए। ढह जाएगी ? न, नहीं ढह सकती। अगर ढह भी जाती है, तो ऐसा कोई पहली बार नहीं होगा। कोई-न-कोई जुगाड़ तो कर ही लेंगे। अन्ततः वह आपे से बाहर हो गया। बेटे को उसने वापस अपने काम पर जाने को कहा।

वास्तव में सब मज़दूर सुस्ता रहे थे। लवाक अभी तक पीठ के बल लेटा था और अपने अँगूठे को देख-देखकर बड़बड़ा रहा था, क्योंकि पत्थर गिरने से अँगूठे की त्वचा छिल गई थी। शावाल तैश में था और गर्मी से निजात पाने की खातिर कमर से ऊपर के सारे वस्त्र उतारता जा रहा था। मज़दूर लोग एकदम कोयले-से काले हो रहे थे और उन पर धूल चिपकी थी जो पसीने से घुलकर उनकी देह से धाराओं में बह रही थी। पहले माहूअ ने ही पुनः कोयला काटना शुरू किया। अबके वह अपेक्षया निचले स्तर पर खड़ा था जहाँ उसका सिर ऊपर की चट्टान के साथ एकदम सटा हुआ था। पानी की बूँदें लगातार उसके माथे पर इस तरह टपक रही थीं कि लगता था खोपड़ी में सूराख़ ही कर डालेंगी।

'उनकी चिन्ता मत कर,' कैथरीन एतियन से कह रही थी। 'ये लोग तो किसी-न-किसी बात को लेकर उलझते ही रहते हैं।'

कैथरीन स्नेहपूर्वक उसे यह सब समझाकर बता रही थी :

भरे छकड़ों को चबूतरे से निकालने से पहले हरेक पर टैग लगा दिया जाता है। छकड़ा ऊपर पहुँचता है, तो चैकर उसे उस टीम के खाते में डाल देता है। इसलिए यह आवश्यक है कि छकड़ा ऊपर तक भरा जाए और कोयला भी साफ़-सुथरा हो, नहीं तो उसे रद्द किया जा सकता है।

तब तक एतियन की आँखें अँधेरे में देखने की अभ्यस्त होती जा रही थीं। अब उसने इस लड़की को ध्यानपूर्वक देखा। उसकी त्वचा किसी मरीज़ की तरह विवर्ण थी। लेकिन उम्र कितनी होगी, इसका वह अनुमान नहीं लगा पा रहा था। लड़की देखने में इतनी कमज़ोर लगती थी कि बारह-तेरह बरस से बड़ी क्या होगी। छोकरों-सी बेबाकी और निश्छल अक्खड़पना था उसमें, जिसे देखकर वह झुँझला रहा था। वह कल्पना करता रहा कि हो सकता है लड़की ज़्यादा बड़ी उम्र की हो। फिर उसे आकर्षक भी नहीं लगती थी। पीरू* जैसे विवर्ण चेहरेवाली यह लड़की, जिसके सिर पर टोपी थी, उसे

* फ्रांस में मूक अभिनय करनेवाला कलाकार, जो अपने चेहरे को सफ़ेद पोत लेता है और सफेद तथा

ढीले-ढाले कपड़े पहनता है।

एकदम विदूषक-सी लग रही थी। लेकिन इससे भी बड़े अचरज की बात यह थी कि लड़की की देह में बला की ताकत थी। ऊर्जा से जैसे उफन रही थी और फिर काम भी बड़ी मुस्तैदी से करती थी। एतियन के मुकाबले कहीं तेजी से बेलचे भर-भरकर छकड़े में डालती जा रही थी और फिर छकड़े को आहिस्ता-से ढकेलते हुए ढलान तक ले जाती, जहाँ से वह नीची चट्टानों के नीचे से सहज ही निकल जाता था। इसके विपरीत, एतियन बुरी तरह घायल हो गया था और फिर जब छकड़े को ढकेलता भी था, तो वह पटड़ी से उतरकर वहीं फँसा रह जाता था।

सच पूछो तो, यह रास्ता भी इतना सुगम नहीं था। मोहरे से लगाकर ढलान तक करीब दो सौ फुट फ़ासला था, और चूँकि मरम्मत करनेवालों ने इस रास्ते को अभी चौड़ा नहीं किया था, सो वह नली की मानिन्द ही लगता था और छत भी कहीं ऊँची थी, कहीं नीची, और जगह-जगह गुमटियाँ निकली हुई थीं। कुछ स्थलों पर तो रास्ता इतना सँकरा हो जाता था कि कोयले से भरा छकड़ा ही मुश्किल से निकल पाता, और जो आदमी उसे ठेल रहा होता, उसे मजबूरन लेटकर घुटनों से छकड़ा ठेलना पड़ता। यदि ऐसा न करे, तो अपना कपाल ही फोड़ ले। इसके साथ ही बल्लियाँ-शहतीर भी टूटने-टूटने को हो रहे थे। अधबीच रास्ते में, जहाँ वे चटक गए थे, लम्बी, पीली-पीली-सी दरारें दिखाई पड़ने लगी थीं, जिन्हें देखकर ऐसा लगता जैसे बैसाखियाँ हों जो इतनी कमज़ोर पड़ गई हों कि बोझ सँभाले न सँभाल पा रही हों। फिर इस बात की भी सावधानी बरतनो पड़ती थी कि शरीर में छिपटियाँ न चुभें। जाँघ जितने मोटे बलूत के शहतीर इतना भारी बोझा उठाने में समर्थ नहीं थे। इसलिए आदमी इनके नीचे से रेंग-रेंगकर जाते थे, क्योंकि हमेशा यही डर लगा रहता था उन्हें कि कहीं ऐसा न हो कि कमर ही चटक जाए।

'ऐसा मत कर !' कैथरीन हँसते हुए कह रही थी। एतियन का छकड़ा एक बीहड़ जगह पर पटरी से उतर गया था और गीली ज़मीन में धँसी पटरियों पर छकड़े को वह धकेल नहीं पा रहा था और बक-झक करते हुए पहियों के साथ ज़ोरआज़माई कर रहा था। मगर पूरी ताकत लगाने के बावजूद छकड़े को पटरी पर ला नहीं पाया।

'अरे, थम जा रे !' कैथरीन ने कहा। 'भड़भड़ाता रहेगा, तो टापता रह जाएगा।'

वह आई और चटपट छकड़े के नीचे घुस गई और नीचे से पीठ सटाकर कूल्हों की ताकत से आनन-फ़ानन में उसने छकड़े को पटरी पर ला खड़ा किया। बोझा करीब पन्द्रह सौ पौंड था। एतियन चकित एवं लज्जित-सा खड़ा देखता रहा। एकदम कटकर रह गया था और बग़लें झाँक रहा था।

अब कैथरीन खड़ी-खड़ी उसे समझा रही थी इस तरह टाँगें चौड़ी करके सुरंग के दोनों तरफ़ लगे लट्ठों के साथ पैर टिका और जमकर खड़ा हो जा। ऐसा करने से बड़ा सहारा मिलता है। फिर देह को झुकाकर बाहों को सीधा रख, ताकि कन्धों और कूल्हों की पूरी ताकत लगाकर ढकेल सके।

एक ट्रिप नें एतियन उसके साथ रहा और देखता रहा कि वह कितनी फुर्ती से सारा काम अंजाम देती है। पीठ उठाकर उसने हाथों को इस तरह नीचे रखा कि देखकर

लगता था सर्कस में किसी बौने जन्तु की तरह हाथों-पैरों के बल चल रही हो। हालाँकि पसीना-पसीना हो गई थी, हाँफने भी लगी थी, अंग-अंग चटक रहा था, फिर भी, अभ्यास था उसे, सो उफ़ तक नहीं की, मानो मनुष्य जाति की नियति ही हो इसी तरह बल खाकर और झुककर काम करने की। मगर एतियन वैसा नहीं कर पाया। जूता उसे परेशान कर रहा था और झुककर चलने से उसका अंग-अंग दुखने लगा था। कुछ मिनट भी इस स्थिति में रहना उसके लिए दुश्वार हो गया। एक असह्य यंत्रणा थी, इतनी कष्टकर कि क्षण-भर पीठ सीधी करने और दम मारने के लिए वह घुटनों के बल बैठने को विवश हो गया।

फिर ढलान पर एक और दिक्कत पेश आती थी। कैथरीन उसे बता रही थी कि छकड़े को इस तरह जल्दी-जल्दी धकेलते हैं। यह ढलान एक पैड़ी तथा दूसरी पैड़ी के बीच चबूतरे का काम करती थी और उसके ऊपर तथा नीचे छोकरे खड़े रहते थे। एक ब्रेक ऑपरेटर होता था और दूसरा रिसीवर। बारह-बारह, तेरह-तेरह बरस के ये धूर्त लौंडे एक-दूसरे के साथ अश्लील गालियों में ही बात करते थे और उनका मुँह बन्द करने के लिए उनसे भी ऊँची आवाज़ में चिल्ला-चिल्लाकर गालियाँ बकनी पड़ती थीं। कोई खाली छकड़ा ऊपर लाना होता, तो रिसीवर इशारा करता और ढुलाई करनेवाली स्त्री भरे छकड़े को धकेल देती और छोकरा ब्रेक खोल देता और छकड़े के बोझ से खाली छकड़ा खिंचा चला आता। नीचे गलियारे में छकड़ों को जोड़कर रेलगाड़ी-सी बनाई जाती और उस गाड़ी को घोड़े खींचते हुए आगे ले जाते।

'ओय, मरदूदो !' कैथरीन ढलान की तरफ़ मुँह करके ऊँचे स्वर में बोल रही थी। यह ढलान करीब सौ गज़ लम्बी थी जिसमें बल्लियाँ ही बल्लियाँ लगी थीं और मैगाफ़ोन की आवाज़ की तरह गूँजती रहती थी।

लौंडे शायद काम छोड़कर मस्ती मार रहे थे, क्योंकि किसी ने जवाब तक नहीं दिया। लदान भी सभी स्थलों पर स्थगित था। अन्ततः किसी छोकरी का यह तीखा स्वर सुनाई पड़ा, 'एक लौंडा शायद मूकेत पर सवारी कर रहा है।'

इस पर ज़ोर का ठहाका लगा और छोकरियाँ भी खिड़-खिड़ हँसने लगीं।

'किसने कही यह बात ?' एतियन ने कैथरीन से पूछा।

कैथरीन ने बताया—लिडी नाम की छोकरी है। सबके कान कुतरती है। हालाँकि गुड़िया जैसी बाँहें है इसकी, फिर भी, अपने छकड़े को ही नहीं, मोटी-ताज़ी औरत को भी धकेलकर ले जा सकती है। और जहाँ तक मूकेत का सवाल है, वह दो-दो छोकरों को एक साथ व्यस्त रख सकती है।

तभी रिसीवर का स्वर सुनाई पड़ा। वह कह रहा था कि छकड़ा भेजो। सम्भवतः कोई फ़ोरमैन था जो नीचे से निकलकर जा रहा था। नौ के नौ तलों पर लदान फिर चालू हो गया था। बीच-बीच में लौंडों की चिल्लाहट और ढलान तक आनेवाली छोकरियों की फूत्कार के सिवा कुछ सुनाई नहीं पड़ता था। ये छोकरियाँ थीं कि बोझ तले दबी खच्चरों की तरह हाँफ रही थीं। सारी कोयला-खान में पाशविकता की हवा फैली थी : जब कोई मज़दूर हाथों-पैरों पर झुकी किसी छोकरी के निकट जाता, और उसके ऊपर उठे कूल्हों पर और पतलून में से उभरे उसके नितम्बों को देखता, तो उसके भीतर की

हवस एकाएक जाग उठती थी।

एतियन फेरा लगाकर जब भी चबूतरे पर लौटता, उसे वही दमघोंटू गर्मी, वही गेंतियों की उबाऊ खटर-पटर, कोयले की कटाई करनेवाले थके-हारे मज़दूरों की वही तकलीफ़देह हाँफ़ी सुनाई पड़ती। चारों आदमियों ने अपने सारे वस्त्र उतार डाले थे और सिर से पैर तक धूल से अटे थे। प्रतीत होता था कोयला उन्हें ग्रस गया था। एक बार तो ऐसा हुआ कि माहूअ का भी दम इस कदर घुटने लगा कि उसे ज़बरदस्ती वहाँ से निकालना पड़ गया और सारे फट्टे खोल दिए गए ताकि कोयला नीचे गिर जाए।

ज़कारी और लवाक भड़ककर उस सुरंग को कोस रहे थे। कहते थे कि इधर का कोयला कठोर होता जा रहा है। नतीजा यह होगा कि जिन शर्तों पर इन्होंने ठेका लिया था, वह इन्हें बरबाद करके रख देंगी। शावाल ने एक क्षण के लिए करवट बदली, पीठ के बल पसरते हुए वह एकाएक एतियन पर बरस पड़ा, क्योंकि वहाँ उसकी मौजूदगी उसे अखरने लगी थी।

'ओरे, नाली के कीड़े ! तेरे में तो छुकरिया जितनी भी जान नहीं है, ...भर दे, उस छकड़े को भर दे। सुन रहा है या नहीं ! खड़ा मुँह क्या देख रहा है ? सुस्ता रहा है ? अगर तेरी वजह से उन्होंने एक भी छकड़ा रद्द किया, तो समझ ले, तेरी छुट्टी ही करवा दूँगा।'

एतियन ने जवाब तक नहीं दिया। वह इस बात से ही ख़ुश था कि कम-से-कम काम तो मिला, चाहे जान मारनी पड़ रही है। फिर उसने वह क्रूर भेदभाव भी कबूल कर लिया था जो हुनरमन्द और बेहुनर आदमी के बीच किया जा रहा था। मगर चलने-फिरने में उसे थोड़ी दिक्कत हो रही थी। पाँव लहूलुहान हो गए थे। ज़बर्दस्त जकड़न से उसका अंग-अंग ऐंठ रहा था और लगता था, कमर में जैसे किसी ने लोहा बाँध दिया हो। ख़ुशकिस्मती से, दस बज रहे थे और भोजन करने के लिए सब लोग काम बन्द करने लगे थे।

माहूअ के पास घड़ी थी। लेकिन उस पर उसने निगाह तक नहीं डाली। इस घटाटोप अँधेरे में वह पाँच मिनट भी बेकार नहीं बैठता था। सबने अपने कुर्ते और फतूहियाँ पहन ली थीं। वहाँ से निकलकर वे बग़ल में कुहनियाँ और एड़ियों पर नितम्ब टिकाए बैठ गए थे।

कोयला-खानों में काम करनेवाले मज़दूर इस मुद्रा में बैठने के इतने आदी हो जाते हैं कि खान से बाहर भी इसी तरह बैठते। किसी बटिया या लट्ठे की ज़रूरत नहीं समझते। सबने अपनी-अपनी सैंडविच निकालीं और मोटे-मोटे पावरोटी के टुकड़ों को संजीदगी से निगलने लगे। बीच-बीच में सुबह के काम के बारे में एक-आध बात भी कर लेते।

कैथरीन अभी खड़ी थी। अन्ततः एतियन के निकट गई, जो परे, सबसे अलग-थलग-सा, पटरियों पर बल्लियों के साथ पीठ सटाए लेटा था। यह स्थान किंचित् सूखा था।

'तू खा नहीं रहा ?' कैथरीन उससे पूछती है। मुँह उसका भरा था और एक सैंडविच उसने हाथ में ले रखी थी।

लेकिन तत्काल उसे याद आया कि यह शख़्स तो रात-भर भटकता फिरा है। फिर

एक सू भी इसकी अंटी में नहीं है। शायद रोटी का टुकड़ा तक नहीं है।

'थोड़ी-सी मेरे से ले ले ?'

और जब एतियन ने इनकार किया, और ख़ूब ज़ोर देकर बोला कि उसे तो भूख ही नहीं है—हालाँकि पेट में कुलबुलाहट हो रही थी, और स्वर भी काँप रहा था—तो कैथरीन विहँसते हुए बोली, 'अरे, अगर तेरे को यह बात अच्छी नहीं लगी...लेकिन, देख, अभी आधी ही खाई है—ले, तुझे दूसरी देती हूँ।'

कैथरीन ने सैंडविच तोड़कर दो हिस्से कर लिये थे। एतियन ने आधी सैंडविच पकड़ तो ली, मगर उसे मुँह तक नहीं ले गया। बाहों को उसने जँघाओं पर टिका लिया था, ताकि कैथरीन देख न ले कि वे किस तरह लरज़ रही हैं। कैथरीन चुपचाप, स्नेहवश, उसकी बग़ल में पेट के बल लेट गई थी। ठुड्डी को हथेली पर टिका दूसरे हाथ से धीरे-धीरे खाती रही। दोनों के मध्य रखे लैम्प के प्रकाश में वे एक-दूसरे को देख रहे थे।

कैथरीन क्षण-भर चुपचाप उसकी तरफ़ देखती रही। ज़रूर ही उसे एतियन के नुकीले नाक-नक्श और काली-काली मूँछें भा गई होंगी। तभी तो वह अव्यक्त-से आह्लाद के साथ उसे निहारते हुए मुस्करा देती थी।

'सो, तू इंजिनमैन है। रेलवे से तेरी नौकरी छूट गई। क्यों ?'

'क्योंकि मैंने उसकी ठुकाई कर दी थी जिसके नीचे मैं काम करता था।'

कैथरीन पिटपिटा गई। उसे तो विरासत में मातहती में चुपचाप हुक्म बजा लाने के संस्कार मिले थे। सो, उसकी यह बात सुनकर उसे झटका-सा लगा।

'तेरे को बताने में हरज ही क्या है, थोड़ी पी ली थी मैंने,' एतियन बता रहा था। 'और जब पी लेता हूँ, तो एक सनक-सी सवार हो जाती है मेरे ऊपर। तब अपनी जान भी लेने में गुरेज़ नहीं करता, और आस-पास के दूसरे लोगों की भी। जब पीता हूँ, तो किसी के भी परखच्चे उड़ाने को खुजलाने लगता हूँ...और फिर अगले दो दिनों तक निढ़ाल पड़ा रहता हूँ।'

'पिया न कर,' वह गम्भीर स्वर में बोली।

'अरी, ख़ातिर जमा रख ! जानता हूँ, नहीं पीनी चाहिए।'

उसने मुंडी हिलाकर हामी भरी। शराब से उसे नफ़रत थी—बिलकुल वैसी ही, जैसी कि पियक्कड़ों के वंश में जन्म लेनेवाली अन्तिम सन्तान को होती है, वैसी ही जुगुप्सा थी, जैसी कि उस व्यक्ति को होती है जिसने बिरसे में मिली नशाख़ोरी की भयंकर लत के कारण दुख उठाया हो और जो यह जानता हो कि शराब की एक बूँद भी उसके लिए विष समान है।

'मेरी माँ जो है न, उसकी वजह से परेशान रहता हूँ, कहीं नौकरी न जाती रहे,' एक लुक्मा हलक से उतारते हुए वह कह रहा था। 'ज़िन्दगी में बड़े कष्ट झेले हैं मेरी माँ ने। समय-समय पर उसे थोड़े फ्रां भेजता रहता हूँ।'

'तेरी माँ है कहाँ ?'

'पैरिस में...धोबिन का काम करती है रयु द ला गूतदॉर में।'

इतना बताकर वह चुप हो गया। जब भी वह इन बातों को स्मरण करता, उसकी

विषण्ण आँखों में अचानक भय व्याप्त हो जाता। यह ऐसी पीड़ा थी जिसकी परिणति उसकी तरुणावस्था की विकृतियों में हुई थी।

एक क्षण वह कोयला-खान के अँधेरे में अन्यमनस्क-सा देखता रहा और यहाँ, नीचे खान में, ऊपर की धरती के भयावह बोझ तले, एक बार फिर वह अपने बचपन में लौट गया : उसकी खूबसूरत और गुर्देवाली माँ को पहले तो उसके बाप ने छोड़ा, और जब उसने एक और मरद कर लिया, तो बाप ने आकर उसे फिर से अपना लिया, और इस तरह वह ऐसे दो पुरुषों के बीच ज़िन्दगी बसर करती रही जो उसका शोषण करते थे और वह थी कि नशे में धुत्त होकर गन्दी नालियों में लुढ़कती रहती थी उनके साथ। वह गली उसे भुलाए नहीं भूलती थी, और उसकी एक-एक तफ़सील उसकी आँखों के सामने आकर खड़ी हो गई : दुकान के बीचोंबीच पड़े मैले-कुचैले वस्त्रों का वह ढेर...शराब के वे दौर, जिनसे सारा घर बदबू मारता रहता था, और फिर जबड़ों को तोड़नेवाले वे लात-घूँसे...

'सुन, यहाँ से मुझे जो तीस सू मिलेंगे न, उनमें से एक भी माँ को नहीं भेज पाऊँगा।' वह जैसे किसी स्वप्नलोक में विचरते हुए बोल रहा था। 'फिर भी, जो हो सो...बड़ी दुर्गति होगी मेरी माँ की...'

उसने एकदम निराश व्यक्ति की तरह कन्धे उचकाए और सैंडविच में दाँत गड़ा दिए।

'कुछ पिएगा ?' अपनी फ़्लास्क खोलते हुए कैथरीन उससे पूछ रही थी। 'घबरा मत। सिर्फ़ कॉफ़ी है इसमें। तेरे को नुकसान नहीं करेगी...खाकर ऊपर से कुछ पिएगा नहीं, तो रोटी हलक में अटक कर रह जाएगी।'

लेकिन एतियन ने साफ़ मना कर दिया। क्या यही काफ़ी नहीं था कि उसकी आधी सैंडविच उसने ले ली थी ? वह फिर भी, उदारतापूर्वक उससे आग्रह करते हुए बोली, 'देख, तू इतनो नम्रता दिखा रहा है, तो ले, पहले मैं पीती हूँ। इसलिए अब तू मना नहीं कर सकता। यह अच्छा नहीं होगा।'

और एतियन की तरफ़ उसने फ़्लास्क बढ़ाई। वह घुटनों पर खड़ी थी और इतनी निकट आ गई थी कि दो लैम्पों की रोशनी में वह उसे भलीभाँति देख सकता था—अरे, क्या सोचकर मैंने इस लड़की को बदशक्ल मान लिया था ? उस वक्त वह एकदम काली-कलूटी लग रही थी। सारी देह पर कोयले की धूल चिपकी थी। फिर भी, उसमें विशेष आकर्षण था। अन्धकार से धुँधलाई इस जगह पर उसके चौड़े मुख की सफ़ेद दन्तपंक्ति चम-चम चमक रही थी। आँखें भी बड़ी-बड़ी लगती थीं जिनमें हरी-सी रोशनी चमक रही थी, बिलकुल वैसी ही, जैसी कि किसी बिल्ली की आँखों में होती हैं। ललछौंही लट टोपी से निकलकर कान को सहला रही थी, जिससे उसे गुदगुदी-सी होने लगी थी। अब वह इतनी अल्हड़ नहीं लग रही थी उसे। सम्भवतः चौदह बरस की तो होगी ही, कम-से-कम।

'ठीक है, अगर तेरी यही इच्छा है, तो पी लेता हूँ।' एतियन ने एक घूँट पीकर फ़्लास्क कैथरीन को पकड़ा दी।

कैथरीन ने एक और घूँट भरा और एतियन को भी एक घूँट भरने को विवश किया

और फिर बोली कि बारी-बारी से पिएँगे। सो, सँकरी गर्दनवाली फ़्लास्क को एक बार वह मुँह लगाती, एक बार एतियन मुँह लगाता। इस तरह वे खेल-सा कर रहे थे। एकाएक एतियन के मन में क्या समाया कि लगा सोचने कि क्यों न इसे अपने निकट खींचकर इसके ज़र्द-से मोटे होंठों को चूम लूँ, जो कोयले के कारण एकदम अलग दिखाई पड़ते थे और तज्जनित कामवासना से उसे पीड़ित करने लगे थे। मगर उससे खम खाकर झिझक गया और ऐसी हरकत करने का दुःसाहस नहीं कर सका। लील जैसी जगह पर निकृष्ट से निकृष्ट रंडी से सोहबत की थी उसने और नहीं जानता था कि इस तरह की कामकाजी और घरेलू किस्म की लड़की के साथ वह कैसा व्यवहार करे।

'तू होगी भी कोई चौदह बरस की,' वह सैंडविच में फिर दाँत गड़ाते हुए पूछता है।

कैथरीन चकित भी हुई और कुपित भी।

'क्या ? चौदह की ? अरे, पन्द्रह की हूँ...ठीक है, पन्द्रह की नहीं लगती। अरे, यहाँ की छोकरियों की बढ़वार इतनी जल्दी नहीं होती।'

एतियन उसके बारे में पूछता रहा और कैथरीन बिना किसी लाज-संकोच के सब बताती रही। वास्तव में, कैथरीन को इस बात का ज्ञान था कि औरत-मर्द के बीच क्या होता है। मगर एतियन को विश्वास हो गया कि यह लड़की अक्षतयोनि है—एक अल्हड़ छोकरी, जिसका विकास दूषित जलवायु और निरन्तर हाड़-तोड़ श्रम करते-करते अवरुद्ध हो गया है। जब एतियन ने मूकेत के किस्से के ब्याज से उसे तीन-तेरह करना चाहा, तो एकदम अविकल एवं आह्लादित स्वर में चटखारे लेते हुए वह बड़े हौलनाक किस्से बयान करने लगी। और जब एतियन ने कैथरीन से यह जानना चाहा कि उसका भी कोई यारबाश है, तो वह हँसते हुए बोली कि वह माँ को दुखी नहीं करना चाहती, लेकिन एक-न-एक दिन तो होगा ही। वह उकड़ूँ-सी बैठी थी और पसीने से भीगे वस्त्रों में ठिठुरने लगी थी। चेहरे पर सन्तोष और सौम्य भाव झलक आया था—जैसे परिस्थितियों के समक्ष और पुरुषों के आगे समर्पण करने को उद्यत हो।

'मैं तो समझता हूँ कि जब लोग इस तरह मिल-जुलकर रहते हैं, तो कोई-न-कोई प्रेमी तो मिल ही जाता है। क्यों, है न ऐसी बात ?'

'बिलकुल।'

'और इस बात से किसी को कोई तकलीफ़ भी नहीं होती...और किसी प्रीस्ट-पादरी के पास भी नहीं जाना पड़ता।'

'वाह, प्रीस्ट ! उसे तो मैं ठेंगे पर रखती हूँ जी...लेकिन एक काला-कलूटा आदमी यहाँ डोलता रहता है।'

'क्या ? काला आदमी ?'

'हाँ, एक बूढ़े खान मज़दूर की प्रेतात्मा, जो यहाँ आकर ख़राब लड़कियों का गला घोंटकर रख देती है !'

एतियन विस्फारित नेत्रों से उसकी तरफ़ देखे जा रहा था। एकदम डर गया कि कहीं यह छोकरी उसकी खिल्ली तो नहीं उड़ा रही।

'तो, तेरे कहने का मतलब यह हुआ कि तू इन ऊलजलूल बातों पर विश्वास नहीं

करती ? तू कुछ जानती-समझती नहीं ?'

'जानती हूँ, जानती हूँ, रे ! मैं पढ़ना-लिखना भी जानती हूँ...पढ़ना-लिखना अच्छी बात है न !' मेरे माँ-बाप छोटी उम्र के थे, तो उन्हें पढ़ने-लिखने का मौका ही नहीं मिला।'

कैथरीन, सचमुच, बड़ी रसीली लड़की थी। एतियन ने निश्चय कर लिया कि वह जब सैंडविच ख़त्म कर लेगी, तो उसके बड़े-बड़े गुलाबी होंठों को चूम लेगा। उसका यह निश्चय सकुचाहट का, सीनाज़ोरी करने की इच्छा का परिणाम था जिस कारण उसे हिचकिचाहट-सी हो रही थी। छोकरी की देह पर लड़कों के वस्त्र—फतूही और पतलून—उसे उत्तेजित और व्याकुल करने लगे थे। रोटी का आख़िरी लुक्मा वह उदरस्थ कर चुका था कि तभी गलियारे में एक छाया आकर खड़ी हो गई।

यह शावाल था, जो थोड़ी देर से एक तरफ़ खड़ा उन्हें ताड़ रहा था। जब उसे निश्चय हो गया कि माहूअ इधर देख नहीं रहा है, तो आगे बढ़ा। कैथरीन अभी नीचे ही बैठी थी। निकट आकर उसने कन्धे से पकड़ा उसे, सिर को पीछे झटकाया और फिर बड़े इत्मीनान से उसके होंठों पर होंठ रखे और नृशंसतापूर्वक उन्हें रौंदने-कुचलने लग गया। यह सब वह खूब सोच-समझकर और एतियन को ठेंगा दिखाने की ख़ातिर कर रहा था। यह चुम्बन स्वत्व जताने का, एक तरह से मत्सरपूर्ण संकल्प का विज्ञापन ही था।

मगर कैथरीन एकदम भड़क गई।

'छोड़, छोड़ता है या नहीं !'

कैथरीन के सिर को थामे वह उसकी आँखों में झाँक रहा था। उसके एकदम काले-कलूटे चेहरे पर ललछौंही मूँछें और हलकी दाढ़ी धधक-सी रही थी। नाक भी टेढ़ी थी। यह सब करके उसने लड़की को छोड़ दिया और कुछ भी बोले-चाले बिना वहाँ से चलता बना।

एतियन को तो जैसे काठ ही मार गया था। संकोच करके उसने बड़ी मूर्खता का परिचय दिया था। न, इस वक्त वह इसका चुम्बन नहीं लेगा, क्योंकि यह समझेगी कि यह आदमी शावाल की नकल कर रहा है। उसका आहत स्वाभिमान, सचमुच, सन्तप्त हो उठा था।

'तू झूठ क्यों बोली ?' उसने हौले से कहा। 'यह तेरा प्रेमी है न, क्यों ?'

'नहीं, सौगन्ध उठवा ले, यह मेरा प्रेमी नहीं है।' उसने दृढ़तापूर्वक यह बात कही। 'हम दोनों के बीच ऐसा कोई चक्कर नहीं है। कभी-कभी यह आदमी छिछोरेपन पर उतर आता है...और फिर यह आदमी तो इधर का भी नहीं है—छह महीने पहले ही पा-द-काले से आया था।'

दोनों उठकर खड़े हो गए। काम शुरू करने का वक्त हो गया था। एतियन को एकदम ठंडा पड़ते देख कैथरीन चिन्तित हो उठी। बाकी लोगों के मुकाबले एतियन निश्चय ही उसे सुन्दर-सजीला जवान लगा था और शायद वह उसी की कामना करती। अब सोच में पड़ गई थी कि उसके प्रति किस तरह स्नेह जताए, मान-मनौवल करे। जब उसने देखा कि एतियन लैम्प को ही निहारे जा रहा है, जो बड़े-से पीले घेरे में

नीली-नीली रोशनी के बीचोंबीच रखा था, तो उसका ध्यान भंग करने की ख़ातिर बेतकल्लुफ़ी से बोली, 'ज़रा इधर आ। तेरे को एक चीज़ दिखाती हूँ।'

एतियन को वह नीचे ले गई और वहाँ एक दरार में उसने तरेड़ की तरफ़ इशारा किया। उसमें से हलकी-हलकी फुफकार जैसी आवाज़ निकल रही थी, जैसे कोई पक्षी सीटी बजा रहा हो।

'इसके भीतर हाथ डाल। तेरे को महसूस होगी...इसे मीथेन बोलते हैं।'

एतियन को अचरज हुआ। क्या यह वही भयानक चीज़ है जिसने सब कुछ उड़ा दिया था ? कैथरीन हँस रही थी और बताती जा रही थी कि आज हवा काफ़ी तेज़ है। तभी तो लैम्पों की रोशनी इतनी नीली पड़ गई है।

'अरे, दोनों के दोनों निखट्टू ! चलो, काम शुरू करो।' यह तेज़-तर्रार स्वर माहूअ का था।

कैथरीन और एतियन ने जाकर जल्दी-जल्दी छकड़े भरे और फिर उन्हें धकेलते-धकेलते ढलान तक ले गए। दोनों की पीठ अकड़ गई थी, क्योंकि सुरंग की ऊँची-नीची छत के नीचे उन्हें दौड़ना पड़ रहा था। दूसरे चक्कर में वे पसीने से सराबोर हो गए। हड्डियाँ तक दुखने लगी थीं।

कोयला-खान के मोहरे पर कोयले की कटाई करनेवाले मज़दूर पुनः काम में लग गए थे। अकसर रोटी खाने में अधिक समय ये लोग नहीं लगाते थे, ताकि शरीर ऐंठ न जाए और धूप से इतनी दूर बैठकर जब अपनी सैंडविच को लोलुपता के साथ खाते थे, तो ऐसा लगता था कि उदर में सीसा उतर रहा हो। ये लोग पसलियों के बल लेटे-लेटे कोयला काटते थे, क्योंकि उन पर ज़्यादा-से-ज़्यादा छकड़े भरने की धुन सवार हो जाती थी। थोड़ी और रकम बनाने के सिवा इन्हें और कोई बात सूझती ही नहीं थी। इन्हें एहसास ही नहीं हो पाता था कि ऊपर से जो पानी टपक रहा है, उससे अंग-प्रत्यंग में सूजन आती जा रही है। फिर यह भी नहीं समझते थे कि ऐसी कष्टकर स्थिति में काम करने से कितनी ऐंठन हो रही है या अँधेरे में दम घुटने से हालत किस तरह उन पौधे जैसी होती जा रही है जिन्हें तहख़ाने में डाल दिया जाता है। और फिर ज्यों-ज्यों दिन ढलने लगता, वहाँ का वातावरण लैम्पों की तपिश से, उनकी अपनी देह से निकलनेवाली बास से और ज़हरीली मीथेन की भभक में साँस लेने लायक भी न रहता। लगता कि हवा मकड़ी के जाले की तरह ही उनकी आँखों से चिपक गई है और अब रात को झरोखों से आनेवाली हवा ही उसे बाहर निकाल पाएगी। इस बीच, अपनी इस बांबी की तली में, धरती के बोझ तले, बुरी तरह हाँफते हुए वे कोयला काटते रहते, काटते रहते।

5

माहूअ अपनी घड़ी फतूही में ही छोड़ आया था। सो, समय देखे बिना ही उठकर खड़ा हो गया और बोला, 'एक बजा चाहता है...ज़कारी ! तेरा काम ख़त्म हुआ या नहीं ?'

ज़कारी कुछ समय तक शहतीर-बल्लियाँ लगाता रहा था। मगर बीच में ही इस

काम को छोड़कर लेट गया था और खाली-खाली आँखों से टकटकी लगाए और कल के 'क्रॉस' खेल के बारे में सोच रहा था। बाप की आवाज़ सुनते ही उठकर खड़ा हो गया और बोला, 'आज इतना ही काफ़ी है। बाकी कल देख लेंगे।' और कोयला-खान के मोहरे अपनी जगह पर चला गया। लवाक और शावाल ने भी अपनी-अपनी गेंतियाँ रख दी थीं और हर कोई काम छोड़कर सुस्ताने बैठ गया था। नंगी आस्तीनों से मुँह पोंछते हुए वे स्लेटी पत्थरवाली दरारों-तरेड़ों की तरफ़ टकटकी लगाए देख रहे थे। अपने काम के अलावा इन्हें शायद ही कोई दूसरी बात सूझती हो।

'कमबख्त एक और तड़क !' शावाल बुदबुदा रहा था। एक और जगह को कसना पड़ेगा। ठेके में तो यह सब लिखने ही नहीं दिया इन लोगों ने !'

'अड़ीमार न हों कहीं के !' लवाक भी बड़बड़ाया। 'हमेशा हमें ठगने की फ़िराक में रहते हैं।'

ज़कारी हँस रहा था। काम हो या कोई दूसरी बात हो, उसे कोई गति नहीं ब्यापती थी। लेकिन जब कोई कम्पनी की निन्दा करने लगता, तो वह उसमें रस लेता था। माहूअ बड़े इत्मीनान से बता रहा था कि हर साठ-साठ, सत्तर-सत्तर फुट के फ़ासले पर ज़मीन की प्रकृति बदल जाती है। इसलिए वे लोग इस बात को गाँठ बाँध लें : कोई भविष्यवाणी नहीं कर सकता।

मगर जब दोनों जने कोयला-खान के मालिकों तथा अधिकारियों के ख़िलाफ़ बकने-झकने लगे, तो माहूअ थोड़ा घबराया और लगा आगे-पीछे देखने।

'शिः ! बहुत हो गया।'

'ठीक कहते हो,' लवाक ने भी स्वर धीमा करते हुए कहा। 'यह कोई चंगी बात नहीं।'

यहाँ कोयला-खान के इतने नीचे आकर भी उन्हें यह डर लगा रहता था कि कम्पनी के जासूस सब पर आँख रखते हैं—मानो यहाँ रखे शेयर होल्डरों के कोयले के भी कान हों।

'जो हो,' शावाल ने उद्धत स्वर में चुनौती दे डाली। 'वह हराम का दांसायर ! अगर उस दिन की तरह उसने फिर कभी मेरे साथ ऐसी-वैसी हरकत की, तो उसकी गुदी के भीतर ईंट घुसेड़ दूँगा। चिकनी-चुपड़ी छोकरियों को लेकर पड़ा रहता है। मैंने तो कभी ऐतराज़ नहीं किया !'

ज़कारी ने यह बात सुनी, तो ठहाका मारकर हँसा। चीफ़ फ़ोरमैन और ला पियरोन के बीच जो इश्कबाज़ी चल रही थी, उसे लेकर कोयला-खान में हँसी-मज़ाक तो चलता ही रहता था। यहाँ तक कि कैथरीन भी ठठाकर हँस पड़ी। वह बेलचे के सहारे खड़ी हो गई और हँसते-हँसते उसने संक्षेप में एतियन को सारा किस्सा बताया। मगर माहूअ डर रहा था। एकदम भड़ककर बोला, 'बकवास बन्द करो ! लानत भेजो। ऐसी बातें करनी हैं, तो कहीं और जाकर करो।'

ये शब्द अभी उसके मुँह में ही थे कि ऊपर के गलियारे में पैरों की आहट सुनाई पड़ी और फिर देखते ही देखते कोयला-खान के इंजीनियर का सिर दिखाई दिया, जिसका नाम मज़दूरों ने 'छोटा नेगरेल' धर दिया था। उसके साथ था चीफ़ फोरमैन दांसायर।

'मैंने क्या कहा था !' माहूअ बुदबुदाया। 'देखा, कोई-न-कोई अचानक फुदककर निकल ही आता है।'

पाल नेगरेल मोंस्यो हेनबो का भाँजा था। कोई छब्बीसेक बरस की उम्र होगी उसकी। छरहरा बाँका जवान था। बाल घुँघराले और मूँछें काली। तीखे नाक-नक्श। बोलती-बोलती-सी आँखें। देखकर लगता कि कोई हिला-मिला नेवला है। लेकिन उसका जो तटस्थ-निर्लिप्त और संशयवादी बौद्धिक का-सा व्यवहार था, वह किसी शिष्टाचारहीन, क्रूर एवं नृशंस आदमी जैसा हो जाता, जब वह श्रमिकों के रू-ब-रू होता। उसका पहरावा खान मज़दूरों जैसा था। मुँह-सिर उन्हीं की तरह कोयले की धूल से अटा रहता और मज़दूरों की नज़र में ऊँचा उठने की ख़ातिर वह कैसी भी जोखिम उठाकर ख़तरनाक-से-ख़तरनाक स्थल पर भी पहुँच जाता था। कोयला-खान में जब भी कोई जगह धँसती या मीथेन से कहीं विस्फोट होता, तो सबसे पहले यही शख़्स वहाँ पहुँचता था।

'तो ऐसा वाकिया हुआ क्यों, दांसायर ?' वह बोला।

चीफ़ फ़ोरमैन बेल्जियम का था। ये भारी-भरकम था चेहरा उसका और ये बड़ो-सी मांसल नासिका थी ! ज़रूरत से ज़्यादा शिष्टाचार दिखाते हुए बोला, 'जी, मोंस्यो नेगरेल !...वो रहा वह आदमी, जिसे आज सवेरे ही काम पर लगाया गया है।'

दोनों उतरकर चबूतरे के मध्य आकर खड़े हो गए। एतियन को तत्काल तलब किया गया। वह आया, तो इंजीनियर ने लैम्प उठाकर बिना कुछ बोले उसके चेहरे का निरीक्षण किया।

'ठीक है,' वह बोला। 'लेकिन राह चलते अजनबियों को इस तरह रखने की बात मुझे पसन्द नहीं...आगे ऐसा न करना, समझे !'

फिर उसने इस दलील को एकदम अनसुना कर दिया कि काम को देखते हुए ऐसा करना ज़रूरी हो गया था और यह बात भी थी कि छोकरियों की जगह आदमियों को लगाना भी अभीष्ट था।

वह छत का निरीक्षण कर रहा था। कोयले की कटाई करनेवाले मज़दूरों ने फिर से गेंतियाँ सँभाल ली थीं।

लेकिन वह एकाएक चिल्लाया, 'अरे, माहूअ ! यह क्या ग़ज़ब कर रहे हो ? मैं कहता हूँ, तुम सब लोग ज़िन्दा दफ़न हो जाओगे...'

'हज़ूर, ख़ासे मज़बूत हैं,' माहूअ ने शान्तिपूर्वक जवाब दिया।

'मज़बूत ? अरे, चट्टान धसकने भी लगी है और लग्गियाँ छह-छह फुट से ज़्यादा दूरी पर खड़ी हैं—जैसे टोटा हो लग्गियों का ! सब एक ही थैली के चट्टे-बट्टे हो। अपनी खोपड़ी फोड़वा लोगे, लेकिन देर तक कोयला काटने से बाज़ नहीं आओगे और सही तरीके से लग्गियाँ लगाने की तकलीफ़ भी गवारा नहीं करोगे। चलो, इसी वक्त और लग्गियाँ लगाओ। जितनी लगी हैं, उनसे दुगुनी। भेजे में पड़ी यह बात या नहीं ?'

मगर जब मज़दूरों ने यह दलील दी कि वे बख़ूबी जानते हैं कि अपनी सुरक्षा के लिए क्या करना चाहिए, तो वह एकदम आपे से बाहर हो गया।

'और जब सिर फूटेंगे तुम लोगों के, तो भुगतोगे भी तुम्हीं लोग ? नहीं जी, तुम क्यों ? कम्पनी को देनी पड़ेगी पेंशन तुम लोगों को या तुम्हारी लुगाइयों को...अरे, हम

लोग तुम लोगों से वाकिफ़ नहीं हैं क्या ?—छुट्टी का वक्त होते-होते भी तुम लोग एक-दो फ़ालतू छकड़े भरने को खदबदाते रहते हो, चाहे इसमें जान ही क्यों न चली जाए।'

उसके इस तरह उबाल खाते हुए क्रुद्ध स्वर में बोलने के बावजूद माहूअ ने धीरज से यह बात कही, 'अगर कम्पनी मौज़ूँ पगार देगी, तो हम जियादा लग्गियाँ लगाएँगे।'

इंजीनियर ने कन्धे झाड़े, लेकिन बात का जवाब नहीं दिया। चलते-चलते मोहरे के सिरे तक आया और वहाँ खड़े-खड़े उसने यह फ़ैसला सुना दिया, 'अभी घंटा-भर बाकी है। काम करो, और कान खोलकर यह बात भी सुन लो—इस टोली पर तीन फ्रां का जुर्माना ठोक रहा हूँ।'

सुनते ही कोयला काटनेवाले लगे गुर्राने-बड़बड़ाने। मजबूरी यह थी कि यह शख़्स रुतबे में बड़ा था और ये लोग छोटे थे। सो, कुछ बोल नहीं पाए। सैनिक अनुशासन की तरह हर कोई—कोयला-खान में काम करनेवाले छोकरों से लगाकर चीफ़ फ़ोरमैन तक—उसके मातहत था। इसके बावजूद, शावाल और लवाक आक्रोश से मुँह बना रहे थे। मगर माहूअ ने घूरते हुए उन्हें सावधान किया। ज़कारी ने उपेक्षापूर्वक मात्र कन्धे उचकाए। मगर सबसे अधिक क्षोभ हुआ एतियन को। जिस क्षण उसने इस नरककुंड में कदम रखा था, उसी क्षण से उसके भीतर विद्रोह की चिंगारियाँ फूटने लगी थीं। उसने आँख उठाकर कैथरीन की तरफ़ देखा, जो एकदम उदासीन-सी, पीठ झुकाए खड़ी देख रही थी। क्या यह उचित है—लोग इस भयावह अँधेरी जगह पर हाड़ तोड़ें, फिर भी पेट भरने को इन्हें चन्द सिक्के भी नसीब न हों ?

इस दौरान नेगरेल दांसायर के साथ जा चुका था। नेगरेल ऐसा आदमी था जो हर बात में हाँ में हाँ मिलाने का आदी था। तभी एक बार फिर उनके स्वर सुनाई पड़े। खड़े-खड़े वे गलियारे की उन लग्गियों का निरीक्षण कर रहे थे जिनके बारे में कोयला काटनेवालों को हिदायत दी गई थी कि इन्हें मोहरे से तीन फुट पीछे ही रखें।

'मैंने तेरे को आगाह किया था न ! इन लोगों को किसी बात की परवा नहीं !' चीफ़ इंजीनियर चीखते हुए कह रहा था। 'और, कमबखत तू, तू क्यों नहीं इन लोगों पर नज़र रखता ?'

'जी, रखता हूँ, रखता हूँ !' चीफ़ फ़ोरमैन की घिग्गी बँध गई थी। 'इन्हें समझाते-समझाते हम अघा गए, लेकिन ये लोग हैं कि सुनते ही नहीं।'

'माहूअ ! माहूअ !' नेगरेल क्रुद्ध स्वर में पुकार रहा था।

सब नीचे आ गए और नेगरेल बोलता जा रहा था :

'इसे ग़ौर से देखो। समझते हो, यह टिकी रहेगी ? अफरा-तफरी में लगाई है तुम लोगों ने कि अंकसी इसके ऊपर सही बैठी ही नहीं। अब आई समझ में यह बात कि रख-रखाव पर हमें क्यों इतना ख़र्च करना पड़ता है। तुम्हारी तो हमेशा यही कोशिश रहती है कि जब तक तुम्हारे ज़िम्मे यह काम है, तभी तक जैसे-तैसे यह टिकी रहे, बस। क्यों ? यही बात है न ? फिर सब भड़भड़ा कर नीचे आ जाता है और कम्पनी को पूरी फ़ौज लगानी पड़ जाती है...उधर देखो ! देख रहे हो न ? कैसा गोरखधन्धा है !'

शावाल कुछ बोलने को खुजला रहा था, मगर नेगरेल ने उसकी बोलती बन्द कर

दी।

'हाँ, जानता हूँ, तू क्या कहना चाहता है। तेरे को ज़्यादा पगार चाहिए न ? यही बात है न ? कान खोलकर सुन ले, तुम लोग कम्पनी को मजबूर कर रहे हो कोई फ़ैसला करने को। अब लग्गी लगाने के एवज़ में तुम लोगों को अलग से मजूरी मिलेगी, लेकिन उसी अनुपात से प्रति छकड़ा जो पगार दी जाती है, उसमें से यह रकम काट ली जाएगी। देखते हैं, इससे तुम लोगों को क्या प्राप्ति होती है...तब तक सब लोग लग जाओ, एक-एक लग्गी को उखाड़कर फिर से लगाओ। सुबह आकर देखूँगा।'

और इस धमकी को जब तक ये लोग आत्मसात करते, वह जा चुका था। नेगरेल की उपस्थिति में तो दांसायर भीगी बिल्ली बना रहा, मगर उसके जाने की देर थी कि करख़्त आवाज़ में मज़दूरों से कहता है, 'तुम लोग मेरे लिए मुसीबत खड़ी कर रहे हो...होश में आओ, नहीं तो तीन फ्रां का जुर्माना ही नहीं ठोकूँगा, कुछ और भी करूँगा...'

उसके जाने की देर थी कि माहूअ एकदम फट पड़ा, 'रहने दो ! जो बात वाजिब नहीं, वह बिलकुल वाजिब नहीं। मैं चाहता हूँ कि अमन-चैन बना रहे, क्योंकि यही एक उपाय है सुलह-सफ़ाई का। लेकिन ये लोग हमेशा हमें मजबूर कर देते हैं। तुम लोग सुन रहे हो न ? ये लोग प्रति छकड़ा हमारी मजूरी घटाने जा रहे हैं और फिर लग्गी लगाने की मजूरी अलग से देंगे ! यह तो एक और बहाना है हम लोगों को और भी कम मजूरी देने का...लानत है !'

माहूअ किसी पर अपना बुख़ार उतारने का बहाना ढूँढ़ रहा था। तभी उसकी नज़र पड़ी कैथरीन पर और एतियन पर, जो हाथ पर हाथ धरे बैठे थे।

'लग्गियाँ उठाकर नहीं ला सकते क्या ? क्यों, यह तुम लोगों का काम नहीं है क्या ? दूँ एक लात कहीं ?'

माहूअ के लहज़े का एतियन ने कतई बुरा नहीं माना। वह लग्गियाँ उठाने चल दिया। मालिकों पर उसे गुस्सा आ रहा था—क्या समझते हैं, कोयला-खान के मज़दूर गऊ हैं ?

लवाक और शावाल आपस में गाली-गुफ़्तार करने के बाद थोड़े हलके हो गए थे, और हर कोई तेज़ी से लग्गियाँ लगाने में जुट गया था—यहाँ तक कि ज़कारी भी हाथ बँटा रहा था। करीब आध घंटे तक करीने से लग्गियाँ लगाने का शोर होता रहा। कोई मुँह से कुछ बोलता नहीं था। हाँफते हुए वे चट्टान से टक्कर ले रहे थे। अगर उनका वश चलता, तो कन्धा लगाकर चट्टान को ही ठेल देते।

'बस, काफ़ी है,' अन्ततः क्रोध और थकावट के मारे बेहाल माहूअ ने यह बात कही। 'डेढ़ बज रहा है। पता नहीं, सवेरे-सवेरे किसका मुँह देखकर चले थे...शायद पचास सू भी नहीं बन पाए...मैं चला। यह सब देखकर जी जलता है।'

हालाँकि अभी आधा घंटा बाकी था, फिर भी उसने कपड़े पहन लिये। उसकी देखा-देखी दूसरों ने भी कपड़े उठा लिए। मोहरे को देख-देखकर वे भड़क रहे थे। कैथरीन फिर से कोयला ढोने के काम में लग गई थी। उसका उत्साह देख, सब लगे फब्तियाँ कसने—अरी, कोयले को अपने दो पैरों पर चलकर जाने दे ! और छहों के छहों

आदमी बग़लों में अपने औज़ार दबाए उसी लम्बे रास्ते पर चल पड़े जिससे निकलकर सुबह यहाँ पहुँचे थे।

चिमनी में कैथरीन और एतियन क्षण-भर ठिठके। बाकी जन नीचे उतर गए थे। चलते-चलते लिडी मिली, जो इन्हें रास्ता देने के लिए खड़ी हो गई थी। बताती है कि मूकेत तो ग़ायब है। कोई एक घंटा पहले उसे नकसीर आ गई थी, इतनी ज़्यादा कि मुँह धोने कहीं चली गई। लेकिन कहाँ गई, यह किसी को मालूम नहीं।

कैथरीन और एतियन उसके निकट से निकलकर गए, तो बालिका फिर अपना छकड़ा धकेलने में जुट गई। थककर चूर हो गई थी। मुँह-सिर धूल-मिट्टी से सना था और कीड़े-मकोड़े जैसी पतली टाँगों-बाँहों को ऐसे चौड़ा करके छकड़े को धकेल रही थी, जैसे कोई दुबला-पतला नाजुक-सा चींटा किसी भारी-भरकम बोझ के साथ जूझता है।

इस बीच, पीठ के बल रेंगते हुए ये लोग सरके जा रहे थे। कन्धों को इन्होंने इस तरह ढाल बना रखा था जिससे चेहरे पर खरोंच न आए। नितम्बों पर मज़दूरों के सरकते रहने से यह चट्टान इतनी चिकनी हो गई थी कि उस पर फिसलते हुए इन्हें लग्गियों का सहारा लेना पड़ता था ताकि—और यह बात वे मज़ाक-मज़ाक में कहते थे—चूतड़ कहीं सुलग न उठें।

कोयला-खान की तली में एतियन और कैथरीन निपट अकेले थे। गलियारे में एक मोड़ पर दूर लाल-लाल सितारे अदृश्य होते दिखाई पड़ते थे। वे हास्य-विनोद भूल गए और थके-हारे, खदबदाते हुए चलते रहे। आगे-आगे कैथरीन चल रही थी। एतियन उसके पीछे था। दोनों के लैम्प धुँधुआ गए थे। सो, एतियन कैथरीन को साफ़-साफ़ देख नहीं पा रहा था। ऐसे प्रतीत होता था, जैसे वह धुँध में डूबी हो। इस अनुभूति से वह थोड़ा व्याकुल हो उठा कि यह लड़की है। सोचता जा रहा था कि इसका चुम्बन न लेकर वह मूर्खता का ही परिचय दे रहा है और शायद शावाल का ध्यान आते ही ऐसा नहीं कर पा रहा। निस्सन्देह लड़की झूठ बोली थी : शावाल इसका प्रेमी है और सम्भवतः केरी की एक-एक ढेरी पर इन्होंने सोहबत-सम्भोग भी किया है। एतियन को लग रहा था कि यह लड़की जिस तरह से मटक-मटक कर चलती है, उससे प्रकट होता है कि यह आवारा किस्म की ही कोई लड़की है। अकारण ही वह इस पर झल्ला पड़ा था, मानो इस लड़की ने उससे छल किया हो।

इसके विपरीत, कैथरीन पीछे मुड़-मुड़कर देखती और उसे आगाह करती कि आगे इस जगह बाधा या अड़चन है, और प्रतीत होता था, एतियन से मित्रता करने को उत्सुक थी। दोनों निपट अकेले थे और खुलकर हँसी-मज़ाक कर सकते थे।

चलते-चलते वे ढुलाईवाले गलियारे में जा निकले और एतियन ने यह सोचकर राहत की साँस ली कि जिस अनिश्चय के कारण वह डाँवाडोल हो रहा था, उससे उसे मुक्ति मिल गई है। मगर कैथरीन ने ऐसी उदास-उदास आँखों से उसकी तरफ़ देखा, मानो वह एक ऐसे सुख से वंचित रह गई थी जिसे पाने का अवसर फिर कभी सुलभ नहीं होगा।

और अब धरती के नीचे उनके चारों तरफ़ जीवन की चहचहाहट सुनाई पड़ रही थी। फ़ोरमैनों का ताँता लगा था और घोड़े मुस्तैदी से छकड़ों की कतारों को खींचते

हुए ले जा रहे थे। जिधर भी नज़र जाती, लैम्प ही लैम्प दिखाई पड़ते थे। ऐसे लगता, जैसे तारे टिमटिमा रहे हों। मनुष्यों और पशुओं को गुज़रने का रास्ता देने के वास्ते इन्हें चट्टान के साथ सटकर खड़े हो जाना पड़ता था। इससे उनकी साँसें सीधी इनके चेहरों पर पड़ती थीं। छकड़ों की कतार के पीछे नंगे पैरों दौड़ता यांलैं गन्दी गालियाँ बकता जा रहा था, मगर पहियों की खड़खड़ाहट में कुछ सुनाई नहीं पड़ता था।

वे चलते गए। कैथरीन चुप थी। एतियन उन रास्तों और चौराहों को चीन्ह ही नहीं पा रहा था जिनसे वे सुबह-सवेरे निकलकर आए थे और सोचता जा रहा था कि कहीं यह लड़की धरती के नीचे उसे भटकाकर तो नहीं ले जा रही। ठंड के मारे उसे बेहद तकलीफ़ हो रही थी। मोहरे से निकलते ही सर्दी उत्तरोत्तर बढ़ती चली गई थी और ज्यों-ज्यों वह शाफ़्ट के निकट पहुँच रहा था, त्यों-त्यों उसकी ठिठुरन और बढ़ती जा रही थी। एक और फिर सँकरे रास्तों से झकोरे आने लगे थे। वह इसी दुश्चिन्ता में घुला जा रहा था कि अब वे कभी बाहर निकल नहीं पाएँगे कि अकस्मात वे ढुलाई स्टेशन पर जा निकले।

शावाल ने इन्हें ऊपर से नीचे तक देखा। सन्देह से उसके होंठ ऐंठ रहे थे। बाकी लोग भी वहाँ मौजूद थे और बर्फ़ीली हवा के थपेड़ों से अत्यधिक व्याकुल थे और शावाल की तरह ही चुपचाप झींक रहे थे। ये लोग थोड़ा जल्दी आ गए थे और पिंजरा चलानेवाले बताते थे कि आध घंटे से पहले इन्हें ऊपर नहीं ले जा पाएँगे, विशेषकर इसलिए कि वे एक घोड़े को नीचे ले जाने के दुसाध्य काम में लगे थे।

छकड़ों पर अब भी कोयला लदा जा रहा था और लोहे से लोहा टकराने से भयंकर कोलाहल हो रहा था। पिंजरे उड़ते हुए-से जाते और ऊपर किसी काली मोरी से बरसते मूसलाधार पानी में अदृश्य हो जाते। नीचे एक चहबच्चा, तीसेक फुट का विवर-सा था, जिसमें जज़्ब हो जाते पानी में से कीचड़ जैसी बास आ रही थी। पानी की इस बौछार के नीचे आपादमस्तक भीगे मज़दूरों का शाफ़्ट में आना-जाना जारी था। कोई सिग्नल की रस्सियाँ खींच रहा था। कोई लीवर दबा रहा था। जो तीन अनढके लैम्प थे, उन्की ललछौंही रोशनी से लम्बी-लम्बी परछाइयाँ पड़ती थीं जिन्हें देखकर ऐसे लगता, जैसे धरती के नीचे यह कोई गुप्त गुफ़ा या किसी वेगवती नदी के तट पर किसी दस्यु की माँद हो।

माहूअ ने एक और कोशिश की। वह पियरों के निकट गया, जो छह बजे की ड्यूटी करने आया था।

'अरे, भाई, अब तो हमें ऊपर ले चल।'

पियरों बाँका, हृष्ट-पुष्ट और शरीफ़ किस्म का इंसान था। लेकिन उसने भी डर के मारे उन्हें ले जाने से मना कर दिया। बोला, 'न भाई ! फ़ोरमैन से बोल...मेरे पे जुर्माना ठोंक देंगे।'

जो लोग अबा-तबा बोल रहे थे, वे भी चुप हो गए। कैथरीन ने थोड़ा झुकते हुए एतियन के कान में कहा, 'चल, चलकर घुड़साल देखते हैं। तेरे को अच्छा लगेगा वहाँ।'

वे आँख बचाकर खिसके, क्योंकि घुड़साल में जाने की मनाही थी। यह घुड़साल

बाईं ओर छोटे गलियारे के अन्तिम भाग में थी। कोई अस्सी फुट लम्बा और पन्द्रह फुट ऊँचा स्थान था, जिसका निर्माण चट्टान को काटकर किया गया था। ईंट की मेहराबदार छत थी और उसके नीचे करीब बीस घोड़े रखे जा सकते थे। बड़ी उम्दा जगह थी, क्योंकि ज़िन्दा हैवानों की देह से निकली हरारत और साफ़-सुथरी जगह की महक बड़ी सुखदायी लगती थी। एक ही लैम्प रखा था वहाँ जो रात के अँधेरे में मद्धम प्रकाश दे रहा था। इत्मीनान से खड़े घोड़ों ने सिर घुमाकर बड़ी-बड़ी, निरीह आँखों से उनकी तरफ़ देखा। फिर धीरे-धीरे जई चरने लग गए।

मगर कैथरीन नाँद पर लगी जस्ते की तख़्तियों पर लिखे घोड़ों के नाम पढ़कर सुना रही थी कि एकाएक कोई उसके सामने खड़ा हो गया, और कैथरीन के मुख से हलकी-सी चीख निकल गई। यह मूकेत थी जो पुआल पर सोई हुई थी और एकदम उछलकर खड़ी हो गई थी। इतवार को मौजमस्ती करते-करते वह चूर हो जाती थी और सोमवार के दिन इस ज़ोर से नाक पर मुक्का मारती थी और फिर यह कहकर वहाँ से खिसक आती थी कि पानी पीने जा रही है और सीधे स्निग्ध घुड़साल में जानवरों के बीच जा लेटती थी। बाप की लाडली जो थी, सो वह उसकी हरकतों को नज़र-अन्दाज़ कर जाता था, हालाँकि यह मुसीबत मोल लेने जैसी बात ही थी।

तभी संयोग से बूढ़ा मूक उधर आ निकला। कद से ठिगना। गंजा भी था और एकदम बेजान-सा लगता था। फिर भी, जिस्म से भारी-भरकम था, जो कि पचास बरस के मज़दूर में असाधारण बात लगती थी। जब से उसे साईस की नौकरी मिली थी, तभी से लगातार इतना तम्बाकू खाने लगा था कि उसके स्याह मुँह के भीतर मसूड़ों से खून रिसता रहता था। उस वेला अपनी बेटी के साथ इसने दो जनों को जो देखा, तो एकदम आपे से बाहर हो गया।

'तुम सब यहाँ क्या कर रहे हो ? चलो, निकलो बाहर। क्या मतलब है तुम आवारा छोकरियों का यहाँ मरद को लाने का ?...क्यों, मेरी पाक-साफ़ पुआल पर ऐसी गन्दी हरकतें करती हो ?'

मूकेत के लिए तो यह बात बड़ी हास्यजनक थी। वह ठहाका मारकर हँसने लगी। लेकिन एतियन घबरा गया और ओट में हो गया और कैथरीन खीसें निपोरते हुए खड़ी उसे देखे जा रही थी। जब तीनों जन लदान स्टेशन पर पहुँचे, तो देखते हैं कि बेबेर और यांलैं छकड़ों की रेल लेकर आ रहे हैं। पिंजरे के तैयार होने तक वे खड़े प्रतीक्षा करते रहे। कैथरीन घोड़े के निकट चली गई और उसे थपथपाते हुए एतियन को उसके बारे में बताने लगी। बोली—इस घोड़े का नाम बाताई है। यह सफ़ेद घोड़ा सबका चहेता है, जो पिछले दस बरसों से इसी कोयला-खान में डटा है और इतने बरसों से इसी बिल में और घुड़साल के इसी कोने में रहता आ रहा है। लम्बे अँधियारे गलियारों में हमेशा एक ही काम करता है, और जिस दिन यह यहाँ आया, उस दिन के बाद इसे दिन की रोशनी देखना नसीब नहीं हुआ।

घोड़ा मोटा-ताज़ा था और एकदम सन्तोषी जीव लगता था। उसकी त्वचा भी चमचमा रही थी, क्योंकि धरती की दुनिया के झमेलों-टंटों से दूर यहाँ वह शान्त जीवन व्यतीत कर रहा था। इतना ही नहीं, नीचे कोयला-खान के इस अँधेरे में वह काफ़ी चुस्त

भी हो गया था। जिन रास्तों पर वह आता-जाता था, उससे अब इतना परिचित हो गया था कि सिर मारकर झरोखों को खोल भी लेता था और जहाँ छत बहुत नीची होती थी, उस जगह झुककर चलता था, ताकि टकराकर लुढ़के नहीं। इतना ही नहीं, सम्भवतः अपने फेरों की गणना करना भी सीख गया था, क्योंकि जब गिनती के फेरे पूरे कर लेता था, तो उसके बाद एक भी फेरा लगाने से एकदम इनकार कर देता था, और तब उसे घुड़साल में नाँद तक ले जाना पड़ता था। मगर अब यह बुढ़ाता जा रहा था। कभी-कभी तो ऐसा प्रतीत होता था कि उसकी बिल्ली जैसी आँखों में उदासी तिर आई है। सम्भवतः अपने धुँधले-धुँधले सपनों में उसे उस जगह की धुँधली-धुँधली याद आती थी जहाँ वह पैदा हुआ था—मारशियन के निकट किसी मिल में, जो स्कार्प के तट पर बनी थी और चारों ओर हरे-भरे लहलहाते विशाल खेतों से घिरी थी और जहाँ हमेशा हवा सरसराती रहती थी। आकाश में कोई चीज़ जलती रहती थी—शायद कोई बहुत बड़ा लैम्प था। वह लैम्प कैसा था, उसकी पशु-स्मृति सम्भवतः विस्मृत कर बैठी थी। हमेशा सिर नीचे किए खड़ा रहता और उसकी बूढ़ी टाँगें काँपती रहतीं और सूर्य का स्मरण करने की निष्फल चेष्टा करता रहता।

इस दौरान शाफ़्ट के भीतर काम अब भी चल रहा था। सिग्नलवाले घन ने चार प्रहार किए थे। वे लोग घोड़ा नीचे ला रहे थे। हर कोई यह दृश्य देखने को उत्सुक रहता था, क्योंकि घोड़ा इतना त्रस्त हो उठता था कि जब उसे नीचे उतारा जाता था, तो उसकी जान ही निकल जाती थी। ऊपर शाफ़्ट में जब घोड़े को जाल में जकड़कर रखते, तो वह बेतहाशा टापना-खूँदना शुरू कर देता। फिर ज्योंही उसे लगता कि उसके नीचे से धरती निकल गई है, तो एकदम पथरा जाता और देह में झुरझुरी तक बन्द हो जाती और पथराई आँखों से देखते-देखते नीचे ओझल हो जाता।

उस वक्त जिस घोड़े को नीचे उतारा जा रहा था, वह इतना बड़ा था कि छड़ों के बीच समा नहीं पाता था। सो, विवशतया उसे पिंजरे के नीचे लटका दिया गया था और उसके सिर को खींचकर बायु में कसकर बाँध दिया गया था। इस विधि से घोड़े को नीचे उतारने में तीन मिनट लगे और सावधानी के तौर पर इंजिन को धीमा कर दिया गया। इस कारण लोगों की उत्सुकता और बढ़ गई थी। पता नहीं ये लोग अब क्या करेंगे ? क्या घोड़े को इस तरह अधर में लटकता छोड़ देंगे ? अन्ततः घोड़ा प्रकट हुआ, जो पत्थर की तरह निश्चल पड़ा था। त्रास के कारण उसकी आँखें फैल गई थीं। यह ललछौंहा-सा भूरा घोड़ा तीनेक बरस का होगा और नाम था उसका त्रांपेत।

'होशियार, ख़बरदार !' बूढ़ा मूक ज़ोर-ज़ोर से बोल रहा था, क्योंकि घोड़े को उतरवाकर ले जाने की सारी ज़िम्मेदारी उसी की थी।

'इधर लाओ। अभी खोलना नहीं इसे।'

जल्दी ही त्रांपेत को लोहे के फ़र्श पर डाल दिया गया। वह हिला-डुला तक नहीं। प्रतीत होता था, इस अगाध नरककुंड में, इस विशाल कमरे में लाकर उसे पटक दिया गया था जहाँ आवाज़ें गूँज रही थीं। वे लोग त्रांपेत को खोलने ही जा रहे थे कि बाताई वहाँ पहुँच गया, जिसका साज़ थोड़ी देर पहले ही उतारा गया था। अभी-अभी आए अभ्यागत सूँघने-भाँपने के लिए उसने गर्दन लम्बी की, तो घेरा बनाकर खड़े मज़दूरों ने

हँसते हुए उसके लिए रास्ता छोड़ दिया। बता—गन्ध पसन्द आई तेरे को ?

हँसी-मज़ाक करते मज़दूरों की टीका-टिप्पणी से बेख़बर बाताई जैसे एकदम उत्साहित हो उठा था। सम्भवतः उसने ताज़ा हवा की, दूब पर सूर्य की भूली-बिसरी गन्ध चीन्ह ली थी। एकाएक वह ज़ोर-ज़ोर से हींसने-हिनहिनाने लगा, जो कि एक किस्म से उसका उल्लास-राग था, जिसमें उत्कंठा की सिसक भी थी। यह उसका अभिनन्दन करने का ढंग भी था—पुराने दिनों की चीज़ों के प्रति आह्लाद और इस नए बन्दी के प्रति संवेदना, जो धरती पर कभी जीवित लौटकर नहीं जा पाएगा।

'अरे, बाताई !' अपने प्रिय घोड़े को इस तरह व्यवहार करते देख वे उल्लसित हो उठे थे। 'ज़रा देखो तो, अपने दोस्त से किस तरह बतिया रहा है !'

त्रांपेत को खोल दिया गया था। फिर भी वह हिला-डुला तक नहीं। भयाक्रान्त था और समझता था कि अब भी जाल में जकड़ा है। सो, उसी पहलू पड़ा रहा। अन्ततः कोड़ा फटकार कर उन्होंने उसे उठाया। भ्रान्त-सा वह खड़ा हो गया। उसका अंग-प्रत्यंग बुरी तरह काँप रहा था। फिर बूढ़ा मूक दोनों घोड़ों को वहाँ से ले गया, जो एक-दूसरे से परिचित होने का प्रयास कर रहे थे।

'क्यों जी, अब तो हम लोग ऊपर जा सकते हैं न ?' माहूअ पूछ रहा था।

मगर पिंजरे खाली करने थे। फिर अभी दस मिनट बाकी थे। काम करनेवाले स्थल धीरे-धीरे खाली होते जा रहे थे और प्रत्येक गलियारे से मज़दूर आने लगे थे। करीब पचास आदमी तो पहुँच ही गए थे, जो चारों दिशाओं से पड़नेवाले ज़बर्दस्त बर्फ़ानी थपेड़ों की मार से ठिठुर रहे थे। पियरों था तो सीधा-साधा, हलीम आदमी, लेकिन इसने अपनी बेटी लिडी को झाँपड़ जड़ दिया, क्योंकि वह बहुत जल्दी काम छोड़कर चली आई थी। ज़कारी सबकी आँख बचाकर मूकेत को चुटकी काट लेता था और इस तरीके से अपने-आपको थोड़ा गरमाने की चेष्टा कर रहा था। लेकिन असन्तोष बढ़ता जा रहा था। शावाल और लवाक इंजीनियर की धमकी की बात सबको बताते फिरते थे कि किस तरह प्रति छकड़ा उजरत घटाकर लग्गी लगाने के एवज़ में अलग से मजूरी दी जाएगी। इस ख़बर से हो-हल्ला मच गया था। अठारह सौ फुट धरती के नीचे इतनी सँकरी जगह पर विद्रोह की आग सुलगने लगी थी। देखते ही देखते लोग आत्मसंयम खोकर नारेबाज़ी पर उतर आए और कोयले से मैले-चीकट और विलम्ब के कारण ठिठुरते ये लोग कम्पनी को ही दोष देने लगे कि उसने आधे मज़दूरों को तो कोयला-खान के भीतर मार डाला है और बाकी आधे मज़दूरों को भूखों मरने के लिए छोड़ रही है। एतियन सुन रहा था और उत्तेजना से लरज़ उठा था।

'जल्दी ! जल्दी करो !' फ़ोरमैन रिशोम लादिया मज़दूरों से बार-बार कह रहा था।

उसकी कोशिश, बस, यही थी कि ऊपर जाने का बन्दोबस्त जल्दी-से-जल्दी किया जाए, और नहीं चाहता था कि मज़दूरों का मुँह बन्द करने के लिए अपने आदमियों को बुलाने की नौबत आए। ऐसे जतला रहा था कि कुछ देख-सुन नहीं रहा है। मगर विरोध इतना उग्र होता जा रहा था जैसे उस तरफ़ तवज्जो देने को वह विवश हो गया। उसकी पीठ पीछे वे चिल्ला-चिल्लाकर कह रहे थे कि यह सब नहीं चलेगा और एक-न-एक दिन सारा कामकाज ठप्प हो जाएगा।

'तू तो जानता है, हालात कैसे हैं,' उसने माहूअ से कहा। 'इनका मुँह बन्द कर। जब आदमी ताकत से कोई काम नहीं कर सकता, तो अक्ल से काम लेना चाहिए।'

माहूअ शान्त तो होने लगा था, लेकिन चिन्तित भी था। फिर भी, उसके हस्तक्षेप की नौबत नहीं आई। शोर-शराबा एकाएक थम गया। नेगरेल और दांसायर निरीक्षण के बाद एक गलियारे से निकलकर आ रहे थे और बाकी लोगों की तरह ही पसीने से सराबोर थे। स्वभाव से ये लोग अनुशासन के पाबंद थे, सो चुप हो गए और इंजीनियर भी बिना कुछ बोले-चाले उनके आगे से निकल गया। वह एक छकड़े में और चीफ़ फोरमैन दूसरे छकड़े में सवार हुआ। सिग्नल की रस्सी पाँच बार खिंची, जो इस बात का संकेत करती थी कि 'मोटा मांस' आ रहा है, क्योंकि मालिकों-अधिकारियों के लिए इन्हीं शब्दों का प्रयोग किया जाता था—और मनहूस खामोशी के बीच पिंजरा ऊपर उठा।

6

ऊपर उठते पिंजरे में एतियन चार अन्य लोगों के साथ सिमट-सिकुड़कर खड़ा था। उसने फ़ैसला कर लिया था कि चाहे भूखा-प्यासा क्यों न रहे, अब सड़कें ही नापेगा। उसे मौत स्वीकार है, लेकिन अब इस नरक के गर्त में कभी नहीं आएगा, जहाँ पेट भरने को रोटी तक नसीब नहीं होती।

कैथरीन उसके ऊपरवाले पिंजरे में थी और अब उसकी बग़ल में नहीं खड़ी थी और वह सुखकर आँच उसे नहीं दे रही थी। फिर भी, वह इस मूर्खतापूर्ण विचार को प्रश्रय नहीं देना चाहता था। बस, यही कामना थी उसकी कि किसी तरह यहाँ से निकल जाए। वह बाकी लोगों से अधिक पढ़ा-लिखा था और जानता था कि वह भेड़चाल वाली मनोवृत्तिवाला आदमी नहीं है। डरता था कि कहीं ऐसा न हो कि वह कोयला-खान के किसी मालिक का टेंटुआ ही दबा दे।

एकाएक उसे दिखाई देना बन्द हो गया। पिंजरे की उठान की गति इतनी द्रुत थी कि एकाएक उजाले में आया, तो आँखें चौंधिया गईं। रोशनी इतनी तेज़ थी कि वह आँखें मिचमिचाने लग गया, क्योंकि अभी रोशनी का अभ्यस्त नहीं हुआ था। पिंजरा जब अपनी अड़ानियों पर जाकर ठहरा, तब कहीं उसकी जान में जान आई। ट्रामवाले आदमी के दरवाज़ा खोलते ही मज़दूरों का लश्कर बाहर निकला।

'मूके, बोल।' ज़कारी ट्रामवाले से पूछ रहा था। 'रात को वोल्कों चलें ?'

वोल्कों मोंसू में एक कलवरिया का नाम था। मूके ने बाईं आँख दबाकर खीसें निपोरीं। अपने बाप जैसा ठिंगना और गोल-मटोल था वह, और चेहरा-मोहरा भी उन खाऊ और धूर्तों जैसा था जिन्हें आनेवाले कल की कभी कोई चिन्ता नहीं ब्यापती। उसकी बहन भी उसी समय निकलकर आई और मूके ने भाई के स्नेह से उसकी पिछाड़ी पर ज़ोर से धौल जमाई।

एतियन उतरनेवाली जगह की ऊँची नाह को अब पहचान ही नहीं पाया था जिसे पहले लालटेनों की रहस्यपूर्ण, हिलती-डुलती रोशनी में देखकर वह क्षुब्ध हो उठा था।

अब वही जगह एकदम नंगी और मलिन लगने लगी थी। कालिख से अटी खिड़कियों में से धूसर-सी रोशनी आ रही थी। बस, एक ही उजली वस्तु दिखाई पड़ती थी और वह था इंजिन, जिसके ताँबेवाले कुछ भाग चमचमा रहे थे। ग्रीस से लिबड़ी स्टील की केबलें स्याह रिबन की नाईं तेज़ी से भागी जा रही थीं। ऊपर की गरारियाँ और उन्हें थामकर रखनेवाला विशाल ढाँचा, पिंजरे, छकड़े, लोहे-पीतल के अम्बार—इन सबके कारण सारे कमरे में पुराने लोहे जैसा धूसर अन्धकार भर गया था। घरघराते-गड़गड़ाते पहियों से लोहे का फ़र्श लगातार हिल रहा था और इधर-उधर पटके जानेवाले कोयले से जो धूल उठती थी, उससे धरती, दीवारें, यहाँ कि हेडफ्रेम की कड़ियाँ भी कालिमा से पुत गई थीं।

शावाल रिसीवर के काँचवाले छोटे-से कमरे में टैग बोर्ड देखने चला गया था। लौटा, तो तिलमिलाया हुआ था। उसे पता चला था कि उनके दो छकड़े रद्द कर दिए गए हैं—एक इसलिए रद्द किया गया, क्योंकि उसमें पूरी मात्रा में कोयला नहीं भरा था, और दूसरा इसलिए कि उसमें गन्दला कोयला डाला गया था।

'कबाड़ा हो गया,' वह चिल्लाते हुए बोला। 'बीस सू और गए...यही नतीजा होता है आवारा किस्म के लोगों को लगाने का, जिनकी बाँहें उतनी कारामद नहीं होतीं जितनी कि सूअर की पूँछ !' और यह कहते-कहते उसने एतियन की तरफ़ जिस नज़र से देखा, उससे उसकी अनकही बात भी प्रकट हो गई। एक बार तो एतियन का मन किया कि इसका जवाब घूँसों और लातों से दे। फिर सोचा कि नाहक क्यों परेशान होता है। यहाँ से जा तो रहा ही है।

इस तरह, बात आई-गई हो गई।

'पहले ही दिन इससे जियादा क्या उम्मीद की जा सकती है,' माहूअ सुलह-सफ़ाई कराने की ग़र्ज़ से बोला। 'कल यह इससे अच्छा काम करेगा।'

फिर भी, एक-एक आदमी यह सोच-सोचकर डर रहा था कि अभी झगड़ा हुआ कि हुआ। जब वे अपने-अपने लैम्प लौटाने के लिए लैम्प रूम में गए, तो लवाक और इनचार्ज में तकरार हो गई। लवाक उसे दोष दे रहा था कि उसके लैम्प को उसने सही तरीके से साफ़ नहीं किया। जब कपड़े बदली करने वाले ओसारे में आए, तब कहीं जाकर इनकी रार ख़त्म हुई। वहाँ आग अभी तक जल रही थी। वास्तव में, भट्ठी को ऊपर तक कोयले से भर दिया गया था, और यही कारण था कि वह अभी तक धधक रही थी। अँगीठी से निकलती रक्ताभ रोशनी दीवारों पर पड़ती, तो ऐसे लगता जैसे बिना खिड़कियोंवाले इस कमरे में आग लगी हो। आनन्द-मग्न-से वे अँगीठी से थोड़ा हटकर खड़े थे और आग ताप रहे थे। इनके शरीर से ऐसे भाप निकल रही थी, जैसे सूप की केतली से निकलती है। जब पीठ तड़कने लगती, तो मुड़कर पेट से आग तापते।

मूकेत हौले से पतलून नीचे करके अपनी शर्ट सुखा रही थी। इस पर कुछ लौंडे उसे दिक करने पर तुल गए। मूकेत ने जब एकाएक अपनी पिछाड़ी उठाकर उन्हें दिखाई, तो सब ठहाके पर ठहाके लगाने लगे। तिरस्कार करने के लिए वह यही किया करती थी।

'मैं तो चला,' शावाल अपने औज़ार लॉकर में रखने के बाद बोला।

मूकेत के सिवा वहाँ से कोई हिला नहीं। वह शावाल के पीछे-पीछे चल पड़ी और बोलती जा रही थी कि दोनों वापस मोंसू जा रहे हैं। एक-एक आदमी खिलखिलाते हुए हँस पड़ा था, क्योंकि सभी जानते थे कि शावाल इस औरत से पल्ला झाड़ चुका है।

इस बीच कैथरीन थोड़ी व्याकुल हो उठी थी। सो, बाप के कान में कुछ कहती है। सुनकर पहले तो वह चौंका। फिर सिर हिलाते हुए उसने हामी भरी और एतियन को अपने पास बुलाकर उसकी पोटली उसे थमा दी।

'देख,' वह धीमे से बोला। 'अगर तेरी अंटी में कुछ है नहीं, तो पगार मिलने के दिन तक कैसे गुज़र-बसर करेगा ?...बोल, थोड़ा जतन करके उधार दिलवा दूँ ?'

एतियन बग़लें झाँकने लगा। असल में, वह सोच तो यह रहा था कि अपनी मजूरी के तीस सू माँग ले और यहाँ से चला जाए। लेकिन यह बात लड़की की उपस्थिति में कहने में उसे संकोच हुआ। कैथरीन टकटकी लगाए उसकी तरफ़ देखे जा रही थी। एतियन सोच में पड़ गया कि कहीं यह लड़की यह न समझ बैठे कि यह शख़्स काम से जी चुरा रहा है।

'मैं वादा तो नहीं करता,' माहूअ ने कहा। जियादा-से-जियादा 'होगा यही न कि नाँह कर देंगे।'

एतियन ने मन बना लिया कि वह इनकार नहीं करेगा। ठीक है, मना ही तो कर देंगे न। उनके एहसास तले दबना तो नहीं पड़ेगा। फिर थोड़ा खा-पीकर जा सकता है।

कैथरीन के चेहरे पर उसे आह्लाद-सा दिखाई पड़ा। अरे, कितनी मोहक मुस्कान है इसकी ! किस तरह स्नेह से देख रही है ! वह इस बात से ख़ुश थी कि वे इस आदमी की थोड़ी मदद कर पाई है।

मगर एतियन अपने ऊपर ही झल्लाया कि मना क्यों नहीं कर दिया। इस सबसे उसे क्या हासिल होगा ?

माहूअ परिवार के लोग जब अपने-अपने साबो डाल चुके, तो लॉकर बन्द करके दूसरे मज़दूरों के पीछे-पीछे कपड़े बदली करनेवाले ओसारे से निकले जो आग तापने के पश्चात् एक-एक करके सरकते जा रहे थे।

एतियन भी उनके पीछे-पीछे चल पड़ा। फिर लवाक और उसका बेटा भी इनके साथ हो लिया। लेकिन अब वे कोयला छाँटनेवाले ओसारे के निकट से गुज़रे, तो वहाँ हो-हल्ला था। ठिठककर देखने लगे।

यह ओसारा काफ़ी बड़ा था। छत की कड़ियों पर काली धूल जम गई थी और बड़ी-बड़ी चिलमनों से तेज़ हवा आती रहती थी। उतरनेवाली चौकी से सीधे आनेवाले छकड़ों को कोयला हूलनेवाले मज़दूर डलिया में, यानी कि लोहे की चादरोंवाली लम्बी नालियों में डाल रहे थे। इनके दाएँ-बाएँ ज़ीने पर कोयले की छँटाई करनेवाली स्त्रियाँ खड़ी थीं जो बेलचों से और पाँचों से पत्थर-ढेले छाँटकर साफ़ कोयला आगे ढकेल देती थीं और यह कोयला नालियों में से गिरकर ओसारे के नीचे बिछी पटरियों पर खड़ी रेलगाड़ियों में भरता जा रहा था।

फ़िलोमेन लवाक भी उन्हीं स्त्रियों में खड़ी थी। हलदिया-सा वर्ण था उसका। फिर एकदम दुबली-पतली थी और भेड़ की तरह सफ़ेद चेहरा ऐसे लगता था जैसे किसी ऐसे क्षयरोगी का हो जो रक्त थूकता रहता है। सिर को बचाने के लिए उसने नीला-सा ऊनी चिथड़ा बाँध रखा था। हाथ और बाँहें कोहनियों तक एकदम काले थे। वह एक बुढ़िया के बिलकुल नीचे खड़ी कोयला छाँट रही थी। यह बुढ़िया थी ला पियरोन की माँ, जिसे हर कोई ला बूले कहता था। एकदम डरावनी शक्ल थी उसकी। आँखें भी जंगली उल्लू की आँखों जैसी और मुँह भी ऐसे भिंचा रहता था जैसे किसी कंजूस के बटुए का मुँह बन्द रहता है। दोनों स्त्रियाँ गुत्थमगुत्था हो रही थीं। फ़िलोमन का बुढ़िया पर यह आरोप था कि दस मिनट में उसने पत्थरों से अपनी टोकरी भर ली थी, लेकिन यह बुढ़िया ढड्डो बहुत सारे पत्थर निकालकर ले गई थी। बात यह थी कि इन्हें मजूरी टोकरी के हिसाब से मिलती थी और इस तरह के झगड़े-टंटे चलते ही रहते थे। दोनों स्त्रियों के बाल खुले थे और वे एक-दूसरे का मुँह नोच रही थीं।

'शाबास ! अच्छी तरह कर दे इसकी ठुकाई !' ज़कारी अपनी प्रेमिका को शह दे रहा था। छटाई करनेवाली सारी छोकरियाँ ठहाके पर ठहाके लगा रही थीं। लेकिन ला बूले आगबबूला हो गई। ज़कारी को आड़े हाथों लिया उसने।

'ओय, अघोरी कहीं के ! इसके पेट में तूने जो दो किलाल-बिलाल डाले, उन्हें कोई नाम क्यों नहीं देता ? देख लो, इस अठारह बरस के छितरे-भितरे को ! काग़ज़ी पहलवान ! अरे, अपने पैरों पर खड़े होना तो सीख !'

माहूअ ने बेटे को रोका, नहीं तो—जैसा कि वह बोला करता था—नीचे जाकर इस बूढ़ी ढड्डो को उसकी ख़सलत बताता। मगर ऐन उस वक्त एक सुपरवाइज़र दौड़ता हुआ आया और पाँचे पुनः चालू हो गए। स्त्रियाँ ऊपर से नीचे तक कोयले की नालियों पर झुकी दिखाई पड़ने लगीं जो जल्दी-जल्दी पत्थर निकालती जा रही थीं।

बाहर हवा एकदम गुम थी। धूसर आसमान से सर्दीली सीलन उतर आई थी। मज़दूर लोग कन्धे झुकाए, सीने को बाँहों से ढाँपे निकल पड़े थे और इस तरह लड़खड़ाते, झोंका खाते से चलते थे, तो उनके झीने वस्त्रों के नीचे की हड्डियाँ उभर आती थीं। दिन के उजाले में इन्हें देखकर ऐसे लगता था, जैसे कीचड़ में लिथड़े हब्शियों का झुंड जा रहा हो। कइयों ने अपनी सारी सैंडविच खाई नहीं थीं। सो, बची-खुची रोटी कुर्ते और फतूही के बीच रखकर वापस ले जा रहे थे। देखकर लगता था जैसे उनके कूबड़ निकले हों।

'देख, देख ! बूतलू आ रहा है !' ज़कारी ठीठी करते हुए बोला।

लवाक ने चलते-चलते ही बूतलू से एक-आध बात की। बूतलू चौड़ा-चकला, हट्टा-कट्टा साँवला-सा आदमी था और उसके घर मैं ठहरा हुआ था। उसकी उम्र होगी कोई पैंतीस बरस की। था गम्भीर प्रकृति का और भलामानुस भी।

'लुइ, खाना तैयार है क्या ?'

'शायद तैयार है।'

'इसका मतलब है, लुगाई अच्छे मूड में है।'

'हाँ, ख़ासा अच्छा मूड है।'

मरम्मत करनेवाले मज़दूरों की टोलियों का आना शुरू हो गया था और कोयला-खान उन्हें एक-एक करके निगलती जा रही थी। यह तीन बजे की पाली थी : भूखी कोयला-खान के लिए और मनुष्य, अर्थात् उसकी सुरंगों की गहराइयों में कोयला काटनेवालों की जगह नए लोग आते जा रहे थे। खान के भीतर काम कभी थमता नहीं था। चुकन्दर की खेतीवाली धरती के नीचे करीब अठारह सौ फुट की गहराई नें मानवरूपी कीट दिन-रात चट्टानों को छेदते-भेदते रहते थे।

इधर, जवान लड़के-लड़कियाँ आगे-आगे चले जा रहे थे। यालैं बेबेर को अपने एक षड्यंत्र के बारे में समझा रहा था। वह यह था कि चार सू का तम्बाकू किस तरह उधार हथियाया जा सकता है। लिडी थोड़ा पीछे आ रही थी। लिडी के पीछे कैथरीन थी और उसके साथ ज़कारी और एतियन। वे चुपचाप चलते जा रहे थे। जब लावंताज़ नामक कलवरिया पहुँचे, तो पीछे से माहूअ और लवाक भी आ गए।

'लो, हम भी आ गए।' माहूअ ने एतियन से कहा। 'भीतर आओगे ?'

सब अपनी-अपनी राह हो लिए। कैथरीन निमिष मात्र को निश्चल-सी खड़ी रही। एतियन को उसने आख़िरी बार आँख भरकर देखा। उसकी बड़ी-बड़ी आँखों में झरने के जल की हरीतिमा जैसी निर्मलता थी और उसके स्याह मुखमंडल में ये बड़ी-बड़ी आँखें और भी निर्मल लग रही थी। वह मुस्काई और बाकी लोगों के साथ गाँव जानेवाली पहाड़ी सड़क पर अदृश्य हो गई।

यह कलवरिया गाँव और कोयला-खान के बीच दो सड़कों के चौराहे पर खोली गई थी। ईंट की बनी यह दुमंज़िली इमारत ऊपर से नीचे तक सफ़ेद पुती थी। खिड़कियों को आसमानी रंग की झालरों से सजाया गया था। दरवाज़े पर पीली-सी चौकोर तख़्ती लगी थी जिस पर लिखा था—लावंताज़, स्वामी रासनर।

इमारत के पीछे बाड़ से घिरा एक कूचा था। कोयला-खानवाली कम्पनी अपनी विशाल सम्पत्ति के बीचों-बीच ज़मीन के इस टुकड़े को ख़रीदने की भरसक कोशिश कर चुकी थी, मगर यह छोटी-सी कलवरिया उसके लिए बहुत बड़ा सिरदर्द बनी हुई थी, जो खेतों के बीचों-बीच, ल वोरअ की देहरी पर मूँग दल रही थी।

'आ जा, रे !' माहूअ ने एक बार फिर एतियन से कहा।

कलवरिया जिस छोटे-से कमरे में थी, उसमें कोई सजावट दिखाई नहीं पड़ती थी। दीवारें सफ़ेद थीं और कमरे में तीन मेज़ें और दर्जन-भर कुर्सियाँ रखी थीं और देवदार की लकड़ी की बनी शराब की बोतलोंवाली आलमारी रसोईघर की आलमारी से बड़ी नहीं थी। उसमें आठ-दस मग, दारू की तीन बोतलें, पानी का कलसा और टोंटीवाला जस्ते का छोटा बियर का पीपा रखा था। कुल जमा यही सामान था उस कमरे में। न कोई तस्वीर थी, न कोई ताक, न अहेर के किसी जन्तु का सिर या सींग। लोहे की चमचमाती अँगीठी में कोयले की धीमी आँच सुलग रही थी। फ़र्श पर रेत की परत बिछी थी, ताकि वह इस आर्द्र ग्रामीण इलाके के पोर-पोर में बसी नमी को सोख ले।

'एक बियर देना,' माहूअ ने हलके भूरे बालोंवाली मोटी-मुटल्ली लड़की को बियर लाने को कहा। यह छोकरी माहूअ के पड़ोसी की बेटी थी और बीच-बीच में इस कलवरिया में नौकरी करने आ जाया करती थी।

'रासनर है ?'

टोंटी खोलते हुए लड़की ने जवाब दिया कि मालिक अभी आया ही चाहता है। माहूअ अपने कंठ में अटकी धूल-मिट्टी को नीचे उतारने के लिए गिलास मुँह से लगाए आहिस्ता-आहिस्ता आधी बियर गटक गया। अपने साथ बैठे एतियन को उसने एक बार भी नहीं पूछा। वहीं एक और ग्राहक बैठा था। वह भी भीगा हुआ था। कोई मज़दूर था जिसका सारा शरीर कोयले से अटा था और मेज़-कुर्सी पर चुपचाप बैठा बियर पी रहा था। लगता था जैसे किसी गम्भीर चिन्ता में डूबा हो।

इतने में एक और आदमी आ गया। उसने बियर लाने के लिए इशारा किया। बियर आई, तो उसे हलक से उतारा, पैसे चुका चुपचाप चला गया।

उसके जाते ही करीब अड़तीस बरस का एक भारी-भरकम आदमी भीतर आया, जिसके गोल-मटोल, दाढ़ी-मूँछ विहीन चेहरे पर निश्चिन्त मुस्कान खेल रही थी। यह था रासनर, जो कभी कोयला-खान में कटाई मज़दूर था और तीनेक साल पहले हड़ताल के उपरान्त कम्पनी द्वारा बरख़ास्त कर दिया गया था। यह व्यक्ति अच्छा कामगार होने के साथ-साथ अच्छा वक्ता भी था और मज़दूरों के गिले-शिकवों को स्वर देता रहता था और इसी गुण की बदौलत मज़दूरों का नेता बन बैठा था। अनेक मज़दूरों की स्त्रियों की तरह रासनर की पत्नी भी शराबघर चलाती आ रही थी। जब रासनर को नौकरी से निकाला गया, तो यह काम इसने अपने हाथों में ले लिया था और फिर थोड़ी रकम उधार लेकर मानो कम्पनी को चुनौती देने के लिए इसने ल वोरअ के आमने-सामने यह कलवरिया खोल दी थी। धन्धा चल निकला था और कलवरिया लोगों के उठने-बैठने का अड्डा बन गई थी। रासनर अपने साथियों के भीतर आक्रोश की ज्वाला भड़काकर मालामाल होता जा रहा था।

'इस शख़्स को आज सवेरे ही मैंने काम पर लगाया है,' माहूअ ने रासनर के आते ही पहली बात यह कही उससे। 'तेरा कोई कमरा खाली है ? और यह भी बता, इसे उधारी दे सकेगा जब तक इसे पगार नहीं मिलती ?'

रासनर का चौड़ा-चकला चेहरा एकदम संशयालु हो उठा—ऐसा कि उसने एतियन की तरफ़ आँख उठाकर देखा तक नहीं और बिना किसी लाग-लपेट के यह जवाब दिया :

'दोनों कमरे लगे हैं। नामुमकिन।'

हालाँकि एतियन ने सोच लिया था कि ऐसा ही जवाब मिलेगा। फिर भी, यह बात सुनकर उसे अच्छा नहीं लगा और अचरज भी हुआ। फिर अफ़सोस यह सोचकर हुआ कि अब उसे यहाँ से कूच करना पड़ेगा। मगर उसने परवाह नहीं की। ठीक है, कोई बात नहीं। तीस सू हाथ में आते ही चला जाएगा।

थोड़ी देर पहले जो मज़दूर बैठा पी रहा था, वह जा चुका था। एक-एक करके कुछ लोग आए, हलक को पखाला और फिर उसी तरह गिरते-पड़ते चले गए। प्रतीत होता था जैसे पुचाड़ा मारने आए हों—मात्र एक ख़्वाहिश चुपचाप पूरी करने—जैसे कोई उत्साह न हो, कोई उमंग न हो।

माहूअ बची-खुची बियर को घूँट-घूँट पी रहा था। रासनर ने आकर अर्थपूर्ण लहज़े में उससे पूछा, 'क्या हाल-चाल है ?'

माहूअ ने चौगिर्द नज़र दौड़ाई। वहाँ केवल एतियन था।

'हाल-चाल यह है कि एक और मुसीबत खड़ी हो गई है...इस बार लग्गियाँ लगाने की' और उसने सारा किस्सा बयान किया।

कलाल का चेहरा एकदम सुर्ख होकर सूख गया। भीतर जैसे वलवला-सा उठ रहा था। चेहरा दहकने लगा और आँखें धधक उठीं। एकदम भड़ककर बोला, 'ठीक है। अगर इन्होंने मजूरी घटाने का फ़ैसला किया है, तो समझो, अपनी मौत को बुलावा दिया है।'

वह एतियन की उपस्थिति से थोड़ी असुविधा महसूस कर रहा था। फिर भी बोलता जा रहा था। बीच-बीच में कनखियों से एतियन की तरफ़ देख भी लेता था। सावधानी बरतते हुए और वक्रोक्ति के सहारे उसने इशारों-इशारों में मोंस्यो हेनबो नामक निदेशक और उसकी पत्नी और उसके भाँजे, छोटे नेगरेल के दन्द-फन्द का कच्चा चिट्ठा सामने रख दिया, मगर नाम किसी बन्दे का नहीं लिया। बस, बार-बार एक ही बात कहता था—यह सब नहीं चलेगा, और एक-न-एक दिन भांडा फूटेगा। उसने सारा बताया कि कितनी भारी बिपदा आ पड़ी है। फिर उन फ़ैक्टरियों के नाम ले-लेकर बताने लगा कि किस तरह वे बन्द होती जा रही हैं और किस तरह इलाके के मज़दूर भागने लगे हैं। महीने-भर से वह हर रोज़ छह पौंड से ज़्यादा रोटी तकसीम करता आ रहा है। कल ही निकट की एक कोयला-खान का मालिक मोंस्यो दनलां कह रहा था कि नहीं जानता कि कोयला-खान को अब कैसे चलाएगा। यही नहीं, अभी-अभी लील से एक पत्र आया है, जिसमें बड़ी चिन्ताजनक बातें लिखी हैं।

'यह चिट्ठी उसी शख़्स की है जिसे तूने उस दिन यहाँ देखा था,' रासनर बुदबुदाते हुए बोला।

तभी उसकी पत्नी आ गई और वह चुप हो गया। रासनर की पत्नी ऊँची-लम्बी और दुबली-पतली तेज़-तर्रार स्त्री थी। नाक उसकी लम्बी और कपोल सुर्ख थे। राजनीति करने में इतनी तेज़ थी कि पति के भी कान कतरती थी।

'प्लूकार्ट की चिट्ठी ?' वह बोली। 'अच्छा होता, वह यहाँ की सुध लेता। हालात बेहतर हो जाते।'

एतियन कुछ देर बैठा सुनता रहा। सारी बात उसकी समझ में आ रही थी। दुख-दारिद्रय और प्रतिशोध की भावना से एकदम उत्तेजित हो रहा था। अब जब उसने प्लूकार्ट का नाम सुना, तो चौंका और बरबस उसके मुख से निकल गया :

'मैं प्लूकार्ट को जानता हूँ।'

वे एतियन का मुँह देखने लग गए। उसने अगली बात कही, 'मैं इंजिनमैन हूँ। लील में वह मेरा फ़ोरमैन था...भला आदमी है। अकसर उससे बातें होती थीं।'

रासनर ने एक बार फिर एतियन का ऊपर से नीचे निरीक्षण किया और उसकी भाव-भंगिमा बदल गई और सहानुभूति झलकने लगी। पत्नी को सम्बोधित करते हुए कहता है, 'माहूअ इस नौजवान को यहाँ लाया है। इसी के साथ कोयला-खान में ढुलाई-लदाई का काम करता है। पूछता है, ऊपर कोई कमरा खाली है और पगार मिलने तक क्या उधारी मिल सकती है...'

यह बात भी आनन-फ़ानन में तय हो गई। एक कमरा खाली पड़ा था। जो आदमी उसमें ठहरा था, वह सवेरे-सवेरे चला गया था। रासनर अब बड़े उत्साह के साथ दिल खोलकर बोलने लगा। बता रहा था कि उसने मालिकों से उतना ही माँगा था जितना वे दे सकते थे और बाकी लोगों की तरह कभी ऐसी अपेक्षा नहीं की जो पूरी न की जा सकती हो।

उसकी पत्नी कन्धे उचका कर बोल उठी, 'जो बात वाजिब है, वह वाजिब है।'

'अच्छा, अब चलता हूँ,' माहूअ उठकर खड़ा हो गया। बोला, 'ये सब बातें हो ही रही हैं। फिर भो, हम खान में जाना बन्द नहीं करेंगे। और जब तक जाते रहेंगे, ढेरों ऐसे लोग भी हैं जो गिला-शिकवा करते रहेंगे...तू ख़ुशनसीब है, यार ! वहाँ से निकले तीन बरस हो गए तेरे को...'

'हाँ, अपने पैरों पर खड़ा हूँ,' रासनर आत्म-सन्तोष भरे स्वर में बोला।

एतियन माहूअ के साथ दरवाज़े तक आया। उसका धन्यवाद किया, तो माहूअ ने बिना कुछ बोले सिर हिलाया। थका-हारा-सा गाँव की तरफ़ चला, तो एतियन दरवाज़े पर खड़ा उसे निहारता रहा।

कलवारिन ग्राहकों को दारू परोस रही थी। बोली, 'एक मिनट में आकर कमरा दिखाती हूँ। झाड़ बुहार लेना।'

'क्या यहाँ टिक जाऊँ ?' एतियन अनिश्चय की स्थिति में खड़ा देख रहा था। ऐसी बेचैनी हुई कि मन में एक बार फिर गली-कूचों में मारा-मारा फिरने की, खाली पेट डोलने की आकांक्षा बलवती हो उठी, जिसे उसने इसलिए हँसते-खेलते अंगीकार किया था कि कम-से-कम वह अपनी नियति का स्वामी स्वयं बने। उसे लग रहा था कि झखड़ के थपेड़े झेलते हुए जिस क्षण वह कचरे की टेकरी पर आकर खड़ा हुआ था, तब से पता नहीं कितने बरस उसने कोयला-खान के नीचे अँधेरी सुरंगों में पेट के बल रेंगते हुए बिता दिए हैं। फिर से कोयला-खान के भीतर जाने की कल्पना मात्र से वह सिहर उठा—कितना अन्यायपूर्ण, कितना कठोर काम है यह ! उसका पुरुषोचित स्वाभिमान विद्रोह करने लगा कि उन पशुओं जैसा जीवन कभी नहीं जिएगा जिनकी आँखों पर अंटौतल चढ़ाकर कोल्हू के बैल की तरह हाँका जाता है। अतः किसी भी निष्कर्ष पर पहुँचने को व्यग्र एतियन की दृष्टि शनैः-शनैः सामने की विस्तृत धरती का निरीक्षण करते हुए भटक रही थी। एकदम चकित होकर देख रहा था। जिस वक्त बूढ़े बोनमोर्त ने इशारे से उसे अन्धकार में डूबा यह इलाका दिखाया था, उस वक्त एतियन ने कल्पना भी नहीं की थी कि इसकी प्रकृति ऐसी भी हो सकती है। सचमुच, सामने फैली धरती में एक बड़ी खोह जैसे स्थल पर ल वोरअ की लकड़ी और ईंट की इमारतें, डामरवाला ओसारा जहाँ कोयला छाँटा जाता था, खपरैलवाले हेडफ्रेम, इंजिन हाउस, ऊँची चिमनी, जो पीला-लाल धुआँ उगलती थी—ये सब एक-दूसरे से सटकर गड्डमड्ड-से हो रहे थे। ये सब एक अहाते से घिरे थे। एतियन ने कल्पना भी नहीं की थी कि यह अहाता इतना बड़ा भी हो सकता है। विशाल तरंगों की तरह दिखाई पड़नेवाले कोयले के टालों को देखकर लगता था जैसे यह अहाता स्याही का ताल हो। उसके ऊपर ऊँची पाड़ खड़ी थी जिस पर रेल-पटरी थी। एक कोने में शहतीरों-बल्लियों के अम्बार लगे थे। प्रतीत

होता था जंगल का जंगल काटकर वहाँ ढेर कर दिया गया था। दाईं ओर कचरे की टेकरी थी। लगता था जैसे दैत्यों ने विशाल मोर्चा-सा खड़ा कर रखा हो। टेकरी का जो पुराना भाग था, उसे सीवार ने ढँक लिया था। दूसरे सिरे पर साल-भर से सुलगती आग थी, जो उसे भीतर ही भीतर लीलती जा रही थी और उससे जो गाढ़ा-सा धुआँ निकल रहा था, उससे स्लेटी और बलुआ पत्थरों की फीकी-फीकी, धूसर-धूसर परतों पर खूनी ज़ंग की लम्बी-लम्बी लकीरें खिंच गई थीं। उसके पार विस्तृत खेत थे—गेहूँ के और चुकन्दर के खेत, जिनका कोई ओर-छोर न था और जो उस समय एकदम छूछे थे। और फिर कच्ची भूमि थी जिसमें बारहों महीने रहनेवाली वनस्पतियाँ थीं। उन्हीं के बीच यहाँ-वहाँ बौने भिंसा पेड़ों के ठूँठ-भर दिखाई पड़ते थे। दूर, बहुत दूर, प्रेयरी के मैदान थे, जिनमें पोपलर की पतली कतारें खड़ी थीं। बीच-बीच में सफ़ेद-सफ़ेद-से स्थल थे, जो वास्तव में गाँव-कस्बे थे—उत्तर में मारिशयन और दक्षिण में मोंसू। पूर्व दिशा में आक्षितिज वनदाम वन था, जहाँ पत्रहीन पेड़ों की बैंजनी-सी पाँति दिखाई पड़ती थी। ऐसे लगता था, जैसे सुरमई आकाश के तले जाड़े की इस धुँधली-धुँधली-सी अपराह्न वेला में ल वोरअ की सारी कालिख, कोयले की उड़ती धूल सारे इलाके पर फैल गई हो, जिसने पेड़-पौधों को आच्छादित कर दिया हो, सड़कों पर रेत बिछा दी हो, धरती को वीरान कर डाला हो।

एतियन खड़ा देखता रहा। सबसे अधिक अचम्भा हुआ उसे एक नहर को, अर्थात् नहर की शक्ल में बहती स्कार्प को देखकर, जिसे रात के अँधेरे में उसने लक्ष्य ही नहीं किया था। यह नहर ल वोरअ से मारशियन तक पाँच मील लम्बी, चाँदी के मैले फीते की नाईं एकदम सीधी चली गई थी, जिसके हरे-भरे कूलों पर ऊँचे-ऊँचे पेड़ खड़े थे, और यह धारा धुँधले पानी के साथ पता नहीं कहाँ लुप्त हो गई थी जिस पर बजरों के लाल रंगवाली पिछाड़ी फिसलती दिखाई पड़ती थी। कोयला-खान के निकट ही एक घाट था जहाँ वे बजरे लंगर डाले खड़े थे जिनमें ऊपर रेल-पटरी पर चलनेवाले छकड़ों से सीधे कोयला भरा जाता था। वहाँ से यह नहर कच्ची भूमि को चीरती हुई आगे बढ़ती थी। प्रतीत होता था सीधी-सपाट धरती की आत्मा उस सीधी जल-रेखा में समाई थी, जो बहुत बड़े राजपथ की तरह उसे काटती हुई चली गई थी और जिस पर कोयला और लोहा ढोया जाता था।

एतियन की दृष्टि नहर से गाँव की दिशा में मुड़ गई, जो समतल भूमि पर स्थित था और जिसकी छतों की सुर्ख खपरैल ही दिखाई पड़ती थी। फिर वह घूमकर ल वोरअ की दिशा में देखने लगा। उसकी दृष्टि मटियार चढ़ाई के नीचे जा अटकी। उस जगह ईंटों के बड़े-बड़े चट्टे लगे थे, जिन्हें उसी जगह पर थापा और पकाया जाता था। कम्पनी की एक ब्रांच लाइन लकड़ी के बाड़े की बग़ल से होकर निकलती थी जिस पर कोयला-खान का माल ढोया जाता था। अवश्य ही मरम्मत करनेवाली आख़िरी पाली के मज़दूर इस वक्त नीचे जा रहे होंगे। बस, एक छकड़े की कर्कश ध्वनि ही सुनाई पड़ती थी जिसे कुछ आदमी धकेलते हुए ले जा रहे थे। वे सारी रहस्यमय परछाइयाँ, वह अबूझ गर्जन-तर्जन, वह अज्ञात सितारों का टूटना—सब लुप्त हो गया था। दूर परे ऊँची-ऊँची धमन-भट्ठियाँ और कोयले की अँगीठियाँ भोर का उजाला होने के साथ ही फीकी पड़ने

लगी थीं। बस, एक ही चीज़ नहीं बदली थी, और वह थी पम्प के एग्हास्ट की निरन्तर सुनाई पड़नेवाली आवाज़ जो उस वक्त भी वैसे ही हाँफते हुए चल रहा था जैसे कोई राक्षस हाँफता है जिसकी क्षुधा किसी चीज़ से मिट नहीं सकती। एग्हास्ट से निकलनेवाली भाप अब भी दिखाई पड़ रही थी।

एतियन अब एकाएक यह फ़ैसला करता है। शायद कल्पना-लोक में विचरते हुए उसे वहाँ, गाँव के प्रवेश-स्थल पर, कैथरीन की आँखें दिखाई पड़ रही थीं। इससे भी बड़ी सम्भावना यह थी कि यह ल वोरअ से बहकर आनेवाली विद्रोह की हवा भी हो सकती थी। निश्चयपूर्वक तो नहीं कह सकता था, फिर भी वह कोयला-खान में लौट जाने को लालायित हो उठा, जहाँ वह सब कष्ट झेलेगा, संघर्ष करेगा। बोनमोर्त ने जिन ''किन्हीं लोगों'' का ज़िक्र किया था, उनके बारे में और उस अज्ञात, अघाए देवता के बारे में सोच-सोचकर वह क्षुब्ध हो उठा जिसकी जठराग्नि शान्त करने के लिए दस हज़ार भूखे-प्यासे लोग अपना हाड़-मांस चढ़ाते हैं।

दूसरा खंड

1

ला पिओलेन ग्रेग्वारों की जागीर थी, जो ज़्वाज़ेल जानेवाली सड़क पर मोंसू के पूरब में करीब एक मील के फ़ासले पर स्थित थी। एक वर्गाकार-सा बड़ा बँगला था जो विशिष्ट शैली का तो नहीं था, मगर अठारहवीं शताब्दी के आरम्भ में निर्मित हुआ था। शुरू-शुरू में जिस विशाल जागीर का हिस्सा था यह बँगला, उसमें से अब कुल पचहत्तर एकड़ ज़मीन ही बची रह गई थी। जागीर के चारों तरफ़ फ़सील थी, और चूँकि यह पहले ही सिकुड़ चुकी थी, इसलिए इसकी देखभाल करने का काम थोड़ा आसान हो गया था। ऐसी प्रसिद्धि थी कि इसके बाग़-बगीचों में जिस किस्म के फल और सब्जियाँ होती हैं, वैसी सारे इलाके में कहीं नहीं होतीं। मगर टहलने के लिए, घूमने-फिरने के लिए कोई जगह नहीं बची थी—मात्र एक छोटा-सा कुँज रह गया था। गेट से लगाकर घर की सीढ़ियों तक तीन सौ गज़ की लम्बाई में नींबू के पुराने पेड़ों का जो छत्ता-सा तन गया था, वह सारे इलाके में कौतूहल का विषय था, क्योंकि इधर मारशियन से लेकर बोनी तक ऊँचे पेड़ विरल ही दिखाई पड़ते थे।

ग्रेग्वार परिवार उस दिन सवेरे आठ बजे ही उठ गया था। बहुधा ये लोग नौ बजे से पहले बिस्तर से निकलते नहीं थे, क्योंकि देर तक इन्हें पलँग तोड़ने की बान थी। लेकिन रात को आए तूफ़ान ने इन्हें चैन से सोने नहीं दिया था। मोंस्यो ग्रेग्वार तो तत्काल उठकर यह जायज़ा लेने चला गया था कि झक्कड़ से कोई नुकसान तो नहीं हुआ। मगर उसकी पत्नी, मदाम ग्रेग्वार, चट्टी और फ़लालेन के लिबास में अभी-अभी नीचे उतरकर रसोईघर में आई थी। यह स्त्री कद-बुत में ठिंगनी और स्थूलकाय थी, और यद्यपि अठावन बरस की हो गई थी, और केश भी एकदम धौले हो चुके थे, तथापि इस विशालाक्षी के मांसल चेहरे का गुलाबीपन आज भी बरकरार था।

'मेलानी,' वह बावरचन से बोली, 'जब खमीर तैयार है, तो ब्रीओश क्यों नहीं बना लेती। मैडमॅज़ेल कम-से-कम आध घंटे से पहले तो उठेगी नहीं। थोड़ा चाकलेट के साथ खा लेगी...देखते ही खिल उठेगी।'

बावरचन दुबली-पतली बूढ़ी स्त्री थी और तीसेक बरस से इनकी चाकरी में थी। यह बात सुन हँस पड़ी।

'आप सही फ़रमाती हैं। ज़रूर ही हैरान रह जाएगी।...स्टोव जा रहा है, और भट्ठी भी अब तक तैयार हो गई होगी। ओनोरीं मेरी मदद करेगी।'

ओनोरीं बीसेक बरस की लड़की थी। अभी बच्ची ही थी कि ये लोग इसे ले आए

थे और यहीं पर पाल-पोसकर इसे बड़ा किया था। अब वह इनके सोने के कमरों को सहेजने-सँवारने का काम करती थी।

काम करनेवाली इन दो स्त्रियों के अतिरिक्त, इनका एक ख़ानगी नौकर भी था, जो कोचवानी करने के साथ-साथ नाई-भिश्ती-खर भी था। नाम था इसका फ्रांसिस। फिर एक माली था और उसकी औरत थी। दोनों फल-फूलों की, साग-सब्ज़ी की, मुर्ग-मुर्गियों की देखभाल करते थे। चूँकि इस कुटुम्ब का आधार पितृसत्तात्मक था, और परिवार भी छोटा था, सो ये लोग स्नेहपूर्वक एवं सुख-शान्ति से जीवन व्यतीत करते आ रहे थे।

मदाम ग्रेग्वार बिस्तर में लेटे-लेटे ही योजना बनाती रही थी कि केक बनवाकर वह मैडमॅज़ेल को एकदम चकित कर देगी। इस वक्त वह रसोईघर में खड़ी थी और भट्ठी में रखे जा रहे खमीर को ग़ौर से देख रही थी। रसोईघर इनका काफ़ी बड़ा था और वहाँ की सफ़ाई और ढेरों हंडियाँ, बर्तन-भांडे देखकर लगता था कि रसोईघर इस घर की सबसे अहम जगह थी, जहाँ से हमेशा राँधने-पकाने की महक आती रहती थी। फिर खाने-पीने के सामान से टाँडें और आलमारियाँ भरी रहती थीं।

'और देख, केक ऐसा बनना चाहिए कि सुनहरी-बादामी रंग निखरकर आए।' यह निर्देश देकर मदाम ग्रेग्वार भोजनकक्ष की तरफ़ निकल गई।

यों तो सारे घर को गर्म रखने की व्यवस्था थी, फिर भी, भोजनकक्ष में अँगीठी हमेशा दहकती रहती थी। कमरे में तड़क-भड़क और सजावट की कोई खास चीज़ नहीं थी : बड़ी मेज़, कुर्सियाँ और पिर्च-प्याले वग़ैरह रखने की आलमारी—ये सारी चीज़ें महागनी की सस्ती लकड़ी की बनी थीं। फिर दो गहरी आरामकुर्सियाँ भी थीं, जो इस बात की द्योतक थीं कि इस घर के लोग सुख-सुविधा के अभ्यस्त हैं और भोजन करने के उपरान्त इन कुर्सियों में धँसकर आराम फरमाते हैं। बैठक में तो कोई कभी जाता ही नहीं था। सारा परिवार इसी कमरे में उठता-बैठता था।

तभी मोंस्यो ग्रेग्वार लौट आया। उसने मोटी सूती फतूही पहन रखी थी। हालाँकि उम्र साठेक बरस की हो गई थी, फिर भी इस शख़्स के गालों में आज भी गुलाबीपन झलकता था। नाक-नक्श तो स्थूल था, लेकिन शक्ल-सूरत से स्नेहशील एवं सज्जन लगता था। बाल घुँघराले और एकदम सफ़ेद हो गए थे। कोचवान को और माली को बुलाकर उसने दरियाफ़्त कर लिया था और फिर अपनी आँखों से देख भी आया था कि आँधी से अधिक नुकसान नहीं हुआ था। हाँ, चिमनी की एक हंडिया ज़रूर उड़ गई थी। प्रतिदिन घूम-फिरकर पिओलेन का जायज़ा लेना उसे अच्छा लगता था। जागीर भी इतनी बड़ी नहीं थी कि चिन्ता का कारण बनती। तो भी, उसे स्वामित्व-बोध का सुख तो देती ही थी।

'सेसील कहाँ है ?' उसने आते ही पूछा। 'आज उठेगी नहीं क्या ?'

'क्या बताऊँ,' पत्नी ने कहा, 'लगा था, हिल-डुल रही है।'

मेज़ पर खाना लगाया जा रहा था। सफ़ेद मेज़पोश बिछाकर तीन बाउल रख दिए गए थे। ओनोरीं को इन्होंने यह देखने के लिए भेजा कि मैडमॅज़ेल क्या कर रही है। वह उन्हीं पैरों लौट आई और मुग्ध-सी हँसती चली गई। फिर फुसफुसाते हुए ऐसे बोली,

जैसे उस वक्त भी कन्या के शयनकक्ष में खड़ी देखे जा रही हो। कह रही थी, 'मोंस्यो और मदाम जाकर देखें, अभी जागी नहीं...आराम से सो रही है...जैसे कोई अप्सरा सोती है। आप लोग सोच भी नहीं सकते—कितनी सुन्दर लगती है।'

माँ-बाप ने स्नेहसिक्त आँखों से एक-दूसरे की तरफ़ देखा। फिर पिता ने एकदम गद्‌गद होकर कहा, 'जाकर देखें ? चलती हो ?'

'मेरी प्यारी-सी बिटिया !' माँ विभोर होकर बोली। 'चलिए, जाकर देखते हैं।'

और दोनों जन एक साथ ऊपर गए। सारे घर में यही कमरा था जिसे राजसी ठाटबाट से सजाया-सँवारा गया था। कमरे में आसमानी रंग के पर्दे लगे थे और लैकरवाला जो सफ़ेद फ़र्नीचर था, उसमें नीले रंग के कतले-से जड़े थे, जो अत्यधिक लाड़-दुलार से सिर चढ़ी लड़की की सनक के प्रमाण थे, जिसे पूरा करने में इन्होंने कोई कसर नहीं उठा रखी थी। पर्दों में से छन-छनकर आते आलोक में किंचित्‌ शुभ्र-सी शैया पर एक कन्या नंगी बाँह के साथ कपोल सटाए निद्रामग्न थी। सच पूछो तो, कन्या इतनी सुन्दर तो नहीं थी—काफ़ी हृष्टपुष्ट थी, ज़रूरत से ज़्यादा स्थूलकाय थी, और अठारहवाँ लगते-लगते गदराने भी लगी थी। मगर इसकी दमकती त्वचा से शुचिता का-सा आभास होता था। गहरे ललछौंहे-से भूरे-भूरे केश इसके सौन्दर्य में जैसे चार चाँद लगा रहे थे। गोल-मटोल मुखाकृति पर सुतवाँ गर्वीली नासिका फूले-फूले गालों में धँसी हुई-सी लगती थी। कम्बल उतर गया था और इतना हौले-हौले साँस ले रही थी कि उसके पूर्णतया विकसित वक्षस्थल में ज़रा भी जुम्बिश होती प्रतीत नहीं होती थी।

'रात के अन्धड़ ने मेरी बच्ची को सोने नहीं दिया होगा।' माँ ने हौले-से यह बात कही।

पिता ने इशारे से पत्नी को ख़ामोश रहने को कहा। दोनों झुककर स्नेहपूर्वक कन्या को (उसकी कौमार्यावस्था की नग्नता को), उस बेटी को निहार रहे थे जो इतनी मन्नतों के बाद इन्हें वृद्धावस्था में तब जाकर प्राप्त हुई थी जब वे एकदम निराश हो चुके थे। इनकी दृष्टि में वह अनिंद्य सुन्दरी थी, मोटी भी इतनी नहीं थी। उलटे, इन्हें वहम था कि लड़की ढंग से खाती-पीती नहीं है !

कन्या सोती रही। उसे आभास तक नहीं हुआ कि माता-पिता उसके कमरे में मौजूद हैं या कि उसके चेहरे के इतने नज़दीक खड़े होकर उसे निहार रहे हैं। तभी हलकी-सी कँपकँपी से उसका निश्चल चेहरा हलके-से लरज़ा। माँ-बाप एकदम थर्रा-से गए कि कहीं लड़की की नींद में विघ्न न पड़ जाए। सो, पंजों के बल चलते हुए वहाँ से चले आए।

'शिह !' मोंस्यो ग्रेग्वार ने दरवाज़े पर आकर कहा, 'रात को सो नहीं पाई होगी, सो अभी सोई रहे।'

'जितनी देर सोना चाहे, सोए मेरी बच्ची,' मदाम ग्रेग्वार ने कहा। 'हम इन्तज़ार करते हैं नीचे जाकर।'

और वे नीचे उतर आए और खाने के कमरे में जाकर आरामकुर्सियों में धँस गए।

उधर, दोनों नौकरानियाँ लड़की की गहरी नींद को लेकर अब भी उल्लसित स्वर में बतिया रही थीं। चाकलेट को उन्होंने स्टोव पर धर दिया था, ताकि गर्म रहे। मोंस्यो ग्रेग्वार ने अख़बार उठा लिया। पत्नी ने भी बड़ा पलँगपोश हाथ में ले लिया जिसे वह

बुन रही थी। भीतर काफ़ी गर्माइश थी और उस नीरव सौध में कहीं कोई आहट तक सुनाई नहीं पड़ती थी।

ग्रेग्वारों की आय करीब चालीस हज़ार सालाना थी और सारी की सारी मोंसू की कोयला-खानों की शेयर-पूँजी से प्राप्त होती थी। यह दौलत इन्होंने कैसे हासिल की, इसका किस्सा वे बड़े गर्व से सुनाया करते थे, और बताते थे कि शुरुआत हुई कम्पनी की स्थापना के साथ।

अठारहवीं शताब्दी के लगभग आरम्भ में लील से लेकर वालांसियन तक कोयले की खोज करने की धुन पागलपन की हद तक पहुँच गई थी। जिन लोगों को इस काम के लिए अनुमति-पत्र प्रदान किए गए थे, और जो सफल भी हुए थे, उन्हीं लोगों ने आगे चलकर आंज़ें नामक कम्पनी बनाई और उसका बड़ा तूमार बाँधा। फलतः प्रत्येक कम्यून में बरमे लग गए। निगम भी बन गए और रातों-रात अनुमति-पत्र पानेवाली कम्पनियाँ भी खड़ी हो गईं। उन दिनों जिन जाँबाज़ लोगों ने इस काम में हाथ डाला, उनमें वैसा ही एक उद्यमी और दृढ़निश्चयी व्यक्ति था बारों देरूमों, जिसकी सूझ-बूझ की दाद लोग आज भी देते हैं। चालीस बरसों तक यह शख़्स अनन्त बाधाओं से लड़ता रहा, लेकिन हार नहीं मानी। शुरू-शुरू में जो खोजबीन का काम हुआ, उस पर पानी फिरता चला गया। वह इस तरह कि खुदाईवाले स्थल भूमि धँसने के कारण दब जाते थे और अचानक बाढ़ का पानी भर जाने से मज़दूर और लाखों फ्रां भी डूब जाते थे। फिर प्रशासनिक समस्याएँ भी आड़े आती थीं। पूँजी लगानेवाले एकदम आतंकित हो उठते थे, क्योंकि सामन्ती ज़मीदारों से भी लोहा लेना पड़ता था, जो इस बात पर अड़ जाते थे और कहते थे कि तब तक बादशाह से मिले अनुमति-पत्र को मान्यता नहीं देंगे, जब तक उनके साध कोई समझौता नहीं कर लिया जाता। अन्ततोगत्वा बारों देरूमो ने मोंसू में कोयला निकालने के लिए देरूमों फ़ोकनुआ एंड कम्पनी स्थापित की, और जब ये कोयला-खानें थोड़ा मुनाफ़ा दिखाने लगीं, तभी पड़ोस में ऐसी दो कम्पनियों की प्रतिद्वन्द्विता ने उसे रौंद कर रख दिया जिन्हें वहाँ कोयला निकालने की अनुमति मिली थी। एक कम्पनी कूनी में थी, जिसका स्वामी कूनी का काउंट था, और दूसरी कम्पनी ज़्वाज़ेल में थी, जिसका स्वामित्व कारनीय एंड ज़ेरार कॉरपोरेशन के पास था। सौभाग्य से 25 अगस्त, 1760 को एक समझौते के अन्तर्गत तीनों कम्पनियों को मिलाकर एक कम्पनी बना दी गई। तो इस तरह मोंसू की खानों से कोयला निकालनेवाली वर्तमान कम्पनी अस्तित्व में आई। हिस्सा-पूँजी आवंटित करते समय सारी सम्पत्ति का विभाजन तत्कालीन मौद्रिक प्रणाली के अनुसार चौबीस सू में किया गया और प्रत्येक सू को पुनः बारह दनिए में बाँटा गया। इस तरह कुल दनिए हुए 288 और चूँकि प्रत्येक दनिए दस हज़ार फ्रां का धा, तो इस तरह सारी पूँजी बैठी लगभग तीस लाख। उस वक्त देरूमों मुत्युशैया पर पड़ा था, लेकिन भाग्य ने उसका साथ दिया। उसकी हिस्सा-पूँजी बढ़कर छह सू और तीन दनिए हो गए थी।

उन दिनों बारों देरूमों ला पिओलेन की जागीर का सर्वेसर्वा था और उसके साथ सात एकड़ की ज़मीन लगी हुई थी। उसने पिकारडी के एक युवक को अपना कारिन्दा नियुक्त किया, जिसका नाम ओनोर ग्रेग्वार था, जो सेसील के बाप लेओं ग्रेग्वार का

पड़दादा था। जिन दिनों मोंसू का समझौता हुआ था, उन्हीं दिनों ओनोरे ने मोज़ों में पचास हज़ार फ्रां की रकम छिपाकर रख ली थी, और डरते-डरते काँपते-काँपते ही सही, उसने नमक हलाली की और अपने मालिक का दामन नहीं छोड़ा। फिर दस हज़ार की रकम और एक दनिए लेकर अलग हुआ। लेकिन यह सोच-सोचकर डरता भी रहा कि अपने वंशजों की इतनी रकम डकार रहा है। उसके बेटे यूयेन को जो लाभांश मिला, वह देखा जाए, तो बहुत ही थोड़ा था, और चूँकि वह नौजवान भद्रलोक की बिरादरी में कदम रखने को आतुर था और फिर मूर्खतावश एक बड़े जोखिम में हाथ डालकर अपने बिरसे के चालीस हज़ार फ्रां गँवा बैठा था, सो बड़ी कठिनाई से निर्वाह कर पा रहा था। मगर शनैः-शनैः दनिए पर सूद बढ़ता चला गया और फ़ेलिसियाँ के साथ परिवार की तकदीर ने पलटा खाया और वह उस स्वप्न को साकार करने में सफल हुआ जो उसके दादा यानी कि भूतपूर्व कारिन्दे ने देखा था। जब ला पिओलेन टूटी, और सरकारी जायदाद के रूप में उसे इतनी कम और हास्यास्पद कीमत पर बेचने की बात चली, तो उसने यह खान खरीद ली। लेकिन आनेवाले बरस बदहाली के थे। पहले तो क्रान्ति की विभीषिका इस परिवार के आड़े आई, फिर नेपोलियन का रक्तरंजित पतन हुआ। वास्तव में, यह तो लेओं ग्रेग्वार था जिसे उस सारी पूँजी का मुनाफ़ा मिला जिसे उसके पड़दादा ने बड़े डर और संकोच के साथ लगाया था और फिर जिसने बढ़ना शुरू किया, तो, बस, बढ़ता ही चला गया। दस हज़ार फ्रां की वह छोटी-सी पूँजी कम्पनी की समृद्धि के साथ-साथ बढ़ती और फैलती चली गई और सन् 1820 तक वह शत-प्रतिशत यानी कि दस हज़ार फ्रां का मुनाफ़ा देने लग गई, जो 1844 में बीस हज़ार और 1850 में चालीस हज़ार हो गया। पिछले दो सालों में लाभांश इतना अधिक बढ़ा कि पचास हज़ार फ्रां तक जा पहुँचा : लील शेयर बाज़ार में दनिए का दाम दस लाख बोला जा रहा था—मतलब कि एक शताब्दी में सौ गुना वृद्धि !

जब शेयरों के भाव उछलकर दस लाख तक जा पहुँचे, तो मोंस्यो ग्रेग्वार को शेयर बेचने की सलाह दी गई। मगर उसने विनयपूर्वक मुस्काते हुए मना कर दिया था। छह महीने उपरान्त ही औद्योगिक संकट खड़ा हो गया और दनिए ऐसा टूटा कि छह हज़ार तक गिर गया। लेकिन ग्रेग्वार तब भी हँसता-मुस्कराता रहा। उसने माथे पर शिकन तक नहीं डाली, क्योंकि ग्रेग्वारों को अपनी कोयला-खान पर इतना भरोसा था कि निश्चय से कहते थे कि शेयर के भाव फिर ऊपर जाएँगे। कहते थे कि स्वयं ईश्वर भी तो इतना मज़बूत नहीं है। इस अटूट निष्ठा के साथ-साथ उनके मन में कम्पनी के प्रति कृतज्ञता की गहरी भावना भी थी कि उसने एक शताब्दी से अधिक समय तक बैठे-ठाले परिवार का भरण-पोषण किया था। उनकी दृष्टि में यह कम्पनी उनके लिए किसी निजी देवता सदृश थी, एक ऐसे आराध्य के समान, जिसकी उपासना स्वार्थवश वे इसलिए करते थे कि वह उनके घर-परिवार का संरक्षक था और उन्हें सुख-सुविधा के विशाल हिंडोले पर झुलाता आ रहा था। उसी की कृपा से ही उनका घर धन-धान्य से परिपूर्ण हुआ था। यह सौभाग्य बाप से बेटे को बिरसे से मिलता ही चला गया था। अतः भाग्य पर अविश्वास करके उसे रुसवा करने का क्या फ़ायदा ! उनकी इस निष्ठा के पीछे अन्धविश्वासजन्य भय भी था। ख़ौफ़ उन्हें इस बात का रहता था कि दनिए की बदौलत

वारे-न्यारे हुए हैं, यदि उसे ही भुनाकर तिजौरी में बन्द कर देंगे, तो लक्ष्मी को तिरोहित होते देर नहीं लगेगी। ये लोग यही समझते थे कि यह धन धरती में ही सुरक्षित है जहाँ से खान मज़दूर, उनकी भूखी पीढ़ियाँ उनकी ज़रूरतों के मुताबिक़ प्रतिदिन थोड़ा-थोड़ा निकालकर उन्हें देती रहती हैं।

प्रारब्ध ने इन्हें दूसरी नेमतें भी दी थीं। मोंस्यो ग्रेग्वार का विवाह छोटी उम्र में ही मारशियन में एक फ़ारमेसी के मालिक की बेटी से हो गया था। एक तो वह एकदम बदशक्ल लड़की थी, फिर कोई धन-दौलत भी दहेज में लेकर नहीं आई थी। मगर ग्रेग्वार उसे सिर-माथे पर बैठाता था, क्योंकि वह उसके जीवन में सुख-समृद्धि लेकर आई थी। इस स्त्री का सारा जीवन घर-गिरस्ती पर ही केन्द्रित था। पति को परमेश्वर मानती थी और उसका हर मनोरथ पूरा करने में ही अपना अहोभाग्य समझती थी। रुचियाँ भी दोनों की समान थीं। इस बारे में किसी प्रकार के विवाद की नौबत कभी नहीं आई। सुखपूर्वक जीवन व्यतीत करना ही उनका अभीष्ट था। इस तरह, वे चालीस बरस से एक-दूसरे के दुख-दर्द के साँझेदार बनकर घर-गिरस्ती चलाते आ रहे थे। परिवार की गाड़ी पटरी पर थी। चालीस हज़ार की जो राशि इन्हें मिल रही थी, उसे ख़ूब सोच-समझकर, कायदे से, ख़र्च करते थे। फिर कहीं बुढ़ापे में जाकर बेटी सेसील मिली, तो उस पर दिल खोलकर धन लुटाने लगे, जिस कारण उनका सारा बजट गड़बड़ा गया। बिटिया की हर सनक को पूरा करने के लिए वे एक टाँग पर खड़े रहते थे। जैसे, एक घोड़ा पहले से ही था। उसके लिए एक और ले आए। इसके अलावा, दो वाहन भी लाकर खड़े कर दिए। पोशाकें उसकी पैरिस से बनकर आतीं। लेकिन, यह सब करके इन्हें खुशी ही होती। बेटी के लिए तो वे आसमान के तारे भी तोड़कर लाने को तत्पर रहते थे, हालाँकि इनका अपना पहरावा इतना भयावह था कि जवानी के दिनों में जिस तरह के कपड़े पहनते थे, अभी तक उन्हें छोड़ा नहीं था इन्होंने। ऐसा कोई भी ख़र्च उन्हें वाहियात लगता था जो मुनाफ़ा न देता हो।

तभी दरवाज़ा खुला और यह चहकता हुआ स्वर सुनाई पड़ा :

'क्या ! मेरे बग़ैर नाश्ता करने बैठ गए ?'

यह स्वर सेसील का था, जो अभी-अभी बिस्तर से उठकर नीचे आई थी और नींद के मारे अब भी आँखें सूजी हुई थीं। बस, वैसे ही बाल समेटकर, ऊपर सफ़ेद ऊनी गाउन पहनकर आ गई थी।

'बिलकुल नहीं,' माँ बोली। 'देख, तेरे ही इन्तज़ार में बैठे हैं...रात को तूफ़ान ने मेरी बेटी को चैन से सोने भी नहीं दिया होगा...'

'अच्छा ! रात को तूफ़ान आया था क्या ?...मुझे तो ख़बर ही नहीं हुई ! सारी रात मैंने तो करवट तक नहीं बदली।'

बेटी की यह ठिठोली इन्हें अच्छी लगी, और तीनों खिलखिलाकर हँस पड़े। नौकरानियाँ मेज़ पर नाश्ता लगा रही थीं। वे भी हँसे बिना न रह सकीं। घर के सब जनों के लिए यह विनोद का विषय था कि मैडमॅज़ेल पूरे बारह घंटे गहरी नींद सोती रही थी। केक देखकर तो उसके खिले चेहरे पर रौनक आ गई।

'अरे, केक तैयार भी हो गया ?' लड़की बार-बार बोल उठती थी। 'मेरे साथ यह

चालाकी ! मम्म, कितना मज़ा आएगा गरम-गरम चाकलेट के साथ !'

अन्ततः वे नाश्ता करने बैठे। चाकलेटवाले बाउलों से भाप उठ रही थी। कुछ देर तक तो किसी ने केक के अलावा दूसरी कोई बात ही नहीं की।

मेलानी और ओनोरीं कमरे में ही खड़ी थीं और रसोई के बारे में पूछ रही थीं और देख रही थीं कि ये लोग किस तरह ठूँस-ठूँसकर खा रहे हैं। उनके होंठों पर चिकनाई लगी थी। नौकरानियाँ भी ख़ुश थीं कि मालिक लोग जब स्वाद लेकर खाते हैं, तो वे कृतार्थ होती हैं।

तभी कुत्तों ने भौंकना शुरू कर दिया। इन्होंने समझा कि पियानो सिखानेवाला टीचर आया है, जो मारशियन से हर सोम और शुक्र के दिन आया करता था। हर हफ़्ते साहित्य का अध्यापक भी आता था। सेसील की सारी शिक्षा-दीक्षा ला पिओलेन में ही हुई। एकदम नादान थी और बालसुलभ चांचल्य था उसमें। ज्योंही कोई बात उसे उबाने लगती, किताब को उछालकर परे फेंक देती थी।

'मोंस्यो दनलां आए हैं,' ओनोरीं ने कमरे में लौटकर सूचित किया।

पीछे-पीछे दनलां भी बेतकल्लुफ़ी से दनदनाता हुआ आ धमका, जो मोंस्यों ग्रेग्वार का चचेरा भाई था। गरजती-सी आवाज़ में बात करता था। चाल-ढाल भी किसी सेवानिवृत्त घुड़सवार अफ़सर जैसी थी। पचास से ऊपर ही अवस्था होगी। मगर बड़ी-बड़ी मूँछें और पोटा-पोटा-भर बाल अब भी काले स्याह थे।

'जी हाँ, बन्दा हाज़िर है...आदाब। मेरा आना किसी परेशानी का बायस तो नहीं हुआ ?'

सारा परिवार आश्चर्यचकित-सा देखे जा रहा था और यह शख़्स आकर आराम से विराजमान हो गया था। ये बैठे चाकलेट उदरस्थ करते रहे।

'कोई ख़ास बात है जो बताने आया है ?' मोंस्यो ग्रेग्वार ने दरियाफ़्त किया।

'न, ऐसी कोई बात नहीं,' दनलां ने छूटते ही जवाब दिया। 'ज़रा कसरत-कवायद के वास्ते घोड़े पर निकला था, और तुम्हारे दौलतखाने के आगे से गुज़रा, तो सोचा दर्शन ही करता चलूँ।'

सेसील ने उसकी दोनों बेटियों—ज़न और लूसी—के बारे में पूछा। दनलां बोला कि दोनों ठीक-ठाक हैं—ज़न पेंटिंग में मशग़ूल है, और बड़ी बेटी लूसी दिन-रात पियानो पर रियाज़ करती रहती है। उसका स्वर तनिक लरज़ रहा था। एक ऐसी व्याकुलता थी जिसे वह ठहाकों के नीचे दबाने का प्रयास कर रहा था।

'कोयला-खान के भीतर सब ठीक-ठाक तो है न !' मोंस्यो ग्रेग्वार ने अगली बात पूछ ही ली।

'हाँ, इस विपदा की घड़ी में बाकी लोगों की तरह मेरी भी धुनाई हुई है। अच्छे वक्तों की सज़ा अब भुगतनी पड़ रही है। कितनी ही तो फैक्टरियाँ लगीं, कितनी ही तो रेल-पटरियाँ बिछाई गईं, कितनी ही तो पूँजी झोंकी गई—इस आस से कि ढेरों उत्पादन होगा। और अब पैसे का ऐसा टोटा आया है कि रोज़मर्रा का कामकाज चलाना तक दूभर हो गया है...मगर, ख़ुशकिस्मती ही समझो कि इतने नाउम्मीद होने का आलम नहीं। इन सारे झमेलों के बावजूद सब सँभाल लूँगा।'

अपने भाई की तरह इसे भी मोंसू की कोयला-खानों में एक दनिया विरासत में मिला था। लेकिन वह उद्यमी इंजीनियर था। मालामाल होने की बड़ी आकांक्षा थी इसकी। सो, ज्योंही एक दनिए का भाव दस लाख हुआ कि बेचने में इसने देर नहीं की। कई महीनों से वह बैठा तदबीर करता रहा था। पत्नी ने अपने एक अंकल से वनदाम के लिए अनुमति-पत्र प्राप्त कर लिया था, जिसमें से केवल दो ही कोयला-खानें खुली थीं—ज्यां बार और गस्तां-मारी। मगर दोनों इतनी खस्ताहाल थीं, उनके उपकरण इतनी जीर्णावस्था में थे कि जितना कोयला निकाल पाते थे, उससे तो खान का ख़र्च भी पूरा नहीं पड़ता था। इसने सोचा यह था कि ज्यां बार की मरम्मत करवाएगा और मशीनों वग़ैरह को ठीक-ठाक करवाकर शाफ़्ट को इतना चौड़ा करवाएगा कि और अधिक गहराई तक खुदाई करवाई जा सकेगी और गस्तां-मारी का इस्तेमाल केवल जल-निकासी के लिए ही किया जाएगा। समझता था कि इसके बाद आप चाहें तो बेलचे भर-भरकर सोना निकालें। ख़याल बहुत अच्छा था, और इसने लाखों फ़्रां इस काम में झोंक रखे थे और जब ढेरों मुनाफ़ा अर्जित होने की आशा थी और यह भी सिद्ध होने जा रहा था कि इस शख़्स की योजना सही थी, ऐन उन्हीं दिनों ऐसी बदबख़्ती आई कि औद्योगिक संकट मुँह बाए खड़ा हो गया। फिर वह सही बन्दोबस्त भी नहीं कर पा रहा था और अपने कर्मचारियों के साथ उदारता का भी व्यवहार करता था। इस पर पत्नी का देहान्त क्या हुआ, लोग इसे बेवकूफ़ समझने लगे। बेटियों को भी इसने ढील दे रखी थी : बड़ी बेटी रंगमंच पर उतरने को लालायित थी और छोटी बेटी की तीन कलाकृतियों को सालां अस्वीकार कर चुका था। मगर दोनों बेटियों ने इस वित्तीय संकट को हँसकर टाल दिया। लेकिन वस्तुतः इसका एक लाभ यह हुआ कि चारों तरफ़ से गरीबी के बादल मँडराते देख इन लड़कियों ने घर के कामकाज को सुचारु रूप से सँभाल लिया।

'लेओं, तू तो जानता है,' वह तनिक हिचकिचाते हुए बोला, 'जब मैंने बिकवाली की थी, तो तूने न बेचने का फ़ैसला करके सख़्त ग़लती की। अब तो बधिया ही बैठती जा रही है, और तू...तूने गर अपनी पूँजी की देखभाल करने की ज़िम्मेदारी मुझे सौंपी होती, तो तू देखता वनदाम में, अपनी कोयला-खान में मैंने क्या करिश्मा कर दिखाया होता।'

मोंस्यो ग्रेग्वार ने बड़ी तसल्ली से अपनी चाकलेट उदरस्थ की और शान्त भाव से उत्तर दिया, 'हरगिज़ नहीं !...तू जानता है, मैं सट्टा नहीं खेलता। चैन से अपनी ज़िन्दगी गुज़ार देना चाहता हूँ और अगर व्यापार-धन्धे में मग़ज़पच्ची करने लगूँगा, तो इससे ज़्यादा बेवकूफ़ी का काम और कोई नहीं होगा। और जहाँ तक मोंसू का सवाल है, अगर उसकी बधिया बैठ ही जाती है, तब भी हमारी ज़रूरतों के लिए काफ़ी कुछ बचा रहेगा। अरे, भाई, इतना ज़्यादा लोभ-लालच करने की क्या ज़रूरत है ! और फिर मेरी बात गाँठ बाँध ले, किसी दिन पछताएगा तू, क्योंकि मोंसू फिर अपने पैरों पर खड़ी हो जाएगी और इतना देगी कि सेसील को, उसके बच्चों को, उनके भी बच्चों को रोज़ी-रोटी मिलती रहेगी।'

दनलां असुविधापूर्वक मुस्काते हुए उसकी बात सुन रहा था।

'तो,' वह बुदबुदाया, 'अगर मैं तेरे से कहता हूँ कि तू मेरे धन्धे में एक लाख फ्रां लगा, तो इनकार कर देगा क्या ?'

मगर ग्रेग्वारों के चौंक उठे चेहरों को देख वह पछताया कि उतावली में क्यों यह बात कही। अतः उसने निश्चय किया कि ऋण की बात फिर कभी करेगा। जब कभी कोई संकट आएगा, तब यह बात छेड़ी जा सकती है।

'ओह, अभी इसकी ज़रूरत नहीं मुझे ! सच्ची, मैं तो यूँ ही मज़ाक कर रहा था। तू सही कहता है—जो धन दूसरे लोग कमाकर देते हैं, उसी के सहारे तो हमारी तोंद फूलती है। फिर मज़े की बात यह कि कोई जोखिम नहीं उठानी पड़ती।'

अब इन्होंने विषय बदला। सेसील ने अपनी बहनों के बारे में पूछना शुरू किया। असल में जिन बातों में उनकी दिलचस्पी थी, वे इसे अच्छी नहीं लगती थीं। फिर भी, वे इसके लिए कुतूहल का विषय थीं। मदाम ग्रेग्वार ने वादा किया कि जिस भी दिन धूप निकलेगी, वह अपनी बेटी को उन प्यारी-प्यारी लड़कियों से मिलाने ले आएगी।

इस बीच, मोंस्यो ग्रेग्वार अपनी ही उधेड़-बुन में लगा रहा। इनकी बातचीत की तरफ़ ध्यान ही नहीं था। अचानक उसने यह बात कही, 'अगर मैं तेरी जगह होता, तो कभी का पिंड छुड़ा लिया होता। मोंसू के साथ कोई-न-कोई समझौता करने की कोशिश करूँगा। वे लोग ऐसा करने को उत्सुक भी हैं। तेरी रकम भी वापस मिल जाएगी।'

उसका इशारा मोंसू तथा वनदाम के बीच विवाद की ओर था। हालाँकि वनदाम की इतनी अहमियत नहीं थी, फिर भी उसकी दहलीज पर दो वर्गमील पर कब्ज़ा जमाकर खड़ी यह खान उसके शक्तिशाली पड़ोसी के लिए क्षोभ का कारण थी, जिस पर उसका कोई अधिकार नहीं था और जो डटी भी हुई थी उसके 67 कम्यूनों के मध्य। उसे पंगु बनाने का असफल प्रयास करने के बावजूद, अब मोंसूवाले यह कुचक्र चला रहे थे कि ज्योंही वनदाम लड़खड़ाने लगेगी, वे उसे औने-पौने दामों में ख़रीद लेंगे। जंग लगातार जारी थी। गलियारे खोदते-खोदते वे एक-दूसरे से करीब छह सौ हाथ के फ़ासले पर आ गए थे—यहाँ तक कि मरने-मारने की नौबत आ गई थी, हालाँकि डायरेक्टरों और इंजीनियरों के आपसी सम्बन्ध अब भी सौहार्दपूर्ण थे।

दनलां की आँखों में शोले भड़क उठे।

'कभी नहीं,' वह चीखकर बोला। 'जब तक जान में जान है, वनदाम को मोंसू के हाथों में नहीं जाने दूँगा...बृहस्पतिवार मैं हेनबो के यहाँ भोजन करने गया था, और मैंने देखा, किस तरह उसने मुझे घेरने की कोशिश की। अरे, क्या बताऊँ, पिछले पतझड़ में—जब बड़े-बड़े लोग मैनेजर से मुलाकात करने आए, तो उन्होंने मुझे भी मसका लगाने की कोशिश की...मैं उनकी रग-रग पहचानता हूँ—मार्क्विस, ड्यूक, जनरल और मिनिस्टर—चोर-उचक्के कहीं के ! ऐसे लोग हैं कि गर्दन इनके हाथ में आ जाए, तो कमीज़ तक उतरवा लें।'

वह बकता-झकता रहा। बहरहाल, मोंस्यो ग्रेग्वार ने मोंसू के प्रबन्धकों का कोई पक्ष नहीं लिया। उनमें से छह मैनेजरों की नियुक्ति तो 1760 के समझौते के अन्तर्गत हुई थी और ये लोग ऐसा व्यवहार करते थे, जैसे कि तानाशाह हों। जब किसी मैनेजर की मृत्यु हो जाती थी, तो बाकी पाँच मैनेजर शेयर-होल्डरों में सबसे धनाढ्य और ताक़तवर

शेयर-होल्डर को चुन लेते। ला पिओलेन के मालिक के अनुसार ये लोग कभी-कभी तो धनलिप्सा के कारण हद भी लाँघ जाते थे।

मेलानी मेज़ साफ़ करने आई थी। तभी बाहर कुत्ते फिर भौंकने लगे, और ओनोरीं दरवाज़े की तरफ़ लपकना ही चाहती थी कि गर्मी से और ठूँस-ठूँसकर खाने से बेहाल सेसील एकदम उठकर खड़ी हो गई।

'मैं देखती हूँ। मेरा टीचर होगा।'

दनलां भी उठकर खड़ा हो गया था। लड़की को जाते हुए देखता रहा। फिर मुस्काते हुए पूछता है, 'और छोटे नेगरेल के साथ इसकी शादी का क्या हुआ ?'

'अभी कुछ तय नहीं कर पा रहे हैं,' मदाम ग्रेग्वार बोली। 'अभी तो ख़याल ही है, सोच-विचार कर देखेंगे।'

'बेशक !' वह धूर्त मुस्कान के साथ बोला। 'मैं समझता हूँ, भाँजा और मामी।...असल में, बात मेरी समझ में नहीं आई कि मदाम हेनबो की जैसी हरकतें हैं, उन्हें देखते हुए सेसील को उसका पसन्द करना...'

यह बात ग्रेग्वार को एकदम नागवार गुज़री। ऐसी इज़्ज़तदार स्त्री, और फिर उस नौजवान से चौदह बरस बड़ी ! यह सोचना भी निहायत बेहूदगी थी और कोई मज़ाक-मज़ाक में भी ऐसी गन्दी बात कहे, यह उसे कतई गवारा नहीं था। इसके बावजूद, खीसें निपोरते हुए दनलां ने हाथ मिलाया और चलता बना।

'टीचर नहीं है,' सेसील लौटकर बोली। 'मामा, वही औरत आई है, दो बालकोंवाली—वही, कोयला-खान में काम करनेवाले मज़दूर की बीवी, जो हमें मिलने आई थी...मामा, उसे भीतर बुला लूँ ?'

एक क्षण को वह दुविधा में पड़ गई। कहीं बहुत गन्दे तो नहीं ? नहीं, इतने ज़्यादा नहीं होंगे। ठीक है, तो साबो बाहर वहीं ज़ीने पर उतारने होंगे।

सेसील के माँ-बाप गहरी कुर्सियों में धँसे जुगाली-सी कर रहे थे। बदले माहौल का ध्यान रख इन्होंने अन्ततः यह फ़ैसला किया।

'ओनोरीं, उन्हें भीतर ले आ।'

इस तरह, ला माह्द और उसके दोनों बच्चे भीतर आए। ठंड से ठिठुर रहे थे और भूखे-प्यासे और बेहाल थे। एकाएक उस गर्म कमरे में आए, तो हक्के-बक्के-से देखने लगे, क्योंकि सारा कमरा केक की भीनी-भीनी महक से भरा था।

2

ऊपरवाले कमरे में बन्द कपाटों में से निकलकर आनेवाली उजाले की धूसर रश्मियाँ छत पर छितराने लगी थीं और कमरे की गुम हवा और भी बोझिल हो उठी थी। ये लोग तब भी गहरी नींद में ग़र्क थे। लेनोर और आरी गलबहियाँ डाले पड़े थे। अलज़ीर सिर पीछे किए कूबड़ पर पसरी थी। बूढ़ा बोनमोर्त ज़कारी और यालें के बिस्तर में अकेला पड़ा था और मुँह बाए खर्राटे मार रहा था। ज़ीनेवाले बिस्तर से कोई आहट सुनाई नहीं पड़ती थी। ला माह्द एस्तेल को छाती पिलाते-पिलाते फिर नींद में डूब गई थी और

उसकी छातियाँ दोनों तरफ़ ढलकी पड़ी थी। एस्तेल भी छाती पीते-पीते माँ की तरह थककर पेट पर पड़ गई थी और माँ के थुलथुल श्लथ मांस में उसका मुँह धँस गया था।

नीचे कुकु घड़ी ने छह बजाए। गाँव के गली-कूचों में दरवाज़े भड़ाक-भड़ाक बन्द होने की आवाज़ें गूँज रही थीं। फिर पत्थरों पर साबो की खटर-पटर सुनाई पड़ी : कोयला छाँटनेवाली लड़कियाँ खान की तरफ़ जा रही थी। उसके बाद पुनः सन्नाटा तारी हो गया। कहीं सात बजे जाकर शटरों के फिर उठने और दीवारों के आर-पार उबासने और खाँसने के स्वर सुनाई पड़ने लगे। देर तक कॉफ़ी पीसने की कर्कश ध्वनि भी गूँजती रही। इन आवाज़ों से किसी की निद्रा में विघ्न नहीं पड़ा।

मगर एकाएक परे कहीं थप्पड़ों और चीखने-चिल्लाने की आवाज़ों से अलज़ीर की नींद उचट गई। समय का भान होते ही वह नंगे पैरों माँ को जगाने दौड़ी।

'मामा, मामा ! देर हो गई। तेरे को कहीं जाना था न !...देख, ज़रा ! एस्तेल तेरे नीचे आकर दबी जा रही है।' झट उसने बालिका को गोद में ले लिया, जिसका दम माँ की भारी-भरकम छातियों के नीचे घुटने को था।

'हे परमात्मा ! यह भी कोई ज़िन्दगी है !' ला माहूद बड़बड़ाई। 'देह इतनी टूट जाती है कि मन करता है दिन-भर पड़ी रहूँ...तू ज़रा लेनोर को और आरी को कपड़े पहना दे। उन्हें भी साथ ले जाऊँगी। तू एस्तेल को रखेगी। कहाँ उठाए-उठाए फिरूँगी ! ऐसे सड़े मौसम में कहीं बीमार ही न पड़ जाए।'

ला माहूद ने जल्दी-जल्दी हाथ-मुँह धोकर पुराना नीला लहँगा डाला। बस, यही एक साफ़-सुथरा वस्त्र था उसके पास। फिर ऊपर धूसर-सी ऊनी फतूही पहनी, जिसमें रात को ही उसने दो थेगलियाँ लगाई थीं।

'और सूप ! हे ईश्वर, यह भी कोई ज़िन्दगी है !' वह पुनः बुदबुदाई।

ला माहूद नीचे उतरी। रास्ते में पड़ी चीज़ों से उलझती-टकराती जा रही थी। एस्तेल फिर पिनपिनाने लगी थी। अलज़ीर उसे उठाए-उठाए अपने बिस्तर पर आ गई। बालिका जिस तरह तूफ़ान बरपा करती थी, उसकी वह आदी हो चुकी थी। आठ बरस की होते-होते यह बालिका भी एक औरत की तरह पुचकारने-बहलाने का गुर सीख गई थी। बिस्तर अब भी गर्म था। आहिस्ता से बहन को लिटा उसके मुँह में अपनी उँगली चूसने को डाली और थपथपाकर सुला दिया। अभी एक मिनट भी नहीं बीता था कि फिर ज़ोर का कोलाहल हुआ। लेनोर और आरी जाग गए थे। अलज़ीर ने दौड़कर उन्हें अलग किया। दोनों भाइयों में ईंट-घड़े का बैर था। लेकिन जब सो रहे होते, तो गलबहियाँ डाले रखते।

फिर छह बरस की छोकरी भी जागते ही भाई पर झपट पड़ी, जो उससे दो बरस छोटा था। मगर लड़के ने कोई तमाचा-थप्पड़ मारने की कोशिश नहीं की। दोनों के सिर भारी-भरकम थे, जैसे सूजे हुए हों। हलके भूरे बालों में गुँझल पड़े थे। अलज़ीर ने बहन को टाँगों से पकड़कर घसीट लिया और धमकाया—मानेगी नहीं, तो चमड़ी उधेड़कर रख दूँगी। जब उनके हाथ-मुँह धुलाने लगी, तो वहाँ भी उन्होंने गुलगपाड़ा किया। कपड़े पहनाने लगी, तो भी एक-एक कपड़े को लेकर उन्होंने उत्पात किया। लेकिन इस तड़की

ने सारी स्थिति को सँभाल लिया। कपाट भी बन्द रखे, ताकि बूढ़े बोनमोर्त की नींद में विघ्न न पड़े। बच्चों के भयंकर कोलाहल और हंगामे के बीच भी वह खर्राटे पर खर्राटे मारता रहा।

'सब तैयार ? अरी, ऊपर बैठी कर क्या रही है ?' ला माह्द ने पुकारा।

कपाट उसने खोल दिए और आग को हिलाकर थोड़ा-सा और कोयला डाल दिया। हालाँकि कोई उम्मीद नहीं थी, फिर भी सोचती थी कि बुढ़ऊ ने सारा सूप गटक नहीं लिया होगा, मगर देगची एकदम सफ़ाचट पड़ी थी। सो, उसने मुट्ठी-भर सिवइयाँ उबालीं, जिन्हें तीन दिनों से सँजो रखा था। वैसे ही, बिना मक्खन डाले खा लेंगे। रात को जो पोटा-भर मक्खन बचा था, वह अब कहाँ रखा होगा। मगर देखकर उसे बड़ी हैरत हुई। कैथरीन ने तो चमत्कार ही कर दिखाया था। सैंडविच बनाकर सुपारी जितना मक्खन बचाकर भी रख गई थी। लेकिन बर्तनों और खाने-पीने के सामान वाली आलमारी एकदम खाली पड़ी थी : उसमें कुछ भी तो नहीं बचा था—रोटी का एक टुकड़ा या छिलका तक नहीं, यहाँ तक कि कोई हड्डी भी नहीं थी कि वही चबा लेते। क्या होगा अगर मेग्रे उधार देने से मना कर देता है ? और ला पिओलेन वालों ने भी अगर कुछ फ्रां नहीं दिए, तो ? जब कैथरीन और मरद घर लौटेंगे, तो पेट भरने के लिए कुछ तो चाहिए। कितने दुर्भाग्य की बात है कि किसी ने अभी तक ऐसी कोई तरकीब नहीं निकाली कि खाए-पिए बिना किस तरह जीवित रहा जा सकता है।

'अरी, कब नीचे आएगी ?' ला माह्द गुस्से से चिल्लाते हुए बोल रही थी। 'अब तक तो मैं निकल भी गई होती।'

जब अलज़ीर और बच्चे नीचे आए, तो ला माह्द ने तीन छोटी-छोटी तश्तरियों में सिवइयाँ डालीं। फिर बोली कि मुझे भूख नहीं है।

हालाँकि रात को कैथरीन पिसी हुई कॉफ़ी पर पानी डालकर कॉफ़ी बना गई थी, फिर भी ला माह्द ने पुनः उसी कॉफ़ी पर पानी डालकर कॉफ़ी के दो बड़े मटकैने बनाए और पी गई। इतनी पतली कॉफ़ी ऐसी लगती थी जैसे ज़ंगवाला पानी हो। मगर इसी के आसरे चल-फिर लेगी।

'सुन,' उसने अलज़ीर को फिर से ताकीद की। 'बाबा को सोने देना और एस्तेल का ध्यान रखना, गिर न पड़े। अगर जाग जाती है, और ज़्यादा रोती है, तो यह रखी है मिसरी की डली। इसे घोलकर चम्मच-चम्मच पिला देना...जानती हूँ तू अच्छी लड़की है, ख़ुद नहीं खाएगी।'

'मामा, मेरा स्कूल !'

'स्कूल ? आज रहने दे। फिर कभी...आज घर में तेरी ज़रूरत है।'

'और सूप ? तू देर से आएगी। पीछे बना रखूँ ?'

'सूप, सूप...न। मैं आऊँगी, तब बनाएँगे।'

अलज़ीर थी तो मरियल-सी लड़की, लेकिन समय से पहले ही सयानी हो गई थी और सूप बनाना भी अच्छी तरह सीख गई थी। स्पष्ट था कि सारा माजरा उसकी समझ में आ गया था। सो, फिर और कुछ पूछा नहीं उसने। तब तक सारा गाँव जाग गया था और स्कूल की तरफ़ जानेवाली बच्चों की टोलियाँ सैबो की खटर-पटर करते हुए

निकल पड़ी थीं।

आठ का घंटा खड़का। बाईं ओर के मकान में, जहाँ लवाक परिवार रहता था, किच-किच-सी सुनाई पड़ रही थी। स्त्रियों का दिन शुरू हो गया था। अब वे कॉफ़ी की केतलियों के निकट कूल्हों पर हथेलियाँ टिकाए खड़ी हो जाएँगी और सान की तरह निरन्तर ज़बान चलने लगेगी उनकी।

खिड़की के काँच के साथ सटा मोटे होंठों और चिपटी नाकवाला एक मुरझाया-सा चेहरा बोल रहा था :

'सुन री, मेरे को एक बात की भनक पड़ी है।'

'न, अभी नहीं, बाद में।' ला माहूद ने जवाब दिया। 'कहीं जा रही हूँ।'

इस डर से कि कहीं वह कॉफ़ी पिलाने के लिए ही न बुला ले और वह ललचा जाए, ला माहूद जल्दी-जल्दी लेनोर और आरी को कोंचते हुए आगे बढ़ गई। बूढ़ा बोनमोर्त ऊपरवाले कमरे में खर्राटे मार रहा था, जिनका लय-ताल ऐसा था कि सारा घर काँपने लगता था।

बाहर निकलते ही ला माहूद यह देख चकित हुई कि हवा थम गई थी और बर्फ़ पिघलने लगी थी। आकाश का रंग भी धरती की तरह मटमैला हो गया था। दीवारों पर आई हरी-हरी आर्द्रता चिपचिपी-सी लग रही थी। सड़कों पर कीच ही कीच था—ऐसा कीच, जो केवल कोयला-खानवाले इलाकों में ही होता है—पनीले काजल की भाँति काला और इतना लसलसा कि सैबो धँस-धँस जाते थे। सड़क पर चढ़ते ही उसने लेनोर को एक झाँपड़ रसीद किया, क्योंकि लड़का जूते की नोक से कीच को उछालते हुए खेलता जा रहा था।

गाँव से निकलकर वे कोयला-खान के कचरे की टेकरी को लाँघ नहरवाली सड़क पर आ गए। वहाँ से उन्हें कूँड़वाले रास्तों से होते हुए पगडंडियाँ पकड़नी थीं, जो सीवार से अटे बाड़ोंवाली खाली ज़मीन के बीच से निकलकर जाती थीं। रास्ते में एक के बाद एक ओसारा था : फ़ैक्टरी की दूर-दूर तक फैली इमारतों की ऊँची-ऊँची चिमनियाँ धुँआ उगल-उगल कर औद्योगिक उपनगर के देहातों पर कालिख पोत रही थीं, जो पहले ही ध्वस्त हो चुके थे। चिनार के पेड़ों के झुरमुट के पीछे रकैयार कोयला-खान का ढहता हेडफ़्रेम भी दिखाई पड़ रहा था। अब तो उस ढाँचे के मुख्य हिस्से ही बचे रह गए थे।

वहाँ से ला माहूद दाईं ओर मुड़ मुख्य सड़क पर आ गई।

'ठहर तू, ठहर, सूअर न हो तो !' वह चिल्लाकर बोली। 'मिट्टी के गोले बनाना सिखाती हूँ तेरे को !'

यह आरी था, जो हाथों में मिट्टी लेकर गेंद-सी बनाने लगा था। माँ ने दोनों को तड़ातड़ झाँपड़ मारे, तब कहीं वे सीधे हुए और पीछे मिट्टी के ढेरों पर छूटते अपने पैरों के निशानों को चीह्नते हुए चलने लगे। कदम-कदम पर कीचड़ में जूता फँसता था, जिसे ज़ोर लगाकर निकालना पड़ता था। यह करते-करते वे अघाए से चले जा रहे थे।

मारशियन की दिशा में जानेवाली पथरीली सड़क पाँचेक मील लम्बी थी और चुकन्दर के खेतों में से होकर गुज़रती थी और किसी चिक्कट फीते जैसी लगती थी। दूसरी दिशा में जानेवाली सड़क चक्कर खाती हुई मोंसू की तरफ़ चली गई थी और सपाट धरती

पर बड़े-से टीले की ढलान के ऊपर से होकर मुड़ती थी। इलाके में सामान बनानेवाले जितने भी कस्बे थे, उन तक सड़कें बिछाने का काम धीरे-धीरे चल रहा था। सारा इलाका एकदम औद्योगिक क्षेत्र लगने लगा था। ढलान की उतराई तक चली गई सड़क के दोनों तरफ़ पक्की ईंट के छोटे-छोटे घर थे। जैसे सारे माहौल को ख़ुशगवार बनाने की ख़ातिर ही इन्हें चमकीले-भड़कीले रंगों से पोत दिया गया था—कुछेक की पुताई पीले रंग से, कुछेक की नीले रंग से हुई थी। कुछेक पर काली पुताई शायद यह सोचकर की गई होगी कि आख़िर इन पर कालिख तो जम ही जाएगी। कुछ मकान दुमंज़िले थे, जिनमें फैक्टरी के आला अफ़सर रहते थे। एक चर्च भी था, जो पक्की ईंट का बना था और किसी धमन-भट्ठी का नया मॉडल-सा लगता था, क्योंकि उसकी घंटाघरवाली वर्गाकार बुर्जी को कोयले की उड़ती धूल ने एकदम स्याह करके रख दिया था। इधर चीनी की मिलें भी थीं, रस्से-रस्सियाँ बनानेवाले कारख़ाने भी थे और आटाचक्कियाँ भी थीं। मगर सबसे अधिक नुमायाँ थे यहाँ के नाचघर, सराय और कलवरिया। इधर इनकी संख्या इतनी अधिक थी कि हज़ार मकानों के पीछे कम-से-कम पाँच सौ तो होंगे ही।

ला माह्द ने कम्पनी के अहाते के निकट पहुँच लेनोर का और आरी का हाथ पकड़ लिया। एक को दाईं तरफ़ रखा, दूसरे को बाईं तरफ़। अहाते में पता नहीं कितने गोदाम और कारखाने थे। वहाँ से थोड़ा ही आगे मैनेजर मोंस्यो हेनबो का निवास था—सड़क के किनारे ही बड़ा-सा बँगला था, जिसके आगे लोहे का बाड़ा और फिर बगीचा था। बगीचे में दो-चार मरियल-से पेड़-पौधे दिखाई पड़ते थे, जो अपने अस्तित्व की लड़ाई लड़ते प्रतीत होते थे।

तभी एक घोड़ाबग्घी उनके दरवाज़े पर आई और उसमें से एक रईस उतरा, जिसके कोट के लेपल पर गुलाब लगा था। उसके साथ एक महिला थी, जिसने फ़र का कोट पहन रखा था—सम्भवतः कोई अतिथि थे, जो मारशियन स्टेशन पर पैरिस की गाड़ी से उतरकर आए थे, क्योंकि दहलीज़ पर मन्द रोशनी में खड़ी मदाम हेनबो विस्मित एवं उल्लसित स्वर में बोल रही थी।

कीच में रपट-रपटकर चलते दोनों बालकों को घसीटते हुए ला माह्द झिड़कती आ रही थी, 'अरे, चलो भी ! लफंगे न हों कहीं के !'

ला माह्द मेग्रे के मकान तक आ गई थी और दिल में खलबली-सी मची थी। मेग्रे का मकान मैनेजर के बँगले की बग़ल में ही था। बँगले और उसके छोटे-से मकान के बीच एक दीवार मात्र थी। मेग्रे ने अपने घर में ही किराने की दुकान खोल रखी थी—लम्बोतरी-सी इमारत थी, जिसमें कोई खिड़की-रोशनदान न था और अगवाड़ा सड़क की तरफ़ खुलता था। दुकान पर उसने हर तरह का सौदा-सुल्फ़ रख छोड़ा था—किराने का सामान, किसिम-किसिम का सूअर का मांस, फल, डबल रोटी, बियर, बर्तन-भांडे, वग़ैरह-वग़ैरह। यह शख़्स कभी ल वोरअ में इन्सपेक्टरी करता था। पहले इसने मामूली-सी कैंटीन खोली थी। फिर कम्पनी की बदौलत इसका धन्धा ऐसा चमका कि मोंसू की सारी दुकानें एक-एक करके उठती चली गईं। सारा सामान यह थोक भाव से लाता था और सस्ते में बेचता था। फिर उधार भी देता था। इन बातों के बावजूद, कम्पनी के अँगूठे के नीचे था, क्योंकि कम्पनी ने ही उसे यह घर-दुकान बनवा कर दिए थे।

'मोंस्यो मेग्रे, मैं फिर तेरे धौरे आई हूँ,' ला माहूद ने उसे दरवाज़े पर खड़े देखा, तो दीन स्वर में यह बात कही।

मेग्रे उसकी तरफ़ देख तो लेता है, मगर बोलता नहीं। यह आदमी देह से भारी-भरकम, खुनकबाज़ और व्यवहार में विनम्र था। लेकिन गर्व से यह बात भी कहता था कि वह कोई बात मुँह से निकालता है, तो उस पर अटल भी रहता है।

'देखो जी, कल की तरह आज भी मुझे टरका नहीं दोगे। शनिवार तक पेट में डालने के लिए कुछ तो चाहिए न...जानती हूँ दो बरस से तेरे आठ फ्रां नहीं चुकाए हमने...'

ला माहूद अटक-अटककर गुहार कर रही थी। पुराना कर्ज़ चढ़ा था, जो इन्होंने पिछली हड़ताल के दौरान मेग्रे से लिया था। अकसर वादे करते रहते थे चुकता करने के, लेकिन बेबस थे—पगारवाले दिन दो फ्रां भी निकालने की स्थिति में नहीं थे। फिर परसों एक और विपदा गले पड़ गई थी—मोची को बाईस फ्रां देने पड़े थे, जो इनका घर-घाट कुर्क करवाने की धमकी देता आ रहा था। यही कारण था कि इनके पास देने को एक सू भी नहीं बचा था। नहीं तो दूसरे लोगों की तरह शनिवार तक ये लोग भी गाड़ी खींच लेते।

ला माहूद की एक-एक अरदास पर मेग्रे तोंद फुलाए, बाँहें सीने पर ताने सिर हिलाता था।

'सिर्फ़ दो डबलरोटी का सवाल है, मोंस्यो मेग्रे ! मैं ज़्यादा कुछ नहीं माँगती। कॉफ़ी भी नहीं चाहिए। तीन-तीन पौंड की केवल दो डबलरोटी।'

'नहीं !' आख़िर पूरा दम लगाकर वह चिल्लाया।

मेग्रे की औरत आ गई थी। एकदम मरियल-सी लगती थी। दिन-भर बही से ही माथापच्ची करती रहती थी। एक बार बही-खाता खोलकर बैठती, तो सिर उठाकर ऊपर देखती नहीं थी। जब उसने लक्ष्य किया कि ला माहूद इस तरह चिरौरी करते हुए उनकी ओर देखने लगी है, तो इतनी डरी कि वहाँ ठहरी नहीं। लोगों का कहना था कि कोयला-खान में ढुलाई का काम करनेवाली जो लड़कियाँ इस दुकान से सौदा-सुल्फ़ उठाने आती थीं, उनके साथ सोने की खुली छुट्टी मेग्रे की बीवी ने अपने मरद को दे रखी थी। फिर यह बात भी किसी से छिपी नहीं थी कि जब कोई खान मज़दूर उधार चुकता नहीं कर पाता था, तो अपनी बेटी को या लुगाई को मेग्रे के पास भेज देता था और मेग्रे यह भी नहीं देखता था कि लड़की या औरत खूबसूरत है या बदसूरत। बस, रज़ामन्द होनी चाहिए।

ला माहूद तब भी याचना-भरी निगाहों से मेग्रे की तरफ़ देखे जा रही थी। मेग्रे की ज़र्द और मुंदी-मुंदी आँखों में भड़क-सी देख वह थोड़ा घबराई। प्रतीत होता था, जैसे उसकी आँखें उसका चीर-हरण कर रही हों।

ला माहूद का चेहरा तमतमा आया। बात समझ में आती थी यदि वह जवान होती या सात-सात बच्चों की माँ न होती। लेनोर और आरी नाली में से छिलके बीन रहे थे। दोनों को झटके से पकड़ा उसने और वहाँ से हट आना ही श्रेयस्कर समझा। एकदम बोल पड़ती है :

'मेग्रे ! नासपीटे, तेरा सत्यानाश होगा। याद रखना, मेरी यह बात !'

ला माहृद को अब ला पिओलेन के लोगों का ही आसरा था। बस, यही सोचती जा रही थी कि अगर उनसे कम-अज़-कम पाँच फ्रां न मिले, तो समझो कि उसके साथ उसका सारा परिवार भी मीठी नींद सो जाएगा।

बाईं ओर मुड़कर वह ज़्वाज़ेल की दिशा में जानेवाली सड़क पर आ गई। सड़क के कोने पर ही कम्पनी के कुछ दफ़्तर थे। सचमुच, ईंट का महल-सा लगता था, जहाँ पैरिस से आनेवाले बड़े-बड़े लोग—हाकिम, अमीर-उमरा, राजकुमार, फ़ौजी जरनैल, सरकारी अफ़सर—सब तरह के लोग पतझड़ के दिनों में यहाँ मौज-मस्ती करने आते थे। ला माहृद चलते-चलते सोचती जा रही थी कि अगर पाँच फ्रां मिल गए, तो क्या-क्या खरीदेगी। पहले रोटी और कॉफ़ी, फिर सुबह के लिए सूप और रात के लिए दमपुख़्त पुलाव बनाने के लिए पाव-भर मक्खन और बुशेल-भर आलू। इन चीज़ों की ख़रीददारी करने के बाद अगर कुछ बचता है, तो बूढ़े बोनमोर्त के लिए थोड़ा-सा सूअर के सिर का गोश्त भी ले लेगी, क्योंकि बुढ़ापे में उसे गोश्त मिलना चाहिए।

तभी मोंसू का पादरी एबे ज़ुआर उधर से आता दिखाई पड़ा उसे, जो अपने कैसाक को बड़ी नज़ाकत से बचाते हुए ऐसे चल रहा था जैसे कोई हृष्ट-पुष्ट बिलार चलता है। पादरी को डर इस बात का था कि कहीं कपड़ों पर कोई दाग़-धब्बा न लग जाए। असील-हलीम-सा आदमी था, किसी झमेले में पड़ना पसन्द नहीं करता था—ताकि न तो खान मज़दूरों की और न ही मालिकों की नाराज़गी मोल लेनी पड़े।

'नमस्कार, फ़ादर !'

बिना रुके बच्चों की तरफ़ निगाह डाल वह मुस्कराया और आगे निकल गया। ला माहृद बीच सड़क में खड़ी देखती रही। इस स्त्री में धर्म के प्रति कोई निष्ठा या भक्तिभाव तो नहीं था, मगर उस समय उसके दिमाग़ में अचानक यह बात आई थी : यह पादरी उसे कुछ दे सकता है।

और एक बार फिर वे उस काली चिपचिपी कीच में पाँव रपटते चल पड़े। अभी तो एक मील से ज़्यादा चलकर जाना था और बच्चे चूँकि दुखी थे, ऐसे में कैसे खेल-कूद सकते थे, सो मुँह लटकाए देख रहे थे और उन्हें घसीटकर ले जाना पड़ रहा था। सड़क के दोनों तरफ़ वही खाली-खाली-से अहाते थे, जिनके चारों ओर की हदबन्दी पर काई उग आई थी। वही फ़ैक्टरियों की इमारतें थीं जो धुएँ से मलिन हो गई थीं और वही ऊँची-ऊँची चिमनियाँ थीं। आगे सीधी-सपाट धरती पर दूर-दूर तक फैले चटियल खेत थे। लगता था जैसे ढेलों का लहलहाता विशाल समुद्र हो। नाम लेने को भी कोई पेड़ दिखाई नहीं पड़ता था। दूर क्षितिज में वनदाम वन की बैंजनी-सी सिवान-रेख ज़रूर दिखाई पड़ती थी।

'माँ,' उठा लो।'

ला माहृद ने दोनों बच्चों को बारी-बारी से उठाया। सड़क पर जगह-जगह डबरियाँ बन गई थीं। ला माहृद ने लहँगा ऊपर उठा लिया, इस डर से कि कहीं वहाँ पहुँचते-पहुँचते ज़्यादा गन्दा न हो जाए। सड़क पर इतनी फिसलन थी कि तीन बार वह गिरते-गिरते बची और अन्ततः जब वे उस बँगले के जीने तक पहुँचे, तो दो बड़े-बड़े कुत्ते इस ज़ोर से भौंकते हुए झपटे कि बच्चों की चीखें निकल गईं। कोचवान ने कोड़ा

फटकारकर कुत्तों को शान्त किया।

'जूते बाहर ही उतार दो और भीतर चले आओ,' ओनोरीं ने इन्हें ताकीद की।

भोजन-कक्ष में माँ और उसके दोनों बेटे सुन्न-से खड़े देख रहे थे। एक तो अचानक गर्म-गर्म कमरे में आ जाने से उनकी सिट्टी-पिट्टी गुम थी। फिर आराम-कुर्सियों में पसरा बूढ़ा और बुढ़िया जिन नज़रों से देख रहे थे, वे एकदम घबरा गए।

'सेसील,' बूढ़ी औरत बोली, 'इन्हें अपने तोहफ़े लाकर दे।'

ग्रेग्वार दम्पती दान-दक्षिणा अपनी बेटी के कर-कमलों से ही करवाते थे। इनकी मान्यता थी कि सही पालन-पोषण का यह भी एक लक्षण है। कहते थे कि आदमी को दानशील होना चाहिए। फिर इनकी यह धारणा भी थी कि यह घर-मकान तो ईश्वर का दिया हुआ है। फिर इस बात का भी गर्व था इन्हें कि वे सुपात्र को ही दानादि देते हैं, क्योंकि हमेशा इन्हें यह ख़दशा रहता था कि कहीं कोई अपात्र उनकी उदारता का अनुचित लाभ उठाकर पाप कर्म में प्रवृत्त न हो। यही कारण था कि नकद पैसा वे किसी को कभी नहीं देते थे। हरगिज़ नहीं। दस सू भी नहीं, दो सू भी नहीं, क्योंकि हर कोई जानता था कि गरीब दो सू भी पा जाए, तो सीधा जाकर दारू में उड़ा देता है। इसलिए दान वे चीज़-बस्त का ही करते थे, विशेषकर ऊनी कपड़ों का, जो वे जाड़ों में ज़रूरतमन्द बच्चों को दिया करते थे।

'बेचारे !' सेसील बच्चों पर तरस खाते हुए बोली। 'देखो तो, एकदम नीले पड़ गए हैं...ओनोरीं, मेरे कमरे से वह पैकेट तो ले आ।'

इन हतभागों की तरफ़ नौकरानियाँ टकटकी लगाए देख रही थीं। उनके हृदय में भी वैसी ही दयाभावना जाग उठी थी, वैसी ही कसमसाहट हो रही थी, जैसी किसी भरे पेट व्यक्ति के हृदय में होती है। ओनोरीं ऊपर चली गई थी और बावरचन खड़ी-खड़ी एकटक देखे जा रही थी। बचा-खुचा केक उसने मेज़ पर धर दिया था और योंही हाथ लटकाए खड़ी थी।

'सौभाग्य से,' सेसील बोली, 'मेरे पास दो और ऊनी पोशाकें रखी हैं। एक-दो छोटी ऊनी चादरें भी हैं...देखना ये ग़रीब बालक ये कपड़े पहनकर कितना गरम महसूस करेंगे।'

उसी क्षण ला माहृद हकलाते-हकलाते बोल पड़ी, 'मैडमॅज़ेल, बहुत-बहुत धन्यवाद आप लोगों का...कितने दयावान हैं आप लोग !'

आँखें भर आई थीं उसकी। भरोसा था कि पाँच फ़्रां तो मिल ही जाएँगे। मगर डर इसी बात का था कि यदि ये लोग स्वयं नहीं देते, तो फिर माँगेगी कैसे। ओनोरीं अभी लौटकर नहीं आई थी और अजीब-सा सन्नाटा छा गया था। दोनों बालक माँ के लहँगे की ओट लेकर ललचाई आँखों से केक की तरफ देख रहे थे।

'तेरे यही दो बालक हैं ?' मदाम ग्रेग्वार ने जैसे मौन भंग करते हुए पूछा।

'न, मेम साहब ! सात बच्चे हैं !'

मोंस्यो ग्रेग्वार अख़बार लेकर बैठा था। एकदम भड़ककर बोला, 'सात ! लेकिन इतने क्यों ?' क्योंकि यह उसके लिए घोर अचरज की बात थी।

'एकदम बेवकूफ़ी की बात !' बुढ़िया बुदबुदाई।

ला माहूद जैसे क्षमायाचना करते हुए बता रही थी : अब किया भी क्या जा सकता है ? कोई जान-बूझकर तो लाते नहीं। बस, अपने आप चले आते हैं। लेकिन जब बड़े हो जाते हैं, तो थोड़ा-बहुत कमाकर लाते हैं और घर का गुज़ारा चल निकलता है। बाबा काफ़ी बूढ़ा हो चला है। उसकी देखभाल की ज़िम्मेदारी न होती, और दो लड़कों के और सबसे बड़ी लड़की के अलावा दूसरे बच्चे भी कोयला-खान में काम करने लायक हो जाते, तो गाड़ा खिंच जाता। छोटे-छोटे बच्चे काम न करते हों, तो उनके पेट में कुछ डालना तो पड़ता है न...

'तू,' मदाम पूछ बैठी, 'काफ़ी दिनों से कोयला-खान में काम करती आ रही है ?'

ला माहूद के विवर्ण मुख पर हलकी-सी मुस्कान दौड़ गई।

'जी !...बीस की उम्र तक तो मैं कोयला-खान में काम करती रही। जब मेरे दूसरा बच्चा हुआ, तो डॉक्टर ने ताकीद कर दी कि कोयला-खान में काम करने जाएगी, तो मर जाएगी, क्योंकि ऐसा लगने लगा था कि मेरी हड्डियों को कुछ हो रहा है। लेकिन फिर मेरी शादी हो गई। घर में ही इतना काम रहने लगा कि...लेकिन मेरा मरद, उसके परिवार के लोग सालों-साल कोयला-खानों में ही काम करते आ रहे हैं। शायद उनके बाबा के बाबा के ज़माने से यह सिलसिला चला आ रहा है। कोई ठीक-ठीक तो मालूम नहीं, लेकिन एकदम शुरू से ही इन लोगों ने कोयला-खान में काम करना शुरू कर दिया था—तभी से जब रकैयार कोयला-खान में इन्होंने गेंतियाँ चलानी शुरू की।'

मोंस्यो ग्रेग्वार इस स्त्री तथा उसके दयनीय बच्चों की तरफ़ टकटकी लगाए देखे जा रहा था, जिनकी त्वचा इतनी कोमल, बाल इतने रूखे-बदरंग और शरीर इतना कृश और मुरझाया हुआ था कि प्रतीत होता था, उनमें रक्त ही नहीं है। भूखों रहते-रहते इनकी शक्ल-सूरत ही बिगड़ गई थी।

एक बार फिर चुप्पी छा गई। कोयले की आग से निकलती गैस की ध्वनि के अलावा दूसरी कोई आवाज़ सुनाई नहीं पड़ती थी। गर्म और आर्द्र कमरे में ख़ुशहाली ही ख़ुशहाली दिखाई पड़ती थी, जिसमें मध्यम वर्ग के भाग्यशाली परिवार अपने ऐसे नीड़ों में सुखपूर्वक पौढ़ते हैं।

'ऊपर इतनी देर से वह कर क्या रही हैं ?' सेसील धीरज खोकर बोली। 'मेलानी, तू ऊपर जाकर उसे बता, पैकेट आलमारी में नीचे बाईं ओर रखा है।'

इस दौरान इन भूखे-नंगे प्राणियों को देख-देखकर मोंस्यो ग्रेग्वार के हृदय में जो विचार आए, उन्हें प्रकट करने से प्रेरित होकर बोला 'सच है कि जीवन बड़ा कठिन है, लेकिन, भली-मानस, मैं तो यही कहूँगा कि जो मज़दूर लोग हैं न, उनमें विवेक ही नहीं है...मिसाल के लिए, किसानों को लो। वे लोग थोड़े-थोड़े सू बचाकर रखते रहते हैं, लेकिन खान मज़दूर जो हैं न, ऐसा न करके, बस, दारू चढ़ाते रहते हैं, कर्ज़ का खाते हैं और अन्त में उनकी दुर्दशा ऐसी हो जाती है कि परिवार का पेट पालने के भी लाले पड़ जाते हैं।'

'जी, हजूर, मोंस्यो बिलकुल सही फ़रमाते हैं,' ला माहूद गुरु-गम्भीर स्वर में बोली। 'ये लोग सीधे-साधे रास्ते पर चलना ही नहीं चाहते। इन नाकारा लोगों को यही बात तो हमेशा समझाने की कोशिश करते हैं, लेकिन रोना-धोना शुरू कर देते हैं।...जहाँ तक

मेरा अपना सवाल है, खुशकिस्मती से मेरा मरद नहीं पीता। यह सच है कि इतवार को कभी-कभार थोड़ी ज़्यादा ही चढ़ा लेता है, लेकिन, बस, वहीं तक। इससे आगे नहीं जाता। यही एक ख़ासियत है उसमें। हम दोनों की शादी से पहले वह अंधाधुन्ध पिया करता था—न, न, मैं उसकी बुराई नहीं कर रही...भला मानस है। फिर भी हमें रोटी के लाले पड़े रहते हैं। कई दिन तो ऐसे आते हैं कि घर के सारे दराज़ उलट-पुलट डालो, फिर भी एक सानतीम तक हाथ नहीं लगता।'

वह चाहती तो थी कि पाँच फ्रां माँग ले। सो, लगी धीमे स्वर में भूमिका बाँधने। बोली कि यह जानलेवा ऋण शुरू में तो मामूली-सा लिया था, लेकिन बढ़ते-बढ़ते इतना बढ़ गया है कि जान साँसत में आ गई है। महीनों लगकर चुकाते जाओ, लेकिन फिर भी एक दिन की चूक हो जाए, तो बधिया ही बैठ जाती है। फिर पटरी बैठती ही नहीं। खाई चौड़ी ही होती जाती है और मरदों को काम से भी घिन्न होने लग जाती हैं, क्योंकि घर में वे इतना रोकड़ा ला नहीं पाते कि उधार ली हुई रकम चुकता कर सकें। यह है सारा माजरा। बाकी, सारी ज़िन्दगी इसी दलदल में लोटते हुए बीत जाती हैं। फिर यह बात भी समझ लेनी चाहिए कि खान मज़दूर को भीतर से कोयले की धूल बहाकर निकालने के वास्ते बियर दरकार होती है। शुरुआत तो इसी तरह होती है और जब कोई विपदा सिर पर आती है, तो मरद कलवरिया और नाचघर की तरफ़ मुँह कर देता है...

फिर एकदम बोली कि ये सारी बातें वह किसी को दोष देने के वास्ते नहीं कह रही, बल्कि किस्सा-कोताह यह कि मज़दूर माकूल पगार नहीं पाता...

'मैं तो यही समझती थी,' मदाम ग्रेग्वार बोल उठी, 'कि कम्पनी तुम लोगों से भाड़ा-वाड़ा नहीं लेती और कोयला भी मुफ़्त देती है।'

ला माहूद ने कनखियों से अँगीठी में दहकते कोयलों की तरफ़ देखा।

'जी-जी, कोयला ज़रूर देते हैं। इतना अच्छा तो नहीं होता, लेकिन बलता है...और भाड़ा भी छह फ्रां माहवार पड़ता है—इतना भारी तो नहीं लगता, मगर कभी-कभी इतना भी जेब से निकालकर देने की मुश्किल हो जाती है...अब कैसे बताऊँ, आज मेरी देह के कोई टुकड़े-टुकड़े करे, तो दो सू भी नहीं निकलेंगे। पत्थर से भी कभी रक्त निकला है ?'

कुर्सी में आराम से लेटा ग्रेग्वार और उसकी स्त्री एकदम ख़ामोश थे। ऐसे दुख-दारिद्र्य की कथा सुनते-सुनते उकताहट और बेचैनी होने लगी थी उन्हें। ला माहूद को लगा कि शायद कोई गुस्ताख़ी हो गई है उससे। सो, एक व्यवहार-कुशल स्त्री की तरह बिना किसी संकोच के शान्त भाव से कहती है :

'मैं कोई गिला-शिकवा नहीं कर रही। मगर असलियत यह है कि इन्हीं हालात में ही जिन्दगी बसर करने के अलावा और कोई चारा भी तो नहीं है न ! अगर कोई हाथ-पैर मारे भी, तो होता-हवाता कुछ नहीं। बेहतरी तो इसी में है कि परमात्मा ने जिस ग़ोशे में डाला है, उसी में चुपचाप पड़े रहो। कोई ग़लत बात कहती हूँ, जी ?'

मोंस्यो ग्रेग्वार को अच्छा लगा उसका कथन। बोला 'भलीमानुस, अगर तू ऐसा सोचती है, तो दुर्भाग्य तेरे निकट नहीं फटकेगा।'

अन्ततः ओनोरीं और मेलानी पैकेट ढूँढ़कर ले आईं। सेसील ने पैकेट खोलकर पोशाकें निकालीं। फिर उनके साथ एक-दो चादरें और कुछ जुराबें और दस्ताने भी रख दिए। कह रही थी कि इनके काम आएँगे। फिर उसने दोनों नौकरानियों से जल्दी-जल्दी ये सारी चीज़ें बँधवाईं। उसका पियानो टीचर आ गया था। सो, उसने ला माहूद को और उसके दो बच्चों को दरवाज़े की तरफ़ खदेड़ना शुरू किया।

'इन दिनों हम लोग बड़ी मुसीबत में हैं, साहब !' ला माहूद हकलाते-हकलाते बोल रही थी। 'पाँच फ्रां ही मिल जाते...'

कहते-कहते उसका गला भर्रा गया। माहूअ परिवार को इस बात का गर्व था कि उन्होंने कभी भीख नहीं माँगी। सेसील ने सशंक दृष्टि से पिता की तरफ़ देखा। लेकिन उसने बिना किसी छिपाव-दुराव के साफ़ मना कर दिया।

'नहीं, हम यह काम नहीं करते। दे ही नहीं सकते।'

माँ का भौंचक चेहरा देख सेसील का दिल पसीज गया। चाहती थी कि बच्चों को कोई खास चीज़ दे। बालकों की निगाहें अभी तक केक पर लगी थीं। सेसील ने झट दो टुकड़े काटे और इन्हें थमा दिए।

'ले लो, तुम्हारे लिए हैं।' फिर एकाएक इनके हाथों से वापस लेते हुए उसने पुराना अख़बार मँगवाया और कहा, 'रुको, अपने भाई-बहन के साथ बाँटकर खाना।'

सेसील के माता-पिता दयार्द्र दृष्टि से देख रहे थे जब सेसील इन्हें दरवाज़े की तरफ़ ले चली। निरीह बच्चों को रोटी तो नहीं मिली। अब ठिठुरते, सूजे हाथों में बड़ी श्रद्धा से केक पकड़े चल पड़े।

ला माहूद एक बार फिर दोनों बच्चों को घसीटते हुए सड़क पर चली जा रही थी। इस वक्त उस वीराने में उसे न तो कोई खेत, न काली कीच दिखाई पड़ रही थी, न उमड़ता-घुमड़ता बेरंग आसमान। मोंसू के रास्ते से लौटते हुए वह फिर मेग्रे की दुकान पर पहुँची और इस तरह गिड़गिड़ाते हुए अनुनय-विनय करने लगी कि आखिर उससे उसने दो रोटियाँ, थोड़ा-सा मक्खन ही नहीं, बल्कि पाँच फ्रां भी झटक लिये, क्योंकि मेग्रे भारी ब्याज पर उधार भी दिया करता था। सच पूछो तो, मेग्रे की दिलचस्पी ला माहूद में नहीं, कैथरीन में थी। यह बात उस वक्त इसकी समझ में आई, जब वह बोला कि अगली बार किसी चीज़-बस्त की ज़रूरत पड़े, तो बेटी को भेजना।

ठीक है, तब की तब देखेंगे। अगर इस शख़्स ने कैथरीन के साथ किसी प्रकार की हरकत करने की जुर्रत की, तो लड़की इसका मुँह ही झोंसकर रख देगी।

3

'ग्राम 240' में पक्की ईंट के छोटे गिरजे का घंटा ग्यारह बजा रहा था, जहाँ पादरी एबे ज़ुआर इतवार के दिन प्रार्थना करवाया करता था। गिरजे के साथ ही स्कूल था। वह भी पक्की ईंट का था। हालाँकि सर्दी से बचने के लिए खिड़कियाँ-दरवाज़े बन्द थे, फिर भी बच्चों का शोर सुनाई पड़ रहा था। एक जैसे बने घरों-मकानों के चार समूह थे।

उन्हें पृथक करनेवाली लम्बी गलियों को विभाजित करके पीठ-दर-पीठ बगीचियाँ बनी थीं, जो उन दिनों एकदम सुनसान, उजाड़ पड़ी थीं। जाड़े की मार से तबाह इन बगीचियों की चिकनी मिट्टीवाली ऊबड़-खाबड़ धरती को फोड़कर यहाँ-वहाँ थोड़ी-बहुत साग-सब्ज़ी उग आई थी। घरों में सूप बन रहा था और चिमनियाँ धुँआ उगल रही थीं। बीच-बीच में कोई औरत किसी गली में दिखाई पड़ती, कोई दरवाज़ा खोलती और भीतर अलोप हो जाती। हालाँकि पानी नहीं बरस रहा था, फिर भी नमी से धूसर आकाश इतना बोझिल हो उठा था कि पत्थरवाली गलियों में दीवारों के साथ रखे पीपों में परनालों से गिरती बूँदें लगातार टपक रही थीं। यह जो गाँव था, वह इस विशाल भूमि पर बिना किसी तरतीब से खड़ा हो गया था और इसके गिर्द जो काली-काली सड़कें थीं, वे मातमी फीतों की मानिन्द लगती थीं। गाँव में, बस, एक ही चीज़ थी जिसे देखकर दिल को तसल्ली होती थी, और वह थी करीने से बैठाई गई सुर्ख खपरैल की कतारें, जो मूसलाधार बारिश में धुलकर एकदम निखर आती थीं।

घर लौटने से पहले ला माहूद लम्बा चक्कर काटकर इन्स्पेक्टर की पत्नी से थोड़ा आलू खरीदने गई। इस स्त्री ने पिछली फ़सल से कुछ आलू बचा रखे थे। छोटे-छोटे चिनार के पेड़ों की ओट में—इस सपाट धरती पर, बस, यही पेड़ उगता था—अलग-थलग-सी खड़ी कुछ इमारतें थीं। असल में, चार-चार घरों के झुंड थे, जो बगीचियों से घिरे थे। चूँकि कम्पनी ने गाँव के इस हिस्से को फ़ोरमैनों के लिए सुरक्षित रख छोड़ा था, इसलिए खान मज़दूरों ने इसका नाम ही 'ग्राम रेशमी मोज़ोंवाला' धर दिया था—बिलकुल वैसे ही, जैसे अपनी कंगाली का उपहास करने के लिए हँसी-हँसी में ये लोग अपने इलाके को 'ग्राम ऋण चुकता करो' बोलते थे।

'उफ़, आखिर घर पहुँच ही गए,' गठरी-मोटरी से लदी, कीचड़ से लथपथ और थकी-हारी ला माहूद लेनोर और आरी को घर के भीतर धकेलते हुए बोली।

अलज़ीर आग के आगे बैठी थी और उसकी गोद में एस्तेल किकिया रही थी। उसके पास और मिसरी नहीं थी और समझ नहीं पा रही थी कि बच्ची को चुप कैसे कराए। सो, उसे अपनी छाती देने का हीला कर रही थी। प्रायः यह युक्ति कारगर साबित होती थी, लेकिन आज जब, उसने वस्त्र उघाड़कर अपनी आठ बरस की कृशकाय रुग्ण छाती के साथ बालिका का मुँह सटाया, तो भी बात नहीं बनी। बालिका ने जब छाती पर मुँह मारा और कुछ हासिल नहीं हुआ, तो किकियाना शुरू कर दिया।

'ला, मेरे को दे,' गठरी-मोटरी नीचे रखते हुए माँ ने कहा। 'नहीं तो यह छोरी पल-भर चैन से बैठने नहीं देगी।'

माँ ने कपड़ों में से मश्क-सी फूली छाती निकाली और जब चुचुक पकड़ लड़की ने गुल मचाना बन्द किया, तब कहीं जाकर वे कोई बात कर सके। सारे काम ठीक-ठाक हो गए थे : पीछे घर की देखभाल करनेवाली बालिका ने आग को बुझने नहीं दिया था और कमरा भी ठीक-ठाक कर दिया था। इस ख़ामोशी में ऊपर बाबा के खर्राटे उसी लय में सुनाई पड़ रहे थे और उनमें एक क्षण के लिए भी विराम नहीं आया था।'

'इतनी सारी चीज़ें !' सारा सामान देख अलज़ीर चहक उठी। 'मामा, कहो तो सूप

बना लूँ।'

मेज अट गया था : कपड़ों की पोटली, दो डबलरोटी, आलू, मक्खन, चिकरी और आधा पौंड कल्लापाय।

'अरे, हाँ,' ला माहूद ने अघाए स्वर में कहा। 'थोड़ी काँजी, थोड़ा गन्दना तोड़कर लाना होगा...रहने दे, बाद में मरदों के लिए बना दूँगी...तू थोड़े आलू ही उबाल ले, ज़रा-ज़रा मक्खन डालकर खा लेंगे...और, थोड़ी कॉफ़ी भी, अच्छा ? कॉफ़ी तो बना ही ले।'

एकाएक इसे केक का ध्यान हो आया। लेनोर और आरी के खाली हाथों की तरफ़ देखा। दोनों जैसे फिर से तरोताज़ा होकर फ़र्श पर गुत्थमगुत्था हो रहे थे। सूअर न हों तो, चुपचाप रास्ते में ही सारा खा गए ? दोनों को पकड़कर एक-एक झाँपड़ रसीद किया।

अलज़ीर आग पर केतली चढ़ा रही थी। माँ को शान्त रहने को कहते हुए बोली, 'इन्हें मत कुछ कह, माँ। मेरे पीछे क्यों मारती है इन्हें ! केक मुझे नहीं चाहिए। इतना चले-फिरे। भूख लग आई होगी न !'

दोपहर का घंटा बजा, और स्कूल से निकलकर आते बच्चों के जूतों की खटर-पटर सुनाई पड़ने लगी। आलू उबल गए थे और कासनी से ख़ूब गाढ़ी हुई कॉफ़ी फ़िल्टर में छनकर लय के साथ टप-टप टपक रही थी। मेज़ के एक कोने को साफ़ कर दिया गया था। लेकिन माँ ही वहाँ खाने बैठी। तीनों बच्चे नीचे घुटनों पर तश्तरियाँ रखकर बैठ गए थे और छोटा बालक ललचाई दृष्टि से वहाँ देखे जा रहा था जहाँ कल्लापाय रखा था। उसके चिक्कट काग़ज़ पर उसकी आँखें टिकी थीं।

ला माहूद घूँट-घूँट कॉफ़ी पी रही थी। कॉफ़ी की गरमाइश को सोखने के उद्देश्य से गिलास को उसने अपने दोनों हाथों में भींच रखा था।

तभी बूढ़ा बोनमोर्त नीचे उतरकर आया। अमूमन देर से ही उठता था। तब तक उसका भोजन चूल्हे पर रखा रहता था। आते ही वह झींकने लग गया, क्योंकि सूप अभी तैयार नहीं था। जब बहू ने कहा कि हर काम हमेशा मर्ज़ी के मुताबिक नहीं होता, तो वह चुपचाप बैठकर आलू खाने लगा। बीच-बीच में उठकर अँगीठी में थूकने जाता, ताकि घर में गन्दगी न फैले। फिर आकर कुर्सी में धँस जाता और मुँह भरकर सिर नीचे किए मुँदी-मुँदी आँखों से भोजन को कंठ में लुढ़काता रहता।

'अरे हाँ, माँ ! मैं तो भूल ही गई,' अलज़ीर बोली। 'पड़ोसन आई थी...'

'यह औरत भी छाती पर सवार रहती है,' माँ बीच में ही बोल पड़ी।

ला लवाक के प्रति ला माहूद के हृदय में बड़ा आक्रोश था। रात को ला लवाक ने अपनी ग़रीबी की दुहाई दी थी, ताकि ला माहूद को कोई चीज़ उधार न देनी पड़े। मगर क्या वह जानती नहीं कि घर में जिस बूतलू को उन्होंने अपने घर में रख रखा है, उसने अभी-अभी उन्हें पेशगी भाड़ा दिया है ? असल में, गाँव में कोई घर न किसी को उधार देता था, न लेता था।

'ठीक है, तूने अच्छा याद कराया,' ला माहूद बोली। 'ज़रा थोड़ी-सी पिसी कॉफ़ी लपेटकर दे। ला पियरोन को लौटाकर आती हूँ...परसों-नरसों उससे माँगकर लाई थी !'

बेटी ने कॉफ़ी लपेटकर पकड़ाई, तो ला माहूद बोली कि अभी गई, अभी आई, और आकर मरदों के लिए सूप बनाएगी।

एस्तेल को गोद में उठाए-उठाए वह बाहर निकली।

पीछे बूढ़ा बोनमोर्त आलू चबा-चबाकर खाता रहा। लेनोर और आरी आपस में इस बात के लिए झगड़ रहे थे कि मेज़ के नीचे आलू के जो छिलके गिरेंगे, उन्हें कौन खाएगा।

ला माहूद को अन्देशा तो इस बात का था कि कहीं ला लवाक उसे जाते हुए देख न ले। सो, चक्कर लगाकर जाने के बजाय वह बगीचियों में से निकलकर गई। संयोग से उसकी बगीची और पियरोनों की बगीची एक-दूसरे के आगे-पीछे थीं और बीच में टुटियल झँझरी का जो बाड़ा था, उसमें झरोखा-सा बन गया था, जिसमें से निकलकर ये परिवार आपस में मिलते-जुलते थे। चारों घर जिस कुएँ से पानी लेते थे, वह भी यहीं था। एक तरफ़ जहाँ बकायन की झाड़ियाँ थीं, वहीं उनके पीछे वह पिंजरा यानी औज़ारों से भरा ओसारा भी था, जिसमें ये लोग अपने खरगोश रखकर पालते थे और छुट्टीवाले दिन उनकी छुट्टी किया करते थे।

एक का घंटा बजा। यह कॉफ़ी का वक्त था। लेकिन किसी दरवाज़े या खिड़की पर कोई चेहरा दिखाई नहीं पड़ा। हाँ, एक आदमी, जो शायद मरम्मत करनेवाली पाली में काम करता था, उस वक्त अपनी साग-सब्ज़ी की बगीची में फावड़ा चला रहा था, क्योंकि काम पर जाने का अभी समय नहीं हुआ था। इस शख़्स ने एक बार सिर उठाकर देखा तक नहीं। लेकिन ला माहूद जैसे ही घरों के दूसरे समूह के निकट पहुँची, गिरजे के सामने एक सम्भ्रान्त पुरुष और दो महिलाओं को देख थोड़ा चकराई। एक क्षण खड़ी देखती रही। फिर झट पहचान गई। यह मदाम हेनबो थी, जो अपने अतिथियों को ग्राम-दर्शन कराने आई थी। उसके साथ जो भद्र पुरुष था, उसके सीने पर पदक लगे थे और जो महिला थी, उसने फ़र का कोट पहन रखा था।

'अरी, इसी के लिए इतनी तकलीफ़ करी ?' ला माहूद ने जब कॉफ़ी लौटाई, तो ला पियरोन ने यह बात कही।

ला पियरोन अट्ठाईस बरस की थी। केश काले। माथा झुका-झुका। आँखें बड़ी-बड़ी। मुँह छोटा। इन सभी खूबियों के कारण वह गाँव की सबसे खूबसूरत औरत समझी जाती थी। घमंडी भी थी। फिर बिल्ली की भाँति तुनुकमिज़ाज, और चूँकि उसकी कोख कभी फटी नहीं, इसलिए उसके उरोज देखने में अब भी अच्छे लगते थे। उसकी माँ ला ब्रूले कोयला काटनेवाले मज़दूर की विधवा थी, जो कोयला-खान में काम करते हुए मारा गया था। उसने बेटी को फैक्टरी में लगवा दिया था और कसम खाई थी कि उसे किसी खान मज़दूर से शादी नहीं करने देगी। और माँ ने बेटी को कभी माफ़ नहीं किया, क्योंकि उसने पियरों से शादी कर ली थी—चाहे देर से ही सही—क्योंकि पियरों एक तो रंडुआ था, फिर आठ बरस की उसकी बेटी भी थी। इन सब बातों के बावजूद, यह जोड़ी सुखपूर्वक जीवन व्यतीत कर रही थी। फिर इस औरत के आशिकों के और उसके मरद की भलमनसाहत के कई किस्से मशहूर थे : जैसे, इन पर कोई कर्ज़ नहीं था, हफ़्ते में दो बार मांस पकता था घर में और घर को भी इस तरह चमकाकर रखती

थी कि बर्तनों-भाँडों में कोई अपनी शबीह देख ले। फिर किस्मत के भी ऐसे धनी कि कम्पनी ने कुछ सम्बन्धों की बदौलत उसे मोमबत्ती और बिस्कुट वग़ैरह बेचने का अधिकार दे रखा था, जिनके बड़े-बड़े मर्तबानों को वह अपनी खिड़की के दो ताकों पर सजाकर रखती थी। इसका अर्थ यह हुआ कि उसे प्रतिदिन छह-सात सू का मुनाफ़ा होता था, जो कभी-कभी रविवार के दिन बारह सू तक जा पहुँचता था। केवल ला ब्रूले और बालिका लिडी के भाग्य में ये सब चीज़ें नहीं थीं। ला ब्रूले मालिकों-अफ़सरों पर इस तैश के साथ बरसती थी, जैसे कोई पुरानी क्रान्तिकारी हो और तकादा करती रहती थी कि उसके पति की मौत का इन्तक़ाम लिया जाए, और लिडी थी कि अकसर झाँपड़ खाती रहती थी, जो कि उस परिवार के तेज़-तर्रार होने का साक्ष्य था।

'अरे, अभी से यह इतनी बड़ी लगने लगी है !' ला पियरोन एस्तेल को देख गुटरगूँ-सी कर उठी।

'बड़ा दुखी करती है यह छोरी ! बस, तू मेरा मुँह न खुलवा।' ला माहृद बोली। 'तू किस्मतवाली है, अभी तेरा कोई बाल-बच्चा नहीं। कम-से-कम अपने घर को साफ़-सुथरा तो रख लेती है न !'

हालाँकि ला माहृद की गिरस्ती भी ठीक-ठीक ही थी, और शनिवार के दिन नियम से सफ़ाई भी करती थी, लेकिन एक गिरस्तिन की ईर्ष्यालु दृष्टि से वह इस चम-चम करते कमरे की हर चीज़ को निहार रही थी, जिसमें सजावटी या ठठकीला सामान भी मौजूद था : जैसे आलमारी के ऊपर रखे सुनहरी कलश, आईना, फ़्रेम की हुई तीन तस्वीरें, वग़ैरह-वग़ैरह।

ला पियरोन उस वक्त अकेली बैठी कॉफ़ी पी रही थी, क्योंकि घर के बाकी लोग कोयला-खान में काम करने चले गए थे।

'साथ देने के लिए थोड़ी कॉफ़ी ले ले न !' वह बोली।

'न, अभी पीकर ही आ रही हूँ।'

'तो क्या फ़रक पड़ता है ?'

सचमुच, कोई फ़र्क नहीं पड़ता। वे धीरे-धीरे कॉफ़ी के घूँट भरती रहीं। बिस्कुट और मोमबत्तीवाले मर्तबानों के बीच में से वे सामनेवाले घरों की तरफ़ देख लेती थीं। उनकी खिड़कियों में जो पर्दे लगे हैं, वे साफ़ हैं या मैले-कुचैले, इसी से पता चलता था कि गृहिणी ढबवाली है या बेढब। लवाकों के घर के पर्दे मैले चीकट थे—समझो कि चिथड़े-से लगते थे, जिन्हें देखकर प्रतीत होता था, उनसे बर्तनों के पेंदों को रगड़ा-पोंछा जाता होगा।

'इतनी ग़लाज़त में ये लोग रह कैसे लेते हैं ?' ला पियरोन बड़बड़ाई।

यह सुनते ही ला माहृद की ज़बान ऐसी खुली कि, बस, बोलती ही चली गई। काश ! उसके घर में भी बूतलू की तरह कोई आकर ठहरता ! तब वह भी सारे घर का काया-कल्प कर डालती। घर में यदि किसी को रख लेने का डोल हो, तो बड़े फ़ायदे हैं। लेकिन ध्यान इस बात का रखना होगा कि उसके साथ सोओ नहीं। फिर सभी को मालूम है, लवाक को पीने की लत है, पत्नी की भी ठुकाई-पिटाई करता रहता है और मोंसू के शराबखानों में गानेवालियों के पीछे भी भागता है।

ला पियरोन ने घोर घृणा से मुँह बिचकाया। अरे, ये गानेवालियाँ ! कैसी-कैसी तो बीमारियाँ फैलाती हैं। ज़्वाज़ेल में ऐसी ही एक औरत थी, जिसने सारी कोयला-खान को ही छूत का रोग लगा दिया था।

'मुझे तो हैरानी इस बात की होती है कि तूने बेटे को उनकी छोकरियों के साथ कुछ भी करने की छूट दे रखी है।'

'तू ही बता, रोकूँ भी तो कैसे रोकूँ। उनकी बगीची हमारी बगीची के ऐन बाजू में है। गर्मियों में ज़कारी और फ़िलोमेन हमेशा बकायन की झाड़ियों में घुसे रहते हैं और खरगोशों के पिंजरे के ऊपर चढ़कर जाने क्या-क्या कसब करते हैं, और किसी की रत्ती-भर परवा नहीं करते। अरे, जब भी कुएँ से पानी भरने जाओ, वहीं पड़े मिलते हैं।'

गाँव में इस तरह का स्वच्छन्द व्यवहार तो आम बात थी। छोकरे-छोकरियाँ यहाँ-वहाँ गूँ खाते फिरते थे। ज्योंही रात होती, पिंजरों की नीची छतों पर जा चढ़ते और जानवरों की तरह लगे रहते। कोयले की ढुलाई करनेवाली सारी छोकरियाँ पहला बच्चा तो वहीं बनाती थीं—या फिर इस काम के लिए रकैयार की तरफ़ मुँह करती थीं या गेहूँ के खेतों में जा लेटती थीं। नफ़े-नुकसान की क्यों चिन्ता करने लगीं ? शादी तो आख़िर उनकी हो ही जाती थी। ऐतराज़ होता था सिर्फ़ उन लड़कों की माँओं को जिन्हें छोटी उम्र में ही चस्का लग जाता था। तुरत-फुरत शादी करनेवाला लड़का माँ-बाप की झोली में पाई-पैसा नहीं डालता था।

'अगर मैं तेरी जगह होती, तो चुटकियों में पत्ता साफ़ कर देती,' ला पियरोन ने पते की बात कही। 'तेरा ज़कारी पहले ही उस छोरी को दो दे चुका है, और अब देखना किसी भी दिन चल पड़ेंगे अपनी अलग गिरस्ती जमाने...नामा तो हाथ से गया ही।'

कुपित ला माहूद के हाथ आकाश की तरफ़ उठ जाते हैं।

'बताए देती हूँ, अगर अलग से गिरस्ती बसाते हैं, तो बद्‌दुआ लगेगी उन्हें मेरी...क्या ज़कारी की कोई ज़िम्मेदारी नहीं हम लोगों की तरफ़ ? काफ़ी नामा बहाया है हमने उसके ऊपर। है कि नहीं ? बीवी को लेकर बैठने से पहले सारा हिसाब चुकता करना होगा उसे...अगर अभी से हमारे बाल-बच्चे ग़ैरों के लिए खटने-कमाने लगेंगे, तो हम कहाँ जाएँगे ? जीते जी मर नहीं जाएँगे ?'

फिर वह थिर हो गई।

'मैं तो आम बात कहती हूँ। बाद में देखा जाएगा...तेरी कॉफ़ी तो बड़ी कड़क है, री !—वाकई असली चीज़ है।'

पन्द्रह मिनट और बतकही करने के बाद वह यह कहते हुए उठ खड़ी हुई, 'जाकर मरदों के लिए सूप बनाना है।'

बाहर बाल-गोपाल स्कूल वापस जा रहे थे। कुछ औरतें दरवाज़ों में खड़ी थीं और मदाम हेनबो की तरफ़ टकटकी लगाए देख रही थीं, जो गली में चलते-चलते अपने अतिथियों के सामने गाँव की विशेषताओं का बखान करती जा रही थी। उनके आगमन से गाँव में हलचल-सी मच गई थी। मरम्मतवाली पाली में जानेवाला जो आदमी अपनी बगिया में काम कर रहा था, वह फावड़ा चलाते-चलाते एक मिनट के लिए ठाड़े रह गया था और दो मुर्गियाँ बगीचियों में से पंख फड़फड़ाती हुई निकल गई थीं।

ला माहूद अपने द्वार के निकट पहुँची ही थी कि ला लवाक से उसका आमना-सामना हो गया, जो कम्पनी के डॉक्टर वांडरहेगन को पकड़ने निकली थी। कम्पनी का डॉक्टर हमेशा हड़बड़ी में रहता था। काम का इतना बोझ था उस पर कि दौड़ते-भागते हुए ही सलाह-मशविरा दे जाया करता था।

'डॉक्टर,' वह बोली, 'मुझे नींद नहीं आती। सारी देह टूटती रहती है...इस बारे में आपसे बात करनी है, डॉक्टर साहब।'

बिना रुके डॉक्टर ने बेतकल्लुफ़ी से यह बात कही, 'मुझे परेशान मत कर। तू इतनी ज़्यादा कॉफ़ी क्यों पीती है ?'

'डॉक्टर सा'ब, मेरे मरद को नहीं देखेंगे ?' बारी आई, तो ला माहूद ने भी पूछ लिया। 'आप उसे देखते जाओ, उसकी टाँगों की दर्द अभी गई नहीं।'

'वह इसलिए कि तू उसे छिजा रही है। मेरा सिर मत खा।'

दोनों स्त्रियाँ खड़ी-खड़ी डॉक्टर की ओझल होती हुई पीठ को निहारती रहीं।

डॉक्टर के रवैए से निराश उसने भी और पड़ोसन ने भी कन्धे उचकाए।

'आ, भीतर आ न !' ला लवाक ने कहा। 'तेरे को एक बात बतानी है...एक प्याला कॉफ़ी तो पिएगी न, क्यों ? अभी-अभी बनाई है।'

ला माहूद चाहती तो नहीं थी, मगर फिसल गई। सोचती थी कि एक-आध घूँट ही सही, ताकि इस औरत की भावनाओं को ठेस न पहुँचे। और वह भीतर चली गई।

कमरा गन्दगी के कारण एकदम काला पड़ गया था—फ़र्श पर भी, दीवारों पर भी, जगह-जगह चिकनाई लगी थी। आलमारी पर, मेज़ पर धूल जम गई थी। घर में उचित देखभाल न होने से ऐसी बास थी कि उबकाई आती थी। बूतलू आग के निकट मेज़ पर कुहनियाँ टिकाए तश्तरी से मुँह लगाए उबली बीफ़ खा रहा था। भारी-भरकम डील-डौल था उसका। स्थिरचित्त भी था और पैंतीस का हो जाने के बावजूद अभी जवान दिखता था। बग़ल में खड़ा था नन्हा आशी, जो तीनेक बरस का होने जा रहा था और फ़िलोमेन से बड़ा था और ललचाई नज़रों से चुपचाप ऐसे अगोर रहा था, जैसे कोई भूखा प्राणी टकटकी लगाए देखता है। बूतलू की लम्बी और भूरी दाढ़ी के नीचे उसका कोमल हृदय धड़कता था। सो, बीच-बीच में मांस का टुकड़ा बालक के मुख में भी डाल देता था।

'अरी रुक, शक्कर तो डालने दे,' ला लवाक ने कॉफ़ी की केतली में शक्कर झोंकते हुए कहा।

बूतलू से छह बरस बड़ी थी ला लवाक और एकदम टूटी, थकी-हारी, और वीभत्स-सी लगने लगी थी। छातियाँ ढलककर पेट पर और पेट ढलककर जंघाओं पर लटक गया था। चपटे-चकले चेहरे पर सफ़ेद रुओं की तरह अँखुए-से निकल आए थे, और प्रतीत होता था, बालों में कभी इसने कंघी ही नहीं की। बूतलू ने बिना किसी सोच-विचार के इस औरत का हाथ थाम लिया था, बिलकुल वैसे ही, जैसे बिना देखे-भाले सूप ले लिया करता था जिसमें बाल तैरते रहते थे या ऐसे बिस्तर पर सो लिया करता था जिसकी चादर तीन-तीन महीने बदली नहीं जाती थी। कमरे और ख़ुराक के साथ ला लवाक भी उसे मिली थी और उसका ख़ाविन्द अकसर कहा करता था कि मन

साफ़ हो, तो इससे अच्छा दोस्त कोई नहीं।

'तेरे को मैं यह बात बताना चाहती थी,' वह बोली। 'कल ग्राम रेशमी मोज़ोंवाला में किसी ने ला पियरोन को खड़े देखा। कोई—अरी, रहने दे, तू सब जानती है, यह कौन हो सकता है—रासनर की कलवरिया के पीछे कोई उसकी बाट जोह रहा था। फिर दोनों नहर के किनारे-किनारे निकल गए। शादीशुदा औरत और यह कसब !'

'हाँ,' ला माहूद बोली। 'इस ज़नानी से शादी करने से पहले पियरों जो है न, फ़ोरमैन को खरगोश भेजा करता था। अब अपनी औरत भेजकर पैसा बचाता है।'

बूतलू ठहाका मारकर हँस पड़ा और सूप में भीगी रोटी का टुकड़ा उसने आशी के मुँह में डाल दिया।

दोनों स्त्रियाँ ला पियरोन का नाम ले-लेकर निन्दा-रस लेती रहीं—यह औरत बड़ी चोंचलेबाज़ है...फिर ऐसी कोई हूर परी भी नहीं...लेकिन देह के एक-एक छेक को निहारती रहती है...हर दम पखारती रहती है और गात में न जाने कैसे-कैसे लेप-उबटन मलती है। ठीक है, यह तो उसका मरद ही जाने, अगर यह सब उसकी नज़र में कोई बुरी बात नहीं। कुछ मरद तो होते ही ऐसे हैं। तरक्की पाने के वास्ते, आगे बढ़ने की ख़ातिर, मालिक के मुँह से सिर्फ़ शुक्रिया जैसा लफ़्ज़ सुनने की ख़ातिर ही उसके चूतड़ तक पखारने को तैयार रहते हैं।

वे इसी तरह बतकही करती रहीं। तभी पड़ोसन फ़िलोमेन की सबसे छोटी बेटी देज़ीर को उठाए-उठाए आई, जो करीब नौ माह की थी। फ़िलोमेन कोयला छाननेवाले ओसारे में काम करती थी और वहीं खाना खाती थी। फिर उसने ऐसा जुगाड़ कर रखा था कि कन्या को कोई उसके पास ले जाता था और वह एक मिनट कोयले के बीच बैठ उसे छाती पिला दिया करती थी।

'मैं तो इसे एक मिनट के लिए नहीं छोड़ सकती। बराबर चीखने-चिल्लाने लगती है,' ला माहूद अपनी बाँहों में सोई एस्तेल को निहारते हुए बोली।

लेकिन कुछ देर से जो मंतव्य वह ला लवाक की आँखों में देख रही थी, उसकी अवहेलना करने की ताब नहीं थी उसमें।

'सुन, सारी बात अब तय कर देनी चाहिए हमें।'

शुरू-शुरू में दोनों माँएँ बिना किसी बहस-मुबाहिसे के पूरी तरह सहमत थीं कि इतनी जल्दी शादी नहीं होनी चाहिए। अगर ज़कारी की माँ यह चाहती थी कि जितने दिनों तक खिंच सकता है, खिंचे और बेटे की पगार उसे मिलती रहे, तो फ़िलोमेन की माँ भी यह सोचकर ही बौखलाने लगती थी कि बेटी की पगार उसके हाथ से जा रही है। ऐसी भी क्या जल्दी है और ला लवाक तो बालिका को भी अपने पास रखने को राज़ी हो गई थी, बशर्ते कि एक से ज़्यादा बच्चा न हो। मगर अब आशी बड़ा हो रहा था और रोटी भी खाने लगा था और अब एक बच्चा आ गया था। उसे लगने लगा था कि यह तो घाटे का सौदा साबित हो रहा है और चाहती थी कि अब बेहतरी इसी में है कि जितनी जल्दी हो सके, शादी हो जाए। तहैया कर लिया था उसने कि अब वह एक सू भी हाथ से नहीं जाने देगी।

'ज़कारी की किस्मत का फ़ैसला तो हो चुका...कोई अड़चन भी नहीं है। अब बता,

कब शादी हो।'

उलझन में पड़ी ला माहूद बोली, 'जब तक मौसम अच्छा नहीं हो जाता, क्यों न इन्तज़ार करें तब तक ! सारा गुड़-गोबर कर दिया इन लोगों ने। शादी से पहले ही इट्टी-सिट्टी लड़ाने की क्या जरूरत थी। सच कहती हूँ, अगर मुझे भनक भी पड़ जाए कि कैथरीन कोई ऐसी-वैसी हिमाकत कर रही है, तो सच कहती हूँ, उसका टेंटुआ ही दबा दूँ।'

ला लवाक ने कन्धे उचकाए।

'नादानी की बात न कर, री—उसके भी रंग-ढंग दिख जाएँगे।'

बूतलू को थोड़ी रोटी चाहिए थी। आलमारी को इस तरह फरोल रहा था, वह जैसे उसका अपना ही घर हो। लवाक के सूप के लिए आलू और गन्दना जैसी अधछिली सब्ज़ियाँ मेज़ के किनारे रखी थीं। निरन्तर बतकही करते-करते दोनों स्त्रियों ने इन्हें पता नहीं कितनी बार उठाया-धरा था। अब ला लवाक पुनः इन्हें छीलने-उघाड़ने जा रही थी कि तत्काल इन्हें नीचे रख एकदम उठी और खिड़की के साथ चिपककर खड़ी हो गई।

'देखो-देखो, वहाँ क्या हो रहा है ?...अरे, यह तो मदाम हेनबो है। कुछ लोग उनके साथ हैं। अरी, उठकर तो देख ! सब ला पियरोन के घर में घुसे जा रहे हैं...'

और वे एक बार फिर ला पियरोन का किस्सा ले बैठीं। यही इनका ढर्रा है : जब भी कम्पनी किसी को गाँव दिखाना चाहती है, तो उन्हें सीधे इस औरत के घर में ले आते हैं। इतना साफ़-सुथरा जो रखती है। लेकिन ये लोग किसी को चीफ़ फ़ोरमैन की करतूतें नहीं बतलाते। अरे, किसी का यार तीन हज़ार फ्रां कमाता हो, मकान-भाड़ा भी मिलता हो, कोयला भी मिलता हो, तोहफ़े भी ढेरों-ढेर मिल जाते हों, तो कोई कैसे सफ़ाई नहीं रखेगा ? ऊपर-ऊपर से सब उजला-उजला लगता है, नीचे ग़िलाज़त ही ग़िलाज़त भरी है।

और जब तक अभ्यागत वहाँ रहे, दोनों स्त्रियाँ इसी तरह बड़बड़ाती रहीं।

'लो, अब वे जा भी रहे हैं,' अन्ततः ला लवाक बोली। 'शायद घूम-फिरकर देखेंगे...मरी, देख-देख, तेरे ही घर में जा रहे हैं !'

ला माहूद एकदम त्रस्त होकर उठ खड़ी हुई। पता नहीं, अलज़ीर ने मेज़ साफ़ किया भी होगा या नहीं। और सूप तो अभी तैयार ही नहीं हुआ होगा। बस, एकदम भागी। दाएँ-बाएँ देखे बिना तुरत-फुरत घर पहुँची।

लेकिन घर की हर चीज़ चमचमा रही थी। अलज़ीर ने जब देखा था कि माँ आती दिखाई नहीं देती, तो झट कमर में तौलिया लपेट सूप बनाने की तैयारी में जुट गई थी। बगीची में से बचे-खुचे गन्दने उखाड़ लाई थी और सब्ज़ी-भाजी काटने बैठ गई थी। आग पर पानी का हंडा भी चढ़ा दिया था, ताकि मरद आकर नहा-धो लें। किस्मत से आरी और लेनोर शान्त थे और कोई पुराना कैलेंडर फाड़ने में व्यस्त। बूढ़ा बोनमोर्त भी चुपचाप बैठा पाइप पी रहा था।

ला माहूद अभी साँस भी नहीं ले पाई थी कि मदाम हेनबो ने दरवाज़ा खटखटाया।

'हम आ जाएँ ? आपको ज़हमत तो नहीं होगी ?'

हलके-हलके भूरे-भूरे बालोंवाली लम्बी-छरहरी और चालीस पार की परिपक्व

अवस्था को प्राप्त और थोड़ी मुटा गई यह महिला सौजन्य की मूर्ति-सी बनी खींसें निपोरते हुए द्वार पर खड़ी थी। थोड़ा डर रही थी कि कहीं ताम्बिया रंग के उसके रेशमी परिधान पर और काले दुशाले पर कोई धब्बा न लग जाए। मगर यह सब जतलाए बिना वह ला माहूद से बात कर रही थी।

'आइए, चले आइए,' मदाम हेनबो ने आगन्तुकों से साग्रह कहा। 'किसी को कोई ज़हमत नहीं होगी। आप विचार न कीजिए...देखिए, यह घर भी उतना ही साफ़-सुथरा है ! और इस भली औरत के सात बाल-बच्चे हैं। हमारे सारे घर इसी प्रकार के हैं। जैसा कि मैं आपको बता रही थी, कम्पनी इन्हें छह फ्रां प्रतिमास भाड़े पर घर देती है। नीचे भी एक बड़ा कमरा है। दो कमरे ऊपर के तले पर हैं। एक भंडारा है। साथ में बगीची भी है।'

तग़मोंवाला पुरुष और फ़र कोटवाली महिला, ये दोनों पैरिस से सुबह पहुँचनेवाली रेलगाड़ी से पधारे थे। थोड़े अस्थिर-से होकर इधर-उधर देख रहे थे। इन अजीबो-ग़रीब दृश्यों को देख-देखकर उलझन में पड़ते जा रहे थे और चेहरों से ऐसे लगता था, जैसे होश उड़े हों।

'और यह बगीची भी !' मदाम हेनबो बता रही थी। 'अजी, यह तो ऐसी जगह है जहाँ मैं ख़ुद भी रह सकती हूँ—कितनी रीझवाली जगह है यह ! इन्हें जितना कोयला चाहिए, उससे भी ज़्यादा देते हैं। डॉक्टर हर हफ़्ते इन लोगों का मुआयना करने आता है। बुढ़ापे में ये लोग पेंशन भी पाते हैं और इसके लिए इनकी पगार में कोई कटौती नहीं की जाती।'

'यह तो स्वर्गाश्रम हुआ !' भद्र पुरुष जैसे भावविभोर होकर फुसफुसाया।

ला माहूद इन्हें कुर्सियाँ पेश करने को तत्पर हुई, लेकिन महिलाओं ने उसे रोक दिया। मदाम हेनबो तब तक निढाल हो चुकी थी। यहाँ के बनबास जैसी स्थिति से उकताई यह स्त्री जैसे कुछ देर के लिए ही सही, अपने आपको चिड़ियाघर में तैनात किसी कर्मचारी की भूमिका में रखकर एक क्षण के लिए थोड़ी ख़ुशी बटोर लेने को लालायित हो उठी थी, मगर जल्दी ही इस सारी ग़रीबी की बसांध से उसका तन-मन वितृष्णा से भर उठा था। इतनी बास थी कि उससे घरों की सारी अच्छाई-सफ़ाई ढक गई थी जिसका प्रदर्शन करने के लिए इन्होंने बड़ी सोच-समझ के बाद इनका चुनाव किया था। फिर वह कही-सुनी बातों को तोते की तरह दुहरा रही थी, हालाँकि अपने निकट रहनेवाले इन मज़दूरों की दुनिया के बारे में कुछ भी जानने का इन्होंने कभी कष्ट नहीं किया, जो इतनी तकलीफ़ें बरदाश्त करते हुए अभाव का जीवन व्यतीत करते आ रहे थे।

'देखो तो, कितने प्यारे-प्यारे खूबसूरत बच्चे हैं !' यह महिला बता रही थी, हालाँकि इन बच्चों के इतने बड़े-बड़े सिरों और भूसे जैसी जटाओं को देख मितली आती थी।

ला माहूद से उन्होंने पूछा, तो उसने अपने एक-एक बच्चे की उम्र बताई और एस्तेल के बारे में शिष्टाचारवश उन्होंने जो प्रश्न पूछे, उनका जवाब भी दिया। बूढ़े बोनमोर्त ने अतिथियों के प्रति सम्मान की भावना से पाइप मुँह से निकाल लिया था। मगर कोयला-खान में चालीस बरसों तक मरने-खपने से यह शख़्स इतना मिसमार हो

चुका था—टाँगें उसकी अकड़ गई थीं, देह टूट चुकी थी, चेहरे पर मुर्दनी छाई रहती थी—कि वहाँ उसकी उपस्थिति क्षोभजनक ही लगती थी। सो, जब उसे ज़ोर की खाँसी छिड़ी तो यह सोचकर वह घबराया कि कहीं मेरा काला बलग़म देख अतिथियों का मन ख़राब न हो जाए, सो उठकर कमरे से बाहर चला गया।

अलज़ीर को देख-देखकर वे अभिभूत थे। देखो तो, इतनी-सी लड़की है और किस तरह घर सँभाल रही है, किस तरह तश्तरियाँ वग़ैरह साफ़ करनेवाला तौलिया बाँध रखा है इसने ! कहने लगे कि इस लड़की की माँ कितनी भाग्यशाली है कि उसकी ऐसी बेटी है जो छोटी उम्र में ही इतनी सयानी हो गई है। किसी ने उसके कूबड़ का ज़िक्र तो नहीं किया, मगर इस छोटी-सी असमर्थ कन्या को देखकर थोड़े द्रवित-दयार्द्र अवश्य हुए और उसके प्रति सहानुभूति जतलाने लगे।

'अब पैरिस में अगर हमारे गाँवों के बारे में आप लोगों से कोई कुछ पूछता है, तो उनको बताने लायक सारी जानकारी आपको मिल गई...आपने अपनी आँखों से देख लिया कि यहाँ इससे ज़्यादा शोरगुल कभी नहीं होता, परिवार में लोग हिलमिल कर रहते हैं, सब स्वस्थ एवं सुखी हैं, जैसा कि आप अपनी आँखों से देख रहे हैं—सच पूछो तो, यह ऐसी जगह है, जहाँ आपको तफ़रीह के लिए तशरीफ़ लानी चाहिए; ऐसी शुद्ध हवा, ऐसा सुकून-भरा माहौल आपको और कहाँ मिलेगा !'

'अद्‌भुत! अद्‌भुत !!' वह महानुभाव उत्साहपूर्वक बोल उठे।

वे इतने रीझकर वहाँ से निकले, जैसे कोई बढ़िया नौटंकी देखकर जा रहे हों। ला माहूद उन्हें दरवाज़े तक विदा करने आई, लेकिन, बस, देहली तक ही, और वे खूब ऊँचा-ऊँचा बतियाते हुए वहाँ से चले गए।

गलियों में लोगों की भीड़ जुट गई थी। इनके आगमन की बात सुनते ही औरतों के ठट के ठट इकट्‌ठे होने लगे थे। इन लोगों को भारी भीड़ में से होकर जाना पड़ा।

वास्तव में, ला लवाक अपने दरवाज़े के आगे खड़ी थी। ला पियरोन भी इनके दर्शनार्थ दौड़ी आ रही थी। ला लवाक ने उसे वहीं रोक लिया। दोनों ने ऐसे जतलाया, जैसे वे भौंचक और चकित रह गई हों। कहीं ये लोग माहूअ के घर में ही तो सोने नहीं जा रहे ? देखना, ज़रा भी आराम नहीं मिलेगा इन्हें !

'इतनी कमाई है इन लोगों की, फिर भी आगे हाथ, न पीछे पगहा...ऐसा ही हश्र होता है इन लोगों का, जो चली-चलाई करते हैं।'

'अभी-अभी सुनकर आई हूँ। ला माहूद आज सवेरे-सवेरे ला पिओलेन वालों से भीख माँगने गई थी। और यह भी सुनते हैं कि मेग्रे ने पहले तो इसे उधार देने से साफ़ इनकार कर दिया, फिर थोड़ा सौदा-सुल्फ़ दे दिया...और सब जानते हैं, वह वसूली कैसे करता है !'

'क्या ! इस ढड्ढो से ? अरे, नहीं उसके लिए मर्दानगी की ज़रूरत है...वह तो सारी वसूली करता है कैथरीन से।'

'हुँह ! अभी आध घंटा पहले यही औरत शेखी बघार रही थी—अगर कैथरीन को इधर-उधर मुँह मारते देख लूँ, तो उसका गला ही घोंट दूँगी...जैसे शावाल ने बहुत पहले खरगोशोंवाले बाड़े पर इस छोरी के चूतड़ों की घिसाई-रगड़ाई नहीं की।'

'शि ! वे इधर ही आ रहे हैं !'

ला लवाक और ला पियरोन एकाएक चुप हो गईं। किसी प्रकार का कोई अनुचित या अशोभनीय व्यवहार नहीं किया। बस, जाते हुए आगन्तुकों को तिरछी निगाहों से देखती-भर रहीं। फिर इन्होंने ला माहूद को जल्दी से आने का इशारा किया। ला माहूद एस्तेल को गोद में लिये-लिये आ गई। अब तीनों स्त्रियाँ गली में निश्चल-सी खड़ी उधर देखे जा रही थीं जिधर सजी-सँवरी मदाम हेनबो और उसके साथ आनेवाले अतिथि जा रहे थे। जब वे लोग थोड़ा दूर निकल गए, तो तीनों के मुँह फिर खुल गए।

'ज़रूर ही ये औरतें अपने कपड़ों पर ढेर सारा पैसा ख़र्च करती होंगी। जितनी औकात इन औरतों की है, उससे कहीं ज़्यादा कीमत इनके कपड़ों की होगी।'

'तू एकदम सही बोलती है...दूसरी औरत को तो मैं नहीं जानती, लेकिन जो औरत यहाँ वाली है, उसके बारे में यह बात नहीं कह सकती, चाहे कितनी बड़ी है। जो बातें सुनी हैं मैंने...'

'सच्ची ? कैसी बातें ?'

'अरी, वही, मरदोंवाली, और क्या !...पहले, इंजीनियर...'

'अरे, उस सुकडू--पतलू की बात कर रही है ? वह कच्चा-बच्चा ! उसे चादर के नीचे ही ढूँढ़ती रह जाएगी।'

'अब अगर इसी से उसे मज़ा मिलता है, तो फ़र्क़ क्या पड़ता है...मुझे, मैं जब किसी औरत को देखती हूँ नाहक किसी बात पर नाक-भौं सिकोड़ते हुए और जो औरत कभी किसी चीज़ से ख़ुश नहीं होती, तो मैं समझ जाती हूँ कि उस औरत के साथ कहीं कुछ गड़बड़ है। ज़रा देख तो उस औरत को, किस तरह पिछवाड़ा मटका-मटकाकर चलती है, जैसे गुमान हो कि उसके सामने हम सब हेच हैं। यह बात शोभा देती है क्या ?'

इधर, वे लोग वार्तालाप करते हुए ख़रामा-ख़रामा चले जा रहे थे कि एक खुली घोड़ागाड़ी चर्च के आगे आकर रुकी। उसमें से पचासेक बरस का एक व्यक्ति उतरा, जिसने चुस्त-सा फ्राक-कोट पहन रखा था। धूप में आने-जाने से उसकी त्वचा ताम्बई-सी हो गई थी। हाव-भाव से कोई ऊँचे ओहदेवाला और ज़ाबितेवाला आदमी मालूम पड़ता था।

'इसका मरद है, री।' ला लवाक फुसफुसाते हुए बताती है, जैसे जानती थी कि यह शख़्स ऊँचे पद के कारण अपने नीचे काम करनेवाले दस हज़ार मज़दूरों के लिए कैसा हौवा था। यही कारण था कि यह बात भी उसने हौले-हौले कही थी, ताकि उन लोगों को भनक तक न पड़े।

'तू देख ग़ौर से, इसके सिर पर सींग निकले हुए हैं।'

तब तक सारा गाँव इकट्ठा हो गया था। औरतें कौतूहल से देखे जा रही थीं। छोटी-छोटी टोलियों के इकट्ठा होने से जमघट्टा-सा लग गया था। बहती नाकवाले किलाल-बिलाल भी पटरियों पर मुँह बाए खड़े देख रहे थे। और तो और, हलदिया चेहरेवाला स्कूल टीचर भी स्कूल की इमारत के कोने से क्षण-भर सिर निकालकर झाँकने का लोभ संवरण न कर सका था। जो आदमी बगीची के बीचोंबीच खड़ा खोद रहा था, वह भी ठिठककर बेलचे पर पाँव रख फटी-फटी आँखों से उधर देख रहा था। और फिर

अनाप-शनाप बोलनेवालों के स्वर इस तरह उभरने लगे थे, जिस तरह हवा चलने से सूखे पत्ते खड़खड़ाते हैं।

ला लवाक के दरवाज़े के आगे ख़ासी भीड़ जुट गई थी। पहले दो ही औरतें थीं। फिर दस हुईं। फिर बीस। अब चूँकि भीड़ इकट्ठी हो गई थी, अतएव उसने सावधानी से काम लेते हुए मुँह को लगाम लगाई।

ला माह्द इन सबमें विवेकवान स्त्री समझी जाती थी। सो, खड़ी तमाशा देखती रही। एस्तेल भी जाग गई थी और रिरियाने लगी थी। उसे चुप कराने के लिए ला माह्द ने आहिस्ता-आहिस्ता अपनी थन जैसी छाती निकाली। प्रतीत होता था, लगातार दूध निकलते रहने से वह लटक गई थी।

जब मोंस्यो हेनबो महिलाओं को घोड़ागाड़ी में बैठा चुके और घोड़ागाड़ी मारशियन की तरफ़ रवाना हुई, तो इधर मानो सबकी ज़बान रवाँ हो गई। कल्लादराज़ औरतें हाथ भाँज-भाँजकर बोलने लगीं—मानो चींटियों की बांबी में विद्रोह हो गया हो।

तभी तीन का घंटा बजा। मरम्मतवाली पाली के मज़दूर—बूतलू और दूसरे बाकी लोग—जा चुके थे। ऐन उस वक्त चर्च के मोड़ पर कोयला-खान से लौटनेवाले मज़दूर आते दिखाई पड़े—मुँह काले-स्याह, वस्त्र भीगे-भीगे-से, बाँहें छाती पर टिकी, कमर झुकी-झुकी। देखते ही औरतें भागीं। उनकी चाल में ऐसी गिरस्तिनों की हड़बड़ाहट थी जिन्हें अत्यधिक कॉफ़ी पीने और अत्यधिक बतियाने का असाध्य रोग हो। घबराहट में, बस, घरेलू झंझटों-झगड़ों की दुहाई देती जा रही थीं :

'हाय, मैं मर जाऊँ, सूप ! सूप तो अभी बनाया ही नहीं !'

4

एतियन को रासनर के यहाँ छोड़कर माहूअ घर पहुँचा, तो कैथरीन, ज़कारी और यांलैं मेज़ पर बैठे सूप गटक रहे थे। कोयला-खान से लौटकर इन्हें इतनी भूख लगी थी कि हाथ-मुँह धोए बिना ही भीगे-भीगे वस्त्रों में खाने बैठ गए थे। भोजन के लिए कोई किसी की प्रतीक्षा नहीं करता था। मेज़ पर सुबह से रात तक खाने-पीने का सामान धरा रहता था और वक्त-बेवक्त वहाँ कोई-न-कोई बैठा भकोसता रहता था। काम से जब भी किसी को छुट्टी मिलती, वह सीधा आकर मेज़ पर बैठ जाता और खाना शुरू कर देता।

माहूअ ने दरवाज़े में से ही सारी चीज़ें देख ली थीं। बोला तो कुछ नहीं, मगर परेशान चेहरे पर चमक आ गई। सुबह कोयला-खान की गलघोंटू गहराइयों में जब कोयला काटने में लगा था, तब से दुखित और चिन्तित था कि घर में खाने-पीने की कोई चीज़-बस्त नहीं है—न कॉफ़ी है, न मक्खन है...कोई भी तो चीज़ नहीं। पत्नी गिरस्ती कैसे चलाएगी ? अगर रीते हाथों घर लौटती है, तो सबका क्या होगा ? और, लो, अब ढेर सारी चीज़ें सामने पड़ी थीं। ला माह्द सारा माजरा बाद में बताएगी। माहूअ के सीने का बोझ उतर गया और वह खिल उठा।

कैथरीन और यांलैं उठ खड़े हुए थे और कॉफ़ी पी रहे थे। ज़कारी का पेट सूप से नहीं भरा था। सो, उसने मोटा-सा स्लाइस काटा और उस पर मक्खन लगाना शुरू

किया। निगाह तश्तरी में रखे कल्लापाय पर अटकी थी, लेकिन उसे छुआ तक नहीं उसने। एक ही आदमी के खाने लायक मांस था। सो, उसे बाप के लिए छोड़ दिया गया था। अभी-अभी सबने अपने-अपने हिस्से का सूप ले लिया था और ऊपर से ढेर सारा पानी गटककर पेट की ज्वाला शान्त कर ली थी। पगार मिलने के अन्तिम दिनों में इसी अल्पाहार के सहारे इनका निर्वाह चलता था।

'बियर तो है नहीं,' जगह खाली होने पर जब बाप मेज़ पर आकर बैठा, तो ला माहूद ने कहा। 'थोड़ा पैसा बचाकर रखना चाहती थी...अगर थोड़ी लेने की इच्छा है, तो अलज़ीर दौड़कर पउवा ले आती है।'

माहूअ ने ख़ुश होकर पत्नी की तरफ़ देखा। अच्छा, तो इसके पल्ले पैसे भी हैं ?

'न, न !' झट बोला। 'रहण दे, थोड़ी ले ली थी।'

और वह कटोरे में से—जिसे वे तश्तरी की तरह इस्तेमाल करते थे—चम्मच से रोटी, आलू, गन्दना और लाल अँबाड़ी की ढेर सारी सानी को हलक से उतारने में जुट गया। ला माहूद एस्तेल को नीचे उतारे बिना अलज़ीर के साथ बैठ यह देखती रही कि मरद भरपेट खा रहा है या नहीं। मक्खन और कल्लापाय उसने पति के और निकट सरकाया और कॉफ़ी को गर्म रखने के लिए फिर से अँगीठी पर चढ़ा दिया।

इस बीच, आग के निकट इन लोगों ने नहाना-धोना शुरू कर दिया था। एक बैरल काटकर इन्होंने नाँद-सी बना रखी थी। पहले कैथरीन गई। उसने नाँद में गुनगुना पानी भरा और फिर इत्मीनान से कपड़े उतारने शुरू किए। पहले टोपी उतारी। फिर फतूही। फिर पतलून—यहाँ तक कि कुर्ती भी उतार फेंकी। ऐसा वह तब से करती आ रही थी, जब आठेक बरस की थी और अब इतनी बड़ी हो जाने पर भी सबके सामने इस तरह कपड़े उतारने में उसे कोई लाज-संकोच नहीं होता था। बस, पीठ मोड़कर उसने जठर को आग की तरफ़ कर लिया और खुरदरे साबुन से मल-मलकर नहाती रही। किसी ने आँख उठाकर भी उसकी तरफ़ नहीं देखा। यहाँ तक कि लेनोर और आरी को भी यह देखने में कोई दिलचस्पी नहीं थी कि उसकी देह की रचना कैसी है। जब नहा चुकी, तो अपनी भीगी कुर्ती और दूसरे वस्त्रों का ढेर वहीं छोड़ सीढ़ी चढ़ गई—एकदम निर्वस्त्र।

कैथरीन के जाने के बाद दोनों भाइयों में जंग छिड़ गई। यालैं दौड़ा और नाँद में कूद गया। उसका तर्क यह था कि ज़कारी अभी खा रहा है। लेकिन ज़कारी उसे खींचकर बाहर निकालने पर तुल गया। कहता था कि अब नहाने की बारी उसकी है। चीख-चीखकर बोल रहा था कि यह तो उसकी भलमनसाहत थी कि उसने कैथरीन को पहले नहाने दिया। इसका यह मतलब नहीं कि वह छोकरों के गन्दे पानी में नहाएगा—ख़ासकर यालैं इस पानी में नहाता है, तो फिर यह पानी स्कूल में दावातें भरने लायक ही रह जाएगा। अन्ततः दोनों एक साथ पानी में घुसे। दोनों ने आगे की तरफ़ मुँह करके एक-दूसरे की पीठ को रगड़-रगड़कर मला। फिर वे भी बहन की तरह एकदम नंगे, हर रोज़ जैसा करते थे, ज़ीने पर दौड़ते हुए ऊपर चले गए।

'कैसी गन्दगी फैलाते हैं !' ला माहूद ने बड़बड़ाते हुए फ़र्श पर से गीले वस्त्र उठाए और उन्हें सुखाने डाल आई।

'अलज़ीर, ज़रा पुचाड़ा तो मार दे, बेटे।' अभी वह कुछ और कहने ही जा रही थी कि दीवार के उस तरफ़ जंग छिड़ गई। एक मरद गाली-गुफ़्तार करने लगा था और एक औरत सियापा कर रही थी। फिर एकदम ऐसी धमक सुनाई पड़ने लगी, मानो कोई तूम्बे पर ठंईं-ठंईं चोट कर रहा हो।

'परतीत होता है, ला लवाक की ठुकाई हो रही है !' माहूअ शान्तचित्त-सा बैठा अपना कटोरा खुरचने में लगा था। 'अजीब बात ! बूतलू कहता था, सूप तैयार है !'

'ख़ाक तैयार हुआ होगा !' ला माहूद बोली। 'उसकी मेज़ पर सब्ज़ियाँ रखी थीं, छीली तक नहीं थीं उसने।'

चीख-चिल्लाहट और भी उग्र होती जा रही थी। फिर कोई हड़हड़ाकर धड़ाम से गिरा, जिससे दीवार तक हिल गई। इसके उपरान्त एकदम ख़ामोशी तारी हो गई।

माहूअ ने आख़िरी चम्मच हलक से उतारा और जैसे विवेकपूर्वक खुलासा-सा करते हुए बोला, 'अगर सूप तैयार नहीं किया, तो मरद को दोस क्यों दें ?'

फिर पानी का पूरा गिलास गटकने के बाद उसने कल्लापाय खाना शुरू किया। पहले उसकी छोटी-छोटी चौरस बोटियाँ काटीं। फिर उनमें चाकू की नोक घुसेड़ काँटे के बिना रोटी पर रखा और मुँह में डाला। जब वह खा रहा था, तो कोई बोला-चाला नहीं। स्वयं भी मौन था। वह यह भी भाँप गया था कि यह कल्लापाय मेग्रे की दुकान से नहीं आया, कहीं दूसरी जगह से आया है, लेकिन उसने पूछने की ज़रूरत नहीं समझी। बस, यह जानना चाहा कि बाबा ऊपर सो रहा है क्या।

नहीं, बोनमोर्त तो बाहर टहलने गया था।

इसके बाद फिर ख़ामोशी छा गई।

लेनोर और आरी टब के बाहर फ़र्श पर बहकर आए गन्दले पानी में लकीरें खींचते हुए खेल रहे थे। मांस की गन्ध पाते ही मुँह उठाकर इधर देखने लगे और फिर दौड़े आए। छोटा भाई आगे था। दोनों भाई बाप के सामने आकर खड़े हो गए। ललचाई आँखों से देखे जा रहे थे। जब एक लुक्मा तश्तरी से उठता, तो बच्चों को आस लगती, मगर जब लुक्मा बाप के मुँह में चला जाता, तो एकदम मायूस हो जाते। अन्ततः बाप ने बच्चों की भूखी वांछा को लक्ष्य किया जिससे उनके चेहरे उतर गए थे और खड़े-खड़े होंठों पर जीभ फिरा रहे थे।

'बच्चों को यह सब दिया ?' उसने पूछा और पत्नी को आगा-पीछा करते देखा, तो यह बात कही, 'तू जानती है, मुझे इस किस्म की बेजा बात पसन्द नहीं। इन्हें अपने गिर्द खड़े होकर एक-एक लुक्मे के लिए तरसते देखता हूँ, तो मेरी भूख-प्यास मिट जाती है।'

'लेकिन थोड़ा-बहुत ये भी खा चुके हैं।' उसने रोषपूर्वक कहा। 'अगर तुम इनकी तरफ़ ही देखते रहोगे, तो अपना हिस्सा भी और बाकी लोगों के हिस्से भी इनके घोघे में डाल दोगे। खा-खाकर इनके पेट फट जाएँगे।...क्यों, अलज़ीर, बता तो, हम सबने थोड़ा-थोड़ा गोश्त खाया है न ?'

ये शब्द अभी उसके मुँह में ही थे कि दीवार के उस तरफ़ से फिर कोलाहल सुनाई पड़ा।

'हाँ, माँ, खाया।' कुबड़ी बालिका ने फ़ौरन जवाब दिया, जो इस तरह की स्थितियों में बड़े-बूढ़ों की तरह झट झूठ का भी सहारा ले लिया करती थी।

लेनोर और आरी अगर कभी झूठ बोलते थे, तो मार खाते थे। सो, जब इस तरह झूठी बात कही गई, तो सन्न से देखते रह गए। इनके नन्हे दिल धक-धक कर रहे थे और पलटकर वे सच्ची बात बता देना चाहते थे। कहना चाहते थे कि घर के दूसरे लोग जब अपने हिस्से की चीज़ें खा-पी रहे थे, उस वक्त वे यहाँ मौजूद ही नहीं थे।

'चलो, भागो यहाँ से,' यह कहते हुए माँ ने उन्हें कमरे के परले सिरे तक खदेड़ा। 'शर्म नहीं आती तुम लोगों को ! बाप की तश्तरी पर हमेशा नज़र गड़ाए रखते हो ! अगर वह अकेला खाता है, तो कमाकर भी तो लाता है। निकम्मे न हों कहीं के ! ख़र्च बे-आमद ! जान है छटंकी-भर, और खर्चे सेर-भर !'

मगर माहूअ ने उन्हें अपने पास बुला लिया। लेनोर को बाईं जंघा पर और आरी को दाईं जंघा पर बैठाया और मांस ख़त्म किया—वह इस तरह कि छोटी-छोटी बोटियाँ काटकर कभी बच्चों के मुँह में डालता, कभी अपने मुँह में। उल्लसित बच्चे स्वाद ले-लेकर खाते रहे।

खा-पीकर माहूअ ने पत्नी से कहा, 'न, अभी कॉफ़ी मत डाल। पहले नहाऊँगा... आ, गन्दा पानी निकलवा दे।'

दोनों ने नाँद को हत्थों से पकड़ा और दरवाज़े के आगे नाली में बहा ही रहे थे कि यांलैं कपड़े बदलकर नीचे उतर आया—पतलून और ऊनी कुर्ती-सी पहन रखी थी उसने। ये दोनों वस्त्र बड़े भाई के उतरे और घिसे हुए भी थे और काफ़ी बड़े भी थे। उसे दरवाज़े में से सटकते देख माँ ने टोका, 'कहाँ जा रहा है, रे ?'

'वहाँ।'

'वहाँ कहाँ ?...आज तेरे ज़िम्मे यह काम है। रात के लिए डेंडेलियन की सलाद लेकर आना, समझे ! अगर नहीं लेकर आया, तो दोनों कानों में सिर कर दूँगी...'

'अच्छा-अच्छा !'

यांलैं निकल गया। जेबों में हाथ डाले, जूते फटकारते हुए जा रहा था। छोटे-छोटे, दसेक बरस के नितम्बों को बड़ी उम्र के खान मज़दूरों की तरह लुढ़ाते हुए चला जा रहा था।

यांलैं जाते ही ज़कारी भी नीचे उतरा। तनिक ढंग से कपड़े पहन रखे थे उसने। ऊपर धारियोंवाली चुस्त-सी काली जरसी थी। बाप ने पुकारकर कहा कि ज़्यादा देर न लगाना रात को लौटने में। उसने दाँतों में पाइप पकड़ रखा था। सिर झटकाते हुए बिना कोई जवाब दिए वह निकल गया।

नाँद को फिर से गुनगुने पानी से भरा गया। माहूअ हौले-हौले फतूही उतार रहा था। बाप के आँख के इशारे से अलज़ीर लेनोर और आरी को बाहर खेलाने के लिए ले गई। सारा परिवार आस-पास मंडरा रहा हो, तो माहूअ को स्नान करने में आनन्द नहीं आता—हालाँकि गाँव के दूसरे घरों में लोग ऐसा करते थे। यह बात नहीं कि वह किसी को ऐसा करने के लिए दोष देता था। बस, यही कहता था कि बच्चे ही एक साथ नहाएँ, तो अच्छा लगता है।

'वहाँ ऊपर तू क्या कर रही है, री ?' ला माहृद ने ज़ीने की ओर मुँह करके कहा।

'अपना कपड़ा ठीक कर रही हूँ। कल थोड़ा फट गया था,' कैथरीन ने जवाब दिया।

'ठीक है...नीचे न आना। तेरा बाप नहा रहा है।'

माहृअ और ला माहृद अब अकेले थे। माँ ने एस्तेल को कुर्सी में लिटा दिया था और अजब बात थी कि बालिका को आग के निकट ऐसा सुख मिल रहा था कि चुपचाप पड़ी थी। माँ-बाप जिधर जाते, वह उधर देखने लगती और दृष्टि में वैसा ही खालीपन, वैसा ही भावशून्यता थी, जैसी कि किसी शिशु की आँखों में होती है। एकदम नंगा माहृअ नाँद के साथ झुककर खड़ा था। पहले उसने सिर पर वही खुरदरा-सा साबुन रगड़ा जिसका पता नहीं कब से इस्तेमाल करते-करते इस जाति के बाल बदरंग और धौले पड़ गए थे। फिर सिर को पानी में डाल सशरीर टब में घुसकर बैठ गया और सारे बदन को, सीने को, पेट को, बाँहों को, जाँघों को साबुन लगाकर दोनों हाथों से ज़ोर-ज़ोर से रगड़ता रहा। पत्नी खड़ी देख रही थी।

'तुमने जब घर में कदम रखा था, तो तुम्हारी तकनी मैं देख रही थी।' पत्नी बता रही थी। 'तुम आए थे, तो हैरान-परेशान-से लगते थे, लेकिन सामान देखते ही तुम्हारी बाछें खिल गई थीं। क्यों, सही कह रही हूँ न ? विश्वास नहीं करोगे, ला पिओलेन वालों ने एक सू भी नहीं दिया। वैसे, भले लोग हैं। बच्चों के लिए कुछ कपड़े-लत्ते दिए। लेकिन पैसा माँगने में लाज आ गई। तकादा करते हुए मन ख़राब हो जाता है।'

एक क्षण को रुक उसने एस्तेल को सँभालकर कुर्सी पर लिटाया, ताकि गिर न पड़े। माहृअ देह रगड़ रहा था। ला माहृद जो दिलचस्प किस्सा सुना रही थी, उसमें उसका मन नहीं था। हाँ, धीरज से सुन ज़रूर रहा था।

'मेग्रे ने तो एकदम मना ही कर दिया। इस तरह दुत्कारा, जैसे कुत्ते को दुत्कारते हैं...समझ सकते हो, मेरी क्या हालत हुई होगी। ऊनी कपड़े देह को गरम तो रख सकते हैं, उदर में कुछ डाल नहीं सकते ! क्यों, मानते हो न यह बात ?'

उसने सिर उठाकर देखा ज़रूर, मगर कुछ कहा नहीं। न तो पिओलेन से कुछ मिला, न मेग्रे से ही। तो फिर यह सारा सामान आया कहाँ से ?

ला माहृद ने आस्तीनें चढ़ा लीं थीं, जैसा कि हमेशा करती थी, और मलना-रगड़ना शुरू किया मरद की पीठ को और जिस्म के दूसरे अंगों को, जहाँ उसका हाथ पहुँच नहीं पाता था। माहृद को यह सब अच्छा लगता था जब पत्नी उसे साबुन लगाती, ज़ोर-ज़ोर से सारे शरीर को रगड़ती। वह नाँद के साथ टेक लगाए बैठा था और पत्नी उसके कन्धों पर साबुन मलती जा रही थी।

'सो, मैं मेग्रे के पास फिर से गई और बात की। मैंने कहा—इतना निर्दय होना ठीक नहीं, और साथ में यह भी कह दिया कि अगर दुनिया में ज़रा भी इंसाफ़ है, तो तेरी किस्मत फूटेगी...बस, एकदम बुरा नहीं मान गया और घबरा गया और खिसिया कर आगा-पीछा देखने लगा। साफ़ लगता था कि किसी तरह मुझसे पिंड छुड़ाना चाहता था...'

पीठ मलते-मलते उसके हाथ नितम्बों तक गए और फिर थोड़ा और आगे—उसकी त्वचा की एक-एक परत को मल रही थी। जिस्म का कोई भी हिस्सा अनछुआ नहीं छोड़ा

उसने और इस तरह चमकाती रही, जिस तरह हर शनिवार के दिन अपने बर्तनों-भांडों को जमकर चमकाया करती थी। इस तरह जब उसने उसके सारे शरीर को आगे-पीछे से ज़ोर-ज़ोर से मला और रगड़ा, तो उसका पसीना छूट निकला, साँस इतनी फूल गई कि हाँफते-हाँफते बोल रही थी...

'फिर उसने मुझे बूढ़ी जोंक भी कहा...लेकिन जो हो, शनिवार तक खाने का जुगाड़ तो कर लिया, और इससे भी बड़ी बात यह कि पाँच फ्रां भी पकड़ा दिए उस आदमी ने। बस, फिर तो मैंने उससे मक्खन भी, कॉफ़ी भी, चिकरी भी झटक ली, और मैं तो उससे थोड़ा कल्लापाय और आलू भी लेना चाहती थी, लेकिन तभी वह बुड़बुड़ाने लग गया...मांस के सात सू, आलू के अठारह सू...अब भी मेरे पास पौने चार फ्रां रखे हैं। सुबह बेकार नहीं जाने दी मैंने, क्यों न ?'

इस तरह बातें करते-करते वह पति के जिस्म को पोंछने-सुखाने लग गई। जो अंग गीले थे, उन्हें थपथपाकर पोंछती-सुखाती जा रही थी। वह ख़ुश था और इस चिन्ता से मुक्त कि उस दिन क्या होगा जब यह सारा कर्ज़ चुकाना पड़ेगा। फिर एकाएक ठहाका मारकर हँसा और पत्नी को उसने बाँहों में भर लिया।

'छोड़, ख़ब्ती कहीं के ! अभी तो गीला है...मुझे भी गीला किए दे रहा है...लेकिन एक बात से डरती हूँ, मेग्रे के मन में खोट है...'

वह कैथरीन का नाम लेते-लेते रुक गई। इसे क्यों परेशान करूँ ? कहीं कोई बखेड़ा न खड़ा कर दे।

'कैसी खोट ?'

'यही, सोच होती है, कहीं हमें ठगता न हो। कैथरीन से कहती हूँ, बिल की एक-एक चीज़ का हिसाब करे।'

मरद ने उसे एक बार फिर बाँहों में कसा, तो फिर छोड़ा नहीं। स्नान इसी तरह पूरा होता था। इतने ज़ोर से शरीर मलती थी कि वह उत्तेजित हो उठता था। फिर जब तौलिया लेकर पोंछने लगती, तो उसके सीने में और बाँहों में रोमांच हो आता। वास्तव में, गाँव के घर-घर में यह ऊतपने की घड़ी होती थी, जब ज़रूरत से ज़्यादा बच्चों का बीज डाला जाता था, क्योंकि रात को तो सारा परिवार घर में मौजूद रहता था।

इसने पत्नी को मेज़ की तरफ़ धकेला। हँसी-ठठा करते, दिन की इस शुभ घड़ी का सुख लेते पत्नी से कहता जा रहा था—भोजन के बाद फल-फलारी ले रहा है और यह ऐसा फल-फलारी है जिसका कोई दाम नहीं लगता। उसकी छातियाँ और नितम्ब उमेठे-मरोड़े जा रहे थे और इसका लुत्फ़ लेते हुए वह उसे धकिया भी रही थी।

'छोड़-छोड़, पागल न हो तो, छोड़। देख एस्तेल इधर ही देखे जा रही है। ज़रा रुक तो जा, उसका मुँह उधर कर दूँ।'

'अरे, तीन महीने की बालिका क्या समझेगी !'

माहूअ जब उठा, तो जाकर सूखी पतलून पहनी। इस तरह नहा-धो चुकने के बाद पत्नी के साथ तफ़रीह कर लेता, तो कुछ देर सीना उघाड़े डोलना उसे अच्छा लगता था। उसकी गोरी चमड़ी ऐसी हो गई थी जैसी कि अनीमिया से ग्रस्त किसी लड़की की हो जाती है। फिर उसकी सारी देह पर कोयले से लगी खरोंचों और घावों के निशान

थे—जिन्हें खान मज़दूर 'पैबन्द' बोलते थे। माहूअ को अपने इन पैबन्दों पर गर्व था। जब इसने लम्बी बाँहों को और चौड़े सीने को फुलाया, तो प्रतीत हुआ, जैसे नीली-नीली रगोंवाला संगमरमर झलक मार रहा हो। गर्मी के मौसम में सभी खान मज़दूर इसी रूप में अपने दरवाज़ों में खड़े रहते थे। और उस समय हालाँकि मौसम में सीलन थी, वह क्षण-भर के लिए अपने द्वार पर आया और बगीची के उस पार एक दोस्त पर फब्ती कसी, जो अपने दरवाज़े पर सीना उघाड़े खड़ा था। दूसरे लोग भी निकल आए। पटरी पर खेलते बच्चों ने इन थके-हारे लोगों को सीना फुलाते हुए दिल्लगी करते देखा, तो वे भी उनकी हँसी-खुशी में शामिल हो गए।

माहूअ ने कॉफ़ी पीते-पीते—अब भी उसने कमीज़-कुर्ता नहीं पहना था—पत्नी को बताया कि बल्लियाँ लगाने की बात को लेकर इंजीनियर किस तरह उबल पड़ा था। इस वक्त माहूअ शान्त था और हलका-हलका महसूस कर रहा था। अतः ऐसी वेला में पत्नी ने जो सलाह-मशविरा दिया, उसे सिर हिलाते हुए उसने शिरोधार्य किया, क्योंकि ऐसे मामलों में पत्नी समझदारी की बात करती थी। हमेशा कहती थी कि कम्पनी से रार मोल लेने का कोई फ़ायदा नहीं। फिर उसने अपने घर में मदाम हेनबो के आगमन की बात बताई। हालाँकि दोनों ने कुछ कहा नहीं, मगर उन्हें इस बात का बड़ा गर्व हुआ।

'नीचे आ जाऊँ ?' कैथरीन ज़ीने के सिरे पर खड़ी बोल रही थी।

'हाँ-हाँ, तेरा बाप बदन पोंछ रहा है।'

जवान लड़की अच्छे-से कपड़े पहनकर आई थी—वैसे ही जैसे कि इतवार के दिन पहना करती थी। गहरे नीले रंग के पुराने वस्त्र थे, जो चुन्नटों से बदरंग हो चले थे और जगह-जगह फटे हुए भी। सिर पर मामूली-सा टूल का काला बोनेट था।

'सज-धज के आई है...कहाँ जा रही है ?'

'मोंसू, बोनेट के लिए फीता खरीदने...पहलेवाला उतार दिया, इतना तो गन्दा हो गया था !'

'मतलब, तेरे पास पैसे हैं ?'

'न, मूकेत बोलती थी, दस सू उधारी दे देगी।'

माँ ने लड़की को जाने दिया, लेकिन अभी दरवाज़े पर पहुँची ही थी कि आवाज़ दी, 'सुन, मेग्रे की दुकान से फीता लेने न जाना—तेरे को ठग लेगा। समझेगा, हमारे पास ख़ज़ाना गड़ा रखा है।'

बाप आग के आगे बैठकर जल्दी-जल्दी गर्दन को और काँख को सेंक रहा था। एकाएक बोला, 'और सारी रात बाहर मटरगश्ती न करते रहना।'

शाम को माहूअ ने बगीची की सुध ली। आलू, सेम और मटर बोए जा चुके थे। कल ही उसने पातगोभी और काहू की पौध लगाई थी और आज उसे रोपने जा रहा था। यह छोटी-सी बगीची उनकी साग-भाजी की सारी ज़रूरतें पूरी कर देती थी। हाँ, आलू पूरा नहीं पड़ता था। माहूअ पौधे लगाने में निपुण था—यहाँ तक कि उसने हाथीचक भी लगा रखा था, जिसे पड़ोसी उसकी झक ही समझते थे और कहते थे कि वह आदमी तो बस शान बघारने के लिए ही ऐसा करता है।

वह क्यारी तैयार कर ही रहा था कि लवाक अपनी बगीची में पाइप पीते-पीते प्रकट

हुआ। असल में, वह रोमन काहू का मुआयना करने निकला था जो आज सुबह-सवेरे ही बूतलू ने लगाया था। सचाई तो यह थी कि अगर बूतलू को निराई-गुड़ाई का शऊर न होता, तो उस बगीची में बिच्छूबूटी के सिवा कुछ भी पैदा न होता। बात बाड़े के बारे में होने लगी। लवाक पत्नी की पिटाई करके ताज़ादम हो गया था और बड़े उत्साह में था। सो, माहूअ को रासनर की कलवरिया में चलने के लिए पटाने लगा। मगर माहूअ ने कान नहीं धरा। अरे, यह शख़्स बीयर पीने की बात से ही कतरा जाता है ? कहता था कि वहाँ जाकर पहले नौ खूँटीवाला खेल खेलेंगे, फिर दोस्तों-यारों के साथ घूमेंगे-फिरेंगे, मटरगश्ती करेंगे और रात का खाना घर लौटकर खाएँगे। अरे, भाई, सारा दिन तो खान में खटते-मरते रहते हैं, उसके बाद तो थोड़ी मौज-मस्ती के लिए वक्त निकालना ही चाहिए। माहूअ बोला कि ठीक है, यह सब जायज़ है। मगर उसके झाँसे में नहीं आया और बोला कि इस वक्त अगर काहू नहीं रोपे गए, तो कल मुरझा जाएँगे।

असल में, उसने अक्ल की बात की थी। लवाक के साथ इसलिए नहीं जाना चाहता था, क्योंकि ला माहूद के पास जो थोड़ा-बहुत पैसा बचा रह गया था, वह उससे माँगने को तैयार नहीं था।

पाँच बज रहे थे। ला पियरोन उधर से निकली थी यह सूँघने के लिए कि उसकी लिडी कहीं यांलैं के साथ तो नहीं खिसक गई। लवाक ने बताया कि हाँ, चली गई होगी, क्योंकि बेबेर भी गायब था और तीनों घी-खिचड़ी हुए रहते थे। जब माहूअ ने डेंडेलियन सलाद के बारे में उनसे यह बात कही, तो वे चुप हो गए। अब दोनों जने लगे ला पियरोन से मसखरी करने। बातें थीं तो भोंडी, मगर बुरी नीयत से नहीं कही गई थीं। बस, हँस-खेल रहे थे। पहले वह भन्ना ज़रूर गई, मगर इन फ़ाहूश बातों ने उसे इतना गुदगुदाना शुरू किया कि हँसते-हँसते लोटपोट होने लगी। इसलिए वहीं जमी रही। तभी एक सूखी-सड़ी-सी स्त्री वहाँ आई। यह औरत नाराज़ होकर हकलाती थी, तो लगता था, जैसे कोई मुर्गी कुटकुटा रही हो। उसने और उसके साथ दूसरी औरतों ने भी अपने दरवाज़ों में खड़े-खड़े उसका पक्ष लिया। स्कूल में छुट्टी हो गई थी और बच्चों के झुंड के झुंड किकियाते-चिचियाते, लुढ़कते-पुढ़कते, लड़ते-झगड़ते डोल रहे थे। जिन लोगों ने दारू चढ़ा रखी थी, वे तीन-तीन, चार-चार की टोलियों में किसी दीवार से लगकर ऐड़ियों के बल उसी तरह बैठे थे, जिस तरह नीचे कोयला-खान में बैठा करते थे। पाइप के कश लेते हुए बीच-बीच में आपस में बतकही भी कर लेते थे। जब लवाक ने ला पियरोन की जंघा पर हाथ फेरकर यह देखना चाहा कि कितनी पुष्ट है, तो वह ऐसी बिगड़ी कि बकती-झकती हुई वहाँ से सटक गई और लवाक ने अकेले ही रासनर के यहाँ जाने का निश्चय किया। माहूद अपने पेड़-पौधों में लगा रहा।

अँधेरा एकाएक घिर आया, तो ला माहूद ने लैम्प जलाया। खीझ रही थी कि अभी तक न बेटे लौटकर आए हैं, न बेटी ही, हालाँकि यह तो जानती ही थी कि आज तक कभी एक बार भी इकट्ठे बैठकर परिवार के लोगों ने भोजन नहीं किया। फिर वह डेंडेलियन के लिए भी राह देख रही थी। 'पाजी कहीं का ! इस घुप्प अँधेरे में कहाँ पाएगा ?'

सब्ज़ियों का दमपुख़्त उसने आग पर चढ़ा दिया था—आलू, गन्दना, लाल अम्बाड़ी,

तले हुए प्याज़वाला सालन। इसके साथ सलाद होती, तो आनन्द हो जाता। सारे घर में तले प्याज़ की बास बस गई थी—ऐसी विचित्र बास, जो इतनी जल्दी बासी हो जाती थी और खान मज़दूरों के गाँवों की एक-एक ईंट में इस तरह बस जाती थी कि इस तीखी गन्ध को कोई दूर से ही पहचान लेता था कि ऐसी होती है ग़रीब की रसोई की बास।

जब रात घिर आई, तो माहुअ बगीची से निकलकर भीतर आया। आते ही कुर्सी में धँस गया और दीवार के साथ सिर टिकाकर बैठ गया। शाम को इसी तरह बैठा-बैठा ही झपकी ले लिया करता था। घड़ी ने सात बजाए। अलज़ीर मेज़ पर तश्तरियाँ वग़ैरह लगा रही थी। आरी तथा लेनोर ने हाथ बँटाने की ज़िद की और इसी में एक तश्तरी फोड़ डाली। तभी बूढ़ा बोनमोर्त भीतर आया। जल्दी में था, क्योंकि खा-पीकर कोयला-खान में काम पर जाना था उसे।

ला माहूद ने पति को जगाया : 'उठ, खा ले। कितनी बुरी बात है ! ये इतने छोटे भी नहीं कि घर का रास्ता भूल जाएँ। अभी तक सलाद नहीं आई...'

5

एतियन ने रासनर की कलवरिया में बैठकर थोड़ा सूप लिया और फिर सबसे ऊपरवाली मंज़िल पर अपने छोटे-से कमरे में चला गया, जहाँ से ल वोरअ कोयला-खान सामने ही दिखाई पड़ती थी। थककर चूर था, सो उन्हीं कपड़ों में बिस्तर पर पड़ गया। पिछले दो दिनों में चार घंटे भी नींद नहीं ले पाया था। जब आँख खुली, तो झुटपुटा हो चला था। एक क्षण समझ नहीं पाया कि वह है कहाँ। एकदम विकल हो उठा। सिर भारी था। किसी तरह उठकर खड़ा हुआ। सोचा कि थोड़ी देर बाहर जाकर हवाख़ोरी करता है। फिर रात को भोजन करके सो जाएगा।

बाहर मौसम तनिक सुहावना था; काजल-सा आसमान ताम्बई होता जा रहा था। उत्तरी योरोप की लम्बी बारिशों के दिन दूर नहीं थे। सो, नम हवा बोझिल होने लगी थी। रात धुएँ के बादल की तरह घिरती आ रही थी और दूर क्षितिज को अपने आँचल में लपेटने लगी थी। सुर्ख़-से लगनेवाले खेतों के अनन्त सागर के ऊपर झुकने को आतुर आकाश काली धूल में घुलता-सा प्रतीत होता था। अन्धकार को झकझोरने के लिए हवा का हलका-सा झोंका भी तो नहीं आ रहा था। सारा वातावरण धुँधला-धुँधला, भयावह, विषादमय-सा लगता था।

एतियन निरुद्‌देश्य डोलता फिरा। चाहता था कि किसी प्रकार विह्‌लता दूर हो। जब ल वोरअ के आगे से होता हुआ निकला, तो उस कोयला-खान के विवर के पेंदे में घुप्प अँधेरा था। इसके बावजूद, कोई लैम्प वग़ैरह नहीं बाला गया था। दिन की पालीवाले मज़दूर खान से निकलकर आ रहे थे। एतियन वहीं ठिठककर खड़ा हो गया और उन्हें देखता रहा। छह तो बज ही गए होंगे। छकड़ेवालों के, लदाई करनेवालों के और घोड़ों के साईसों के झुंड के झुंड कोयला छाँटनेवाली छोकरियों के संग चले जा रहे थे—उन्हें देखकर लगता था, जैसे झुटपुटे में हँसती परछाइयाँ चल रही हों।

पहले ला ब्रूले और उसका दामाद पियरों आता दिखाई दिया। ला ब्रूले अपने दामाद

से झगड़ती चल रही थी। कहती थी कि जब कोयले में से पत्थर निकालने के बारे में इन्स्पेक्टर के साथ उसकी बहस हो रही थी, तब दामाद ने उसका पक्ष क्यों नहीं लिया।

'डरपोक, दब्बू कहीं के ! अपने-आपको बड़ा मर्दबच्चा समझता है ! और फिर कायरों की तरह इन हरामज़ादों के आगे घिघियाता है जो हमें नोचने-खसोटने में लगे हैं !'

पियरों बिना कुछ बोले-चाले शान्तिपूर्वक उसके पीछे चलता रहा। अन्ततः बोला, 'तेरा यही मन करता होगा न कि मैं मालिकों के साथ रार मोल लेता फिरूँ ! देख मैं और कोई मुसीबत मोल नहीं लेना चाहता।'

'तो तू उनके आगे घुटने क्यों नहीं टेक देता, ताकि उन्हें तेरी ठुकाई करने में ज़्यादा तकलीफ़ न हो !' वह चीख कर बोली। 'हे ईश्वर ! काश, मेरी बेटी ने मेरा कहना माना होता...मेरे मरद को इन लोगों ने मार डाला, क्या यह काफ़ी नहीं था ? अब शायद तू यह भी कहेगा कि इस बात के लिए भी मैं उनके गुण गाऊँ—क्यों न ? नहीं, ख़ातिर जमा रख, एक-न-एक दिन मैं उनसे ज़रूर बदला लूँगी।'

उनके स्वर अलोप होते जा रहे थे। एतियन उन्हें ओझल होते हुए देखता रहा। ला ब्रूले की नाक एकदम उकाब जैसी लगती थी। फिर बिखरे-बिखरे धौले केश। बाँहें भी लम्बी और कृश, जिन्हें आवेश में हिलाते-डुलाते चलती थी।

लेकिन तभी अपने पीछे दो छोकरों के बीच चलती गुफ़्तगू ने उसका ध्यान आकर्षित किया। एक तो ज़कारी था, जिसे वह झट पहचान गया। किसी की प्रतीक्षा में खड़ा था। थोड़ी देर पहले उसका यार मूके उसके पास आया था।

'तैयार ?' मूके बोला। 'पहले तो पेटपूजा करेंगे, फिर वोल्कों चलेंगे।'

'वो बाद में। पहले एक और ज़रूरी काम करना है।'

'वो क्या ?'

मूके ने मुड़कर देखा, तो कोयला छाँटनेवाले ओसारे से निकलकर आती फ़िलोमेन दिखाई पड़ी। सारी बात उसकी समझ में आ गई। बोला, 'ठीक है, मैं पीछे-पीछे आता हूँ।'

मूके वहाँ से चला, तो रास्ते में उसका बाप, बूढ़ा मूक, मिल गया, जो ल वोरअ से आ रहा था। दोनों में, बस, दुआ-सलाम ही हुआ। फिर बेटा तो मुख्य सड़क पर चल पड़ा और बाप ने नहर के किनारे-किनारे जानेवाला रास्ता पकड़ा।

फ़िलोमेन नाँह-नुकर कर रही थी, लेकिन ज़कारी ने परवा नहीं की और उसे धकियाते हुए उसी एकान्त रास्ते की तरफ़ ले जाने को तत्पर हुआ। वह हुज्जत करती जा रही थी। जल्दी में थी। कहती थी कि फिर कभी। प्रतीत होता था, किसी ऐसे दम्पती की तरह वे तकरार कर रहे थे जो चिरकाल से एक-साथ रहते आ रहे हों। यह भी कोई बात हुई कि मिलो तो, बस, बाहर ही कहीं, और वह भी जाड़े के इस मौसम में जब ज़मीन गीली रहती है और बिछाने को गेहूँ की बाली तक सुलभ नहीं होती !

'नहीं, वो बात नहीं,' वह अधीर होकर बोला। 'तेरे से एक बात करनी है।'

वह लड़की की कमर में बाँह डाले धीरे-धीरे ऐसे चल रहा था, जैसे उसे घसीटकर कहीं ले जा रहा हो। जब कचरे की टेकरी की ओट में पहुँचे, तो लड़के ने लड़की से

पूछा, 'तेरे पास थोड़े पैसे हैं ?'

'काहे को ?'

ज़कारी दो फ्रां की उधारी के बारे में पता नहीं क्या अगड़म-बगड़म बोलता रहा। कहता था कि दो फ्रां के पीछे उसके घरवालों की ख़्वारी होने जा रही है।

'झूठ मत बोल, मैं मूके से अभी-अभी मिलकर आ रही हूँ। दोनों वोल्कों जा रहे हों, जहाँ वे गानेवाली चुड़ैलें मिलती हैं।'

ज़कारी साफ़ मुकर गया। सीने पर हाथ रखकर उसने कसम खाई। लड़की ने इस बात पर कन्धे उचका दिए, तो वह झट बोला, 'अगर तू भी आना चाहती है हमारे साथ, तो चल। अपनी आँखों से देख लेना, तेरी मौजूदगी से भी मुझे वहाँ कोई परेशानी नहीं होगी। मेरा क्या लेना-देना गानेवालियों से ! चलेगी ?'

'छोटे बच्चे का क्या करेंगे ?' वह बोली। 'समझते हो, जो बच्चा हरदम रिरियाता रहता है, उसके रहते भला कोई कहीं आ-जा सकता है !...मुझे घर जाने दे, रे...'

लेकिन उसने लड़की को छोड़ा नहीं और मनुहार करने लगा कि आख़िर वह समझती क्यों नहीं ? मूके के सामने अपनी हेठी नहीं करवाना चाहता। उससे मिलने का वादा करके आया है। क्या कोई आदमी हर रात रंडियों की सोहबत कर सकता है ?

लड़की ढीली पड़ गई। फतूही का पल्ला उठा उसने नाखूनों से सिलाई उधेड़ी और मग़ज़ी में से दस-दस सू के कुछ सिक्के निकाले। डरती थी कि कहीं माँ सारे पैसे झटक ही न ले। खान में ओवरटाइम से जो पैसे मिलते थे, उन्हें इस तरह अंटी में छिपाकर रखती थी।

'देख ले, मेरे पास पाँच ही हैं,' वह बोली। 'तेरे को तीन दे सकती हूँ...लेकिन सौगन्ध खा कि अपनी माँ को हमारी शादी करवाने के लिए राज़ी कर लेगा। ऐसी ज़िन्दगी से बेज़ार हो गई हूँ। और फिर मुसीबत यह कि माँ मेरी मेरा एक-एक लुक्मा गिनती रहती है...खा सौगन्ध, पहले सौगन्ध खा।'

ये उद्गार अनायास ही एक ऐसी बीमार, निराश लड़की के मुख से निकले थे जिसकी उम्र ढलने को थी और जो ज़िन्दगी से भी एकदम आजिज़ आ चुकी थी। लड़के ने सौगन्ध खाई। बोला कि ईश्वर को हाज़िर-नाज़िर जानकर कह रहा है।

इस तरह जब तीन सिक्के उसने हथिया लिये, तो लगा लड़की को चूमने-चाटने। उसे गुदगुदाया-हँसाया भी। और कचरे की टेकरी के कोने में वह थोड़ा और आगे चला गया होता—क्योंकि मुद्दत से ये दोनों जाड़ों में इसी स्थल पर मिलते-जुलते थे—यदि वह बारम्बर इनकार करते हुए यह न कहती कि यह सब करना अब उसे बिलकुल अच्छा नहीं लगता।

वह अकेली गाँव लौट गई और ज़कारी खेतों में से होता हुआ अपने यार से जा मिला।

एतियन दूर से यह सब देख रहा था। जान नहीं पाया कि माजरा क्या है। बस, यही समझता था कि यह मिलने-जुलने की स्थली है और यह भी जानता था कि कोयला-खानों में काम करनेवाली छोकरियाँ समय से पहले ही बड़ी हो जाती हैं। ऐसी वेला में एतियन को लील की उन लड़कियों की याद हो आई जिनकी प्रतीक्षा में वह

फ़ैक्टरियों के पीछे मंडराता रहता था—ऐसी ढेरों छोकरियाँ थीं जो चौदहवाँ लगते-लगते मुफ़लिसी के सबब इतनी बेबस हो जाती थीं कि ख़राब हुए बिना रह नहीं सकती थीं।

फिर यहीं पर ऐसा ही एक और दृश्य देख वह चौंका।

कचरे की टेकरी के तले बड़े-बड़े पत्थर लुढ़ककर आने से खन्दक-सी बन गई थी। वहाँ यांलैं के दाएँ-बाएँ लिडी और बेबेर बैठे थे और यह छोकरा उन पर रौब गाँठ रहा था।

'क्या कहा ? ऐसी बात बोलेगी, तो दूँगा एक झाँपड़...बोल, दूँ ? बोल, सबसे पहले किसके दिमाग़ में यह बात आई ?'

वास्तव में, यह यांलैं के ही दिमाग़ का फ़ितूर था। नहर के किनारे-किनारेवाले खेतों में दोनों साथ घूम-घूमकर उसने डेंडेलियन इकट्ठे किए थे। जब ढेर सारी सलाद इकट्ठी हो गई, तो यांलैं बोला कि घर में इतनी सलाद तो खाई नहीं जाएगी। सो, गाँव लौटने के बजाय वे मोंसू चले गए थे। वहाँ यांलैं ने बेबेर को तो चौकसी करने के लिए बैठाया था और लिडी से कहा था कि वह जाए और बूर्जुआ घरों के दरवाज़े खटखटाकर बोले—जी, डेंडेलियन बिकाऊ है। दुनिया के दन्द-फन्द से भली-भाँति वाकिफ़ यह लड़का कहा करता था कि लड़कियाँ कोई भी चीज़ हाथोंहाथ बेच सकती हैं। बस, जोश-ख़रोश के साथ इन्होंने ऐसा उद्यम किया कि सारी-की-सारी सलाद, सचमुच, हाथोंहाथ बिक गई थी और लिडी ग्यारह सू ले आई थी। अब खाली हाथ बैठे वे पैसों का बँटवारा करने में लगे थे।

'यह ठीक बात नहीं,' बेबेर चिल्लाकर बोला और उठ खड़ा हुआ। 'बराबर-बराबर तीन हिस्से कर...अगर तू सात लेता है, तो हमारे पल्ले तो दो-दो ही पड़ेंगे न !'

'क्या बक-बक लगा रखी है, ठीक नहीं, ठीक नहीं।' यांलैं भी आवेश में आकर बोला। 'पहली बात तो यह कि मैंने तुम दोनों से ज़्यादा सलाद इकट्ठी की।'

यांलैं के प्रति स्नेह और विश्वास होने से बेबेर प्रायः दब जाया करता था। अपने इसी सीधेपन के कारण ही हमेशा अपनी ख़्वारी करवाता था। हालाँकि वह यांलैं से भी और लिडी से भी बड़ा था और ताकतवर भी, फिर भी चुपचाप मार खा लेता था। मगर आज पैसों की ख़ातिर वह अड़ गया था।

'लिडी, यह हमसे धोखा कर रहा है; देख रही है न !...अगर इसने हमारा पैसा मारा, तो हम जाकर इसकी माँ से सारी बात कह देंगे।'

यांलैं ने आव देखा न ताव, घूँसा उसकी नाक के नीचे तान दिया।

'बोल, फिर यह बात बोल। तू क्या जाएगा, मैं तेरे घर जाकर बताऊँगा कि तू ममी की सारी सलाद बेचकर खा गया...गधा न हो तो ! बता, ग्यारह सू के तीन बराबर हिस्से कैसे कर सकते हैं ? अगर तेरा भेजा है, तो बाँटकर दिखा...ले, चुपचाप पकड़ अपने दो सू। अरे, पकड़ भी ले, नहीं तो ये भी अपने खीसे के हवाले करता हूँ।'

हारकर बेबेर ने दो सू पकड़ लिये।

लिडी काँपने लग गई थी। कुछ बोली नहीं, क्योंकि यांलैं के आगे वह वैसे ही भीगी बिल्ली बनी रहती थी और बिलकुल उसी तरह गिड़गिड़ाने लगती थी, जिस तरह कोई प्रताड़ित पत्नी अनुनय-विनय करती है। यांलैं ने जब दो सू दिखाए, तो निमानों की तरह

खिसियाते हुए उसने हाथ आगे किया। लेकिन यांलैं की नीयत बदल गई।

'छोड़ री ! तू इतने पैसों का क्या करेगी ? तेरी माँ झट छीन लेगी। तू छिपाकर रख भी तो नहीं सकती। इसलिए अपने पास रख लेता हूँ। ज़रूरत पड़े, तो माँग लेना।'

इस तरह, नौ सू उसने झटक लिये। लिडी का मुँह बन्द करने के लिए उसने हँसते-खिलखिलाते हुए उसे बाँहों में भर लिया और कचरे की टेकरी पर लुढ़कने-पुढ़कने लगा। लिडी को तो वह अपनी छोटी-सी पत्नी ही समझता था और अकसर अँधेरे में उसके साथ वैसी ही प्रेमलीला करने की कोशिश करता था, जैसी कि घर में पर्दों के पीछे से या झीथों में से चोरी-चोरी देखते या सुनते रहते थे। इन्हें अभी से सारी बातों की जानकारी होने लगी थी, लेकिन इतने छोटे थे कि कुछ ऐसी-वैसी बात नहीं कर पाते थे और घंटों एक-दूसरे को उसी तरह टटोलते टोहते रहते और अठखेलियाँ किया करते जिस तरत नटखट पिल्ले आपस में खेलवाड़ करते हैं। इसे वह 'पापा-ममी का खेल' बोलता था, और जब भी लिडी को पुकारता, वह दौड़ी आती और चहकती, लरज़ती-काँपती हुई अनायास ही उसकी बाँहों में समा जाती। यदा-कदा उसे झिड़क भी देती थी, मगर सदैव इस आशा से आत्मसमर्पण करती कि कोई बात होगी। लेकिन कभी ऐसी कोई बात हुई नहीं।

बेबेर को इन्होंनें इस लीला में कभी सम्मिलित नहीं किया। वह जब कभी लिडी को हाथ भी लगाने का जतन करता, घूँसे-थप्पड़ खाता। इसलिए जब दोनों इस खेल में प्रवृत्त होते—और ऐसा वे उसकी उपस्थिति की चिन्ता किए बिना करते थे—तो वह मुँह छिपा लेता और क्षुब्ध और व्याकुल हो जाता। यही कारण था कि उन्हें डराने की ख़ातिर, उन्हें अलग करने की ख़ातिर, वह अकसर यह डोल करता कि एकाएक शोर मचाकर उन्हें सावधान करने का नाटक करता और चिल्लाकर कहता—कोई आ रहा है।

'ख़बरदार ! एक आदमी इधर आ रहा है।'

लेकिन उस दिन वह झूठमूठ नहीं कह रहा था। एतियन घूमता-घामता उधर ही आ निकला था। बच्चे एकदम उछलकर खड़े हो गए और सिर पर पाँव रखकर भागे। कचरे की टेकरी और नहर के साथ-साथ चलते हुए एतियन मन ही मन हँसने लगा था यह सोचकर—देखो, धूर्त मुझे देखते ही भाग खड़े हुए।

निस्सन्देह, छोटी अवस्था में ही वे इस काम में प्रवृत्त हो गए थे—लेकिन किया भी क्या जा सकता था। इतना कुछ देखते थे, इतना कुछ सुनते थे कि इन्हें विरत करने का एक ही उपाय था कि मुश्कें कसकर इन्हें डाल दिया जाए।

एतियन थोड़ा आगे बढ़ा, तो कुछ और जोड़े दिखाई पड़े। अब वह रकैयार के निकट जा पहुँचा था जहाँ खंडहरों में मोंसू की एक-एक छोकरी लुक-छिपकर अपने यार से मिलने आया करती थी। सभी की यह मिलनस्थली बनी हुई थी, जो काफ़ी दूर सुनसान जगह पर थी। यहीं पर कोयले की ढुलाई करनेवाली वे सारी छोकरियाँ अपनी कोख में पहले बच्चे का बीज डलवाया करती थीं जो खरगोशों के पिंजरों की छत पर जाकर जोखिम उठाने से कतराती थीं। टूटी रेलिंग के कारण सारा अहाता खुला पड़ा था। जगह एकदम उजाड़ थी और दो नष्ट ओसारों के मलबे के ढेर पड़े थे। फिर यहाँ-वहाँ कई ढाँचे भी खड़े थे। जिधर भी नज़र उठाकर देखो, टूटे छकड़े, सड़ती हुई

लकड़ी के टाल दिखाई पड़ते थे। फिर कोई ढीठ किस्म की वनस्पतियाँ भी निकल आईं थीं और फैलकर सारे इलाके को अपनी गिरफ्त में लेती जा रही थीं। इन्हीं में से छोटे परन्तु मज़बूत पेड़ भी सिर उठाने लगे थे। सो, हर छोकरी यहाँ निधड़क होकर आती थी। इस जगह कई अनजाने, भूले-बिसरे गोशे भी थे, जहाँ इनके यार झटके से इन्हें शहतीरों पर या लकड़ी के टालों के पीछे या छकड़ों पर ढहा लेते, कोहनियों से कुहनियाँ मिलतीं और वे चालू हो जाते। इस काम में प्रवृत्त होते हुए आस-पास के लोगों की कोई कतई परवा नहीं करता था। ऐसा प्रतीत होता था कि इस निर्जीव मशीन के चारों ओर, कोयला उगलते-उगलते थकी-हारी शाफ़्ट की बग़ल में सृष्टि प्रतिशोध लेने को उद्यत थी—अर्थात् पशुवृत्ति से उन्मत्त बेलगाम कामवासना का खेल होता था और उन छोकरियों की कोख में बीज पड़ता था जो अभी बचपन की देहरी भी नहीं लाँघ पाती थीं।

ये सारे कसब होते थे, इस बात के बावजूद कि वहाँ चौकीदार भी मौजूद रहता था। यह था बूढ़ा मूक, जिसे कम्पनी ने नष्टप्राय हेडफ़्रेम के ऐन नीचे दो कोठरियाँ दे रखी थीं। हमेशा इसी बात का डर लगा रहता था कि किसी भी दिन अन्तिम पाड़ का ढाँचा गिर पड़ेगा और कोठरियाँ उसके नीचे दब जाने से मूक मारा जाएगा। छत के एक हिस्से को उसने बल्लियों के सहारे टिका रखा था। इन बातों के बावजूद, कुल मिलाकर वह अपने परिवार के साथ वहाँ आराम से रहता आ रहा था—वह और मूके एक कोठरी में और मूकेत दूसरी कोठरी में। चूँकि खिड़कियों में एक भी काँच नहीं रह गया था इसलिए मूक ने उनमें तख़्ते जड़ दिए थे। इन कोठरियों के भीतर इतना अँधेरा रहता था कि कुछ सुझाई नहीं देता था, लेकिन रहतीं वे गर्म थीं। जैसी भी स्थिति थी, चौकीदार को किसी चीज़ की चौकसी करने की ज़रूरत नहीं पड़ती थी। ल वोरअ में वह घोड़ों की देखभाल करने की नौकरी करता था और रकैयार के खंडहरों के बारे में भी उसे किसी प्रकार की चिन्ता नहीं करनी पड़ती थी। वहाँ की शाफ़्ट ही एक ऐसी जगह थी जिसका ध्यान रखा जाता था, और वह भी इस निमित्त कि यह पड़ोसी कोयला-खान की धमनभट्ठी के लिए धुएँ की निकासीवाली चिमनी का काम देती थी।

किस्सा कोताह यह कि बूढ़े मूक का बुढ़ापा चारों तरफ़ इश्क-मुहब्बत से घिरे माहौल में व्यतीत हो रहा था। ला मूकेत दस बरस की उम्र से ही इन खंडहरों के हर कोने में लेटती-लुढ़कती आ रही थी—लिडी की तरह कमसिन और भयभीत बालिका की तरह नहीं, बल्कि एकदम गदराई लड़की की नाईं, जो जवान पट्ठों के भोग की वस्तु थी। उसके बाप ने कभी आपत्ति नहीं की, वह इस वास्ते कि यह लड़की बूढ़े बाप का लिहाज़ करते हुए अपने यारों को भूलकर भी अपने घर नहीं लाती थी। फिर मूक भी इन सब बातों का आदी हो चुका था। जब भी वह ल वोरअ से आता या उधर जाता, जब भी अपने इस ग़ोशे से निकलता, घास में किसी जोड़े से टकराए बिना एक कदम चल नहीं पाता था और अहाते के उस पार तो ताना-पेटा ही बिगड़ा हुआ था, जहाँ वह सूप के लिए ईंधन या खरगोश के लिए दूब लेने जाया करता था। वहाँ विषय-भोग में अँधी मोंसू की ये सारी छोकरियाँ एकाएक मुँह उठाकर ऊपर देखतीं। ऐसे में वह फूँक-फूँककर कदम रखता, ताकि रास्तों में पसरी टाँगों पर कहीं पैर ही न पड़ जाए।

मगर धीरे-धीरे स्थिति ऐसी बन गई थी कि इस तरह आमना-सामना हो जाने पर भी किसी को असुविधा नहीं होती थी—न बूढ़े मूक को, जो सँभल-सँभलकर चलता था, न इन छोकरियों को, क्योंकि बूढ़ा मूक उन्हें यह कसब करने से कभी रोकता-टोकता नहीं था और भलेमानस की तरह चुपचाप दूसरी तरफ़ मुँह करके निकल जाया करता था, मानो प्रकृति की इस लीला को देखकर उसे किसी प्रकार का विक्षोभ न होता हो। और जिस तरह ये सारी छोकरियाँ उसे जानने-पहचानने लगी थीं, उसी तरह बूढ़ा मूक भी उन्हें जानने-पहचानने लगा था—बिलकुल उसी तरह जिस तरह कोई व्यक्ति अपने बाग़-बग़ीचे में नाशपाती के पेड़ों में गुटरगूँ करते चोरटे नीलकंठ-नीलकंठी को पहचानने लगता है। आह ! देखो तो ज़रा इन छोकरे-छोकरियों को! किस तरह मौज-मस्ती करते फिरते हैं, किस तरह भोग-विलास में लिप्त रहते है। कभी-कभार किसी कुंज तले उसे हाँफती-चीखती छोकरियों की भनक पड़ती, तो उसकी तरफ़ से मुख मोड़ मौन भाव से खिन्नता प्रकट करते हुए अपने रास्ते पर चलता रहता। बस, एक बात का उसे बड़ा क्षोभ था। एक जोड़ा तो ऐसा था जो उसकी कोठरी की दीवार के साथ टिककर आलिंगनबद्ध होता था। यह बात नहीं कि इससे उसकी नींद में ख़लल पड़ता था, मगर इसलिए कि वे इतने ज़ोर-ज़ोर से ठेलते-धकियाते थे कि डरता था कि कहीं दीवार को क्षति ही न पहुँचे।

साँझ होते ही बोनमोर्त उसके पास बैठने आ जाया करता था, क्योंकि भोजन करने के बाद वह इसी रास्ते पर टहलने निकलता था। ये बूढ़े आपस में बहुत कम बातचीत करते थे। आधेक घंटा जो साथ-साथ रहते, उसमें मुश्किल से दस-बारह शब्दों का ही आदान-प्रदान करते। मगर इन्हें साथ-साथ बैठना अच्छा लगता था। पुराने दिनों के बारे में चर्चा तो नहीं करते थे, उनके बारे में बैठे-बैठे सोचते ज़रूर थे और इसी में इन्हें आनन्दानुभूति होती थी। बस, दोनों रकैयार में एक शहतीर पर साथ-साथ बैठ जाते, थोड़ी बतकही करते और फिर अपने-अपने दिवास्वप्नों में डूबने-उतराने लगते। ऐसे क्षणों में वे अपने अंतस्तल में यौवन का संचार भी होते अनुभव करते, क्योंकि उनके चारों तरफ़ आशिक अपनी माशूका के घाघरे ऊपर उठाने में मशगूल होते, चूमने-चाटने की आवाज़ें आती रहतीं और ठहाके गूँजते रहते, और फिर मसली-कुचली दूब की शीतल गन्ध में छोरियों की तत्ती बास भी घुलकर उन तक पहुँचती रहती थी। तैंतीस बरस पहले पहली बार कोयला-खान के पीछे बूढ़े बोनमोर्त को पत्नी मिली थी। वह भी ढुलाई का काम करती थी और ऐसी मरियल-सी लगती थी कि उसे छकड़े पर बैठाकर ही वह ढंग से उसका चुम्बन ले पाता था। आह, वे भी क्या दिन थे ! अन्ततः दोनों बुढ़ऊ सिर डुलाते हुए चल पड़ते। तब अकसर दुआ-सलाम तक करने का भी ध्यान न रहता किसी को।

उस साँझ जब एतियन वहाँ आया, तो बूढ़ा बोनमोर्त गाँव लौट जाने के लिए शहतीर से उठते हुए मूक से कह रहा था, 'अच्छा यार मेरे, अब चलता हूँ...हाँ, ला रूसी को तो जानता है न ?'

मूक ने कन्धे सिकोड़े, एक क्षण मौन रहा। फिर कोठरी के भीतर प्रविष्ट होते हुए कहता है, 'नमस्कार, भाई नमस्कार !'

एतियन आया और उसी शहतीर पर बैठ गया। एक अव्यक्त-सी उदासी उस पर तारी थी। बूढ़े की अदृश्य होती पीठ को देखते-देखते उसे भोर वेला की वह घड़ी स्मरण हो आई और यह भी याद आया कि इस समय यह जो शख़्स चुपचाप चला जा रहा है, वह उस सुबह हाड़-मांस को चीरती हवा में बैठा कितना मुखर हो उठा था। हाय, कैसी बदबख़्ती थी ! और फिर इन क्लान्त-श्रान्त बेवकूफ़ छोरियों को तो देखो, जो रात को यहाँ आने से बाज़ नहीं आतीं। फिर, और बच्चे जनने पर कमर कसे हैं जिनकी नियति ही मर-खपकर जीना होगा। जब तक अपनी कोख में इन कँगालों को डालना बन्द नहीं करेंगी, तब तक इनकी मुसीबतों का अन्त नहीं होगा...क्या नहीं चाहिए इन्हें सिर पर मँडराती मुसीबत को देखते हुए अपनी कोख पर ठेंठी लगाएँ और अपनी जँधाओं को भींचकर रखें ? लेकिन प्रतीत होता था वह इसलिए इतना विषण्ण हो उठा था, क्योंकि उस समय निपट अकेला होने के कारण इस तरह की बातों के बारे में सोचने लग गया था, जबकि बाकी सब लोग जोड़े बाँधकर रतिक्रिया में प्रवृत्त हो रहे थे।

उस उमस-भरे माहौल में उसका दम घुटने लगा। बारिश इधर कभी-कभार ही होती थी, लेकिन उस वक्त कुछ बूँदें उसके ज्वार्त हाथों पर पड़ीं। हाँ, देर-सवेर हर छोकरी यह कसब तो करती ही है। इस मामले में विवेक बुद्धि क्या करेगी ?

एतियन जब अँधेरे में निश्चल-सा बैठा इस तरह अपलक देख रहा था कि तभी मोंसू की तरफ़ से एक जोड़ा आया और उसके निकट से होकर निकल गया, लेकिन न छोकरी ने और न ही आदमी ने उसकी तरफ़ आँख उठाकर देखा और सीधा रकैयार के वीराने की तरफ़ निकल गया। छोकरी सम्भवतः अभी तक कुँआरी थी, इसलिए आदमी से रार करते हुए विरोध-प्रतिरोध और चिरौरी-सी करती जा रही थी। मगर आदमी था कि कुछ भी बोले-चाले बिना उसे धकेलते हुए लिये जा रहा था, शायद उधर जिधर अँधेरे में डूबा ओसारा अभी तक खड़ा था, जिसमें फफूँद लगी रस्सी के ढेर के ढेर पड़े थे। छोकरी कैथरीन थी और आदमी शावाल। वे एतियन के निकट से ही निकलकर गए थे, फिर भी एतियन किसी को पहचान नहीं पाया था। उन्हें जाते हुए देखता रहा और फिर लगा उत्सुकता से प्रतीक्षा करने कि देखते हैं, क्या गुल खिलता है। वह एकदम इतना उत्कंठित हो उठा था कि सोच कुछ रहा था और अब सारा ध्यान उस तरफ़ चला गया था—अरे, क्यों ख़लल डालूँ ? जब लड़कियाँ नाँह-नुकुर करती हैं, तो समझो कि चाहती हैं कि पहले उनके साथ थोड़ी ज़ोर-ज़बरदस्ती की जाए।

ग्राम 240 से निकलने के बाद कैथरीन मोंसू जानेवाली मुख्य सड़क पर आ गई थी। दस साल की उम्र से ही जब वह कोयला-खान में काम करने लगी थी, तभी से देहात में अकेली कुलाँचे भरती दौड़ती-फिरती थी, और उसे भी वैसी ही आज़ादी थी घूमने-फिरने की जैसी कि खान मज़दूरों के दूसरे परिवारों को होती है। और अब पन्द्रहवाँ लगते-लगते यदि उसे पुरुष-संसर्ग नहीं मिला था, तो इसका बड़ा कारण यह था कि उसकी बालीदगी विलम्ब से हुई थी। अब भी पूर्ण नारी के रूप में उसका विकास नहीं हुआ था। जब कम्पनी के अहाते में पहुँची थी, तो सड़क पार करके धोबिन के घर चली गई थी। जानती थी कि मूकेत उस वक्त वहाँ मौजूद होगी, क्योंकि वहाँ ऐसी स्त्रियों का जमावड़ा होता था जो सुबह से साँझ तक कॉफ़ी पीती-पिलाती रहती थीं। मगर वहाँ

जाकर घोर निराशा ही उसके हाथ लगी थी—मूकेत बारी आने पर अपनी गिरह से उन्हें कॉफ़ी पिला चुकी थी और अब कैथरीन को देने के लिए उसके पास दस सू भी नहीं बचे थे जिसका वादा उसने किया था। इसके एवज़ में उन्होंने इसे गर्मागर्म कॉफ़ी का गिलास पिलाना चाहा था, लेकिन कैथरीन ने साफ़ मना कर दिया था। वह यह भी नहीं चाहती थी कि मूकेत किसी से उधार लेकर दे। एकाएक उसके मन में आया था कि यह सारा पैसा बचा ही क्यों न ले। फिर उसे यह वहम भी हो गया था कि अगर अब फीता खरीदती है, तो वह उसके दुर्भाग्य का कारण बन सकता है। सो, गाँव की तरफ़ चल पड़ी थी। मगर अभी मोंसू के बाहरी अंचल के घरों तक ही पहुँची थी कि पीकेत के घर के दरवाज़े में खड़े किसी आदमी ने उसे आवाज़ दी थी।

'हे, कैथरीन ! कहाँ भागी जा रही है ?'

यह शावाल था। कैथरीन खीझ उठी थी। इसलिए नहीं कि इस आदमी से चिढ़ती थी, बल्कि इसलिए कि उस वक्त वह हँसी-मज़ाक के मूड में नहीं थी।

'अरी, आके कुछ पी ले...मीठी-मीठी कोई चीज़...आती है ?'

उसने नम्रतापूर्वक मना कर दिया था। बोली थी कि अँधेरा हो रहा है और घर पर वे प्रतीक्षा कर रहे होंगे। शावाल चलकर आया था और सड़क के बीचोंबीच खड़ा हो गया था और धीरे-धीरे बोलते हुए उसे मनाने की कोशिश करता रहा था। कई दिनों से वह इस छोकरी को पीकेत के घर की पहली मंज़िल पर ले जाने के मनसूबे बाँधता रहा था। अच्छा-सा कमरा था। उसमें बड़ा-सा पलँग बिछा था, जिस पर दो आदमी आराम से लेट-सो सकते थे। कैथरीन से बोला था—तू हमेशा नाँह क्यों कर देती है ? मुझसे डरती है क्या ? कैथरीन सिर-आँखों से हँस पड़ी थी और बोली थी कि उस हफ़्ते आएगी जिस हफ़्ते बच्चे नहीं होते ! फिर एक बात से दूसरी बात निकली थी और पता नहीं कैसे उसके मुख से फीते की बात भी निकल गई थी जिसे वह खरीद नहीं पाई थी।

'अरे, मैं तेरे को दिलवा दूँगा।' वह छूटते ही बोला।

वह लजा गई और सोचने लगी कि बुद्धिमानी इसी में है कि मना कर दे, लेकिन फीता पाने की लालसा भी थी। फिर वह कर्ज़ लेने की बात सोचने लगी थी, और फिर इस शर्त पर राज़ी हुई थी कि जितने में फीता आएगा, उतना पैसा वह उसे दे देगी। इसी बात को लेकर वे हँसी-मज़ाक करने लगे थे। आख़िर, उन्होंने यह तय पाया कि अगर कैथरीन उसके साथ सोएगी नहीं, तो उसका पैसा लौटा देगी। लेकिन जब उसने मेग्रे की दुकान पर जाने की बात कही, तो एक और अड़चन खड़ी हो गई।

'न, मेग्रे के यहाँ नहीं। माँ ने उसकी दुकान पर जाने को मना किया है।'

'बेवकूफ़ी की बात मत कर—माँ को यह बताने की ज़रूरत भी क्या है कि कहाँ से लिया...मोंसू में सबसे बढ़िया फीते उसी की दुकान पर मिलते हैं।'

इस तरह मेग्रे ने जब शावाल को और कैथरीन को अपनी दुकान पर आते देखा था, तो उसे लगा था, जैसे दो प्रेमी अपने विवाह के उपलक्ष्य में उपहार आदि खरीदने आ रहे हों। बस, उसका चेहरा एकदम चुकन्दर की तरह सुर्ख हो आया था और जलते-भुनते हुए उसने नीले फीते दिखाए थे। उसकी हालत उस प्रतिद्वन्द्वी जैसी हो गई

थी जिसकी खिल्ली उड़ाई जा रही हो। जब वे बाहर निकले थे, तो मेग्रे दरवाज़े में खड़ा होकर दोनों को झुटपुटे में अलोप होते हुए देखता रहा था। और जब उसकी पत्नी ने आकर डरते-डरते उससे कुछ पूछना चाहा था, तो एकदम बकते-बकते हुए वह उस पर बरस पड़ा था और बोला था कि इन सबके सब कृतघ्न हरामज़ादों से नाक रगड़वाऊँगा—ये लोग ज़मीन पर लोटते हुए जूते चाटने लायक हैं...।

शावाल कैथरीन के साथ सड़क पर चला जा रहा था। बाँहें तो झुलाता था, लेकिन नितम्बों से जान-बूझकर इस तरह टहोके-से लगाते हुए उसे धकेल भी रहा था, मानो अनायास ही यह हो रहा हो। एकाएक कैथरीन ने लक्ष्य किया था कि शावाल उसे मुख्य सड़क से हटाकर ले आया है और वे रकैयार जानेवाले सँकरे रास्ते पर जा रहे हैं। लेकिन आक्रोश प्रकट करने का यह अवसर नहीं था। शावाल ने उसकी कमर में हाथ डाल रखा था और मीठी-मीठी बातों से उसे फुसलाता जा रहा था। कहता था—पगली, मुझसे डरती है ! अरी, तेरे जैसी प्यारी-प्यारी लड़की को मैं दुख दूँगा, जो रेशम-सी मुलायम है और इतनी लज़ीज़ है कि खा लेने को मन करता है। वह उसके कानों और ग्रीवा के पास मुँह ले जाकर फुसफुसाता जा रहा था। कैथरीन होश खो बैठी थी और उस वक्त उसे कुछ सुझाई नहीं पड़ रहा था। सारी देह में झनझनाहट-सी होने लगी थी। यह सच था कि यह आदमी उससे प्यार करता है। पिछले शनिवार की रात, मोमबत्ती बुझाने के बाद, वह अपने आपसे पूछती रही थी कि अगर यह शख़्स इस तरह का व्यवहार करता है, तो वह क्या करेगी। फिर नींद की आग़ोश में जाते-जाते उसे ऐसे आनन्द की अनुभूति हुई थी कि वह इनकार नहीं कर सकी थी। फिर क्या कारण है कि उसी बात से आज उसका हृदय वितृष्णा से भर उठा है ? पश्चाताप-सा क्यों होने लगा है ? अब जब यह शख़्स अपनी मूँछों से बड़े सौम्य भाव से उसकी गर्दन पर गुदगुदी-सी करने लगा था और उसकी आँखें मुँदती-सी जा रही थी, तो अनायास ही एक अन्य पुरुष की छवि उसकी आँखों की पुतलियों पर तैर गई, जिसकी झलक उसने आज सुबह-सवेरे देखी थी।

जैसे एकाएक सजग होकर कैथरीन ने अपने इर्द-गिर्द देखा। शावाल उसे हँकते हुए रकैयार के मलबे की तरफ़ ले आया था। कैथरीन एकदम काँपने लग गई और एकदम छिटककर टूटे ओसारे की परछाइयों के आगे जा खड़ी हुई।

'नइ-नइ, नइ-नइ,' वह बोली। 'मुझे जाने दे।'

पुरुष-भीति से कैथरीन एकाएक व्यग्र हो उठी थी। यह पुरुष-भय ऐसा होता है कि लड़कियाँ चाहे कितनी ही रज़ामंद क्यों न हों, फिर भी, जब उस पुरुष को भी अपने पास आते हुए देखती हैं जिसके आगे अपना तन-मन हार चुकी होती हैं, तो सहज आत्मरक्षा के निमित्त उनकी भी मांसपेशियाँ ऐंठने लग जाती हैं। कैथरीन का कौमार्य एकदम दहल गया था, मानो किसी चोट की, किसी घाव की अनजानी पीड़ा से वह त्रस्त थी।

'नहीं, नहीं, मुझे नहीं चाहिए ! अभी बहुत छोटी हूँ। देख, सच्ची ! फिर कभी, जब थोड़ी बड़ी हो जाऊँगी... !'

वह तल्ख़ी से गुर्राया :

'बेवकूफ़ ! तब तो डरने की कोई बात ही नहीं है...तेरे को क्या फ़र्क पड़ता है ?'

इसके बाद वह कुछ बोला नहीं। कैथरीन को बाँहों में भरकर उसने ओसारे में पटक दिया था और वह पुरानी रस्सियों के ऊपर जा गिरी थी और फिर विरोध नहीं कर पाई थी। अपनी बाली उमरिया में ही उसने एक पुरुष के आगे उसी तरह आत्मसमर्पण किया था, जिस तरह पीढ़ी-दर-पीढ़ी उस जैसी लड़कियाँ समर्पण करती आई थीं। यही कारण था कि उसी की जमात की लड़कियों को बाल्यावस्था में ही खुली वासना का शिकार होना पड़ता था। भय के मारे उसका हकलाना-बड़बड़ाना थम गया था और पुरुष के वासनामय श्वास-निःश्वास के सिवा और कुछ सुनाई नहीं पड़ता था।

एतियन उधर ही कान लगाए निश्चल-सा बैठा था। एक और लड़की लड़खड़ाई थी। एतियन यह सारा तमाशा देख-सुन चुका था। सो, उठकर खड़ा हो गया। एक तरह की व्यग्रता, एक तरह के आक्रोश-भरी ईर्ष्यालु उत्तेजना से वह क्षुब्ध हो उठा था। इसलिए यह ज़रूरत नहीं महसूस की कि वहाँ से चुपचाप खिसक ले–वे इतने व्यस्त थे कि उसकी तरफ़ उनका ध्यान जा ही नहीं सकता था। सो, शहतीरों-बल्लियों पर से होते हुए वह चल पड़ा। लेकिन थोड़ी दूर ही गया होगा कि मुड़कर देखा, तो एकदम चकित रह गया कि वे उठ खड़े हुए थे और प्रतीत होता था, उसकी तरह ही गाँव लौटकर जा रहे थे। पुरुष ने लड़की की कमर में हाथ डाल रखा था और जैसे कृतज्ञतावश उसे अपने साथ भींचकर कान में कुछ फुसफुसा रहा था। मगर लड़की जल्दी मचा रही थी और घर पहुँचने को उतावली थी और इतना विलम्ब हो जाने से खीज रही थी।

इस पर एतियन एकाएक उनके चेहरों को देखने को उत्सुक हो उठा। फिर सोच में पड़ गया–यह तो निपट मूर्खता की ही बात होगी। सो, इस लोभ से बचने के लिए उसने अपनी चाल तेज़ कर दी। लेकिन फिर क़दम अपने आप ढीले पड़ने लगे। अन्ततः बत्तीवाला पहला खम्भा आया, तो उसके पीछे के अँधियाले में वह छिपकर खड़ा हो गया। लेकिन जब वे सामने से होकर निकले, तो कैथरीन को और शावाल को पहचानते ही वह स्तब्ध रह गया। पहले तो उसे विश्वास ही नहीं हुआ : क्या गहरे नीले रंग के कपड़ों में सिर पर बोनेटवाली लड़की कैथरीन हो सकती है ? क्या यह वही छोकरी है जिसे उसने पतलून में और सूती टोपी में उस दिन देखा था ? शायद यही वजह थी कि उस दिन उस वेष में जब वह उसके एकदम निकट से होकर निकली थी, तब भी वह इसे पहचान नहीं पाया था। लेकिन आज शक की कोई गुंजाइश नहीं थी। अभी-अभी इसने उसकी आँखों को देखा था, जो सोते के जल की हरीतिमा जैसी साफ़-स्वच्छ थीं ! इतनी गहराई थी उनमें !

कुतिया न हो तो !

और एतियन के भीतर प्रतिशोध की तीव्र उत्कंठा बलवती हो उठी, जिसका कोई विशेष कारण नहीं था। इसकी उपेक्षा करेगा, इसका तिरस्कार करेगा। आज लड़की की वेशभूषा में भी यह बिलकुल अच्छी नहीं लग रही थी ! एकदम घिनौनी लगती थी यह छोकरी !

कैथरीन और शावाल धीरे-धीरे चलते हुए आगे निकल गए थे। नहीं जानते थे कि

कोई चोरी-छिपे उन्हें देख रहा है। शावाल बीच में रुक-रुककर कैथरीन को कान के पीछे चूमने-चाटने लगता, तो उसकी पुचकार-चुमकार से वह खिड़-खिड़ हँसती-खिलखिलाती और उनकी चाल धीमी पड़ जाती।

एतियन उनके पीछे था, धीमे-धीमे चलने को विवश, और कुढ़ रहा था कि वे रास्ता रोककर चल रहे हैं और न चाहते हुए भी उसे कुछ ऐसा देखना पड़ रहा है जिसे देखने से उसे कोफ़्त होती है।

तो बात सच निकली। उस सुबह इसने सौगन्ध खाई थी। बोली थी—अभी तक मेरा कोई यार-दोस्त नहीं बना। उस समय एतियन ने विश्वास नहीं किया था और अपने आपको वंचित रखा था इससे, क्योंकि ऐसी कोई हरकत नहीं करना चाहता था जिससे वह सोचे कि यह आदमी भी इस आदमी की तरह व्यवहार कर रहा है। और देखो, वही आदमी इस लड़की को उसकी काँख से लगभग झपट्टा मारकर ले गया, और वह टापता रह गया और अब अपनी आँखों के सामने ही इन्हें इस तरह अठखेलियाँ करते देख चुका है।

यह सब सोच-सोचकर वह बाल नोंच रहा था। मुट्ठियाँ भिंच गई थीं। उसे लग रहा था कि जिस तरह मात देनेवाले आदमी की हत्या तक करने का मन होता है, उसी तरह वह भी इस शख़्स को कच्चा चबा सकता है।

कोई आध घंटे तक वे चलते रहे। जब शावाल और कैथरीन ल वोरअ के निकट पहुँचे, तो उनकी चाल और धीमी पड़ गई—नहर के किनारे वे दो बार और कचरे की टेकरी के पास चार बार रुके। दोनों एकदम मगन थे और खरमस्तियाँ करते हुए छेड़छाड़ करते जा रहे थे। वे जब भी रुकते, एतियन भी ठिठककर खड़ा हो जाता, ताकि उसे देख न लें। उस समय घोर पश्चाताप हो रहा था उसे : देख लो, किसी छोकरी की भावनाओं का आदर करने का यह फल मिलता है !

वे ल वोरअ को पार करके निकल गए। अब एतियन को रासनर के यहाँ जाकर भोजन करना था। लेकिन यह कलवरिया न जाकर गाँव तक उनका पीछा करता रहा। गाँव में एक साए में वह पन्द्रह-बीस मिनट तक खड़ा यह देखता रहा कि कब शावाल उसका पिंड छोड़ता है और कैथरीन अपने घर के भीतर जाती है। और जब इसे भरोसा हो गया कि अब वे अलग हो गए हैं, तो वहाँ से चलकर वह मारशियन जानेवाली सड़क पर आ गया। कुछ दूरी तक यों ही खदबदाता-सा चलता रहा। उस वक्त इसे दूसरी कोई बात सूझ ही नहीं रही थी। दम घुट रहा था और इतना परेशान था कि अपने कमरे में जाने का मन ही नहीं हुआ उसका।

लगभग एक घंटे बाद यानी कि करीब नौ बजे एतियन गाँव के रास्ते से लौटा। सोचता आ रहा था कि यदि भोर वेला चार बजे उठना है, तो जल्दी से खा-पीकर सो जाना चाहिए। सारा गाँव रात के अँधेरे में नींद की आग़ोश में सो रहा था। यहाँ तक कि बन्द खिड़कियों-दरवाज़ों में से प्रकाश की एक भी रेख दिखाई नहीं पड़ती थी, और गहरी नींद में डूबी घर-मकानों की लम्बी कतारें खर्राटे भरती बारकों की नाईं प्रतीत होती थीं। बस, एक बिल्ली थी जो खाली बग़ीचियों में दौड़ती फिरती थी। दिन बीत चुका था। क्लान्त-श्रान्त मज़दूरों की यह दशा होती थी कि खाने की मेज़ से उठते ही भारी

पेट और थकावट के वशीभूत सीधे बिस्तर पर लुढ़क जाते थे।

रासनर की कलवरिया में उस वक्त भी बत्ती जल रही थी। दिन की पाली में काम करनेवाला इंजिनमैन और दो अन्य कर्मचारी बैठे बियर गटक रहे थे। भीतर जाने से पहले एतियन ने ठिठककर बाहर अँधेरे में निगाह डाली। उसे स्मरण आया, बिलकुल वैसा ही घोर अन्धकार था जैसा कि उस दिन भोर वेला में था जब तेज़ अँधड़ के थपेड़ों के बीच वह यहाँ आया था। सामने ही ल वोरअ थी, जो प्रतीत होता था किसी भयावह जन्तु की नाईं घात लगाए बैठी थी—एकदम अन्धकार में डूबी हुई। कहीं-कहीं लालटेनों का प्रकाश टिमटिमाता दिखाई पड़ता था। कचरे की टेकरी पर तीन भट्ठियाँ लहूलुहान चन्द्रमा की तरह धधक रही थीं और बीच-बीच में उनकी रोशनी में वृद्ध बोनमोर्त की और उसके पीतवर्णी घोड़े की बृहदाकार काली परछाइयाँ झलकते लगती थीं। उस पार सपाट धरती की हर वस्तु को रात ने ढक लिया था—मोंसू को, मारशियन को, वनदाम अरण्य को, गेहूँ और चुकन्दर के विशाल समुन्दर को। धमनभट्ठियों की नीली-नीली लपटें और कोक ओवन की रक्ताभ अग्निशिखाएँ बिलकुल ऐसी लगती थीं मानो कहीं दूर प्रकाशस्तम्भ खड़े हों। धीरे-धीरे अन्धकार प्रगाढ़ होता जा रहा था। पानी भी हौले-हौले निरन्तर बरसने लगा था और धरती की शून्यता को अपने एकरस प्रवाह से झाँपता जा रहा था। ऐसे माहौल में, बस, एक ध्वनि अब भी उसके कानों में गूँज रही थी—और वह थी भारी, रुक-रुककर सुनाई पड़नेवाली पम्प की ध्वनि, जो क्या रात, क्या दिन अविरल हाँफता रहता था।

तीसरा खंड

1

एतियन ने अगले दिन और उसके बाद भी कोयला-खान में काम करना जारी रखा। धीरे-धीरे उसका मन रमने लगा था। शुरू-शुरू में जब उसने इस नए काम में हाथ डाला था, तो यह उसे थोड़ा कठोर ज़रूर लगा था और इस जगह के तौर-तरीके भी उसे रास नहीं आए थे। मगर अब यही उसकी ज़िन्दगी का दारोमदार बन गया था। केवल एक घटना की बदौलत उसकी दो सप्ताहों की नीरसता टूटी थी—हुआ यह था कि उसे ज्वर हो आया था और अड़तालीस घंटों तक वह बिस्तर पर पड़ा रहा था। अंग-अंग दुखने लगा था। सिर चुनचुनाता था। नीम-बेहोशी में वह जैसे ख़्वाब-सा देखता रहा कि वह किसी सुरंग में से छकड़े को धकेलते हुए ले जाना चाहता है, मगर सुरंग इतनी सँकरी है कि चाहे कितना जतन करता है, अपनी देह को सिकोड़कर भी उसमें से निकालकर नहीं ले जा सकता। वास्तव में, यह सब नया काम पकड़ने के तनाव का, अत्यधिक थकावट का नतीजा था जिससे वह जल्दी ही उबर आया।

इस तरह, एक के बाद एक दिन बीतते गए। फिर हफ़्ते, फिर महीने बीते। एतियन भी अब बाकी लोगों की तरह तीन बजे उठता, कॉफ़ी हलक से उतारता, और मदाम रासनर रात को ही जो सैंडविच बनाकर रख दिया करती थी, उन्हें बाँधकर कोयला-खान में काम करने जाता। हर रोज़ रास्ते में बूढ़ा बोनमोर्त मिलता, जो सोने के लिए घर जा रहा होता। और साँझ को कोयला-खान से निकलकर आ रहा होता, तो बूतलू मिल जाता, जो काम पर जा रहा होता। एतियन ने अपने लिए टोपी, पतलून और कपड़े की फतूही बनवाई थी, मगर इनमें ठिठुरता रहता था और जब कोयला-खान में कपड़े बदली करनेवाले ओसारे में जाता, तो धधकती अँगीठी की तरफ़ पीठ करके खड़ा हो जाता और तापता। कोयला-खान के नीचे जानेवाली जिस चौकी पर खड़े होकर प्रतीक्षा करनी पड़ती थी, वहाँ निरन्तर हवा के भीषण थपेड़े पड़ते थे, मगर अब उसके लिए ऊपर इंजिन और उसके चमचमाते उपकरणों और ताम्बई भागों के प्रति पहले जैसा कोई आकर्षण नहीं रह गया था। न ही उन केबलों में उसकी कोई दिलचस्पी थी जो उसी तरह उड़नछू हो जाती थीं जिस तरह रात को विचरण करनेवाला कोई पक्षी डैने फैलाकर चुपचाप अदृश्य हो जाता है। न ही वह उन पिंजरों की तरफ़ आँख उठाकर देखता जो सिग्नलों के निरन्तर शोरगुल और दिशा-निर्देश देनेवालों की चीख-चिल्लाहट और लोहे के फर्श पर चलते छकड़ों की खड़खड़ाहट के बीच लगातार ऊपर-नीचे आते-जाते रहते थे।

एतियन का लैम्प ठीक से प्रकाश नहीं दे रहा था। कमबख़्त लैम्पमैन ने ही शायद ठीक से उसकी सफ़ाई नहीं की थी। इस बात का पता उसे तब चला जब मूके ने सभी को पिंजरे की तरफ़ धकेलना शुरू किया। यह शख़्स हमेशा भंडैतों की तरह हर किसी से मसख़री करते हुए लड़कियों की पिछाड़ी पर तड़ातड़ धौल जमाता रहता था।

पिंजरा जब कूच करता, तो एकदम उसी रफ़्तार से नीचे जाता जिस रफ़्तार से कुएँ में फेंका गया ढेला जाता है। मगर एतियन ने दिन के अदृश्य होते प्रकाश को देखने के लिए कभी सिर उठाकर ऊपर नहीं देखा। अब यह बात भी कभी उसके ज़हन में नहीं आई कि पिंजरा टूटकर गिर भी सकता है। अँधेरे में पानी की बौछारों के बीच वह जितना गहरे उतरते हुए जाता, उतना ही उसे अच्छा लगता। नीचे सीधा-सादा और पारसा किस्म का पियरों जब उन्हें लदानवाली चौकी पर निकालता, तो मज़दूरों की टोलियाँ उसी तरह अपने-अपने चबूतरों की तरफ़ भागतीं जिस तरह जानवरों के झुंड एक-दूसरे को धकियाते-रौंदते हुए भागते हैं। एतियन को मोंसू के गली-कूचों का जितना ज्ञान था, उससे कहीं अधिक वह कोयला-खान के गलियारों से परिचित हो चुका था। अच्छी तरह जानता था कि यहाँ से मुड़ना है, यहाँ से थोड़ा झुककर चलना है, यहाँ पानी के डबरे हैं, जिनसे बचकर निकलना है। कोयला-खान के भीतर जो एक मील से भी अधिक लम्बे रास्ते थे, उन पर वह पाँव-पाँव चलने का इतना आदी हो गया था कि बिना लैम्प के ही जेबों में हाथ डाले वह चल-फिर लेता था। हर बार उन्हीं लोगों से उसका आमना-सामना होता—कोई फ़ोरमैन निकट से गुज़रते हुए उनके चेहरों पर लैम्प की रोशनी डालकर देखता या बूढ़ा मूक ही अपना घोड़ा लेकर आ रहा होता या बेबेर ही मिल जाता जो फूत्कार करते बाताई घोड़े के साथ आ रहा होता या यालैं दरवाज़ों-दरीचों को बन्द करने के लिए छकड़ा-गाड़ी के पीछे भागता नज़र आता या मोटी-मुटल्ली मूकेत और दुबली-पतली लिडी ही दिखाई पड़ जाती, जो अपने-अपने छकड़ों को धकेलकर ले जा रही होतीं।

अब एतियन धीरे-धीरे यह महसूस करने लगा था कि कोयला-खान के भीतर उसे सीलन से और घुटन से इतनी परेशानी नहीं होती। चिमनी में भी वह आसानी से चढ़ जाता, मानो सिकुड़ गया था और उन दरारों-शिगाफ़ों में से भी निकल जाता था जिनमें कभी हाथ तक डालने की उसे हिम्मत नहीं होती थी। कोयले की उड़ती धूल में भी साँस लेने में उसे कोई दिक्कत न होती थी। वह अँधेरे में भी देखने का आदी हो चला था। पसीना बदन से चू रहा है, इसकी भी उसे कोई चिन्ता नहीं थी और ऐसा अभ्यस्त हो गया था कि अगर सुबह से रात तक सीले वस्त्रों में रहना पड़ता, तो रह लेता। यही नहीं, यों ही आगे-पीछे हाथ-पैर मारकर अपनी शक्ति नष्ट न करता। जिस फुर्ती और लगन से वह काम करता, उसे देख-देखकर उसके साथ काम करनेवालों को हैरानी होती। तीन सप्ताह बीतते-बीतते उसकी गणना कोयला-खान में ढुलाई करनेवाले होशियार मज़दूरों में होने लगी थी : छकड़ों को तेज़ी से ढलान तक ले जाने और फिर कौशल के साथ उन्हें नीचे उतारने में उसका मुकाबला नहीं था। अपने लघु आकार के कारण वह किसी भी जगह घुस जाता, और हालाँकि उसकी बाँहें बिलकुल वैसी ही दुबली-पतली और गोरी-चिट्टी थीं जैसी कि औरतों की होती हैं, फिर भी वह इस चुस्ती-चाबुकी से

काम करता कि लोग अचरज करते कि कहीं इसकी कोमल त्वचा के नीचे लोहा तो नहीं है। फिर कभी थककर चूर भी हो जाता, तो कभी झींकता-कुढ़ता नहीं था—निःसन्देह इस कारण कहीं उसकी मूँछ नीची न हो जाए। बस उसमें एक ही बुरी बात थी, वह यह कि मज़ाक बरदाश्त करने की कुव्वत नहीं थी उसमें। अगर कोई उसे छेड़ता, तो वह एकदम आपे से बाहर हो जाता। कहने का तात्पर्य यह कि दिन-भर कमरतोड़ मशक्कत करते-करते वह मशीन होकर रह गया था। फिर भी, सभी का आदरपात्र था। हर कोई दाद देता कि ऐसा होता है खरा कोयला-खान मज़दूर।

यही कारण था कि एतियन के साथ माहूअ की खूब पटती थी, क्योंकि माहूअ हमेशा अच्छे कारीगर को सिर-आँखों पर बैठाता था। फिर उसने यह भी देख लिया था कि यह नौजवान उससे कहीं अधिक पढ़ा-लिखा है। उसे पढ़ते-लिखते, नक्शे वग़ैरह बनाते देखता रहता। फिर उसके मुख से ऐसी-ऐसी बातें सुनने को मिलतीं जिनका लेशमात्र ज्ञान माहूअ को न था। यह कोई अनोखी बात नहीं थी—कोयला-खान में काम करनेवाले मज़दूर बेरुखे, बेसलीका तो होते ही थे, इंजिनमैनों की तरह हाज़िरजवाब भी नहीं थे। मगर जो हिम्मत, जो दिलेरी इस नौजवान ने दिखाई थी और भुखमरी से बचने के लिए इसने जिस तरह कोयला-खान में मज़दूरी तक करने का साहस दिखाया था, उससे सबको हैरत होती थी। एतियन कोयला-खान में काम करनेवाला पहला आरज़ी मज़दूर था, जिसने इतनी जल्दी सारा काम समझ लिया था। इसलिए जब कभी ज़्यादा काम होता और माहूअ कोयला काटनेवाले किसी मज़दूर को हटाकर बल्लियाँ लगाने के काम में न लगाना चाहता, तो इसके लिए एतियन को ही यह काम सौंपता, क्योंकि उसे भरोसा था कि यह शख़्स सही तरीके से और मज़बूती से सारा काम अंजाम देगा। ऊपर के लोग बल्लियाँ लगाने के इस घिनौने काम को लेकर उसे कोंचते रहते। उसे हमेशा इस बात का डर लगा रहता कि अभी इंजीनियर नेगरेल आएगा, उसके पीछे-पीछे दांसायर भी आता होगा और आते ही वे उस पर बरसेंगे और फ़रमान जारी कर देंगे कि सारा काम नए सिरे से करो। लेकिन माहूअ ने यह देख लिया था कि एतियन जिस तरीके से लग्गी लगाता था, उससे लोग काफ़ी सन्तुष्ट थे—फिर भी, उनका रवैया ऐसा था कि कैसा भी अच्छा काम करो, ख़ुश तो कभी होते ही नहीं थे और हमेशा घुड़की देते रहते थे कि एक-न-एक दिन कम्पनी को कठोर कार्रवाई करने को विवश होना पड़ेगा। यह सब तो इसी तरह चलता रहा, लेकिन इसके साथ-साथ क्षोभ भी भड़कने लगा था। नौबत यहाँ तक आ गई थी कि माहूअ जैसा आदमी भी, जो इतना धीर-गम्भीर था, मुट्ठियाँ भींचने लगा था।

शुरू-शुरू में ज़कारी और एतियन में लाग-डाँट चलती रहती थी। एक दिन तो दोनों ने एक-दूसरे की ठुकाई-पिटाई तक कर देने की धमकी दे डाली थी। ज़कारी वास्तव में था तो अच्छा लड़का, मगर गुलछर्रे उड़ाने से ही ग़र्ज़ रखता था। सो, एक दिन एतियन ने जब उससे दोस्ती करने के नाते उसे बियर का न्योता दिया, तो पट्ठा झट तैयार हो गया। बस, इसी एक बात से ज़कारी पर एतियन की धाक जम गई।

फिर लवाक की तरफ़ भी उसने दोस्ती का हाथ बढ़ाया। वह एतियन के पास बैठकर राजनीति में रस लेता और कहता कि सच्ची, यह आदमी तो बड़ा गुणी है।

वास्तव में, उस टोली में जितने भी लोग थे, उनमें शावाल ही ऐसा आदमी था जिसके बारे में एतियन को लगता कि वह उससे ख़ार खाता है। यह बात नहीं कि दोनों लट्ठ लिये फिरते थे। इसके विपरीत, खासे घुल-मिल गए थे। मगर असलियत यह थी कि आपस में हँसी-मज़ाक भी कर रहे होते, तो एक-दूसरे के प्रति अथाह बैर छिपा नहीं पाते थे। दोनों के बीच कैथरीन फँसी थी जो थकी-हारी-सी, चुपचाप अपना काम करती रहती और झुकी-झुकी छकड़ा धकेलती रहती। अपने साथ काम करनेवाले एतियन के प्रति अनुकूल दृष्टि थी उसकी—और एतियन भी बदले में हमेशा उसकी मदद को तत्पर रहता—मगर हमेशा अपने यार की लकीर पर ही चलती। वह अगर उसे सरेआम चुमकारता-पुचकारता, तब भी ऐतराज़ न करती। सभी इस सम्बन्ध को समझते थे—यहाँ तक कि कैथरीन के घरवालों ने भी इस तरफ़ से आँखें मूँद रखी थीं—और नौबत यहाँ तक आ गई थी कि शावाल हर शाम लड़की को कचरे की टेकरी के पीछे ले जाता और फिर उसके माँ-बाप के घर के दरवाज़े पर छोड़ने आता और अलग होने से पहले सारे गाँव के सामने उसका चुम्बन भी लेता। एतियन सोचता तो यही था कि उसने इस स्थिति से समझौता कर लिया है, और अकसर इस गुलग़श्त को लेकर उसे छेड़ता भी और हँसी-मज़ाक में ऐसी-ऐसी अश्लील बातें भी बोल जाता जैसी कि कोयला-खान में काम करनेवाले छोकरे-छोकरियाँ बोलते थे, और कैथरीन भी ऐसी लड़की थी जो इन बातों में पीछे नहीं रहती थी और तुर्की-ब-तुर्की उसी भाषा में जवाब भी देती थी और साथ ही यह डींग भी मारने से बाज़ न आती कि उसका यार उसके साथ क्या-कुछ करता है। मगर जब भी एतियन से उसकी नज़र मिलती, कैथरीन का चेहरा एकदम विवर्ण और व्याकुल हो उठता और वे एक-दूसरे से मुँह चुराने लगते—यहाँ तक कि घंटा-घंटा एक-दूसरे से कलाम तक न करते, मानो उनके अन्तस्तल की अतल गहराई में कुछ दबा पड़ा था, कुछ ऐसी बातें थीं जिनके रहते वे एक-दूसरे से घृणा करते थे, लेकिन उन्हें ज़बान पर लाने से कतराते थे।

बहार का मौसम आ गया था। एक दिन एतियन कोयला-खान से निकला, तो बाहर एकाएक अप्रैल महीने की तपिश महसूस हुई—धरती की सौंधी-सौंधी गन्ध, कोमल अँखुओं की सुगन्ध, निर्मल स्वच्छ सुखद समीर के झोंके। कोयला-खान के भीतर, जहाँ नित्य जाड़ा ही बना रहता और ऐसा सीला-सीला-सा अन्धकार व्याप्त रहता था जिसे तिरोहित करने की सामर्थ्य ग्रीष्म ऋतु में भी नहीं थी, दस-दस घंटे खटने के उपरान्त जब वह निकलकर बाहर आता, तो बसन्त ऋतु उसे और भी सुहावनी लगती और उसके तन-मन में एक नई स्फूर्ति का संचार कर देती। दिन भी अब लम्बे हो चले थे। मई का महीना लगते-लगते वह सूर्योदय के साथ कोयला-खान में जाता। उस समय ल वोरअ प्रभात-वेला के कुहासे में अन्तरिक्ष की लालिमा में नहा रही होती और धुँआ छोड़नेवाले पाइपों से निकली सफ़ेद भाप गुलाबी-गुलाबी-सी होकर ऊपर उठ रही होती। अब ठिठुरने के दिन गए। सपाट धरती के उस पार कहीं से गर्म हवा के झोंके चलने लगते थे और ऊँचे आकाश में उड़डारी भरते चंडूक गाते-चहकते हुए उड़ते दिखाई देते थे। फिर तीन बजे धधकते सूर्य से क्षितिज में लगी आग से आँखें चौंधिया जातीं और कालिमा से ढकी ईंटें भी भीतर ही भीतर भखने लगतीं। जून के महीने में गेहूँ की बालियाँ काफ़ी ऊँची

उठ आई थीं। उनकी नीलाभ हरियाली चुकन्दर की गहरी हरियाली को चुनौती देती प्रतीत होती। यह कैसा अनन्त-असीम समुद्र था जो समीर के हलके-से झोंके से ही तरंगायित होने लगता था ! एतियन लक्ष्य करता कि यह तो प्रतिदिन बढ़ता-फैलता ही जा रहा है। यदा-कदा साँझ की वेला में वह यह देखकर आश्चर्यचकित रह जाता कि यह हरीतिमा प्रातःकाल की अपेक्षा और अधिक बढ़ गई है। नहर के किनारे खड़े चिनारों में पत्ते फूटने लगे थे और कचरे की टेकरी पर भी दूब ने आक्रमण करना शुरू कर दिया था। खेत भी फूलों से ढकते जा रहे थे और इधर धरती के भीतर से समूचा संसार अंकुरित हो रहा था, एक नई दुनिया जन्म ले रही थी। और, इधर, एतियन की नियति देखो कि वह कोयला-खान के भीतर ग़रीबी-मुफ़लिसी और काहिली में खट-मर रहा था।

साँझ की वेला में वह घूमने निकलता, तो कचरे की टेकरी की तरफ़ जाने से परहेज़ ही करता, क्योंकि उधर आशिक-माशूका पड़े होते और उसके अचानक आ जाने पर एकाएक चौंक उठते थे। अब तो वह इनकी लीक को भी पहचानने लगा था। जहाँ कहीं गेहूँ की सुनहरी बालें और लाल पोस्त के पौधे लरज़ते-हिलते नज़र आते, वह ताड़ जाता कि यहाँ व्यभिचार का आशियाना है। ज़कारी और फ़िलोमेन तो वहाँ आदत से मजबूर होकर जाते थे। ला ब्रूले भी लिडी का पीछा करते हुए वहाँ पहुँच जाती थी और यांलैं के साथ उसे जा पकड़ती थी, मगर दोनों इस तरह लुक-छिपकर बैठे होते कि उन पर पैर पड़ जाते और वे एकदम चौंककर उठ खड़े होते। और जहाँ तक मूकेत का सवाल था, उसका खेमा तो हर कहीं लगा रहता—कोई ऐसा खेत नहीं था कि कोई उसमें से गुज़रे और वहाँ नितम्बों पर लेटी एक औरत का सिर नीचे और पैर ऊपर उठे दिखाई न पड़ते। मगर सब अपनी मर्ज़ी के मालिक थे, जहाँ चाहे ख़ाक छानते फिरें। एतियन का मन उस दिन एकदम ख़राब हो जाता, जिस दिन उसे कैथरीन और शावाल एक साथ दिख जाते। दो बार ऐसा हुआ कि जब वह उनके थोड़ा निकट पहुँचा, तो दोनों एकदम नीचे इस तरह निश्चल होकर पड़ गए कि बालियाँ तक स्थिर हो गईं। इसी तरह, एक दिन वह एक सँकरे रास्ते से गुज़र रहा था, तो कैथरीन की स्वच्छ निर्मल आँखें गेहूँ के ऊपर झाँकती हुई दिखाई पड़ी थीं और फिर एकदम अदृश्य भी हो गई थीं। तब उसे लगा था कि यह विशाल धरती बड़ी छोटी है। इसके बाद एतियन ने फ़ैसला किया कि शाम को अब वह रासनर की कलवरिया लावंताज़ से बाहर ही नहीं निकलेगा।

'मदाम रासनर, एक बियर पिला न !...नहीं, आज रात को बाहर नहीं जाऊँगा। इतना थक गया हूँ, खड़े होना भी दुश्वार हो रहा है।' और वह मुड़कर एक मित्र की तरफ़ देखने लगा जो प्रायः पिछली टेबल पर दीवार के साथ सिर टिकाए बैठा रहता था।

'सूवारीन, बियर लोगे ?'

'जी नहीं, शुक्रिया।'

सूवारीन से एतियन का परिचय कुछ इस तरह हुआ था कि दोनों ही रासनर के यहाँ ठहरे हुए थे। सूवारीन ल वोरअ में इंजिनमैन की नौकरी करता था और ऊपरी मंज़िल पर एतियन के साथवाले कमरे में रहता आ रहा था। तीसेक बरस की उम्र थी

उसकी। नयन-नक़्श तीखे। बदन छरहरा। आकर्षक मुखमंडल। हलके भूरे रंग के घनेरे बाल। हलकी-सी दाढ़ी। सफ़ेद, नुकीली दन्तावली। सुतवीं नाक। पतले-पतले होंठ। चेहरा गुलाबी। यह सब देखकर भ्रम होने लगता कि ऐसा नाक-नक्श तो किसी छोकरी का ही हो सकता है—एकदम सौम्य आकृति। मगर जब उसकी धूसर आँखों में लहक-सी उभरती, तो यह कोमलता एकाएक बर्बरता-क्रूरता का रूप धारण कर लेती। जिस सामान्य-से कमरे में वह ठहरा हुआ था, उसमें काग़ज़-पत्रों की पेटी और किताबों के अलावा और कुछ न था। था वह रूसी। कौन है, कहाँ से आया है, कुछ नहीं बताता था। उसके बारे में ऐसी-वैसी जो अफ़वाहें फैलती रहतीं, उनकी तरफ़ वह ध्यान ही नहीं देता था। कोयला-खान में काम करनेवाले लोग अजनबियों को हमेशा शक की निगाह से देखा करते थे और उसके जिस तरह के कोमल-कोमल, छोटे-छोटे हाथ थे, उन्हें देख-देखकर वे समझते थे कि वह किसी कुलीन वर्ग का आदमी है। शुरू-शुरू में तो उन्हें यह भी सन्देह होने लगा था कि शायद वह कहीं कोई ऐसी-वैसी करतूत करके आया है—हो सकता है किसी की हत्या करके आया हो और कानून की गिरफ़्त से बचने के लिए इधर आ गया हो। लेकिन जब उसने सबके साथ स्नेह का व्यवहार करना शुरू किया और किसी किस्म की हेकड़ी नहीं दिखाई, गाँव के बच्चों को देखते ही जब जेब में रखा एक-एक सू बाँटने लगता, तब कहीं जाकर लोगों का विश्वास जमा। समझ गए कि कोई 'राजनीतिक शरणार्थी' है। यह ऐसी शब्दावली थी जो अपराध पर भी पर्दा डालने का एक हीला था और इससे यह ध्वनि भी निकलती थी कि दुख-दर्द में भी कोई किसी का हमदम है।

पहले कुछ हफ़्तों तक तो एतियन समझ ही नहीं पाया था कि सूवारीन इस तरह घुन्ना-सा क्यों बना रहता है। यही कारण था कि काफ़ी देर तक उसे इस शख़्स के अतीत के बारे में कुछ मालूम नहीं हुआ। सूवारीन तुला नामक प्रान्त के किसी कुलीन घराने का सबसे छोटा बेटा था। सेंट पीटर्सबर्ग में डॉक्टरी की पढ़ाई कर रहा था। उन दिनों रूस की युवापीढ़ी में समाजवाद की ऐसी लहर आई थी कि झोंक में आकर इसने भी फ़ैसला किया था कि वह भी हाथ का कोई काम करेगा, अर्थात् इंजिन चलाना सीखेगा, ताकि इस बहाने जनता से घुल-मिल सके, लोगों को अच्छी तरह जान-समझ सके और भाई की तरह उनकी मदद कर सके। मगर जब सम्राट की हत्या का प्रयास विफल गया, तो सूवारीन भी देश छोड़कर भागा और इंजिनमैन बन कर पेट भरता रहा। एक महीने तक तो फल-विक्रेता के तहख़ाने में छिपकर बैठा। वहाँ उसने सड़क के नीचे सुरंग खोदी और बम भी बनाए। इस काम में हमेशा यह ख़तरा रहता था कि किसी भी वक्त उसकी और उस मकान की धज्जियाँ उड़ सकती हैं। घरवालों ने उसे पारखत्ती दे दी थी। अंटी में पाई-पैसा नहीं था। फ्रांस के कारख़ानों ने उसका नाम काली सूची में डाल रखा था, क्योंकि डरते थे कि कहीं यह कोई विदेशी जासूस न हो। ऐसे में भूखों मरने की नौबत आ गई थी। उन्हीं दिनों मज़दूरों की कमी के कारण अन्ततः मोंसू कम्पनी ने उसे यह नौकरी दी थी। अब एक साल हो गया था उसे यह काम करते और एक कुशल कर्मचारी के नाते उसकी धाक भी जम गई थी—एकदम शान्त-सौम्य और अल्पभाषी था। एक सप्ताह तो वह दिन की पाली में आता और अगले सप्ताह रात

की पाली में। इतने भरोसे का आदमी साबित हुआ था कि मालिक लोग हर किसी के आगे उसकी प्रशंसा करते अघाते नहीं थे।

'तुम्हें कभी प्यास नहीं लगती ?' एतियन ने हँसते हुए पूछा उससे।

उसने बड़े कोमल, हलके लहज़े में उत्तर दिया, 'जब खाना खाता हूँ, तब प्यास भी लगती है।'

तब एतियन ने औरतों को लेकर भी उससे मज़ाक करना शुरू किया—अरे, मैंने तुझे ग्राम रेशमी मोज़ोंवाले के निकट गेहूँ के खेतों में देखा था ढुलाई करनेवाली किसी छोकरी के साथ।

सूवानीर ने एकदम उदासीनता के साथ मात्र कन्धे उचकाए। ढुलाई करनेवाली छोकरी ? काहे को ? उसकी नज़र में औरत की कोई ज़ात नहीं थी। यदि उसमें पुरुषोचित जीवट और बन्धुत्व की भावना है, तो वह कामरेड है। अगर उसमें ये गुण नहीं हैं, तो उसके मोह-जाल में अपनी दुर्गति क्यों करवाएँ ? सूवानीर को न तो किसी प्रेमिका की आकांक्षा थी, न किसी दोस्त-यार की—उसे तो कोई भी बन्धन स्वीकार नहीं था।

हर रात नौ बजते-बजते शराबघर खाली हो जाता, तो एतियन उसके साथ बातें करने आ बैठता। एतियन तो बियर की चुस्कियाँ लेता रहता, और सूवारीन एक के बाद एक सिगरेट सुलगा कश लगाता रहता। तम्बाकू से उसकी पतली-पतली उँगलियाँ मलिन हो गई थीं। अपनी मुँदी-मुँदी-सी आँखों से, किसी रहस्यवादी की तरह स्वप्निल-सी आँखों से, वह धुँए को ऊपर उठते हुए निहारता रहता। उसका रिक्त बायाँ हाथ व्यग्रता से चेष्टाएँ करता रहता, हिलता-डुलता रहता। अन्ततः वह एक मादा खरगोश को अपनी गोदी में बैठा लेता, जिसका पेट गर्भ के कारण फूला हुआ था। इस खरगोश को घर-भर में जहाँ कहीं डोलते फिरने की आज़ादी थी। जब वह निकट आती, तो उसे उठाकर गोद में बैठा लेता। उसका नाम इसने पोलैंड रख छोड़ा था। पोलैंड भी उसके प्रति बड़ा स्नेह जताती थी—वह इस तरह कि आकर पहले उसकी पतलून को सूँघती। फिर खड़ी होकर पंजों से उसे तब तक बकोटती रहती, जब तक वह उसे उठाकर बालिका की तरह अपनी गोद में बैठा न लेता। गोद में सिमटी-सिकुड़ी-सी बैठी रहती। कानों को पीछे बदन के साथ सटाकर आँखें मूँद लेती और सूवारीन जैसे अनायास ही उसे पुचकारते हुए उसकी धूसर पश्म को निरन्तर सहलाता रहता। उसकी मुलायम, जीवन्त उष्मा से जैसे उसे सुकून मिलता था।

'सुन, प्लुकार्ट की चिट्ठी आई है,' एक रात एतियन ने उससे यह बात कही। उस वक्त वहाँ रासनर के अलावा और कोई नहीं था। आख़िरी ग्राहक उठकर गाँव जा चुका था, जहाँ सोता पड़ गया था।

'अच्छा,' इन दोनों के सामने शराबख़ाने का मालिक खड़ा था। अचकचाकर बोला, 'प्लुकार्ट ? क्या नया शोशा छोड़ना चाहता है अब वह ?'

दो महीने से एतियन का लील के उस मैकेनिक के साथ नियमित पत्र-व्यवहार चल रहा था। एतियन ने उसे मोंसू में अपनी नौकरी के बारे में सब बता दिया था। बस, उस शख़्स ने इस पर अपना रंग चढ़ाना शुरू किया। समझता था कि यह बढ़िया अवसर

है। कोयला-खान में काम करनेवाले मज़दूरों में प्रचार करने के लिए एतियन का इस्तेमाल कर सकता है।

'अब तो उसके ज़हन में, बस, एसोसिएशन ही बसी है, जिसका काम ठीक-ठीक चल रहा है...लगता है, दुनिया-भर के लोग उसमें शामिल होते जा रहे हैं।'

'उनकी एसोसिएशन के बारे में तुम्हारी क्या राय है ?' रासनर ने सूवारीन से पूछा।

सूवारीन ने बड़े स्नेह से पोलैंड का सिर-माथा सहलाते हुए मुँह से धुँए का लच्छा छोड़ा और धीरे से कहा, 'एक और बड़ी बेवकूफ़ी !'

लेकिन एतियन उत्साहित था। अज्ञानवश पहले जो दृष्टिभ्रम था उसे और विद्रोह करने की जो सहज प्रवृत्ति थी, इन दोनों कारणों से वह पूँजीवाद के विरुद्ध श्रम के संघर्ष में कूद पड़ा था। तीनों जिस एसोसिएशन के बारे में बातें कर रहे थे, वह थी वर्कर्स इंटरनेशनल—वही प्रसिद्ध अन्तर्राष्ट्रीय संगठन, जिसकी स्थापना अभी-अभी लन्दन में हुई थी। कितना अद्‌भुत प्रयास था—एक ऐसा आन्दोलन जिसमें जीत अन्ततः न्याय की ही होगी। कहीं कोई सीमा-सरहद नहीं होगी और सारी दुनिया के कामगार उठ खड़े होंगे और एकजुट होकर यह सुनिश्चित करेंगे कि मज़दूर को रोज़ी-रोटी मिलती रहे। और फिर यह कितना वैभवशाली और सहज-सरल संगठन है : सबसे नीचे शाखा होगी, जो कम्यून का प्रतिनिधित्व करेगी; फिर संघ, जिससे एक प्रान्त की समस्त शाखाएँ सम्बद्ध होंगी; फिर राष्ट्र; और अन्त में इन सबके ऊपर मानवता, जो एक महासभा का रूप लेगी, जिसमें प्रत्येक राष्ट्र का प्रतिनिधित्व उसका मंत्री करेगा। छह मास के भीतर-भीतर वे पृथ्वी को सर कर लेंगे और तिस पर भी यदि मालिक लोग राहे-रास्ते पर नहीं आएँगे, तो उनका शिकंजा कसने के लिए कानून बनाएँगे।

'एकदम बेवकूफ़ी की बात !' सूवारीन ने फिर वही बात कही। 'तुम्हारा कार्ल मार्क्स तो अभी उस चरण पर ही पहुँचा है जहाँ प्रकृति के नियम बरकरार रखे जा रहे हैं। किसी किस्म की कोई राजनीति नहीं, कोई षड्‌यंत्र नहीं—क्यों, कोई ग़लत बात कह रहा हूँ ? सारी बातें खुले में होंगी, और एकमात्र ध्येय होगा अधिक पगार प्राप्त करना।...सुन, अपना विकासवाद मत बघारा कर मेरे आगे। शहरों को जला डालो, हर चीज़ को नष्ट कर डालो और जब इस सड़ी-गली दुनिया का नामो-निशान मिट जाएगा, तब उसकी जगह शायद एक नई दुनिया जन्म लेगी।'

एतियन हँस रहा था। उसका यह दोस्त जो कुछ कहता, उसकी कोई बात उसके पल्ले न पड़ती और यह विध्वंस और विनाश का सिद्धान्त उसे निपट ढोंग लगता। रासनर में व्यावहारिक बुद्धि थी और किसी ऐसे इंसान की तरह सहज ज्ञान भी था उसमें जिसकी जड़ें मज़बूत हों। सो, कभी आपा नहीं खोया उसने। उसकी दिलचस्पी थी सही तथ्यों में।

'तो तू मोंसू में भी शाखा खोलने का जतन करेगा ?'

यही तो मंशा थी प्लुकार्ट की, जो उत्तरी योरोप के संघ का मंत्री था और सदा ही इस बात का आश्वासन देता रहता था कि जब भी कोयला-खान मज़दूर हड़ताल पर जाएँगे, इंटरनेशनल हर तरह से उनकी मदद करने आएगा। वास्तव में, एतियन समझता था कि हड़ताल तो होकर रहेगी। बल्लियाँ लगाने का जो शोशा छेड़ा गया था, उससे

बखेड़ा तो खड़ा होगा ही। बस, कम्पनी की तरफ़ से एक बेजा फ़रमान जारी होने भर की देर है, समस्त कोयला-खानें बग़ावत के लिए उठ खड़ी होंगी।

'चिन्ता सिर्फ़ शुल्क की है,' रासनर ने सोच-समझकर यह बात कही। 'सामान्य फ़ंड के लिए हर साल पचास सांटीम और शाखा के लिए दो फ्रां कोई ज़्यादा रकम नहीं होती। मगर लिख ले, ज़्यादातर लोग इतनी रकम भी ढीली नहीं करेंगे।'

'ख़ासकर इस वास्ते भी,' एतियन कह रहा था, 'कि पहले हमें इमरजेंसी फ़ंड बनाना होगा, जिसे ज़रूरत पड़ने पर हड़ताल फ़ंड में भी तब्दील किया जा सके...ताहम, यही वक्त है, इन बातों के बारे में सोच-विचार करने का। बन्दा हाज़िर है, अगर दूसरे लोग हामी भरें।'

एकदम मौन छा गया। बार पर रखा तेल का लैम्प धुँआ देने लगा था। खुले द्वार में से बेलचे की आवाज़ सुनाई पड़ रही थी। कोई फ़ायरमैन ल वोरअ की भट्ठी में कोयला झोंक रहा था।

'हर चीज़ इतनी महँगी होती जा रही है !' मदाम रासनर किसी वक्त आ गई थी और खिन्न-सी खड़ी ध्यान से उनकी बातें सुन रही थी। हमेशा की तरह उस वक्त भी वह काले लिबास में थी, जिसमें वह और भी छरहरी लगती थी। एकाएक उसने यह बात कही थी। 'तुम लोगों को विश्वास नहीं होगा यह सुनकर कि आज अंडे बाईस सू में लेकर आई हूँ। कुछ तो करो।'

अब के तीनों जनों ने सहमति प्रकट की। पहले एक ने, फिर दूसरे ने उदास स्वर में यही बात कही और फिर हर कोई गिला-शिकवा करने लगा। मज़दूर लोग इस तरह कब तक गुज़र-बसर कर पाएँगे ? इस क्रान्ति ने तो उनकी हालत और भी पतली कर डाली है। यह जो मध्यम वर्ग है न, '89 से मुटा रहा है; इतना लोभी है यह वर्ग कि मज़दूरों के लिए चाटने को तश्तरी भी नहीं छोड़ता। कोई मर्द बच्चा बताए कि पिछले सौ बरसों में जिस आश्चर्यजनक तरीके से धन-दौलत में और सुख-सुविधाओं में वृद्धि हुई है, उसका माकूल हिस्सा क्या मज़दूर के पल्ले भी पड़ा है ? इन्हें तो, बस, यही झाँसा दिया जाता है कि तुम लोग आज़ाद हो। बस, इतना ही, और कुछ नहीं। हाँ, आज़ाद हैं ये लोग भूख से बिलबिलाते हुए मरने के वास्ते। यही हश्र होता आया है उनका ! उन धूर्त लोगों को वोट देते रहने से तो उनके घरों में दाल-रोटी नहीं पहुँचती न ! ये लोग ख़ुद तो ठूँस-ठूँस कर बकोटते हैं, मगर जितनी चिन्ता अपने पुराने जूतों की करते हैं, उतनी भी चिन्ता मज़दूरों की नहीं करते। न, येन-केन-प्रकारेण इस सबका अन्त तो होना ही है—या तो सीधी उँगली से घी निकलेगा यानी कानून वग़ैरह बनाकर, या मिल-बैठकर आपसी समझौते से इसे ख़त्म करना होगा या फिर बर्बर तरीका अपनाया जाएगा—यानी कि हर चीज़ को आग के हवाले करके या एक-दूसरे का गला रेतकर। हमारे बाल-गोपाल यह सारा कांड अवश्य देखेंगे, चाहे इनके माँ-बाप न भी देख पाएँ, क्योंकि सदी का अन्त होने से पहले एक और क्रान्ति तो होकर ही रहेगी, और अबके यह मज़दूरों की क्रान्ति होगी। ऐसा धमाका होगा कि सारा समाज ऊपर से लेकर नीचे तक धुलकर एकदम साफ़-सुथरा हो जाएगा और उसका पुनर्निर्माण सुघड़ तरीके से और न्यायोचित ढंग से होगा।

'कुछ तो होना चाहिए !' मदाम रासनर ने पुनः ज़ोर देकर यह बात कही।

'बिलकुल-बिलकुल,' सब एक साथ बोल पड़े। 'कुछ-न-कुछ तो होगा ही।'

सूवारीन पोलैंड के कानों को सहला रहा था और इस आनन्दानुभूति से खरगोश की नासिका सुरसुराने लगी थी। सूवारीन गहरी सोच में डूबा दूर कहीं दृष्टि टिकाए दबे-दबे स्वर में जैसे बड़बड़ाने लगा था, 'मजूरी बढ़ाओ—क्या सचमुच ऐसा किया जा सकता है ? मजूरी तो कठोर कानून के मुताबिक बाँधी जाती है और ये कानून ऐसे हैं कि इनकी रूह से कम-से-कम मजूरी तय होती है—बस, इतनी ही कि मज़दूर सूखी रोटी खाता रहे और बच्चे पैदा करता रहे...अगर यह मजूरी बहुत नीचे चली जाती है, तो मज़दूर भूखों मरने लगते हैं और जब मज़दूरों की किल्लत हो जाती है, तो मजूरी फिर बढ़ने लगती है...और जब मजूरी बहुत बढ़ जाती है, तो मज़दूर भी बढ़ने लगते हैं, और मजूरी फिर घट जाती है...खाली पेट सन्तुलन बरकरार रखते हैं और नतीजा यह होता है कि मज़दूर हमेशा भूखों मरता रहता है।'

इस तरह जब वह बहककर समाजवाद के सिद्धान्त बघारने लगा, तो एतियन और रासनर परेशान होकर बग़लें झाँकने लगे, क्योंकि उसने जो निराशावादी दावे किए थे, उनका कोई जवाब नहीं था उनके पास।

'सुनो,' उनकी तरफ़ देखते हुए वह पूर्ववत शान्त लहज़े में बोल रहा था। 'सब कुछ नष्ट कर दिया जाना चाहिए, नहीं तो भूख फिर सिर उठाएगी। हाँ, अराजकता ! कुछ भी बचे नहीं, धरती ख़ून से धुल जाए और अग्नि से पवित्र हो जाए !...उसके बाद देखेंगे।'

'ये साहब एकदम सही फ़रमा रहे हैं,' मदाम रासनर बोल उठी। हालाँकि वह क्रान्तिकारी उत्साह से अनुप्राणित थी, फिर भी बड़ी विनम्रता से बोली थी।

एतियन को अपने अज्ञान पर ग्लानि हो रही थी। सो, बहस आगे बढ़ाने में उसकी रुचि नहीं थी। इसलिए वह यह कहते हुए उठ खड़ा हुआ : 'चलिए, अब चलकर सोएँ। इस सबके बावजूद सवेरे तीन बजे उठना ही पड़ेगा।'

अपने होंठों में फँसी सिगरेट को बुझाकर सुवारीन ने हौले से खरगोश के फूले पेट के नीचे हाथ डाला और उसे फ़र्श पर छोड़ दिया। रासनर ने ताला लगाया। तीनों जन चुपचाप अलग हुए। मगर जिन गम्भीर प्रश्नों ने उनके भीतर ऊहापोह मचा रखी थी, वे उनके कानों में गूँज रहे थे, उसके भीतर उथल-पुथल हो रही थी।

और हर रात एतियन बियर का मग लेकर बैठता और उसे समाप्त करने में घंटा-भर लगा देता। उस खाली-खाली-से कमरे में इसी प्रकार की बातें होती थीं। एतियन के अन्तस्तल में धुँधले-धुँधले विचारों की जो दुनिया सो रही थी, अब खुलने लगी थी। अधिकाधिक ज्ञानार्जन की भूख के वशीभूत वह सूवारीन से कोई पुस्तक माँगने में संकोच ही करता। दुर्भाग्यवश, उसके पास जितनी पुस्तकें थीं, वे जर्मन में थीं या रूसी में। परन्तु अन्ततः उसने सहकारी संस्थाओं पर एक पुस्तक उससे माँग ही ली जो कि फ्रेंच में थी (सूवारीन कहता—एक और बेवकूफ़ी)। सूवारीन *कंबैट* नामक जो अख़बार मँगवाता था, एतियन उसे भी नियमित रूप से पढ़ने लगा था। यह अराजकतावादी अख़बार था और जेनेवा से छपकर आता था। वे प्रतिदिन मिलते थे। इसके बावजूद, एतियन ने पाया

कि सूवारीन हमेशा अपने में खोया-खोया-सा रहता है। यही लगता कि वह जीवन बसर-भर कर रहा है। किसी चीज़ में उसकी कोई दिलचस्पी नहीं है, न ही कोई राग-विराग है, न धन-सम्पत्ति का कोई मोह है।

जुलाई का महीना आरम्भ होते-होते एतियन की तकदीर ने अचानक पलटा खाया। कोयला-खान की रोज़-ब-रोज़ की यकसाँ चलती ज़िन्दगी में अचानक एक हादसा हो गया। 'गियोम' दरार में काम करनेवाली टोलियों को कोयले की परत में खड़खड़ाहट-सी सुनाई पड़ी थी और उन्हें विश्वास हो गया था कि आगे कहीं कोई है। यही नहीं, उन्होंने उसका पता भी लगा लिया था। हालाँकि इंजीनियरों के पास सारे इलाके की तफ़सील थी, फिर भी सुराग़ वे नहीं लगा पाए थे। सारी कोयला-खान में हल्ला हो गया। बस, हर किसी की ज़बान पर एक ही बात थी कि यह दरार अब गई समझो, जो सम्भवतः दूसरी तरफ़ बैठ ही गई थी। जहाँ गड़बड़ का अन्देशा था। पुराने मज़दूर शिकारी कुत्तों की तरह कोयले की गन्ध को सूँघते फिरते थे। मगर कोयला-खान में काम करनेवाली टोलियाँ हाथ पर हाथ धरे बैठ नहीं गईं। इधर, नोटिस लग गए थे कि कम्पनी नए ठेकों की नीलामी करेगी।

एक दिन छुट्टी की वेला में माहूअ ने एतियन के साथ चलते हुए उसे अपनी टोली में कोयला काटने का काम देने की पेशकश की। यह काम अभी तक लवाक कर रहा था, जो अब किसी दूसरी टोली में शामिल हो गया था। ऐसा करने के लिए चीफ़ फ़ोरमैन और दोनों इंजीनियरों ने भी स्वीकृति दे दी थी, क्योंकि वे एतियन से काफ़ी ख़ुश लगते थे। बस, एतियन को इस तरक्की के लिए हामी भरनी थी। उसने हामी भर भी दी, क्योंकि यह देखकर वह फूला नहीं समाया कि माहूअ उसे इतना आदर-मान दे रहा है।

उस शाम लौटकर वे नोटिस देखने कोयला-खान में गए। ल वोरअ के उत्तरी गलियारे में फ़ीलोनियर दरार में चबूतरों की बोली लगनी थी। वह कोई बहुत ज़्यादा मुनाफ़ा देनेवाला स्थल नहीं था। एतियन ने जब शर्तें पढ़कर सुनाईं, तो माहूअ ने गर्दन हिलाई। अगले दिन जब वे कोयला-खान में उतरकर इस दरार को देखने गए, तो माहूअ ने बताया कि ढुलाई चौकी से वह जगह कितनी दूर है, खान का यह हिस्सा किस तरह झड़ता रहता है, परत कितनी सँकरी है और कोयला भी कितना सख़्त है, वग़ैरह-वग़ैरह। लेकिन पेट भरने की ख़ातिर कोई भी काम हो, करना तो पड़ेगा ही। सो, अगले रविवार वे नीलामी पर पहुँचे, जो कि कपड़े बदली करनेवाले ओसारे में होने जा रही थी। डिवीज़न इंजीनियर की अनुपस्थिति में कोयला-खान का इंजीनियर नीलामी करवा रहा था और उसकी सहायता कर रहा था चीफ़ फ़ोरमैन। पाँच-छह सौ कोयला-खान मज़दूर थे, जो एक कोने में बनाए गए छोटे-से मंच के सामने खड़े थे। और बोली इतनी जल्दी-जल्दी लगाई जा रही थी कि गुलगपाड़े में कुछ भी सुनाई नहीं पड़ता था—कोई बोली लगाता, तो उसका स्वर दूसरे लोगों की बोली में डूब जाता।

एक क्षण माहूअ को यह घबराहट हुई कि कम्पनी जो चालीस ठेके देने जा रही है, उनमें से एक भी उसे मिलनेवाला नहीं है। बोली लगानेवाले आसन्न संकट की अफ़वाहों से घबराए हुए थे ही और बेरोज़गारी की आशंका से भी त्रस्त थे। इसलिए

बोली घटाते जा रहे थे। उनकी दीवानगी देख इंजीनियर नेगरेल धीमे-धीमे चल रहा था, ताकि नीची-से-नीची बोली लगे, हालाँकि दांसायर जल्दी-से-जल्दी सारा मामला तय कर देना चाहता था और कोयले की अच्छाइयों-सिफ़्तों के बारे में ग़लतबयानी कर रहा था। कोई 150 फुट का ठेका लेने के वास्ते माहूअ ने अपने एक ऐसे साथी के ख़िलाफ़ बोली लगा दी थी जो उसकी तरह ही ठेका लेने को उत्सुक था। दोनों ही प्रति छकड़ा एक-एक सांटीम घटाकर बोली दे रहे थे, और हालाँकि अन्ततः जीत हुई माहूअ की ही, मगर अपनी बोली उसे इतनी घटानी पड़ी थी कि उसके पीछे खड़े फ़ोरमैन रिशोम ने क्षुब्ध होकर उसे टहोका मारते हुए आक्रोशपूर्वक यह बात कही कि इस कीमत पर यह शख़्स कभी भी काम सरंजाम नहीं दे पाएगा।

वहाँ से बाहर निकलते हुए एतियन भी भन्ना रहा था। शावाल के सामने ही वह फट पड़ा, जो अभी-अभी कैथरीन के साथ गेहूँ के खेतों में मटरगश्ती करने के बाद लौटा था, जबकि उसका ससुर इतने गम्भीर मामले से दो-चार हो रहा था।

'देखो तो ज़रा, ये लोग किस तरह हमारा खून चूसते हैं !' एतियन ऊँचा-ऊँचा बोल रहा था। 'ये लोग किस तरह एक मज़दूर को दूसरे मज़दूर से लड़ाते हैं !'

शावाल भी नाराज़ हो गया—वह किसी हालत में कीमत कम न करता। ज़कारी मात्र उत्सुकतावश वहाँ चला आया था। बोला कि यह सब देखकर जुगुप्सा होती है। लेकिन एतियन को यह बात अख़र गई। एकदम बिगड़ते हुए उसने सबका मुँह बन्द कर दिया।

'हमेशा ऐसी हालत नहीं रहेगी ! एक दिन हम भी मालिक बनेंगे।'

माहूअ ने बोली लगाने के बाद से जैसे मुँह ही सी लिया था। अब एकाएक जैसे सजग होकर बोला : 'अपने मालिक !...ख़ातिर जमा रख। अरे, ऐसी नौबत इतनी जल्दी नहीं आनेवाली !'

2

जुलाई का अन्तिम इतवार था, जो मोंसू के संरक्षक सन्त के प्रीतिभोज दिवस के रूप में मनाया जाता था। शनिवार की साँझ ही गाँव के गृहस्थों ने अपने बैठकखानों को मल-मलकर धो डाला था—बाल्टियाँ भर-भरकर फ़र्श के पत्थरों को, दीवारों को रगड़-रगड़कर साफ़ किया था। हालाँकि फ़र्श पर इन्होंने सफ़ेद बालू भी बिछाया था—जिसका खर्चा इन ग़रीबों की जेब पर भारी पड़ता था—तो भी फ़र्श अभी तक सूख नहीं पाए थे। ऐसा लग रहा था कि दिन काफ़ी गर्म रहेगा। तूफ़ानी बादलों से ढका ग्रीष्मकालीन आकाश अन्तहीन फैली सपाट और नंगी धरती पर नीचे तक झुक आया था।

रविवार को माहूअ परिवार अपनी सुविधा से जागता-उठता था। मगर माहूअ के लिए पाँच बजते-बजते बिस्तर में पड़े रहना असह्य हो जाता और वह उठ कर कपड़े पहन लेता। लेकिन बच्चे नौ बजे तक पड़े रहते। उस रविवार भी माहूअ उठा और पाइप पीने के लिए बग़ीची में आ गया। फिर भीतर आकर उसने थोड़ी रोटी, थोड़ा मक्खन

निकाला और बाकी घर के लोगों की इन्तजार किए बिना अकेला बैठ खाने लगा। खा-पीकर उसने घर के छिटपुट काम निपटाए : टब चूने लगा था। उसकी मरम्मत कर डाली। बच्चे को राजकुमार की जो तस्वीर मिली थी, उसे कुकु क्लाक के नीचे लगाया। इस बीच घर के बाकी लोग एक-एक करके नीचे उतरकर आ रहे थे। वृद्ध बोनमोर्त बाहर धूप में कुर्सी डालकर बैठा था। ला माहूद और अलज़ीर नीचे आते ही भोजन की तैयारी में जुट गई थीं। फिर कैथरीन उतरी। लेनोर और आरी को कपड़े पहनाकर धकेलते हुए नीचे ले आई थी। ग्यारह बजते-बजते ज़कारी और यांलैं भी नीचे आ गए थे। नींद से आँखें सूजी हुई थीं और तब भी उबासियाँ ले रहे थे। सारे घर में आलू के साथ पकते ख़रगोश के गोश्त की महक फैल रही थी।

छुट्टी का दिन जो था, सो सारे गाँव में गहमागहमी थी। हर कोई उत्साहित था और जल्दी-जल्दी खा-पीकर निबट लेना चाहता था, ताकि संगी-साथियों के साथ मोंसू के लिए रवाना हो जाए। बच्चों की टोलियाँ भागती फिरती थीं। मर्द लोग फुर्सत में थे, सो मात्र कमीज़ और स्लीपर में अलसाए-से यहाँ-वहाँ डोल रहे थे। मौसम भी सुहावना था, सो चौपट खुली खिड़कियों और दरवाज़ों में से कमरों के भीतरी भाग दिखाई पड़ते थे, जिनमें रहनेवाले परिवार खूब उछलते-कूदते हुए हो-हल्ला कर रहे थे। एक सिरे से लगाकर दूसरे सिरे तक कतारों में खड़े घरों में से खरगोश पकने की या यों कहिए कि बढ़िया पकवानों की उठती महक रोज़ाना उठने वाली प्याज़ की गन्ध से होड़-सी करती प्रतीत होती थी।

दोपहर होते ही माहूअ परिवार ने भोजन कर लिया। दूसरे घरों की अपेक्षा यह परिवार संयत था। बाकी लोग जो थे, घर-घर जाकर हाँकते फिरते थे। और औरतें क्या थीं, खूब ऊँचे-ऊँचे बतियाती फिरती थीं। या तो किसी से कुछ माँगने निकली थीं या उधार ली गई चीज़ लौटा रही थीं या छोरे-छोरियों को मार-पीटकर खदेड़ रही थीं या घर के भीतर आने को डाँट-डपट रही थीं। वास्तव में, पिछले तीन हफ़्तों से माहूअ परिवार और पड़ोसियों यानी कि लवाक परिवार में उदासीनता-सी आ गई थी, जिसका कारण था ज़कारी और फ़िलोमेन की शादी का मामला। मर्द तो मिलते-जुलते रहते थे, मगर स्त्रियाँ मुँह फेर लेती थीं और ऐसा दिखातीं, मानो एक-दूसरे से वाकिफ़ ही न हों। इस कलह के कारण ला पियरोन के साथ इनकी घनिष्ठता और बढ़ गई थी, मगर यह स्त्री आज सुबह-सवेरे ही मारशियन में किसी चचेरी-ममेरी बहन के घर मिलने-जुलने चली गई थी और पियरों तथा लिडी को अपनी माँ के पास छोड़ गई थी। इस बात को लेकर हर कोई हँसता, क्योंकि सभी चचेरी-ममेरी इस बहन को बख़ूबी जानते-पहचानते थे : क्योंकि इस बहन की मूँछें भी थीं और उसे ला वोरअ में फ़ोरमैनी मिली हुई थी। ला माहूद हमेशा कहा करती थी कि ऐसे छुट्टी वाले दिन अपने परिवार से अलग-थलग रहना अच्छा नहीं होता।

माहूअ परिवार ने खरगोश के गोश्त और आलू के अलावा (एक खरगोश को एक माह तक पिंजरे में पाल-पोसकर इन्होंने खूब तगड़ा और मोटा किया था) गाढ़ा-गाढ़ा सूप पिया था और बीफ़ भी छककर खाई थी। अभी कल ही तो इन्हें पगार मिली थी, और याद नहीं पड़ता कि इससे पहले इन्हें कभी ऐसा भोजन नसीब हुआ हो। यहाँ तक

कि पिछले सन्त बारबरा दिवस पर भी (जब छुट्टियों में खान मज़दूर तीन दिन तक काम को हाथ नहीं लगाते) इन्हें खाने को जो खरगोश मिला था, वह न तो इतना मोटा था, और न ही उसका गोश्त इतना लज़ीज़ था। खाने वाले दस प्राणी थे—नन्हीं एस्तेल समेत, जिसके दाँत अभी निकल ही रहे थे, वृद्ध बोनमोर्त तक, जिसके दाँत झड़ने लगे थे, और एक-एक जना खाने पर इस तरह टूट पड़ा था कि हड्डी तक चबा गया था। मांस खाना अच्छी बात थी, लेकिन यह पदार्थ इन्हें कभी-कभार ही नसीब होता था। सो, पचाने में थोड़ा कष्ट होता था। सब चीज़ें वे चट कर गये थे। हाँ, थोड़ी उबली हुई बीफ़ बचा ली गई थी, साँझ के लिए; जब भूख लगेगी, तो रोटी-मक्खन के साथ खा लेंगे।

यांलैं सबसे पहले सरका। बेबेर स्कूल के पीछे उसकी राह देख रहा था। मगर लिडी को बहलाने-फुसलाने में थोड़ा वक्त लग गया। काफ़ी देर तक वे आस-पास मँडराते रहे। बात यह हुई कि ला ब्रूले बाहर जाने को इच्छुक नहीं थी, इसलिए चाहती थी कि लिडी भी घर पर रहे। जब उसने देखा कि लिडी खिसक गई है, तो वह लगी चीखने-चिल्लाने और दुबलाई बाँहें नचाने। पियरों इस गुल-गपाड़े से इतना क्षुब्ध हुआ कि चहलकदमी करने के बहाने घर से निकल गया। वह उस मरद की तरह व्यवहार कर रहा था जिसे कोई गति नहीं ब्यापती, क्योंकि भली-भाँति जानता है कि उसकी लुगाई गुलछर्रे उड़ाने गई है।

इसके बाद बोनमोर्त घर से निकला, और फिर माहूअ ने भी हवाख़ोरी के इरादे से पत्नी से कहा कि वह भी थोड़ी देर बाद आ जाए। लेकिन वह बोली कि नहीं आ पाएगी, क्योंकि पीछे बच्चों को कौन सँभालेगा। फिर भी बोली कि ठीक है, हो सका, तो आ जाएगी और उसे ढूँढ़ ही लेगी।

बाहर निकलकर वह क्षण-भर ठिठका। फिर पड़ोस में यह देखने के लिए चला गया कि लवाक तैयार है या नहीं। मगर वहाँ तो ज़कारी खड़ा फ़िलोमेन की इन्तज़ार कर रहा था। ला लवाक ने फिर वही शादी का राग अलापना शुरू कर दिया और चिल्ला-चिल्लाकर बोलने लगी कि तुम लोग मुझे बेवकूफ़ बनाने पर तुले हो...देखना, ला माहूद के साथ फ़ैसला करके ही रहेगी—आर या पार। यह भी कोई ज़िन्दगी है ! बोले जा रही थी कि वह तो बेटी के पितृहीन बच्चों के लालन-पालन में खप रही है, और बेटी है कि अपने यार के साथ तितली की तरह उड़ती फिरती है।

फ़िलोमेन ने आराम से सिर पर बोनेट रखा और ज़कारी उसे अपने साथ लेकर चल पड़ा। बोलता जा रहा था—अगर मेरी माँ को कोई उज्र नहीं, तो मुझे भी कोई उज्र नहीं।

चूँकि लवाक पहले ही खिसक गया था, सो माहूअ ला लवाक से यह कह कर चला आया—मेरी पत्नी से बात कर ले।

बूतलू मेज़ पर कुहनियाँ टिकाए पनीर भकोस रहा था। बियर के लिए उसने मना कर दिया था। बोला कि अच्छे पति की तरह वह घर पर ही बैठेगा।

गाँव धीरे-धीरे खाली होता जा रहा था। मरद एक-एक करके जा रहे थे और छोकरियाँ अपने दरवाज़ों में खड़ी थीं। ज्योंहि उनके दोस्त-यार आते, उनकी बाँह में बाँह

डाल वे भी उलटी दिशा में खिसक जातीं।

कैथरीन का बाप अभी चर्च के मोड़ पर ही था कि कैथरीन ने शावाल को आते देख लिया। उससे मिलने वह दौड़ी गई और दोनों मोंसू रवाना हो गए।

ला माहूद रार करते बच्चों के साथ घर में अकेली रह गई। कुर्सी से उठकर खड़े होने तक की ताकत नहीं थीं उसमें। फिर भी, किसी तरह उसने उबलती कॉफ़ी का प्याला भरा और धीरे-धीरे सुड़कती रही।

गाँव में अब केवल लुगाइयाँ ही रह गई थीं। एक-दूसरे को आवाज़ें दे-देकर बुला रही थीं। भोजन के उपरान्त मेज़ें अभी तक गरम-गरम-सी लगती थीं और चिकनाई भी लगी थी उन पर। औरतें उन्हीं के निकट खड़ी कॉफ़ी गटक रही थीं।

माहूअ को शक था कि लवाक लावंताज़ में होगा। सो, वह ख़रामा-ख़रामा चलते हुए रासनर के यहाँ गया। उसका अनुमान सही निकला। लवाक कलवरिया के पीछे नीची बाड़ के बगीचे में दोस्तों के साथ गेंद और नौ खूँटीवाला खेल खेल रहा था। वृद्ध बोनमोर्त और वृद्ध मूक भी वहीं मौजूद थे और खेल को इस तरह मगन होकर देख रहे थे कि एक-दूसरे को टहोका तक लगाना भूल गए थे। तेज़ धूप एकदम सीधी पड़ रही थी और इमारत की बग़ल में ही छाँह की पतली पट्टी-सी रह गई थी।

एतियन भी वहीं मेज़ पर बैठा बियर पी रहा था। तनिक खिन्न था, क्योंकि अभी-अभी सूवारीन उठकर अपने कमरे में चला गया था। लगभग हर इतवार यह इंजिनमैन कमरा बन्द करके लिखने-पढ़ने बैठ जाया करता था।

'खेलोगे ?' लवाक ने माहूअ से कहा।

उसने मना कर दिया। गर्मी से वैसे ही बेहाल था। फिर प्यास के मारे दम निकला जा रहा था।

'रासनर !' उसने आवाज़ लगाई। 'यहाँ एक बियर भिजवाओगे ?' फिर माहूअ की तरफ़ देखते हुए बोला, 'यह मेरी तरफ़ से।'

इनमें अब ख़ासी बेतकल्लुफ़ी हो चली थी। रासनर तत्काल नहीं आया। उसे तीन बार आवाज़ लगानी पड़ी और आख़िर मदाम रासनर गुनगुनी बियर लेकर हाज़िर हुई। एतियन दबे स्वर में वहाँ की प्रबन्ध-व्यवस्था के बारे में झींक रहा था कि बेशक लोग अच्छे हैं, विचार भी ठीक-ठाक हैं इनके, मगर बियर यहाँ की एकदम बकवास है। और सूप ? बस, कुछ पूछो मत ! एकदम हैबतनाक ! कहता था कि कभी का किसी दूसरी जगह चला गया होता, लेकिन इतनी दूर मोंसू तक पैदल चलकर आना-जाना उसे गवारा नहीं। अब एक-न-एक दिन इसी गाँव में किसी परिवार के साथ कमरा ले लेगा।

'हाँ, बिलकुल,' माहूअ ने धीमे-से यह बात कही। 'बिलकुल, किसी परिवार के साथ रहोगे, तो ज़्यादा सुख मिलेगा।'

तभी एकाएक शोर मच गया। लवाक ने एक ही गेंद से नौ की नौ खूँटियाँ गिरा दी थीं। इस शोर-शराबे के बीच मूक ने और बोनमोर्त ने ज़मीन पर ही दृष्टि टिकाए रखी। एक बार भी नज़र उठाकर ऊपर नहीं देखा और गहरी चुप्पी के साथ दाद दी। इस कमाल से लोगों में इतना जोश पैदा हुआ कि वे एक-दूसरे के साथ हँसी-दिल्लगी करने लगे, और जब खिलाड़ियों को बाड़े के ऊपर मूकेत की हँसती सूरत दिखाई दी,

तो वे और भी उछलने-कूदने लगे। घंटे-भर से मूकेत वहीं मँडरा रही थी और अब जब ठहाके लगने लगे, तो वह भी दौड़ी आई।

'अरी, आज तू अकेली कैसे ?' लवाक ने चिल्लाकर कहा। 'तेरे यार कहाँ मर गए ?'

'मेरे यार ?—सबकी छुट्टी कर आई हूँ !' वह ढिठाई से खीसें निपोरते हुए बोली। 'अरे, अब तो किसी नए यार की तलाश में हूँ !'

इस पर सभी ने अपनी सेवाएँ प्रस्तुत कीं।

फिर वे लोग फ़ाह्श-से-फ़ाह्श बातें करके उसके साथ छेड़खानी करने लगे। वह सिर मटकाती, नखरे दिखाती और ज़ोर-ज़ोर से हँसती। उसका बाप यह सब देख-सुनकर भी कुछ बोल नहीं रहा था। उसकी नज़रें तो उखड़कर गिरी नौ खूँटियों पर अटकी थीं।

'अरी, चालू हो जा न !' लवाक ने कनखियों से एतियन की तरफ़ देखते हुए आवाज़ कसी। 'सबको मालूम है, तू किस पर मरती है...अरी, भगाकर ले जाना पड़ेगा उसे !'

एतियन हँसता जा रहा था। और यह बात सच भी थी—ढुलाई करनेवाली यह लड़की उसी के लिए तो वहाँ मँडराती फिरती थी। उसने हँसते-खिलखिलाते हुए उसे परे ही रखा, क्योंकि उसके मन में इस औरत के लिए लेशमात्र भी कामेच्छा नहीं थी। पहले तो वह बाड़े के पीछे थोड़ी देर खड़ी एतियन की तरफ़ टकटकी लगाए देखती रही, फिर धीरे-से खिसक गई। चेहरे पर उदासी झलक आई थी, मानो तपती धूप वह बरदाश्त नहीं कर पा रही थी।

एतियन अब माह्अ को हौले-हौले समझाने की कोशिश कर रहा था कि मोंसू के मज़दूरों को क्योंकर इमरजेंसी फ़ंड बनाना चाहिए।

'कम्पनी जब कह रही है कि हम अपनी मरज़ी के मालिक हैं, तो फिर डर किस बात का ? कुल मिलाकर पेंशन की ही बात है न, और उसके लिए पगार में से जब पाई-पैसा नहीं काटते, तो पेंशन दें या न दें, यह तो उनकी खुशी पर निर्भर करता है न...अब उन पर निर्भर करने के बजाय क्यों न कोई ऐसी संस्था बना ली जाए जिसका आड़े वक्तों में आसरा हो।' और फिर उसने एक-एक बात खोलकर समझाई। यह भी बताया कि संस्था की स्थापना किस तरह की जाएगी और यह भी विश्वास दिलाया कि सारे काम का ज़िम्मा वह खुद लेगा।

'ठीक है, मुझे मंज़ूर है,' अन्ततः माह्अ कायल होकर बोला। 'लेकिन और लोग शामिल होंगे ?...उन्हें भी राज़ी करने की कोशिश करो।'

लवाक जीत गया था और सब लोग खेल छोड़कर बियर पीने चले। माह्अ ने और बियर लेने से मना कर दिया। बोला कि बाद में ले लेगा, अभी तो पूरा दिन पड़ा है।

तभी उसे पियरों का ध्यान आया—पता नहीं इस वक्त कहाँ होगा ? हो सकता है लांफ़ां में हो।

इधर, एक नई टोली ने लावंताज़ में नौ खूँटियों का खेल शुरू कर दिया था। माह्अ ने एतियन और लवाक को अपने साथ मोंसू चलने के लिए तैयार किया और तीनों उठकर चल पड़े।

रास्ते में वे काज़ीमीर शराबघर में और फिर ल प्रोग्रे शराबघर में रुके। दरवाजों में खड़े मित्र उनसे आने का अनुरोध करते। मना करने का कोई बहाना भी तो न था। हर जगह बियर का दौर चलता। और कहीं-कहीं तो दो भी हो जातीं, यदि वे भी उन्हें पिलाते। दसेक मिनट वहाँ ठहरते, थोड़ी गपशप करते और आगे बढ़ते। वहाँ भी एक बार फिर यही सिलसिला चलता। ऐसा करने में कोई जोखिम भी तो नहीं थी—बियर के वे आदी थे और बिना किसी परेशानी के डटकर पीते भी थे। बस, इतनी तकलीफ ज़रूर करनी पड़ती थी कि तत्काल उसे पेशाब के रास्ते निकाल देने को विवश हो जाते थे, जो सोते के पानी की तरह एकदम साफ़-स्वच्छ निकलती थी।

लांफ़ां में उन्हें अचानक पियरों मिल गया उन्हें जो दूसरी बियर पीने में लगा था। सबकी ख़ुशी के लिए एक जाम पिया गया, तो तीसरी बियर के लिए उससे इनकार करते न बन पड़ा। चौकड़ी बन गई थी। अब वे टीसों शराबघर में ज़कारी को खोजने निकले।

टीसों खाली पड़ा था। इन्होंने बियर का आर्डर दिया और कुछ समय तक वहीं प्रतीक्षा में बैठे रहे। आगे वे सैं एलुआ पहुँचे, जहाँ फ़ोरमैन रिशोम के साथ बियर का एक और दौर चला। इसके बाद वे एक शराबघर से दूसरे शराबघर में घूमते फिरे। बस, मौज-मस्ती करो। इसके सिवा और कोई हीला भी तो नहीं था।

'चलो वोल्कों चलते है।' एकाएक लवाक के मुँह से निकला, क्योंकि उसे थोड़ी चढ़ गई थी।

सब हँस पड़े। पहले थोड़ा झिझके, फिर अपने दोस्त के साथ चलने को तैयार हो गए। मौज-मस्ती में डूबे लोगों की भीड़ को चीरते हुए वे चल पड़े।

वोल्कों शराबघर लंबोतरा और सँकरा-सा था। उसमें पीछे की तरफ़ बने लकड़ी के चबूतरे पर लील के गली-कूचों से खदेड़ी गई पाँच गानेवाली औरतें ओछे कपड़ों में हाव-भाव दिखा-दिखा कर निर्लज्ज चेष्टाएँ करती इतरा रही थीं। अगर किसी ग्राहक का दिल किसी लड़की पर आ जाता, तो दस सू अदा करके वह उसे चबूतरे के पीछे ले जाता। वहाँ कोयला-खानों में ढुलाई करनेवाले मज़दूरों की, ट्राम चलानेवालों की—यहाँ तक कि कोयला-खानों में काम करनेवाले चौदह-चौदह बरस के छोकरों का जमघट लगा था, या यों कहिए कि कोयला-खानों में काम करनेवाली सारी युवा पीढ़ी वहाँ जमा थी और ये लोग बियर से ज़्यादा जिन पी रहे थे।

फिर कुछ बड़ी उम्र के मज़दूर भी वहाँ मौजूद थे—गाँवों के वे लंपट लोग, जिनकी गृहस्थी टूटन के कगार पर थी।

जब यह टोली एक छोटी मेज़ घेर कर बैठ गई, तो एतियन ने लवाक को पकड़ा और उसे इमरजेंसी फ़ंड के बारे में समझाना शुरू किया। एतियन उस नए मुल्ला की तरह व्यवहार कर रहा था जिसे यह ग़लतफ़हमी रहती है कि दुनिया में वह एक एलची बन कर आया है। वह बड़े धीरज से उसके दिमाग में यह बात डालने की कोशिश कर रहा था।

'हर आदमी हर महीने बीस सू तो दे ही सकता है न !' अपनी बात समझाते हुए वह कह रहा था। 'इस तरह बीस-बीस करके मोटी रकम इकट्ठी हो जाएगी चार-पाँच बरस के भीतर-भीतर—और जब अंटी में पैसा रहता है, तो आदमी मज़बूत हो जाता

है, चाहे कैसी भी विपदा आए...बोल, तेरी क्या राय है ?'

'मुझे तो किसी किसिम का कोई एतराज़ नहीं,' लवाक ने अनमने भाव से यह बात कही। 'इस बारे में फिर कभी बात करेंगे।'

वह हलके भूरे बालोंवाली एक चौड़ी-चकली औरत पर रीझ गया था। माहूअ और पियरों तो बियर ख़त्म करके अगला गाना सुने बिना ही उठ खड़े हुए, मगर लवाक वहीं डटा रहा।

एतियन भी उनके साथ आ गया था। बाहर निकलते ही उसकी मुठभेड़ मूकेत से हो गई। प्रतीत होता था, यह औरत उसका पीछा करते हुए यहाँ तक आ गई थी और फैली-फैली आँखों से उसे घूरे जा रही थी और साथ-साथ हँसती भी जाती थी, मानो कह रही हो—कहो, कैसी रही ?

एतियन ने उसके साथ थोड़ा हँसी-मज़ाक किया और फिर भीड़ में खो गया।

'न जाने शावाल कहाँ मर गया ?' पियरों बोला।

'ज़रूर ही पीकेत में होगा,' माहूअ ने कहा। 'चलो, वहीं चलकर देखते हैं।'

लेकिन जब तीनों पीकेत के निकट पहुँचे, तो दरवाज़े पर शोर-शराबा सुन ठिठककर देखने लगे। ज़कारी एक ठस्स-से मुश्टंडे को घूँसा दिखा रहा था, जो वालों नामक गाँव में कील बनाने का धन्धा करता था। निकट खड़ा शावाल जेबों में हाथ डाले तमाशा देख रहा था।

'अहा, वह रहा शावाल,' माहूअ धीरे से बोला। 'कैथरीन भी उसके साथ है।'

पूरे पाँच घंटों से कैथरीन और उसका यार मेले में मटरगश्ती करते फिर रहे थे। मोंसू सड़क पर एक सिरे से लगाकर दूसरे सिरे तक तपती धूप में चींटों की फ़ौज की तरह लश्कर के लश्कर चले जा रहे थे, जो दूर तक फैली सपाट धरती की निपट रिक्तता में अदृश्य होते-से लगते थे। सड़क काफ़ी चौड़ी थी और उसके दोनों ओर चटख रंगों से पुते मकान उधर पहाड़ी तक फैले थे। वहाँ की चिरस्थायी काली मिट्टी सूख गई थी और काली धूल तूफ़ानी बादलों की तरह मँडरा रही थी। फिर शराबफ़रोशों ने दोनों तरफ़ सड़क के मुहाने तक अपनी मेज़ें सजा रखी थीं और भीड़ थी कि उमड़ी पड़ती थी। यही हाल फेरीवालों का था, जिन्होंने अपने खोंचे खुले में दुहरी कतार में लगा रखे थे, जहाँ छोकरियों के लिए शाल-दुशाले और दर्पण, लौंडों-लपाड़ों के लिए छुरियाँ-चाकू और टोप-टोपियाँ तथा बाकी सबके लिए मिठाई, गिलेफे हुए बादाम और बिस्कुट वग़ैरह मिलते थे। चर्च के आगे तीरंदाज़ी आज़माने के लिए एक मंडप था और कम्पनी के अहातों के सामने 'बूल' खेल चल रहा था। ज़्वाज़ेल रोड के किनारे कम्पनी के दफ़्तरों के आगे मुर्ग़बाज़ी के तमाशबीनों का जमघट लगा था। दो मोटे-ताज़े लाल मुर्ग़ों की टाँगों में खांग बँधे थे और वे आपस में भिड़े रहे। दोनों के गले लहूलुहान थे। थोड़ा आगे मेग्रे की दुकान पर बिलियर्ड में एप्रन और पतलूनें इनाम में दी जा रही थीं। भीड़ जब पीने-भकोसने में तल्लीन हो जाती, तो लम्बी निस्तब्धता-सी व्याप्त हो जाती। एक तो भयंकर गर्मी, फिर सारा माहौल बियर और तले आलू से उत्पन्न अजीर्णता से लबरेज़ था—और यह तपिश खुले में तेल के खौलते बर्तनों के कारण और भी भयावह हो उठी थी।

शावाल ने कैथरीन को उन्नीस सू का दर्पण और तीन फ्रां की शाल खरीद कर दी। वे जहाँ भी जाते, हर कोने-बखरे में मूक और बोनमोर्त से जा टकराते, जो मेले में साथ-साथ घूमते हुए पता नहीं किन चिन्ताओं में डूब-उतरा रहे थे। मगर एक और घटना से वे आवेश में आ गए। क्या देखते हैं कि यालैं बेबेर और लिडी को उकसा रहा है कि वे जाएँ और खुले में एक जगह शराब की जो दुकान लगी है, उससे जिन की बोतलें उड़ाकर ले आएँ। कैथरीन ने भाई को आड़े हाथों लिया और चांटा जड़ दिया। लेकिन तब तक लिडी एक बोतल उड़ाकर भागी जा रही थी। कमबख़्त ये छोकरे-छोकरियाँ एक-न-एक दिन जेल की हवा खाएँगे !

जब वे ला तेत कूपे पहुँचे, तो शावाल अपनी प्रेमिका को भीतर ले गया, जहाँ 'फ़िंच' चिड़ियों की प्रतिस्पर्धा चल रही थी। हफ़्ते-भर से दरवाज़ों पर इस मुकाबले के बारे में इश्तहार लगा था। मारशियन के कील बनानेवाले पन्द्रह प्रतियोगियों ने यह चुनौती स्वीकार की थी। एक-एक आदमी दर्जन-भर पिंजरे लेकर आया था। इनमें छोटे-छोटे अँधेरे पिंजरों के भीतर फूटी आँखोंवाली चिड़ियाँ निश्चल-सी पड़ी थीं और पिंजरे आँगन के बाड़े के साथ लटक रहे थे। देखना यह था कि एक घंटे की अवधि के भीतर कौन-सी चिड़ियाँ कितनी बार चहकती है। कील बनानेवाले हर आदमी के हाथ में एक-एक स्लेट थी और वे पिंजरों के पीछे खड़े थे और बड़ी मुस्तैदी से एक-दूसरे की चिड़ियाँ पर नज़र रखे हुए थे। चिड़ियों को दो श्रेणियों में बाँटा गया था। एक तो 'शीशूइय' कोटि की चिड़ियाँ थी, जो खूब ऊँचा गा सकती थी। दूसरी कोटि की 'बातीज़क्वी' चिड़ियाँ शीशूइय चिड़ियाँ से भी ऊँचा गा सकती थी। शुरू में दोनों किस्म की चिड़ियाँ जैसे डरती-डरती थोड़ा रुक-रुककर बोलीं। फिर एक-दूसरे की देखा-देखी और अधिक बोलने लगीं और फिर उनमें ऐसी जबरदस्त होड़ लगी कि जोश में आकर बोलती ही चली गईं और इतना बोलीं कि कई चिड़ियाँ तो वहीं गिरकर ढेर हो गईं। कील बनानेवाले ताबड़तोड़ उन्हें बोलने के लिए उकसाते थे और अपनी वालों बोली में चिंघाड़-चिंघाड़ कर प्रेरित करते थे—गा, गा और गा, बस, एक बार और गा। करीब सौ तमाशबीन साँस रोके इन एक सौ अस्सी चिड़ियों का यह नारकीय संगीत सुन रहे थे और चिड़ियाँ थीं कि एक ही राग को अलग-अलग सुर में गाए जा रही थीं। प्रथम पुरस्कार जीता बातीज़क्वी चिड़ियाँ ने, और यह पुरस्कार था—कॉफी बनाने की धातु की केतली।

जब ज़कारी और फ़िलोमेन भीतर आए, तो कैथरीन और शावाल वहीं थे। उन्होंने हाथ मिलाए और साथ-साथ खड़े हो गए। मगर अचानक जैसे ज़कारी के भूत सवार हो गया। कील बनानेवाले जो लोग अपने दोस्त-यारों के साथ तमाशा देखने आए थे, उनमें से ही एक आदमी ने कैथरीन की जंघा पर चिकोटी काटी थी और ज़कारी ने देख लिया था। कैथरीन का चेहरा तमतमा आया था, लेकिन उसने भाई को शान्त रहने को कहा। डरती थी कि यदि शावाल इस बात को लेकर कील बनानेवालों से भिड़ गया, और कील बनानेवाले सबके सब उस पर टूट पड़े, तो खून की नदियाँ बह जाएँगी। निस्सन्देह कैथरीन ने इस आदमी को चिकोटी काटते हुए देख लिया था, लेकिन चुप रहने में ही अक्लमन्दी समझी थी। शावाल भी, बस, हँस-भर दिया था और फिर चारों

वहाँ से निकल आए थे। लगता था मामला रफ़ा-दफ़ा हो गया। मगर वे पीकेत में प्रविष्ट ही हुए थे कि वही कीलवाला फिर आ गया और लगा उन्हें चिढ़ाने, भड़काने, और फिर उन्हें धकियाते हुए निकल गया। इस अपमान से ज़कारी का खून खौल उठा और उसने उसका गिरहबान पकड़ लिया।

'हरामज़ादे, यह मेरी बहन है !...अभी, तेरे को मज़ा चखाता हूँ...बताता हूँ, औरत की इज़्ज़त कैसे करते हैं !'

दोनों को उन्होंने अलग किया। शावाल था कि शान्त रहा। बार-बार एक ही बात कहता था, 'यार, जाने भी दे ! यह मेरा मामला है, और फिर इस आदमी को मैं जूती की नोक पर रखता हूँ।'

तभी माह्अ भी अपने दोस्तों के साथ उधर आ निकला। कैथरीन और फ़िलोमेन आँसू बहा रही थीं। दोनों को समझा-बुझाकर उसने शान्त किया। इस दौरान कीलवाला चुपचाप खिसक गया था और लोग हँस रहे थे।

शावाल का पीकेत में आना-जाना लगा रहता था। सो, सारे मामले को रफ़ा-दफ़ा करने के उद्देश्य से उसने सबको अपनी गिरह से बियर पिलाई। एतियन को कैथरीन के गिलास से गिलास टकराना पड़ा और इस तरह सबने शिष्टाचारवश—बाप ने, बेटी ने और प्रेमी ने, बेटे ने और उसकी प्रेमिका ने सबकी सेहत की कामना करते हुए जाम पिए। फिर पियरों ने भी अपने खीसे से सबको बियर पिलाई। इस तरह सारा मामला रफ़ा-दफ़ा हुआ।

मगर तभी ज़कारी ने मूके को आते देखा, तो फिर ताव में आ गया। उसने पुकारकर उसे बुलाया और फिर दोनों वहाँ से चल पड़े। ज़कारी बोलता जा रहा था कि कीलवाले से हिसाब चुकता करने जा रहे हैं : 'मैं उसको ज़बह कर डालूँगा !...शावाल, तू और कैथरीन ज़रा फ़िलोमेन पर नजर रखना। अभी आए !'

अब माह्अ ने अपने खर्चे पर सबको बियर पिलाने की पेशकश की। बोला कि लड़का अगर अपनी बहन का बदला लेना चाहता है, तो हरज ही क्या है। इससे दूसरे सबक सीखेंगे। मगर फ़िलोमेन ने जिस क्षण मूके को देखा था, वह स्थिर-सी हो गई थी और महज़ सिर हिला दिया था। बखूबी समझती थी कि दोनों धूर्त खिसककर वोल्कों में जा घुसे होंगे।

त्योहार के दिन की समाप्ति हमेशा बाँ ज़्वाइयो में नृत्य-गान के कार्यक्रम के साथ होती थी। इस नाचघर की मालकिन एक विधवा थी, जिसका नाम डेज़ीर था। पचासेक बरस की हट्टी-कट्टी, मोटी-झोटी, भरी-पुरी लुगाई थी, जो बैरल जैसी लगती ज़रूर थी, मगर इतनी रसभरी कि अब भी उसके छह यार थे। स्वयं कहती थी कि सप्ताह के एक-एक दिन के लिए एक-एक यार और इतवार के लिए छहों के छहों एक साथ ! कोयला-खानों में काम करनेवाले सभी मज़दूरों को वह अपनी सन्तान समझती थी और बड़ी भावुक होकर कहती थी कि तीस बरसों में मैंने इतनी बियर इन्हें पिलाई है, और फिर यह बात भी बड़े गर्व के साथ कहती थी कि ढुलाई करनेवाली आज तक एक भी छोकरी ऐसी नहीं है जो बां ज़्वाइयो में थिरकने से पहले गर्भवती हुई हो।

उस जगह दो कमरे थे : एक दारूवाला कमरा, जिसमें शराब परोसी जाती थी और

मेज़-कुर्सियाँ लगी थीं। इस कमरे के साथ ही नाचघर था, जिसमें जाने के लिए एक चौड़ा द्वार था। यह काफ़ी लम्बा-चौड़ा कमरा था, जिसके फ़र्श के बीचोंबीच काठ के तख़्त जड़े थे और चारों तरफ़ पत्थर की पटिया लगी थीं। सजावट के लिए काग़ज़ के फूलों की दो लड़ियाँ छत पर एक कोने से दूसरे कोने तक एक-दूसरे को काटती हुई चली गई थीं और उनके केन्द्र-स्थल पर वैसे ही फूलों की दो मालाएँ लटकती रहती थीं। दीवारों पर सुनहली ढालें जड़ी थीं, जिन पर सन्तों-साध्वियों के नाम लिखे थे : जैसे लुहारों के संरक्षक सैं एलुआ, जूता गाँठनेवालों का संरक्षक सैं क्रैपैं, कोयला-खान मज़दूरों की संरक्षिका सैं बारबी, इत्यादि। सच पूछो तो, समस्त व्यवसायों की जंत्री-सी मौजूद थी दीवारों पर। छत इतनी नीची थी कि तीन साज़िन्दे जब मंच पर बैठते—और वह पादरी के प्रवचन-मंच से बड़ा नहीं था—तो उनके सिर छत से लगते रहते थे। रात को रोशनी के लिए हाल के चारों कोनों में तेल का एक-एक लैम्प जला दिया जाता था।

इस रविवार नाच-गान पाँच बजे ही शुरू हो गया था। अभी रोशनी खिड़कियों से छन-छनकर आ रही थी। लेकिन भीड़ जुटी कहीं सात बजे के आस-पास। बाहर अँधड़ चलने लगा था। काली धूल के ऐसे बादल उड़े कि कुछ सुझाई ही नहीं देता था। यह धूल उबलते तेलवाली देगचियों में गिरकर तिड़-तिड़ाने लगती थी।

माहूअ, एतियन और पियरों बां ज़्वाइयो में बैठने आए, तो क्या देखते हैं कि शावाल कैथरीन के साथ नाच रहा है और फ़िलोमेन अकेली बैठी, बस, देखे जा रही है। न तो लवाक और न ही ज़कारी कहीं दिखाई पड़ता था। नाचघर में चूँकि बैठने के लिए बेंच वग़ैरह नहीं थे, सो कैथरीन हर नाच के बाद सुस्ताने के लिए बाप की मेज़ पर आ बैठती थी। इन्होंने फ़िलोमेन को भी बुलाया, लेकिन वह वहीं खड़ी रही।

अँधेरा घिरने लगा था। तीनों साज़िन्दे बेतहाशा अपने-अपने साज़ बजा रहे थे और सारे हाल में हिलते-डोलते नितम्बों और उरोजों और उठती-गिरती बाँहों के सिवा और कुछ दिखाई नहीं पड़ता था। जब चार लैम्प आए, तो सबने हर्षध्वनि की और एकबारगी हर चीज़ रोशन हो गई—रक्ताभ चेहरे, त्वचा से चिपके उलझे-बिखरे बाल, पसीना-पसीना हुए जोड़ों की दुर्गन्ध को बुहारनेवाले उठते-गिरते लहँगे-घाघरे। माहूअ ने इशारे से एतियन का ध्यान मूकेत की तरफ़ आकर्षित किया, जो सुअर की चर्बी से भरी थैली की तरह फूली थी और ट्राम चलानेवाले एक कद्दावर आदमी की बाँहों में ज़ोर-ज़ोर से झूल रही थी : बेचारी करती भी क्या ! तसल्ली के लिए कोई आदमी तो चाहिए था न उसे !

कहीं आठ बजे जाकर ला माहूद आई। एस्तेल को उसने छाती से लगा रखा था और बाकी बच्चे चलकर आए थे : अलज़ीर, आरी और लेनोर। अपने मरद से मिलने के लिए वह सीधी बां ज़्वाइयों चली आई थी। भोजन तो बाद में करेंगे। सबके पेट कॉफ़ी से भरे और बियर से फूल रहे थे। किसी को ज़रा भी भूख नहीं थी। दूसरी लुगाइयाँ भी आने लगी थीं। जब ला माहूद के पीछे-पीछे ही ला लवाक बूतलू के साथ आई, तो थोड़ी कानाफूसी हुई, क्योंकि वह फ़िलोमेन के बच्चों—आशी और देज़ीरे—का हाथ पकड़े था। प्रतीत होता था, दोनों स्त्रियों में खूब पट रही थी, क्योंकि दोनों मुड़-मुड़कर बतकही करने लग जाती थीं। सारा मामला रास्ते में ही तय कर लिया गया था। ला माहूद अब

अच्छी तरह समझ गई थी कि ज़कारी की शादी करने के अलावा और कोई रास्ता नहीं है। वैसे, वह यह सोच-सोचकर दुखी होती रहती थी कि सबसे बड़े बेटे की पगार हाथों से निकल जाएगी, लेकिन इसके साथ-साथ वह यह भी समझती थी कि अब उसकी पगार को ज़्यादा देर तक रखना भी बेइंसाफ़ी होगा। हालाँकि यह उसने अपनी भाव-भंगिमा से ज़रा भी नहीं जतलाया, मगर भीतर ही भीतर चिन्तित थी कि आमदनी का एक बड़ा हिस्सा हाथ से जाता रहा, तो निर्वाह कैसे होगा।

'वहाँ जाकर बैठ जा,' उसने अपनी पड़ोसन से उस मेज़ की तरफ़ इशारा किया जो उसी मेज़ के निकट था जहाँ एतियन और पियरों के साथ बैठा माहूअ बीयर पी रहा था।

'मेरा मरद तुम लोगों के साथ नहीं आया ?' ला लवाक ने पूछा।

वे बोले कि थोड़ी देर में आना ही चाहता है। सारे लोग, यहाँ तक कि बूतलू और बच्चे भी इस तरह सिमटे-सिकुड़े बैठे थे पियक्कड़ों के जमघट्ट में इस तरह भिंचे हुए थे कि लगता था कि दो नहीं, एक ही मेज़ है। इन्होंने भी बियर का आर्डर दिया। फ़िलोमेन की नज़र माँ पर और बच्चों पर पड़ी, तो उठकर आ गई। जब वह कुर्सी पर आकर बैठी और उसे पता चला कि आख़िरकार उसकी शादी होने जा रही है, तो उसकी बाछें खिल गईं, और जब उन्होंने ज़कारी के बारे में उससे पूछा, तो वह बड़े कोमल स्वर में बोली, 'उसी की राह देख रही हूँ। यहीं कहीं है।'

माहूअ ने पत्नी की तरफ़ देखा। क्या, सचमुच, वह मान गई है ? वह गुमसुम-सा बैठा चुपचाप सिगरेट पीता रहा। उसे भी कल की चिन्ता ने आ घेरा था। ज़रा देखो तो इन बच्चों की कृतघ्नता ! एक के बाद एक शादी करके चलते बनते हैं और माँ-बाप को ग़रीबी की दलदल में छोड़ जाते हैं।

लोग अभी तक नाच रहे थे। क्वैड्रिल की समाप्ति पर सारा हाल धूल से अट गया था। तुरई से ऐसी कर्कश ध्वनि निकल रही थी, जैसे संकट में पड़ा कोई रेल-इंजिन चीखता-चिग्घाड़ता है, और नाचनेवाले जब थककर खड़े होते, तो घोड़ों की तरह नथुनों से भाप छोड़ने लगते।

'याद है तेरे को,' ला लवाक ने झुककर ला माहूद के कान में यह बात कही, 'तू कहती थी कि कैथरीन अगर कोई ऐसी-वैसी हरकत करेगी, तो उसका टेंटुआ ही दबा दूँगी ?'

शावाल कैथरीन के साथ वहीं आ गया था जहाँ सारा परिवार बैठा था और दोनों माहूअ के पीछे खड़े बियर पी रहे थे।

'छिः,' ला माहूद इस तरह बोली, जैसे कह रही हो—हाँ, कहा होगा।

'लोगों की ज़बान से कुछ ऐसी ही बात सुनती हूँ...जिस एक बात से मैं एकदम बेफ़िकर हो गई हूँ, वो यह है कि कैथरीन के बच्चा नहीं हो सकता...मुझको भी इसका पूरा यकीन है...मान लो, इसके बच्चा होता है और इसकी शादी मुझे करनी पड़ जाती है, तो फिर हम खाएँगे कहाँ से ?'

अब कारनेट पर पोल्का की कर्कश ध्वनि बजने लगी थी और जब हो-हल्ला शुरू हुआ, तो माहूअ ने बड़े शान्त मन से पत्नी से अपने मन की बात कही।

'ऐसा है, क्यों न हम किसी को अपने घर में रख लें ? जैसे, एतियन को। एतियन को रहने की जगह चाहिए, और अब जब ज़कारी जाने ही वाला है, कमरा खाली हो जाएगा। एक हाथ से जितनी रकम जाएगी, उसका थोड़ा-बहुत इस तरह वसूल कर लेंगे।'

ला माह्द का चेहरा खिल गया : क्यों नहीं ? बहुत अच्छा विचार है। इसके बारे में बातचीत करनी पड़ेगी। एक बार फिर उसे लगा कि भुखमरी के कगार से वे पीछे हट आए हैं। इस बात से वह इतनी उत्साहित हुई कि उसने सबके लिए फिर से बियर का आर्डर दे दिया।

इस बीच एतियन पियरों को कायल करने में लगा था और उसे इमरजेंसी फ़ंड के बारे में समझा रहा था। मगर जब लगा कि उसने इस फ़ंड में शामिल होने के लिए उसे राज़ी कर लिया है, तो बरबस उसके मुँह से सच्ची बात निकल गई।

'और यह बात तुम समझ सकते हो कि अगर हम हड़ताल करते हैं, तो यह फ़ंड कितना कारगर साबित होगा। हम कम्पनी से कह सकते हैं—जाओ भाड़ में। पहली बार हमारे हाथ में ऐसा फ़ंड होगा जिससे हमें मुँहतोड़ जवाब देने की ताकत मिलेगी...बोल, क्या कहता है ? हमारा साथ देगा ?'

पियरों ने नज़रें झुका लीं। चेहरा उसका एकदम पीला पड़ गया। हकलाते हुए किसी तरह यह बात उसके मुँह से निकली, 'स...सोचूँगा इसके बारे में...लेकिन अच्छा व्यवहार रखना ही सबसे बड़े इत्मीनान की बात होती है।'

इसके बाद माह्अ एतियन की तरफ़ मुड़ा और बिना किसी लाग-लपेट के सीधे-सीधे उसके सामने यह प्रस्ताव रखा कि चाहे तो वह उनके ग़रीबखाने में रहने आ सकता है। एतियन ने तत्कालीन हामी भर दी, क्योंकि वह गाँव में ही रहने को इच्छुक था, ताकि अपने साथी मज़दूरों के साथ निकट सम्पर्क बना रहे।

बैठे-बैठे ही सारी बात तय हो गई। हाँ, ला माह्द ने इतनी बात ज़रूर कही कि बच्चों का ब्याह हो जाए, तभी वह आए।

उसी समय मूके और लवाक के साथ ज़कारी आ गया। तीनों वोल्कों की बास लेकर आए थे—श्वास में थी 'जिन' की गन्ध और सस्ती छिनालों की दुर्गन्ध। तीनों को चढ़ी हुई थी और बेहद खुश थे और एक-दूसरे की पसलियों में चप्पे घुसेड़-घुसेड़कर टीठी करते हुए खिलखिला रहे थे। जब ज़कारी को भनक पड़ी कि उसकी शादी होने जा रही है, तो वह इतने ज़ोर-ज़ोर से हँसने लगा कि बेचारे का गला ही रुँध गया। इस पर फ़िलोमेन दार्शनिकों की तरह बोल उठी—इसकी रोनी सूरत से इसका हँसता चेहरा ही अच्छा लगता है।

कोई कुर्सी खाली नहीं थी, सो बूतलू ने लवाक को अपने साथ कुर्सी पर बैठा लिया। लवाक सारे कुटुम्ब को वहाँ एकत्रित देख इतना प्रसन्न हुआ कि उसने सबके लिए फिर से बियर का आर्डर दे दिया।

'यारो, हँसने-खेलने का ऐसा अवसर रोज़-रोज़ थोड़े मिलता है !' वह धमाकेदार आवाज़ में बोला।

ये लोग दस बजे तक वहाँ डटे रहे। लुगाइयाँ अपने मर्दों को ढूँढ़ती हुई आतीं, ताकि

उन्हें घर लिवा ले जाएँ। पीछे बच्चों की फ़ौजें भी आ जातीं। माताएँ बिना किसी लाज-संकोच के अपनी छातियाँ उघाड़तीं, जो देखने में जइ की बोरियों की नाईं लम्बी और पीली-पीली-सी लगती थीं, और फूले-फूले गालोंवाले शिशुओं के मुँह में डाल देतीं। पाँव-पाँव चल सकनेवाले बच्चे बियर से फूले पेटों के साथ मेज़ों के नीचे रेंगते और बिना शर्म-हया के वहीं हलके भी हो लेते। लगता था, जैसे बियर का ज्वार-सा आ गया हो। विधवा डेज़ीर के बैरलों के मुँह खुल रहे थे और बियर से पेट फूलकर कुप्पा हुए जाते थे। हर तरफ़ बियर ही बहती नज़र आती थी—नाक से, आँख से, और दूसरी जगहों से भी। सभी इतने टुल थे कि हर कोई अपनी कोहनी को या घुटने को पास बैठे आदमी में घुसेड़ता, तो वे हँसने-उछलने लगते। सब इतने ख़ुश थे कि बाछें खिली हुई थीं। चूँकि यह जगह भट्ठी की तरह तप रही थी, इसलिए गर्मी से राहत पाने की ख़ातिर देह से सारे कपड़े छील डाले थे सबने और पाइपों के घने धुँए से उनकी निर्वस्त्र त्वचा भूरी-भूरी-सी लगती थी। बस, दिक्कत तब होती, जब किसी को एक-आध मिनट के लिए बाहर जाना पड़ता। बीच-बीच में कोई छोकरी पिछवाड़ेवाले पम्प के निकट जाती, एक मिनट के लिए घाघरा-लहँगा उठाती और लौट आती। रंग-बिरंगे काग़ज़ के फूलों की लड़ियों के नीचे नाचने में मस्त लोगों की हालत यह थी कि बदन से इतना पसीना बहने लगा था कि एक-दूसरे को देख ही नहीं पाते थे। इससे छोकरे मज़ा लेने के लिए करते यह कि अचानक ढुलाई करनेवाली लड़कियों को ज़ोर से कूल्हा मारकर गिरा देते। फिर जब किसी छोकरी के ऊपर कोई आदमी गिर पड़ता, तो साज़िन्दा इतने ज़ोर से तुरही बजाता और फिर नाचने-उछलनेवाले लोग उन्हें पैरों से इस बुरी तरह लुढ़काते-ढुलकाते कि प्रतीत होता जैसे सारा नाचघर उनके ऊपर आ गिरा हो।

तभी किसी ने आकर पियरों को सूचित किया कि उसकी बेटी लिडी बाहर पटरी पर पसरी सो रही है। किस्सा यह था कि जो बोतल वह उड़ाकर लाई थी, उसमें से अपने हिस्से की दारू पीकर धुत्त पड़ी थी। बाप आया और उसे गोदी में उठाकर घर की तरफ़ चल पड़ा। यांलैं और बेबेर यह कौतुक देख थोड़ा फ़ासला रख उनके पीछे-पीछे चल पड़े।

मजलिस भंग होने लगी थी। परिवार बां ज़्वाइयो से निकलने लगे थे। माहूअ और लवाक परिवार ने भी अपने गाँव की राह पकड़ी। बोनमोर्त और वृद्ध मूक भी उनके साथ उठ खड़े हुए थे और डगमगाते कदमों से ऐसे चल रहे थे, जैसे नींद में चल रहे हों और स्मृतियों की नीरवता में खोए हों।

सब एक साथ लौटे। मेले का आख़िरी चक्कर लगाते हुए देखते जा रहे थे। जगह-जगह जमे तेल के बर्तन पड़े थे। कहीं शराब की दुकानों से बची-खुची बियर सड़क पर बह रही थी। तूफ़ान की आशंका अब भी बनी हुई थी। जगमग-जगमग करते घरों को लाँघकर वे अँधेरे देहाती इलाके में आए, तो ठहाकों पर ठहाके लगाने लगे। पकते गेहूँ के खेतों से काम-वासना की गन्ध आने लगी थी। अवश्य ही उस रात बहुतेरे बच्चों का बीज पड़ गया होगा। किसी तरह गिरते-पड़ते ये लोग अपने गाँव पहुँचे। न तो लवाक परिवार को और न ही माहूअ परिवार को खाने-पीने की कोई इच्छा थी। माहूअ परिवार के पास सुबह की उबली बीफ़ रखी थी। उसी को किसी तरह पेट में डालकर वे पड़ गए।

एतियन शावाल को थोड़ा और पिलाने की ग़र्ज़ से रासनर की कलवरिया में ले

आया था।

'ठीक है, तू मेरा भी नाम लिख ले,' शावाल बोला जब एतियन ने उसे इमरजेंसी फ़ंड के बारे में सारी बात समझाई।

'ला, हाथ मिला। तू ठीक-ठाक तो है न !'

एतियन की आँखों में दारू की मस्ती झलकने लगी थी। बहकते हुए वह चिल्लाकर बोला :

'तू एकदम ठीक बोला...काहे को हुज्जत करें ! मेरी बात ध्यान से सुन ! जहाँ इंसाफ़ है, वहाँ दारू और लुगाई मेरे लिए कोई माने नहीं रखती ! बस, एक ही बात है जो मेरे दिल को तस्कीन देती है...तसव्वुर कि यह हम लोग खान-मालिकों को रौंदकर रख देंगे...'

3

ज़कारी की शादी हो गई थी। सो, अगस्त के मध्य उसे फ़िलोमेन और उसके दो बच्चों के लिए कम्पनी की तरफ़ से गाँव में ही एक खाली घर मिल गया, और एतियन माहूअ परिवार के साथ आकर रहने लगा। शुरू-शुरू में कैथरीन की उपस्थिति से उसे थोड़ी उलझन ज़रूर हुई।

रहते भी वे निकट सम्पर्क में थे। एतियन हर जगह कैथरीन के बड़े भाई ज़कारी की जगह लेता जा रहा था—यहाँ तक कि यांलैं के बिस्तर में ही उसके साथ सोता, जो कैथरीन की शैया के ऐन सामने था। सोते-जागते वक्त उसे कैथरीन के समक्ष ही कपड़े उतारने-पहनने पड़ते थे, और कैथरीन भी उसके सामने ही कपड़े उतारती और पहनती थी। कपड़े बदलते हुए सबसे अन्त में जब कैथरीन का पेटीकोट नीचे गिरता, तो उसकी पीलियाई-सी गोरी निर्वस्त्र देह सामने खड़ी दिखाई पड़ती—बिलकुल वैसी ही जैसी कि रक्तक्षीणता के रोग से ग्रस्त हलके भूरे बालोंवाली स्त्रियों की बर्फ़-सी सफ़ेद पारदर्शी देह होती है—तो एतियन परेशान हो उठता। हालाँकि कैथरीन का चेहरा-मोहरा और हाथ ग़ारत हो गए थे, फिर भी, ऐसा प्रतीत होता था कि उसकी शेष देह ऐड़ी से लगाकर ग्रीवा तक दूध में डुबोकर निकाली गई हो। और फिर ग्रीवा पर खुरदरी त्वचा ऐसे लगती थी, जैसे उसने अम्बरकंठी धारण कर रखी हो। एतियन मुँह मोड़ दूसरी तरफ़ देखने का बहाना करता, मगर धीरे-धीरे उसके अंग-प्रत्यंग को जानने-पहचानने लगा था। पहले उसके पैर दिखते, क्योंकि नज़रें झुकी होने के बावजूद वे दिखाई पड़ जाते थे। फिर उसके घुटनों की झलक मिलती, जब वह कम्बल के नीचे सरकने लगती। सुबह जब वह चिलमची पर झुककर हाथ-मुँह धो रही होती, तो उसके छोटे-छोटे पुष्ट उरोज दिखाई पड़ते रहते। जहाँ तक कैथरीन का सवाल था, रात को वह एतियन की तरफ़ देखे बिना जल्दी-जल्दी, दस सेकेंड में ही, कपड़े उतारकर अलज़ीर की बग़ल में जा लेटती—बिलकुल एक सर्पिणी की भाँति यह चेष्टा करती और एतियन अपना जूता भी न निकाल पाता और यह लड़की बिस्तर में घुस जाती और एकदम उसकी तरफ़ पीठ कर लेती और मात्र उसके भारी जूड़े के उसका कोई अंग दिखाई न पड़ता।

वास्तव में, कैथरीन के लिए एतियन से ख़फ़ा होने का कोई सबब भी तो नहीं था। अगर मन से बेकाबू हो कभी झोंक में आकर वह क्षण-भर उसे बिस्तर में घुसते हुए निहारता भी, तो भी ऐसे मौके पर वह किसी किस्म की हँसी-दिल्लगी उससे न करता और विवेक से काम लेते हुए अपने पर नियंत्रण रखता। एक तो उसके माँ-बाप घर में मौजूद रहते थे। इसके अलावा, उसके मन में कैथरीन के प्रति मित्रता का भी और कटुता का भाव भी था। उसके साथ ऐसा व्यवहार कदाचित नहीं कर सकता था जैसा कि कोई आदमी उस लड़की के साथ व्यवहार करता है जिसकी वह कामना करता हो, हालाँकि वे इस तरह रह रहे थे कि शारीरिक सम्बन्ध स्थापित करने में कोई बाधा नहीं थी। साथ-साथ नहाते-धोते थे, साथ-साथ खाते-पीते थे और काम भी साथ-साथ करते थे और एक की कोई बात दूसरे से छिपी नहीं रह गई थी—यहाँ तक कि एक-दूसरे की अन्तरंग आवश्यकताओं से भी वे अनभिज्ञ नहीं थे। परिवार की अब सारी मर्यादा प्रतिदिन स्नान तक ही सीमित रह गई थी। कैथरीन ऊपर अकेली नहाती-धोती थी और मरद बारी-बारी से नीचे नहाते थे। पहला महीना बीतते-न-बीतते कमरे में मोमबत्ती बुझाने से पहले वे निर्वस्त्र होकर डोलते फिरते, तो भी एक-दूसरे की उपस्थिति से अनभिज्ञ-से ही लगते। कैथरीन को भी अब जल्दी नहीं रहती थी। आदतन अब वह अपने बिस्तर के किनारे बैठ बाल बनाती। ऐसा करते हुए उसकी बाँहें ऊपर उठतीं, शमीज़ सिकुड़कर जंघाओं तक आ जाती। तब एतियन अकसर पतलून उतार चुका होता और यदि कैथरीन के हाथ से सुइयाँ नीचे गिर पड़तीं, तो उन्हें ढूँढ़ने-उठाने में उसकी मदद भी करता। चाल-ढाल ऐसी बन गई थी कि निर्वस्त्र स्थिति में रहते-रहते सारा लाज-संकोच जाता रहा था, और यह सब उनके लिए अब स्वाभाविक-सा हो गया था, क्योंकि किसी अनुचित काम में वे प्रवृत्त भी तो नहीं हुए थे। फिर उनका भी क्या दोष यदि सबके रहने के लिए एक ही कमरा था। इसके बावजूद, जब उनके मन में कोई सकुचाहट या लज्जा का भाव न होता, तो वे एकाएक व्याकुल भी हो उठते। कई रात तो उसने कैथरीन की पांडुवर्णी देह की तरफ़ ग़ौर तक नहीं किया था, लेकिन अब उसका गौर वर्ण उसे लुभाने लगा था—उसकी गोरी देह देखकर उसके तन-मन में सिहरन दौड़ जाती और इस डर से वह करवट बदलकर पड़ा रहता कि कहीं फिसल ही न जाए। फिर कई बार ऐसी वेला में, हालाँकि ऐसी कोई बात न हुई होती, कैथरीन लज्जावश इसलिए कम्बल ओढ़कर पड़ जाती कि कहीं यह आदमी आकर उसे दबोच ही न ले। और जब मोमबत्ती बुझ जाती, तो दोनों को लगने लगता कि उन्हें नींद नहीं आ रही है और थके-माँदे होने के बावजूद वे एक-दूसरे के ख़यालों में खोए हैं। इससे अगले दिन भी वे विषण्ण-से रहते। सोचते रहते कि इससे बेहतर तो रात की वेला होती है, जब दोस्तों की तरह सुख से पड़े रहते हैं।

एतियन को यहाँ किसी प्रकार की कोई असुविधा नहीं थी, सिवाय इसके कि यांलैं के साथ सोना पड़ता था, और वह था कि शिकारी कुत्ते की नाईं गुडीमुडी होकर सोता था। अलज़ीर धीमी-धीमी साँस लेती रहती थी और लेनोर तथा आरी सुबह उसी हालत में गलबहियाँ डाले पड़े मिलते जिस हालत में उन्हें बिस्तर पर डाला जाता। उस अँधेरे घर में माहूअ और उसकी पत्नी के खर्राटों के सिवा दूसरा कोई स्वर सुनाई नहीं पड़ता

था और ये खर्राटे इस तरह रुक-रुककर निकलते थे, मानो लोहार की धौंकनी चल रही हो। कुल मिलाकर एतियन को रासनर की कलवरिया के मुकाबले इस घर में अधिक सुख-सुविधाएँ मिल रही थीं—बिस्तर ठीक-ठाक ही था और चादर महीने में एक-आध बार बदल दी जाती थी। सूप भी वहाँ से बेहतर मिलता था। हाँ, मांस का अभाव उसे ज़रूर खलता था, लेकिन यही हाल इस घर के लोगों का भी था। पैंतालीस फ्रां में सुबह-शाम खरगोश के मांस की अपेक्षा की भी कैसे जा सकती थी ! मगर इन पैंतालीस फ्रां से माहूअ परिवार को बड़ी राहत मिली। ज़रूर कुछ छोटे-छोटे कर्ज़ वे उतार नहीं पाए थे, मगर अन्ततः इस रकम की बदौलत इनका निर्वाह होने लगा था। इतनी रकम पाकर माहूअ परिवार एतियन के प्रति कृतज्ञ था—उसके कपड़े धुल जाते थे, फटे कपड़े सिल जाते थे, बटन भी टाँक दिए जाते थे और उसका सामान करीने से रख दिया जाता था। संक्षेप में, उसे यह लगने लगा था कि कोई स्त्री उसकी देखभाल करने में, उसे सुख देने में लगी है।

माहूअ परिवार के साथ रहने की अवधि में एतियन ने कुछ ऐसी बातों को अधिक स्पष्टता के साथ जानना-समझना शुरू किया जो उसके मन में अस्पष्ट-सी थीं और उसे हर समय कचोटती रहती थीं। अभी तक तो उसके साथी मज़दूरों में जो असंयत जोश-ख़रोश था, एतियन उसी संसार में विचरण करता आ रहा था और उसके भीतर हमेशा विद्रोह की प्रवृत्ति सिर उठाती रहती थी। मगर अब वह प्रश्नाकुल हो उठा था : कुछ लोग ग़रीब क्यों हैं ? दूसरे लोग कैसे धनकुबेर बन बैठे हैं ? ग़रीब क्योंकर अमीर की ऐड़ियों के नीचे पिस रहा है ? और ग़रीब क्यों अमीर नहीं बन सकता और अमीर क्यों ग़रीब नहीं बन सकता ?

सबसे पहले उसे अपने अज्ञान की अनुभूति हुई। यह बोध होते ही वह भीतर ही भीतर लज्जित होने लगता, कोई यह पीड़ा उसे भीतर ही भीतर सालती रहती : मैं अज्ञानी हूँ। सो, जिन बातों को वह स्वर देने को लालायित रहता था, अब उनके बारे में कोई बात मुँह से निकालने की भी हिम्मत नहीं कर पाता था। जैसे—मनुष्य मात्र की समानता की और न्यायपरायणता की बात, ताकि लोग वसुंधरा की सब वस्तुओं का मिल-बाँटकर उपभोग कर सकें। परिणामतः वह उस अनपढ़ आदमी की तरह अध्ययन-मनन में जुट गया जो ज्ञान प्राप्त करने की उमंग के वशीभूत अललटप्पू तरीके अपनाने लगता है। पहले तो उसने प्लूकार्ट के साथ नियमित पत्र-व्यवहार शुरू किया, जो एतियन से अधिक शिक्षित भी था और सोशलिस्ट आन्दोलन में गहरा मुब्तिला भी था। इसी के साथ, वह ऐसी-ऐसी किताबें मँगवाने लगा जिनकी बातें उसके पल्ले ही नहीं पड़ सकतीं थीं, मगर इससे उसके उत्साह में वृद्धि ही हुई। इन्हीं में एक चिकित्सा सम्बन्धी ग्रन्थ था 'खान में काम करनेवाले लोगों का स्वास्थ्य', जिसमें बेल्जियम के एक डॉक्टर ने उन सारी व्याधियों की सूची प्रस्तुत की थी जिनकी बदौलत खानों में काम करनेवाले लोग मरते रहते थे। फिर राजनीतिक अर्थव्यवस्था सम्बन्धी कुछ किताबें थीं, जिनका विषय इतना दुरूह और शुष्क था कि एतियन कुछ समझ ही नहीं पाता था। फिर आतंकवादियों की पत्र-पत्रिकाएँ थीं, जिनसे वह अत्यधिक अभिभूत था। पुराने अख़बारों के अंक भी सँभालकर रखता जा रहा था, ताकि भविष्य में होनेवाले

बहस-मुबाहिसों में वह अकाट्य तर्क के रूप में इन्हें प्रस्तुत कर सके।

सूवारीन से भी कुछ किताबें उसे पढ़ने को मिल जातीं। सहकारी संस्थाओं के बारे में एक किताब पढ़कर वह पूरा महीना यह सपना देखता रहा कि किस उपाय से एक ऐसी विश्वजनीन विनिमय-पद्धति प्रारम्भ की जाए जिससे धन का एकदम निराकरण हो जाए और कार्य का मूल्य समाज-व्यवस्था का आधार बने। इस तरह, जब उसे लगा कि उसने चिन्तन-मनन करना आरम्भ कर दिया है, तो उसके मन में अपने अज्ञान का जो पश्चाताप था, वह तिरोहित हो गया। उसकी जगह अब उसे गर्वानुभूति होती।

इस आरम्भिक काल में एतियन की स्थिति ऊँची बाँग देनेवाले किसी मुल्ला जैसी ही थी। दमनकारी तत्त्वों के प्रति उसके मन में भीषण रोष और यह बलवती आशा थी कि अन्ततः विजय उत्पीड़ितों की ही होगी। अभी तक इधर-उधर की किताबें पढ़ते रहने के बावजूद वह अपना कोई वाद या मत स्थिर नहीं कर पाया था। रासनर की जो व्यावहारिक दृष्टि थी और सूवारीन जिस तरह की विनाश की उग्र दृष्टि रखता था, इन दोनों को लेकर उसके भीतर कशमकश-सी चलती रहती। लावंताज़ में लगभग प्रतिदिन कुछ लोग आकर बैठते थे और कम्पनी के ख़िलाफ़ ज़हर उगलते रहते थे। एतियन जब वहाँ से चला आया, तो यहाँ-वहाँ डोलता फिरता, मानो सपने में चल-फिर रहा हो, और हमेशा कल्पना करता रहता कि किस तरह एक भी खिड़की-दरवाज़ा तोड़े बिना, रक्त की एक भी बूँद बहाए बिना, राष्ट्रों में पुनः प्राण-प्रतिष्ठा की जा सकती है। इस ध्येय की प्राप्ति के लिए क्या और कैसे साधन अपनाए जाएँ, इनके बारे में वह कुछ सोच-समझ नहीं पाता था। जब भी कोई कार्यक्रम बनाने की सोचता, तो माथा भन्ना जाता और तब इसी नतीजे पर पहुँचता कि सारे कार्य अपने आप सिद्ध हो जाएँगे। कभी-कभी तो वह बिला वजह नरमपंथी का बाना ओढ़ लेता और फिर यह भी कहने में संकोच न करता कि सामाजिक समस्याओं में राजनीति का दख़ल ही नहीं होना चाहिए—यह वाक्य उसने कहीं पढ़ लिया था और समझता था कि खाँसने-खँखारनेवाले जिन मज़दूरों के बीच वह रहता है, उन्हें यह बताकर उनकी वाहवाही लूट सकता है।

अब हर रात सोने से पहले माहूअ परिवार के सदस्य आधेक घंटा बैठकर बातचीत करते। यहाँ भी एतियन यही राग अलापता। अब चूँकि वह थोड़ा संवेदनशील हो चला था, सो, गाँव में जिस प्रकार का स्वच्छन्द यौनाचार चल रहा था, उसके प्रति उसके मन में दिन-ब-दिन जुगुप्सा बढ़ती जा रही थी। क्या ये लोग बाड़ों में बन्द रहनेवाले जानवर हैं जो खेतों के बीचोंबीच एक-दूसरे पर सवारी गाँठते हैं और जिनका रहन-सहन भी ऐसा है कि पड़ोसियों को अपने नंगे नितम्ब दिखाए बिना वे कपड़े भी नहीं बदल सकते ? यह कोई चंगी बात नहीं। जिन छोकरे-छोकरियों की आँखों के सामने यह सब होता रहता है, उनके आचार-विचार भ्रष्ट नहीं होंगे क्या ?

'बिलकुल !' माहूअ जवाब देता। 'अगर हमारी अंटी में थोड़ा और पैसा होता, तो हम लोग भी थोड़ा सुखी हो लेते...फिर भी, सच्ची बात तो यह है कि हमेशा एक-दूसरे के ऊपर सवारी गाँठते रहना कोई अच्छी बात नहीं। इसका नतीजा हमेशा यही होता है कि आदमी तो पियक्कड़ हो जाते हैं और छोकरियाँ पेट से।'

बस, इसी बात को लेकर परिवार में बहस छिड़ जाती। हर कोई अपनी हाँकने

लगता और तेल की लालटेन कमरे की हवा को और भी दूषित करती रहती, जिसमें पहले से ही प्याज़ की गन्ध भी रहती थी। न, जीवन में इतनी हँसी-खुशी कहाँ से आएगी ? लोग उस काम को गूँगे जानवर की तरह करते रहते हैं जो प्राचीन काल में दास लोगों को दंडित करने के लिए समुद्री जहाज़ में उनसे करवाया जाता था। वैसे, किसी भी वक्त आदमी को ठोकर मारकर नौकरी से बरतरफ़ करने में देर नहीं लगती, और इतनी दुर्दशा करवाने के बाद भी मज़दूर को रात को मांस तक खाने को मयस्सर नहीं होता। माना कि आदमी के आगे कुछ छिछड़े डाल दिए जाते हैं, वह खा भी लेता है—लेकिन कितना ? बस, इतना कि मौत के मुँह में जाए बिना दुख भोगता रहे, क़र्ज़ के बोझ तले पिसता रहे। और ये लोग भी इसके पीछे हाथ धोकर ऐसे पड़े रहते हैं, जैसे कि उनकी रोटी चुराकर भाग रहा हो। इतवार आता है, तो थककर चूर हुए आदमी के लिए शैया से उठना तक दूभर हो जाता है। बस, दो ही सुख उसे मिलते हैं—या तो अपना पेट दारू से भरता रहता है या अपनी लुगाई के पेट में बच्चा डालता रहता है। बियर पीते-पीते उसका पेट फूल कर कुप्पा होने लगता है और बच्चा बड़ा होता है और रत्ती-भर परवाह नहीं करता। न, न, ऐसी ज़िन्दगी में तफ़रीह कैसी ?

तब ला माहूद बोल उठती, 'सबसे ख़राब बात तो यह है, हम मान लेते हैं कि हालात कभी नहीं सुधरेंगे। जब जवानी में कदम रखते हैं, और सोचते रहते हैं कि सुख से जिएँगे, और यही आस लगी रहती है, मगर फिर कोई-न-कोई आफ़त टूट पड़ती है और आदमी उसी में उलझकर रह जाता है...मैं किसी को दोष नहीं देती, लेकिन कभी-कभी लगता है कि यह अन्याय झेला नहीं जाएगा।'

इस पर एकदम मुर्दनी-सी तारी हो जाती और कुछ क्षण बैठे-बैठे वे हाँफते-से रहते। शायद यह सोच-सोचकर उद्विग्न हो उठते थे कि उनके लिए सब रास्ते बन्द पड़े हैं। यदि वृद्ध बोनमोर्त वहाँ बैठा होता, तो चौंककर देखने लगता, क्योंकि उसके ज़माने में लोग इस तरह हैरान-परेशान नहीं रहते थे : आदमी कोयले में ही जन्म लेता था और किसी दूसरी चीज़ की अभिलाषा किए बिना कोयला-खान में ही खटता रहता था—लेकिन अब तो कुछ हवा ही ऐसी चल पड़ी है कि खान मज़दूर दिन-ब-दिन महत्त्वाकांक्षी होते जा रहे हैं।

'फँसी तो फटकन क्या !' वह एकाएक बोल उठता। 'अगर बियर अच्छी है, तो वह अच्छी ही है...ये मालिक लोग जो हैं न, वे हराम के तुख़्म होते हैं, लेकिन वो तो हमेशा रहेंगे ही। क्यों, कोई ग़लत बात कही मैंने ? इसी के बारे में सोच-सोचकर जी हलकान करने का क्या फ़ायदा ?'

इस पर एतियन उत्तेजित हो उठता। क्या मज़दूरों को सोचने-विचारने की इतनी भी छूट नहीं ? अरे, हालात पलटा खाने लगे हैं, वो भी इसलिए कि मज़दूर आख़िरकार सोचने-समझने लगा है। वृद्ध बोनमोर्त के ज़माने में खान मज़दूर खान के भीतर जानवर की तरह रहता था, कोयला निकालनेवाली मशीन की तरह काम करता था—हमेशा कोयला-खान में ही घुसा रहता था। बाहर की दुनिया में क्या हो रहा है, उसे न देख पाता था, न उसके बारे में कुछ जान पाता था। यही कारण है कि जिन अमीर-उमरा के हाथों में सारी बागडोर थी, वे आपसी मिलीभगत से अपने-आप फ़ैसले कर लेते थे।

मज़दूर को खरीदना है, तो ख़रीद लेते थे। बेचना है, तो बेच देते थे और यदि चाहते, तो उसे ज़िन्दा निगल भी जाते थे : मज़दूर को इसकी भनक तक नहीं पड़ती थी। लेकिन अब कोयला-खान में काम करनेवाला मज़दूर बेदार हो रहा है, धरती में पड़े असली बीज के अँखुए की तरह उठ रहा है, और एक दिन तुम लोग देखोगे, खेतों में क्या चीज़ पैदा होती है : आदमी प्रकट होंगे; हाँ, आदमियों की फ़ौज उठ खड़ी होगी और यही लोग इंसाफ़ की दुनिया कायम करेंगे। क्या क्रान्ति के बाद सारे नागरिक बराबर नहीं हो गए हैं ? सोचो, अगर हर आदमी को वोट डालने का हक मिला है, तो मज़दूर पगार देनेवाले मालिकों का ताबेदार बनकर क्यों रहेगा ? बड़ी-बड़ी कम्पनियाँ हैं और इन कम्पनियों की मशीनें सबको कुचलती जा रही हैं और आदमी को पहले जितनी सुरक्षा मिली हुई थी, उतनी अब नहीं है। उन दिनों एक धन्धे में लगे लोग अपने गिल्ड बना लेते थे और जानते थे कि अपने अधिकारों की रक्षा कैसे करते हैं। सच कहता हूँ, इसी कारण—दूसरे कारण भी हो सकते हैं—एक-न-एक दिन सब तबाह-बरबाद हो जाएगा—लोग पढ़ना-लिखना जो सीख रहे हैं। गाँव में जाकर ज़रा अपनी आँखों से देखो : दादा अपना दस्तख़त तक करना नहीं जानता था, बाप दस्तख़त करने लगा है, और जहाँ तक बेटों का सवाल है, वे अध्यापकों की तरह पढ़-लिख सकते हैं। जी हाँ, जी हाँ, तरक्की हो रही है, बहादुर आदमियों की फ़सल धूप में हौले-हौले उग रही है। अब जब इन्हें ज़िन्दगी-भर एक ही जगह फँसे रहने की कोई मजबूरी नहीं है, क्योंकि अब वे पड़ोसी की जगह भी ले सकते हैं, तो क्यों न वे अपने घूँसों की ताकत दिखाएँ और अपने आपको सबसे बलवान बनाने की कोशिश करें ?

हालाँकि माहूअ भीतर तक हिल गया था, मगर उसके मन में संशय अब भी बना हुआ था। बोला, 'जब भी कोई कोशिश करता है, तो वे हाज़िरी की किताब उसके हाथ में थमा देते हैं। तुम बूढ़े आदमी के हक की बात करते हो ! अरे, खान मज़दूर के लिए तो हमेशा यह घाटे का ही सौदा रहेगा। फिर मेहनत-मज़दूरी के एवज़ में कभी मांस तक मयस्सर नहीं होगा।'

ला माहूद काफ़ी देर से चुप बैठी थी। अब जैसे एकदम सपने से जागकर बोली, 'कम-अज़-कम पादरी ने जो बात कही है, उसमें थोड़ी-सी भी सचाई है अगर, तो दुनिया में जो आदमी ग़रीब है, वह अगली दुनिया में अमीर बनेगा।'

वह बोल ही रही थी कि ज़ोर का ठहाका लगा। ला माहूद बग़लें झाँकने लगी। यहाँ तक कि बच्चों ने भी कन्धे उचकाए। यहाँ ऊपर, खुले में, सबके सब नास्तिक थे, मगर जब नीचे कोयला-खान में उतरकर जाते थे, तो दिल में भूत-प्रेत का भय समाया रहता था मगर यहाँ बैठकर ऊपर वाले की खिल्ली उड़ाते थे।

'अरे, पादरी-वादरी की भली कही,' माहूअ एकाएक बोल उठा। 'अगर ये लोग, सचमुच, इन बातों में विश्वास करते हैं, तो ये लोग खाते कम और काम ज़्यादा करते और सातवें आसमान में अपने लिए खासी अच्छी-सी जगह भी बना लेते...न, जब आदमी मर जाता है, तो वह मुर्दार हो जाता है।'

ला माहूद ने गहरा निःश्वास छोड़ा, 'हे परमेश्वर...' फिर घुटनों पर हाथ टिकाए कहती है, 'तो यह सच है। हमारा कुछ नहीं बननेवाला।'

तब सब एक-दूसरे की तरफ़ देखने लग जाते। वृद्ध बोनमोर्त अपने अँगोछे में थूक देता। माहूअ के मुँह से बुझा पाइप लटकता रह जाता। मेज़ के सिरे पर सोए लेनोर और आरी के बीच बैठी अलज़ीर उनकी बातें सुनती रहती। लेकिन एतियन जब आवेश में बोल रहा होता और अपने अकीदे पर डटा रहता और उनके आगे अपने स्वप्निल समाज के उज्ज्वल भविष्य का खाका खींच रहा होता, तब कैथरीन हथेलियों पर ठुड्डी टिकाए उल्लसित आँखों से उसे निहारती रहती। बाहर, गाँव के लोग सोने की तैयारी कर रहे होते। ऐसी वेला में या तो किसी शिशु के हलके-हलके रोने या देर से घर लौटनेवाले किसी पियेला के ज़ोर-ज़ोर से बोलने के स्वर ही सुनाई पड़ते। कमरे के भीतर कुकु क्लाक धीरे-धीरे टिक-टिक करती रहती और फ़र्श की पटिया पर बिछी रेत से सर्द सीलापन उठ-उठकर उस घुटन-भरी तपिश में घुलता रहता।

'और इससे बड़ी मूर्खता की बात और क्या हो सकती है !' एतियन कहता। 'सुखी रहने के निमित्त तुम ईश्वर को और स्वर्ग को बीच में क्यों घसीट लाते हो ? क्यों नहीं तुम लोग कोशिश करते इसी धरती पर अपना सुखी संसार बसाने की ?'

उसकी झुँझलाहट-भरी आवाज़ बराबर गूँजती रहती और ऐसे में एकाएक क्षितिज के बन्द कपाट खुलते और इन निर्धन लोगों के अन्धकारपूर्ण जीवन में एक ज्योति-रेख कौंध जाती। अनन्त काल से चली आ रही बदहाली-बदबख़्ती, जानवरों की तरह खटने के क्षण, और उस जीव की नियति जो ऊन तो देता है मगर फिर ज़बह कर दिया जाता है—ये सारी तकलीफ़ें जैसे एकदम तिरोहित हो जातीं, मानो सूर्य की किरण आकर इन सब विपदाओं का अन्त कर रही हो और अन्तरिक्ष से ऐसे उतरकर आ रही हो, जैसे चकाचौंध पैदा करनेवाली परियाँ ऊपर से उतरकर आती हैं। चूँकि ईश्वर मर गया है, इसलिए यह न्याय-पद्धति ऐसी होगी जो समानता और भाईचारे के दस्तूर को अमली जामा पहनाकर समस्त मानव-जाति की सुख-शान्ति सुनिश्चित करेगी। एक दिन ऐसा आएगा जब एक नया समाज अँगड़ाई लेगा, ऐसा समाज, जिसके सपने वे देखा करते हैं—मृगजल की भाँति एक ऐसा भव्य नगर बसेगा जिसमें प्रत्येक नागरिक अपनी मेहनत-मज़दूरी के सहारे जीवनयापन करेगा और जन-जन की हँसी-खुशी में सम्मिलित होगा। यह पुरातन, सड़ी-गली दुनिया धूल में मिल जाएगी, मानवता अपने पापों से मुक्त होकर पुनर्जीवित हो उठेगी, मज़दूरों के अलहदा राष्ट्र के रूप में अस्तित्व में आएगी, जिसका आदर्श वाक्य होगा : प्रत्येक को उसकी योग्यता के अनुसार और प्रत्येक का महत्त्व उसके कार्य के अनुसार। और यह स्वप्न-लोक जैसे-जैसे असम्भव-असाध्य ऊँचाइयों को छूता जाता, अधिकाधिक सुन्दर होता जाता, अधिकाधिक सम्मोहक होता चला जाता।

शुरू-शुरू में ला माहूद के भीतर ऐसा अव्यक्त-सा भय समा गया था कि वह कुछ भी सुनने को तैयार नहीं थी। न, न, यह बहुत अधिक सुहावनी दुनिया है, ऐसे विचार ही मन में मत लाओ—इससे जीवन अत्यधिक दूभर हो जाएगा, और तब ऐसी सुख-सुविधा प्राप्त करने के लिए आदमी कुछ भी करने पर आमादा हो सकता है। जब वह माहूअ की व्याकुलता लक्ष्य करती, और यह भी देखती कि वह इन बातों का कायल होने लगा है और उसकी आँखें उद्दीप्त हो उठी हैं, तो व्याकुल हो जाती और एतियन

की बात को काटते हुए बोल उठती :

'तू इसकी कुछ मत सुन, रे ! देख ही रहा है, यह आदमी किस्से-कहानियाँ ही तो सुनाता रहता है। मान सकते हो, मालिक लोग कभी हमारी तरह मेहनत-मशक्कत करने को राज़ी होंगे ?'

मगर आहिस्ता-आहिस्ता इस दुनिया का जादू ला माहूद के सिर चढ़ बोलने लगता। वह मुस्करा उठती, क्योंकि उसकी कल्पना को पंख लग जाते और वह आशा के किसी अद्भुत संसार की देहरी पर जा खड़ी होती। चाहे कुछ समय के लिए ही सही, दुखद वास्तविकता को विस्मृत करना अच्छा लगता। जब आदमी जानवरों की-सी ज़िन्दगी जी रहा हो, सिर ज़मीन के साथ लगा हो, ऐसी हालत में स्वप्न-लोक की छोटी-सी दुनिया में विचरण करने में हरज ही क्या है, जहाँ वह ऐसी बातों से मन को बहला सकता है यह जानते हुए भी कि यह सब उसकी पहुँच से बाहर है। मगर वास्तव में जिस बात से ला माहूद में उत्साह का संचार हुआ, जिस कारण वह अन्ततः एतियन की मुरीद बन गई, वह थी न्याय की भावना।

'बिलकुल, खरी बात कह दी तूने।' वह कहती। 'अगर कोई बात मुझे वाजिब लगती है, मुनासिब लगती है, तो उसके लिए मैं अपनी बोटी-बोटी कटवा सकती हूँ...ज़िन्दगी में सुख पाने का हमारा भी हक है।'

यह सुनते ही माहूअ भी रौ में बहने लग जाता।

'क्या हुआ जो मैं कोई अमीर आदमी नहीं, लेकिन मेरे जीते-जी यह सब हो जाए, तो सौ सू न न्योछावर कर दूँ ! अरे, क्या नक्शा बाँधा है ! लेकिन यह सब होगा कब ? कैसे मिलेगी यह दुनिया ?'

एतियन पुनः चालू हो जाता और दृढ़तापूर्वक यह बात कहता—यह पुराना समाज चटकने लगा है, कुछ महीनों से ज़्यादा यह टिक नहीं सकता। इसे पाने के लिए कैसे तौर-तरीके अपनाए जाएँगे, उनके बारे में वह जो कुछ बताता, वह किसी के पल्ले न पड़ता, क्योंकि उसने जो पढ़ा था, वह सब गड्डमड्ड हो गया होता, और चूँकि उसका वास्ता पड़ा था अनपढ़ लोगों से, सो वह बिना संकोच के ऐसी-ऐसी दलीलें देने लगता जिनका कोई सिर-पैर न होता। अपनी बातों में वह अनेकानेक सिद्धान्तों के हवाले देता, क्योंकि वह स्वयं इस बात का कायल हो चुका था कि कामयाबी तो एकदम सामने खड़ी है और फिर यह भी कि वर्गों के बीच जो भी ग़लतफ़हमी है, उसे दूर करने के लिए सारी दुनिया का समर्थन मिल जाएगा—हालाँकि वह यह भी मानता था कि मालिक लोगों और बूर्जुआ सोच वाले लोगों में कुछ अड़ियल किस्म के लोग भी होंगे जो अगर राहे-रास्ते पर नहीं आएँगे, तो उनके साथ ज़ोर-ज़बर्दस्ती भी करनी पड़ सकती है। और प्रतीत होता कि माहूअ परिवार इन अद्भुत समाधानों को बिलकुल उसी तरह आँख मूँदकर हृदयंगम करते हुए उनको अपना समर्थन और स्वीकृति देता, जिस प्रकार चर्च के आरम्भिक दिनों में ईसाई धर्म की दीक्षा लेनेवाले लोग किया करते थे और इसके साथ-साथ यह भी अपेक्षा करते थे कि सम्पूर्ण समाज का जन्म पुरानी दुनिया के ध्वस्त होने पर उसके कचरे के ढेर में से होगा। नन्ही अलज़ीर के पल्ले एक-आध बात पड़ जाती, और उसके लिए ख़ुशी, बस, इतनी-सी थी कि एक ऐसा स्निग्ध घर होगा जिसमें

बच्चे अपनी इच्छानुसार खाएँगे-पिएँगे, खेलेंगे-कूदेंगे। और कैथरीन थी कि ठुड्डी को हाथ से थामे बिना हिले-डुले अपलक निगाहों से एतियन को निहारती रहती, और एतियन जब मौन बैठ जाता, तो एकदम लरज़-सी जाती और चेहरा भी फक पड़ जाता, जैसे एकदम ठंडिया गई हो।

मगर ला माहूद कुकु क्लाक की तरफ़ देखती और बोल उठती, 'अरे, कब के नौ बज गए ! अब सवेरे उठेंगे कैसे ?'

और निराशा में डूबता-उतराता माहूद परिवार भारी हृदय के साथ मेज़ से उठ खड़ा होता। इन्हें लगता कि अभी-अभी तो दौलत इसके हाथ लगी थी, और अभी-अभी इन्हें एक बार फिर अपनी ही विष्ठा में झोंक दिया गया है। वृद्ध बोनमोर्त तो बड़बड़ाते हुए कोयला-खान के लिए निकल जाता और बोलता जाता कि ये सब बातें तो करते हैं, लेकिन इनसे क्या सूप का स्वाद ज़रा भी बदल सकता है ? बाकी लोग एक-दूसरे के पीछे ऊपर चले जाते इस बात को शिद्दत से महसूस करते हुए कि कमरे की दीवारों में सीलन समाई है और सारा वातावरण एकदम गलघोंटू और विषैला है। तब तक सारा गाँव नींद की गोद में जा चुका होता। ऊपर कमरे में जाकर कैथरीन सबसे आख़िर में बिस्तर में घुसती और मोमबत्ती को फूँक मारकर लेटती, तो एतियन को लगता रहता कि यह लड़की सो नहीं रही है और व्याकुल होकर करवटें बदल रही है।

इन गोष्ठियों में अकसर पास-पड़ोस के लोग भी शामिल होते। एक लवाक था, जो मिल-बाँटकर खानेवाली बात सुनकर एकदम उत्साहित हो उठता था। फिर पियरों भी आता, लेकिन ज्योंही कम्पनी की निन्दा की बात शुरू होती, चुपचाप खिसक जाता। कभी-कभार ज़कारी भी आ बैठता। उसे राजनीति की बातें रास नहीं आती थीं और उसकी अधिक दिलचस्पी लावंताज़ में जाकर बियर पीने में थी। फिर शावाल भी आता, जो दूर की कौड़ी लाया करता। एकदम उछल पड़ता, यहाँ तक कि खून-ख़राबा करने की हिमायत करता। लगभग हर रात घंटा-भर माहूअ परिवार के साथ चिपका रहता। इस निष्ठा के पीछे अधिकतर ईर्ष्या थी उसकी—जिसे वह व्यक्त तो नहीं करता था इस डर से कि कहीं ऐसा न हो कैथरीन उसके हाथ से निकल जाए। वैसे, वह इस लड़की से ऊबने लगा था, लेकिन चूँकि एक मरद उसके निकट सोता था और उसे यह डर था कि रात को उसके साथ हमबिस्तर भी हो सकता है। सो, यह लड़की उसके लिए और भी मूल्यवान हो गई थी।

एतियन का दबदबा बढ़ता जा रहा था और शनैः शनैः वह गाँव का कायापलट भी करने लगा था। पर्दे के पीछे से प्रोपेगंडा करता और ज्यों-ज्यों वह लोगों की नज़रों में उठता जा रहा था, त्यों-त्यों इस प्रचार का प्रभाव-क्षेत्र भी बढ़ता जा रहा था। एक सुलझी हुई गृहिणी की तरह ला माहूद उसकी बातों को पतियाती तो नहीं थी, लेकिन उसे युवकोचित आदर-मान देती थी। एक बात तो यह थी कि एतियन समय पर पैसा दे देता था, फिर दारू भी नहीं पीता था, न ही जुआ खेलता था और हमेशा सिर डाले किसी-न-किसी किताब से मग़ज़पच्ची करता रहता था। ला माहूद पास-पड़ोस के लोगों में उसकी डोंडी पीटती रहती थी कि यह आदमी पढ़ा-लिखा है। और पास-पड़ोस वाले भी इस बात का फ़ायदा इस तरह उठाते कि अपनी चिट्ठी-पत्री करवाने उसके पास

चले आते। सभी मामलों में वह एक तरह से इन लोगों का सलाहकार-सा बनता जा रहा था। एक तो उनका पत्र-व्यवहार देखता, फिर कुछ गृहस्थ अपने अंतरंग मामलों में भी उससे मशविरा करने आ जाते। इसका एक सुफल यह हुआ कि सितम्बर तक वह अपना बहुचर्चित इमरजेंसी फ़ंड स्थापित करने में कामयाब हो गया। अभी थोड़ा डगमगा रहा था, क्योंकि उसमें केवल गाँव के लोग ही शामिल हुए थे, लेकिन उसे उम्मीद थी कि बाकी सभी कोयला-खानों के लोग भी इसमें सम्मिलित हो जाएँगे—ख़ासकर यदि कम्पनी इसी तरह निष्क्रिय बनी रही और पहले की तरह उसने कोई दख़लंदाज़ी नहीं की। एतियन को संस्था का मंत्री बना दिया गया था। इतना ही नहीं, सारा हिसाब-किताब रखने के लिए उसे छोटी-सी रकम भी मिलने लगी थी, जिससे उसके पास थोड़ा पैसा जमा हो गया था। किसी विवाहित खान मज़दूर के लिए दो जून रोटी जुटा पाना भी दुश्वार था, लेकिन गम्भीर प्रकृति का यह कुँवारा नौजवान, जिसके आगे-पीछे कोई न था, थोड़ा-बहुत पैसा बचाकर रख भी लेता था।

इसके बाद एतियन में धीरे-धीरे एक परिवर्तन दिखाई पड़ने लगा। कसाले के दिनों में उसका जो अहंभाव, सुख-सुविधा का जीवन व्यतीत करने का जो अनुराग एक तरह से मर गया था, वह फिर से जागृत हो उठा था। उसने अच्छे-अच्छे कपड़े भी बनवा लिये थे। फिर बढ़िया-सा जूता भी खरीद लिया था। बस, लीडरी करने के लिए इतनी चीज़ें पर्याप्त थीं। अब सारा गाँव उसका मुँह देखता। इससे उसका अहंभाव तुष्ट होने लगा और लोकप्रियता के इन आरम्भिक अनुभवों ने उसे मदोन्मत्त-सा कर दिया : दूसरों का नेतृत्व करना, सरदारी करना—और वह भी उस जैसे छोटी उम्र के युवक के लिए जो कल तक मज़दूरी करता रहा था—गर्व की बात थी। इससे उसके भीतर क्रान्ति के सपने को साकार करने की अभिलाषा और बलवती हुई, जिसमें उसकी महत्त्वपूर्ण भूमिका होगी। उसका रहन-सहन ही बदल गया था। अब वह गम्भीरता का मुखौटा लगाए रखता और अपनी ही वाणी पर लट्टू होता रहता। उसकी इस नवोदित महत्वाकांक्षा को कल्पना के पर लगने लगे। उसे न जाने कैसी-कैसी बातें सूझतीं और संघर्ष के नए-नए पैंतरों के बारे में वह कल्पना करता रहता।

लेकिन इस बीच पतझड़ आ गया। गाँववालों की साग-भाजी की बगीचियों में अक्तूबर के तुषार ने कहर बरपा कर दिया। अब बकायन के पतले पौधों के पीछे इन खरगोशों के पिंजरों की छत पर कोयला-खानों में काम करनेवाले छोकरे ढुलाई करनेवाली छोकरियों को खूँदते-राँधते दिखाई न पड़ते। जाड़े की चीदा-चीदा साग-सब्ज़ी ही बच पाई थी : पाले की मारी बन्दगोभी, गन्दने और अचार-मुरब्बा बनाने लायक सब्ज़ियाँ ही रह गई थीं। एक बार फिर लाल खपरैल पर पड़ती बारिश की बौछारों का, परनालों के नीचे रखे बैरलों में पानी पर गिरती ज़ोरदार धाराओं का भयंकर शोर सुनाई पड़ने लगा। घर के भीतर लोग चूल्हों को ठंडा न होने देते और लगातार उनमें कोयला झोंकते रहते, जिससे बन्द कमरों का माहौल और विषाक्त हो जाता। ग़रीबी-मुफ़लिसी के एक और दौर की शुरुआत हो चली थी।

अक्तूबर के शुरुआती जाड़े की एक रात एतियन ने माहूअ के घर के निचले हिस्से में जो बातें की थीं, उनके कारण वह इतना उत्तेजित था कि ऊपर सोने आया, तो उसकी

आँखों में नींद नहीं थी। कैथरीन को वह बिस्तर में घुसते और मोमबत्ती की फूँक मारकर बुझाते हुए देखता रहा था। कैथरीन भी बेचैन थी। लाज-संकोच से प्रायः छुईमुई-सी हो जाती थी। उस रात भी वह लजाती हुई उतावली-उतावली बिस्तर में घुसने लगी, तो हड़बड़ी में उसके अंग और अधिक उघड़ गए थे। अँधेरे में वह साँस रोके पड़ी थी, लेकिन एतियन को लग रहा था कि वह सो नहीं रही है और लेटी-लेटी उसी तरह उसके बारे में सोच रही है, जिस तरह वह उसके बारे में सोच रहा है। इस प्रकार के मूक बोध से वे इतने व्याकुल पहले कभी नहीं हुए थे। मिनट पर मिनट सरकते जा रहे थे। कोई हिल-डुल तक नहीं रहा था, जुम्बिश तक नहीं थी, और संयम रखने का प्रयास करने के बावजूद, वे व्याकुल होकर श्वास-निःश्वास लेते रहे। दो बार उसका मन हुआ कि उठकर कैथरीन को दबोच ले। यह कैसी हिमाकत है कि एक-दूसरे की चाहत तो है दोनों में, फिर भी अपनी कामेच्छा की पूर्ति नहीं कर पा रहे ! क्यों इस तरह मन मारने को बज़िद हैं ? बच्चे सो गए हैं और वह भी राज़ी है। एतियन को भरोसा था कि कैथरीन इसी इन्तज़ार में दम साधे लेटी है और ज्योंही वह जाएगा, वह निःशब्द दाँत भींचते हुए उसे अपनी बाँहों में कस लेगी।

लगभग एक घंटा बीत गया। न वह उसके निकट गया, और न कैथरीन ने ही करवट बदली—शायद इस डर से कि कहीं ऐसा न लगे कि वह उसे निमंत्रण दे रही है। जितने दिनों तक वे साथ-साथ रहे, लाज-संकोच का व्यवधान, वितृष्णा की परिधि, मित्रता का धर्मसंकट बढ़ता ही चला गया। ऐसा क्यों है, यह शायद वे स्वयं को भी समझाने की स्थिति में नहीं थे।

4

'सुन,' ला माहृद ने पति से कहा, 'मोंसू पगार लेने जा रहा है, तो आती बार एक पौंड कॉफ़ी और दो पौंड शक्कर लेते आना।'

माहृअ जूते की मरम्मत का खर्चा बचाने की ख़ातिर उसे स्वयं गाँठ रहा था।

'अच्छा।' जूते पर से दृष्टि हटाए बिना वह मिमियाया।

'और ज़रा कसाई के यहाँ का भी चक्कर लगा लेना...थोड़ा बछड़े का मांस हो जाए। मुद्दत हो गई स्वाद चखे।'

इस बार उसने सिर ऊपर उठाकर देखा।

'समझती है, सैकड़ों-हज़ारों मिलेंगे मुझे ? इस बार पगार में ज़्यादा रकम नहीं मिलनेवाली...कमबख़्त हमेशा काम बन्द करने की फ़िराक में जो रहते हैं !'

अक्तूबर महीने के अन्तिम दिन थे। शनिवार था तथा भोजनोपरान्त की वेला। कम्पनी की यह दलील थी कि पगार वाले दिन काम सुचारू रूप से नहीं हो पाता, इसलिए उस दिन सभी कोयला-खानों में कोयला निकालने का काम एक बार फिर स्थगित करवा दिया गया था। बढ़ते औद्योगिक संकट के कारण कम्पनी आतंकित हो उठी थी, और पहले से रखे कोयले के भारी भंडार में और वृद्धि नहीं करना चाहती थी। सो, किसी बहाने अपने दस हज़ार कर्मचारियों को वह घर बैठा देती थी।

'वहाँ रासनर की कलवरिया में एतियन तेरी इन्तज़ार में बैठा होगा,' ला माहूद फिर बोली। 'बेहतर है, उसे भी अपने साथ लेते जाना। अगर वे पूरे घंटों का हिसाब करके रकम नहीं देते, तो वह तेरे से ज़्यादा होशियार है उनसे बहस करने में।'

माहूअ ने सिर हिलाकर हामी भरी।

'और अपने बाप के काम के बारे में भी उनसे बात करना। डॉक्टर तो वही करता है जो कम्पनी उससे करवाती है...क्यों, बाबा ! डॉक्टर ग़लत कहता है न ? तुम अभी काम कर सकते हो न ?'

पिछले दसेक दिनों में वृद्ध बोनमोर्त कुर्सी से ही चिपका रहता था, क्योंकि—जैसा कि स्वयं कहता था—उसके 'पंजे' सूजे हुए थे। ला माहूद ने दुबारा अपनी बात कही, तब कहीं जाकर वह धीरे-से बोला, 'क्यों नहीं, क्यों नहीं, अभी तो काम कर सकता हूँ। अगर किसी आदमी की टाँगों में थोड़ी तकलीफ़ है, तो वह नाकारा नहीं हो जाता। अरे, यह तो वे हुज्जत कर रहे हैं, ताकि एक सौ अस्सी फ्रां की पेंशन न देनी पड़े।'

ला माहूद को इस बात का भी डर था कि कहीं ऐसा न हो बूढ़े के चालीस सू भी मिलने बन्द हो जाएँ। इस बात की कल्पना करते ही वह संतप्त हो उठी, 'हे ईश्वर, अगर यही हालत रही, तो मरण आज भी हुआ, कल भी हुआ।'

माहूअ बोला, 'जब कोई मर जाता है, तो कम-अज--कम उसे भूख तो नहीं लगती न !'

थोड़े-से और कील जूते में ठोंक वह चलने को तैयार हो गया। ग्राम 240 के लोगों को लगभग चार बजे से पहले पगार मिलने वाली नहीं थी। सो, मज़दूरों को कोई जल्दी नहीं थी। एक-एक करके वे घरों से निकलते थे और गिरते-पड़ते चल पड़ते थे। पीछे से उनकी लुगाइयाँ आवाज़ देकर आगाह करती थीं कि वहीं से सीधे घर आना। बहुत-सी लुगाइयाँ तो उन्हें ऐसे काम सौंपती ताकि ज़्यादा देर तक वे कलवरिया में ही न घुसे रहें।

एतियन रासनर के यहाँ हालचाल जानने के लिए गया था। कुछ चिन्ताजनक बातें सुनने में आ रही थीं—कहा जा रहा था कि कम्पनी बल्लियाँ-शहतीर लगाने के तरीके से बेहद असन्तुष्ट है। मज़दूरों पर इसके लिए दंड डाला जा रहा है और ऐसा लगता है कि टकराव होकर रहेगा। यह बात तो कम्पनी मुखर होकर कह ही रही थी, मगर कई दूसरे पोशीदा और गम्भीर मसले थे, जिनकी आड़ में यह खेल खेला जा रहा था।

वास्तव में, जब एतियन भीतर आया था, तो थोड़ी देर पहले ही मोंसू से लौटकर आनेवाला एक आदमी बियर पीते हुए उस घोषणा के बारे में बता रहा था जो ख़ज़ांची के दफ़्तर में चिपका दी गई थी—मगर निश्चित रूप से नहीं बता पा रहा था कि उस घोषणा में असल में लिखा क्या है। तभी एक और आदमी भीतर आया। फिर तीसरा आया। तीनों अलग-अलग बात बताते थे। मगर यह स्पष्ट था कि कम्पनी ने कोई फ़ैसला कर लिया था।

'इस सबके बारे में तुम्हारा क्या ख़याल है ?' एतियन ने एक मेज़ पर सूवारीन के साथ बैठते हुए कहा, जिस पर गिलास की जगह मात्र तम्बाकू का पैकेट ही रखा था।

इंजिनमैन ने बड़े इत्मीनान से सिगरेट बनाया और फिर यह बात कही, 'मैं समझता हूँ, यह तो पहले से ही समझ लेना चाहिए था। ये लोग हमें चारों तरफ़ से घेरते जा रहे हैं।'

सूवारीन ही ऐसा आदमी था जिसमें सारी स्थिति का विश्लेषण करने की क्षमता थी। उसने अपने सहज-सरल ढंग से सारी बात समझाई। बात यह थी कि कम्पनी पर संकट के बादल मँडरा रहे थे और डूबने से बचने के लिए उसे अपने खर्चों को घटाना पड़ रहा था, और यह स्वाभाविक ही था कि गाज मज़दूरों पर ही गिरेगी, जिन्हें अपने पेट पर पट्टी बाँधनी पड़ेगी। कम्पनी किसी-न-किसी बहाने उनकी पगार में कटौती करने की कोशिश करेगी। दो महीनों से अहातों में कोयला जमा होता जा रहा था, क्योंकि कल-कारख़ाने बन्द पड़े थे। चूँकि कम्पनी अपनी कोयला-खानों को बन्द करने की हिम्मत जुटा नहीं पा रही थी—कोई संयंत्र बेकार पड़ जाए, तो तबाही का कारण बन सकता है—इसलिए ये लोग कोई बीच का रास्ता निकालने की फ़िराक में थे। हो सकता है, हड़ताल ही करवा दें, जिससे खान मज़दूरों का मक्कू कसा जा सके और उन्हें पहले से कम पगार देनी पड़े। इसके अलावा, कम्पनी नए इमरजेंसी फ़ंड को लेकर भी चिन्तित थी, जो आगे चलकर ख़तरनाक साबित हो सकता था। अभी यह फ़ंड छोटा है, और अगर हड़ताल होती है, तो उसी दौरान यह ख़र्च भी हो जाएगा, और इस तरह इस ख़तरे का भी निराकरण किया जा सकेगा।

रासनर आकर एतियन की बग़ल में बैठ गया था और दोनों चिन्तातुर होकर यह सब सुन रहे थे। अपनी बात वे निःसंकोच कह सकते थे, क्योंकि मदाम रासनर के अलावा वहाँ और कोई नहीं था, और वह भी काउंटर के पीछे बैठी थी।

'दूर की कौड़ी लाने वाली बात हुई न !' कलवरिया का मालिक बोल उठा। 'ऐसा वे क्यों करेंगे ? न तो कम्पनी को हड़ताल कराने से कोई लाभ होगा, न मज़दूरों को ही। सबसे अच्छा उपाय तो यह है कि कोई समझौता हो जाए।'

उसकी बात तर्कसंगत थी। वह सदैव उचित माँगों का समर्थन करता था। उसका भी यही सिद्धान्त था कि जो सहज सम्भाव्य है, वही करो। सच पूछो तो, जब से उसकी कलवरिया में आकर रहनेवाले एतियन की लोकप्रियता में वृद्धि होने लगी थी, वह अपने इस सिद्धान्त की व्याख्या इस प्रकार करते हुए कहा करता था कि यदि कोई यह चाहे कि आनन-फ़ानन में सब चीज़ें उसकी झोली में आ पड़ें, तो कुछ भी उसके हाथ नहीं लगता। इस स्थूलकाय आदमी के बियर-संपुष्ट स्वभाव को भीतर ही भीतर ईर्ष्या का घुन लग रहा था और भुस में आग लगानेवाली बात यह थी कि ऐसा लगता था कि ल वोरअ के लोगों ने उसके शराबघर को तिलांजलि दे दी है। ये लोग आते भी थे, तो पीने की ग़रज़ से कम, एतियन की बातें सुनने के लिए अधिक। कभी-कभी तो उस पुरानी कड़वाहट को वह भूल जाता कि उसे कम्पनी की नौकरी से बरतरफ़ किया गया है, और झोंक में आकर कम्पनी का पक्ष लेने लगता।

'तो तू हड़ताल के ख़िलाफ है ?' मदाम रासनर वहीं बैठे-बैठे ऊँचे स्वर में बोल उठी। और जब पति ने भी ज़ोरदार हामी भरी, तो पत्नी ने मुँहतोड़ जवाब देते हुए कहा, 'तू कायर है ! शरीफ़ लोगों को बात करने दे।'

वह एतियन के लिए बियर लेकर आई थी। बियर को एकटक देखते हुए वह किसी सोच में पड़ गया था। अन्ततः सिर उठाकर बोला, 'देखो, हमारे दोस्त को जिस बात का अन्देशा है, वह घट सकती है, और अगर हड़ताल की नौबत आ ही जाती है, तो ऐसी हालत में हम क्या करेंगे, यह भी हमें अच्छी तरह सोच-समझ लेना चाहिए।...सच पूछो तो, प्लूकार्ट ने अपनी चिट्ठियों में इसका ज़िक्र भी किया है। वह भी हड़ताल के ख़िलाफ़ है, क्योंकि इससे मज़दूरों को भी उतना ही नुकसान होता है, जितना कि मालिकों को, और फिर हड़ताल से कोई समस्या हल नहीं होती। इसमें उसे एक ही बात फ़ायदे की दिखाई पड़ती है, और वह यह कि यह ऐसा अच्छा मौका है जब मज़दूरों को इस बात के लिए कायल किया जा सकता है कि वे उसके साथ सहयोग करें...लो, यह रही उसकी चिट्ठी।'

मोंसू के ख़ान मज़दूरों ने इंटरनेशनल के प्रति जो सन्देह व्यक्त किया था, उससे प्लूकार्ट हतोत्साह हो गया था, मगर उसे यह भी उम्मीद थी कि यदि संघर्ष ने उन्हें कम्पनी के विरुद्ध खड़े होने को मजबूर किया, तो वे पीछे नहीं हटेंगे। लाख कोशिशों के बावजूद एक भी आदमी को सदस्य बनाने में एतियन को सफलता नहीं मिली थी, हालाँकि यह भी सच था कि अपने इमरजेंसी फ़ंड के लिए उसने पूरी ताकत लगा दी थी। हाँ, लोगों में अनुकूल प्रतिक्रिया अवश्य हुई थी। मगर, जैसा कि सूवारीन का कथन था, फ़ंड की रकम इतनी थोड़ी थी कि आनन-फ़ानन में उड़ जाएगी, और ऐसी स्थिति में हड़तालियों के सामने कामगारों की एसोसिएशन में शामिल होने के अलावा और कोई चारा नहीं रहेगा, क्योंकि इससे हर देश के भाई-बन्धुओं की मदद उन्हें मिल सकेगी।

'फ़ंड में कितनी रकम है ?' रासनर ने पूछा।

'करीब-करीब तीन हज़ार फ्रां,' एतियन ने बताया। 'और शायद तुम्हें मालूम होगा, परसों मालिकों ने मुझे बुला भेजा था—बड़ा आदर-सत्कार किया उन्होंने मेरा। कहते थे, अपने कर्मचारियों को रिज़र्व फ़ंड बनाने से रोकना नहीं चाहते। लेकिन मैं झट भाँप गया कि वे उस पर अपना अख़्तियार रखना चाहते हैं...इसमें कोई शक नहीं, लेकिन इससे हमारे लिए दिक्कतें खड़ी हो सकती हैं।'

रासनर तिरस्कारपूर्वक सीटी बजाते हुए चहलक़दमी कर रहा था। तीन हज़ार फ्रां ! इतनी रकम से क्या कर लोगे ? एक हफ़्ते के लिए रोटी का भी प्रबन्ध नहीं कर पाओगे, और अगर तुम लोग विदेशियों का, इंग्लैंड में रहनेवालों का मुँह जोहते हो, तो बेशक लेट जाओ और मौत को गले लगा लो। न, यह सोच ही, हड़ताल करने का विचार ही, बेवकूफ़ी है, इसके सिवा कुछ नहीं।

तब पहली बार दोनों व्यक्तियों ने जमकर एक-दूसरे की लानत-मलामत की। कहाँ तो हालत यह थी कि कभी पूँजी के प्रति घृणा के कारण दोनों व्यक्तियों में सहमति थी, और अब नौबत इस बात की आ गई थी।

'और तू ? तेरा क्या विचार है ?' एतियन ने सूवानीर की तरफ़ ताकते हुए कहा।

उसने उसी तरह तिरस्कारपूर्वक कहा, 'हड़ताल ? हिमाकत !'

आवेश में कोई बोला नहीं। आख़िर, उस चुप्पी को तोड़ते हुए उसने शिथिल स्वर

में कहा, 'अगर तुम लोगों ने मन बना ही लिया है, तो सच मानो, मुझे कोई एतराज़ नहीं—एक रास्ता तबाही का होता है, दूसरा मौत के मुँह में जाता है, और इस तरह इतनी सफ़ाई तो कम से कम हो ही जाती है...मगर इस रफ़्तार से हज़ार साल लग जाएँगे दुनिया का फिर से निर्माण करने में। ऐसा क्यों नहीं करते, शुरुआत करो इस कैदख़ाने को ही उड़ाने से, जिसमें तुम लोग सड़ रहे हो ?'

अपने नाज़ुक हाथ से उसने ल वोरअ की तरफ़ इशारा किया, जिसकी इमारतें खुले दरवाज़े में से दिखाई पड़ रही थीं। मगर एक ऐसी अप्रत्याशित घटना घटी कि वह ख़ामोश हो गया : 'पोलैंड', मोटी-ताज़ी पालतू मादा खरगोश, किसी वक्त बाहर निकल गई थी और जब कोयला-खान में काम करनेवाले छोकरों के एक झुंड ने उस पर पत्थर बरसाए, तो वह भीतर दौड़ी आई थी। भय से उसके कान कनपटियों के साथ जा लगे थे, पूँछ उठी थी और जान बचाने की ख़ातिर वह उसकी टाँगों में घुस गई थी और खरोंचते हुए जैसे उठा लेने को विनती कर रही थी। उसे उठाकर उसने गोद में बैठाया और दोनों हाथों से ढक लिया, और हमेशा की तरह उसके मुलायम, गर्म-गर्म रोओं का स्पर्श करते हुए गहरी सोच में डूब गया।

ऐन उसी वक्त माहूअ भीतर आया। मदाम रासनर के विनम्र अनुरोध के बावजूद—वह बियर इस तरह बेचती थी, मानो मुफ़्त बाँट रही हो—माहूअ ने बियर पीने से इनकार कर दिया। एतियन भी तत्काल उठ खड़ा हुआ और दोनों मोंसू के लिए रवाना हो गए।

जिस दिन कम्पनी पगार बाँटती थी, उस दिन मोंसू में छुट्टी का-सा माहौल बन जाता था—मानो इतवार को मेले वाला दिन हो। कोयला-खानों में काम करनेवाले सभी गाँवों के मज़दूर वहाँ जुटते थे, और चूँकि ख़ज़ांची का दफ़्तर छोटा था, सो वे बाहर खड़े प्रतीक्षा करते या टोलियों में सड़क पर डोलते रहते। उनकी कतार लगातार बढ़ती रहती, जिससे रास्ता अवरुद्ध हो जाता। फेरीवाले इस मौके का ख़ूब फ़ायदा उठाते और अपने रेहड़ों-छकड़ों पर चीनी मिट्टी के बर्तनों से लेकर पोर्क की चीज़ें तक बेचते फिरते। मगर कलवरिया और सरायवालों के तो पौ बारह हो जाते थे, क्योंकि खान मज़दूर पगार मिलने से पहले वक्त-कटी के लिए वहाँ जाते और पगार मिलते ही मौज-मस्ती के लिए फिर वहीं दौड़े आते।

उस दिन जब माहूअ और एतियन मज़दूरों की इन टोलियों में से होकर निकल रहे थे, तो इन्होंने अनुभव किया कि उनमें कितना आक्रोश है। पगार मिलने और उसे शराबघर में जाकर उड़ाने की वैसी खुशी कहीं दिखाई नहीं पड़ती थी। उसकी जगह इन लोगों की मुट्ठियाँ तनी हुई थीं और आवेश में पता नहीं क्या-क्या बोल रहे थे।

'तो यह सब सच है क्या ?' माहूअ ने शावाल से पूछा, जो उसे पीकेत के आगे मिल गया था। 'सचमुच, इन लोगों ने ऐसी गन्दी हरकत की है?'

लेकिन शावाल जवाब देने की जगह एकदम गुर्राते हुए एतियन की तरफ़ तिरछी निगाहों से देखता है। वह एतियन के प्रति इतना ईर्ष्यालु हो उठा था और यह बात भी कहने से नहीं चूकता था—अरे, कल का छोकरा ! लीडर बना फिरता है और सारा गाँव उसके तलुवे चाट रहा है ! इसलिए जब ठेका बदला, तो शावाल दूसरी टोली में शामिल

हो गया था। दो प्रेमियों की कलह से यह स्थिति और पेचीदा हो गई थी। जब भी वह कैथरीन को रक़ैयार में या कचरे की टेकरी के पीछे लेकर जाता, तो गालियाँ बकते हुए उसे ताने मारता और दोष देता, 'अरी, तू उस आदमी के साथ सोती है जिसे तेरी माँ ने घर में पाल रखा है।' इस तरह लानत-मलामत करने के बाद वह वहशी हवस से उसे एकदम निढाल करके रख देता।

माहूअ ने उससे फिर पूछा, 'ला वोरअ के लोगों को इन्होंने पगार देना शुरू किया या नहीं ?'

'हाँ,' कहकर उसने उनकी तरफ पीठ मोड़ ली।

दोनों जनों ने भीतर जाने का निश्चय किया।

ख़ज़ांची का छोटा-सा आयताकार कमरा था, जो झंझरी से दो हिस्सों में बँटा था। पाँच-छह मज़दूर दीवारों के साथ रखी बेंचों पर इन्तज़ार में बैठे थे और ख़ज़ांची क्लर्क की मदद से खिड़की पर खड़े एक मज़दूर को पगार दे रहा था जिसके हाथ में टोपी थी। बेंचों के ऊपर बाईं ओर पीले रंग का बुलेटिन लगा था। नया-नया ही लगाया गया था, सो बुलेटिन की ताज़गी और धूमिल दीवार की मनहूसियत का अन्तर स्पष्ट दिखाई पड़ता था। सुबह से मज़दूर उसके नीचे से गुज़र रहे थे। दो-दो, तीन-तीन करके वे भीतर आते, कुछ देर निश्चल-से खड़े देखते रहते और फिर चुपचाप बाहर निकल जाते। झुके-झुके कन्धों से इस तरह चलते, मानो रीढ़ ही चटक गई हो।

उस समय दो मज़दूर वहाँ खड़े थे—एक युवक था, जिसका चेहरा खुंडा और क्रूर था, और दूसरा कोई एकदम मरियल-सा दुबला-पतला बूढ़ा था, जिसका चेहरा वृद्धावस्था के कारण जड़-सा हो गया लगता था। दोनों पढ़ना-लिखना नहीं जानते थे। फिर भी, नौजवान एक-एक अक्षर जोड़कर पढ़ने का जतन कर रहा था और बूढ़ा बुद्धू की तरह खड़ा देखे जा रहा था। इसी तरह कई लोग बुलेटिन को देखने भीतर आए, लेकिन उनके पल्ले कुछ न पड़ा।

'ज़रा इसे पढ़कर तो सुना,' माहूअ ने एतियन से कहा, क्योंकि उसके लिए भी काला अक्षर भैंस बराबर था।

एतियन ऊँचे स्वर में बुलेटिन पढ़ने लगा। यह नोटिस था कम्पनी की तरफ़ से सभी कोयला-खानों नें काम करनेवाले मज़दूरों के लिए, और इसमें उन्हें सूचित किया गया था कि बल्लियाँ लगाने के काम में मज़दूरों की लापरवाही को देखते हुए और बेकार के जुर्माने लगाने से बेज़ार होकर कम्पनी ने कोयला निकालने के काम के लिए मजूरी देने का एक नया फ़ार्मूला अपनाने का फ़ैसला किया है। भविष्य में कम्पनी बल्लियाँ लगाने के काम के लिए अलग से मजूरी देगी—इस हिसाब से कि कितने घन गज़ लकड़ी नीचे ले जाई गई है और फिर कितनी इस्तेमाल हुई है, और इस बात की भी नाप-जोख की जाएगी कि अच्छे काम के लिए कितनी लकड़ी दरकार थी। इसलिए कोयले से भरे एक छकड़े की मजूरी पचास सांटीम से घटाकर चालीस सांटीम की जा रही है। लेकिन इस बात का भी ध्यान रखा जाएगा कि कोयला निकालने की जगह कैसी है, कोयले की किस्म कैसी है और दूरी कितनी है। उसके बाद जटिल आँकड़ों का गोरखधन्धा-सा था, जिसे बताकर यह स्थापित करना था कि दस सांटीम की जो कटौती की जा रही

है, उसकी भरपाई बल्लियाँ लगाने की मजूरी देकर की जाएगी। इसके साथ ही कम्पनी ने यह भी घोषणा की थी कि इस नई पद्धति के लाभ सब लोगों की समझ में आ जाएँ, इसलिए तय यह पाया गया है कि यह व्यवस्था सोमवार पहली दिसम्बर से पहले लागू नहीं की जाएगी।

'धीमी आवाज़ में नहीं पढ़ सकते क्या ?' ख़ज़ांची चिल्लाया। 'ऐसे शोर में दिमाग़ कैसे काम करेगा ?'

एतियन ने उसकी बात को अनसुना करते हुए पढ़ना जारी रखा। उसका स्वर काँपने लगा था और जब वह सारा बुलेटिन पढ़ चुका, तब भी दूसरे लोग उस बुलेटिन की तरफ़ टकटकी लगाए देखे जा रहे थे। लगता था, बूढ़ा मज़दूर और वह नौजवान इस आस में खड़े थे कि थोड़ी और रकम मिलेगी। फिर कन्धे झुकाए चले गए।

'हे परमेश्वर !' माहूअ बुदबुदाया।

वह और एतियन बैठ गए थे। एकदम तन्मय-तल्लीन-से होकर सिर डाले हिसाब कर रहे थे। मज़दूरों की कतार पीले इश्तहार के आगे से होकर निकलती रही। क्या कम्पनी समझती है कि हम सब बेवकूफ़ हैं ? हर छकड़े पर दस सांटीम की जो कटौती की जाएगी, उसकी भरपाई लग्गियाँ लगाने के काम से कभी हो ही नहीं सकती। ज़्यादा से ज़्यादा आठ सांटीम ही बना पाएँगे, और इसका मतलब यह हुआ कि कम्पनी उनके दो सांटीम मारने जा रही है—फिर उस समय को भी हिसाब में नहीं लिया जाएगा जो बल्लियाँ लगाने के काम में व्यतीत होगा। सो, कम्पनी का मनसूबा यह था—पगार में धोखाधड़ी से कटौती ! मज़दूरों की जेब काटकर कम्पनी बचत करने की सोच रही थी।

'हे परमेश्वर !' माहूअ सिर उठाते हुए फिर बोल उठा। 'अगर कम्पनी को ऐसा करने से हमने नहीं रोका, तो जो मिलेगा उसी में सब्र करना पड़ेगा।'

लेकिन खिड़की अब खाली थी। माहूअ अपनी रकम लेने के लिए चलकर गया। समय बचाने की ख़ातिर टोली के लीडर ही ख़ज़ांची के पास जाते थे और टोली के मज़दूरों की सारी पगार लेकर उनमें बाँट देते थे।

'माहूअ और उसकी टोली,' क्लर्क ने पुकारा। 'फ़िलोनियर शिग़ाफ़, मोहरा नम्बर सात।'

उसने सूचियों को जाँचा-परखा, जो उन बहियों में से तैयार की जाती थी जिनमें फ़ोरमैन प्रतिदिन उन छकड़ों की संख्या का इन्दराज करता था जो प्रत्येक टोली निकालती थी। क्लर्क ने दुबारा उसका नाम पुकारा :

'माहूअ और उसकी टोली, फ़िलोनियर शिग़ाफ़, मोहरा नम्बर सात...एक सौ पैंतीस फ़्रां।'

ख़ज़ांची ने रकम सरकाई।

'माफ़ करना, साहिब जी !' हक्का-बक्का माहूअ हकलाते-हकलाते बोला। 'आपको कोई ग़लती तो नहीं लग रही ?'

एक बर्फीली थरथराहट उसके कलेजे को चीर गई थी। रकम उसने उठाई नहीं। बस, उसे खड़ा घूरे जा रहा था। बेशक, जानता था कि इन कठिन दिनों में अधिक मजूरी मिलने की उम्मीद नहीं थी। यदि उसने सारा हिसाब ग़लत नहीं लगाया, तो यह रकम

इतनी कम नहीं हो सकती। ज़कारी की, एतियन की और शावाल की जगह लेनेवाले नए आदमी की मजूरी देने के बाद इस रकम में से मुश्किल से पचास फ्रां ही उसके और उसके बाप के और कैथरीन के और यालैं के पल्ले पड़ेंगे।

'न, कोई ग़लती-वलती नहीं है,' क्लर्क बोला। 'दो इतवार और चार ले-आफ़ काटो—बाक़ी बचे कुल नौ दिन।'

यह कैफ़ियत मिलने के बाद माहूअ साँस रोके दिल ही दिल में हिसाब करता रहा : नौ दिनों का मतलब है लगभग तीस फ्रां उसके, अठारह कैथरीन के और नौ यालैं के। जहाँ तक वृद्ध बोनमोर्त का सवाल है, उसने तो कुल तीन दिन ही लगाए थे। मगर इस हिसाब से भी यदि ज़कारी के और दूसरे दो जनों के नब्बे फ्रां जोड़ें, तो भी इससे ज़्यादा रकम बनती थी।

'और जुर्माने की रकम भूल गए क्या !' क्लर्क ने फिर कहा। 'ग़लत बल्लियाँ लगाने का जुर्माना बीस फ्रां।'

माहूअ हताश-सा खड़ा देखे जा रहा था। बीस फ्रां जुर्माने के और चार फ्रां ले-आफ़ के दिनों के—खूब ! कभी वे दिन भी थे, जब वृद्ध बोनमोर्त पूरे दिन काम करता था और ज़कारी की भी शादी नहीं हुई थी और कभी-कभी पगार वाले दिन वह डेढ़ सौ फ्रां लेकर घर आया करता था।

'उठा रहा है या नहीं ?' ख़ज़ांची धीरज खोते हुए बोला। 'देखता नहीं, तेरे पीछे इन्तज़ार में दूसरा आदमी खड़ा है ?...अगर लेने की मर्ज़ी नहीं है, तो मुँह से फूट !'

माहूअ अपने चौड़े-चकले काँपते हाथों से रकम उठाने ही जा रहा था कि क्लर्क ने उसे रोक दिया।

'एक मिनट। तेरा नाम मेरे पास लिखकर आया है। तूसैं माहूअ ही नाम है न तेरा ? कम्पनी के सचिव तेरे से बात करना चाहते हैं। भीतर जा, इस बखत खाली बैठे हैं।'

अब यह हक्का-बक्का मज़दूर दफ़्तर के उस कमरे में खड़ा था जिसमें पुराना-सा मेहागनी का फ़र्नीचर रखा था और हरे बदरंग परदे लगे थे। सचिव लम्बा-तड़ंगा पीलियाया हुआ-सा आदमी था। उसके आगे मेज़ पर कुछ काग़ज़ात फैले थे। उठे बिना वह पाँचेक मिनट तक बोलता रहा। लेकिन कानों में गूँजती भिनभिनाहट के कारण माहूअ के पल्ले कुछ नहीं पड़ रहा था। बस, इतनी-सी बात ज़रूर उसकी समझ में आई कि मामला उसके बाप का है, जिसे डेढ़ सौ फ्रां की पेंशन के साथ रिटायर करने की बात विचाराधीन थी : पचास की उम्र और सेवाकाल चालीस बरस। तभी उसे लगा कि उस आदमी का स्वर भावशून्य और कठोर होता जा रहा है। वह उसे फटकार रहा था और साथ-साथ यह तोहमत भी लगा रहा था कि वह राजनीति में टाँग अड़ा रहा है। कुछ बातें उसने एतियन के और उसके इमरजेंसी फ़ंड के बारे में भी कहीं। अन्ततः उसने यह मशविरा दिया कि इस तरह की ऊल-जलूल बातों में मत पड़ा करो। इसी में उसका भला है, क्योंकि कोयला-खान के श्रेष्ठ कर्मचारियों में उसकी गिनती होती है। माहूअ इन बातों का विरोध करना चाहता था। लेकिन कुछ अस्फुट-से स्वर ही उसके कंठ से निकल पाए और काँपते हाथों में वह टोपी को तोड़ता-मरोड़ता रहा और ज़बान पर आई बात न कह हकला-हकलाकर बोलते हुए मुड़ा :

'ठीक है, साहेब जी...आपको भरोसा दिला सकता हूँ, ठीक है साहेब जी...'

एतियन बाहर खड़ा उसकी राह देख रहा था। माहूअ आते ही फट पड़ा :

'कितना कायर हूँ मैं...उसे एकदम बतला देता...एक तो दाल-रोटी के लाले पड़े हैं, ऊपर से यह ज़िल्लत ! फिर तेरे बारे में भी बोलता था, सारे गाँव को ख़राब कर रहा है।...और अगर ऐसी बात है, तो हम भी क्या कर सकते हैं ?—बस, यह ले लो और इनके गुण गाओ। ठीक कह रहा हूँ न ! इसके सिवा और चारा भी क्या है ?'

माहूअ ख़ामोश हो गया। गुस्से और डर के मारे काँप रहा था। एतियन भी खिन्न था। उसके भीतर भयंकर ऊहापोह मची थी। चलते-चलते वे उस जगह आए जहाँ मज़दूरों की टोलियाँ रास्ता रोके खड़ी थीं। आक्रोश बढ़ता ही जा रहा था—यह घुटन-भरा आक्रोश था सामान्यतः शान्त-सौम्य लोगों का, एक ऐसे झंझावात का गर्जन जो इस विषण्ण जनसमूह के ऊपर मँडरा रहा था। जो थोड़े-से लोग कुछ हिसाब-किताब लगाना जानते थे, वे जमा-नफ़ी करके समझ गए थे और भीड़ में भी यह ख़बर फैलने लगी थी कि कम्पनी ने किस तरह बल्लियाँ लगाने के हिसाब में से दो सांटीम की कटौती कर ली है। यह बात ऐसी थी कि कुन्द से कुन्द बुद्धि का आदमी भी भड़क उठा था। मगर सबसे अधिक आक्रोश तो था कमबख़्त पगार की अवधि को लेकर। ले-आफ़ और जुर्मानों के विरुद्ध विद्रोह था भूखे लोगों का। इस वक्त पेट भरने लायक भी रोटी नहीं थी इनके पास। अगर पगार को और भी घटा दिया गया, तो इनकी क्या दुर्दशा होगी ? इनके इस आक्रोश को रास्ता मिला शराबख़ानों में। कंठ इतने सूख गए थे कि इन्हें जो दाम-दमड़े मिले थे, वे सब इन्होंने जाकर काउंटर पर धर दिए।

एतियन और माहूअ गाँव की तरफ़ चले, तो रास्ते में किसी ने मुँह तक नहीं खोला। ला माहूद घर में बच्चों के साथ अकेली बैठी थी। पति ने घर में कदम रखा ही था कि तत्काल भाँप गई—मरद खाली हाथ लौटा है।

'भले मानुस,' वह बोली। 'क्या हुआ मेरी कॉफ़ी का, शक्कर का और मांस का ? थोड़ा-सा बछड़े का मांस ही ले आता, तो तेरा क्या बिगड़ जाता !'

भीतर दबा-घुटा वलवला उसका दम घोंट रहा था। जवाब देते न बन पड़ा। कोयला-खानों में खटते-खटते कठोर हो गए इस आदमी के संगीन चेहरे पर जैसे मायूसी का ज्वार-सा उठा और आँखों से जैसे बारिश के गरम पानी की बूँदों की तरह मोटे-मोटे आँसू झड़ने लगे। वह कुर्सी में धँस गया और मेज़ पर पचास फ्रां उछालते हुए बच्चों की तरह रो पड़ा।

'ले ले,' वह अटक-अटककर बोल रहा था। 'तेरे वास्ते हैं। बस, इतने ही लेकर आया हूँ...हम सब लोगों के काम की उजरत।'

ला माहूद ने एतियन की तरफ़ देखा। वह इस तरह मौन और परास्त खड़ा था कि ला माहूद भी रोने लग गई। नौ जने थे। अगली पगार मिलने तक पचास फ्रां में इतने लोगों का निर्वाह कैसे होगा ? बड़ा बेटा छोड़कर चला गया। बाबा था कि अपनी टाँगों को हिला-डुला तक नहीं सकता। मौत सामने मुँह बाए खड़ी है। माँ को रोते देखकर अलज़ीर एकदम त्रस्त हो उसके गले लग गई। एस्तेल भी किकिया रही थी। लेनोर और आरी सुबक रहे थे।

देखते ही देखते सारे गाँव में त्राहि-त्राहि मच गई। मरद लौट आए थे और मनहूस पगार वाले दिन भी ऐसा कोई घर नहीं था जो चार-चार आँसू न रो रहा हो। दरवाज़े भड़ाक-भड़ाक खुल रहे थे और औरतें बाहर गली-कूचों में चीख-चीखकर उस दुख को स्वर दे रही थीं जो उनके बन्द घरों में समा नहीं पाया था। बूँदा-बाँदी होने लगी थी, मगर इसकी किसी को चिन्ता नहीं थी। गली में आकर स्त्रियाँ एक-दूसरे को पुकार-पुकारकर हथेलियों पर रखी वह रकम दिखा रही थीं जो उनके पल्ले पड़ी थी।

'देख, यह रकम दी है उन लोगों ने ! कोई मरे, कोई जीवे, सुथरा घोल पतासा पीवे।'

'तू देख, मेरे को क्या मिला है !—अरे, इतने पैसे भी नहीं कि अगली पगार मिलने तक रोटी खा सकें।'

'अरी, तू मेरी हालत तो देख ! मुझे तो अपनी कच्छी-अंगिया भी बेचनी पड़ जाएगी।'

अन्य स्त्रियों की तरह ला माहूद भी बाहर आई थी। ला लवाक के चारों तरफ़ मजमा-सा लग गया था और उसका स्वर सबसे ऊँचा था, क्योंकि उसका पियक्कड़ मरद अभी तक घर नहीं लौटा था, और वह भली-भाँति जानती थी कि पगार थोड़ी हो या ज़्यादा, सारी की सारी वोल्कों में ही गल जाएगी। फ़िलोमेन की निगाहें माहूद पर लगी थीं। कहीं ज़कारी चोरी-चोरी कुछ अपनी माँ को ही न दे जाए। केवल ला पियरोन शान्त और स्थिर दिखती थी। न जाने कैसे, वह मक्कार पियरों अपनी फ़ोरमैन की बही में दूसरे लोगों की निस्बत ज़्यादा घंटों का इन्दराज करवा लेता था। लेकिन ला ब्रूले कहती थी कि ऐसा करते हुए उसके दामाद को शर्म आनी चाहिए। फिर भी, वह उन लोगों का पक्ष ले रही थी जिन्हें सबसे ज़्यादा गिला-शिकवा था। भीड़ से घिरी यह दुबली-पतली इकहरी हड्डी की औरत मोंसे की तरफ़ मुट्ठियाँ तानते हुए बोले जा रही थी।

'सुनो,' हेनबो परिवार का नाम लिए बिना वह ऊँचे स्वर में दुहाई दे रही थी, 'आज सवेरे-सवेरे मैंने अपनी इन आँखों से देखा, उनकी नौकरानी बग्घी में बैठकर जा रही थी। अरे, वही बावरचन, दो घोड़ोंवाली बग्घी में ! ज़रूर ही मारिशयन गई होगी मच्छी लाने के वास्ते !'

शोर-गुल मचा था। सब दुहाई दे रही थीं। वह जो सफ़ेद एप्रेन वाली नौकरानी अपने स्वामी की बग्घी में बैठकर निकटस्थ गाँव के बाज़ार गई थी, उसे देखकर इनका गुस्सा भड़क उठा था। मज़दूर लोग जब भूखों मर रहे हैं, तब ऐसी हालत में क्या इन लोगों को मछली खाना शोभा देता है ? देखना, रोज़-रोज़ इन्हें मछली नसीब नहीं होगी। ग़रीबों की भी बारी आएगी। और एतियन ने इनके दिमाग़ में जिन बातों का बीज डाला था, उसने जड़ पकड़ ली थी और उसी की बदौलत वे इस तरह के विद्रोही स्वरों में बोल रही थीं। इन लोगों को जो सब्ज़बाग़ दिखाए गए थे, उन्हें पाने को अब वे अधीर हो रहे थे, दुख-दारिद्रय की जिस दुनिया रूपी मकबरे में वे दफ़न थे, उससे निकलकर वे अपने हिस्से की सुख-शान्ति झपट लेना चाहते थे।

अन्याय अब असह्य हो रहा था। चूँकि वे इनके मुँह का ग्रास तक छीनने को तत्पर थे, अतः अब अपने अधिकार लेकर ही रहेंगे। महिलाओं का बस चलता, तो वे प्रगति

की उस आदर्श नगरी की तरफ़ तत्काल दौड़ी जातीं जिस नगरी में कोई निर्धन नहीं होगा। अँधेरा घिरने लगा था, और बारिश भी तेज़ हो गई थी। लेकिन चीखते-चिल्लाते-कुरलाते बच्चों से घिरी ये औरतें गाँव को आँसुओं से सराबोर करती रहीं।

उस रात लावंताज़ में हड़ताल के पक्ष में फ़ैसला कर दिया गया। रासनर से विरोध करते न बन पड़ा और सूवारीन ने भी यह मानकर अपनी स्वीकृति दे दी कि यह तो अभी पहला ही क़दम है। एतियन ने स्थिति का सारा खुलासा चन्द शब्दों में ही कर लिया : अगर कम्पनी को सचमुच हड़ताल चाहिए, तो वही उसे मिलेगी।

5

एक सप्ताह बीता। लगता था, संघर्ष किसी भी दिन शुरू हो सकता है। इस ऊहापोह से उत्पन्न विषाद और संशय के माहौल में भी काम चलता रहा।

माहूअ परिवार को अन्देशा इस बात का था कि अगले पगार वाले दिन जो रकम मिलेगी, वह पहले से भी कम होगी। ला माहूद हालाँकि संयम और विवेक से काम ले रही थी, फिर भी अधिकाधिक कटु होती जा रही थी। बाकी जो हुआ, सो हुआ, इससे भी भीषण एक बात यह हुई कि उसकी बेटी कैथरीन के सिर एक रात बाहर बिताने का भूत सवार हुआ। विहार करके अगले दिन लौटी, तो थककर इतनी चूर थी और इतनी बीमार लगती थी कि उस दिन काम पर नहीं जा सकी। रो-रोकर अपना दुखड़ा सुनाती रही। कहती थी कि इसमें कोई दोष नहीं है उसका—यह तो शावाल ने उसे ज़बरदस्ती रोक लिया था और धमकाया था कि अगर भागकर गई, तो हड्डी-पसली एक कर दूँगा। शावाल के भी ईर्ष्या का भूत सवार था, क्योंकि नहीं चाहता था कि कैथरीन एतियन की हमबिस्तर बने। बोलता था कि वह अच्छी तरह जानता है कि घरवाले उसे एतियन के साथ सुलाते हैं।

ला माहूद आपे से बाहर हो गई। बेटी से बोली कि ख़बरदार, आइन्दा जो उस वहशी के नज़दीक भी गई। फिर बोली, 'मन करता है, मोंसू जाकर शावाल के एक चाँटा रसीद करूँ और हमेशा-हमेशा के लिए सारा मामला तय कर दूँ ?'

लड़की की दिहाड़ी तो ख़राब हुई, मगर उसे यार मिल गया था। सो, उसने इन सारी बातों को दरगुज़र करना ही बेहतर समझा।

दो दिन ही बीते थे कि एक और मुसीबत आ खड़ी हुई। वे यह समझकर बैठे थे कि सोम और मंगल को यांलैं ल वोरअ में काम करने गया है, मगर यह छोकरा बेबेर और लिडी के साथ कछार में वनदाम के वन में मटरगश्ती करता फिरता था। पता नहीं क्या लालच देकर वह इन्हें अपने साथ ले गया था और किसी को नहीं मालूम था कि वे कैसी-कैसी कारिस्तानियाँ करते फिरते थे।

ला माहूद ने उसे राहे-रास्ते पर लाने के लिए यह दंड दिया—बीच गली में उसे अपने घुटनों पर औंधा लिटा धुनकर रख दिया। गली के छोकरे-छोकरियाँ मुँह बाए यह सब देखते रहे। ला माहूद कहती जाती थी—सोचो ज़रा, अपने जिन बच्चों को पालने-पोसने में हमने सर्वस्व लगा दिया, जिन्हें चाहिए था कि कुछ कमाकर घरवालों को दें, वही यह

सब कसब करते फिरते हैं !

इस तरह रोते-कलपते हुए ला माह्द को अपने कठोर बचपन के दिन याद हो आए—पीढ़ी-दर-पीढ़ी घर में इतनी मुफ़लिसी थी कि नन्हे-नन्हे बच्चों को भी कमाने-खटने की चिन्ता सताने लगती थी।

उस दिन कैथरीन और मरद लोग सुबह कोयला-खान के लिए घर से निकले, तो ला माह्द उठकर बिस्तर में बैठ गई और यालैं से बोली, 'पाजी कहीं के ! अगर तूने फिर कभी ऐसी हरकत की, तो चमड़ी उधेड़कर रख दूँगी।'

माह्अ को कोयला निकालने के लिए जो स्थल मिला था, वहाँ का काम बड़ा दुष्कर था। यह था फ़िलोनियर का शिग़ाफ़, जो इतना सँकरा था कि कोयले की कटाई करनेवाले आदमी दीवारों और छत के बीच इस तरह भिंच जाते थे कि कुहनियाँ छिलने लगती थीं। फिर नमी भी इतनी ज़्यादा थी कि यही डर लगा रहता था कि कहीं बाढ़ आ गई, यानी अचानक चट्टानों को चीरती हुई कोई प्रचंड धारा बह निकली, तो सबको बहाकर ले जाएगी।

पिछले दिन एतियन ने जब चट्टान पर ज़ोर से गेंती मारकर निकाली थी, तो उस जगह से पानी की फुहारें सीधी उसके मुँह पर पड़ी थीं। एक तरह से यह चेतावनी ही थी। नतीजा यह हुआ था कि वह जगह अधिक नम और सीली हो गई थी, जो स्वास्थ्य के लिए और भी हानिकारक थी। फिर उसने कल्पना तक नहीं की थी कि यहाँ किसी प्रकार की दुर्घटना भी हो सकती है। दूसरे लोगों को जिस तरह कोई चिन्ता नहीं थी, उसी तरह वह भी निश्चिन्त हो गया था। ये सब लोग मीथेन गैस के माहौल में साँस लेते रहते थे और इस बात से एकदम बेख़बर थे कि पलकों पर इसका कितना बोझ पड़ता है और बरौनियों पर किस तरह मकड़जाल-सा बनता जाता है। बस, होता यह कि बीच-बीच में लैम्पों की रोशनी पीली-पीली या नीली-नीली पड़ने लगती, तो ये लोग एक लम्हे के लिए ठिठककर सोच में पड़ जाते, और कोई आदमी दरार के साथ कान लगाकर गैस निकलने की सन्नाहट, एक-एक रग में से हवा आने की आवाज़ सुनने की कोशिश करता। लेकिन वस्तुतः ख़तरा तो ज़मीन धँसने का रहता था, क्योंकि एक तो बल्लियाँ ग़लत तरीके से लगती रहती थीं—बस, हड़बड़ी में उन्हें टिका भर दिया जाता था—फिर ज़मीन चूँकि गीली रहती थी, सो बल्लियाँ टिक नहीं पाती थीं।

उस दिन माह्अ को तीन बार बल्लियों को उखाड़कर फिर से जमाना पड़ा था। ढाई बजा चाहते थे और आदमी ऊपर जाने की तैयारी में लगे थे। एतियन पहलू पर लेटा एक खंड को ढीला करने ही जा रहा था कि दूर कहीं बादलों की-सी गड़गड़ाहट हुई और सारी कोयला-खान हिल गई।

'यह क्या ?' गेंती नीचे फेंक वह सुनने का प्रयत्न कर रहा था। लगा कि सारा गलियारा ही बैठने को है।

माह्अ ढलान पर से फिसलते हुए नीचे आया और चिल्लाया, 'ज़मीन धँस रही है...भागो, भागो...'

सब सिर पर पैर रखकर भागे। लेकिन इन्हें अपने साथियों की सुरक्षा की भी चिन्ता थी। मौत का-सा सन्नाटा था और वे हाथों में डोलते लैम्पों को थामे सुरंगों में एक के

पीछे एक पीठ झुकाए इस तरह चल रहे थे कि लगता था जैसे हाथों-पैरों के बल चलकर जा रहे हों। कहीं भी रुके या ठिठके बिना, बस, एक-दूसरे की बात का संक्षिप्त-सा उत्तर देते हुए वहाँ से निकल भागने को व्याकुल : गड़गड़ाहट कहाँ सुनाई पड़ी थी ? चबूतरों से ? नहीं, नीचे से—शायद ढुलाई वाली सुरंग से !

चिमनी तक आकर वे उसमें कूदते गए। अफ़रा-तफ़री में एक-दूसरे के ऊपर गिरते-पड़ते जा रहे थे। चोट भी लग सकती है, लेकिन इसकी किसी को कोई चिन्ता नहीं थी।

पिछले दिनों यांलैं की जो धुनाई हुई थी, उससे अभी तक उसके चूतड़ लाल थे। उस वक्त वह कोयला-खान के भीतर से भागा नहीं, बल्कि नंगे पैरों अपने छकड़ों के पीछे-पीछे दौड़ते हुए एक-एक वातायन को बन्द करता आ रहा था। बीच-बीच में जब देखता कि आस-पास कोई फ़ोरमैन नहीं है, तो आख़िरी छकड़े पर सवार हो जाता। छकड़े पर चढ़ने की मनाही थी, इसलिए कि कहीं उसमें सो ही न जाए। लेकिन सबसे अधिक प्रसन्नता उसे तब होती, जब दूसरी कतार को रास्ता देने के लिए छकड़ों को रोक लेना पड़ता। तब लैम्प वहीं छोड़ वह चुपके से वहाँ आता, जहाँ बेबेर लगामें पकड़े खड़ा होता और शरारतन उसे चिऊँटी काट नटखट बन्दर की तरह उछलने-कूदने लगता। अँधेरे में चमकती उसकी छोटी-छोटी हरी आँखों से उसके पीले-पीले बाल, बड़े-बड़े कान, दुबला-पतला चेहरा दमक उठता था। यह छोकरा अकालप्रौढ़ हो चला था। प्रतीत होता था, उसके भीतर अधूरे मानव की विलक्षण बुद्धि और चपलता थी, जो कि पशुवृत्ति की ही परिचायक थी।

अपराह्न वेला में मूक ड्यूटी बजा रहा था। उसने बाताई घोड़े को लड़कों के सुपुर्द कर दिया था। एकाएक जब घोड़ा बग़ली में खड़ा-खड़ा हाँफने लगा, तो यांलैं बेबेर के निकट जाकर पूछता है, 'अरे, इस बुढ़ऊ टट्टू को क्या हो रहा है—यक-ब-यक अड़ गया है...यह मेरी टाँगें तुड़वाएगा क्या ?'

बेचारा बेबेर क्या बताता ! उसने बाताई को थाम लिया, क्योंकि छकड़ों की एक और कतार को आते देख वह भड़क उठा था। बाताई को दूर से अपने दोस्त त्रांपेत के आने का जैसे इलहाम हो गया था। वास्तव में, बाताई के दिल में त्रांपेत के लिए उस क्षण से ही स्नेह उमड़ आया था, जिस क्षण उसने त्रांपेत को पहले दिन कोयला-खान में उतरते हुए देखा था। उस समय उसके मन में वैसे ही स्नेहजन्य सहानुभूति उत्पन्न हुई थी, जैसी कि किसी वयोवृद्ध दार्शनिक के हृदय में तब उत्पन्न होती है जब वह किसी युवा मित्र को सांत्वना देने के लिए उसके हृदय में अपनी त्यागवृत्ति और तितिक्षा की भावनाओं को भरने को व्यग्र हो उठता है। त्रांपेत घोड़ा स्वयं को स्थिति के अनुरूप ढाल नहीं पा रहा था। सिर फेंके बेजान-सा छकड़ों को खींचता रहता, क्योंकि अँधेरे के कारण उसे कुछ भी सुझाई नहीं देता था और चूँकि सूर्यदर्शन से वंचित हो गया था, सो हमेशा शोक-विह्वल रहता। जब भी बाताई को वह दिखाई देता, अपनी गर्दन लम्बी करके वह फूत्कारने लगता और गीले नथुने के स्पर्श से उसे सांत्वना देने की चेष्टा करता।

'देख, देख !' बेबेर एकाएक बोल उठा। 'देख, फिर चूमा-चाटी कर रहे हैं।'

अब जब त्रांपेत निकल गया, तो उसने यांलैं के उस सवाल का जवाब दिया जो

उसने बाताई के बारे में पूछा था। बोला, 'अरे, यह धूर्त बुढ़ऊ ! बड़ा चतुर और चंट है...इस तरह जब खड़ा हो जाता है, तो समझो कि आगे किसी ख़तरे को सूँघकर चौकन्ना हो गया है—या तो कोई पत्थर है या सूराख़ है—अपनी जान इसे बड़ी प्यारी है...कहीं ज़र्ब नहीं लगने देता अपने आपको...पता नहीं, आज इस तरह परेशान क्यों है—जब हम दरवाज़े तक पहुँचते हैं, तो उसे ठेल देता है और बुत-सा खड़ा हो जाता है...तुमने कोई ख़ास बात देखी ?'

'न !' यांलैं बोला। 'लेकिन काफ़ी सारा पानी है। देखो, मेरे घुटनों तक आ गया है।'

छकड़ों की कतार फिर आ रही थी। बाताई अगले चक्कर में आया, तो उसने सिर मारकर वातायन खोल दिया और फिर टस से मस नहीं हुआ, और खड़ा-खड़ा लगा हींसने और काँपने। अन्ततः एकदम जैसे कुछ ठानकर भाग खड़ा हुआ।

यांलैं ने दरवाज़ा बन्द कर दिया था और अब वहीं खड़ा देख रहा था। फिर झुककर उसने पानी के डबरे को महसूस किया और हल कर चल पड़ा। लैम्प उठाकर उसने ऊपर नज़र दौड़ाई। क्या देखता है कि एक सोते से लगातार पानी निकलते रहने से बल्लियाँ झुक गई हैं। तभी कोयले की कटाई का काम करनेवाला बरलोक नामक मज़दूर—जिसका सबने शीको नाम धर रखा था—पत्नी का हाल जानने के लिए दौड़ा-दौड़ा आया, क्योंकि उसे प्रसवपीड़ा होने लगी थी। शाको ने भी तनिक ठिठककर बल्लियों की तरफ़ देखा। तभी यांलैं छकड़ोंवाली गाड़ी के पीछे भागने की सोच ही रहा था कि एकाएक कर्णभेदी धमाका हुआ और धँसती हुई धरती उस आदमी को और बालक को लील गई।

एकदम भयंकर सन्नाटा हो गया। धरती धसकने से जो धूल उठी थी, वह सुरंगों में फैलती जा रही थी, जिससे मज़दूरों की आँखों के आगे अँधेरा छा गया था और दम घुटने लगा था और वे सब दिशाओं से, दूर-दूर के चबूतरों से दौड़े आ रहे थे। उनके हाथों में जो लैम्प झूल रहे थे, उनकी रोशनी में काले भूत बने मज़दूरों के चेहरे तक दिखाई नहीं पड़ते थे जो गहरी छछूंदरी सुरंगों में से निकलते आ रहे थे। सबसे आगे-आगे जो लोग दौड़े आए थे, वे सब वहाँ पहुँचे, जहाँ ज़मीन धसकी थी, तो चिल्ला-चिल्लाकर अपने साथियों को पुकारने लगे। तभी एक और जत्था उलटी दिशा वाले चबूतरों से आया, जो धसक जाने वाले मिट्टी के टीले के दूसरी तरफ़ था और जिसने गलियारे को अवरुद्ध कर रखा था। जल्दी ही यह बात साफ़ हो गई कि करीब बारह गज़ से अधिक छत नहीं गिरी थी। क्षति इतनी गम्भीर नहीं थी। लेकिन तभी मौत से जूझते लोगों का आर्तनाद सुनाई पड़ा और सबके दिल बैठने लगे।

बेबेर ने छकड़ों की गाड़ी वहीं छोड़ी और चिल्लाते हुए दौड़ा आया :

'यांलैं इसके नीचे है ! यांलैं इसके नीचे है...'

उसी समय ज़कारी और एतियन के साथ माहअ भी चिमनी में से लुढ़कते हुए निकला। एकदम निराशा के सागर में डूबते-उतराते, बस, यही बोल पा रहा था :

'क्राइस्ट ! क्राइस्ट ! क्राइस्ट !'

कैथरीन, लिडी और मूकेत भी दौड़ी आईं। अँधेरे के कारण स्थिति और भयावह

हो गई थी और वे इतनी दहल गई थीं कि खड़ी सुबक-बिलख रही थीं। लोगों ने इन्हें शान्त करने की चेष्टा की, मगर एक-एक कराहट कानों में पड़ती, तो उन्मत्त-सी होकर और ज़ोर से चीखने-चिल्लाने लगतीं।

फ़ोरमैन रिशोम भी घटनास्थल पर पहुँच गया था और माथा पीट रहा था कि न तो इंजीनियर नेगरेल और न ही दांसायर उस वक्त कोयला-खान में कहीं दिखाई पड़ता है। उसने चट्टान के साथ कान लगाकर सुनने की कोशिश की और अन्ततः यह घोषणा की कि यह किसी बच्चे की कराहट नहीं, किसी आदमी की है। माहूअ चीख-चीखकर बार-बार यांलैं का नाम लेकर पुकारे जा रहा था, मगर कहीं कोई आहट तक सुनाई नहीं पड़ती थी। हो-न-हो, लड़का मलबे के नीचे पिस गया होगा। फिर भी, किसी की कराहटें तो सुनाई पड़ ही रही थीं। मौत के मुँह में पड़े इस व्यक्ति से वे चिल्ला-चिल्लाकर नाम पूछ रहे थे, लेकिन जवाब केवल कराहटों में ही मिलता था।

'जल्दी,' रिशोम ने बचाव का काम शुरू करवा दिया था। बार-बार कह रहा था, 'बाद में, बाद में बात करेंगे।'

गेंतियों और फावड़ों से लैस खान मज़दूर धँस गई धरती को दोनों तरफ़ से खोदने में जुट गए। माहूअ और एतियन के साथ शावाल भी ताबड़तोड़ बेलचा चला रहा था, और ज़कारी उस मिट्टी को परे हटाता जा रहा था। छुट्टी की वेला कब से निकल गई थी और किसी के पेट में अन्न-जल नहीं गया था। मगर जब साथी मुसीबत में फँसे हों, तो यह बात किसको सूझती है।

तभी उन्हें यह बात सूझी कि लोग गाँव में चिन्ता करने लगेंगे यदि कोई गाँव वापस नहीं पहुँचा। अतः बोले कि स्त्रियों को घर भेजो। मगर कोई जाना ही नहीं चाहती थी—न कैथरीन, न लिडी, और न ही मूकेत। सभी यह जानने को व्यग्र थीं कि आखिर हुआ क्या। फिर वे भी मलबा हटाने में मदद करने लगीं। अन्ततः लवाक गाँव जाने को तैयार हुआ। वह जाकर सबको समझाएगा कि धरती बैठने से मामूली-सा नुकसान हुआ है, जिसे ठीक किया जा रहा है।

चार बजा चाहते थे। एक घंटे के भीतर ही आदमियों ने पूरे दिन का काम कर डाला था। अब तक आधा मलबा हट गया होता, यदि ऊपर से और चट्टानें न गिर पड़तीं। माहूअ ताबड़तोड़ जुटा था। जो कोई उसकी मदद को आता, उसे बुरी तरह झाड़कर पीछे हटा देता।

'ध्यान से,' आख़िर रिशोम बोला। 'पहुँचे समझो...किसी को मरने नहीं देंगे।'

लेकिन सचाई यह थी कि कराहटें धीरे-धीरे और ऊँची होती जा रही थीं। लगातार आनेवाली इस आवाज़ की दिशा में वे खोदते जा रहे थे। तभी लगा कि कराहट उसी जगह के नीचे से आ रही है जहाँ वे गेंतियाँ चला रहे हैं। फिर एकाएक वह कराहट बन्द भी हो गई।

वे मुँह बाए एक-दूसरे को देखने लगे, जैसे अँधेरे में मौत की ठिठुरन महसूस कर रहे हों। लेकिन इन्होंने मिट्टी खोदना बन्द नहीं किया। पसीने से तर-ब-तर थे। मांसपेशियाँ इस तरह खिंच गई थीं कि चटक भी सकती थीं। तभी एक पैर निकल आया। इन्होंने जल्दी-जल्दी मिट्टी हटानी शुरू की। एक-एक अंग निकलता आ रहा

था। सिर पर चोट नहीं आई थी। लैम्पों की रोशनी डाली, तो पता चला कि यह तो शीको है। सब लोगों को ख़बर हो गई। अभी देह गर्म थी; चट्टान गिरने से उसकी रीढ़ टूट गई थी।

'इसे कपड़े में लपेटो और गाड़ी में डालो,' फ़ोरमैन ने आदेश दिया। 'अब लड़के का पता लगाओ—जल्दी।'

माहूअ ने ज़ोर से गेंती मारी, तो रास्ता बन गया। इससे दूसरी तरफ़ जो लोग खुदाई कर रहे थे, उनसे सम्पर्क स्थापित हो गया। वे ऊँचा-ऊँचा बोलते हुए बता रहे थे कि यांलैं मिल गया है—बेहोश पड़ा है, दोनों टाँगें टूट गई हैं, मगर साँस चल रही है। बाप ने जाकर उसे बाँहों में उठा लिया। जबड़ों को भींचे माहूअ, बस, 'क्राइस्ट' के अलावा कुछ बोल नहीं पाया—इस एक शब्द में उसने सारी व्यथा उँड़ेल दी थी। कैथरीन और दूसरी स्त्रियाँ फिर चीखने-चिल्लाने लगीं।

वहाँ से वे जुलूस की शक्ल में चले। बेबेर बाताई घोड़े को ले आया था। उसे दो छकड़ों में जोता गया। पहले छकड़े में शीको को लिटाया गया और एतियन उसके साथ बैठ गया। दूसरे छकड़े में माहूअ बेहोश यांलैं को अपनी गोद में लेकर बैठा। वातायन पर लगे परदे को फाड़कर उस पर डाल दिया गया था। अब वे वहाँ से चले। दोनों छकड़ों पर लाल तारे की तरह चमकता एक-एक लैम्प रखा था। छकड़ों के पीछे मज़दूरों की लम्बी कतार चल रही थी। कतार क्या थी, कोई पचासेक परछाइयाँ थीं जो एक के पीछे एक चलती आ रही थीं। थकन के मारे इतने चूर थे कि घिसटते हुए चल रहे थे। कीचड़ में गिर-गिर पड़ते थे। हरेक के चेहरे पर गहरी मुर्दनी छाई थी और ऐसे चल रहे थे, जैसे महामारी की चपेट में आया पशुओं का रेवड़ चलता है। यह शवयात्रा धरती के नीचे कोयला-खान के टेढ़-मेढ़े रास्तों को पार करके अन्तहीन अँधेरे गलियारों में से होती हुई करीब एक घंटे बाद ढुलाई वाले चबूतरे पर पहुँची।

रिशोम पहले ही उस स्थल पर पहुँच गया था। जाते ही उसने एक खाली पिंजरा तैयार रखने का हुक्म दे दिया था। पियरों ने दोनों छकड़ों को पिंजरे में चढ़ाने में देर नहीं की। एक पिंजरे में माहूअ सवार हुआ और घायल बेटे को उसने घुटनों पर डाल लिया। दूसरे पिंजरे में एतियन ने शीको के शव को अपनी बाँहों में उठा रखा था। जब सब लोग पिंजरे के बाकी हिस्सों में सवार हो गए, तो पिंजरा ऊपर उठा। दो मिनट ही लगे। खोल में से निकलकर आता पानी बड़ा ठंडा था और दिन का उजाला देखने को व्यग्र सबकी निगाहें ऊपर लगी थीं।

कोयला-खान में काम करनेवाले एक लड़के को डॉक्टर वांडरहेगन के यहाँ दौड़ा दिया गया था। सौभाग्य से डॉक्टर घर पर ही मिल गया और लड़के के साथ दौड़ा-दौड़ा आया। यांलैं और मृतक को फ़ोरमैन के कमरे में ले जाया गया, जहाँ बारहों महीने आग सुलगती रहती थी। पैर धोने के लिए गर्म पानी की बाल्टियाँ अलग रख दी गई थीं और फ़र्श पर दो चटाइयाँ भी डाल दी गई थीं। यांलैं को और मृतक को उन पर लिटा दिया गया। एतियन और माहूअ ही भीतर गए। बाहर, ढुलाई करनेवाली लड़कियाँ, खान मज़दूर और लड़के दौड़े-दौड़े आकर खड़े थे और टोलियाँ बनाकर खुसर-पुसर कर रहे थे।

शीको को देखते ही डॉक्टर बुदबुदाया : 'यह तो गया...इसे नहला दो।'

दो इंस्पेक्टरों ने कोयले से काली पड़ गई लाश के वस्त्र उतारे और गीले कपड़ों से देह को पोंछा। उस वक्त भी लाश पसीने से भीगी थी जो काम करते हुए शीको के बदन से निकला था।

'इसका सिर ठीक-ठाक है,' डॉक्टर ने यांलैं के ऊपर झुकते हुए कहा। 'छाती भी ठीक-ठाक है...लेकिन टाँगों पर चोटें आई हैं।'

डॉक्टर ने एक नर्स की तरह करीने से उसके वस्त्र अलग किए—टोपी, फतूही, पतलून और कमीज़, एक-एक करके सब कपड़े उतारे। कीड़े-मकोड़े जैसे नन्ही, पतली-सी जान थी उसकी, जो काली धूल और पीली मिट्टी से अटी हुई थी। गोरी त्वचा पर जगह-जगह खून के धब्बे थे। ऐसा क्यों है, पहले तो यह बात डॉक्टर की समझ में नहीं आई। सो, यांलैं के बदन को पोंछकर साफ़ करना शुरू किया। ऐसे लगा, जैसे बदन साफ़ करने से वह और भी सिकुड़ गया था। त्वचा इतनी पीली और बुर्राक थी कि हड्डियाँ तक दिखाई पड़ रही थीं। देख-देखकर तरस आता था—एक अभिशप्त नस्ल की सन्तान की यह अधोगति, चट्टानों के बोझ तले पीड़ित, अधकुचली देह को देखकर कलेजा मुँह को आता था। जब लड़के की देह को धों-पोंछकर साफ़ कर दिया गया, तो जंघाओं पर घाव दिखाई पड़े—गोरी चमड़ी पर दो लाल-लाल दाग़ थे।

यांलैं को थोड़ी होश आई, तो वह रिरियाया। माहूअ चटाई के सिरे पर बाँहें लटकाए खड़ा उसे एकटक देखे जा रहा था। गालों से मोटे-मोटे आँसू ढुलक पड़े।

'अरे, तू इसका बाप है ?' डॉक्टर ने सिर उठाकर उसकी तरफ़ देखा। 'रोता क्यों है ? देख ही रहा है, यह बच गया...चल, थोड़ी मदद कर।'

डॉक्टर को हड्डी में दो जगह तरेड़ नज़र आई। लेकिन दाईं टाँग को देखकर चिन्तित हो उठा : निस्सन्देह काटनी पड़ेगी।

इंजीनियर नेगरेल और दांसायर को सूचित कर दिया गया था। दोनों रिशोम के साथ आ गए। फ़ोरमैन के मुख से सारी बात सुन नेगरेल ने मुँह बिचकाया, फिर फट पड़ा। कमबख़्त बल्लियाँ-शहतीर ही इसका सबब हैं। बोले जा रहा था कि इन्हें सैकड़ों बार समझाया कि बल्लियाँ सही तरीके से नहीं लगाओगे, तो जानें जाएँगी ! इसके बावजूद ये बेवकूफ़ लोग कहते फिरते हैं कि ज़्यादा मज़बूती से बल्लियाँ लगाने को मजबूर करोगे, तो हम हड़ताल पर चले जाएँगे ! और सारी मुसीबत यह कि अब कम्पनी को नुकसान भरना पड़ेगा। मोंस्यो हेनबो तो गालें बजाएगा !...

'यह कौन ?' उसने दांसायर से तलब किया, जो चुपचाप खड़ा लाश को चादर लपेटे जाते हुए देख रहा था।

'शीको। हमारा बहुत अच्छा आदमी था।' चीफ फ़ोरमैन ने उत्तर दिया। 'इसके तीने बच्चे हैं...बेचारे के !'

डॉक्टर वांडरहैगन ने यांलैं को तुरन्त घर ले जाने को कहा।

छह बज रहे थे और अँधेरा घिरता आ रहा था। डॉक्टर बोला कि चाहो, तो लाश को साथ ले जा सकते हो।

इंजीनियर ने एक गाड़ी और स्ट्रेचर लाने का आदेश दिया। घायल बालक को स्ट्रेचर

पर और शव को चटाई समेत गाड़ी में डाला गया।

ढुलाई करनेवाली लड़कियाँ अब भी बाहर खड़ी थीं और उन लोगों से बातें कर रही थी जो वहाँ जमा हो गए थे। जब फ़ोरमैन का दरवाज़ा खुला, तो सब एकदम मौन हो गए।

वहाँ से वे जुलूस की शक्ल में चले—आगे-आगे गाड़ी थी, पीछे स्ट्रेचर और बाकी लोग इनके पीछे। कोयला-खान के अहाते से निकलकर वे गाँव जानेवाली ऊँची ढालवीं सड़क पर आ गए। नवम्बर के पाले ने इस विशाल भूमि को एकदम नंगा कर डाला था और रात धीरे-धीरे धरती पर पर्दा डालती जा रही थी, जैसे बोझिल आकाश से कफ़न उतरता आ रहा हो।

एतियन ने हौले-से माहूअ से कहा कि कैथरीन आगे-आगे जाए और ला माहूद को पहले ही जाकर सारी बात से आगाह कर दे, ताकि माँ को अचानक धक्का न लगे। बाप स्ट्रेचर के पीछे-पीछे हतप्रभ-सा चल रहा था। उसने सिर हिलाकर सहमति प्रकट की, और चूँकि वे गाँव के निकट थे, सो कैथरीन भागकर गई। मगर गाड़ी को और उस जाने-पहचाने काले ताबूत को गाँववालों ने दूर से ही देख लिया था। औरतें पागलों की तरफ़ घर से निकल-निकलकर आ रही थीं। तीव्र व्यथा से पीड़ित तीन-चार औरतें नंगे सिर गली में दौड़ने लगी थीं। देखते ही देखते तीस, फिर पचास औरतें आतंकित होकर दौड़ी आईं। क्या कोई मारा गया है ? कौन है वह ? लवाक ने पहले तो उन्हें आश्वस्त किया, लेकिन जब सारा किस्सा बताया, तो औरतें एकदम आतंकित होकर चीखने-चिल्लाने लगी : अरे, एक आदमी नहीं, दस मारे गए हैं और गाड़ी एक-एक करके सबको लाएगी।

कैथरीन आई, तो माँ जैसे अपशकुन विचार कर उत्तेजित हो उठी और बेटी को हकलाते देख चीख पड़ी : 'अरे, तेरा बाप गया क्या !'

कैथरीन ने निषेध करने की व्यर्थ कोशिश की, और यांलैं के बारे में सारी बात बतानी चाही, मगर ला माहूद ने कान नहीं धरा और बाहर दौड़ी। चर्च के कोने से मुड़ती गाड़ी को देख वह एकदम पीली और शिथिल पड़ गई। कुछ स्त्रियों को तो इतना सदमा पहुँचा था कि वे दरवाज़ों में अवाक् खड़ी देखे जा रही थीं। दूसरी स्त्रियों की निगाहें शवयात्रा पर लगी थीं और डरी-डरी देख रही थीं कि गाड़ी किसके घर के आगे आकर रुकती है।

गाड़ी जब आगे निकल गई, तो ला माहूद ने देखा, उसका मरद स्ट्रेचर के पीछे-पीछे चला आ रहा है। लेकिन जब स्ट्रेचर को उसके दरवाज़े पर लाकर रखा गया और उसने देखा कि यांलैं जीवित है मगर टाँगें टूट गई हैं, तो उसके भीतर इतनी तीव्र प्रतिक्रिया हुई और ऐसा आक्रोश उमड़ा कि गला रुँध गया। निरश्रु आँखों से देखे जा रही थी। किसी तरह मुख से यह बात निकली : 'तो यह हुआ...हमारे बच्चों को लुँजा करके ही छोड़ेंगे...हाय, दोनों टाँगें ! हे परमात्मा, इसे लेकर क्या करूँगी अब ?'

'चुप !' यांलैं की मरहम-पट्टी करने आया डॉक्टर वांडरहेगन बोला। 'अच्छा होता, अगर खान में मारा जाता ?'

ला माहूद और विह्वल हो उठी। अलज़ीर, लेनोर और आरी रो रहे थे। घायल बालक

को उठवाकर वह ऊपर ले चली। डॉक्टर ने जो चीज़ माँगी, वह उसे मुहैया की, लेकिन यह औरत अपने भाग्य पर आँसू बहाती रही। यही रोना रो रही थी कि अपाहिजों का पेट भरने के लिए कहाँ से पैसा लाएगी। बुढ़ऊ थोड़ा था क्या ? अब लड़के के भी पैर गए !

उधर, निकट के एक घर से चीख-चिल्लाहट और दिल चाक-चाक कर देनेवाला विलाप सुनाई पड़ रहा था : शीको की पत्नी और उसके बच्चे शीको के शव को देख-देखकर रो-पीट रहे थे।

एकदम अँधेरा हो गया था और थके-माँदे मज़दूर अब सूप उदरस्थ करने बैठ गए थे। सारे गाँव पर मौत का सन्नाटा छाया था। बीच-बीच में ज़ोर-ज़ोर से विलपने के स्वर ही सन्नाटे को भंग करते थे।

इस तरह तीन सप्ताह बीते। यांलैं की टाँग कटने की नौबत नहीं आई—दोनों टाँगें उसकी बरकरार रहेंगी, लेकिन हमेशा लँगड़ाकर ही चल पाएगा। जाँच-पड़ताल के बाद कम्पनी ने पचास फ्रां का अंशदान देना स्वीकार किया था। इसके साथ ही कम्पनी ने यह भी वादा किया था कि लँगड़े लड़के की हालत में सुधार होने के बाद उसे कोयला-खान के ऊपर किसी काम में लगा दिया जाएगा।

इस बीच, माहूअ परिवार पर दुखों की पहाड़ ही टूट पड़ा, क्योंकि इस दुर्घटना के बाद माहूअ इतना हिल गया था कि बीमार पड़ गया।

उस दिन रविवार था और माहूअ गुरुवार से कोयला-खान में काम करने लगा था। शाम को एतियन ने आनेवाली पहली दिसम्बर की तारीख़ का ज़िक्र किया। उसे चिन्ता इस बात की थी कि कम्पनी ने जो धमकी दी थी, क्या उसे अमली जामा भी पहनाएगी ?

दस बजे तक वे कैथरीन की बाट जोहते रहे। हो न हो, कहीं अटकी होगी शावाल के साथ लेकिन वह रात को घर नहीं आई। कुछ बोले बिना ला माहूद ने गुस्से से चिटकनी चढ़ा दी। एतियन देर तक करवटें बदलता रहा और उस खाली बिस्तर को देख-देखकर विकल होता रहा जिसमें अलज़ीर सिमट-सिकुड़कर सो रही थी।

अगले दिन भी कैथरीन नहीं आई। यह तो कहीं दिन में काम के बाद माहूअ को पता चला कि शावाल ने ही कैथरीन को अपने पास रख लिया था। उसने ऐसा तमाशा किया था कि कैथरीन उसके साथ रहने को विवश हो गई थी। उनके तानों-तिश्नों से बचने के लिए शावाल ने एकाएक ल वोरअ की नौकरी छोड़ दी थी और मोंस्यो दनलां की कोयला-खान ज्यां-बार में काम पकड़ लिया था और कैथरीन भी उसके साथ उसी खान में ढुलाई की नौकरी पर लग गई थी। नए जोड़े ने मोंसू में पीकेत के यहाँ रहने का फ़ैसला कर लिया था।

माहूअ का पहले तो मन किया कि शावाल की ठुकाई करके अपनी बेटी के चूतड़ों पर लातें मारते हुए उसे वापस घर ले आए। फिर कन्धे झाड़ते हुए कहता है : हुँ ! मेरी बला से ! हमेशा यही होता आया है—अगर छोकरियाँ किसी मरद के साथ जाना चाहती हैं, तो कोई उन्हें रोक नहीं सकता। अच्छा यही होगा, चुपचाप बैठे शादी की प्रतीक्षा करो।

लेकिन ला माहूद के गले से यह बात कैसे उतरती।

'जब वह शावाल के साथ गई, तो क्या मैंने कभी मारा-पीटा उसे ?' वह चिल्लाकर एतियन से कह रही थी, जो चुपचाप बैठा उसकी बात सुन रहा था। चेहरा उसका एकदम फक पड़ गया था। 'बता, तू बुद्धिमान है...हमने उसे आज़ादी दी, दी या नहीं ?—हे परमात्मा ! सब एक ही थैली के चट्टे-बट्टे हैं ! मैं अपनी मिसाल देती हूँ। मेरे पेट में बच्चा था, जब मेरी शादी हुई, लेकिन मैंने अपने माँ-बाप को छोड़ा नहीं—मैं कभी ऐसी बेहयाई न करती कि इतनी छोटी उमर में उस आदमी की झोली में अपनी पगार डाल देती जिसे उसकी ज़रूरत नहीं थी...लानत है ! लोग अब सन्तान की कामना ही छोड़ देंगे !'

एतियन, बस, सिर हिला-भर रहा था। सो, वह बोलती जा रही थी :

'यह लड़की है जो रात को हर रोज़ बाहर जाती है, जहाँ उसकी मरज़ी होती है। यह भी कोई बात हुई ! अगर यह लड़की हमें पैरों पर खड़ा होने में मदद देती, तो क्या मैं अपने हाथों से इसका ब्याह न करती ? आख़िर, बेटी होती किस वास्ते है ? काम-धाम करे। लेकिन हमने उसे पूरी छूट दी। हमें चाहिए था कि उसे किसी मरद के साथ रंगरेलियाँ करने जाने ही न देते। इन्हें एक इंच जगह दो, ये एक मील हथिया लेती हैं।'

अलज़ीर सहमति में सिर हिला रही थी। लेनोर और आरी डरे-डरे-से देखते हुए चुपचाप आँसू बहा रहे थे और माँ थी कि अपनी बदकिस्मती का रोना रोए जा रही थी : पहले तो ज़कारी को देखो। उसे शादी करने दी। फिर यह बुढ़ऊ बोनमोर्त। लूले पैर लिए कुर्सी से चिपका रहता है। फिर यह यालैं है। उसकी हड्डियां ठीक से जुड़ी नहीं। दो हफ़्तों तक कमरे से बाहर निकल नहीं सकता। और अब यह गाज गिरी है—यह आवारा छोकरी एक मरद के संग भग ली। यहाँ तो सारे परिवार का शीराज़ा ही बिखर गया है, रे ! बस, एक बाप बचा है, जो खान में खटता-मरता रहेगा। सात जन हैं—एस्तील को छोड़कर। तीन फ्रां पर कैसे जिएँगे ? बेहतर है, सब नहर में कूद पड़ें।

'इस तरह जी हलकान क्यों करती हो ?' माहूअ भारी मन से बोला। 'सब ठीक हो जाएगा।'

एतियन तब से फ़र्श पर निगाहें टिकाए बैठा था। अब उसने सिर उठाया। उसकी दृष्टि भविष्य पर टिकी थी। एकाएक बड़बड़ा उठता है : 'धरम से, अब वक्त आ गया, वक्त आ गया !'

चौथा खंड

1

उस सोमवार दोपहर को ग्रेग्वार दम्पती और उनकी पुत्री सेसील को हेनबो परिवार के साथ भोजन करने आना था। अपराह्न का कार्यक्रम भी तय कर लिया गया था : वह इस तरह कि भोजन के उपरान्त पाल नेगरेल महिलाओं को सैं-तोमा की कोयला-खान घुमाने ले जाएगा, जिसको सुधारने-सँवारने पर भारी व्यय किया जा रहा था। यह तो मात्र एक बहाना था, क्योंकि मदाम हेनबो ने यह तदबीर इसलिए की थी ताकि सेसील और पाल शताबी से विवाह-सूत्र से बँध जाएँ।

लेकिन अकस्मात सोमवार सवेरे चार बजे ही हड़ताल हो गई थी। जब पहली दिसम्बर को कम्पनी ने पगार का नया दस्तूर लागू किया था, तब भी कोयला-खान के मज़दूरों ने आपा नहीं खोया था। दो सप्ताह बाद, यानी पगार वाले दिन, एक भी मज़दूर कुछ नहीं बोला था। मैनेजर से लगाकर अदने इन्स्पेक्टरों तक, सभी ने यह समझ लिया था कि मज़दूरों ने नई दरों को स्वीकार कर लिया है। इसलिए जब संघर्ष का बिगुल बजा, तो सब सकते में आ गए, क्योंकि सारा काम बड़ी चतुराई और होशियारी से और फिर सर्वसम्मति से हुआ था, जिसे देखकर प्रतीत होता था कि इसके पीछे किसी सुदृढ़ नेतृत्व का हाथ था।

प्रातः पाँच बजे दांसायर ने मोंस्यो हेनबो को जगाकर सूचित किया कि ल वोरअ में एक भी आदमी काम करने नहीं गया। वह अभी-अभी ग्राम 240 में से गुज़र कर आया था। सारा गाँव गहरी नींद में था। घरों के खिड़कियाँ-दरवाज़े बन्द पड़े थे, और जिस क्षण मैनेजर बिस्तर से उछलकर निकला था, तब से उसकी आँखें नींद से बोझिल हो रही थीं और एक के बाद एक सन्देश आते ही चले जा रहे थे : पन्द्रह-पन्द्रह मिनट बाद हरकारे दौड़े आते थे और उसकी मेज़ पर मरासलों का अम्बार लगता जा रहा था। पहले तो वह समझा कि विद्रोह केवल ल वोरअ तक ही सीमित है, लेकिन ज्यों-ज्यों समय बीतता गया, त्यों-त्यों एक के बाद एक बुरी ख़बर आती चली गई। मीरू और केवकर पर, और इसी तरह मादलेन पर भी, असर पड़ा था, जहाँ केवल साईस ही उपस्थित हुए थे। विक्तुआर और फ़त्री-कांतेल—ये दोनों कोयला-खानें सबसे अनुशासनबद्ध समझी जाती थीं, लेकिन इनमें भी एक-तिहाई लोग ही खान के नीचे गए थे। केवल सैं-तोमा ही ऐसी कोयला-खान थी जिसमें पूरी संख्या में मज़दूर आए लगते थे और यह खान आम आन्दोलन से अछूती ही रही थी। नौ बजे तक तार से इन सब लोगों को मरासले भेज दिए गए थे—लील के प्रिफ़ेक्ट (प्रशासक) को, कम्पनी के डायरेक्टरों को और

सरकार को। इन सबको सूचित कर दिया गया था, और कार्रवाई के लिए आदेश माँगे गए थे। मैनेजर ने नेगरेल को आस-पास की कोयला-खानों में जाकर बाकायदा जानकारी प्राप्त करने को भेज दिया था। तभी मोंस्यो हेनबो को दोपहर के भोज का स्मरण हो आया। वह अपने कोचवान को ग्रेग्वारों के यहाँ यह कहलवाने की सोच ही रहा था कि परिस्थितिवश अपराह्न के कार्यक्रम स्थगित करने पड़ेंगे कि एक हिचक, एक अनिश्चय के कारण उसने यह इरादा तर्क कर दिया। कहाँ तो इस शख़्स ने फ़ौजी ढंग से रणनीति बनाई थी और कहाँ वह यह सब करने की सोच बैठा था। वह उठकर ऊपर मदाम हेनबो के ड्रेसिंग रूम में गया। मदाम हेनबो ड्रेसिंग गाऊन में बैठी थी और नौकरानी उसकी केशसज्जा बना रही थी।

'अच्छा, तो उन्होंने हड़ताल कर ही दी,' जब मोंस्यो हेनबो सारी स्थिति बखान कर चुका, तो मदाम हेनबो शान्त स्वर में बोली। 'ठीक है, फ़र्क भी क्या पड़ता है ?...हमारे मुँह का निवाला तो छीन नहीं लेंगे न, क्यों ?'

मोंस्यो हेनबो ने पत्नी को हालाँकि यह बात समझाने की कोशिश की कि ऐसी स्थिति में भोज की बात ज़रा अजीब लगेगी और सैं-तोमा में जाना भी मुश्किल हो जाएगा। मगर मदाम के गले से यह बात नहीं उतरी। बोली कि भोजन तो तैयार ही है, उसे व्यर्थ क्यों करे। और जहाँ तक कोयला-खान में जाने का ताल्लुक है, अगर सचमुच वहाँ जाना उचित नहीं समझा गया, तो यह कार्यक्रम बाद में भी तो मनसूख़ किया जा सकता है।

'इसके अलावा,' केशसज्जा करनेवाली लड़की जब चली गई, तो मदाम हेनबो ने अपना कथन जारी रखा, 'तू जानता ही है कि मैं इन भले लोगों को क्यों खाने पर बुला रही हूँ। अपने बेवकूफ़ मज़दूरों से ज़्यादा तुम्हें इस शादी की चिन्ता होनी चाहिए... बहरहाल, वे तो आ ही रहे हैं, इस वास्ते मेरे साथ बहस मत कर।'

पत्नी की तरफ़ देखते-देखते मोंस्यो हेनबो के बदन में थरथरी-सी हो उठी थी और इस अनुशासनप्रिय व्यक्ति के विषण्ण चेहरे पर मर्माहत व्यक्ति की व्यथा झलकने लगी थी। मदाम कन्धे नग्न किए बैठी थी। उम्र ढल रही थी उसकी, फिर भी मुख पर लावण्य था और कोई भी फिसल सकता था—मानो पतझड़ से घिरी अन्न की देवी सीरीज़ बैठी हो। एक क्षण के लिए मोंस्यो के भीतर पाशविक कामेच्छा जागी। मन किया कि पत्नी को यहीं दबोच ले, इस स्निग्ध और कस्तूरी मुश्क से सुवासित कक्ष में, एक कामुक स्त्री के सुखदायी सान्निध्य में, उसकी उघड़ी छातियों के बीच अपने सिर को लुढ़काए, रगड़े-मसले। परन्तु उसने संयम से काम लिया, क्योंकि पिछले दस बरसों से ही यह दम्पती अलग-अलग शयनकक्षों में सोता आ रहा था।

'अगर तुम्हारा यही आग्रह है,' यह बात कहते हुए वह पत्नी के कमरे से निकला, 'तो, तय कार्यक्रम के अनुसार ही चलेंगे।'

मोंस्यो हेनबो का जन्म आरदेन में हुआ था। पैरिस के गली-कूचों में अनाथ की तरह मारा-मारा फिरता था और युवावस्था के आरम्भिक दिनों में बड़ा कष्ट भोगा था। स्कूल ऑफ़ माइन्स में किसी तरह पढ़ाई पूरी करके चौबीस की उम्र में वह ला ग्रां कोंब गया, जहाँ उसे सेंट बार्ब कोयला-खान में इंजीनियर की नौकरी मिल गई थी। तीन साल

बाद वह पा-द-कैले में मार्ल की कोयला-खानों में डिवीज़न इंजीनियर हो गया था और किस्मत देखो—जैसा कि प्रायः कोयला-खानों में काम करनेवाले इंजीनियरों के साथ होता है—यहीं पर अरास में एक कताई मिल के धनाढ्य स्वामी की पुत्री से इसका विवाह भी हो गया। पन्द्रह बरस तक यह दम्पती उसी छोटे-से प्रान्तीय कस्बे में रहता रहा था और कोई ऐसी घटना नहीं घटी जो उनके जीवन की एकरसता को तोड़ती—यहाँ तक कि कोई सन्तान भी नहीं हुई। धीरे-धीरे पनपते असन्तोष ने मदाम हेनबो को पति से विमुख करना शुरू किया। इस स्त्री का जन्म एक ऐसे परिवार में हुआ था, जहाँ धन की पूजा होती थी। इसलिए उसे पति से वितृष्णा होने लगी थी जो मामूली पगार के लिए इस तरह खटता रहता था जिससे इस स्त्री के अहं की तुष्टि कदापि नहीं हो सकती थी जिसके सपने स्कूली बालिका के रूप में वह देखा करती थी। यह व्यक्ति ऐसा सच्चरित्र था कि कभी किसी प्रलोभन में नहीं आया। कभी सट्टा नहीं खेलता और अपनी नौकरी पर एक फ़ौजी की तरह डटा रहता था। इस तरह पति-पत्नी में मनमुटाव बढ़ता ही चला गया था, और आख़िर कमंद टूटी विषय-वासना की उस विलक्षण भ्रान्ति के कारण जिससे उत्कट से उत्कट व्यक्ति का भी मोहभंग हो सकता है। पत्नी को वह हृदय से चाहता था और यह कामिनी ऐसी थी कि उसमें कामवासना की तीव्र क्षुधा थी। इसके बावजूद, वे अलग-अलग सोते आ रहे थे, क्योंकि एक-दूसरे की संगति इन्हें असह्य हो उठी थी और बहुत जल्दी आहत भी हो जाते थे। तभी से मदाम होनबो का एक यार भी था, हालाँकि इसकी सू तक उसके आदमी को नहीं थी। अन्ततः इस शख़्स ने पास-द-कैले को अलविदा कहकर पैरिस में एक दफ़्तर में नौकरी कर ली थी, इस मंशा से कि पत्नी को शहर रास आएगा। मगर उसी पैरिस ने उनके अलगाव को परवान चढ़ाया, जहाँ जाने को वह उस क्षण से उत्कंठित रहती आ रही थी जिस क्षण उसने अपनी पहली गुड़िया हाथ में पकड़ी थी, क्योंकि पैरिस में एक सप्ताह के भीतर-भीतर ही उसने अपने सभी कस्बाई संस्कारों को तिलांजलि दे दी थी और एक सुरुचि-सम्पन्न, सम्भ्रान्त रमणी के रूप में उसका कायाकल्प हो गया था और वह तत्कालीन समाज की विलासिता, रंगरास और अय्याशी में डूब गई थी। इस महिला ने जो दस बरस पैरिस में व्यतीत किए थे, वे उत्कट भोग-विलास के दिन थे, जहाँ वह एक ऐसे पुरुष की अंक-शायिनी बनी थी जिसकी बेवफ़ाई ने उसे अधमरा कर डाला था। इस बार इसका पति इसकी आशनाई से ना-आशना नहीं था, और भयंकर कलह करके भी उसने स्थिति से समझौता कर लिया था, क्योंकि वह इस स्त्री की निर्भीक-निर्व्याज कामवासना के आगे निरुपाय हो गया था जिसे मुक्त भाव से विहार-विलास का चस्का लग गया था। इस प्रेमलीला की समाप्ति पर जब मोंस्यो हेनबो ने पत्नी को अनुतप्त देखा, तो मोंसू में मैनेजर की नौकरी स्वीकार कर ली थी इस उम्मीद से कि काली धरती वाले इस उजाड़ मरुस्थल में पत्नी को वह राहे-रास्ते पर ले आएगा।

लेकिन मोंसू में कदम रखते ही हेनबो दम्पती के जीवन में उसी क्षोभ, उसी उबाऊपन की आवृत्ति होने लगी थी जिसके कारण उनका वैवाहिक जीवन आरम्भिक दिनों में ही विषादमय बन गया था। पहले तो ऐसा प्रतीत हुआ कि यहाँ के नीरव वातावरण से उसे तस्कीन मिल रही है, इस विशाल धरती की अटूट एकरसता से उत्पन्न

शान्ति में वह रससिक्त हो रही है और उस स्त्री की तरह निर्लिप्त हो गई है जिसका जीवन निःशेष हो चुका है। वह व्यवहार भी इस तरह करती मानो दिल एकदम बुझ गया हो उसका और दुनिया से उसने अपने-आपको एकदम अलग-थलग कर लिया हो—यहाँ तक कि उसके लिए यह भी चिन्ता का विषय नहीं था कि उसकी देह किस तरह भरती जा रही है। मगर इस निष्क्रियता की ओट में एक उबाल फिर आया। एक बार फिर उसके भीतर सक्रिय होने की अभिलाषा जागृत हुई, जिसकी सन्तुष्टि उसने इस तरह की कि छह मास तक वह उस छोटे-से निवास को अपनी रुचि के अनुसार नए सिरे से ठीक-ठाक करने और सजाने-सँवारने में लगी रही जो उसके मैनेजर पति को मिला था। उसे यह घर डरावना लगता था। सो, उसने उस घर को पर्दों से, छोटी-बड़ी तस्वीरों से इतना सजाया-सँवारा और कलात्मक वस्तुओं से उसे इस तरह भर दिया कि लील जैसे दूरस्थ स्थान तक उसकी चर्चा होने लगी थी। मगर जल्दी ही उसे देहाती माहौल से फिर क्षोभ होने लगा। वहाँ अनन्त फैले नीरस-से खेत-खलिहान से, वहाँ की रग-रग में रची-बची कालिमा और वृक्षहीन सड़कों से, जहाँ वीभत्स प्राणियों की रेल-पेल मची रहती थी, जुगुप्सा भी होती थी और डर भी लगता था। बस, वह लगी इस निर्वासन का, प्रवास का रोना रोने। पति को दोष देती कि चालीस हज़ार टकों पर उसकी बलि चढ़ा दी है उसने, और यह पगार इतनी क्षुद्र है कि मुश्किल से घर चलता है। ताने मारती कि दूसरों के पदचिह्नों पर वह क्यों नहीं चला—पत्ती उसने क्यों नहीं माँगी, हिस्सा-पूँजी क्यों नहीं ली, यह या वह कामयाबी हासिल क्यों नहीं की ? और फिर वह उस उत्तराधिकारिणी की तरह निष्ठुर व्यवहार करने लगी जो दहेज में अकूत धन-सम्पत्ति लेकर आती है।

मगर हेनबो ने विनय का दामन नहीं छोड़ा। वह एक तटस्थ एवं खरा प्रशासक था और उसके अन्तस्तल में इस स्त्री के लिए ऐसी उत्कट कामातुरता, ऐसी प्रचंड वासना थी जो पिछैती में आती है और आयु के साथ बढ़ती ही जाती है। वह इस स्त्री को प्रेमी के रूप में कभी प्राप्त नहीं कर सका था और मृगमरीचिका की भाँति इसे पाने के लिए हमेशा तरसता ही रहा था और उसके साथ चाहे, बस, एक बार ही सही, बिलकुल उसी तरह रमण करने के सपने देखा करता, उत्कंठित रहता, जिस तरह वह परपुरुष के आगे समर्पण करती थी। हर सुबह वह मनसूबे बाँधता कि रात को उसे अपना बनाएगा। लेकिन जब वह रुखाई से उसकी तरफ़ देखती, जब वह यह महसूस करता कि उसका अंग-प्रत्यंग उसे अस्वीकार कर रहा है, तो उसके निकट फटकना तो दूर, हाथ की छुअन से भी बचता। उसके रुक्ष व्यवहार के पीछे यह एक ऐसी पीड़ा थी जिसकी उन्मुक्ति का सम्भवतः कोई उपाय नहीं था—और यह ऐसी कोमल प्रकृति की पीड़ा थी जो भीतर ही भीतर मर रही थी, क्योंकि घर में सुख-शान्ति अनुपस्थित थी। छह मास के उपरान्त जब मदाम हेनबो सारे घर को सजा-सँवार चुकी और उसके पास व्यस्त रहने का कोई कारण नहीं बचा, तो एक बार फिर वह आलस्य और ऊब में डूबने-उतराने लगी और इस तरह आचरण करने लगी मानो वह निर्वासन उसकी जान ले लेगा। स्वयं कहती कि ऐसी ज़िन्दगी से मौत ही भली।

ऐसे ही क्षणों में पाल नेगरेल का मोंसू में आगमन हुआ। माँ उसकी प्रोवोंसाल के

एक कैप्टन की विधवा थी और अवीनियों में थोड़ी-सी आय पर गुज़र-बसर कर रही थी। किसी तरह रूखी-सूखी रोटी के सहारे ज़िन्दगी काटकर उसने पाल को पोलिटेक्नीकल इंस्टीट्यूट में दाख़िल करवाया था। वह कक्षा में बहुत निचले दर्जे में उत्तीर्ण होकर निकला था और उसके मामा मोंस्यो हेनबो ने उससे कमीशन से इस्तीफ़ा दिलवाकर ल वोरअ में इंजीनियर की नौकरी दिलवा दी थी। तब से मोंस्यो हेनबो और मदाम हेनबो उससे पुत्रवत व्यवहार करते आ रहे थे। उसका अपना अलग कमरा था। वहीं रहता था और वहीं खाता-पीता था और माँ को अपने तीन हज़ार फ्रां के वेतन में से आधी रकम भिजवाता रहता था। अपनी इस उदारता को गुप्त रखने के लिए मोंस्यो हेनबो यह दलील देता कि कोयला-खान में काम करनेवाले इंजीनियरों के लिए जो छोटी-छोटी कॉटेजें बनी हैं, उनमें कोई युवक कैसे घर बसा सकता है। मदाम हेनबो ने भी तत्काल अच्छी मामी होने का परिचय भी दिया था। बड़ी बेतकल्लुफ़ी से उससे बातचीत करती और उसकी हर सुख-सुविधा का ध्यान रखती। विशेषकर आरम्भ में उसने इस युवक को माँ की ममता दी, और छोटी-से-छोटी बातों में भी उसका मार्गदर्शन किया। मगर थी तो वह भी एक औरत, और जल्दी ही उसके आगे अपना हृदय खोलने लगी। पाल यौवन की देहरी पर खड़ा था और व्यावहारिक बुद्धि थी उसमें और मन में किसी प्रकार की झिझक, किसी प्रकार का संकोच नहीं था और प्रेम के विषय में भी दार्शनिक सिद्धान्त बघारता रहता था और अपने जीवन्त दुखवाद से इस स्त्री का मनोरंजन करता। इन सब बातों की छाप उसकी तीखी-सी नाक और दुबली-पतली मुखाकृति पर भी पड़ने लगी थी। बस, एक रात उसने अपने-आपको इस स्त्री के बाहुपाश में पाया। वह जतला तो यही रही थी कि मात्र दया-भाव से ही वह अपने आपको समर्पित कर रही है, और फिर आगे निरन्तर यह राग अलापती रही कि उसका तो दिल एकदम बुझ गया है और वह उसकी मित्र बनकर रहना चाहती है। निश्चय ही उसके भीतर कोई ईर्ष्या नहीं थी, और ढुलाई करनेवाली छोकरियों को लेकर वह उसकी टाँग भी खींचती रहती थी। मगर वह तो यही कहता कि ये सारी की सारी लड़कियाँ एकदम वीभत्स हैं। इस बात का अफ़सोस प्रकट करता कि उसे वैसे ऊलजलूल किस्से तो आते ही नहीं जिनके बारे में नौजवान लोग अकसर डींगें हाँकते रहते हैं। फिर इस स्त्री को इसकी शादी करवाने की भी धुन सवार हुई थी। इसके लिए वह अपनी बलि भी देने के सपने देखती रहती थी और यहाँ तक कहती थी कि कोई धनवान कन्या देखकर इसे अपने हाथों उसे सौंप देगी। इनका यह सम्बन्ध चलता रहा—यह ऐसी मनोरंजक स्थिति थी, जिसमें एक ऐसी अकर्मण्य-सी स्त्री ने अपनी सारी शुष्क कोमलता उँड़ेल दी थी जिसका जीवन निःशेष हो चुका था।

दो साल बीत गए। एक रात मोंस्यो हेनबो को अपने कमरे के द्वार के निकट पैरों की आहट सुनाई पड़ी, तो वह शंकित हो उठा। यह ऐसी घटना थी जिसने उसके भीतर घोर वितृष्णा भर दी थी—उसके अपने घर में ही ऐसी माँ की और ऐसे बेटे के बीच ऐसी तिकड़मबाज़ी ! लेकिन सुबह जब पत्नी ने बताया था कि उसने सेसील ग्रेग्वार को भाँजे के लिए चुना है, और फिर वह इतने उत्साह से विवाह की तैयारियों में जुट गई थी कि मोंस्यो हेनबो को अपनी इस भयावह कल्पनाओं पर लज्जित होना पड़ा था।

उसका हृदय इस युवक के प्रति कृतज्ञता से भर गया जिसने यहाँ आकर उसके घर की मनहूसियत को थोड़ा कम किया था।

मोंस्यो हेनबो पत्नी के ड्रेसिंग रूम से निकलकर नीचे आया ही था कि पाल मिल गया जो कोयला-खान की ख़बर लेने गया था। प्रतीत होता था, हड़ताल की स्थिति उसे बड़ी विचित्र लगी थी।

'क्यों, क्या हुआ ?' मामा ने पूछा।

'जी, गाँवों का दौरा करके आ रहा हूँ, और सब तरफ़ शान्ति ही शान्ति हैं...लेकिन मैं समझता हूँ, वे अपने कुछ प्रतिनिधि आपके पास भेज रहे हैं।'

तभी ऊपर से मदाम हेनबो का स्वर सुनाई पड़ा।

'अरे, पाल, तू आ गया ?...चल, ऊपर आकर सारी बात मेरे को बता। इन लोगों की हिमाकत तो ज़रा देखो। खाते-पीते हैं, फिर भी शरारत करने से बाज़ नहीं आते !'

चूँकि मदाम हेनबो पाल को ऊपर बुला रही थी, सो हड़ताल के बारे में और जानकारी पाने की सारी उम्मीद मोंस्यो हेनबो ने छोड़ दी। वह अपनी मेज़ पर लौट आया, जहाँ मरासलों का एक और पुलिन्दा रखा था।

ग्यारह बजे जब ग्रेग्वार परिवार आया, तो द्वार पर हिपोलाइट नामक नौकर को पहरा देते देख वे थोड़े असमंजस में पड़ गए। हिपोलाइट सशंक दृष्टि से सड़क के दोनों तरफ़ देखते हुए बिना किसी औपचारिकता के जल्दी से उन्हें भीतर ले गया। ड्राइंग रूम के पर्दे पड़े थे और ग्रेग्वार परिवार को वह सीधे मोंस्यो हेनबो के दफ़्तर में लिवा ले गया। वहाँ उसने क्षमायाचना करते हुए खेदपूर्वक यह बात कही कि ऐसी स्थिति में वह उनका स्वागत कर रहा है, लेकिन इसके साथ यह स्पष्टीकरण देना भी उचित समझा कि ड्राइंग रूम सड़क की तरफ़ खुलता है, इसलिए आ बैल मुझे मार वाली बात करके व्यर्थ ही उन्हें उत्तेजित करना ठीक नहीं समझता।

'क्या ! आप लोगों को कुछ मालूम नहीं ?' उनके चेहरों पर अचरज के भाव देखकर वह बोला।

जब मोंस्यो ग्रेग्वार को बताया गया कि हड़ताल शुरू हो गई है, तो उसने शान्त भाव से कन्धे उचकाए। छिः ! इससे कुछ बनता-बिगड़ता नहीं। यहाँ के लोग मूलतः भलेमानस हैं। मदाम ग्रेग्वार भी सहमति में सिर हिला रही थी, जैसे खान मज़दूरों की पुरानी निःसंगता से भली-भाँति परिचित हो।

सेसील तो उस दिन प्रफुल्लचित्त थी और गहरे नारंगी परिधान में उसकी मुखाकृति की कान्ति झेली नहीं जाती थी। हड़ताल शब्द कानों में पड़ते ही मुस्कराई थी, क्योंकि उसके लिए हड़ताल का अर्थ था गाँवों में जाना और ख़ैरात बाँटना।

तभी मदाम हेनबो भीतर आई, जिसने काली रेशमी पोशाक धारण कर रखी थी। पीछे-पीछे नेगरेल था।

'दिल ख़राब करनेवाली बात हुई न !' देहरी लाँघते हुए वह बोलती आ रही थी। 'जैसे कि ये लोग थोड़ा इन्तज़ार ही नहीं कर सकते थे !...देखो तो, पाल कहता है, हमें सैं-तोमा नहीं ले जाएगा।'

'तो हम यहीं ठहरेंगे,' मोंस्यो ग्रेग्वार ने अनुग्रहपूर्वक कहा। 'आनन्द आएगा।'

पाल ने महज़ सिर झुकाकर सेसील और उसकी माँ की तरफ़ देख-भर लिया था। उसकी इस उत्साहहीनता से ख़फ़ा होकर मामी ने इस तरह घूरकर उसकी तरफ़ देखा कि वह लड़की के पास दौड़ा गया और जब मदाम हेनबो ने उन्हें हँसते-खिलखिलाते देखा, तो उनको वात्सल्यमयी नज़रों से ताकते हुए निहाल हो गई।

इतनी देर में मोंस्यो हेनबो ने मरासलों को पढ़कर कुछ जवाब तैयार कर लिये थे। सब लोग आपस में वार्तालाप करने लगे थे और मदाम हेनबो बता रही थी कि मोंस्यो के दफ़्तर के साथ उसने किसी तरह की छेड़छाड़ नहीं की। सच पूछो तो, वही पुराना घिसा-पिटा लाल वालपेपर लगा है, वही भारी-भरकम महागनी फ़र्नीचर है, वही गत्ते के जीर्ण-शीर्ण फ़ाइलकेस हैं। करीब पौन घंटे बाद वे भोजन के लिए बैठने ही जा रहे थे कि एक नौकर ने मोंस्यो दनलां के आगमन की सूचना दी। मोंस्यो दनलां तनिक उत्तेजित अवस्था में था। आते ही झुककर उसने मदाम मोंस्यो का अभिवादन किया।

'अरे !—आप लोग यहाँ हैं ?' ग्रेग्वार दम्पती को देखते ही वह बोला। फिर फुर्ती से मैनेजर की तरफ़ मुड़ा। 'आख़िर, वही बात हुई न ! अभी-अभी मेरे इंजीनियर ने बताया है...सुबह मेरी कोयला-खान में सब लोग नीचे उतर गए थे...लेकिन हड़ताल फैल सकती है...इसी बात से थोड़ा चिन्तित हूँ...आपके यहाँ कैसी स्थिति है ?'

वह घोड़े को सरपट दौड़ाते हुए आया था और इतना उत्तेजित था कि ज़ोर-ज़ोर से बोलते हुए उलटी-सीधी चेष्टाएँ कर रहा था, जिन्हें देखकर प्रतीत होता था, वह घुड़सवार सेना का कोई रिटायरशुदा अफ़सर हो।

मोंस्यो हेनबो उसे सारी स्थिति से अवगत करा ही रहा था कि तभी हिपोलाइट ने भोजन-कक्ष का दरवाज़ा खोला। मोंस्यो हेनबो अपनी बात अधूरी छोड़ बोला, 'हमारे साथ भोजन करो। बाकी सारा किस्सा फल-फलारी पर बताऊँगा।'

'जैसी आपकी इच्छा,' दनलां इतना परेशान था कि ना-नुकर किए बिना निमंत्रण स्वीकार कर लिया उसने।

मगर इसके साथ ही उसे अपने अभद्र व्यवहार की प्रतीति भी हुई और मदाम हेनबो की तरफ़ मुड़ क्षमायाचना करने लगा। मदाम ने उदारतापूर्वक उसकी अभ्यर्थना स्वीकार की। उसने सातवीं कुर्सी लगवाई और अतिथियों को बैठाया : मदाम ग्रेग्वार को और सेसील को मोंस्यो हेनबो के आजू-बाजू, मोंस्यो ग्रेग्वार और दनलां को अपने दाएँ-बाएँ और अन्ततः पाल को सेसील और उसके पिता के बीच बैठाया। जब इन्होंने क्षुधा बढ़ानेवाले पदार्थों को उदरस्थ करना शुरू किया, तो मुस्काते हुए बोली, 'क्षमा चाहती हूँ—आप लोगों के लिए घोंघे बनवाना चाहती थी...सोमवार को आस्तंदे से एक जहाज़ मारशियन आता है और मैंने अपनी बावरचन को बग्घी में भेजने की सोची भी थी...लेकिन वह डर गई कि कहीं लोग पत्थर न मारें।'

इस बात पर सब लोग ठहाका मारकर हँसे। आह्लादित करनेवाला किस्सा जो था !

'शि !' मोंस्यो हेनबो को यह बात अच्छी नहीं लगी। उसने खिड़की की तरफ़ देखा, जिसमें से सड़क दिखाई पड़ती थी। 'ढिंढोरा पीटने की ज़रूरत नहीं कि हम खा-पी रहे हैं।'

'ठीक है, जो हो, सो हो, यह रहा सासेज का टुकड़ा, जो उन्हें नसीब नहीं होगा,'

मोंस्यो ग्रेग्वार ने फ़िकरा कसा।

एक और ठहाका लगा, मगर थोड़े सलीके से। कमरे में फ्लेमिश पर्दे लगे थे और ओक की पुरानी आलमारियाँ रखी थीं। इनके बीच बैठ वे आराम से भोजन का आनन्द ले रहे थे। साइड-बोर्ड के काँच के पीछे चाँदी के बर्तन चमक रहे थे। ऊपर बड़ा-सा ताँबे का चमकता हुआ लैम्प लटक रहा था जिसकी गोलाई में एक ताड़ और मैजोल्का* के गमलों में लगे एस्पीडिस्ट्रा के पौधे प्रतिबिम्बित हो रहे थे। दिसम्बर के महीने का दिन था और बाहर उत्तर-पूर्व से आनेवाली सर्द हवा के तीव्र झोंके चल रहे थे। मगर मजाल है कि भीतर की गरमाहट प्रभावित करने को हवा की रमक भी आए। सारा कमरा कट-ग्लास के बाउल में रखे अनन्नास के कतलों से आनेवाली भीनी-भीनी गन्ध से सुवासित था।

'पर्दे हटा न दिए जाएँ ?' नेगरेल बोला, क्योंकि इस दिलग्गी से ख़ुश हो रहा था कि यह बात सुनते ही ग्रेग्वारों की तो हवा ही सरक जाएगी।

जो नौकरानी खानसामे की मदद में लगी थी, उसने इसे आदेश समझा और एक पर्दा खींचने चली। यह देख सभी हँसी-मज़ाक और दिल्लगी करने लगे। कोई भी गिलास या छुरी-काँटा नीचे रखने लगता, तो ऐसे दिखाता, जैसे बड़ी सावधानी बरत रहा हो। जब भी कोई पकवान आता, तो उसका इस तरह स्वागत करते, मानो किसी अधीनस्थ नगर की लूटपाट से मुश्किल से हाथ लगी कोई चीज़ आई हो। इस बलात हँसी-मज़ाक के पीछे इनका छिपा भय था, जो इस बात से प्रकट होता था कि गाहे-ब-गाहे इनकी निगाहें अनजाने में ही सड़क की तरफ़ उठ जाती थीं, मानो वहाँ कोई भिखारियों का झुंड खड़ा हो और इनकी खाने की मेज़ पर ललचाई आँखों से टकटकी लगाए देख रहा हो।

कुकुरमुत्तों के साथ फेंटे हुए अंडों के बाद नदी की ट्राउट मछली आई। इसके साथ ही औद्योगिक संकट की चर्चा छिड़ गई, जिसकी स्थिति पिछले अठारह महीनों से बिगड़ती जा रही थी।

'यह तो लाज़िमी था,' दनलां ने कहा। 'पिछले कुछ बरसों में ख़ुशहाली ज़रूरत से ज़्यादा बढ़ गई थी। नतीजतन ऐसा तो होना ही था...ग़ौर कीजिए उस विशाल पूँजी पर, जो बेहरकत पड़ी है रेलों में, बन्दरगाहों में, नहरों में—ग़ौर कीजिए उस पूँजी पर भी जो बेवकूफ़ी की हद तथा सट्टे में झोंक दी गई है। यहीं पड़ोस में ही उन्होंने चीनी बनाने के कारखाने खड़े कर दिए हैं, मानो सरकार चुकन्दर की तीन-तीन फ़सलें पैदा करवाएगी।...बेशक, धन का टोटा है, और जो लखूंखां झोंक दिए गए हैं, उसका ब्याज कब मिलेगा, इसका कोई ठिकाना नहीं। इसके अलावा, अब और कोई चारा नहीं, और नतीजा यह हुआ कि बाज़ार ऐरों-ग़ैरों से पट गया है और सारा व्यापार एकदम चौपट हो गया है।'

मोंस्यो हेनबो ने इस धारणा का खंडन तो किया, लेकिन इसके साथ यह भी स्वीकार किया कि समृद्धि के वर्षों ने कामगारों को बिगाड़कर रख दिया है।

---

*पुनर्जागरणकालीन इटली का मृद्भांड जिसमें अपारदर्शी सफ़ेद तामचीनी पर रंग-बिरंगा अलंकरण किया जाता था।

'सोचता हूँ,' वह अचरज-भरे स्वर में बोल रहा था, 'कि हमारी कोयला-खानों में ये लोग छह फ्रां तक बना लेते थे—यानी अब जितना कमाते हैं, उससे दुगुनी रकम ! सलीके से गुज़र-बसर भी करते थे, महँगी-महँगी चीज़ों का भी चस्का लग गया था इन्हें...सही है, पहले ये लोग जिस तरह किफ़ायत कर लेते थे, वैसा करना अब इनके लिए दूभर हो गया है।'

'मोंस्यो ग्रेग्वार !' मदाम हेनबो ने टोका, 'थोड़ी ट्राउट और लीजिए न !' बड़ी लज़्ज़तदार बनी है, क्यों ?'

मैनेजर ने अपना वक्तव्य जारी रखा :

'लेकिन क्या, सचमुच, यह हमारा दोष है ? हमें भी गहरी चोट लगी है...एक-एक करके जब सारी फ़ैक्टरियाँ बन्द होती जा रही हैं, तो अपना कोयला बेचने में हमें भारी कठिनाई हो रही है, और जैसे-जैसे माँग घटती जा रही है, वैसे-वैसे हमें अपनी लागत भी घटाने को विवश होना पड़ रहा है।...इस बात को मज़दूर समझना ही नहीं चाहते।'

एकदम ख़ामोशी छा गई। ख़ानसामा भुने तीतर परोस रहा था और एक नौकरानी गिलासों में शांबैतें ढालती जा रही थी।

'हिन्दुस्तान में अकाल पड़ा है,' दनलां धीमे-धीमे ऐसे बोल रहा था, जैसे स्वगत-कथन कर रहा हो। 'अमेरिका ने लोहे और ढलवें लोहे के आर्डर हमारी धमन-भट्ठियों को न देकर हमें गहरा धक्का लगाया है। सब चीज़ें एक-दूसरे के साथ नत्थी हैं। दूर कहीं भी झटका लगता है, तो सारी दुनिया हिल जाती है...फ्रेंच साम्राज्य को इस बात का गर्व था कि हमारा उद्योग खूब उन्नति कर रहा है !'

उसने तीतर में दाँत गड़ाए। फिर स्वर ऊँचा करते हुए कहा :

'सबसे ख़राब बात तो यह है कि अगर कोई उत्पादन-लागत घटाना भी चाहता है, तो उसके लिए उत्पादन बढ़ाना पड़ता है—नहीं तो पगार में कटौती करनी पड़ती है, और कामगार भी सही रोता है कि वही बलि का बकरा बनता है।'

जब उसने ईमानदारी के साथ यह बात कही, तो एकदम बहस छिड़ गई। महिलाएँ उकता रही थीं। लेकिन सभी की भूख जाग उठी थी और वे भोजन में रस ले रहे थे। जब ख़ानसामा लौटकर आया, तो लगा कि वह कुछ कहना चाहता है, लेकिन हिचकिचा रहा था।

'क्या बात है ?' मोंस्यो हेनबो ने पूछा। 'अगर कोई काग़ज़-पत्र आया है, तो ला, मुझे दिखा...कुछ जवाब आनेवाले थे।'

'नहीं, जनाब, मोंस्यो दांसायर आए हैं। हाल कमरे में बैठे हैं। कहते हैं, आपको परेशानी होगी।'

मैनेजर ने अतिथियों से क्षमायाचना करते हुए चीफ़ फ़ोरमैन को बुलवा भेजा। वह खाने की मेज़ से कुछ हाथ के फ़ासले पर आकर खड़ा हो गया। सबकी निगाहें उस पर टिकी थीं। वह जो ख़बर लाया था, उसे सुनाने के लिए बेताब था : गाँव तो शान्त हैं, लेकिन इन लोगों ने प्रतिनिधिमंडल भेजने का फ़ैसला किया है। शायद चन्द मिनटों में ही वे पहुँच जाएँ यहाँ।

'ठीक है, धन्यवाद !' मोंस्यो हेनबो ने कहा। 'सुबह-शाम, मुझे दोनों वक्त रिपोर्ट

चाहिए, समझे ?'

ज्योंही दांसायर निकलकर गया, अतिथि फिर हँसी-मज़ाक करने में लग गए और बड़े उत्साह से रशियन सलाद पर टूट पड़े। साथ-साथ बोलते जा रहे थे कि इसे ख़त्म करना है, तो फिर इन्तज़ार किस बात की ! उस समय तो वे हँसते-हँसते लोट-पोट हो गए, जब नेगरेल ने नौकरानी से थोड़ी ब्रेड लाने की फ़रमाइश की और वह ऐसे स्वर में 'अभी लाई जी' बोली, जो इतना क्षीण और त्रस्त था कि प्रतीत होता था कि नौकरानी यह समझी थी कि हत्यारों और बलात्कारियों के किसी गिरोह में फँस गई है।

'तुम अपनी बात कहो,' मदाम हेनबो ने शान्तिपूर्वक कहा। 'अभी वे लोग आए नहीं।'

मैनेजर के लिए चिट्ठियों और काग़ज़ात का पुलिन्दा-सा आया था। उसमें से उसने एक चिट्ठी पढ़कर सुनाने का फ़ैसला किया। यह चिट्ठी पियरों की थी। उसने आदरपूर्वक यह सूचित किया था कि वह दूसरे लोगों के साथ हड़ताल पर जाने को विवश है, और अगर ऐसा नहीं करेगा, तो वे उसे मार ही डालेंगे। फिर उसने यह भी लिखा था कि वह प्रतिनिधिमंडल में भी शामिल होने को मजबूर है, हालाँकि ऐसी कार्रवाई के विरुद्ध है।

'तो यह हुई काम करने की आज़ादी,' मोंस्यो हेनबो बोल उठा।

इसके बाद फिर हड़ताल की बात छिड़ गई और इन्होंने उसकी राय जाननी चाही।

'ओह !' वह बोला। 'पहले भी झेल चुके हैं...एक हफ़्ते काम बन्द रहेगा, या ज़्यादा-से-ज़्यादा दो हफ़्ते, जैसा कि पिछली बार हुआ। देखना, ये लोग शराबघरों में, नाचघरों में डोलते-लुढ़कते फिरेंगे, और जब पेट में चूहे कूदने लगेंगे, तो कोयला-खानों में लौट जाएँगे।'

दनलां ने सिर हिलाया।

'मैं नहीं समझता कि ऐसा होगा...लगता है इस बार पहले से अधिक संगठित हैं ये लोग। जानते हैं, उनके पास इमरजेंसी फ़ंड भी है ?'

'लेकिन बमुश्किल तीन हज़ार फ्रां होगा। समझते हो, इतनी रकम भाड़ फोड़ सकती है ? लगता है, कोई एतियन लांतिए नाम का आदमी इनका लीडर बन बैठा है। कामगार अच्छा है, और मैं नहीं चाहता कि इस शख़्स को भी रासनर की तरह निकाल बाहर किया जाए। रासनर अपनी बातों और बियर की छूत से ल वोरअ को अब भी दूषित कर रहा है...पर कुछ भी हो जाए, आधे मज़दूर तो हफ़्ते-भर में कोयला-खानों में फिर चले जाएँगे और देखना, दो हफ़्ते बीतते-न-बीतते दस हज़ार के दस हज़ार लौट आएँगे।'

इस बात का उसे पूरा भरोसा था। चिन्ता, बस, एक ही बात की थी। यदि कम्पनी के डायरेक्टर हड़ताल के लिए उसे ज़िम्मेदार ठहराते हैं, तो वह किसी को मुँह दिखाने लायक नहीं रहेगा। कुछ दिनों से उसे लग रहा था कि कम्पनी के निदेशक शायद उससे ख़फ़ा हैं। सो, उसने रशियन सलाद का जो चम्मच उठाया था, उसे वहीं छोड़ा और पैरिस से जो जवाब आए थे, उन्हें पढ़ने लगा। एक-एक शब्द के अन्तर्निहित अर्थ को हृदयंगम करने का प्रयास कर रहा था। और ये लोग थे जो इस तरह जल्दी-जल्दी भकोसते जा रहे थे, जिस तरह रणभूमि में सैनिक पहली बार गोली चलने से पहले अफ़रा-तफ़री में

भोजन ठूँसते हैं।

अब महिलाएँ भी बातचीत में शामिल हो गईं। मदाम ग्रेग्वार को उन लोगों पर तरस आ रहा था जो भूख से बिलबिलाएँगे, और सेसील भी इस कल्पना में डूबी थी कि ब्रेड और मीट के लिए वह किस तरह कूपन बाँटने जाएगी।

मगर मदाम हेनबो मोंसू के खान मज़दूरों की ग़रीबी की बातें सुनकर हैरान थी। ये लोग खुशहाल कैसे नहीं हैं ? कम्पनी की तरफ़ से इन्हें घर-मकान मिले हुए हैं। कोयला मिलता है। चिकित्सा की सुविधाएँ दी जा रही हैं। इस रेवड़ के प्रति वह इतनी उदासीन थी कि उनके बारे में उसे जो भी जानकारी थी, वह एक संक्षिप्त-सा भाषण था जिसे उसने कंठस्थ कर रखा था। इसी भाषण से उसने पैरिस से आनेवाले लोगों को चमत्कृत किया था और स्वयं भी उन सारी बातों पर विश्वास करने लगी थी और मज़दूरों की कृतघ्नता देखकर क्षुब्ध थी।

इधर, नेगरेल मोंस्यो ग्रेग्वार को डराने पर तुला बैठा था। कहता था कि सेसील नापसन्द तो नहीं थी उसे, और अगर मामीजी आग्रह करेंगी, तो उससे शादी भी करने को तैयार है। लेकिन वह उसके प्यार-इश्क में मर नहीं रहा। वह एक अनुभवी युवक की तरह आचरण कर रहा था और जैसा कि अपने मुख से कहता भी था, वह इश्क-विश्क के चक्कर में बहकने वाला इंसान नहीं है। अपने-आपको वह रिपब्लिकन मानता था, मगर यह बात भी न थी कि इस नाते अपने कामगारों का शिकंजा कसकर रखने में उसे कोई दिक्कत होती हो या फिर महिलाओं के समक्ष लताफ़त से उसकी खिल्ली उड़ाने से कतराता हो।

'मैं अपने मामाजी की तरह निपट आशावादी भी नहीं हूँ,' वह कह रहा था। 'मुझे तो डर इस बात का है कि बहुत बड़ी विपत्ति मुँह बाए खड़ी है..., मोंस्यो ग्रेग्वार ! मैं तो आपको यही सलाह दूँगा कि आप ला पिओलेन में ताला लगवा दें। कहीं ऐसा न हो, लूटमार हो जाए।'

उस क्षण मोंस्यो ग्रेग्वार की सदय मुखाकृति सदा की भाँति मुस्कान से खिल उठी थी और पत्नी से चार कदम आगे जाकर जैसे मज़दूरों के प्रति सहानुभूति प्रकट करने की वह होड़ कर रहा था।

'लूटमार ?' वह हतप्रभ-सा होकर चिल्लाया। 'वे मेरी कोयला-खान में क्योंकर लूटमार करने लगे ?'

'आप मोंसू के पत्तीदार नहीं हैं क्या ? हाथ तक तो हिलाते नहीं—दूसरों की मेहनत की कमाई पर जीते हैं। अरे, आप स्वयं ही तो बदनाम पूँजीपति हैं ! बस, थोड़ा कहा, ज़्यादा जानो...ख़ातिर जमा रखो, अगर क्रान्ति सफल होती है, तो आप लोगों को अपनी धन-दौलत लौटानी पड़ेगी, क्योंकि यह सब चोरी का माल है।'

मोंस्यो ग्रेग्वार के चेहरे पर जो बालसुलभ शान्ति छाई थी, जिस शान्तिपूर्ण अनभिज्ञता में वह जीवन जी रहा था, वह एकदम काफूर हो गई। हकलाते हुए बोला, 'मेरी धन-सम्पत्ति चोरी की है ! क्या यह मेरे पड़दादा की कमाई नहीं है ? कड़ी मेहनत की कमाई नहीं है क्या ? क्या उस पूँजी का उन्होंने निवेश नहीं किया था ? क्या हम लोगों ने उद्यमों में पूँजी लगाकर जोखिम नहीं उठाई ? और समझते हो, अपनी आमदनी

को मैं यों ही उड़ाता फिरता हूँ ?'

माँ-बेटी के चेहरों को भय से पीले पड़ते देख मदाम हेनबो चौंकी। इसलिए तत्काल हस्तक्षेप करते हुए बोली, 'मोंस्यो ग्रेग्वार ! पाल तो तुम्हें छेड़ रहा है।'

मगर मोंस्यो ग्रेग्वार आपे से बाहर हो गया। ख़ानसामे ने जब झींगा मछली पेश की, तो यह जाने-बूझे बिना कि वह क्या कर रहा है, उसने तीन उठा लीं, और दाँतों से फाड़-फाड़कर खाने में जुटे गया।

'मैं यह नहीं कहता कि ऐसे भी स्टॉकहोल्डर हैं जो अनुचित लाभ उठाते हैं। उदाहरण के लिए, मैं ऐसे मिनिस्टरों के बारे में जानता हूँ जो कम्पनी को फ़ायदा पहुँचाने के लिए मुँहभराई लेते हैं। और फिर एक ऐसा कुलीन पुरुष है—जिसका नाम मैं नहीं लेना चाहूँगा—कोई ड्यूक है और हमारा सबसे बड़ा स्टॉकहोल्डर, जिसका जीवन फ़ज़ूल-ख़र्ची की जीती-जागती, घिनौनी मिसाल है ! लाखों-करोड़ों पानी की तरह बहाता है औरतों पर, रास-रंग पर, वाहियात किस्म के भोग-विलास पर।...लेकिन हम, हम लोग अमन-चैन से गुज़र-बसर करते हैं, क्योंकि हम ईमानदार लोग हैं—सट्टा नहीं खेलते, हमारे पास जो कुछ है, उसी में सन्तोष करके समझदारी से जीवन व्यतीत करते हैं, और ग़रीब-गुर्बा को उनका उचित भाग भी देते रहते हैं।...अजी, अगर कामगार हमारी धन-सम्पत्ति चुराएँगे, तो असली चोर तो वही होंगे !'

हालाँकि नेगरेल मोंस्यो ग्रेग्वार को झींकते देख आनन्दित हो रहा था, फिर भी, उसे शान्त भी उसी ने किया। झींगा मछली तब भी परोसी जा रही थी और घोंघे तोड़ने की चड़चड़ाहट के बीच बहस राजनीति की तरफ़ मुड़ गई थी। मोंस्यो ग्रेग्वार की देह में तब भी कँपकँपी हो रही थी। इन सब बातों के बावजूद वह अपने आपको उदारचेता बताने की भी हठ कर रहा था और आज भी उसके भीतर लुइ-फ़िलिप के युग के प्रति ललक थी। और जहाँ तक दनलां का सम्बन्ध था, वह सुदृढ़ सरकार का हामी था। कहता था कि सम्राट तो ख़तरनाक रिआयतों के फिसलन भरे मार्ग पर रपटता जा रहा है।

'याद करो '89 को,' वह बोला। 'यह तो कुलीन वर्ग के लोगों की मिलीभगत का ही परिणाम है, नई-नई वस्तुओं के प्रति चस्के का दार्शनिक लोभ है, जिनकी बदौलत क्रान्ति सफल हुई। देख लो, आज मध्यवर्ग भी वही मूर्खतापूर्ण लीला करने पर तुला है—उदारवाद के प्रति उत्साह दिखा रहा है, विनाश के प्रति उमंग है उसमें और कामगारों की चाटुकारिता करता है...जी हाँ, जी हाँ, तुम लोग राक्षस के दाँतों को पैना बनाने में लगे हो, ताकि हमें फाड़ खाए। वह ख़ातिर जमा रखो, हमें ज़रूर फाड़ खाएगा वह।'

महिलाओं ने विषयान्तर करके उसका मुँह बन्द किया। वे उसकी बेटियों के बारे में पूछने लगीं। बोला कि लूसी तो मारशियन में है, जहाँ एक दोस्त के साथ गाती-बजाती है, और ज़न जो है, वह चित्र बना रही है बूढ़े भिखारी के सिर का। लेकिन यह सब वह अन्यमनस्क भाव से ही बता रहा था। उसकी दृष्टि तो मैनेजर पर टिकी थी, जो अतिथियों की उपेक्षा करके दत्तचित्त होकर अपने काग़ज़ात पढ़ने में व्यस्त था। उन पतले काग़ज़ों के पन्नों के पीछे उस पैरिस का और डायरेक्टरों का आभास हो रहा था उसे जिनके आदेशों से हड़ताल का फ़ैसला होगा।

'तो आप लोगों का क्या विचार है ?' एकाएक उसने पूछा।

मोंस्यो हेनबो ने बात शुरू तो की, लेकिन गोलमोल जवाब देकर कन्नी काट गया।

'देखेंगे।'

'हाँ, सही है, आप लोगों की जड़ें मज़बूत हैं और आप लोग इन्तज़ार भी कर सकते हैं,' दनलां ने जैसे दिल की बात कह डाली। 'लेकिन जहाँ तक मेरा सम्बन्ध है, अगर हड़ताल वनदाम में भी होती है, तो समझो कि अपनी तो लुटिया ही डूबी। हालाँकि मैंने ज्यां-बार को पूरी तरह आधुनिक बना दिया है, फिर भी एक ही कोयला-खान के बलबूते पर दो वक्त की रोटी खा सकूँ, तो इसका एक ही उपाय है, और वह यह कि लगातार उत्पादन होता रहे। यह बात गाँठ बाँध लो, आसार अच्छे नहीं हैं।'

अनायास निकली इस स्वीकारोक्ति से मोंस्यो हेनबो के कान खड़े हो गए। उनकी बातें सुनते-सुनते उसके मस्तिष्क में एक योजना आकार लेने लगी थी—यदि हड़ताल ग़लत रुख़ अख़्तियार करती है, तो क्यों न उसका फ़ायदा उठाया जाए और स्थिति को इतना बिगड़ने दिया जाए कि पड़ोसी की तबाही की नौबत आ जाए और तब उसके पट्टे को मामूली रकम में ख़रीद लिया जाए ? डायरेक्टरों का फिर से कृपापात्र बनने का यह अचूक अस्त्र होगा, क्योंकि उनकी आँखें बरसों से वनदाम पर लगी थीं।

'अगर ज्यां-बार इतनी परेशानी का सबब है तुम्हारे लिए, तो,' उसने मुस्काते हुए कहा, 'वह हमें दे दो।'

मगर दनलां पछता रहा था कि यहाँ आकर उसने अपना दुखड़ा क्यों रोया। चिल्लाकर बोला, 'हरगिज़ नहीं।'

जब वह इस तरह चिल्लाया, तो सबकी बाछें खिल गईं। और जब तक फल-फलारी आया, वे हड़ताल के किस्से को भूल चुके थे। इन्होंने शालाट मेरैंग चखा, तो चटखारे लेते हुए प्रशंसा के पुल बाँधने लगे। महिलाएँ अनन्नास की डिश बनाने की विधि के बारे में बतिया रही थीं, जो इन्हें बड़ी लज़ीज़ लगी थी। इस प्रचुर भोजन के उपरान्त जब इन्होंने अंगूर और नाशपाती जैसे रसीले फलों का स्वाद चखा, तो एकदम झूम उठे। खा-पीकर सीर हो गए थे और बैठे बतिया रहे थे। ख़ानसामा राइन वाइन ढालकर देता जा रहा था, क्योंकि शैंपेन तो गँवारू पेय समझा जाता था।

निस्सन्देह फल-फलारी के समय हास-परिहास के बीच पाल और सेसील की शादी का मामला काफ़ी आगे बढ़ा। मामी की अर्थपूर्ण दृष्टि के दबाव तले पाल ने ग्रेग्वार दम्पती को तुष्ट करने का भरसक प्रयास किया। लूटमार की बातों से वे त्रस्त हो गए थे। अब उसके मधुर व्यवहार से पुनः उसके मुरीद हो गए। पत्नी की और भाँजे की रास मिलती देख, मोंस्यो हेनबो के भीतर फिर वही भयावह सन्देह सिर उठाने लगा। जब इन्हें एक-दूसरे की तरफ़ ताका-झाँकी करते देखता, तो हेनबो को लगता कि उसने इन्हें आलिंगनबद्ध होते रँगे हाथों पकड़ लिया है। लेकिन जब उसने देखा कि विवाह का मामला उसकी उपस्थिति में ही तय किया जा रहा है, तो थोड़ा आश्वस्त भी हुआ।

हिपोलाइट मेहमानों को कॉफ़ी परोस रहा था। तभी एक नौकरानी त्रस्त-सी भागी-भागी आई।

'सरकार, वे आ गए !'

यह प्रतिनिधिमंडल था। तत्काल दरवाज़े बन्द कर लिये गए। लगता था, जैसे निकट के कमरों में आतंक के झोंके चलने लगे हों।

'उन्हें ड्राइंग रूम में बैठाओ,' मोंस्यो हेनबो ने कहा।

खाने की मेज़ के चारों तरफ़ बैठे व्याकुल एवं अस्थिर-से अतिथि एक-दूसरे का मुँह ताके जा रहे थे। एकदम सन्नाटा छा गया था। एक बार इन्होंने हँसी-मज़ाक करने का हीला किया : जेबों में बची-खुची चीनी छिपाकर ले जाने का नाटक करने लगे। फिर एक-दूसरे से कहते कि हम तो चाँदी के छुरी-काँटे भी जेब में डालकर ले जाएँगे। मगर मैनेजर एकदम संजीदा बना बैठा था। हँसी-मज़ाक बन्द हो गया। ऊँचा बोलने की जगह वे कानाफूसी करने लगे, क्योंकि साथ वाले ड्राइंग रूम में गलीचों को रौंदते प्रतिनिधिमंडल के भारी पदचाप सुनाई पड़ने लगे थे।

मदाम हेनबो ने हौले से पति से कहा, 'पहले कॉफ़ी ले लो।'

'ज़रूर लूँगा,' वह बोला। 'वे बैठकर इन्तज़ार करें।'

हालाँकि ऐसा प्रतीत होता था कि वह एकाग्र होकर अपने कॉफ़ी के प्याले को एकटक निहार रहा है, मगर उसका चित्त स्थिर नहीं था और उसके कान खड़े थे।

पाल और सेसील खाने की मेज़ से उठ खड़े हुए थे। पाल ने सेसील से कहा कि दरवाज़े में ज़रा चाबी वाले सूराख़ में आँख लगाकर देख तो। अपनी हँसी को दबाते हुए वे दबे स्वरों में बात कर रहे थे।

'दिखाई पड़ते हैं ?'

'हाँ...एक मोटू है और उसके पीछे दो नाटे-से आदमी हैं।'

'बता, डरावने लगते हैं ?'

'बिलकुल नहीं, भलेमानुस हैं।'

मोंस्यो एकाएक कुर्सी से उठ खड़ा हुआ। बोला कि कॉफ़ी अभी गर्म है, बाद में पी लेगा। कमरे में चलते हुए उसने होंठों पर उँगली रखकर इशारा किया कि समझदारी से काम लो। वे सब फिर बैठ गए और मेज़ पर ही डटे रहे। एकदम मौन। हिलने-डुलने तक की जोखिम नहीं उठाना चाहते थे। उधर ही कान लगाए ध्यान से सुनने को तत्पर और ड्राइंगरूम से जो ऊँचे, मरदाना स्वर सुनाई पड़ रहे थे, उनसे वे व्याकुल हो रहे थे।

2

एक दिन पहले रासनर के यहाँ बैठक हुई थी और उसमें एतियन और उसके कामरेडों ने उन प्रतिनिधियों का चुनाव कर लिया था जिन्हें अगले दिन मैनेजर से मुलाकात करने जाना था। शाम को जब ला माह्द को ख़बर मिली कि उसका मरद भी इस टोली में शामिल है, तो एकदम व्यथित होकर पति से बोली थी कि चाहते हो कि हमें दर-बदर कर दिया जाए ? स्वयं माह्अ ने भी बेमन से प्रतिनिधि बनने की स्वीकृति दी थी। ग़रीबी का अन्याय झेलने के बावजूद जब विरोध करने की वेला आती, तो दोनों रवायतन अपनी जमात की तरह पस्त हो जाते थे। डरते थे कि यदि विरोध किया, तो उसके नतीजे भी भुगतने पड़ेंगे, इसलिए चुपचाप प्रारब्ध के सहारे बैठ जाते थे। अपने जीवन

की व्यावहारिक समस्याओं के लिए माहूअ प्रायः पत्नी का मुँह जोहता क्योंकि वह हमेशा सही सलाह दिया करती थी। मगर इस बार माहूअ एकदम आपे से बाहर हो गया, क्योंकि भीतर ही भीतर वह भी पत्नी की तरह भयभीत था।

'मुझे परेशान मत कर,' बिस्तर में घुसकर उसने पत्नी की तरफ़ पीठ कर ली। 'क्यों, क्या यह अच्छी बात होगी दूसरों को मँझधार में छोड़ देना, क्यों ?...वही कर रहा हूँ जो मुझे करना चाहिए।'

वह भी बिस्तर में लेट गई। कोई बोला नहीं। फिर लम्बी चुप्पी के बाद वह कहती है, 'तू ठीक कहता है, जा। लेकिन एक बात गाँठ बाँध ले—हमारी लुटिया डूबी समझो।'

बारह बज रहे थे। सो, भोजन करने बैठे। तय था कि एक बजे लावंताज़ पर इकट्ठे होंगे और वहीं से मोंस्यो हेनबो के बँगले की तरफ़ कूच करेंगे। थोड़े-से आलू रखे थे, लेकिन मक्खन बहुत थोड़ा बचा था। सो, किसी ने नहीं लिया। सोचा कि रात को ब्रेड और मक्खन ले लेंगे।

'देखो, हम लोग तुम पर ही निर्भर कर रहे हैं। तुम्हीं आगे खड़े होकर उनसे अपनी बात कहोगे।' एतियन ने एकाएक माहूअ से यह बात कही।

माहूअ भौंचक्क-सा देखने लगा—भावावेश में उसके मुख से बात नहीं निकली।

'नहीं, नहीं, यह ज़्यादती होगी।' ला माहूद एकदम बोल उठी। 'ज़रूर जाए। मुझे मंजूर है, लेकिन यह लीडरी नहीं करेगा।...फिर इसे ही क्यों इस जंजाल में डालते हो, किसी और को क्यों नहीं ?'

एतियन ने हमेशा की तरह भावावेश में आकर सारी बात समझाई कि माहूअ कोयला-खान का सबसे अच्छा कामगार है। सब लोग इसे पसन्द करते हैं और आदर भी देते हैं। सबकी नज़र में यह समझदार आदमी है। इस नाते अगर यह अपने मुख से खान वालों की दिक्कतें सामने रखेगा, तो उनमें वज़न आ जाएगा। पहले सोचा गया कि एतियन बोलेगा, लेकिन मोंसू आए उसे कितने दिन हुए थे ? पुराने कर्मचारी की बात वे ज़्यादा ध्यान से सुनेंगे। और सबसे बड़ी बात तो यह कि कामगार लोग अपने हितों की रक्षा का काम ऐसे आदमी के हाथों में सौंप रहे हैं जो सबसे काबिल है। वह मना कैसे कर सकता है—ऐसा करना कायरता होगी।

ला माहूद निराशा से झुँझलाकर बोली, 'चढ़ जा बच्चा सूली पर ! दूसरों के लिए जान कुरबान कर दे। ठीक है, जा।'

'लेकिन यह मेरे बस की बात नहीं है,' माहूअ हकलाते हुए बोला। 'मेरे मुँह से कुछ ऊलजलूल निकल जाएगा।'

माहूअ को राज़ी करके एतियन प्रसन्न हो गया। उसकी पीठ थपथपाते हुए बोला, 'जो दिल में आए, वह कह डालना। रब भली करेगा।'

बूढ़े बोनमोर्त का मुँह भरा था। टाँगें पहले से बेहतर थीं। बैठा सिर हिला-हिलाकर सुन रहा था। फिर चुप्पी छा गई। जब आलू खाते थे, तो बच्चों के गले में अटकने लगते थे। इसलिए चुपचाप बैठे देख रहे थे। भोजन हलक से नीचे उतार बूढ़ा बोन्मोर्त हौले-हौले बड़बड़ाने लगा।

'जो भी मन में आए कह डालना—बस यही, समझ लेना कि तूने कुछ कहा ही नहीं...इस तरह की बातें पहले भी हुआ करती थीं। मैं देख चुका हूँ। चालीस बरस पहले मनीजर ने हमें तलवारों से खदेड़कर बाहर निकाल दिया था। आज वह तुम लोगों को भीतर बुला तो लेगा, लेकिन जवाब वैसा ही देगा, जैसा कि दीवार देती है...छिः ! उनके पल्ले पैसा है, सबको ठेंगे पर रखते हैं !'

एक बार फिर मौन छा गया। दुखी-उदास परिवार को खाली तश्तरियों के सामने बैठा छोड़ माहूअ और एतियन उठकर चल पड़े। रास्ते में इन्होंने पियरों को और लवाक को भी अपने साथ ले लिया और चारों रासनर के यहाँ पहुँचे, जहाँ आस-पास के गाँवों के प्रतिनिधि धीरे-धीरे जुटने लगे थे। जब प्रतिनिधिमंडल के बीस सदस्य एकत्र हो गए, तो इन्होंने कम्पनी की दलीलों को काटनेवाली दलीलें तैयार कीं और मोंसू के लिए रवाना हो गए। बाहर उत्तर-पूर्व से हवा के तेज़ झोंके आ रहे थे। ये लोग ऐन दो बजे वहाँ पहुँच गए।

ख़ानसामे ने पहले तो इन्हें प्रतीक्षा करने को कहा और भीतर से दरवाज़ा बन्द कर लिया। फिर वह लौटकर आया और इन्हें ड्राइंग रूम में लिवा ले गया और पर्दे भी हटा दिए। जाली में से दिन की फीकी रोशनी भीतर आने लगी। जब वे अकेले रह गए, तो बैठने से भी झिझके। लगे आगा-पीछा देखने। सब साफ़-सुथरे वस्त्रों में आए थे। ताज़ा-ताज़ा शेव भी बना ली थी और मूँछें और भूरे-भूरे बाल लश-लश कर रहे थे। टोपियों को हाथों में तोड़ते-मरोड़ते हुए कनखियों से फ़रनीचर को देख लेते थे—हर शैली का फ़रनीचर रखा था, जो उन दिनों फ़ैशन में था, हालाँकि यह कितना पुराना है, यह संदिग्ध था। हेनरी द्वितीय के काल की आराम-कुर्सियाँ। लुई पन्द्रहवें के समय की कुर्सियाँ। सत्रहवीं शताब्दी की इटैलियन आलमारी। पन्द्रहवीं सदी की स्पैनिश कोंतोदर। अँगीठी पर बिछा वेदी-पट्ट और पर्दों के ऊपरी हिस्से में लगे कसीदे वाले चैज़्युबल। ये सब कीमती वस्तुएँ, ये बादामी रंग के रेशमी पर्दे, यह सारी सम्पदा देख-देखकर इनके भीतर असहज-सा आदर-भाव जाग रहा था। पूर्वी देशों से आनेवाले मोटे गलीचों में पैर धँस-धँस जाते थे। मगर जिस बात से वे अभिभूत थे, वह थी वहाँ की गरमाइश। सड़क की सर्द हवा से इनके गाल अब भी सुन्न थे। चकित थे अँगीठी से किस तरह एकसमान गरमाइश निकल रही है। पाँच मिनट बीते। इस खूब सजे-धजे कमरे में, इतनी आरामदेह जगह पर आकर इनकी बेचैनी बढ़ती जा रही थी।

आख़िर, मोंस्यो हेनबो प्रकट हुआ। सैनिकों जैसा चुस्त-दुरुस्त परिधान था उसका। लेपल पर छोटा-सा चमचमाता अलंकरण शोभायमान था। पहले उसी ने बात शुरू की :

'अच्छा, तो आप लोग तशरीफ़ का टोकरा ले ही आए !...लगता है, तीर-तलवार से लैस होकर आए हैं...' फिर थोड़ा रुककर उसने औपचारिक नम्रता के साथ यह बात कही, 'बैठिए। आप लोगों से बात करने को हाज़िर हूँ।'

खान मज़दूर बैठने के लिए आगे-पीछे देखने लगे। कुछेक ने कुर्सियों पर बैठने की हिम्मत की। लेकिन बाकी लोगों को डर लगा कि कढ़े हुए रेशमी कपड़े कहीं ख़राब ही न हो जाएँ। इसलिए खड़े रहना ही इन्होंने उचित समझा।

एकदम मौन छा गया था। मोंस्यो हेनबो ने अपनी कुर्सी अँगीठी के निकट खींच ली। एक-एक आदमी को ग़ौर से देखते हुए चेहरा-मोहरा पहचानने का प्रयास कर रहा था। तभी उसकी दृष्टि पियरों पर जा अटकी, जो पीछे छिपा-सा खड़ा था। फिर उसने एतियन को लक्ष्य किया, जो सामने ही बैठा था।

'बोलो, क्या अर्ज़ करने आए हो ?'

वह समझता था कि बात एतियन शुरू करेगा। लेकिन जब उसने देखा कि माहूअ आगे आ रहा है, तो चकित स्वर में बोल उठा, 'अरे, तू ! तू तो अच्छा कामगार है, जो हमेशा विवेक से काम लेता है। मोंसू में मुद्दत से काम कर रहा है। तेरा ख़ानदान भी तो तब से खान में काम करता आ रहा है जब वहाँ पहली गेंती चली थी !...छिः ! बहुत बुरी बात, बहुत बुरी बात है ! सच कहता हूँ, तेरे को इन बेज़ार लोगों की लीडरी करते देख मुझे बड़ी तकलीफ़ हुई है।'

माहूअ आँखें नीचे किए सुनता रहा। फिर अपनी बात कहने के लिए मुँह खोला। शुरू-शुरू में उसका लहजा शिथिल एवं संकोचपूर्ण था।

'जनाबे-आली ! मेरे कामरेडों ने इसलिए मुझे चुना है कि मैं ऐसा आदमी हूँ जो चुपचाप काम करता है। मुझसे किसी को कोई गिला-शिकवा नहीं। इस बात से ही आप समझ लें कि यह किसी तरह के शरारती लोगों की या बेज़ार हुए लोगों की बग़ावत नहीं है, जो सब उलट-पुलट देने की फ़िराक में रहते हैं। हमें तो, बस, इंसाफ़ चाहिए। हम लोग फ़ाकों के मारे हलकान हो गए हैं और समझते हैं कि वो वक्त अब आन पहुँचा है जब ऐसा बन्दोबस्त किया जाना चाहिए कि हम लोगों को दो जून की रोटी नसीब होती रहे।'

उसका स्वर दृढ़ होता जा रहा था। नज़रें ऊपर उठाकर मैनेजर की तरफ़ देखते हुए उसने अपना कथन जारी रखा : 'आप अच्छी तरह जानते हैं कि हम लोगों को आपका नया दस्तूर मंजूर नहीं...वे कहते हैं कि हम लोग सही तरीके से बल्लियाँ नहीं लगाते, और यह सच भी है, क्योंकि हम उतना वक्त इस काम के लिए दे ही नहीं पाते जितना चाहिए होता है। अगर हम लोग पूरा वक्त देने लगें, तो कोयला काटने का जो वक्त हमारे पास बचेगा, वह और भी घट जाएगा, और चूँकि जिस तरह के हालात हैं, उनमें हम उतना भी नहीं कमा पाएँगे कि पेट पाल सकें, और कहीं के नहीं रहेंगे। वह हम पर ऐसी मार होगी जिससे आपके आदमी बिन आई मौत मारे जाएँगे। हमें ज़्यादा मजूरी दीजिए और हम लोग सही तरीके से बल्लियाँ लगाएँगे—जितना वक्त ज़रूरी होगा इस काम के लिए, उतना देंगे और कोयला काटने के काम में ही नहीं लगे रहेंगे, क्योंकि यही एक काम है जिससे हम लोगों की थोड़ी-बहुत आमदनी होती है। इसके सिवा और कोई चारा नहीं है—अगर आप सही ढंग से यह काम करवाना चाहते हैं, तो इसके लिए उजरत देनी होगी...ऐसा न करके आप लोगों ने क्या मनसूबा बाँधा है ?—वह ऐसी बात है जो हमारे गले से नहीं उतरती। आपने प्रति छकड़ा दाम तो घटा दिया है और कहते हैं कि उसकी जगह बल्लियाँ लगाने के लिए आप अलग से उजरत दे रहे हैं। अगर इसमें कोई सचाई है भी, तो यह एक तरह से बट्टेबाज़ी ही होगी, क्योंकि बल्लियाँ जमाने में हमेशा ज़्यादा समय लगता है। मगर हमारी बदकिस्मती का सबसे बड़ा सबब तो यह

है कि इस बात में भी कोई सचाई नहीं है। कम्पनी बिलकुल हमारी भरपाई नहीं कर रही है—उलटे वह तो हर छकड़े के पीछे दो-दो सांटीम अपने खीसे में डालने लगी है—बस, किस्सा-कोताह यह...'

'जी हाँ, जी हाँ !' दूसरे प्रतिनिधियों ने जब लक्ष्य किया कि मोंस्यो हेनबो बात काटने को उद्यत हो रहा है, तो वे झट बोल पड़े।

लेकिन माहूअ ने ही मैनेजर को टोक दिया। अबकी बार जो उसने बोलना शुरू किया, तो लगा जैसे उसकी जिह्वा पर सरस्वती आ बैठी है। बीच-बीच में वह अपनी ही बात को गुनने लगता, मानो उसके भीतर बैठा कोई अजनबी बोल रहा हो। उसके अन्तर्मन की गहराई में जितनी भी भड़ास थी—और वह स्वयं नहीं था इस बात से अनभिज्ञ कि उसके भीतर इतना कुछ है—उसके भरे दिल से लावे की तरह फूट पड़ी थी। वह वर्णन करता चला गया कि वे सब किस तरह की ग़रीबी की मार झेल रहे हैं, किस तरह कमर-तोड़ काम करते हैं, जीवन कितना कठोर होता जा रहा है, औरतें और बच्चे किस तरह घर में भूख से बिलबिलाते रहते हैं, आदि-आदि। उसने आख़िरी पगार वाले आफ़त भरे दिनों का भी उल्लेख किया कि किस तरह जुर्मानों के कारण और कामबन्दी के कारण पगार में कटौती होने से कितनी हास्यास्पद रकम ले जाकर वे अपने रोते-कलपते परिवारों की हथेलियों पर रखते हैं। क्या कम्पनी सबकी जान लेने पर आमादा है ?

'तो, जनाबे-आली !' उसने समाहार करते हुए कहा, 'हम आपको यह बताने के लिए यहाँ आए हैं कि अगर हमें भूखों ही मरना है, तो बेहतर यही है कि हम काम किए बिना ही ऐसी मौत मर जाएँ। कम-से-कम हम इतने थककर चूर तो नहीं होंगे !...हम कोयला-खानों में से निकल आए हैं, और तब तक भीतर नहीं जाएँगे, जब तक कम्पनी हमारी शर्तें मंजूर नहीं कर लेती। कम्पनी हमें प्रति छकड़ा मजूरी घटा कर देना चाहती है और इसके साथ यह भी चाहती है कि बल्लियाँ लगाने के लिए हमें अलग से मजूरी दे। हमारा मुतालबा है कि पहले जो दस्तूर था, वह जारी रहे और इसके साथ-साथ हमें एक छकड़े के पीछे पाँच सांटीम ज़्यादा दिए जाएँ...सारा दारोमदार अब आपके फ़ैसले पर ही है, यदि आप न्याय करना चाहते हैं और हम लोगों से काम करवाना चाहते हैं।'

कई खान मज़दूर एक साथ बोल उठे : 'बिलकुल ठीक कह रहा है...इसने हमारे दिल की बात कही है...हमें सच्चा व्योहार चाहिए।'

बाकी लोगों ने कुछ न कहकर सिर हिलाकर रज़ामन्दी ज़ाहिर की। इनका ध्यान अब सुख-साधनों से परिपूर्ण वस्तुओं से एकदम हट गया था, जिनमें सुनहरी और कसीदाकारी के वस्त्रों का और ऐसी रहस्यपूर्ण चीज़ों का अम्बार-सा लगा था जो कभी एंटीक पुरातन-कालीन कहलाएँगी। इन्हें इस बात का भी ज्ञान नहीं था कि इनके भारी बूटों के नीचे गलीचे कुचले जा रहे हैं।

'मुझे जवाब देने का अवसर देंगे ?' अन्ततः मोंस्यो हेनबो ऊँचे स्वर में बोला, क्योंकि उसका पारा चढ़ता जा रहा था। 'सबसे पहले तो यह बात सच नहीं है कि कम्पनी प्रति छकड़ा दो सांटीम का फ़ायदा कमाना चाह रही है...आओ, ज़रा आँकड़ों

पर नज़र डालते हैं।'

इसके बाद अनाप-शनाप बहस चल निकली। इनमें फूट डालने के लिए मैनेजर ने पियरों को आगे आने को कहा, लेकिन वह घबराकर इस तरह हकलाने लगा कि कोई जवाब ही नहीं दे पाया। इसके विपरीत, लवाक ने उन लोगों की लीडरी की बागडोर अपने हाथ में ले ली जो सबसे ज़्यादा जंगजू समझे जाते थे। मगर उसने ऐसा गुड़-गोबर किया और ऐसी बातें कहीं जिनके बारे में उसे लेशमात्र भी जानकारी नहीं थी। उनकी ऊँची आवाज़ों को पर्दों ने और घर के भीतर की गरमाइश ने अधिक ऊपर उठने नहीं दिया।

'अगर तुम लोग सब एक साथ बोलते रहोगे,' मोंस्यो हेनबो ने कहा, 'तो हम लोग किसी नतीजे पर नहीं पहुँच पाएँगे।'

उसने अपने-आपको संयत कर लिया था। एक बार फिर वह ऐसे मैनेजर के अनुद्विग्न एवं तटस्थ भाव से विनम्र स्वर में बोलने लगा था जिसे ऊपर से आदेश मिले हों और जो उन्हें अमली जामा पहनाने को कटिबद्ध हो। एतियन एकदम चुप्पी साधे बैठा था। मोंस्यो हेनबो बोलना शुरू करते ही उसकी तरफ़ टकटकी लगाए देखे जा रहा था। उसकी मंशा यह थी कि किसी तरह यह शख़्स अपना मौन तोड़कर बोले। इसलिए उसने दो सांटीम का उल्लेख तक नहीं किया और लगा सारे मसले का बखान करने।

'नहीं, सच बात स्वीकार करो—तुम सब लोग कुत्सित प्रोपेगंडा के शिकार हो। यह ऐसा हकीकी ताऊन है जिसकी चपेट में मज़दूर आ गए हैं और अच्छे-से-अच्छे मज़दूर को भी उसकी छूत लग गई है...तुममें से कोई यह बात कबूल करे या न करे, इसकी ज़रूरत नहीं है। लेकिन मैं देख रहा हूँ कि जो लोग इतने समझदार थे, उन्होंने एकाएक चोला ही बदल लिया है। क्या यह सही नहीं है कि तुम लोगों को झाँसा दिया गया है कि रोटी की जगह तुम्हें मक्खन ज़्यादा मिलेगा ? तुम्हारे भेजे में यह बात भर दी गई है कि अब तुम्हारी बारी आ गई है मालिक बनने की...असल में, तुम सभी उस इंटरनेशनल में शामिल हो गए हो जो बटमारों-लुटेरों का गिरोह है और जो समाज को नष्ट-भ्रष्ट करने के सपने देखता रहता है...'

इस पर एतियन ने उसे टोका।

'जनाबे-आली, आपको ग़लतफ़हमी हो रही है। मोंसू का एक भी आदमी अभी उसमें शामिल नहीं हुआ। लेकिन आप इन्हें मजबूर करेंगे, तो सभी कोयला-खानों के मज़दूर उसमें शामिल हो जाएँगे। इसका सारा दारोमदार कम्पनी पर है।'

बस, उस क्षण से सारा संग्राम मोंस्यो हेनबो और एतियन के बीच होने लगा। प्रतीत होता था, दूसरे खान मज़दूर वहाँ मौजूद ही न हों।

'यह कम्पनी ख़ालिस वरदान है इन आदमियों के लिए और उसे आँख दिखाकर तुम ठीक नहीं कर रहे हो। इस साल कम्पनी ने तीन लाख ख़र्च किए हैं खान मज़दूरों के गाँवों का निर्माण करने पर, और बदले में उनसे दो फ़ीसदी भी हासिल नहीं होता, और यहाँ मैं उस पेंशन का ज़िक्र नहीं कर रहा या उस ख़र्च का भी जो हाड़ी-बीमारी के इलाज पर किया जा रहा है। तुम तो बड़े अकलमन्द आदमी लगते हो। कुछ ही अर्से में तुमने हमारे एक बढ़िया कर्मचारी का रुतबा भी हासिल कर लिया है—क्या यह बेहतर

न होता कि तुम इन लोगों को यह सब बताते, न कि बदनाम लोगों की कुसंगति में पड़कर अपने-आपको तबाह करने पर तुल जाते ? हाँ-हाँ, मेरा मतलब रासनर से है जिससे हमने इसलिए पिंड छुड़ाया, ताकि हमारी खानें सोशलिस्ट सड़ांध से बची रहें... तुम हमेशा उसके यहाँ डोलते रहते हो और इसमें किसी तरह का कोई शक नहीं कि उसी के बहकावे में आकर तुमने यह इमरजेंसी फ़ंड शुरू किया है। यह फ़ंड अगर पैसा बचाने की ग़र्ज़ से बनाया गया होता, तो हम इसे ख़ुशी से बरदाश्त कर लेते। लेकिन हम देख रहे हैं कि यह हमारे ख़िलाफ़ एक हथियार है, एक रिज़र्व फ़ंड है जो लड़ाई का ख़र्चा चलाने के वास्ते बनाया गया है। और यहाँ मैं यह भी बता देना चाहता हूँ कि कम्पनी का इरादा इस फ़ंड को अपने अख़्तियार में लेने का है।'

एतियन ने उसे बोलने दिया। मैनेजर की आँखों में आँखें डाल उसकी तरफ़ देखता रहा। व्याकुलता में उसके होंठ ऐंठते जा रहे थे। उसके अन्तिम वाक्य पर वह मुस्कराया और फिर यह बात कही : 'तो, जनाबे-आली, आपकी यह नई फ़रमाइश हुई, क्योंकि अभी तक आपके ज़हन में इस तरह फ़ंड पर क़ब्ज़ा करने की बात आई आई थी... बदकिस्मती से, हमारी यही माँग है कि कम्पनी हमारे लिए इतनी चिन्ता न करे—अपने को ईश्वर न समझे। बस, इतना-भर करे कि हमें हमारा हक देकर हमारे साथ न्याय करे। हमारी बदौलत कम्पनी को जो मुनाफ़ा होता है, सारा का सारा वह अपने पास रख लेती है। क्या यह मुनासिब बात है कि जब कभी कोई संकट आता है, तो मज़दूरों को भूखों मरने के लिए छोड़ दिया जाता है, ताकि शेयरहोल्डरों को डिविडंड मिलता रहे ?...जनाबे-आली, आप चाहे जो दलील दें, नया दस्तूर धोखे की टट्टी है, जिसकी आड़ में पगार काटी जा रही है, और इसी बात के ख़िलाफ़ हैं हम लोग, क्योंकि अगर कम्पनी को बचत करनी है, तो केवल मज़दूरों का पेट काटकर ऐसा करना मुनासिब नहीं है।'

'ओहो ! तो आख़िर इस बात की नौबत आ ही गई !' मोंस्यो ने एकाएक ज़ोर से कहा। 'मैं यही सुनने को बेताब था कि तुम लोग यह तोहमत ज़रूर लगाओगे कि हम मज़दूरों को भूखों मारते हैं और उनकी कमाई खाते हैं। तुम्हें इस तरह की बेवकूफ़ाना बात सूझती कैसे है ! तुम्हें पता होना चाहिए कि उद्योग-धन्धा चलाने में पूँजीपति कैसी-कैसी जोखिमें उठाता है—ख़ासकर खानों में। आजकल पूरी खान लगाने में पन्द्रह से बीस लाख फ्रां तक की लागत आती है—और फिर कितनी सिर-खपाई करनी पड़ती है इतनी रकम डुबोने के बाद और फिर आय भी कितनी होती है—इत्ती-सी ! फ्रांस में करीब-करीब आधी खान कम्पनियाँ दिवालिया हो रही हैं...और जो कामयाब भी हैं, उनके बारे में यह तोहमत लगाना कि वे मज़दूरों के साथ क्रूर व्यवहार करती हैं, बेहूदा बात है। जब खान मज़दूरों को तकलीफ़ होती है, तो उन्हें भी तकलीफ़ होती है। समझते नहीं हो, इस संकट में जितना नुकसान मज़दूरों का होगा, उतना ही नुकसान कम्पनी का भी होगा। अपनी इच्छा के अनुसार कम्पनी उजरत तय नहीं कर सकती—इसे होड़ करनी पड़ती है, नहीं तो बरबादी ही बरबादी है। हालात को दोष दो, कम्पनी को नहीं...लेकिन तुम लोग न तो कोई बात सुनने को तैयार हो, न समझने को।'

'बात इसके एकदम उलट है,' एतियन बोला। 'हम भली-भाँति समझते हैं कि अगर

ऐसे ही हालात रहे, तो हमारे हालात में भी कोई सुधार नहीं हो सकता—और यही कारण है कि आख़िरकार एक-न-एक दिन मज़दूर लोग ही फ़ैसला करेंगे कि हालात कैसे बदल जाएँ।'

ये शब्द सुनने में तो सन्तुलित थे, मगर इतनी दृढ़ता के साथ बोले गए थे और इनमें धमकी का ध्वन्यार्थ भी इतना स्पष्ट था कि एकदम सन्नाटा छा गया। उस ख़ामोश हाल में ऐसे लगा, जैसे एकाएक कोई विघ्न, कोई भय व्याप्त हो गया हो। वहाँ जो भी बातें कही गई थीं, उनका आधम-आध ही शायद बाकी प्रतिनिधियों के पल्ले पड़ा हो। फिर भी, इन्हें लगा कि इनके कामरेडों ने सुख-समृद्धि के इस माहौल के बीच खड़े होकर अपने हिस्से का ही तकादा किया है। एक बार फिर वे कनखियों से वहाँ के मोटे-मोटे पर्दों को, आरामदेह कुर्सियों को और विलासिता के सामान को देखे जा रहे थे, जिनमें मामूली से मामूली खिलौने की कीमत ही इतनी होगी कि उससे महीने-भर के सूप का जुगाड़ किया जा सकता था।

मोंस्यो हेनबो गहरी सोच में पड़ा था। अन्ततः एकदम उठकर खड़ा हो गया और तत्काल उसने सभा को भी भंग कर दिया। बाकी सब लोग भी उठ खड़े हुए। एतियन ने हौले से माहूअ की कोहनी को टहोका मारा। अभी तक जो शख़्स मुँह बन्द किए बग़लें झाँक रहा था, अब एकाएक बोल पड़ा :

'तो ठीक है, जनाबे-आली ! अगर आपको, बस, इतना ही कहना है...तो हम जाकर सबको बता देते हैं कि आपने हमारी शर्तें नामंज़ूर कर दी हैं।'

'मैंने ? अरे भलेमानुस।' वह एकाएक बोला, 'मैं कोई भी बात नामंज़ूर नहीं कर रहा। मैं भी तुम लोगों की तरह कम्पनी का मुलाज़िम हूँ और इस मामले में मेरी भी उतनी ही पूछ है जितनी कि खान में काम करनेवाले तुम्हारे अदने से अदने छोकरों की। मैं हुक्म का पाबन्द हूँ और मेरा काम है यह देखना कि हुक्म की सही तामील हो। मैंने तुम लोगों को उतना ही बताया है जितनी मैं समझता हूँ बताना मेरा फ़र्ज़ है, मगर मैं कोई फ़ैसला सपने में भी नहीं कर सकता...तुम लोगों ने अपनी माँगें मेरे सामने रखी हैं। इन्हें मैं डायरेक्टरों के सामने रख दूँगा और फिर उनका जवाब भी आपको दे दूँगा।'

वह एक प्रशासक की मर्यादा का पालन करते हुए बोल रहा था। उसके स्वर में सचाई की रुखाई थी, जो सत्ता के महज़ एक बिचौलिए में होती है और जो किसी समस्या में किसी भी तरह उलझने से कतराता है। अब खान मज़दूर भी उसे संशय से देख रहे थे और चकित थे कि इस शख़्स के मन में पता नहीं क्या समाया है, झूठ बोलने में इसकी क्या दिलचस्पी हो सकती है और अपने-आपको इनके तथा असली मालिकों के बीच इस तरह डालकर यह क्या हासिल करना चाहता है। ज़रूर ही कठकनेबाज़ है, जिसे पगार तो एक कर्मचारी जितनी मिलती है, लेकिन जो इतने ठाट-बाट से रहता है।

एतियन ने एक बार फिर मुँह खोलने की धृष्टता की : 'तब तो, जनाबे-आली, आप समझिए कि कितनी बदकिस्मती की बात है कि हम ख़ुद हाज़िर होकर अपनी बात उनसे कह नहीं सकते। अगर ऐसा होता, तो हम अनेक बातों का खुलासा कर सकते थे। ऐसी-ऐसी दलीलें देते जो शायद आपके ज़हन में भी नहीं आ सकतीं...काश, जान पाते कि किसके पास जाना है !'

मोंस्यो हेनबो ने आपा नहीं खोया, उलटे मुस्कराता ही रहा।

'ठीक है, अगर तुम लोगों को मुझ पर भरोसा नहीं है, तो मामला उलझ जाएगा...वहीं जाना पड़ेगा तुम लोगों को !'

वह खिड़की की तरफ़ हाथ उठाकर यों ही संकेत कर रहा था। प्रतिनिधियों ने उस दिशा में देखा। यह 'वहीं' कहाँ था ? शायद पैरिस। लेकिन इसके बारे में वे निश्चय से कुछ कह नहीं सकते थे। यह स्थान अत्यन्त दूर प्रतीत होता था, जो किसी अगम्य-अगोचर, किसी पवित्र भूमि पर स्थित था, जिस पर कोई अज्ञात देवता अपने गर्भगृह के एकान्त में समाधि लगाए सारे संसार पर शासन करता है। इस देवता का दर्शन-लाभ तो इन्हें हो नहीं सकता था, लेकिन एक दूरस्थ सत्ता के रूप में उसका आभास इन्हें होता ही रहता था, जिसकी मार मोंसू के दस हज़ार कर्मचारी सहते आ रहे थे। और जब यह मैनेजर बोलता था, तो देववाणी करनेवाली यह रहस्यमय सत्ता ही उसकी पीठ के पीछे रहती थी।

इन लोगों को गहरे विषाद ने आ घेरा, यहाँ तक कि एतियन ने कन्धे उचकाकर यह आशय प्रकट किया कि बेहतर है अब हम लोग यहाँ से चल दें। इस बीच मोंस्यो हेनबो माह्अ की पीठ थपथपाते हुए यालैं का हाल-चाल पूछ रहा था।

'यह तेरे लिए बहुत बड़ा सबक है। फिर भी तू अटकलपच्चू तरीके से बल्लियाँ लगाने की सफ़ाई देता फिरता है !...दोस्तो, सोच लो, विचार करके देखो और समझो कि यह हड़ताल सबके लिए आफ़त लेकर आएगी। एक हफ़्ता भी नहीं बीतेगा कि तुम लोग भूखों मरने लगोगे। कैसे गुज़र-बसर करोगे तुम लोग ?...फिर भी, मुझे भरोसा है कि तुम लोग अक्ल से काम लोगे। मुझे यह भी विश्वास है कि ज़्यादा-से-ज़्यादा सोमवार तक तुम लोग खान में काम शुरू कर दोगे।'

वे सब बाहर की तरफ़ चल पड़े। मुँह लटकाए ड्राइंग रूम से इस तरह निकल रहे थे जिस तरह रेवड़ ढुलमुल चाल से चलता है। मैनेजर ने इनसे इस तरह दंडवत करने की जो अपेक्षा की थी, उसके जवाब में कोई एक शब्द नहीं बोला था। वह दरवाज़े तक इनके साथ आया और इस मीटिंग के नतीजों का जोड़-मीज़ान करता रहा : एक तरफ़ कम्पनी और उसके नए निर्ख़ हैं, दूसरी तरफ़ मज़दूरों की यह माँग है कि प्रति छकड़ा पाँच सांटीम की बढ़ोत्तरी की जाए। कहीं आज की बातचीत से ये लोग कोई ग़लत धारणा लेकर न जाएँ, इसलिए इनकी ग़लतफ़हमी दूर करने के लिए उसने यह चेतावनी देना भी उचित समझा कि डायरेक्टर लोग निश्चित रूप से इनकी माँगों को अस्वीकार कर देंगे।

'कोई ऊतपन करने से पहले अच्छी तरह सोच-समझ लेना,' इनकी चुप्पी से तनिक परेशान यह शख़्स दुबारा कहता।

बड़े हॉल में पियरों ने जी-हजूरिए की तरह सिर झुकाया। लवाक ने टोपी सिर पर रखी। माह्अ कोई अन्तिम बात कहने की सोच ही रहा था कि एतियन ने फिर उसकी कोहनी को टहोका मारा और मनहूस ख़ामोशी के साथ सब बाहर निकल आए। पीछे भड़ाक से दरवाज़ा बन्द होने की आवाज़ सुनाई पड़ी।

मोंस्यो हेनबो भोजन-कक्ष में लौटा, तो अतिथि हाथों में मदिरा लिये निश्चल-मूक

बैठे थे। दनलां की मुखाकृति और मलिन हो आई जब मोंस्यो हेनबो ने संक्षेप में उसे पूरी बात बताई। जब वह कॉफ़ी घुटक रहा था, तो दूसरी बातों की चर्चा करने की कोशिश हुई, लेकिन ग्रेग्वार दम्पती पुनः हड़ताल का ज़िक्र छेड़ देता। इन्हें हैरानी इस बात की थी कि क्यों ऐसा कोई कानून नहीं है कि मज़दूरों को काम छोड़कर जाने से रोका जा सके। सेसील को पाल आश्वासन दे रहा था कि यहाँ किसी वक्त भी पुलिस आ सकती है।

अन्ततः मदाम हेनबो ने ख़ानसामे को तलब किया।

'हिपोलाइट, ड्राइंग रूम की खिड़कियाँ खोल दे, ताकि गन्दी हवा बाहर निकले। उसके बाद ही हम वहाँ जाएँगे।'

3

दो सप्ताह बीत चले थे, और तीसरे सप्ताह के सोमवार को मैनेजर के पास जो टाइमशीट भेजी गई, उनसे प्रकट होता था कि कोयला-खान के भीतर जानेवाले मज़दूरों की संख्या और भी घट गई है। प्रबन्धक तो यह आस लगाए बैठे थे कि इस दिन काम फिर से चालू हो जाएगा, मगर डायरेक्टरों ने उनके आगे न झुकने की जो ठान ली थी, उससे खान मज़दूर और भड़क गए थे। ल वोरअ, क्रेकवार, मीरू और मादलेन में ही काम ठप्प नहीं पड़ा था, बल्कि ल विक्तुआर और फ़त्री-कांतेल की कोयला-खानों में भी मुश्किल से एक-चौथाई मज़दूर ही गए थे—यहाँ तक कि सैं-तोमा पर भी बुरा असर पड़ा था।

हौले-हौले हड़ताल फैलती जा रही थी।

ल वोरअ के अहाते में एकदम सन्नाटा था। यह मृतप्राय फ़ैक्टरी एकदम खाली और उजाड़ पड़ी थी। उसकी हालत ऐसे औद्योगिक कारखाने की थी जिसमें से दम ही निकल गया हो। दिसम्बर महीने के धूसर आकाश के नीचे उपरली पटरियों पर परित्यक्त छकड़े इन बेजान चीज़ों के मूक विषाद के साझी थे। नीचे पाड़ की पतली टाँगों के बीच कोयले के ढेर उठते जा रहे थे, जिससे ज़मीन काली और नंगी होती जा रही थी। भारी बारिश में बल्लियाँ-लट्ठे भी सड़ने लगे थे। नहर के घाट पर आधे लदे बजरे को देखकर ऐसा प्रतीत होता था मानो वह गन्दले पानी में पड़ा सो रहा हो। कचरे की उजाड़ टेकरी पर बिखरा सल्फ़ाइड पानी बरसने के बावजूद अब भी सुलग रहा था। वहीं एक छकड़े के बम मानो हाथ ऊपर उठाए आकाश की अभ्यर्थना कर रहे थे। लेकिन इन सबसे अधिक दुर्दशा तो इमारतों की थी, जिन्हें लगता था काठ मार गया हो। कोयला छाँटनेवाले ओसारे के कपाट बन्द पड़े थे। हेडफ्रेम में पैड़ी पर भी कोई खटर-पटर नहीं हो रही थी। बायलर वाला ओसारा भी ठंडा पड़ा था। इतनी बड़ी चिमनी में से अब कभी-कभार ही धुंए की पतली-सी रेख निकलती दिखाई पड़ती थी। हायस्टिंग इंजिन को अब सुबह-सवेरे ही चालू करते थे, जब साईस घोड़ों-टट्टुओं के लिए दाना-चारा लेकर आते थे। केवल फ़ोरमैन ही—अब तो इनकी स्थिति भी मज़दूरों जैसी हो गई थी—इनके साथ नीचे जाते थे। कोशिश यह की जा रही थी कि किसी तरह कोयला-खान

के गलियारों की विनाश-लीला को रोका जा सके, क्योंकि ज्योंही रख-रखाव का काम बन्द होता था, टूट-फूट शुरू हो जाती थी। नौ बजे के बाद कोयला-खान में ज़ीनों से ही उतरते-चढ़ते थे। और काली धूल में लिपटी इन मुर्दा इमारतों के भीतर से केवल पम्प के एग्ज़ास्ट की लम्बी हाँफती आवाज़ ही सुनाई पड़ती थी—कोयला-खान में जीवन के, बस, यही चिह्न बचे थे। जिस क्षण यह हँफनी बन्द होगी, पानी की विनाश-लीला आरम्भ हो जाएगी।

कोयला-खान के सामने वाले टीले पर आबाद ग्राम 240 को भी जैसे साँप सूँघ गया था। लील का प्रिफ़ेक्ट भी दौड़ा-दौड़ा आया था और ज़ंदार्ब (सशस्त्र पुलिस) ने सड़कों पर गश्त लगानी तो शुरू कर दी थी, लेकिन हड़तालियों का अनुशासित व्यवहार देख प्रिफ़ेक्ट भी और ज़ंदार्ब भी वापस चले गए थे। इतने विशाल भूखंड पर इस गाँव ने इससे पूर्व इतना अच्छा दृष्टान्त कभी प्रस्तुत नहीं किया था। मर्द दिन-भर घर में खाट तोड़ते थे, ताकि नाचघरों और शराबघरों में जाने का मोह न हो। लुगाइयाँ भी कॉफ़ी से परहेज़ करके समझदारी का परिचय दे रही थीं और गप्पबाज़ी और कलह में भी अब इतनी दिलचस्पी नहीं लेती थीं। यहाँ तक कि बच्चे भी समझदार हो गए थे और उनकी टोलियाँ नंगे पैरों दौड़ती फिरती थीं और आपस में कभी हाथापाई भी करती थीं, तो कोई गुलगपाड़ा नहीं होता था। सभी एक-दूसरे से, बस, एक ही बात कहते थे : सब लोग सद्व्यवहार का परिचय दें।

तिस पर भी माहूअ के घर आने-जाने वालों का ताँता लगा रहता। एतियन ने अब इसी घर में मंत्री के नाते इमरजेंसी फ़ंड के तीन हज़ार फ्रां ज़रूरतमन्द परिवारों में बाँटे थे। चन्दा लेकर तथा विभिन्न स्रोतों से धन उगाहकर करीब-करीब सौ फ्रां और प्राप्त कर लिये गए थे। मगर अब सारे स्रोत सूख चुके थे और खान मज़दूरों के पास इतने पैसे नहीं थे कि हड़तालियों की मदद कर सकें। इस कारण भूखों मरने की नौबत आ गई थी। मेग्रे ने सभी को दो हफ़्तों के लिए उधार देने का वादा तो किया था, मगर एकाएक उसकी नीयत बदल गई और एक सप्ताह बाद ही उसने सौदा-सुल्फ़ देना बन्द कर दिया था। असल में, वह कम्पनी के हुक्म का पाबन्द था। शायद कम्पनी यही चाहती थी कि मामले को जल्दी-से-जल्दी निबेड़ने के लिए गाँवों को भूखों मारा जाए। इसके अतिरिक्त, इस औंधी खोपड़ी के आदमी का व्यवहार भी ज़ालिमों जैसा था। माँ-बाप अपनी बेटियों को सौदा-सुल्फ़ लाने के लिए उसके पास भेजते, तो उनकी शक्ल-सूरत देखकर वह सामान देता या मना कर देता। ख़ास तौर पर ला माहूद के लिए तो उसके दरवाज़े बिलकुल बन्द थे। मेग्रे इसलिए ख़ार खाए बैठा था उससे, क्योंकि कैथरीन उसे नहीं मिली थी। फिर इससे भी बड़ी मुसीबत यह थी कि कड़ाके की सर्दी पड़ने लगी थी। घरों में रखा कोयला ख़त्म होता जा रहा था। यह देख-देखकर औरतें चार-चार आँसू रोती थीं और फिर दुखदायी बात उनके लिए यह भी थी कि इस बात का उन्हें अहसास था कि यदि मर्द कोयला-खानों में काम करने नहीं जाएँगे, तो उन्हें कोयला भी नहीं मिलेगा। मानो भूखों मरने की ही बात नहीं थी, ठिठुर-ठिठुरकर जान देने की भी नौबत आ गई थी।

माहूअ के घर में सारी रसद चुक गई थी। लवाक दम्पती पेट भरकर खा रहा था,

क्योंकि बूतलू ने उन्हें बीस फ्रां उधार दे दिए थे। और जहाँ तक पियरो दम्पती का सम्बन्ध था, उनके पास पैसा तो था, मगर दिखाते ऐसे थे, जैसे दूसरों की तरह वे भी भुक्खड़ हैं। उन्हें डर इस बात का था कि कहीं माँगनेवाले छाती पर सवार न हो जाएँ। इसलिए मेग्रे से उधार लेकर आते। और मेग्रे भी ऐसा बदनीयत आदमी था कि ला पियरोन अपना लहँगा ऊपर उठा भर देती, तो वह अपनी सारी दुकान उस पर निछावर कर सकता था।

शनिवार को ही कई परिवार रात को खाए-पिए बिना पड़ गए थे। फिर भी, ऐसी घोर विपदा की वेला में किसी ने उफ़ तक नहीं की। एक-एक आदमी उस आदर्श को निभा रहा था जो उन्होंने सबके सामने रखा था। इन सब कष्टों के बावजूद, उनमें आत्मविश्वास था—एक प्रकार की धार्मिक आस्था थी, ईश्वर में विश्वास रखनेवालों की तरह अन्धभक्ति थी। चूँकि उन्हें न्यायपूर्ण युग का आविर्भाव होने का विश्वास दिलाया गया था, सो सारे ब्रह्मांड में सुख-शान्ति का आविर्भाव करने के लिए कैसे भी कष्ट उठाने को वे तत्पर थे। भूख उनके सिर चढ़ बोल रही थी। बन्द क्षितिज इससे पहले इस तरह कभी खुला नहीं था, जिस तरह इन ग़रीब लोगों की तीव्र भुखमरी की इस स्थिति में खुल गया था, और उन्हें उज्ज्वल भविष्य का आश्वासन मिला था। जब इनकी आँखें चढ़ने लगतीं, तो वे उस पार देखते—अपने सपनों की आदर्श नगरी की दिशा में, जो साक्षात् सामने खड़ी दिखाई पड़ती थी, एकदम वास्तविक प्रतीत होती थी, एक ऐसी दुनिया जिसमें सब भाई-भाई की तरह रहते हैं, जहाँ श्रमिकों के स्वर्णयुग का सूत्रपात हो चुका है और जहाँ सब जन एक ही स्थान पर मिल-बैठकर भोजन करते हैं। अब कोई भ्रान्ति उनकी इस धारणा को विचलित नहीं कर सकती कि अन्ततः वे इस दुनिया में प्रवेश करने जा रहे हैं।

फ़ंड चुक गया था। कम्पनी झुकने का नाम नहीं ले रही थी। स्थिति अब दिन-प्रतिदिन बिगड़ती ही चली जाएगी। इसके बावजूद, उनकी आस्था पूर्ववत बनी हुई थी और जब वे असलियत से रू-ब-रू होते, तो हँसते-मुस्कराते हुए उसे दरगुज़र कर जाते। यदि उनके पैरों के नीचे की धरती फट भी जाएगी, तो कोई ऐसा चमत्कार होगा कि उनकी प्राण-रक्षा हो जाएगी। अन्न की जगह यह आस्था ही थी जिससे वे अपना पेट भर रहे थे। जब माहूअ परिवार और अन्य लोग पानी जैसा सूप गटक लेते, तो बेसुध-से पड़ जाते और इस स्थिति में हर्षोल्लास से परिपूर्ण उस सुख-समृद्धिपूर्ण जीवन की कल्पना करने लगते जिसे प्राप्त करने के लिए बलिदानियों ने अपने-आपको हिंस्र पशुओं के आगे डालने में भी गुरेज़ नहीं की थी।

एतियन की स्थिति अब एक निर्विरोध नेता जैसी थी। रात को बातचीत करने बैठते, तो उसके मुख से आप्तवचन फूटने लगते, जिनमें एक ऐसी चेतना दिखाई पड़ती थी जो उसके स्वाध्याय का परिणाम थी और जिसके लिए वह हर प्रकार की विचारधारा को आत्मसात करने में दत्तचित्त था। रात-रात बैठकर वह अध्ययन करता रहता। उसके नाम आनेवाले पत्रों की संख्या भी बढ़ती जा रही थी—यहाँ तक कि वह बेल्जियम से आनेवाले सोशलिस्ट पर्चे 'वांज़र' का ग्राहक भी बन गया था। उस गाँव में पहुँचनेवाला यह पहला पर्चा था, और इस पर्चे के कारण एतियन के कामरेड उसे असाधारण

मान-सम्मान देने लगे थे। अपनी बढ़ती हुई लोकप्रियता से उसका उत्साह भी दिन-प्रतिदिन बढ़ता जा रहा था। उसने अधिकाधिक लोगों के साथ पत्र-व्यवहार करना भी शुरू कर दिया था। वह प्रान्त के प्रत्येक भाग में काम करनेवाले कामगारों के भविष्य के बारे में विचार-विमर्श करता। खान मज़दूरों को सलाह-मशविरा देता और इससे भी आगे वह एक केन्द्रबिन्दु-सा बन गया था। वह यह भी महसूस करने लगा था कि दुनिया उसी के इर्दगिर्द घूम रही है—ये सब बातें ऐसी थीं जिनके कारण उस आदमी का भी दर्प बढ़ता जा रहा था जो कभी इंजिनमैन था और कोयला काटते-काटते जिसके हाथ कालिख और पसीने से पुते रहते थे। वह समाज की सीढ़ी पर चढ़ता जा रहा था और बौद्धिक विलास और सुख-समृद्धि की आकांक्षा से उस अभिशप्त मध्य वर्ग में भी प्रवेश करने लगा था। परन्तु इतना साहस नहीं था उसमें कि वह इस बात को स्वीकार करता। बस, एक बात अब भी उसे सालती रहती थी—और वह थी यह प्रतीति कि वह अशिक्षित है। फ्राककोट धारण करनेवाले किसी भद्रलोक से उसका आमना-सामना होता, तो वह असहज और कातर हो उठता। हालाँकि वह निरन्तर अध्यवसाय में प्रवृत्त रहता था, जो भी किताब हाथ लगती, उसे घोटकर पी जाता, फिर भी, पढ़ने का कोई कायदा न होने से विषय को वह धीमे-धीमे ही हृदयंगम कर पाता था। इससे ऐसा गड़बड़झाला हुआ कि उसे ऐसी बातों का भी 'ज्ञान' हो गया जिन्हें वह वस्तुतः समझ ही नहीं पाया था। परिणामतः जब कभी वह आत्म-परीक्षण करने बैठता, तो अपने जीवन-लक्ष्य के प्रति संशयालु हो उठता और यह सोच-सोचकर उसके भीतर हौल-सा उठता कि कहीं ऐसा तो नहीं कि वह इस कार्य के उपयुक्त नहीं है। सम्भवतः इस तरह के काम के लिए किसी ऐसे वकील की, किसी ऐसे विद्वान की आवश्यकता थी जिसमें वार्तालाप करने और कामरेडों की बातों में आए बिना काम करने की क्षमता हो। मगर फिर उसमें ऐसी प्रतिक्रिया होती कि उसका आत्म-विश्वास लौट आता। न, न, वकील-उकील क्या होता है ! ये सब अड़ीमार हैं, ऐसे लोग हैं जो अपने कौशल का इस्तेमाल करके जनता को उल्लू बनाते हैं, फूलते-फलते हैं। चाहे जो हो, कामगारों को अपनी लड़ाई ख़ुद लड़नी होगी। और एक बार फिर जनता का लीडर बनने का सपना उसकी व्यग्रता का शमन करता : मोंसू उसके कदमों पर है, धुँधले भविष्य में खड़ा पैरिस भी, और कौन जाने किसी दिन वह संसद-सदस्य भी बन जाए। वह यह सपना भी देखा करता कि एक भव्य सभागार के मंच पर खड़ा है वह और पहला कामगार है जो संसद में आकर अपने पहले भाषण से ही बूर्जुआओं की धज्जियाँ उड़ा रहा है।

पिछले कुछ दिनों से वह परेशान था। प्लूकार्ट एक के बाद एक पत्र देकर कह रहा था कि हड़तालियों का उत्साह बढ़ाने के लिए वह मोंसू आने को उत्सुक है। ऊपर-ऊपर से देखने पर लगता तो यही था कि यह गुप्त मीटिंग-भर करने का प्रश्न है, और इस सभा का सभापतित्व एतियन करेगा। मगर वास्तव में इसकी आड़ में हड़ताल का फ़ायदा उठाकर खान मज़दूरों को 'इंटरनेशनल' में ले आने की यह चाल थी, जिसके बारे में इन लोगों के दिलों में अभी तक संशय था। एतियन को गड़बड़ी की आशंका थी। मगर वह प्लूकार्ट के आने का स्वागत करता यदि रासनर इस प्रकार के हस्तक्षेप का घोर विरोधी न होता। अपनी ताकत के बावजूद एतियन को रासनर की बात रखनी पड़ती

थी, क्योंकि उसके आने से पहले रासनर इस काम में प्रवृत्त था और उसके जो ग्राहक थे, उनमें से बहुत-सारे लोग उसके मुरीद भी थे। यही कारण था कि एतियन प्लूकार्ट को उत्तर देने में हिचकिचा रहा था।

हुआ यह कि उस सोमवार करीब चार बजे लील से एक और पत्र आया। उस समय एतियन नीचे के कमरे में ला माहूद के साथ अकेला बैठा था। माहूअ इस जबरी छुट्टी के कारण बेचैन तो था ही, इसलिए मछली मारने निकल गया था। वह यह सोचकर गया था कि अगर किस्मत ने साथ दिया और नहर के कपाटों के नीचे कोई बड़ी मछली हाथ लग गई, तो उसे बेचकर ब्रेड खरीद लाएगा। बूढ़ा बोनमोर्त और यालैं की टाँगें स्वस्थ होने लगी थीं, सो उन्हें जाँचने-परखने की ख़ातिर वे घूमने निकल गए थे और अलज़ीर बच्चों को लेकर कचरे के ढेर पर चली गई थी जहाँ वह घंटों कोयला बीनती रहती थी। ला माहूद हलकी-सी आग के आगे बैठी थी—जिसे भड़काने का कोई वसीला नहीं था—और एस्तेल को स्तन पिला रही थी। उसकी कुरती के बटन खुले थे और उसमें से निकली छाती पेट तक लटकी हुई थी।

एतियन ने जब पत्र तहाकर रखा, तो वह पूछती है, 'अच्छी खबर है न ? पैसा भेज रहे हैं हमारे वास्ते ?'

उसने सिर हिलाया और वह बोल रही थी, 'पता नहीं, इस हफ़्ते निर्वाह कैसे करेंगे। लेकिन चिन्ता की कोई बात नहीं। कोई-न-कोई वसीला निकल ही आएगा। जब इंसाफ़ अपनी तरफ़ होता है, तो हौसला बढ़ता है और आदमी की ताकत भी बढ़ती है। सही कह रही हूँ न ?'

सारी बात पर सोच-विचार करने के बाद अब ला माहूद भी हड़ताल के पक्ष में हो गई थी। कहती थी कि बेहतर तो यही होता कि काम बन्द किए बिना कम्पनी को इंसाफ़ से काम लेने के लिए मजबूर कर दिया जाता, पर चूँकि काम उन्होंने बन्द कर ही दिया है, सो अब, तब तक फिर शुरू नहीं करेंगे, जब तक इंसाफ़ नहीं मिल जाता। इस मुद्दे पर वह किसी प्रकार का समझौता करने को तैयार नहीं थी। मरना बेहतर है, बनिस्बत सही होने के बावजूद ग़लत लगना।

'ओह,' एकाएक एतियन के मुख से निकला, 'काश, भयंकर प्लेग फैलता और हमारा शोषण करनेवाले कम्पनी के लोगों से पिंड छूटता !'

'न, रे,' वह बोल उठी। 'किसी की मौत नहीं माँगते। ऐसा अगर हो भी जाए, तो हमें कुछ हासिल नहीं होगा, क्योंकि उनकी जगह लेने के लिए दूसरे पैदा हो जाएँगे...मैं तो, बस, यही चाहती हूँ कि वे हम लोगों से तनिक अच्छा व्यवहार करें और मुझे तो इस बात का भी भरोसा है, वे ज़रूर ऐसा करेंगे, क्योंकि हर जमात में अच्छे लोग भी तो होते हैं।...मैं तेरी राजनीति-वीति की बातों से एकदम सहमत नहीं हूँ।'

और, सच तो यह था कि एतियन इस उग्रता से अपना मत व्यक्त करता था कि ला माहूद को अच्छा नहीं लगता था। समझती थी कि यह शख़्स जंगजू किस्म का आदमी है। सही है कि हमें अपने काम के लिए माकूल मजूरी मिलनी चाहिए, लेकिन फिर ऊलजलूल बातों को बीच में घसीटने-सानने की क्या ज़रूरत है, जैसे बूर्जुआओं को,

सरकार को क्यों ले आते हैं ? क्यों टाँग अड़ाते फिरें दूसरे लोगों के मामलों में ? इस तरह तो ख़ुद ही ख़ता खाएँगे।

इस सबके बावजूद वह एतियन के व्यवहार से सन्तुष्ट थी—वह दारू नहीं पीता था और रहने-सहने के लिए पैतालिस फ्रां वक्त पर दे दिया करता था। अगर कोई शालीनता से व्यवहार करता है, तो उसकी दूसरी कई बातों की उपेक्षा भी की जा सकती है।

फिर एतियन ने गणतन्त्र की बातें छेड़ दीं, जो प्रत्येक को रोज़ी-रोटी का ज़िम्मा लेगा। लेकिन ला माहूद ने सिर हिलाया। उसे 1848 की याद हो आई। दोनों के वैवाहिक जीवन के आरम्भिक दिनों के इस काले साल ने उन्हें एकदम नंगा करके रख दिया था। ला माहूद आस-पास के माहौल से एकदम असंपृक्त, शून्य में एकटक देखते हुए, छाती उघाड़े पुराने दिनों के कष्टों को गुन रही थी। उसकी बेटी एस्तेल उसके चूचूक को पकड़े-पकड़े गोद में सो गई थी। एतियन भी खोया-खोया-सा बैठा उसकी भारी-भरकम छाती की तरफ़ टकटकी लगाए देखे जा रहा था, जिसका मसृण गौर वर्ण उसके जर्जर और ज़र्द चेहरे से एकदम मेल नहीं खाता था।

'एक सांटीम भी नहीं था,' वह बड़बड़ा रही थी। 'खाने को रोटी का टुकड़ा तक नहीं था और सारी कोयला-खानें बन्द पड़ी थीं। देखा जाए, तो आज की तरह ही ग़रीब-ग़ुर्बा तिल-तिल करके मर रहे थे।'

तभी एकदम दरवाज़ा खुला और सामने कैथरीन को खड़े पा वे मुँह बाए देखने लगे, क्योंकि जब से वह शावाल के साथ भागकर गई थी, तब से गाँव लौटकर नहीं आई थी। वह इतनी घबराई हुई थी कि पीछे दरवाज़ा तक बन्द करना भूल गई थी और डरती-काँपती ख़ामोश खड़ी थी। वह तो यह मानकर आई थी कि माँ घर में अकेली होगी और उससे जो कुछ कहने के लिए रास्ते में सोचती आई थी, वह सब एतियन को देखते ही ज़हन से निकल गया था।

'कमबख़्त, यहाँ क्या करने आई है ?' ला माहूद उठे बिना चीखकर बोली। 'तेरे साथ मेरा कोई रिश्ता नहीं। दफ़ा हो जा।'

कैथरीन ने साहस बटोरकर यह बात कही, 'माँ, थोड़ी कॉफ़ी और शक्कर लेकर आई हूँ...बच्चों के वास्ते...ओवर टाइम किया। सोचा, बच्चों के लिए...'

कैथरीन ने अपनी जेबों में से एक पाउंड कॉफ़ी और एक पाउंड शक्कर निकाली, और डरते-डरते दोनों चीज़ें मेज़ पर धर दीं। यह सोच-सोचकर वह दुखी होती रही थी कि ल वोरअ तो हड़ताल पर है और वह ज्यां-बार में काम कर रही है। माँ-बाप की थोड़ी-बहुत मदद करने का मात्र एक ही बहाना था कि बोले कि ऐसा वह बच्चों की ख़ातिर कर रही है। मगर माँ पर उसकी इस दरियादिली का कोई असर नहीं हुआ। बोली, 'अय्याशी की चीज़ें लेकर आने के बजाय बेहतर होता तू यहीं टिकी रहती और कुछ कमाकर लाती, ताकि सबका पेट तो भरता रहता।'

वह कैथरीन पर बुरी तरह झुंझलाई और उसके मुँह पर वे सब बातें कहकर उसने अपनी भड़ास निकाली जो महीने-भर से उसे मथ रही थीं—ज़रा देखो तो इस छोकरी को ! सोलहवाँ चढ़ा नहीं कि एक मरद के साथ निकल गई है और पीछे घरवाले तंगहाली

में जान हलकान कर रहे हैं ! ऐसी करतूत कोई घिनौनी बेटी ही कर सकती है। छोटी-मोटी कोई बात हो, तो नज़रअन्दाज़ भी की जा सकती है, लेकिन कोई माँ इस तरह का फ़न-फ़रेब कभी माफ़ नहीं कर सकती। उसके गले में किसी ने रस्सी तो डाल नहीं रखी थी। कभी नहीं—जहाँ चाहे उड़ती फिरती थी। बस, वे एक ही बात की उससे अपेक्षा करते थे कि रात को घर आकर सोया करे।

'बोल, इस उमर में कैसी अग्नि है तेरे लहू में ?'

कैथरीन सिर झुकाए मेज़ के साथ अविचल खड़ी माँ का आक्रोश झेलती रही। उसकी क्षीण, कच्ची देह लरज़ने लगी थी। किसी तरह उसके मुख से यह बात निकली :

'हाँ-हाँ, जैसे मैं ही कसूरवार हूँ...जैसे, मैं ही अय्याशी करने के लिए चली गई थी। अय्याशी वह करता है। जब भी उसका मन करता है, मुझे ही झुकना पड़ता है। नांह भी कैसे कर सकती हूँ ? मुझसे ताकतवर जो है। कौन जाने, आगे क्या होने जा रहा है। जाने दे। जो हुआ, सो हुआ। बिगड़ी अब बन नहीं सकती—कोई और नहीं, तो यही सही। उसे शादी करनी पड़ेगी मुझसे।'

बिना तैश में आए, वह उस लड़की की तरह सिर झुकाए अर्पित भाव से बोलती रही जो बाली उमरिया में ही पुरुष के आगे आत्मसमर्पण कर चुकी होती है। हमेशा से क्या यही नहीं होता आया है ? इस स्थिति के अतिरिक्त, उसने किसी और बात की कल्पना भी नहीं की थी—कचरे की टेकरी के पीछे रमण-गमन, सोलह की उम्र में बच्चा, और अगर उसका छैला उससे शादी कर भी लेता है, तो उसके साथ मुफ़लिसी की ज़िन्दगी। कैथरीन लाज-संकोच के कारण नहीं, बल्कि इसलिए काँप और झेंप रही थी कि इस नौजवान के सामने उसके साथ ऐसा व्यवहार हो रहा था जैसे वह आवारा किस्म की छोकरी हो। एतियन की उपस्थिति में वह उत्पीड़ित एवं हताश हो उठी थी।

इस दौरान एतियन उठकर खड़ा हो गया था और ऐसे दिखा रहा था जैसे बची-खुची आग को कुरेद रहा हो। नहीं चाहता था कि माँ-बेटी के आड़े आए। लेकिन दोनों की आँखें चार हुईं, तो एतियन ने लक्ष्य किया कि कैथरीन का वर्ण ज़र्द पड़ गया है और वह एकदम रीत गई है—हालाँकि देखने में अब भी सुन्दर लगती थी, क्योंकि पीतवर्णी चेहरे में भी उसकी आँखों की कान्ति बरकरार थी। अपने भीतर एक अद्भुत अनुभूति हुई उसे—सारी कड़वाहट जैसे एकदम तिरोहित हो गई और वह यही कामना कर रहा था कि यह लड़की उस आदमी के साथ सुखी रहे जिसका वरण उसने उसे छोड़कर किया था। उसे लगा कि उसे इस लड़की का ध्यान रखना चाहिए। उसके भीतर यह अभिलाषा जागृत हुई कि वह मोंसे जाए और उस आदमी से कहे कि शालीनता से व्यवहार कर। मगर कैथरीन को उसकी इस सहृदयता में करुणा-अनुकम्पा के सिवा और कुछ दिखाई नहीं दिया—वस्तुतः इस दृष्टि से देखने का अर्थ है कि वह उससे घृणा करता है। और उसका दिल इतना बुझ गया और गला इस तरह रुँध गया कि अपनी सफ़ाई में एक शब्द भी नहीं बोल पाई।

'ठीक है, ठीक है, मुँह बन्द ही रख,' ला माहूद कठोरतापूर्वक बोली। 'अगर वापस आई है रहने के लिए, तो भीतर आ जा। अगर नहीं, तो इसी वक्त यहाँ से दफ़ा हो जा—और अपने-आपको ख़ुशकिस्मत समझ कि मैं उठ नहीं सकती—नहीं तो तेरे लात जड़ देती।'

ला माहूद ने यह धमकी दी ही थी कि जैसे तत्क्षण वह हकीकत में तब्दील भी हो गई। कैथरीन की पीठ पर इस ज़ोर से लात पड़ी कि अचरज और पीड़ा के मारे वह भौंचक रह गई।

लात मारनेवाला और कोई नहीं, शावाल था, जो खुले दरवाज़े में से कूदकर भीतर आ गया था और उसने इस तरह उसे आहत किया था, जिस तरह बेलगाम घोड़ा दुलत्ती झाड़ता है। बाहर खड़ा-खड़ा कुछ मिनटों तक वह उसे ताकता रहा था।

'कुतिया कहीं की !' वह चीखकर बोला, 'तेरा पीछा करते हुए आया हूँ। मैं अच्छी तरह जानता था, तू इसके नीचे बिछने के लिए आई है। और ऐसा करने के लिए तू इसे पैसा भी देती है। मेरी कमाई की कॉफ़ी पिलाती है इसे !'

ला माहूद और एतियन स्तम्भित-से उसकी तरफ़ देखे जा रहे थे। आवेश में शावाल ने कैथरीन को दरवाज़े की तरफ़ धकेला।

'चल, चल यहाँ से !'

कैथरीन कोने में जा दुबकी। अब शावाल उसकी माँ पर बरसा।

'ख़ूब !—माँ बैठी रखवाली करती है कुतिया की तरह और बेटी है कि ऊपर टाँगें उठाए पड़ी है !'

यह कहते हुए उसने कैथरीन को बाँह से पकड़ा और झिंझोड़ते-घसीटते हुए बाहर ले चला। दरवाज़े पर आकर एक बार फिर ला माहूद की तरफ़ देखता है, जो स्तम्भित-सी कुर्सी पर बैठी रह गई थी—यहाँ तक कि छाती को कुरती के भीतर करने की भी होश नहीं थी उसे। एस्तेल माँ के ऊनी घाघरे में नाक डाले सो रही थी और ला माहूद का भारी-भरकम नंगा और ढीला स्तनचाप, किसी बड़ी गाय के थन की तरह झूल रहा था।

'जब बेटी यहाँ नहीं होती, तो माँ उसकी जगह लेती है,' शावाल चिल्लाकर बोल रहा था। 'उसे अपने थन दिखा जिसे घर में रखा है। यह कुतिया का पिल्ला, नाक-भौं नहीं सिकोड़ेगा।'

एतियन का एक मन हुआ कि इस शख़्स को दबोचकर इसकी अच्छी तरह धुनाई करे। मगर उसने कैथरीन को भी उसके हाथों से नहीं छुड़ाया था, इस डर से कि कहीं इस झगड़े-टंटे में सारा गाँव ही इकट्ठा न हो जाए। लेकिन क्रोध से उबल रहा था, और दोनों जन एक-दूसरे के खून के प्यासे आमने-सामने खड़े थे। यह तो उनका पुराना वैर-वैमनस्य था, प्रच्छन्न ईर्ष्या-भाव, जो खुले में फट पड़ा था जो एक-दूसरे को मिसमार करके ही दम लेगा।

'ओय, होश कर !' एतियन दाँत पीसते हुए बोला। 'तेरे को छोड़ूँगा नहीं !'

'है हिम्मत ?' शावाल बोला।

कुछ क्षण वे एक-दूसरे को ताड़ते रहे। दोनों आमने-सामने इस तरह डटे थे कि उनकी गर्म साँसें उनके चेहरों को झुलसा रही थीं। अन्ततः कैथरीन ने अनुनय-विनय करते हुए अपने यार का हाथ पकड़ा और परे ले गई। फिर गाँव से घसीटते हुए उसे अपने साथ ले चली। पीछे मुड़कर देखा तक नहीं उसने।

'वहशी न हो तो !' पीछे एतियन ने भड़ाक से दरवाज़ा बन्द किया। क्रोध के मारे इस तरह काँप रहा था कि वहीं बैठ गया।

सामने ला माहूद सुन्न-सी बैठी थी। ज़रा-सी हरकत हुई उसमें और उसके बाद अजीब-सा सन्नाटा तारी हो गया। कोई बोल नहीं रहा था। एतियन की निगाह अनायास ही उसकी छाती पर, उसकी ढलकी गोरी त्वचा पर जा अटकी थी, जिसकी चौंध से वह किंकर्तव्यविमूढ़-सा हो गया था। सचमुच, वह चालीस की थी और बेडौल भी हो गई थी—एकदम वैसे ही, जैसे अच्छी नस्ल की घोड़ी बहुत ज़्यादा इस्तेमाल होने से श्लथ हो जाती है। मगर ऐसे लोगों की कमी नहीं थी जो उसे देखकर फिसल न जाते हों—कद-काठी से भी ऊँची और लम्बी-तड़ंगी औरत। उदास चेहरा मुरझा ज़रूर गया था, लेकिन पहले की ख़ूबसूरत छब के चिह्न अब भी विद्यमान थे। हौले-हौले, शान्त मन से उसने दोनों हाथों से छाती को सँभाला और कुरती के भीतर कर लिया। छाती की गुलाबी त्वचा अब भी कुर्ती में से झाँक रही थी, जिसे उँगली से उसने भीतर करके बटन बन्द किए। पुरानी काली फतूही में वह एकदम काली-कलूटी और विषण्ण लगने लगी थी।

'सुअर का तुख़्म !' अन्ततः उसके मुख से निकला। 'उस जैसे ग़लीज़ सुअर को ही ऐसी गन्दी बातें सूझ सकती हैं...मेरी जूती से ! उसके तो मुँह ही नहीं लगना चाहिए।'

फिर एतियन की तरफ़ अपलक देखते हुए उसने साफ़-स्पष्ट स्वर में यह बात कही : 'बेशक मेरे में दोष हैं, लेकिन ऐसी ग़लती मैं कभी नहीं करती।...सिर्फ़ दो मर्दों ने ही मुझ पर हाथ रखा है—एक बार कोयला-खान में ढुलाई करनेवाले एक छोकरे ने, जब मैं पन्द्रह बरस की थी, और फिर माहूअ ने। अगर माहूअ भी मुझे उसी तरह दग़ा देता, जिस तरह उस छोकरे ने दग़ा दिया, तो कह नहीं सकती क्या होता। और फिर यह भी डींग नहीं मारती कि मैं शादी के बाद से वफ़ादार रही हूँ, क्योंकि कोई आदमी चरित्रवान बना रह सकता है, तो इस कारण कि उसे इधर-उधर मुँह मारने का मौका नहीं मिलता...लेकिन मैं तेरे आगे सचाई बयान कर रही हूँ, और अपने पास-पड़ोस के कुछ लोगों के बारे में मुझे पता है वे इस तरह की बात कह नहीं पाएँगे। सही कहती हूँ न ?'

'एकदम सच !' एतियन ने उठकर खड़े होते हुए जवाब दिया।

और वह बाहर निकल आया। ला माहूद ने सोती हुई एस्तेल को दो कुर्सियों पर लिटाया और जाकर आग को दुबारा सुलगाने की कोशिश करने लगी। अगर माहूअ ने मछली पकड़कर बेच भी डाली होगी, तो भी सूप तो बन ही जाएगा।

बाहर रात घिर आई थी। एकदम बर्फ़ीली रात थी। एतियन सिर लटकाए, निराशा के सागर में डूबता-उतराता चला जा रहा था। उसके भीतर अब न तो उस आदमी के प्रति किसी किस्म का गुस्सा-गिला था, और न ही दुर्गति करवाने वाली उस ग़रीब लड़की के प्रति किसी प्रकार का करुणा-भाव। वह बर्बरतापूर्ण दृश्य भी उसके मानस-पटल से विलीन होने लगा था, धुँधलाने लगा था, और प्राणिमात्र के दुख-दर्द से, ग़रीबी के प्रति वितृष्णा से व्याकुल हो उठा था। एक बार फिर वही दृश्य उसके नेत्रों के सामने तैर गया—रोटी-पानी को तरसते गाँव, औरतें और बच्चे, जिन्हें रात को अन्न का दाना तक नसीब नहीं होगा—और सभी खाली पेट वे एक-दूसरे के साथ लड़-झगड़ रहे होंगे। रात्रि

की उस निराशापूर्ण भयावह वेला में जिस प्रकार की दुविधा उसके हृदय को मथती रहती थी, उसी ने उस समय भी उसे अपनी गिरफ़्त में ले लिया और उसे ऐसी उत्कट यंत्रणा देने लगी जिसका अनुभव उसने पहले कभी नहीं किया था। कैसी ख़ौफ़नाक ज़िम्मेदारी उसने ओढ़ ली है ? क्या इन लोगों को और उकसाऊँ ? उनसे कहूँ कि डटे रहो, चूँकि अब न पैसा-धेला है और न उधार-कर्ज़ मिल सकता है ? और फिर अगर कहीं से कोई मदद नहीं मिलती, अगर भूख उनकी हिम्मत को तोड़कर रख देती है, तब क्या हालत होगी ?

एकबारगी उसकी आँखों के आगे विनाश-लीला का दृश्य उपस्थित हो गया : बच्चे मर रहे हैं, माँएँ सुबक रही हैं और कृशकाय, दुर्बल आदमी एक बार फिर कोयला-खानों में काम करने के लिए उतरते जा रहे हैं...

वह चलता जा रहा था। पत्थरों-ढेलों से ठोकर लगती। यह दुश्चिन्ता उसे असह्य वेदना देने लगी कि कम्पनी की जीत होगी और कामरेडों को जो मुसीबतें झेलनी पड़ेंगी, उसकी सारी ज़िम्मेदारी उसी के सिर होगी।

जब उसने सिर उठाया, तो क्या देखता है कि वह ल वोरअ के सामने खड़ा है। अँधेरे की बढ़ती कालिमा में इस कोयला-खान की इमारतों का काला जमघट और भी दुःसह्य हो उठा था। विशाल, निश्चल परछाइयों की भीड़ से भरा कोयला-खान का उजाड़ अहाता किसी परित्यक्त किले का कोना-सा लगता था। प्रतीत होता था, हायस्टिंग इंजिन के बन्द होते ही इस स्थल की आत्मा ही निकल गई थी। रात्रि की इस वेला में किसी भी चीज़ में जान ही नहीं थी—न कोई दीया-लैम्प जल रहा था, न किसी किस्म की आहट सुनाई पड़ती थी। और फिर प्रतीत होता था इस विनष्ट स्थल पर, जहाँ कभी एक कोयला-खान हुआ करती थी, एग्ज़ास्ट पम्प की आवाज़ भी किसी अज्ञात स्थल से आती हुई एक कराह-सी लगती थी।

यह सब लक्ष्य करते-करते एतियन के भीतर एक नया उत्साह जागा। यदि कामगार पेट खाली रखकर ये सारी मुसीबतें झेल रहे हैं, तो कम्पनी भी तो अपनी लाखों-करोड़ों की पूँजी निकाल-निकालकर खा रही है। पूँजी के ख़िलाफ़ श्रम के इस संघर्ष में कम्पनी क्यों बाज़ी मारेगी ? जो भी हो, अगर कम्पनी की जीत हो भी जाती है, तो यह विजय उसे महँगी ही पड़ेगी। बाद में इन्हें पता चलेगा कि नुकसान उन्हीं का हुआ है।

एक बार फिर एतियन के भीतर इनसे दो-दो हाथ करने का वलवला उठा। मौत को गले लगाकर भी ग़रीबी को मार भगाने की हिंस्र इच्छा बलवती हुई। सोचता जा रहा था कि बेहतर तो यही होगा कि सारा गाँव भुखमरी और अन्याय के कारण तिल-तिल मरने के बजाय एकदम मौत की नींद सो जाए। जिस किताबी ज्ञान को वह आत्मसात नहीं कर पाया था, वह सिर चढ़ बोलने लगा था और उन लोगों के दृष्टान्त उसके मस्तिष्क में उभरने लगे थे जिन्होंने शत्रु को रोकने के लिए अपने शहर को ही आग में झोंक दिया था। उन माँओं की कथाएँ उसे याद हो आईं जिन्होंने अपनी सन्तान को दासता के अभिशाप से मुक्त रखने के लिए उन्हें शिलाओं पर पटक-पटककर मार डाला था। फिर उन लोगों की गाथाएँ भी स्मरण हो आईं जिन्होंने भूखों मरना अंगीकार किया था, लेकिन आततायियों का अन्न स्वीकार नहीं किया।

ये सब बातें थीं जो उसके मस्तिष्क में उमड़-घुमड़ रही थीं। कहाँ तो थोड़ी देर पहले वह निराशा के सागर में डूब-उतरा रहा था, और कहाँ उत्कट उल्लास उसके भीतर ठाठें मारने लगा। उसकी सारी शंकाएँ, सारे संशय मिट गए और वह लज्जित हुआ कि क्षणिक कायरता के वशीभूत वह क्या-क्या सोच गया था। और अपनी साख, अपनी आस्था के पुनः जीवित हो उठने की बात सोच-सोचकर उसका सीना गज़-भर चौड़ा हो गया—वह नेता है, जनता उसे इतना मानती है कि उसके वास्ते जान भी निछावर कर सकती है। इस हर्षोल्लास से वह झूम उठा। अपनी बढ़ती हुई शक्ति और विजय-दिवस का स्वप्न देखते-देखते वह जैसे सातवें आसमान में उड़ने लग गया। उस क्षण वह उस गौरवमय दृश्य की कल्पना में खो गया जब बाज़ी उसके हाथ में होगी और स्वयं कोई पद स्वीकार न करके वह सत्ता जनता के हाथों में सौंप देगा।

मगर माहूअ के स्वर ने उसके इस सपने को एकाएक भंग कर दिया। वह उल्लसित होकर बता रहा था कि देखा, किस तरह भाग्य ने साथ दिया—कितनी बढ़िया ट्राउट मछली हाथ लगी और फिर किस तरह तीन फ्रां में बिक भी गई। फिर बोला कि रात को सूप पिएँगे।

एतियन ने अपने इस मित्र से अकेले ही गाँव लौटने का आग्रह किया और कहा, 'तुम चलो, मैं पीछे-पीछे आता हूँ।'

वह लावंताज़ चला आया और एक मेज़ घेरकर बैठ गया और एक ग्राहक के जाने की राह देखने लगा। उसके जाते ही एतियन ने रासनर से साफ़-शब्दों में यह बात कही, 'प्लूकार्ट को चिट्ठी लिखकर उसे तत्काल आने को कह रहा हूँ।'

एतियन ने निश्चय कर लिया था। वह एक गुप्त मीटिंग करना चाहता था, क्योंकि उसे इस बात की प्रतीति हो रही थी कि यदि मोंसू के समस्त खान मज़दूर इंटरनेशनल में शामिल हो जाएँगे, तो विजय सुनिश्चित है।

4

यह गुप्त सभा बृहस्पतिवार को दो बजे विधवा डेज़ीर के बां-ज़्वाइयो में रखी गई थी। अपने "बच्चों" पर आ पड़ी आपदा से अभिभूत यह स्त्री हर तरह से उनकी सहायता करने को उठ खड़ी हुई थी, विशेषकर इस कारण भी कि इन दिनों उसका नाचघर करीब-करीब खाली पड़ा रहता था। ऐसी हड़ताल पहले कभी नहीं हुई, जब लोगों ने प्यास बुझाने की सौगन्ध खा ली हो। पियक्कड़ किस्म के लोग तो घरों में ही पड़े रहते थे—इस भय से कि कहीं ऐसा न हो कि सदाचार की देहरी न लाँघने का जो आदेश मिला था, कहीं उसका उल्लंघन हो जाए। मेले-ठेले के दिन आते थे, तो मोंसू में भीड़ उमड़ पड़ती थी। अब उसी मोंसू की मुख्य सड़क पर सन्नाटे का और मुर्दनी का भयावह माहौल तारी था। पानघर से या पेट से कोई बियर नहीं निकल रही थी। नालियाँ-परनाले सूखे पड़े थे। काज़ीमीर में और ल प्रोगे में शराबघरों की छोकरियों के पीले चेहरों के सिवा और कुछ नहीं दिखाई पड़ता था और वे भी सड़क के दोनों ओर टकटकी लगाए बाट जोहती रहती थीं। फिर मोंसू में भी शराबघरों की पूरी की

पूरी कतार—लाफ़ां से लगाकर टीसों, पीकेत, ला तेत कूपे तक—एकदम सुनसान पड़ी थी। कहीं एक भी आदमी दिखाई नहीं पड़ता था। मात्र सैं-एलुआ ही एक ऐसी जगह थी जहाँ बियर परोसी जा रही थी, क्योंकि वहाँ फ़ोरमैनों का आना-जाना लगा रहता 'तू तो जानता है, हालात कैसे हैं,' उसने माहूअ से कहा। 'इनका मुँह बन्द कर। में हाथ पर हाथ धरे बैठी थीं—हालाँकि इस तंगहाली के दिनों में इन्होंने अपना भाव दस सू से घटाकर पाँच सू कर रखा था। प्रतीत होता था सारा देहाती इलाका गहरे मातम में डूब गया था।

'हे परमात्मा !' विधवा डेज़ीर दोनों हाथ जंघाओं पर मारते हुए कह रही थी, 'सारा दोष इन ज़ंदार्ब (सिपाहियों) का है ! चाहे पकड़कर मुझे जेल में ही डाल दें, लेकिन इन्हें कभी बख़्शूँगी नहीं।'

उसकी नज़र में सारे-के-सारे अफ़सर, सारे-के-सारे पूँजीपति ज़ंदार्ब ही थे—यह शब्द सामान्यतः तिरस्कार का द्योतक था और इसमें वह जनता के समस्त शत्रुओं को लपेट लेती थी। जब एतियन ने उससे गुप्त सभा के लिए जगह माँगी थी, तो उत्साहपूर्वक उसने हामी भरी थी। बोली थी कि सारी ठाँव खान मज़दूरों की है, नाचघर भी देगी और पाई-पैसा नहीं लेगी और निमंत्रण-पत्र भी स्वयं भेजेगी, क्योंकि कानून की रू से ऐसा करना आवश्यक था। यह भी कहती थी कि अगर कानून आड़े आता है, तो उसके ठेंगे से ! जो यहाँ कदम रखेगा, झाड़कर रख देगी !

अगले ही दिन एतियन ने उसके सामने पचासेक पत्र हस्ताक्षर के लिए रख दिए थे, जिनकी प्रतिलिपियाँ उसने गाँव के कुछ ऐसे लोगों से तैयार करवाई थीं जो थोड़ा पढ़ना-लिखना जानते थे। इन पत्रों को कोयला-खानों में और उन प्रतिनिधियों और खान मज़दूरों के पास भिजवा दिया गया था जिनके बारे में ये लोग पूर्णतः आश्वस्त थे। प्रकट तो यह कहा गया कि हड़ताल जारी रखने या न रखने के बारे में विचार-विमर्श होगा, मगर वास्तव में इन्हें प्लूकार्ट के आगमन की अपेक्षा थी और उम्मीद करते थे कि वह आकर भाषण भी देगा, जिसे सुनकर एक-एक आदमी इंटरनेशनल में शामिल हो जाएगा।

बृहस्पतिवार को एतियन को थोड़ी चिन्ता हुई। उसके इस पुराने फ़ोरमैन ने वचन दिया था कि वह बुध की रात को ही पहुँच जाएगा, मगर अभी तक उसकी कोई सुगबुग नहीं थी। कहीं कोई झमेला तो नहीं खड़ा हो गया ? एतियन घबरा इसलिए रहा था कि सभा से पहले वह प्लूकार्ट से कोई बातचीत नहीं कर पाएगा। नौ बजे ही वह यह सोचकर मोंसू पहुँच गया था कि सम्भवतः प्लूकार्ट ल वोरअ रुके बिना सीधे वहाँ आ गया होगा।

'अरे, तेरा दोस्त कहीं दिखाई नहीं देता !' विधवा डेज़ीर ने पूछा। 'लेकिन पूरी तैयारी कर ली गई है, आकर देख ले।'

वह उसे नाचघर में ले गई। साज-सज्जा वैसी ही रहने दी गई थी—छत पर लगी फूलों की लड़ियों में काग़ज़ के फूलों के छल्ले उसी तरह लटक रहे थे और दीवारों पर सुनहरी मुलम्मे वाली गत्ते की शील्डों पर सन्तों के नाम लिखे थे—लेकिन साज़िंदों के मंच को हटाकर उसकी जगह कोने में मेज़ और तीन कुर्सियाँ रखवा दी गई थीं और

बेंचों की तिरछी कतारें लगवाकर हाल को सभा के लिए एकदम तैयार कर दिया गया था।

'एकदम चाक-चौबन्द !' एतियन ने कहा।

'और सुन,' विधवा बोली, 'यह तेरा अपना ही घर है। जितना चाहे, चीखो-चिल्लाओ, बहस-मुबाहिसा करो...अगर सिपाही आ भी जाते हैं, तो मेरी लाश पर पैर रखकर भीतर जाएँगे।'

बेचैनी के बावजूद एतियन उसकी तरफ़ देखकर मुस्कराया। डेज़ीर भारी-भरकम औरत थी। उसकी छातियाँ ही इतनी बड़ी थीं कि एक-एक छाती को सँभालने के लिए एक-एक मरद दरकार था। यही कारण था कि लोग कहते फिरते थे कि सप्ताह के प्रत्येक दिन के लिए डेज़ीर के जो छह यार थे, उनमें से दो को तो वह हर रात इतना भारी बोझ उठाने के लिए ही लगाती थी।

मगर एतियन ने रासनर और सूवारीन को भीतर आते देखा, तो चकित हुआ। और जब विधवा डेज़ीर तीनों जनों को इतने बड़े खाली कमरे में छोड़कर गई, तो वह अचरज के स्वर में बोल उठा, 'अरे, तुम लोग आ भी गए ?'

चूँकि इंजिनमैनों ने हड़ताल नहीं की थी, सूवारीन रात को ल वोरअ में ड्यूटी करने के बाद अब जिज्ञासावश इधर चला आया था। जहाँ तक रासनर का सम्बन्ध था, पिछले दो दिनों से वह भी बेचैन था और उसके मांसल गोल-मटोल चेहरे की मुस्कराहट ग़ायब हो गई थी।

'प्लूकार्ट नहीं आया। इसी बात की चिन्ता है,' वह बोला।

रासनर ने नज़रें चुराते हुए कहा, 'मुझे कोई ताज्जुब नहीं हुआ। मुझे तो उसके आने की उम्मीद भी नहीं थी।'

'क्या !'

रासनर ने साहस करके एतियन की आँखों में आँखें डाल निर्भय स्वर में कहा, 'ठीक है, सचाई ही जानना चाहता है, तो सुन। मैंने भी उसे चिट्ठी लिख दी थी, और उससे प्रार्थना की थी कि वह न आए...मैं समझता हूँ, सारा मामला हमें स्वयं ही तय करना चाहिए और बाहर के लोगों की मदद नहीं लेनी चाहिए।'

एतियन काँपने लग गया था। फिर एकदम आपे से बाहर हो हकलाते हुए बोला, 'तूने ऐसा किया ? तूने ऐसा किया ?'

'हाँ-हाँ मैंने ऐसा किया—और तू तो जानता ही है, प्लूकार्ट पर मुझे कितना भरोसा है। वह चतुर आदमी है, भरोसे लायक भी है और उसके साथ निभ भी सकती है... लेकिन, देख, तेरे जो ख़यालात हैं न, उन्हें मैं ठेंगे पर रखता हूँ ! राजनीति और सरकार, सब बातें एकदम बकवास हैं। मैं तो, बस, यही चाहता हूँ कि खान मज़दूरों के प्रति बेहतर रवैया अपनाया जाए। देख, मैंने बीस बरस खानों में काम किया है और इतना पसीना बहाया है, इतने कष्ट झेले हैं, हाड़ तोड़ा है कि मैंने कसम खाई है कि जो बेचारे आज भी खानों में खट रहे हैं, उनका दुख-दर्द कम करूँगा—और फिर एक बात मैं भली-भाँति जानता हूँ, और वह यह कि तू जो इस तरह के अंट-शंट काम करता रहता है न, उससे कुछ बनने-सुधरने वाला नहीं है। उलटे खान मज़दूरों को तू और मुसीबत

में डाल देगा...मज़दूर जब मजबूर होकर फिर से खान में उतरेगा, तो उसके साथ और ज़्यादा छल-कपट होगा...कम्पनी उसे हाँकेगी...धकियाएगी, उसी तरह जिस तरह भगोड़े कुत्ते को खदेड़कर वापस लाते हैं और कुत्ताघर में बन्द कर देते हैं...ऐसी नौबत न आए, यही मेरा मंतव्य है, समझे ?'

तोंद बाहर निकाले वह मुस्तैदी से खड़ा था और ख़ूब ऊँचा बोल रहा था। और इस विवेकवान एवं धैर्यवान व्यक्ति का समूचा व्यक्तित्व उसकी प्रांजल भाषा में अभिव्यक्त हो उठा था जो धाराप्रवाह बोलता चला जा रहा था। कहता था कि क्या यह सोचना ही हिमाकत की बात नहीं कि कोई रातोंरात सारी दुनिया को बदल सकता है, मज़दूरों को मालिकों की जगह दिलवा सकता है, या सारा धन आपस में उसी तरह बाँट सकता है जिस तरह कोई सेब बाँटकर खाता है ? इस तरह का युग आने में हज़ारों-हज़ार साल भी लग सकते हैं ! ठीक है, इस तरह के चमत्कारों का झाँसा देकर लोगों को भरमाया ज़रूर जा सकता है। मगर तुम अगर गुड़ गोबर नहीं करना चाहते, तो सबसे बढ़िया उपाय यह होगा कि दम ठोंककर निकल पड़ो और ऐसे सुधार करवाने के लिए ताकत लगाओ, जिनसे मज़दूरों का जीवन हर दृष्टि से ऊपर उठे। बोला कि सारी बागडोर उसके हाथों में होती, तो वह कम्पनी को मज़दूरों की काम की दशाओं में सुधार करने के लिए मजबूर कर देता। अगर हम लोगों ने कोई ऐसी-वैसी हरकत की, कोई हिमाकत की, तो भुखमरी की नौबत आ जाएगी।

एतियन क्रोध से इतना उबल रहा था कि उसने उसे टोका नहीं, बोलने दिया। लेकिन फिर एकाएक आपे से बाहर होते हुए बोला, 'ओय, तेरी रगों में खून नहीं है क्या ?'

अब एक क्षण भी वहाँ खड़ा रहता, तो रासनर पर टूट ही पड़ता। यह लोभ संवरण करने के लिए वह कमरे में चहलकदमी करने लगा और अपना गुस्सा निकाला बेंचों पर, जिन्हें ठोकरें मारते हुए वह डोल रहा था।

'कम-से-कम दरवाज़ा तो बन्द कर ले,' सूवारीन बोला। 'दुनिया को तमाशा दिखाने का क्या फ़ायदा !'

फिर वह स्वयं उठा और जाकर दरवाज़ा बन्द कर आया और टेबल के साथ रखी कुर्सी पर शान्ति से बैठ गया। सिगरेट बनाते हुए होंठों पर मन्द मुस्कान बिखेर वह उनकी तरफ़ कृपालु और विलक्षण दृष्टि से देखे जा रहा था।

'लाल-पीला होने से काम नहीं बनेगा, भाई।' रासनर ने उसे समझाते हुए कहा। 'मैं तो यही समझता था कि तू समझदार आदमी है। यह तूने ठीक ही किया कि मज़दूरों को शान्त रखा और उन्हें घर पर ही टिके रहने को विवश किया और अपना रसूख़ इस्तेमाल करके अमन-चैन भी बनाए रखा। पर अब तो तू उन्हें सीधा गड्ढ़े में ढकेले जा रहा है।'

एतियन बेंचों का हर बार चक्कर लगाकर आता और हर बार रासनर को कन्धों से पकड़कर झकझोड़ता और फिर तुर्की-ब-तुर्की जवाब देता :

'अरे, तू क्या बोल रहा है ! मैं तो अमन बनाए रखना चाहता हूँ। हाँ, मैंने उन्हें अनुशासन में बाँधकर रखा है। हाँ, मैं अब भी उनसे कहता रहता हूँ, किसी किस्म की

गड़बड़ी नहीं करनी होगी। लेकिन, हम किसी के झाँसे में नहीं आएँगे !...तू ख़ुशकिस्मत है, भाई, जो अपने दिमाग़ को ठंडा रख सकता है। लेकिन जहाँ तक मेरा सवाल है, कभी-कभी तो ऐसा लगता है, मेरी खोपड़ी फट जाएगी।'

यह उसकी आत्मस्वीकृति ही थी। वह उपहास कर रहा था अपने दृष्टि-भ्रम का, ऐसे संसार में अपनी श्रद्धा का जिसमें भाई-भाई की तरह जीवन-यापन करनेवाले लोगों के साथ न्यायपूर्ण व्यवहार होगा। कैसा बढ़िया विचार है कि, बस, खड़े-खड़े देखते रहो कि किस तरह आदमी आदमी को भेड़ियों की तरह खाता है और इसी में सारी दुनिया का काम तमाम हो जाता है ! न, हरकत में तो आना ही पड़ेगा, नहीं तो अन्याय का कभी अन्त नहीं होगा और अमीर हमेशा ग़रीब का खून चूसता ही रहेगा। यही कारण था कि उसने अपने उस मूर्खतापूर्ण कथन के लिए स्वयं को कभी बख़्शा नहीं जब बोला था कि सामाजिक समस्याओं में राजनीति का दख़ल नहीं होना चाहिए। तब तक उसे ज्ञान ही नहीं था, लेकिन उसके बाद वह अध्ययन करता रहा, अनुशीलन-परिशीलन करता रहा और अब आकर कहीं उसके विचारों में परिपक्वता आई थी। इस बात का उसे गर्व था कि उसके पास एक दर्शन है। दुर्भाग्यवश, उसकी व्याख्या करने का उसका ढंग दोषपूर्ण था। ऐसे ख़ल्तमल्त शब्दों में बात करता था और अकसर उन सभी वादों-मतों के हवाले देने लगता था जिन्हें पहले ग्रहण करके भी उसने तिलांजली दे दी थी। इन सबमें भी उसका प्रिय विषय था कार्ल मार्क्स के विचार : पूँजी चोरी का फल है और श्रमिक का यह कर्तव्य और अधिकार बनता है कि चुराई हुई इस सम्पत्ति को वह फिर से हासिल करे। इस सिद्धान्त को व्यावहारिक रूप देने के निमित्त पहले तो वह प्रूडां का जो मूर्खतापूर्ण सपना था पारस्परिक ऋण का, उसका मुरीद बना, जिसका मन्तव्य था विनिमय के लिए एक बहुत बड़े बैंक की स्थापना करके बिचौलियों का निराकरण। उसके बाद उसके मन में लासाल की सहकारी समितियों के बारे में उत्साह जागा, जिनकी स्थापना राज्य करेगा और जिनकी बदौलत सारी दुनिया एक औद्योगिक नगर में बदल जाएगी—लेकिन इस योजना का संचालन करने की कठिनाई की बात सोचकर वह हतोत्साह हो गया था। और हाल ही में उस पर समष्टिवाद की धुन सवार हुई थी और वह यह माँग करने लगा था कि सभी उपकरणों का स्वामित्व सामूहिक रूप से होना चाहिए, लेकिन इसके बारे में भी उसकी दृष्टि साफ़ नहीं थी। समझ ही नहीं पा रहा था कि इस नए सपने को चरितार्थ कैसे करेगा, क्योंकि अब भी उसकी अतिसंवेदनशीलता और विवेकशीलता आड़े आ रही थी और मात्र सिद्धान्त बघारनेवालों का पूर्ण समर्थन करने का मन नहीं बनाया था उसने। अभी तक वह, बस, यही कहने की मंज़िल तक पहुँचा था कि सबसे पहले सरकार हथियाई जाए। फिर उसके बाद देखा जाएगा क्या करें।

'लेकिन तेरी खोपड़ी में क्या समस्या है ? तू क्यों बूर्जुआओं के तलुवे चाटता है ?' वह तेज़ी से चलकर गया और फिर लौटकर रासनर के सामने डटकर खड़ा हो गया और आवेश में बोला, ''अरे, तू तो स्वयं कहता फिरता था : सब ध्वस्त करना पड़ेगा।'

रासनर थोड़ा झेंपा।

'हाँ, मैंने यह बात ज़रूर कही थी, और अगर ध्वंस होता है, तो तू देखेगा, मैं दूसरों

की तरह कायरता नहीं दिखाऊँगा...मेरा उन लोगों से कतई सरोकार नहीं जो इसलिए उपद्रव करवाते हैं कि उनका उल्लू सीधा होता रहे।'

अब झेंपने की बारी एतियन की थी। वे ऊँचा तो नहीं बोल रहे थे, मगर एक-दूसरे के साथ ज़बरदस्त होड़ ने इन्हें इतना कटु बना दिया था कि इस तरह का अशोभनीय व्यवहार करने पर मजबूर हुए थे। सच पूछो तो, इसी होड़ के कारण ही वे अपनी धारणाओं को मनवाने का हठ करते थे। परिणामतः एक तो अतिरंजित विद्रोही मुद्रा अपनाने को विवश हुआ था और दूसरे ने बौद्धिकता का मुखौटा लगा लिया था। इसी का यह नतीजा था कि जो भूमिका इन पर थोपी गई थी और जिसका चुनाव इन्होंने स्वेच्छा से नहीं किया था, उसी के बोझ तले दबकर वे अपने मूल उद्देश्यों से भटक गए थे।

सूवारीन खड़ा सुन रहा था। उसके गोरे-चिट्टे स्त्रैण-से चेहरे पर मौन तिरस्कार का भाव झलक आया था—यह एक ऐसे व्यक्ति का पीड़ादायक तिरस्कार-भाव था जो बिना ढोल-ढमाके के—यहाँ तक कि आत्मबलिदान की महिमा से मंडित होने का लोभ संवरण करके भी प्राणोत्सर्ग करने को प्रस्तुत हो जाता है।

'मैं समझता हूँ, तू यह बात मेरे बारे में ही कह रहा है।' एतियन ने कहा। 'तेरे को जलन हो रही है क्या ?'

'किस बात की जलन, रे ?' रासनर बोला। 'मैंने कभी अपने-आपको बड़ा आदमी नहीं समझा। मैं मोंसू में किसी वर्ग को संगठित करने की भी कोशिश में नहीं हूँ, ताकि उसका मंत्री बन जाऊँ।'

एतियन उसे टोकने को तत्पर हुआ, लेकिन वह बोलता चला गया : "ईमानदारी से बता। तू तो इंटरनेशनल को ठेंगे पर रखता है—बस, तेरी मंशा यह है कि तू हमारी लीडरी करे और फिर तू यह भी चाहता है कि अपनी उस अद्भुत 'फ़ेडरल काउंसिल ऑफ़ द नार्ड' के साथ चिट्ठी-पत्री करके भद्र कहलाए।"

एकदम सन्नाटा तारी हो गया। इसके बाद एतियन ने लरज़ते स्वर में जवाब दिया, 'तो यही सही, फिर...मैं समझता था कि मैंने बिलकुल साफ़गोई से काम लिया है। मैं हमेशा तेरी सलाह लेता आया हूँ, क्योंकि मैं जानता हूँ कि मेरे आने से बहुत पहले ही तू यहाँ जद्दोजहद करता आ रहा है। पर चूँकि किसी और के साथ मिल-बाँटकर खाना तुझे बरदाश्त नहीं, सो, आगे से मैं वही करूँगा जो मैं अपने ही बलबूते पर कर सकता हूँ...और अब तू कान खोलकर सुन ले कि यह सभा होकर रहेगी, प्लूकार्ट आए न आए, और तेरे कीने के बावजूद मज़दूर इसमें शामिल होंगे और ज़रूर होंगे।'

'तो ठीक है, हो जाएँ शामिल,' रासनर बोला। 'लेकिन इसी से काम नहीं बननेवाला...उनके खीसे से रकम भी तो निकलवानी होगी, भाई !'

'बिलकुल नहीं, इंटरनेशनल इस बात की छूट देता है कि जो मज़दूर हड़ताल पर जाएँ, वे चन्दे की अदायगी मुल्तवी कर सकते हैं। हम पैसा तो बाद में देंगे, लेकिन इंटरनेशनल तुरन्त हमारी मदद करना शुरू कर देगा।'

एकाएक रासनर आपा खो बैठा।

'ठीक है, देखते हैं...मैं तेरी सभा में आऊँगा और बोलूँगा भी। अपने दोस्तों-यारों

को बरग़लाने का तेरे को मौका ही नहीं दूँगा। उन्हें आगाह करूँगा कि उनका हित किस बात में है। देखते हैं, वे किसकी सुनते हैं—मेरी, जिसे वे तीस बरस से अच्छी तरह जानते-पहचानते हैं, या तेरी, जिसने एक साल में ही गुड़-गोबर करके रख दिया...जाने दे, अब मेरा सिर मत खा ! देखते हैं, कौन किसको दाब देता है।'

और वह उठकर चल पड़ा और अपने पीछे धड़ाक से दरवाज़ा बन्द करता गया। छत के नीचे लटकती मालाएँ लरज़ उठीं और सुनहरी मुलम्मे वाली ढालें दीवारों के साथ खड़खड़ाने लग गईं। विशाल कमरा घोर सन्नाटे में डूब गया।

मेज़ के सामने बैठा सूवारीन आराम से सिगरेट पी रहा था। एतियन चुपचाप थोड़ी देर कमरे में चहलकदमी करता रहा, फिर एकदम फट पड़ा। कहने लगा कि—क्या यह उसका दोष है कि सब लोग उस निकम्मे-नाकारा-से आदमी का साथ छोड़कर उसके साथ हो लिये हैं ? फिर लगा इस बात का खंडन करने कि वह शोहरत का भूखा है। असलियत तो यह है कि वह ख़ुद नहीं जानता कि यह सब हुआ कैसे—किस तरह सारे गाँव का सद्भाव उसे मिला, कैसे वह कोयला-खान में काम करनेवालों का विश्वासपात्र बन गया और किस तरह सब लोग उसकी बात सुनते हैं। उसे रोष तो इस बात का था कि उस पर यह आरोप लगाया गया था कि वह व्यक्तिगत महत्वाकांक्षा के लिए उपद्रव करवाना चाहता है। उसने सीने पर हाथ रखकर कसम खाई कि भाईचारे की भावना के वशीभूत होकर ही वह यह सब कर रहा है।

एकाएक वह सूवारीन के सामने आकर खड़ा हो गया और स्वर ऊँचा करते हुए बोला, 'सुन, अगर मुझे लगा कि मैं अपने किसी दोस्त के ख़ून का एक कतरा भी बेकार जाने दे रहा हूँ, तो उसी वक्त अमेरिका चला जाऊँगा।'

इंजिनमैन ने कन्धे उचकाए। एक बार फिर होंठों पर हलकी मुस्कान खेल गई।

'खून !' वह मिनमिनाया। 'होता भी क्या है ! धरती को रक्त की ज़रूरत है।'

एतियन शान्त हो गया। एक कुर्सी पकड़कर उसके सामने बैठ गया और कोहनियों को मेज़ पर टिका लिया। वह उसकी गोरी मुखाकृति देखते-देखते आकुल हो उठा और अजीब-अजीब-सा महसूस करने लगा, क्योंकि उसकी ऊँघती-सी आँखें बीच-बीच में लोहित दमक से इस तरह रोशन हो उठती थीं कि नृशंस लगने लगती थीं। उसके मित्र ने मुँह तक नहीं खोला था और इस घोर सन्नाटे से अभिभूत वह ऐसा महसूस कर रहा था कि वह उस पर हावी होता जा रहा है। बोला, 'बता, तू मेरी जगह होता, तो क्या करता ? कोई काम करने की कोशिश करना क्या ग़लत बात है ?...यह सबके हित में होगा कि हम सब एसोसिएशन के सदस्य बन जाएँ, क्यों ?'

सूवारीन ने धीरे-धीरे मुँह से धुआँ उगला और फिर अपना यह प्रिय शब्द कहा :

'मूर्खता ! लेकिन, कुछ न होने से तो यही बेहतर है। इसके अलावा, उनका इंटरनेशनल जल्दी ही पटरी पर आ जाएगा। वह इसी काम में लगा है।'

'वह कौन ?'

'वही !'

सूवारीन ने इस शब्द का उच्चारण पूर्व दिशा की ओर अभिमुख होकर दबे स्वर में और तनिक भक्तिभाव से किया था। उसका संकेत था उस्ताद यानी 'विध्वंसक

बैकुनिन' की तरफ़।

'सिर्फ़ वही चोट कर सकता है,' वह बोलता जा रहा था। 'विकासवाद के बारे में बढ़-चढ़कर बातें बनानेवाले मेरे आलिम-फ़ाज़िल दोस्त सब कायर हैं...उसका हुक्म पाते ही तीन साल के अन्दर-अन्दर इंटरनेशनल पुरानी दुनिया को एकदम रौंद कर रख देगा।'

एतियन दत्तचित्त होकर सुन रहा था। विध्वंस के इस पंथ को जानने-समझने की उसके भीतर प्रबल इच्छा थी मगर इसके बारे में इंजिनमैन कभी-कभार ही बात करता था और बात करता भी था, तो ऐसे जैसे कोई रहस्यपूर्ण बात बता रहा हो, मानो सारे भेद वह अपने तईं ही रखना चाहता हो।

'लेकिन एक बात बता—तेरा ध्येय क्या है ?'

'सब कुछ तबाह-बरबाद करना...न कोई राष्ट्र रहेंगे, न कोई सरकारें रहेंगी, न कोई सम्पत्ति रहेगी, न कोई ईश्वर रहेगा, न कोई धर्म-मज़हब रहेगा।'

'यह बात तो समझ में आती है। लेकिन तेरे को यह सब ले कहाँ जाएगा ?'

'एक आदिम समाज, स्वरूपहीन समाज की ओर, एक नए संसार की ओर, एक नई शुरुआत की तरफ़।'

'साधन क्या होंगे ? इन सबको सरंजाम कैसे दे पाएगा ?'

'आग से, ज़हर से, कटार से। कानून की अवहेलना करनेवाला ही सच्चा शूरवीर होता है, वही जनता का इन्तकाम लेता है, इंकलाब के रास्ते पर चलता है—जिसे किताबों वाली लच्छेदार भाषा की ज़रूरत नहीं पड़ती। सत्ता में बैठे लोगों को डराने के लिए और जनता को जागृत करने के लिए हत्याओं का बाज़ार गर्म करने की ज़रूरत है।'

सूवारीन जब बोलने पर आया, तो उसका भयंकर रूप प्रकट हुआ। आनन्दातिरेक में कुर्सी से उठकर खड़ा हो गया। उसकी ज़र्द आँखों से एक रहस्यमयी ज्वाला फूट निकली थी और उसके कोमल हाथों ने मेज़ के किनारों को निष्ठुरता से जकड़ लिया था।

एतियन भयभीत आँखों से उसकी तरफ़ देखे जा रहा था। उसके मस्तिष्क में ज़ार के महल के नीचे बिछाई गई सुरंगों के वे किस्से कौंध गए जिनकी थोड़ी-बहुत जानकारी उसे थी। पुलिस के अफ़सरों को वनैले सुअरों की तरह चाकू-छुरियों से गोदा जाता था। अपने जीवन में उसने, बस, एक ही स्त्री से प्रेम किया था और उसकी उसी प्रेमिका को उन्होंने सवेरे-सवेरे बरसते पानी में मास्को की एक बस्ती में फाँसी दे दी थी और भीड़ में खड़ा वह अपनी आँखों से उसे आख़िरी बार चूमता भर रह गया था।

'नहीं, नहीं,' एतियन ऐसे हिला जैसे इन घृणित दृश्यों को आँखों के सामने से बुहारकर हटा देना चाहता हो, और फिर मिमियाया, 'अभी हम इतने गिर नहीं गए हैं। हत्या, आगज़नी—बिलकुल नहीं ! यह वहशत है, बेइंसाफ़ी है—सारे कामरेड गुनहगारों का गला दबाने को आमादा हो जाएँगे।'

अब भी यह बात उसके पल्ले नहीं पड़ी थी। ये लोग दुनिया के विध्वंस का यह काला सपना नहीं देखते। नहीं चाहते कि दुनिया को गेहूँ की फ़सल की तरह नेस्तनाबूद कर दिया जाए। ऐसा होने के बाद क्या होगा ? लोग फिर कैसे पैदा होंगे ? वह इसका जवाब चाहता था।

'अपने प्रोग्राम की तफ़सील बता। हम जानना चाहते हैं कि हमारा, बाक़ी लोगों का क्या हश्र होगा ?'

शून्य में टकटकी लगाए सूवारीन ने शान्त मन से संक्षेप में यह बात कही, 'भविष्य के बारे में कुछ भी सोचना-विचारना अपराध है, क्योंकि ऐसा करने से विध्वंस का मामला एकदम खटाई में पड़ जाता है, क्रान्ति के रास्ते में अड़चन आ जाती है।'

इस उत्तर से हालाँकि एतियन की देह में सिहरन दौड़ गई थी, फिर भी वह हँस दिया। उसने सिर-आँखों से यह स्वीकार किया कि इन धारणाओं के बारे में बहुत कुछ कहा-सुना जा सकता है, और उनकी भयावह सचाई से वह आकर्षित भी हुआ, मगर इन विचारों को कामरेडों के दिमाग़ में डाला गया, तो इससे रासनर का काम काफ़ी आसान हो जाएगा। उन्हें व्यावहारिक होना पड़ेगा।

विधवा डेज़ीर ने आकर भोजन का निमंत्रण दिया, जिसे स्वीकार करते हुए वे शराबघर में आ गए। इस जगह को इतवार का दिन छोड़ बाकी दिन आरज़ी तौर पर हदबन्दी करके नाचघर से अलग कर दिया जाता था। जब वे आमलेट और चीज़ खा चुके, तो इंजिनमैन ने जाने की इजाज़त माँगी। उसके मित्र ने उसे रोकना चाहा, लेकिन वह बोला, 'काहे को ?–तेरे मुँह से ढेर सारी ऊलजलूल बातें सुनने के लिए ?...बहुत सुन लिया। अब चलता हूँ।'

और होंठों में सिगरेट दबाए वह धीमे-धीमे मगर मुस्तैद चाल से बाहर निकल गया।

एतियन की व्याकुलता बढ़ती जा रही थी। एक बजा चाहता था और साफ़ दिखाई पड़ने लगा था कि प्लूकार्ट वादा करके भी आता दिखाई नहीं देता। करीब डेढ़ बजे प्रतिनिधि भी आने लग गए। एतियन को उनकी अगवानी के लिए खड़े होना पड़ा, क्योंकि जो लोग भीतर आ रहे थे, उनकी जाँच-परख करके यह देख लेना चाहता था कि कहीं कम्पनी वालों ने अपने जासूस ही न भेज दिए हों। उसने एक-एक निमंत्रण-पत्र की जाँच-पड़ताल की और एक-एक आदमी का ऊपर से नीचे तक जायज़ा लिया। निस्सन्देह ऐसे कई लोगों को भी आने दिया गया जिनके पास निमंत्रण-पत्र नहीं था। जिन लोगों को वह जानता-पहचानता था, उन सबके लिए दरवाज़ा खुला था। दो बजे क्या देखता है कि रासनर आ रहा है। वह आया और सीधा शराबघर में चला गया। वहाँ खड़े होकर वह पाइप पीता रहा और बतियाता रहा। इस तरह उसे चुप-ख़ामोश खड़े होकर खिल्ली उड़ाते देख एतियन लगा भुनभुनाने। यही नहीं, ज़कारी, मूके और कुछ दूसरे मसख़रे किस्म के लोग भी तमाशा देखने की ग़र्ज़ से आ धमके थे। हड़ताल होती है या नहीं, उनकी बला से। उन्हें तो इसी बात की ख़ुशी थी कि काम नहीं करना पड़ रहा। एक मेज़ घेरकर बैठ गए और अपना एक-एक सू उन्होंने बीयर में उड़ा दिया और फिर उन लोगों को हैरान-परेशान करने और उन पर फ़िकरे कसने लग गए जो आए तो थे श्रद्धावश, लेकिन अब बैठे-बैठे ऊब रहे थे।

पन्द्रह मिनट और बीते। लोग व्यग्र हो उठे थे। घोर निराशा में डूबता-उतराता एतियन भीतर जाने की सोच ही रहा था कि गली में झाँकती विधवा डेज़ीर बोल उठी, 'ले, आ गया तेरा वह भलामानस !'

वास्तव में, वह प्लूकार्ट ही था जो बग्घी में बैठकर आ रहा था। घोड़ा हाँफ गया

था। प्लूकार्ट तत्काल बग्घी से कूदकर सड़क पर उतरा। एकदम दुबला-पतला बाँका जवान था। देह की निस्बत उसका सिर बड़ा था और उसने काला फ्राक-कोट पहन रखा था और उसके साफ़-सुथरे वस्त्र बिलकुल वैसे ही थे जैसे कि कोई खाता-पीता कारीगर छुट्टी के दिन पहनकर निकलता है। पिछले पाँच बरसों में उसने फ़ाइल जैसी कोई चीज़ भी उठाकर नहीं देखी थी और मंच पर मिली सफलता के कारण वह अहंकार भी करने लगा था। यही कारण था कि ठाटबाट से रहने की उसे अधिक चिन्ता रहती थी और बालों को सँवारने का तो ख़ास ख़याल रखता था। लेकिन जिस्म के जोड़ों की अकड़न अभी गई नहीं थी और उसके बड़े-बड़े हाथों के जिन नाखूनों को लोहा खा गया था, वे बढ़ ही नहीं रहे थे। था एकदम फुरतीला। अपनी महत्वाकांक्षा की पूर्ति के लिए गाँव-गाँव निरन्तर घूमते हुए अपने विचारों का प्रचार करने में रहता था।

जानता था कि यहाँ आकर कैसे-कैसे सवालों और उलाहनों का सामना करना पड़ेगा उसे। सो, छूटते ही बोला, 'नाराज़ न हो, भाई ! सुबह प्रेइ में भाषण था मेरा। साँझ मे वलांसे में सभा थी...आज दोपहर मारशियन में सोवान्या के साथ भोजन करना था...किसी तरह एक बग्घी मिली। एकदम बेहाल हो गया हूँ। मेरी आवाज़ से ही तू अन्दाज़ा लगा सकता है। लेकिन चिन्ता की कोई बात नहीं। बोल ही लूँगा।'

वह बां-ज़्वाइयो की देहरी लाँघने ही जा रहा था कि एकाएक ठिठककर खड़ा हो गया।

'अरे, कार्ड तो भूल ही गया। बड़ी परेशानी होगी।'

वह वापस बग्घी तक गया। कोचवान बग्घी को एक तरफ़ खड़ा करने का जुगाड़ कर रहा था। प्लूकार्ट ने एक ट्रंक में से छोटा-सा काला बक्सा निकाला और बग़ल में दबाकर ले आया।

एतियन खिल उठा था। वह उसके पीछे-पीछे चल पड़ा। रासनर मुँह छिपा रहा था, यहाँ तक कि उससे हाथ मिलाने की भी हिम्मत नहीं हुई उसे। लेकिन प्लूकार्ट ने एकाएक उसका हाथ थाम लिया और चलते-चलते ही उसकी चिट्ठी का ज़िक्र भी किया, लेकिन सरसरी तौर पर : अजीब बात है ! यह सभा क्यों न करें ? जब भी मौका मिले, सभा तो करनी ही चाहिए।

विधवा डेज़ीर ने कुछ पीने के लिए पेशकश की, लेकिन उसने मना कर दिया। बेकार ! बोला कि भाषण देने के लिए उसे ड्रिंक-व्रिंक की ज़रूरत नहीं पड़ती। फिर कहने लगा कि बस, जल्दी में है—साँझ को ज़्वाज़ेल का कार्यक्रम है, क्योंकि वहाँ लगूज़ह के साथ विचार-विमर्श करना है।

सब एक साथ नाचघर में प्रविष्ट हुए। पीछे-पीछे माह्अ और लवाक थे, जो थोड़ा विलम्ब से आए थे। इसके बाद दरवाज़े में ताला लगा दिया गया, ताकि किसी तरह का ख़लल न पड़े। यह देख मसख़रे और भी ज़ोर-ज़ोर से ठीठी करने लगे। ज़कारी ने हाँक लगाकर मूके से कहाँ कि इस सारी बाजीगरी से कोई बच्चा ही पैदा होगा।

उस घुटन-भरे कमरे में करीब सौ खान मज़दूर बेंचों पर बैठे राह देख रहे थे। ऐसे लगता था कि उस कमरे में जो आख़िरी नाच हुआ था, उसकी सोंधी गन्ध फ़र्श से अब भी उठ रही है। नए आनेवाले इन लोगों ने जब स्थान ग्रहण किया, तो कानाफूसी शुरू

हो गई और लोग लगे मुड़-मुड़कर देखने। हर किसी की नज़र लील से आनेवाले इस भद्रपुरुष पर टिकी थी जिसके काले फ्राक-कोट को देखकर वे चकित थे।

लेकिन एतियन के एक प्रस्ताव पर तत्काल कमेटी बना दी गई। वह नाम बोलता जा रहा था और लोग हाथ उठाकर समर्थन करते जा रहे थे। प्लूकार्ट को उन्होंने अध्यक्ष चुना। माहूअ को और एतियन को सदस्य बनाया गया। कुर्सियाँ आगे-पीछे सरकीं और कमेटी के सदस्यों ने अपना-अपना स्थान ग्रहण किया। एक क्षण के लिए हर कोई असमंजस में पड़ा देखने लग गया कि अध्यक्ष एकाएक कहाँ चला गया। वास्तव में, वह मेज़ के पीछे अदृश्य हो गया था और उस काले बक्से को वहाँ रख रहा था जिसे अभी तक उसने अपने हाथों में ले रखा था। पुनः प्रकट होकर लोगों का ध्यान आकृष्ट करने के लिए उसने मेज़ पर मुक्का मारा और फिर भर्राए स्वर में बोलना आरम्भ किया :

'कामरेडो...'

एक छोटा दरवाज़ा खुला और वह थम गया। विधवा डेज़ीर एक ट्रे में छह बीयर लेकर आ रही थी।

'ख़लल के लिए माफ़ी चाहती हूँ,' वह फुसफुसाते हुए बोली, 'भाषण करो, तो प्यास लग ही आती है।'

माहूअ ने ट्रे उसके हाथों से ले ली और प्लूकार्ट ने पुनः बोलना आरम्भ किया। कह रहा था कि मोंसू में मज़दूरों ने उसका जो अद्‌भुत स्वागत किया है, उसके लिए वह कृतज्ञ है। फिर उसने विलम्ब से आने के लिए क्षमायाचना की और बताया कि काफ़ी थका हुआ है और गला भी ख़राब है। इसके बाद उसने नागरिक रासनर को भाषण करने के लिए आमंत्रित किया, जो बोलने के लिए खुजला रहा था।

रासनर पहले से ही उस मेज़ के निकट आकर डट गया था जिस पर बियर रखी थी। एक कुर्सी को उलटा करके उसने मंच बना लिया था। प्रतीत होता था, वह उत्तेजित था। चिल्लाकर बोलने से पहले उसने गला साफ़ किया :

'कामरेडो...'

हकीकत यह थी कि मज़दूरों में उसका अच्छा रसूख था, क्योंकि घंटों धड़ल्ले से भाषण कर सकने की सामर्थ्य थी उसमें। हाथों-पैरों को हिलाए-मटकाए बिना, शान्त-गम्भीर स्वर में मुस्काते हुए बोलता था और छा जाता था। उसकी वाणी से अभिभूत होकर लोग इतने चमत्कृत हो जाते थे कि बरबस बोल उठते थे : 'हाँ-हाँ, यह सच है, तुम ठीक कहते हो।'

लेकिन उस दिन उसने मुँह खोला ही था कि उसे लगा कि आज यहाँ उसकी दाल नहीं गलेगी। इसलिए वह तोल-तोलकर बोल रहा था। उसने बात भी आरम्भ की हड़ताल को जारी न रखने की दलीलों से। उसे अपेक्षा थी कि उसकी इस बात का स्वागत होगा और तब वह इंटरनेशनल पर पिल पड़ेगा। ठीक है, कम्पनी की माँगों के आगे झुकने से हेठी होगी, मगर इतने लम्बे समय तक हड़ताल जारी रखनी पड़ी, तो न जाने कैसी-कैसी मुसीबतें झेलनी पड़ेंगी, आगे पता नहीं कैसी विपदा आएगी। सो, झुकने की बात का समर्थन करने की जगह उसने उन्हें हतोत्साह करना शुरू किया। बताने लगा कि इस-इस तरह गाँव भूखों मर रहे हैं। फिर पूछता है कि जो लोग हड़ताल जारी रखने

के पक्ष में हैं, वे बताएँ कि किस बूते पर वे ऐसा करने की सोचते हैं। दो-तीन संगी-साथियों ने उसका समर्थन करते हुए आवाज़ बुलन्द की, लेकिन अधिसंख्य लोगों की उदासीन चुप्पी और बढ़ गई और उसके भाषण के प्रति क्षोभ भी बढ़ता गया। जब उसने देखा कि वह लोगों को कायल नहीं कर पा रहा है, तो एकदम भड़ककर भविष्यकथन-सा करते हुए बोला कि अगर तुम लोग बाहरी लोगों के बहकावे में आओगे, तो ख़ता खाओगे।

यह सुनते ही आधे से अधिक लोग उठकर खड़े हो गए। इतने आवेश में थे कि उसका मुँह बन्द करने पर तुल गए। बोले कि यह आदमी क्या हमें बच्चा समझकर हमारा अपमान कर रहा है, जैसे हम अपना नफ़ा-नुकसान नहीं जानते ? लेकिन रासनर था कि बियर के घूँट पर घूँट भरते हुए बोले जा रहा था और आवेश में चिल्ला-चिल्लाकर कह रहा था—मुझे अपने कर्तव्य से डिगानेवाला अभी कोई पैदा ही नहीं हुआ !

प्लूकार्ट उठकर खड़ा हो गया। उसके पास घंटी नहीं थी। सो, वह मेज़ पर मुक्के मार-मारकर भर्राए स्वर में बोल रहा था : 'नागरिको...नागरिको...'

अन्ततः वह थोड़ी व्यवस्था स्थापित करने में सफल हुआ और सभा से सलाह-मशविरा करने के बाद उसने रासनर को बोलने की अनुमति नहीं दी। खान मज़दूरों की तरफ़ से जो प्रतिनिधि मैनेजर से बातचीत करने गए थे, वे उछल-उछलकर बोल रहे थे। सब भूख-प्यास से उन्मत्त थे और नए विचारों से उत्तेजित। मतदान का नतीजा तो सभी को पहले से ही मालूम था।

'तेरे को क्या फ़िकर है ! तेरा कोठा तो दानों से भरा है !' लवाक रासनर को मुक्का दिखाते हुए बोला।

एतियन अध्यक्ष की कुर्सी के पीछे से माहूअ को शान्त करने का प्रयास कर रहा था, जो इस पाखंडपूर्ण भाषण से क्षुब्ध हो उठा था।

'नागरिको ! मेरे को कुछ बोलने दो।'

गहरा सन्नाटा तारी हो गया। उसने बोलना शुरू किया। स्वर में दर्द था और गला भर्राया हुआ था, मगर इसका तो वह आदी हो चुका था—जहाँ कहीं भी जाता, अपने गले का और कार्यक्रम का प्रदर्शन अवश्य करता। हौले-हौले अपने स्वर को ऊँचा करता जा रहा था और श्रोताओं की सहानुभूति भी उसे मिलने लगी थी। बाँहें फैलाए बोलते-बोलते कन्धों को उचकाता। किसी पादरी की तरह वाक्पटु लगता था और धर्मशिक्षा देने की शैली में जब अपने वाक्यों के अन्तिम अंश का उच्चारण धीरे-धीरे करता और समस्वर में मिनमिनाते-सा लगता, तो श्रोतागण दत्तचित्त होकर सुनते।

उसके वक्तव्य का विषय था 'इंटरनेशनल का बल और उससे प्राप्त होनेवाले लाभ'। इसी विषय पर वह उन जगहों पर भाषण किया करता था जहाँ के लोग उससे परिचित नहीं होते थे। पहले वह इंटरनेशनल के उद्देश्य के बारे में बताता—कामगारों का उद्धार; फिर उसके विशाल ढाँचे की रूपरेखा प्रस्तुत करता : सबसे नीचे कम्यून, ऊपर प्रान्त, फिर राष्ट्र और सर्वोच्च स्थान मानवता का। धीरे-धीरे बाँहें ऊपर उठाते हुए एक-एक तल का निर्माण करते हुए वह भविष्य के विशाल कैथीड्रल का निर्माण करता जाता। इसके बाद उसके आन्तरिक संगठन के बारे में समझाता—विधान का

प्रारूप बताता, सभा-सम्मेलनों का उल्लेख करता, इस कार्य के बढ़ते महत्त्व पर प्रकाश डालता और कार्यक्रम के विस्तार के बारे में बतलाता—जिसकी शुरुआत तो वेतन के प्रश्न को लेकर हुई थी, लेकिन अब वह इस प्रथा के ही ख़ात्मे के लिए प्रयत्नशील था, ताकि वेतनों का समूचा प्रश्न ही सदा-सदा के लिए समाप्त हो जाए। अब और राष्ट्रीयता नहीं होगी—सारी दुनिया के कामगार एकजुट होकर सर्वसाधारण के लिए इंसाफ़ के वास्ते संघर्ष करेंगे, बूर्जुआ सड़ान्ध को बुहारकर फेंक देंगे और अन्ततोगत्वा एक स्वतन्त्र समाज की स्थापना करेंगे जिसका यह विधान होगा कि जो बोएगा नहीं, वह खाएगा भी नहीं ! वह गर्जन-तर्जन के साथ बोलता जा रहा था और उसके श्वासों-निःश्वासों से कालिख पुती नीची छत के नीचे लटकते रंग-बिरंगे काग़ज़ के फूल कम्पायमान हो उठते थे और स्वर भी गूँजता था।

आदमियों के सिर इस तरह हिल रहे थे मानो ज्वारभाटा के संग उठ-गिर रहे हों। कुछ लोग तो चिल्लाकर बोल उठते थे : 'बिलकुल सही...हम तेरे साथ हैं !'

वह बोलता जा रहा था। कहता था कि तीन ही बरस में दुनिया मज़दूरों की मुट्ठी में होगी। फिर उसने ऐसे लोगों के नाम गिनाए जो उनका समर्थन करते थे। बोला कि चारों तरफ़ से लोग सदस्य बनते जा रहे हैं; किसी भी नए धर्म ने इतनी बड़ी संख्या में लोगों का हृदय-परिवर्तन नहीं किया। फिर जब वे मालिक बन जाएँगे, तो इन पूँजीपतियों के लिए कानून-कायदे बनाएँगे और वक्त आने पर उनका गला भी दबा देंगे !

'बिलकुल सही...तब ये लोग कोयला-खानों में उतरकर काम करेंगे !'

उसने हाथ उठाकर उन्हें ख़ामोश रहने को कहा। इसके बाद उसने हड़ताल का प्रश्न उठाया। सिद्धान्ततः वह हड़तालों के विरुद्ध था—हड़ताल पर जाना एक धीमा रास्ता है, और मज़दूरों के कष्ट बढ़ते हैं। लेकिन जब तक इससे बेहतर कोई उपाय नहीं सूझता, जब हड़ताल करना अनिवार्य हो जाता है, तो हड़ताल करनी ही पड़ती है, क्योंकि हड़ताल का फ़ायदा यह होता है कि पूँजीवाद दरहम-बरहम होने लगता है। और यह बताने के लिए उसने कुछ उदाहरण दिए कि इंटरनेशनल किस तरह ईश्वरीय वरदान है : पैरिस में ताँबा उद्योग में हड़ताल हुई नहीं कि मालिकों ने एकाएक सब बातें मान लीं, क्योंकि यह ख़बर सुनते ही उनकी हवा सरक गई थी कि 'इंटरनेशनल' की मदद आया ही चाहती है। लन्दन में तो इंटरनेशनल ने कोयला-खान के कुछ मज़दूरों की रक्षा इस तरह की कि मालिकों ने बेल्जियम के मज़दूरों को बुला लिया था और इंटरनेशनल ने अपने ख़र्च पर उन मज़दूरों को वापस उनके देश में भिजवा दिया। इंटरनेशनल का समर्थन करना ही कम्पनियों को डाँवाडोल कर देने के लिए काफ़ी है। कामगार अब मज़दूरों की विशाल वाहिनी में अपना नाम लिखा रहे हैं जो पूँजीवादी समाज के तलुवे चाटने के बजाय एक-दूसरे के लिए जान भी देने को प्रस्तुत हैं।

श्रोताओं ने तालियाँ बजाईं, तो वह रुका। रूमाल से माथा पोंछ ही रहा था कि माहूअ ने बियर पेश की, लेकिन उसने मना कर दिया। जब फिर बोलने की कोशिश की, तो पुनः तालियों की गड़गड़ाहट होने लगी और वह थम गया।

'ये लोग एकदम तैयार हैं !' उसने जल्दी-जल्दी एतियन से यह बात कही। 'इतना ही काफ़ी है...जल्दी से कार्ड...'

मेज़ के नीचे झुककर उसने छोटा-सा वह काला बक्सा निकाला और उठकर खड़ा हो गया।

'नागरिको !' अपने स्वर को कोलाहल से ऊपर उठाते हुए वह कह रहा था। 'ये रहे सदस्य बनने के कार्ड। अपने-अपने प्रतिनिधि भेजो। वे मुझसे कार्ड ले जाएँ और बाँट दें...बाकी सब बातें बाद में देखेंगे।'

रासनर दौड़कर अन्दर आया। उसने फिर विरोध करना चाहा। एतियन जोश में था, क्योंकि उसे भी भाषण करना था। एकदम हल्लागुल्ला मच गया। लवाक मुक्के दिखा रहा था, जैसे मरने-मारने को मचल रहा हो। माहूअ भी उठकर खड़ा हो गया था और बोल रहा था। लेकिन उसकी एक भी बात पल्ले नहीं पड़ती थी। उत्तेजना इतनी बढ़ी कि फ़र्श से धूल उड़ने लगी। इस जगह नाच हुआ करते थे। सो, जब धूल उड़ी, तो उसनें कोयला-खानों में ढुलाई-लदाई का काम करनेवाली छोकरियों और छोकरों की तीक्ष्ण गन्ध से वातावरण विषाक्त होने लगा।

अचानक छोटा दरवाज़ा खुला और भारी-भरकम पेट तथा छातियों वाली विधवा डेज़ीर प्रकट हुई। बुलन्द आवाज़ में बोल रही थी :

'परमात्मा के वास्ते चुप हो जाओ...सिपाही आ रहे हैं !'

स्थानीय पुलिस प्रमुख आ पहुँचा था, चाहे तनिक देरी से ही आया था। उसे रिपोर्ट लिखनी थी और सभा को भंग करना था। चार सिपाही उसके साथ ले। पाँच मिनट तक तो विधवा डेज़ीर ने उन्हें दरवाज़े पर रोके रखा था और बोली थी कि यह मेरा घर है और दोस्तों-यारों को अपने घर में बुलाने का पूरा हक है मुझे। लेकिन उन्होंने उसे धकिया कर एक तरफ़ कर दिया था और वह अपने "बच्चों" को आगाह करने के लिए दौड़ी आई थी।

'तुन लोग इस रास्ते से निकल जाओ,' वह बोली। 'एक सिपाही सेहन में पहरा दे रहा है। कोई बात नहीं। मेरा लकड़ी वाला ओसारा गली में खुलता है...लेकिन जल्दी भागो।'

पुलिस प्रमुख किवाड़ पर मुक्के मार रहा था, और चूँकि किसी ने दरवाज़ा खोला नहीं, इसलिए उसे तोड़ डालने की धमकी दे रहा था। हो न हो, ज़रूर किसी ने मुख़बिरी की होगी और वह चिल्ला-चिल्लाकर कह रहा था कि मीटिंग जो की जा रही है, कानून उसकी इजाज़त नहीं देता, क्योंकि बहुत-से खान मज़दूर बिना निमंत्रण-पत्र के आए हैं।

कमरे के भीतर अफ़रा-तफ़री मची थी। इस तरह कैसे भागकर जा सकते थे वे। अभी तो इन्होंने इंटरनेशनल में शामिल होने और हड़ताल जारी रखने के लिए मतदान भी करना था। हर आदमी अपनी-अपनी हाँके जा रहा था। अन्ततः अध्यक्ष को यह बात सूझी कि मौखिक मतदान करवा दिया जाए। हाथ ऊपर उठे। प्रतिनिधियों ने खड़े-खड़े ही घोषणा कर दी कि वे अपने अनुपस्थित कामरेडों की तरफ़ से शामिल हो रहे हैं। और इस तरह मोंसू के दस हज़ार मज़दूर इंटरनेशनल के सदस्य बन गए।

इस बीच भगदड़ मच गई थी। भागते लोगों की रक्षा के लिए विधवा डेज़ीर कपाटों के साथ सटकर खड़ी थी जो सिपाहियों की राइफ़लों के कुन्दों के प्रहारों से बुरी तरह हिल रहे थे। बेंचों के ऊपर से कूदते-फाँदते खान मज़दूर एक-एक करके किचन के रास्ते

और लकड़ी वाले ओसारे से खिसकते जा रहे थे। सबसे पहले भागनेवाले लोगों में रासनर भी था। लवाक भी उसके पीछे-पीछे आ गया था और सारा अपमान भूल बियर की आस लगाए था, ताकि देह में फिर से उत्साह का संचार हो। एतियन ने छोटा बक्सा सँभाल रखा था और प्लूकार्ट तथा माहूअ के साथ खड़ा प्रतीक्षा कर रहा था। ये लोग परे इसी बात का गर्व कर रहे थे कि वे सबसे बाद में जाएँगे। वे निकलकर जा ही रहे थे कि ताला टूट गया और पुलिस प्रधान का और विधवा डेज़ीर का आमना-सामना हुआ जिसके पेट और छातियों ने अब भी रास्ता रोक रखा था।

'अब हुई तसल्ली मेरे घर की बखिया उधेड़कर !' वह बोली। 'देख ले, है कोई यहाँ ?'

पुलिस प्रमुख सुस्त और काहिल-सा इंसान था और रास-रंग में उसकी ज़रा भी दिलचस्पी नहीं थी। बस, इतनी बात कही उसने डेज़ीर से कि तेरे को बन्द कर दूँगा, और फिर अपने चारों आदमियों के साथ रिपोर्ट देने चला गया—पीछे ज़कारी और मूके ठीठी करके हँसने लगे। खुश थे कि उनके दोस्तों ने उन्हें किस तरह छकाया और पुलिसवालों की ज़रा भी परवाह नहीं की।

एतियन गली में जैसे-तैसे बक्सा सँभाले आगे-आगे दौड़ा जा रहा था और पीछे-पीछे दूसरे लोग भागे जा रहे थे। एकाएक उसे पियरों का ध्यान आया। पूछता है कि वह दिखाई नहीं पड़ता। माहूअ ने दौड़ते हुए जवाब दिया कि वह तो बीमार है। बीमारी तो बहाना मात्र था, क्योंकि डरता था कि कहीं ज़ोर डालकर उसे राजी न कर लिया जाए। ये लोग प्लूकार्ट को रोकना चाहते थे, लेकिन वह रुके बिना बोला कि इसी समय ज़्वाज़ेल रवाना हो रहा है जहाँ लगूजह बाट जोह रहा होगा। इस पर इन्होंने ऊँचे स्वर में बोलते हुए उसे विदा किया और सरपट भागते हुए मोंसू से निकल गए। दौड़ते-हाँफते हुए आपस में एक-आध बात भी कर लेते थे। एतियन और माहूअ निश्चिन्त और विश्वस्त थे और हँस रहे थे, क्योंकि समझते थे कि अब तो मैदान मार ही लेंगे : एक बार इंटरनेशनल की मदद आ गई, तो कम्पनी वाले हाथ जोड़े आएँगे और इल्तजा करेंगे कि भइया, कोयला-खान में आकर काम शुरू करो। और इस खुशफ़हमी में सड़क के पत्थरों पर बूटों की गूँजती आवाज़ों में एक और तत्त्व सम्मिलित हो गया था, एक हिंस्र और त्रासद तत्त्व—यानी कि ऐसी हिंसा जिससे देहात की चहुँ दिशाओं के गाँवों में शोले भड़कने वाले थे।

5

दो सप्ताह और निकल गए। जनवरी महीने के आरम्भिक दिन थे और सर्द कोहरे से विशाल धरती ठिठुर रही थी। इसके साथ ही मज़दूर तबके की ख़्वारी भी बढ़ती जा रही थी। अकाल की चपेट में गाँववाले तिल-तिल करके मर रहे थे। इंटरनेशनल ने लन्दन से जो चार हज़ार फ्रां की धनराशि भिजवाई थी, उससे तो तीन दिन की रोटी भी नहीं चली थी। उसके उपरान्त उधर से कुछ भी प्राप्त नहीं हुआ था। जब सारी उम्मीद जाती रही, तो खान मज़दूरों के हौंसले पस्त होने लगे। जब सगे-सहोदर ही मँझधार में छोड़कर

जा रहे थे, तो अब किसका दामन थामेंगे ? ये लोग सारी दुनिया से अलग-थलग पड़ गए थे और इस लम्बे शीतकाल में इन्हें कोई अवलम्ब दिखाई नहीं पड़ता था।

मंगलवार तक ग्राम 240 के सारे साधन चुक गए। एतियन ने और दूसरे प्रतिनिधियों ने एड़ी-चोटी का ज़ोर लगाकर देख लिया था : आस-पास के नगरों से सहायता माँगी गई—यहाँ तक कि इतनी दूर पैरिस से भी गुहार की गई, दान-दक्षिणा के लिए भी हाथ-पैर जोड़े गए। सभाएँ की गईं। लेकिन सारे प्रयास निष्फल गए, क्योंकि शुरू-शुरू में लोगों ने जो उत्साह दिखाया था, वह हवा हो गया था। कारण यह था कि एक तो हड़ताल शान्तिपूर्वक खिंचती चली गई थी, और फिर ऐसी कोई उत्तेजक घटना भी तो नहीं घटी थी। थोड़ा-बहुत जो पैसा कभी-कभार मिल जाता था, वह दीन-हीन परिवारों का पेट भरने के लिए भी पर्याप्त नहीं था। बाकी लोग कपड़ा-लत्ता गिरवी रखकर और घर का सामान बेचकर किसी तरह दिन काट रहे थे। घर की एक-एक चीज़-बस्त कबाड़ियों के यहाँ जा रही थी—जैसे गद्दों में भरा ऊन, बर्तन-भाँडे—यहाँ तक कि मेज़-कुर्सियाँ वग़ैरह भी चली गई थीं। एक स्थल पर आकर इन लोगों को लगने लगा कि अब बच जाएँगे। मोंसू में जिन छोटे-छोटे दुकानदारों के धन्धे को मेग्रे ने चौपट कर दिया था, वे ही अपने पुराने ग्राहकों को लुभाने की ख़ातिर उधार भी देने को तत्पर थे और एक सप्ताह तक तो वेरदांक पंसारी ने और करूब्ल तथा स्मेलटेन नाम के दो नानबाइयों ने अपनी दुकानों के दरवाजे खोल दिए थे। लेकिन जब सारा सौदा-सुल्फ़ चुक गया, तो तीनों ने हाथ खड़े कर दिए। यह देख कोयला-खानों के प्रबन्धकों की बाछें खिल गईं। आख़िर, नतीजा यह हुआ कि खान मज़दूर कर्ज़ के भारी बोझ तले दबते चले गए और यह ऐसा बोझ था, जिससे वे लम्बे समय तक उबर नहीं पाएँगे। अब उधार मिलने के सारे रास्ते बन्द थे—यहाँ तक कि किसी के पास कोई पुराना भाँडा-बर्तन भी नहीं रह गया था जिसे बेचकर पेट की ज्वाला शान्त करते। बस, अब उनकी नियति यह थी कि जाकर किसी कोने में पड़ जाएँ और भूख से बिलबिलाते कटहे कुत्ते की नाईं मर जाएँ।

एतियन का बस चलता, तो जान देकर भी इन लोगों की मदद करता। पहले वह जो मंत्री का वेतन लेता था, उसे बन्द किया। फिर मारशियन गया और वहाँ अपना बढ़िया-सा फ्राक-कोट और पतलूनें गिरवी रख आया, ताकि माहअ के घर में कुछ दिन तो चूल्हा जलता रहे। हाँ, जूता उसने बचा लिया, ताकि पैर ख़राब न हों। उसे सबसे अधिक अफ़सोस तो इस बात का था कि एकाएक हड़ताल हो गई थी और इमरजेंसी फ़ंड बढ़ाने का मौका हाथ से जाता रहा था। कहता था कि इस विपदा का एकमात्र कारण यही चूक थी, क्योंकि स्पष्ट था कि जिस दिन फ़ंड इतना बढ़ जाएगा कि कामगार प्रतिरोध करने की स्थिति में आ जाएँगे, निस्सन्देह कोयला-खान के मालिकों के छक्के छूट जाएँगे। वह जानता था कि सूवारीन ने कम्पनी पर यह आरोप लगाया था कि उसने हड़ताल भी इसीलिए करवाई है कि फ़ंड बढ़ने से पहले ही साफ़ हो जाए।

गाँव में भूखे बिलखते-ठिठुरते दीन-हीन लोगों की दशा देखकर एतियन का कलेजा मुँह को आने लगता। घर से बाहर आकर दूर-दूर भटकता रहता, ताकि इतना थक-हार जाए कि निढाल होकर पड़ जाए।

एक दिन शाम को घर की तरफ़ लौट रहा था कि रास्ते में रकैयार में सड़क के किनारे एक बुढ़िया बेहोश पड़ी मिली। स्पष्ट था कि भुखमरी के कारण उसकी यह दशा हुई थी। दौड़कर उसने बुढ़िया को अपनी बाँहों में उठाया और फ़ेंस के दूसरी तरफ़ खड़ी एक लड़की को आवाज़ दी।

'अरी, तू है !' मूकेत को पहचानते ही वह बोला। 'इधर आ, मेरी मदद कर। इसे कुछ पिला।'

मूकेत की आँखें भर आईं। तत्काल घर के भीतर भागी। घर क्या था, रोड़ी-गिट्टी और मलबे के बीचोंबीच उसके बाप ने एक ख़स्ताहाल मड़ैया-सी बना रखी थी। थोड़ी-सी जिन और थोड़ी-सी रोटी लेकर उलटे पैरों दौड़ी आई। जिन पीते ही बुढ़िया सँभल गई और फिर बैठकर चुपचाप भूखों की तरह रोटी तोड़ने लगी। किसी खान मज़दूर की यह माँ कूनी के निकट किसी गाँव की थी और ज़्वाज़ेल में किसी बहन से दस सू उधार लेने गई थी, लेकिन उसने मना कर दिया था और लौटती बार रास्ते में गिरकर बेहोश हो गई थी। जब रोटी खा चुकी, तो उठ खड़ी हुई, हालाँकि अभी तक सुन्न-सी बैठी थी, और अपनी राह हो ली।

एतियन रकैयार के उस उजाड़ इलाके में खड़ा था जिसके सड़ते-गलते ओसारों को झाड़-खंखाड़ निगलता जा रहा था।

'अजी, भीतर नहीं आएगा क्या ? आकर कुछ पी ले।' मूकेत खींसे निपोरते हुए बोली।

एतियन हिचकिचाया, तो कहती है, 'क्यों, रे ! मेरे से अब भी डरता है क्या ?'

एतियन उसके पीछे-पीछे भीतर चला गया। मूकेत ने अपनी हँसी-खिलखिलाहट से उसे एकदम मोह लिया था। फिर वह इस बात से भी अभिभूत था कि मूकेत ने ख़ुशी-ख़ुशी बुढ़िया को जिन और रोटी दी थी।

मूकेत बाप की कोठरी में नहीं ठहरना चाहती थी। सो, उसे अपनी कोठरी में ले आई। तत्काल उसने छोटे-छोटे गिलासों में जिन डाली।

कमरा एकदम साफ़-सुथरा था, जिसे देखकर एतियन लगा तारीफ़ के पुल बाँधने। वास्तविकता तो यह थी कि इस परिवार के पास किसी चीज़ की कमी नहीं थी। मूकेत का बाप अब भी ला वोरअ में साईस की नौकरी करता था और स्वयं मूकेत भी चूँकि हाथ पर हाथ धरे बैठी नहीं रहना चाहती थी, इसलिए उसने धोबिन का धन्धा अपना लिया था, जिससे प्रतिदिन उसे तीस सू की आय हो जाती थी। कोई छोकरी यदि मर्दों की संगति में डोलती फिरती है, तो इसका यह मतलब नहीं कि वह नाकारा है, काहिल है।

'बोल, रे !' वह मिमियाते हुए बोली और नख़रे से उसने एतियन की कमर को बाँहों के घेरे में ले लिया। फिर पूछती है, 'मेरे को प्यार नहीं करता न ?' उसके स्वर में ऐसी शीरनी थी कि एतियन को हँसी आ गई।

'करता तो हूँ,' वह बोला।

'नइ-नइ, उस तरह नहीं, जिस तरह मैं चाहती हूँ...देख न, मैं इसके लिए कितनी मर रही हूँ !...ठीक ? मेरे को बोत मजा आएगा !'

यह सच भी था। यह औरत पिछले छह मास से एतियन के पीछे पड़ी थी। अब

एकदम उससे चिपट गई और लरज़ती बाँहों से उसका आलिंगन करते हुए प्रणय-निवेदन की मुद्रा में मुँह ऊपर करके इस तरह उसकी आँखों में झाँकने लगी कि वह एकदम पिघल गया। मूकेत का चौड़ा-चकला गोल मुहांद्रा किसी भी दृष्टि से सुन्दर नहीं कहा जा सकता था, क्योंकि एक तो उसका रूप-रंग पीला-पीला-सा पड़ गया था और फिर बाकी कसर कोयले ने पूरी कर दी थी। लेकिन उसकी आँखों में ऐसी ज्वाला धधकने लगी थी, उसमें ऐसी कशिश थी, कामेच्छा से वह इस तरह लरज़ रही थी कि एकाएक कच्ची-क्वारी, कमसिन लगती थी। और फिर जिस दीन भाव से और पूरी उत्कटता के साथ अर्पित होने को उत्कंठित हुई थी, एतियन से इनकार करते न बन पड़ा।

'ओह, तू करेगा ? तू करेगा ?' वह भावविह्वल होकर हकलाने लग गई। 'तू करेगा ?'

और फिर किसी अक्षतयोनि की तरह और इस उतावली में आनन्दातिरेक में हिलोरे लेते हुए उसने ऐसे आत्मसमर्पण किया, जैसे आज पहली बार ही उसे पुरुष-संसर्ग प्राप्त हो रहा हो।

जब वह निपट लिया, तो मूकेत भावविभोर होकर कृतज्ञतावश लगी उसके हाथों को ताबड़तोड़ चूमने-चुमकारने।

इस तरह बख़्त जागने से एतियन थोड़ा लज्जित भी हो रहा था। मूकेत से यौन-सम्बन्ध स्थापित करके आत्मश्लाघा में इतराने की भी कोई बात नहीं थी। जब एतियन वहाँ से निकला, तो दोनों कानों को हाथ लगाकर उसने सौगन्ध खाई कि फिर कभी इस बात की नौबत नहीं आने देगा। लेकिन मूकेत के प्रति उसका अनुराग बना रहा। सचमुच, कितनी जीवन्त स्त्री है।

जब एतियन वापस गाँव पहुँचा, तो कुछ ऐसी गम्भीर घटनाओं की ख़बर लगी कि मूकेत के साथ जो घटा था, वह उसके चित्त से एकदम निकल गया। एक बात तो यह कही जा रही थी कि यदि प्रतिनिधि एक बार फिर जाकर मैनेजर से अपील करेंगे, तो कम्पनी शायद कुछ रियायतें देने को राज़ी हो जाएगी। कम-से-कम फ़ोरमैन तो यही हाँकते फिरते थे। मगर वास्तविकता यह थी कि इस संघर्ष से जितना नुकसान मज़दूरों का हो रहा था, उससे कहीं अधिक हानि कोयला-खानों को उठानी पड़ रही थी। दोनों पलड़े हटधर्मिता पर अड़े थे और तबाह हो रहे थे : मज़दूर भुखमरी का शिकार था और पूँजीपति अपने पैर पर कुल्हाड़ी मार रहा था। कोयला-खानों में कोई काम न होने से प्रतिदिन हज़ारों-लाखों फ्रां का नुकसान होने लगा था। बेकार पड़ी एक-एक मशीन बेजान हो गई थी। संयंत्र और उपकरण, दोनों ही बिगड़ते जा रहे थे। गतिहीन पूँजी धीरे-धीरे इस तरह जा रही थी जिस तरह पानी रेत में अदृश्य हो जाता है। कम्पनी के अहातों में कोयले का जो छोटा-मोटा भंडार रह गया था, वह भी चुकता जा रहा था और ग्राहक बेल्जियम के स्रोतों से कोयला मँगाने की फ़िराक में थे। इससे भविष्य में हानि होने का डर था। मगर कम्पनी को ख़ास डर जिस बात का था, उस पर वह पर्दा डालने की कोशिश कर रही थी—और वह यह था कि कोयला-खानों के भीतर के गलियारों और उनके मोहरों पर इससे भी ज्यादा नुकसान होने का अन्देशा था। फ़ोरमैन इतने समर्थ नहीं थे कि सार-सँभाल कर सकते। कोयला-खानों के भीतर लगे शहतीर-बल्लियाँ

ढहने शुरू हो गए थे और थोड़ी-थोड़ी देर बाद कहीं-न-कहीं कोयला-खान का कोई हिस्सा बैठ जाता था। देखते-ही-देखते नुकसान इतना बढ़ता जा रहा था कि मरम्मत आदि करने के काम में महीने लग जाएँगे, तब कहीं जाकर कोयले की कटाई करनेवाले मज़दूर अपना काम शुरू कर पाएँगे।

फिर तरह-तरह की अफ़वाहें फैलने लगी थीं। कहा जा रहा था कि क्रेवकर में नौ सौ फुट लम्बी सुरंगें एक साथ बैठ गई हैं, जिसके कारण सैंक-पोम शिग़ाफ़ तक जाने के रास्ते बन्द हो गए हैं। फिर, मादालियन में मोग्रेतू भी झड़ने लगी है और उसमें पानी भरने लगा है। शुरू में तो कम्पनी वाले यह मानने को तैयार ही नहीं हुए, लेकिन जब एक के बाद एक दुर्घटना होने लगी, तो विवश होकर उन्हें यह स्वीकार करना पड़ा। एक सुबह ला पिओलेन के निकट मीरू की उत्तर दिशा वाले गलियारे में एक दरार दिखाई पड़ी, क्योंकि रात को वहाँ की ज़मीन धँस गई थी। अगले दिन ल वोरअ में भी खान का एक हिस्सा बैठा, तो कस्बे का एक कोना इतने ज़ोर से काँपा कि दो घर करीब-करीब नष्ट ही हो गए।

एतियन और प्रतिनिधि नहीं चाहते थे कि निदेशक-मंडल के रवैए को जाने बिना अगला कदम उठाएँ। हाँ, दांसायर से इन्होंने जिज्ञासा अवश्य की, मगर वह भी निश्चयपूर्वक कुछ बता नहीं पाया और कतराता फिरा। निस्सन्देह उसे मलाल इस बात का था कि ग़लतफ़हमी के कारण यह सब हो रहा था, मगर इसके साथ यह भी कहता था कि समझौते के लिए हर प्रयास किया जाएगा। फिर भी, उसने कुछ स्पष्ट नहीं किया कि क्या करने जा रहे हैं।

अन्ततः इन्होंने मोंस्यो हेनबो से एक बार फिर मुलाकात करने का फ़ैसला किया। वह भी केवल इसलिए कि बाद में इन्हें दोष न दिया जाए कि इन्होंने कम्पनी को मौका ही नहीं दिया कि वे अपनी ग़लतियाँ सुधारें। लेकिन इसके साथ-साथ इन्होंने यह सौगन्ध भी खाई कि चाहे कुछ हो, एक इंच क्या होता है, नहीं झुकेंगे और अपनी माँगों पर डटे रहेंगे, क्योंकि न्याय उनके पक्ष में है।

यह मुलाकात मंगलवार सुबह, यानी उस दिन हुई जिस दिन गाँववालों की हालत अत्यन्त दयनीय थी। फिर यह मुलाकात पहली मुलाकात के मुकाबले इतनी सौहार्द्रपूर्ण भी नहीं थी। इस बार माहूअ ने ही बात शुरू की। छूटते ही बोला कि कामरेडों ने इन्हें यह पता लगाने के लिए भेजा है कि शायद डायरेक्टरों ने इनसे कोई नई बात कहने की सोची हो। पहले तो मोंस्यो हेनबो ने ऐसे जतलाया जैसे यह बात सुनकर उसे अचम्भा हो रहा है। बोला कि उसे तो ऐसा कोई आदेश नहीं मिला, और साथ ही यह भी इन्हें जतला दिया कि जब तक खान मज़दूर अपनी घिनौनी बग़ावत से बाज़ नहीं आएँगे, तब तक स्थिति बदलेगी नहीं। उसके इस कठोर रवैए का इन पर दुर्भाग्यपूर्ण असर पड़ा। हालाँकि प्रतिनिधिगण सुलह-सफ़ाई की नीयत से आए थे, मोंस्यो हेनबो ने इनके साथ जिस तरह का व्यवहार किया, उससे इनमें डटे रहने का इरादा और भी मज़बूत हो गया। इसके बावजूद, इन्हें यह भी लगा कि मैनेजर ले-देकर मामला हल करने की फ़िराक में भी है। उदाहरण के लिए, यदि कामगार शहतीर-बल्लियाँ जमाने के काम के लिए अलग से मजूरी लेने को राज़ी हों, तो मज़दूरों की माँग को स्वीकार करते हुए कम्पनी इस काम

के लिए दो सांटीम बढ़ा भी सकती है। लेकिन इसके साथ ही उसने यह बात भी साफ़ कर दी कि यह वह अपनी तरफ़ से कह रहा है, और अभी तक इस बारे में कम्पनी ने कोई फ़ैसला नहीं किया। लेकिन उसने यह डींग भी मारी कि वह पैरिस से इसकी स्वीकृति प्राप्त कर सकता है।

प्रतिनिधियों ने इसे अस्वीकार कर दिया और अपनी माँगों पर डटे रहे : पुरानी प्रणाली बरकरार रहनी चाहिए और प्रति छकड़ा मजूरी पाँच सांटीम बढ़ाई जानी चाहिए।

इस स्थल पर मोंस्यो हेनबो ने यह भी स्वीकार कर लिया कि उसे मज़दूरों के सीधे-सीधे बातचीत करने का अधिकार मिला है। इसके साथ ही उसने मज़दूरों के भूखों मरते बीवी-बच्चों का वास्ता देते हुए इनसे आग्रह किया कि उसके प्रस्ताव को वे स्वीकार कर लें। लेकिन मज़दूर तो अपने निश्चय पर दृढ़ थे। आँखें फ़र्श पर टिकाए इन्होंने मोंस्यो हेनबो के प्रस्ताव को स्वीकार करने से साफ़ मना कर दिया।

मुलाकात एकदम विफल गई। वे बाहर निकले, तो मोंस्यो हेनबो ने उनके पीछे भड़ाक से दरवाज़ा बन्द कर लिया और एतियन तथा माहूअ और बाकी लोग गली के पत्थरों पर भारी बूटों से खट-खट करते हुए चल पड़े। इनकी दशा उन हारे हुए लोगों जैसी थी जो घोर संकट में पड़ गए हों।

करीब दो बजे गाँव की लुगाइयों ने अपने आप फ़ैसला किया कि वे जाकर मेग्रे से मिलती हैं। इन्हें, बस, एक ही आस थी अब कि इस शख़्स को इस बात के लिए राज़ी कर लेंगी कि वह एक और सप्ताह के लिए उधार सौदा-सुल्फ़ दे। सबसे पहले यह बात ला माहूद के ज़हन में आई थी, क्योंकि वह लोगों की सदाशयता पर अत्यधिक भरोसा करती थी। उसने ला ब्रूले को और ला लवाक को भी साथ चलने को राज़ी कर लिया, लेकिन ला पियरोन ने यह कहकर क्षमा माँग ली कि बीमार पियरों को इस तरह अकेला छोड़कर कहीं नहीं जा सकती। कुछ और स्त्रियाँ भी शामिल हो गईं। इस तरह इनकी संख्या बीस हो गई।

मोंसू के निवासियों ने जब इन दीन-हीन, फटेहाल स्त्रियों को इस तरह सड़क पर उतरते देखा, तो उनका माथा ठनका। झट से दरवाज़े बन्द होने लगे। एक स्त्री ने तो अपने चाँदी के बर्तन आदि छिपा दिए। आज पहली बार गाँव की स्त्रियाँ इस तरह बाहर निकली थीं और यह भविष्य के लिए कोई शुभ संकेत नहीं था।

मेग्रे के यहाँ ज़बरदस्त हंगामा हुआ। पहले तो मेग्रे इन्हें खुशी-खुशी भीतर लिवा ले गया। लगा इनके साथ ठी-ठी करने। वह तो यह समझा था कि लुगाइयाँ अपना-अपना उधार चुकता करने के लिए आई हैं और प्रसन्न था कि इतना रुपया आज एक साथ मिलने जा रहा है।

मगर ला माहूद ने बात शुरू ही की थी कि मेग्रे तैश में आकर बकने-झकने लगा—ये लुगाइयाँ मुझे पागल या बेवकूफ़ समझती हैं क्या ? और उधार दूँ ? मेरा दिवाला निकालना चाहती हैं क्या ? नहीं, एक आलू तक नहीं दूँगा, रोटी का एक टुकड़ा तक नहीं दूँगा। और फिर बोला कि जाओ, वेरदांक पंसारी के पास जाओ, करूब्ल और स्मेल्टन नानबाइयों के पास जाओ, जिनसे पिछले दिनों सौदा-सुल्फ़ लेती रही हो !

औरतें डरी-डरी-सी, सहमी-सहमी-सी उसके गुस्से को झेलती रहीं। फिर लगीं

क्षमायाचना करने और उसका मुँह देखने कि शायद इस शख़्स को दया आ जाए। लेकिन मेग्रे था कि अपने स्वाभाविक भोंडे-अश्लील मज़ाक पर उतर आया। बोला—अगर ला ब्रूले मुझे अपना यार-आशिक बनाने को राज़ी हो जाए, तो वह चाहे, तो सारी दुकान उठाकर ले जा सकती है।

मेग्रे को रिझाने को वे इतनी व्यग्र थीं कि लगीं खी-खी करने। ला लवाक ने तो यहाँ तक कह दिया कि हाँ, वह तैयार है।

लेकिन मेग्रे एकदम बकसैला होकर इन्हें लगा दरवाज़े की तरफ़ खदेड़ने। फिर भी स्त्रियों ने अनुनय-विनय करना नहीं छोड़ा, तो मेग्रे ने एक औरत पर हाथ उठा दिया।

बस, सब औरतें बाहर गली में आ गईं और लगीं उस पर बरसने। विश्वासघाती, ग़द्दार और पता नहीं क्या-क्या बोलती चली गईं। ला माहृद कीनावर की तरह आवेश में आकर मुट्ठियाँ भींच-भींचकर बोल रही थी—मुए, तेरे को मौत आएगी, तेरे जैसे इंसान को अन्न का दाना तक नसीब नहीं होगा...

स्त्रियाँ अत्यन्त दुखी-संतप्त होकर गाँव लौटीं। इन्हें रीते हाथ आते देख मर्द बौराई आँखों से देखे जा रहे थे। फिर सिर डालकर बैठ गए। सारी आस जाती रही थी। सारे दिन इन्हें अब एक चम्मच सूप भी नसीब नहीं होगा। फिर भविष्य मुँह बाए खड़ा था, जिसमें आशा की कोई किरण दिखाई नहीं देती थी।

परन्तु इसका वरण इन लोगों ने स्वयं किया था। अतः एक भी आदमी ने टस से मस होना स्वीकार नहीं किया। कष्टों के पहाड़ अवश्य इन पर टूट पड़े थे, लेकिन घुटने टेकने को वे तैयार नहीं थे। इन्होंने यह संकल्प किया कि चाहे उन जंगली जानवरों की तरह मारे जाएँ जो माँद में घुसकर बैठ जाते हैं मगर बाहर नहीं निकलते। ऐसे में किसी की हिम्मत थी जो घुटने टेकने की बात करे ? सबने शपथ ली कि हमेशा एक-दूसरे का साथ देंगे और विरत नहीं होंगे—बिलकुल उसी तरह जिस तरह कोयला-खान के भीतर एक आदमी के दब जाने पर सबने एकजुट होकर उसे निकाला था। एकदम वैसा ही व्यवहार करेंगे। कोयला-खानों में काम करते-करते इनमें पर्याप्त सहन-शक्ति आ गई थी। अगर कोई बारह बरस की उम्र से ही आग और पानी के सहारे गुज़र-बसर करता आ रहा हो, तो निश्चय ही वह हफ़्ता-भर पेट पर पट्टी बाँधकर रह सकता है। और उसका यह संकल्प उसी तरह सुदृढ़ था जिस तरह कि त्याग-भावना से प्रेरित किसी सैनिक का होता है—ऐसी भावना जो किसी व्यक्ति के भीतर अपने काम-धन्धे में आत्माभिमान और प्रतिदिन मृत्यु से संघर्ष करने के आत्मगौरव से उत्पन्न होती है।

वह रात माहृअ परिवार के लिए विपदा की रात्रि बनकर आई। वे बुझती अँगीठी के इर्द-गिर्द बैठे थे जिसमें बचा-खुचा चूरा धुँधुआ रहा था। गद्दे का थोड़ा-बहुत ऊन निकालकर वे पहले ही बेच चुके थे और कुकु घड़ी जो अभी तक बची रह गई थी, उसे भी नरसों तीन फ्रां में ठिकाने लगा आए थे। चूँकि कमरे में अब घड़ी की टिक-टिक की आवाज़ सुनाई नहीं पड़ती थी, ऐसे प्रतीत होता था, जैसे सारा कमरा ही अनावृत्त और मृत पड़ा हो। घर में सजावट की चीज़ों में से केवल एक ही चीज़ बची रह गई थी, और वह था आलमारी के बीचोंबीच रखा गुलाबी गत्ते का बक्सा, जो माहृअ ने कभी

ला माह्द को उपहार समझकर दिया था और जिसे इस स्त्री ने अभी तक ऐसे सँभालकर रख छोड़ा था जैसे कोई रत्न हो। दो अच्छी-सी कुर्सियाँ भी जा चुकी थी। बोनमोर्त और बच्चे काई लगी बेंच पर घुसड़-घुसड़कर बैठे थे, जिसे वे बगीची में से उठाकर घर के भीतर ले आए थे। गहराता हुआ धुँधलका सर्दी में और अधिक ठिठुरन पैदा कर रहा था।

'अब क्या होगा ?' अँगीठी के आगे दीन-हीन दशा में बैठी ला माह्द बार-बार एक ही बात कहती थी।

एतियन वहीं खड़ा था और दीवार पर चिपकी राजा-रानी की तस्वीरों को देखे जा रहा था, जिन्हें इन्होंने कमरा सजाने के लिए लगाया था। एतियन का बस चलता, तो बहुत पहले ही इन तस्वीरों को फाड़कर फेंक देता यदि घरवाले उसे रोक न लेते। अब वह दाँत भींचते हुए बड़बड़ा रहा था :

'गौर करने का मसला है कि ये रंगरेलियाँ मनानेवाले लोग हमें भूखों मरते हुए देख रहे हैं। इनकी बोली लगाओ, तो दो सू भी हासिल नहीं होंगे।'

'अगर मैं यह बक्सा गिरवी रख आऊँ...' एकदम पीलिया गई ला माह्द तनिक संकोच से बोली।

माह्अ मेज़ के किनारे पर बैठा टाँगें झुला रहा था। ठुड्डी सीने में धँसी थी। सुनते ही एकदम तनकर बैठ गया और बोला, 'नहीं...ख़बरदार, जो बेचा इसे।'

ला माह्द कराहती हुई उठी और कमरे में डोलती फिरी। हे परमात्मा ! क्या, सचमुच, हमारी यह ख़्वारी होनी थी ? घर में ज़रा-सी भी रोटी नहीं। दूसरी कोई चीज़ भी नहीं बची। आग भी बुझने को थी। फिर लगी आवेश में आकर अलज़ीर को झिड़कने। सुबह उसने बालिका को भेजा था कचरे के ढेर से कोयले की राख बीनकर लाने को। मगर खाली हाथ लौट आई थी और बोली थी कि कम्पनी वालों ने कोयला बीनने नहीं दिया। किसको परवा है कम्पनी की ? मानो चूरा बीनना चोरी करना हो !

मायूस खड़ी बालिका बता रही थी कि किस तरह एक आदमी ने कहा था कि कोयला बीनेगी, तो मारूँगा। लेकिन फिर माँ से यह बात भी कहती है—कल फिर जाएगी कोयला बीनने। चाहे कोई मारे-पीटे, फिर जाएगी।

'और वह नाकारा यांलैं ?' माँ एक बार फिर चिल्लाकर बोल उठी। 'कहाँ है वह, बोलो...गया था सलाद लेने—कम-से-कम थोड़ी-सी घास ही चबा लेते, जानवरों की तरह। देख लेना, रात को घर ही नहीं आएगा। कल रात भी नहीं आया था। पता नहीं क्या गुल खिलाता रहता है ? लेकिन लगता है, कमबखत का पेट भरा है !'

'हो सकता है, सड़क पर खड़ा कुछ सू जुटा रहा हो !' एतियन ने यह बात कही, तो ला माह्द एकदम आपे से बाहर हो गई। मुट्ठियाँ भींचते हुए बोली, 'कैसी बात कहता है, रे !...मेरे बच्चे भीख माँगने जाएँगे ? जान न निकाल लूँ ? अपनी जान भी दे दूँगी ऐसे में !'

माह्अ मेज़ के सिरे पर गर्दन डालकर फिर बैठ गया था। लेनोर और आरी हैरान थे कि घर में खाने-पीने को कुछ भी नहीं है। इसलिए लगे पिनपिनाने। बूढ़ा बोनमोर्त

चुपचाप बैठा दार्शनिकों की तरह जैसे मुँह में जीभ चुभलाते हुए मन को तसल्ली दे रहा था कि कुछ खा रहा है। कोई कुछ बोल नहीं पा रहा था। सभी अपनी-अपनी बीमारी की गम्भीरता के कारण पस्त हो गए थे—दादा खाँस-खाँसकर मुँह से काले-काले थक्के फेंक रहा था, जोड़ों की पीड़ा उसे फिर सताने लगी थी और जलोदर भी था उसे...बाप दमे का मरीज़ था और घुटनों में पानी भर गया था...माँ और बच्चे पुश्तैनी कंठमाला और ख़ून की कमी से पीड़ित थे। निस्सन्देह ये सब व्याधियाँ इन्हें काम करते हुए ही लगी थीं। लेकिन तकलीफ़ इन्हें तब होती, जब भोजन न मिलने से हालत बिगड़ती।

फिर गाँव के लोग मक्खियों की तरह मर रहे थे। कहीं-न-कहीं से कुछ तो हासिल करना होगा। हे परमात्मा ! करें भी तो क्या करें ? जाएँ भी, तो जाएँ कहाँ ?

साँझ का झुटपुटा धीरे-धीरे कमरे को निगलने लगा था। एतियन का दिल भी बैठने लगा था। थोड़ी दुविधा में था। लेकिन मन थोड़ा पक्का करके बोला, 'अभी आता हूँ। बाहर का हालचाल पता कर आऊँ...'

और वह घर से निकला। उसे मूकेत का स्मरण हो आया। ज़रूर उसके पास एक-आध रोटी होगी और माँगूँगा, तो ख़ुशी से दे भी देगी। रकैयार जाना उसे अच्छा नहीं लग रहा था, फिर भी गया। वह छोकरी देखते ही प्यार की भूखी नौकरानी की तरह उसके हाथों को चूमने-चाटने लगेगी। मगर कोई दोस्त मुसीबत में हो, तो आदमी मदद करने को गुरेज़ नहीं करता। ज़रूरत पड़ी, तो मूकेत के साथ प्रेम से व्यवहार करेगा।

'मैं भी बाहर जाकर देख आती हूँ,' ला माहूद बोली। 'यहाँ छावनी डालने का क्या फ़ायदा !'

उसने पुनः दरवाज़ा खोला और भड़ाक से बन्द करके चली गई। थोड़ी देर पहले ही अलज़ीर ने मोमबत्ती बाली थी। उसकी फीकी रोशनी में वे गुमसुम-से, गूँगे-से बैठे बिटर-बिटर देख रहे थे।

इधर, ला माहूद बाहर निकलकर ठिठकी और सोच में पड़ी देखती रही। फिर लवाक के घर के भीतर चली गई।

'देख, उस दिन मैंने तेरे को पावरोटी दी थी। ला, आज तू मुझे एक रोटी दे।'

लेकिन फिर एकदम चुप हो गई। वहाँ का दृश्य देख आगे कुछ कहने की हिम्मत नहीं हुई। लवाक के घर की दशा इसके अपने घर से भी गई-गुज़री थी।

ला लवाक बुझी आग की तरफ़ टकटकी लगाए देखे जा रही थी। और लवाक था कि कहीं से मेख वालों के संग खाली पेट चढ़ाकर आया था और मेज़ पर सिर डाले सो रहा था। बूतलू दीवार के साथ ढासना लगाए बैठा था और आदतन कन्धे खुजला रहा था। उसकी हैरान-परेशान हुई सूरत किसी ऐसे आदमी जैसी लगती थी जिसकी ज़र-ज़मीन कोई हज़म कर गया हो और भौंचक-सा बैठा हो और पेट पर पट्टी बाँधने को विवश हो।

'रोटी !' ला लवाक बोलती है। 'अरे, मैं तो तेरे से आकर माँगने की सोच रही थी !'

तभी उसका घरवाला नींद-नींद में ही बड़बड़ाया और ला लवाक ने उसका मुँह पकड़कर मेज़ पर पटका।

'ख़ामोश, सुअर कहीं का ! तेरी अँतड़ियाँ सड़-गल क्यों नहीं जातीं !...तेरे को उन्होंने दारू पिलाया। तेरे मुँह में ज़बान नहीं थी जो उनसे बीस सू ही माँग लेता ?' वह इस तरह चीख-चीखकर अपनी भड़ास निकालती रही। सारा घर एकदम मलिन पड़ा था, क्योंकि पता नहीं कब से उसकी सार-सँभाल नहीं की थी किसी ने। फ़र्श से ऐसी दुर्गन्ध उठ रही थी कि बर्दाश्त नहीं हो रही थी। कहती थी कि सारा घर ढहढेरी हो जाए, उसकी बला से ! और फिर सोने पर सुहागा, बेटा, वह आवारा छोकरा, बेबेर, सुबह से निकला है और अभी तक लौटकर नहीं आया। चीख-चीखकर बोल रही थी कि बेहतर है लौटकर ही न आए। फिर कहने लगी कि सो जाती हूँ। इससे कम-से-कम थोड़ी गरमाइश तो मिलेगी बिस्तर में।

उसने बूतलू को कोहनी मारकर जगाया।

'उठ, चलते हैं...आग बुझ गई है। मोमबत्ती जलाकर भी क्या करेंगे—खाली तश्तरियों को देखना है क्या ? आ रहा है, लुइ ? मैंने कहा, चलकर सोते हैं...थोड़ा प्यार-व्यार करें जाकर, तो मन चंगा हो।...और यह पियेला हरामज़ादा नीचे पड़ा रहे, मरे सर्दी में।'

ला माहूद बाहर निकल आई। बगीचियों में से तेज़-तेज़ चलते हुए पियरोनों के घर की तरफ़ चली। वहाँ गई, तो भीतर से हँसने-खिलखिलाने की आवाज़ें आ रही थीं। दरवाज़ा खटखटाया, तो भीतर एकदम सन्नाटा हो गया। फिर काफ़ी देर बाद जाकर दरवाज़ा खुला।

'अरी, तू है !' ला पियरोन जैसे चकित होकर बोली। 'मैं समझी, डॉक्टर आया है।'

ला माहूद को उसने कुछ बोलने नहीं दिया। फिर धधकते कोयलों की आग के आगे बैठे पियरों की तरफ़ इशारा करते हुए कहती है :

'अभी इसकी तबियत ठीक नहीं हुई। देखने में लगता तो चंगा-भला है, लेकिन पेट में तकलीफ़ है। इसे गरमाइश की ज़रूरत है। सो, घर में जो कुछ रखा था, सब जलाए जा रहे हैं।'

मगर असलियत तो यह थी कि पियरों एकदम चुस्त-दुरुस्त था। रूप-रंग भी उसका गुलाबी-गुलाबी हो रहा था। देह भी हृष्ट-पुष्ट थी। व्यर्थ ही बीमार होने का स्वाँग करते हुए हाँफ रहा था। और फिर, जब ला माहूद भीतर आई थी, तो खरगोश की तेज़ महक उसके नासारंध्रों में पड़ी थी—हालाँकि मेज़ को पोंछकर उन्होंने साफ़ कर दिया था। फिर भी, कुछ जूठन पड़ी थी और अँगूरी की बोतल भी भूल से मेज़ पर छूट गई थी।

'माँ मोंसू गई है। शायद वहाँ एक-आध रोटी हाथ लग जाए,' ला पियरोन कह रही थी। 'बैठे उसी की इन्तज़ार कर रहे हैं।'

लेकिन स्वर गले में ही अटककर रह गया, क्योंकि उसने लक्ष्य किया कि पड़ोसन की नज़र अँगूरी की बोतल पर टिकी है। बस, लगी सफ़ाई देने : हाँ, अँगूरी है। ला पिओलेन वाले उसके पति के लिए लाए थे, क्योंकि डॉक्टर ने उसे बारदो देने की हिदायत दी थी। और लगी उन भले लोगों का गुणगान करने, विशेषकर उस जवान लड़की के प्रति कृतज्ञता प्रकट करने, जिसे घमंड तो छू तक नहीं गया। मज़दूरों के घरों में ख़ुद चलकर जाती है और अपने हाथों से लोगों को दान देती है।

'हाँ-हाँ,' ला माहूद बोली। 'जानती हूँ उन्हें।'

ला माहूद यह सोच-सोचकर दुखी हो रही थी कि दान की चीज़ें उन्हीं लोगों को मिलती हैं जिन्हें उनकी बिलकुल ज़रूरत नहीं होती। हमेशा से यही होता आया है। ला पिओलेन के वे लोग तो नदी को भी पानी से भर सकते हैं। क्या बात है कि उसे इन लोगों का दर्शनलाभ तक नहीं हुआ ? कुछ-न-कुछ तो हासिल हो जाता उनसे।

'मैं आई थी,' अन्ततः उसने स्वीकार किया, 'यह देखने कि हमारे घर से यहाँ की हालत बेहतर है या नहीं...तेरे घर में थोड़ी-बहुत सेवई तो होगी ही। देगी ?'

ला पियरोन एकदम अफ़सोस करते हुए बोली, 'बहना ! कुछ भी तो नहीं है—यहाँ तक कि सूजी का एक दाना भी घर में नहीं रखा...अगर माँ लौटकर नहीं आती, समझ लेंगे पावरोटी नहीं मिली। बस, रात को कुछ खाए-पिए बिना ही बिस्तर पर पड़ जाएँगे।'

तभी तहख़ाने के भीतर से रोने-बिलखने का स्वर सुनाई पड़ा। कोई ज़ोर-ज़ोर से दरवाज़ा पीट रहा था। पियरोन बता रही थी कि यह कुतिया लिडी है। बन्द कर रखा है छोकरी को। दिन-भर आवारागर्दी करने के बाद पाँच बजे तक लौटकर नहीं आई थी। सो, इसे यह सज़ा दी है। नहीं तो काबू ही नहीं आती। पता नहीं कहाँ मारी-मारी फिरती है।

ला माहूद खड़ी देख रही थी। समझ नहीं पा रही थी कि यहाँ से जाए या न जाए। धधकती आग की तपिश से सुख की कष्टकर अनुभूति होने लगी थी, और यह देखकर भूख भी लग आई थी कि इस घर में खाने-पीने का सामान रखा है। स्पष्ट था कि बुढ़िया को इन्होंने घर से बाहर भेज दिया था और लिडी को भी तहख़ाने में बन्द कर दिया था, ताकि आराम से बैठकर खरगोश का भोग लगा सकें। अरे, कोई कुछ बकता-झकता रहे, अगर औरत दूसरे मर्द से आशनाई करती है, तो उसका लाभ उसके परिवारवालों को भी तो मिलने लगता है।

बाहर रात घिर आई थी और बादलों की ओट में चाँद धरती पर मन्द-मन्द प्रकाश ही बिखेर पा रहा था। ला माहूद इतनी संतप्त हो उठी थी कि सीधे घर लौटकर जाने का उत्साह ही मर गया था। सो, बगीचियों के रास्ते जाने के बजाय उसने लम्बा रास्ता पकड़ा। कतार में खड़े मकानों के बेजान अगवाड़ों के एक-एक द्वार पर अकाल और विपदा का साया मँडरा रहा था। किसी का दरवाज़ा क्यों खटखटाए ? चारों तरफ़ 'ग़रीबी-मुफ़लिसी' कुंडली मारे बैठी थी। हफ़्तों से जब खाना-पीना छूटा था, तो प्याज़ की गन्ध तक—वह तीखी गन्ध तक ग़ायब हो गई थी जो देहाती इलाकों में दूर-दूर तक यह अहसास दिलाया करती थी कि निकट ही कोई गाँव-गामड़ा है। उसकी जगह अब तो वहाँ पुराने तहखानों की बास, माँदों-बिलों का सीलापन ही सूँघने को मिलता था जिनमें अब कोई रहता-सहता नहीं था। वातावरण में अस्पष्ट-से स्वर सुनाई पड़ते थे—घुट-घुटकर विलपने के और कोसने-धिक्कारने की चीख-चिल्लाहट के...हौले-हौले गहराते सन्नाटे में भूखी नींद के अनकरीब आने—खाली पेट के दुःस्वप्नों की गिरफ़्त में जकड़ी बिस्तरों पर लुढ़की देहों की क्लान्ति की आहटें ही सुनाई पड़ती थीं।

ला माहूद चर्च के आगे से निकलकर जा ही रही थी कि द्रुतवेग से निकलती एक

छाया पर उसकी नज़र जा अटकी। बड़ी आस के साथ वह पीछे भागी, क्योंकि उसने एबे जोर को पहचान लिया था जो गाँव के चैपल में रविवार के रविवार उपदेश दिया करता था : ज़रूर ही वह सैक्रिस्टी से आ रहा है जहाँ कार्यवश गया होगा। गर्दन नीचे किए जल्दी-जल्दी चले जा रहे थे। एबे जोर गोल-मटोल और स्वभाव से मृदुल था और सबके साथ प्रेम से व्यवहार करता था। अगर रात को किसी काम के लिए निकलता था, तो उसका प्रयोजन ऐसा करने का यह होता था कि खान मज़दूरों से अलग-थलग रहे, ताकि उनका साथ न देना पड़े। लोग कहते थे कि अभी-अभी इसकी पदोन्नति हुई है और इसका उत्तराधिकारी भी पहुँच गया है। नया आनेवाला पादरी कोई दुबला-पतला आदमी है जिसकी आँखें ऐसे लगती हैं जैसे जलते अँगार हों।

'फ़ादर जोर, फ़ादर जोर !' ला माहूद ने तनिक हिचकिचाते हुए पुकारा।

लेकिन वह रुका नहीं।

'बन्दगी, बन्दगी,' कहते हुए आगे बढ़ गया।

ला माहूद अपने घर के निकट पहुँच गई थी। अब तो खड़े रहना भी उसके लिए मुहाल हो उठा था। चलकर भीतर आई। कोई अपनी जगह से हिला-डुला तक नहीं था। माहूअ मेज़ के किनारे बैठा था। बूढ़ा बोनमोर्त और बच्चे ठिठुरने से बचने के लिए बेंच पर एक-दूसरे के साथ सटकर बैठे थे। किसी ने किसी से बात तक नहीं की थी। बलती मोमबत्ती ख़त्म होने को थी—और इतनी छोटी रह गई थी कि बुझते देर नहीं लगेगी।

दरवाज़ा खुलने की आहट से बच्चों ने मुड़कर उधर देखा था। मगर माँ के खाली हाथों को लक्ष्य करते ही मुँह मोड़कर फ़र्श की तरफ़ देखने लग गए थे। जी करता था कि एकदम ज़ोर-ज़ोर से रोएँ, लेकिन आँसू पीकर रह गए थे। अगर रोते तो झिड़कियाँ ही खानी पड़तीं। ला माहूद चूल्हे की मरती आग के निकट अपने स्थान पर आकर बैठ गई। किसी ने उससे कुछ पूछा नहीं ! जस का तस सन्नाटा तारी रहा। सारी बात समझते थे। सो, आगे बात करके जी हलकान करने का क्या फ़ायदा !

इन निष्प्राण-निरुत्साह प्राणियों को अब एतियन का ही भरोसा था। वह शायद कहीं से कुछ लेकर आए। मिनट गुज़रते गए और एतियन की तरफ़ से भी वे निराश होने लगे।

अन्ततः एतियन लौटा। उसके हाथों में कपड़े में लिपटे दर्जन-भर उबले आलू थे।

'बस, यही सब हाथ लगा।' वह आकर बोला।

मूकेत के पास रोटी नहीं थी। सो, उसने अपने हिस्से का ही भोजन बाँधकर इसे ज़बरदस्ती थमा दिया था और तनदिही से उसे चूम लिया था।

'न, न, शुक्रिया !' ला माहूद ने उसे भी थोड़ा आलू देना चाहा, तो उसने मना कर दिया। 'नहीं, बाहर खाकर आया हूँ।'

वह झूठ बोल रहा था। बच्चे जब भोजन पर टूट पड़े, तो देख-देखकर उसका दिल भर आया। माँ-बाप ने भी नहीं खाया, ताकि बच्चे पहले भरपेट खा सकें। लेकिन बुढ़ऊ था कि भकोसता ही जा रहा था। एक आलू उन्होंने उसके आगे से उठा लिया ताकि अलज़ीर भी खाए।

एतियन बता रहा था कि एक-आध ख़बर लगी है उसे। हड़तालियों के अड़ियल व्यवहार से क्षुब्ध कम्पनी सोच रही है कि हड़ताल पर जानेवाले कामगारों की हाज़िरी की किताबें उन्हें लौटा दी जाएँ। इसमें सन्देह नहीं था कि कम्पनी जंग के लिए आमादा थी। लेकिन इससे भी गम्भीर अफ़वाह यह थी कि कम्पनी यह प्रचार कर रही है कि उसने बहुत बड़ी संख्या में कामगारों को कोयला-खान में उतरने के लिए राज़ी कर लिया है। कम्पनी को उम्मीद थी कि अगले दिन ला विक्तुआर और फ़त्री-कांतेल में सारे के सारे खान मज़दूर काम पर आ जाएँगे, यहाँ तक कि मादलेन और मीरू में भी मज़दूरों की एक-तिहाई संख्या काम शुरू कर देगी।

सुनते ही माहूअ परिवार भड़क गया।

'सत्यानाश हो,' माहूअ चिल्लाकर बोला। 'अगर कोई ग़द्दारी करता है, तो उससे सुलट लेंगे।' और वह उछलकर खड़ा हो गया और लगा भड़ास निकालने।

'कल शाम जंगल में...बां ज़्वाइयो में हमें सभा नहीं करने दे रहे हैं। सो, अब जगल में ही करेंगे।'

बोनमोर्त खाकर सीर हो गया था, सो उनींदा-सा पड़ा था। माहूअ ने चिल्लाकर यह बात कही, तो वह हड़बड़ाकर जाग गया। पहले कभी एकजुट होकर खड़े होने की बात होती थी, तो जंगल में जाकर सभा किया करते थे। वहीं पर जाकर खान मज़दूर बादशाह के सैनिकों के विरुद्ध षड्यंत्र करने के लिए इकट्ठे होते थे।

'हाँ-हाँ, वनदाम ! वहाँ जाओगे, तो मैं भी चलूँगा।' बूढ़ा बोला।

ला माहूद भी एकदम उछलकर बोली, 'सब चलेंगे। बेइंसाफ़ी और बेईमानी का ख़ात्मा तो होना ही चाहिए।'

एतियन ने समस्त गाँवों में यह सन्देश भिजवाने का फ़ैसला किया कि कल शाम सभा की जाएगी। आग मर गई थी, बिलकुल वैसे ही, जैसे लवाक के घर में बुझ गई थी। मोमबत्ती ने भी एकाएक दम तोड़ दिया। घर में न कोयला था, न तेल था। कड़ाके की सर्दी ऐसी थी कि हड्डियों तक में धँस गई थी। ऐसी सर्दी में टटोलते हुए वे अपने बिस्तरों में चले गए। बच्चे रोए जा रहे थे।

6

यांलैं अब स्वास्थ्य-लाभ करने लगा था और चलने-फिरने लायक भी हो गया था। मगर हड्डियाँ इतनी सिमट-सिकुड़ गई थीं कि लँगड़ाता था। जब बत्तख़ की तरह हेल कर चलता, तो देखकर हँसी आती थी। लेकिन चलता पहले की तरह एकदम चुस्ती-फुरती से था। प्रतीत होता था, जैसे किसी दुष्ट, चोरटे जन्तु की भाँति चौकन्ना होकर जा रहा हो।

उस दिन धुँधलका होते ही यांलैं और यांलैं के दोनों जुट—बेबेर और लिडी—रकैयार जाने वाली सड़क पर घात लगाए बैठे थे। यांलैं मेंड़ के पीछे एक खाली भूखंड की ओट में था, जो सड़क से आकर मिलनेवाली पगडंडी के किनारे किराने की जर्जर-सी दुकान के ऐन सामने था। इस दुकान को चलानेवाली बुढ़िया करीब-करीब अन्धी थी। मसूर

और सेम से भरी तीन-चार बोरियाँ दुकान के बाहर रखी थीं, जो धूल-मिट्टी से एकदम काली हो गई थीं। लेकिन यांलैं की मिचमिची, ललचाई आँखें तो चौखट से लटकती मछली पर टिकी थीं, जो पता नहीं कितने दिनों से वहाँ रखी थी और भिनभिनाती मक्खियों के कारण एकदम बदरंग हो गई थी। अभी तक दो बार यांलैं बेबेर को इस मछली को झटक लाने के लिए भेज चुका था, लेकिन दोनों बार सड़क के मोड़ पर कोई-न-कोई आता दिखाई पड़ जाता, कोई-न-कोई आड़े आ जाता, और सारा खेल बिगड़ जाता।

तभी उधर घोड़ी पर सवार कोई भद्रपुरुष आ निकला। बच्चों ने झट उसे पहचान लिया। वह था मोंस्यो हेनबो। उसे देखते ही वे ज़मीन के साथ सट गए। जब से हड़ताल शुरू हुई थी, मोंस्यो हेनबो घोड़ी पर सवार होकर इन सड़कों पर डोलता रहता था। यहाँ तक कि हड़ताल करनेवाले गाँवों में भी अकेला निकल जाता था और अपनी आँखों से देहाती इलाकों की स्थिति का जायज़ा लेता था। लेकिन कभी किसी को हिम्मत नहीं हुई कि उस पर कोई कंकर भी फेंके। उसे देखते ही लोग एकदम छुईमुई-से हो जाते थे और हौले से अभिवादन भी करते थे। प्रायः ऐसा होता कि मोंस्यो हेनबो को रास्ते में इश्क करते जोड़े मिल जाते, जिनका राजनीति से दूर का भी वास्ता नहीं था। बस, किसी भी आड़-ओट में वे मौजमस्ती में लगे रहते। मोंस्यो हेनबो कूकर चाल चलती घोड़ी पर बिलकुल नाक की सीध चलता रहता, ताकि दाल-भात में मूसलचन्द न बने, और खुले-बन्दों इश्क की खरमस्ती में ग़र्क़ इन जोड़ों के बीच में से होता हुआ आगे बढ़ जाता था। ऐसी वेला में मोंस्यो हेनबो को अतृप्त कामेच्छा सताने लगती थी और कलेजा मुँह को आने लगता। वह स्वयं अपनी आँखों से देख चुका था उन बच्चों को, छोटे-छोटे छोकरों को, जो कचरे के ढेर पर उस बालिका पर सवारी गाँठते रहते थे। यही नहीं, लौंडों-लपाड़ों को हँसते-खिलखिलाते हुए अपने लिंगों को एक-दूसरे के साथ घिसते-रगड़ते हुए भी उसने देखा था।

एकाएक मोंस्यो हेनबो की आँखें भर आईं। काठी पर मुस्तैदी से तनकर बैठते हुए उसने शुद्ध सैनिक अन्दाज़ में कोट के बटन लगाए और अपनी राह पकड़ी।

'पता नहीं, किसका मुँह देखकर आए हैं !' यांलैं बोला। 'अरे, लोग-बाग़ तो आते ही रहेंगे। बेबेर, तू जा। ऐसे करना, मछली को पूँछ से पकड़ना और झट खींच के भाग आना।'

मगर तभी दो और लोग आते दिखाई पड़े। यांलैं के कानों में अपने भाई ज़कारी की आवाज़ पड़ी, तो मुँह से गाली निकलते-निकलते रह गई। ज़कारी मूके को बता रहा था कि उसे किस तरह पत्नी के लहँगे में सिले चालीस सू मिले। दोनों ठहाके लगाते और एक-दूसरे की पीठ थपथपाते हुए चले जा रहे थे। मूके कह रहा था कि कल 'क्रॉस' खेल खेलेंगे। बोला कि लावंताज़ से दो बजे चलकर मारशियन के निकट मोंत्वार जाएँगे। ज़कारी ने हामी भरी। अरे, ये कमबख़्त हड़ताल को लेकर हमें क्यों परेशान करते हैं ?—जब तक कोई काम नहीं है, तब तक मज़े लूटो।

वे सड़क का मोड़ मुड़ने ही जा रहे थे कि नहर की तरफ़ से एतियन आ गया। दोनों को रोक वह बातें करने लगा।

'ये लोग यहाँ सोएँगे क्या ?' इधर यांलैं आक्रोशपूर्वक बोला। 'देख, अँधेरा होता जा रहा है और बुढ़िया अपनी बोरियों को भीतर सहेजने लगी है।'

इतने में एक और खान मज़दूर आता दिखाई पड़ा, जो रकैयार जा रहा था। एतियन भी उसके संग हो लिया। जब वे मेंड़ के निकट से होकर निकले, तो यांलैं के कानों में भनक पड़ी कि वे जंगल के बारे में बातें कर रहे हैं : उस दिन की सभा तो स्थगित हो गई है। अब अगले रोज़ होगी, क्योंकि एक दिन में सगरे गाँवों को सूचित करने के लिए पर्याप्त समय नहीं था।

'सुनो !' यांलैं ने बेबेर और लिडी से फुसफुसाते हुए कहा। 'बड़ी सभा कल होगी। हम भी जाएँगे। शाम को ही चल पड़ेंगे। क्यों, ठीक रहेगा न ?'

अब रास्ता एकदम साफ़ था। यांलैं ने बेबेर को धकेलते हुए कहा, 'जा। पूँछ से पकड़ना...और बुढ़िया के झाड़ू से ज़रा बच के।'

किस्मत अच्छी थी कि अँधेरा घिर आया था। बेबेर एक ही छलाँग में वहाँ जा पहुँचा। मछली को पकड़ झटके से रस्सी तोड़ी और उसे अपने पीछे पतंग की तरह लहराते हुए भागा, तो उसके दोनों साथी भी सरपट भागे।

चकित बुढ़िया दुकान से बाहर निकली, लेकिन समझ नहीं पाई कि हुआ क्या। और यह भी नहीं जान पाई कि यह गिरोह अँधेरे में इस तरह भागा क्यों।

ये बदमाश सारे गाँवों में उपद्रव करते फिरते थे। ग्रामीण लोगों में ख़ौफ़ फैलाते थे और एकदम वहशी गिरोहों की तरह छापा मारते थे। पहले तो वे ल वोरअ के अहाते में ही डोला करते थे, जहाँ कोयले के ढेरों पर लुढ़कते-पुढ़कते रहते। ऐसे में इनका रंग-रूप बिलकुल नीग्रो लोगों की तरह लगने लगता था। वहीं लकड़ी के टालों के बीच आँखमिचौनी का खेल भी खेलते और इस तरह दौड़ते-भागते, जैसे किसी ऐसे वन में अठखेलियाँ करते फिरते हों जहाँ अभी तक किसी ने पैर न रखा हो। इसके बाद इन्होंने कचरे की टेकरी को अपना अड्डा बनाया था, जहाँ चूतड़ों के बल ऐसी जगहों पर फिसलते हुए नीचे जाते जो अब भी गर्म थीं, क्योंकि वहाँ भीतर ही भीतर आग सुलगती रहती थी। फिर पुरानी उजाड़ जगहों के झाड़-झंखाड़ के बीच भी दौड़ते-भागते थे। मतलब कि दिन-भर नटखट चूहों की तरह छिपते-छिपाते पता नहीं कैसे-कैसे खेल खेलते थे।

इसके बाद इन्होंने अपनी कार्य-स्थली का विस्तार किया और ईंटों के चट्टों के बीच इस तरह आपस में लड़ते-झगड़ते कि अकसर ख़ून भी निकल आता। यही नहीं, खेतों-खलिहानों में भी कुदक्कड़े लगाते और भाँति-भाँति की रसदार जड़ी-बूटियाँ खाते-खाते इतना अघा जाते कि रोटी की भूख भी न रहती। फिर नहर किनारे की दलदली भूमि में मछलियाँ ढूँढ़ने निकल जाते और जब एकाध मछली हाथ लग जाती, तो उसे वहीं कच्चा ही चबा जाते। वहाँ से फिर वनदाम वन की तरफ़ चले जाते, जहाँ बसन्त ऋतु में स्ट्राबरी और ग्रीष्म ऋतु में बादाम और बेर खाने को मिलते थे। देखा जाए, तो वहाँ की सारी धरती ही इनकी क्रीड़ास्थली बन गई थी।

लेकिन मोंसू से मारशियन तक की सड़कों पर लूटपाट करने के इरादे से वे लगातार गीदड़गश्त करते रहते और घात में बैठते, तो इनकी आँखें ऐसे चमकतीं जैसे जवान

भेड़ियों की आँखें दहकती हैं। इनकी लूटपाट की यह प्रवृत्ति दिन-ब-दिन बढ़ती जा रही थी। हमेशा यांलैं ही इन अभियानों की अगुआई करता। कोई भी शिकार दिखाई पड़ता, तो अपने इस छोटे-से गिरोह को हमला करने के लिए उकसाता। ये प्याज़ के खेतों में भी घुस जाते और उन्हें उजाड़ते। बगीचों को भी न छोड़ते और कुँजड़ों की दुकानों पर भी हल्ला बोलते। इलाके के लोग सारा दोष हड़ताली मज़दूरों के मत्थे मढ़ते और कहते कि कोई बहुत बड़ा संगठित गिरोह है जो इस तरह लूटपाट करता फिरता है।

एक दिन यांलैं ने लिडी को इस बात के लिए विवश कर दिया कि वह माँ की चीज़ें चुराकर लाए। ला पियरोन ने अपनी खिड़की के शेल्फ़ पर काँच के मर्तबान में जो वाले चीनी के चौबे रख छोड़े थे। यांलैं के कहने में आकर लिडी दो दर्जन चौबे उड़ा लाई थी, और हालाँकि माँ ने इस बात के लिए लिडी की निर्दयतापूर्वक ठुकाई भी की थी, मगर यांलैं से वह इतनी डरती थी कि उसने भूलकर भी उसका नाम नहीं लिया। लेकिन सबसे ख़राब बात तो यह थी कि यांलैं लूट का बड़ा हिस्सा ख़ुद हड़प जाता था। चोरी का जो माल बेबेर के हाथ लगता, विवशतया वह भी उसे यांलैं के हवाले करना पड़ता। उस दिन तो वह अपने आपको भाग्यशाली समझता, जिस दिन कप्तान उसकी ठुकाई न करता और सारा माल भी हथिया लेता।

मगर कुछ अर्से से यांलैं अति करने लगा था। अकसर लिडी की ऐसे पिटाई करता जैसे वह उसकी लुगाई हो। और बेबेर के भोलेपन का भी नाजायज़ फ़ायदा उठाते हुए उसको उल्लू बनाता और हर तरह के झमेलों में उसे डालता रहता और मनोविनोद के लिए उसकी खिल्ली उड़ाने से भी बाज़ न आता, हालाँकि बेबेर इतना ताकतवर था कि एक झाँपड़ मारता, तो यांलैं को दिन में भी तारे दिखाई पड़ने लगते। यांलैं दोनों को नाचीज़ समझता था और उनके साथ ऐसे व्यवहार करता, जैसे वे उसके क्रीत दास हों। और फिर उनके आगे हमेशा यह डींग भी मारता कि एक राजकुमारी उसकी रखेली है, और रौब झाड़ते हुए उनसे यह बात भी कहता कि तुम लोग इस लायक भी नहीं हो कि उससे तुम्हारा परिचय तक करवाया जाए।

एक सप्ताह से यांलैं अचानक ग़ायब रहने लगा था—किसी गली के अन्तिम छोर पर या किसी पगडंडी के मोड़ पर खड़ा होता—सच पूछो तो, जहाँ कहीं भी होता—बेबेर और लिडी को बुरी तरह झिड़कते हुए गाँव लौट जाने का हुक्म देता और स्वयं ग़ायब हो जाता। लेकिन चोरी का सारा माल हड़प लेने के बाद ही वह ऐसी हरकत करता था।

उस शाम भी उसने ऐसा ही किया।

'ला, मेरे को दे,' रकैयार के निकट सड़क के मोड़ पर तीनों रुके, तो यांलैं ने बेबेर के हाथ से मछली छीन ली। बेबेर ने हुज्जत करते हुए विरोध किया, 'मेरे को भी तो दे। मैं ही तो उड़ाकर लाया हूँ।'

'तो कौन-सा ऐसा तीर मार दिया !' यांलैं चिल्लाकर बोला। 'दूँगा, दूँगा, तेरे को भी थोड़ी दूँगा—अगर मेरा दिल किया। लेकिन, इस वक्त नहीं। समझे। कल लेना, वह भी अगर बच गई, तो !'

उसने लिडी को एक तरफ़ ठेला और फिर दोनों को एक पाँत में इस तरह खड़ा

किया, जिस तरह सैनिकों को कवायद के लिए खड़ा किया जाता है। फिर उनके पीछे सरकते हुए हुक्म दिया, 'पाँच मिनट तक इसी तरह खड़े रहो। ख़बरदार, जो पीछे मुड़कर देखा...धरम से, अगर तुमने ज़रा भी गर्दन मोड़कर देखने की कोशिश की, तो समझो कि कोई जंगली जानवर आएगा और तुम्हें फाड़कर खा जाएगा !...पाँच मिनट बाद सीधे घर जाना। और बेबेर, तू कान खोलकर सुन। अगर रास्ते में तूने लिडी को हाथ भी लगाया—मुझे पता चल ही जाएगा—तो फिर तुम दोनों की ख़ैर नहीं, समझे !'

फिर वह चुपके से इस तरह अँधेरे में ग़ायब हुआ कि उसके पैरों की आहट तक सुनाई नहीं पड़ी। पाँच मिनट तक दोनों बच्चे निश्चल खड़े रहे। पीछे मुड़कर देखने की हिम्मत नहीं हुई। डरते थे कि सचमुच कहीं कोई अदृश्य शक्ति उन पर टूट न पड़े। यह डर ही था जिसके मारे दोनों में प्रीत बढ़ने लगी थी। बेबेर का हमेशा मन करता कि लिडी को अंक में भरकर उसी तरह भींचे, जिस तरह बड़े लोग भींचते हैं, और लिडी ख़ुशी-ख़ुशी राज़ी भी हो जाती—अरे, कितना अच्छा लगता होगा यदि कोई हौले-हौले लाड़-दुलार करे ! मगर न तो बेबेर को, और न ही लिडी को यांलैं की अवज्ञा करने का साहस होता। जब वहाँ से चले, हालाँकि घुप्प अँधेरा हो गया था, फिर भी किसी ने एक-दूसरे की कमर में हाथ तक नहीं डाला। अग़ल-बग़ल चलते हुए ऐसा करने की चाहत भी थी और डर भी था, क्योंकि भली-भाँति जानते थे कि अगर उन्होंने एक-दूसरे का स्पर्श भी किया, तो कैप्टन कहीं पीछे से निकलकर आएगा और उन्हें मुकियाने-घुसियाने लगेगा।

उसी समय एतियन भी रकैयार पहुँचा था। पिछली रात मूकेत ने उससे हाथ जोड़कर फिर आने की विनती की थी—और वह आ भी गया था—और यह सोचकर लज्जित भी था, हालाँकि यह स्वीकार करने को तैयार नहीं था कि वह इस छोकरी का दीवाना हो चला है और यह छोकरी भी उसकी इतनी भक्त हो गई है, मानो उसके लिए वह ईसा हो। उसने दिल में कहा कि आज जाकर इस बन्धन को तोड़ ही देगा। सोचता जा रहा था कि उससे मिलकर कहेगा कि अब तो पिंड छोड़। यह वक्त मौजमस्ती का नहीं है। इस तरह ऐशो-इशरत में मुब्तिला होना बेईमानी है, जबकि लोग भूखों मर रहे हैं !

मगर मूकेत घर पर नहीं थी। अतः वहीं उसकी प्रतीक्षा करने लगा। अभी खड़ा देख ही रहा था कि एकाएक चौंक पड़ा, क्योंकि अँधेरे में अचानक उसे एक चलती हुई छाया दिखाई पड़ी थी।

ध्वस्त हेडफ्रेम के नीचे पुरानी कोयला-खान की तरफ़ जानेवाला रास्ता थोड़ा खुला था। उस अँधेरे विवर के ऐन ऊपर सीधे खड़े शहतीर पर छत का थोड़ा-सा मलबा अटककर रह गया था। उसे देखकर ऐसे लगता, जैसे फाँसी का लकड़ा हो। फिर टूटी मुँडेर में दो पेड़ खड़े थे, जो लगता था धरती फाड़कर निकल आए हों। जगह एकदम उजाड़-बियाबान थी, मानो रसातल तक जानेवाला प्रवेशद्वार घास-पात से एकदम अवरुद्ध हो गया था। फिर वहाँ पुराने शहतीरों-बल्लियों के टाल लगे थे और काँटेदार झाड़ियाँ और झड़बेरियाँ उग आई थीं, जिनमें बसन्त ऋतु में फुदकियाँ घोंसले बनाती थीं। पिछले दस सालों से कम्पनी सार-सँभाल का ख़र्च बचाने की ख़ातिर इस बेकार

पड़े रास्ते को ढाँप देने की सोचती आ रही थी। लेकिन चाहती थी कि पहले ल वोरअ का वातायन यानी वेंटीलेटर तैयार हो जाए, तभी यह रास्ता बन्द किया जाए, क्योंकि दोनों कोयला-खानों के रास्ते जुड़ गए थे और उनकी वेंटिलेशन भट्ठी भी रकैयार की तली में थी और जिस रास्ते से पहले कोयला निकाला जाता रहा था, वह अब चिमनी का काम देता था।

इस बीच सब काम बन्द पड़े थे। बस, थूनी लगाकर केसिंग (खोल) को सहारा दे दिया गया था। ऐसा करने से कोयला निकाला ही नहीं जा सकता था। ऊपर वाले गलियारों को छोड़ दिया गया था और नीचे वाले गलियारे को ही ठीक-ठाक रखा जा रहा था। वहाँ कोयले की विशाल भट्ठी नरककुंड की अग्नि की तरह धधकती रहती थी। इससे निकट की कोयला-खान में एक सिरे से दूसरे सिरे तक हवा क्या चलती थी, मानो बवंडर चलता हो। सावधानी के लिए आदेश यह था कि ज़ीनों को एकदम दुरुस्त रखा जाए, ताकि लोग आ-जा सकें। मगर ऐसा करने की किसी को कोई चिन्ता नहीं थी। नमी इतनी थी कि सीढ़ियाँ सड़ती-गलती जा रही थीं और कुछ चौकियाँ तो एकदम ख़त्म भी हो गई थीं। फिर प्रवेशद्वार पर बड़ी-सी झाड़ी भी उग आई थी, जिसने रास्ता रोक रखा था। चूँकि पहले ज़ीने के कुछ डंडे टूट गए थे, इसलिए जिसे नीचे जाना होता, वह करता यह था कि पेड़ की जड़ से लटककर आँखें मूँद नीचे अँधेरे में कूद जाता था।

एतियन एक झाड़ी की ओट में खड़ा देख ही रहा था कि अचानक पेड़ की शाखाओं में सरसराहट हुई। पहले तो उसे लगा कि शायद कोई साँप है जो डरकर भागा है। लेकिन जब एकाएक दियासलाई जली और उसकी रोशनी में यांलैं खड़ा दिखाई पड़ा, तो एतियन भौंचका रह गया। यांलैं मोमबत्ती जला रहा था और इसके साथ ही साथ ऐसे लगता था जैसे धरती के भीतर वह पैठता जा रहा हो। कुतूहलवश एतियन धीरे-धीरे चलकर विवर के किनारे तक आया। तब तक यांलैं अदृश्य हो चुका था, लेकिन दूसरे नम्बर की चौकी पर रोशनी दिखाई पड़ रही थी। वह झण-भर ठिठका, फिर वह भी पेड़ की जड़ों को पकड़कर नीचे कूद गया। पहले तो उसे लगा कि सत्रह सौ फुट की गहराई में नीचे तक जा गिरेगा, मगर अन्ततः उसके पैर सीढ़ी के डंडे पर पड़े। वहाँ से वह दबे पाँव नीचे उतरा। अवश्य ही यांलैं को भनक तक नहीं पड़ी थी, क्योंकि रोशनी एतियन के आगे-आगे उतरती जा रही थी। यांलैं भी लँगड़ाता-लँगड़ाता आगे बढ़ता जा रहा था और उसकी विशाल डरावनी परछाईं उसके साथ हिलती-डुलती नज़र आती थी। यह छोकरा बन्दर की फुर्ती से हाथों-पैरों के सहारे, और जहाँ कहीं सीढ़ी के डंडे ग़ायब होते, ठुड्डी टिकाकर आगे बढ़ जाता। ज़ीने बीस-बीस फुट के फ़ासले पर बने थे और कुछेक तो अब भी पुख़्ता थे। कुछ हिलने-डुलने और चरमराने लगे थे और लगता था कि अब टूटे कि तब टूटे। एक सँकरी चौकी के बाद दूसरी चौकी आती थी, और वह इतनी घिस गई थीं, इतनी सड़-गल चुकी थीं कि उन पर कदम रखते ही लगता मानो काई पर पैर पड़ गया हो।

एतियन जितना नीचे जा रहा था, गर्मी उतनी ही बढ़ती जा रही थी, जिससे दम घुटने लगा था, क्योंकि नीचे भट्ठी थी, जो भाग्य से हड़ताल होने के बाद से पूरी तरह

तपाई नहीं गई थी। सामान्य परिस्थितियों में इस भट्ठी में प्रतिदिन पाँच टन कोयला झोंका जाता था। ऐसे में यदि कोई उसके निकट भी फटकता, तो उसका कबाब बन जाता।

'देखो तो इस बदमाश को !' एतियन हाँफते-हाँफते मन में कह रहा था। 'आख़िर, यह पाजी जा कहाँ रहा है ?'

एतियन दो बार लुढ़कते-लुढ़कते बचा। चिकनी लकड़ी पर पैर फिसल-फिसल पड़ते थे। मन में कहता था कि काश, इस छोकरे की तरह उसके पास भी मोमबत्ती होती ! चूँकि उसके नीचे जो फीकी, टिमटिमाती रोशनी थी, उसी के सहारे वह चल रहा था, इसलिए बार-बार किसी-न-किसी चीज़ से टकरा जाता था। बीस ज़ीने तो वे उतर ही आए थे और फिर भी उतरते चले जा रहे थे। यहाँ से उसने गिनना शुरू किया : इक्कीस, बाईस, तेईस, और वह नीचे ही नीचे जा रहा था। तपिश के मारे सिर चकराने लगा था और ऐसे महसूस हो रहा था जैसे किसी भट्ठी में उतरता जा रहा हो। करते-करते वह ढुलाई वाले चबूतरे पर जा निकला। वहाँ से मोमबत्ती एक गलियारे में अदृश्य हो गई थी। तीस ज़ीने यानी कि छह सौ फुट से अधिक नीचे वे उतर आए थे।

'कहाँ तक चलता जाएगा यह छोकरा ?' एतियन ने मन में कहा। 'कहीं अस्तबल की तरफ़ तो नहीं जा रहा ?'

लेकिन बाईं ओर का जो रास्ता अस्तबल की तरफ़ जाता था, वह तो छत धसकने से बन्द पड़ा था।

दोनों आगे ही आगे चलते चले जा रहे थे। रास्ता कठिन और ख़तरनाक था। चमगादड़ चौंककर पंख फड़फड़ाते हुए उड़ते या ढुलाईवाले स्थल की छत पर लटके रहते। एतियन ने जल्दी-जल्दी कदम बढ़ाए, ताकि रोशनी कहीं ओझल ही न हो जाए। अब वह भी उसी गलियारे में मुड़ गया। एतियन को परेशानी इस बात से हो रही थी कि जिन स्थलों से यह छोकरा साँप की तरह सरककर सुगमता से निकल जाता था, एतियन उन जगहों से निकलने लगता, तो अंग-अंग छिल जाता। पुराने रास्तों की तरह यह गलियारा भी सिकुड़ता जा रहा था और धरती के निरन्तर दबाव के कारण दिन-प्रतिदिन और सँकरा होता जा रहा था। कुछ जगहों पर यह ट्यूब से थोड़ा ही बड़ा रह गया था, और एक दिन एकदम सिकुड़कर अदृश्य हो जाएगा। इस दमघोंटू दबाव के कारण शहतीर भी चटक गए थे। यह और भी ख़तरे का कारण था। एतियन को डर लग रहा था कि कहीं इनकी तलवार-सी तीक्ष्ण छिपटियाँ चुभ ही न जाएँ या त्वचा को छील ही न डालें। इस अँधेरे में वह कभी घुटनों के बल, कभी पेट के बल बड़ी सावधानी से टटोल-टटोलकर रेंगते हुए जा रहा था। एक जगह अकस्मात चूहों की फ़ौज उसके ऊपर टूट पड़ी और ऐसा तहलका मचा कि चूहे उसकी देह को सिर से पाँव तक रौंदते हुए निकल गए।

'हे ईश्वर ! कब मंज़िले-मकसूद पर पहुँचेंगे ?' वह बुदबुदाया। पीठ एकदम दोहरी हो गई थी। साँस भी फूलने लगी थी।

आख़िर, गन्तव्य आ ही गया। आधेक मील चलने के बाद ट्यूब जैसी यह सुरंग एकाएक चौड़ी हो गई थी और वे गलियारे में ऐसे स्थान पर जा निकले थे जो एकदम

सही-सलामत था। यह ढुलाई वाली सुरंग का अन्तिम छोर था, जो कोयला-खान की परत को काटता हुआ निकल गया था। इस कारण वहाँ कुदरती गुफ़ा-सा बन गई थी।

एतियन वहीं ठिठक गया। थोड़ी दूरी पर लड़के ने मोमबत्ती को दो पत्थरों के बीच खड़ा कर दिया था और इधर-उधर डोल रहा था—ऐसे स्थिरचित्त एवं थके-माँदे व्यक्ति की भाँति जो अपने घर लौटकर अमन-चैन की साँस लेता है। गलियारे के इस हिस्से में यांलैं ने एक घर-सा बना लिया था जो हर तरह से आरामदेह था। एक कोने में पुआल का नरम बिस्तर लगा था। कुछ पुराने शहतीरों को जोड़कर उसने मेज़-सी बना ली थी, जिस पर खाने-पीने का काफ़ी सारा सामान रखा था—थोड़ी-सी पावरोटी, कुछ सेब, जिन की आधी खाली बोतलें : लगता था, सचमुच, किसी दस्यु की गुफ़ा थी, जिसमें हफ़्तों से लूटपाट का माल सँजोकर रखा जाता रहा हो—यहाँ तक कि कुछेक ग़ैर-ज़रूरी चीज़ें भी रखी थीं—जैसे, साबुन और पॉलिश—जिन्हें मात्र लूटपाट का लुत्फ़ लूटने की ग़र्ज़ से ही झपटकर लाया गया होगा। और यांलैं था कि अपने लूटपाट के इस माल को देख-देखकर फूला नहीं समाता था।

'अरे, तेरे को किसी की फ़िकर नहीं ?' एतियन की साँस में साँस आई, तो वह एकदम बोल उठा। 'तू यहाँ आता है, ठूँस-ठूँसकर खाता है और ऊपर के लोग भूखों मर रहे हैं !'

यांलैं इतना त्रस्त हुआ कि एकदम थर्रा गया। मगर एतियन को पहचानते ही उसकी जान में जान आई।

'आओ, मेरे साथ बैठकर खाओ,' यांलैं बोला। 'थोड़ी-सी भुनी मछली दूँ ?...अभी पेश करता हूँ...

मछली उसके हाथ में थी। उसके बाद वह लगा बड़ी सावधानी से उस पर लगे मक्खियों की विष्ठा को छुरे से साफ़ करने। छुरे की मूँठ हड्डी की बनी थी और उस पर नक्काशी की गई थी। यांलैं के छुरे पर एक शब्द उकेरा हुआ था—'प्यार'।

'अरे, तेरे पास तो बहुत बढ़िया छुरा है !' एतियन ने कहा।

'लिडी का दिया तोहफ़ा है, जी।' यांलैं बोला। लेकिन यह बात वह छिपा गया कि उसी के कहने पर लिडी इसे ला तेत कूपे के सामने बैठे फेरीवाले के चबूतरे से चुराकर लाई थी।

मछली पर लगी विष्ठा को साफ़ करते हुए वह गर्वपूर्वक कह रहा था, 'इस जगह को काफ़ी आरामदेह बना रखा है मैंने। देखो ! धरती के मुकाबले इस जगह ज़्यादा गरमाइश है, और यहाँ की गन्ध भी प्यारी है।'

एतियन बैठ गया था और छोकरे के किस्से सुनने को उत्सुक था। उसका सारा आक्रोश भी हवा हो गया था और इस बदमाश में उसकी उत्सुकता जाग उठी थी जिसने ये सब करतूतें करते हुए भी साहस और उद्योग का परिचय दिया था। और वास्तविकता तो यह थी कि एतियन इस विवर की पेंदी में आकर थोड़ा सुख ही अनुभव कर रहा था : इस जगह इतनी गर्मी भी नहीं थी, और हालाँकि ऊपर ग़रीब मज़दूर दिसम्बर की कड़ाके की सर्दी में ठिठुर रहे थे, इस जगह वैसी ही गरमाइश थी जैसी कि गुनगुने

पानी में स्नान करते समय महसूस होती है। कोयला-खानों के भीतर के गलियारे ज्यों-ज्यों पुराने पड़ते जा रहे थे, त्यों-त्यों हानिकारक गैसों से मुक्त भी होने लगे थे। वहाँ मीथेन भी नहीं थी। बस, लकड़ी की सड़ान्ध थी और ऐसा लगता था जैसे लौंग जैसी किसी धातु की गन्ध समाई हो। यही नहीं, वहाँ पड़े काठ का रंग-रूप भी विचित्र-सा लगता था : कोई-कोई लकड़ी तो ज़र्द-ज़र्द-सी हो गई थी, किसी लकड़ी का रंग संगमरमरी पीला-पीला-सा हो रहा था और उस पर जाली जैसी सफ़ेद पपड़ी वाली वनस्पतियाँ उग आई थीं और लगता था जैसे लकड़ी न हो, रेशम और मोतियों की कसीदाकारी वाले वस्त्र लिपटे हों उस पर। कुछ लकड़ियों पर कुकुरमुत्ते भी निकल आए थे। फिर सफ़ेद-सफ़ेद-से पतंगों, बर्फ़ जैसी श्वेत मक्खियों और मकड़ियों के झुंड-के-झुंड उड़ते दिखाई पड़ते थे—यह रंग-रूप विहीन ऐसा संसार था जहाँ सूर्य भी नहीं पहुँच पाता था।

'तेरे को यहाँ डर नहीं लगता ?' एतियन ने पूछा।

यांलैं ने अचरज से उसकी तरफ़ देखा।

'किसका डर ? कैसा डर ? यहाँ मेरे सिवा और है भी तो कोई नहीं।'

उसने मछली साफ़ कर ली थी। अब लकड़ियाँ इकट्ठी करके उसने आग जलाई, धधकते अँगारों को फैलाकर उस पर मछली को भूना। फिर पावरोटी को दो हिस्सों में बाँटा। हालाँकि मछली नमक से भरी थी, मगर जिस आदमी का हाज़मा दुरुस्त हो, उसे यह लज़ीज़ ही तो लगेगी।

एतियन ने मछली ले ली।

'अब आई समझ में सारी बात कि तू खा-खाकर क्यों मुटाता जा रहा है, और हम लोग हैं कि दुबलाते जा रहे हैं। लेकिन इस तरह ठूँस-ठूँसकर खाना स्वारथ नहीं, तो और क्या है ?...तेरे को कभी दूसरों का ख़याल नहीं आता ?'

'वे इतने मूरखताई क्यों करते हैं ?'

'जो हो सो। ठीक है जो तू यहाँ छिपकर रहता है। अगर तेरे बाप को पता चल जाए कि तू चोरी-चकारी करता फिरता है, तो तेरी चमड़ी उधेड़कर रख देगा।'

'जैसे कि अमीर लोग हमारी चोरी नहीं करते ! तू भी तो हमेशा यही बात कहा करता है ! यह जो रोटी मैं मेग्रे से झपटकर लाया हूँ न, वह हमारी ही तो है। वह हमारा देनदार है !'

एतियन बोला नहीं। उसका मुँह भरा था। एकदम व्याकुल होकर इस छोरे को आँखों से तोल रहा था—इतना बड़ा मुँह है इसका, हरी-हरी-सी आँखें हैं, उतने बड़े-बड़े कान हैं और अकालप्रसूत बुद्धि और हिंस्र धूर्तता का स्वामी यह लड़का किस तरह हौले-हौले सनातन पशुवृत्ति की ओर अग्रसर होता जा रहा है ! जिस कोयला-खान ने इसे इस रूप में ढाला है, उसी ने इसकी टाँगों को तोड़कर इसका यह हश्र किया है।

'और लिडी ?' एतियन पूछ बैठा। 'उसे कभी यहाँ लेकर आते हो ?'

यांलैं ने तिरस्कारपूर्वक ठहाका मारा। बोला, 'यहाँ ? हरगिज़ नहीं। औरतें बहुत ज़्यादा बातें बनाती हैं।'

यह बात उसने कही और फिर हँसता ही चला गया। लिडी और बेबेर के लिए

उसके मन में घिन्न थी। जैसे कह रहा हो—इस किस्म के ख़ब्ती लोगों से कभी वास्ता पड़ा है किसी का ? यह सोच-सोचकर उसे गुदगुदी हो रही थी कि किस तरह दोनों मेरे झाँसे में आ जाते हैं और फिर जाते भी हैं, तो खाली हाथ, और मुझे देखो, गरमाइश में आराम से बैठा मच्छी खा रहा हूँ।

फिर किसी लघु दार्शनिक की तरह समाहार-सा करते हुए बोला : 'अकेले रहने में बड़ा सुख है, जी ! कोई हुज्जत-वुज्जत तो नहीं करता न !'

एतियन रोटी खा चुका था। जिन का एक घूँट हलक से उतार गम्भीरता से सोच रहा था कि इस छोकरे के आतिथ्य-सत्कार का प्रतिदान वह इस तरह करे कि कान से इसे पकड़े और ज़बरदस्ती घसीटते हुए कोयला-खान के बाहर ले जाए और इसे चेतावनी दे कि अगर फिर चोरी की, तो तेरे बाप को सब बता दूँगा। लेकिन जब उसने भूतल में इस गुप्त अड्डे का निरीक्षण किया, तो एकाएक उसके मस्तिष्क में यह बात कौंधी : अगर कभी ऊपर किसी दिन हालात बिगड़ जाएँ, तो क्या मुझे या मेरे कामरेडों को इस जगह की ज़रूरत पड़ सकती है ? बस, यह बात मन में आते ही यांलैं से उसने यह वचन ले लिया कि वह घर से बाहर कहीं नहीं सोएगा, जैसा कि वह अकसर किया करता था और इस तरह बड़े आराम से आकर पुआल के इस बिस्तर पर पड़ जाया करता था। फिर उसने मोमबत्ती ली और वहाँ से चल पड़ा। पीछे यह लड़का निश्चिन्त होकर अपने घर की सार-सँभाल करता रहा।

बाहर कड़ाके की सर्दी के बावजूद मूकेत एक लट्ठे पर बैठी व्यग्रता से एतियन की प्रतीक्षा कर रही थी। उसे देखते ही दौड़ी आई और उसकी गर्दन से झूल गई। मगर एतियन ने जब उसे अपना फ़ैसला सुनाया कि भविष्य में वह अब कभी उससे मिलने नहीं आएगा, तो मूकेत को लगा जैसे उसने उसके कलेजे में चाकू घोंप दिया हो।

'लेकिन क्यों ? क्या तेरे को मैं प्यार नहीं करती ?'

एतियन डर रहा था कि कहीं उसके साथ भीतर जाने का लोभ संवरण न कर सके। सो, मूकेत को सड़क की तरफ़ ले चला और हौले-हौले समझाने लगा कि उसके कामरेडों को सन्देह है कि कहीं मूकेत उसे जोखिम में ही न डाल दे और उनके राजनीतिक उद्देश्यों की प्राप्ति में आड़े आए।

वह अचरज से उसका मुँह देखे जा रही थी, जैसे कह रही हो कि राजनीति से उसका क्या लेना-देना ? फिर इस दुविधा में पड़ी सोचने लगी कि शायद इसके साथ चलने-फिरने से इसे शर्मिन्दगी उठानी पड़ती है।

ये सारी बातें मन में आने के बावजूद उसने कोई गिला-शिकवा नहीं किया, क्योंकि यह स्वाभाविक था। इसलिए बोली, 'तू ऐसा कर, मेरे को मेरे मुँह पर सरे-आम थप्पड़ मार, ताकि लोग देखें कि तू मेरे से रिश्ता तोड़ रहा है। लेकिन बीच-बीच में मिलने तो मुझसे आया करेगा न ? चाहे थोड़ी देर के लिए ही सही। क्यों, आया करेगा न ?'

फिर वह लगी ताबड़तोड़ उसकी मनुहार करने। इसके साथ ही उसने यह भी वादा किया कि कभी उसके सामने नहीं पड़ेगी और पाँच मिनट से ज़्यादा अब उसे रोककर नहीं रखेगी।

एतियन भीतर तक हिल गया। मगर उसने हामी नहीं भरी। यही होना था। जब जाने को उद्यत हुआ, तो लगा कि चुम्बन लेकर इससे विदा लेनी चाहिए। चलते-चलते वे मोंसू के शुरू के घरों तक आ गए थे। पूर्णिमा की ज्योत्स्ना में एक-दूसरे की कमर में बाँहें डाले खड़े ही थे कि एक स्त्री उनके निकट से गुज़री और एकाएक चौंकी, मानो पत्थर से ठोकर खा गई हो।

'कौन थी ?' एतियन ने आशंकित स्वर में पूछा।

'कैथरीन,' ला मूकेत बोली। 'ज्यां-बार से लौटकर आ रही थी।'

वह चलती जा रही थी सिर नीचे किए। कदम लड़खड़ा रहे थे। अंग-अंग चीख-चीखकर बोल रहा था कि वह थककर चूर हो गई है।

एतियन उसे जाते हुए देखता रहा। दुख तो उसे इस बात का था कि कैथरीन ने उसे देख लिया था, और व्यर्थ के पश्चाताप से उसका हृदय विदीर्ण होने लगा। क्या कैथरीन किसी मरद के संग नहीं रहती ? क्या इस लड़की ने रकैयार जानेवाली सड़क पर मेरा दिल नहीं तोड़ा, जब इसने अपने-आपको एक मरद के हवाले किया था ?

लेकिन इस सबके बावजूद एतियन को यह बात सालने लगी कि कैथरीन के साथ उसने ऐसा व्यवहार क्यों किया।

'एक बात कहूँ तेरे से ?' मूकेत आँखों में आँसू भरकर बोली। 'तेरे को मेरी ज़रूरत महसूस नहीं होती इसकी वजह यह है कि तू किसी दूसरी औरत को चाहता है।'

अगले दिन मौसम बढ़िया हो गया था। जाड़े का वैसा ही खूबसूरत दिन था, जब निर्मल आकाश तुषार आच्छादित हो जाता है और धरती पैरों के नीचे स्फटिक की तरह बजती है। यांलैं एक बजते ही सरक गया था। गिरजे के पीछे उसे बेबेर की प्रतीक्षा करनी थी। जब लिडी नहीं आई, तो वे चलने को उद्यत हुए, क्योंकि लिडी को उसकी माँ ने तहख़ाने में बन्द कर रखा था। तभी क्या देखते हैं कि लिडी की माँ उसे बाहर निकालकर टोकरी उसके हाथ में पकड़ा रही है और कह रही है कि हरे डेंडेलियन लेकर आना, नहीं तो रात को चूहों के संग डाल दूँगी।

लिडी सहमी हुई थी और तत्काल सलाद लाने के लिए निकल जाना चाहती थी, लेकिन यांलैं ने उसे बातों में उलझा लिया : सलाद की ऐसी-तैसी ! बात यह थी कि कुछ दिनों से रासनर की मादा खरगोश 'पोलैंड' पर उसकी आँख लगी, जिसका पेट गर्भ के कारण फूल रहा था, और संयोग यह हुआ कि जब वे लावंताज़ के आगे से गुज़र रहे थे, तो पोलैंड अकस्मात फुदकती हुई बाहर सड़क पर आ गई थी। एक ही झपट्टे में यांलैं ने उसे कानों से पकड़ा और लिडी की टोकरी में ठूँस दिया और फिर तीनों वहाँ से भाग लिये। देखना, खरगोश को कुत्ते की तरह जंगल में दौड़ाएँगे, तो कितना मज़ा आएगा !

लेकिन ज़कारी और मूके का खेल देखने के लिए रुक गए। दोनों दोस्त एक-दो मित्रों के साथ बियर उड़ाने के बाद 'क्रॉस' का खेल शुरू करने ही जा रहे थे। बाज़ी लगी थी दो चीज़ों की—नई टोपी और लाल गुलुबन्द की और दोनों चीज़ों को इन्होंने रासनर के पास रख छोड़ा था।

दो-दो की टीमों में बँटे चार खिलाड़ियों ने पहली पारी के लिए खेलना शुरू किया—बाज़ी लगी थी ल वोरअ से पाइयो फ़ार्म तक करीब दो मील की। ज़कारी ने सात प्रहार की बाज़ी लगाकर मूके को हराया था, जिसने आठ प्रहार की बाज़ी लगाई थी। सड़क पर शोलेट यानी लकड़ी का बड़ा-सा अंडा रखकर उसका नुकीला हिस्सा ऊपर कर देते थे। प्रत्येक खिलाड़ी के हाथ में एक-एक क्रॉस यानी मुंगरा रहता था, जिसके सिरे पर ख़मदार लोहा लगा रहता था और लम्बे दस्ते पर डोरी लिपटी रहती थी।

खेल दो बजे शुरू हुआ। पहली पारी में तीन प्रहार करने थे। ज़कारी ने पूरा दम लगाकर शोलेट को इस ज़ोर से मारा कि वह चुकन्दर के खेतों के उस पार चार सौ गज़ से ज़्यादा के फ़ासले पर जाकर गिरा। गाँवों में या सड़कों पर यह खेल खेलने की मनाही थी, क्योंकि शोलेट से आहत होकर कई लोगों की मौत भी हो गई थी।

मूके भी कुशल खिलाड़ी था। उसने वहाँ से वापस इतनी ताकत से शोलेट को उछाला कि वह डेढ़ सौ गज़ की दूरी पर जाकर गिरा। इस तरह खेल चलता रहा। एक टीम शोलेट को आगे ले जाती, दूसरी टीम उसे पीछे ले आती। यह खेल ऐसा था कि जमे कूँडों पर दौड़ना पड़ता था, जिससे पैर दुखने लगते थे।

पहले तो यालैं, बेबेर और लिडी खिलाड़ियों के पीछे-पीछे भागते रहे। ज़बरदस्त प्रहार देखकर उछल-उछल पड़ते थे। लेकिन तभी इन्हें पोलैंड की याद आई, जो लिडी की टोकरी में झटके खा रही थी। खेल को छोड़ इन्होंने खेतों में जाकर पोलैंड को टोकरी से निकाला यह देखने के लिए कि वह कितनी तेज़ दौड़ सकती है। पहले तो छूटते ही भागी। वे भी उसके पीछे भागे और एक घंटे तक उसका पीछा करते रहे। बेतहाशा दौड़ते थे कभी इधर, कभी उधर, कभी आगे, कभी पीछे। पोलैंड को डराने के लिए कभी चीखते-चिल्लाते और फिर उसे पकड़ने के लिए उसके पीछे दौड़ते, तो वह हाथ न आती। यदि पोलैंड के पेट में बच्चा न होता, तो पकड़ाई में आ ही नहीं सकती थी।

दौड़ते-दौड़ते वे हाँफ गए थे। एकाएक गालियों की बौछार पड़ी, तो मुड़कर देखने लगे। ये लोग क्रॉस खेलनेवालों के रास्ते में आ गए थे और ज़कारी के प्रहार से यालैं का तो सिर फटते-फटते बचा था। चौथी पारी चल रही थी। अब वे पाइयो फ़ार्म से कैत्र शमा की तरफ़ चले गए थे। कैत्र शमा से मोंत्वार गए थे और अब छह प्रहारों में मोंत्वार से प्रे-दे-वाश पहुँच गए थे। इसका मतलब यह था कि एक घंटे में छह मील से अधिक का फ़ासला तय कर लिया था इन लोगों ने और रास्ते में वे बेंसा में और ले त्रुआ साज़् में बीयर पीने के लिए भी रुके थे। अबके मूके आगे था। उसे दो प्रहार करने थे और उसकी विजय निश्चित थी—लेकिन तभी ज़कारी ने इस प्रवीणता से शोलेट को उलटे मारा कि वह गहरी खाई में जा गिरा और मूके का साथी उसे बाहर न निकाल सका, और नतीजा अनर्थकारी सिद्ध हुआ। चारों चिल्लाते हुए उछल-कूद रहे थे। काँटे का मुकाबला था और खेल को दुबारा शुरू करना पड़ेगा। प्रे-दे-वाश से एर्ब रूस तक करीब डेढ़ मील का फ़ासला था : पाँच प्रहार। एक बार वहाँ पहुँच गए, तो लेरनार में जाकर बियर से थकावट उतारेंगे।

मगर यांलैं के दिमाग़ में एक फ़ितूर आया। उसने जेब से डोरी निकाली और पोलैंड की पिछली बाईं टाँग से बाँध दी। एकदम खिल उठे। पोलैंड तीनों धूर्तों के आगे-आगे भाग रही थी। पैर रपटते और लँगड़ाते हुए हास्यास्पद तरीके से इस तरह दौड़ रही थी कि तीनों हँसते-हँसते लोट-पोट हो रहे थे। आगे जाकर इन्होंने उसकी गर्दन में डोरी बाँधी, ताकि आराम से चल सके। जब चलते-चलते वह थक गई, तो उसे घसीटने लगे—कभी वह पेट के बल घिसटने लगती, कभी पीठ के बल। खरगोश को वे ऐसे घसीटते हुए ले जा रहे थे जैसे किसी खिलौने को घसीटते हैं।

यह खेल एक घंटे से ज़्यादा देर तक चला और पोलैंड एकदम मरणासन्न हो गई। यह देख इन्होंने उसे उठाया और फिर से टोकरी में ठूँस दिया, क्योंकि क्रूशो के जंगल के निकट इन्हें क्रॉस के खिलाड़ियों की आवाज़ें सुनाई पड़ने लगी थीं जिनके रास्ते में वे फिर भटककर आ गए थे।

ज़कारी, मूके और दो अन्य व्यक्ति तेज़ी से फ़ासला तय कर रहे थे और उन्हीं शराबघरों में बियर पीने के लिए रुकते थे जहाँ रुकना इन्होंने पहले से तय कर रखा था। एर्व रूस से वे ब्यूशी आ गए थे। वहाँ से कूआ-द-पियर, फिर शांबले पहुँचे। जहाँ ज़मीन कठोर होती, उस पर से तो शोलेट उछलते हुए निकल जाता। पीछे-पीछे वे ताबड़तोड़ भागते, तो पैरों की आहट से धरती गूँजने लगती : इस खेल के लिए यही बढ़िया मौसम था, क्योंकि दलदल में फँसने का कोई अन्देशा नहीं था—हाँ, टाँग टूट सकती है, यह डर हमेशा लगा रहता था। साफ़ सर्द हवा में वे दम लगाकर प्रहार करते, तो ऐसे ध्वनि गूँजती, जैसे राइफ़ल से गोली छूटती है। बलिष्ठ हाथ डोरी लिपटे दस्ते को मज़बूती से पकड़ते, प्रत्येक प्रहार करते समय सारा शरीर हरकत में आता, तो लगता किसी बैल का वध करने जा रहे हों, और यह खेल घंटों चलता—मैदान में एक सिरे से लेकर दूसरे सिरे तक खाई-खंदकों, बाड़ों, सड़क के पुश्तों और नीची दीवारों को पार करते हुए शोलेट निकल जाता। इस खेल के लिए दम-खम की ज़रूरत होती थी। वही आदमी इसे खेल सकता था जिसके घुटने लोहे के बने हों। और कोयला काटनेवाले मज़दूर तो इस खेल के पीछे दीवाने हुए रहते थे। कोयला-खानों में काम करते थे, तो उनकी एक-एक मांसपेशी जिस तरह ऐंठती थी, वह इस खेल में एकदम दुरुस्त हो जाती थी। पच्चीस की उम्र में चन्देक लोगों में ही इतना जोश रहता कि पच्चीस मील से अधिक फ़ासला तय कर पाते थे। चालीस की उम्र में तो कोई आदमी यह खेल खेलता ही नहीं था—तब तक वे काफ़ी थुलथुल हो चुके होते थे।

पाँच बज गए थे और धुँधलका हो चला था। बस, एक ही पारी बची थी, और इस पारी में तो वनदाम वन तक का रास्ता तय करने के बाद ही फ़ैसला हो पाएगा कि गुलुबन्द और टोपी किसके हाथ लगती है।

ज़कारी में राजनीति के प्रति अक्खड़पने की हद तक उदासीनता थी। सो, मज़ाक करते हुए कहता था कि अपने मित्रों के ऐन बीच जा टपकेंगे, तो कितना मज़ा आएगा। जहाँ तक यांलैं का सम्बन्ध था, गाँव से निकलते ही उसने जंगल को ही लक्ष्य बनाया था, हालाँकि यहाँ-वहाँ डोलता-फिरता था। लिडी पछता रही थी और डर भी रही थी और ल वोरअ जाकर डेंडेलियन बटोर लाने के लिए उत्कंठित भी थी। लेकिन यांलैं उसे

धमका रहा था—क्या ? सभा में नहीं जाएँगे क्या ?—नहीं। बोला कि सभा में जाकर सुनेंगे कि वे लोग क्या कहते हैं। बेबेर को उसने आगे धकेला और बोला कि जंगल के रास्ते में पोलैंड को खुला छोड़ देंगे और जब भागेगी, तो उस पर पत्थर मारेंगे। देखना, बड़ा मज़ा आएगा। उसका इरादा तो था पोलैंड को मार डालने का, क्योंकि चाहता था कि उसे रकैयार के पेंदे में अपनी गुफ़ा में ले जाएगा और वहाँ बैठकर उसे उदरस्थ करेगा। पोलैंड भागी। थूथनी उसकी सूखकर सिकुड़ गई थी और चौड़े कान कनपटियों के साथ जा लगे थे। एक पत्थर लगा, तो उसकी पीठ छिल गई। दूसरे पत्थर से उसकी पूँछ कट गई। ऐसे में घिर आए अँधेरे में वह वहीं दम तोड़ देती यदि धूर्तों की नज़र खुली जगह पर खड़े एतियन और माहूअ पर न पड़ती। एकदम दौड़कर इन्होंने पोलैंड को दबोचा और फिर से लिडी की टोकरी में ठूँस दिया। लगभग उसी समय ज़कारी, मूके और दूसरे दो खिलाड़ियों ने अन्तिम प्रहार इस ज़ोर से किया कि शोलेट लुढ़कता हुआ उस स्थल से कुछ ही अन्तर पर जाकर गिरा जहाँ एतियन और माहूअ खड़े थे। इस तरह वे सब ऐन सभा-स्थल के मध्य पहुँच गए थे।

ज्योंही झुटपुटा हुआ था, सारे देहाती इलाके में चलती परछाइयों का ताँता लग गया था। एक-एक करके या झुंडों में ये परछाइयाँ सड़कों पर और पगडंडियों पर या सीधी-सपाट धरती पर उस दिशा में चल पड़ी थीं जिस दिशा में जंगल के ऊँचे-लम्बे, बैंगनी पेड़ों की फुनगियाँ दिखाई पड़ती थीं। एक-एक गाँव खाली होता जा रहा था। स्त्रियाँ—यहाँ तक कि बच्चे भी निकल आए थे, मानो निर्मल आकाश के नीचे चहलकदमी करने जा रहे हों। सड़कें करीब-करीब अँधेरी हो चली थीं और हालाँकि एक ही गन्तव्य की ओर अग्रसर होती भीड़ दिखाई नहीं पड़ती थी, फिर भी, उसकी उपस्थिति का भान तो हो ही रहा था—पैरों की आहट, उनकी दुविधा और फिर मात्र एक ही वलवला। रात की उस अन्धकार-भरी वनाली में बाड़ों-मुँडेरों और झाड़ियों में से हलकी-हलकी सुरसुराहट, धीमी-धीमी मरमराहट के अलावा और कुछ सुनाई नहीं पड़ता था।

उस समय मोंस्यो हेनबो अपनी घोड़ी पर सवार होकर घर की तरफ़ जा रहा था और उसके कानों में ये अस्पष्ट-सी आहटें पड़ रही थीं। रास्ते में उसे कुछ जोड़े, चहलकदमी-सी करते लोग भी दिखाई पड़े थे, जो शायद जाड़े की रमणीक संध्या का आनन्द लेने निकले थे—सम्भवतः वे युगल प्रेमी थे जो मुँह से मुँह सटाए दीवारों की ओट में भोग-विलास करने जा रहे थे। क्या हमेशा वह इस प्रकार के दृश्य नहीं देखता आया था ? हर खाई-खन्दक में छोकरियों को ये लोग लुढ़काते-लिटाते रहते थे, यहाँ तक कि भिखारी भी ऐसा ही करके मन बहलाते थे, क्योंकि इस काम के लिए कोई पाई-पैसा ख़र्च नहीं करना पड़ता था। फिर देखो इन बेवकूफ़ लोगों को, जो जीवन से गिला-शिकवा करते अघाते नहीं, हालाँकि एकमात्र सच्चे आनन्द—प्रेम—का छक कर उपभोग कर सकते हैं। वह तो ख़ुशी-ख़ुशी नई ज़िन्दगी की शुरुआत करने को तैयार है, इन लोगों की भुखमरी का जीवन भी अपनाने से गुरेज़ नहीं करेगा, यदि कोई औरत तन-मन से सर्वस्व उस पर न्योछावर करने को तैयार हो। उसकी यह ऐसी वेदना थी जिसमें उसे सांत्वना देनेवाला कोई नहीं था। इन ग़रीब, अभागे लोगों से उसे हसद हो रही थी। सिर

लटकाए वह धीरे-धीरे घर की ओर बढ़ रहा था। अंधियाले देहात के अन्तस्तल से उठनेवाले दीर्घ स्वर उसे संतप्त कर रहे थे—उसे लगता था कि पुचकार और चुमकार के अलावा ये कोई दूसरे स्वर हो ही नहीं सकते।

7

सभा प्लां-दे-दाम में रखी गई थी। वहाँ पिछले दिनों बड़ी संख्या में पेड़ काट डाले गए थे। सो, काफ़ी खुली जगह बन गई थी। हलकी-सी ढलान भी थी, जिसके चारों तरफ़ ऊँचे-ऊँचे पेड़ थे। एकदम सीधे और बराबर तनों वाले 'बीच' पेड़ों के झुरमुट थे, जिनके सफ़ेद-सफ़ेद तनों पर लाइकेन वनस्पति के धब्बे-से दिखाई पड़ते थे। जिन विशाल पेड़ों को काटकर डाला गया था, वे अब भी वहाँ पड़े थे। बाईं ओर चिरी लकड़ी का टाल-सा लगा था। धुँधलका होने के साथ-साथ सर्दी भी बढ़ने लगी थी और नीचे गिरी सिवार और वनस्पतियाँ पैरों तले आकर चटचटाने लगती थीं। धरती पर तो एकदम अँधेरी रात थी, लेकिन ऊपर धुँधले आकाश में ऊँची टहनियों की काली छाया दिखाई पड़ती थी, जहाँ उभरता चन्द्रमा शीघ्र ही सितारों की रोशनी को मन्द कर देगा।

करीब तीन हज़ार खान मज़दूर इस खुली जगह पर आकर इकट्ठे हो गए थे—क्या मर्द, क्या औरतें, क्या बच्चे। भीड़ उमड़ी पड़ती थी। लोग आते जा रहे थे और खाली जगह को भरते जा रहे थे और फिर पेड़ों के नीचे भी फैल जा रहे थे। तिस पर भी आनेवालों का ताँता लगा था। अन्धकार में डूबे मानव सिरों का समुद्र वहाँ तक ठाठें मार रहा था जहाँ तक झाड़ियाँ उगी थीं। हलकी-हलकी मरमराहट-सी सुनाई पड़ रही थी। लगता था, जैसे निस्तब्ध हिमानी वन-प्रदेश में झंझावात चल रहा हो।

एतियन ढलान की सबसे ऊँची जगह पर खड़ा था। उसके साथ खड़े थे रासनर और माह्अ। तभी झगड़ा शुरू हो गया। बीच-बीच में उनकी बातें सुनाई पड़ जाती थीं। निकट खड़े लोग सुन रहे थे। एक तो लवाक था, जिसकी मुट्ठियाँ भिंची हुई थीं। दूसरा पियरों था, जो उनकी तरफ़ पीठ करके खड़ा था और इसलिए व्याकुल हो रहा था कि बीमारी का स्वाँग अब नहीं कर पाया। फिर बोनमोर्त और बूढ़ा मूक था, जो एक ठूँठ पर साथ-साथ बैठे थे और गहरी सोच में डूबे लगते थे। उनके पीछे मसखरी करनेवाले लोग खड़े थे—ज़कारी, मूके और दूसरे लोग, जो सबकी खिल्ली उड़ाने के इरादे से ही आए थे।

इनके विपरीत, स्त्रियाँ एकदम गम्भीर बनी खड़ी थीं, मानो चर्च में आई हों। ला लवाक दबी ज़बान में गाली-गुफ़्तार कर रही थी और ला माह्द बिना कुछ बोलेचाले, बस, सिर हिलाकर प्रतिक्रिया प्रकट करती थी। फ़िलोमेन खाँस रही थी, क्योंकि जाड़े के कारण साँस लेने में उसे तकलीफ़ होती थी। मूकेत ही ऐसी औरत थी जिसका चेहरा खिला हुआ था। वह प्रसन्न इस बात से थी कि ला ब्रूले अपनी बेटी को फटकारते हुए कह रही थी कि तू एकदम बेहूदा छोकरी है। कहती थी—माँ को इसलिए कहीं भेज दिया था इसने ताकि पीछे बैठकर खुद सारा खरगोश चट करें। एकदम बेहया लड़की है, जो अपने मरद की कायरता के कारण मुटिया रही है ! यांलैं टाल के ऊपर चढ़ गया था।

फिर लिडी को भी उसने खींचकर अपने साथ बैठा लिया और बेबेर को झिड़ककर कहा कि वह ऊपर क्यों नहीं आता। आकाश की पृष्ठभूमि में उनकी आकृतियाँ सबसे ऊपर नुमायाँ थीं।

वास्तव में, झगड़ा रासनर ने ही शुरू किया था। वह चाहता था कि संसदीय प्रणाली का अनुसरण करते हुए कमेटी चुनी जाए। बां-ज़्वाइयो में हारने से वह तिलमिलाया हुआ था और इस फ़िराक में था कि किसी तरह बदला चुकाए। फिर डींग मार रहा था कि प्रतिनिधियों के ही नहीं, खान मज़दूरों के सामने जाकर खड़े होने की देर है, खोई प्रतिष्ठा वह पुनः प्राप्त कर लेगा। एतियन समझता था कि जंगल के बीच किसी कमेटी की बात सोचना निरी मूर्खता है। क्या ये लोग नहीं जानते कि जंगली जानवरों की तरह उनका पीछा किया जा रहा है और अब हालत ऐसी है कि उन्हें वहशियों की तरह ही आचरण करने को विवश होना पड़ेगा। और ऐसा करने के लिए इंक़लाबी तौर-तरीके अपनाने की आवश्यकता थी।

एतियन ने जब देखा कि यह बहस-मुबाहिसा तो ख़त्म होनेवाला नहीं, सो वह दौड़ा और धरती पर पड़े पेड़ के तने पर खड़ा हो गया और सबका ध्यान आकर्षित करने के लिए ऊँचे स्वर में बोला : 'कामरेडो ! कामरेडो !'

रासनर ने प्रतिवाद किया, तो माहूअ ने उसका मुँह बन्द कर दिया। भीड़ में जो बड़बड़ाहट-कुड़कुड़ाहट-सी हो रही थी, वह भी धीरे-धीरे थम गई।

एतियन गर्जन-तर्जन के साथ बोल रहा था : 'कामरेडो ! उन लोगों ने हमारे बोलने पर पाबन्दी लगाई है, और हमारे पीछे पुलिस भी छोड़ रखी है, मानो हमने कोई अपराध किया हो। यही वजह है कि इस जगह आकर सभा करने के अलावा हमारे पास कोई चारा नहीं था। यहाँ हम आज़ाद हैं। यह हमारा अपना घर है। यहाँ हमारी ज़बान को कोई पकड़ नहीं सकता, जिस तरह कोई परिन्दों का या जानवरों का बोलना बन्द नहीं कर सकता।'

भीड़ ने चिल्ला-चिल्लाकर उसका समर्थन किया।

'हाँ, यह जंगल हमारा है। यहाँ हमें बोलने का हक है...बोलो, बोलो।'

एक क्षण एतियन तने पर निश्चल-सा खड़ा देखता रहा। चन्द्रमा अभी बहुत नीचे था और चाँदनी सबसे ऊपर वाली टहनियों पर पड़ रही थी। अँधेरे में डूबी भीड़ धीरे-धीरे शान्त और स्थिर होती जा रही थी। एतियन भी एकदम छाया-सा लग रहा था—देखकर ऐसे लगता था जैसे अन्धकार में कोई शलाका खड़ी हो।

एतियन ने बाँह उठाकर धीरे-धीरे बोलते हुए भाषण शुरू किया। लेकिन उसके स्वर में अब वह गर्जन-तर्जन नहीं था। उसने ऐसा सन्तुलित लहज़ा अपनाया, जैसा कि जनता का साधारण प्रतिनिधि सारी स्थिति की जानकारी देने के लिए बोलता है। सबसे पहले उसने वही बातें कहीं जिन पर पुलिस के मुखिया ने बां ज़्वाइयों में रोक लगाई थी। इसके बाद उसने हड़ताल का सारा इतिहास बताया और वैज्ञानिक शब्दावली की उधार ली गई शैली में अपनी बात समझाने की कोशिश की। मात्र तथ्य ही उसने बताए और तथ्यों के अलावा और कोई बात नहीं कही। पहले तो बोला कि वह हड़ताल के ख़िलाफ़ है, खान मज़दूर भी तो हड़ताल नहीं करना चाहते थे। मगर उन्हें हड़ताल करने को विवश

होना पड़ा है, क्योंकि प्रबन्धकों ने बल्लियाँ-शहतीर लगाने की मजूरी अलग से देने की प्रणाली लागू कर दी है। फिर उसने प्रतिनिधियों की पहली मुलाकात के बारे में बताया जो मैनेजर के बँगले पर हुई थी, और प्रबन्धकों की बदनीयती की चर्चा की। फिर ऐसी ही दूसरी मुलाकात का ज़िक्र किया जिसमें उन्होंने दो सांटीम की रिआयत देने की बात कही थी, और यह रकम असल में वही थी जिसे उन्होंने मज़दूरों से छीनने की कोशिश की थी। यह था सारा किस्सा-कोताह।

इसके बाद उसने उस ख़र्च का हिसाब उनके सामने रखा जिस कारण इमरजेंसी फ़ंड चुक गया था और यह भी बताया कि बाहर से जो धन आया, उसका उपयोग भी किस तरह किया गया, और फिर कुछ वाक्यों में इंटरनेशनल यानी कि प्लूकार्ट और दूसरे लोगों का पक्ष लेते हुए बताया कि किस तरह वे दुनिया को फ़तह करने की लड़ाई लड़ रहे हैं और इस लड़ाई में आनेवाली कठिनाइयों के कारण वे क्योंकर यहाँ के मज़दूरों की ज़्यादा मदद नहीं कर पा रहे हैं। इसीलिए हालात दिन-ब-दिन बिगड़ते जा रहे हैं—कम्पनी हाज़िरी की किताबें लौटा रही है और बेल्जियम से मज़दूरों को लाने की बात कहकर डरा रही है और इसके साथ-साथ उनके उन साथियों को भी धमकियाँ देने लगी हैं जो थोड़ा डगमगा रहे हैं। यही नहीं, कुछेक खान मज़दूरों को बहला-फुसलाकर उन्होंने काम पर आने के लिए राज़ी भी कर लिया है।

एतियन एक ही लहज़े में बोलता जा रहा था, जैसे इन सारी अप्रिय बातों के बारे में उन्हें कायल करना चाहता हो। कहता था कि भूखों मरने की नौबत आ गई है और आशा का दामन छूटता जा रहा है, संघर्ष करते-करते हिम्मत पस्त होने लगी है। मगर फिर एकाएक अपनी आवाज़ बुलन्द करते हुए उसने संक्षेप में दूसरी बातें बताईं।

'कामरेडो ! इन हालात में आप लोगों को आज यहाँ फ़ैसला करना होगा। क्या हड़ताल जारी रखना चाहते हैं ? अगर हाँ, तो कम्पनी को नीचा दिखाने के लिए क्या किया जाना चाहिए ?'

तारों भरे आसमान के नीचे एकदम सन्नाटा छा गया। अन्धकार की चादर में अदृश्य भीड़ इन दहला देनेवाले शब्दों की मार से जैसे एकदम मौन और अवाक हो गई थी। उस वक्त, बस, एक ही आहट थी—पेड़ों में से छनकर आती भीड़ की हताश आहें !

एतियन ने पुनः बोलना शुरू किया। अबके उसका स्वर एकदम भिन्न था। ऐसे बोल रहा था, जैसे किसी एसोसिएशन का सेक्रेटरी नहीं, बल्कि फ़ौज का कमांडर हो, कोई धर्मप्रचारक हो, जो सचाई का दिग्दर्शन कराने आया हो। कह रहा था—क्या तुम लोग इतने कायर हो कि काम पर वापस जाना चाहते हो ? क्या बेकार ही महीने-भर से तकलीफ़ें बरदाश्त करते आ रहे हो ? क्या टाँगों में पूँछ दबाकर तुम लोग कोयला-खानों में चले जाओगे ? क्या अपनी तकलीफ़ों का सिलसिला फिर से शुरू करने को तैयार हो, जिन्हें ज़माने से भोगते आ रहे हो ? क्या यह बेहतर नहीं होगा कि इसी वक्त जान दे दें जिससे कामगारों को भूखों मारनेवाले पूँजीपतियों के अत्याचारों का अन्त हो ? क्या वह वक्त नहीं आ गया कि भूख के आगे नासमझ लोगों की तरह घुटने टेकना बन्द करें ? अगर इस वक्त घुटने टेकोगे, तो भुखमरी से ऐसे हालात फिर पैदा हो जाएँगे कि हलीम से हलीम आदमी भी फिर से बग़ावत करने के लिए मजबूर हो जाएगा...

और इस तरह एतियन ने शोषण की चक्की में पिसते खान मज़दूरों की तस्वीर पेश की। बोला कि जब भी होड़ में कीमतें घटानी पड़ जाती हैं, तो तबाही लानेवाले इस संकट की सारी मार किस तरह उन्हीं लोगों को झेलनी पड़ती है और ऐसे हालात पैदा हो जाते हैं कि भुखमरी की नौबत आ जाती है। न ! बल्लियाँ-शहतीर लगाने के लिए मजूरी की नई प्रणाली हमें मंज़ूर नहीं—इसकी ओट में कम्पनी बचत करना चाहती है। यह कोशिश है एक-एक मज़दूर की हर रोज़ एक घंटे की मजूरी हड़प लेने की और इस बार तो इन लोगों ने हद ही कर दी है। अब वह दिन दूर नहीं जब दीन-दुखी लोग धीरज खो बैठेंगे और इंसाफ़ लेकर रहेंगे।

एतियन तनिक रुका। बाँहें पसारे देख रहा था। 'इंसाफ़' शब्द कानों में पड़ते ही भीड़ में उत्तेजना फैल गई थी और लोग ज़ोर-ज़ोर से तालियाँ बजाने लगे थे और करतल-ध्वनि ऐसे गूँज रही थी, जैसे आँधी में सूखे पत्ते सरसराते हैं।

'इंसाफ़ !... ! इंसाफ़ हो ! इंसाफ़ हो !'

एतियन धीरे-धीरे जोश में आता जा रहा था। रासनर की तरह उसे कोई बात एकदम साफ़-स्पष्ट और सहज तरीके से कहने का ढब तो आता नहीं था। प्रायः उपयुक्त शब्द ही नहीं मिलते थे और वह अपने ही वाक्यों में उलझकर रह जाता था और सायास बोलने से सारी देह तन जाती थी। मगर इसका एक फ़ायदा यह मिलता था कि हकलाते-लड़खड़ाते हुए उसे मज़दूरों के कठोर परिश्रम को अभिव्यक्त करनेवाले कुछ ऐसे सटीक रूपक सूझ जाते थे जो श्रोताओं के दिलों को गहराई तक छू लेते थे। फिर एक मज़दूर के हाव-भाव—कोहनियों को पीछे ले जाना, भिंची हुई मुट्ठियों के साथ उन्हें आगे लाना, जबड़ों को इस तरह भींचना मानो काटने को तत्पर हो—इन सबका मज़दूरों पर विलक्षण प्रभाव पड़ता। हरेक की ज़बान पर एक ही बात होती—बहुत बड़ा आदमी तो नहीं है यह, लेकिन अपनी बात कहने का ढब जानता है।

'वेतन गुलामी का ही एक नया डौल है,' वह थरथराते लहज़े में बोलता जा रहा था। 'कोयला-खान पर मिल्कियत खान मज़दूर की होनी चाहिए, बिलकुल उसी तरह, जिस तरह समुन्दर मछुआरे का होता है, उसी तरह जिस तरह ज़मीन की मिल्कियत किसान को होती है...मेरी बात आप लोग ग़ौर से सुनें। कोयला-खान तुम लोगों की है, यानी उन सब लोगों की है जिन्होंने सौ साल से ज़्यादा समय तक अपने ख़ून से, अपने दुख-दर्द से इसकी कीमत अदा की है !'

और उसने पूरे दम-खम के साथ दुरूह किस्म के कानूनी प्रश्नों का हवाला देना शुरू किया, जिसका नतीजा यह हुआ कि कोयला-खानों से सम्बन्धित विशेष कानूनों की अन्तहीन शृंखला में बुरी तरह उलझता चला गया। जो चीज़ धरती के नीचे है, वह जनता की है। केवल एक कुत्सित विशेषाधिकार के तहत कम्पनियों को इजारेदारी मिली हुई है, और ख़ास तौर से मोंसू के बारे में ऐसा हुआ, जहाँ रियायतों की तथाकथित वैधता उन समझौतों की बदौलत पेचीदा बनी जो बहुत पहले हेनो की प्राचीन पद्धति के अनुसार भूतपूर्व जागीरदारों के साथ किए गए थे। इसलिए अब, बस, करना यह है कि खान मज़दूरों को उस चीज़ को फिर से वापस पाना है जो असल में उनकी अपनी ही थी—और यह कहते हुए एतियन ने बाँहें फैलाकर जंगल के पार सारे देहाती इलाके को

घेरे में समेट लिया। उसी समय चन्द्रमा ऊँची शाखाओं को लाँघकर आया और एतियन चाँदनी में एकदम नहा गया। अब जब अँधेरे में खड़ी भीड़ ने उसे ज्योत्सना की उज्ज्वलता के बीच खुले हाथों धन-सम्पदा बाँटते हुए देखा, तो तुमुल करध्वनि से उसका अभिनन्दन किया।

'हाँ, बिलकुल सही कहता है, बिलकुल सही कहता है !'

इस स्थल पर एतियन ने अपना प्रिय विषय उठाया—उत्पादन के उपकरणों पर सामूहिक नियंत्रण, और जब वह अपने इस सिद्धान्त को शब्दों में व्यक्त करने लगता था, तो इस तरह की अपनी अंड-बंड शब्दावली का प्रयोग करके एकदम उल्लसित हो उठता था। उसमें एक ज़बरदस्त तब्दीली आ गई थी। जिस तरह नया मुल्ला ऊँची बाँग देता है, उसी तरह उसे यह कहने की झक सवार हुई थी कि वेतन-प्रणाली में सुधार करने की आवश्यकता है—और उसने यह राजनीतिक सिद्धान्त प्रतिपादित करना शुरू किया था कि वेतन-प्रणाली को पूर्णतः समाप्त कर देना चाहिए। उसके समष्टिवाद ने—जो बां ज़्वाइयो की सभा होने तक अमूर्त और लोकोपकारी था—अब एक जटिल कार्यक्रम का रूप ले लिया था, जिसके प्रत्येक पक्ष की वह वैज्ञानिक विवेचना करने लगता था। पहले तो वह यह कल्पना किया करता था कि राज्य या राष्ट्र को नष्ट करके ही स्वाधीनता प्राप्त की जा सकती है। उसके बाद, जब सरकार पर जनता का नियंत्रण हो जाएगा, तभी सुधार-कार्य आरम्भ होगा : यानी प्राचीन कम्यून वाले जीवन का आविर्भाव होगा, ओछे और दमनकारी परिवार की जगह समतावादी और स्वतंत्र परिवार की स्थापना होगी, नागरिक, राजनीतिक और आर्थिक मामलों में पूर्ण समानता होगी और श्रम के उपकरणों का तथा श्रमजनित फल का अधिग्रहण करके वैयक्तिक स्वाधीनता सुनिश्चित की जाएगी, और अन्ततः निःशुल्क तकनीकी प्रशिक्षण देने की व्यवस्था की जाएगी जिसका सारा ख़र्च समाज वहन करेगा। इन सब उद्‌देश्यों की प्राप्ति के लिए पुराने भ्रष्ट समाज का आमूलचूल रूपान्तरण करना आवश्यक होगा।

एतियन ने विवाह-प्रथा तथा उत्तराधिकार की पद्धति पर भी आक्रमण किया और व्यक्तिगत धन-सम्पदा की सीमा भी निर्धारित की, और मृत शताब्दियों के अन्यायपूर्ण कीर्ति-स्तम्भों को भी ध्वस्त करना शुरू किया—ये सब बातें उसने एक हाथ भाँज-भाँजकर कहीं। उसके हाव-भाव उस दराँती की तरह थे जो पकी फ़सल को काटती जाती है। फिर, दूसरे हाथ से उसने भावी मानवता का निर्माण करने की बात प्रतिपादित करनी शुरू की, सचाई और इंसाफ़ की ऐसी इमारत की तामीर की जो बीसवीं शताब्दी के आगमन के साथ खड़ी होगी। इस बौद्धिक विलास का प्रतिपादन करते-करते तर्क खंड-खंड हो जाता और एकनिष्ठ मतान्धता हावी होने लगती। ऐसे में उसके भीतर जो थोड़ी-बहुत संवेदनशीलता और सहज बुद्धि थी, वह तिरोहित हो जाती और इस नई दुनिया की प्राप्ति से सहज-सरल और कोई चीज़ उसे दिखाई न पड़ती : इसकी सारी योजना उसके मस्तिष्क में थी और उसके बारे में इस तरह बताने लगता कि यह एक ऐसा तंत्र है जिसकी स्थापना एक-दो घंटों के भीतर ही वह कर सकता है, और इसके लिए आग और रक्त की शक्ल में जितनी भी कीमत चुकानी पड़ेगी, इसकी कोई चिन्ता नहीं है उसे।

'अब हमारी बारी है,' अन्ततः वह चिल्लाकर बोला। 'अब सत्ता और सम्पत्ति लेने की बारी हमारी है !'

सारा वन उसकी जय-जयकार करने लग गया। तब तक चाँद अपनी चाँदनी से उस सारे स्थल को नहला चुका था और मनुष्यों के सिरों का उमड़ता सागर एकदम साफ़ दिखाई पड़ने लगा था जो बड़े-बड़े धूसर पेड़ों के तनों के बीच झाड़-झंखाड़ की अस्पष्ट पंक्तिरेख तक ठाँठे मार रहा था। उस हिमानी आकाश तले उत्तेजित चेहरों का वह विशाल जन-समूह था—जो धधकती आँखों से देख रहे थे, मुँह खुले थे उनके, एक-एक व्यक्ति जोश से उफन रहा था। भुखमरी के कगार पर पहुँचे स्त्रियों-पुरुषों-बालकों को खुला आमंत्रण दिया जा रहा था कि वे उस प्राचीन थाती को न्यायतः लूट लें जिससे उन्हें बेदख़ल किया गया है। अब तो उन्हें जाड़ा भी नहीं सता रहा था। एतियन के गर्म शब्दों ने उन्हें एकदम भीतर तक तपा दिया था। एक प्रकार की श्रद्धापूर्ण उत्प्रेरणा उन्हें धरती से उठाकर ऊपर ले गई थी। यह बिलकुल वैसी ही आशावादिता थी जैसी कि शुरू-शुरू के ईसाइयों में हुआ करती थी, जो भावी न्यायपूर्ण शासन पद्धति के लिए पलकें बिछाए रखते थे। उसके अनेक वाक्य इतने अस्पष्ट थे कि उनके पल्ले पड़ ही नहीं सकते थे। तकनीकी और अमूर्त तर्क-वितर्क भी उनकी समझ में नहीं आ सकता था। मगर प्रतीत होता था इस दुर्बोधता और अमूर्तता ने उनके भीतर और अधिक आशाओं का संचार कर दिया था और वे उस दैदीप्यमान, चकाचौंधपूर्ण भविष्य की ओर आस लगाए देखने लगे थे। यह कैसा स्वप्न था !—वे लोग मालिक बनेंगे, सारे कष्ट, दुख-दर्द मिट जाएँगे और अन्ततः सारी धन-सम्पदा पर उन्हीं का स्वत्व हो जाएगा।

'यह सही बात है। अब हमारी बारी है !...शोषण करनेवाले...मुर्दाबाद !'

स्त्रियाँ तो एकदम उन्मत्त हो उठी थीं—ला माहृद भूख की घुमेरी के कारण आपा खो बैठी थी। ला लवाक चिल्ला रही थी। बूढ़ी ला ब्रूले आवेश में आकर अपनी डायन जैसी बाँहें भाँज रही थी। फ़िलोमेन को खाँसी का दौरा पड़ गया था और मूकेत इतनी उत्साहित थी कि एतियन की वाहवाही करते हुए जैसे बिछती चली जा रही थी।

पुरुषों में माहृअ तो एतियन पर एकदम न्योछावर हो गया था। वह काँपते-थरथराते पियरों तथा बकते-झकते लवाक के मध्य खड़ा था और आवेश में आकर चिल्ला रहा था। ज़कारी और मूके जैसे मसख़रे आए तो थे खिल्ली उड़ाने, मगर लज्जित और चकित थे कि कोई आदमी एक घूँट पिए बिना भी इतनी देर तक निरन्तर बोलने की सामर्थ्य रखता है। लकड़ियों के टाल पर चढ़कर बैठा यांलैं चीखते हुए बेबेर और लिडी को उकसा रहा था और इसके साथ 'पोलैंड' खरगोश वाली टोकरी भी झुलाता जा रहा था।

कोलाहल फिर शुरू हो गया था और एतियन इस लोकप्रियता का पान करते हुए धुत्त था। उसके मुख से निकले एक शब्द पर जब तीन हज़ार छातियों के दिल ज़ोर-ज़ोर से धड़कने लगे थे, तो उसे अपनी शक्ति-सामर्थ्य का भी डंका बजता सुनाई पड़ने लगा था। यदि सूवारीन ने आने की कृपा की होती, और उसके विचारों को वह अंगीकार करता, तो अवश्य ही उसकी कद्र करता और अराजकतावादी सिद्धान्त में अपने शिष्य की प्रगति देख उसे इत्मीनान होता और उसके इस सारे कार्यक्रम से—प्रशिक्षण के मुद्दे

को छोड़कर, जो कि भावुकतापूर्ण मूर्खता का चिह्न था—सन्तुष्ट ही होता, क्योंकि स्वस्थ अज्ञान एक ऐसा कुंड है जिसमें मनुष्य का जीवट पुनः परखा जाता है। जहाँ तक रासनर का सम्बन्ध था, वह हिकारत और झुँझलाहट से कन्धे उचका रहा था।

'मुझे बोलने दे !' उसने चिल्लाकर एतियन से कहा।

एतियन पेड़ के तने से कूद पड़ा।

'जा, बोल, अगर तू बोलना ही चाहता है—देखते हैं, कौन तेरी बात सुनता है !'

रासनर जाकर उसकी जगह पर खड़ा हो गया और लोगों को चुप कराने का जतन करने लगा। लेकिन कोलाहल थमा नहीं। भीड़ में लोग उसका नाम ले-लेकर चिल्ला रहे थे। पहले निकट के उन लोगों ने उसे लक्ष्य किया जो उसे जानते-पहचानते थे। फिर दूर के लोगों ने उसे देखा, जो पेड़ों के नीचे मँडरा रहे थे। लेकिन कोई भी उसकी बात सुनने को तैयार नहीं था। इस शख़्स का पतन हो चुका था और उसे देखते ही वे लोग भड़क उठे थे जो कभी उसके मुरीद थे। जो लोग उसके भाषा-कौशल से, उसकी सरल-सहज वाक्पटुता से खिंचे चले आते थे, मतलब कि उसकी हर बात पर फ़िदा थे, अब वही लोग अब ऐसे बिदक रहे थे उससे, जैसे उस शीरगरम चाय को देखकर मुँह बिचकाते हैं जो कायरों का ही पान हो सकती है। इस सारे कोलाहल के बीच उसने व्यर्थ ही बोलने की कोशिश की। वह चाहता तो यह था कि एक बार फिर वैसा ही भाषण दे और उन्हें बताए कि कानूनों के सहारे दुनिया को बदलना कतई नामुमकिन है और समाज के क्रमिक विकास के लिए पर्याप्त समय देना अनिवार्य है। यह सुनते ही सब लगे उसकी हँसी उड़ाने। बां ज़्वाइयों में उसने पराजय का मुँह देखा था। यहाँ भी उसे मुँह की खानी पड़ी जिसका कोई निस्तार नहीं था। नतीजा यह हुआ कि लोगों ने उस पर जमी हुई काई उठा-उठाकर मारनी शुरू की। एक स्त्री तो तीखी आवाज़ में चिल्लाकर बोली : 'वतन के दुश्मन...मुर्दाबाद !'

वह उन्हें समझाने की भरसक कोशिश कर रहा था—देखिए, जैसे करघा बुनकर का होता है, वैसे कोयला-खान मज़दूर की कभी नहीं हो सकती। और उसने यह माँग की कि मुनाफ़ा बाँटने के लिए कोई पद्धति लागू की जानी चाहिए। बोला कि उसका लाभ यह होगा कि कोयला-खान में मज़दूर का अन्तर्निहित स्वार्थ हो जाएगा, मानो वह भी परिवार का एक सदस्य है।

'वतन के दुश्मन...मुर्दाबाद...' हज़ारों लोगों ने चिल्ला-चिल्लाकर कहना शुरू किया, और फिर पथराव भी होने लगा।

रासनर का चेहरा एकदम ज़र्द पड़ गया। वह ऐसा निराश हुआ कि आँखों में आँसू भर आए। यह उसके सम्पूर्ण जीवन की हार थी। बीस बरस का जो महत्वाकांक्षी सौहार्द्र उसने अर्जित किया था, उस पर पानी फिर गया था। ऐसा हताश हुआ कि मुँह से फिर बात नहीं निकली और पेड़ के तने से नीचे उतर आया।

'तू समझता है, यह गालें बजाने की बात है,' वह फुफकारते हुए एतियन से बोला, जो फूला नहीं समाता था। 'ठीक है, देख लेना, तेरी भी ऐसी ही दुर्गत होगी...यही दशा होगी तेरी भी, लिख ले !'

और हाथों के इशारे से उसने ऐसा दिखलाया कि आगे जो भी मुसीबतें आएँगी,

उनकी ज़िम्मेदारी उस पर कतई नहीं होगी। और यह बात कहकर वह वहाँ ठहरा नहीं और अकेला चलकर बर्फ़-से सफ़ेद और सुनसान देहात में निकल गया।

पीछे सबने उसकी खिल्ली उड़ानी शुरू की। तभी वे हैरान होकर क्या देखते हैं कि बूढ़ा बोनमोर्त पेड़ के तने पर खड़ा है और इतने कोलाहल में भी अपनी बात कहने की कोशिश कर रहा है। अभी तक तो वह और मूक अपनी ही उधेड़-बुन में लगे थे, मानो अपने बीते दिनों की यादों में खोए हों। अब निस्सन्देह बोनमोर्त उस आवेग को स्वर देने के लिए बड़बड़ा रहा था जिसके वशीभूत उसके भीतर विगत यदा-कदा इतनी शिद्दत के साथ सिर उठाता था कि उसके अन्तस्तल से पुरानी स्मृतियाँ उबलकर बाहर आने लगती थीं और ऐसे में जब बोलना शुरू करता था, तो घंटों बोलता रहता था, थकता ही नहीं था।

एकदम शान्ति छा गई थी और सब लोग इस बूढ़े की बात सुनने को आतुर थे। चाँदनी में बोनमोर्त की आकृति एकदम ज़र्द-सी लगती थी। चूँकि उसने ऐसी-ऐसी बातें कहनी शुरू कर दी थीं जिनका सीधा सम्बन्ध यहाँ होनेवाले विचार-विमर्श से बिलकुल नहीं था। सो लोग मुँह बाए देखे जा रहे थे। बोनमोर्त लम्बे-चौड़े किस्से बयान कर रहा था जिनका कोई सिर-पैर नहीं था। एक तो उसने अपनी जवानी का किस्सा सुनाया। फिर अपने दो चाचा-ताऊ का किस्सा छेड़ दिया, जो ला वोरअ में कुचलकर मारे गए थे। फिर उसने निमोनिया की बात बताई, जिसने उसकी पत्नी की जान ले ली थी। लेकिन ये सब किस्से सुनाते हुए भी उसने अपनी इस धारणा को विस्मृत नहीं किया : बता रहा था कि हालात कभी अच्छे नहीं थे और न कभी अच्छे होंगे। उदाहरण देते हुए कह रहा था कि तब पाँच सौ लोग यहाँ इस जंगल में एकत्र हुए थे, क्योंकि बादशाह ने काम के घंटे घटाना मंज़ूर नहीं किया था। मगर इस किस्से को बीच में ही छोड़ उसने एक और हड़ताल का किस्सा छेड़ दिया : कितनी ही हड़तालें वह अपनी आँखों से देख चुका है। सबका अन्त इन्हीं पेड़ों के नीचे हुआ—यहाँ प्लां-दे-दाम में, वहाँ ला शारबोनियर में या उससे भी और आगे सो-द्यु-लू की तरफ़। कभी कड़ाके की सर्दी होती थी, कभी गर्मी का मौसम। एक शाम तो इतनी तेज़ बारिश हुई थी कि उन्हें एक शब्द भी सुने बिना भागना पड़ा था। फिर बादशाह के फ़ौजी आते थे और राइफ़ल की गोलियों के साथ सारा खेल ख़त्म हो जाता था।

'हम इस तरह हाथ खड़े करके हलफ़ लेंगे कि हम नीचे कोयला-खान में हरगिज़ नहीं जाएँगे...ओह, मैंने तो हलफ़ ले लिया है, मैंने हलफ़ ले लिया है।'

भीड़ मुँह बाए बेचैनी के साथ रही थी। एतियन सारा तमाशा देख रहा था। एकाएक कूदकर पेड़ के गिरे तने पर खड़ा हो गया और बूढ़े बोनमोर्त को भी अपनी बग़ल में खड़ा कर लिया। तभी क्या देखता है कि शावाल अपने दोस्तों के बीच सबसे आगे खड़ा है। उसे देखते ही उसे लगा कि हो न हो, कैथरीन भी यहीं कहीं होगी। यह बात ज़हन में आते ही उसके भीतर एक नई ज्वाला फूट पड़ी। उसके भीतर यह इच्छा ज़ोर मारने लगी कि कैथरीन भी उसकी जयजयकार होते हुए देखे।

'कामरेडो ! आपने हमारे बुज़ुर्गवार की बातें सुनीं—कैसी-कैसी मुसीबतें इन्होंने झेली हैं, कैसे-कैसे कष्ट हमारे बच्चे झेलेंगे अगर हम इन चोरों और हत्यारों का सफ़ाया हमेशा

के लिए नहीं कर डालते।'

एतियन का भीषण रूप देखते ही बनता था। आज तक उसने इस प्रकार की उग्र बात मुँह से कभी नहीं निकाली थी। बूढ़े बोनमोर्त को उसने एक बाँह से थाम रखा था और उसका प्रदर्शन ऐसे कर रहा था जैसे वह ग़रीबी-कंगाली, दुख-दारिद्रय का ध्वज हो। फिर बोला कि हम बदला लेंगे। फिर जल्दी-जल्दी कुछ वाक्य बोलकर उसने विगत में प्रथम माहूअ का उल्लेख किया और बताया कि इस सारे परिवार को कोयला-खान ने किस तरह सताया है, कंपनी ने बरबाद करके छोड़ दिया है—और देखो, आज भी यह परिवार—सौ साल तक खटने-मरने के बाद भी—पहले से कहीं ज़्यादा भूख का शिकार है। फिर तुलना करने के लिए उसने बोर्ड के तोंदुल सदस्यों का ख़ाका खींचा, जो थैलीशाह बने बैठे हैं और वो जो स्टॉकहोल्डर हैं, वे भी किस तरह वेश्याओं की तरह रहते हैं और तिनका तक तोड़कर दुहरा नहीं करते और खान मज़दूरों की कमाई पर पलते हैं। कितनी घिनौनी बात है ?—कोयला-खानों में दुनिया मर-खप रही है—बाप से लगाकर बेटे तक—क्या इसलिए कि मिनिस्टरों को मुँहभराई दी जा सके, और अभिजात, कुलीन और बूर्जुआ वर्ग के लोग पार्टियाँ देते फिरें और अँगीठियों के निकट बैठे मुटियाते रहें ?

एतियन ने खान मज़दूरों की बीमारियों का भी अध्ययन किया था। अब लगा उनकी पूरी सूची उनके सामने रखने और विस्तार से बताने, जिसे सुनकर दिल दहल जाता था : जैसे, अनीमिया, गंठमाला, काली खाँसी, दमा, लकवा। बता रहा था कि वे लोग कितने अभागे हैं कि उन्हें मशीनों के आगे पशुचारे की तरह डाला जाता है, गाँवों में ढोर-डँगरों की तरह हाँका-खदेड़ा जाता है। बड़ी-बड़ी वे सब कम्पनियाँ उन्हें निगलती जा रही हैं जो इसी कोशिश में रहती हैं कि ग़रीबी यहाँ से जाए ही नहीं। ये लोग देश के सभी कामगारों, लाखों कामगारों को अपनी एड़ी के नीचे रखने की दुरभिसन्धि करते रहते हैं, ताकि कुछ हज़ार निठल्ले लोग बैठकर गुलछर्रे उड़ा सकें। लेकिन खान मज़दूर अब इतने नादान नहीं, धरती के नीचे रहनेवाले जानवर नहीं। खानों की गहराइयों से एक फ़ौज पैदा हो रही है, नागरिकों की फ़सल पैदा हो रही है, बीज अंकुरित हो रहा है और किसी दिन धूप में एकाएक धरती का सीना चीरकर वह फूट निकलेगा। फिर देखेंगे कि साठ साल के ऐसे आदमी को चालीस बरस की नौकरी के बाद वे कैसे फ़कत डेढ़ सौ फ्रां की पेंशन देने की हिम्मत करते हैं जो थूकता है, तो उसके गले से कोयला निकलता है और जिसकी टाँगें कोयला-खान के पानी में खड़े-खड़े सूज जाती हैं। जी हाँ, मज़दूर पूँजीपति से, उस व्यक्तित्वहीन देवता से हिसाब माँगेगा जिसके बारे में मज़दूर को कोई ज्ञान नहीं है और जो अपने रहस्यमय डेरे में कहीं पोढ़ता रहता है और उन भूखे-प्यासे लोगों की ही जान लेने को उद्यत रहता है जो उसका पेट भरते हैं। मज़दूर लोग उसे ढूँढ़ेंगे और उसे विवश करेंगे कि वह उस विनाशकारी अग्नि के प्रकाश में अपना चेहरा दिखाए और फिर उसे रक्त में बोड़ देंगे—उस घिनौने सुअर को, उस विकराल बुत को जो मनुष्य मांस का भक्षण करता है !

वह चुप खड़ा देख रहा था, लेकिन उसकी बाँहें तब भी पसरी हुई थीं। वह अब भी ''उधर'' वाले शत्रु की तरफ़ इशारा कर रहा था। जानता नहीं था कि वह शत्रु है

''किधर,'' लेकिन होगा तो यहीं कहीं आख़िर। इस बार भीड़ ने इतना तुमुल घोष किया कि मोंसू में बैठे बूर्जुआओं के कान खड़े हो गए और वे लगे वनदाम वन की तरफ़ फैली-फैली आँखों से देखने कि कहीं भयंकर रूप से भू-स्खलन तो नहीं हो रहा।

लोहा गर्म था। एतियन ने चोट मारने की सोची।

'कामरेडो ! क्या फ़ैसला है तुम लोगों का ?...हड़ताल जारी रखना चाहते हो ?'

'हाँ, हाँ !' सब गर्जन-तर्जन के साथ बोले।

'तो ऐसा करने के लिए क्या कदम उठाए जाएँ ?...अगर कोई कायर सुबह कोयला-खान में जाते हैं, तो समझो कि हमारी हार हुई है।'

भीड़ ने एक बार फिर आवाज़ बुलन्द की।

'बुज़दिल...मुर्दाबाद, मुर्दाबाद !'

'तो आप लोग तहैया करते हैं कि उन लोगों को अपने फ़र्ज़ की, उस हलफ़ की याद दिलाई जाए जो उन्होंने लिया है...तो अब हम ऐसा कर सकते हैं कि जाकर कोयला-खानों के बाहर खड़े हो जाते हैं। विश्वासघात करनेवालों की समझ में बात आ जाएगी कि वे मनमर्ज़ी नहीं कर सकते, और कम्पनी भी देखेगी कि हम सबमें एका है—हम प्राण दे देंगे, लेकिन घुटने नहीं टेकेंगे।'

'ठीक है, ठीक है, चलो, चलो, कोयला-खानों की तरफ़ चलो !'

एतियन जब भाषण कर रहा था, तब भी उसकी आँखें सामने भीड़ में पीलियाए, कोलाहल करते चेहरों के बीच कैथरीन के चेहरे को खोज रही थीं। न, कैथरीन तो वहाँ मौजूद ही नहीं थी। मगर शावाल उसे दिखाई पड़ गया था, जो कन्धे झाड़ते हुए ऐसे दिखा रहा था जैसे उसकी बातों की हँसी उड़ा रहा हो। लेकिन ईर्ष्या उसे खाए जा रही थी और यदि उसे वैसी ही लोकप्रियता मिलती जैसी कि एतियन को मिल रही थी, तो उसके लिए वह अपनी आत्मा भी बेचने को तैयार था।

'कामरेडो ! अगर हमारे बीच कोई जासूस घुस आए हैं,' एतियन बोल रहा था, 'तो वे ख़ातिर जमा रखें, हम जानते हैं कि वे कौन हैं...हाँ, वनदाम के कुछ खान मज़दूर हैं जो अब भी काम करने जाते हैं...'

'तेरा इशारा मेरी तरफ़ है क्या ?' शावाल भड़ककर बोला।

'तू है या कोई और है...लेकिन तूने मुँह खोला है, तो समझ ले कि जो लोग खा-पी रहे हैं, उनका कोई वास्ता नहीं है भूख से मरनेवालों से। तू ज्यां-बार में काम करने जाता है...'

किसी ने खिल्ली उड़ाते हुए फ़िकरा कसा : 'यह और काम ! अरे, इसके पास एक लुगाई है जो इसे कमाकर खिलाती है।'

बस, शावाल गाली-गुफ़्तार करने पर उतर आया। गुस्से के मारे उसका चेहरा तमतमा आया था।

'क्यों, किसी को काम करने का हक नहीं है क्या ?'

'नहीं है !' एतियन चीखकर बोला। 'जब तेरे साथी तेरी भलाई के लिए मुसीबतें उठा रहे हैं, तेरे को यह शोभा नहीं देता कि तू अपना उल्लू सीधा करता फिरे और अपनी जान बचाने की ख़ातिर मालिकान के तलुवे चाटे। अगर सब लोग हड़ताल पर चले जाते,

तो कभी की हमारी जीत हो गई होती...जब मोंसे के मज़दूर बाहर हैं, तब वनदाम के एक भी आदमी को खान के भीतर जाना चाहिए था क्या ? होना तो यह चाहिए था कि सब जगहों पर, मोंस्यो दनलां की कोयला-खान में भी और यहाँ भी सारा काम ठप्प कर दिया जाता। समझ आई यह बात ? ज्यां-बार में काम पर जानेवाले सब लोग ग़द्दार हैं, तुम सब ग़द्दार हो !'

शावाल के चारों तरफ़ खड़ी भीड़ मरने-मारने को तत्पर हो गई। मुक्के तान-तानकर वे चिल्लाने लगे, 'मारो, मारो इसे।'

शावाल के चेहरे पर हवाइयाँ उड़ने लगीं। मगर एतियन को नीचा दिखाने के लिए एकदम उसे यह बात सूझी। बोला : 'सुन मेरी बात, अगर सुनने की ताब है तेरे में। सुबह ज्यां-बार आकर देख लेना, मैं काम पर जाता हूँ या नहीं...उन्होंने मुझे इसीलिए यहाँ भेजा है कि मैं तुम लोगों को बताऊँ कि हम सब लोग तुम लोगों के साथ हैं। भट्ठियों की आग पर पानी डाल दो। इंजिनमैन भी हड़ताल पर चले जाएँ। पम्प बन्द हो जाएँगे, तो समझो, सोने पर सुहागा। पानी कोयला-खानों को तबाह कर डालेगा और सारा खेल तमामशुद !'

यह बात सुनते ही लोग बेतहाशा तालियाँ बजाने लगे। एतियन अलग-थलग पड़ गया। फिर एक के बाद एक वक्ता पेड़ के तने पर जाकर खड़ा होता और शोर-शराबे के बीच हाथ फटकारते हुए ख़ौफ़नाक प्रस्ताव रखता। यह निष्ठा-आस्था का उन्मत्त विस्फोट था, एक धार्मिक पन्थ की अधीरता थी जो उस चमत्कार की प्रतीक्षा करते-करते अघा चुका था और अब उसे अमली जामा पहनाने को सन्नद्ध था। अकाल से खोखले हो गए लोग कुपित होकर आग लगाने, खून बहाने के सपने देखने लगे—ऐसी दिव्य ज्योति की प्रतिष्ठा जिसके भीतर से सार्वभौम आनन्द का प्रादुर्भाव होता है। आकाश में स्थिर चन्द्रमा उमड़ते जनसमुदाय को अपनी ज्योत्स्ना से सराबोर कर रहा था और घने जंगल का गहरा सन्नाटा जनसंहार की इस हाँक से गूँज उठा था। केवल जमी हुई काई ही थी जो पैरों के नीचे चटचटा रही थी। ऊँचे-ऊँचे पेड़ सिर उठाए खड़े थे और शुभ्र आकाश में उनकी शाखाओं की कोमल-कृष्ण रेखाओं के तले जो अभागे लोग एकत्र हुए थे, उन्हें न तो वे देख रहे थे, न उनकी सदा सुन रहे थे।

भीड़ में धक्का-मुक्की होने लगी थी। ला माहृद गिरते-पड़ते पति के निकट आ गई थी। महीनों से बढ़ते क्षोभ ने जिस तरह पति-पत्नी के मानस को यंत्रणा दी थी, उससे वे विक्षिप्त-से हो रहे थे। सो, वे भी लवाक के समर्थन में, जो इंजीनियरों की जान का गाहक हो रहा था, गला फाड़-फाड़कर बोलने लगे। पियरों पता नहीं कहाँ ग़ायब हो गया था। बूढ़ा बोनमोर्त और मूक, दोनों एक साथ बोल रहे थे और ऐसी अनाप-शनाप और कठोर बातें कह रहे थे कि किसी के कुछ पल्ले नहीं पड़ता था। ज़कारी मज़ाक-मज़ाक में नारा दे रहा था कि चर्च को तबाह कर डालो। मूके शोर मचाते हुए अपनी मुंगरी ज़मीन पर पटक-पटककर मार रहा था।

औरतों ने भी विकराल रूप धर लिया था : ला लवाक कूल्हों पर हाथ रखे फ़िलोमेन से रार कर रही थी। कहती थी—तूने मेरी खिल्ली उड़ाई है। मूकेत बोल रही थी कि पुलिसवालों के दो-चार नाज़ुक जगहों पर ऐसे लात मारेगी कि उन्हें लेने के देने पड़

जाएँगे। ला ब्रूले ने थोड़ी देर पहले ही लिडी की पिटाई की थी, क्योंकि वह न टोकरी लेकर आई थी, न सलाद, और अब हवा में घूँसे मार-मारकर कह रही थी कि ये मालिकान लोग उसके हत्थे चढ़ जाएँ, तो मार-मारकर उनका हुलिया ही बिगाड़ देगी।

एक क्षण को यांलैं भयभीत हो उठा था, क्योंकि बेबेर यह बता रहा था कि कोयला-खान में काम करनेवाले एक छोकरे ने उसे बताया है कि जब वे पोलैंड को उठाकर भागे थे, तो मदाम रासनर ने उन्हें देख लिया था। मगर यांलैं तत्काल बोला कि चुपचाप जाकर पोलैंड को लावंताज़ के दरवाज़े पर छोड़ आते हैं। बस, यह फ़ैसला करते ही वह लगा ज़ोर-ज़ोर से चिल्लाने। चिल्लाते-चिल्लाते उसने अपना नया छुरा निकाला और उसे हवा में लहराते हुए जैसे उन्मत्त होकर सबको दिखाने लगा—देखो-देखो, मेरा छुरा किस तरह चमकता है !

'कामरेडो ! कामरेडो ! थका-हारा एतियन बारम्बार बोल रहा था। चिल्लाते-चिल्लाते उसका गला बैठ गया था। सबको क्षण-भर के लिए चुप कराना चाहता था, ताकि कोई फ़ैसला किया जा सके।

अन्ततः वे उसकी बात सुनने को तैयार हुए।

'कामरेडो ! कल सुबह ज्यां-बार...ठीक ?'

'हाँ-हाँ, ज्यां-बार। ग़द्दार...मुर्दाबाद, मुर्दाबाद।'

तीन हज़ार कंठों से निकले स्वरों के प्रभंजन से सारा आकाश भर गया और निर्मल ज्योत्स्ना में विलीन होता चला गया।

पाँचवाँ खंड

1

चाँद डूब गया था। चार बज चुके थे और घुप्प अँधेरी रात थी। दनलां के बँगले में सोता पड़ा था। ईंट के बने इस पुराने घर में सब खिड़कियाँ और दरवाज़े मज़बूती से बन्द कर दिए गए थे। इस सुनसान, उदास बँगले और ज्यां-बार कोयला-खान के बीच विशाल बगीचा था, जो देखभाल न होने से एकदम उजड़ गया था। बँगले का दूसरा पार्श्व वनदाम जानेवाली निर्जन सड़क की तरफ़ था। वनदाम पहले था तो एक गाँव, लेकिन बेतहाशा फैलता ही चला गया था और करीब दो मील के फ़ासले पर जंगल के पीछे स्थित था।

दनलां कल काफ़ी देर तक कोयला-खान में ही डटा रहा था। सो, थका-हारा दीवार की तरफ़ मुँह किए खर्राटे भर रहा था। ऐसे में सपने में क्या देखता है कि कोई उसे बुला रहा है। जब नींद उचटी, तो, सचमुच, एक आवाज़ कानों में पड़ी। वह झट उठ बैठा और खिड़की खोलने दौड़ा।

उसका फ़ोरमैन बगीचे में खड़ा था।

'क्यों, क्या बात है ?' दनलां ने पूछा।

'जनाब, बग़ावत हो गई है। आधे लोग काम छोड़कर बैठ गए हैं और दूसरों को भी भीतर जाने से रोक रहे हैं।'

दनलां की समझ में बात नहीं आई। नींद के मारे भारी हुआ सिर भन्ना रहा था और कड़ाके की सर्दी ऐसे लगती थी जैसे बर्फ़ानी झड़ी लगी हो।

'ऐसी-तैसी उनकी ! उन्हें ज़बरदस्ती नीचे भेजो,' वह बड़बड़ाया।

'जनाब, घंटे-भर से यही किस्सा हो रहा है,' फ़ोरमैन बोला। 'हमने सोचा, साहब को ख़बर कर दी जाए। वे लोग आपकी ही बात सुनते हैं।'

'ठीक है, आता हूँ।'

वह जल्दी-जल्दी कपड़े पहनने लगा। नींद खुल गई थी और हैरान-परेशान था। उस वक्त कोई आकर सारा घर लूटकर भी ले जाता, तो किसी को कानों-कान ख़बर न होती—न तो रसोइया और न ही दूसरा नौकर, कोई हिला-डुला तक नहीं था। लेकिन ज़ीने की चौकी के दूसरी तरफ़ डरे-डरे लहज़े में खुसर-पुसर हो रही थी। जब बाहर निकला, तो क्या देखता है कि बेटियों के कमरे का किवाड़ खुला है। दोनों लड़कियाँ वहाँ खड़ी थीं, जो जल्दी-जल्दी सफ़ेद गाउन लपेटते हुए आ गई थीं।

'पापा, यह सब क्या है ?'

बड़ी बेटी लूसी बीस की थी। ऊँची-लम्बी, सलोनी, ओजस्विनी। उससे छोटी ज़न अभी उन्नीस की भी नहीं हुई थी—छोटे कद की गोरी-चिट्टी, स्नेहमयी।

'ऐसी कोई ख़ास बात नहीं,' उसने बेटियों को आश्वस्त करते हुए कहा। 'लगता है, उधर कोई बकवादी किस्म के लोग लफड़ा कर रहे हैं। देखने जा रहा हूँ।'

वे बोलीं, 'जब तक कुछ गरम-गरम ले नहीं लोगे, हम जाने नहीं देंगी। नहीं तो बीमार हो जाओगे। रोज़ाना की तरह पेट गड़बड़ा जाएगा।'

वह बोला, 'नहीं। जल्दी में हूँ।'

'एक बात मानो,' ज़न ने पिता के गले में बाँहें डालते हुए कहा। 'एक गिलास रम और एक-दो बिस्कुट ही ले लो, जाने नहीं दूँगी। नहीं तो मुझे भी साथ ले जाना पड़ेगा।'

वह बोला, 'अरे, नहीं। गले में बिस्कुट अटक जाते हैं।'

मगर उसे हार माननी पड़ी। दोनों बेटियों ने एक-एक मोमबत्ती हाथ में ली और ज़ीने से उतरीं। नीचे खाने के कमरे में आकर बेटियों ने बाप को खिलाने-पिलाने की जुगत की। एक ने रम डाली। दूसरी मोदीखाने से बिस्कुटों का पैकेट लेने दौड़ी गई। अभी ये लड़कियाँ छोटी उम्र की ही थीं कि इनकी माँ का स्वर्गवास हो गया था और अकेली ही पल-पुसकर इतनी बड़ी हुई थीं। बाप ने अत्यधिक लाड़-प्यार करके इन्हें एक तरह से बिगाड़ रखा था। बड़ी बेटी मंच पर गाने के सपने देखती थी। छोटी बेटी पर चित्रकला का भूत सवार था और थी भी एकदम शोख़। मगर जब इन्हें अत्यधिक घाटा हुआ, तो रहन-सहन में संयम बरतना आवश्यक हो गया। जो लड़कियाँ एकदम तेज़-तुंद थीं, वही अब एकदम चौकस चाक-चौबन्द गिरिस्तनें बन गई थीं—इतनी होशियार कि किसी बिल में एक सांटीम की भूल भी होती, तो झट पकड़ लेतीं। चुलबुली और उच्छृंखल-सी ये लड़कियाँ पाई-पाई का हिसाब करतीं, एक-एक पाई दाँत से पकड़तीं, व्यापारियों से मोल-तोल भी करतीं, अपने वस्त्रों को उलट-पुलटकर अपने हाथ से ठीक-ठाक करतीं। इससे बड़ी बात यह कि सारी वित्तीय कठिनाइयों के बावजूद पेशानी पर शिकन तक नहीं डालती थीं।

'खाओ न, पापा !' लूसी बार-बार इसरार करते हुए कह रही थी।

जब देखा कि बाप तो एकदम मौन है और गम्भीर चिन्ता में डूबा है, तो वह डर गई।

'कोई-न-कोई गम्भीर बात है जो आप इस तरह देख रहे हैं, है न ?....अगर, हम आपके पास यहाँ रहें ? दोपहर का भोजन वे लोग हमारे बिना भी तो कर सकते हैं।'

सुबह उधर जाना तय था। लड़की उसी की तरफ़ इशारा कर रही थी। मदाम हेनबो पहले अपनी बग्घी लेकर ग्रेग्वारों के यहाँ जानेवाली थी, जहाँ उसे सेसील को लेना था। फिर इन्हें लेने आएगी। उसके बाद सभी को मैनेजर की पत्नी के निमंत्रण पर मारशियन में ले फ़ार्ज़ में भोजन करने जाना था। इस मौके का लाभ उठाकर वे सब वर्कशाप, धमनभट्ठियाँ और कोक-भट्ठियाँ देखने जाएँगे।

'हाँ, हम यहीं ठहरेंगी,' ज़न भी बोल उठी।

लेकिन बाप को गुस्सा आ गया।

'क्या कह रही हो ! मैं कहता हूँ, कोई बात नहीं है...मेरी मानो, जाकर सो जाओ,

और जैसा कि तय हुआ है, नौ बजे तैयार रहना।'

बेटियों की मीठी लेकर वह निकला। बगीचे की जमी मिट्टी पर बाप की दूर जाती पदचाप की तरफ़ बेटियों के कान लगे थे।

ज़ेन ने सावधानी से रम की बोतल में काग लगाया और लूसी ने बिस्कुटों को ताले में रख दिया।

कमरे में सफ़ाई की तरफ़ ख़ास ध्यान नहीं दिया गया था और उसकी हालत बिलकुल वैसी ही थी, जैसी कि उन घरों में देखने को मिलती है जिनमें रहनेवाले लोग किसी तरह पेट भरते रहते हैं। चूँकि लड़कियों को अलस्सुबह नीचे उतरकर आना पड़ा था, सो, चीज़ें उठा-धरकर इन्होंने इस तरह कमरे को ठीक-ठाक किया, मानो रात को ही यह सारा काम कर लिया गया हो। एक नैपकिन वहीं पड़ा रह गया था। ठीक है—नौकरों के कान खींचने होंगे।

सारा काम निपटाकर वे ऊपर चली गईं।

दनलां अपनी साग-भाजी की बगिया के तंग रास्ते से होते हुए जल्दी-जल्दी चले जा रहा था और आसन्न विपत्ति के कारण उसके भीतर ऊहापोह मची थी। गहरी सोच में पड़ा था—मोंसू के दनिए का क्या होगा, जिसकी बदौलत लाखों की कमाई की थी ? वह हमेशा यही सपने देखा करता कि इसमें दस गुनी वृद्धि करेगा। लेकिन अब सारा मामला खटाई में पड़ गया था। दुर्भाग्य जैसे हाथ धोकर उसके पीछे पड़ा था—अप्रत्याशित रूप से मरम्मत के इतने भारी बिल आने लगे थे, काम चालू रखने के लिए ख़र्च इतना अधिक बढ़ गया था कि कमर ही टूट गई थी। और अब जब मुनाफ़े की डोल हो ही रही थी कि सत्यानाशी औद्योगिक संकट ने ऐसी चोट मारी थी कि सारा गुड़-गोबर होने लगा था। अगर उसकी कोयला-खान में हड़ताल हो जाती है, तो फिर समझो कि लुटिया ही डूबी।

उसने धक्का मारकर एक छोटा दरवाज़ा खोला। अँधेरे आकाश की पृष्ठभूमि में कोयला-खान की इमारतें और अधिक अँधियाली लग रही थीं। बस, यहाँ-वहाँ एक-आध लालटेन सितारों की तरह टिमटिमाती दिखाई पड़ती थी।

ज्यां-बार कोयला-खान की इतनी अहमियत नहीं थी जितनी कि ल वोरअ की। मगर इंजीनियरों का यह कहना था कि पुनरुद्धार के बाद यह "अच्छी ख़ासी खान" बन गई है। इसके भीतर जानेवाला रास्ता डेढ़ गज़ चौड़ा कर दिया गया था और गहराई भी तेईस सौ फुट से अधिक की हो गई थी। यही नहीं, इसमें नए-नए उपकरण भी लगा दिए गए थे—हायस्टिंग इंजिन भी नया था, पिंजरे भी नए थे, सच पूछो तो, सारे के सारे पुराने उपकरणों की जगह नए उपकरण लगा दिए गए थे, जो वैज्ञानिक उपलब्धि के अन्यतम उदाहरण थे। यही नहीं, भवनों को भी भव्य रूप देने का प्रयास किया गया था। जिस ओसारे में कोयले की छँटाई की जाती थी, उस पर छोलदारी डलवा दी गई थी, हेडफ्रेम पर घड़ी टँगवा दी गई थी, लैंडिंग रूम को और इंजिन हाउस को वैसे ही गोलाकार बना दिया गया था, जैसे नवजागरण काल के चैपल हुआ करते थे। और सबसे महत्त्वपूर्ण काम तो यह किया गया था कि ऊँची चिमनियों में लाल और काली ईंटें

लगाकर सजा दिया गया था। फिर कोयला-खान में जानेवाले रास्ते में, यानी पुरानी गास्तां-मारी में, पम्प भी लग गया था, जिसका इस्तेमाल अब केवल पानी की निकासी के लिए ही किया जाता था।

ज्यां-बार में कोयला निकालने का जो मुख्य रास्ता था, उसके दाएँ और बाएँ केवल दो ही छोटे रास्ते थे—एक सीढ़ीदार कुआँ था और दूसरा वेंटिलेटर था, जो भाप से चलता था।

प्रातःकाल वहाँ सबसे पहले पहुँचनेवाला शख़्स शावाल था। तीन बजे आकर वह मज़दूरों को समझाने की कोशिश कर रहा था कि वे लोग भी वैसा ही करें जैसा कि मोंसू कोयला-खान के मज़दूर कर रहे हैं और तकाज़ा करें कि उन्हें भी प्रति छकड़ा पाँच सांटीम ज़्यादा दिए जाएँ।

देखते ही देखते खान के भीतर काम करनेवाले चार सौ मज़दूर हो-हल्ला करते हुए कपड़े बदलनेवाले ओसारे में आ गए। जो काम करना चाहते थे, वे पैरों से नंगे थे। हाथों में उनके लैम्प थे और गैंतियों और फावड़ों को इन्होंने बग़ल में दबा रखा था। बाकी लोगों ने अभी तक पैरों से साबो नहीं निकाले थे और कोट कन्धों पर डाले देख रहे थे, क्योंकि सख़्त सर्दी थी। इन लोगों ने कोयला-खान के प्रवेशद्वार का रास्ता रोक रखा था। फ़ोरमैन अमन कायम करवाना चाहते थे। सो, चिल्लाते-चिल्लाते उनके गले बैठ गए थे। मज़दूरों से अनुनय-विनय कर रहे थे कि विवेक से काम लो और उन लोगों को न रोको जो काम करने के लिए नीचे जाना चाहते हैं।

शावाल ने जब कैथरीन को फतूही-पतलून और नीली टोपी में आते देखा, तो एकदम आपे से बाहर हो गया, क्योंकि सुबह जागकर उसने कैथरीन को समझाते हुए हुक्म दिया था कि बिस्तर में लेटी रहेगी। मगर बेकार लेटी रहने से परेशान होकर वह उसके पीछे-पीछे आ गई थी। शावाल ने कैथरीन को कभी फूटी कौड़ी नहीं दी और प्रायः कैथरीन ही अपना और शावाल का भी ख़र्च चलाती थी।

'यदि मैंने कमाई नहीं की, तो मैं कहीं की नहीं रहूँगी।' उसके भीतर एक डर घर गया था—मारशियन के चकले का भय था, जहाँ कोयला-खान में ढुलाई करनेवाली छोकरियाँ जा बैठती थीं जब उनके पास रहने-सहने का ठौर-ठिकाना नहीं रहता था।

'कमबखत ! तू यहाँ क्या करने आई है ?' शावाल ने चीखते हुए कहा।

वह हकलाते-हकलाते बोली, 'मेरे पास फूटी कौड़ी नहीं है। काम करने आई हूँ।'

'मेरे ख़िलाफ़ मोर्चा लेने आई है यहाँ ! निगोड़ी कहीं की !...जा, वापस जा, नहीं तो चूतड़ों पर लातें मार-मारकर यहाँ से भगा दूँगा !'

कातर-सी कैथरीन थोड़ा पीछे सरक गई, मगर टली नहीं। अपनी आँखों से देखना चाहती थी कि ऊँट किस करवट बैठता है।

दनलां कोयले की छँटाई करनेवाले ओसारे से निकलकर ज़ीने के रास्ते वहाँ आया। लालटेनों की मद्धम रोशनी के बावजूद उसने सारी स्थिति का जायज़ा लिया। सब लोग मौजूद थे—कोयले की कटाई करनेवाले, लदान करनेवाले, ट्राम चलानेवाले, ढुलाई

करनेवाली छोकरियाँ—यहाँ तक खान में काम करनेवाले छोटी उम्र के लड़के भी आ गए थे। दनलां एक-एक शख़्स को पहचानता था। शान्त और नई-सी लगनेवाली साफ़-सुथरी पैड़ी पर सारा काम ठप्प पड़ा था और प्रतीत होता था, सभी किसी प्रतीक्षा में थे : भाप उगलता इंजिन धीमे-धीमे सिसकार रहा था। स्थिर केबलों से पिंजरे लटक रहे थे। लोहे के फ़र्श पर छकड़े बेतरतीब-से खड़े थे। करीब अस्सी लैम्प गए थे। बाकी लैम्प रूम में ही रखे जल रहे थे। लेकिन उसे इस बात का विश्वास था कि उसके मुँह खोलने की देर है कि सारे काम फिर से चालू हो जाएँगे।

'भाई लोगो ! यह सब क्या है !' उसने हँसते-मुस्कराते हुए कहा। 'कोई परेशानी है ? मुझे बताइए। सब ठीक कर दूँगा।'

हालाँकि वह मज़दूरों से कस के काम लिया करता था, फिर भी, सामान्यतः उनके साथ पिता-तुल्य ही व्यवहार करता था। स्वभाव से दबंग आदमी था और रूखा भी, मगर चुटीली, हँसने-हँसाने वाली बातों से उन्हें रिझाने की भी कोशिश करता रहता था, जिस कारण उनका श्लाघापात्र भी था। इससे भी बड़ी बात यह थी कि ये लोग इसलिए भी उसका आदर-सम्मान करते थे क्योंकि वह बड़े जीवट का आदमी था और हमेशा कोयला-खान में उनके साथ कन्धे से कन्धा मिलाकर चलता था। खान में जब कभी दुर्घटना हो जाने से हड़कम्प मच जाता, तो वह तत्काल दौड़ा आता। दो बार जब मीथेन के कारण कोयला-खान के भीतर विस्फोट हुआ था, तो हिम्मती से हिम्मती आदमी को भी नीचे जाने का साहस नहीं हुआ था, लेकिन दनलां बग़लों में बँधी रस्सियों के सहारे नीचे उतर गया था।

'चलो,' वह बोला, 'ऐसी कोई बात नहीं होनी चाहिए कि मैंने तुम्हारी ज़िम्मेदारी उठाई और बाद में मुझे पछताना पड़ा। तुम लोगों को मालूम होना चाहिए कि मैंने ही पुलिस को यहाँ तैनात नहीं होने दिया...इसलिए शान्त रहो। मैं तुम लोगों की बात सुन रहा हूँ।'

उलझन में पड़े ये लोग थोड़ा पीछे हटे।

अन्ततः शावाल ने मुँह खोला : 'बात यह है, मोंस्यो दनलां, हम इस तरह काम नहीं कर सकते—हमें प्रति छकड़ा पाँच सांटीम अधिक मिलने चाहिए !'

दनलां ने चौंककर उसकी तरफ़ देखा।

'क्या ! पाँच सांटीम ? किस आधार पर तुम लोग यह तकादा कर रहे हो ? तुम शहतीर-बल्लियाँ जिस तरीके से लगाते हो, इसके बारे में मुझे कोई शिकायत नहीं। और मैं मोंसू कोयला-खान के प्रबन्धकों की तरह कोई वेतनमान तुम लोगों पर थोपना नहीं चाहता।'

'इसमें सचाई हो सकती है, लेकिन जो हो, मोंसू में हमारे कामरेड सही कह रहे हैं। उन्होंने वेतनमान को ठुकरा दिया है और इसलिए पाँच सांटीम बढ़ाने का तकादा कर रहे हैं, क्योंकि वर्तमान ठेके की शर्तों पर कोई आदमी ढंग से काम कर ही नहीं सकता...मज़दूरो ! हमें पाँच सांटीम चाहिए, क्यों चाहिए न ?'

सबने उच्च स्वर में समर्थन किया और शोर-शराबा और हंगामा शुरू हो गया। फिर वे ऊलजलूल हरकतें करने लगे। इसके साथ ही वे धीरे-धीरे उसके चारों तरफ़ के घेरे

को कसते जा रहे थे।

दनलां की आँखों में खून उतर आया, मुट्ठियाँ भिंच गईं—ये मुट्ठियाँ एक ऐसे व्यक्ति की थीं जो अनुशासन कायम रखने का कायल था और जो किसी को गर्दन से पकड़ने का मोह भी संवरण कर लेता है। वह चाहता था कि मामले पर अच्छी तरह सोच-विचार करके विवेक से बातचीत की जाए।

'तुम लोग पाँच सांटीम ज़्यादा का तकादा कर रहे हो। मानता हूँ कि इस काम के लिए इतना पैसा तो मिलना ही चाहिए। लेकिन दिक्कत यह है कि मैं इतना पैसा तुम्हें दे नहीं सकता। अगर देता हूँ, तो तबाह हो जाऊँगा। तुम लोग यह बात गाँठ बाँध लो कि अगर ज़िन्दा रहना चाहते हो, तो इसके लिए पहले मुझे ज़िन्दा रहना पड़ेगा। मेरी दिक्कतें इतनी बढ़ गई हैं कि ख़र्च में ज़रा-सी भी बढ़ोतरी मेरा काम तमाम कर देगी...याद है, दो साल पहले, पिछली बार जब हड़ताल हुई थी, तो मैं झुक गया था—तब किसी तरह गाड़ी खिंचती चली गई थी। लेकिन पगार में वृद्धि से सब चौपट हो गया और दो बरसों से मैं एड़ियाँ रगड़ रहा हूँ...अब जैसे हालात हैं, बेहतर तो यही होगा कि मैं इसी वक्त दरवाज़े पर ताला लगवा दूँ, बजाय इसके कि तुम लोगों को पगार देने के लिए पैसा जुटाने के वास्ते मारा-मारा फिरूँ।'

दनलां ने बड़ी साफ़गोई करते हुए सारी स्थिति उनके सामने रखी थी, लेकिन शावाल अपने मालिक की तरफ़ देखते हुए बेहूदगी से हँस रहा था। बाकी लोग नीचे देखने लग गए थे। एकदम सरकश हो उठे थे। उन्हें विश्वास ही नहीं होता था, उनके भेजे में यह बात पड़ती ही नहीं थी कि कोई ऐसा मालिक होगा जो अपने मज़दूरों की मेहनत से चाँदी न काटता हो।

मगर दनलां अड़ गया था। बता रहा था कि किस तरह मोंसूवालों से उसका विवाद चल रहा है और किस तरह वे इस फ़िराक में हैं कि वह ज़रा-सा फिसले कि निगल जाएँ। ज़बरदस्त होड़ के कारण ही तो टके गज़ की चाल चलने को मजबूर होना पड़ा है, ख़ासकर इस वास्ते कि ज्यां-बार इतनी गहरी हो गई है कि कोयला निकालने के काम पर बहुत ज़्यादा खर्च आने लगा है—हालाँकि कोयले की परतें इतनी बड़ी, लम्बी-चौड़ी हैं, फिर भी कोयला निकालने के बढ़ते ख़र्च के कारण कुछ नहीं बचता। पिछली हड़ताल के बाद वह हरगिज़-हरगिज़ पगार न बढ़ाता, यदि मोंसू में मिलनेवाली पगार के बराबर यहाँ भी पगार न रखनी पड़ती, नहीं तो मज़दूर यहाँ काम छोड़कर चले जाते।

फिर उसने उनके अन्धकारपूर्ण भविष्य का ख़ाका खींचना शुरू किया :

'क्या पाओगे तुम लोग यदि मुझे अपनी कोयला-खान बेचने को मजबूर होना पड़े और तुम सब लोग मोंसू कम्पनी के जानलेवा जुए के नीचे चले जाओगे ? मैं कोई ऐसा व्यक्ति नहीं जो दूर किसी अज्ञात डेरे में बैठा तुम लोगों पर हुक्म चलाऊँ। मैं उन स्टॉकहोल्डरों में से भी नहीं हूँ जिनका दर्शनलाभ कामगारों को कभी होता ही नहीं और जो मज़दूरों को मोटी पगार पानेवाले मैनेजरों के माध्यम से उलटे उस्तरे से मूँड़ते हैं। मैं हकीकी, सचमुच का, मालिक हूँ और मैंने अपनी पूँजी से भी अधिक किन्हीं और बातों की जोखिम उठा रखी है—अपनी बुद्धि की, अपने स्वास्थ्य की, अपने जीवन की बाज़ी लगा रखी है। अगर काम ठप्प हो जाता है, तो बस, और कुछ नहीं, मैं ख़त्म हो

जाऊँगा, क्योंकि मेरा भंडार चुक गया है और जिस माल के आर्डर मिले हैं, उसे भिजवाना है। फिर कोयला-खान में जो पूँजी लगी है, यह बेकार पड़ी नहीं रह सकती। मैंने जिस काम का बीड़ा उठाया है, उसे कैसे सरंजाम दूँगा ? मेरे जिन दोस्तों ने पूँजी मेरे पास रखी है, उस पर सूद-ब्याज कौन अदा करेगा ? मेरा तो दिवाला ही निकल जाएगा !'

और अपनी बात उसने यह कहकर समाप्त की, 'तो यह है सारा किस्सा-कोताह...मैं तुम लोगों को यह सब बताना चाहता था...कोई किसी से कहता है कि अपने गले पर छुरी चलाओ—तो ऐसा करोगे क्या ? और अगर मैं तुम लोगों को पाँच सांटीम देना मंजूर कर लेता हूँ, या हड़ताल करने देता हूँ, तो अपना गला रेतनेवाली बात ही होगी।'

यह कहकर वह ख़ामोश हो गया। भीड़ में भुनभुनाहट-सी होने लगी। कुछ मज़दूर झिझके, कुछ कोयला-खान की ओर अग्रसर हुए।

फ़ोरमैन बोला, 'कम-से-कम हर आदमी को अपने दिल की आवाज़ सुनने की आज़ादी होनी चाहिए...कौन लोग हैं जो काम पर जाना चाहते हैं ?'

आगे बढ़नेवालों में कैथरीन भी थी। लेकिन शावाल ने धक्का मारकर उसे पीछे हटाया और फिर चिल्लाते हुए कहा : 'हम सब राज़ी हैं। जो अपने साथियों से दग़ा करेगा, वह कुतिया की औलाद होगा।'

अब राज़ीनामा करने की गुंजाइश ही नहीं थी। शोरगुल फिर शुरू हो गया था और मज़दूरों को कोयला-खान के मुहाने से खदेड़ा जाने लगा था और वे पीछे हटते-हटते दीवार के साथ जा लगे थे।

एकदम हताश मैनेजर ने इस मरहले पर अकेले ही लोहा लेने की ठानी, भीड़ से अपनी बात मनवानी चाही। मगर इससे बड़ा बेवकूफ़ी का काम और हो नहीं सकता था। सो, वहाँ से भागा। एकदम निढाल हो गया था और अपनी नपुंसकता से इतना किंकर्तव्यविमूढ़ कि कुछ समझ नहीं पा रहा था कि करे तो क्या करे। सो, जाकर चेकर के दफ़्तर में बैठ गया। जब थोड़ा शान्त हुआ, तो उसने एक सुपरवाइज़र को हुक्म दिया कि शावाल को यहाँ पेश करो। जब शावाल आया और वह बातचीत के लिए रज़ामन्द हुआ, तो दनलां ने हाथ के इशारे से सबको बाहर जाने को कहा।

'सब बाहर जाओ।'

शावाल को वहाँ बुलाने का दनलां का अभिप्राय यह था कि देखें, यह शख़्स कितने पानी में है। शावाल ने मुँह खोला ही था कि दनलां ताड़ गया कि यह आदमी अहम्मन्य भी है और ईर्ष्यालु भी। सो, यह कहकर लगा उसे फुसलाने और झाँसा देने कि उस जैसा बढ़िया कामगार इस तरह क्यों अपना भविष्य बिगाड़ने पर आमादा है।

उसकी बात सुनते हुए वह एकटक उसकी तरफ़ देखता रहा और सोचता रहा कि इसे किस तरह तरक्की दी जा सकती है। अन्ततः उसने आगे चलकर उसे फ़ोरमैन बनाने का झाँसा दिया।

शावाल चुपचाप सुनता रहा। पहले उसकी जो मुट्ठियाँ भिंची थीं, अब एकदम ढीली पड़ने लगीं। उसके भीतर उथल-पुथल मची थी : अगर मैं हड़ताल जारी रखने की ज़िद पर अड़ा रहा, तो ज़्यादा-से-ज़्यादा एतियन का नायब ही बन सकूँगा, और अब

अपनी एक और महत्वाकांक्षा पूरी करने का अवसर उपस्थित हुआ है—मैं कोयला-खान में बड़ा ओहदेदार बन सकता हूँ।

गर्व की भावना से उसका चेहरा आरक्त हो उठा था। एक नशा-सा सवार हो गया था उस पर। फिर, भोर वेला से जिन हड़तालियों की वह राह देखता खड़ा था, अब कभी शक्ल नहीं दिखाएँगे। किसी-न-किसी कारण वे नहीं आ पाए होंगे। हो सकता है, पुलिस ने ही रोक लिया हो। यह वक्त झुक जाने का है।

इस सारी ऊहापोह के बावजूद वह सिर हिला-हिलाकर यह जतलाने की कोशिश करता रहा कि वह एकदम पाक-साफ़ है, और आवेश में छाती भी ठोंकता रहा। अन्ततः उसने दनलां को यह तो नहीं बताया कि मोंसू खान के मज़दूरों से उसे मुलाकात करने जाना है, लेकिन यह वादा किया कि मज़दूरों को समझा-बुझाकर उन्हें खान में काम करने के लिए राज़ी कर लेगा।

दनलां पर्दे के पीछे रहा, यहाँ तक कि फ़ोरमैन भी सामने नहीं आए। एक घंटे तक वे देखते रहे कि शावाल किस तरह पैड़ी पर रखे एक छकड़े पर खड़ा होकर भाषण कर रहा है और बहस भी कर रहा है। कुछ मज़दूरों ने उसकी छी-छी की, और एक सौ बीस मज़दूर तो एकदम इतने क्षुब्ध हो उठे कि वहाँ से चलते बने यह कहते हुए कि शावाल ने उनसे जो फ़ैसला करवाया था, उस पर वे अडिग रहेंगे।

सात बज चुके थे। प्रकाश होने लगा था। उजला-उजला, झिलमिलाता-सा बेहद सर्दीला दिन था। एकाएक कोयला-खान में मशीनों वग़ैरह के चलने का शोर गूँजा और रुका हुआ काम फिर से चालू हो गया। पहले इंजिन चालू हुआ था। उसकी कनेक्टिंग रॉड (संयोजक छड़ें) बाहर-भीतर होने लगी थीं और ड्रमों पर केबलें खुल-लिपट रही थीं। उसके उपरान्त सिग्नलों के कोलाहल के बीच लोगों ने नीचे जाना शुरू किया। पिंजरे भी भरने और नीचे उतरने लगे, और इस तरह जब कोयला-खान छोकरों, ढुलाई करनेवाली छोकरियों और कोयले की कटाई करनेवाले मज़दूरों के रूप में अपना भोज्य ग्रहण कर चुकी, तो ट्राम चलानेवाले मज़दूरों ने लोहे की चादरों के साथ गड़गड़ाते अपने छकड़ों को धकेलना शुरू किया।

'अरी, ईश्वर की मार पड़े तुझ पर ! कमबखत, वहाँ खड़ी कर क्या रही है ?' शावाल कैथरीन पर बरस रहा था, जो अपनी बारी की प्रतीक्षा में खड़ी थी। 'यहाँ-वहाँ डोलती फिरती है। नीचे जा।'

नौ बजे जब मदाम हेनबो अपनी बग्घी में सेसील के साथ आई, तो ज़न और लूसी तैयार-बर-तैयार खड़ी थीं। लताफ़त-नज़ाकत की मूरतें-सी लगती थीं, इस बात के बावजूद कि अपने इन वस्त्रों को वे बीसेक बार मरम्मत करके पहन चुकी थीं।

मगर बग्घी के साथ घोड़े पर सवार नेगरेल को देखते ही दनलां हैरत में पड़ गया। क्या ?—क्या मरद भी इनके साथ जा रहे हैं ?

मदाम हेनबो ने मातृवत स्नेह से समझाया, 'मैं तो घबरा गई थी। सुना था कि सड़कों पर कुछ भौंडे किस्म के लोग डोलते फिरते हैं। इसलिए सोचा, क्यों न हिफ़ाज़त के लिए किसी को साथ ले चलूँ।'

नेगरेल ने ठहाका लगाया और उन्हें आश्वस्त करते हुए बोला, 'चिन्ता की कोई बात नहीं है। लफड़ा करनेवाले डराते-धमकाते तो रहते ही हैं। लेकिन कोई हिम्मत नहीं करेगा खिड़की में से एक कंकर भी फेंकने की।'

दनलां अपनी सफलता पर फूला नहीं समाता था। लगा बताने कि उसने किस तरह ज्यां-बार में बग़ावत को कुचलकर रख दिया। बोला, 'मुझे पूरा भरोसा है, सब ठीक-ठाक हो जाएगा।'

जब ये तरुणियाँ बग्घी में सवार हो रही थीं, तो उजले दिन को देखकर उल्लासित थीं। लेकिन इन्हें ख़बर नहीं थी कि देहात में क्या गुल खिल रहा है। वनदाम जानेवाली सड़क पर यदि धरती पर कान रखकर सुनने की चेष्टा करतीं, तो उस जनरव को, प्रयाण करते डगों की ध्वनि अवश्य सुनतीं।

'तो यह तय रहा,' मदाम हेनबो ने फिर कहा। 'शाम को कन्याओं को लेने आओगे, और भोजन भी हमारे संग करोगे...मदाम ग्रेग्वार ने भी कहा है कि आकर सेसील को ले जाएगी।'

'मुझ पर भरोसा रखिए,' दनलां बोला।

बग्घी वनदाम वन की ओर चल पड़ी। दनलां सड़क के किनारे खड़ा था। ज़न और लूसी बग्घी से सिर निकालकर पिता की ओर देखते हुए मुस्कराईं। नारी सेवापरायण नेगरेल ने भी बग्घी के घूमते पहियों के साथ अपना घोड़ा दौड़ाया।

जंगल पार करके वे वनदाम की सड़क पर मारशियन की तरफ़ चल पड़े। तारतारे के निकट पहुँचते-पहुँचते ज़न ने मदाम हेनबो से पूछा, 'आपने कभी 'हरी-भरी पहाड़ियाँ' देखी हैं ?'

मदाम हेनबो हालाँकि पाँच बरस से इस इलाके में रहती आ रही थी, मगर उसने स्वीकार किया कि उधर उसका कभी जाना नहीं हुआ। सो, वे चक्कर लगाकर उधर चले।

तारतारे जंगल के किनारे स्थित था। ज्वालामुखी से उत्पन्न कल्लर वाली ज़मीन बंजर हो गई थी। सदियों से ज़मीन के नीचे कोयला-खान जलती आ रही थी। ऐसा कब हुआ, इसके बारे में किंवदन्तियाँ प्रचलित हो गई थीं और उधर के खान मज़दूरों के मुख से यह कथा सुनने को मिलती थी :

एक बार स्वर्ग से धरती की गहराई में सोडोम में आग आकर गिरी। यह जगह ऐसी थी जहाँ कोयला-खानों में ढुलाई का काम करनेवाली लड़कियाँ जुगुप्सापूर्ण अश्लील हरकतें करती रहती थीं। यह घटना इस अप्रत्याशित ढंग से घटी थी कि लड़कियों को वहाँ से निकलने का अवसर ही नहीं मिला और तब से आज तक वे उस नरक के अधोभाग में ही जल रही हैं। गहरे लाल रंग की अनबुझे चूने की चट्टानें फिटकरी की लोनी से ढकी हैं। ऐसे लगता है जैसे उन्हें कुष्ठरोग हो गया हो। दरारों के किनारे-किनारे गन्धक के पीले फूल उगने लगे हैं और हिम्मत करके जो लोग रात को इन दरारों में झाँकने की चेष्टा करते हैं, वे सौगन्ध खाकर बताते हैं कि नीचे उन्हें लपटें भी और आग में जलती हुई पापात्माएँ भी दिखाई पड़तीं। फिर ज़मीन पर झिलमिलाती रोशनियाँ भी हिलती-डुलती नज़र आती हैं। गन्दगी तथा शैतान की गन्धाती रसोई की भाप की बास

भी दिन-रात निकलती रहती है। तारतारे की इस अभिशप्त बंजर भूमि पर एक चमत्कार यह हुआ कि उसके बीचोंबीच शाश्वत वसन्त के रूप में 'हरी-भरी पहाड़ियाँ' प्रकट हुईं जिनमें हरी दूब रहती है। वहाँ 'बीच' पेड़ भी उग आए हैं, जिनके पत्ते निरन्तर उगते-झड़ते रहते हैं। ऐसे खेत भी हैं जिनमें तीन-तीन फसलें होती हैं। फिर वहाँ कुदरती हमाम भी बन गया है, जो नीचे की आग से हमेशा गरम रहता है। बर्फ़ तो वहाँ कभी होती ही नहीं। दिसम्बर के इस दिन जंगल के पत्रहीन पेड़ों के साथ दूर-दूर तक हरियाली ही हरियाली दिखाई पड़ती है, कोहरा भी जिसका कुछ बिगाड़ नहीं पाता।

अब बग्घी सपाट धरती पर भागी जा रही थी। नेगरेल इस किंवदंती की खिल्ली उड़ाते हुए बता रहा था कि कोयले की ज्वलनशील केरी जब अपने आप भड़क उठती है, तो अकसर धरती के नीचे आग लग जाती है, और जब इस आग पर नियंत्रण नहीं पाते, तो वह निरन्तर जलती ही रहती है। इसके साथ ही उसने यह किस्सा भी बताया कि बेल्जियम की एक कोयला-खान में किस तरह एक बार नदी की धारा को मोड़कर पानी डाला गया था।

बात करते-करते वह एकाएक थम गया। कुछ मिनटों से वे देख रहे थे कि खान मज़दूरों के झुंड बग्घी की बग़ल से निकलकर जा रहे हैं। चुपचाप निकल तो जाते थे, मगर कनखियों से इस शानदार बग्घी को देखने भी लगते थे, क्योंकि बग्घी के लिए इन्हें रास्ता छोड़ना पड़ता था। इस तरह आनेवाले मज़दूरों की संख्या बढ़ती ही जा रही थी। इससे इन्हें घोड़ों की चाल धीमी करनी पड़ती, इतनी धीमी कि स्कार्प के पुल पर तो इन्हें एकदम रुक-रुककर चलना पड़ा। यह सब देखकर ये लोग चिन्ता करने लगे कि आख़िर माजरा क्या है जो इतने लोग इस तरह सड़क पर निकल पड़े हैं ? महिलाएँ डर गईं। नेगरेल को भी ख़दशा हुआ कि कहीं ऐसा तो नहीं कि उत्तेजित देहात में कोई गड़बड़ हो गई हो। करते-करते जब मारशियन पहुँचे, तब कहीं जाकर इनकी जान में जान आई। धूप के कारण कोक-भट्ठियों और ब्लास्ट-भट्ठियों की आग फीकी-फीकी-सी लगने लगी थी। फिर चिमनियों से निकलते धुँए के बादलों से कालिख की बारिश-सी भी हो रही थी।

2

ज्यां-बार में कैथरीन घंटे-भर से छकड़ों को ठेलते-ठेलते उस जगह ले जा रही थी जहाँ से कोयला आगे ले जाया जाता था। पसीने से इतनी सराबोर थी कि चेहरा पोंछने के लिए एक क्षण ठिठकी।

शावाल अपने दल-बल के साथ चबूतरे के तल में कोयले की कटाई कर रहा था। जब छकड़े के पहियों की घरघराहट नहीं सुनाई पड़ी, तो विस्मय से देखने लगा। लैम्पों की रोशनी एकदम मद्धम थी और कोयले की धूलि इतनी मोटी कि कुछ सुझाई नहीं पड़ता था।

'अरी, क्य हुआ ?' वह चिल्लाकर बोला।

कैथरीन ने जवाब दिया कि वह तो पिघली जा रही है और दिल भी बैठा जा रहा

है। इस पर शावाल आवेश में बोला :

'बेवकूफ कहीं की ! हमारी तरह कर। अपना कमीज़ उतार दे।'

ये लोग उत्तर दिशा में डेज़िरी शिग़ाफ़ में 2,336 फुट नीचे थे—ढुलाई वाले चबूतरे से कोई दो मील के फ़ासले पर। स्थानीय खान मज़दूर जब खान के इस हिस्से की बात करते थे, तो उनके चेहरों का रंग फक पड़ जाता था और मुँह से आवाज़ नहीं निकलती थी, मानो नरक की बात छिड़ गई हो। सच पूछो तो, झुँझलाने लगते थे और इस सुलगते नरक के बारे में कोई बात छेड़ना ही पसन्द नहीं करते थे। गलियारे ज्यों-ज्यों उत्तर दिशा की तरफ़ जाते, त्यों-त्यों तारतारे के निकट पहुँचने लगते जहाँ से उस भीतरी आग में प्रवेश करते जिसने ऊपर की चट्टानों का चूरा बना डाला था। इस वक्त यह दल जिस नाके पर था, वहाँ का औसत तापमान 113 डिग्री रहता था। वास्तव में, वे एक नरक नगरी में जा निकले थे और उनके चारों ओर लपटें लपलपा रही थीं जिनके कारण गन्धक और बदबूदार भाप ऊपर निकलती रहती थी जो धरती पर चलने-फिरनेवाले लोगों को दरारों में से दिखाई पड़ती रहती थी।

कैथरीन अपनी फतूही उतार चुकी थी। अब झिझकते-झिझकते उसने पतलून भी उतार दी। बाँहें और जंघाएँ अब नंगी थीं। शमीज़ को उसने डोरी से कमर में चोली की तरह बाँध लिया था और छकड़े ठेलती जा रही थी।

'हाँ, इस तरह ज़्यादा आराम रहेगा,' उसने ऊँचे स्वर में यह बात कही।

दम तो उसका घुट ही रहा था, इसके साथ-साथ वह डर भी रही थी। पिछले पाँच दिनों से वे लोग यहाँ काम कर रहे थे और कैथरीन हरदम उन किस्से-कहानियों के बारे में सोचती रहती थी जो वह पालने से सुनती आई थी। ये किस्से थे पुराने ज़माने में छकड़े धकेलनेवाली छोकरियों के, जो उन करतूतों के लिए सज़ा भुगत रही थीं और अब भी तारतारे के नीचे जल रही थीं जिनका ज़िक्र भी ज़बान पर लाना पाप था। हाँ, सच्ची बात तो यह थी कि वह इतनी बड़ी तो हो ही चुकी थी और समझती थी कि इस तरह की मूर्खतापूर्ण बातों पर विश्वास नहीं करना चाहिए। मगर फिर भी, कल्पना करो कि स्टोव की तरह लाल और भखते अंगारों जैसी आँखोंवाली कोई छोकरी अचानक इस दीवार से प्रकट हो जाए, तो वह क्या करेगी ? बस, यह ख़याल आते ही वह पसीना-पसीना हो गई।

जिस स्थल से कोयला आगे भिजवाया जाता था, वह स्थल चबूतरे से 264 फुट के फ़ासले पर था। इस जगह पर एक और लड़की छकड़ा सँभालती और उसे 264 फुट और आगे ले जाती, ढालवीं जगह के ऐन नीचे, जहाँ से छकड़ा सँभालनेवाला आदमी इसे उन छकड़ों के साथ आगे भिजवा देता जो ऊपर के गलियारों से आते थे।

'सच्ची, तू तो यहाँ भी आराम से काम कर लेती है,' यह तीस बरस की दुबली-पतली विधवा थी जो कैथरीन को इस तरह शमीज़ में काम करते देख बोली थी। 'मेरी तो हिम्मत ही नहीं पड़ती—ढलान पर जो लौंडे-लपाड़े काम करते हैं न, हमेशा मेरे पीछे पड़े रहते हैं।'

'अरे,' कैथरीन बोली, 'आदमी लोगों की मैं परवा नहीं करती। बड़ी दिक्कत पेश आ रही थी।'

खाली छकड़ा धकेलते हुए वह चल पड़ी। सबसे दुखदायी बात तो यह थी कि इस तली का यह गलियारा तारतारे के इतने निकट था कि तपिश असह्य हो उठती थी। इसके अलावा, यह सुरंग कुछ पुरानी सुरंगों यानी कि गास्तां-मारी के एक परित्यक्त गलियारे के साथ-साथ चलती थी, जहाँ दसेक साल पहले मीथेन के विस्फोट से इस शिग़ाफ़ में आग भड़की थी और यह आग अब भी 'केरुआ' यानी कि मिट्टी की दीवार के पीछे जल रही थी जो यहाँ बनाई गई थी और जिसकी निरन्तर मरम्मत भी होती रहती थी, ताकि इस तरह की कोई मुसीबत फिर न आए। हवा न होने से आग बुझ जानी चाहिए थी, मगर पता नहीं किसी रास्ते से हवा के झोंके आते रहते थे और आग भड़कती रहती थी और केरुआ की मिट्टी को बिलकुल उसी तरह तपाती रहती थी जिस तरह किसी भट्ठे में ईंटें तपती रहती हैं। परिणामतः जो कोई निकट से गुज़रता, वह भुनने लगता था। और क़रीब तीन सौ फुट इस दीवार के साथ 140 डिग्री तापमान में छकड़े ठेलने का काम चलता रहता था।

दो और फेरे लगाने के बाद कैथरीन फिर हाँफने लगी। भाग्य से इस शिग़ाफ़ की सुरंग चौड़ी थी और आसानी से आया-जाया जा सकता था, और इस क्षेत्र की सबसे मोटी परतों में इसकी गिनती होती थी। यह परत करीब छह फुट ऊँची थी और मज़दूर खड़े-खड़े ही काम कर सकते थे। लेकिन इनका बस चलता, तो यहाँ काम करने के बजाय वे किसी ऐसी जगह काम करते जहाँ ज़्यादा आराम चाहे न होता, लेकिन थोड़ी ठंडक होती।

'ओ री, सो गई क्या ?' शावाल को कैथरीन के चलने-फिरने की आहट सुनाई नहीं पड़ी, तो चिल्लाकर बोला। 'या रब, मैं कैसे पड़ गया ऐसी फूहड़ औरत के पल्ले ? अरी, छकड़े को भर और हिलती-डुलती नज़र आ !'

कैथरीन सुरंग के मोहरे बेलचे के सहारे खड़ी थी; इतनी आजिज़ आ गई थी कि, बस, बेवकूफ़ों की तरह मुँह बाए ताके जा रही थी। शावाल की बात उसने सुनी-अनसुनी कर दी। लैम्पों की ललछौंही-सी रोशनी में मुश्किल से ही वे लोग दिखाई पड़ते थे जो जानवरों की तरह नंगे थे और रंग उनका इतना काला पड़ गया था, पसीने और कोयले की इतनी परतें उन पर चढ़ गई थीं कि उनकी नग्नता से उसे कोई परेशानी नहीं होती थी। ऐसे अंधियाले माहौल में ये मज़दूर छाया-से दिखाई पड़ते थे। चिंपांजियों की तरह झुके-झुके, खून-पसीना एक करने में लगे थे; आहों-कराहों के बीच अपने-आपको स्वाहा करनेवाले दग्ध अंगों का यह नारकीय दृश्य था। मगर स्पष्ट था कि कैथरीन उन्हें अच्छी तरह दिखाई पड़ रही थी, क्योंकि गेंतियाँ चलनी बन्द हो गई थीं और उसने जो पतलून उतार डाली थी, उसे लेकर वे उसके साथ हँसी-मज़ाक कर रहे थे।

'अरी, ख़याल कर, सर्दी खा जाएगी !'

'क्या ख़ूबसूरत जोड़ी टाँगों की है ! हे शावाल, दो के लिए एकदम काफ़ी !'

'ज़रा देख तो लें ! थोड़ी और ऊपर उठा। ज़रा और ऊपर, और ऊपर !'

इस हँसी-मज़ाक की चिन्ता न कर शावाल ने फिर उसे आड़े हाथों लिया।

'अरी, बहुत हो चुका !...क्या बताऊँ, ग़लीज़-गन्दी बातों में इस कमबख़त का मन खूब रमता है...सवेरा हो जाएगा, तब भी खड़ी सुनती रहेगी !'

नाक-भों सिकोड़ते हुए कैथरीन ने किसी तरह अपना छकड़ा भरा; फिर उसे धकेलकर ले चली। गलियारा काफ़ी चौड़ा था और दोनों तरफ़ लगे शहतीरों-बल्लियों के साथ पैर नहीं टिका पा रही थी और नंगे पैर रेल पटरियों में उलझ-उलझ जाते थे। उन्हें कहीं टिकाने की कोशिश करते हुए हौले-हौले चल रही थी। दोनों बाँहें तनी थीं और देह दुहरी हुए जा रही थी। ज्योंही 'केरुआ' के निकट आई कि फिर झुलसने लगी और पोर-पोर से पसीने की धाराएँ बह निकलीं।

ढुलाई वाले नाके तक जानेवाला एक-तिहाई रास्ता भी पार नहीं कर पाई थी कि पसीने से एकदम भीग गई, आँखों में भी पसीना आ गया, और मर्दों की तरह वह भी काली धूल से ढक गई। लगता था, उसकी चुस्त शमीज़ स्याही से भीग गई थी और देह के साथ इस तरह चिपकी थी और टाँगों के हिलने के साथ पीठ से उघड़ जाती कि चलना मुहाल हो जाता और खड़ी हो जाती।

आज उसे क्या हो गया है ? पहले उसने कभी ऐसा महसूस नहीं किया कि उसकी हड्डियाँ पानी हो गई हैं। ज़रूर ही हवा ख़राब है, इसलिए। इस दूर-दराज़ के गलियारे में हवा तो आती नहीं। कोयले से निकलनेवाली हर तरह की भाप में साँस लेते हैं—कभी-कभी तो यह हवा और भाप इतनी भारी होती है कि लैम्प भी नहीं जलते—मीथेन की तो कहो कुछ मत, जिसकी तरफ़ अब किसी का ध्यान ही नहीं जाता, क्योंकि हफ़्ता भर इसे वे सूँघते जो रहते हैं। इससे वह भली-भाँति परिचित थी, क्योंकि खान में काम करनेवाले लोग इसे "मुर्दा हवा" बोलते थे। इसके अलावा, खान के पेंदे में दमघोंटू गैसें और ऊपर हलकी गैसें थीं जो एक ही गड़गड़ाहट के साथ आग पकड़ लेती थीं और खान के सारे कामकाज को, और सैकड़ों लोगों को भी तबाह-बरबाद कर डालती थीं। बचपन से ही वह इस गैस को इतना सूँघती आई थी कि उस वक्त यह जानकर उसे हैरानी हुई कि यह गैस उसे इतनी तकलीफ़ दे रही है कि कानों में भनभनाहट और गले में ख़राश होने लगी है।

जब उससे बरदाश्त नहीं हुआ, तो सोचने लगी कि अब तो अपनी शमीज़ भी उतारनी पड़ेगी। यह कपड़ा यातना का कारण था, जिसकी एक-एक सिलवट देह में चुभने लगी थी, काट रही थी। पहले तो सोचती है कि ऐसा न करे। ढुलाई-लदाई का काम जारी रखने की कोशिश की, मगर विवश होकर खड़ी हो गई। पीठ सीधी की। मगर एकाएक यह सोचकर कि नाके पर जाकर फिर पहन लेगी, उसने तत्काल सब निकाला, डोरी भी, शमीज़ भी, सब कुछ; गर्मी से वह इतनी परेशान हो रही थी कि उसका बस चलता, तो अपनी त्वचा को भी छीलकर परे फेंक देती। और अब निर्वस्त्र होकर दयनीय स्थिति में उस जानवर-सी लगने लगी थी जो गलियों-सड़कों पर गन्दगी में मुँह मारता रहता है। वह फिर काम में जुट गई; कूल्हों पर कालिख पुती थी, उदर पर मिट्टी लगी थी और इस तरह छकड़े को खींच रही थी जिस तरह कोई घोड़ी बग्घी खींचती है। हाथों-पैरों पर चलते हुए वह उसे धकेले जा रही थी।

लेकिन जब उसने महसूस किया कि कपड़े उतार डालने से भी कोई राहत नहीं मिल रही, तो चेहरा उसका उतर गया। अब और क्या उतार फेंके ? कानों में भिनभिनाहट-सी हो रही थी, जिसके कारण कुछ सुनाई नहीं पड़ता था और कनपटियों पर ऐसे महसूस

हो रहा था जैसे शिकंजे में जकड़ दी गई हों। वह घुटने टेक कर बैठ गई। लगता था छकड़े में कोयले के साथ टिका लैम्प बुझने-बुझने को है। परेशानी के आलम में उसका मन डूब-उतरा रहा था; और उस वक्त उसे, बस, एक ही बात सूझ रही थी–किसी तरह लैम्प की बाती को ऊपर उठाए। दो बार लैम्प को जाँचने-परखने के लिए उसने उसे उतारकर अपने आगे ज़मीन पर रखा, और दोनों बार उसने देखा कि बाती पीली पड़ गई है, मानो लैम्प भी हाँफ रहा हो। तभी एकाएक लैम्प बुझ गया। लगता था चारों तरफ़ के अँधेरे में हर चीज़ घूम रही है; भेजे में कोई चक्की का पाट घूम रहा है और दिल डूबने लगा है और धड़कन भी बन्द होने लगी है और भयंकर थकान के मारे उसका अंग-प्रत्यंग सुन्न होता जा रहा है। वह वहीं पीठ के बल लेट गई और दमघोंटू हवा में हाँफने लगी।

'लगता है, फिर वक्त बरबाद कर रही है !' शावाल बड़बड़ा रहा था।

चबूतरे पर खड़े होकर उसने सुनने की कोशिश की लेकिन छकड़े के पहियों की कोई आवाज़ सुनाई नहीं पड़ी।

'अरी, ओ कैथरीन की बच्ची !'

अँधेरे गलियारे में उसका स्वर डूब गया, लेकिन जवाब में फुसफुसाहट तक सुनाई नहीं पड़ी।

'अरी, आकर पैर से तेरा दुख दूर करूँ, तभी काम चालू होगा क्या ?'

ज़रा-सी भी हलचल नहीं; मौत के-से सन्नाटे में कोई आहट तक नहीं। शावाल एकदम आपे से बाहर हो गया। नीचे उतरा और हाथ में लैम्प लिये-लिये क्रोधोन्माद में इस तरह दौड़ा, तो लड़की से ठोकर खाकर उसकी देह के ऊपर गिरते-गिरते बचा जो रास्ते में पसरी पड़ी थी। मुँह बाए, बस, खड़ा देखता रह गया। माजरा क्या है ? कहीं झपकी लेने के लिए बहानेबाज़ी तो नहीं कर रही ? लेकिन उसके मुख पर रोशनी डालने के लिए लैम्प को जो नीचे किया, तो वह बुझने-बुझने को हो गया। यह देख उसने लैम्प को ऊपर उठाकर फिर नीचे किया और सारी बात उसकी समझ में आ गई : गन्दी हवा इसके भीतर चली गई होगी। उसका गुस्सा हिरन हो गया और ख़तरे में पड़े कामरेड के प्रति भक्ति ने ज़ोर मारा। चिल्लाकर बोला कि मेरी कमीज़ लेकर आओ; इसके साथ ही उसने निर्वस्त्र और बेहोश पड़ी लड़की को गोद में उठाकर इतना ऊपर किया जितना कर सकता था। जब उन्होंने अपने वस्त्र उसके कन्धे पर डाले, तो वह दौड़ा। एक हाथ से उसने कैथरीन को उठा रखा था, दूसरे हाथ में दो लैम्प थे। अब वह गहरे गलियारों में दौड़ा चला जा रहा था; कभी दाएँ मुड़ता, कभी बाएँ, ताकि किसी जगह कहीं तो जान डालनेवाली ठंडी हवा मिले जो कि धरती से ऊपर के रोशनदान के रास्ते आती रहती थी। अन्ततः एक चट्टान में से निकलते झरने की बुदबुदाहट सुन वह थम गया। वह ढुलाईवाले गलियारे के जंक्शन पर पहुँच गया था जहाँ से रास्ता कभी गास्तां-मारी तक जाता था। यहाँ रोशनदान से आँधी-तूफ़ान की तरह आनेवाली हवा इतनी सर्द थी कि अपनी बेहोश रखैल को शहतीरों के सहारे ज़मीन पर रखते-रखते खुद ठंड के मारे काँपने लग गया।

'ईश्वर का वास्ता है, कैथरीन, यह मज़ाक अब रहने दे...बैठने की चेष्टा कर। तब

तक मैं इसे भिगोकर लाता हूँ।'

उसे इस तरह निष्प्राण देख उसकी तो जान ही निकली जा रही थी। मगर किसी तरह उसने झरने के पानी से अपनी कमीज़ भिगोई और कैथरीन के मुँह पर पानी डाला। वह लाश की तरह पड़ी थी—मानो उसकी दुबली-पतली अविकसित देह—जिसमें वयःसन्धि के चिह्न अभी प्रस्फुटित नहीं हुए थे—ज़मीन में दफ़न कर दी गई हो। तभी उस कमसिन की अल्हड़ छातियों में, उदर में और जंघाओं में कँपकँपी-सी हुई (जिसका असमय ही कौमार्य भंग हो चुका था) और उसने आँखें खोल किसी तरह यह बात कही :

'ठंडी लगती है।'

'बस, अब ठीक है !' शावाल ने राहत की साँस लेते हुए कहा।

उसने कपड़े पहनाए उसे। जल्दी-जल्दी शमीज़ उसके जिस्म पर डाली। मगर पतलून पहनाते हुए थोड़ी कठिनाई हुई, तो लगा बकने-झकने, क्योंकि वह हाथ-पैर हिला भी नहीं सकती थी और स्तंभित-सी ताके जा रही थी। समझ नहीं पा रही थी कि कहाँ है और इस तरह नंगी क्यों है। जब सुध आई, तो लाज के मारे मुँह छिपाने लगी। उसे जिगरा कैसा हुआ सारे वस्त्र उतार फेंकने का ! और लगी उससे सवाल-जवाब करने : क्या इन लोगों ने उसे इस हालत में देखा, जब उसकी देह पर रूमाल तक न था ? शावाल लगा उसे छेड़ने और तरह-तरह की बातें बनाने। बोला कि रास्ते में खड़े मज़दूरों की भीड़ में से उसे उठाए-उठाए यहाँ तक लाया है। अरे, कैसा पागलपन कि उसकी बातों को गम्भीरता से ले रही है ! यह सोच-सोचकर वह पानी-पानी हुई जा रही थी कि सबने उसके नंगे नितम्बों को देखा होगा ! लेकिन शावाल ने सौगन्ध खाते हुए कहा कि वह इतनी तेज़ी से दौड़ते हुए आया कि लोग देख ही नहीं पाए होंगे कि नितम्ब गोल हैं या चौकोर।

'अरे, मैं तो सर्दी से मरा जा रहा हूँ !' अपने कपड़े पहनते हुए वह कह रहा था।

इससे पहले इस व्यक्ति ने ऐसी सहृदयता कभी नहीं दिखाई थी। सामान्यतः स्नेहसिक्त एक शब्द मुँह से निकालता था, तो उसके साथ ही अनादर-अपमान के दो शब्द भी बोल देता था। तो भी, यदि शान्तिपूर्वक साथ-साथ रह सकते, तो आनन्द ही और होता ! उसके भीतर करुणा की अनुभूति के साथ श्रान्ति की क्लान्ति का घाल-मेल-सा हो रहा था। उसकी तरफ़ देखते हुए वह मुस्कराई और किसी तरह मुख से यह बात निकली : 'मेरे को चूम लो।'

उसने उसे चूमा और फिर उसकी बग़ल में लेट गया। देखता रहा कि वह कब उठकर चलने लायक होती है।

'सुन,' उसने अपना कथन जारी रखा। 'पहले व्यर्थ ही तू मुझे भला-बुरा कहता रहता था—सच्ची, मेरी बरदाश्त से बाहर हो जाता था ! चबूतरे पर तेरे को तो गर्मी इतना नहीं सताती होगी, लेकिन तुमने देखा होता, मैं तो उस सुरंग में कबाब हुए जा रही थी !'

'ठीक कहती हो,' वह बोला। 'पेड़ों के नीचे ज़्यादा आराम होगा...हाँ-हाँ, मेरी छम्मकछल्लो ! जानता हूँ, नीचे यहाँ जान साँसत में पड़ी रहती है।'

उसकी यह स्वीकारोक्ति सुन वह द्रवित हो गई अपने सारे दुख-कष्ट बिसर गए।

'अरे, कुछ नहीं, थोड़ी तबियत ख़राब हो गई थी। हवा भी आज एकदम सड़ी हुई

है...कुछ ही मिनटों में तू देख लेगा कि मैं काहिल हूँ या नहीं ! अगर काम करना है, तो करना ही है। ठीक ? मैं जान दे दूँगी, लेकिन घुटने नहीं टेकूँगी।'

दोनों ख़ामोश थे। शावाल ने उसकी कमर को अपनी बाँह से लपेट लिया था और उसे सीने के साथ भींच रहा था ताकि छोकरी को सर्दी न लगे। और कैथरीन हालाँकि ऐसा महसूस कर रही थी कि वह फिर से काम करने लायक हो गई है, फिर भी इस सुखानुभूति से वंचित नहीं रहना चाहती थी।

'बस, एक बात है,' वह दबे स्वर में बोली। 'बड़ा अच्छा लगेगा मेरे को गर तू थोड़ा-सा और किरपाल हो जा मेरे ऊपर...कितना अच्छा लगता है जब हम एक-दूसरे से प्रेम करते हैं।'

वह हौले-हौले सुबकने लगी।

'लेकिन मैं तेरे को प्यार करता ही हूँ !' वह एकाएक बोला। 'तेरे को रख नहीं लिया अपने पास !'

उसने सिर हिला-भर दिया। मर्द अकसर औरतों को ले जाते हैं मात्र उन्हें रखने के वास्ते और बिलकुल चिन्ता नहीं करते कि वे सुखी हैं या नहीं। उसकी आँखों से अब झर-झर आँसू झड़ने लगे थे—यह सोच-सोचकर वह संतप्त हो उठी थी कि काश किसी दूसरे मरद के, किसी ऐसे मरद के प्रेमपाश में फँसती जिसकी बाँहें हमेशा-हमेशा के लिए उसे इस तरह थामे रखतीं। कोई दूसरा मरद ?—और अपनी इस दारुण व्यथा में उसे एक और पुरुष की धुँधली-सी मूरत दिखाई पड़ी। मगर वह किस्सा तो ख़त्म हो गया। बस, अब उसका यही अभीष्ट था कि इस आदमी के साथ अपने जीवन के दिन गुज़ार दे, बशर्ते कि यह उसके साथ इतनी रुखाई से पेश न आए।

'तो फिर वचन दे,' वह बोली, 'कि तू बीच-बीच में आज की तरह व्योहार करता रहेगा।'

कहते-कहते वह इस तरह सिसकने लगी कि उसका गला रुँध गया और शावाल ने उसे पुनः चूम लिया।

'अरी, बड़ी अहमक है तू !...देख, वचन देता हूँ कि तेरे साथ मुलायमियत से व्योहार करूँगा। अब यह रोना-धोना छोड़। दूसरों की निस्बत इतना बुरा नहीं हूँ मैं।'

उसने उसकी तरफ़ आँख उठाकर देखा और आँसू बहाते हुए हौले से मुस्कराई। शायद सही कहता है यह; आख़िर, ऐसी कितनी लुगाइयाँ हैं जो इतनी खुश नज़र आती हैं। हालाँकि वचन की प्रतीति नहीं थी उसे, मगर उसे इतना कृपालु देखकर वह फूली नहीं समाई। काश ! हमेशा-हमेशा के लिए ऐसा हो। दोनों फिर से बग़लगीर हो गए थे और देर तक इसी तरह आलिंगनबद्ध रहे। एकाएक पैरों की आहट कानों में पड़ते ही वे उठकर खड़े हो गए। ये वही तीन आदमी थे जिन्होंने कुछ देर पहले निकट से गुज़रते हुए देखा था और अब हाल-चाल जानने के लिए आए थे।

सब एक साथ लौट चले। दस बजा चाहते थे और चबूतरे पर जाकर फिर से हाड़-मांस तोड़ने से पहले वे एक ठंडे कोने में खाना खाने के लिए जा बैठे। अभी वे अपनी सैंडविच का आख़िरी निवाला मुँह में रख ही रहे थे और अपनी-अपनी फ़लास्कों से कॉफ़ी का घूँट भरने ही जा रहे थे कि किसी दूर के चबूतरे से आनेवाला शोर सुन

उनके हाथ-पैर फूल गए। अब क्या हुआ ?—कोई और दुर्घटना ? वे उठे और फिर भागे। रास्ते में उन्हें कोयले की कटाई करनेवाले मज़दूर, ढुलाई करनेवाली लड़कियाँ और लड़के मिले, मगर किसी को कुछ पता न था कि क्या हुआ और सब चिल्ला रहे थे; ज़रूर ही कोई भयंकर दुर्घटना हुई होगी। धीरे-धीरे सारी कोयला-खान में हूल-पुकार होने लगी; भयभीत छायाएँ गलियारों से निकल-निकलकर भागती दिखाई पड़ती थीं, लैम्प अँधेरे में झूल रहे थे। कहाँ दुर्घटना हुई है ? किसी ने उन्हें बताया क्यों नहीं ?

अचानक एक फ़ोरमैन यह चिल्लाते हुए निकल गया : 'केबलों को काटे दे रहे हैं, काटते जा रहे हैं।'

सब आतंकित हो उठे थे और अँधेरी सुरंगों में भगदड़ मच गई थी। किसी की समझ में बात नहीं आई। केबलों को क्यों काट रहे हैं—और फिर कौन काट रहा है ?—जबकि आदमी अभी खान के भीतर काम कर रहे हैं ? इतना क्रूर कर्म !

इसके बाद एक बार फिर किसी फ़ोरमैन की चिल्लाहट गूँजती हुई निकल गई :

'मोंसू के लोग केबलों को काट रहे हैं। भागो, भागो।'

जब शावाल की समझ में सारी बात आई, तो उसने कैथरीन को रोक लिया। मोंसू के मज़दूरों का सामना करने से इतना डरता था कि उसकी टाँगें ऐंठ गईं। तो वे लोग आ पहुँचे हैं जिनके बारे में समझ बैठा था कि वे सिपाहियों की गिरफ़्त में हैं। एक क्षण उसने पीछे गास्तां-मारी के रास्ते से ऊपर भागने की सोची, लेकिन वक्त कहाँ था। लगा बकने-झकने। पसोपेश में था। यह भी नहीं दिखाना चाहता था कि भयभीत है। बार-बार यही कहता था कि डरकर भागना हिमाकत होगी। यहाँ नीचे बैठे थोड़े रहेंगे, क्यों ?

फ़ोरमैन की आवाज़ फिर गूँजी। अबके थोड़ी और निकट से आ रही थी।

'निकल चलो। ज़ीने की तरफ़ से जाओ। ज़ीने की तरफ़ से जाओ।'

और भागनेवालों के रेले में शावाल भी शामिल हो गया। वह कैथरीन को भी धकेलते-ठेलते हुए लिये जा रहा था और झिड़क रहा था कि तेज़ क्यों नहीं भागती। कहता—चाहती है कि खान में यहीं फँसे रह जाएँ और भूखों मरें ? अरी, मोंसू के हरामज़ादे उनकी यही ख़सलत है ! किसी को बाहर निकलने का मौक़ा नहीं देंगे और सीढ़ियों को तोड़ डालेंगे।'

इस भयावह सम्भावना से वे बौरा गए थे। सब गलियारों से लोग अँधाधुँध भाग रहे थे। हर कोई जैसे उन्मत्त होकर सीढ़ियों की तरफ़ दौड़ा जा रहा था, ताकि सबसे पहले बाहर निकल जाए। कुछ लोग चिल्ला-चिल्लाकर कह रहे थे कि सीढ़ियाँ तो टूटी हुई हैं और कोई भी बाहर निकलकर जा नहीं सकेगा। और जब त्रस्त लोग बेतहाशा भागते हुए ढुलाई वाले स्थल पर पहुँचे, तो जैसे ज्वार आ गया। एक-दूसरे को रौंदते-कुचलते हुए हर कोई ज़ीने वाले कुएँ के प्रवेशद्वार में घुसने की चेष्टा कर रहा था। एक बूढ़े साईस ने एतिहातन अपने घोड़ों को अस्तबल में बाँध दिया था और अब चुप्चाप खड़ा हिकारत से इन बदहवास लोगों को गिरते-पड़ते देखे जा रहा था। अकसर रात को वह कोयला-खान के भीतर ही टिक जाया करता था। सो, विश्वास था उसे कि किसी-न-किसी उपाय से वे उसे वहाँ से निकाल ले जाएँगे।

'ईश्वर के लिए, मेरे आगे ऊपर चढ़।' शावाल चिल्लाते हुए कैथरीन से कह रहा था। गिरने भी लगेगी, तो कम-से-कम थाम तो लूँगा।'

लगभग दो मील तक दौड़कर आने से कैथरीन के होश-हवास गुम थे। हाँफने लगी थी और पसीना-पसीना हुई जा रही थी और भीड़ की धक्कमपेल में गिरती-पड़ती चल रही थी। शावाल ने बाँह से पकड़कर उसे इस ज़ोर से खींचा कि ग़नीमत है कि उसकी बाँह उतर नहीं गई। लेकिन कसर नहीं छोड़ी थी उसने। कैथरीन की चीखें ही निकल गईं और लगी कराहने और आँसू बहाने। बस, यही सोच हो रही थी उसे कि यह शख़्स क्या है जो अभी से वादा भूल गया...यह क्या सुखी रखेगा मुझे !

'ऊपर चढ़,' वह चीखकर बोला। लेकिन कैथरीन उससे डर गई थी। अगर आगे-आगे जाती है, तो यह शख़्स उसे पीछे से धकेलता ही चला जाएगा। सो, वह वहीं खड़ी हो गई। बौराए खान मज़दूरों का रेला उसे धकियाकर पीछे छोड़ गया। खान में रिसते पानी की मोटी-मोटी बूँदें टपक रही थीं और तीस फुट नीचे गहरी कीचड़ की हौदी के ऊपर ढुलाईवाला जो चबूतरा था, वह लोगों की भगदड़ से डगमगाने लगा था। दो साल पहले यहीं ज्यां-बार में भयंकर दुर्घटना हुई थी—एक केबल चटक गई थी और एक पिंजड़ा इस हौदी में जा गिरा था और दो आदमी डूब गए थे। इसी बात से सभी त्रस्त थे और समझते थे कि वही हश्र उनका भी होगा यदि सब लोग इसी तरह चबूतरे पर चढ़ते रहे।

'मूढ़ कहीं की !' शावाल चिल्लाया। 'मर यहीं, पिंड छोड़ !'

वह ऊपर चढ़ने लगा। कैथरीन भी उसके पीछे-पीछे चढ़ी। कोयला-खान की पेंदी से लगाकर ऊपर तक एक सौ दो ज़ीने थे। प्रत्येक लगभग तेईस फुट लम्बा था और सँकरे चबूतरे पर कुएँ की चौड़ाई जितना था। ऊपर का वर्गाकार विवर इतना चौड़ा था कि एक आदमी कन्धे सिकोड़कर मुश्किल से निकलकर जा सकता था। कोयला-खान के भीतर जानेवाले रास्ते की दीवार और पिंजरा उतरनेवाले रास्ते की दीवार के मध्य की जगह बिलकुल चिमनी जैसी थी, जिसकी ऊँचाई तेईस सौ फुट थी—जो देखा जाए तो सीलन-भरी अनन्त काली ट्यूब जैसी थी, जिसमें निश्चित अन्तराल पर एक के बाद एक लगभग सीधी खड़ी सीढ़ियाँ ऊपर तक चली गई थीं। इतनी बड़ी मीनार पर चढ़ने के लिए हट्टे-कट्टे आदमी को भी पच्चीस मिनट लग जाते थे। मगर इसका इस्तेमाल असल में संकट वेला में ही किया जाता था।

पहले तो कैथरीन ने उद्यम करके सीढ़ी पर चढ़ना शुरू किया। नंगे पैरों सुरंगों की दीवारों के साथ कोयले की तेज़ कोरों पर चलने की अभ्यस्त थी। सो चौड़ी पैड़ियों में उसे कोई दिक्कत नहीं हुई, जिन्हें घिसने या टूटने से बचाने के लिए उन पर सरिया जड़ दिया गया था। फिर छकड़े ढकेलते-ढकेलते उसके हाथों की त्वचा भी खुरदरी हो गई थी। सो, हाथों के सहारे ऊपर चढ़ने में भी उसे कोई कठिनाई नहीं हो रही थी, हालाँकि उसकी पकड़ सहज नहीं थी। वास्तव में, अप्रत्याशित रूप से इस तरह ज़ीने पर चढ़ते-चढ़ते वह सोचती जा रही थी। इस मानव रूपी लम्बे सर्प को सरकते हुए ज़ीने की तीन-तीन सीढ़ियाँ पार करते देख वह अपना सारा दुख-दर्द बिसरा बैठी थी जिसका फन तो दिन के उजाले में पहुँचता था और पूँछ नीचे हौदी में थी। मगर अभी तो चढ़ाई

बाकी थी—ऊपर चढ़ते आदमियों में जो सबसे आगे थे, वे भी एक-तिहाई रास्ता ही चढ़ पाए थे। किसी के मुख से आवाज़ नहीं निकल रही थी। बस, सीढ़ियाँ चढ़ते पैरों की धप-धप की आहट भर सुनाई पड़ती थी। फिर नीचे से ऊपर तक थोड़े-थोड़े फ़ासले पर लैम्पों की बढ़ती लम्बी कतार तिरते तारों जैसी लगती थी।

उसके पीछे जो लड़का था, वह सीढ़ियाँ गिनता आ रहा था। यह देख, वह भी गिनने लगी। ये लोग पन्द्रह सीढ़ियाँ पार कर आए थे और उस स्थल के निकट पहुँचने ही वाले थे जहाँ कोयले की ढुलाई होती थी। ऐन उसी वक्त वह शावाल की टाँगों में जा उलझी। वह लगा बकने-झकने और चिल्ला-चिल्लाकर कैथरीन को कोसने कि ध्यान से चल भी नहीं सकती।

धीरे-धीरे एक-एक करके सारा काफ़िला थम गया। अब क्या हुआ ? क्या हो रहा है ? उनकी चुप्पी जैसे टूट गई थी और एक-एक आदमी त्रस्त होकर यही पूछता था। ऊपर चढ़ते-चढ़ते उनकी व्याकुलता बढ़ती जा रही थी और जैसे-जैसे वे उजाले के निकट पहुँचते जा रहे थे, वैसे-वैसे उनका भय भी बढ़ता जा रहा था। न जाने ऊपर जाकर किन हालात का सामना करना पड़े।

तभी कोई एकाएक बोला कि सबको पीछे जाना होगा, आगे के ज़ीने टूटे पड़े हैं। सबको इसी बात का डर था—कहीं अधर में ही लटके न रह जाएँ। इसके बाद किसी ने यह कहा कि कोयले की कटाई करनेवाला एक मज़दूर सीढ़ी से फिसल गया है। बस, ऊपर से नीचे तक हरेक की ज़बान पर यही बात थी। किसी को कुछ मालूम न था कि आख़िर हुआ क्या। कोलाहल इतना था कि कोई किसी की सुन नहीं पा रहा था। क्या उन्हें यहीं सोना पड़ेगा ? अन्ततः जब बात समझ में नहीं आई, तो वे धीरे-धीरे गिरते-पड़ते फिर चढ़ने लगे। एक बार फिर उसी तरह कदमों की आहट गूँजने लगी। उनके लैम्प भी उनकी तरह हिलते-डुलते हुए उनके साथ चल रहे थे। समझते थे कि टूटी सीढ़ियाँ अभी बहुत ऊपर हैं।

बत्तीसवीं सीढ़ी पर जब वे ढुलाई वाले तीसरे तल से गुज़र रहे थे, तो कैथरीन को लगा कि उसकी बाँहें और टाँगें अकड़ती जा रही हैं। पहले सारी देह में झनझनाहट-सी महसूस हुई। लेकिन अब पैरों और हाथों में काठ और लोहे की छुअन तक महसूस नहीं हो रही थी। फिर हलकी-हलकी जलन भी मांसपेशियों को झुलसाने लगी थी जो धीरे-धीरे तीव्र होती जा रही थी। वह शिथिल पड़ने लगी। इस हालत में उस बूढ़े बोनमोर्त के वे किस्से याद आने लगे जब सीढ़ी वाला कुआँ नहीं हुआ करता था। एक वक्त ऐसा भी था जब दस-दस बरस की लड़कियाँ अपने कन्धों पर कोयला उठाकर एकदम अनढकी सीढ़ियों पर चढ़ती थीं और जब कभी एक छोकरी फिसलती या टोकरे में से कोयले का एक टुकड़ा भी निकलकर गिरता, तो तीन-चार बच्चे सिर के बल गिरते और नीचे लुढ़कते हुए चले जाते। कैथरीन का अंग-अंग इस तरह ऐंठता जा रहा था और पीड़ा इतनी असह्य हो उठी थी कि लगने लगा था कि अब वह ऊपर पहुँच ही नहीं पाएगी।

ऊपर चढ़ते-चढ़ते लोग जब थम जाते, तो कैथरीन इस रुकावट से थोड़ी राहत की साँस लेती। मगर हर बार ऊपर से नीचे तक फैलते संत्रास से वह व्याकुल हो उठी थी।

उससे ऊपर और उससे नीचे वाले लोग हाँफ रहे थे और अन्तहीन चढ़ाई चढ़ते-चढ़ते सबके सिर चकरा गए थे और उबकाई-सी आ रही थी। अन्धकार से व्यग्र और देह में चुभती दीवारों से पीड़ित कैथरीन का दम घुट रहा था। नमी के कारण उसकी कँपकँपी छूट निकली थी और ऊपर से टपकती बूँदों से उसका जिस्म सराबोर हो गया था। वे अब उस जगह पहुँच रहे थे जहाँ पानी रिस रहा था और ऊपर इतनी ज़ोर से बारिश हो रही थी कि लैम्पों के बुझ जाने का अन्देशा था।

शावाल ने दो बार कैथरीन को पुकारा, लेकिन कोई जवाब नहीं मिला।

'कमबख़्त नीचे कर क्या रही है ? जीभ कट गई है क्या ? कम-से-कम यह तो बता सकती है कि ठीक-ठाक हूँ।'

आध घंटा हो गया था उन्हें इस तरह चढ़ते-चढ़ते, लेकिन यह चढ़ाई इतनी कष्टकारी थी कि अभी उनसठवीं सीढ़ी पर ही पहुँच पाए थे। अभी 43 और थीं। अन्ततः कैथरीन के मुँह से यह बात निकली : 'ठीक हूँ।' अगर वह यह कहती कि थक गई हूँ, तो शावाल यही बात बोलता—एकदम ढिल्लड़ है। पैड़ियों पर जो लोहा लगा था, वह उसके पैरों में चुभता था। लगता था जैसे हड्डियों को रेत रहा हो। जब भी ऊपर चढ़ने को हाथ बढ़ाती, तो लगता कि अब फिसली कि अब फिसली, क्योंकि हाथों की त्वचा इस तरह छिलकर कड़ी हो गई थी कि उँगलियाँ अकड़ने लगी थीं। अविरल श्रम से जंघाएँ और कन्धे इस तरह ऐंठ रहे थे कि प्रतीत होता था कि उलटी गिर पड़ेगी। सबसे कष्टकर बात तो यह थी कि सीढ़ियाँ लगभग सीधी खड़ी थी। इस कारण लकड़ी के साथ पेट को रगड़ते हुए चढ़ना पड़ता था। अब लोग इस ज़ोर से हाँफ रहे थे कि पैरों की आहट इस हँफनी में ही डूबती जा रही थी। कुएँ की दीवारों से टकराकर गूँजनेवाला आर्तनाद और तीव्र हो उठता और ऊपर तिरोहित हो जाता। तभी एक कराहट सुनाई पड़ी और पता चला कि एक छोकरे का सिर चबूतरे से टकराकर फट गया है।

कैथरीन चढ़ती जा रही थी। पानीवाले तल को वे लाँघ गए थे। बारिश बन्द हो गई थी और तहखाने में से निकली हवा की तरह कोहरा फैला हुआ था जिसमें से पुराने लोहे की और लकड़ी की सड़ांध आ रही थी। कैथरीन यंत्रवत गिनती जा रही थी : 81, 82, अभी उन्नीस और हैं। बस, निरन्तर गिनती करते हुए वह किसी तरह चढ़ रही थी। कैसे चली जा रही है, इसका उसे कोई बोध नहीं था। जब उसने ऊपर की तरफ़ देखा, तो लगा कि मीनार में लैम्प डोल रहे हैं। हाथों-पैरों से ख़ून रिसने लगा था। ऐसा महसूस होता था कि जान निकली जा रही है। हलका-सा झोंका आया नहीं कि वह लड़खड़ाकर गिर पड़ेगी। इससे भी पीड़ाजनक बात यह थी कि नीचेवाले लोग उसे ऊपर ढकेल रहे थे और सारी पाँत ऊपर चढ़ती आ रही थी। थकावट के मारे ये लोग सूर्य के दर्शन करने को इतने उतावले थे कि उन्मत्त-से हो उठे थे। जो लोग सबसे पहले भागकर आए थे, वे निकल गए थे। सो, ज़ीने अभी ठीक-ठाक थे। मगर इन लोगों को अन्देशा इस बात का था कि सीढ़ियाँ किसी भी वक्त बैठ सकती हैं। ऊपर पहुँचने वाले लोग तो ताज़ी हवा में साँस ले रहे हैं और जो लोग पीछे रह जाएँगे, वे कभी बाहर निकल नहीं सकेंगे। बस, इस डर ने उन्हें पागल बना दिया था। जब कतार फिर रुकी, तो लोग

एक बार फिर कोसा-काटी करने, चीखने-चिल्लाने लगे। हर कोई धक्का-मुक्की करते हुए, एक-दूसरे की देह को रौंदते हुए किसी तरह बाहर निकलने के लिए कटिबद्ध था।

और तभी कैथरीन गिर पड़ी। शावाल का नाम लेते हुए वह घोर निराशा के आलम में चिल्लाई थी, लेकिन शावाल के कानों में आवाज़ नहीं पड़ी, क्योंकि उस वक्त वह एक आदमी से झगड़ रहा था और उसकी पसलियों पर ठोकरें मारते हुए उससे आगे निकल जाने को उद्यत था। कैथरीन लुढ़की पड़ी थी और लोग उस पर कदम रखते हुए निकलते जा रहे थे। इस तरह बेहोश पड़ी कैथरीन एक सपना देख रही थी : कल्पना करती है कि वह छकड़ा धकेलनेवाली वैसी ही नाबालिग़ लड़की है जैसी कि पुराने ज़माने में हुआ करती थीं, और ऊपर से एक टोकरी में से एक कोयला उसके ऊपर गिरा है और उसकी चोट खाकर वह सुरंग के पेंदे में ऐसे जा गिरी है जैसे ढेला लगने से कोई चिड़ियाँ गिरती है...

केवल पाँच ज़ीने सर करने ही बाकी थे। घंटे-भर से वे जूझ रहे थे। कैथरीन समझ नहीं पा रही थी कि वह ऊपर आई कैसे—किसी ने कुएँ की दीवारों के साथ टिकाकर उसे गिरने से बचाया था और फिर कन्धों पर लादकर बाहर भी ले आया था—लेकिन एकाएक देखती है कि वह सूरज की चौंधियानेवाली रोशनी में चीखती-चिल्लाती, कोलाहल करती भीड़ से घिरी है।

3

पौ फटने से पहले ही गाँवों में उत्तेजना फैलने लगी थी। अब इस उत्तेजना ने सड़कों और पूरे देहाती इलाके को भी अपनी गिरफ़्त में ले लिया था। सभा-स्थल की ओर प्रस्थान करने की जो घड़ी निश्चित की गई थी, उसमें खान मज़दूर घरों से निकल नहीं पाए थे, क्योंकि उन्हें भनक पड़ गई थी कि फ़ौज और पुलिसवाले इलाके में गश्त लगा रहे हैं। बताते थे कि ये सैनिक और पुलिस के सिपाही दूए नामक स्थान से रात को ही पहुँच गए थे और लोग रासनर के मत्थे यह दोष मढ़ रहे थे कि उसने मोंस्यो हेनबो को सावधान करके अपने कामरेडों से छल किया है। छकड़े धकेलनेवाली एक लड़की ने तो सौगन्ध खाकर यह बात भी बताई थी कि उसने अपनी आँखों से देखा, हेनबो का नौकर तारघर में सन्देशा लेकर जा रहा था। प्रातःकालीन धुँधलके में खान मज़दूर मुट्ठियाँ भींचे खिड़कियों-दरवाज़ों में से अगोरते खड़े थे।

करीब साढ़े सात बजे सूर्योदय के साथ एक ऐसी अफ़वाह फैली कि व्याकुल मज़दूरों का मनोबल बढ़ गया : वे नाहक डर रहे थे। यह तो फ़ौजी कवायद थी, जिसका आदेश हड़ताल शुरू होने पर लील के प्रीफ़ेक्ट की प्रार्थना पर जनरल ने वक्तन-फ़वक्तन दिया था। हड़ताली इस अधिकारी से चिढ़े हुए थे, क्योंकि उसने सुलह-सफ़ाई करवाने के बहाने हस्तक्षेप करने का झाँसा देकर उन्हें बेवकूफ़ बनाया था—और यह हस्तक्षेप ढकोसले के सिवा और कुछ न था, क्योंकि मोंसू में सप्ताह में एक दिन फ़ौजी गश्त शुरू कर दी गई थी, ताकि खान मज़दूर हद से बाहर न जाएँ। परिणामतः कठोर धरती

पर गाँवों में घोड़ों की टापें भर गूँजती रहीं। इसके अलावा और कोई बात नहीं हुई, और जब वे मारशियन लौट गए, तो खान मज़दूरों ने इस मूढ़मति प्रिफ़ेक्ट और उसकी फ़ौज की खूब खिल्ली उड़ाई : देखो-देखो, जब सारा मामला कोई दिलचस्प मोड़ लेने जा रहा था, तो दुम दबाकर भाग लिये।

नौ बजे तक ये लोग शान्तिपूर्वक अपने घरों के बाहर खड़े इन फ़ौजियों की पीठ को अदृश्य होते हुए देखते रहे। उस वक्त मोंसू के बूर्जुआ लोग अपने बड़े-बड़े पलंगों पर तकियों में सिर छुपाए पौढ़ रहे थे। मैनेजर के बँगले से मदाम हेनबो थोड़ी देर पहले ही अपनी बग्घी में रवाना हुई थी। सम्भवतः उस समय मोंस्यो हेनबो व्यस्त था, क्योंकि बँगले के सब खिड़कियाँ-दरवाज़े बन्द पड़े थे और एकदम मौत का-सा सन्नाटा था। किसी भी कोयला-खान पर कोई फ़ौजी पहरा नहीं था—और यह विनाशकाले विपरीत बुद्धि की कहावत को चरितार्थ कर रहा था। या यों कहिए, यह सरकार की जहालत की मिसाल थी जब वह हकीकत से बेख़बर हो जाती है। अन्ततः नौ बजे मज़दूर वनदाम के लिए निकल पड़े, ताकि पिछली रात जंगल में जिस स्थल पर एकत्र होना तय पाया गया था, वहाँ समय पर पहुँच जाएँ।

एतियन को यह भी समझते देर नहीं लगी कि वह जिन तीन हज़ार खान मज़दूरों के आने की उम्मीद लगाए बैठा था, वे ज्यां-बार नहीं जाएँगे। बहुत-से लोग समझ बैठे थे कि प्रदर्शन स्थगित हो गया है, और इससे भी दुखदायी बात यह थी कि जो दो-तीन दल उधर आ भी रहे थे, वे भी तभी उसका साथ देंगे, यदि वह उनका नेता बनने की कोशिश नहीं करेगा। करीब सौ आदमी भोर वेला से पहले ही चल पड़े थे और अब जंगल में 'बीच' पेड़ों के नीचे बाकी लोगों के आने की राह देख रहे होंगे। एतियन जब सूवारीन से सलाह-मशविरा करने गया, तो उसने कन्धे उचका दिए : अगर दस आदमी भी एकजुट हो जाएँ, तो वे इतना कुछ कर सकते हैं जितना कि लश्कर भी नहीं कर सकता। और फिर हाथ में पकड़ी पुस्तक को वह दत्तचित होकर पढ़ने लग गया और इस तरह बोला जैसे इस मामले से उसका कोई लेना-देना न हो। यह भी सम्भव था कि लोग भावुक हो उठें, जबकि इस वक्त मोंसू को जलाकर राख कर डालने की ज़रूरत थी—आसानी से यह काम किया जा सकता था।

एतियन उस मकान से निकल ही रहा था कि रासनर दिखाई पड़ा। स्टोव के निकट बैठे इस आदमी का चेहरा एकदम ज़र्द था। उसकी पत्नी सदा की तरह उसी काले लिबास में थी जिस कारण अपने कद से भी लम्बी-छरहरी लगती थी। उस वक्त वह पति को कटु, लेकिन विनम्र शब्दों में समझा रही थी।

माइअ को लगता था कि वचन निभाना चाहिए—सभा-स्थल पर मिलने का जो वचन दिया था, उसका पालन करना चाहिए। रात को सब शान्त-स्थिर होकर बैठ गए थे, और अब उसे अन्देशा इस बात का था कि कहीं कोई ऐसी-वैसी वारदात न हो जाए। फिर भी, कहता था कि सभा-स्थल पर जाना सबका कर्तव्य है और वहाँ जाकर अपने कामरेडों की माँगों का समर्थन भी करना चाहिए।

ला माहूद ने सिर हिलाकर अपनी स्वीकृति दी।

एतियन बार-बार कहता था कि वक्त का तकाज़ा है कि कोई क्रान्तिकारी कदम

उठाए जाएँ, मगर ऐसा करते हुए किसी की जान पर आँच नहीं आनी चाहिए। चलने से पहले उसने अपने हिस्से की पावरोटी ग्रहण नहीं की; यह रोटी और जिन की बोतल उसे रात को मिली थी। फिर भी, उसने एक-एक करके जिन के तीन गिलास हलक से उतार लिये थे, ताकि ठंड न खा जाए। इतना ही नहीं, फ़्लास्क भरकर उसने साथ भी रख ली थी। अलज़ीर पीछे बच्चों को सँभालेगी। रात को बूढ़े बोनमोर्त ने जो उछल-कूद की थी, उससे टाँगों में सूजन आ गई थी, इसलिए बिस्तर में पड़ा रहा।

इन लोगों ने अक्लमन्दी का एक काम यह किया कि सभी एक साथ घर से नहीं निकले। यांलैं बहुत पहले खिसक गया था। माहूअ और ला माह्द ने एक दिशा में मोंसू जानेवाला छोटा रास्ता पकड़ा। एतियन जंगल की तरफ़ चला। उसे उम्मीद थी कि वहाँ उसकी भेंट कुछ साथियों से हो जाएगी। रास्ते में उसे औरतों का झुंड मिला, जिसमें ला ब्रूले और ला लवाक भी थीं। मूकेत उनके लिए चेस्टनट (पाँगर) लाई थीं, जिन्हें छिलके समेत खाती जा रही थीं, ताकि किसी तरह पेट तो भरे।

मगर जंगल में एतियन को कोई आदमी दिखाई नहीं पड़ा। सब लोग पहले ही ज्यां-बार पहुँच गए थे। वह दौड़ा-दौड़ा गया। वहाँ पहुँचा, तो लवाक और कोई सौ आदमी अहाते में दाख़िल हो रहे थे। चारों तरफ़ से मज़दूरों के झुंड-के-झुंड आ रहे थे। माहूअ परिवार मुख्य सड़क से आया। औरतें खेतों में से निकल-निकलकर आ रही थीं। सभी दौड़े आ रहे थे। कोई उनका नेतृत्व नहीं कर रहा था। किसी के पास कोई हथियार वग़ैरह भी न था। वे उस पानी की तरह सहज ही बहते चले आ रहे थे जो नदी के कगार लाँघकर ढलान पर से अपने-आप बहने लगता है।

एतियन ने देखा, यांलैं एक पुलिया पर इस तरह जमकर बैठा है, मानो किसी रंगशाला में बैठकर दुनिया का जायज़ा ले रहा हो। एतियन दौड़कर आगे जाते लोगों से जा मिला। मुश्किल से तीन सौ आदमी थे।

तभी दनलां पैड़ी के ज़ीने पर निकलकर आया, तो सब वहीं ठिठक गए।

'क्यों, क्या चाहिए ?' वह ऊँचे स्वर में बोला।

बग्घी को रवाना करने के बाद (जिसके भीतर बैठी उसकी दोनों बेटियाँ बाप की तरफ़ देख-देखकर मुस्कराती जा रही थीं) दनलां कोयला-खान में लौट आया था और आशंकित था। लेकिन वहाँ सब ठीक-ठाक ही लगता था—मज़दूर खान के भीतर उतर गए थे। कोयला ऊपर आ रहा था। इससे वह आश्वस्त था। लेकिन अपने चीफ़ फ़ोरमैन से बातें कर ही रहा था कि किसी ने आकर सूचित किया था कि हड़ताली आ रहे हैं। सुनते ही वह दौड़ा आया था और कोयला छाँटनेवाले ओसारे की खिड़की में जाकर खड़ा हो गया था और अहाते में प्रविष्ट होती बाढ़ को देखते हुए महसूस कर रहा था कि वह कितना नपुंसक है। चारों तरफ़ से खुली इमारतों की रक्षा कैसे कर सकेगा ? मुश्किल से बीस कर्मचारियों को भी इकट्ठा नहीं कर पाएगा और सारा खेल ख़त्म हो जाएगा।

'क्या चाहते हो तुम लोग ?' उसने कहा। भीतर-भीतर उबलते रहने से उसके चेहरे का रंग एकदम सफ़ेद पड़ गया था। इसके साथ ही यह भी समझ गया था कि तबाही तो मुँह बाए खड़ी है, क्यों न हिम्मत से काम ले।

भीड़ में थोड़ी धकमपेल और बड़बड़ाहट-सी हुई। अन्ततः एतियन आगे आया और

बोला : 'मोंस्यो ! हम आपको परेशान करने नहीं आए हैं। लेकिन बात यह है कि सारा काम बन्द करना पड़ेगा।'

दनलां ने उसकी मूर्खतापूर्ण बात की खिल्ली उड़ाते हुए कहा : 'और तू समझता है, मेरी कोयला-खान को बन्द करवाके तू मेरा भला करने आया है ? ठीक है, ऐसा क्यों नहीं करता ! आ, मेरे पीछे आकर खड़ा हो जा और मेरी पीठ में गोली मार दे—हाँ, मेरे आदमी तो नीचे चले गए हैं—और तब तक ऊपर नहीं आएँगे, जब तक तू मुझे मार नहीं डालता।'

जब इन्होंने देखा कि यह तो किसी तरह भी समझौता करने को तैयार नहीं है, तो एकदम हंगामा करने लगे। माहूअ ने बड़ी मुश्किल से लवाक को रोका, क्योंकि आवेश में आकर वह चढ़ दौड़ने को उद्यत था—हालाँकि एतियन अभी बातचीत के द्वारा दनलां को समझाने की कोशिश कर रहा था कि वे जो क्रान्तिकारी कदम उठा रहे हैं, वह औचित्यपूर्ण ही है। मगर दनलां तो इस बात पर अड़ा था कि हर आदमी को काम करने का पूरा अधिकार है और इस तरह बहस में पड़कर मूर्खतापूर्ण बातों को परवान नहीं चढ़ाना चाहता।

'मैं अपने घर का मालिक हूँ।' वह बोला और फिर अफ़सोस-भरे स्वर में कहता है, 'काश ! कुछ सिपाही यहाँ होते और सारे कचरे को बुहारकर परे फेंक देते।'

फिर कहता है, 'मेरा ही दोष है सारा जो हो रहा है मेरे साथ। मैं इसी लायक हूँ। तेरे जैसे लोगों की समझ में, बस, एक ही बात आती है—ताकत। और सरकार समझती है कि तेरे जैसे आदमी के साथ रू-रियायत करके तुझे अपना बना सकती है। अरे, तेरे हाथों में ज्योंही हथियार देगी, तू सरकार को ही पलट देगा !'

हालाँकि एतियन क्रोध से काँपने लगा था, फिर भी उसने आपा नहीं खोया। धीमे स्वर में बोला : 'मोंस्यो ! मैं आपसे हाथ जोड़कर कहता हूँ, आप अपने आदमियों को ऊपर बुलवा लें। मेरे कामरेड मर्यादा का पालन करेंगे या नहीं, इस बारे में मैं कुछ कह नहीं सकता। केवल आप ही अब इस आफ़त को टाल सकते हैं।'

'बिलकुल नहीं। दफ़ा हो जा यहाँ से ! तू है किस खेत की मूली ! तू यहाँ काम नहीं करता और न तेरे साथ मेरा कोई वास्ता है, न मेरे साथ तेरा...लूटपाट मचानेवाले चोर-उचक्के ही इस तरह देहात में मारे-मारे फिरते हैं।'

लोगों की ललकार-फटकार में उसका स्वर डूब गया। औरतें हाथ भाँज-भाँजकर गाली-गलौज करने पर उतर आईं। लेकिन वह टस से मस नहीं हुआ, और इस तरह साफ़गोई करने से उसके हाकिमाना मिज़ाज को तस्कीन ही मिली। चूँकि बरबादी तो मुँह बाए खड़ी ही थी, सो बेकार की लीपापोती करना उसे कायरता लगा। लेकिन हड़तालियों की संख्या बढ़ती ही जा रही थी। पाँच सौ से अधिक आदमी दरवाज़े की तरफ़ चढ़े आ रहे थे। और ये लोग दनलां के परखच्चे ही उड़ा देते यदि उसका चीफ़ फ़ोरमैन एकाएक उसे पीछे खींचकर न ले जाता।

'ईश्वर का वास्ता है, साहब।...खून-ख़राबा हो जाएगा। बेकार जानें जाएँगी !'

दनलां पाँव पीटते हुए बकझक कर रहा था। और अन्ततः भीड़ को चुनौती देते हुए चिल्लाया—

'तुम सब चोर-उचक्के हो ! जब हमारी टाँग ऊपर होगी, तब देखना !'

इससे पहले कि भीड़ सीढ़ी पर चढ़कर आती, दनलां को खींचते हुए वे भीतर ले गए। औरतें बढ़-बढ़कर चिल्लाते हुए मरदों को उकसा रही थीं। दरवाज़े में चिटकनी तक नहीं थी। केवल अर्गला थी। बस, एकदम खुल गया। सीढ़ी सँकरी थी और भारी भीड़ जिस तरह एकाएक पिल पड़ी थी, भीतर घुसने में उन्हें काफ़ी समय लगता, मगर पीछे वाले लोगों ने दूसरे रास्तों से भीतर जाने का फ़ैसला किया और सब तरफ़ से भीड़ टूट पड़ी—कपड़े बदली करनेवाले ओसारे से, छँटाई वाले ओसारे से, बायलर हाउस से—सारी कोयला-खान को रौंद डालने में उन्हें पाँच मिनट भी नहीं लगे। चीखते-चिल्लाते हुए वे तीनों तलों पर चढ़ गए और ऐसे मालिक को नीचा दिखाने को उन्मत्त हो उठे जिसने उनका सामना करने की जुर्रत की थी।

माहूअ को डर लगा कि कहीं कुछ का कुछ न हो जाए। सो, भागा और एतियन से बोला : 'कोई उसे मारेगा नहीं !'

एतियन दौड़ा गया। लेकिन जब उसने देखा कि दनलां फ़ोरमैन के कमरे में घुसकर बैठ गया है, तो माहूअ से बोला : 'तो क्या हुआ अगर मार भी डालते हैं ?—इसमें हमारा कोई दोष नहीं होगा ! ऐसा पागल आदमी ?'

यह कहने के बावजूद वह चिन्तित था; अभी तक उसने अपने-आपको नियंत्रण में रखा था और आपा नहीं खोया था। फिर एक नेता के रूप में उसके अहं को इस बात से चोट पहुँची थी। उसकी योजना तो यह थी कि हड़तालिए जनता की इच्छा को शान्तिपूर्वक अमली जामा पहनाएँगे। मगर इसके उलट उसकी अवहेलना करते हुए वे बेतहाशा चढ़ दौड़े थे। इसलिए उन्हें शान्त रखने के लिए वह अपील करने लगा। चिल्ला-चिल्लाकर बोल रहा था कि निरर्थक तोड़-फोड़ करके अपने दुश्मनों के हाथों को मज़बूत न करो। लेकिन इसका कोई असर नहीं हुआ।

'चलो, बायलरों की तरफ़ चलो,' ला ब्रूले ने चिल्लाते हुए कहा। 'आग बुझा दो।'

लवाक के हाथ कहीं से एक रेती लग गई थी। उसे छुरे की तरह भाँजते हुए वह इस भयंकर कोलाहल से भी ऊँचे स्वर में चिल्ला रहा था : 'केबल काट डालो ! केबल काटो !'

बस, सभी गला फाड़-फाड़कर यही बात कहने लगे। केवल एतियन और माहूअ ही ऐसे दो आदमी थे जो यह सब करने को मना कर रहे थे। मगर कोलाहल इतना था कि किसी ने कान नहीं धरा। अन्ततः एतियन किसी तरह उन तक अपनी बात पहुँचा पाया : 'लेकिन कामरेडो ! आदमी कोयला-खान के भीतर काम कर रहे हैं।'

कोलाहल बढ़ता ही जा रहा था। सब तरफ़ से आवाज़ें उठ रही थीं।

'पछताएँगे। नीचे गए क्यों ?...गद्दारों को यही सज़ा मिलनी चाहिए !...अच्छा हुआ, वहीं सड़ने-मरने दो इन लोगों को...फिर उनके पास सीढ़ियाँ हैं ! निकल जाएँगे !'

जब उन्हें यह पता चला, तो वे और भड़के। एतियन को लग रहा था कि अब पीछे हटने की ज़रूरत है। कहीं ऐसा न हो, कोई बड़ी मुसीबत खड़ी हो जाए। इसलिए वह इंजिन की तरफ़ भागा। सोचता जा रहा था कि कम-से-कम इतना करेगा कि पिंजरों

को ऊपर लिवा लाएगा। ऐसा करने से होगा यह कि जब ऊपर की केबलें कटेंगी, तो पिंजरे तेज़ी से गिरकर टूटेंगे तो नहीं। इंजिनमैन तो पहले ही भाग खड़ा हुआ था। नीचे काम करनेवाले आदमी भी ग़ायब हो गए थे। सो, उसने इंजिन स्टार्ट करनेवाले लीवर को पकड़कर खींचा। उधर, लवाक और दो दूसरे आदमी लोहे की उस टिकटी पर चढ़ गए थे जिस पर गड़ारियाँ टिकी थीं। पिंजरे अभी अड़ानियों पर टिक भी नहीं पाए थे कि लोहे को रेतने की-सी आवाज़ सुनाई पड़ी। सब ओर सन्नाटा छा गया। सारी कोयला-खान में मात्र रेती की आवाज़ ही सुनाई पड़ती थी। जोश से भरे सब लोग मुँह उठाए ऊपर देखने और सुनने का प्रयास कर रहे थे। भीड़ में सबसे आगे माहूअ खड़ा था, जो अत्यन्त उल्लसित होकर देख रहा था—मानो यह रेती उस दुखदायी गर्त की केबल को काटकर उन्हें ग़रीबी-मुफ़लिसी से निजात दिलाने जा रही थी जिसमें फिर कभी कोई नहीं जाएगा।

लेकिन ला ब्रूले कपड़े बदली करनेवाले ओसारे तक जो सीढ़ी जाती थी, उसके निकट अदृश्य हो गई थी और चीखती जा रही थी : 'आग बुझाओ ! बायलरों की तरफ़ चलो ! बायलरों की तरफ़ चलो।'

कुछ स्त्रियाँ उसके पीछे-पीछे चल पड़ी थीं। ला माहूद भी उधर दौड़ी, ताकि उन्हें रोके कि इस तरह सब चीज़ों को नष्ट मत करो।

इधर, उसका घरवाला भी आदमियों को रोकने की कोशिश कर रहा था। ला माहूद शान्ति से काम ले रही थी—आख़िर, दूसरों की सम्पत्ति को नष्ट किए बिना भी तो वे अपने अधिकार प्राप्त कर सकते हैं ! जब तक वह बायलर वाले ओसारे में पहुँची, ला ब्रूले हाथ में बड़ा-सा बेलचा लिए एक भट्ठी को ताबड़तोड़ खाली करते हुए भखते अंगारों को ईंट के फ़र्श पर डालती जा रही थी, जहाँ वे काला धुआँ छोड़ रहे थे। पाँच बायलर थे और दस भट्ठियाँ थीं। औरतें उन पर पिल पड़ी थीं—ला लवाक दोनों हाथों से बेलचा चला रही थी। मूकेत ने अपनी स्कर्ट जंघाओं तक उठा ली थी, ताकि कपड़े आग न पकड़ लें। शैतान की इस रसोई में ज्वाला की लपटों से सभी के चेहरे सुर्ख़ और पसोना-पसीना हो रहे थे। किसी को कोई सुध-बुध न थी। कोयले के ढेर ऊँचे उठते जा रहे थे और तेज़ आग से उस विशाल कमरे की छत भी तड़कने लगी थी।

'बहुत हो गया,' ला माहूद चिल्लाकर कह रही थी। 'आग लग गई है।'

'अच्छा हुआ,' ला ब्रूले बोली। 'काम आसान हो गया। 'ईमान से, मैं हमेशा कहती थी, अपने मरद की मौत का बदला लूँगी।'

तभी उन्हें यांलैं की महीन आवाज़ सुनाई पड़ी।

'होशियार ! आग बुझाता हूँ। वाल्व खोल रहा हूँ।'

कोयला-खान में सबसे पहले जो लोग घुसे थे, उनमें यांलैं भी था और यह सारा शोर सुनकर भीड़ को चीरते हुए आ गया था और देख रहा था कि वह यहाँ क्या ख़ुराफ़ात कर सकता है। थोड़ी देर पहले ही उसे वाल्व खोलकर भाप निकालने की बात सूझी थी। बन्दूक की गोली की तरह फव्वारे छूट निकले और भयंकर वेग से पाँचों बायलर ख़ाली होने लगे। उनमें से निकलती सरसर, गड़गड़ की आवाज़ इतनी तीव्र थी कि कानों के पर्दे फटने लगे थे। सब कुछ भाप में डूब गया था—भखते अँगार पीले पड़

गए थे और इधर-उधर दौड़ती-भागती औरतें छाया मात्र लगती थीं। सफ़ेद धुन्ध के बगूलों के पीछे, बस, यांलें ही दिखाई पड़ता था; इस तूफान को मुक्त करके वह ऊपर के गलियारे में मुँह बाए खड़ा प्रमुदित हो रहा था।

करीब पन्द्रह मिनटों तक यह सिलसिला चला। कोयले के ढेरों पर पानी की बाल्टियाँ डालकर यह निश्चित कर लिया गया कि अंगार बुझ गए हैं और अब आग से कोई ख़तरा नहीं है। मगर क्रुद्ध भीड़ अभी शान्त नहीं हुई थी, बल्कि और भड़क उठी थी। कुछ आदमी हथौड़े लेकर आ गए थे, औरतें सरिया उठा लाई थीं और वे सब बायलरों को चकनाचूर करने, इंजिनों को तोड़ने और कोयला-खान की ईंट से ईंट बजा देने पर तुल गए थे।

जब एतियन को इस बात की ख़बर लगी, तो वह माहूअ के साथ दौड़ा आया। उस पर भी नशा सवार था और प्रतिशोध की तेज़ आग में जल रहा था। फिर भी, वह रौ में बह नहीं गया और लोगों को शान्त करने की हरचन्द कोशिश करने लगा। कहता था कि अब जब केबल कट जाने से, आग बुझ जाने से और बायलर ख़ाली हो जाने से सारा काम ठप्प हो ही गया है, तो यह सब करने की क्या ज़रूरत है। मगर किसी ने उसकी एक नहीं सुनी। उसकी अवहेलना करके उसे एक तरफ़ धकेलने ही जा रहे थे कि बाहर की तरफ़ जो छोटा और नीचा दरवाज़ा था और जिससे सीढ़ी वाले कुएँ से बाहर निकलकर जाते थे, वहाँ चीखने-चिल्लाने की आवाज़ें सुनाई पड़ीं।

'गद्दार मुर्दाबाद...कायर मुर्दाबाद ! मुर्दाबाद ! मुर्दाबाद !'

जो मज़दूर नीचे कोयला-खान में काम कर रहे थे, वे निकल-निकलकर आ रहे थे। सबसे आगे निकलनेवाले लोगों की आँखें एकाएक उजाले में आने से चौंधिया रही थीं और वे खड़े-खड़े आँखें मिचमिचा रहे थे। फिर वे वहाँ से खिसकने को तत्पर हुए, ताकि सड़क के रास्ते भाग जाएँ।

'बुज़दिल मुर्दाबाद ! ग़द्दार मुर्दाबाद !'

हड़ताली दौड़ते हुए आए। सारी कोयला-खान खाली होने में तीन मिनट भी नहीं लगे, और वनदाम के जिन लोगों ने विश्वासघात करके कोयला-खान के भीतर जाने की हिम्मत की थी, उन्हें मोंसू से आनेवाले पाँच सौ औरत-मर्द फटकार रहे थे। कुएँ की सीढ़ी से तार-तार कपड़ों और काली धूल से अटा जो भी आदमी निकलकर आता, वे चिल्ला-चिल्लाकर उसकी लानत-मलामत करते और ताने-तिश्ने मार-मारकर उसकी हालत पतली कर देते—देखो तो ज़रा इस आदमी को ! न पिद्दी न पिद्दी का शोरबा—चलता भी है तो चूतड़ रगड़-रगड़कर। और लो, इस आदमी को तो देखो ! आधी नाक सड़-गल गई है, वोल्कों की रंडियों का आशिक जो है ! और लो, देखो-देखो ज़रा इस आदमी को भी देखो ! इसकी आँखों से इतनी मोम निकल रही है कि दस कैथीड्रलों को मोमबत्तियाँ भेजी जा सकती हैं। और ये लो, सींकिया पहलवान को भी देखो, चूतड़ ही नहीं है इसके और फिर लेंट* जितना लम्बा !

उसके बाद एक भारी-भरकम, मोटी-मुटल्ली लड़की लुढ़कती हुई आई। उसकी

*चालीसा यानी ईसाइयों की जंत्री में 'लेंट' ईस्टर से पहले चालीस दिन की अवधि जिसमें ईसाई मिताहार करते हैं या अपने भोग-विलास की कोई प्रिय वस्तु त्याग देते हैं।

छातियाँ पेट में अदृश्य हो गई लगती थीं और पेट भी ऐसे निकला हुआ था जैसे उसका दूसरा पिछवाड़ा हो। देखते ही सब लगे ठहाके पर ठहाके लगाने। हर कोई उसको छूने को उद्यत हो रहा था। भद्दे से भद्दा मज़ाक करते हुए लोग नृशंस व्यवहार पर उतर आए और लगे उसके साथ धक्कामुक्की और छेड़छाड़ करने। इस बीच ग़रीब मज़दूर गिरते-पड़ते निकल-निकलकर आते रहे। काँप-काँप जाते थे। कोसा-काटी सुनकर भी चूँ तक नहीं करते थे। डरते थे कि कहीं कोई लात-घूँसा ही न पड़ जाए। कम्पनी के अहाते से बाहर पहुँचते, तो ख़ैर मनाते।

'ज़रा देखो तो ! अभी और कितने लोग नीचे हैं ?' एतियन कह रहा था।

कोयला-खान के भीतर से निकलकर आनेवाले लोगों का ताँता लगा था। यह देख-देखकर एतियन हैरान भी था और आवेश में भी आ जाता था, क्योंकि साफ़ दिखाई पड़ रहा था कि यह बात नहीं थी कि भूख के मारे और फ़ोरमैनों के डर से थोड़े-से ही मज़दूर काम करने गए थे।

'तो जंगल में लोगों ने मुझसे सब झूठ कहा ?'

ज्यां-बार के लगभग सारे के सारे मज़दूर नीचे गए थे।

तभी देहरी पर खड़े शावाल पर उसकी नज़र पड़ी तो चीखते हुए उसकी तरफ़ दौड़ा।

'अच्छा ! तो तूने इसी जगह मिलने का वादा किया था ?'

लोग गाली-गलौज करते हुए इस दग़ाबाज़ को धर दबोचने को दौड़े। रात को तो इसने प्रतिज्ञा की थी, और अब देखो, बाकी लोगों के साथ खान में काम कर रहा है ? सबको बेवकूफ़ बनाता है ?

'दबोच लो इसे। उठाकर नीचे खान में फेंक दो। फेंक दो खान में !'

भय से पीले पड़े शावाल ने हकलाते-हकलाते सफ़ाई देने की कोशिश की। लेकिन दूसरे लोगों की तरह अब एतियन भी आपे से बाहर हुए जा रहा था। शावाल को फटकारते हुए बोला : 'तू हमारा साथ देना चाहता था न ! ठीक है, तू हमारे साथ ही रहेगा...कुतिया के पिल्ले, चल !'

भीड़ की चिल्लाहट में उसका स्वर डूब गया। कैथरीन भी निकल आई थी और तेज़ धूप के कारण चौंधियाई आँखों से खड़ी घूर रही थी। मरने-मारने पर उतारू भीड़ को देखकर हैरान थी कि यह सब क्या हो रहा है। एक सौ दस ज़ीने सर करने के बाद उसकी टाँगें जवाब दे रही थीं, हथेलियों से खून रिस रहा था और हाँफ रही थी।

तभी ला माहृद की नज़र कैथरीन पर पड़ी और वह इस तरह हाथ उठाए उसकी तरफ़ दौड़ी जैसे कि उसे पीटकर रख देगी।

'अच्छा ! निगोड़ी कहीं की, तू भी ! माँ तेरी भूख से बिलबिला रही है और उसे छोड़कर अपने भड़वे की ख़ातिर यह कसब करती फिरती है !'

माहृअ ने लपककर उसका हाथ पकड़ कैथरीन की रक्षा तो कर ली, मगर बेटी को झकझोड़ते हुए वह भी उसी तरह उसकी लानत-मलामत करने लगा, जिस तरह माँ ने की थी। दोनों आपा खो बैठे थे और सबसे ऊँचे स्वर में चिल्ला रहे थे।

कैथरीन को देखते ही एतियन तो एकदम ढहढेरी हो गया। बस, एक ही बात

बार-बार कह रहा था : 'चलो ! चलो, दूसरी खानों की तरफ़ चलो ! और तू, सुअर के बच्चे ! तू भी चल हमारे साथ !'

शावाल को, बस, इतना वक्त दिया कि कपड़े बदली करनेवाले ओसारे में जाकर अपना जूता ले आए और ठिठुरते कन्धों पर ऊनी स्वेटर डाले। उसे पकड़कर वे नोचने-खसोटने लगे थे। फिर उसे अपने साथ दौड़ने को विवश किया। भौंचक कैथरीन ने जैसे-तैसे जूता पैरों में डाला, मर्दों वाली जो फटी फतूही थी, वह पहनी, जिसे ठंडा मौसम शुरू होते ही पहनती आ रही थी, और गले तक बटन बन्द करते हुए अपने प्रेमी के पीछे-पीछे भागती हुई आई, क्योंकि उसे इन लोगों की दया पर नहीं छोड़ना चाहती थी। जानती थी कि ये लोग उसे ले जाकर मार डालेंगे।

करीब दो मिनटों में ही सारी ज्यां-बार कोयला-खान खाली हो गई थी। यांलैं कहीं चौकीदार का भोंपू पा गया था और उसे इस तरह ज़ोर-ज़ोर से बजा रहा था, मानो पशुओं का ठिकाने पर लौट आने का आह्वान कर रहा हो। औरतें भी—ला ब्रूले, ला लवाक, और मूकेत—अपने-अपने लहँगे ऊपर उठाए दौड़ रही थीं, और लवाक कुल्हाड़ी को इस तरह हिला-डुला रहा था, मानो कवायद करनेवाले बैंड के लीडर की लकुटी हाथ में ले रखी हो। रास्ते में और भी मज़दूर उनके साथ मिलते जा रहे थे और उनकी संख्या हज़ार तक पहुँच गई थी। हुल्लड़ करता यह लश्कर उसी तरह सड़क पर चल रहा था, जिस तरह कोई नदी कूल-किनारे तोड़कर बह निकलती है। कोयला-खान के अहाते का गेट इतना तंग था कि उन्होंने बाड़ा ही उखाड़कर फेंक दिया था।

'कोयला-खानों की तरफ़ चलो। ग़द्दार मुर्दाबाद ! काम नहीं करेंगे, नहीं करेंगे !'

और एकाएक सारी ज्यां-बार कोयला-खान में मौत का-सा सन्नाटा छा गया। वहाँ न कोई आदम था, न आदम की ज़ात। हवा का झोंका तक नहीं। दनलां ने फ़ोरमैन के कमरे से बाहर कदम रखा और इशारे से जतलाया कि कोई पीछे न आए, और अकेला ही कोयला-खान का मुआयना करने चल पड़ा। चेहरे का रंग एकदम उड़ गया था और थिरचित्त था। पहले वह खान के भीतर जानेवाले रास्ते की तरफ़ जाकर देखता है। केबलें कटी पड़ी थीं और उनके खूँट व्यर्थ ही हवा में झूल रहे थे। रेती चलनेवाली जगहों पर बड़े-बड़े घाव-से बन गए थे, जो ग्रीस के कारण नासूर-से लगते थे।

इसके बाद वह इंजिन पर चढ़ा और निश्चल खड़े पिस्टन को एकटक देखता रहा। वह शरीर के किसी विशाल अंग जैसा लगता था जिसे लकवा मार गया हो। ठंडे धातु को उसने हाथ लगाया, तो उसकी ठंडक से वह सिहर-सिहर गया, मानो किसी लाश का स्पर्श कर लिया हो। फिर वह नीचे उतरा और बायलर वाले कमरे में गया। बुझी भट्ठियों में पानी भरा था और वे जैसे मुँह बाए देख रही थीं। उनके आगे से निकलते हुए जब उसने उन्हें ठोकर मारी, तो खाली, खोखली आवाज़ गूँजी। सारा खेल ख़त्म हो गया था—वह कहीं का नहीं रहा था। चाहे केबलों को फिर से बैठा भी ले, भट्ठियों को फिर से चालू भी कर ले, लेकिन आदमी कहाँ से लाएगा ? हड़ताल दो हफ़्ते और चल गई, तो उसका तो दिवाला ही पिट जाएगा। और अब चूँकि वह बरबादी के कगार

पर खड़ा था, सो उसके भीतर से मोंसू के इन बटमारों का सारा डर निकल गया; सोचता जा रहा था कि दोष सभी का है—यह कोताही सभी की और सदियों पुरानी है। ओह ! निस्सन्देह वहशी हैं ये लोग, लेकिन ऐसे वहशी, जो अनपढ़ हैं, भूख से बिलबिलाते रहते हैं।

4

लश्कर सड़क से उतरा और चुकन्दर के खेतों को रौंदते हुए नंगी धरती पर चल पड़ा, जो कोहरे के कारण जाड़े की क्षीण धूप में एकदम सफ़ेद पड़ गई थी।

फ़ुर्श-ओ-ब पहुँचते-पहुँचते एतियन ने सारी कमान सँभाल ली थी। भीड़ को रोके-टोके बिना वह ऊँचे स्वर में निर्देश देता जा रहा था। यांलैं सबसे आगे-आगे चलते हुए ख़ब्तियों की तरह भोंपू बजा रहा था। उसके ऐन पीछे औरतें चल रही थीं। कुछेक के हाथों में ताठियाँ थीं। ला माह्द की आँखें जैसे उस न्यायनगरी के अन्तरिक्ष को खोजती भटक रही थीं जिसके सब्ज़बाग़ उसे दिखाए गए थे। और ला ब्रूले, ला लवाक और मूक़ेत चिथड़े हो गए वस्त्रों में ऐसे डग भर रही थीं जैसे सैनिक युद्धभूमि के लिए प्रयाण करते हैं। अगर कोई झमेला खड़ा होता भी है, तो सिपाहियों को देख लेंगी कि वे औरतों पर हाथ उठाने की जुर्रत कैसे करते हैं।

औरतों के पीछे मर्दों का लश्कर इस तरह चल रहा था, जैसे भटकते पशुओं का रेवड़ हो। हाथों में लोहे की छड़ें थीं। इन सबसे ऊपर उठी लवाक की कुल्हाड़ी दिखाई पड़ती थी, जिसका फल बीच-बीच में धूप में चमक-चमक जाता था।

एतियन भीड़ के मध्य शावाल को अपने आगे-आगे हाँकते हुए लिये जा रहा था। इनके पीछे चलता हुआ माहूअ बीच-बीच में हिंस्र दृष्टि से कैथरीन की तरफ़ देख लेता था; मर्दों के इतने बड़े झुंड में कैथरीन ही अकेली स्त्री थी; अपने प्रेमी के साथ-साथ चलना चाहती थी, ताकि उसके साथ कोई मार-पीट न करे। सबके सिर नंगे थे और हाल फटीचरों जैसा। बस, उनके साबो की फटफटाहट ही गूँजती सुनाई पड़ती थी, मानो यांलैं के भोंपू की वहशियाना आवाज़ पर छुट्टा मवेशियों के रेवड़ में भगदड़ मची हो।

मगर एकाएक यह नया नारा गूँजा : 'रोटी ! रोटी ! हमें रोटी चाहिए !'

दोपहर की वेला थी। ये लोग छह हफ़्तों की हड़ताल में जो भूख बरदाश्त करते आ रहे थे, वह खेतों में दौड़ने से और तीव्र हो उठी थी और अँतड़ियाँ ऐंठने लगी थीं। जिन भाग्यशाली लोगों को नाश्ते में रोटी के छिलके-भर नसीब हो गए थे और मूकेत जो मुट्ठी-भर पाँगर फल लेकर आई थी, वे कभी के जा चुके थे; अब खाली पेट कुलबुलाने लगे थे, और वह ऐसी वेदना थी जिससे ग़द्दारों के प्रति उनका क्षोभ बढ़ता जा रहा था।

'कोयला-खानों की तरफ़ चलो ! कोई काम नहीं होगा ! हमें रोटी चाहिए !'

एतियन ने गाँव में अपने हिस्से की रोटी नहीं खाई थी, सो अब उसकी अँतड़ियाँ असह्य पीड़ा से कुलबुलाने लगीं। यह उसने ज़ाहिर तो नहीं होने दिया, लेकिन बीच-बीच

में यंत्रवत अपनी फ़्लास्क निकालता और दो घूँट जिन के हलक से उतार लेता। चलते-चलते डगमगाने लगता और यह महसूस करता कि जिन के बिना वह एक कदम भी चल नहीं पाएगा। गाल चुनचुना रहे थे, आँखें दहकने लगी थीं, मगर स्थिरचित्त रहा। अब भी उसे भरोसा था कि व्यर्थ के विनाश की नौबत नहीं आएगी।

वे जब ज़्वाज़ेल रोड पर आए, तो वनदाम में कोयला कटाई करनेवाला एक मज़दूर भी उनके साथ हो लिया, जो यह ठानकर आया था कि अपने मालिक से बदला लेगा। वह सबको दाईं ओर मुड़ने के लिए उकसा रहा था। फिर चिल्लाकर बोला : 'गास्तां-मारी चलो ! पम्प बन्द करो ! ज्यां-बार में पानी भरकर उसे तबाह कर डालो !'

एतियन उन्हें रोकने की कोशिश कर रहा था और साथ-साथ यह अपील भी करता जा रहा था कि पम्पों को चलने दो। लेकिन लश्कर उसकी अनसुनी करके उधर ही मुड़ गया था। अरे, पम्पों को तबाह करने से क्या मिलेगा ?—उसके भीतर क्षोभ तो था, लेकिन कारीगर की जो आत्मा थी, वह विद्रोह कर उठी थी। माहूअ भी यही कह रहा था कि सारा गुस्सा पम्पों पर ही क्यों निकालें। लेकिन कटाई मज़दूर तो बदला लेने को छटपटा रहा था, सो चिल्ला-चिल्लाकर बोल रहा था। इस पर एतियन ने उससे भी ऊँचे स्वर में चिल्लाकर कहा :

'मीरू चलो ! वहाँ ग़द्दारी करनेवाले लोग काम कर रहे हैं। मीरू चलो ! मीरू चलो !'

उसने लश्कर को बाईं ओर मुड़ चलने का आह्वान किया। यांलैं दौड़कर आया और आगे-आगे चलते हुए ज़ोर-ज़ोर से भोंपू बजाने लगा। सब लोग वहाँ से मुड़ गए, और इस तरह गास्तां-मारी कोयला-खान बच गई—कम-से-कम उस वक्त।

लश्कर अनन्त भूमि पर दौड़ता जा रहा था। मीरू तक ढाई मील का सफ़र इन्होंने आध घंटे में ही तय कर लिया। इधर, नहर धरती को बर्फ़ के लम्बे फीते की तरह काटती हुई चली गई थी। पत्रहीन पेड़ कोहरे के कारण बड़ी-बड़ी कन्दीलों की मानिन्द लगते थे और आसमुद्र तथा अन्तरिक्ष-पर्यन्त फैली धरती पर ये पेड़ ही उसकी एकरसता को भंग करते प्रतीत होते थे। आगे ज़मीन की हलकी-सी उठान थी, जिसके पीछे मोंसू और मारशियन छिपे-से लगते थे। बाकी सब तरफ़ नंगी, खाली धरती थी।

ये लोग जब उस कोयला-खान तक पहुँचे, तो उस वक्त कोयले की छँटाईवाले ओसारे तक जानेवाली पुलिया पर एक फ़ोरमैन खड़ा था। उसे ये लोग झट पहचान गए—अरे, यह तो कान्दिय है। कान्दिय मोंसू का एक वरिष्ठ फ़ोरमैन था। अचरज कि कोयला-खान में रहने के बावजूद करीब-करीब सत्तर बरस के इस बूढ़े की सेहत बहुत अच्छी थी, हालाँकि त्वचा और बाल एकदम सफ़ेद हो गए थे।

'ओय, इधर क्या करने आए हो ?' वह चिल्लाकर बोला।

लश्कर थम गया। वह खान का मालिक नहीं था, उनका अपना ही कामरेड था। सो, एक बूढ़े कर्मचारी के प्रति सम्मान की भावना से वहीं रुक गए।

'इस कोयला-खान के भीतर आदमी काम कर रहे हैं,' एतियन ने कहा। 'उन्हें बाहर निकालो।'

'हाँ-हाँ, भीतर आदमी काम कर रहे हैं,' बूढ़े फ़ोरमैन ने जवाब दिया। 'करीब ढाई

दर्जन ! बाकी जो आदमी थे, वे तुम जैसे नाकारा लोगों से डर गए !...लेकिन, ख़बरदार ! जो कोई आगे बढ़ा। पहले मुझसे बात करो।'

एकदम हंगामा बरपा हो गया। मर्द आगे बढ़ने को हुए। औरतें भी चलने को तैयार हो गईं। मगर फ़ोरमैन पुलिया से उतर आया और रास्ता रोककर खड़ा हो गया। यह देख माहूअ ने हस्तक्षेप करने का निश्चय किया।

'बाबा, सुन ! ऐसा करने का हमें हक है। जब तक सब आदमियों को हड़ताल में शामिल होने को मजबूर नहीं करेंगे, तब तक यह हड़ताल कामयाब कैसे होगी ?'

बूढ़ा फ़ोरमैन कुछ क्षण चुप खड़ा सोचता रहा। स्पष्ट था कि जब एकता की बात होती थी, तो यह व्यक्ति भी उस कटाई मज़दूर की तरह ही कुछ जानता-समझता नहीं था। अन्ततः कहता है : 'मैं यह तो नहीं कहता कि तुम लोगों को इसका हक नहीं है—लेकिन जहाँ तक मेरा ताल्लुक है, मैं तो हुक्म का पाबन्द हूँ...यहाँ मेरे सिवा और कोई नहीं है इस वक्त...आदमियों को तो तीन बजे तक भीतर काम करना ही है, और तब तक वे भीतर रहेंगे।'

उसके अन्तिम शब्द शोर-शराबे में डूब गए। आदमी मुक्के दिखाने लगे थे और औरतें इस तरह चीखते-चिल्लाते हुए चढ़ दौड़ने को उद्यत हुईं कि कुछ सुनाई नहीं पड़ता था। मगर बर्फ़-सी सफ़ेद दाढ़ी और बालोंवाला यह आदमी झुकने को तैयार नहीं था। डटा रहा और हिम्मत करके इस ज़ोर से चिल्लाया कि सारे कोलाहल के ऊपर उसका स्वर सुनाई पड़ा : 'ईश्वर की सौगन्ध ! आगे कोई नहीं बढ़ेगा...आसमान में सूरज का होना सच है, तो यह भी सच है कि जान दे दूँगा, तुम्हें केबलों को हाथ नहीं लगाने दूँगा...इसलिए कोई एक कदम भी आगे आया, तो तुम्हारी आँखों के सामने कोयला-खान के भीतर छलांग लगाकर जान दे दूँगा।'

सारा लश्कर एकदम सकते में आ गया। एक-एक आदमी भयभीत होकर पीछे हट गया।

बूढ़ा बोलता जा रहा था : 'कोई आदमी इतना कूढ़मगज़ भी हो सकता है कि इतनी-सी बात भी नहीं समझता...मैं भी एक कर्मचारी हूँ तुम लोगों की तरह...मुझे इस जगह की रखवाली करने का काम सौंपा गया है, और इसे आँच नहीं आने दूँगा।'

बूढ़े फ़ोरमैन की अक्ल, बस, इतनी ही थी। सो सारी बात समझे-बूझे बिना और एक सैनिक की तरह अपनी ड्यूटी बजाने की भावना से उत्प्रेरित होकर डट गया था। करीब आधी सदी तक ज़मीन के नीचे के अँधेरे में कार्यरत रहने से उसकी आँखें धुँधला गई थीं। लोग खड़े उसे घूर रहे थे, क्योंकि उसके शब्दों ने उन्हें झकझोड़कर रख दिया था और उनके भीतर भी किसी सैनिक की तरह आज्ञापालन की, बन्धुत्व की और संकट की वेला में त्याग की भावना हिलोर लेने लगी थी।

बूढ़े फ़ोरमैन को लगा कि यह लश्कर अब भी आगे आने को उद्यत हो रहा है। सो, कहता है : 'ख़बरदार ! समझ लो, तुम लोगों की आँखों के सामने कोयला-खान में कूद जाऊँगा।'

लश्कर पीछे हटा और फिर वहीं से मुड़ गया। एक बार फिर ये लोग खुले खेतों

में से निकलकर जाती सीधी, अन्तहीन सड़क पर गिरते-गिरते चल पड़े और यह शोर सुनाई पड़ने लगा : 'मादलेन चलो ! केवकर चलो ! काम नहीं होने देंगे ! हमें रोटी चाहिए ! हमें रोटी चाहिए !'

लेकिन भागती भीड़ के बीचोंबीच एकाएक हाथापाई होने लगी। लोग बोल रहे थे कि इस सारे हंगामे का फ़ायदा उठाकर शावाल ने भागने की कोशिश की थी। एतियन ने उसकी बाँह पकड़ रखी थी, और उसे धमका रहा था—अगर तूने फिर भागने की चेष्टा की, तो तेरी रीढ़ ही तोड़कर रख दूँगा।

शावाल छूटने का प्रयास करते हुए चीख रहा था : 'क्या है यह सब ? आदमी को कोई आज़ादी नहीं है क्या ? घंटे-भर से ठिठुर रहा हूँ। मुझे हाथ-मुँह धोने जाना है...हाथ परे हटा !'

सचमुच, पसीने के कारण उसकी त्वचा पर कोयले की परत चढ़ गई थी और बड़े कष्ट में था। और जो स्वेटर उसने पहन रखा था, उससे सर्दी भी नहीं रुक सकती थी।

'ओय, चल आगे—नहीं तो अच्छी तरह धोकर रख देंगे !' एतियन ने उखड़ते हुए कहा। 'अरे, तू तो खून-ख़राबा करने पर उतारू था ! हमसे भी ज़्यादा हल्ला-गुल्ला कर रहा था !'

वे दौड़े चले जा रहे थे। अन्ततः एतियन ने कैथरीन की तरफ़ देखा, जो साथ-साथ चलने का प्रयास कर रही थी। देख-देखकर कैथरीन का दिल ऐंठ रहा था—मैं इतने निकट हूँ इसके और यह दुर्दशा हो रही है मेरी, और अपनी मरदानी फतूही में और कीच सनी पतलून में ठिठुरती जा रही हूँ।

कैथरीन इतनी थक चुकी थी कि बेहाल हो गई थी। फिर भी उनके साथ दौड़ती चल रही थी।

'तू, तू घर जा सकती है,' वह बोला।

यह बात जैसे उसने सुनी-अनसुनी कर दी। क्षण-भर के लिए उसकी आँखें एतियन की आँखों से मिलीं। उनमें प्रतिक्रियास्वरूप भर्त्सना की झिलमिलाहट मात्र हुई। वह रुकी नहीं। क्यों यह शख़्स चाहता है कि मैं अपने मरद को छोड़ दूँ ? सच है, शावाल कोई अच्छा इंसान नहीं है और अकसर मेरे साथ मार-पीट भी कर बैठता है, मगर मेरा मरद है, जिसने सबसे पहले मेरी देह को हासिल किया...

और यह सोच-सोचकर वह उबल रही थी कि शावाल अकेला है और उसके सामने हज़ार से भी ज़्यादा लोग हैं। उसे स्वाभिमानवश उसका पक्ष लेना ही था—चाहे दयावश न सही।

'जा यहाँ से !' माहूअ ने एक बार फिर कहा उससे।

बाप का आदेश सुन वह क्षण-भर दुविधा में पड़ी देखती रही। फिर एकदम लरज़ उठी। आँखें छलक आईं। मगर दहशत के बावजूद डटी रही और साथ-साथ दौड़ती रही। इसके बाद किसी ने उससे कोई बात नहीं की।

लश्कर ज़्वाज़ेल जानेवाली सड़क पर चले जा रहा था। वहाँ से क्रां जानेवाले मार्ग पर थोड़ी दूर तक गया और फिर कूनी की तरफ़ मुड़ गया। इधर की धरती एकदम सपाट थी और फ़ैक्टरियों की चिमनियाँ ही चिमनियाँ दिखाई पड़ती थीं और सड़क के

किनारे लकड़ी के खोखे खड़े थे—जो वास्तव में ईंट बनानेवाले कारखाने थे, जिनमें धूल-धक्कड़ से अटी ऊँची-ऊँची खिड़कियाँ दिखाई पड़ती थीं। निकट ही खान मज़दूरों के दो गाँव थे—गाँव नम्बर 180 और गाँव नम्बर 76। इन गाँवों के छोटे-छोटे घरों के आगे से वे निकलकर जा ही रहे थे कि भोंपू की आवाज़ और लश्कर का शोर-शराबा सुन गाँवों के परिवार के परिवार—क्या मर्द, क्या औरतें, क्या बच्चे—सब बाहर निकल-निकलकर आने लगे और कामरेडों के साथ चलने को तत्पर हो गए। मादलेन तक पहुँचते-पहुँचते इनकी संख्या पन्द्रह सौ तक पहुँच गई। यहाँ सड़क पर हलकी-सी ढलान थी। सो, कोलाहल करते हड़तालियों की यह बाढ़ कचरे की टेकरी का चक्कर लगाकर कोयला-खान के अहाते में प्रविष्ट हुई।

दो बज चुके थे, लेकिन फ़ोरमैन को पहले ही सावधान कर दिया गया था। सो, उसने थोड़ी जल्दी छुट्टी करवा दी थी। जब लश्कर वहाँ पहुँचा, तो खान मज़दूरों का आख़िरी जत्था पिंजरे में से निकलकर आ रहा था—बीसेक आदमी ही थे। पत्थरों-ढेलों की बौछार हुई, तो जान लेकर भागे। दो को पकड़कर इन्होंने धुनकर रख दिया। एक आदमी छूटने के लिए भागा, तो उसकी फतूही की बाँह ही इनके हाथों में रह गई।

मज़दूरों के साथ इस भिड़ंत की बदौलत ही कोयला-खान के उपकरण बच गए और केबलों को तथा बायलरों को किसी ने छुआ तक नहीं।

इसके बाद यह मानव बाढ़ आगे बढ़ी और पड़ोसवाली कोयला-खान की तरफ़ निकल गई।

यह थी क्रेवकर कोयला-खान, जो मादलेन कोयला-खान से करीब पाँच सौ गज़ के फ़ासले पर थी। जिस वक्त लश्कर इस कोयला-खान तक पहुँचा, यहाँ भी मज़दूर निकलकर ऊपर आ रहे थे। औरतों ने छकड़ोंवाली एक छोकरी को पकड़कर ख़ूब फेंटा और उसकी पतलून फाड़कर उसके चूतड़ों को नंगा कर दिया। मरद लोग यह तमाशा देख-देखकर खिलखिला रहे थे। फिर इन्होंने कोयला-खान में काम करनेवाले छोकरों को पकड़-पकड़कर धुनना शुरू किया और कोयला कटाई करनेवाले मज़दूरों को तो इतना पीटा कि उनके नील पड़ गए। नाक से खून बह निकला। किसी तरह भागकर इन लोगों ने जान बचाई। इस बढ़ती उग्रता और प्रतिशोध की पुरानी भावना के वशीभूत ये लोग पागलों की तरह चीख रहे थे; लगातार चिल्लाते हुए ग़द्दारों को मार डालने को प्रेरित कर रहे थे। इसके साथ ही, इन्हें जो इतनी थोड़ी पगार मिलती थी, उसे लेकर भी रोष प्रकट कर रहे थे और भुखमरी की दुहाई देते जा रहे थे। जब इन्होंने केबलों को काटना चाहा, तो रेतियाँ बेकार साबित हुईं। चूँकि इन्हें चलते ही रहना था, और आगे बढ़ने को ये लोग बेताब थे, सो, इतना समय यहाँ व्यर्थ गँवाना उचित नहीं समझा। बायलर वाले ओसारे में जाकर इन्होंने स्टीम कॉक को तोड़ा और जब भट्ठियों में बाल्टियाँ भर-भरकर पानी डाला, तो लोहे के कपाट दरकने लगे।

वहाँ से बाहर निकले तो सैं-तोमा पर चढ़ाई करने की सोची। समस्त कोयला-खानों में यही ऐसी कोयला-खान थी जिसमें सबसे अधिक अनुशासन रहता था और हड़ताल की हवा तक नहीं लगी थी इसे। कोई सात सौ आदमी इसमें काम करने उतरे थे। बस, इन लोगों को इसी बात का रोष था। सोचते थे कि डंडे-बल्ले लेकर घात में बैठेंगे और

देखते हैं जीत किसकी होती है।

मगर तभी यह अफ़वाह फैली कि उस दिन जिन सिपाहियों की इन लोगों ने खिल्ली उड़ाई थी, वही सिपाही अब सैं-तोमा में खड़े हैं। यह बात कैसे मालूम हुई इन्हें ? कोई इस बारे में कुछ भी कहने की स्थिति में नहीं था। फिर भी, ये लोग डर गए। सो, उधर जाने के बजाय इन्होंने फत्री-कांतेल कोयला-खान की तरफ़ मुँह करने का फ़ैसला किया। एक बार फिर उन पर नशा-सा तारी हो गया; एक बार फिर वे सड़क पर आ गए और जूते चटखाते हुए भागे। वहाँ शायद अब भी करीब चार सौ कुतिया के पिल्ले काम कर रहे होंगे ! देखना, इन्हें कैसा मज़ा चखाते हैं !

यह कोयला-खान वहाँ से करीब दो मील के फ़ासले पर स्कार्पे के साथ ढालवीं धरती पर स्थित थी। सब लोग बोनी सड़क को लाँघकर ले प्लात्रियेर की चढ़ाई पार कर ही रहे थे कि किसी ने—पता नहीं, आवाज़ किसकी थी—चिल्लाकर बताया कि सैनिक शायद फ़त्री-कांतेल में हैं। और सारे लश्कर में एक सिरे से दूसरे सिरे तक यह बात फैल गई कि, सचमुच, सिपाही वहाँ मौजूद हैं। बस, इनकी चाल एकदम ढीली पड़ गई। करते-करते आतंक सारे देहाती इलाके में व्याप्त हो गया, जो अब तक हड़ताल होने से एकदम निर्जीव पड़ा था और जिसे ये लोग रौंदते हुए जा रहे थे। सैनिक रास्ते में क्यों नहीं मिले ? बस, यही ख़दशा था, जो इन लोगों को परेशान किए दे रहा था। इन्हें लगा था कि आगे होनेवाले दमनचक्र का यह पूर्वाभास ही है।

हालाँकि किसी को भनक तक नहीं पड़ी कि यह हुक्म किसने दिया, फिर भी सुनते ही वे तत्काल दूसरी कोयला-खान की तरफ़ चल पड़े।

'ल विक्तुआर चलो ! ल विक्तुआर चलो !'

तो क्या इसका मतलब यह है कि ल विक्तुआर में कोई सिपाही नहीं हैं ? किसी को कुछ मालूम नहीं था। फिर भी, सभी आश्वस्त थे। बस, वहाँ से एकदम मुड़े और चढ़ाई से उतर खेतों के रास्ते एक बार फिर ज़्वाज़ेल सड़क पर आ गए। रास्ते में रेल-पटरी थी, लेकिन इन्होंने बाड़ा ही उखाड़कर फेंक दिया और पटरी पार की। अब वे मोंसू के निकट थे। वहाँ से धीरे-धीरे झुकती ज़मीन आगे एकदम सपाट हो गई थी; चुकन्दर के खेतों का सागर दूर तक फैला हुआ था और मारशियन के अँधेरे घरों तक ठाठें मार रहा था।

अबके इन लोगों को तीन मील से भी अधिक पैंडा मारना पड़ा। मगर इतने उत्साह में थे कि इन्हें न तो इस बात की चिन्ता थी कि थककर चूर हो चुके हैं, और न ही इस बात की कि पैरों में घाव और दुखने लगे हैं। लश्कर आगे बढ़ता ही जा रहा था। सड़क से और गाँवों से और भी लोग इनमें शामिल होते जा रहे थे। जब तक नहर पर मगाश पुलिया पार करके वे ल विक्तुआर पहुँचे, तब तक हड़तालियों की संख्या दो हज़ार तक पहुँच गई थी। लेकिन तीन बज चुके थे और सारे मज़दूर कोयला-खान के भीतर से बाहर निकल आए थे—और अब एक भी आदमी भीतर नहीं था। ये लोग इतने खिसियाए कि बेकार डराने-धमकाने पर उतर आए। इस जगह, बस, इतना-भर कर पाए कि ड्यूटी पर जो मरम्मत करनेवाले मज़दूरों की शिफ़्ट आ रही थी, उसका स्वागत इन्होंने टूटी ईंटों की बौछार से किया। सहज ही इन्हें यहाँ विजय प्राप्त हो गई

थी—निर्जन कोयला-खान अब इनके कब्ज़े में थी। अब जब किसी ग़द्दार को धकियाने-मुकियाने का अरमान इनका पूरा नहीं हुआ, तो इन्होंने भड़ास निकाली सामान पर। इनके भीतर कड़वाहट की एक थैली, विष की एक ऐसी थैली फट पड़ी थी जो हौले-हौले असर करती है और बढ़ती ही जाती है। सालों-साल की भूख इन्हें तड़पाए दे रही थी, जिससे मृत्यु और विनाश के लिए इनकी चाह और बलवती हो उठी थी।

एक ओसारे के पीछे एतियन को ढुलाई करनेवाले कुछ लोग दिखाई पड़े, जो छकड़े में कोयला भर रहे थे।

'भागो यहाँ से,' उसने चिल्लाकर कहा। 'इस अहाते से कोयले का एक भी टुकड़ा निकलकर नहीं जाएगा।'

'निर्देश पाते ही करीब सौ हड़ताली दौड़कर गए। उन्हें देखते ही ढुलाई करनेवाले मज़दूर जान बचाकर भागे। कुछ लोगों ने घोड़ों के साज़ खोल दिए और उनकी गुदी को कोंचते हुए हाँका और डराकर भगा दिया। दूसरे मज़दूरों ने छकड़े को उलटकर उसके बम तोड़ डाले।

प्रतिशोध की आग में जलता लवाक ताबड़तोड़ कुल्हाड़ी चला रहा था। पुलिया को तोड़ने के लिए वह पाड़ पर प्रहार करने लगा। मगर इस काम में उसे कामयाबी नहीं मिली, तो पलटकर रेल-पटरियों को उखाड़ने में जुट गया। अहाते में एक सिरे से दूसरे सिरे तक बिछी सारी रेल-पटरी को नष्ट करने पर तुल गया था। आनन-फ़ानन में सारा लश्कर रेल-पटरी पर पिल पड़ा। माहूअ भी क्रो-बार को लीवर की तरह इस्तेमाल करते हुए लोहे की कुर्सियों को उखाड़ता जा रहा था।

उधर, ला ब्रूले के पीछे-पीछे औरतें लैम्प वाले कमरे में घुस गई थीं और डंडे-सोटे मार-मारकर इतने लैम्पों को उन्होंने तोड़ा कि फ़र्श कचरे से अट गया। ला माहूद ने भी आगा-पीछा नहीं देखा। ला लवाक की तरह उन्मत्त होकर प्रहार करती जा रही थी। सबके कपड़े तेल से भीग गए थे और मूकेत अपनी स्कर्ट पर हाथ पोंछते हुए हँसती जा रही थी—देखो तो सही, कितनी गन्दी हो गई है। यांलैं ने किया यह कि मज़ा लेने के लिए लैम्प उठाया और उसका तेल पीछे से उसकी पीठ के भीतर उँड़ेल दिया।

मगर बदले की भावना से ये लोग जो कुछ कर रहे थे, उससे भूखा पेट भरने को कुछ प्राप्त नहीं हो सकता था। अब अँतड़ियाँ और अधिक ऐंठने लगी थीं। एक बार फिर इन्होंने यह नारा बुलन्द किया : 'रोटी ! रोटी ! हमें रोटी चाहिए !'

संयोग से एक रिटायरशुदा फ़ोरमैन ल विक्तुआर में कैंटीन चलाता था। शायद डर के मारे भाग गया था और उसके खोखे के भीतर कोई नहीं था। जब ये औरतें लैम्पों वाले कमरे से लौटीं और मरद भी रेल-पटरी को उखाड़ने से निपट लिये, तो सबने कैंटीन पर धावा बोल दिया और आनन-फ़ानन में उसके शटर तोड़ डाले। कैंटीन में इन्हें रोटी तो नहीं मिली, हाँ, कच्चे मांस के दो टुकड़े और आलू का बोरा मिल गया। मगर करीब पचास बोतलें जिन की भी इनके हाथ लगीं, जो देखते-ही-देखते ऐसे लुप्त हो गईं जैसे रेत में पानी की बूँदें लुप्त हो जाती हैं।

एतियन ने अपनी फ़्लास्क खाली करके जिन से भर ली। उसकी सुर्ख़ आँखों में हौले-हौले घिनौनी मदमस्ती, भूखे इंसान का मतवालापन उतरता आ रहा था और उसके

खुले, ज़र्द होंठों के बीच बाहर निकले दाँत भेड़िए के दाँतों जैसे लग रहे थे। और तभी उसने देखा कि इस घपले में शावाल कहीं खिसक गया है। वह एकदम फट पड़ा और लगा बकने-झकने। कुछ लोगों से उसने शावाल का पीछा करने को कहा, तो क्या देखते हैं कि कैथरीन के साथ वह लकड़ी के टाल के पीछे छिपा बैठा है।

'अच्छा ! कुतिया के पिल्ले—तो तू अब हमारा साथ देने से भी डरता है !' एतियन ने दहाड़ते हुए कहा। 'तूने ही जंगल में कहा था इंजिनमैनों की हड़ताल करवाने के वास्ते, ताकि पम्प बन्द हो जाएँ, और अब हमें चकमा देकर भाग रहा है !...ईमान से, हम लोग गास्तां-मारी ही जा रहे हैं, और मैं तेरे हाथों से ही पम्प तुड़वाऊँगा। सच्ची, तेरे हाथों से तुड़वाऊँगा।'

वह धुत था; अब स्वयं उसी पम्प को अपने आदमियों से तुड़वाने जा रहा था जिसे कुछ ही घंटे पहले उसने स्वयं बचाया था।

'चलो गास्तां-मारी ! गास्तां-मारी चलो !'

एतियन का जयकारा सुनते ही सब दौड़ पड़े। शावाल तब भी बोल रहा था कि उसे मुँह-हाथ धोने के लिए जाने दिया जाए, मगर वे उसे कन्धों से पकड़ धकेलते-खींचते हुए साथ ले चले।

'जा, दफ़ा हो !' माहूअ ने चिल्लाते हुए कैथरीन से कहा, क्योंकि वह फिर दौड़ी आ रही थी।

इस बार कैथरीन को कोई झिझक-हिचक नहीं हुई। बाप की तरफ़, बस, उसने जलती आँखों से देखा-भर और दौड़ना जारी रखा।

एक बार फिर ये लोग नंगी सपाट धरती को रौंदते हुए चल पड़े और विस्तृत खेतों में से निकलती सड़क पर लौट आए। चार बजे का समय था और सूर्य अस्ताचल को प्रस्थान कर रहा था और ठिठुरती धरती पर भयंकर शोर-गुल करती भीड़ की परछाइयाँ लम्बी होती जा रही थीं।

मोंसू न जाकर इन्होंने बाहर-बाहर का रास्ता पकड़ा और ज़्वाज़ेल सड़क पर आ गए। अब यहाँ से इन्हें फ़ुर्श-ओ-ब का चक्कर काटकर ला पिओलोन की दीवारों के साथ-साथ चलते हुए जाना था। ग्रेग्वार दम्पती थोड़ी देर पहले ही वहाँ से निकल गया था। पहले उन्हें अपने वकील से मिलना था और फिर हेनबो के बँगले पर भोजन करके सेसील को लेकर घर जाना था। इस जागीर में नींबू के नंगे पेड़, साग-भाजी की बगिया और फलों के बाग़ थे, जिन्हें जाड़े के मौसम ने एकदम नंगा कर दिया था। उस समय यह जगह मृतप्राय लगती थी। बँगले के भीतर हलकी-सी भी हरकत नहीं हो रही थी। भीतर की गर्मी के कारण बन्द खिड़कियों पर कोहरा-सा छा गया था और ऐसा गहरा सन्नाटा था कि, बस, यही प्रतीति होती थी कि यहाँ का जीवन एकदम उल्लासमय और सुख-सुविधापूर्ण है—यानी किसी ऐसे रईस के दौलतख़ाने का गुमान होता था जिसमें सुख-शैयाएँ बिछी हैं, खाने की मेज़ों पर भाँति-भाँति के पकवान सजे हैं और रहनेवाले लोग सुख-शान्ति एवं हर्षोल्लास का जीवन व्यतीत कर रहे हैं। ये लोग वहाँ रुके नहीं और बँगले के जंगले और सुरक्षा के लिए निर्मित अहाते की लम्बी दीवार के साथ-साथ चलते हुए इन्होंने भीतर झाँककर देखने की कोशिश की, जिस पर टूटी बोतलों

के काँच के कोर चमक रहे थे। चलते-चलते इन्होंने एक बार फिर यह नारा बुलन्द किया :

'रोटी ! रोटी ! हमें रोटी चाहिए !'

इस पर दो पिंगलवर्णी 'ग्रेट डेन्स' भौंकते हुए आए और वहाँ खड़े-खड़े जीभ लपलपाने लगे। एक जगह बन्द शटर के पीछे दोनों नौकरानियाँ खड़ी थीं—बावरचिन मेलानी और घर का कामकाज करनेवाली ओनोरीं। वे नारों की आवाज़ सुनते ही दौड़ी आई थीं और डर के मारे पसीना-पसीना हुए जा रही थीं। चेहरे एकदम फक पड़ गए थे उनके। खड़ी-खड़ी इन बर्बरों की कवायद देख रही थीं। जब निकट की खिड़की फोड़कर एक ढेला भीतर गिरा, तो वे एकदम सिमटकर नीचे बैठ गईं और लगा कि मौत आ गई है। वास्तव में, यह यालैं की कारिस्तानी थी : ग्रेग्वार दम्पती जब वहाँ से गुज़रने को था, तो उसने उनके स्वागतार्थ डोरी से बनी गुलेल से पत्थर दाग़ दिया था। यह करके वह फिर से अपना भोंपू बजाते हुए लश्कर के साथ चल पड़ा था। पीछे दूर डूबती आवाज़ में उनके नारे सुनाई पड़ रहे थे : 'रोटी ! रोटी ! हमें रोटी चाहिए !'

गास्तां-मारी पहुँचते-पहुँचते इनकी संख्या और बढ़ गई थी—अब पच्चीस सौ से अधिक बावले लोग जमा हो गए थे, जो सामने पड़नेवाली एक-एक चीज़ को उसी तरह नष्ट-भ्रष्ट करते जा रहे थे जिस तरह बाँध तोड़कर बहनेवाली प्रचंड धारा अपने साथ सब कुछ बहाकर ले जाती है।

घंटा-भर पहले पुलिस के सिपाही वहाँ मौजूद थे। मगर कुछ किसानों के झाँसे में आकर इस हड़बड़ी में सैं-तोमा की तरफ़ चले गए थे और इस कोयला-खान की रक्षा हेतु थोड़े-से भी सिपाही अपने पीछे छोड़ जाने की एहतियात उन्होंने नहीं बरती थी। बस, इन लोगों ने आते ही दस-पन्द्रह मिनटों में आग बुझा डाली, बायलर भी खाली कर दिए और इमारतों के भीतर घुसकर सब तहस-नहस कर डाला। मगर असल में इनका निशाना तो पम्प था। सारी भाप निकालकर और उसे बन्द करने से भी इन्हें सन्तोष नहीं हुआ। सो, सबके सब पम्प पर ऐसे टूट पड़े जैसे कि वह कोई जीता-जागता इंसान हो जिसकी जान लेने पर वे तुल गए हों।

'पहली चोट तू मारेगा,' शावाल के हाथ में हथौड़ा थमाते हुए एतियन ने एक बार फिर उससे कहा। 'चल, आगे बढ़। तूने कसम खाई थी सबके सामने।'

शावाल खड़ा-खड़ा काँप रहा था। वह एकदम पीछे हट गया। भयंकर धक्का-मुक्की हुई, तो हथौड़ा उसके हाथ से गिर पड़ा। मगर दूसरे आदमियों ने आनन-फ़ानन में पम्प पर सब्बलों से, ईंटों से, गर्ज़े कि जिसके हाथ में जो चीज़ थी, उससे चोट करनी शुरू की। कुछेक की तो लाठियाँ ही टूट गईं प्रहार करते-करते। ढिबरियाँ निकल आई थीं और लोहे और ताँबे के हिस्से कटे अंगों की तरह गिर रहे थे। गेंती का भरपूर वार पड़ा, तो लोहे की बॉडी एकदम बैठ गई और भयंकर गड़गड़ाहट के साथ पानी ऐसे बह निकला, जैसे गले में मौत का घुँघरू घरघराता है।

सब स्वाहा हो गया। बौखलाई भीड़ एतियन के पीछे-पीछे बाहर निकली। शावाल को उसने अब भी अपनी गिरफ़्त में ले रखा था।

'इस ग़द्दार को मार डालो ! खान के भीतर धकेल दो ! धकेल दो खान के भीतर !'

भय के मारे वह एकदम नीला पड़ गया था। फिर भी दईमारा अपनी बेवकूफ़ाना टेर से बाज़ नहीं आया—यही रट लगाए जा रहा था कि उसे मुँह-हाथ धोना है।

'ओह, अगर तू इसी बात से परेशान है,' ला लवाक बोली। 'तो ले, वो रहा कुंड। जा, उसी में हाथ-मुँह धो।'

जहाँ वे खड़े थे, उसके निकट ही पम्प से रिसकर आए पानी का डबरा-सा बन गया था और उस पर बर्फ़ जमी थी। शावाल को घसीटते हुए वे पोखरे तक ले गए, बर्फ़ तोड़ी और बर्फ़ीले पानी में उसे अपना सिर डालने को विवश किया।

'डाल, हरामज़ादे !' ला ब्रूले बोली। 'धरम से, अपने-आप इसके भीतर सिर नहीं डालेगा, तो हम घुसेड़ देंगे !...और फिर, इस पानी को तू पिएगा भी। ठीक है, अब डाल अपनी थूथन नाली में—जैसे जानवर डालते हैं।'

उसके सिर को नीचे ठेलते हुए इन्होंने उसे दोनों हाथों और पैरों के बल लेटकर पशुओं की तरह पानी लपलपाने को विवश किया। यह देख हर कोई निष्ठुरता से बग़लें बजाने लगा। एक औरत ने तो उसके कान ही उमेठ दिए। दूसरी ने सड़क से मूँठ-भर ताज़ी खाद उठाई और उसके मुँह पर दे मारी। उसका पुराना स्वेटर तार-तार हो गया था और चलता भी था, तो लड़खड़ाते हुए। हालत एकदम पतली हो गई थी उसकी और छूट निकलने के लिए वह छटपटा रहा था।

माहूअ उसे धक्के मारते हुए ले जा रहा था और ला माहूद ने भी अत्यन्त उग्र रूप धारण कर रखा था—मियाँ-बीवी अपना गुबार निकालने पर उतारू थे। और मूकेत जैसी औरत भी, जो अपने आशिकों के साथ सामान्यतः मित्रतापूर्ण व्यवहार ही करती थी, इस वक्त अपने इस आशिक पर क्षुब्ध हो उठी थी और बोलती जा रही थी—यह कुतिया का पिल्ला ! इसकी पेंट उतारकर देखो, अभी मरद भी है या नहीं...

एतियन ने उसे ख़ामोश रहने को कहा।

'अब काफ़ी हो चुका ! हरेक को फब्तियाँ कसने की कोई ज़रूरत नहीं...तू, तू चाहती है, तो हम दोनों आपस में निपट लेते हैं।'

उसकी मुट्ठियाँ भिंची थी। हिंसक क्रुद्ध आँखों में ज्वाला धधक रही थी। नशे में तो वह हत्या करने को भी उद्यत हो जाता था।

'तैयार है तू ? हममें से एक इस जगह से ज़िन्दा नहीं जाएगा...कोई इसे चाकू दे। मेरा चाकू मेरे पास है।'

क्लान्त-श्रान्त और आतंकित कैथरीन उसका मुँह देखने लग गई। उसे वह बात याद हो आई जो एतियन ने एक दिन उससे कही थी। बोला था—मेरे नशाख़ोर माँ-बाप ने मेरे ख़ून में जो ग़लाज़त डाली है, मैं तीन गिलास दारू पी लूँ, तो लगने लगता है कि मैं एक आदमी को ज़िन्दा चबाकर खा सकता हूँ...

कैथरीन एकदम दौड़ी और अपने नन्हे-नन्हे हाथों से उसे मुकियाते हुए क्रोधवश इस तरह चीख-चीखकर बोलने लगी कि गला भर्रा गया : 'बुज़दिल ! बुज़दिल ! बुज़दिल ! इतना ज़ुल्म करके भी तेरा दिल नहीं भरा ? इसे मार डालना चाहता है क्या ? देख, यह तो खड़ा होने लायक भी नहीं !'

फिर माँ को और बाप को दूसरे लोगों को सम्बोधित करते हुए कहती है :

'बुज़दिल हो तुम लोग ! तुम सब बुज़दिल हो !...मुझे भी क्यों नहीं मार डालते ? अब अगर तुमने इसे हाथ भी लगाया, तो आँखें नोचकर रख दूँगी ! अरे ! सबके सब कायर हैं !'

और अपने मरद की रक्षा के निमित्त वह उसके आगे तनकर खड़ी हो गई—यह सब भूलकर कि यह शख़्स किस तरह उसकी ठुकाई किया करता था, साथ-साथ रहने से उनका जीवन कितना दुखदायी हो गया था। उस वक्त, बस, एक ही बात उसके ज़ेहन में थी—और वह यह कि मैं इसकी हूँ, क्योंकि मेरा पहला दामनगीर यही आदमी था, और अगर ये लोग इसके साथ ऐसा व्यवहार कर रहे हैं, तो मेरी अपनी अस्मत जा रही है...

कैथरीन ने जब एतियन पर इस तरह प्रहार किया, तो एतियन की सिट्टी-पिट्टी गुम हो गई। वह उसकी ठुकाई करने को तत्पर हुआ, फिर मानो उस आदमी की तरह उसने अपने चेहरे पर हाथ फेरा जो पीने के बाद होश में आता है। एकदम सन्नाटे के बीच शावाल से यह बात कहता है : 'यह ठीक ही कहती है, काफ़ी हो गया...जा, दफ़ा हो जा यहाँ से !'

शावाल तत्काल भागा। पीछे-पीछे कैथरीन भी भागी। हक्का-बक्का लश्कर उन्हें सड़क के मोड़ पर अन्तर्धान होते हुए देखता रहा। केवल ला माहूद ही बड़बड़ा रही थी : 'तूने ठीक नहीं किया। उसे पकड़े रखते। लिख ले, एक न एक दिन यह आदमी हमसे दग़ा करेगा।'

मगर लश्कर फिर चल पड़ा था। पाँच बजने को थे और क्षितिज में ठहरा लाल भखता सूरज सारी विशाल धरती पर आग बरसा रहा था। उधर से गुज़रनेवाले एक बिसाती ने बताया कि सैनिक क्रेवकर के निकट हैं। सो, एक बार फिर यह लश्कर वहाँ से पलटा, और एक नया नारा बुलन्द हुआ : 'मोंसू चलो ! मैनेजर के बँगले पर चलो...रोटी ! रोटी ! हमें रोटी चाहिए !'

5

मोंस्यो हेनबो अपने अध्ययन-कक्ष की खिड़की में खड़ा बग्घी को जाते हुए देख रहा था, जिसमें बैठी उसकी पत्नी दोपहर का भोजन करने मारशियन जा रही थी। क्षण-भर उसकी दृष्टि घोड़े पर सवार नेगरेल का पीछा करती रही, जो बग्घी के दरवाज़े के साथ-साथ चल रहा था। फिर वह मुड़ा और चुपचाप अपनी मेज़ पर लौट आया। घर एकदम सूना-सूना लगता था, क्योंकि न तो पत्नी थी और न ही भाँजा, जिनकी उपस्थिति से बँगला अनुप्राणित रहता था। फिर कोचवान भी मदाम के साथ गया था; नई नौकरानी 'रोज़' उस दिन छुट्टी लेकर गई थी और पाँच बजे से पहले लौटकर आनेवाली नहीं थी। बँगले में दूसरे दो ही प्राणी थे—एक था ख़िदमतगार हिप्पोलाइट, जो पैरों में स्लीपर डाले कमरों में आ-जा रहा था, और दूसरी थी बावरचिन, जो भोर वेला से ही बर्तन-भाँडे खड़खड़ा रही थी, क्योंकि मालिक-मालकिन ने कुछ लोगों को रात्रिभोज के लिए आमन्त्रित कर रखा था और उसे सिर खुजलाने की भी फुर्सत नहीं थी। अतः मोंस्यो

हेनबो खाली घर में काफ़ी सारा काम निपटा लेने की सोच रहा था।

हालाँकि मोंस्यो हेनबो ने कह रखा था कि किसी को भीतर न आने दिया जाए, मगर करीब नौ बजे हिप्पोलाइट ने बिना अनुमति के भीतर आकर यह सूचित किया कि दांसायर कोई महत्त्वपूर्ण समाचार लेकर आया है। अब दांसायर ने ही आकर मैनेजर को बताया कि रात को जंगल में वह सभा हुई थी। उसने विस्तार से सभा का वर्णन किया। हेनबो सुनता तो जा रहा था, मगर उसका ध्यान कहीं और था। उस वक्त वह ला पियरोन के साथ दांसायर की इश्कबाज़ी के बारे में सोच रहा था, क्योंकि इस प्रसंग ने इतना तूल पकड़ा था कि हर सप्ताह उसके पास दो-तीन गुमनाम चिट्ठियाँ आने लगी थीं, जिनमें इस चीफ़ फ़ोरमैन के व्यवहार की भर्त्सना की जाती थी। स्पष्ट था कि उसका मरद ही बंकारता फिरता था—सारी ख़बर चुहलबाज़ी के अलावा और कुछ न था। मोंस्यो हेनबो उस समय बताना तो यह चाहता था कि उसे इस सारे कांड की जानकारी है, मगर उस समय उसने मात्र इतना ही कहना उचित समझा कि दांसायर को थोड़ी दानाई से काम लेना चाहिए, कहीं ऐसा न हो कि यह सब बदनामी का कारण बने। वह आया तो था मैनेजर को ख़बर देने, लेकिन जब इस तरह की झिड़की पड़ी, तो उसके होश फ़ाख्ता हो गए। लगा इनकार करने कि उसने ऐसी कोई हरकत नहीं की और हकलाते-हकलाते हीले-बहाने करता रहा—हालाँकि उसकी मोटी नाक एकाएक सुर्ख़ पड़ गई थी और यह एक तरह से सकारने जैसी बात थी। मगर ख़ुशी उसे इस बात की हुई कि इतने सस्ते में पिंड छूटा। सो, अपने बचाव में और कुछ कहना उसने उचित नहीं समझा, क्योंकि कोयला-खान में सामान्यतः जब भी कोई कर्मचारी किसी ख़ूबसूरत छोकरी पर डोरे डालता था, तो यह मैनेजर किसी अत्यन्त सदाचारी पुरुष की तरह उसे कठोर संयम का पाठ पढ़ाने लगता था।

बातचीत फिर हड़ताल पर लौट आई—अरे, जंगल की सभा में बड़बोले लोग डींगें मारते रहे होंगे, इसलिए जोखिम की कोई बात नहीं। जो हो सो, आज सुबह सेना की कवायद से जो आदर और डर का माहौल बना है, निस्सन्देह उससे गाँव के लोग, कम-से-कम कुछ दिनों के लिए ही सही, कोई खुराफ़ात नहीं करेंगे।

इसके बावजूद, जब दांसायर उठकर गया और हेनबो अकेला रह गया, तो एक बार उसका मन हुआ कि प्रिफ़ेक्ट को सूचित कर दे। फिर यह सोचकर चुप बैठ गया कि अगर ऐसा करता है, तो बेकार घबराहट का ही परिचय देगा। अब लगा पछताने कि इस मामले में उसने अक्ल से काम नहीं लिया और हरेक से कह दिया—यहाँ तक कि निदेशक मंडल को भी लिख भेजने की बेवकूफ़ी की कि हड़ताल दो सप्ताह से अधिक नहीं चल पाएगी। अचरज की बात तो यह थी कि हड़ताल लगभग दो मास से घिसटती जा रही थी, और अब तो वह एकदम हताश ही हो गया था। उसे लगने लगा था कि दिन-ब-दिन उसकी साख को बट्टा लगता जा रहा है, वह झुकने को मजबूर हो रहा है—और बैठा-बैठा, बस, यही सोचता रहा कि कोई ऐसा ज़बर्दस्त करिश्मा करे कि डायरेक्टरों का पुनः विश्वासपात्र बन जाए। थोड़ी देर पहले ही उनसे पूछा था उसने कि अगर बलवा हो जाता है, तो उसे क्या कार्रवाई करनी चाहिए, मगर अभी तक कोई जवाब नहीं आया था; उम्मीद कर रहा था कि साँझ की डाक से कोई उत्तर आएगा।

फिर स्वयं को यह कहकर लगा सांत्वना देने कि किसी वक्त भी तार भेजकर सैनिकों को तैनात करवाया जा सकता है—बशर्ते कि निदेशक इस तरह की कार्रवाई के पक्ष में हों। वह स्वयं महसूस करता था कि इस तरह का कदम उठाने का मतलब होगा जंग, जिसमें खून-ख़राबा होगा, लाशें बिछेंगी; और जैसी कि दो टूक निर्णय लेने की प्रकृति थी उसकी, वह इस प्रकार की ज़िम्मेदारी लेने का इच्छुक नहीं था।

करीब ग्यारह बजे तक बिना किसी प्रकार के ख़लल के वह अपना काम करता रहा। ऊपर किसी कमरे के फ़र्श को रगड़-रगड़कर धोने और हिप्पोलाइट के चलने-फिरने की आवाज़ के सिवा उस वीरान बँगले में और कोई आहट सुनाई नहीं पड़ती थी। तभी उसे एक के बाद एक, दो मरासले मिले। पहले में यह बताया गया था कि मोंसू के गिरोह ने ज्यां-बार कोयला-खान पर किस तरह हमला किया, और दूसरे मरासले में यह सूचना थी कि किस तरह केबलों को काटा गया, आग बुझाई गई और बाकी क्या-क्या नुकसान हुआ। हेनबो कुछ समझ नहीं पाया। ये हड़ताली लोग कम्पनी की किसी कोयला-खान में न जाकर दनलां की कोयला-खान में ही क्यों गए ? ठीक है, जहाँ तक उसका ताल्लुक था, ये लोग चाहें, तो वनदाम के परखच्चे ही उड़ा दें—इससे इस कोयला-खान को हथियाने का उसका मंसूबा पूरा होगा।

दोपहर को हिप्पोलाइट ने पैरों में स्लीपर पहने-पहने हेनबो को भोजन कराया और इतने बड़े भोजनकक्ष में उसने अकेले बैठकर खाना खाया। एकान्त में चिन्ता करते-करते वह और अधिक विषादग्रस्त होता जा रहा था। इतने में हड़बड़ाया-सा एक फ़ोरमैन आया। उसे जब हेनबो के सामने लाया गया और उसने मीरू पर लश्कर के चढ़ आने की सारी बात पूरी तफ़सील के साथ बताई, तो हेनबो को कँपकँपी होने लगी। इसके थोड़ी ही देर बाद, जब वह कॉफ़ी का आख़िरी घूँट हलक से उतार रहा था, एक तार आया कि मादलेन और क्रेवकर पर ख़तरा मँडरा रहा है। इससे उसे और घबराहट हुई और दो बजे की डाक आने की वह राह देखने लगा : क्या उनसे कह दे कि तत्काल फ़ौज को रवाना करो या क्या बेहतर यह होगा कि इन्तज़ार करे और तब तक कोई कदम न उठाए, जब तक कि यह पता नहीं चल जाता कि निदेशकों का आदेश क्या है ?

वह अपने अध्ययन-कक्ष में लौट आया यह सोचकर कि कल रात उसने नेगरेल से जो टिप्पणी तैयार करने को कहा था, उसे देख ले। मगर वह कहीं मिली नहीं। फिर सोचने लगा कि हो सकता है, यह नौजवान उस टिप्पणी को अपने कमरे में छोड़ गया हो, क्योंकि रात को वहीं लिखता-पढ़ता था। चूँकि टिप्पणी का भूत सिर पर सवार था, सो, अनिश्चय की स्थिति में वह ऊपर भाँजे के कमरे की तरफ़ भागा।

मगर कमरे में कदम रखते ही वह हक्का-बक्का रह गया : निस्सन्देह हिप्पोलाइट के भुलक्कड़पन के कारण या काहिली के कारण अभी तक कमरे को उसने सँभाला नहीं था। कमरे में भीगी-भीगी-सी तपिश थी—लम्बी रात की घुटन-भरी तपिश, जो गर्म हवा वाला रजिस्टर खुला रह जाने से और भी दुःसह्य हो रही थी, और इसके साथ ही किसी तीक्ष्ण इत्र की गन्ध उसके नासारंध्रों में पड़ी। वह पहले तो समझा कि यह बास शायद चिलमची से आ रही है जिसे अभी तक खाली नहीं किया गया था। सारा कमरा एकदम

अस्त-व्यस्त पड़ा था। यहाँ-वहाँ कपड़े बिखरे पड़े थे। गीले तौलिए कुर्सियों की पीठ पर लटक रहे थे। बिस्तर भी नहीं बनाया गया था। एक चादर खिंचकर ग़लीचे पर लटक आई थी। पहले तो उसने इन सब बातों को लक्ष्य नहीं किया; सीधा मेज़ की तरफ़ गया, जिस पर ढेर सारे काग़ज़ पड़े थे। उनमें उसने वह टिप्पणी ढूँढ़ निकालनी चाही। दो बार सारे काग़ज़ात उलट-पलटकर देखे, मगर वह टिप्पणी नहीं मिली। कमबख़्त, छिछोरा पाल रख कहाँ गया ?

मोंस्यो हेनबो पलटकर आया, तो कमरे की एक-एक चीज़ पर नज़र डालता आ रहा था। सहसा अस्त-व्यस्त शैया पर उसे स्फुलिंग की तरह चमकती कोई चीज़ दिखाई पड़ी। वह यंत्रवत चलकर गया और हाथ बढ़ाकर उसे उठा लिया। यह छोटी-सी सोने की फ्लैकां थी, जो चादर की सलवटों में पड़ी थी। पहचानते देर नहीं लगी—अरे, यह तो मदाम हेनबो की है, जिसे वह सदैव अपने पास रखा करती है ! उसकी समझ में बात नहीं आई कि यह फ्लैकां यहाँ कैसे आई : पाल के बिस्तर में यह कैसे पड़ी है ? एकदम उसके चेहरे पर मुर्दनी छा गई। उसकी पत्नी इस बिस्तर में सोई थी !

'छिमा करना, हजूर,' हिप्पोलाइट चौखट में खड़ा कह रहा था। 'हजूर को ऊपर आते देखा...'

नौकर भीतर आ गया और अस्त-व्यस्त कमरा देखकर थोड़ा घबराया।

'हजूर, अभी साफ़ किए देता हूँ ! रोज़ बाहर गई है, सारे काम मेरे सिर डाल गई है !'

फ्लैकां मोंस्यो हेनबो की मुट्ठी में थी, जिसे उसने इतनी ज़ोर से भींच रखा था कि टूटने-टूटने को हो रही थी।

'क्या है ?'

'हजूर ! एक और आदमी आया है...क्रेवकर से, चिट्ठी लेकर आया है।'

'ठीक है, तू जा। उससे इन्तज़ार करने को बोल।'

दरवाज़ा बन्द करके उसने मुट्ठी खोली और फ्लैकां को घूरता रहा, जिसने हथेली में खुभकर लाल निशान डाल दिया था। एकाएक उसके मस्तिष्क में यह बात कौंधी। वह सब समझ गया—यह घिनौनी प्रेमलीला उसके अपने ही घर के भीतर महीनों से चल रही है ! उसे तो पहले से ही शक था—दरवाज़ों के साथ रगड़, रात के सन्नाटे में नंगे पैरों की आहट !

'मेरी औरत ही यहाँ सोने आया करती होगी !'

वह पलँग के सामने रखी कुर्सी में धँस गया और टकटकी लगाए देखने लगा और स्तब्ध-सा देर तक वहीं बैठा रहा। किसी आवाज़ से वह चौंका—दरवाज़े पर कोई दस्तक देते हुए उसे खोलने की चेष्टा कर रहा था। तभी नौकर का स्वर सुनाई पड़ा।

'हजूर...अरे, दरवज्जा तो बंद है !'

'अब क्या है ?'

'बड़ा जरूरी काम है, हजूर ! मज़दूर सब तहस-नहस किए दे रहे हैं। हजूर, दो आदमी और नीचे खड़े हैं, कुछ मरासले लाए हैं, सरकार !'

'परेशान मत कर, कमबखत ! कह दिया न, अभी आता हूँ।'

तभी एक और बात उसके ज़हन में कौंधी। इस कल्पना मात्र से जैसे साँप ही सूँघ गया उसे—अगर सुबह हिप्पोलाइट कमरा साफ़ करने आया होता, तो फ्लैकां उसी के हाथ लगती ! लेकिन इसके साथ ही उसके मस्तिष्क में यह बात भी कौंधी कि नौकर तो यह सब जानता ही होगा—बीसियों बार यह चाम-चोरी, जार कर्म से गरमाई शैया को देखा होगा इसने, तकिए पर बिखरे मदाम के केश भी देखे होंगे, घिनौने दाग़-धब्बों वाली गन्दी चादरें भी देखी होंगी। शायद इस ग़लाज़त का गवाह होने के कारण ही यह इस वक्त मुझे दिक कर रहा है। हो सकता है, दरवाज़े पर आकर भीतर अपने मालिकान की बदकारी की आवाज़ें सुनता भी रहा होगा और इसे शहवत भी होती होगी।

मोंस्यो हेनबो एकदम जड़ हो गया। शैया को एकटक निहारे जा रहा था और लम्बे बरसों की वेदना उसकी आँखों के आगे तैरने लगी—पहले इस औरत से शादी, फिर शादी होते ही दिल और देह की अनबन, उसकी पीठ पीछे अपने यारों से इसका मिलना-जुलना और इसके एक यार का पूरे दस बरस तक उसकी छाती पर मूँग दलना और उसका उसी तरह उसे बरदाश्त करना जिस तरह कोई किसी रोगी के चाट-चटोरपन को झेलता है मोंसू में उनका आगमन, औरत का खोट निकालने की उसकी उद्दाम लालसा, महीनों की दुखदायी स्थिति, अकर्मण्य निर्वासन, और देहली पर खड़ा बुढ़ापा, जिसे देखकर यह आशा बलवती हुई थी कि अन्ततः यह औरत उसकी हो जाएगी। और फिर भाँजा का आगमन—यह पाल जिसकी वह माँ बनी, जिसके आगे वह राख में सदा के लिए दफ़न अपने भग्न हृदय के भेद खोलकर रखती रही। और यह बेवकूफ़ पति ऐसा है कि उसे भनक तक नहीं पड़ी ! वह इस औरत की इबादत करता था, जो उसकी थी जिसे दूसरे मर्द भोगते रहे हैं और एक वही है जो उसका सामीप्य तक प्राप्त नहीं कर सका। निर्लज्ज आवेग के वशीभूत उससे, बस, इतनी-सी अपेक्षा करता था कि वह दूसरों का चाहे उच्छिष्ट ही उसे प्रदान करने का अनुग्रह करे, तो वह नतमस्तक होकर उसे स्वीकार करेगा ! लेकिन यह जूठन भी वह इस बालक को ही प्रदान कर रही थी।

तभी दूर कहीं से मोंस्यो हेनबो के कानों में घंटी की आवाज़ पड़ी। वह चिहुँक उठा। इस घंटी को वह भली-भाँति पहचानता था। उसका आदेश था कि जब भी कोई डाकिया आए, यह घंटी बजाई जाए।

वह उठकर खड़ा हो गया और एकदम आपे से बाहर होकर चीख-चीखकर भद्दी-भद्दी गालियाँ बकते हुए अपनी भड़ास निकालने लगा।

'भाड़ में जाएँ। उनके मरासलों-ख़रीतों को जूते की नोक पर रखता हूँ।'

वह इतना तिलमिला गया था कि उस वक्त उसे कुछ सूझ नहीं रहा था। उसे चाहिए थी कोई ऐसी गन्दी नाली, जिसमें वह इस सारी ग़लाज़त को ठेल देता।

'यह औरत कुलटा है,' उसे ऐसे अश्लील शब्द सूझ ही नहीं रहे थे, जिन्हें बोलकर वह इस औरत की शबीह पर स्याही पोते। किस तरह यह औरत आहिस्ता-आहिस्ता सेसील और पाल को प्रणयसूत्र में बाँधने के मनसूबे बाँधती रही है, इसका ध्यान आते ही उसके भीतर शोले भड़क उठे। आग की तरह भड़कती इतनी हवस है इसके तन में कि लेशमात्र भी प्रीति नहीं बची, कोई ईर्ष्या तक नहीं ? क्या पुरुष संसर्ग प्राप्त करना

ही अब इसकी प्रकृति बन चुकी है—एक व्यसन ?—ऐसा आमोद-प्रमोद, जिसका आनन्द कोई उसी प्रकार लेता है, जिस प्रकार रोज़मर्रा के मिष्ठान्न का रस लेते हैं ? वह समझता था कि इस सबके लिए उसकी पत्नी ही दोषी है, और इस बालक की कोई ज़िम्मेदारी नहीं है। उसमें इस औरत ने उसी तरह दाँत गड़ाए थे, जिस तरह कोई राह चलता आदमी कहीं से फल चुराकर उसमें दाँत गड़ाता है। तब यह औरत किसको फाड़कर खाएगी, कहाँ तक नीचे गिरेगी, जब इस तरह के कोई कृपालु भाँजे नहीं होंगे, जो इतने बुद्धिमान होंगे कि इस परिवार में आकर यहाँ का खाना-पीना, रहना-सहना स्वीकारेंगे ही नहीं, और न ही शादी-ब्याह के लिए राज़ी होंगे ?

दरवाज़े पर कोई डरते-डरते खुरच-सा रहा था और हिप्पोलाइट चाबी वाले सूराख़ में से बोलता जा रहा था, 'हजूर ! डाक आ गई है...मोंस्यो दांसायर भी लौट आए हैं—बोलते हैं, खून-ख़राबा हो रहा है !'

'अरे, आता हूँ, बोल दिया न !'

अब इनके साथ कैसा व्यवहार करे ? मारशियन से लौट आएँ, तो देखता हूँ। दोनों को उसी तरह निकाल बाहर फेंकूँगा, जिस तरह दुर्गन्ध छोड़नेवाले जानवरों को वह घर में रखना गवारा नहीं करता। उनकी पत उतारकर रख देगा और कहेगा—जाओ, कहीं दूसरी जगह जाकर यह ज़हरीली सोहबत करो...

कमरे का स्निग्ध माहौल उनकी उसाँसों से, एक-दूसरे के घुले-मिले श्वासों-उच्छ्‌वासों से एकदम असह्य हो उठा था। जिस तीक्ष्ण महक से उसका दम घुट रहा था, वह थी उसकी पत्नी की देह से निकली कस्तूरी गन्ध, जो कि उसकी भ्रष्ट रुचि की, तीते इत्रों के प्रति उसकी वासना की द्योतक थी। चारों तरफ़—यहाँ-वहाँ रखी इत्र की शीशियों-बोतलों में, भरी हुई चिलमची में, बिस्तर के अस्त-व्यस्त कपड़ों में फ़रनीचर में, यों कहो कि दुराचार भरे सगरे कमरे में, उनके व्यभिचार की तपिश और गन्ध—उनके जारकर्म की जीती-जागती तस्वीर दिखाई पड़ती थी। पुरुषत्वहीन उन्माद के आवेश में वह उसी शैया पर पड़ गया और लगा मुक्कों-घूँसों से बिस्तर को पीटने—उन स्थलों को मुक्कियाने जहाँ अब भी दोनों की देहों के छापे लगे थे। जिन कम्बलों को उछालकर गिरा दिया गया था, उन्हें और मुचड़ी हुई चादरों को देख-देखकर वह बौरा गया था, जो उसके प्रहारों के नीचे श्लथ, निर्जीव-से पड़े थे, मानो लम्बी रात के यौनाचार से वे भी क्लान्त-श्रान्त हो गए हों।

मगर एकाएक आहट सुन उसे लगा कि हिप्पोलाइट फिर लौटकर आ रहा है। एकदम लज्जित होते हुए वह उठ खड़ा हुआ। फिर एक क्षण ठिठका और हाँफते-हाँफते माथे का पसीना पोंछते हुए उसने अपने बेतहाशा धड़कते दिल को थामने का प्रयास किया। फिर चलकर दर्पण के आगे जा खड़ा हुआ। चेहरा देखा, तो इतना भ्रष्ट लगा कि अपने-आपको पहचान ही नहीं पाया। थोड़ी देर तक दर्पण में अपनी सूरत देखने के बाद उसने मन को शान्त किया और हिम्मत करके किसी तरह नीचे उतरा।

दांसायर और पाँच सन्देशवाहक प्रतीक्षा कर रहे थे। सभी ने बताया कि किस तरह हड़ताली एक कोयला-खान से दूसरी खान तक दौड़ लगाते फिरते हैं और स्थिति गम्भीर होती जा रही है। चीफ़ फ़ौरमेन ने सारी तफ़सील देते हुए बताया कि मीरू में क्या-क्या

घटा और किस तरह बूढ़े कांदिय की हिम्मत से कोयला-खान बच गई।

वह सुनता-भर रहा और सिर हिलाता रहा, मगर उसका ध्यान कहीं और था। उसकी सारी हस्ती ऊपर सोने के कमरे में छूट गई थी। अन्ततः सबको बरख़ास्त करते हुए उसने आवश्यक कार्रवाई करने का आश्वासन दिया। इस तरह, जब वह एक बार फिर अकेला रह गया, तो अपनी मेज़ पर जा बैठा, सिर को हाथों से थाम आँखें मूँद लीं। लगता था ऊँघ रहा हो। डाक वहीं रखी थी। किसी तरह उसने डायरेक्टरों से आई चिट्ठी निकाली और पढ़ने का मन बनाया। मगर उसकी एक-एक पंक्ति आँखों के आगे नाचने लगती थी। किसी तरह वह यह बात समझ पाया कि उन्हें उपद्रव की आशंका है। हाँ, लेकिन उन्होंने यह कहा तो नहीं था कि हालात को और बिगड़ने दिया जाए, मगर यह बात एकदम साफ़ कर दी थी कि इस तरह के हंगामों के कारण जो दमनकारी कदम उठाए जाएँगे, उनसे हड़ताल जल्दी ख़त्म हो जाएगी। सो, अब कैसी हिचकिचाहट ! तत्काल उसने सब तरफ़ आदेश भिजवा दिए—लील के प्रिफ़ेक्ट को, दूए में सैनिक मुख्यालय को, मारशियन में पुलिस अधीक्षक को। यह सब करके उसने राहत की साँस ली। अब वह अपने कमरे में बन्द होकर चैन से बैठ सकता है। उसने यह भी कहलवा दिया कि गठिया के कारण उसे तकलीफ़ हो रही है।

अपराह्न तक वह अपने अध्ययन-कक्ष में बैठा रहा। किसी से भी भेंट-मुलाकात नहीं की। बस उन पत्रों और मरासलों को पढ़ता रहा जो एक के बाद एक आते जा रहे थे। इस तरह, एक तरफ़ बैठकर वह लश्कर मादलेन से क्रेवकर, क्रेवकर से ला विक्तुआर और ला विक्तुआर से गास्तां-मारी आने-जाने की ख़बर रखता रहा। दूसरे स्रोतों से भी उसे पुलिस और फ़ौज के बारे में जानकारी मिलती रही—किस तरह इनमें अफ़रा-तफ़री मची, कहाँ-कहाँ इन्होंने ख़ता खाई, किस तरह वे उन कोयला-खानों से ही कूच करने लगते थे जिन पर हमला होनेवाला होता। अब उसे चिन्ता करने की क्या ज़रूरत है ? मेरी बला से—चाहे एक-दूसरे को हलाल कर डालें, सब तहस-नहस कर डालें।

एक बार फिर सिर नीचा करके उसने माथे को हाथों में थामा, आँखों पर उँगलियाँ रखीं, और घर के गहरे सन्नाटे में ग़र्क हो गया। बीच-बीच में बावरचन के बर्तन-भाँडे खड़खड़ाने से यह सन्नाटा भंग होता रहता, जो सिर फेंक रात्रिभोज की तैयारी में जुटी थी।

पाँच बज चुके थे और झुटपुटे में कमरा अँधेरा हो चला था। तभी शोर-शराबा सुन मोंस्यो हेनबो एकबारगी चौंका। कुछ समझ नहीं पाया। निश्चल-सा बैठा देखता रहा। अभी तक उसकी कोहनियाँ काग़ज़-पत्रों पर टिकी थीं। पहले तो समझा कि कमबखत दोनों लौट आए हैं, मगर हुल्लड़ बढ़ता ही जा रहा था। उठकर खिड़की की तरफ़ गया, तो ये भयंकर स्वर सुनाई पड़े : 'रोटी ! रोटी ! हमें रोटी चाहिए !'

ये हड़ताली थे, जो मोंसू पर चढ़ आए थे। और सिपाही थे कि यह समझकर कि हमला ला वोरऊ में होनेवाला है, उसे घेरे में लेने के लिए विपरीत दिशा में दौड़े गए थे।

लगभग उसी समय, कस्बे के बाहर के घर-मकानों से करीब एक मील के फ़ासले

पर, जहाँ मुख्य सड़क वनदाम जानेवाली सड़क से जाकर मिलती थी, मदाम हेनबो ने तथा उन तरुणियों ने थोड़ी ही देर पहले इस लश्कर को गुज़रते हुए देखा था। मारशियन में उनका दिन आनन्द से बीता था—दोपहर को ले फ़ार्ज़ के मैनेजर के बँगले पर मनोहारी भोजन किया था, फिर वर्कशाप देखने गई थीं, जिनमें सबने दिलचस्पी दिखाई थी और अपराह्न वेला में निकटस्थ काँच का कारखाना भी देखा था। जाड़े का साफ़-सुहावना दिन था। झुटपुटा होते ही घर की तरफ़ लौट रहे थे कि रास्ते में सेसील को सड़क के किनारे छोटी-सी किसानबाड़ी दिखाई पड़ी थी और बरबस ही एक प्याला दूध पीने को उसका मन मचला था। बग्घी से सब उतर पड़े थे। नेगरेल भी शिष्टाचारवश घोड़े से कूदकर उतर आया था। किसान की पत्नी ने जब इतने सम्भ्रांत और ठाट-बाट वाले लोगों को आते देखा, तो पहले तो घबराई, फिर उनका आतिथ्य करने के वास्ते खाने की मेज पर साफ़-स्वच्छ मेज़पोश बिछाने दौड़ी गई थी। मगर लूसी और ज़न तो यह देखने को व्यग्र थीं कि गाय का दूध कैसे निकालते हैं। सो, हाथों में प्याले लिये-लिये सब गोठ में चले गए थे और वहाँ, बस, पिकनिक का-सा मज़ा आ गया था। पाँव पुआल में धँसते थे, तो हँसने-खिलखिलाने लगते थे।

मदाम हेनबो मातृसुलभ स्नेह से दूध के घूँट भर ही रही थी कि एकाएक बाहर कहीं अजीब-सी गड़गड़ाहट सुन चौंक पड़ी थी।

'यह कैसी आवाज़ है ?'

पशुशाला सड़क के किनारे ही थी, जो भुसौरे का भी काम देती थी। इसलिए उसका फाटक चौड़ा रखा गया था, ताकि गाड़ी-छकड़े उसमें से आ-जा सकें। लड़कियों ने झाँककर बाहर देखा था, तो एकदम सिहर उठी थीं, क्योंकि बाईं ओर काली बाढ़-सा चिंघाड़ता हुआ कोई लश्कर वनदाम जानेवाली सड़क पर चला आ रहा था।

'ख़बीस कहीं के !' नेगरेल भी बाहर निकल आया था और बड़बड़ा रहा था। 'तो अब ये बकवादी किस्म के लोग हमारी जान को आएँगे ?'

'कोयला-खानों में काम करनेवाले कोई मज़दूर होंगे,' किसान की पत्नी बोली थी। 'दूसरी बार यहाँ से गुज़र रहे हैं। लगता है, हालात अच्छे नहीं हैं—सुनते हैं, इन लोगों ने सारे देहाती इलाके को रौंद डाला है।'

यह बात उसने डरते-डरते कही थी और अपने निकट खड़े लोगों के चेहरों पर प्रतिक्रिया को अगोरने लगी थी। जब देखा कि ये लोग तो एकदम सहम गए हैं, हो-हल्ला सुनकर व्याकुल हो उठे हैं, सो, तत्काल बोली थी : 'अजी, छोड़िए, ये लोग तो बेफ़ायदा, बिरथा इंसान हैं !'

नेगरेल समझता था कि बग्घी लेकर मोंसू लौट जाने की यह वेला नहीं। इसलिए उसने कोचवान को हुक्म दिया कि जल्दी से बग्घी बाड़ी के भीतर ले आए। जब वह बग्घी लेकर आया, तो उसे एक छप्पर की ओट में छिपा दिया गया। नेगरेल के घोड़े की लगामें एक छोकरे ने पकड़ रखी थीं। उसे स्वयं ले जाकर उसने छप्पर में बाँधा। जब लौटकर आया, तो क्या देखता है कि मामी भी और लड़कियाँ भी डरी-डरी-सी देखे जा रही हैं और किसान की पत्नी के साथ कहीं जाने को उद्यत हैं, जो उन्हें अपने घर के भीतर शरण देने को राज़ी हो गई थी। लेकिन वह समझता था कि वे इस जगह पर

सुरक्षित हैं, क्योंकि भूसे में कोई क्यों देखने आएगा। मगर भुसौरे का फाटक ठीक से बन्द ही नहीं होता था और उसमें इतने शिग़ाफ़ थे कि दीमक खाए तख़्तों-फट्टों में से सारी सड़क साफ़ दिखाई पड़ती थी।

'अजी, हौंसला रखिए। हम इतने सस्ते नहीं; इन्हें मारकर मरेंगे।'

इस दिल्लगी से वे और डर गई थीं। कोलाहल बढ़ता ही जा रहा था, लेकिन दिखाई कुछ नहीं देता था, और सुनसान सड़क पर हवा इस तरह सनसना रही थी, जिस तरह कि भयंकर तूफ़ान आने से पहले एकाएक झोंके चलने लगते हैं।

'न, न, मैं तो कभी न देखूँ,' सेसील कोने में सिमटते हुए बोली थी।

मदाम हेनबो का चेहरा एकदम फीका पड़ गया था और बिगड़ रही थी कि इन लोगों ने सैर-सपाटे का सारा मज़ा किरकिरा कर दिया। थोड़ा पीछे खड़ी थी और जुगुप्सा से देखे जा रही थी; मगर लूसी और ज़न हालाँकि सिहर-सिहर उठती थीं, फिर भी यह सारा तमाशा देखने को व्यग्र थीं और शिग़ाफ़ों के साथ आँखें लगाए खड़ी थीं।

भयंकर कोलाहल निकट आता जा रहा था। धरती हिल रही थी। तभी आगे-आगे चलता यांलैं भोंपू बजाते हुए निकल गया।

'आप लोग अपनी इत्र की शीशियाँ क्यों नहीं निकाल लेतीं ! देखो, पसीने से लथपथ लोग इधर से गुज़रने ही वाले हैं,' नेगरेल बोला था। हालाँकि उसकी मान्यता थी कि सब आदमी समान हैं, फिर भी, इन महिलाओं के सान्निध्य में तेली-तमोलियों की खिल्ली उड़ाने से बाज़ नहीं आता था।

मगर उसकी ठिठोली चीख-चिल्लाहट, उछल-कूद के बवंडर में खो गई थी। बाहर औरतों का ताँता लग गया था—हज़ार के आस-पास तो होंगी ही। सारे इलाके में मारी-मारी फिरने से बाल बिखरे थे, चिथड़ों में से उनकी अनावृत्त त्वचा और नारीसुलभ नग्नता दिखाई पड़ती थी, जो कंगाल बच्चों को जन-जनकर शिथिल हो चुकी थीं। कुछ स्त्रियों ने शिशुओं को गोद में ले रखा था। बीच-बीच में उन्हें सिर के ऊपर उठाकर ऐसे लहराती थीं, जैसे पश्चाताप और प्रतिहिंसा के झंडे लहरा रही हों। जवान लड़कियाँ उसी तरह लाठियाँ-डंडे भाँजती चल रही थीं, जिस तरह बलिष्ठ, लम्बी-ऊँची, पुष्ट उरोज वीरांगनाएँ प्रयाण करती हुई चलती हैं। फिर बूढ़ी स्त्रियाँ थीं, जिनकी हालत देखकर बरबस दया आती थी। वे इस तरह चीख-चीखकर बोल रही थीं कि प्रतीत होता था, उनके सूखे कंठों की नसें फट जाएँगी। उनके पीछे-पीछे आदमी चलकर आ रहे थे। करीब दो हज़ार बौराए-से लोग थे। कोयला-खानों में काम करनेवाले छोकरों का, कोयला काटनेवाले मज़दूरों का, मरम्मत का काम करनेवाले मज़दूरों का हजूम-सा था। सब इस तरह भिंचकर चल रहे थे कि उनकी बदरंग पतलूनें और जीर्ण-शीर्ण स्वेटरें एकमेक होकर मटमैला मुजस्मा-सा लगती थीं। सबकी आँखों में ज्वाला धधक रही थी। बस, काले मुँह खोले 'मरसइएज़' गाते चले जा रहे थे, जिसकी पंक्तियाँ उस हंगामे और धरती पर साबो की टपटपाहट में डूब-डूब जाती थीं। उनके सिरों के ऊपर लोहे की छड़ों के बीच ऊर्ध्वस्त एक कुल्हाड़ा दिखाई पड़ता था, जो मानो लश्कर का ध्वज था और निर्मल गगन में गिलोटाइन के ब्लेड की तरह उठा हुआ लगता था।

'चेहरे कितने डरावने हैं इन लोगों के !' मदाम हेनबो हकलाते हुए बोली थी।

नेगरेल ने दाँत पीसते हुए कहा था, 'शैतान की मार मुझ पर, जो इनमें से एक भी आदमी मेरी जान-पहचान का हो। सारे गुंडे-बदमाश ये कहाँ से आ गए ?'

और यह बात सच भी थी—आक्रोश, बुभुक्षा, दो महीने की वेदना और एक कोयला-खान से दूसरी कोयला-खान तक ख़ाक छानते फिरने से मोंसू के इन खान मज़दूरों के सलीम-हलीम चेहरे ऐसे लगने लगे थे, जैसे लम्बे जबड़े वाले जानवर हैं, जो जंगल में हुआँ-हुआँ करते फिरते हैं। सूर्य डूबने को था और उसकी अन्तिम नारंगी किरणों से धरती सुर्ख हो चली थी। सारी सड़क रक्त से सन गई लगती थी और औरतें-मर्द कस्साबखाने में रक्तरंजित कसाइयों की तरह चलते जा रहे थे।

'वाह !' लूसी और ज़न ऐसे बोल उठी थीं, जैसे उनकी कलात्मक संवेदनशीलता इस भव्य विभीषिका को देखकर अनुप्राणित हो उठी हो।

फिर भी, भयभीत थीं और पीछे मदाम हेनबो के निकट चली गई थीं, जो नाँद के साथ झुककर खड़ी थी। यह सोच-सोचकर ही वह त्रस्त हो उठी थी कि फाटक के शिग़ाफ़ों में से झलक पाते ही ये लोग चढ़ आएँगे और उन्हें मार डालेंगे। और नेगरेल भी, हालाँकि आदमी बड़ा दिलेर था, दहशत के मारे पीला पड़ गया था—और यह ऐसी दहशत थी जो अकारण आदमी पर तारी हो जाती है। सेसील पुआल के एक कोने में दुबकी बैठी थी, हिल-डुल तक नहीं रही थी। बाकी स्त्रियाँ न चाहते हुए भी बाहर झाँकने का लोभ संवरण नहीं कर पा रही थीं।

यह तो भावी क्रान्ति की झलक मात्र थी, जो इन सबको म्रियमाण शताब्दी की किसी रक्तपातपूर्ण सांध्य-वेला में एकदम बुहारकर फेंक देगी। जनता अवश्य ही किसी-न-किसी दिन अपना जुआ उतार फेंकेगी और इसी तरह उन्मुक्त होकर सड़कों पर दौड़ती नज़र आएगी। क्रान्ति होगी, तो बूर्जुआओं का ख़ून बहेगा; उनकी कटी मुंडियों को बरछों पर टाँगकर गली-कूचों में घुमाया जाएगा। यह क्रान्ति थैलीशाहों की आँतें निकालकर उनकी सारी दौलत बिखेर देगी। औरतें चीखेंगी-चिल्लाएँगी; मर्द भेड़ियों जैसे जबड़ों से काटने को दौड़ेंगे। हाँ, यही चिथड़े होंगे, साबो की ऐसी ही खटपटाहट होगी, यही दहला देनेवाला लश्कर होगा, ऐसी ही उनकी गन्दी देह होगी, ऐसी ही बदबूदार साँसें होंगी और इसी तरह ये लोग वहशियाना, बर्बर हल्ला बोलकर पुरानी दुनिया को बुहारकर रख देंगे। चारों तरफ़ आग की लपटें उठेंगी—यहाँ तक कि शहरों में एक भी ईंट-रोड़ा खड़ा नहीं रहने दिया जाएगा। और इस भयंकर उथल-पुथल के दौरान ग़रीब-ग़ुर्बा रात-भर औरतों को ग़ारत करेंगे, धन्नासेठों के भंडारों को एकदम साफ़ कर देंगे और दुनिया एक बार फिर बर्बर, जंगली जीवन में लौट जाएगी। कुछ बाकी नहीं बचेगा, थैलीशाहों के पास एक सू तक नहीं रहेगा, न मिल्कियत का दस्तावेज़, और यह स्थिति तब तक बनी रहेगी, जब तक नई दुनिया अस्तित्व में नहीं आ जाती। यही सब कुछ था जो एक प्राकृतिक शक्ति की तरह सड़क पर चला जा रहा था, और उसका भीषण ज्वार उनके चेहरों पर भयंकर वेग से ठाठें मार रहा था। अब 'मरसइएज़' के शब्दों से भी ऊँचा यह शोर उभरने लगा था।

'रोटी ! रोटी ! हमें रोटी चाहिए !'

लूसी और ज़न मदाम हेनबो के साथ चिपकती जा रही थीं। मगर मदाम की अपनी

हालत ऐसी हो रही थी कि अब मूर्छित हुई कि अब हुई। नेगरेल उनके सामने तनकर खड़ा था, मानो अपने जिस्म की ओट देकर उनकी रक्षा करने को तत्पर हो। यदि यह साँझ, सचमुच, किसी बात की द्योतक थी, तो क्या पुरातन खंड-खंड होकर नहीं रहेगा ?

और इसके बाद का दृश्य देखकर तो ये लोग सन्न ही रह गए थे। लश्कर निकल गया था, और अब इक्का-दुक्का लोग ही निकलते दिखाई पड़ते थे। तभी इन्हें मूकेत दिखाई पड़ी थी। वह लश्कर के अन्तिम हिस्से में धीरे-धीरे चलती आ रही थी और बूर्जुआ लोगों को फ़िराक में चारों तरफ़ नज़र दौड़ा रही थी कि कहीं कोई अपने बगीचे के फाटक पर या घर की खिड़की में खड़ा दिखाई पड़ जाए। और जब ऐसा कोई आदमी दिखाई पड़ता था, तो—चूँकि वह उसके मुँह पर थूक नहीं सकती थी—अपनी वह चीज़ दिखाकर उसको तिरस्कृत करती थी। वहाँ अवश्य ही उसे कोई बूर्जुआ दिखाई पड़ गया था, क्योंकि एकाएक उसने अपनी स्कर्ट ऊपर उठाई थी, चूतड़ नंगे किए थे और अस्त होते सूरज की रोशनी में अपना भारी-भरकम पिछवाड़ा उसे दिखाया था। इस तरह अपने पिछवाड़े का दर्शन कराना न तो कोई अश्लील कृत्य था, न ही हास्यास्पद; यह तो बर्बर वहशीपन था।

देखते ही देखते सब अन्तर्ध्यान हो गया था; मानव-बाढ़ भड़कीले रंगों से पुते निम्नस्थ घरों-मकानों के बीच से गुज़रनेवाली सड़क पर जाकर मोंसू की तरफ़ मुड़ गई थी। बग्घी को वे छप्पर के नीचे से निकालकर ले आए थे, लेकिन कोचवान कहता था कि जब तक वह सड़क हड़तालियों के चंगुल में रहेगी, तब तक वह मदाम को और जवान लड़कियों को निकालकर ले जाने की जोखिम नहीं उठाएगा। इससे भी चिन्ताजनक बात यह थी कि लौटने का कोई और रास्ता नहीं था।

'मगर हमें तो घर पहुँचना है, भोजन तैयार रखा होगा,' भयभीत मदाम हेनबो आक्रोशपूर्वक बोल रही थी। 'इन ग़लीज़ लोगों को यही दिन मिला था यह खुराफ़ात करने का, जब मेरे अतिथि आए हैं ? यही नतीजा होता है कुली-कबाड़ियों को मुँह लगाने का !'

लूसी और ज़न सेसील को पुआल से बाहर निकाल लाने की कोशिश में लगी थीं, मगर वह मान ही नहीं रही थी, क्योंकि समझती थी कि बाहर वहशियों का जुलूस अभी जा रहा है। हठ कर रही थी कि उन लोगों की शक्ल तक नहीं देखेगी।

अन्ततः सब बग्घी में जाकर बैठ गए थे। नेगरेल भी अपने घोड़े पर सवार हो गया था और बोला था कि रकैयार के पीछेवाली गलियों से होकर जाएँगे।

'धीरे चलो' उसने कोचवान को निर्देश देते हुए कहा था। 'सड़क बड़ी खराब है। अगर उनके चलते मुख्य सड़क पर न जा सको, तो पुरानी कोयला-खान के पीछे रुक लेना। वहाँ से हम लोग पाँव-पाँव चलकर बगीचे के फाटक से भीतर चले जाएँगे। घोड़ों को और बग्घी को कहीं भी—किसी सराय के अहाते में खड़ा कर लेना।'

वहाँ से वे चल पड़े थे। लश्कर दूर कहीं मोंसू से निकलकर जा रहा था, जहाँ कस्बे के निवासी पुलिस के सिपाहियों और सैनिकों को दुबारा वहाँ से गुज़रते देख एकदम आतंकित हो उठे थे और छिपते फिरते थे। फिर ऐसी अफ़वाहें भी फैल रही थीं कि हाथ से लिखे पर्चे बाँटे जा रहे हैं, जिनमें यह धमकी दी गई है कि बूर्जुआ लोगों की

आँतें निकालकर डाल दी जाएँगी। किसी ने ऐसे पर्चों को पढ़ा तो नहीं था, इसके बावजूद, लोग पर्चों में लिखे शब्द बोलते फिरते थे। विशेषकर हुंडियाँ-दस्तावेज़ लिखनेवाला नोटरी तो थर-थर काँप रहा था, क्योंकि थोड़ी देर पहले ही उसके किवाड़ के नीचे से कोई गुमनाम चिट्ठी सरका गया था, जिसमें यह चेतावनी दी गई थी कि उसके तहखाने में बारूद का पीपा रख दिया गया है और यदि वह जनता की तरफ़दारी नहीं करेगा, तो किसी भी वक्त धमाका हो सकता है।

अब हुआ यह कि इस चिट्ठी को लेकर ही ग्रेग्वार दम्पती ने वहाँ से चलना स्थगित कर दिया और अब इसी बात पर विचार-विमर्श कर रहे थे, और इस नतीजे पर पहुँचने ही वाले थे कि ज़रूर ही यह किसी शरारती शख़्स की करतूत है कि तभी उस मुहल्ले पर भीड़ चढ़ आई और सारे घर में कोहराम मच गया। लेकिन ग्रेग्वार दम्पती, बस, मुस्करा-भर दिया। पर्दे का एक कोना उठाकर इन्होंने बाहर झाँक कर देखा और यह मानने को तैयार नहीं हुए कि किसी किस्म का कोई ख़तरा है। कहने लगे कि देख लेना, सारा मामला शान्तिपूर्वक निपट जाएगा। अभी तो पाँच बजे हैं और सड़क के उस पार हेनबो के बँगले पर रात्रिभोज के लिए जाने में काफ़ी समय है। तब तक सड़क साफ़ हो जाएगी। यह भी सोचते थे कि अब तक सेसील भी लौट आई होगी और प्रतीक्षा में बैठी होगी। मगर मोंसू में किसी भी व्यक्ति को इस बात का भरोसा नहीं था : लोग-बाग घबराकर छिपते फिरते थे, दरवाज़े-खिड़कियाँ धड़ाक-धड़ाक बन्द हो रही थीं। सड़क के पार मेग्रे अपनी दुकान की नाकाबन्दी करने के लिए ढेर सारी लोहे की छड़ें ठोंकने में लगा था। चेहरा उसका इतना पीला पड़ गया था और वह इस तरह थर-थर काँप रहा था कि उसकी कमज़ोर पत्नी को ढिबरियाँ कसनी पड़ रही थीं।

लश्कर आ गया था और मैनेजर के बँगले के आगे आकर खड़ा था, और सब तरफ़ से यही स्वर सुनाई पड़ रहा था : 'रोटी ! रोटी ! हमें रोटी चाहिए !'

मोंस्यो हेनबो खिड़की के साथ खड़ा देख रहा था और हिप्पोलाइट शटर बन्द करने आया था। कहीं ऐसा न हो, पत्थर-ढेलों की बौछार से काँच टूट जाएँ। नीचे सब खिड़कियाँ-दरवाज़े बन्द करके वह ऊपर चला आया था; छपकों के चरचराने और एक के बाद एक शटर खड़खड़ाने की आवाज़ें आ रही थीं। दुर्भाग्यवश, रसोईघर तहखाने में था और उसकी खिड़की को मज़बूती से बन्द नहीं किया जा सकता था। इससे ख़तरनाक बात और क्या हो सकती थी, क्योंकि खिड़की में से बर्तनों के नीचे जलती आग और सीखचें दिखाई पड़ते थे।

मोंस्यो हेनबो सारी स्थिति का और अच्छी तरह जायज़ा लेना चाहता था। सो, यंत्रवत तीसरे माले पर पाल के कमरे में चला गया। वहाँ से सब कुछ भली-भाँति दिखाई पड़ता था, क्योंकि कमरा बँगले के बाईं ओर था, जहाँ से सड़क कम्पनी के अहातों तक दिखाई पड़ती थी। शटरों के पीछे खड़ा वह भीड़ का मुआयना कर रहा था, लेकिन कमरे का दृश्य देख-देखकर फिर विकल हो उठा था—चिलमची को धों-पोंछकर एकदम साफ़ कर दिया गया था, ठंडे बिस्तर पर चादरें वग़ैरह करीने से बिछा दी गई थीं। अपराह्न वेला का उसका सारा क्षोभ, और उसके अन्तर्मन की तनहाई की असीम और मौन गहराई में जो द्वन्द्व हो रहा था, उसने उसे एकदम क्लान्त-श्रान्त करके रख दिया था।

उस कमरे की भाँति ही उसका समूचा अस्तित्व ही उदासीन था। सवेरे की ग़लाज़त को बुहारकर बाहर कर दिया गया था। लोकापवाद से क्या लाभ होगा ? सचमुच, कोई चीज बदली भी तो नहीं है ! पत्नी ने महज़ एक नया आशिक ही तो रख लिया था, और यह भी हकीकत थी कि अबके उसने परिवार में से ही यह आशिक पकड़ा था, इसलिए कोई पहाड़ नहीं टूट पड़नेवाला था। सम्भवतः इससे कुछ लाभ ही हो सकता था, क्योंकि ऐसी स्थिति से कम-से-कम जगहँसाई तो नहीं होगी ! उसे लग रहा था कि ईर्ष्या के वशीभूत बौराया व्यवहार करने से वह कितना दयनीय हो उठा था ! बिस्तर पर घूँसे-मुक्के मारना कितनी हास्यास्पद बात थी ! उसने उस परपुरुष को बरदाश्त किया था। अब इस व्यक्ति के प्रति भी उदारता दिखा सकता है; थोड़ी और अवमानना ही तो होगी, थोड़ी और जुगुप्सा ही तो होगी ! उसका मुँह कटु, विषाक्त आस्वाद से भर गया—सब कुछ निरर्थक है, अस्तित्व की वेदना अनादि-अनन्त है, और इस बात से वह लज्जित हो उठा कि जिस ग़लाज़त और गन्दगी में यह स्त्री लिपटी है, उसे देखते हुए भी वह उसके मोह से मुक्त नहीं हो पा रहा।

खिड़की के नीचे चीख-चिल्लाहट और बढ़ती जा रही थी : 'रोटी ! रोटी ! हमें रोटी चाहिए !'

'मरदूद न हों तो !' मोंस्यो हेनबो दाँत किटकिटाते हुए बोल उठा।

वहाँ खड़ा सुन रहा था। लोग उसे कोस रहे थे, क्योंकि वह मोटा वेतन पाता था। कहते थे कि यह तोंदल नाकारा है, ग़लीज़ सुअर है, जो बढ़िया-बढ़िया पकवान भकोसते-भकोसते बीमार पड़ जाता है और मज़दूर तबके के लोग हैं कि भूखों मरते रहते हैं।

औरतों की नज़र रसोईघर पर चली गई थी, जहाँ तीतर भूने जा रहे थे और सालन की भीनी-भीनी खुशबू ने उनके खाली पेट में उथल-पुथल मचानी शुरू कर दी थी। बस, लगीं गन्दी-गन्दी गालियाँ बकने। हरामज़ादे ये बूर्जुआ लोग ! किसी दिन इतनी शैम्पेन पिएँगे, इतनी खुम्भी खाएँगे कि इनके पेट ही फट जाएँगे।

'रोटी ! रोटी ! हमें रोटी चाहिए।'

'मरदूद कहीं के !' मोंस्यो हेनबो एक बार फिर बोल उठा। 'समझते हैं, मैं सुखी हूँ !'

उसके भीतर इन लोगों के प्रति आक्रोश भड़क उठा था, क्योंकि मानता था कि कोई बात इनकी समझ में नहीं आएगी। 'जिस तरह का इनका मोटा चाम है, जिस तरह ये लोग जब चाहे सम्भोग-सुख प्राप्त करते रहते हैं, अगर यह सब मुझे मिल जाए, तो मैं खुशी-खुशी अपनी मोटी पगार इनकी झोली में डाल सकता हूँ।' खड़ा-खड़ा सोच रहा था कि काश ! ऐसा हो सकता कि कभी अपनी खाने की मेज़ पर बैठाकर इन्हें तीतर-बटेर भकोसने को देता और खुद बाहर जाकर झाड़ियों के पीछे छिनाला करता, छोकरियों को लुढ़काता-ढुलकाता और इस बात की भी चिन्ता न करता कि उससे पहले भी इनको कोई रौंद-रपट चुका है ! वह अपनी हर चीज़ न्योछावर करने को तैयार है—अपनी शिक्षा, अपनी सब सुख-सुविधाएँ, अपना विलासमय जीवन, मैनेजर होने की अपनी सारी शक्ति—बशर्ते कि मात्र एक दिन के लिए उसकी स्थिति वैसी हो जाए, जैसी कि उसके अधीन काम करनेवाले अदने से अदने मज़दूर की है; इतना असभ्य और बर्बर

बन जाए कि पत्नी की पिटाई करे और पड़ोसियों की औरतों के साथ भोग-विलास में लिप्त रहे। उसे लगा कि वह भी भूखों मरना चाह रहा है, चाहता है कि उसका खाली उदर भी बिलबिलाए, जिससे बेहोश हो जाए, व्याकुल हो जाए; सम्भव है इस स्थिति को प्राप्त करके उसकी यह अनन्त पीड़ा का कुछ शमन हो। काश ! वह जानवरों जैसा जीवन व्यतीत कर सकता ? उसकी अपनी कोई चीज़-बस्त न होती। गेहूँ के खेतों में ढुलाई करनेवाली बदसूरत से बदसूरत और घिनौनी से घिनौनी छोकरियों के साथ लुढ़कता-पुढ़कता और मनस्तोष प्राप्त करता !

'रोटी ! रोटी ! हमें रोटी चाहिए !'

यह स्वर कानों में पड़ते ही वह अपना संयम खो बैठा। एकदम उन्मत्त होकर भीड़ के कोलाहल के बीच चिल्लाकर बोला : 'रोटी ! मूर्खो ! समझते हो, रोटी ही सब कुछ है ?'

उसके पास खाने-पीने को पर्याप्त था, फिर भी वह वेदना से कराहता-छटपटाता रहता था। उसकी बर्बाद गृहस्थी, उसका यंत्रणापूर्ण सारा जीवन घटके की तरह उसके कंठ में बजने लगा था। रोटी ही पर्याप्त नहीं है सब तरह के सुख प्राप्त करने के लिए ! कौन है ऐसा मूर्ख, जिसकी यह सोच है कि धन-धान्य बाँट देने से दुनिया सुखी हो जाएगी ? चाहे ये छूछे दिमाग़वाले विप्लवी लोग इस समाज की धज्जियाँ उड़ाकर कोई दूसरा समाज क्यों न खड़ा कर लें, चाहे हरेक को अपने हिस्से की दाल-रोटी क्यों न मिलने लगे, तो भी मानव-समाज को रंचमात्र भी सुख प्राप्त नहीं होगा, और न ही उसे किसी कष्ट से मुक्ति मिलेगी। सच पूछो तो, इससे समाज के दुख-दारिद्रय में वृद्धि ही होगी। अपनी सहज नैसर्गिक वृत्तियों से जो मनस्तोष ये लोग प्राप्त करते हैं, यदि उस स्थिति से उबारकर इन्हें मनोवांछित राग-अनुरागवाली उस प्रबल यातनापूर्ण स्थिति में पटक दिया जाए, तो मायूसी के आलम में ये लोग चीत्कार करने लगेंगे। न, सबसे सुखकर बात तो यह होगी कि अस्तित्व ही निःशेष हो जाए, और यदि अस्तित्व रखना ही है, तो पेड़ होना, शिला होना, और इससे भी कमतर—रेत का कण होना श्रेयस्कर होगा, जो बटोही की ऐड़ियों के नीचे पिसकर लहूलुहान तो नहीं होता। और अपनी यंत्रणा से व्यथित मोंस्यो हेनबो की आँखें भर आईं और आँसू तप्त बूँदों की शक्ल में गालों से लुढ़कने लगे।

साँझ के झुटपुटे में जब सड़क डूब रही थी, तो बँगले के अगवाड़े में पत्थर-ढेले बरसने लगे थे। भूख-प्यास से बौराए इन निरीह प्राणियों के प्रति उसके मन में कोई गुस्सा-गिला नहीं था। फिर भी, अपने अन्तस्तल में बेंधती मनोव्यथा के वशीभूत वह अश्रुपूरित नेत्रों से बोल उठा था : 'बेवकूफ न हों तो ! मूरख कहीं के !'

मगर पेट की फ़रियाद ऐसी थी कि सब पर ग़ालिब हो रही थी, और तूफ़ान जैसा भयंकर गर्जन-तर्जन अपने साथ सब बहाकर ले गया था।

'रोटी ! रोटी ! हमें रोटी चाहिए !'

6

हालाँकि कैथरीन के तमाचे खाकर एतियन किंचित् संयत हो गया था, फिर भी अपने कामरेडों का नेतृत्व करने से विमुख नहीं हुआ। भर्राए गले से वह उन्हें मोंसू की तरफ़ चलने को उकसा रहा था। मगर उसके अन्तःकरण से एक और स्वर उठा था। उसके लिए घोर अचरज की बात तो यह थी कि यह सब क्या हो रहा है। उसने तो कल्पना भी नहीं की थी कि ऐसा भी घटित हो सकता है। वह तो यह सोचकर ज्यां-बार के लिए रवाना हुआ था कि किसी भी प्रकार की भावुकता के वशीभूत वह कोई कार्रवाई नहीं करेगा, और हर चन्द कोशिश करेगा कि किसी प्रकार का कोई अनर्थ न हो। तो फिर यह कैसे हुआ कि दिन-भर तो वे जगह-जगह मार-धाड़, धींगा-मुश्ती करते रहे और अब दिन ढलते ही मैनेजर के बँगले का घेराव करने दौड़े जा रहे हैं।

निश्चय ही थोड़ी देर पहले उसी ने चिल्लाकर उन्हें आदेश दिया था—'रुक जाओ !' लेकिन ऐसा आदेश देने का तात्पर्य यह था कि किसी तरह कम्पनी के वे अहाते बच जाएँ जिन्हें वे लूटने के मनसूबे बाँध रहे थे। और अब जब मैनेजर के बँगले पर पत्थर-ढेले बरस रहे थे, तो वह व्यर्थ ही यह सोच रहा था कि कोई ऐसा शिकार मिल जाए कि भीड़ को उसके पीछे डाल दे और कोई बड़ा उपद्रव न होने दे। इस तरह, जब वह सड़क के बीचोंबीच अलग-थलग, निरुपाय-सा खड़ा देख रहा था कि किसी ने उसे पुकारा—एक आदमी तीसों के प्रवेशद्वार पर खड़ा था। तीसों के मालिक ने हड़बड़ी में उसे इस तरह झाँप दिया था कि उसका केवल दरवाज़ा ही दिखाई पड़ता था।

'हाँ, मैं हूँ...मेरी बात सुन।'

यह रासनर था। कोई तीसेक नर-नारी थे जो करीब-करीब सबके सब ग्राम 240 के बाशिन्दे थे और प्रातःकाल घरों से निकले तो नहीं थे, लेकिन अब खोज-ख़बर लेने की गरज़ से वहाँ चले आए थे और हड़तालियों को आते देख शराबख़ाने के भीतर घुस गए थे। ज़कारी पत्नी फ़िलोमेन के साथ एक मेज़ को घेरे बैठा था। थोड़ा और भीतर पियरों और ला पियरोन इधर पीठ करके मुँह छिपाते-से लगते थे। कोई पी-पिला नहीं रहा था। ये लोग तो, बस, इस जगह शरण लेने-भर के लिए आए थे।

एतियन ने रासनर को पहचान लिया। आगे बढ़ने को उद्यत हुआ, लेकिन रासनर बोल उठा : 'अरे, मेरी सूरत तेरे को अच्छी नहीं लगती क्या ?...मैंने तेरे को चेता दिया था, मुसीबत तेरे सिर पर मँडरा रही है। जितनी चाहे ब्रेड माँग ले, लेकिन तेरे पल्ले पड़ेगा लेड (सीसा) ही !'

यह बात सुन एतियन मुड़ा और बोला : 'मुसीबत तो मुझे एक ही दिखाई देती है, और वह यह कि कायर लोग बाँहें छाती पर रखे खड़े तमाशा देखे जा रहे हैं कि हम लोग किस तरह ओखली में सिर दे रहे हैं।'

'तो तेरी मंशा इस बँगले को ग़ारत करने की है ?' रासनर ने कहा।

'जब तक साँस है, मैं अपने साथियों के साथ कन्धे से कन्धा मिलाकर चलना चाहता हूँ, ताकि कम-से-कम हम लोगों के प्राण भी निकलें, तो साथ-साथ।'

और हताश-सा वह भीड़ में शामिल होकर मौत को गले लगाने को उद्यत हो गया।

सड़क पर खड़े तीन बच्चे पत्थर-ढेले मार रहे थे। एतियन गया और तड़ातड़ उन्हें लातें जमाते हुए लोगों को दिखाने की ख़ातिर चिल्ला-चिल्लाकर बोलने लगा कि खिड़कियाँ तोड़ने से कोई मसला हल नहीं होगा।

बेबेर और लिडी अभी-अभी आए थे और यांलैं के निकट खड़े थे और यांलैं उन्हें गुलेल चलाना सिखा रहा था। तीनों ने एक-एक ढेला फेंककर यह दिखाया कि कौन सबसे ज़्यादा नुकसान पहुँचा सकता है। लिडी ने अनाड़ीपने से इस तरह ढेला फेंका कि भीड़ में खड़ी एक औरत का कपाल फूट गया। यह देख दोनों छोरे लगे कूल्हों पर हाथ रखकर हँसने-खिलखिलाने और ठहाके लगाने। बोनमोर्त और मूक उनके पीछे बेंच पर बैठ सारा तमाशा देख रहे थे। बोनमोर्त की सूजी हुई टाँगें इतनी अस्थिर थीं कि बड़ी मुश्किल से घिसटते-घिसटते यहाँ तक आया था। फिर उसकी एक ख़ासियत यह थी कि जिस दिन वह मौन धारण करता था, उस दिन मुँह खोलता ही नहीं था और उसके चेहरे का रंग एकदम राख-सा हो जाता था। उस वक्त भी उसकी यही हालत हो रही थी। कोई यह समझ नहीं पा रहा था कि किस कुतूहल वश वह इधर चला आया था।

उस वक्त एतियन की एक नहीं चली। उसके मना करने के बावजूद पत्थर-ढेले बरस रहे थे और वह एकदम चकित एवं त्रस्त था इन निष्ठुर लोगों के रवैए से जिन्हें वह अपने साथ लाया था। ये लोग इतनी जल्दी तैश में तो नहीं आते थे, लेकिन जब हठधर्मी करने पर उतरते थे, तब तो इनका जलवा देखते ही बनता था। इनकी धमनियों में वही फ़्लैमिश रक्त था—जिसमें काहिली और बुर्दबारी का जज़्बा था और जो उबाल खाने में महीनों लेता था, मगर जब उबाल खाता था और अत्यधिक पाशविकता के वशीभूत क्रूर कर्म करने पर ये लोग तुल जाते थे और उनके भीतर का पशु अत्याचार करते-करते जब तक तृप्त नहीं हो जाता था, तब तक कोई दलील सुनता नहीं था। मिडी, जहाँ से वह आया था, उसकी ख़ासियत यह थी कि उधर के लोग आनन-फ़ानन में भड़क उठते थे, लेकिन इतनी तबाही नहीं मचाते थे। लवाक के हाथों से कुल्हाड़ा छीनने के लिए उसके साथ उसे दो-दो हाथ करने पड़े थे। फिर वह समझ नहीं पा रहा था कि माह्अ परिवार को किस तरह रोके, क्योंकि वे दोनों हाथों से ढेले मार रहे थे। सबसे ज़्यादा डर उसे औरतों से था—ला लवाक, मूकेत और दूसरी स्त्रियों से जो मरने-मारने पर तुल गई थीं और दाँत पीसते हुए, नाखूनों से नोच खाने को उतारू इन औरतों के बीचोंबीच खड़ी सबसे ऊँची-ऊँची और दुबली-पतली देह वाली ला ब्रूले उन्हें उकसा रही थी, और वे सब कुतियाओं की तरह चीख-चिल्ला रही थीं।

मगर एकाएक यह सब थम गया। क्षण-भर में घटनेवाली एक आकस्मिक घटना से किंचित् ऐसी ख़ामोशी तारी हो गई जिसके लिए एतियन सिर पटककर रह गया था साधारण-सी घटना घटी थी। ग्रेग्वार दम्पती नोटरी के मकान से निकलकर आया था और सड़क के उस पार मैनेजर के बँगले की तरफ़ लपकते हुए जा रहा था; पति-पत्नी इतने शान्त, इतने अनुद्विग्न, इतने आश्वस्त लगते थे, मानो यह समझकर निकले थे कि कोयला-खानों में काम करनेवाले ये मज़दूर तो मात्र दिल्लगी कर रहे हैं, अपनी त्यागवृत्ति से वे एक सदी से इनका भरण-पोषण करते आ रहे हैं। मज़दूर भी उन्हें देखकर इतने चकित हुए थे कि उन्होंने बरबस हाथ रोक लिये थे, ताकि बूढ़ी महिला और इस

भलेमानुस को चोट न लगे, जो अचानक इस तरह प्रकट हुए थे मानो आसमान से टपक पड़े हों। उनकी आँखों के सामने ये लोग बगीचे में प्रविष्ट हुए, अगवाड़े के ज़ीने तक आए और फिर द्वार तक गए जिसे झाँप दिया गया था। वहाँ जाकर इन्होंने घंटी बजाई और खड़े देखते रहे, क्योंकि जल्दी से कोई दरवाज़ा खोलने नहीं आया। ऐन उसी वक्त घर की नौकरानी रोज़ भी छुट्टी के बाद लौटकर आ गई। वह बौखलाए मज़दूरों पर हँस रही थी। क्योंकि सभी से भली-भाँति परिचित थी, क्योंकि वह भी मोंसू की रहनेवाली थी। अब उसी ने आकर द्वार पर मुक्के मार-मारकर दस्तक दी और थोड़ी देर बाद हिप्पोलाइट ने आकर ज़रा-सा दरवाज़ा खोला। फिर एकदम यह बात हुई। ज्योंही ग्रेग्वार दम्पती भीतर गया, पत्थरों की बौछार फिर शुरू हो गई और भौंचक भीड़ ने पहले से भी अधिक चीखना-चिल्लाना शुरू कर दिया।

'बूर्जुआ मुर्दाबाद ! सोशलिज़्म ज़िन्दाबाद !'

रोज़ मानो यह सारा दृश्य देखकर उत्फुल्ल हो उठी थी। सो, हॉल में जाते ही हँस-हँसकर भयभीत नौकर को आश्वस्त करने का प्रयास करने लगी : 'अरे, सच्ची, ये लोग बुरे नहीं हैं। मैं इन्हें जानती हूँ।'

मोंस्यो ग्रेग्वार ने आकर करीने से अपना हैट टाँगा। फिर पत्नी का कोट उतरवाने के बाद बोला, 'मैं जानता हूँ, इनके मन में कोई द्वेष-भाव नहीं है। जब चिल्ला-चिल्लाकर हार जाएँगे, तो घर लौट जाएँगे और पेट भरकर खाएँगे।'

उसी समय मोंस्यो हेनबो ज़ीना उतरकर नीचे आया। सारा दृश्य उसने अपनी आँखों से देखा था और अब अपने स्वभाव के अनुसार विनम्रता और औपचारिकता के साथ अतिथियों का स्वागत करने की तत्परता दिखा रहा था। केवल उसका विवर्ण चेहरा ही बताता था कि वह कितना बेज़ार होकर चार-चार आँसू रोया था। उसके भीतर का पुरुष पराजित हो गया था; बाकी बचा था एक सतर्क प्रशासक जो निष्ठापूर्वक अपना कर्तव्य निभाने को कटिबद्ध था।

'देखिए,' वह बोला। 'स्त्रियाँ अभी तक लौटकर नहीं आईं।'

अब पहली बार ग्रेग्वार दम्पती को चिन्ता हुई। क्या सेसील अभी लौटकर नहीं आई !—फिर भीतर कैसे आएगी, अगर खान मज़दूर इसी तरह हुड़दंग करते रहे ?

'सोचता था, बँगले तक आनेवाला रास्ता साफ़ करवा दूँ,' मोंस्यो हेनबो कह रहा था। 'बदकिस्मती से निपट अकेला ही नहीं हूँ यहाँ, बल्कि यह भी नहीं जानता कि नौकर को कहाँ भेजूँ कि जाकर चार सिपाहियों और दफ़ादार को बुलाकर लाए, जो इस सारे कचरे को बुहारकर एक तरफ़ कर दें।'

रोज़ अभी वहीं खड़ी थी। इतना साहस था उसमें कि वह यह बात बोल पाई, 'साहब जी, इतने बुरे लोग नहीं हैं ये !'

मैनेजर ने सिर हिलाया। उधर, बाहर हल्लागुल्ला और बढ़ गया था और बँगले के अगवाड़े पर तड़ातड़ पत्थर बरसने की आवाज़ें गूँज रही थीं।

'मैं इन्हें दोष नहीं देता, और मेरा दिल यह भी कहता है कि इन्हें माफ़ कर दूँ। इस तरह के जाहिल लोग ही सोच सकते हैं कि हम जान-बूझकर इन्हें कंगाली का जीवन व्यतीत करने को विवश कर रहे हैं। लेकिन अमन-चैन बनाए रखने की ज़िम्मेदारी मेरी

है...क्या बताऊँ, कहा तो यह जा रहा है कि सिपाही गश्त लगा रहे हैं, फिर भी अजीब बात देखो कि दिन में कहीं एक भी सिपाही दिखाई नहीं दिया।'

अपनी बात अधूरी छोड़ वह एक तरफ़ हटा और मदाम ग्रेग्वार से बोला :

'मदाम, मेहरबानी करके यहाँ खड़ी न रहें। चलिए, ड्राइंग रूम में चलते हैं।'

मगर तभी हताश-सी बावरचन बेसमेंट की सीढ़ियाँ चढ़कर ऊपर आई। उसके आने से वे लोग कई मिनटों तक वहीं अटके रह गए। बावरचन ने साफ़गोई-सी करते हुए कहा कि वह रात के भोजन की ज़िम्मेदारी नहीं ले सकती। उसने मारशियन में पेस्ट्री वाले की दुकान पर 'वोल-ओ-वां' का आर्डर दिया था, जो शाम चार बजे तक आ जाना चाहिए था, लेकिन दिखाई पड़ता है कि नानबाई इन लुटेरों से डर गया है। या यह भी हो सकता है कि इन्होंने उसकी झल्लियाँ लूट ली हों। बावरचन ने तो यहाँ तक तसव्वुर कर लिया था कि यह भी हो सकता है कि रोटी के लिए हाय-तौबा करनेवाले इन हज़ारों कंगलों ने ही सारा सामान लूट लिया हो और झाड़ियों के पीछे बैठकर डकार रहे हों। फिर बोली कि इसलिए मोंस्यो से यह बात कह रही है, ताकि बाद में वे उसे दोष न दें। इसके साथ ही उसने यह बात भी कह दी कि सारा भोजन वह आग में झोंक देगी मगर यह बरदाश्त नहीं करेगी कि क्रान्ति के नाम पर उसे कोई लूटकर ले जाए।

'थोड़ा धीरज से काम ले !' मोंस्यो हेनबो ने कहा। 'अभी कुछ नहीं बिगड़ा—नानबाई आता ही होगा।'

और मदाम ग्रेग्वार की तरफ़ मुड़ ड्राइंग रूम का दरवाज़ा खोल उसे भीतर ले जाने को तत्पर हुआ ही था कि हाल की बेंच पर बैठे एक आदमी पर नज़र पड़ते ही वह चौंका, क्योंकि अँधेरा हो जाने के कारण उसने इस आदमी को लक्ष्य नहीं किया था।

'अरे, मेग्रे, तू यहाँ बैठा है ? क्या बात है ?'

मेग्रे उठकर खड़ा हो गया। अब उसका बेडौल स्थूल और विवर्ण चेहरा एकदम साफ़ दिखाई पड़ रहा था, जो दहशत से ऐंठ गया लगता था। उसका सारा आत्मविश्वास जैसे एकदम तिरोहित हो गया था, और बड़े विनीत भाव से बता रहा था कि मैनेजर के बँगले में इसलिए लुक-छिपकर आया है कि यदि ये बटमार उसकी दुकान पर धावा बोलते हैं, तो इन लोगों की उसे मदद और हिमायत मिल सके।

'तू देख ही रहा है, मेरे सिर पर ख़तरा मँडरा रहा है, और यहाँ मेरे पास कोई आदमी भी नहीं है,' मोंस्यो हेनबो ने जवाब दिया। 'बेहतर तो यही था कि तू अपने घर पर ही टिका रहता और अपने मालमते की हिफ़ाज़त करता।'

'जी, जी, मैंने दरवाज़ा अच्छी तरह झाँप रखा है। और फिर मेरी पत्नी भी तो वहाँ मौजूद है।'

मैनेजर एकदम आपे से बाहर हो गया और उसके प्रति तिरस्कार प्रकट करते हुए बोला कि क्या बढ़िया पहरेदार बैठाकर आया है यह शख़्स ! और वह भी एक औरत को, जो बीमार है और लात-घूँसे खाते-खाते अधमरी हो चुकी है !

'सच पूछ, मैं तेरी कोई मदद नहीं कर सकता। अपनी हिफ़ाज़त खुद करने का जुगाड़ कर। और मेरी मान, इसी वक्त लौट जा। वे लोग फिर रोटी के लिए हाय-तौबा

मचा रहे हैं...सुन।'

यह सच था। शोर-गुल फिर होने लगा और मेग्रे को लग रहा था कि चीखने-चिल्लानेवाले लोग उसका ही नाम ले रहे हैं। एक तरफ़ तो वह यह सोचता है कि अब लौटकर जाने का वक्त नहीं है, क्योंकि जाएगा, तो ये लोग उसकी धज्जियाँ उड़ाकर रख देंगे; दूसरी तरफ़, यह सोचकर ही वह सिहर उठा कि उसकी बरबादी मुँह बाए सामने खड़ी है।

वह काँच के दिल्ले के साथ मुँह सटाकर खड़ा हो गया। अपनी तबाही की बात सोच-सोचकर उसके पसीने छूट निकले थे और खड़ा-खड़ा लरज़ रहा था। इस बीच ग्रेग्वार दम्पती अन्ततः ड्राइंगरूम में आ गया था।

मोंस्यो हेनबो ने बड़े इत्मीनान से उनका आतिथ्य करने का प्रयत्न किया। मगर जब उनसे बैठने का आग्रह करता है, तो वे बैठते नहीं। चारों तरफ़ से बँगले की मोर्चाबन्दी कर दी गई थी। अभी दिन का उजाला था, फिर भी कमरे में दो बत्तियाँ जल रही थीं और बाहर जब भी शोर उभरता, सारा कमरा दहशत से भर उठता। खिड़कियों-दरवाज़ों पर पर्दे पड़े थे और बाहर की दबी-दबी आवाज़ें सुनाई पड़ रही थीं। लेकिन भीड़ जब हुँकारा मारती, तो वे और भी त्रस्त हो उठते। लगता जैसे कोई बेवजह, मगर बुरी तरह धमका रहा है। फिर भी, वे अपनी बातों में मशग़ूल रहे और बार-बार विद्रोह के विषय पर आ जाते, जिसका औचित्य उनकी समझ में नहीं आ रहा था। जहाँ तक मोंस्यो हेनबो का सम्बन्ध था, उसे अचरज तो इस बात का था कि क्योंकर उसने इतनी ग़फ़लत की, पहले से ही क्यों नहीं सतर्क हो गया, और जो जानकारी उसे मिली थी, वह इतनी ग़लत थी कि अपनी भड़ास वह मुख्य रूप से रासनर पर निकाल रहा था। इसके साथ ही, वह यह भी स्वीकार करता था कि उस पर रासनर का नापाक ग़लबा है। निस्सन्देह, सिपाही आते ही होंगे; यह तो सोच भी नहीं सकते कि वे एकाएक उसे मँझधार में छोड़ जाएँगे।

जहाँ तक ग्रेग्वार दम्पती का सम्बन्ध था, उनकी जान तो अपनी बेटी में अटकी थी : बेचारी इतनी जल्दी सहम जाती है ! मगर हो सकता है, ख़तरा देखकर बग्घी वापस मारशियन चली गई हो।

इसी उधेड़बुन में पन्द्रह मिनट बीत गए। सड़क से आनेवाले शोर और बन्द खिड़कियों-दरवाज़ों पर बरसते पत्थरों की आवाज़ से वे व्याकुल हो उठते थे, क्योंकि जब शटरों पर पत्थर पड़ते, तो ऐसे लगता जैसे ढोल बज रहे हों। सारी स्थिति असह्य होती जा रही थी। जब मोंस्यो पर यह धुन सवार हुई कि वह अभी बाहर निकलकर जाता है और अकेला ही इन मुँहफट लोगों की बोलती बन्द करके इन्हें खदेड़ता है और फिर जाकर बग्घी के बारे में पता लगाता है।

यह बात अभी उसके मुँह में ही थी कि अचानक हिप्पोलाइट दौड़ा-दौड़ा आया और चिल्लाकर बोला : 'हजूर ! हजूर ! मदाम आ गईं—वे मदाम को मार रहे हैं !'

इनकी बग्घी रक्वेयार गली से आगे नहीं जा पाई थी, क्योंकि रास्ते में लश्कर के आ जाने से ख़तरे का अन्देशा था। सो, नेगरेल ने जैसा सोचा था, वैसा ही किया—बोला था कि

बँगले तक का सौ गज़ का बाकी फ़ासला वे पैदल चलकर जाएँगे और छप्पर के निकट बगीचे के फाटक पर जाकर दस्तक देंगे : आवाज़ सुनकर या तो माली या दूसरा जो भी कोई आदमी वहाँ मौजूद होगा, आकर फाटक खोल देगा।

शुरू में तो सब एकदम ठीक-ठाक चला; मदाम हेनबो और उसके साथ आई तरुणियाँ दरवाज़े पर दस्तक दे ही रही थीं कि उनके आने की भनक पड़ते ही कुछ औरतें गली में दौड़ी आईं। इसके बाद तो हंगामा ही हो गया। जब कोई भी फाटक खोलने नहीं आया, तो नेगरेल ने कन्धे के ज़ोर से ही उसे तोड़ने का व्यर्थ प्रयास किया। औरतें चढ़ती आ रही थीं और नेगरेल को यह डर लगा कि कहीं ये उसकी मामी और लड़कियों को रौंद ही न डालें। सो, उसने बेख़ौफ़ हो उन्हें अपने आगे-आगे रखा और घेरा डालनेवाली औरतों की भीड़ को चीरते हुए उन्हें बँगले के अगवाड़े वाले ज़ीने तक ले जाने का उपक्रम किया। लेकिन यह मुक्ति कारगर न हुई और हाथापाई की नौबत आ गई : चीखती-चिल्लाती औरतों के गिरोह ने उनका पीछा किया, ताकि वे निकलकर जा न पाएँ। फिर बाकी लश्कर चारों तरफ़ से टूट पड़ा, जिसे कोई ख़बर नहीं थी कि आख़िर हो क्या रहा है। मगर हैरानी इस बात की थी इन्हें कि इस संग्राम में सजी-धजी महिलाएँ क्योंकर डोल रही हैं। इस पर इतनी अफ़रा-तफ़री मची और परिणामतः एक ऐसी विचित्र और वर्णनातीत घटना घटी जो आतंक की विभीषिका की वेला में ही घट सकती है।

लूसी और ज़न ज़ीने तक पहुँच गई थीं और नौकरानी ने जब थोड़ा-सा फाटक खोला, तो वे उसके भीतर चली गईं; मदाम हेनबो भी उनके साथ-साथ भीतर जाने में सफल हो गई थी; और फिर नेगरेल भी उनके पीछे भीतर चला गया था और यह समझकर उसने चिटकियाँ चढ़ा ली थीं कि सेसील को उसने सबसे पहले भीतर जाते हुए देखा था; लेकिन सेसील वहाँ नहीं थी; रास्ते में ही कहीं ग़ायब हो गई थी, क्योंकि दहशत के मारे इस कद्र पगला गई थी कि बँगले की तरफ़ न जाकर सीधी ख़तरे के मुँह में चली गई थी।

उसी समय ये नारे गूँजे : 'सोशलिज़्म ज़िन्दाबाद ! बूर्जुआ मुर्दाबाद ! मार डालो इन्हें !'

चूँकि सेसील के चेहरे पर झिल्ली पड़ी थी, इसलिए दूर से देखने पर कुछ औरतों ने समझा कि यह तो मदाम हेनबो है। दूसरी औरतों ने सोचा कि यह मदाम हेनबो की कोई सहेली है—यानी कि पड़ोस में रहनेवाले किसी कारख़ानादार की पत्नी है, जिसके साथ उसके कर्मचारियों की अनबन थी। मगर यह औरत कौन है, महत्त्व इस बात का नहीं था। वे तो उसकी रेशमी वेशभूषा, उसका समूर का कोट और उसके हैट में लगे सफ़ेद पंख देखकर भड़क गई थीं। उससे इत्र की सुगन्ध भी आ रही थी। घड़ी भी पहन रखी थी। उसकी मसृण कोमल त्वचा जो थी, वह किसी ऐसी बैठी-ठाली औरत की ही हो सकती थी जिसने कोयले के टुकड़े को कभी हाथ तक न लगाया हो।'

'तू ठहर जा !' ला ब्रूले चीखते हुए बोली। 'यह गोटा-किनारी अभी तेरी गुदा में घुसेड़ती हैं !'

'ये कुतियाएँ सब चीज़ें हमसे मूसती रहती हैं,' ला लवाक ने रद्दा लगाया।

'अपने जिस्म को तो समूर के कोट से ढकती हैं और हम हैं कि ठिठुर-ठिठुरकर मरते रहते हैं...चलो, इसके सारे कपड़े उतारकर नंगा करके इसे बताओ, कितनी बीसी का सौ होता है !'

मूकेत तत्काल दौड़ी आई।

'ठीक है, ठीक है, चलो, कोड़ों से पिटाई करती हैं इसकी।'

और इस निष्ठुर प्रतिस्पर्धा में चिथड़ोंवाली बाँहें भाँजते हुए ये स्त्रियाँ उस पर टूट पड़ीं। एक-एक औरत इस धनाढ्य की बेटी की एक-एक बोटी नोच लेना चाहती थी। अरे, इसके नितम्ब दूसरी औरतों के मुकाबले कैसे बेहतर हो सकते हैं ? अरे, देखो तो, ऐसी अनेक कुतियाएँ भड़कीली झालरों के भीतर कितनी सड़ी-गली होती हैं ! यह अन्याय अब बहुत हो चुका—अब इन्हें भी, इन सब छिनालों को मज़दूरिनों की तरह ही तन ढकना होगा, जो एक स्कर्ट धुलवाने के लिए ही पचास सू ख़र्च कर डालती हैं !'

इन क्रोधोन्मत्त स्त्रियों से घिरी सेसील की टाँगों को जैसे फ़ालिज मार गया था और भय के मारे वह थर-थर काँप रही थी और हकलाते-हकलाते बार-बार एक ही जुमला बोलती थी : 'बीबियो ! किरपा करो, मत मारो मुझे, मत मारो।'

और यह कहते-कहते भर्राए गले से वह चीखने-चिल्लाने लगी : किसी के सर्द हाथों ने उसकी गर्दन दबोच ली थी। ऐसा किया था बूढ़े बोनमोर्त ने—भीड़ लड़की को धकेलते हुए उसके निकट ले गई थी और बोनमोर्त ने झपटकर उसकी गर्दन पकड़ ली थी। ऐसा प्रतीत होता था फाकाकशी से परेशान और बरसों की बदबख़्ती से बेहाल इस शख़्स ने प्रतिशोध की किसी रहस्यपूर्ण उत्तेजना के वशीभूत हो आधी शती की त्याग और अर्पण की भावना को एकदम ताक पर रख दिया था। अपने जीवन-काल में इसने दर्जनों संगी-साथियों को मौत के मुँह से बचाया था और जब कभी मीथेन का विस्फोट होने और कोयला-खान धसकने की दुर्घटनाएँ होती थीं, तब भी वह अपनी जान जोखिम में डालने से कतराता नहीं था। लेकिन इस वक्त वह ऐसा कर्म करने पर तुल गया था जिसके औचित्य-अनौचित्य के बारे में वह कुछ सोच नहीं सकता था। वह किसी दुर्दमनीय उत्तेजना के वशीभूत था। पता नहीं कैसा सम्मोह था कि उसने इस छोकरी की गोरी-चिट्टी गर्दन को दबोच लिया था। यह उसके मौनव्रत का दिन था और ऐसे दिन उसकी वाणी जवाब दे जाती थी। सो, अपनी उँगलियों के शिकंजे में उसने उस गर्दन को जकड़ रखा था और ऐसा करते हुए वह किसी ऐसे बूढ़े-बीमार जन्तु की तरह लग रहा था जो पुरानी स्मृतियों में ग़र्क हो।

'नइ-नइ,' औरतें चिल्ला-चिल्लाकर बोल रही थीं। 'इसका पिछवाड़ा उघाड़ डाल, इसके चूतड़ों को नंगा कर दे।'

बँगले के भीतर इन लोगों को जब भनक पड़ी कि बाहर क्या गुल खिल रहा है, तो नेगरेल और मोंस्यो हेनबो ने कलेजा थामा और जाकर दरवाज़ा खोला और सेसील की मदद को दौड़ने को तत्पर हुए। मगर भीड़ बगिया के फाटक पर टूट पड़ी थी और बाहर निकलना दुश्वार था। इस धक्का-मुक्की के बीच त्रस्त ग्रेग्वार दम्पती ज़ीने पर प्रकट हुआ। एक औरत ने सेसील का नकाब उघाड़ फेंका था। अब जब ला माहृद ने सेसील को पहचाना, तो एकदम चिल्लाकर बोली, 'बाबा, लड़की को छोड़ दे। ला

पिओलेन की है यह !'

एक बालिका के साथ होनेवाले इस व्यवहार से क्षुब्ध एतियन ने सेसील को भीड़ के चंगुल से छुड़वाने का बीड़ा उठाया। एकाएक उसने यह निश्चय किया और लवाक के हाथों से उसने जो कुल्हाड़ा छीना था, उसे ऊपर उठाते हुए ऊँचे स्वर में आह्वान किया : 'चलो, चलो, मेग्रे की दुकान पर चलो...वहाँ रोटी मिलेगी। चलो, उसकी दुकान की ईंट से ईंट बजा दो।'

और कुल्हाड़ा झुलाते हुए वह आगे बढ़ा और मेग्रे की दुकान के दरवाज़े पर जा मारा। कुछ लोग उसके साथ हो लिये थे—जैसे, लवाक, माहूअ और दूसरे लोग— मगर औरतें इस झाँसे में नहीं आईं। सेसील बोनमोर्त के चंगुल से निकलकर ला ब्रूले के हत्थे चढ़ गई थी। यांलैं की देखा-देखी लिडी और बेबेर भी सेसील की स्कर्ट के नीचे हाथों-पैरों के बल रेंगते हुए उसके नितम्बों का दर्शन करके आनन्दित हो रहे थे। औरतें सेसील को नोच-घसोट रही थीं और लड़की के वस्त्र तार-तार हो गए थे।

ऐन उस घड़ी एक घुड़सवार प्रकट हुआ। घोड़ा दौड़ाते हुए वह उन लोगों पर कोड़े बरसाता आ रहा था जो रास्ता नहीं दे रहे थे।

'कमीनो ! अब तुम हमारी बहू-बेटियों पर भी हाथ उठाने लगे !'

यह दनलां था, जो भोजन करने आया था। फुर्ती से वह घोड़े से कूदा, एक हाथ से उसने सेसील को कमर से पकड़ा और दूसरे हाथ से इस असाधारण कौशल और शक्ति से घोड़े को घुमाया कि एक तरह से वह जीवित ढाल बन गया; फिर भीड़ को चीरते हुए वह निकला। लोग इस डर से तितर-बितर हो गए कि कहीं घोड़े के सुमों के नीचे पिस न जाएँ।

फाटक पर धींगा-धींगी अब भी हो रही थी। वह जख्मी तो ज़रूर हुआ, मगर निकलने में सफल हो गया। इस अप्रत्याशित मदद से नेगरेल और मोंस्यो हेनबो की जान बच गई, क्योंकि दोनों बुरी तरह फँस गए थे और गालियाँ और लात-घूँसे खा रहे थे। सेसील बेहोश हो गई थी और जब नेगरेल उसे भीतर ले जा रहा था, और दनलां मैनेजर की रक्षा करने का प्रयत्न कर रहा था और अभी सीढ़ी के सबसे ऊपर वाले ज़ीने पर कदम रख ही रहा था कि एक पत्थर आकर कन्धे पर लगा और उसका कन्धा उतर गया।

'ठीक है !' वह चिल्लाकर बोला। 'मेरी मशीनें तो तुम लोग तोड़ ही चुके हो, अब बेशक मेरी हड्डियाँ भी तोड़ डालो।'

उसने तुरन्त फाटक बन्द कर लिया। इसके साथ ही पत्थरों की बौछार लकड़ी के फाटक पर शुरू हो गई।

'कैसे पागल लोग हैं !' वह बोलता जा रहा था। 'दो सेकेंड की भी देर हो जाती, तो मेरी खोपड़ी को खाली तूँबे की तरह चटकाकर रख देते ये लोग...लेकिन इनसे और उम्मीद भी क्या की जा सकती है ? कोई बात सुनने को तैयार ही नहीं है—भेजे में इनके कुछ पड़ता ही नहीं ! बस, ज़रूरत इस बात की है कि इन्हें इनकी औकात बता दी जाए।'

ड्राइंग रूम में सेसील धीरे-धीरे होश में आ रही थी और उसके माँ-बाप देख-देखकर

आँसू बहा रहे थे। कोई चोट-वोट नहीं आई थी उसे—यहाँ तक कि खरोंच तक नहीं लगी थी : केवल उसकी नाब वहीं रह गई थी। लेकिन इन्हें सबसे ज़्यादा डर तो तब लगा, जब बावरचन मेलानी वहाँ खड़ी-खड़ी सारा हाल बयान करने लगी कि किस तरह लश्कर ने ला पिओलेन को मिसमार किया। डर के मारे वह भागी-भागी आई थी मालिकों को इस बात की ख़बर देने। किसी को पता ही नहीं चला कि इस धक्का-मुक्की में वह किस वक्त अधखुले फाटक में से भीतर सरक आई थी। यांलैं के एक पत्थर ने, बस, एक ही खिड़की तोड़ी थी, लेकिन मेलानी ने किस तरह लंतरानी की, उससे तो यही लगता था कि इतनी ज़बरदस्त बौछार हुई कि दीवारें तक चकनाचूर हो गईं। यह सब सुनते ही मोंस्यो ग्रेग्वार विक्षुब्ध हो उठा : उसकी बेटी पर हमला हुआ, उसका घर-घाट ढहढेरी हो गया—तो क्या यह सच है कि खान मज़दूर वस्तुतः उससे नफ़रत करते हैं, क्योंकि उनकी मेहनत के बलबूते ही तो वे लोग अमन-अमान और सलीके की ज़िन्दगी बिता रहे थे ?

नौकरानी तौलिया और थोड़ा कोलोन ले आई थी। कहती है : 'मैं अब भी कहती हूँ कि बड़ी अजीब बात हुई—असल में, ये लोग इतने बुरे नहीं हैं।'

मदाम हेनबो वहीं बैठी थी, जो एकदम पीली पड़ गई थी। उसके दिलो-दिमाग़ को जो सदमा पहुँचा था, उससे उबर ही नहीं पा रही थी। जब किसी ने नेगरेल को बधाई दी, तब जाकर कहीं उसके चेहरे की मुस्कराहट लौटी।

सेसील के माता-पिता विशेष रूप से इस युवक के प्रति कृतज्ञ थे—शादी तो अब समझो तय हो ही गई। मोंस्यो हेनबो चुपचाप बैठा देखे जा रहा था। उसकी दृष्टि कभी पत्नी पर जा अटकती, कभी उसके आशिक पर, जिसे सुबह उसने मार डालने की सौगन्ध खाई थी, और कभी उस तरुणी, जो सम्भवतः शीघ्र ही इस आदमी से उसका पिंड छुड़वाएगी। कोई जल्दी नहीं थी उसे; बस, अब एक ही बात का डर था उसे कि उसकी पत्नी पतन के गर्त में फिर जा गिरेगी। यह भी सम्भव है, किसी दरबान को ही फाँस ले।

'और बेटे,' दनलां अपनी बेटियों से पूछ रहा था, 'तुम लोगों को कोई चोट-वोट तो नहीं आई !'

लूसी और ज़न की तो जान ही निकल गई थी, लेकिन खुश थीं कि यह सब देखने को मिला था उन्हें। इसलिए हँस-खिलखिला रही थीं।

'हे परमात्मा,' बाप कह रहा था। 'इतना बुरा दिन देखना पड़ा !...तुम अगर अपने साथ कोई दहेज-वहेज लेकर जाने की इच्छुक हो, तो उसके लिए खुद पैसा कमाओ—और शायद मेरी देखभाल का ज़िम्मा भी तुम्हें उठाना पड़े।'

यह बात उसने यों तो हलके लहज़े में कही थी, लेकिन उसका स्वर काँप रहा था। जब दोनों बेटियाँ उसके गले लगीं, तो उसकी आँखें डबडबा आईं।

मोंस्यो हेनबो ग्रेग्वार की तबाही-बरबादी की यह दास्ताँ उसके मुख से ही सुन रहा था। अतः उसके चेहरे पर चमक आ गई थी। सचमुच, वनदाम कोयला-खान अब मोंसू की झोली में आ ही गिरेगी; एवज़ में यही सब प्राप्त करने की आस थी उसे। यह ऐसा संयोग था जिसकी बदौलत वह निदेशक-मंडल की नज़रों में फिर उठ जाएगा। उसके

जीवन में जब कभी संकट की स्थिति उत्पन्न होती थी, तो वह हमेशा कठोर अनुशासन की आड़ लेता, और जिस तरह के सैनिक अनुशासन में जीवन व्यतीत कर रहा था, उसी में किंचित् सुख पाने का प्रयत्न करता।

मगर अब सभी शान्त होने लगे थे। ड्राइंगरूम के दो लैम्पों की ठहरी हुई रोशनी में और पर्दों के कारण अवरुद्ध गरमाइश में ऐसी शान्ति व्याप्त थी जो कष्टकर थी। बाहर क्या हो रहा होगा ? हलाकू लोग ख़ामोश थे। बँगले पर बरसते पत्थरों-ढेलों की बौछार भी थम गई थी, और भारी धब-धब की ध्वनि सुनाई पड़ती थी, मानो दूर कहीं जंगल में कोई कुल्हाड़ा चला रहा हो। बाहर का हाल-चाल जानने के लिए वे वापस हॉल कमरे में आ गए और दरवाज़े में काँच के दिल्ले में से देखने की कोशिश करने लगे—यहाँ तक कि महिलाएँ भी ऊपर जाकर शटरों के पीछे से झाँक रही थीं।

'देखे रहे हो उस दुष्ट रासनर को, जो शराबख़ाने की चौखट में खड़ा है ?' मोंस्यो हेनबो ने दनलां से कहा। 'मुझे इसी बात का शक था—मैं जानता था, यह आदमी भी इनके साथ मिल जाएगा।'

मगर वह रासनर नहीं था। वह तो एतियन था जो मेग्रे की दुकान को कुल्हाड़े से तोड़ने में व्यस्त था। कुल्हाड़ा चलाते हुए ऊँचे स्वर में कामरेडों से यह बात भी कहता जा रहा था कि क्या दुकान के भीतर रखा सारा सौदा-सुल्फ़ खान मज़दूरों का नहीं है ? क्या उन्हें यह हक नहीं है कि इस उचक्के से अपना माल वापस ले लें, जो पता नहीं कब से हम लोगों का शोषण करता आ रहा है, कम्पनी के इशारों पर हमें भूखों मार रहा है ?

मैनेजर के बँगले पर हमला करनेवाले लोग धीरे-धीरे सरकने लगे थे और पड़ोस में इस दुकान को लूटने के लिए दौड़े आ रहे थे। एक बार फिर 'रोटी ! रोटी ! हमें रोटी चाहिए !' का शोर सुनाई पड़ा। ठीक है, उस दरवाज़े के पीछे रोटी रखी है। ये लोग भूख की झुँझलाहट के कारण बौखला गए थे, मानो ज़रा भी बिलम गए, तो यहीं सड़क पर उनके प्राण निकल जाएँगे। ये लोग इस हड़बड़ी में दुकान के दरवाज़े पर टूट पड़े थे कि एतियन को डर लगा कि कहीं उसका कुल्हाड़ा किसी को लग ही न जाए।

इस बीच, मेग्रे बँगले से निकल आया था। पहले तो किचन में खड़ा रहा; लेकिन वहाँ से कुछ पता नहीं चलता था कि उधर क्या हो रहा है, और खड़ा-खड़ा कल्पना करता रहा कि कितना ज़बरदस्त हमला इन लोगों ने उसकी दुकान पर किया होगा। वह अभी बाहर निकला ही था, और पम्प की आड़ में खड़ा देख ही रहा था कि उसे अपनी दुकान टूटने और लूटे जाने का कोलाहल सुनाई पड़ा, जिसमें उसका नाम भी उछाला जा रहा था। तो यह कोई भयावना सपना नहीं था : वह देख तो नहीं पा रहा था, मगर सुन तो सकता था। उसके कान बज रहे थे और चौकन्ना होकर हमले का शोर सुन्ने का जतन कर रहा था। कुल्हाड़े का एक-एक वार पड़ता, तो सीधे उसके दिल पर चोट लगती। दरवाज़े का एक-आध कब्ज़ा तो निकल ही गया होगा; अब पाँच मिनट भी नहीं लगेंगे और सारी दुकान लुट जाएगी। कल्पना की आँखों से वह इन भयंकर दृश्यों को देख रहा था—लुटेरे दुकान के भीतर घुस गए हैं, दराज़ों को तोड़ रहे हैं, बोरियाँ फाड़ते

जा रहे हैं, सब चीज़ें खाते जा रहे हैं, सब कुछ पीते जा रहे हैं, सारा साज-सामान उठाकर ले जा रहे हैं, कुछ बचा नहीं—यहाँ तक कि इन लोगों ने उसके लिए लकुटिया तक नहीं छोड़ी कि गाँवों में जाकर भीख ही माँगे। नहीं, उनके हाथों वह बरबाद नहीं होगा। इससे बेहतर तो यही है कि जान दे दे। वहाँ खड़े-खड़े उसे अपने घर की बग़लवाली खिड़की के काँच में अपनी मरियल पत्नी की काली-सी छाया दिखाई पड़ी, जो एकदम विवर्ण और धुँधली-धुँधली-सी लगती थी : बेचारी एकदम पिटे, बेज़बान जानवर की तरह चुपचाप खड़ी हल्ला होते हुए देख रही थी। खिड़की के नीचे ओसारा था। वह इस तरह बना था कि कोई भी मैनेजर के बँगले की तरफ़ से बगीचे की जाफ़री पर पैर रखकर दोनों घरों के बीच की विभाजक दीवार पर चढ़ मेग्रे के घर की छत पर जा सकता था। वहाँ से खपरैल पर रेंग-रेंगकर खिड़की तक सहज पहुँचा जा सकता था। चूँकि अब उसे इस बात का पछतावा हो रहा था कि दुकान से निकलकर वह यहाँ क्यों आया, इसलिए उसे यह धुन सवार हुई कि शायद वह इसी रास्ते से अपने घर लौटकर जा सकता है। सोचता था कि अब भी कुछ नहीं बिगड़ा। फ़रनीचर वग़ैरह आगे रखकर दुकान के भीतर घुसने का रास्ता बन्द किया जा सकता है। यही नहीं, बचाव के लिए वह तरह-तरह के मनसूबे बाँध रहा था—जैसे, ऊपर से खौलता हुआ तेल या जलता मिट्टी का तेल भी इन लोगों पर डाला जा सकता है। लेकिन उसके मन में जो डर था, उससे कहीं ज़्यादा व्यामोह उसे अपने मालमते को बचाने का था—और अपनी कायरता पर ग़लबा पाने के लिए वह भरसक कोशिश कर रहा था। तभी पहले से ही ज़बरदस्त कुल्हाड़े का प्रहार पड़ा, तो उसने लंगर-लंगोट कस लिये। लोभ हावी हो गया। वह और उसकी पत्नी अपनी देह से थैलियों-बोरियों को ढक लेंगे, लेकिन इन्हें एक रोटी हासिल नहीं करने देंगे।

कुछ ही क्षण पश्चात् लोग ज़ोर-ज़ोर से सीटियाँ बजा-बजाकर लानत-मलामत करने लगे।

'देखो, देखो, बिलार ऊपर खड़ा है। पकड़ो, पकड़ो ! जाने न पाए !'

लश्कर ने मेग्रे को छत पर खड़े देख लिया था। मेग्रे इतने उत्साह में था कि भारी-भरकम शरीर होने के बावजूद फुर्ती से जाफ़री पर चढ़ गया था। ऐसा करते हुए उसने इस बात की भी परवाह नहीं की थी कि काठ की छिपटियाँ शरीर में चुभेंगी; और अब वह खपरैल पर पसरकर खिड़की तक पहुँचने की कोशिश कर रहा था। मगर छत तो खड़ी ढाल जैसी थी और उसकी तोंद आड़े आ रही थी और नाखून भी चटक रहे थे। फिर भी, यदि पत्थर-ढेले पड़ने के ख़दशे से उसका हौंसला पस्त न हो जाता, तो वह हिम्मत करके ऊपर तक जा सकता था, क्योंकि नीचे की भीड़ को देख नहीं पा रहा था, और लोग थे कि चिल्ला-चिल्लाकर बोल रहे थे : 'बिलार को पकड़ो ! बिल्ले को पकड़ो...मार-मारकर कचूमर निकाल दो !'

और एकाएक, मेग्रे के हाथों की पकड़ ढीली पड़ी, और वह गेंद की तरह लुढ़कते हुए बरसाती पानी की नाली के ऊपर से उछलकर दोनों घरों की बीचवाली दीवार पर धड़ाम से गिरा और वहाँ से टप्पा खाकर सीधा सड़क पर लगे मील के पत्थर के कोने से जा टकराया, जिससे उसकी खोपड़ी फूट गई और भेजा बाहर निकल आया। उसके

प्राण-पखेरू उड़ गए थे। ऊपर खिड़की के पीछे खड़ी उसकी पत्नी की विवर्ण और धुँधली आकृति, बस, आँखें फाड़े देख रही थी।

सब लोग पहले तो बेहिस-से खड़े देखते रहे। एतियन ने भी हाथ रोक लिया था। कुल्हाड़ा उसके हाथ से छूट गिरा। माहुअ की, लवाक की और बाकी सब लोगों की निगाहें दीवार पर लगी थीं, जहाँ से पतली रक्त-धार धीरे-धीरे बहती आ रही थी। मेग्रे की दुकान को वे सब भूल गए। शोर-गुल भी थम गया और घिरते अँधेरे में गहरा सन्नाटा हावी होता चला गया।

मगर देखते-ही-देखते एक बार फिर ललकारने-गुहारने की आवाज़ें गूँजने लगीं। ये चिल्लाहट औरतों की थी, जो खून की प्यासी हो रही थीं और दौड़ी आ रही थीं।

'देखा, कौन कहता है ईश्वर नहीं है ! उसकी लाठी बेआवाज़ होती है। अरे, ग़लीज़ सुअर, करनी का फल तेरे को मिल गया न !'

लाश अभी तत्ती ही थी। औरतें उसे चारों तरफ़ से घेरकर खड़ी हो गईं और गालियाँ बकते हुए उसकी खिल्ली उड़ाने लगीं। मेग्रे की फूटी खोपड़ी को देख-देखकर कहती थीं—देखो तो इस भौंडे मटकैने को ! फिर उसके चेहरे को देख-देखकर लगीं अपनी भड़ास निकालने। बोल रही थीं कि इस शख़्स ने किस तरह उन्हें भूखों मारा है।

'मैंने तेरे को साठ फ्रां देने थे, अब चुकता हो गए न, चोट्टे कहीं के !' यह बात ला माहूद बोल रही थी, जो बाकी लोगों की तरह तैश में आकर भड़क उठी थी। 'अब तू कभी इनकार नहीं करेगा मुझे उधार देने में...थम जा, थोड़ा थम जा, तेरे भीतर अभी मुझे और चरबी भरनी है !'

और दोनों हाथों की उँगलियों से मिट्टी कुरेदकर मुट्ठी भरी उसने और उसके मुँह में ठूँस दी।

'ले, खा इसे !...हाँ, खा, वैसे ही जैसे तू हमें खाया करता था !'

फिर उसकी मिट्टी पलीत करने में इन्होंने कोई कसर नहीं छोड़ी। इस दौरान मृतक पीठ के बल पड़ा अनन्त आकाश की तरफ़ फटी-फटी आँखों से देखे जा रहा था, जहाँ से रात उतरती आ रही थी। उसके मुँह में जो मिट्टी भरी थी, वह वही रोटी थी जिसे देने में वह उज्र किया करता था और इस दिन के बाद यही रोटी वह खाएगा। इसने ग़रीब लोगों को भूखों मारा, इसीलिए इसके करम फूटे।

मगर औरतें तो कई दूसरी बातों के लिए उससे बदला लेने को तुल गई थीं। वे उसके चारों तरफ़ इस तरह चक्कर काट रही थीं, जिस तरह मादा भेड़िया सूँघते हुए परिक्रमा कर रही हों। इसी फ़िराक में थीं कि किस तरह इस आदमी को और अधिक अपमानित किया जाए। कोई ऐसा नृशंसतापूर्ण कार्य करना चाहती थीं जिससे उनके कलेजे को ठंडक पहुँचे।

तभी ला ब्रूले की पतली-तीखी आवाज़ सुनाई पड़ी।

'इसका काट डालो।'

'हाँ-हाँ, पकड़ो इस बिल्ले को, पकड़ो इस बिल्ले को !...हरामज़ादे ने कितनी बार किया है !'

मूकेत तो छूटते ही पिल पड़ी थी और उसकी पतलून खींचकर उतार ली। ला

लवाक ने उसकी टाँगें पकड़ीं। इसके बाद ला ब्रूले ने बूढ़े सूखे-मुरझाए हाथों से उसकी नंगी जंघाओं को चौड़ा किया और उसके निर्जीव पुंसत्व को हाथ में ले लिया। फिर उसे मुट्ठी में भींच ज़ोर लगाकर उखाड़ने की कोशिश करने लगी कि उसकी पतली पीठ कमान की तरह मुड़ गई और लम्बी बाँहें कड़कने लगीं। मगर श्लथ लोथड़ा उसके उखाड़े उखड़ा नहीं। इस पर उसने और ज़ोर लगाया; अन्ततः उसे उखाड़ने में वह कामयाब हो गई—झाँट-भरे रिसते खून वाले लोथड़े को सिर के ऊपर घुमाते हुए वह विजयोल्लास से चहक उठी : 'मैंने पा लिया, मैंने ले लिया !'

लोगों ने चीख-चीखकर कोसते-धिक्कारते हुए हर्षध्वनि के साथ इस वीभत्स चिह्न को सलामी दी।

'ऐ हरामी के तुख़्म ! अब तू हमारी बहू-बेटियों की बेहुरमती कभी नहीं कर पाएगा !'

'सही बात है ! तेरे साथ अब देह के सौदे कभी नहीं होंगे ! सिर्फ़ एक रोटी के वास्ते अब हमें तेरे नीचे पड़ने को मजबूर नहीं होना पड़ेगा, रे !'

'ज़रा सोचकर तो देख, तेरे छह फ्रां देने हैं मुझे। उसके बदले कोई छोटी-सी चीज़ लेना चाहता है क्या ? मैं, मैं तैयार हूँ—अगर तेरे में इतनी सकत है, तो !'

इस फ़िकरेबाज़ी को सुनकर सब ठहाके लगा रहे थे। उस छोटे-से रिसते हुए ख़ून सने लोथड़े का प्रदर्शन ऐसे कर रहे थे जैसे वह कोई नरपशु था जो हरेक को सताता आ रहा था—एक ऐसा राक्षस जिसे कुचलने में वे सफल हुए थे और जो अब उनके सम्मुख निष्क्रिय पड़ा था और उनके वश में था। वे उस पर थूक रहे थे। उसकी खिल्ली उड़ा रहे थे। उनका तिरस्कार करने के लिए बार-बार ये बातें कहते थे : 'अब यह इस काम के लायक ही नहीं रहा ! इस काम के लायक ही नहीं रहा अब यह !...अब जिस शख़्स को कब्र में ढकेला जाएगा, वह तो अब मर्द ही नहीं रहा...जा, सड़-गल जाएगा, तेरा यही हश्र होना था !'

इसके पश्चात् ला ब्रूले ने लोथड़े को अपनी लकुटी के सिरे पर टाँगा और उसे झंडे की तरह ऊपर उठाकर सड़क पर चल पड़ी। पीछे-पीछे औरतों का हजूम हो-हल्ला करते हुए आ गया। रास्ते में ख़ून की बूँदें टपकती जा रही थीं, और मांस का यह तुच्छ लोथड़ा लकुटी पर रखा ऐसे लगता था जैसे कसाई की दुकान का छिछड़ा हो।

उधर, खिड़की पर मेग्रे की पत्नी अब भी खड़ी थी, लेकिन काँच में खोट के कारण अस्ताचलगामी सूर्य की आभा में उसका गोरा मुखड़ा ऐंठ-सा गया था, जिसे देखकर आभास होता था मानो हँस रही हो। यह औरत हमेशा पिटती रही थी, उसके साथ निरन्तर विश्वासघात होता रहा था, सुबह से लगाकर साँझ तक लगातार बही-खातों के साथ ही मग़ज़पच्ची करती रहती थी। इसलिए जब औरतों का लश्कर उस दुष्ट जानवर को, कुचले हुए जानवर को लकुटी के सिरे पर टाँगे नीचे से निकला, तो ऐसा प्रतीत होता था, जैसे मेग्रे की लुगाई उसे देखते हुए सचमुच हँस रही हो।

अंगविच्छेद करने का यह भयावह दृश्य देखते-देखते लोग दहशत से भर उठे थे। न तो एतियन को, न माहूअ को, और न ही किसी दूसरे आदमी को बीच-बचाव करने का मौका मिला था : भीड़ के इस उन्माद के आगे वे ठगे-से खड़े देखते रह गए थे।

टीसों के द्वार पर एक-दो आदमी ज़रूर दिखाई पड़े थे—एक तो रासनर था, जिसका चेहरा एकदम पीला पड़ गया था, और फिर ज़कारी और फ़िलोमेन थे, जो यह सब देखते ही दहल गए थे। दोनों बूढ़े—बोनमोर्त और मूक—संजीदगी से सिर धुन रहे थे। केवल यांलैं ही ऐसा लड़का था जो उछलता-कूदता फिरता था; और बेबेर को और लिडी को टहोके मार-मारकर प्रेरित कर रहा था कि धरती से नज़र उठाकर ऊपर देखो। लेकिन स्त्रियाँ अब लौट आई थीं और चक्कर लगाकर मैनेजर के बँगले की खिड़की के नीचे से गुज़र रही थीं। शटरों के पीछे से बँगले की महिलाएँ और लड़कियाँ भी उचक-उचककर देख रही थीं। उस दृश्य को तो वे देख ही नहीं पाई थीं, क्योंकि दीवार आड़े आ गई थी, और अब चूँकि अँधेरा घिर आया था, इसलिए कुछ दिखाई नहीं पड़ रहा था।

'लाठी के सिरे पर इन्होंने क्या टाँग रखा है,' सेसील ने पूछा, क्योंकि वह निःशंक-सी खड़ी देख रही थी।

लूसी और ज़न बोलीं कि हो न हो, खरगोश की खाल होगी।

'न, न,' मदाम हेनबो फुसफुसाई। 'कसाई को लूटा होगा—सुअर का लोथड़ा-सा लगता है।'

लेकिन एकाएक वह काँपी और मौन हो गई। मदाम ग्रेग्वार ने घुटने से उसे टहोका मारा था। दोनों मुँह बाए देखती रह गई थीं। लड़कियों के चेहरे एकदम फक हो गए थे। इसके बाद वे कुछ बोली नहीं, मगर अँधेरे में लुप्त हो गई उस रक्ताभ वस्तु को घूरती जा रही थीं।

एतियन ने एक बार फिर अपना कुल्हाड़ा सँभाला। मगर उसका व्याकुल मन सँभल नहीं पा रहा था। लाश सड़क पर पड़ी थी और दुकान तक जाने का रास्ता अवरुद्ध हो गया था। कई लोग पीछे छिटककर खड़े हो गए थे—मानो उनकी प्यास ही मर गई थी और इसके साथ दुकान के भीतर जाने की इच्छा भी नहीं रही थी। माहूअ उदास-बेज़ार-सा खड़ा देख ही रहा था कि एकाएक उसके कानों में एक आवाज़ पड़ी—भाग लो।

मुड़कर जो देखा उसने, तो कैथरीन खड़ी थी, जिसने अभी तक किसी की उतरी मर्दाना फतूही पहन रखी थी और पहले की तरह ही धूल-कीचड़ से अटी थी और हाँफ रही थी। माहूअ ने हाथ भाँजते हुए लड़की को खदेड़ा, क्योंकि वह तो उसकी एक भी बात सुनने को तैयार नहीं था और उलटे उसे धमका रहा था कि अगर यहाँ से जाएगी नहीं, तो पिटेगी।

कैथरीन ने एकदम हताश होकर बाप की तरफ़ देखा, तनिक झिझकी और फिर एतियन की तरफ़ दौड़ गई।

'भागो, भागो ! पुलिस आ रही है !'

एतियन ने भी उसकी लानत-मलामत की और उसे भगाने का जतन किया। बरबस उसे कैथरीन के तमाचे की याद हो आई और उसका चेहरा तमतमा गया। लेकिन कैथरीन ने हार नहीं मानी; एतियन के हाथ का कुल्हाड़ा उसने वहीं फिंकवाया और उसे दोनों बाँहों से पकड़ घसीटते हुए ले चली।

'मैं कहती हूँ, पुलिस आ गई है !...मेरी बात सुन। अगर सारी बात जानना चाहता है, तो कान खोलकर सुन। शावाल ही पुलिस को लिवाने गया था और वही उन्हें लेकर आया है। मुझे यह बात इतनी नागवार गुज़री कि तेरे को चेताने आई हूँ। भाग, नहीं तो वे तेरे को पकड़ ले जाएँगे।'

उधर घोड़ों की टापें गूँजी, इधर कैथरीन एतियन को वहाँ से निकाल ले गई। एकाएक शोर मच गया : 'पुलिस ! पुलिस !'

एकदम भगदड़ मच गई। लोग इस तरह सिर पर पाँव रखकर भागे कि दो ही मिनट में सारी सड़क खाली हो गई, एकदम रीत गई, मानो बवंडर आया हो और सबको बुहारकर ले गया हो। सफ़ेद धरती पर एकमात्र दाग़ बचा रह गया था और वह था मेग्रे का शव। टीनों के आगे रासनर अकेला खड़ा था। उसकी जान में जान आ गई थी और चेहरा खिल उठा था। जिस फुर्ती से सशस्त्र सिपाहियों ने आकर उन्हें खदेड़ा था, उसे देखकर उसकी बाछें खिल गई थीं।

इस बीच, निर्जन और निर्जीव हो गए मोंसू में मौन और मोर्चाबन्द खिड़कियों-दरवाज़ों के पीछे बूर्जुआ लोगों के पसीने छूट रहे थे और दाँत बज रहे थे। कोई बाहर झाँकने तक की हिम्मत नहीं कर पा रहा था। धरती घने अन्धकार में डूब गई थी और त्रासद आकाश में ब्लास्ट भट्ठियाँ और बलती हुई कोक भट्ठियाँ ही दिखाई पड़ती थीं। पुलिस के घोड़ों की भारी टापें और निकट आती जा रही थीं—प्रतीत होता था जैसे कोई काली घटा उमड़ती आ रही हो। और पुलिस के पीछे उनकी देख-रेख में नानबाई की गाड़ी आ रही थी। उसमें से घर-घर सामान पहुँचानेवाला लड़का कूदकर उतरा और चुपचाप 'वोल-ओ-वां' घोंघे उतारने लगा।

छठा खंड

1

फ़रवरी के पहले दो सप्ताह किसी तरह घिसटते-घिसटते निकले। सर्वहारा के लिए भयंकर जाड़ा अधिक कठोर तथा लम्बा होता चला गया था। अधिकारी लोग—जैसे लील का प्रिफ़ेक्ट, सरकारी पैरोकार, एक जरनैल—पुनः दिखाई पड़ने लगे थे। पुलिस-बल पर्याप्त नहीं समझा गया था। सो, मोंसू में दबिश देने के लिए फ़ौज भेज दी गई थी और बोनी से मारशियन तक के इलाके में पूरी रेजिमेंट ने छावनी डाल रखी थी। कोयला-खानों की रक्षा हेतु सशस्त्र सन्तरी तैनात कर दिए गए थे; एक-एक इंजिन पर फ़ौजी पहरा बैठा दिया गया था। मैनेजर के बँगले पर, कम्पनी के अहाते में, यहाँ तक कि कुछ बूर्जुआ घरों में भी नंगी संगीनें दिखाई पड़ने लगी थीं। बटिया लगे राजमार्ग पर गश्त लगाते सिपाहियों के हलके पदचापों के सिवा और कोई आहट सुनाई नहीं पड़ती थी। वोरअ के कचरे की टेकरी के शीर्ष पर जो हमवार जगह बनी थी, और जहाँ बर्फ़ानी हवाओं का वेग कभी थमता नहीं था, चौबीसों घंटे सन्तरी इस तरह खड़ा रहता था, मानो आदमी नहीं, चौकसी करनेवाली बुर्जी हो, और दो-दो घंटे बाद बदलनेवाले सन्तरी इस तरह बोलते रहते थे, मानो किसी दख़ल किए गए इलाके में तैनात हों : 'कौन है वहाँ ?...आगे आ और पासवर्ड बोल !'

कहीं भी कोई आदमी काम पर लौटकर नहीं गया था। इसके विपरीत, दूसरी जगहों पर भी हड़ताल फैल गई थी : क्रेवकर ने, मीरू ने और मादलेन ने भी ल वोरअ का अनुसरण करते हुए सारा काम-काज बन्द कर दिया था; फ़त्री-कांतेल और ला विक्तुआर में आनेवाले कामगारों की संख्या भी दिन-प्रतिदिन घटती जा रही थी; सैं-तोमा अभी तक अछूती थी। अब उसमें भी उतने आदमी नहीं जा रहे थे, जितने उन्हें चाहिए थे। पुलिस और फ़ौज की सफ़बन्दी से खान मज़दूरों के अहं को चोट लगी थी। सो, इसका जवाब वे मौन हठधर्मी से दे रहे थे। चुकन्दर के खेतों के बीच स्थित गाँव-गामड़े उजाड़-उजाड़-से लगते थे। कहीं कोई कामगार आता-जाता दिखाई नहीं पड़ता था, और कभी संयोग से एक-आध आदमी अकेला बाहर निकलकर आ भी जाता, तो सिर नीचे किए कनखियों से सैनिकों की लाल पतलूनों को देखते हुए आगे बढ़ जाता।

मगर यह सारी उदासीनता, अमन-चैन और राइफ़लों के आगे नतमस्तक होकर चुनौती देने की भावना धोखे की टट्टी जैसी विनयशीलता थी; बिलकुल वैसी ही, जैसी पिंजरे में कैद जानवर विवशतया आज्ञापालन करते हुए भी निगाहें अपने ट्रेनर पर लगाए रखते हैं और उसकी पीठ इधर मुड़ी नहीं कि उछलकर उसकी गर्दन दबोची। काम ठप्प

हो जाने से कम्पनी तबाह हो रही थी और वे बेल्जियम की सीमा पर स्थित बोरीनाज़ से मज़दूर मँगवाने के मनसूबे बाँध रहे थे। मगर ऐसा करने की हिम्मत नहीं जुटा पाते थे, और अपने घरों में कैद खान मज़दूरों और फ़ौज के पहरे में निर्जीव पड़ी कोयला-खानों के बीच ज़िच-सी चल रही थी।

उस भयानक दिन के उपरान्त अगले दिन एकाएक अमन-अमान हो गया था, मगर उसकी ओट में इतना ख़ौफ़ तारी था कि कोई बोलकर नहीं बताता था कि नुकसान हुआ भी, तो कितना हुआ और कैसे-कैसे अत्याचार हुए। तहकीकात-तफ़तीश से सिद्ध हुआ कि मेग्रे की मौत छत से गिर जाने से हुई थी; लाश का जिस बेदर्दी से अंगभंग किया गया था, उसकी दंतकथा ज़रूर बन गई थी, लेकिन यह कैसे हुआ और किसने किया, इस रहस्य पर पर्दा ही पड़ा रहा। कम्पनी ने भी यह स्वीकार नहीं किया कि उसे कितनी हानि हुई और ग्रेग्वार दम्पती ने भी बदनामी के डर से कोई मुकदमा वग़ैरह दायर नहीं किया, क्योंकि ऐसा करते, तो गवाही देनी पड़ती। फिर भी, हस्बमामूल कई लोगों को गिरफ़्तार किया गया। पकड़ में आनेवाले और कोई नहीं, नादान और तमाशबीन लोग ही थे जिन्हें इसकी कोई जानकारी नहीं थी। लोग अब भी हँसते थे इस बात पर कि हालाँकि पियरों का कोई दोष नहीं था, फिर भी उसे हथकड़ियाँ डालकर मारशियन ले जाया गया था। यहाँ तक कि रासनर को भी दो पुलिसवाले घेर-घारकर ले जाना चाहते थे, लेकिन वह बच गया। प्रबन्धकों ने भी उन आदमियों की सूची-भर बनाकर सन्तोष कर लिया था जिन्हें बरख़ास्त करना चाहते थे। यही नहीं, उन्होंने सारी की सारी हाज़िरी की किताबें भी लौटा दी थीं। माहूअ को भी अपनी किताब मिल गई थी। इसी तरह, लवाक को और ग्राम 240 में रहनेवाले उनके चौंतीस कामरेडों को भी किताबें दे दी गई थीं। सरकारी नज़ला गिरा था एतियन पर, जो बलवे की रात ही ग़ायब हो गया था। अब उसकी तलाश की जा रही थी, लेकिन कहीं कोई सुराग मिल नहीं रहा था। शावाल को उससे इतनी घृणा थी कि हर जगह उसकी लानत-मलामत करता फिरता था; लेकिन कैथरीन अपने माँ-बाप को बचाना चाहती थी। सो, उसकी अनुनय-विनय के कारण उसने कई दूसरे लोगों का भी नाम नहीं लिया। दिन बीतते जा रहे थे। सभी भली-भाँति जानते थे कि मामला अभी ख़त्म नहीं हुआ। हर कोई इसी प्रतीक्षा में बैठा था कि कब इसका अन्त होता है, क्योंकि बेचैनी से सभी के दिल भारी थे।

उस दिन के बाद मोंसू के बूर्जुआ लोग इतने भयभीत रहने लगे थे कि रात को एकाएक आतंकित होकर उठ बैठते थे कानों में काल्पनिक ख़तरे की घंटियाँ बजने लगती थीं और नासारंध्रों में बारूद की गन्ध समा जाती। मगर जिस बात से ये लोग हैरान-परेशान थे, वह था उनके नए क्यूरे आबे रांविए का प्रवचन, जो आबे जोर की जगह नियुक्त होकर आया था। दुबले-पतले, अगिन सुभाव वाले इस पादरी और पहले वाले पादरी की विहँसती प्रकृति के बीच आकाश-पाताल का अन्तर था। बात के धनी और हँसमुख उस व्यक्ति का एकमात्र अभीष्ट था हरेक के साथ निबाहते हुए चलना। आबे रांविए ने उन भयानक लुटेरों-बटमारों की भी हिमायत करने की धृष्टता की थी जो सारे इलाके में लोगों की पत-आबरू उतारते फिरते थे। उसने हड़तालियों के उत्पातों को भी वाजिब ठहराया था, और बूर्जुआ पर भी प्रहार करता आ रहा था और उन्हीं

के मत्थे सारा दोष मढ़ता था। हमेशा कहता कि बूर्जुआ लोगों ने ही चर्च के सनातन अधिकार छीने हैं और ऐसा करके अपनी ही हेठी करवाई है और इसी कारण इस संसार को अन्याय और विपदा का अभिशाप झेलना पड़ रहा है; बूर्जुआ लोगों ने ही आदिकालीन क्रिश्चियनों की आस्था और बन्धुत्व की परम्पराओं को आत्मसात करने से इनकार किया था और इनके नास्तिक विचारों के कारण ही भ्रान्तियों को प्रश्रय मिला था और भयंकर मुसीबतें टूट पड़ी थीं। यहाँ तक कि उसने धनाढ्य वर्ग को डराने-धमकाने की धृष्टता की थी और उन्हें यह चेतावनी दे डाली थी कि यदि उन्होंने ईश्वर की अवज्ञा की, तो देखना, ईश्वर निर्धनों का ही साथ देगा : फिर जो लोग निरीश्वरवादी हैं, ईश्वर उनकी धन-सम्पदा छीन लेगा और अपने गौरव की प्रतिष्ठा हेतु वह सारी दौलत धरती के दीन-हीन लोगों में बाँट देगा। श्रद्धालु लोग यह सब सुनते और लरज़ उठते; नोटरी तो डंके की चोट पर कहता कि यह तो समाजवाद का सबसे घिनौना रूप हुआ; फिर सबको दिखाई पड़ने लगता कि क्यूरे किस तरह '89 के बूर्जुआ समाज की धज्जियाँ उड़ाते हुए लश्कर के आगे-आगे सलीब उठाए चला जा रहा है।

जब मोंस्यो हेनबो के कान भरे गए, तो उसने कन्धे उचकाते हुए, बस, इतनो-सी बात कही : 'अगर यह शख़्स बहुत ज़्यादा लफड़ा करता है, तो देखना, बिशप उसे यहाँ से हटा परे मारेगा।'

इधर, जब सारा इलाका एक सिरे से दूसरे सिरे तक इस आतंक की गिरफ़्त में आता जा रहा था, एतियन भूमिगत हो गया था और रकैयार की कोयला-खान के नीचे यांलैं की माँद में जा बैठा था। इसी जगह पर वह छिपा रहा और किसी को भनक तक नहीं पड़ी कि वह इतने निकट भी मौजूद हो सकता है; उसी कोयला-खान के भीतर पुरानी शाफ़्ट के परित्यक्त गलियारे में वह निर्भीक होकर छिपा बैठा था और उसका पीछा करनेवाले पता नहीं कहाँ-कहाँ मारे-मारे फिर रहे थे। ऊपर, हेडफ्रेम की गिरी लकड़ियों के बीच उग आए लाल, सफ़ेद, गुलाबी फूलोंवाली कँटीली झाड़ियों ने प्रवेशद्वार को ढँक लिया था; वहाँ से किसी को नीचे जाने की हिम्मत नहीं होती थी, क्योंकि इसके लिए एक तो पेड़ की जड़ों को पकड़कर नीचे लटकने का ढब आना चाहिए था और फिर निर्भयता से कूदकर नीचे की सीढ़ी के पहले ज़ीने पर पहुँचना पड़ता था जो अभी तक मज़बूती से खड़ी थी। फिर दूसरी अड़चनें भी थीं, जिस कारण एतियन बच जाता था—एक तो सीढ़ीवाले कुएँ में दमघोंटू तपिश थी। फिर चार सौ फुट की ख़तरनाक उतराई पार करके जाना पड़ता था और सँकरी सुरंग में आध मील की क्लेशदायी दूरी भी पेट के बल रेंग-रेंग कर पार करनी पड़ती थी। तब कहीं जाकर कोई यांलैं की उस माँद में पहुँचता था, जिसमें वह लूट का सारा माल सँजोकर रखता रहता था। इसी जगह पर एतियन आराम से रह रहा था, क्योंकि माँद में उसे थोड़ी जिन, बची-खुची सूखी मछली और तरह-तरह की दूसरी चीज़ें मिल गई थीं। पुआल का बढ़िया बिस्तर भी रखा था, जहाँ सर्द हवा का प्रवेश तक नहीं हो पाता था और समान तापमान ऐसा था जैसा किसी गुनगुने गुसलख़ाने में रहता है। बस, एक कमी थी, और वह यह कि वहाँ रोशनी नहीं थी। यांलैं उसे सारा सामान पहुँचा जाया करता था और किसी बनैले प्राणी की तरह हमेशा सतर्क और होशियार रहता था और पुलिसवालों को अँगूठा दिखाने में मज़ा

लेता था और एतियन के लिए लगभग हर चीज़, यहाँ तक कि इत्र-फुलेल तक, ले आता था, लेकिन मोमबत्तियों का पैकेट अभी तक नहीं ला पाया था।

पाँचवें दिन के बाद एतियन मोमबत्ती तभी जलाता, जब खाने-पीने का वक्त होता। अँधेरे में जब भी खाने बैठता था, लुक्मा उसके हलक से उतरता नहीं था। सबसे अधिक कष्ट उसे वहाँ के असीम, अनन्त घुप्प अँधेरे में होता था। निस्सन्देह, वह सोता तो पूरे अमन-अमान और इत्मीनान के साथ था, सर्दी भी नहीं लगती थी और पेट भरने को भी पर्याप्त मिल जाता था—मगर रात भारी पड़ती थी और उसी तरह उसे भींचने लगती जिस तरह उसकी चिन्ताएँ उसे हरदम दबोचे रखती थीं। अब तो वह स्वयं चोरी के माल पर ही जीवित था ! साम्यवादी सिद्धान्तों के बावजूद, उसके पुराने संस्कार विद्रोह कर उठते थे और सूखी रोटी से ही उसे सन्तोष करना पड़ता था जिसमें धीरे-धीरे कटौती करता जा रहा था। लेकिन इसके सिवा और कोई चारा भी तो न था—उसे जीवित रहना था, क्योंकि अभी उसका काम पूरा नहीं हुआ था। फिर एक और शर्मनाक बात थी जो उसे व्याकुल किए रखती थी—भयंकर सर्दी में खाली पेट जिन पी लेने से जो वहशियाना मदमस्ती चढ़ी थी उस पर, उसका उसे पछतावा था, क्योंकि उसका अंजाम यह हुआ था कि हाथ में छुरा लिये वह शावाल पर टूट पड़ा था। पहले से ही उसके भीतर बैठा कोई अज्ञात भय, पुश्तैनी पाप की दहशत, लम्बी विरासत में मिली नशाख़ोरी की बान उसे हरदम झकझोड़ती रहती थी, और यह ऐसी बान थी कि दारू का एक कतरा हलक से उतरने की देर होती कि वह नरहत्या जैसा कृत्य करने पर उतारू हो जाता। क्या अन्ततः वह हत्यारा नहीं कहलाएगा ? इस सुरक्षित स्थल पर, धरती की कोख में एकदम सुनसान जगह पर छिपकर बैठने आया था, तो उसकी हिंसक प्रवृत्ति इतनी परितृप्त हुई थी कि दो दिन तक वह उस जन्तु की भाँति अलसाता रहा था जो खूब भकोसने के बाद अपनी माँद में जाकर श्लथ-सा पड़ जाता है; इसके बावजूद, उसकी मायूसी दूर नहीं हो रही थी। उसे एकदम कुचलकर रख दिया गया था। उसके मुँह का स्वाद एकदम कड़वा हो जाता, सिर में बिलकुल वैसा ही शूल उठता, जैसा कि कोई भयावह लांपट्य कर्म करने के पश्चात् उठता है। एक सप्ताह बीत गया था; हालाँकि माहूअ परिवार को उसकी परेशानी के बारे में बता दिया गया था, लेकिन वे भी मोमबत्ती नहीं भिजवा पाए थे; अतः उसे रोशनी के बिना ही रहना पड़ा—यहाँ तक कि खाना-पीना भी अँधेरे में ही करता।

वह देर तक पुआल पर पसरा रहता और ऐसे-ऐसे ऊलजलूल ख़यालों में खोया रहता जो पहले कभी उसके ज़ेहन में आते ही नहीं थे। उदाहरण के लिए, उसके भीतर दम्भ सिर उठाने लगा था, जिस कारण अपने कामरेडों से अपने आपको श्रेष्ठ समझता था। शिक्षा ग्रहण करने के साथ-साथ उसके भीतर एक अहंभाव भी पैदा होता चला गया था। आज तक उसने इतना चिन्तन-मनन कभी नहीं किया था। वह अपने-आपसे पूछता—उस दिन एक कोयला-खान से दूसरी कोयला-खान तक बेतहाशा भाग-दौड़ करने के पश्चात् उसे इतनी जुगुप्सा क्यों हुई थी, और इसका जवाब देने के लिए वह हिम्मत नहीं जुटा पाता था; घटिया दर्जे के लोभ-लालच से, बर्बर वृत्तियों से और सारे वातावरण में व्याप्त दुख-दारिद्रय की दुर्गन्ध का स्मरण करते ही उसे जुगुप्सा होने लगती। अँधेरे

की विभीषिका के बावजूद, यह सोचकर ही वह दहशत से भर उठता कि एक दिन उसे गाँव लौटकर जाना पड़ेगा। जीवन कितना भयावह था ! कितने अभागे हैं ये लोग जो इस तरह नारकीय जीवन व्यतीत करते हैं; एक ही कठौते में पीते हैं ! एक भी तो आदमी ऐसा नहीं है जिसके साथ गम्भीरता से राजनीति की चर्चा की जा सके। जानवरों जैसी ज़िन्दगी जीते हैं, हमेशा की तरह वही प्याज़ की गलघोंटू गन्ध ! उसकी उत्कट इच्छा थी कि वह इनके ज्ञान की परिधि को विकसित करे; चाहता था कि इन लोगों को मालिक बनाकर इन्हें ये सब सुविधाएँ दिलवाए, इन्हें वह सारा शिष्टाचार सिखाए जो बूर्जुआ लोगों की विशेषता थी—मगर कितना लम्बा और कठिन था यह काम और नहीं समझता था कि उसमें इतना दमखम है कि भूख के इस कैदख़ाने में रहकर वह जीत हासिल कर सकता है। उसका यह घमंड कि वह उनका नेता है और उसकी यह सोच कि उसे निरन्तर उन्हीं के बारे में चिन्ता रहती है, ये सब बातें ऐसी थीं जिनकी वजह से वह धीरे-धीरे उनसे अलग-थलग पड़ता गया था और उसके भीतर एक बूर्जुआ की आत्मा जन्म ले रही थी, हालाँकि इस वर्ग के प्रति उसके मन में इतनी घृणा थी।

एक साँझ यांलैं उसके लिए मोमबत्ती का टोंटा ले आया जो उसने किसी गाड़ीवान की कन्दील से चुराया था। इससे एतियन को बड़ी राहत मिली। जब कभी घना अँधेरा उसे दबोचने लगता, वह एकदम बौरा-सा जाता और सारी स्थिति इतनी असह्य हो उठती कि क्षण-भर के लिए वह मोमबत्ती बाल लेता; फिर ज्योंही इस दुःस्वप्न को झटककर बाहर आता, मोमबत्ती को तत्काल बुझा देता, क्योंकि यह रोशनी ही उसके लिए उतनी ही ज़रूरी थी जितनी कि रोटी। सन्नाटा उसके कानों में घरघराता रहता; वहाँ कोई आहट तक सुनाई नहीं पड़ती थी, सिवाय चूहों की फ़ौज की उछल-कूद के, पुराने काठ की कड़कड़ाहट के, जाल बुनते मकड़े की बारीक मरमराहट के। और इस सीलन-भरे शून्य में जब वह टकटकी लगाए देख रहा होता, तो उस पर वही भूत सवार हो जाता—वह अपने-आपसे यह सवाल पूछने लगता कि उसके कामरेड ऊपर क्या कर रहे होंगे। उसे लगता कि उन्हें इस तरह मँझधार में छोड़कर आना सबसे बड़ी कायरता थी। अगर वह यहाँ लुक-छिपकर बैठा है, तो इस वास्ते कि आज़ाद रह सके और उन्हें सलाह-मशविरा दे सके और सक्रिय बना रहे। देर-देर तक चिन्तन-मनन करते रहने से उसके भीतर एक महत्वाकांक्षा जागी थी : जब तक वह किसी बेहतर स्थिति में नहीं आता, वह प्लूकार्ट बनना चाहेगा, नौकरी छोड़कर केवल राजनीति करेगा—मगर अकेला, और किसी साफ़-सुथरे कमरे में इस हीले से बैठा रहेगा कि बौद्धिक श्रम व्यक्ति के समस्त जीवन को सोख लेता है और इसके लिए उसे एकदम सुकून की ज़रूरत होती है।

दूसरे सप्ताह के आरम्भ में यांलैं ने उसे आकर बताया कि पुलिसवाले समझ रहे हैं कि वह सीमा लाँघकर बेल्जियम भाग गया है। सो, एतियन ने रात होते ही माँद से बाहर निकलने की जोखिम उठाई। सारी स्थिति का वह जायज़ा लेना चाहता था और देखना चाहता था कि संघर्ष जारी रखना श्रेयस्कर है या नहीं। वह स्वयं तो यह समझ बैठा था कि भैंस गई पानी में; हड़ताल शुरू होने से पहले भी उसे इसके फलितार्थ पर सन्देह था। फिर भी, वह रौ में बहता चला गया था, और अब, इस बग़ावत के, सरकशी

के आलम के बाद उसे फिर उन्हीं संशयों ने आ घेरा था जिनके बारे में वह पहले से ही शंकालु था, और अब तो एकदम निराश हो गया था, क्योंकि समझता था कि अब कम्पनी हथियार नहीं डालेगी। लेकिन अभी वह यह बात भी स्वीकार करने को भी तैयार नहीं था; अब तो उसे यह चिन्ता खाए जा रही थी कि पराजय हुई, तो कैसी-कैसी मुसीबतें झेलनी पड़ सकती हैं, और इस विपदा की सारी ज़िम्मेदारी का भारी बोझ उसे हमेशा कचोटता रहेगा। हड़ताल का अन्त—यदि ऐसी स्थिति आ भी गई, तो क्या यह उसकी भूमिका का, उसकी महत्वाकांक्षा का अन्त नहीं होगा ? क्या कोयला-खानों में बर्बरता का फिर से बोलबाला नहीं होने लगेगा ? और ग्रामवासियों का जीवन हराम नहीं हो जाएगा ? फिर पूरी निष्ठा से, किसी प्रकार के छल-छद्म के उसने अपनी साख फिर से जमाने का निश्चय किया। वह यह सिद्ध करेगा कि विरोध तो अब भी जारी रखा जा सकता है और यह भी कि जब श्रमिक वर्ग वीरोचित आत्मघात पर तुल जाएगा, तो उसके साथ पूँजीवाद भी अपने-आपको ध्वस्त कर लेगा।

और वस्तुस्थिति यह थी कि इस ध्वंस की गड़गड़ाहट ज़िले-भर में सुनाई पड़ने लगी थी। रात की वेला में जब एतियन अँधेरे में डूबे देहात में इस तरह भटकता फिर रहा था जिस तरह जंगल की माँद से निकलकर आया भेड़िया डोलता फिरता है, तो उसे लगा कि उसके कानों में धरती के एक सिरे से दूसरे सिरे पर टाट उलटनेवालों के सर्वनाश की हड़बड़ाहट सुनाई पड़ रही है। जिन सड़कों से वह गुज़रता, वहाँ जगह-जगह बन्द, बेजान फ़ैक्टरियाँ ही दिखाई पड़तीं, जिनकी इमारतें धूसर आसमान के नीचे सड़ने लगी थीं। विशेषकर चीनी के कारखानों को तो सबसे अधिक नुकसान उठाना पड़ा था; ऊतां और फ़ोवेल की रिफ़ाइनरियों ने पहले तो अपने कर्मचारियों की संख्या में कटौती की थी, फिर वे एक-एक करके बन्द होती चली गई थीं। द्युतियल आटे की मिल में महीने के दूसरे शनिवार आख़िरी आटाचक्की भी बन्द हो गई थी, और खानों के लिए केबल बनानेवाले ब्लज़ रोपवर्क्स का काम क्या ठप्प हुआ, उसकी तो जान ही निकल गई थी। मारश्यिन के चारों तरफ़ हालात दिन-ब-दिन बिगड़ते चले गए थे : गाज़बुआ ग्लासवर्क्स की सारी भट्ठियाँ बन्द हो गई थीं, सॅनवील कंस्ट्रक्शन वर्क्स में लगातार छँटनी होती रहती थी, ले फ़ार्ज में केवल तीन ब्लास्ट भट्ठियाँ ही चालू थीं, और अनेक फ़रनेसों की एक भी बैटरी आकाश में बलती दिखाई नहीं देती थी। दो बरस से जो औद्योगिक संकट गहराता आ रहा था, उसी के फलस्वरूप मोंसू में खान मज़दूरों की हड़ताल हुई थी। सो, संकट और बढ़ गया था, जिससे सारे उद्योग डूबने लगे थे। गड़बड़ी के मूल कारण थे अमेरिका से मिलनेवाले आर्डरों का बन्द होना और अत्यधिक उत्पादन के कारण बड़ी मात्रा में पूँजी का बेहरकत हो जाना। अब इसके साथ एक और कारण जुड़ गया था, वह यह कि किसी ने कल्पना तक नहीं की थी कि जो बायलर चालू हैं, उनके लिए भी कोयले का टोटा पड़ सकता है, और यह कमी उनके लिए मौत का पैग़ाम लेकर आई थी : कोयला-खानों से मशीनों को कोई ख़ुराक नहीं मिल रही थी। आम मन्दी के डर से कम्पनी ने जिस तरह अपना उत्पादन घटा दिया था और खान मज़दूरों की रोज़ी-रोटी छीन ली थी, उसका नतीजा यह हुआ था कि दिसम्बर के आख़िर में कम्पनी के अहातों में कोयले की एक डलिया तक नहीं बची थी। हर चीज़ दूसरी चीज़

से जुड़ी थी : छूत बहुत दूर से आई थी, एक किल्लत से दूसरी किल्लत हुई थी, और कई संकटों से जूझते हुए उद्योग इस तेज़ी से हड़हड़ाकर गिरे थे और ढहढेरी होते चले गए थे कि उनकी गूँज पड़ोस में लील, दूए और वालांसिएन जैसे नगरों में भी पहुँची थी, जहाँ फ़रार होनेवाले बैंकर समूचे परिवारों को एक-एक सू के लिए मोहताज करके छोड़ गए थे।

एतियन अकसर करता यह कि बर्फ़ीली रात में सड़क के किसी मोड़ पर खड़ा हो जाता और चारों तरफ़ की तबाही को आँख भरकर देखता रहता। अँधेरे में खड़ा-खड़ा सर्वनाश की बात सोचते-सोचते हुलस-हुलस उठता और आशावान हो जाता कि एक दिन ऐसा भी आएगा कि पुरातन समाज ध्वस्त होगा, समतावाद हँसिए की तरह धरती पर चलेगा और ज़र-ज़मीन का नामोनिशान मिट जाएगा। मगर उसकी ख़ास दिलचस्पी तो कम्पनी की कोयला-खानों में थी और वह यह पता लगाने को उत्सुक था कि गड़बड़ी के दौरान उनका क्या हश्र हुआ, और अँधेरे में जब हाथ को हाथ सुझाई न दे रहा होता, तो वह फिर मटरगश्ती करने निकल जाता और एक-एक खान को नज़र भरकर देखता और जब पाता कि इन्हें और नुकसान पहुँचा है, तो फूला न समाता। कोयला-खानें लगातार धँसती जा रही थीं और जितने समय तक खानों के भीतर की सुरंगों को बेकार पड़े रहने दिया जाएगा, उनकी हालत और नाजुक होती चली जाएगी। मीरू के उत्तरी गलियारे के ऊपर धरती इस बुरी तरह धसकती चली गई थी कि ज़्वाज़ेल रोड का करीब सौ गज़ हिस्सा ही ग़ायब हो गया था, मानो भूचाल आने से ऐसा हुआ हो; इन दुर्घटनाओं से कम्पनी वाले इतने व्याकुल हो उठे थे कि उन्होंने ज़मीन के उन मालिकों को बिना चूँ-चपर के पैसा अदा कर दिया था जिनकी ज़मीन इस तरह ग़ायब हो गई थी। क्रेवकर और मादलेन दिन-ब-दिन ठप्प होती जा रही थीं, क्योंकि इन जगहों पर चट्टानें सहज ही धसक जाती थीं। सुनने में आता था कि ला विक्तुआर में दो फ़ोरमेन दबकर मर गए थे; अचानक बाढ़ आ जाने से फ़त्री-कांतेल डूब गई थी; सैं-तोमा में आध मील से भी अधिक लम्बे गलियारे में दीवार खड़ी करनी पड़ सकती थी, क्योंकि उसके शहतीर-बल्लियाँ इस बुरी हालत में थे कि ढहते जा रहे थे। नौबत यहाँ तक आ गई थी कि हर घड़ी इतना नुकसान होने लगा था कि स्टॉक होल्डरों के लाभांश घटते जा रहे थे—जिसका अर्थ यह था कि कोयला-खानें द्रुत गति से ध्वस्त हो जाएँगी, जिसका आगे चलकर नतीजा यह होगा कि इन लोगों के जो 'दनिए' एक सदी में सौ गुना बढ़ गए थे, वे ख़ुदबुर्द हो जाएँगे।

इतना ध्वंस देखकर एतियन के कलेजे में ठंड पड़ी और उसे विश्वास हो गया कि विरोध के तीसरे महीने उस दुष्टात्मा का, थके-हारे, अघाए जन्तु का ख़ात्मा हो जाएगा जो आस-पास ही अपने किसी डेरे की अज्ञात गुफ़ाओं में बुत बना बैठा है। वह जानता था कि मोंसू में जो ज़बरदस्त वलवला आया था, उसकी चर्चा पैरिस के सभी अख़बारों में हुई थी; सरकारी अख़बारों और विरोधी दलों के अख़बारों में इसका उग्रता के साथ खंडन-मंडन हुआ था—और भयावह किस्से छपे थे—ऐसे किस्से जिनका इस्तेमाल विशेष रूप से 'इंटरनेशनल' के ख़िलाफ़ किया गया था, जिसे पहले तो साम्राज्य ने शह दी थी, लेकिन अब उसी से ख़ौफ़ खा रहा था। मालिकों में इतनी जुर्रत नहीं

थी कि सुनी-अनसुनी कर जाएँ, और दो डायरेक्टर कृपापूर्वक आए थे और उन्होंने जाँच-पड़ताल भी की थी—लेकिन इतनी अनिच्छा से कि उन्हें इस बात की कोई चिन्ता नहीं थी कि निष्कर्ष क्या निकलेगा। इतने उदासीन थे कि तीन दिन बाद ही यह कहकर चलते बने कि स्थिति इससे बेहतर हो नहीं सकती। उसे अन्य स्रोतों से ज्ञात हुआ था कि अपने प्रवास के दौरान ये महाशय लगातार इजलास करते रहे थे, अत्यन्त व्यस्त भी रहे और ऐसे मामलों की छानबीन करते रहे जिनके बारे में उनके निकटस्थ लोगों ने उन्हें भनक तक नहीं पड़ने दी थी। एतियन ने यह निष्कर्ष निकाला कि वे आश्वस्त होने का ढोंग-सा करते रहे थे और उनके चले जाने से यह सिद्ध हुआ कि यह उनकी घोर पराजय थी; अब चूँकि ये भीषण लोग निराश होकर चले गए थे, सो जीत सुनिश्चित थी।

मगर अगली रात एतियन फिर हताश हो गया। कम्पनी की रीढ़ इतनी मज़बूत थी कि इतनी आसानी से तोड़ी नहीं जा सकती थी; वे लाखों की हानि झेल सकते थे, क्योंकि बाद में वे कामगारों के कन्धों पर बन्दूक रखकर उनके वेतन में थोड़ी-थोड़ी कटौती करके अपना ख़सारा पूरा कर लेंगे। उस रात वह चलते-चलते ज्यां-बार तक निकल गया था और असलियत का उसे तब पता चला था जब एक चौकीदार ने उसे यह बताया कि सुनते हैं कि वनदाम को मोंसू के हवाले किया जा रहा है। यह भी अफ़वाह थी कि दनलां के घर में ग़रीबी ने पैर पसार रखे हैं—धनवान की निर्धनता—वह इस तरह कि रुपए-पैसे के अभाव में पिता अपनी बेबसी से बेज़ार हो गया था और बेटियाँ भरसक इस कोशिश में थीं कि जैसे-तैसे साहूकारों को परे रखा जाए। भुखमरी के कगार पर खड़े गाँवों के सामने उतनी विपदा नहीं थी, जितनी कि मध्यम दर्जे की इस गृहस्थी को झेलनी पड़ रही थी, और ये लोग इसी कोशिश में थे कि किसी तरह यह भेद न खुले कि उन्हें तो पीने के लिए सिर्फ़ पानी ही नसीब होता है। ज्यां-बार में काम शुरू नहीं हो पाया था और गस्तां-मारी में नया पम्प लगाना पड़ गया था; इसके अलावा, तमाम एहतियात बरतने के बावजूद, कहीं-कहीं पानी भर गया था और इस पर भी भारी ख़र्च करना पड़ रहा था। अन्ततः दनलां ने डरते-डरते ग्रेग्वार से एक लाख फ्रां का कर्ज़ माँग लिया था और—हालाँकि जानता था कि वह इनकार कर देगा—जब उसने देने से एकदम मना कर दिया, तो उसकी तो बधिया ही बैठ गई थी। उन्होंने दलील यह दी थी कि हम कर्ज़ देने से इनकार स्नेहवश कर रहे हैं, ताकि वह बेकार की जद्दोजहद के चक्कर में न पड़े, और फिर कोयला-खान बेच देने का मशविरा भी दे डाला था। तब भी उसने ऐसा करने से साफ़ इनकार कर दिया था। उसे आक्रोश इस बात का था कि इसका मतलब है हड़ताल का ख़मियाज़ा उसे भुगतना पड़ेगा—उसका ख़ून खौलता था...इससे तो मौत ही भली, चाहे मिर्गी का दौरा पड़ने से उसका दम ही घुट जाए। लेकिन मरता क्या न करता ?—अन्ततः उसने उनकी पेशकश पर ग़ौर किया। उन्होंने मोल-तोल किया। इस बहुमूल्य सम्पत्ति की, नए-नए उपकरणों से सुसज्जित कोयला-खान की उन्होंने बहुत कम कीमत लगाई, जिसका सारा कामकाज केवल धनाभाव के कारण ठप्प हो गया था। वह अपने-आपको भाग्यशाली समझ लेगा यदि उसे इतनी रकम भी मिल जाए कि साहूकारों का क़र्ज़ चुकता कर सके। दो दिन तक

मोंसू में डेरा डालकर बैठे डायरेक्टरों से वह लड़ता रहा था और जिस इत्मीनान से वे उसकी फटी में पैर डालने की कोशिश करते रहे थे, उससे वह इतना उन्मत्त हो उठा था कि काँपते स्वर में चीखकर बोला था, 'कभी नहीं !'

तो यह थी सारी स्थिति। वे लोग पैरिस लौट गए थे और धैर्यपूर्वक उसके तिल-तिल मरने की बाट जोह रहे थे। एतियन समझ गया था कि इस सौदे से कम्पनी किस तरह अपने दूसरे संकटों से पार पाने जा रही है, और इस बात से वह फिर हतोत्साह हो गया; विशाल पूँजी की सामर्थ्य इतनी अजेय है, लड़ाई में इतनी मज़बूती से पैर जमाकर खड़ी हो सकती है कि पराजय का मुख देखने के बावजूद वह धराशायी हो गए छोटे-छोटे उद्यमों की लाशों को भी निगलकर फल-फूल सकती है।

सौभाग्य से, अगले दिन यांलैं कुछ शुभ समाचार लेकर आया। ल वोरअ में सुरंग का खोल फटने-फटने को था; एक-एक जोड़-बन्द से पानी रिसने लगा था और मरम्मत के लिए बढ़इयों की टोली को दौड़ा दिया गया था।

इससे पूर्व एतियन कचरे की टेकरी पर तैनात सन्तरी की काली छाया से हमेशा बेचैन रहता था, इसलिए ल वोरअ से हमेशा दूर ही रहता। उस काली छाया से बचकर जाना भी कठिन था; ऊपर आकाश में फ़ौजी झंडे की नाईं यह काली छाया सब पर हावी रहती। भोर वेला में कहीं तीन बजे आकाश पर बादल घिर आए थे और एतियन ने कोयला-खान की तरफ़ रुख किया, जहाँ उसके कुछ कामरेडों ने उसे बताया कि खोल कितनी ख़स्ता हालत में है : वे तो यहाँ तक कहते थे कि पुराने खोल की जगह अब नया खोल बनना चाहिए, और अगर ऐसा किया जाता है, तो तीन महीने तक कोयला निकालने का काम एकदम ठप्प हो जाएगा। एतियन काफ़ी देर तक वहाँ डोलता फिरा। शाफ़्ट पर बढ़इयों की हथौड़ियों की आवाज़ सुनाई पड़ रही थी। इस घाव को जिस तरह की मरहम-पट्टी की ज़रूरत थी, उसकी बात सोचकर ही उसका हृदय प्रफुल्लित हो उठा था।

पौ फटने की वेला में जब वह लौट रहा था, तब भी कचरे की टेकरी पर सन्तरी खड़ा था। निस्सन्देह, अब तो सन्तरी की नज़र उस पर पड़ ही जाएगी। वह चलता जा रहा था और सैनिकों के बारे में सोचता जा रहा था कि इन्हें तो जनता में से ही उठाया जाता है और फिर जनता के ही ख़िलाफ़ इन्हें अस्त्रों-शस्त्रों से लैस किया जाता है। यदि सेना एकाएक क्रान्ति की हिमायत के लिए खड़ी हो जाए, तो क्रान्ति कितनी सरलता से सफल हो सकती है ! बैरकों में जो कामगार और किसान होंगे, उन्हें तो, बस, इतना याद करना होगा कि उनका आगमन कहाँ से हुआ। बूर्जुआ वर्ग के लिए यही सबसे बड़े ख़तरे की बात थी—सबसे बड़ा हौआ—यह ख़याल आते ही कि फ़ौज बग़ावत कर सकती है, उनके दाँत बजने लगते थे। दो घंटों के भीतर ही उन्हें बुहारकर रख दिया जाएगा, उखाड़कर फेंक दिया जाएगा, और इसके साथ ही उनके पापमय जीवन के सारे विशेषाधिकार और घिनौनापन ख़त्म हो जाएगा। ऐसी भी अफ़वाहें सुनने को मिल रही थीं कि समस्त रेजिमेंटों पर सोशलिज़्म का रंग चढ़ चुका है। क्या यह सच है ? क्या न्याय के युग का सूत्रपात होगा, जिसका श्रेय उन बन्दूक की गोलियों को होगा जो बूर्जुआओं ने बाँट रखी हैं ? और फिर एक और उम्मीद का दामन पकड़े

यह नौजवान ख़याली पुलाव पकाने लगा कि जिन रेजिमेंटों की टुकड़ियाँ कोयला-खानों पर पहरा दे रही हैं, वे खुलेआम हड़ताल की हिमायत करने लग जाएँगी, सारी कम्पनी को गोलियों से भून देंगी और आख़िरकार कोयला-खानें मज़दूरों के हवाले कर देंगी।

एकाएक उसे बोध हुआ कि जब उसके दिमाग़ में ये सब बातें उमड़-घुमड़ रही थीं, वह अनजाने में ही कचरे की टेकरी पर चढ़ने लगा था। क्यों न जाकर फ़ौजी से बातचीत करे ? पता चल जाएगा कि उसके मन में क्या है। बस, वह ऐसा दिखाता है कि वह योंही इधर निकल आया है। कदम-कदम करके सिपाही के निकट पहुँचता गया, मानो मलबे में से पुरानी लकड़ी बीनता आ रहा हो। सन्तरी न हिला, न डुला।

'कामरेड, मौसम कितना गन्दा है !' अन्ततः एतियन ने यह बात कही। 'लगता है, बर्फ़ पड़नेवाली है।'

सैनिक नाटे कद का गोरा-चिट्टा युवक था। चेहरे से भोलापन और पीलापन टपकता था और लाल चकत्ते दिखाई पड़ते थे। फ़ौजी कोट में वह किसी रंगरूट की तरह अनाड़ी-सा व्यवहार कर रहा था।

'हाँ, बड़ा ख़राब मौसम है,' वह फुसफुसाया।

और उसकी नीली-नीली-सी आँखें सुरमई आकाश पर, धूमिल पौ पर जा अटकीं। उस वेला ऐसा लगता था कि दूर अन्तरिक्ष पर कालिख सीसे की तरह लटकी है।

'देखो तो उन गधों को जिन्होंने तेरे को यहाँ ठिठुरने के लिए लाकर खड़ा कर दिया है !' एतियन बोला। 'तू सोचता होगा कि उन्हें कज़्ज़ाकों के हमले का ख़तरा है...और यहाँ हमेशा हवा को थपेड़े पड़ते रहते हैं !'

नाटा फ़ौजी ठिठुर रहा था, मगर कोई शिकवा नहीं किया उसने। बेशक वहाँ पत्थरों की मड़ैया थी, जिसमें बूढ़ा बोनमोर्त रात को तेज़ हवा के झोंके चलने पर चले जाया करता था। मगर इस फ़ौजी को तो हुक्म था कि वह टेकरी की चोटी पर मुस्तैदी से खड़ा रहे; सो, डटा हुआ था। ठंड के मारे उसके हाथ इतने सुन्न हो गए थे कि महसूस ही नहीं कर पा रहा था कि उसकी राइफल कैसी है। वह उन साठ सैनिकों की टुकड़ी में से आया था जो ल वोरअ की हिफ़ाज़त के लिए तैनात किए गए थे। और चूँकि इस निष्ठुर घड़ी में ही उसे ड्यूटी बजानी पड़ती थी, सो खड़े-खड़े वह अधमरा-सा हो जाता था। पैर अकड़ जाते थे। पर नौकरी तो बजानी पड़ती थी। सिर झुकाकर आज्ञापालन करते रहने से उसका दिमाग़ भी ठस्स हो गया था और उसने एतियन के सवालों का जवाब किसी उनींदे बालक की तरह तनिक हकलाते-हकलाते दिया था।

करीब पन्द्रह मिनट तक उसके मुख से राजनीति की बातें उगलवाने की उसने भरसक कोशिश की, लेकिन नाकाम रहा। वह हाँ भी करता, ना भी करता, लेकिन लगता था कि कोई बात उसके पल्ले पड़ नहीं रही है; कुछेक सिपाहियों का कहना था कि इनका कैप्टन रिपब्लिकन है, मगर इस बारे में उसकी कोई समझ नहीं थी। उसकी बला से। अगर उसे हुक्म मिलता है गोली चलाने का, तो वह गोली चला देता है, ताकि सज़ा न मिले। एतियन सुनता रहा। मन घृणा से भर उठा था। यह घृणा थी जनता की सेना के प्रति, इन भाई-बन्दों के प्रति, जिन्हें लाल पतलून पहनाकर हृदय-परिवर्तन किया जा

सकता है।

'तेरा नाम क्या है ?'

'यूल।'

'कहाँ के वासी हो ?'

'प्लागाफ़ के, उधर के।'

उसने यों ही इशारा कर दिया था। यह जगह ब्रिटेन में थी। बस, इतना-भर ज्ञान था उसे। उसका छोटा और पीला-पीला-सा चेहरा जैसे सजीव हो उठा था और उल्लसित होकर वह हँस दिया था।

'पीछे घर में मेरी माँ है, मेरी बहन है। सच्ची, मेरी बाट जोहती होंगी, लेकिन अभी बहुत दिन पड़े हैं घर जाने को...मैं जब घर से चला था, तो वे मेरे साथ पों-लाबे तक आईं। हमने लपालमेकों का घोड़ा माँग लिया था, और ओदिअर्न में पहाड़ी की तलहटी में उसकी टाँग टूटते-टूटते बची थी। चचेरा भाई शार्ल हमारे लिए सॉसेज लेकर आया था, लेकिन औरतों ने इतना रोना शुरू किया, वे इतना रोईं कि हमारे हलक से कोई चीज़ उतरती ही नहीं थी...अजी, बताऊँ भी तो क्या बताऊँ, घर से इतनी दूर पड़ा हूँ !'

हालाँकि उसके चेहरे पर मुस्कराहट खेल रही थी, लेकिन आँखें भर आई थीं। लगता था, एकाएक उसकी आँखों के सामने वह उजाड़-बियाबान प्लागाफ़ की बंजर भूमि नाच गई थी, वह बियाबान, तूफ़ान के थपेड़े झेलनेवाला राज़ प्रायद्वीप दिखाई पड़ने लगा था जो बिलकुल वैसा ही लगता था जैसा कि चिलचिलाती धूप में दिखता होगा।

'बता,' वह पूछता है एतियन से, 'अगर कोई ऐसी-वैसी बात न हो गई, तो समझते हो, दो सालों में वे मुझे महीने-भर की छुट्टी दे देंगे ?'

इस पर एतियन ने प्रोवोंस का ज़िक्र छेड़ा, जहाँ से वह बहुत छोटी उम्र में निकलकर आया था। हलकी-सी उजास हो चली थी और धूसर आसमान में बर्फ़ के गाले उड़ने लगे थे। तभी एतियन को झाड़ियों के इर्दगिर्द मँडराता यांलैं दिखाई पड़ गया जो एतियन को टीले पर देखकर चकित था। यांलैं हाथ से इशारा कर रहा था। फ़ौजियों के साथ व्यर्थ का याराना जोड़ने का क्या फ़ायदा ? लेकिन एकाएक वह यांलैं की चेतावनी को समझ जाता है : सन्तरी की बदली में वे आ रहे थे। वह लौट पड़ा और दौड़ते हुए रकैयार में अपनी माँद तक आया। एक बार फिर निश्चित हार की बात सोचते-सोचते उसका कलेजा बैठने-बैठने को हुआ। यांलैं भी उसके साथ-साथ भागते हुए उस फ़ौजी के बारे में बता रहा था। कहता था कि इसी मरदूद ने उन पर गोली चलाने को कहा था।

टेकरी पर यूल अभी तक निश्चल खड़ा था, और गिरती बर्फ़ को भावशून्य आँखों से निहारे जा रहा था। सारजेंट अपने सैनिकों के साथ आया और उन्होंने अपनी-अपनी हाँक लगाई : 'कौन है वहाँ ?...आगे आकर अपना पासवर्ड बोल !'

और भारी पदचाप एक बार फिर गूँजे, मानो किसी दख़ल किए गए मुल्क में फ़ौज कवायद करने निकली हो। उजाला होता जा रहा था, फिर भी गाँव मे कोई

हलचल दिखाई नहीं पड़ती थी; खान मज़दूर फ़ौजी एड़ी के नीचे चुपचाप सुगबुगा रहे थे।

2

दो दिन से बर्फ़ पड़ रही थी, मगर उस दिन सवेरे-सवेरे थम गई थी। कड़ाके की सर्दी से विशाल धरती बर्फ़ की चादर-सी लगती थी और स्याह देहाती इलाका, जिसकी सड़कों का रंग भी स्याह था और दरो-दीवार और दरख़्तों पर भी राख की परतें चढ़ गई थीं, एकदम सफ़ेद पड़ गया था—जहाँ तक नज़र जाती थी, चारों ओर अनन्त सफ़ेदी ही सफ़ेदी दिखाई पड़ती थी। ग्राम 240 इस तरह बर्फ़ से ढक गया था, मानो दफ़न हो गया हो। किसी भी चिमनी से धुँए की रेख तक निकलती दिखाई नहीं पड़ती थी। घर-मकान इस तरह ठंडे पड़ गए थे, जिस तरह कि सड़क पर पड़े ठंडे पत्थर होते हैं। और चूँकि चूल्हे नहीं जलते थे, इसलिए छत की खपरैल पर जमी बर्फ़ की मोटी परत भी पिघल नहीं पा रही थी। सारा गाँव ऐसे लगता था जैसे एकदम सफ़ेद धरती पर सफ़ेद पत्थर की खुली खदान हो—दृश्य ऐसा था, मानो मृत गाँव कफ़न में लिपटा पड़ा हो। पंकिल पगडंडियों पर, बस, गश्त करनेवाले सैनिकों के जूतों के निशान ही दिखाई पड़ते थे।

माहूअ परिवार के पास बेलचा-भर खंगर बच गया था। पिछली रात उसे भी इन्होंने चूल्हे में झोंक दिया था, और इस भयंकर मौसम में कचरे की टेकरी से कुछ बीनकर लाने की बात सोचना भी व्यर्थ था, क्योंकि ऐसे में कोई अबाबील भी कुछ ढूँढ़ने निकलती, तो घास की पत्ती तक न पाती। अलज़ीर ने अपने नन्हे, कमज़ोर हाथों में बर्फ़ के नीचे से कुछ खोद निकालने की हठ की थी, सो उसकी जान पर बन आई थी। ला माहूद उसे चिथड़ों जैसे कम्बल में लपेटकर डॉक्टर वांडरहेगन की प्रतीक्षा कर रही थी। दो बार डॉक्टर के घर भी हो आई थी। वह मिला नहीं। लेकिन उसकी नौकरानी ने आश्वासन दिया था कि रात होने से पहले डॉक्टर गाँव पहुँच जाएगा। माँ थी कि खिड़की के साथ खड़ी डॉक्टर की राह देखे जा रही थी और बालिका ने नीचे आने की ज़िद की थी और कुर्सी में बैठी ठिठुर रही थी, क्योंकि समझती थी कि यहाँ बैठना बेहतर होगा। यह जगह चूल्हे के निकट जो थी, चाहे वह ठंडा पड़ा था। बूढ़ा बोनमोर्त—उसकी टाँगों में फिर टीस उठने लगी थी—बालिका के सामने बैठा-बैठा ऊँघ गया था। अभी तक न तो लेनोर और न ही आरी लौटकर आया था, क्योंकि यांलैं के साथ भीख में एक-आध सू पाने की आस में वे सड़कों पर डोलते फिरते थे। केवल माहूअ ही ऐसा शख़्स था जो खाली कमरे में एकदम संजीदा-सा चहलकदमी कर रहा था। हर बार वह दीवार के सम्मुख उस मूर्ख जन्तु की भाँति जाकर खड़ा हो जाता जिसे नहीं मालूम कि वह पिंजरे में बन्द है। लैम्प का तेल भी चुक गया था, लेकिन बाहर की बर्फ़ इतनी सफ़ेद थी कि रात घिर आने के बावजूद उसके प्रतिबिम्ब से कमरा आलोकित हो रहा था।

तभी साबो की खड़खड़ाहट सुनाई पड़ी और कुपित ला लवाक किवाड़ धकेलकर चौखट में खड़ी हो गई और ला माहूद पर बरस पड़ी :

'तो तू लोगों से कहती फिरती है कि मैं अपने घर में ठहरे आदमी के साथ सोती हूँ और हर बार उससे बीस सू झटक लेती हूँ !'

ला माहूद ने कन्धे उचकाए।

'कैसी बेहूदा बात करती है, री ! मैं क्यों कहने लगी...फिर भी, ज़रा उसका नाम तो बता, जिसने यह कहा कि मैंने यह बात कही।'

'अरी, रहने दे, किसी ने भी कहा हो। किसी ने तो बताया ही है कि तू यह सब बकती फिरती है...अरी, तू तो यह भी कहती फिरती है कि दीवार में से तेरे को इस ग़लीज़ काम की आवाज़ें सुनाई पड़ती रहती हैं, और यह भी कहती है, मेरा घर दिन-ब-दिन मलिन होता जा रहा है, क्योंकि मैं हमेशा पीठ टिकाए रखती हूँ...अरी, एक बार मुँह से फूट तो सही कि तूने यह सब कहा या नहीं।'

औरतों की बतकही तो निरन्तर चलती ही रहती थी, सो आए दिन झगड़े भी होते रहते थे। फिर तकरार होती, दलीलबाज़ी होती और फिर सुलह-सफ़ाई भी हो जाती। यह सब तो आए दिन की आम बात थी, ख़ासकर उन परिवारों में जो अगल-बग़ल रहते थे। मगर इससे पहले कोई किसी से इस तरह का व्यवहार नहीं किया करता था। जब से हड़ताल हुई, भूख के कारण मनोमालिन्य बढ़ता जा रहा था और हर कोई एक-दूसरे पर चोट करने को जैसे खुजलाता रहता था : दो लुगाइयों में हुज्जत होती, तो अमूमन होता यह कि उनके मरद आपस में भिड़ जाते, और तब कहीं जाकर निपटारा होता।

तभी लवाक भी आ धमका। अपने साथ वह बूतलू को भी घसीटते हुए ले आया था।

'लो, यह है वह आदमी—यह बताए, कभी इसने मेरी लुगाई के साथ सोने के लिए उसे बीस सू दिए !'

बूतलू मुदुल स्वभाव का आदमी था। बड़ी-सी दाढ़ी थी उसकी, इसलिए वह किस तरह चौंका हुआ था, यह दिखाई ही नहीं पड़ सकता था। हकलाते-हकलाते वह किसी तरह बोल रहा था : 'ओह, न। मैंने कभी एक सू तक नहीं दिया। कभी नहीं दिया।'

पलक झपकने की देर में लवाक मरने-मारने पर तुल गया और माहूअ की नाक के नीचे घूँसा तानते हुए बोला, 'समझ ले, यह सब मेरे को अच्छा नहीं लगता। अगर किसी की लुगाई इस किस्म की औरत हो, तो उसकी तो चमड़ी ही उधेड़कर रख देनी चाहिए...या बता, जो कुछ यह कह रही है, सच है ?'

'अरे, परमात्मा का ख़ौफ़ कर।' विषाद के आलम से एकाएक झटका खाकर सजग हुआ माहूअ आपे से बाहर हो गया। 'क्यों हंगामा कर रहा है ? हम लोग क्या कम दुखी हैं इस वक्त ? ज़बान को लगाम दे, नहीं तो अभी बता दूँगा...और फिर कौन है वो जो कहता है मेरी पत्नी ने यह बात कही ?'

'कौन है वो ?...अरे, ला पियरोन बोलती है !'

ला माहूद ठठाकर हँस पड़ी, और ला लवाक को सम्बोधित करते हुए बोली :

'अच्छा, तो ला पियरोन ने यह आग लगाई है, क्यों न ?...ठीक है, तो सुन, उसने मुझसे क्या-क्या कहा ! उसने मुझे बताया कि तू एक साथ अपने दोनों मर्दों के साथ सोती है—एक ऊपर और एक नीचे !'

इसके बाद तो हंगामा ही हो गया। सब उबल पड़े और लवाक दम्पती ने माहूअ दम्पती को तुर्की-ब-तुर्की जवाब देते हुए यह कहा कि ला पियरोन ने उनके बारे में भी कुछ बातें कहीं हैं—कि तुम लोगों ने कैथरीन को बेच दिया है और वे सब सड़-गल रहे हैं, यहाँ तक कि बच्चे भी, क्योंकि एतियन वोल्कों से कोई गन्दी-सी बीमारी सहेजकर लाया है।

'वह यह बात बोली थी ? बोली थी यह बात ? यह बात बोली उसने ?' माहूअ चीख उठा। 'ठीक है, अभी जाता हूँ वहाँ, और अगर वह कबूल करती है कि उसने यह बात कही है, तो देखना, उसका जबड़ा तोड़कर रख दूँगा !'

वह बाहर दौड़ा और लवाक पति-पत्नी सारा तमाशा देखने के लिए उसके पीछे-पीछे चल पड़े। बूतलू चुपचाप वहाँ से खिसक कर घर चला गया, क्योंकि झगड़ों-टंटों से दूर ही रहता था। ला माहूद भी इस सारे कांड से सुलग रही थी, सो वह भी उनके पीछे-पीछे जाने को उद्यत हुई, लेकिन अलज़ीर की हलकी-सी कराहट सुन रुक गई। बच्ची की ठिठुरती देह को उसने चिथड़े-चिथड़े हो गए कम्बल में लपेटा, और आकर खिड़की के सामने खड़ी हो गई और दूर टकटकी लगाए देखने लगी। क्या डॉक्टर कभी नहीं आएगा ?

पियरोन के घर के बाहर माहूअ और लवाक दम्पती पहुँचे, तो लिडी बर्फ़ पर डोल रही थी। शटर बन्द थे, लेकिन दरार में से टिमटिमाती रोशनी दिखाई पड़ती थी। बालिका ने पहले तो थोड़ी हिचकिचाहट के साथ उनके सवालों के जवाब दिए : न, उसका बाप घर पर नहीं है; वह तो धोबीखाने में ला ब्रूले से मिलने और धुले कपड़े लाने गया है। मगर फिर लगी आगा-पीछा देखने और बोली कि यह नहीं बताएगी कि भीतर उसकी माँ क्या कर रही है। अन्ततः नटखटपने से विहँसते हुए वह बक ही पड़ी : माँ ने उसे घर से बाहर कर दिया है, क्योंकि मोंस्यो दनलां भीतर है और कहते हैं कि उसकी मौजदूगी में वे बातचीत नहीं कर सकते। सुबह-सवेरे से ही दनलां दो पुलिस के सिपाहियों के साथ गाँव के चक्कर लगा रहा था और डरपोक किस्म के लोगों को डरा-धमकाकर ज़्यादा मज़दूर इकट्ठे करने की फ़िराक में था और जहाँ भी गया, वहाँ उसने यह घोषणा की थी—यदि सोमवार को मज़दूर ल वोरअ नहीं पहुँचेंगे, तो कम्पनी बोरीनाज़ इलाके से मज़दूरों को भरती करके ले आएगी। रात हुई, और उसने जब देखा कि ला पियरोन घर में अकेली है, तो सिपाहियों को दफ़ा करके वह वहीं ठहर गया था, ताकि थोड़ी देर आग के सामने बैठकर एक-आध गिलास जिन पीने का आनन्द ले सके।

'श, ख़ामोश ! आओ, चलकर देखते हैं,' लवाक कामुकतापूर्ण हँसी हँसते हुए बुदबुदाया। 'बाकी के मामलों से बाद में निपटेंगे...और तू भाग यहाँ से, निगोड़ी कहीं की !'

जब उसने शटर के साथ आँख लगाकर देखा, तो लिडी थोड़ा पीछे हट गई। लवाक ने बड़ी मुश्किल से हँसी रोकी। उसकी रीढ़ कमान की शकल अख़्तियार करते हुए लरज़ रही थी। फिर ला लवाक देखने के लिए आगे आई, लेकिन एकदम कसमसाकर पीछे हट गई, जैसे एकदम ऐंठ गई हो, और बोली कि सारा नज़ारा देखकर घिन्न आती है।

माहूअ भी देखना चाहता था। सो उसने उसे एक तरफ़ हटाकर देखा, तो एकदम मुख से यह बात निकली—अरे, पैसे वसूल कर रहा है। और फिर वे बारी-बारी से लगे झाँकने, ऐसे जैसे तमाशा देख रहे हों। एकदम साफ़-सुथरे कमरे में आग धधक रही थी, मेज़ पर बिस्कुट, बोतल और कुछ गिलास रखे थे; वाकई जश्न मनाया जा रहा था। दोनों मर्द भीतर का दृश्य देखकर भड़के, हालाँकि अगर स्थितियाँ भिन्न होतीं, तो वे छह महीने तक इस नज़ारे के बारे में चटखारे लेते रहते। तमाशा देखते ही बनता था। औरत की स्कर्ट तो ऊपर उठी थी, और दनलां उसके गले तक भीतर था—यह सब तो ठीक, लेकिन, हे ईश्वर ! इतनी बड़ी आग जलाकर इस तरह रंगरेलियाँ मनाना बेहूदापन नहीं, तो और क्या था ! फिर इस वाहियात काम के लिए ये लोग बिस्कुट वग़ैरह से ऊर्जा प्राप्त करते हैं, जबकि तुम्हारे संगी-साथियों के नसीब में रोटी का और कोयले का टुकड़ा तक नहीं है ?

'पापा आ गए,' लिडी यह कहते हुए भाग खड़ी हुई।

पियरों बड़े शान्त भाव से कन्धे पर धुलाई की गठरी रखे धुलाईखाने से लौटकर आ रहा था। माहूअ ने छूटते ही ललकारा।

'सुना है, तेरी लुगाई बकवास करती फिरती है कि मैंने कैथरीन को बेच दिया है, और हमारे घर के सारे लोगों को बीमारी लग गई है...अरे, अपने घर के भीतर झाँककर तो देख, क्या गुल खिल रहा है ? यह शरीफ़ज़ादा तेरी औरत को इस तरह जो रगड़ने-छिजाने में लगा है, उसके एवज़ में तेरे को क्या देता-दिलाता है, रे ?'

पियरों के तो होश ही उड़ गए। कुछ समझ नहीं पाया। लेकिन तभी बाहर शोर-गुल सुन उसकी लुगाई ने मूर्खता यह की कि सारा माजरा जानने के लिए ज़रा-सा कपाट खोल झाँकने की कोशिश की। बस, उसकी सूरत देखते ही बनती थी—ऊपर से नीचे तक एकदम सुर्ख़, चोली खुली है, स्कर्ट अब भी ऊपर उठी है और बेल्ट में फँसी है—और पीछे दनलां हड़बड़ाहट में दनादन पतलून चढ़ा रहा है। फिर चीफ़ फ़ोरमैन वहाँ से एकदम भागा और अदृश्य हो गया—इस डर से कि कहीं मामला मैनेजर तक न पहुँच जाए। इधर, ये लोग ठहाके पर ठहाके लगाते हुए आवाज़ें कस रहे थे और गालियाँ बक रहे थे।

'तू हमेशा बकती रहती है कि बाकी सब लोग ग़लीज़ हैं,' ला लवाक चीखते हुए ला पियरोन से कह रही थी। 'ठीक-ठीक, अचरज नहीं कि तू इतनी पाकदामन है—हो भी क्यों न ! तेरे आका तेरे को इस तरह रगड़-रगड़कर माँजते जो रहते हैं !'

'यह औरत हमेशा बड़-बड़ करती रहती है !' लवाक ने भी घिस्सा मारा। 'यही कुतिया है जो कहती फिरती है कि मेरी औरत मेरे यहाँ टिकनेवाले आदमी के साथ और मेरे साथ, दोनों के साथ सोती है—एक ऊपर और दूसरा नीचे !...हाँ-हाँ, मेरे को किसी ने बोला है, तू यह बात बोलती है।'

मगर ला पियरोन तब तक सँभल गई थी और उन्हें हिकारत की नज़रों से देखते हुए उनकी हर बात को दरगुज़र करती जा रही थी। समझती थी कि वह सारे गाँव में सबसे अमीर और खूबसूरत औरत है। सो, सबको ठेंगे पर रखती थी।

'मैं जो बोली, बोली, और बस, इसके आगे कुछ नहीं...मैं क्या करती-धरती हूँ,

उससे तुम लोगों का कोई वास्ता नहीं ? हमसे ख़ार खाते हो तुम लोग, क्योंकि हम लोग बैंक में पैसा जमा करते हैं ! ठीक है, जो करना है, कर लो, मेरी बला से—मेरा मरद अच्छी तरह जानता है, मोंस्यो दनलां यहाँ किस काम से आया था।'

और वस्तुतः पियरों झुँझलाते हुए अपनी लुगाई के बचाव में बोल रहा था। अब कलह ने दूसरा रूप ले लिया; वे सब लगे कहने कि पियरों ग़द्दार है, जासूस है, कम्पनी का पालतू कुत्ता है। फिर उन्होंने उस पर यह तोहमत भी लगाई कि इस विश्वासघाती को कम्पनी के मालिक खाने-पीने का जो बढ़िया-बढ़िया माल मुहैया करते हैं, उसे वह दरवाज़े बन्द करके भकोसता रहता है। जवाब में वह बोला कि माहूअ ने उसके किवाड़ के नीचे से धम्की भरा पर्चा सरकाया—एक काग़ज़ पर दो हड्डियों की कैंची और उसके ऊपर कटार की तस्वीर बनी थी। स्वभावतया, जैसा कि लुगाइयों के झगड़े में होता है, और फ़ाकाकशी के मारे अब तो सौम्य स्त्री भी आपे से बाहर होने लगती थी, यह झगड़ा भी ऐसा बढ़ा कि मर्द लोग एक-दूसरे की जान के गाहक बन गए। घूँसे जमाते हुए माहूअ और लवाक पियरों पर टूट पड़े। बड़ी मुश्किल से इन्हें अलग किया गया। जब तक ला ब्रूले धोबीखाने से लौटी, उसके दामाद की नाक से काफ़ी खून बह चुका था। जब उसे सारा किस्सा बताया गया, तो उसने, बस, इतनी-सी बात कही : 'यह सुअर मेरे को बदनाम करके ही छोड़ेगा !'

गली खाली हो गई। अब बर्फ़ की नंगी सफ़ेदी पर एक भी साया दिखाई नहीं पड़ता था, और गाँव प्रचंड सर्दी में भुखमरी झेलते हुए एक बार फिर मौत-से सन्नाटे में डूब गया था।

'और डॉक्टर ?' माहूअ ने अपने पीछे किवाड़ बन्द करते हुए पूछा।

'नहीं आया,' ला माहूद ने जवाब दिया, जो अब भी खिड़की के साथ खड़ी थी।

'बच्चे आ गए क्या ?'

'न, नहीं आए।'

माहूअ ने हकबकाए बैल की तरह फिर से एक दीवार से दूसरी दीवार तक चहलकदमी शुरू कर दी। अपनी कुर्सी पर ऐंठे-से बैठे बूढ़े बोनमोर्त ने सिर उठाकर ऊपर देखा तक नहीं। अलज़ीर भी कुछ बोली नहीं; घरवाले परेशान न हों, इसलिए वह इसी कोशिश में थी कि शरीर में कँपकँपी न हो। लेकिन धैर्य से कष्ट सहने के बावजूद, बीच-बीच में इस बुरी तरह काँपने लगती थी कि कम्बल के भीतर से झुरझुरी होने से ठिठुरती हुई उसकी कृशकाय रुग्ण देह की थरथराहट सुनाई पड़ जाती थी। इसके साथ ही वह बड़ी-बड़ी, विशाल आँखों से छत की तरफ़ टकटकी लगाए देखती, जिस पर एकदम सफ़ेद बगिया से छिटकती ज़र्द-सी रोशनी इस तरह पड़ रही थी मानो ज्योत्स्ना प्रतिबिम्बित हो रही हो।

ग़रीबी-मुफ़लिसी का शिकार यह घर एकदम रीत गया था और आख़िरी साँसें गिन रहा था। पहले गद्दों में भरा ऊन इन्होंने कबाड़ी की दुकान पर बेचा था। उसके बाद गद्दों के ग़िलाफ़ गए, फिर चादरें गईं, फिर पहनने के वस्त्र गए, मतलब कि वह हर चीज़ चली गई थी जो बिक सकती थी। एक दिन साँझ की वेला में इन्होंने दादा का रूमाल दो सू में बेचा। एकदम मोहताज हो गए ये लोग जब अपनी कोई चीज़ बेचने

को विवश हो जाते, तो उसे देख-देखकर चार-चार आँसू रोते, और माँ यह बताते हुए अब भी विलप उठती थी कि उसे पति से गुलाबी गत्ते का जो बक्सा उपहारस्वरूप मिला था, उसे बेचने के लिए वह अपनी स्कर्ट के नीचे ऐसे छिपाकर ले गई थी जैसे शिशु को वह किसी के द्वार पर छोड़ने जा रही हो। वे नंगे हो चुके थे। अपनी चमड़ी के सिवा उनके पास बेचने को अब कुछ न बचा था, और यह चमड़ी भी इस तरह मुरझा गई थी और इतनी बरबाद हो चुकी थी कि कोई उसका एक सांटीम भी देने को राज़ी न होता। अब तो हालत यह थी कि बेचने के लिए कोई चीज़ ढूँढ़ना ही इन्होंने छोड़ दिया था—जानते थे कि घर में कुछ बचा ही नहीं है, सब कुछ स्वाहा हो चुका है। अब तो इतनी भी उम्मीद नहीं थी कि इन्हें मोमबत्ती या लैम्प या एक आलू भी नसीब होगा; और इस तरह वे मौत की इन्तज़ार में बैठे थे। इसका भी इन्हें कोई गिला-शिकवा न था। हाँ, दुख होता था, तो बच्चों को देखकर—यह सोच-सोचकर पश्चाताप करते कि बेचारी अलज़ीर को मारने से पहले इन्होंने व्यर्थ ही उसके ऊपर बीमारी लादने की नृशंसता की थी।

'लो, आख़िर वह आ ही गया !' ला माहूद बोल उठी।

खिड़की के आगे से एक काली छाया गुज़री। दरवाज़ा खुला। लेकिन यह डॉक्टर वांडरहेगन न था; यह था नया क्यूरे आबे रांविए। इस मृत-से घर में आकर उसे किसी प्रकार का अचरज नहीं हुआ, जिसमें न रोशनी थी, न चूल्हा जल रहा था, न रोटी-पानी का कोई जुगाड़ था। पड़ोस में वह तीन घरों में होकर आया था, क्योंकि दनलां और उसके साथ चलनेवाले सिपाहियों की तरह वह भी एक परिवार से दूसरे परिवार में घूमते हुए उत्साही लोगों को एकत्र करने का प्रयास कर रहा था; और आते ही उसने उत्तेजित एवं धर्मोन्माद भरे स्वर में यह बात कही : 'बच्चो ! तुम लोग इतवार को मिस्सा में नहीं आए ? न आकर तुम लोगों ने कितनी ग़लती की, केवल चर्च ही तुम्हारी रक्षा कर सकता है...ठीक है, वादा करो कि अगले इतवार ज़रूर आओगे।'

माहूअ उसे घूरकर देखता रहा, फिर कुछ बोले-चाले बिना चहलकदमी करने लग गया। ला माहूद ने ही जवाब दिया : 'मोंस्यो ल क्यूरे, मिस्सा के लिए क्यों ? परमात्मा को ज़रा भी फ़िक्र है हम लोगों की ?...बता सकते हो, मेरी इस नन्ही-सी कन्या ने उसका क्या बिगाड़ा है, जो बैठी ज्वर से काँप रही है ? पहले ही हम क्या कम मुसीबतें झेल रहे थे ? क्या परमात्मा को इस बच्ची को इन्हीं दिनों बीमार करना था, जब इसे मैं दो घूँट कोई गर्म चीज़ तक नहीं पिला सकती ?'

पादरी, बस, खड़ा-खड़ा देर तक प्रवचन करता रहा। भयंकर मुफ़लिसी और भुखमरी से उत्पन्न विपन्नता का लाभ उठाते हुए वह उस मिशनरी की तरह बोले जा रहा था जो जंगली लोगों के सम्मुख अपने धर्म की महिमा बखान करते हुए उपदेश देता है। कह रहा था कि चर्च ग़रीब-मुफ़लिस लोगों के साथ है, और अमीर जिस तरह अत्याचार कर रहे हैं, उन पर एक-न-एक दिन प्रभु का कहर बरपा होगा और न्याय की विजय होगी। वह दिन अब आया ही समझो, क्योंकि अमीर लोग प्रभु को च्युत करके उसकी जगह आ बैठे हैं, और अधर्मपूर्वक सत्ता हथियाने के उपरान्त इतने अहंकारी हो गए हैं कि परमेश्वर तक को भुला बैठे हैं। लेकिन अगर कामगार यह चाहते हैं कि दुनिया

की धन-सम्पत्ति का न्यायोचित बँटवारा हो, तो उन्हें तत्काल पादरियों की शरण में आना होगा—बिलकुल उसी तरह, जिस तरह ईसा मसीह की मृत्यु के समय दीन-हीन लोग उसके पट्ट शिष्यों के चारों तरफ़ एकत्र हो गए थे। सोचो तो ज़रा, इससे पोप को कितनी शक्ति प्राप्त होगी ! यदि असंख्य कामगार पादरी-पुरोहितों के आदेशों का पालन करने लगें, तो अनुमान लगाया जा सकता है कि इनके पास कितनी बड़ी फ़ौज इकट्ठी हो जाएगी। एक ही सप्ताह के भीतर दुनिया से पापियों का नाश हो जाएगा, अयोग्य मालिकों को निकाल बाहर कर दिया जाएगा, और ईश्वर का निष्कलुष साम्राज्य स्थापित होगा—तब प्रत्येक व्यक्ति को उसकी योग्यता के अनुसार फल मिलेगा और श्रम कानून पर आधारित विश्वजनीन सुख-शान्ति का आविर्भाव होगा।

पादरी का प्रवचन सुनते-सुनते ला माहृद को एतियन की उस दिन की बात याद हो आई, जब पतझड़ की रातों में वह भविष्यवाणी किया करता था कि उनके दुखों-कष्टों का अन्त अब सन्निकट है। लेकिन भीतर हमेशा कज़्ज़ाकों का भय समाया रहता था।

'मोंस्यो ल क्यूरे, तुम जो कहते हो, वह सब सच है,' वह बोली। 'लेकिन इसका मतलब तो यह निकलता है कि बूर्जुआ के साथ तुम्हारी पटड़ी नहीं बैठ रही...बाकी हमारे जितने भी क्यूरे आए, वे तो सबके सब मैनेजर के बँगले पर दावतें खाने जाया करते थे, और जब कभी हम लोग रोज़ी-रोटी की गुहार करते थे, तो हमें डराते-धमकाते थे—यह कहकर कि तुम सब लोग नरक की आग में झुलसोगे।'

उसने अपना प्रवचन जारी रखा। बता रहा था कि गिरजे और ग़रीब जनता के बीच ग़लतफ़हमी है, जो काबिले-अफ़सोस है। इसके बाद अव्यक्त शब्दों की आड़ लेकर उसने नगर के पादरियों पर, बिशपों पर और उच्चपदस्थ पुरोहित वर्ग पर प्रहार करना शुरू किया—सबके सब विलासिता में डूबे हैं, सत्ता के नशे में चूर हैं, उदारचेता बूर्जुआ के साथ घी-शक्कर हो रहे हैं, और अपनी मूढ़ांधता के वशीभूत यह समझ नहीं पा रहे कि यही बूर्जुआ रोड़े अटकाकर उन्हें दुनिया में प्रभुत्व जमाने से वंचित रख रहे हैं। उद्धार तो गाँव-देहात के पादरी ही करेंगे, जो दरिद्रनारायण की सहायता से क्राइस्ट का साम्राज्य स्थापित करने के निमित्त उठ खड़े होंगे। और वह इस तरह सिर ऊँचा किए तनकर खड़ा हो गया, जिस तरह कि कट्टरपंथियों के गिरोह का सरगना, बाइबिल से प्रेरणा ग्रहण करनेवाला कोई क्रान्तिकारी सीना तानकर खड़ा होता है—और उसकी आँखों से ऐसा तेज प्रस्फुटित हुआ कि कमरा आलोकित हो गया, और लगा जैसे अभी से उसने इनकी कमान सँभाल ली है। मगर उग्र प्रवचन करते-करते वह रहस्यवादी भाषा पर उतर आया था, और ये बातें इन ग़रीब लोगों की समझ से बाहर की थीं।

'इतनी सारी बातें करने का क्या फ़ायदा,' माहअ जैसे एकाएक गुर्राया। 'बेहतर तो यह होता कि तू हमारे लिए रोटी लेकर आता।'

'इतवार को मिस्सा में आना !' पादरी ने तत्काल जवाब दिया। 'प्रभु सब देगा।'

और वह चलता बना। अब वह जा रहा था लवाक परिवार को धर्मोपदेश देने। अन्ततोगत्वा चर्च की विजय होगी, इसके बारे में वह इतना आश्वस्त और उत्साहित था और ऐहिक वास्तविकताओं से इतनी वितृष्णा थी उसे कि बिना दान-दक्षिणा लिये वह

गाँवों के भीतर से और भूख से बिलबिलाते लोगों की फ़ौज में से कुछ लिए-दिए बिना निकलता चला गया। वह स्वयं भी विपन्न था जो दुखभोग को मुक्ति का मार्ग समझता था।

माहूअ उसी तरह चहलकदमी करने में लगा था और उसके पैरों की लगातार गूँजती आहट के सिवा और कोई स्वर सुनाई नहीं पड़ता और उसकी इस चहलकदमी से फ़र्श के पत्थर जैसे काँप रहे थे। फिर एकाएक ऐसी आवाज़ सुनाई पड़ी जैसे कोई मोरचा-खाई गड़ारी घूमी हो; बूढ़ा बोनमोर्त चूल्हे में थूक रहा था। उसके बाद पैरों की नियमित आहट फिर गूँजने लगी। ज्वर से सुन्न पड़ी अलज़ीर कभी धीमे-धीमे बिफरती, कभी हँसती और कभी यह कहने लगती कि बाहर गर्मी है और वह धूप में खेल रही है।

'हे परमात्मा,' ला माहूद उसके गालों का स्पर्श करते हुए बुदबुदाई। 'यह तो बुखार से तप रही है...अब तो उस सुअर के आने की कोई उम्मीद नहीं—उन चोरों-उचक्कों ने उसे आने से मना कर दिया होगा।'

उसका अभिप्राय डॉक्टर और कम्पनी से था। मगर एक बार फिर दरवाज़ा खुला, तो वह ख़ुशी से चीख पड़ी—मगर फिर एकदम उसके हाथ ढीले पड़ गए। स्तंभित-सी खड़ी देखे जा रही थी। चेहरे पर एकदम मुर्दनी छा गई थी।

'नमस्कार,' एतियन ने अपने पीछे दरवाज़े को सावधानी से बन्द करते हुए धीमे स्वर में कहा।

बाहर घुप्प अँधेरा होते ही एतियन प्रायः इस तरह चुपके से इनके यहाँ टपक पड़ता था। जिस दिन वह अन्तर्धान हुआ था, उसके दूसरे ही दिन माहूअ परिवार को इसकी छिपने की जगह की जानकारी मिल गई थी, लेकिन इन्होंने किसी पर यह भेद प्रकट नहीं किया। गाँव में भी कोई आदमी नहीं जानता था कि एतियन कहाँ चला गया। परिणामतः उसके बारे में भाँति-भाँति के किस्से मशहूर होने लगे थे। लोगों को अब भी एतियन पर विश्वास था और इसके बारे में अजीब-अजीब अफ़वाहें फैल रही थीं : वह कोई फ़ौज लेकर आनेवाला है और अपने साथ सोने से भरे सन्दूक भी लाएगा—और जैसा कि उसने वचन दिया था, उन्हें विश्वास हो गया था कि कोई चमत्कार होगा, एक आदर्श की सिद्धि होगी और वे एकाएक किसी न्याय-नगरी में प्रवेश करेंगे। कुछ लोग बताते कि उन्होंने मारशियन रोड पर उसे बग्घी में तीन लोगों के साथ बैठकर जाते हुए देखा। कुछ लोग कहते कि दो दिनों में वह इंग्लैंड से लौटकर आनेवाला है। लेकिन समय व्यतीत होने के साथ उन्हें शंका होने लगी थी और कुछ मसखरे किस्म के लोगों ने उस पर यह तोहमत भी लगाई थी कि वह किसी तहख़ाने में छिपकर बैठा है और उसका पहलू गर्म रखने के लिए मूकेत भी उसके साथ है—मूकेत के साथ उसके गठबन्धन की बात किसी से छिपी नहीं रह गई थी, जिससे उसकी साख को बट्टा लगा था। उस पर पूरा भरोसा रखनेवालों का विश्वास भी डगमगाने लगा था—और ऐसे लोगों की संख्या दिन-ब-दिन बढ़ती जा रही थी—और उसकी शोहरत धीरे-धीरे घटती जा रही थी।

'कैसा ख़राब मौसम है,' वह बोला। 'कोई नई बात ? हालात तो और भी बिगड़ते जा रहे हैं।...मैंने सुना है, नेगरेल बेल्जियम गया है बोरिनाज़ मज़दूरों को लिवा लाने के वास्ते। अगर यह बात सच है, तो हमारी तो लुटिया ही डूबी समझो।'

इस सर्द कमरे में कदम रखते ही उसे कँपकँपी होने लगी थी। जब उसकी आँखें अँधेरे में देखने को अभ्यस्त हुईं, तब कहीं जाकर वह उन दीन-हीन लोगों को आँख भरकर देख सका, नहीं तो अँधेरे में काले-काले चकत्ते-से देखकर ही उनकी उपस्थिति का भान होता था। उसे वैसी ही जुगुप्सा और व्याकुलता हो रही थी जैसी अपने वर्ग से अलग हुए किसी कामगार को होती है और जो शिक्षित होकर थोड़ा सभ्य और सुसंस्कृत हो जाता है और महत्वाकांक्षा से उद्वेलित होता रहता है। ऐसी मुफ़लिसी—ऐसी बास ! किस तरह सटकर बैठे हैं ये लोग और फिर ऐसी दमघोंटू भयंकर व्यथा ! इस दुख-दारिद्रय को देखकर वह इतना हतोत्साह हुआ कि सांत्वना देने के लिए उसे शब्द नहीं सूझे।

लेकिन माहूअ उसके निकट आकर खड़ा हो गया था और ऊँचे स्वर में बोल रहा था : 'बोरीनाज़ के खान मज़दूर !—कुतिया के पिल्ले ऐसी जुर्रत कभी नहीं करेंगे ! भेजकर देखें तो बेल्जियम के आदमियों को नीचे—हम कोयला-खान को ध्वस्त करके नहीं रख देंगे !'

एतियन आगा-पीछा देखने लग गया था। फिर लगा इन्हें समझाने कि यहाँ के खान मज़दूर कुछ नहीं कर पाएँगे, क्योंकि जो सैनिक कोयला-खानों की रक्षा के लिए बैठाए गए हैं, वे बेल्जियम के कामगारों को हिफ़ाज़त से नीचे कोयला-खान में ले जाएँगे।

माहूअ की मुट्ठियाँ भिंच गईं। बोला कि उनकी पीठ पर संगीनों को देखकर उसके सीने में आग सुलगने लगती है। क्या अब खान मज़दूर अपनी स्थिति के स्वामी स्वयं नहीं रहे ? क्या उनके साथ वैसा ही व्यवहार होता रहेगा जैसा कि जहाज़ पर बेगार करनेवाले दासों के साथ किया जाता है ? क्या उनकी छाती पर बन्दूक की नोक रखकर उनसे काम करवाया जाएगा ? माहूअ को अपनी कोयला-खान से मोह था और उसे रंज इस बात का था कि दो महीनों से वह उसके भीतर जा नहीं पाया था। यही कारण था कि इस तरह अपमानित होने और बाहरी लोगों को कोयला-खान के भीतर भेजने की धमकी की बात सुनते ही उसके तन-बदन में आग लग गई। फिर उसे याद आया कि उसकी हाज़िरी की किताब उसे लौटा दी गई है, और उसका कलेजा मुँह को आने लगा।

'पता नहीं क्यों, मैं आपा खो रहा हूँ !' वह बुदबुदाया। 'आख़िर, उन लोगों के साथ मेरा रिश्ता ही क्या है...एक बार तो उन्होंने मुझे हाँककर निकाल ही दिया है। बेहतर तो यही होगा कि सड़क पर जाकर लेट जाऊँ और जान दे दूँ।'

'क्यों ऐसी बात मुँह से निकालते हो !' एतियन बोला। 'अगर तुम चाहते हो, तो कल ही तुम्हारी वर्कबुक ले लेंगे। तेरे जैसे अच्छे कामगारों को नौकरी से नहीं निकाला जाता, समझे !'

एकाएक वह चुप हो गया, क्योंकि अलज़ीर को सरसाम में हौले-हौले हँसते देख वह चौंक गया था। अब तक उसे बूढ़े बोनमोर्त की तनी हुई आकृति ही दिखाई पड़ी थी, और अब ज्वरग्रस्त बालिका का उल्लसित स्वर सुन वह डर गया। तो यह बात—यदि बच्चे मौत के मुँह में जाने लगे हैं, तो यह कैसे बरदाश्त किया जाएगा ! उसने निश्चय किया कि अपने मन की बात कह डालेगा, और उसका स्वर काँपने लग गया।

'देखो, यह नहीं चलेगा। हम हार गए हैं...हमें घुटने टेकने होंगे।'

ला माहृद अभी तक मौन और निश्चल बैठी थी। एकाएक फट पड़ी और उसके निकट जाकर एकदम चीखते हुए मर्द की तरह गालियाँ बकते हुए बोली : 'क्या बोला तू ?...हे परमात्मा, तू यह बात कहता है ?'

एतियन ने सफ़ाई में कुछ कहना चाहा, लेकिन ला माहृद ने उसे बोलने नहीं दिया।

'परमात्मा के वास्ते, फिर कभी यह बात मुँह से न निकालना, नहीं तो हूँ औरत, फिर भी घूँसे मार-मारकर तेरा थोबड़ा बराबर करके रख दूँगी...दो माह तक फ़ाकाकशी की, घर की एक-एक चीज़-बस्त कबाड़ी के यहाँ बेच डाली, मेरे बच्चे बीमार पड़ गए—क्या यह सब बेकार किया—ताकि फिर से ज़ुल्म के शिकार हो जाएँ !...अरे, सोचते ही मेरा तो ख़ून खौलने लगता है ! नहीं ! बिलकुल नहीं ! सब कुछ आग में झोंक दूँगी, सबको मार डालूँगी, लेकिन घुटने नहीं टेकूँगी !'

फिर नाटकीय ढंग से धमकी देते हुए वह अँधेरे में अपने मरद की तरफ़ हाथ भाँजते हुए बोली : 'कान खोलकर सुन मेरी बात—अगर मेरे आदमी ने कोयला-खान की तरफ़ मुँह भी किया, तो मैं बीच सड़क में खड़ी होकर उसके मुँह पर थूकूँगी और बोलूँगी—तू कायर है !'

एतियन उसे देख तो नहीं पा रहा था, मगर उसके प्रकोप की आग महसूस ज़रूर करने लगा था—जैसे हुँआनेवाला कोई जानवर श्वास ले रहा होता है। उसी बात पर यह औरत उफन पड़ी थी। सो, उसकी बोलती बन्द हो गई और उसने पलटा खाया। एतियन को यह औरत इतनी बदली-बदली लगी कि उसका मुँह देखे जा रहा था; पहले तो हमेशा विवेक से काम लेती थी और वह जो झगड़ा-फ़साद कर बैठता था, उसके लिए उसे लताड़ती रहती थी और कहा करती थी कि हमें कभी भी किसी की मृत्यु की कामना नहीं करनी चाहिए, और अब वही औरत कोई दलील सुनने को तैयार नहीं है और एक-एक को मार डालने की बात कह रही है। अब एतियन राजनीति के झमेले में नहीं पड़ रहा था, बल्कि ला माहृद ऐसा कर रही थी, जो बूर्जुआ को बुहारकर फेंक देना चाहती थी। चाहती थी कि गणतंत्र की स्थापना हो और गिलोटाइन खड़े किए जाएँ, ताकि दुनिया को उन अमीर चोर-उचक्कों से निजात मिले जो उन लोगों के बलबूते मुटाते रहे हैं जो पेट पर पट्टी बाँधकर खटते हैं।

'बिलकुल, अपने हाथों से उनकी चमड़ी उधेड़कर रख दूँगी...बहुत हो चुका ! तू तो ख़ुद कहा करता था कि अब हमारी बारी है...जब याद आती है कि हमारा बाप, हमारा दादा, हमारा पड़दादा और उनसे भी पहलेवाले हमारे सारे पुरखे इसी तरह दुख भोगते रहे हैं जिस तरह आज हम भोग रहे हैं, और आगे चलकर हमारे बेटे, पोते भी इसी तरह कष्ट झेलते रहेंगे, तो मेरे सिर पर भूत सवार हो जाता है और मन करता है कि छुरा हाथ में ले लूँ...उस दिन हमने सब्र से काम लिया। चाहिए तो यह था कि मोंसू को मिसमार कर डालते, उसकी ईंट से ईंट बजा देते। और जानता है ?—एक ही बात का अफ़सोस है मुझे, और वह यह कि बाबा जब ला पिओलेन की छोकरी का गला घोंट रहा था, तो मैंने उसे ऐसा करने क्यों नहीं दिया...आख़िर, वे लोग भी तो हमारे बच्चों को भूखा रखकर उनके टेंटुए दबा रहे हैं !'

उसके बोल ऐसे फूट रहे थे जैसे रात की वेला में कुल्हाड़े से कोई प्रहार कर रहा हो। जड़ आकाश खुल नहीं रहा था और दुख-सन्ताप से बौखलाए हृदय की गहराइयों में असाध्य आदर्शवाद विष बनता जा रहा था।

'तू मेरी बात समझी नहीं,' पसपां हुए एतियन के मुख से किसी तरह ये शब्द निकले। 'कम्पनी के साथ हम कोई जुगत भिड़ाते हैं—मुझे मालूम है, कोयला-खानों को बड़ा नुकसान पहुँच रहा है। सो, वे किसी तरह कोई समझौता करने को राज़ी हो सकते हैं।'

'नहीं, कोई समझौता-वौता नहीं करेंगे,' वह चीखते हुए बोली।

ऐन उसी वक्त लेनोर और आरी लौट आए—एकदम खाली हाथ। किसी भलेमानुस ने इन्हें दो सू दिए तो थे, लेकिन छोकरी छोटे भाई को ठोकरें मारती आ रही थी, और दोनों सू बर्फ़ में कहीं गिर पड़े थे; यांलैं ने मिलकर सू ढूँढ़ने की बहुतेरी कोशिश की थी, लेकिन मिले नहीं थे।

'यांलैं कहाँ मर गया ?'

'माँ, वह भाग गया। बोलता था, ज़रूरी काम है।'

एतियन ने ये बातें सुनीं, तो उसका कलेजा मुँह को आने लगा। पहले कभी यह औरत कहा करती थी कि अगर मेरे बच्चों ने किसी के आगे हाथ फैलाया, तो इनकी जान ले लूँगी। और यही औरत है, जिसने इन्हें गलियों-सड़कों पर भीख माँगने के लिए छोड़ दिया है। वह भी बता रही थी कि सभी जा रहे हैं—मोंसू के दस हज़ार खान मज़दूर, हाथ में लकुटिया और भिक्षापात्र लिये उस देहात की ख़ाक छान रहे हैं जहाँ लोग इतने डरे हुए हैं कि घरों से बाहर नहीं निकलते।

पीड़ा उस अँधेरे कमरे में और दारुण हो उठी थी। बच्चे भूखे लौटे थे, खाना चाहते थे—बोलते थे, हमें खाना क्यों नहीं मिलता ? रार करते, यहाँ-वहाँ लोट लगाते। एकबारगी अपनी मरणासन्न बहन के पैरों की उँगलियों पर उनका पैर पड़ा, तो वह लगी कराहने। माँ आपे से बाहर हो गई। अँधेरे में लपक-लपककर उसने झाँपड़ मारने शुरू किए। इस पर जब वे और ज़ोर-ज़ोर से रोने-चिल्लाने और रोटी के लिए गुहार करने लगे, तो उसने सबको, यहाँ तक कि रुग्ण बालिका को भी, अपनी बाँहों में समेटा और वहीं फ़र्श पर बैठ गई और फूट-फूटकर रोने लगी। देर तक बैठी रोती-बिलखती रही। आँख से निकलते आँसुओं ने उसे थोड़ी राहत दी। एकदम श्रान्त-क्लान्त हो गई थी और बार-बार बोल उठती थी : 'हे ईश्वर, तू हमें उठा क्यों नहीं लेता ? हे प्रभु, हम पर दया करो, हमें अपने पास बुला लो, यह सब तो न भोगना पड़े !'

बूढ़ा अभी तक निश्चल बैठा था—बिलकुल उसी तरह, जिस तरह आँधी-पानी के वेग से कोई पेड़ ऐंठ जाता है। बाप तब भी चूल्हे और आलमारी के बीच डोल रहा था। एक बार भी उसने घूमकर उनकी तरफ़ नहीं देखा।

लेकिन दरवाज़ा फिर खुला। इस बार डॉक्टर वांडरहेगन आया था।

'कमाल है !' वह बोला। 'एक-आध मोमबत्ती जलाकर रख लो, तो तुम लोगों की आँखें दुख नहीं जाएँगी...अच्छा, अब दिखाओ, मैं ज़रा जल्दी में हूँ।'

हमेशा की तरह वह थककर चूर हो चुका था और बुड़बुड़ा रहा था। किस्मत से

उसके पास माचिस की कुछ तीलियाँ थीं। बाप ने एक-एक करके छह तीलियाँ जलाईं और उन्हें पकड़े रखा ताकि डॉक्टर बीमार कन्या का मुआयना कर सके। लड़की के ऊपर से कम्बल उतर गया था और झिलमिलाते प्रकाश में वह काँप रही थी—एकदम उस परिन्दे की तरह दुबली-पतली लगती थी जो बर्फ़ में अन्तिम साँसें गिन रहा हो। इतनी दुर्बल हो गई थी कि पीठ के कूबड़ के सिवा कुछ दिखाई नहीं देता था। इसके बावजूद, वह मुस्करा रही थी—वैसी ही उदासीन मुस्कराहट थी, जैसी मरणासन्न व्यक्ति की होती है—फटी-फटी आँखों से वह निहारे जा रही थी। उसके दयनीय हाथ उसकी पिचकी छाती से चिपट गए थे और जब सिसकती माँ ने यह पूछा था कि क्या यह उचित है कि यह बच्ची, माँ से पहले ही चली जाए जो घर में उसका हाथ बँटानेवाली एकमात्र लड़की है, जो इतनी समझदार है, इतनी असील है ? तो डॉक्टर आवेश में आकर बोल उठा : 'ले, यह तो गई...भूख से मर गई तेरी यह बच्ची। ऐसी मौत मरनेवाली यह अकेली लड़की नहीं है। निकट ही एक और लड़की को मरते देखा है मैंने...तुम सब लोग मुझे बुलाते तो हो, लेकिन मैं कुछ नहीं कर सकता...मांस ही है जो तुम लोगों को शफ़ा दे सकता है।'

माहूअ की उँगलियाँ जलीं, तो उसने तीली नीचे गिरा दी और बालिका की लाश को, जो अब भी गर्म थी, अँधेरे ने अपनी गिरफ़्त में ले लिया था। डॉक्टर तत्काल चला गया था। एतियन को उस अँधेरे कमरे में ला माहूद की सिसकियों के सिवा और कुछ सुनाई नहीं पड़ रहा था, जो रोती-विलपती हुई बार-बार मौत का आह्वान कर रही थी :

'हे प्रभु, अब मेरी बारी है, मुझे उठा लो...हे ईश्वर, मेरे मरद को भी उठा लो, सबको उठा लो—दया करो, सबको उठा लो।'

3

सूवारीन उस रविवार आठ बजे अकेला लावंताज़ में अपने उसी स्थान पर बैठा था, जहाँ हमेशा बैठा करता था। उस वक्त भी उसने दीवार के साथ सिर टिका रखा था। उन दिनों कोई खान मज़दूर बियर के लिए दो सू तक जुटाने का जुगाड़ नहीं कर पाता था। सो, कलवरिया में ग्राहकों की संख्या एकदम घट गई थी। मदाम रासनर काउंटर के पीछे क्षुब्ध और निश्चल-सी बैठी थी। रासनर उधर ढलवें लोहे की अँगीठी के आगे खड़ा था और ऐसे लगता था, जैसे ध्यानस्थ मुद्रा में कोयले के साँवले धूम का अवलोकन कर रहा हो।

सहसा खिड़की के काँच पर तीन बार तीखी-सी थपथपाहट हुई, तो गर्माइश-भरे कमरे का भारी सन्नाटा भंग हो गया। सूवारीन ने पलटकर उधर देखा और फिर उठकर खड़ा हो गया। एतियन के इशारे को वह भली-भाँति समझता था। यह संकेत वह पहले भी कई बार दे चुका था जब बाहर से देखता कि सूवारीन ख़ाली मेज पर अकेला बैठा सिगरेट पी रहा है। लेकिन जब तक सूवारीन दरवाज़े तक जाता कि इससे पहले रासनर ने जाकर दरवाज़ा खोल दिया था। खिड़की के प्रकाश में वहाँ खड़े आदमी को पहचानते ही बोला : 'क्यों, रे ! मुझसे डरता है, तेरे को पकड़वा दूँगा ?...सड़क पर जाकर बात

करने की क्या ज़रूरत ? उससे ज़्यादा आराम से यहाँ बातचीत कर सकता है।'

एतियन भीतर आ गया। मदाम रासनर ने आकर विनीत भाव से बियर के लिए पूछा, लेकिन एतियन ने इशारे से मना कर दिया। कलवरिया का मालिक बोला, 'बहुत पहले से मुझे मालूम है, तू कहाँ छिपकर बैठता है। तुम्हारे दोस्त-यार कहते फिरते हैं कि मैं मुख़बिर हूँ। अगर मैं मुख़बिर होता, तो एक सप्ताह पहले ही तेरे को सिपाहियों को पकड़वा न देता ?'

'तेरे को सफ़ाई देने की कोई ज़रूरत नहीं,' एतियन बोला। 'मुझे मालूम है, तूने ऐसा नीच काम कभी नहीं किया...लोगों में मतभेद हो सकते हैं। फिर भी, आदर-मान बना रहता है।'

और एक बार फिर मौन छा गया। सूवारीन पुनः अपनी कुर्सी पर जाकर बैठ गया था और दीवार के साथ पीठ टिकाए सिगरेट के लच्छों को निहार रहा था। मगर उसकी व्यग्र उँगलियाँ जैसे पोलैंड की उष्ण पश्म पर हाथ फिराने के लिए मचल रही थीं, जो उस समय वहाँ मौजूद नहीं थी। अनजाने में ही वह बेचैन हो उठा था—जानता था कि कोई चीज़ ग़ायब है, मगर बताने में असमर्थ था कि वास्तव में वह चीज़ है क्या।

उसके सामने बैठे एतियन ने अन्ततः यह बात कही : 'ल वोरअ में कल से काम शुरू हो रहा है। नेगरेल बेल्जियम के मज़दूर ले आया है।'

'हाँ, अँधेरा होने के बाद उन्हें लाया गया है,' रासनर ने कहा, जो अभी तक खड़ा था। 'उम्मीद करनी चाहिए कि अब और मार-काट नहीं होगी।'

तदुपरान्त अपना स्वर ऊँचा करते हुए बोला : "देख, तेरे साथ मैं दुबारा रार नहीं मोल लेना चाहता, लेकिन ज़िद नहीं छोड़ोगे, तो भारी कीमत चुकानी पड़ेगी...सच पूछो तो, यहाँ तुम लोगों के साथ जो बीत रही है, ठीक वैसी ही तुम्हारी 'इंटरनेशनल' वालों के साथ बीत रही है। उस दिन लील में अचानक प्लूकार्ट से मेरी मुलाकात हुई थी। वहाँ किसी काम से गया था मैं, और प्रतीत होता है, उसकी संस्था ही पटरी से उतर गई है।"

फिर उसने विस्तार से सारी बात बताई।

एसोसिएशन ने धुँआधार प्रोपेगंडा करके सारी दुनिया के कामगारों के दिल जीत लिये थे, और यह प्रचार ऐसा था कि आज भी बूर्ज़ुआ लोग थर्रा उठते हैं। अब यही एसोसिएशन अभिमान और अभिलास के कारण होनेवाले अन्दरूनी कलह से तिल-तिल करके चुकती जा रही है। चूँकि अराजकतावादियों ने विकासवादियों को बाहर करके सारी बागडोर अपने हाथों में ले ली है, इसीलिए शीराज़ा ही बिखरता जा रहा है; फ़िरकापरस्ती के कारण होनेवाले सारे झगड़ों-टंटों के बीच वेतन में सुधार करवाने का जो मूल उद्देश्य रखा गया था, उसे भुला दिया गया है, और बुद्धिजीवियों के नेता भी तो बिखरते जा रहे हैं, क्योंकि अनुशासन के प्रति उनके मन में कोई सम्मान नहीं है। अब सहज ही यह अनुमान लगाया जा सकता है कि जिस जन आन्दोलन ने कभी सड़े-गले समाज का उन्मूलन करने का बीड़ा उठाया था, वह असफल होकर रहेगा।

'प्लूकार्ट तो इससे ऊब ही गया है,' रासनर बोला। 'और इससे भी बड़ी बात तो

यह है कि उसका गला बैठ गया है। फिर भी, बोलता रहता है और पैरिस जाकर उनसे भी बातचीत करना चाहता है...तीन मर्तबा उसने मुझे बताया कि हड़ताल नाकामयाब रही।'

एतियन आँखें झुकाए बैठा था। इसे अपनी भड़ास निकालने दो। कोई टोका-टकी नहीं की उसने। पिछली रात ही उसने कुछ लोगों से बातचीत की थी और उसे लगा था कि इन लोगों के हृदय में उसके प्रति कड़वाहट और सन्देह है—यानी कि यह बदनामी का पहला झोंका था जो पराजय का संकेत था। उसका चेहरा उतर गया। उस व्यक्ति के सामने वह अपनी उदासी प्रकट नहीं करना चाहता था जिसने यह भविष्यवाणी की थी कि जनता को यदि किसी ग़लती के लिए बलि के बकरे की ज़रूरत होगी, तो वह उसे ही उखाड़कर रख देगी।

'हाँ, हड़ताल तो शायद असफल हो ही गई है, और यह मैं भी जानता हूँ और प्लूकार्ट भी जानता है,' वह बोला। 'मगर ऐसा तो होना ही था। हमने हड़ताल बेदिली से शुरू की थी और ऐसी उम्मीद भी नहीं करते थे कि हड़ताल की बदौलत हम कम्पनी से पिंड छुड़ा लेंगे...लेकिन लोग उत्तेजित हो जाते हैं और तरह-तरह की आस लगा लेते हैं, और जब मुसीबत आती है, तो भूल जाते हैं कि ऐसा भी हो सकता है और इस तरह गिला-शिकवा करने लगते हैं, झगड़ने लगते हैं, मानो यह विपदा आसमान से टपकी हो।'

'ठीक है, यदि समझते हो कि खेल ख़त्म हो गया है,' रासनर बोला, 'तो मज़दूरों को समझाते क्यों नहीं कि विवेक से काम लें ?'

नौजवान उसे घूरने लग गया।

'सुन, क्यों न इसी वक्त इसे ख़त्म कर दें...तुम कुछ सोचते हो, मैं कुछ सोचता हूँ। मैं यहाँ इस उद्देश्य से आया था कि तुम लोगों को बताऊँ कि मैं आज भी उसी तरह तुम सब लोगों का आदर करता हूँ। फिर भी, यह समझता हूँ कि इस जद्दोजहद में यदि हमारी जान भी चली जाए, तो भी भुखमरी के शिकार हमारे जिस्मों की बदौलत जनता का पक्ष जितना मज़बूत होगा, उतना आपकी सयानी राजनीति से नहीं हो सकता। आह, अगर उन कमबखत सिपाहियों में से कोई सिपाही मेरे सीने में गोली उतार दे—तो रास्ता मिल जाए !'

उसके मुख से निकली इस गुहार के साथ-साथ उसकी आँखें छलछला आईं—और यह गुहार ऐसी थी जिसमें हारे हुए आदमी की त्राण पाने की गुह्य चाह प्रकट होती थी, ताकि सदा-सदा के लिए उसे यंत्रणा से मुक्ति मिल जाए।

'ख़ूब, बहुत ख़ूब !' मदाम रासनर अपने सैद्धान्तिक विचारों की समग्र वितृष्णा के साथ अपने पति को घूरते हुए बोल उठी।

सूवारीन अब भी शून्य में टकटकी लगाए देखे जा रहा था। उसके हाथ अब भी बेचैनी से गोद में मचल रहे थे और प्रतीत होता था कि वह कुछ भी सुन नहीं रहा है। उसका गोरा-गोरा, लड़कियों जैसा चेहरा, उसकी तीखी नासिका और छोटी नुकीली दन्तावली—इन सबमें रक्तरंजित दर्शन से परिपूर्ण किसी गुह्य दिवास्वप्न के प्रतिक्रियास्वरूप हिंस्र भावना परिलक्षित होती थी, और इस वार्तालाप में से ग्रहण किए

गए एक शब्द के जवाब में, वह 'इंटरनेशनल' के विषय में रासनर की किसी बात का उत्तर देते हुए बोल उठा था : 'सबके सब कायर हैं, कायर ! बस, एक ही जवांमर्द था जो उसकी संस्था को विध्वंस का भयानक अस्त्र बना सकता था—मगर इसके लिए उसे अपनी मंशा प्रकट करनी चाहिए थी, और कोई ऐसा करना चाहता ही नहीं है। यही कारण है कि क्रान्ति एक बार फिर विफल होगी।'

दोनों जन जैसे निद्रा में चलते हुए किसी व्यक्ति के मुख से निकली और अन्धकार में विलीन होती इन स्वीकारोक्तियों को बेचैनी के साथ सुन रहे थे, और वह वितृष्णा भरे स्वर में मानव-जाति की दुर्बलता के बारे में उपालंभ देता रहा। रूस में कोई भी बात सन्तोषजनक ढंग से नहीं हो रही, और उसे जो ख़बर मिली थी, उससे वह एकदम निराश हो गया था। उसके पुराने कामरेड सारे के सारे राजनीति करने में जुटे थे। जिन बदनाम निहिलिस्टों ने—पोप की, क्षुद्र बूर्जुआओं की, दुकानदारों की सन्तानों ने—यूरोप को हिलाकर रख दिया था, वे अपने आपको राष्ट्रीय मुक्ति की धारणा से ऊपर उठा ही नहीं पा रहे थे, और ऐसी धारणा थी उनकी कि एक बार वे अपने निरंकुश शासक को मार डालेंगे, तो उसके बाद समूची दुनिया का स्वतः उद्धार हो जाएगा; और ज्योंही उसने यह कहने की कोशिश की कि पुरानी व्यवस्था को इस तरह काटकर डाल दिया जाना चाहिए जिस तरह अत्यधिक पकी फ़सल को काटते हैं, और उसके मुख से 'रिपब्लिक' जैसा बचकाना शब्द सुनते ही उसे लगा कि उसके बारे में इनके मन में भ्रान्त धारणाएँ बद्धमूल हो गई हैं; और ये लोग उससे डरते हैं, वह अप्रासंगिक हो गया है, और क्रान्तिकारी विश्वबन्धुत्व के असमर्थ राजाओं की निचली श्रेणी में उसे डाल दिया गया है। लेकिन उसके हृदय में देशभक्ति का वलवला था, सो वह डटा रहा और दुखभरी कड़वाहट के साथ अपने प्रिय शब्द को बार-बार दुहराता रहा : 'बेवकूफ़ी !...उनकी यह बेवकूफ़ी ऐसी है जिसकी वजह से वे न इधर के रहेंगे, न उधर के !'

फिर भी धीमे स्वर में तथा कटुतापूर्ण शब्दों में वह अपने भ्रातृभाव के पुराने सपने का बखान करने लगा। उसने अपना वर्ग छोड़ा, ऐश्वर्य का परित्याग किया, कामगारों की श्रेणी में सम्मिलित हुआ और वह भी केवल एक प्रयोजन से—इस आस से कि अन्ततः ऐसा समाज स्थापित होगा जो सामान्य काम पर आधारित होगा। उसके पल्ले जितने भी सू थे, सबके सब उसने बहुत पहले ही गाँव के छोकरों में बाँट दिए थे और खान मज़दूरों के प्रति उसने भ्रातृतुल्य सदाशयता दिखाई थी, उसके मन में जो शक-सुबहा था, उसे हँसकर टाल दिया था, और अन्ततः अपने आपको एक सतर्क और मौन कामगार साबित करके उसने उनके दिल जीत लिये थे—लेकिन कोई सच्चा रिश्ता कायम नहीं हो पाया था; किसी भी प्रकार के गठबन्धन के प्रति तिरस्कार की भावना थी उसके मन में, स्वतंत्र रहने का उसने जो संकल्प किया था, प्रसिद्धि और पैसे के लोभ से वह जिस प्रकार निर्लिप्त रहा, इन सब बातों से वह उन लोगों के लिए हमेशा एक अजनबी ही बना रहा। और दिन-भर वह ख़ासकर उस समाचार से क्षुब्ध होता रहा जो सुबह के अख़बारों में छपा था।

उसका लहज़ा बदला और एकाएक एकाग्र होकर बैठ गया; फिर एतियन की आँखों में आँखें डाल सीधे-सीधे उससे कहता है : 'समझ रहा है न मेरी बात ?—मारसइ में

टोप बनानेवाले उन लोगों का रवैया क्या था जिन्होंने लाटरी में एक लाख फ्रां का पहला इनाम जीता था और तत्काल उस धनराशि का निवेश करने दौड़े गए थे और बोले थे कि अब कभी तिनका भी तोड़कर दोहरा नहीं करेंगे ?...जी हाँ, ऐसी ही अभिलाषा है तुम लोगों की, फ्रेंच कामगारों की–तुम लोग चाहते हो कि कहीं से गढ़ा ख़ज़ाना पा जाएँ और एक कोने में आराम से जा बैठें और उसी के सहारे स्वार्थी, निष्क्रिय जीवन व्यतीत कर दें। हालाँकि तुम लोग पैसेवालों को बुरा-भला कहते हो, लेकिन अगर कोई धन-दौलत तुम्हारे हाथ लग जाती है, तो तुम लोगों को इतनी हिम्मत नहीं होगी कि ग़रीबों के साथ बाँटकर खाओ...जब तक तुम लोग स्वत्व के पीछे मरते रहोगे, जब तक तुम लोग इस बलवती आकांक्षा के कारण ही बूर्जुआ वर्ग से घृणा करते रहोगे कि तुम लोग उनका स्थान ले लो, तब तक तुम लोगों को कभी ख़ुशी हासिल नहीं होगी।'

रासनर ठठाकर हँस पड़ा। यह धारणा ही उसे हास्यास्पद लगी कि मारसइ के दोनों कामगारों को यह इनाम नहीं लेना चाहिए था। लेकिन सूवारीन के चेहरे पर मुर्दनी छा गई, उसके विकृत चेहरे पर धार्मिक उन्माद का वह भयानक प्रकोप उभर आया जिसके परिणामस्वरूप राष्ट्र के राष्ट्र मटियामेट हो सकते हैं, और वह चीख पड़ा : 'तुम लोग काट डाले जाओगे, तुम्हारा तख़्ता पलट दिया जाएगा, तुम लोगों को घूरे के ढेर पर फेंक दिया जाएगा ! किसी दिन एक ऐसा पुरुष पैदा होगा जो तुम्हारी कायरों की जाति को, भोग-विलास में लिप्त लोगों को नेस्तनाबूद कर देगा। देखो, इन हाथों को देख रहे हो न ? अगर ऐसी सामर्थ्य इन हाथों में आई, तो ये हाथ संसार को अपने शिकंजे में कसके उसे झंझोड़कर रख देंगे–इस तरह–इतना झकझोड़ेंगे कि वह खंड-खंड हो जाएगा और तुम सब लोग मलबे में दफ़न हो जाओगे !'

'बहुत ख़ूब !' मदाम रासनर शाइस्तगी से फ़तवा देते हुए बोल उठी।

एक बार फिर सन्नाटा तारी हो गया। इसके बाद एतियन ने बोरीनाज़ के मज़दूरों का विषय फिर छेड़ा। ल वोरअ में जो कार्रवाई हुई थी, उसके बारे में उसने सूवारीन से कुछ बातें पूछनी चाहीं, लेकिन इंजिनमैन अपनी व्यक्तिगत चिन्ताओं में ही मगन था और बड़ी मुश्किल से खुला : वह तो, बस, इतना ही जानता था कि कोयला-खानों पर तैनात सिपाहियों को वे गोली-बारूद देने जा रहे हैं। और उसकी उँगलियाँ घुटनों पर जिस बेकली, बेचैनी से जुम्बिश कर रही थीं, वह इतनी नुमायाँ हो गई कि अन्ततः उसे भान हुआ कि उसकी उँगलियों को किस चीज़ की तलाश थी–पालतू खरगोश की पश्म की, जिससे उसे तस्कीन मिलती थी।

'पोलैंड कहाँ है ?' उसने पूछा।

कलवरिया का मालिक एक बार फिर हँस पड़ा और पत्नी की तरफ़ देखने लगा। थोड़े पसोपेश के बाद उसने हिम्मत करके यह बात कही, 'पोलैंड ?–ओह, काफ़ी गर्म है।'

मुटिया गई पोलैंड यांलैं के हत्थे चढ़ने के बाद सम्भवतः घायल हो गई थी, क्योंकि उस हादसे के बाद उसने मृत बच्चे ही दिए थे, और बेफ़ायदा जानवर को खिलाना-पिलाना न पड़े, यह सोचकर उन्होंने यह फ़ैसला किया था कि उसी दिन

आलुओं के साथ पकाकर उसे उनके आगे परोस दिया जाए।

'अजी, रात को ही तुमने उसकी एक टाँग खाई थी...तुम तो उँगलियाँ ही चाटते रह गए थे !'

पहले तो सूवारीन की समझ में बात नहीं आई। फिर उसका चेहरा एकदम पीला पड़ गया और ऐसी उबकाई आई कि मुँह से आवाज़ नहीं निकली, और फिर सुख-दुख में स्थिर रहनेवाले इस व्यक्ति की आँखें छलक पड़ीं।

लेकिन किसी को उसके इस वलवले को लक्ष्य करने का मौका नहीं मिला। एकाएक भड़ाक से दरवाज़ा खुला था और शावाल आगे-आगे कैथरीन को धकेलते हुए भीतर आ गया था। पहले बियर पीने से टुल्ल होकर मोंसू के सभी नाचघरों में शेख़ी बघारता फिरा था, और उसने लावंताज़ जाने और वहाँ अपने पुराने साथियों पर यह रौब ग़ालिब करने की ठानी थी कि वह किसी से ख़म नहीं खाता। भीतर आते-आते वह अपनी रखैल से कह रहा था : 'सच्ची ! सुन मेरी बात, तू यहाँ बियर पिएगी और जिस भी आदमी ने टेढ़ी आँख से मेरी तरफ़ देखा भी, तो उसकी गिच्ची मरोड़कर रख दूँगा।'

एतियन को देखते ही कैथरीन का चेहरा फ़क पड़ गया था। जब शावाल की नज़र उस पर पड़ी, तो वह ठीठी करने लगा।

'मदाम रासनर, दो बियर ! काम पर लौटने की ख़ुशी के सदके।'

उसने बिना कुछ कहे, बियर ढाली—यह स्त्री दाम देकर बियर पीनेवाले किसी व्यक्ति को इनकार नहीं करती थी। एकदम चुप्पी तारी हो गई थी। न तो कलवरिया का मालिक और न वे दोनों जन अपनी जगह से हिले।

'मुझे मालूम है, कुछ लोग बकते रहते हैं कि मैं मुख़बिर हूँ,' शावाल ऐंठते हुए बोल रहा था। 'मैं उन लोगों की शबीह देखना चाहता हूँ जिन लोगों के मुँह से यह बकवास निकली है। यह बात वे मेरे मुँह पर कहें, ताकि हम आपस में सुलट तो लें।'

कोई बोला तक नहीं। वे लोग दीवार की तरफ़ मुँह फेरकर बग़लें झाँकने लगे थे।

'कुछ लोग रोट-खावे होते हैं और कुछ लोग रोट-खावे नहीं होते,' स्वर ऊँचा करते हुए वह बोले जा रहा था। 'जहाँ तक मेरा सवाल है, मैं किसी से कोई बात छिपाकर रखनेवाला आदमी नहीं हूँ—मैंने दनलां की उस मनहूस जगह को लात मार दी है और मेरी मातहती में काम करनेवाले बारह बेल्जियम के मज़दूरों के साथ कल मैं ल वोरअ की खान में जा रहा हूँ, क्योंकि उन्हें मुझ पर मान है, भरोसा करते हैं मुझ पर। अगर किसी को इस पर ऐतराज़ है, तो यह बात बोले, ताकि हम निपट लें।'

उसकी उत्तेजनापूर्ण बातें सुनकर भी जब इन लोगों ने वैसी ही तिरस्कारपूर्ण चुप्पी बनाए रखी, तो शावाल कैथरीन पर झपट पड़ता है :

'कमबखत, पी ले !...चल, उन सब कुतिया के पिल्लों की मौत का जाम पीते हैं जो कोई काम-धन्धा करना नहीं चाहते !'

कैथरीन ने जाम पीने के वास्ते गिलास ऊपर उठाया, लेकिन उसका हाथ इस तरह काँपा कि दोनों गिलासों के खड़खड़ाने की आवाज़ सुनाई पड़ी। इस दौरान शावाल ने जेब से चाँदी के कुछ सिक्के निकाल लिये थे और नशेड़ी के आडम्बर के साथ उन्हें दिखाते हुए बोले जा रहा था कि यह सब तभी हासिल होता है जब इसके लिए कोई

पसीना बहाने को तत्पर हों, और फिर इन लोगों को रोटी-खावे की संज्ञा देते हुए चुनौती देता है कि किसी के खीसे में दस सू भी हों, तो वह दिखाए। इसके बाद वहाँ बैठे आदमियों के व्यवहार से वह इतना क्षुब्ध हो उठा कि उन्हें सीधे-सीधे ज़लील करने पर तुल गया।

'तो छछूंदर जो होते हैं न, वे रात को ही निकलते हैं बाहर, क्यों है न ऐसी बात ? मुझे तो लगता है, चोर उसी वक्त बाहर आते हैं जब पुलिसवाले सो रहे होते हैं।'

एतियन एकदम शान्त भाव से और दृढ़ता के साथ उठकर खड़ा हो गया।

'देख, तू मेरे को गुस्सा दिला रहा है...हाँ, तू मुख़बिर है—तेरे ये जो पैसे हैं न, उनसे अब भी विश्वासघात की बू आती है, और तेरी कपटी देह को छूना तक पाप है। लेकिन, ख़ातिर जमा रख। अगर तू खुजला ही रहा है, तो मैं यहाँ खड़ा हूँ। बहुत पहले से तकदीर में लिख दिया गया था कि या तो तू मेरा ख़ात्मा करेगा या मैं तेरा।'

शावाल की मुट्ठियाँ भिंच गईं।

'तो आ, कर ले दो-दो हाथ ! नीच, कायर कहीं के, तेरे को भड़काने के लिए यह सब करना ज़रूरी था !...बस, तू और मैं। मैं तैयार...और तेरे कारण मुझे जो ज़िल्लत उठानी पड़ी, उसका आज बदला लूँगा।'

कैथरीन अनुनय-विनय की मुद्रा में हाथ जोड़े बीच-बचाव करने को उद्यत हुई, लेकिन उसे परे धकेलने की ज़रूरत नहीं पड़ी इन्हें—उसने महसूस कर लिया कि यह दंगल तो होकर ही रहेगा, इसलिए अपने आप, हौले-हौले पीछे हटने लगी। जाकर दीवार के साथ सटकर खड़ी हो गई। दारुण दुख से इतनी सुन्न हुई जा रही थी कि काँप तक नहीं रही थी। फटी-फटी आँखों से दोनों मर्दों को देखे जा रही थी जो उसकी ख़ातिर मरने-मारने को तुल गए थे।

मदाम रासनर ने, बस, इतना-भर किया कि काउंटर पर से मग वग़ैरह हटा लिये कि कहीं फूट ही न जाएँ। फिर ऐसे मौके पर किसी प्रकार का कुतूहल दिखाए बिना अपनी जगह पर बैठ गई। मगर जो कभी कामरेड थे, उनको इस तरह मरने-मारने की इजाज़त कैसे दी जा सकती थी ? सो, रासनर बीच-बचाव करने उठा; सूवारीन यह कहते हुए उसे बाँह से पकड़कर वापस मेज़ पर ले आया, 'तेरे को क्या पड़ी है दख़ल देने की...ऐसे लोगों की कोई कमी नहीं—जो ज़्यादा तगड़ा होगा, वही मैदान मारेगा।'

अपने ऊपर हमले की इन्तज़ार न करके शावाल तनी हुई मुट्ठियाँ हवा में भाँजने लगा। एतियन से कद-बुत में बड़ा तो था, लेकिन था निपट अनाड़ी—बाँहों को इस तरह हिला-घुमा रहा था, मानो तलवारें पकड़ रखी हों और आवेश में एतियन के चेहरे पर वार करना चाहता हो। और इन हरकतों के साथ वह बकता-झकता भी जा रहा था और गाली-गलौज करते हुए, उछल-कूद मचाते हुए शेखी बघार रहा था।

'भडुए कहीं के ! नाक काट डालूँगा तेरी, और जब तेरी नाक काट लूँगा, तो तू जानता ही है, उसे किस जगह घुसेड़ूँगा !...बस, तेरे चेहरे के निकट पहुँचने की देर है। अरे, तेरे इसी चेहरे पर तो कंजरियाँ जान देती हैं—अब तेरी नाक को ही काटकर इसका कीमा बनाकर छोड़ूँगा, और फिर देखते हैं, कुटनियाँ तेरे पीछे कैसे भागती हैं !'

एतियन कुछ बोला नहीं। चुप, लेकिन दाँत भींचे, अपनी छरहरी देह को उचित

स्थिति में रख सीने और चेहरे को दोनों मुष्टियों से बचाते हुए मौके की ताक में था कि उछलकर उसका मुँह झोंसकर रख दे।

शुरू-शुरू में कोई एक-दूसरे पर चोट नहीं कर सका। एक तो ऐसे तिलमिला रहा था, जैसे पनचक्कियों पर प्रहार करने को उद्यत हो रहा हो और दूसरा मौके की फ़िराक में था। इससे लड़ाई और खिंच गई। एक कुर्सी उलट गई। उनके भारी जूतों के नीचे टाइलों पर बिछी सफ़ेद रेत चरमरा रही थी। लेकिन अन्ततः उनके दम फूल गए और वे हाँफने लगे। भीतर जो उनके आग थी, वह उनके लाल-लाल चेहरों पर दिखाई दे रही थी और लगता था आँखों से शोले फूट रहे हैं।

'ले !' शावाल दहाड़ा। 'तेरी लोथ पर यह वार।'

और ऐसा ही हुआ—बग़ली से उसके घूँसे मूसल की तरह दुश्मन के कन्धे पर पड़े। चोट तो लगी, लेकिन चूँ तक नहीं की उसने। सब बरदाश्त कर गया। उसकी आहत देह पर हलकी-हलकी धब-धब ही सुनाई पड़ी थी। जवाब में उसने सीधे उसके सीने पर वार किया। वह ऐसा वार था कि यदि वह लगातार बकरी की तरह उछल-कूद मचाते हुए अपना बचाव न कर लेता, तो उसका ख़ात्मा ही हो गया होता। हुआ यह कि चोट शावाल के बाएँ बाजू पर इस शिद्दत से पड़ी कि वह लड़खड़ाया, और उसकी हवा ही सरक गई। जब उसे लगा कि पीड़ा के मारे वह बाँह उठा ही नहीं पा रहा है, तो कुपित होकर एतियन की तरफ़ इस तरह दौड़ा जिस तरह कोई जंगली जानवर दौड़ता है और उसके पेट पर एड़ी से कसकर प्रहार करना चाहा।

'यएए...तेरी आँतों पर,' घुटे-घुटे स्वर में किसी तरह उसके मुख से निकला। 'तेरी आँतें खींचकर बाहर डाल दूँगा।'

एतियन एकदम पैंतरा बदलकर मुड़ गया और इस तरह उसने अपना बचाव किया। लेकिन खेल के नियमों के व्यतिक्रम से इतना आगबबूला हुआ कि चुप्पी तोड़ते हुए बोल उठा : 'बकवास बन्द कर, लद्धड़ कहीं के ! और ख़बरदार, अगर फिर पैर मारा, तो कुर्सी लेकर तेरा सिर फोड़ दूँगा !'

इसके बाद तो ज़बरदस्त दंगल छिड़ गया। रासनर के तो रोंगटे ही खड़े हो गए। वह दुबारा बीच-बचाव करने की कोशिश करता, लेकिन पत्नी ने जब तीखी निगाहों से उसकी तरफ़ देखा, तो वहीं खड़ा का खड़ा रह गया। क्या ? क्या उनके दो ग्राहकों को यहाँ अपना हिसाब चुकता करने का भी हक नहीं ? सो, रासनर अँगीठी के आगे खड़ा हो गया, क्योंकि उसे डर था कि कहीं दोनों लड़ते-लड़ते आग में न जा गिरें।

सूवारीन प्रकटतः शान्त बैठा था। सिगरेट बना तो लिया था उसने, लेकिन सुलगाना भूल गया था। कैथरीन तब भी दीवार के साथ उसी तरह निश्चल खड़ी थी। हाथ-भर हिल-डुल रहे थे—अनायास ही वे कमर पर जा टिके थे और यंत्रवत अपने वस्त्रों को यों ही तोड़-मरोड़ रहे थे। वह भरसक कोशिश कर रही थी कि मुँह से चीख न निकले। कहीं ऐसा न हो कि वह मुँह खोलकर किसी का पक्ष ले और दूसरे को मरवा दे—हालाँकि वह उलझन में थी और यह समझ नहीं पा रही थी कि किसको चाहती है।

शावाल जल्दी ही निढाल हो गया। पसीने से एकदम नहा गया था और अन्धाधुँध हाथ-पाँव चला रहा था। एतियन क्रुद्ध तो था ही, इसके बावजूद अपने-आपको बचाते हुए उसके लगभग हर वार को व्यर्थ करता जा रहा था, हालाँकि कुछ चोटें उसे लगी भी थीं। उसका कान चिर गया था और गर्दन में नाख़ून चुभा था। इससे उसे इतनी तीखी पीड़ा हुई कि वह भी गाली-गलौज पर उतर आया और पूरी ताकत के साथ उस पर चढ़ दौड़ा। शावाल एक बार फिर पैंतरा बदलकर अपनी छाती पर पड़नेवाले वार को बचा गया, लेकिन बचने के लिए वह झुक गया था, जिससे एतियन का चटाके का प्रहार उसके चेहरे पर पड़ा, जिससे उसकी नाक टूट गई और आँख पर भी चोट आई। एकबारगी उसके नासारंध्रों से ख़ून का फव्वारा छूट निकला, आँख भी फूलकर नीली हो गई। इस तरह ख़ून निकलते देख शावाल आपे से बाहर हो गया, और भेजे में होनेवाली भन्नाहट से भौंचक यह दईमारा हवा में अन्धाधुँध हाथ-पैर चलाने लगा, लेकिन एतियन ने इस शिद्दत से उसकी छाती पर लात मारी कि उसकी छुट्टी हो गई। वह पलस्तर की भारी बोरी की तरह धड़ाम से पीठ के बल गिरा।

'उठ ! अगर अब भी होश ठिकाने न आएँ हों, तो आ, फिर दो-दो हाथ करते हैं।'

शावाल कुछ क्षण स्तब्ध-सा फ़र्श पर पड़ा रहा और कोई जवाब नहीं दिया उसने। फिर हिलने-डुलने लगा और टाँगों-बाँहों में भी जुम्बिश हुई। फिर प्रयत्नपूर्वक उठा और क्षण-भर घुटनों के बल टिका रहा। हाथ उसका जेब में था। वह क्या कर रहा है, यह कोई देख नहीं पा रहा था। फिर जब उठकर खड़ा हुआ, तो एकदम चीखते हुए पुनः एतियन पर हमला करने के लिए दौड़ा।

मगर कैथरीन ने देख लिया था, सो न चाहते हुए भी अन्तर्मन की गहराइयों से चीख पड़ी, 'होशियार ! इसके पास छुरा है !'

वह किसको चाहती है, यह अनजाने में ही उसने इस तरह प्रकट कर दिया था।

एतियन को बाँह से वार बचाने का मौका नहीं मिला। ताँबे के छल्ले के साथ कच्ची लकड़ी के हत्थे से बँधे मोटे फलवाले छुरे ने एतियन के ऊनी स्वेटर को बाँह से चीरकर रख दिया। लेकिन शावाल की कलाई एतियन के हाथ में आ गई और दोनों भिड़ गए—एतियन भली-भाँति जानता था कि कलाई उसने छोड़ी, तो उसकी जान पर आ सकती है, और शावाल था कि हाथ छुड़ाकर वार करने की फ़िराक में था। हौले-हौले चाकू झुकता जा रहा था, दोनों की अकड़ी बाँहें थकने लगी थीं। एतियन को दो बार छुरे का सर्दीला स्पर्श भी महसूस हुआ। फिर उसने पूरी ताकत लगाकर शावाल की कलाई को इस तरह मरोड़ा कि उसके खुले हाथ से छुरे को नीचे गिराने में सफल हो गया। छुरा उठाने के लिए दोनों फ़र्श पर झपटे। छुरा एतियन के हाथ लगा और वह शावाल के घोंपने को तत्पर हुआ, जिसे उसने घुटने से दबा रखा था और उसका गला रेत डालने को उतारू हो गया।

'हरामज़ादे, विश्वासघाती, तेरी मौत आई समझ !'

उसके भीतर की गहराई से कोई ऐसी डरावनी आवाज़ आ रही थी कि उसे और कुछ सुनाई नहीं पड़ रहा था, उसके भेजे में हथौड़े-से पड़ने लगे थे—एकाएक हत्या करने

का भूत सवार हो गया था उस पर। खून का स्वाद चखने की चाहत हुई थी उसे। इस तरह का पागलपन पहले कभी सवार नहीं हुआ था उस पर—उस वक्त वह नशा भी तो नहीं किए हुए था। फिर जो बुराई उसे विरासत में मिली थी, उससे लड़ने में भी उसे वैसा ही क्षोभ हो रहा था, जैसा कि उस उन्मत्त प्रेमी को होता है जो बलात्कार करने पर तुला होता है। अन्ततः उसने संयम से काम लिया और भर्राए गले से बोलते हुए छुरा एक तरफ़ फेंक दिया : 'उठ, और दफ़ा हो जा यहाँ से !'

इस बार रासनर दौड़ा। मगर उसने यह सावधानी बरती कि कहीं दोनों के बीच फँस न जाए और नज़ला उस पर गिरे। नहीं चाहता था कि उसकी कलवरिया में कोई खून-ख़राबा हो। इतना कुपित था कि उसकी पत्नी काउंटर के पीछे उठकर खड़ी हो गई थी और एकाएक बोल उठी कि बिला वजह हमेशा वह गुल मचाने लगता है।

सुवारीन बाल-बाल बचा था, नहीं तो उसकी जाँघ में छुरा लग ही जाता। अब वह सिगरेट सुलगा रहा था। तो क्या, सारा टंटा ख़त्म हो गया ? कैथरीन की नज़रें दोनों मर्दों पर टिकी थीं और यह देखकर सुन्न-सी हुई जा रही थी कि दोनों अभी ज़िन्दा हैं।

'दफ़ा होता है या नहीं !' एतियन ने दुबारा कहा। 'भाग, नहीं तो मेरे हाथों मारा जाएगा।'

शावाल उठकर खड़ा हो गया। उलटी हथेली से नाक से बहते ख़ून को पोंछ रहा था। जबड़े से भी ख़ून आ रहा था। आँखें सूज गई थीं। अपनी हार से बिलबिलाते हुए वह किसी तरह घिसटते-घिसटते चल पड़ा। कैथरीन यंत्रवत उसके पीछे-पीछे चली। मगर यह देखते ही वह अकड़कर खड़ा हो गया और तिलमिलाते हुए भद्दी-भद्दी गालियाँ बकने लगा : 'न, न ! बिलकुल नहीं !—रांड कहीं की, उसी की चाह है तेरे को, जा उसी के साथ सो ! अगर अपनी जान प्यारी है, तो मेरे धौरे के नज़दीक न फटकना !'

उसने धड़ाक से दरवाज़ा बन्द किया। गर्माइश-भरे कमरे में भारी सन्नाटा तारी हो गया था। बस कोयले की सन्नाहट-भर सुनाई पड़ती थी। उलटी कुर्सी अब भी उसी जगह फ़र्श पर पड़ी थी और टाइलों पर बिछी रेत में ख़ून के कतरे जज़्ब होते जा रहे थे।

4

एतियन और कैथरीन रासनर की कलवरिया से निकलकर चुपचाप साथ-साथ चले जा रहे थे। बर्फ़ ढीली पड़ने लगी थी और सर्दी के इस मौसम में धीमे-धीमे गल रही थी और मलिन भी हो गई थी। ऊपर सुरमई आकाश में विशाल बादलों के पीछे पूर्ण चन्द्रोदय का आभास होता था—काली-कजरारी धज्जियों-गुदड़ियों को प्रचंड वायु कुपित होकर आलोड़ित-विलोड़ित कर रहा था—परन्तु नीचे धरती पर हलका-सा झोंका भी महसूस नहीं होता था, और एकमात्र ध्वनि जो कानों में पड़ती थी, वह थी छतों से टपक की, जहाँ से चिट्टी-चिट्टी पोटलियाँ धप-धप करती हलके-हलके गिर रही थीं।

एतियन इस स्त्री के कारण परेशान था, जो एक तरह से उसकी झोली में आ गिरी

थी, और ऐसी उलझन में पड़ गया था कि कुछ बोल ही नहीं पा रहा था। यह बात बड़ी बेतुकी लगती थी कि वह इसे अपने साथ रकैयार ले जाए और वहाँ छिपाकर रखे। चाहता था कि इसे वापस गाँव में इसके माँ-बाप के घर छोड़ आए। लेकिन दहशत की मारी इस स्त्री ने वहाँ जाने से साफ़ इनकार कर दिया था : न, न, कितने निष्ठुर तरीके से छोड़कर आई थी उन लोगों को, सो कहीं भी चली जाएगी, उन पर बोझ नहीं बनेगी। और इसके बाद न वह बोला, न कैथरीन ने कुछ कहा। दोनों लक्ष्यहीन-से चलते चले जा रहे थे उन सड़कों पर जो कीचड़ की नदियों की शक्ल अख़्तियार करती जा रही थीं। पहले तो वे ल वोरअ की तरफ़ गए; फिर दाईं ओर मुड़कर कचरे की टेकरी और नहर के बीचवाले रास्ते पर हो लिये।

'लेकिन कहीं-न-कहीं जाकर नींद तो करनी है न,' अन्ततः वह बोला। 'मेरे पास कमरा होता, तो तेरे को ख़ुशी-ख़ुशी ले जाता...'

मगर पता नहीं कैसा डर समाया था उसके दिल में कि वह ऐसा नहीं कर पा रहा था। उसे अपने पिछले दिन याद आए। दोनों के बीच किस तरह का रिश्ता कायम हुआ था, एक-दूसरे के प्रति कितनी उत्कट कामना थी उनमें और कैसा लिहाज़-मुलाहिज़ा, लाज-संकोच था कि वे प्यार-मुहब्बत का रिश्ता कायम नहीं कर पाए थे। कहीं ऐसा तो नहीं कि वह इसलिए व्याकुल है कि अब भी इसे चाहता है ? कहीं ऐसी बात तो नहीं कि उसके हृदय में हौले-हौले नई उमंग पैदा हो रही है ? गस्तां-मारी में इस लड़की ने जिस तरह झाँपड़ मारा था उसे, उसकी कड़वाहट भूल अब वह व्याकुल हो रहा था। यह सोच-सोचकर उसे हैरानी हो रही थी और एकाएक लगने लगा था कि इसे रकैयार ले जाने की बात जो वह सोचता आ रहा है, वह उचित ही तो है—इससे आसान बात और क्या हो सकती है ?

'ठीक है, अच्छी तरह सोच-विचार ले। तेरे को कहाँ ले जाऊँ ?...मेरे से इतनी नफ़रत है तेरे को कि मेरे संग नहीं आना चाहती ?'

वह हौले-हौले उसके पीछे-पीछे चलती आ रही थी। उसके साथ चल नहीं पाती थी, क्योंकि ऊबड़-खाबड़ रास्ते पर साबो के कारण उसके पैर फिसल-फिसल जाते थे। और फिर सिर झुकाए वह धीरे-धीरे बोल रही थी : 'मैं पहले से ही परेशान हूँ—मेरे लिए तू क्यों नई मुसीबतें खड़ी करना चाहता है ? तू जो चाहता है, वैसा करने से क्या भला होगा ? मेरा भी आशिक़ है। तेरे पास भी लुगाई है।'

उसका इशारा मूकेत की तरफ़ था। पिछले दो हफ़्तों से जो बातें वह सुनती आ रही थी, उन्हें सच मान लिया था उसने और यह भी मान बैठी थी कि वह मूकेत के साथ रह रहा है। जब एतियन ने सौगन्ध खाकर कहा कि यह बात सच नहीं है, तो कैथरीन ने इनकार में सिर हिलाया और उसे उस दिन की याद आई जब उसने दोनों को बड़ी उत्कटता के साथ चूमते-चाटते देखा था।

वह खड़ा हो गया और धीमे स्वर में बोला : 'कितनी शरम की बात है। है न ? हम दोनों में खूब निभती !'

एक हलकी-सी थरथराहट उसकी देह को कँपा गई और वह बोली : 'उसके बारे में अब क्यों अफ़सोस करता है ? तूने ज़्यादा कुछ नहीं खोया। काश, तेरे को मालूम

होता, मैं चाम और हड्डियों के अलावा कुछ नहीं—पोटा-भर मक्खन जितनी हूँ मैं, और भीतर से इतनी ख़ल्त-मल्त हो गई हूँ कि खरी औरत कभी नहीं बन पाऊँगी।'

वह खुलकर बोल रही थी और अपने आपको कोस रही थी कि अभी तक तरुणाई उस पर नहीं आई, मानो इसके लिए वह स्वयं दोषी थी। इस कारण वह अपने आपको अपनी नज़रों में ही पतित समझती थी और स्वयं को बच्चों की ही श्रेणी में रखती थी, हालाँकि उसका आशिक भी था। आख़िरकार, कोई दोष न होता, यदि कम-से-कम बच्चा जन सकती।

'तेरे पे तरस आता है,' करुणा से अभिभूत एतियन के मुख से निकला।

वे कचरे की टेकरी की तलहटी के नीचे विशाल ढेर की छाया में खड़े थे, जहाँ इन्हें कोई देख नहीं सकता था। चाँद के ऊपर से काला मेघ लाँघकर जा रहा था; सो, वे एक-दूसरे के चेहरों को देख नहीं पा रहे थे, चाहे एक-दूसरे की साँसें आपस में गड्डमड्ड हो रही थीं और दोनों के होंठ उस चुम्बन के लिए व्यग्र थे जिसकी आकांक्षा इतने समय से वे इतनी उत्कटता के साथ करते आ रहे थे। मगर एकाएक चन्द्रमा निकल आया और बहुत ऊपर टेकरी की चोटी पर ज्योत्स्ना से नहाई शिलाओं पर तैनात वोरअ के सन्तरी की मुस्तैद आकृति दिखाई पड़ी। और बिना चुम्बन लिये वे संकोचवश छिटक गए—उनकी यह मर्यादा ऐसी थी जिसमें आक्रोश का पुट था, धुँधली-सी जुगुप्सा थी और प्रचुर अनुराग-भाव था।

वे फिर टखने-टखने बर्फ़ में चल पड़े।

'तो तैंने सब सोच लिया ? मेरे साथ नहीं चलेगी ?' एतियन ने पूछा।

'न,' उसने जवाब दिया। 'शावाल के बाद तू, तेरे बाद फिर कोई दूसरा...न, इस सबसे मुझे घृणा होती है, और मुझे तो इसमें कोई सुख मिलता नहीं, सो क्या फ़ायदा ?'

वे फिर मौन हो गए और बिना बोले-चाले थोड़ा और आगे बढ़े।

'कम-से-कम यह तो जानती होगी तू कि जा कहाँ रही है ?' आख़िर उसने पूछ ही लिया। 'रात की वेला तेरे को इस तरह बाहर छोड़कर जा नहीं सकता।'

सहज ही उसके मुख से यह बात निकल गई : 'घर जा रही हूँ। शावाल मेरा मरद है, और किसी दूसरी जगह जाकर सोऊँ, यह मुनासिब नहीं होगा।'

'लेकिन तेरे साथ मार-पीट करेगा।'

फिर चुप्पी छा गई। उसने ऐसे कन्धे उचकाए, जैसे इस बात की उसे चिन्ता नहीं। वह उसे मारेगा, और जब मारते-मारते थक जाएगा, तो अपने आप थम जाएगा : यह बेहतर है या वेश्याओं की तरह सड़कों-गलियों में मारे-मारे फिरना ? फिर, मार खाने की उसे आदत-सी पड़ती जा रही है; अपनी तसल्ली के लिए वह अपने आपसे कहती थी—दस में से आठ छोकरियों की हालत उससे बेहतर नहीं होती। अगर उसका प्रेमी किसी दिन उससे शादी करने को राज़ी हो जाएगा, तो उसकी मेहरबानी होगी।

दोनों यंत्रचालित-से मोंसू की तरफ़ बढ़ रहे थे और उसके जितने निकट पहुँचते जा रहे थे, उतने ही मौन होते जा रहे थे। ऐसा प्रतीत हो रहा था, वे अभी से अलग हो गए हैं। यह जानकर वह आहत हो गया था कि कैथरीन शावाल के पास लौटकर

जा रही है, लेकिन उस वक्त उसे कुछ भी सूझ नहीं रहा था कि कहे, तो क्या कहे, ताकि वह शावाल के पास न जाए। इस बात से उसका दिल बैठने लगा, लेकिन वह इसे दुख-क्लेश और भाग-दौड़ की ज़िन्दगी से बेहतर कोई चीज़ दे नहीं सकता था और यदि किसी सिपाही की गोली उसके भेजे के आर-पार हो जाती है, तो इसे निराशापूर्ण जीवन के सिवा और क्या हासिल होगा ? सम्भवतः यही सच था—शायद अभिज्ञ दुख भोगने में ही सुख हो, बजाय इसके कि किसी नए दुख को भोगने की जोखिम उठाई जाए। और इस तरह, सिर लटकाए वह उसके प्रेमी के घर की तरफ़ ले चला उसे, और जब कैथरीन ने पिकेत के घर से करीब बीस गज़ के फ़ासले पर ले शांतिए के निकटस्थ राजमार्ग पर उसे रोककर यह बात कही, तब भी वह कुछ बोला नहीं।

'बस, इससे आगे तू नहीं आएगा। अगर तेरे को उसने देख लिया, तो बखेड़ा खड़ा हो जाएगा।'

चर्च का घड़ियाल ग्यारह बजा रहा था। शराबख़ाना बन्द हो चुका था, लेकिन शटरों में से रोशनी दिखाई पड़ रही थी।

'अच्छा, चलती हूँ।'

उसने अपना हाथ उसके हाथ में दे दिया था। उसने उसे थामे रखा और कैथरीन ने हौले-हौले, ग़मग़ीनी के साथ अपना हाथ छुड़ाया, ताकि आगे बढ़ जाए पीछे मुड़कर देखे बिना उसने बायुवाले कमरे की अर्गला खोली और भीतर चली गई। एतियन हिला तक नहीं, वहीं स्थिर खड़ा रहा, आँखें मकान पर टिकी थीं और चिन्तित-सा देखे जा रहा था कि पता नहीं क्या होने जा रहा है। चौकन्ना-सा खड़ा सुनने का प्रयास कर रहा था। त्रस्त था कि कहीं किसी पिटती हुई औरत की चीख-पुकार ही सुनाई न पड़ जाए। मगर मकान अँधेरे और सन्नाटे में डूबा था, सिवाय उस रोशनी के जो दूसरी मंज़िल की खिड़की में से दिखाई पड़ रही थी, और जब खिड़की खुली और एतियन ने सड़क की तरफ़ झाँकती दुबली-पतली आकृति को पहचाना, तो वह आगे बढ़ आया।

कैथरीन इस तरह फुसफुसाते हुए बोल रही थी कि स्वर बड़ी कठिनाई से सुनाई पड़ता था : 'अभी लौटकर नहीं आया वो। मैं सोने जा रही हूँ...अब तू जा, तेरी बड़ी किरपा होगी !'

एतियन चला आया। बर्फ़ गलने लगी थी—पानी छतों से बहता जा रहा था और रात के अन्धकार में डूबी दीवारों से, बाड़ों से और इस औद्योगिक नगर की दूसरी ऊँची-नीची जगहों से रिस रहा था। एतियन पहले रकैयार की तरफ़ मुड़ा। थककर चूर हो चुका था, व्याकुल-व्यथित था और कामना कर रहा था कि धरती में किसी तरह अदृश्य हो जाए और सदा-सदा के लिए उसी में समा जाए। फिर उसने ल वोरअ की तरफ़ जाने का मन बनाया। अगले दिन कोयला-खान में उतरनेवाले बेल्जियम के मज़दूरों का और गाँव में अपने उन कामरेडों का उसे ध्यान हो आया जो सिपाहियों से परेशान थे और तहैया किए बैठे थे कि अपनी कोयला-खान में विदेशियों को हरगिज़ घुसने नहीं देंगे। और एक बार फिर वह नहर के किनारे-किनारे गलती हुई बर्फ़ के डबरों में से होते हुए आगे बढ़ा।

जब वह कचरे की टेकरी के निकट पहुँचा, तो चन्द्रमा बादलों से बाहर निकल आया था और अपनी आभा बिखेर रहा था। उसने मुँह उठाकर आकाश की तरफ़ देखा जहाँ तेज़ हवा के झोंके बादलों को खदेड़ते हुए ले जा रहे थे। लेकिन अब बादल उजले-उजले-से दिखाई पड़ते थे और बिखरकर विरल होते जा रहे थे और इतने क्षीण हो गए थे कि उनके आर-पार देखा जा सकता था। चन्द्रमा को लाँघते हुए वे इस फुर्ती से निकलते जा रहे थे कि क्षण-भर चन्द्रमा पर घूँघट-सा पड़ जाता और अगले क्षण पुनः प्रकट होकर अपनी पूरी ज्योत्स्ना बिखेरने लगता।

इस निर्मल ज्योत्स्ना में उसने नीचे देखा, तो कचरे की टेकरी की चोटी पर किसी चीज़ पर उसकी दृष्टि अटककर रह गई। ठंड से अकड़ा सन्तरी पहले बीस कदम मारशियन की दिशा में चलकर जाता था और फिर मुड़कर मोंसू की दिशा में चल पड़ता था। धुँधले आकाश की पृष्ठभूमि में उसकी सफ़ेद-सफ़ेद-सी संगीन टेकरी की काली छाया के ऊपर चमक रही थी। मगर जिस चीज़ को देखकर एतियन को घोर अचरज हुआ, वह थी चलती परछाईं जो उस मड़ैया के पीछे दिखाई पड़ रही थी जिसमें बूढ़ा बोनमोर्त तूफ़ानी रातों में शरण लिया करता था। घात में बैठे किसी जन्तु की भाँति एकदम तत्पर उस आकृति को पहचानने में एतियन को देर नहीं लगी। नेवले जैसी लम्बी लचीली रीढ़ वाला वह प्राणी और कोई नहीं, यांलैं ही हो सकता था। सन्तरी को यांलैं दिखाई नहीं पड़ सकता था और एतियन को समझते देर नहीं लगी कि यह चोरटा छोकरा कोई करतूत करने पर आमादा है, क्योंकि सैनिकों से हमेशा ख़ार खाए रहता था और पूछता रहता था कि इन हत्यारों से पिंड कब छूटेगा जिन्हें राइफ़लें देकर लोगों की हत्या करने के लिए इधर भेजा गया है।

एक क्षण एतियन के मन में आया कि चिल्लाकर यांलैं से कहे कि ऐसी-वैसी कोई हरकत हरगिज़ नहीं करेगा। चाँद बादलों के पीछे छिप गया था और एतियन ने देख लिया था कि यांलैं उठंग-सा होकर उछल पड़ने को तैयार है। लेकिन तभी चन्द्रमा फिर प्रकट हुआ और छोकरा घात में बैठा दिखाई दिया। हर बार सन्तरी उस मड़ैया तक जाता और फिर पीठ मोड़कर वहाँ से लौट पड़ता। तभी अचानक यह घटना घटी। ज्योंही बादलों के घिर आने से अँधेरा हुआ, यांलैं जंगली बिल्ले की नाईं उछला और सैनिक की पीठ पर सवार हो गया और उसे अपने पंजों में जकड़ा और खुला छुरा उसकी गर्दन में घोंप दिया। सिपाही की कालर घोड़े के बालों की थी और इतनी कठोर थी कि उसमें छुरा घोंपना इतना आसान नहीं था। फिर भी, यांलैं ने पूरी ताकत लगाकर दोनों हाथों से छुरा उसकी गर्दन में उतार दिया था। यांलैं प्रायः किसी खेत-खलिहान के पीछे मुर्गियाँ पकड़कर उनका गला रेता करता था। यह सारा कांड इतना तुरत-फुरत हो गया था कि रात के अँधेरे में महज़ एक हलकी-सी चीख और ज़मीन पर राइफ़ल गिरने की खड़खड़ाहट-भर सुनाई पड़ी थी। चन्द्रमा एक बार फिर बाहर आ गया था और अपनी ज्योत्स्ना बिखेरने लगा था।

एतियन स्तंभित-सा उस स्थल पर खड़ा ठगा-सा देखे जा रहा था और जो बात वह चिल्लाकर कहने को तत्पर हुआ था, वह उसके कंठ में अटककर रह गई थी। ऊपर कचरे की टेकरी अब खाली थी और बेतहाशा भागते बादलों की पृष्ठभूमि में वह काली

छायाकृति अब दिखाई नहीं पड़ती थी। एतियन दौड़ते हुए टेकरी पर चढ़ गया। यांलैं हाथों-पैरों के बल लाश के निकट बैठा था जो पीठ के बल हाथ फैलाए पड़ी थी। निर्मल ज्योत्स्ना में सफ़ेद बर्फ़ पर उसका धूसर कोट और लाल पतलून साफ़ उजागर हो रहे थे। छुरा आदमी के गले में दस्ते तक धँस गया था और ख़ून का एक कतरा तक नहीं निकला था।

एतियन एकदम इतना आगबबूला हो गया कि इस शिद्‌दत से यांलैं पर झपटा कि यांलैं पटकनी खाते हुए लाश के साथ जा गिरा।

'तूने यह क्यों किया ?' किसी तरह उसके मुख से यह बात निकली।

यांलैं ने सिर उठाया और हाथों के बल रेंगते हुए आया। उसकी पतली कमान जैसी पीठ विडाल की पीठ जैसी लगती थी। यह कुकृत्य करने से उसके बड़े-बड़े कान, बड़ी-बड़ी आँखें और उभरा हुआ जबड़ा—ये सब प्रकंपित-प्रज्वलित-से हो रहे थे।

'या रब, किस वास्ते तूने यह सब किया ?'

'नहीं मालूम। चाहता था।'

और अपने इस जवाब पर वह डटा रहा। पिछले तीन दिनों से वह यही ''चाहता'' आ रहा था। यही ख़याल उसे सताता आ रहा था। इसके बारे में उसने इतना सोचा था कि उसका सिर दुखने लगता था—यहाँ, कानों के एकदम पीछे, दर्द होने लगता था। इन मुर्दार सिपाहियों की चिन्ता क्यों करें जो सिर्फ़ इसलिए यहाँ आए हैं कि खान मज़दूरों को परेशान करें, वह भी उनके धौरे आकर ? जंगल में उस दिन जो भड़कीले भाषण सुने थे उसने, और विध्वंस और मौत की जो गुहार एक कोयला-खान से दूसरी कोयला-खान तक गूँजती रही थी, उनमें से पाँच-छह शब्दों ने उसे बेंधकर रख दिया था, और इन शब्दों को वह बार-बार दुहराता रहता था—यानी एक बालक क्रान्ति का खेल खेल रहा था। उसे तो, बस, इतना-भर मालूम था। किसी ने उसे शह नहीं दी थी। इसका तसव्वुर उसने ख़ुद ही किया था। यह ख़याल उसके दिल में उसी तरह आया था जिस तरह कभी-कभार किसी खेत से प्याज़ चोरी करके लाने का मन बनाया करता था।

एतियन यह सोच-सोचकर त्रस्त हो उठा कि इतनी छोटी उम्र के बालक में इस तरह की अपराध-भावना का विषबीज पनपता रहा है। बस, लगा उसे ठोकरें मारने, मानो वह कोई जानवर हो। जब भी चाँद बादलों से निकलकर आता, वह भयभीत होकर कोयला-खान की तरफ़ देखने लगता कि कहीं ल वोरअ में तैनात पहरेदारों के कानों में सन्तरी की दबी-घुटी चीख सुनाई न पड़ गई हो। मगर कहीं कोई हलचल नहीं दिखाई पड़ती थी। झुककर उसने उन हाथों को छुआ जो धीरे-धीरे सर्द पड़ते जा रहे थे। उसके दिल पर कान लगाकर सुना। लेकिन कोट के नीचे धड़कन तक सुनाई नहीं पड़ती थी। छुरे के हड्डी के दस्ते के सिवा बाहर कुछ दिखाई नहीं पड़ता था, जिस पर काले अक्षरों में यह भावुकतापूर्ण शब्द लिखा था : प्रेम।

उसकी दृष्टि उसके गले से चेहरे पर गई। वह पहचान गया इस नाटे सिपाही को : अरे, यह तो यूल है, नया रंगरूट, जिसके साथ उस सुबह वह बातें करता रहा था। इस सौम्य, चकत्तों से भरी गोरी-चिट्टी मुखाकृति को देखते-देखते करुणा से उसका हृदय

द्रवित हो उठा नीली-नीली आँखें उसी तरह आकाश की तरफ़ एकटक निहार रही थीं, जिस तरह उस दिन अपने गृहग्राम को वह फैली-फैली आँखों से क्षितिज में ढूँढ़ रहा था। वह प्लेगाफ़ कहाँ है जिसे धुपैली चकाचौंध में वह देखा करता था ? दूर, बहुत दूर—वहाँ। इस तूफ़ानी रात में दूर कहीं समुद्र ठाठें मार रहा होगा, और इस वक्त उसके ऊपर से जो हवा लाँघकर जा रही होगी, वह सम्भवतः दूरवर्ती बीढ़, बंजरभूमि के ऊपर से होकर निकल गई होगी। जो स्त्रियाँ—माँ और बहन—हवा में लहराती ओढ़नियाँ सँभाले खड़ी होंगी और क्षित्जि में टकटकी लगाए देख रही होंगी, यह जानने के लिए कि उनसे मीलों दूर गया उनका छोरा उस क्षण क्या कर रहा होगा, वे अब अनन्तकाल तक इसकी राह देखा करेंगी। कैसी भयावह बात है कि ग़रीब लोग अमीरों की ख़ातिर एक-दूसरे की जान लेने पर तुले रहते हैं !

लेकिन अब लाश को ठिकाने लगाना होगा। एतियन ने पहले तो उसे नहर में फेंकने की बात सोची। लेकिन निश्चय ही उन्हें पता चल जाएगा, यह ध्यान आते ही उसने ऐसा न करने का फ़ैसला किया। ज्यों-ज्यों क्षण बीत रहे थे, उसकी चिन्ता बढ़ती जाती थी। अब क्या करे ? एकाएक उसके मन में यह बात आई : यदि इसे उठाकर रकैयार ले जाएँ, तो फिर इसका नाम-निशान तक मिट जाएगा।

'इधर आ।' उसने यांलैं को बुलाया।

लड़के के मन में ख़दशा हुआ।

'न, तू मारेगा मेरे को। एक ज़रूरी काम करने जाना है मेरे को। जा रहा हूँ।'

यांलैं सच बोला था। बेबेर और लिडी को उसने एक गुप्त जगह पर बुला रखा था, जो एक गुफ़ा-सी थी और ल वोरअ में लकड़ी के टाल के नीचे बनी थी। घर से बाहर सोने की यह जगह इन्होंने इसलिए चुनी थी, ताकि यदि सवेरे-सवेरे बेल्जियम के मज़दूर कोयला-खान के भीतर जाएँ और उन पर पत्थर बरसें, तो उस वक्त वे सारा नज़ारा अपनी आँखों से देख सकें।

'सुना या नहीं,' एतियन बोला। 'इधर आ। नहीं आएगा, तो सिपाहियों को बुलाता हूँ। तेरा सिर कलम करके रख देंगे।'

यांलैं दुविधा में खड़ा देख रहा था।

एतियन ने सिपाही की गर्दन पर अपना साफ़ा कसकर बाँधा और छुरा वहीं घुसा रहने दिया, क्योंकि उसने ख़ून को रोक रखा था। बर्फ़ पिघलने लगी थी। धरती पर न तो ख़ून का कोई धब्बा था, न जद्दोजहद के कोई चिह्न दिखाई पड़ते थे।

'इसे टाँगों से पकड़।'

यांलैं ने टाँगें पकड़ीं और एतियन ने उसे कन्धों से उठाया और उसकी राइफ़ल अपनी पीठ पर लटका ली। फिर वे हौले-हौले टेकरी से नीचे उतरे। सतर्क थे कि कोई पत्थर-ढेला लुढ़के नहीं। किस्मत से चाँद छिप गया था, लेकिन जब वे नहर के किनारे-किनारे चले जा रहे थे, तो वह फिर निकल आया : यह तो चमत्कार ही था कि पहरेदारों की नज़र उन पर नहीं पड़ी। अब वे जल्दी-जल्दी, बिना किसी प्रकार की कोई आहट किए चलते जा रहे थे। शव डोलता, तो थोड़ी असुविधा होती, इसलिए करीब सौ-सौ गज़ के फ़ासले पर उसे नीचे रख देते। रकैयार जानेवाले रास्ते के सिरे पर कोई

आहट सुनाई पड़ी, तो उनका ख़ून जम गया; गश्त लगानेवाले सिपाही उस दिशा से आ रहे थे। सो, एक दीवार की ओट लेकर बड़ी मुश्किल से इन्होंने जान बचाई। आगे बढ़े, तो रास्ते में एक नशेड़ी आ मरा, लेकिन वह गाली-गुफ़्तार करता, बकता-झकता निकल गया। अन्ततः जब वे पुरानी कोयला-खान तक पहुँचे, तो पसीना-पसीना हो गए थे और इतने थक गए थे कि दाँत बजने लगे थे।

एतियन जानता था कि सिपाही को सीढ़ीवाले कुएँ से उतारकर ले जाना इतना आसान नहीं होगा। बड़ा विकट काम था। पहले यांलैं ने ऊपर खड़े होकर लाश एतियन की तरफ़ सरकाई। एतियन ने लटककर लाश को पहले दो चबूतरों से उतारा, जहाँ ज़ीने की कुछ सीढ़ियाँ टूटी हुई थीं। फिर एक-एक सीढ़ी पर वह लाश को इसी तरह उतारता चला गया—पहले नीचे उतरता, फिर लाश को अंक में भर लेता; इस तरह तीस सीढ़ियों पर छह सौ फुट से भी अधिक फ़ासले तक लाश ले जाते हुए उसे लगता कि वह उसके ऊपर गिर-गिर पड़ रही है। फिर राइफ़ल भी उसकी पीठ पर रगड़ खाती जा रही थी। नहीं चाहता था कि छोकरा आगे-आगे दौड़कर जाए और मोमबत्ती का टुकड़ा ले जाए, जिसे उसने इतनी कृपणता से बचाकर रख छोड़ा था, क्योंकि उसका कोई फ़ायदा नहीं था—इस सँकरे मार्ग पर मोमबत्ती बाधा ही उत्पन्न करती। लेकिन जब वे ढुलाईवाले चबूतरे पर हाँफते-हाँफते पहुँचे, तो उसने यांलैं को दौड़ाया कि मोमबत्ती लेकर आए। स्वयं धड़कते दिल से अँधेरे में लाश के निकट बैठा उसकी राह देखता रहा।

यांलैं मोमबत्ती लेकर आया, तो एतियन ने उससे कुछ बातें पूछीं, क्योंकि छोकरे ने पुरानी कोयला-खान के एक-एक कोने-बखरे को, यहाँ तक कि उन रास्तों पर भी आ-जा चुका था जहाँ भारी-भरकम आदमी के लिए गुज़रना दुश्वार था।

वहाँ से वे आगे बढ़े। करीब आधे मील लम्बे नष्टप्राय गलियारों की भूलभुलैया में से लाश को घसीटते हुए ले जा रहे थे। करते-करते छत इतनी नीची होती जा रही थी कि झड़ती चट्टानों के नीचे से घुटनों के बल रेंग-रेंगकर जाना पडता था, और ये चट्टानें भी अधसड़ी-गली लकड़ियों के सहारे टिकी हुई थीं। यह जगह लम्बे बक्से जैसी थी। मृत सिपाही को इन्होंने उस जगह इस तरह रखा, मानो ताबूत में डाल रहे हों : राइफल भी शव के साथ रख दी और सड़ी-गली लकड़ियों को ठोकरें मार-मारकर गिराना शुरू किया, हालाँकि ख़तरा था कि कहीं वे भी इनके नीचे दब न जाएँ। चट्टान एकदम भड़भड़ाकर गिरी, और ऐन वक्त पर वे हाथों-पैरों पर रेंगते हुए उस जगह से निकल आए। एतियन सारा दृश्य देखने को आतुर था। सो, मुड़कर देखा, तो छत भरभराकर गिरी और उसके भारी बोझ ने लाश को कुचलकर रख दिया। देखते ही देखते मिट्टी के विशाल ढेर के सिवा और कोई चीज़ वहाँ दिखाई नहीं पड़ती थी।

यांलैं अपनी माँद में लौटकर आया, तो पुआल पर जाकर पसर गया। थककर चूर हो चुका था। बड़बड़ाते हुए कहता है : 'भाड़ में जाएँ छोरा-छोरी ! कहीं नहीं जाएँगे, वहीं खड़े रहेंगे। थोड़ी झपकी लेता हूँ।'

एतियन ने फूँक मारकर बाकी मोमबत्ती बुझा दी थी। वह थक तो गया था, मगर नींद नहीं आ रही थी। मस्तिष्क में ऐसे दुखदायी, भयावह विचारों का द्वन्द्व चल रहा था कि लगता था जैसे हथौड़े पड़ रहे हों। मगर एक बात रह-रहकर याद आती थी उसे

और कचोटने लगती थी और अधमरा करके रख देती थी—यह ऐसा प्रश्न था, जिसका कोई जवाब उसके पास न था : शावाल की हत्या उसने क्यों नहीं की, जबकि वह छुरा तानकर उस पर सवार हो गया था, और क्योंकर इस छोकरे ने एक ऐसे सिपाही का गला काट डाला जिसका नाम तक नहीं जानता था ? इस समस्या के दरपेश होते ही हत्या करने की हिम्मत की, हत्या करने के अधिकार की सारी क्रान्तिकारी धारणाओं पर प्रश्नचिह्न लग गया। क्या वह कायर है ? और यह छोकरा, जो पुआल पर पड़ा किसी नशेड़ी की तरह ख़र्राटे मार रहा है, मानो हत्या के उन्माद को भुलाने की ख़ातिर ही सो गया है ? घृणा और आक्रोश से एतियन का मन लबरेज़ था, मानो वह यह तथ्य स्वीकार करने को तैयार नहीं था कि यांलैं वहाँ मौजूद है, उसकी आवाज़ तक सुनना उसे गवारा नहीं हो रहा था। एकाएक वह काँप गया—भय का झोंका उसके चेहरे से होकर निकल गया। हलकी-सी सरसराहट हुई थी। एक सिसकी मानो धरती की गहराई से निकलकर आई थी। चट्टानों के नीचे अपनी राइफ़ल के साथ पड़ी उस नाटे सिपाही की सूरत की कल्पना मात्र से वह सिहर उठा और रौंगटे खड़े हो गए। ऐसा सोचना भी पागलपन था, लेकिन उसे सारी कोयला-खान आवाज़ों से गूँजती लग रही थी। एतियन मोमबत्ती जलाने को विवश हो गया और तब तक उसे चैन नहीं पड़ी, जब तक रोशनी में गलियारों का खालीपन उजागर नहीं हो गया।

अगले पन्द्रह-बीस मिनटों तक वह इसी ऊहापोह में रहा। मोमबत्ती की लौ को एकटक निहारते हुए उसका मन उसी समस्या से जूझ रहा था। तभी लौ काँपी और बाती बुझ गई और चारों तरफ़ अँधेरा हो गया। एतियन फिर काँप उठा। उसका एक मन हुआ कि यांलैं के खर्राटों की ऊँची आवाज़ बन्द करवाने के लिए उसे रगेदकर रख दे। छोकरे की मौजूदगी उसे एकदम असह्य हो उठी और ताज़ा हवा में निकलने के लिए वह इतना छटपटाने लगा कि उठकर खड़ा हो गया और फिर गलियारों से होते हुए ज़ीनेवाले कुएँ से निकला और ऐसे भागा, जैसे कोई भूत-प्रेत उसका पीछा कर रहा है।

अन्ततः ऊपर, रकैयार के ध्वंसावशेषों के बीच पहुँचकर उसने खुली हवा में साँस ली। चूँकि हत्या जैसा कुकृत्य करने का जीवट नहीं था उसमें, इसलिए सोचने लगा था कि उसे ही मर जाना चाहिए; और मौत की यह भावना, जो पहले भी उसे झकझोरती रहती थी, पुनः सिर उठाने लगी और उसे लगने लगा कि अब यही अन्तिम अवलम्ब है उसका। बेखटके मौत को गले लगाना, क्रान्ति के लिए जान देना—इससे सब ख़त्म हो जाएगा, अच्छा या बुरा सारा हिसाब बराबर हो जाएगा, और उसकी चेतना लुप्त हो जाएगी। यदि उसके कामरेड बेल्जियम के मज़दूरों पर हमला करने जाते हैं, तो वह सबसे आगे की कतार में खड़ा होगा और गोली खाने का अच्छा मौका होगा। इस तरह इस संकल्प के साथ वह ल वोरअ का चक्कर लगाने लौट आया।

घड़ी दो बजा रही थी और फ़ोरमैनों के उस कमरे से ऊँची-ऊँची आवाज़ें आ रही थीं जिसमें कोयला-खानों की रक्षा के लिए तैनात सिपाही रहते थे। सन्तरी के ग़ायब हो जाने से चौकी में खलबली मची थी। सिपाहियों के कप्तान को जगा दिया गया था और इलाके की छानबीन करने के पश्चात् इस नतीजे पर पहुँचे थे कि सिपाही भाग गया है। अँधेरे में खड़े-खड़े एतियन को स्मरण हो आया गणतंत्र की हिमायत करनेवाले

उस कप्तान का, जिसका ज़िक्र नाटे कदवाले उस सैनिक ने किया था। क्या यह सम्भव नहीं कि उसे जनता की हिमायत करने के लिए तैयार कर लिया जाए ?—इससे सैनिक विद्रोह हो जाएगा और यह इस बात का संकेत होगा कि बूर्जुआ लोगों का संहार कर डालो। अब उसके मस्तिष्क में एक और विचार कौंधा और उसने मरने का ख़याल ताक पर रख दिया। वह घंटों वहाँ खड़ा रहा। पैर कीच से सने थे और बर्फ़ की फुहार से कन्धे भीग रहे थे और उसके भीतर यह उत्कट आशा जाग उठी थी कि अब भी कुछ नहीं बिगड़ा, विजय प्राप्त की जा सकती है।

पाँच बजे तक वह बेल्जियम के मज़दूरों के आने की प्रतीक्षा करता रहा। फिर उसने यह अनुभव किया कि कम्पनी उन्हें चकमा दे गई है। इन मज़दूरों को उन्होंने ल वोरअ में ही सुला रखा था। उतराई शुरू होनेवाली थी और ग्राम 240 के कुछ हड़ताली मज़दूर, जिन्हें चौकसी के लिए वहाँ खड़ा किया गया था, यह समझ नहीं पा रहे थे कि अपने कामरेडों को सतर्क करें या नहीं। एतियन ने ही उन्हें कम्पनी की इस चाल से आगाह किया और वे दौड़े गए। एतियन वहीं कचरे की टेकरी के पीछे नहर के किनारे डटा रहा। छह बज रहे थे और सुरमई आकाश फीका पड़ने लगा था और सवेरे की लालिमा फैलने लगी थी। तभी आबे रांविए आता दिखाई पड़ा। अपना चोग़ा उसने दुबली-पतली टाँगों से उठा रखा था। हर सोमवार सवेरे-सवेरे वह कोयला-खान के उस तरफ़ वाले कान्वेंट के चैपल में मिस्सा के लिए जाया करता था।

'नमस्कार, भइया !' पैनी आँखों से इस नौजवान को लक्ष्य करते ही उसने ऊँचे स्वर में अभिवादन किया।

लेकिन एतियन ने कोई उत्तर नहीं दिया। थोड़ी दूरी पर उसे ल वोरअ में बँधे पाड़ के बीच से गुज़रती हुई एक स्त्री दिखाई पड़ गई थी और उसे कैथरीन समझ वह उत्सुकतावश उधर दौड़ा गया था।

कैथरीन आधी रात से सड़कों पर गलती बर्फ़ में भटकती फिरी थी। शावाल ने घर आकर उसे बिस्तरे में पड़े देखा था, तो एक झाँपड़ मारकर खड़ा कर लिया था और चीखते हुए कहा था—इसी वक्त दरवाज़े से बाहर हो जा, अगर खिड़की की राह नहीं जाना चाहती। रोती-चिल्लाती रही, पूरे कपड़े भी उसकी देह पर नहीं थे। ठोकरों से टाँगों पर घाव हो गए थे। वह उसे धकेलते हुए नीचे ले आया था और ज़ोर का धक्का मारकर बाहर कर दिया था। इस क्रूर तरीके से सम्बन्ध भंग होने से स्तंभित कैथरीन मील के पत्थर पर जा बैठी थी और मकान की तरफ़ देखती रही थी, इन आशाभरी निगाहों से कि वह उसे वापस बुला लेगा। ऐसा व्यवहार वह करना नहीं चाहता होगा—ज़रूर ही भीतर से उसे अगोर रहा होगा। जब देखेगा कि वह बुरी तरह ठिठुर रही है, निःसहाय है और उसका कोई ठोर-ठिकाना नहीं है, तो बोलेगा कि वापस आ जा।

दो घंटे बाद जब कैथरीन सर्दी के मारे अधमरी हो गई थी और उस कुत्ते की तरह बैठी थी जिसे निकालकर सड़क पर डाल दिया जाता है, तो उसने दोटूक फ़ैसला किया था। वह मोंसू से चली आई थी, लेकिन फिर लौट गई थी, लेकिन उसे हिम्मत नहीं हुई थी नीचे से पुकारने की या जाकर दरवाज़ा खटखटाने की। अन्ततः, वह यह सोचकर

मुख्य सड़क के पत्थरों के साथ-साथ चल पड़ी थी कि गाँव में माँ-बाप के घर जाती है। मगर जब वहाँ पहुँची थी, तो इतनी लाज लगी थी कि बगीचियों में से भागती हुई वापस आ गई थी, ताकि कोई देख न ले उसे, कोई पहचान ही न ले, हालाँकि इस बात का कोई ख़दशा नहीं था, क्योंकि बन्द कपाटों के भीतर सब गहरी नींद में ग़र्क थे। उसके बाद यहाँ-वहाँ भटकती फिरी थी। ज़रा-सी आहट होती, तो एकदम दहल जाती और त्रस्त होकर देखने लगती कि कहीं ऐसा न हो कि आवारागर्दी के जुर्म में उसे पकड़ लिया जाए और मारशियन के किसी ऐसे वेश्यालय में डाल दिया जाए जिसके बारे में किसी दुःस्वप्न-सा खटका उसे महीनों से सताता आ रहा था। दो बार वह ल वोरअ के समीप गई थी, मगर पहरेदारों की ऊँची आवाज़ से इतनी भयभीत हो उठी थी कि हाँफती हुई भाग खड़ी हुई थी और बार-बार मुड़कर देखती जाती थी कि कहीं कोई पीछा तो नहीं कर रहा। हालाँकि रकैयार के निकट के रास्तों पर नशेड़ी डोलते रहते थे, फिर भी इस क्षीण आशा के साथ उस मरद को ढूँढ़ने उधर गई थी जिसका कुछ ही घंटे पहले उसने तिरस्कार किया था।

शावाल को उस सुबह कोयला-खान में जाना था और यही कारण था कि कैथरीन वहाँ चली आई थी, हालाँकि भली-भाँति जानती थी कि उससे कोई बात करना व्यर्थ होगा : दोनों के बीच कोई राबता नहीं रहा था। ज्यां-बार में कोई काम नहीं मिल सकता था और उसने दृढ़तापूर्वक यह बात कही थी कि यदि वह ल वोरअ वापस गई, तो उसका गला घोंटकर रख देगा, क्योंकि उसे डर इस बात का था कि वहाँ उसके जाने से वह भी ढीला पड़ सकता है। अब करे, तो क्या करे ? कहीं दूसरी जगह चली जाए, भूख से बिलख-बिलखकर मर जाए, हर गुज़रनेवाले मरद की धौंस में आती रहे ? किसी तरह अपने आपको घसीटते हुए, गड्ढों में लड़खड़ाती, गिरती-पड़ती, कमर तक कीचड़ से लथपथ चलती ही जा रही थी। गलती हुई बर्फ़ का कीचड़ नदियों की तरह सड़क पर बहता दिखाई पड़ता था और उसमें वह धँस-धँस जाती थी। किसी शिला पर पल-दो पल बैठने को भी तत्पर नहीं थी।

सुबह हुई। तभी उसे शावाल की पीठ दिखाई पड़ी, जो चौकन्ना-सा टेकरी के पीछे अदृश्य होता जा रहा था।

उधर, लिडी और बेबेर लकड़ी के टाल के नीचे अपनी छिपने की जगह से निकलकर ताक-झाँक कर रहे थे। दोनों ने रात चौकसी करते हुए यहीं बिताई थी और घर जाने की हिम्मत नहीं जुटा पाए थे, क्योंकि यांलैं का हुक्म था कि यहीं पर उसका इन्तज़ार करें। उधर, जब यांलैं हत्या की खुमारी में नींद में ग़र्क था, इधर, दोनों बच्चे सर्दी से बचने के लिए एक-दूसरे की अंकवार में पड़े थे। शहतीरों के बीच हवा के थपेड़े पड़ते, तो एक-दूसरे के साथ ऐसे सट जाते, जैसे किसी लकड़हारे की परित्यक्त मड़ैया में पड़े हों। लिडी को जब यांलैं नन्ही पत्नी की तरह मारता-पीटता था, तो कष्ट भोगते हुए भी चूँ तक नहीं करती थी। यही हाल बेबेर का था। कप्तान के घूँसा-मुक्कों से उसके गाल सूज जाते थे, फिर भी मुँह नहीं खोलता था; लेकिन यांलैं उनका अनुचित लाभ उठा रहा था। चोरी-चकारी के कामों में इनकी जान साँसत में डालने से भी गुरेज़ नहीं करता था, लेकिन चोरी के माल में से कुछ भी उनके हाथ-पल्ले नहीं डालता था, और

इससे इनका मन विद्रोह कर उठता था। यांलैं ने हालाँकि इन्हें मना कर रखा था, फिर भी वे आलिंगनबद्ध हो गए थे और उसके उन अदृश्य घूँसों-थप्पड़ों की भी परवा नहीं की थी इन्होंने, जिनकी धमकी वह हमेशा दिया करता था। घूँसे-थप्पड़ मारनेवाला वहाँ था नहीं और निश्चिन्त होकर वे हौले-हौले एक-दूसरे को चूमते-चाटते रहे थे और इस पुचकार-चुमकार में इन्होंने वह सारी प्रीत, अपनी वह सारी वेदना, अपनी वह सारी कोमलता उँड़ेल दी थी जिसके लिए वे हमेशा लालायित रहते थे। सो, सारी रात वे एक-दूसरे को गरमाहट पहुँचाते रहे थे, और इन्हें याद नहीं पड़ता कि ऐसा करते हुए जितना आह्लाद इन्हें इस उजाड़-बियाबान जगह पर मिला था, उतना आह्लाद शायद ही अन्यत्र मिला हो—यहाँ तक कि सैं-बारबे दिवस पर जहाँ खाने को इन्हें तरह-तरह के पकवान मिले थे और पीने को मदिरा और उससे जो ख़ुशी हासिल हुई थी इन्हें, उस ख़ुशी से भी ज़्यादा ख़ुशी इन्हें यहाँ मिली थी।

अचानक बिगुल की आवाज़ कानों में पड़ी, तो कैथरीन चौंक गई। नज़र उठाकर देखा, तो ल वोरअ के सन्तरी राइफ़लें सँभाल रहे थे। एतियन ऊपर दौड़ा जा रहा था। बेबेर और लिडी अपनी माँद से निकलकर बाहर आ गए थे, और उधर दिन के उजाले में गाँव की तरफ़ से आता औरतों-मर्दों का जत्था दिखाई पड़ रहा था, जो क्रोध के उन्माद के वशीभूत चीखते-चिल्लाते हुए हाथ भाँज रहे थे।

5

ल वोरअ के जितने भी प्रवेशद्वार थे, उन सबको थोड़ी देर पहले ही बन्द कर दिया गया था और साठ सिपाही राइफ़लों को नीचे टिकाए उस दरवाज़े पर तैनात थे जिसे खुला छोड़ दिया गया था—यह वही दरवाज़ा था जो सँकरे ज़ीने से उतरने-चढ़नेवाली चौकी तक जाता था और जहाँ फ़ोरमैनों का कमरा और कपड़े बदलनेवाला ओसारा था। कहीं पीछे से कोई हमला न हो जाए, इस डर से कप्तान ने सिपाहियों की सुरक्षा के लिए उन्हें ईंट की दीवार के साथ दो कतारों में खड़ा कर रखा था।

ख़ान मज़दूरों की जो टोली सबसे पहले गाँव की तरफ़ से आई थी, उसने थोड़ी दूरी बनाए रखी। तीस से अधिक संख्या नहीं थी उनकी और ये लोग खड़े-खड़े आवेश और आक्रोश में सारी स्थिति का जायज़ा ले रहे थे।

ला माहूद सबसे पहले आई थी। अस्त-व्यस्त केशों को उसने हड़बड़ी में रूमाल से बाँध रखा था और एस्तेल उसकी गोद में सो रही थी। जोश में आकर वह बार-बार बोल उठती थी : 'किसी को न भीतर जाने दो। बाहर भी न आने दो ! सबको भीतर ही दबोचेंगे !'

माहूअ ने उसकी बात का समर्थन किया। तभी रकैयार से बूढ़ा मूक भी आ गया। उसे इन्होंने भीतर जाने से रोकने की कोशिश की, मगर वह अड़ गया और बोला कि कुछ हो, घोड़ों को चारा तो डालना ही है जिन्हें क्रान्ति की बातों से कोई लेना-देना नहीं है। इसके अलावा, उसने यह भी बताया कि नीचे खान में एक घोड़ा मरा पड़ा है और उसे उठवाने के लिए वे लोग उसकी राह तक रहे होंगे। एतियन ने बूढ़े साईस को भीड़

के चंगुल से छुड़वाया और सिपाहियों ने भी उसे कोयला-खान के भीतर जाने की अनुमति दे दी। इसके करीब पन्द्रह मिनट बाद, जब हड़तालियों की धीरे-धीरे बढ़ती संख्या हल्ला बोलने को उद्यत हो रही थी, भूमितल पर एक बड़ा दरवाज़ा खुला और कुछ आदमी निकलकर आए। वे मरे हुए जानवर को घसीटते हुए लाए थे—इस शोचनीय स्थिति में भी वह रस्सियों के जाल में जकड़ा हुआ था—और उसे लाकर उन्होंने पिघलती बर्फ़ के गड्ढों में फेंक दिया। इस दृश्य को देख सब लोग इतने स्तंभित हो गए कि किसी ने इन लोगों को लौटकर भीतर जाने से रोकने और दरवाज़े को पुनः बन्द करने की कोशिश नहीं की। घोड़े के सिर को देखते हुए सब लोगों ने उसे पहचान लिया था, जो बग़ली में तिरछा-सा पड़ा अकड़ गया था। भीड़ में खड़े लोगों में कानाफूसी हो रही थी :

'अरे, यह तो त्रांपेत है ! क्यों, त्रांपेत है न ?'

सचमुच, वह त्रांपेत ही था। जिस दिन वह घोड़ा नीचे उतरकर गया था, उस दिन के बाद धरती के नीचे ज़िन्दगी कभी रास नहीं आई थी उसे। हमेशा उदासीन रहता, काम करने की इच्छा न होती, मानो दिन का उजाला न मिलने से दुखी हो। इस कोयला-खान के जेठे घोड़े बाताई ने बहुतेरी कोशिश की थी कि दस बरस की ज़िन्दगी इस जगह बिताने के बाद जिस तरह उसने सब्र से काम लेने का गुर सीखा था, त्रांपेत भी वैसा ही करे। इसके लिए कभी उसकी बग़ली में स्नेह से रगड़ता, कभी उसकी गर्दन को बकोटता। लेकिन ये सारे उपाय निरर्थक सिद्ध हुए थे। इस तरह की पुचकार-चुमकार से उसका मलाल और बढ़ जाता और उसकी देह काँपने लग जाती जब वह इस कामरेड के जीवट को देखता जो अन्धकार में रहते-रहते उसका इतना अभ्यस्त हो गया था। वे जब भी आमने-सामने होते, नथुनों से फूत्कार करते और लगता जैसे विलप रहे हों—बाताई इसलिए कि उसे अब कुछ स्मरण नहीं था और त्रांपेत इसलिए कि वह कुछ भी विस्मृत नहीं कर पा रहा था। अस्तबल में साथ-साथवाले थान में जब सिर फेंक खड़े होते, तो एक-दूसरे को सूँघते रहते और दिन के उजाले के सपने देखते जो कि अनन्त थे—हरी-हरी घास के सपने, साफ़-शफ़्फ़ाफ़ सड़कों के सपने और असीम- अनन्त हरदिया खेतों के सपने। और जब पसीने से नहाया त्रांपेत पुआल पर पड़ा आख़िरी घड़ियाँ गिन रहा था, तो बाताई एकदम निराश होकर उसे सूँघता रहा था और बीच-बीच में सूं-सूं करके फूत्कार कर उठता था, मानो सिसकियाँ भर रहा हो। वह यह भी महसूस करने लगा था कि यह तो ठंडा पड़ता जा रहा है। कोयला-खान उसकी ज़िन्दगी की आख़िरी ख़ुशी को भी उससे छीनने जा रही थी, उस दोस्त को भी उससे झटककर ले जा रही थी जो ऊपर से गिरा था, जिसके नथुनों में अब भी वह महक बसी थी जो उसे खुली हवा में बीते अपने यौवन के दिनों की याद दिलाती थी। और जब उसने देखा था कि उसका साथी हिलडुल तक नहीं रहा है, तो एकदम त्रस्त होकर उसने हींसते-हिनहिनाते हुए अपना पगहा तोड़ डाला था।

मूक पिछले सप्ताह से फ़ोरमैन को चेतावनी देता आ रहा था, मगर उस स्थिति में बीमार घोड़े की सुध लेने की किसको चिन्ता थी ! इन भलेमानुसों को यह बात बिलकुल पसन्द नहीं थी कि घोड़ों की एक जगह से दूसरी जगह बदली की जाए। लेकिन अब उसे ऊपर उठाकर लाने के सिवा उनके पास और कोई चारा नहीं था। पिछली रात

मूक और अन्य दो आदमी एक घंटे तक त्रांपेत को बाँधने में लगे रहे। लोथ को कोयला-खान की पैड़ी तक लाने के लिए उन्होंने बाताई को जोता था। बूढ़ा घोड़ा अपने मृत कामरेड को धीरे-धीरे खींचते हुए उस गलियारे में से निकालकर लाया था जो इतना सँकरा था कि त्रांपेत की खाल छिल जाने की जोखिम उठाकर भी वह झटकों के साथ चलता आया था और इसी बात से वह व्याकुल भी हो उठा था—बार-बार सिर झुलाकर उस भारी-भरकम लोथ के रगड़ खाने की आवाज़ सुनने की कोशिश करता जो चर्मकार के हवाले की जानेवाली थी। लदानवाले स्थान पर जब बाताई को साज़ से मुक्त किया गया, तो दुखी मन से वह मृत घोड़े को ऊपर ले जाने का सामान होते देखता रहा था—पहले तो लोथ को हौदी के ऊपर के तख़्तों पर ठेल दिया गया था और फिर जाल को पिंजरे के तले में लटकाया गया था। अन्ततः ढुलाई करनेवालों ने 'गोश्त की घंटी' बजाई थी; उसने गर्दन उठाकर उसे ऊपर उठते हुए देखा था। पहले वह धीरे-धीरे उठा था, फिर एकाएक परछाइयों में लुप्त हो गया था, उस अँधेरे विवर से सदा-सदा के लिए निकल गया था। बाताई गर्दन ऊपर किए वहीं खड़ा रहा था, उसकी अस्थिर पशु स्मृति में शायद ऊपर धरती की कुछ बातें लहक उठी थीं। लेकिन अब तो सारा किस्सा ख़त्म हो चुका था। उसका कामरेड अब किसी भी चीज़ को अपनी आँखों से देख नहीं पाएगा और जब इस रास्ते पर जाने की उसकी बारी आएगी, तो उसकी भी इसी दयनीय स्थिति में गठरी बाँधी जाएगी। उसकी टाँगें काँपने लग गई थीं और दूर खेत-खलिहानों में बहती हवा से उसका दम घुटने लगा था। भारी कदमों से जब वह वापस अस्तबल की तरफ़ चला था, तो लगता था जैसे नशे में चूर हो।

अहाते के भीतर खान मज़दूर त्रांपेत की लोथ को घेरे खड़े थे। एक स्त्री दबी आवाज़ में कह रही थी : 'आदमी तो कम-से-कम तभी नीचे उतरता है, जब उसकी मर्ज़ी होती है जाने की।'

लेकिन गाँव की तरफ़ से हड़तालियों का एक और रेला आ रहा था। भीड़ के आगे-आगे ला लवाक थी और उनके आगे लवाक, जो नारे लगा रहा था : 'बेल्जियम के मज़दूर मुर्दाबाद ! किसी विदेशी को नहीं आने देंगे, नहीं आने देंगे। मुर्दाबाद ! मुर्दाबाद !'

वे सब दौड़े आ रहे थे और एतियन ने इन्हें रोका। वह कप्तान से मिलने गया था, जो ऊँचा-लम्बा, दुबला-पतला युवक था। अट्ठाइस से अधिक का नहीं होगा और उसका चेहरा बताता था कि वह जीवटवाला है। एतियन ने उसे सारी स्थिति समझाई थी और उसे कायल करके उसका समर्थन पाने का प्रयास भी किया था। फिर उत्सुकता से देखता रहा था कि उसकी बातों का कैसा असर हो रहा है उस पर। निरर्थक मार-काट की जोखिम क्यों उठाते हैं ?—क्या न्याय मज़दूरों के पक्ष में नहीं ? सब भाई-भाई हैं। उन्हें मिलजुलकर रहना चाहिए। 'रिपब्लिक' शब्द कानों में पड़ते ही कप्तान थोड़ा आशंकित हो उठा था। सो, सैनिक औपचारिकता के ठसके में रुखाई से बोला था :

'पीछे खड़ा रह। मेरे को अपनी ड्यूटी निभाने को मजबूर न कर !'

तीन बार एतियन ने यह बात छेड़ी थी। उसके पीछे मज़दूर बुड़बुड़ा रहे थे। ऐसी अफ़वाह थी कि मोंस्यो हेनबो कोयला-खान के भीतर मौजूद है, और यह भी कहा जा रहा था कि उसकी गर्दन में रस्सी डालकर उसे खान में उतारने के मनसूबे बाँधे जा रहे

हैं, ताकि देखें कि वह अपने लिए कोयला ख़ुद काट भी सकता है या नहीं। लेकिन यह अफ़वाह अफ़वाह ही निकली; केवल नेगरेल और दनलां ही वहाँ थे और दोनों उतरने-चढ़नेवाले पाड़ की खिड़की पर क्षण-भर के लिए प्रकट हुए थे : चीफ़ फ़ोरमैन तो ला पियरोन के संग रंगरेलियाँ मनाने के बाद थोड़ा खिसियाया हुआ था। सो, झिझककर पीछे हट गया था। लेकिन इंजीनियर की चमकती आँखें निर्भीकता के साथ भीड़ का जायज़ा ले रही थीं और, जैसा कि लोगों का और बाकी दूसरी बातों का उपहास करने और उनकी अवज्ञा करने की उसकी बान थी, उनकी खिल्ली उड़ाते हुए मुस्करा रहा था। लोगों ने शोरगुल मचाया, तो दोनों व्यक्ति वहाँ से खिसकते बने थे। उनकी जगह सूवारीन का गोरा चेहरा प्रकट हुआ था जो उस समय ड्यूटी पर था। हड़ताल शुरू होने के बाद वह एक दिन के लिए भी इंजिन छोड़कर कहीं नहीं गया था और मुँह हमेशा बन्द रखता था और एक धारणा थी जो उसके भीतर बद्धमूल हो गई थी, जिसकी कठोर परछाईं उसकी ज़र्द-सी आँखों की गहराइयों से झलकती रहती थी।

'पीछे खड़ा रह !' कप्तान ने उच्च स्वर में उसे एक बार फिर आगाह किया था। 'तू जो बक रहा है न, उसमें मेरी कोई दिलचस्पी नहीं है। कोयला-खान की हिफ़ाज़त करने का हुक्म मिला है मुझे, और हर हालत में मैं इसकी हिफ़ाज़त करूँगा...और, ख़बरदार, जो मेरे जवानों के नज़दीक भी आए, नहीं तो तेरे को पीछे धकेलने के लिए मुझे कार्रवाई करनी पड़ेगी।'

हालाँकि उसके स्वर में कठोरता थी, फिर भी खान मज़दूरों की बाढ़ को देखकर उसका चेहरा फक पड़ता जा रहा था और उत्तेजित भी होने लगा था। दोपहर को उसकी जगह दूसरा कप्तान आनेवाला था। लेकिन उसे डर था कि तब तक वह स्थिति को सँभाल नहीं पाएगा। सो, उसने थोड़ी देर पहले ही कोयला-खान में काम करनेवाले छोकरे को कुमुक के लिए मोंसू रवाना कर दिया था।

उसकी बात सुन लोग क्षुब्ध हो उठे और आवेश में आकर नारे लगाने लगे :

'बाहरी लोग मुर्दाबाद ! बेल्जियम से आनेवाले मुर्दाबाद ! हम लोग यहाँ के वासी हैं। यहाँ के मामले हम हल करेंगे।'

एतियन निराश होकर पीछे हट गया था। पासा ही पलट गया था—अब मरने-मारने के सिवा और कोई चारा नहीं था। वह अपने कामरेडों को नियंत्रण में रखने में असफल रहा और भीड़ ने उन मुट्ठी-भर सैनिकों पर धावा बोल दिया। उसकी संख्या चार सौ के करीब थी—आस-पड़ोस के गाँव खाली हो रहे थे और लोग दौड़े चले आ रहे थे। सभी एक ही आवाज़ बुलन्द करते थे। माहूअ तथा लवाक आवेश में चिल्ला-चिल्लाकर सिपाहियों से कह रहे थे :

'भाग जाओ यहाँ से ! तुम लोगों से कुछ लेना-देना नहीं हमें। भागो यहाँ से !'

'हमारे काम में दख़ल क्यों देते हो ?' ला माहूद बोली। 'हम अपने आप सुलट लेंगे।'

और उसके पीछे से ला लवाक ने और भी तीक्ष्ण स्वर में यह बात कही : 'चाहते हो, तुम लोगों के परखच्चे उड़ा दें, तब जाने दोगे ? आगाह कर रहे हैं, यहाँ से दफ़ा हो जाओ !'

यहाँ तक कि लिडी की भी महीन-पतली आवाज़ सुनाई पड़ रही थी, जो जोश में आकर घृणापूर्वक बोल रही थी, 'कभी ऐसे बेडौल सिपाहियों की शक्ल देखी है ?' वह बेबेर के साथ उस जमघट्ट में घुस आई थी।

कुछ कदम परे कैथरीन भी इस हंगामे को देख-सुनकर हैरान-परेशान थी जिसके मध्य निष्ठुर नियति ने उसे ला पटका था। क्या दुख-संताप झेलने की कसर बाकी है अभी ? उसने ऐसा क्या पाप किया है कि विपदा उसके पीछे हाथ धोकर पड़ी है ? अरे, पिछली रात ही की तो बात है, हड़ताल से जो अमर्ष का वातावरण बना था, उसका औचित्य वह समझ ही नहीं पा रही थी—जब कोई पर्याप्त दुख-क्लेश भोग चुका होता है, तो और कष्टों को न्यौता देना मूर्खता के सिवा और क्या होगा—यह सब सोचने-समझने के बावजूद उसका हृदय घृणा से भर गया था। उसे याद आईं एतियन की वे सब बातें जो लम्बी रातों में उसके मुँह से निकलती थीं, और अब वह उन बातों को ध्यान से सुनने की कोशिश कर रही थी जो वह इस वक्त सिपाहियों से कह रहा था। उनके साथ कामरेडों जैसा व्यवहार करते हुए उन्हें याद दिला रहा था कि वे भी तो जनता के बीच में से निकलकर आए हैं और उन्हें चाहिए कि वे भी उन लोगों का विरोध करने के लिए जनता के साथ कन्धे से कन्धा मिलाकर खड़े हो जाएँ जो उनकी दुर्गति का अनुचित लाभ उठा रहे हैं।

तभी भीड़ में खलबली मच गई और एक बूढ़ी स्त्री बाहर निकलकर आई। यह थी ला ब्रूले, जिसकी नंगी ग्रीवा और बाँहें इतनी क्षीण थीं कि देखकर डर लगता था। इतनी तेज़ी से दौड़ी आ रही थी कि धौले केशों की लटें आँखों में पड़ने से कुछ देख नहीं पा रही थी।

'मैं आ गई हूँ, यहाँ, तुम्हारे साथ !' वह हाँफते-हाँफते किसी तरह कह पाई। 'ग़द्दार पियरों ने मेरे को तहख़ाने में कैद कर दिया था !'

और फिर कोई आगा-पीछा न देखते हुए वह सैनिकों पर पिल पड़ी और उसके काले मुँह से गालियों की बौछार होने लगी।

'नीच प्राणियो ! जीहजूरियो ! अपने गुरगों के बूट चाटते हो, लेकिन ग़रीब-गुर्बा के सामने आते हो, तो शेर बन जाते हो !'

अब दूसरे लोग भी उसकी देखा-देखी लगे गाली-गलौज करने। मगर कुछ लोग तो अब भी चिल्ला-चिल्लाकर बोल रहे थे—'सिपाही ज़िन्दाबाद ! अफ़सरों को खान के नीचे धकेल दो !' लेकिन जल्दी ही केवल एक ही शोर सुनाई पड़ने लगा : 'लाल पतलून, मुर्दाबाद !' भाईचारे की तथा उन्हें कायल करने की जो स्नेहसिक्त-सी अपीलें की जा रही थीं, उन्हें ये सिपाही चुपचाप खड़े सुन रहे थे। उनके भावशून्य चेहरों पर जिस तरह शिकन तक नहीं आई थी, उसी तरह अब गालियों की बौछार का भी उन पर कोई असर नहीं हुआ। उनके पीछे कप्तान ने म्यान से तलवार निकाल ली थी; और चूँकि भीड़ निकट आती जा रही थी और किसी भी वक्त दीवार के साथ खड़े सिपाहियों को भींचकर रखने को उद्यत हो रही थी, इसलिए सिपाहियों को उसने संगीनें तान लेने का हुक्म दिया। उन्होंने हुक्म की तामील की और एकाएक दो कतारों में खड़े सिपाहियों की तेज़ संगीनें हड़तालियों की छातियों पर तन गईं।

'हरामज़ादे न हों तो !' ला ब्रूले चिल्लाकर बोली और पीछे हट गई।

मगर जल्दी ही फिर उन्होंने आगे बढ़ना शुरू किया, जैसे मौत का कोई ख़ौफ़ न हो। औरतें भी आगे बढ़ीं। ला माहूद और ला लवाक चिल्ला रही थीं :

'मार डालो हमें, मार डालो। हम अपने हक ले के रहेंगे !'

लवाक ने हाथ कटने की चिन्ता किए बिना तीन संगीनों को इकट्ठे ही अपने नंगे हाथों में पकड़ लिया था और उन्हें झकड़ोड़ते हुए झटक लेने की कोशिश कर रहा था। आवेश के कारण उसकी ताकत जैसे दस गुनी हो गई थी। खड़ा-खड़ा संगीनों को मरोड़ रहा था। इधर, बूतलू दिल ही दिल में पछता रहा था कि वह इसके साथ क्यों आया। अब थोड़ा पीछे हट चुपचाप लवाक को लड़ते देख रहा था।

'आओ, हिम्मत है, तो आओ,' माहूअ बार-बार बोल रहा था। 'आओ, अगर अपनी माँ का दूध पिया है !'

और उसने अपनी फतूही खोली और शर्ट उघाड़ रोएँदार सीना तानकर खड़ा हो गया, जिस पर कोयले के गोदने के निशान थे। ज़बरदस्त उत्साह और चुनौती के जोश में वह संगीनों के सामने सीना उघाड़े आगे बढ़ा और उन्हें पीछे हटने को मजबूर कर दिया। एक संगीन उसके सीने में चुभ गई थी। इससे वह इतना उन्मत्त हो उठा कि संगीन को उसने और गहरे चुभोने की कोशिश की, ताकि अपने भीतर पसलियों का चटकना महसूस कर सके।

'कायर कहीं के ! दम ही नहीं है तुम लोगों में...हमारे पीछे दस हज़ार और जन हैं। हाँ, हमें मार सकते हो, लेकिन फिर दस हज़ार और लोगों की भी हत्या करनी होगी।'

सिपाहियों की हालत एकदम पतली हो गई थी, क्योंकि उन्हें सख़्त हुक्म था कि जब तक पानी सिर से लाँघ न जाए, अस्त्रों-शस्त्रों का इस्तेमाल नहीं करेंगे। लेकिन ये पागल लोग यदि संगीनों पर थूकते हैं, तो इन्हें रोकेंगे कैसे ? और बाकी सब बातों के अलावा, पीछे उनके जगह ही नहीं थी—बिलकुल दीवार के साथ सटकर खड़े थे वे और एक कदम भी हटने की गुंजाइश नहीं थी। फिर भी, वह फ़ौज, सिपाहियों की यह छोटी टोली, खान मजदूरों की बाढ़ को रोक रखने का भरसक प्रयास करते हुए कप्तान के सीमित आदेशों का बड़े धीरज के साथ पालन कर रही थी। कप्तान भी फैली-फैली आँखों से देखते हुए घबराहट के मारे होंठ भींचे खड़ा था। उसे डर, बस, एक ही बात का था कि इस गाली-गुफ़्तार को सुनते-सुनते कहीं उसके जवान आपा न खो बैठें। एक ऊँचा-लम्बा सार्जेंट, जिसने छोटी-छोटी मूँछों को ताव दे रखा था, ताव खाते हुए आँखें मिचमिचा रहा था। उसके साथ ही एक अवकाशप्राप्त पुराना सिपाही खड़ा था। बीस मुहिमों में भाग लेने से उसकी त्वचा झुलस-सी गई थी। जब लोगों ने उसकी संगीन को भी तिनके की तरह मरोड़ डाला, तो उसके चेहरे पर हवाइयाँ उड़ने लगीं। एक और सिपाही था—निस्सन्देह रंगरूट था—जिसके बदन में खेत-खलिहान की बास अभी तक बसी थी। जब भी लोग उसे नीच-कमीना और जीहजूरिया कहते, उसका चेहरा तमतमाने लगता। और तने हुए घूँसों-मुक्कों की, गाली-गुफ़्तार की, आरोपों की बौछार लगातार हो ही रही थी और धमकियाँ भी दी जा रही थीं। यह तो कठोर आदेशों का पालन करने की विवशता थी कि वे थिर खड़े थे। चेहरों पर सैनिक अनुशासन की गहरी

संजीदगी और मुर्दनी छाई थी।

लेकिन जब सिपाहियों के पीछे से धौले बालोंवाला फ़ोरमैन रिशोम प्रकट हुआ, तो लगा कि अब तो टक्कर होकर रहेगी। वैसे तो किसी दयालु प्रवृत्ति के पुलसिए की तरह वह व्यवहार करता रहा था, लेकिन इस वक्त वह भावावेश में था। ऊँचे स्वर में बोल रहा था : 'ईश्वर का वास्ता है, ऐसी मूर्खता मत करो। इस तरह का ख़ब्त बरदाश्त नहीं करेंगे।'

और वह संगीनों और खान मज़दूरों के बीच आकर खड़ा हो गया।

'दोस्तो ! सुनो मेरी बात...तुम लोग जानते ही हो कि मैंने भी लम्बे अर्से तक मेहनत-मज़दूरी की है, और मैं हमेशा तुम लोगों के साथ रहा हूँ। कसम से, यह मेरा वादा रहा कि अगर मालिक लोग तुम लोगों के साथ इंसाफ़ नहीं करते, तो मैं ख़ुद तुम्हारी हिमायत में बोलूँगा !...लेकिन तुम लोग इस तरह ज़्यादती कर रहे हो—इन भले लोगों से गाली-गुफ़्तार करके और अपनी जान पर खेलकर तुम लोग अच्छा नहीं कर रहे।'

वे सुन रहे थे। झिझक भी रहे थे। दुर्भाग्यवश, ऊपरवाली खिड़की में नेगरेल की आकृति पुनः प्रकट हुई। सम्भवतः उसे डर था कि लोग तोहमत लगाएँगे कि अपनी जान जोखिम में न डालकर उसने फ़ोरमैन को आगे कर दिया। अब आकर उसने अपनी बात कहनी चाही। लेकिन उसकी आवाज़ शोरगुल में डूब गई और एक बार फिर कन्धे उचकाते हुए वह खिड़की से हट गया। उसके बाद रिशोम ने भी अपना वास्ता देकर उन्हें समझाना या यह बताना व्यर्थ समझा कि कामरेड आपस में मिल-बैठकर सारे मामले को हल कर सकते हैं : उन्होंने उसे एक तरफ़ धकेल दिया। उसके प्रति संशयालु थे ये लोग। लेकिन वह डटा रहा।

'कसम से, चाहे वे मेरी खोपड़ी और तुम लोगों की खोपड़ी फोड़ डालें, लेकिन जब तक तुम लोग अपनी मूर्खताई नहीं छोड़ोगे, मैं यहाँ से टलूँगा नहीं।'

जब उसने एतियन से विनयपूर्वक कहा कि इन लोगों को ज़रा समझाओ कि विवेक से काम लें, तो उसने भी असहाय की तरह कन्धे उचका दिए। अब समय नहीं था। वहाँ करीब पाँच सौ लोग जमा हो गए थे—न केवल ऐसे ज़िद्दी लोग, जो बेल्जियम के मज़दूरों को खदेड़ने के लिए दौड़े आए थे, बल्कि उनमें तमाशबीन और भाँड़-मसखरे किस्म के लोग भी शामिल हो गए थे जो इस लड़ाई को मनोविनोद की चीज़ समझ रहे थे। थोड़ा परे एक टोली में ज़कारी और फ़िलोमेन इस तरह खड़े थे मानो तमाशा देख रहे हों और इतनी बेफ़िक्री थी उन्हें कि अपने दो बच्चों—आशी और देज़ीरे—को भी साथ ले आए थे। एक और जत्था रकैयार की तरफ़ से आ रहा था, जिनके बीच मूके भी था और मूकेत भी थी : मूके तो आते ही अट्टहास करते हुए अपने दोस्त ज़कारी की पीठ थपथपाने दौड़ा और मूकेत इतने जोश में थी कि पहली पाँति की तरफ़ दौड़ी, जहाँ अति उत्साहित लोग खड़े थे।

कप्तान भी मोंसू से आनेवाली सड़क पर टकटकी लगाए देख रहा था। उसने जिस कुमुक के लिए प्रार्थना की थी, वह आती दिखाई नहीं पड़ती थी। अन्देशा था कि उसके पास जो साठ सिपाही हैं, वे ज़्यादा देर तक टिक नहीं पाएँगे।

अन्ततः भीड़ पर रुआब जमाने की ख़ातिर उसने सिपाहियों को हुक्म दिया कि

सबके सामने वे राइफ़लों में गोलियाँ भर लें। सिपाहियों ने हुक्म की तामील की, लेकिन इससे लोग और भड़के—उन्होंने और भी ज़ोर-ज़ोर से शेखी बघारना और खिल्ली उड़ाना शुरू कर दिया।

'देखो, देखो, ये शोहदे निशानेबाज़ी का अभ्यास करने जा रहे हैं,' ला ब्रूले, ला लवाक और दूसरी स्त्रियाँ लगीं ठीठी करते हुए हँसने-खिलखिलाने।

ला माहूद ने एस्तेल की नन्ही-सी जान को छाती से लगा रखा था और वह जागकर किकियाए जा रही थी। उसे उठाए-उठाए वह सारजेंट के इतने निकट चली गई कि सारजेंट ने पूछा उससे कि नन्ही बच्ची को यहाँ क्यों लाई है।

'तेरे को इससे क्या ?' उसने जवाब दिया। 'हिम्मत है, तो गोली चला !'

लोग तिरस्कारपूर्वक सिर हिलाने लग गए। कोई सोच भी नहीं सकता था कि सिपाही उन पर गोली चलाएँगे।

'इनके कारतूसों में छर्रे ही नहीं हैं,' लवाक बोला।

'हम कज़्ज़ाक हैं क्या ?' माहूअ चिल्लाकर बोला। 'ये लोग फ्रेंच लोगों पर कभी गोली नहीं चलाएँगे !'

कुछ लोग चिल्ला-चिल्लाकर बता रहे थे कि जब वे क्राइमिया की लड़ाई लड़ने गए थे, तो उन्होंने गोलियों की परवा नहीं की थी, और यह बात कहते हुए वे सब सिपाहियों की राइफ़लों पर झपट्टे मार रहे थे। अगर उस वक्त वे गोलियों की बौछार कर देते, तो सारी भीड़ वहीं ढेर हो जाती।

आगे खड़ी मूकेत ने जब देखा कि सिपाही औरतों पर गोली चलाने की तैयारी कर रहे हैं, तो आगबबूला हो उठी। जितनी गन्दी गालियाँ वह बक सकती थी, बक चुकी थी और अब उनसे भी गन्दी कोई गाली उसे सूझ नहीं रही थी। तभी, एकाएक—उसे यह बात सूझी कि सिपाहियों को ज़लील करने का यही एक तरीका है। बस, उसने उन्हें नितंब-दर्शन करवा दिए। दोनों हाथों से उसने स्कर्ट उठाई और गोल-मटोल नितंब उनकी तरफ़ कर दिए।

'ले, यह तुम लोगों के लिए—और तुम जैसे घिनौने हरामियों ने इतने धुले, इतने साफ़-सुथरे नितंब कभी देखे नहीं होंगे।'

झुककर उसने ऐंठना-मटकना शुरू किया। कभी इधर मुड़ती, कभी उधर मुड़ती, ताकि सभी को उनका भली-भाँति दर्शन-लाभ हो सके, और एक-एक झटके के साथ वह बोलती थी : 'यह अफ़सर के लिए ! यह सारजेंट के वास्ते ! और यह सिपाहियों के लिए !'

ज़ोर का ठहाका लगा। बेबेर और लिडी तो हँसते-हँसते लोटपोट होने लगे, और एतियन ने भी अपमान करने के निमित्त इस तरह नंगईपने का समर्थन ही किया, हालाँकि वह दुश्चिन्ताओं में डूबा था। अब सभी, मसखरी करनेवाले भी और दुर्धर्ष किस्म के लोग भी सिपाहियों पर फब्तियाँ कसने लगे, मानो उन्हें गन्दगी से लथपथ देख रहे हों। अकेली कैथरीन ही थी जो कुछ पुरानी लकड़ियों पर मौन खड़ी देखे जा रही थी। भीतर उठने गुबार से क्षुब्ध उसका दम घुट रहा था।

भीड़ में अब धक्का-मुक्की शुरू हो गई। कप्तान ने अपने जवानों को शान्त करने

के निमित्त कुछ लोगों को हिरासत में लेने का फ़ैसला किया। मूकेत तो एकदम उछलकर पीछे भागी और दोस्तों-यारों की टाँगों में से निकलती हुई एक ही छलाँग में भाग खड़ी हुई। लेकिन जो लोग सबसे ज़्यादा हुल्लड़ कर रहे थे, उनमें से तीन लोगों को—लवाक को और दो दूसरे आदमियों को—उन्होंने गरिया लिया और ले जाकर फ़ोरमैनों के कमरे में बन्द कर दिया।

ऊपर खड़े नेगरेल और दांसायर कप्तान से कह रहे थे कि भीतर आकर मिलो। उसने इनकार कर दिया, क्योंकि भली-भाँति जानता था कि बिना कुंजी-ताले के दरवाज़ोंवाली इन इमारतों पर लोग चढ़ आएँगे और कब्ज़ा कर लेंगे और फिर हथियार डालने की उसे शरमिन्दगी उठानी पड़ेगी। उसकी छोटी-सी टुकड़ी पहले ही कुड़कुड़ा रही थी—इन साबोवाले फटेहाल लोगों के आगे दुम दबाकर भागेंगे क्या ? एक बार फिर ये जवान दीवार से सटे, भरी राइफ़लें थामे, भीड़ का मुकाबला करने को सन्नद्ध हुए।

इस तरह शक्ति-प्रदर्शन से स्तंभित हड़ताली पहले तो गहरी चुप्पी के साथ एकदम पीछे हट गए। इसके बाद शोर मच गया और भीड़ तकाज़ा करने लगी कि जिन लोगों को हिरासत में लिया गया है, उन्हें तत्काल रिहा किया जाए। यह अफ़वाह भी फैल गई थी कि इन लोगों का भीतर वध किया जा रहा है, और फिर बिना किसी संगठित प्रयास के और फिर उसी अन्तःप्रेरणा से और फिर प्रतिशोध की उसी तृष्णा के वशीभूत वे निकट ही ईंटों के ढेर की तरफ़ दौड़े—ये ईंटें चिकनी मिट्टी से बनती थीं और वहीं पका ली जाती थीं। बच्चे एक-एक ईंट उठाकर लाए। औरतों ने उन्हें स्कर्टों में भर लिया। देखते ही देखते सबने अपने पैरों के पास ईंटों का ढेर जमा कर लिया, और फिर ईंट युद्ध छिड़ गया।

ला ब्रूले ने पहली ईंट फेंकी। फिर वह अपने हड़ीले घुटने पर मारकर एक ईंट के दो टोटे करती और एक साथ दोनों टोटे फेंकती—एक बाएँ हाथ से, दूसरा दाएँ हाथ से। ला लवाक इतनी थुलथुल और श्लथ किस्म की औरत थी कि ईंट निशाने पर मारने के लिए उसे थोड़ा निकट जाना पड़ता था। इससे हुआ यह कि उसके कन्धे उतरने-उतरने को हो आए। बूतलू उसे पीछे की तरफ़ खींचते हुए दुहाई दे रहा था कि चूँकि उसका मरद अब यहाँ मौजूद नहीं है, इसलिए वह भी पीछे हट आए। बाकी सब औरतें एक-दूसरी को भड़का रही थीं। मूकेत ने अपनी मांसल जंघाओं पर ईंटें तोड़ने की कोशिश की थी, सो लहूलुहान हो गई थी और थक भी गई थी। इसलिए अब पूरी ईंटें ही फेंकने लगी थी, और बच्चे भी बढ़-चढ़कर ईंटें उछालने में लगे थे। बेबेर लिडी को बता रहा था कि इस तरह आँख बचाकर ईंट फेंकते हैं। बड़ी-बड़ी ईंटों की और ढेलों-पत्थरों की बौछार हो रही थी और धब-धब की आवाज़ें गूँज रही थीं और अचानक कैथरीन भी चंडी का रूप धारण करनेवाली स्त्रियों में शामिल हो गई। उसकी मुष्टि ऊपर उठी थी और ईंट के टोटे उठा-उठाकर दुबली-पतली बाँहों की पूरी ताकत लगाकर फेंकती जा रही थी। बता नहीं सकती थी कि ऐसा क्यों कर रही है, मगर उसका दम घुट रहा था और किसी को आहत करने का जैसे भूत सवार था उस पर। क्या इसका अन्त नहीं होगा—व्यथा से पीड़ित इस भयावह जीवन का ? काफ़ी दुख भोग चुकी है वह, कब से अपने मरद की प्रताड़ना सहती आ रही है, कब से उसका मरद उसे खदेड़ता आ रहा

है, काफ़ी मारी-मारी फिरती रही है कीच-भरे रास्तों पर किसी भटकैले कुत्ते की तरह, यहाँ तक कि बाप से भी पेट भरने के लिए कुछ नहीं माँग सकी। अगर वह वंचिता थी, तो वह भी तो वंचित था। हालात कभी सुधरेंगे नहीं—सच पूछो तो, जहाँ तक उसे याद पड़ता है, वे बद से बदतर ही होते जा रहे हैं—और अब सब चीज़ों को बुहारकर फेंक देने की भावना के वशीभूत उसे और कुछ सूझ ही नहीं रहा था। आवेश में इस तरह अन्धी हो रही थी कि ईंटें तोड़-तोड़कर फेंक रही थी।

एतियन सिपाहियों के एकदम सामने खड़ा था। बाल-बाल बच गया था, नहीं तो उसकी खोपड़ी फूट गई होती। उसके कान सूज गए थे और घूमकर जो उसने देखा तो पाया कि वह ईंट तो कैथरीन के ज्वरग्रस्त हाथों से निकलकर आई थी, तो उसके रोंगटे खड़े हो गए। मारे जाने की परवा किए बिना वह वहीं खड़ा-खड़ा उसकी तरफ़ देखता रहा। बाकी बहुत-से लोग न चाहते हुए भी उत्सुकतावश इस संघर्ष के दर्शक बने खड़े थे। प्रतीत होता था भूल गए थे कि कहाँ आ गए हैं। बस, बाँहें लटकाए जैसे तमाशा देख रहे हों। मूके खड़ा-खड़ा हिसाब लगा रहा था कि कितनी ईंटें निशाने पर लगीं, जैसे कोई खेल खेल रहा हो : वाह, क्या खूब मार मारी ! ओह, चूक गया ! वाह, ऐन निशाने पर लगी ! हँसी-दिल्लगी करते हुए वह बार-बार ज़कारी को टहोके मारता था और ज़कारी था कि फ़िलोमेन से झगड़ रहा था, क्योंकि आशी और देज़ीरे कहते थे कि कन्धों पर बैठाओ, ताकि अच्छी तरह तमाशा देख सकें। मगर कन्धों पर बैठाना तो अलग, उसने उन्हें झाँपड़ रसीद कर दिए थे। दूर सड़क पर जगह-जगह तमाशबीन लोग टोलियों में खड़े थे। उधर पहाड़ी की चोटी पर, जहाँ से गाँव को रास्ता जाता था, थोड़ी देर पहले ही बूढ़ा बोनमोर्त आकर खड़ा हो गया था। अपनी लकुटिया के सहारे किसी तरह वहाँ तक आया था और ललछौहें आकाश की पृष्ठभूमि में निश्चल खड़ा था।

ज्योंही पहली ईंटें बरसी थीं, फ़ोरमैन रिशोम फिर दौड़ा आया था और सिपाहियों तथा मज़दूरों के बीच आकर खड़ा हो गया था। उसने जोख़िम की परवाह नहीं की थी और इतना व्यथित था कि मोटे-मोटे अश्रु उमड़ आए थे। किसी से अनुनय-विनय करता। किसी से बहस करने लगता। शोर-शराबा इतना था कि उसकी कोई बात किसी को सुनाई नहीं पड़ रही थी; हाँ, उसकी बड़ी-बड़ी पक्की मूँछें काँपती हुई ज़रूर दिखाई दे जाती थीं।

मगर ईंटों की बौछार बढ़ती ही जा रही थी, क्योंकि औरतों की देखा-देखी मरद भी ईंटें उठा-उठाकर मार रहे थे।

ला माहूद ने लक्ष्य किया कि माहूअ पीछे खड़ा है। हाथों में कुछ नहीं है उसके और विषण्ण-सा देखे जा रहा है।

'तेरे को क्या हुआ ?' वह चिल्लाकर बोली। 'अपने कामरेडों को बीच मँझधार छोड़ रहा है क्या ? चाहते हो कि ये जेल की हवा खाएँ जाकर ?...काश, यह छोकरिया गोद में न होती, तो तू देखता, मैं क्या कर सकती हूँ !'

वह ला ब्रूले और दूसरी औरतों की तरह ईंटें नहीं मार पा रही थी, क्योंकि एस्तेल उसकी गर्दन से चिपकी चीखे जा रही थी। जब देखा उसने कि अपने मरद तक वह

अपनी बात नहीं पहुँचा पाई है, तो भन्ना कर सामने पड़ी ईंटों को पैरों से धकेलते हुए उसके निकट ले आई।

'उठा इन ईंटों को ! या यह चाहता है कि तेरी मरदानगी जगाने के लिए तेरे मुँह पर थूक दूँ ?'

उसका चेहरा एकदम लाल हो गया। तत्काल उसने कुछ ईंटे तोड़ीं और उछात दीं। ला माहूद ने बेटी को छाती के साथ इस तरह भींच रखा था कि उसका दम घुटने लगा था। इसी तरह उसे गले लगाए-लगाए वह अपने मरद के पीछे जाकर खड़ी हो गई और जैसे चुड़ैलों की तरह चीखते-चिल्लाते हुए उसे मरने-मारने के लिए उत्तेजित करने लगी, और माहूद था कि आगे बढ़ता जा रहा था और करते-करते अन्ततः राइफ़लों के सामने जा खड़ा हुआ था।

ईंट-पत्थर की इस बौछार के नीचे सिपाहियों की यह छोटी-सी टोली अदृश्य-सी हो गई लगती थी। किस्मत उनकी अच्छी थी कि ईंट-पत्थर उनके सिरों के ऊपर से निकल जाते थे और दीवार से जा टकराते थे, जिस पर चोटों के निशान बनते जा रहे थे। अब क्या किया जाए ? पीछे हटकर थोड़ी देर के लिए इमारत के भीतर जाने की बात क्षण-भर कप्तान के ज़ेहन में आई थी ज़रूर, लेकिन इसके साथ ही उसके हरदिया चेहरे का रंग एकदम बैंजनी हो गया था। अब तो पीछे हटना भी सम्भव नहीं था—अगर इन्होंने ज़रा-सी भी जुम्बिश की, तो चिथड़े उड़ जाएँगे। तभी एक ईंट आकर उसकी टोपी के अग्रभाग पर लगी और माथे से खून की बूँदें टपक पड़ीं। उसके कई जवान भी घायल हो गए थे, और वह देख रहा था कि वे उबल रहे हैं, आत्मरक्षा की सहज प्रवृत्ति के वशीभूत छटपटा रहे हैं और जब ऐसा होता है, तो आदेशपालन की सारी धारणाएँ धरी-धराई रह जाती हैं। ऐन उस वक्त सारजेंट इतना भड़का कि उसके मुख से गाली निकली—उसका बायाँ कन्धा उतर गया था और ज़बरदस्त चोट लगने से त्वचा छिल गई थी और ईंट लगने की ध्वनि ऐसे गूँजी थी जैसे धोबीपटके की आवाज़ गूँजती है। रंगरूट को भी दो ईंटें आकर लगी थीं—एक तो उसका अँगूठा बुरी तरह घायल हो गया था और फिर दाएँ घुटने में ज़बरदस्त पीड़ा से वह तिलमिला उठा था : ये सब वे कब तक सहते रहेंगे ? पुराने, सेवानिवृत्त फ़ौजी के उरुमूल पर पत्थर टप्पा खाकर लगा था—उसका चेहरा एकदम ज़र्द पड़ गया था और राइफ़ल उसकी दुबली-पतली बाँहों में लरज़ने लग गई थी। तीन बार कप्तान गोली चलाने का हुक्म जारी करते-करते रुक गया था। पीड़ा से छटपटा रहा था और कुछ क्षण, जो अनन्त लगते थे, उसके भीतर कर्तव्यपालन की विरोधी भावनाओं में संघर्ष होता रहा—एक तरफ़ मानव था, दूसरी तरफ़ सैनिक। ईंट-पत्थरों की बौछार दूने वेग से होने लगी थी और इससे पहले कि वह 'फ़ायर' बोलने के लिए मुँह खोले कि उससे पहले ही राइफ़लों से गोलियाँ चलने लगीं—पहले तीन फ़ायर हुए, फिर पाँच, फिर सारी पलटन ने बौछार कर दी, और फिर काफ़ी देर बाद, एक अकेली गोली चली, जो उस भयावह सन्नाटे को चीरती हुई निकल गई।

खान मज़दूर वहीं जड़ हो गए थे। सिपाहियों ने गोलियाँ दागी थीं और भीड़ मुँह बाए स्तंभित-सी खड़ी की खड़ी देखती रह गई थी। कोई समझ नहीं पाया था कि क्या

हो गया। मगर लामबन्दी का बिगुल बजा, तो रौंगटे खड़े कर देनेवाली चीख-पुकार मच गई और आतंकित भीड़ कीचड़ में गिरती-पड़ती ऐसे भागी जैसे झुंड पर गोली चलने से भगदड़ मचती है।

पहली तीन गोलियों से बेबेर और लिडी एक-दूसरे के ऊपर गिरे थे—गोली आकर लड़की के चेहरे पर लगी थी और लड़के के बाएँ कन्धे के नीचे छेद हो गया था। लिडी के तो तत्काल ही प्राण निकल गए थे और वह निश्चल पड़ी थी। लेकिन बेबेर अभी हिलडुल रहा था और छटपटा रहा था। फिर भी, उसने उसे बाँहों में भर लिया था, मानो उसे एक बार फिर उसी तरह अंकवार में लेना चाहता था, जिस तरह पिछली रात अपनी छिपने की अँधेरी जगह पर उसने उसे गले से लगाया था। उसी क्षण यालैं दौड़ता हुआ आया। सीधा स्कैयार से आया था और नींद से उसकी आँखें अब भी भारी थीं; धुँए में से उछलता-कूदता हुआ निकला और अपनी आँखों उसने बेबेर को अपनी नन्ही पत्नी को अंक में लेते और प्राण त्यागते देखा।

दूसरी पाँच गोलियों ने ला ब्रूले की और फ़ोरमैन रिशोम की जान ले ली थी। वह कामरेडों से चिरौरी करते हुए कुछ कह ही रहा था कि गोली उसकी पीठ में आकर लगी थी। पहले वह घुटनों के बल गिरा था, फिर धराशायी हो गया था, जहाँ तड़पते हुए उसने अन्तिम साँस ली थी, और उसकी आँखें उन आँसुओं से अब भी गीली थीं जो खान मज़दूरों से इल्तजा करते हुए निकले थे। बुढ़िया की छाती फट गई थी और वह मुँह के बल गिरी थी—ऐसे जैसे सूखा ईंधन चटचटाता है, और उसके मुख से निकलनेवाला अन्तिम शाप-वचन कंठ से उमड़ती अन्तिम रक्तधार में घुल गया था।

फिर एक साथ गोलियों की बौछार ने सारे इलाके को अपनी चपेट में ले लिया था और दिल्लगी करनेवाले उन सब तमाशबीनों को वहीं ढेर कर दिया था जो करीब सौ फुट की दूरी पर खड़े लड़ाई का लुत्फ़ उठा रहे थे। मूके के मुँह पर गोली लगी थी और वह गिर पड़ा था। ज़कारी और फ़िलोमेन के पैरों में गिरते ही उसका सिर फूट गया था और उनके बच्चों पर खून के छींटे पड़े थे। उसी क्षण मूकेत के उदर में दो गोलियाँ लगी थीं। उसने सिपाहियों को निशाना लगाते देख लिया था और अन्तःप्रेरित उदारतावश कैथरीन को बचाने के लिए उसने पहले चिल्लाकर उसे ख़बरदार किया था और फिर उसके आगे खड़ी हो गई थी। गोली खाते ही चीखी थी और पीठ के बल गिर पड़ी थी। एतियन दौड़कर आया था और उसे उठाकर वहाँ से परे ले जाना चाहता था, लेकिन मूकेत ने जतलाया था कि अब कोई फ़ायदा नहीं। तड़पते हुए उसके प्राण निकले थे और इस दौरान दोनों को सम्मुख देख मुस्काई थी, जैसे अब जब वह जा रही है, तो दोनों को साथ-साथ देखकर ख़ुश है।

लगता था सारा किस्सा तमाम हुआ। गाँव के दूरवर्ती घरों-मकानों में गोलियों की आवाज़ धीमी पड़ गई थी, और तभी इन सारी गोलियों के चलने के बहुत देर बाद अन्तिम और अकेली गोली चली थी।

कलेजे में गोली लगने से आहत माहूअ तेज़ी से चकराकर कोयले से काले पड़ गए कीचड़ में मुँह के बल गिरा था।

स्तंभित-सी ला माहूद उसके ऊपर झुक आई थी।

'अरे, अब उठ। तेरे को ज़्यादा चोट तो नहीं लगी ?'

उसके हाथों में एस्तेल थी। सो, बालिका को उसने बग़ल में दबोचा और पति के सिर को मोड़ कर देखा।

'कुछ तो बोल, रे ! कहाँ चोट लगी ?'

उसकी आँखें भावशून्य थीं। मुँह से ख़ूनी झाग निकलने लगी थी। वह समझ गई कि यह गया। बेटी को उसने तब भी बग़ल में पोटली की तरह दबोच रखा था और वह कीचड़ में बैठी रह गई थी और पति की तरफ़ देखे जा रही थी और बात अब भी उसकी समझ में आ नहीं रही थी।

कोयला-खान का सारा इलाका ख़ाली हो गया था। व्याकुल-विह्वल कप्तान ने अपनी टोपी सिर पर रखी, जो पत्थर लगने से कट गई थी, और महाविपदा की उस घड़ी में भी उसने वह क्षीण दृढ़ता बनाए रखी जिसका वह आदी था। उधर, उसके जवान चुपचाप अपनी राइफ़लों में गोलियाँ भर रहे थे। कोयला-खान में उतरने-चढ़नेवाली चौकी पर नेगरेल और दांसायर के संत्रस्त चेहरे दिखाई पड़ रहे थे। उनके पीछे सूवारीन खड़ा था। उसके माथे पर गहरी झुर्री दिखाई पड़ती थी, मानो उस पर उसके सनक की अमिट और डरावनी छाप का ठप्पा लग गया हो। क्षितिज के उस पार, पठार के सिरे पर बोनमोर्त अब भी उसी जगह खड़ा था। एक हाथ से उसने लकुटिया का अवलम्ब ले रखा था और दूसरे हाथ से आँखों पर उसने इस तरह साया कर रखा था ताकि अपने बन्धु-बान्धवों का वध होते साफ़-साफ़ देख सके। घायलों की चीख-पुकार मची थी और मृतक उलटे-सीधे पड़े ऐंठ रहे थे और या तो गलती बर्फ़ के कीच से लिबड़ गए थे या यहाँ-वहाँ गन्दी बर्फ़ में से निकली कोयले की ढेरियों में काली स्याह जगहों पर अधदबे-से पड़े थे। और ग़रीबी तथा दुख-दर्द से बुरी तरह सिमटे-सिकुड़े मानव शवों के बीच ही पड़ी थी त्रांपेत की लोथ, मुर्दा मांस की विकराल ढेरी जिसे देखकर कलेजा मुँह को आने लगता था।

एतियन मारा नहीं गया था। अभी वह कैथरीन की बग़ल में ही खड़ा था, जो थकावट और मनोव्यथा से सिमट-सिकुड़ गई थी। तभी एक गूँजती आवाज़ से वह चौंका। यह आवाज़ थी मिस्सा से लौटकर आनेवाले आबे रांविए की। वह खड़ा-खड़ा देखे जा रहा था। बाँहें आकाश की तरफ़ उठाए पैग़म्बर की भाँति कुपित होकर आह्वान कर रहा था कि हत्यारों पर ईश्वर की मार पड़े, और भविष्यवाणी कर रहा था कि न्यायगुग का आविर्भाव होगा। फिर पेशीनगोई-सी की उसने कि बूर्जुआओं पर जल्दी ही परमात्मा का कहर बरपा होगा, क्योंकि धरती पर इन लोगों ने जितने भी अत्याचार किए हैं, उन्हें भी लाँघ गया है यह मज़दूरों और मुफलिसों का हत्याकांड।

सातवाँ खंड

1

मोंसू में चलनेवाली राइफ़ल की गोलियों की ज़बरदस्त गूँज हुई थी—जो कि पैरिस तक सुनाई पड़ी थी। चार दिन तक विपक्ष के अख़बार रोष प्रकट करते रहे और मुखपृष्ठों पर भयावह समाचार छापते रहे : पच्चीस लोग घायल हुए और चौदह लोग मारे गए, जिनमें दो बच्चे और तीन औरतें थीं, तथा कुछ लोगों को हिरासत में भी लिया गया। लवाक तो एक तरह से हीरो ही बन गया था और उसे इस बात का श्रेय दिया जाने लगा था कि जाँच करनेवाले मैजिस्ट्रेट को उसने ऐसा जवाब दिया था, जैसा कि कोई प्राचीन रोमन ही दे सकता था। जिस साम्राज्य के हृदप्रदेश में ये गोलियाँ चली थीं, उसे कोई गति नही व्यापी और इस तथ्य से वह अनभिज्ञ ही रहा कि उसे कितने गम्भीर घाव लगे हैं। इसे मात्र खेदजनक भिड़न्त, महत्त्वहीन वारदात समझा गया, जो कोयला-खान के किसी क्षेत्र में घटी थी, जो पैरिस के फुटपाथों से काफ़ी दूर था जहाँ जनमत तैयार होता है। लोग जल्दी ही इसे भुला बैठेंगे। कम्पनी को अर्द्ध-सरकारी आदेश मिल गए थे कि सारे मामले को दबाओ और हड़ताल ख़त्म करो, क्योंकि इसका इतना लम्बा खिंच जाना क्षोभजनक था, जो समाज के लिए घातक भी हो सकता था।

परिणामतः बुधवार के दिन तीन डायरेक्टर मोंसू आ धमके। इस दौरान इस छोटे-से कस्बे की हिम्मत इतनी टूट गई थी कि हत्याकांड के बाद हाथ पर हाथ धरकर बैठ गए थे और अब जाकर कहीं इन्होंने चैन की साँस ली थी, और खुश थे कि आख़िर छुटकारा तो हुआ। मौसम भी सुहावना हो चला था और चमककर धूप निकली थी। शुरू फ़रवरी की धूप में इतनी तपिश थी कि 'लिलक' की झाड़ियों में हलकी-हलकी हरियाली आने लगती थी। कम्पनी के दफ़्तरों के सारे शटर उठा दिए गए थे और प्रतीत होता था उस विशाल इमारत में नई जान आ गई थी। फिर दफ़्तर के भीतर से ही फैलाई जानेवाली अफ़वाहों से लोग उत्साहित हो उठे थे।—कहा जा रहा था कि ये महानुभाव उस महाविपदा से इतने द्रवित हो उठे थे कि बाँहें पसारे गाँव के दरिद्रनारायण को गले लगाने के लिए दौड़े आए थे। अब जबकि चोट लग ही गई थी—बेशक इतनी ज़बरदस्त चोट थी कि इन्होंने अपेक्षा ही नहीं की थी कि ऐसा भी हो सकता है—सो, मुक्तिदाता का-सा रूप धरकर अब वे जनता को रिझाने-फुसलाने का प्रयास करने में कोई कोर-कसर नहीं उठा रखना चाहते थे और कुछ बहुत महत्त्वपूर्ण कदम उठाने के आदेश भी दे दिए गए थे, चाहे ऐसा करने में थोड़ा विलम्ब ज़रूर हुआ था। सबसे पहले तो इन्होंने बेल्जियम के मज़दूरों को बरख़ास्त किया, जो एक बहुत बड़ा कदम था, क्योंकि यहाँ के मज़दूरों

में इसे लेकर अत्यधिक रोष था। फिर कोयला-खानों पर जो फ़ौज बैठाई गई थी, उसे भी हटा लिया गया, क्योंकि मज़दूर तो पूरी तरह कुचले जा चुके थे और कोयला-खानों को अब किसी प्रकार का कोई ख़तरा नहीं था। इसके अतिरिक्त, ल वोरअ से लापता होनेवाले सन्तरी के मामले को भी इन्होंने दबा दिया था : सारे देहाती इलाके को छान मारा गया था। न तो राइफ़ल का और न ही लाश का का कोई सुराग़ मिला था। सो, यह फ़ैसला किया गया कि सैनिक को भगोड़ा करार दे दिया जाए—हालाँकि सन्देह इस बात का भी था कि वह जुर्म का शिकार हुआ है। हर तरीके से इन्होंने इस घटना को कमतर करने की कोशिश की, क्योंकि भविष्य की चिन्ता से वे त्रस्त थे और यह भली-भाँति समझते भी थे और यह बात स्वीकार करना भी बड़ी भारी भूल मानते थे कि पुरानी दुनिया की ढहती बुनियादों के बीच जब उत्तेजित भीड़ को छोड़ दिया जाता है, तो वह कैसा पाशविक व्यवहार कर सकती है, जिसका कि कोई प्रतिकार नहीं किया जा सकता। इस बीच, सुलह-सफ़ाई की कोशिशें जारी रखते हुए भी इन्होंने शुद्ध रूप से प्रशासनिक दृष्टि से कुछ आवश्यक कार्रवाइयाँ कीं—यह देखा गया था कि इस बीच कम्पनी के दफ़्तरों में दनलां महाशय मोंस्यो हेनबो से मिलने-जुलने आते-जाते रहे थे। वनदाम को खरीदने की भी बातचीत चल रही थी और ऐसी अफ़वाह भी थी कि यह महाशय इन लोगों के प्रस्ताव को स्वीकार करने जा रहे हैं।

मगर सारे इलाके में सबसे अधिक उत्तेजना फैलने का कारण यह था कि डायरेक्टरों ने एक-एक दीवार पर पीले रंग के बड़े-बड़े इश्तिहार चस्पाँ करवा दिए थे। इन इश्तिहारों पर मोटे-मोटे अक्षरों में यह घोषणा थी : 'मोंसू के मज़दूरो ! हम नहीं चाहते कि इस हंगामे की वजह से जो समझदार किस्म के मज़दूर हैं और जो लोग काम करने के इच्छुक हैं, वे रोज़ी-रोटी से वंचित रहें, क्योंकि इसके तकलीफ़देह नतीजे तुम सब लोग पिछले दिनों देख ही चुके हो। इस वास्ते सोमवार की सुबह हम सब कोयला-खानों को खोल देंगे और ज्योंही काम फिर से शुरू हो जाएगा, हम हालात के उन पहलुओं पर ग़ौर से और खुले दिलो-दिमाग़ से विचार करेंगे जिनमें सुधार की गुंजाइश होगी। इस बारे में जो भी उचित और मुमकिन होगा, वह सब हम करेंगे।' और एक ही दिन में सुबह-सुबह दस हज़ार खान मज़दूरों ने इन इश्तिहारों को आकर देखा और पढ़ा। कोई एक शब्द मुँह से नहीं बोला; बहुत-से लोगों ने तो सिर-भर हिला दिया। बाकी लोगों ने चेहरे पर शिकन तक नहीं डाली। चुपचाप आगे बढ़ गए।

अभी तक तो ग्राम 240 तीव्र विरोध करने पर तुला बैठा था। प्रतीत होता था कि इनके कामरेडों का वह रक्त, जिससे कोयला-खानों का पंक लाल हुआ था, अब दूसरों के रास्ते में आड़े आ रहा है। उनमें से मुश्किल से दसेक आदमी—एक तो पियरों था और उसके जैसे गौंकायार यानी ज़मानासाज़ किस्म के लोग थे—फिर से नीचे चले गए थे, और उनकी आवाजाही को ये लोग दुखी होकर देखते रहते थे, मगर न कभी किसी ने उँगली उठाई इनकी तरफ़, न इन्होंने किसी को ज़रा भी डराया-धमकाया। इसलिए चर्च की दीवार पर जो इश्तिार चस्पाँ किया गया था, उसे वे गहरी शक की निगाहों से देखते आ रहे थे। उसमें हाज़िरी की किताबों का ज़िक्र तक न था जो इन्हें लौट दी गई थीं : क्या कम्पनी इन्हें वापस लेने से मना कर रही है ? और क्या इन्हें बलि का

बकरा बनाया जाएगा—एक तो यह डर था और इसके साथ ही इस बात का भी डर था कि जिन लोगों ने इतनी बड़ी जोखिम उठाई थी, उनकी बरख़ास्तगी का विरोध करने की जो बंधुत्व की भावना थी, उसे लेकर ही इन्होंने अड़ियल रुख़ अपना रखा था। इसके बारे में इनके मन में संशय था। इसे वे देख लेंगे, और तभी कोयला-खानों में लौटकर जाएँगे जब ये महानुभाव इतनी कृपा करेंगे कि थोड़ा और स्पष्टीकरण करेंगे। गाँव के छोटे-छोटे घर-मकानों पर गहरा सन्नाटा तारी था। अब तो इन्हें फ़ाकाकशी की भी परवा नहीं थी—और अब जबकि अपमृत्यु का साया इनकी छतों पर पड़ गया था, तो ये समझते थे कि जीने से मौत ही भली।

मगर बाकी घरों की अपेक्षा एक घर ऐसा था जिसमें सबसे ज़्यादा अन्धकार और सन्नाटा छाया था। यह घर था माहूअ परिवार का, क्योंकि मातम के सदमे से ये लोग अभी उबर नहीं पाए थे। जिस क्षण ला माहूद अपने मरद को कब्रिस्तान में लेकर गई थी, उस क्षण के बाद उसने मुँह नहीं खोला था। भिड़न्त के बाद उसने एतियन को यह इजाज़त दे दी थी कि वह कैथरीन को घर लिवा लाए। कीच में सनी कैथरीन अधमरी हो गई थी। एतियन खड़ा देख रहा था और ला माहूद लड़की के वस्त्र उतारकर उसे सुलाने जा रही थी कि एकाएक उसे लगा कि उसकी बेटी के पेट में गोली लगी है, क्योंकि उसकी कुर्ती पर ख़ून के बड़े-बड़े धब्बे थे। लेकिन जल्दी ही वह समझ गई कि यह तो मासिक धर्म के स्राव का लक्षण है जो उस भयावह दिन सदमा लगने से चालू हो गया था। अरे, यह तो सौभाग्य की बात हुई—कितनी अच्छी सौग़ात, सन्तान उत्पन्न करने की सामर्थ्य, ताकि सिपाही बाद में उनका वध कर सकें ! और उसने न तो कैथरीन से कोई बात की और न एतियन से। एतियन यह सोचकर ही हताश था कि उसे रकैयार के अँधेरे में लौटकर जाना है और सोचता था कि इससे बेहतर तो यह होगा कि जेल चला जाए, और पकड़े जाने की जोखिम उठाकर भी अब यांलैं के साथ सो रहा था; उसके रोंगटे खड़े हो जाते थे उन सब मौतों के बाद आनेवाली लम्बी रात के बारे में और चट्टानों के नीचे इस वक्त सो रहे उस नाटे सिपाही के बारे में सोच-सोचकर। इसके अलावा, उसे पराजय का मुँह देखने के कारण जो वेदना हो रही थी, उससे त्राण पाने के लिए वह जेल जाने की भी आकांक्षा करता था। मगर किसी ने उसे परेशान नहीं किया। कसमसाते हुए वह रात की घड़ियाँ गिनता रहा। बीच-बीच में ला माहूद कुढ़ती हुई-सी आती और दोनों को देखती—एतियन को और कैथरीन को—और जैसे पूछ रही हो कि वे यहाँ उसके घर में क्या कर रहे हैं।

वे सब एक बार फिर गड्डमड्ड-से होकर सो रहे थे। बूढ़ा बोनमोर्त दोनों बच्चों के बिस्तर पर पसरा था। बच्चे इसलिए कैथरीन के साथ सो रहे थे, क्योंकि बेचारी अलज़ीर अब नहीं रही थी, जिसका कूबड़ बड़ी बहन की पसलियों में चुभता रहता था। जब रात होती और माँ अपने सर्द बिस्तर पर जाती—जो, एकाएक इतना बड़ा लगने लगा था—तो उसे घर का खालीपन सालने लगता। खाली जगह को एस्तेल से भरने की कोशिश करती, मगर बात न बनती। बच्ची उसके मरद की जगह कैसे ले सकती थी, और वह घंटों निःशब्द रोती रहती। फिर पहले की तरह ही दिन बीतने लगे थे : अभी तक घर में रोटी का कोई जुगाड़ नहीं हो पा रहा था, और इतने भाग्यशाली भी तो नहीं

थे ये लोग कि हमेशा-हमेशा के लिए मीठी नींद सो जाएँ। थोड़ा-बहुत यहाँ-वहाँ से जुगाड़ कर भी लेते, तो भी दईमारों के करम ही फूटते, क्योंकि उस स्थिति में इन्हें जीवित रहना पड़ता। इनके अस्तित्व में कोई बदलाव नहीं आया था, सिवाय इसके कि ला माहूद का मरद चला गया था।

एकदम ख़ामोश हो गई इस औरत का मुँह देखते-देखते एतियन इतना हताश हो गया था कि पाँचवें दिन की अपराह्न वेला में वह उस घर से निकला और धीमे-धीमे गाँव की पत्थरवाली गली में चलता चला गया। विवशतया निष्क्रिय रहने के कारण वह इतना अशान्त रहने लगा था कि पता नहीं कहाँ-कहाँ भटकता फिरता था। बाँहें झुलाता, सिर नीचे किए हमेशा एक ही चिन्ता में खोया रहता था। इस तरह आधेक घंटे तक भटकते-भटकते एकाएक वह और व्यग्र हो उठा और महसूस किया उसने कि इसका कारण शायद यह था कि लोग दरवाज़ों में खड़े होकर उसे घूर रहे थे। थोड़ी-बहुत जो मान-मर्यादा बची थी उसकी, उस पर इस गोलीकांड ने एकदम पानी फेर दिया था जब भी बाहर निकलता, यह महसूस करने लगता कि लोग उसे क्रुद्ध आँखों से घूर रहे हैं। उस वक्त जब उसने सिर उठाकर देखा, तो पाया कि आदमी उसे इस तरह देख रहे हैं मानो कच्चा चबा जाएँगे और औरतें जो थीं, वे छोटी-छोटी खिड़कियों के पर्दों को ज़रा-सा सरकाकर घूर रही हैं। जब देखा कि लोग इस तरह चुप-निश्चल रहकर ही उस पर दोषारोपण कर रहे हैं, फ़ाकाकशी और आँसुओं से फटी-फटी आँखों से दमित आक्रोश प्रकट कर रहे हैं, तो वह सिमटता-सिकुड़ता चला गया और आगे जाना दुश्वार हो गया उसके लिए। उत्तरोत्तर बढ़ती मौन भर्त्सना उसे अपनी पीठ पीछे लगातार महसूस हो रही थी और यह डर लगने लगा था कि कहीं ऐसा न हो, सारा गाँव दौड़ा आए और चीख-चीखकर उसे अपनी वेदना-व्यथा बयान करने लगे। सो, वह उलटे पैरों घर लौट आया। एकदम लरज़ उठा था।

लेकिन लौटकर माहूअ के घर का सारा दृश्य देख उसके विषाद का पारावार न रहा। बूढ़ा बोनमोर्त ठंडे चूल्हे के निकट अपनी कुर्सी में उसी तरह निश्चल बैठा था जिस तरह हत्याकांड वाले दिन के बाद से बैठा रह गया था। उस दिन दो पड़ोसियों ने आकर उसे इस हालत में और उसकी टूटी लकुटिया को कुर्सी के साथ इस तरह पड़े पाया था मानो बिजली से ध्वस्त कोई पुराना पेड़ पड़ा हो। उधर, पिछली रात जिस पुराने बर्तन में गोभी के पत्ते उबाले गए थे, उस बर्तन को लेनोर और आरी भूख से बिलबिलाते हुए इस ज़ोर-ज़ोर से खुरचने में लगे थे कि देखकर कोफ़्त होती थी। ला माहूद एस्तेल को मेज़ पर लिटाकर कैथरीन के सामने खड़ी थी और उसे झाड़ रही थी।

'फिर बोलना यह बात, कसम से, फिर बोल !'

कैथरीन ने ल वोरअ जाने की मंशा प्रकट की थी। यह बात दिन-प्रतिदिन उसे असह्य होने लगी थी कि वह अपनी रोटी कमा नहीं पा रही है और माँ के द्वारे बोझिल-बेकार जानवर की तरह पड़ी है यदि उसे इस बात का डर न होता कि शावाल उसकी चमड़ी उधेड़कर रख देगा, वह पिछले मंगल को ही कोयला-खान में उतर गई होती। हकलाते-घबराते हुए बोल रही :

'तू क्या उम्मीद करती है ?—काम किए बिना कोई जी सकता है ! कम-से-कम पेट भरने को कुछ तो मिलेगा...'

ला माहृद ने टोक दिया।

'सुन मेरी बात ! तुममें से अगर कोई भी काम करने जाएगा, तो मैं उसका गला घोंट दूँगी...अरे, इससे बड़ी बदकिस्मती की बात और क्या हो सकती है—पहले बाप को मारा, और अब बच्चों का ख़ून चूसेंगे क्या ! नहीं, बहुत हो गया !—इससे तो बेहतर है, तुम सब लोगों को ताबूत में डालकर ले जाएँ, जिस तरह तेरे बाप को ले गए।'

और फिर लम्बी चुप्पी। चुप्पी भंग हुई, तो प्रचंड शब्द-प्रवाह बह चला। कैथरीन के पैसे से बहुत बड़ी भलाई होगी न ! ले-देकर तीस सू तो होंगे और उसमें बीस सू और जोड़ लो, अगर इस चोरटे यालैं को मालिक लोग कोई काम देने को राज़ी हो जाएँ, तो ! कुल हुए पचास सू और खानेवाले सात जन ! ये छोकरे सूप गटकने के अलावा और कर भी क्या सकते हैं ! जहाँ तक बाबा का ताल्लुक है, वह गिरा था, तो ज़रूर ही उसकी खोपड़ी में कुछ-न-कुछ टूट गया होगा, क्योंकि लगता था उसका दिमाग़ फिर गया है—यदि यह नहीं, तो शायद ऐसा भी हो सकता है कि सिपाहियों ने जब इसके दोस्तों पर गोलियाँ दाग़ी थीं, तो यह बौरा गया हो।

'बाबा, यही बात है न ?—उन्होंने तो तेरा काम ही तमाम कर डाला था। तेरे हाथ तो अब भी तगड़े हैं, लेकिन तेरा ज़माना बीत गया, बाबा !'

बोनमोर्त बेवकूफ़ों की तरह ला माहृद की तरफ़ ऐसे देखे जा रहा था जैसे उसकी कोई बात उसके पल्ले न पड़ रही हो। वहीं बैठा-बैठा लगातार घंटों टकटकी लगाए देखता रहता, और अब तो उसमें, बस, इतनी ही सुध-बुध थी कि अपने निकट रखी तश्तरी और राख में थूक लेता था, ताकि गन्दगी न फैले।

'और उन्होंने इसकी पेंशन भी तय नहीं की,' वह बोले जा रही थी। 'और मुझे तो यही लगता है कि अब कभी करेंगे भी नहीं, क्योंकि हम लोगों की सोच अब कुछ ऐसी हो गई है...न, मैं तो भर पाई ! अब उन हरामज़ादों को मैं मुँह नहीं लगाऊँगी !'

'लेकिन तब भी,' किसी तरह कैथरीन के मुँह से यह बात निकली, 'इश्तिहारों में तो वादा कर ही रहे हैं...'

'अपने इन इश्तिहारों के बारे में बकवास बन्द कर...यह भी एक झाँसा है, जाल में फाँसकर हमें निगल जाना चाहते हैं। अब तो वे भलमनसाहत दिखाएँगे ही, हमारे टोटे-टोटे जो कर डाले हैं !'

'लेकिन, माँ, हम जाएँगे कहाँ ? समझ लो, गाँव में टिकने नहीं देंगे।'

ला माहृद ने आक्रोश से नाक-भौं सिकोड़ी—कहाँ जाएँगे ?—उसे कुछ नहीं मालूम। वह इस बारे में कुछ सोचना भी नहीं चाहती, कहीं ऐसा न हो, पागल हो जाए। कहीं-न-कहीं, कोई-न-कोई ठौर तो मिल ही जाएगा। बर्तन खुरचने की आवाज़ अब उसे असह्य हो उठी थी। सो, वह लेनोर और आरी पर झपटी और उन्हें तमाचे जड़ दिए। एस्तेल हाथों-पैरों के बल रेंगती हुई मेज़ के सिरे तक आ गई थी और एकाएक नीचे गिरी, तो कोलाहल बढ़ गया। माँ ने धौल मारकर उसे चुप कराया : अच्छा होता, गिरते ही यहीं ढेर हो जाती ! फिर लगी अलज़ीर की बात करने कि क्या ही अच्छा हो, सबकी

वैसी ही गति हो। फिर एकाएक उसने दीवार के साथ सिर टिकाया और लगी फफक-फफककर रोने।

एतियन वहीं जड़ हो गया था। कुछ कहने-करने की हिम्मत नहीं कर पा रहा था। अब इस घर में इसकी कोई पूछ नहीं है, यहाँ तक कि बच्चे भी उससे नज़रें चुराते हैं। लेकिन अभागी औरत के आँसू देख कलेजा मुँह को आने लगा, और वह धीरे-से कहता है : 'बस, बस, बहुत हो लिया, हिम्मत से काम लो। कोई-न-कोई जुगाड़ कर लेंगे।'

ला माहूद ने जैसे सुना ही नहीं। अपना दुखड़ा रोए जा रही थी।

'हाय, हमारे तो करम ही फूट गए। ये सारी विपदा आने से पहले गाड़ा तो खिंच रहा था। रूखी-सूखी रोटी ही मिलती थी, कम-से-कम सबका अंग-संग तो था...और ऐसे में सिर पर यह आफ़त आ पड़ी है। हे परमात्मा, क्या ख़ता हो गई हम लोगों से, जो यह सब भुगत रहे हैं। कई तो ज़मीन में दफ़न हो गए, और बाकी भी वहीं जाना चाहते हैं...सच है, हमें लद्दू टट्टूओं की तरह इस्तेमाल करते थे, और जब मिल-बाँटकर खाने की बात उठती थी, तो हमेशा रोड़े-पत्थर ही पल्ले डालते थे। हम लोग धन्नासेठों की तिजोरियाँ तो भरते रहते थे और हमारे नसीब में ज़िन्दगी का कोई सुख भोगना नहीं लिखा था...जब आस मर जाती है, तो उसके साथ जीने की तमन्ना भी मर जाती है। अरे, इस तरह कब तक चलता रह सकता था, लेकिन ज़िन्दगी का गाड़ा तो खींचना ही पड़ता है...काश ! हम बेदार हो गए होते ! इंसाफ़ माँगने जाओ, तो क्या ऐसी दुर्गति होती है ?

सुबकियों से उसका गला भर आया और वह असीम उदासी में डूबने-उतराने लगी।

'और फिर उन लोगों को देखो, उन काइयाँ लोगों को देखो, जो यह झाँसा देते रहते हैं कि हिम्मत करो, तो तुम्हारी ज़िन्दगानी सुधर जाएगी...लोग जोश में आकर खड़े हो जाते हैं और फिर ऐसी-ऐसी मुसीबतें आती हैं, ऐसी-ऐसी माँगें कर बैठते हैं जो कभी पूरी नहीं होतीं। मेरे को देखो—मेरे सिर पर कैसा-कैसा फ़ितूर सवार हो जाया करता था। मैं ऐसी ज़िन्दगी का सपना देखने लगी थी जिसमें दुनिया का एक-एक बशर प्रेम-मुहब्बत की ज़िन्दगानी बसर करेगा, मगर ये सब तो बेहूदा किस्म के ख़याल थे, मैं आसमान में उड़ती फिरती थी ! और नतीजा यह होता है कि ऐसा आदमी मुँह के बल गिरता है, उसी गन्दगी में, और उसकी रीढ़ ही चटक जाती है...वह सब मायाजाल था, जिन चीज़ों को हम सपनों में देखते रहते थे, वे कभी थीं ही नहीं। बस, बदबख़्ती ही बदबख़्ती थी, और कुछ न था—जितनी चाहे बटोर लो, और इनके साथ गोलियों-छर्रों की बौछार !'

एतियन उस औरत को विलपते देख रहा था। उसका एक-एक आँसू पछतावे की हूक थी। उसे सांत्वना देने के लिए कुछ सूझ नहीं रहा था उसे, जो आदर्श भूमि की ऊँचाइयों से गिरकर खंड-खंड हो गई थी। वह लौटकर कमरे के बीचोंबीच आकर खड़ी हो गई और उसकी तरफ़ एकटक देखे जा रही थी। फिर क्रोधोन्माद के वशीभूत तिरस्कारपूर्वक यह बात कहती है : 'और तू—तेरी यह मजाल, तू कोयला-खान में वापस जाने की सोच रहा है—हमें इस दलदल में डालकर ?...मैं तेरे को दोष नहीं देती, लेकिन

इतना जानती हूँ कि अगर मैं तेरी जगह होती, तो यह सोचकर ही चुल्लू-भर पानी में डूब मरती कि अपने दोस्तों-मित्रों को मेरी वजह से यह सब सहना पड़ा।'

एतियन ने जवाब में कुछ कहने का मन बनाया, लेकिन फिर निराशा से कन्धे उचका दिए। अब सफ़ाई देने का क्या फ़ायदा ! इतना भोगने के बाद कोई बात इस स्त्री की समझ में आएगी ही नहीं। अब वहाँ खड़े रहना भी इतना कष्टकर लगा कि बाहर निकल गया और इधर-उधर डोलता फिरा।

बाहर प्रतीत होता था, सारा गाँव जैसे उसी की राह देख रहा था—आदमी दरवाज़ों में खड़े थे और औरतें खिड़कियों में। ज्योंही उन्होंने एतियन को आते देखा, बड़बड़ाहट शुरू हो गई और भीड़ बढ़ती चली गई। चार दिनों से जो घिनौनी-गन्दी बातें प्रच्छन्न रूप से उछाली जा रही थीं, उन्हें लोग अब मुँहफट होकर खुलेआम कहने लगे थे। वे मुक्के तान-तानकर अपना रोष प्रकट कर रहे थे। औरतें अपने बेटों से कहती थीं कि इस शख़्स को ग़ौर से देख लो। बूढ़े-बुढ़ऊ उसकी तरफ़ देखते हुए थूक रहे थे। मात खाने के बाद ऐसा तो होना ही था। उसकी साख को बट्टा लगा था। और व्यर्थ ही जो दुख झेला था इन लोगों ने, वह अब इस घृणा के रूप में प्रकट हो रहा था। फ़ाकाकशी और मौत की सज़ा भुगत रहा था एतियन।

वह घर से निकल ही रहा था कि फ़िलोमेन के साथ ज़कारी आया और एतियन को योंही धकियाते हुए उसकी खिल्ली उड़ाने लगा।

'देख, देख, किस तरह मुटाता जा रहा है ! लगता है, कुछ लोग दूसरे लोगों की मौत से फलते-फूलते हैं !'

ला लवाक और बूतलू दोनों दरवाज़े में आकर खड़े हो गए थे। राइफ़ल की गोली से मरे अपने बेटे बेबेर को याद करते हुए ला लवाक चीखते हुए बोल रही थी : 'अरे, दुनिया में ऐसे कायर भी होते हैं जो बच्चों की हत्या करवाने में भी गुरेज़ नहीं करते। अगर यह शख़्स मेरा बच्चा मुझे वापस देना चाहता है, तो जाए, ज़मीन के नीचे जाकर उसे ढूँढ़कर लाए !'

वह भूल गई थी कि उसका मरद इस वक्त जेल में है—कम-से-कम उसकी सेज खाली तो न थी, क्योंकि बूतलू अभी वहाँ डटा था—लेकिन उसे बरबस अपने आदमी का ध्यान हो आया और वह तीखी आवाज़ में बोलती चली गई : 'ज़रा देख तो लो ! गुंडे-बदमाश तो छुट्टा घूम रहे हैं और भले लोग जेल में सड़ रहे हैं।'

एतियन उससे बचकर निकल जाना चाहता था, लेकिन ला पियरोन एकाएक उसके रास्ते में आ गई, जो बग़ीची में से दौड़ती हुई आई थी। माँ की मौत से वह ख़ुश ही हुई थी, क्योंकि उससे छुटकारा मिल गया था, जो इतना हंगामा करती थी कि जान सांसत में आ जाती थी। इसने पियरों की बेटी, उस कुतिया लिडी की मौत पर एक आँसू नहीं बहाया था। पिंड जो छूटा था इसका ! लेकिन पास-पड़ोस के लोगों को दिखाने के लिए वह भी उसकी भर्त्सना करते हुए विलाप करने लगी, 'अरे, मेरी माँ का क्या हुआ ? मेरी बिटिया का क्या हुआ ? हमने अपनी आँखों से देखा, तू उनके पीछे छिप गया था जब उन्हें गोलियाँ लगीं। अरे, वे गोलियाँ तो तेरे लिए थीं !'

अब वह क्या करे ?—ला पियरोन की और दूसरे लोगों की गर्दन दबोच ले जाकर ?

सारे गाँव से रार मोल ले ? एक क्षण को उसका मन किया कि लंगर-लंगोट कस ले। उसका ख़ून खौलने लगा था—समझता था कि उसके जितने भी कामरेड हैं, सबके सब जंगली किस्म के लोग हैं और यह सोच-सोचकर वह लगा उद्विग्न होने कि ये लोग इतने नासमझ हैं, इतने असभ्य हैं कि उस होनी के लिए उसे दोषी ठहरा रहे हैं जो टाले टाल नहीं सकती थी। बेवकूफ़ न हों कहीं के ! इन लोगों के ऊपर पुनः प्रभुत्व कायम करने की अपनी असमर्थता से वह व्याकुल हो उठा था, और जैसे उनके तानों-तिशनों को सुना-अनसुना करते हुए त्वरित चाल से चल पड़ा। फिर जल्दी ही उसे भागना पड़ गया था। जिस घर के आगे से गुज़रता, वे आवाज़ें कसते। कुछ लोग तो उसके पीछे पड़ जाते और जैसे घृणापूर्ण एकस्वर से उसे धिक्कारने-कोसने लगते। यही वह आदमी है जिसने शोषण किया है, यही आदमी है जो हत्यारा है, हमारी त्रासदी का कारण ही यह आदमी है।

उसका चेहरा ज़र्द पड़ गया था। एकदम व्याकुल हो उठा था वह। सो, वहाँ से भी भाग खड़ा हुआ। गाँववाले शोर मचाते हुए उसके पीछे दौड़ते रहे। मुख्य सड़क पर आकर अधिकांश लोग तो अन्ततः लौट गए, मगर कुछ लोगों ने फिर भी उसका पीछा नहीं छोड़ा। जब वह पहाड़ी की तलहटी में पहुँचा, तो लावंताज़ के सामने भीड़ ने फिर उसे घेर लिया, जो ल वोरअ से निकलकर आ रही थी।

बूढ़ा मूक और शावाल भी उनमें शामिल थे। अपनी बेटी मूकेत और बेटे मूके की मृत्यु के बाद इस बूढ़े ने किसी प्रकार का कोई गिला-शिकवा नहीं किया, कोई अफ़सोस नहीं किया और अपनी साईस की नौकरी बजानी शुरू कर दी थी। मगर एतियन को देखते ही वह गुस्से के मारे काँपने लग गया, आँखें छलछला आईं और तम्बाकू से काले और लाल पड़ गए मुख से गालियों की बौछार होने लगी।

'हरामज़ादे ! ग़लीज़ सुअर ! कमीने...देखना, मेरे बच्चों की मौत तेरे सिर चढ़कर बोलेगी। हाँ, चढ़कर बोलेगी। बचकर जाएगा कहाँ !'

उसने एक ईंट उठा ली, उसके दो टुकड़े किए और उसकी तरफ़ उछाल दिए।

'ठीक है, दबोच लो इसे !' उत्तेजित शावाल ठीठी करके हँस दिया और चहकने लगा, क्योंकि बदला चुकाने का यह नायाब मौका था। 'अब तेरी बारी है...अब फंस गया न ! खुशामदी टट्टू कहीं का !'

और उसने भी एतियन पर ईंटें उछालनी शुरू कीं। एकदम बावेला मच गया। सभी ने ईंटें उठाईं। उन्हें तोड़ते और उसकी तरफ़ उछाल देते। चाहते थे कि उसी तरह उसकी हत्या ही कर डालें, जिस तरह सिपाहियों को मारना चाहते थे। एतियन स्तंभित-सा खड़ा था, फिर भी उसने भागने की कोशिश नहीं की। उलटे उनके सामने डट गया और उन्हें समझाने-बुझाने की कोशिश करने लगा। वही पुराने भाषण के बोल उसके मुख से निकलने लगे जिन्हें सुनकर कभी ये लोग तालियाँ पीटा करते थे। उन्हीं शब्दों को दुहरा रहा था जिनकी बदौलत वह उन पर जादू तारी कर दिया करता था जब इन लोगों पर उसका वैसा ही ग़लबा था जैसा कि वफ़ादार लोगों पर होता है, जब ये लोग उसकी मुट्ठी में रहते थे। मगर अब उसकी शक्ति निःशेष हो चुकी थी और जवाब में पत्थर-ढेलों के सिवा और कुछ न मिल रहा था। अभी-अभी उसकी बाईं बाज़ू पर चोट

लगी थी। जान बचाने की ख़ातिर पीछे हटा, तो पाया कि लावंताज़ की दीवार उसके पीछे है।

रासनर कुछ क्षणों से अपने दरवाज़े के बीचोंबीच खड़ा देख रहा था।

'भीतर आ जा,' उसने सहज स्वर में पुकारा।

रासनर के यहाँ शरण लेने की बात ही एतियन को रास नहीं आई और वह आगा-पीछा देखने लगा।

'अरे, आ भी जा। मैं इनसे बात करता हूँ।'

और कोई चारा न देख, उसने कमरे के पिछवाड़े में जाकर शरण ली, और रासनर दरवाज़ा रोककर खड़ा हो गया।

'दोस्तो, सुनो मेरी बात ! ज़रा विवेक से काम लो...तुम लोग जानते ही हो, मैंने तुम्हें कभी गुमराह करने की कोशिश नहीं की : मैं तो हमेशा अमन का हामी रहा हूँ, और तुम लोगों ने ध्यान से मेरी बात सुनी होती, तो आज इस मुसीबत में मुबतिला न हुए होते।'

कन्धों को और पेट को हिलाते-डुलाते हुए उसने विस्तार से अपनी बात कही, और उसके मुँह से निकली वाणी उन्हें उतनी ही सुखदायी लग रही थी जितना सुखदायी गुनगुना पानी होता है। और न हींग लगी, न फिटकरी, उसका उसी तरह फिर बोलबाला होने लगा, जैसा कि पहले हुआ करता था, मानो उसके कामरेडों ने कभी उसका उपहास न किया हो या महीना-भर पहले ही उसे कायर करार न दिया हो। समर्थन के स्वर उभरने लगे—सही बात कही; हम लोग तेरे साथ हैं। यही तरीका है बात करने का ! और चारों तरफ से उसकी वाह-वाही होने लगी।

पीछे खड़े एतियन का दिल रो रहा था और ऊपर से नीचे तक वह कड़वाहट से भर गया था। उसे रासनर की भविष्यवाणी याद आई जो उसने जंगल में की थी और चेतावनी दी थी कि भीड़ कितनी कृतघ्न हुआ करती है। यह पागलों जैसी ही क्रूरता हुई न ! यह देखकर कलेजा जलने लगता है कि उसने कितना कुछ किया इन लोगों के वास्ते, मगर उसे किस गन्दे तरीके से बिसरा बैठे हैं ये लोग ! यह अन्धी ताकत है जो लगातार अपने आपको ही फाड़कर खाती रहती है। और ये वहशी लोग किस तरह अपने ही पैर पर कुल्हाड़ी मार रहे हैं। इसका जो आक्रोश उसके भीतर था, उसके साथ ही उसे अपनी हार का, अपनी महत्वाकांक्षा के ध्वस्त हो जाने का ग़म भी था। क्या !—सब ढहढेरी हो गया ? उसे याद आया कि 'बीच' पेड़ों के नीचे तीन हज़ार दिलों की धड़कनें और उसके दिल की धड़कन एकाकार हो गई थी। उस दिन उसने दोनों हाथों से वाहवाही लूटी थी—ये लोग उसकी मुट्ठी में थे, और वह अपने आपको इनका अधिपति समझने लगा था। तब वह अनाप-शनाप सपनों में मदहोश था : मोंसू उसके कदमों में है, पैरेस दूर अस्त, शायद डेपुटी भी चुन लिया गया है, पहले ही भाषण से, संसद के मंच ने किसी कामगार के सर्वप्रथम भाषण से ही उसने बूर्जुआओं के छक्के छुड़ा दिए हैं—वह सारा सपना मिट्टी में मिल गया ! वह बेदार हुआ, तो दुखित था, घृणा का पात्र था, और थोड़ी देर पहले ही उसी के लोगों ने पत्थर मार-मारकर उसे खदेड़ दिया था।

रासनर का स्वर उभरा, 'हिंसा कभी फलीभूत नहीं होती। एक ही दिन में दुनिया की दुबारा रचना नहीं हो सकती। जिन लोगों ने तुम लोगों से यह वादा किया कि रातोंरात सब चीज़ें बदलकर रख देंगे, वे या तो मूर्ख हैं या धूर्त हैं।'

'वाह ! वाह ! !' लोग चिल्ला पड़े।

तो फिर कसूरवार कौन है ?—और जब एतियन ने यह प्रश्न अपने आपसे पूछा, तो उसे निराशा ने चारों तरफ़ से आ घेरा। क्या सचमुच उसी का दोष है, इस आफत के लिए वह ज़िम्मेदार है जिससे वह स्वयं लहूलुहान हो गया है, जिस कारण कुछ लोगों की बदबख़्ती आई, कुछ लोग ज़बह हुए—ये मरियल और भुखमरी से बिलबिलाती स्त्रियाँ और बच्चे ? इन सब विपदाओं का पहाड़ टूटने से पहले उसे एक रात इस ख़ौफ़नाक नज़ारे का इलहाम हुआ था, मगर तब भी कोई ताकत थी जो उसे बहाए ले जा रही थी और अपने कामरेडों की रौ में वह बहता चला गया था। वास्तव में, उसने इनका नेतृत्व कभी नहीं किया—ये लोग थे जो उसे हाँक रहे थे और इन्हीं लोगों ने ही उससे ऐसे काम करवाए जो पीछे से धकेलनेवाली इस ताक़तवर भीड़ के दबाव के बिना वह हरगिज़ न करता। जब भी कोई हिंसा की घटना होती, सारी स्थिति से एकदम स्तंभित-सा वह देखता ही रह जाता था, क्योंकि ऐसी किसी घटना की न तो उसने कभी कल्पना की थी और न ही अपेक्षा। उदाहरण के लिए, क्या कभी उसने यह सोचा था कि इस गाँव के जिन लोगों की निष्ठा उसमें थी, वे उसे पत्थर-ढेले मारेंगे ? ये पागल किस्म के लोग झूठ बकते हैं जब उसको दोष देते हैं कि उसने यह वादा किया था कि वे, बस, बैठकर गुलछर्रे उड़ाएँगे और तिनका तोड़कर दुहरा नहीं करना पड़ेगा इन्हें। और इस तरह वह अपनी दाददीही, इस दलील से अपनी पशेमानी से जूझने का जतन कर रहा था। उसके पीछे यह भय उसे सता रहा था कि वह अपने कर्तव्य का यथोचित पालन करने में सक्षम नहीं था—जो कि एक अर्द्धशिक्षित व्यक्ति का सन्देह मात्र था जो लगातार उसे खाए जा रहा था। मगर उसे लगने लगा था कि उसकी हिम्मत पस्त होती जा रही है। अपने कामरेडों के साथ कदम से कदम मिलाकर नहीं चल पाया है, उनसे डर रहा है, जनता-जनार्दन के इस विशाल, नासमझ समूह से भयभीत है, जिसका कोई विरोध हो नहीं सकता, जो कि प्राकृतिक शक्ति की तरह टूट पड़ता है और रास्ते में आनेवाली सब चीज़ों को बुहारता चलता है, कायदे-कानूनों को ठेंगा दिखाता है। जुगुप्सा की भावना, परिष्कृत रुचियों के कारण उसके भीतर की बेचैनी और उच्च वर्ग में प्रवेश करने की धीमी गति—ये कुछ ऐसे कारण थे जिनसे धीरे-धीरे वह उनसे कटता ही चला गया था।

तभी उत्साह-उमंग भरे कोलाहल में रासनर का स्वर डूब गया।

'रासनर ज़िंदाबाद ! रासनर हमारा नेता है ! मरहबा, मरहबा !'

रासनर ने भीतर से दरवाज़ा बन्द कर लिया और भीड़ खिंड गई। दोनों व्यक्ति मौन खड़े एक-दूसरे को देखे जा रहे थे। दोनों ने कन्धे उचकाए और अन्ततः दोनों ने एक साथ बैठकर बियर पी।

उसी दिन ला पिओलेन में नेगरेल और सेसील की सगाई के उपलक्ष्य में रात्रिभोज था। पिछले चौबीस घंटों से ग्रेग्वार भोजनकक्ष को चमकाने और ड्राइंग रूम को झड़वाने

में व्यस्त थे। मेलानी ने रसोईघर का सारा कामकाज सँभाल लिया था और मांस आदि भूनने और सातन-चटनियाँ तैयार करने में व्यस्त थी, जिनकी महक अटारी तक जा रही थी। यह तय पाया था कि कोचवान फ्रांसिस परसने-परोसने में आनोरीं की मदद करेगा। माली की बीवी जो थी, वह तश्तरियाँ वग़ैरह धोएगी और स्वयं माली गेट खोलने जाएगा। इस तरह का कभी कोई समारोह यहाँ हुआ नहीं था, जिसने इतने विशाल और सुखी-सम्भ्रान्त बँगले को ऊपर-नीचे तक हिलाकर रख दिया हो।

इससे अधिक सुचारु व्यवस्था और हो भी क्या सकती थी। मदाम हेनबो तो सेसील पर जैसे मुग्ध हुई जा रही थी, और जब मोंसू के नोटरी ने विवाहसूत्र में बँधनेवाले दम्पती की सुख-शान्ति के लिए जाम उठाया, तो वह नेगरेल की तरफ़ देख-देखकर हँसने-मुस्कराने लगी। मोंस्यो हेनबो का व्यवहार भी सौजन्यपूर्ण था। उसकी खुशमिज़ाजी देख-देखकर अतिथि चकित थे—ऐसी भी अफ़वाह थी कि एक बार फिर वह डायरेक्टरों की नज़रों में चढ़ गया है और जिस दृढ़ता से उसने हड़ताल को कुचलकर रख दिया था, उसके पारितोषिक स्वरूप उसे 'लिजियन ऑफ़ ऑनर' के अधिकारी का सम्मान प्रदान किया जाएगा। हालाँकि अतिथियों ने हाल की घटनाओं का उल्लेख करने से परहेज़ ही किया था, फिर भी हरेक के चेहरे पर विजयोल्लास की प्रतीति होती थी और यह रात्रिभोज राजकीय विजयोत्सव-सा बन गया था। अहा, अन्ततः संकट टल ही गया और अब वे पहले की तरह ही अमन-चैन से खा-पी सकते हैं, चैन की नींद सो सकते हैं ! बातचीत के दौरान बच-बच के मृतकों का ज़िक्र भी हुआ जिनके रक्त से ल वोरअ की धरती हाल ही में सराबोर हुई थी : इस किस्म की चेतावनी ज़रूरी भी थी और ग्रेग्वारों की इस बात ने सबके दिलों को छू लिया जब उन्होंने यह कहा कि अब हरेक का यह कर्तव्य है कि गाँवों में जाकर इन लोगों के घावों पर मलहम लगाए। ग्रेग्वार पुनः प्रकृतिस्थ हो गए थे और अपने भोले-भाले खान मज़दूरों की हिमायत करते हुए सफ़ाई भी दे रहे थे और अभी से समझने लगे थे कि ये लोग कोयला-खानों में काम करने के लिए लौट आएँगे और अपनी प्राचीन सन्तोषवृत्ति का परिचय देंगे। मोंसू समाज के अग्रणी नेताओं में अब किसी किस्म की डगमगाहट-लड़खड़ाहट नहीं दिखाई पड़ती थी और ये लोग स्वीकार करते थे कि पगार के सवाल पर भी तनिक सावधानी से ग़ौर होना चाहिए। जब इन लोगों ने कबाब का लुत्फ़ उठाना शुरू किया, तो जीत की ख़ुशी और भी बढ़ गई—वह इस तरह कि मोंस्यो हेनबो ने बिशप का पत्र पढ़कर सुनाना शुरू किया, जिसमें आबे रांविए के तबादले की घोषणा थी। वहाँ के समस्त बूर्जुआ इस पादरी के किस्से पर सरगर्मी से बहस किया करते थे, जिसने सिपाहियों को 'हत्यारे' की संज्ञा दी थी। जब शीरनी परोनी जा रही थी, तो नोटरी ने दृढ़ता से यह घोषणा की कि वह तो स्वतंत्र विचारों का आदमी है।

दनलां अपनी दोनों बेटियों के साथ आया था। इस सारे आमोद-प्रमोद के बीच अपनी तबाही पर होनेवाले विषाद को पोशीदा रखने की भरसक कोशिश करता रहा। उसी दिन सवेरे-सवेरे उसने मोंसू कम्पनी को वनदाम कोयला-खान बेचने के काग़ज़ात पर दस्तख़त किए थे। गले पर जब छुरा रख दिया गया था, तो और कोई चारा न देख उसने डायरेक्टरों का फ़रमान स्वीकार कर लिया था और इस कोयला-खान को अन्ततः

उसने उनकी झोली में डाल दिया था जिस पर मुद्दत से उनकी आँख लगी थी। बदले में क्या पाया था उसने—मुश्किल से इतनी रकम जो कर्ज़दारों के कर्ज़ उतारने के लिए पर्याप्त थी। आख़िरी क्षण जब उन्होंने उसी कोयला-खान में उसे डिवीज़न इंजीनियर के पद पर रखने का प्रस्ताव किया था, तो उसने स्वीकार कर लिया था—और समझा था, मानो बिल्ली के भागों छींका टूटा हो। उसने उसी कोयला-खान में एक वेतनभोगी सुपरवाइज़र के रूप में काम करने से ही सन्तोष कर लिया था जिसमें उसने अपनी सारी पूँजी झोंक दी थी। यह छोटे-छोटे उद्यमों की मृत्यु का घंटनाद था, निजी उद्यमियों के लुप्त होने का पूर्वाभास, जो शीघ्र ही पूँजी रूपी दैत्य की अतिलोभी बुभुक्षा को शान्त करने के लिए एक-एक करके उनके ग्रास बनते जाएँगे और भीमकाय कम्पनियों का जो ज्वार आएगा, उसी में बह जाएँगे। वह अकेला ही ऐसा व्यक्ति था जो हड़ताल की कीमत चुका रहा था और भली-भाँति जानता था कि मोंस्यो हेनबो के सम्मान के लिए आयोजित इस समारोह में जाम पीते हुए वे उसकी ही तबाही का जाम पी रहे थे। उसे मात्र एक बात का ही सन्तोष था, और वह था लूसी और ज़न का जीवट, जो उलट-पलटकर सिले वस्त्रों में भी मोहक लग रही थीं और तबाह-बरबाद होने के बावजूद हँस-मुस्करा रही थीं; धन-सम्पत्ति के प्रति भी उतनी ही विरक्त थीं। सुंदर-सलोनी, विमुक्त स्त्रियाँ जो थीं।

जब वे कॉफ़ीपान के लिए ड्राइंग रूम में पधारे, तो ग्रेग्वार दनलां को एक तरफ़ ले गया और उसे बधाई दी कि उसने कितने साहस से यह फ़ैसला किया।

‘तुम उम्मीद भी क्या कर सकते थे ? तुमने जो सबसे बड़ी ग़लती की, वह यह थी कि तुमने मोंसू के दनिए के दस लाख फ्रां वनदाम में झोंक दिए। तुमने बहुत बड़ी जोख़िम उठाई थी, और हालाँकि तुमने रात-दिन एक कर दिया था, मगर सब स्वाहा हो गया—जबकि मैं अपने दनिए की बदौलत, जिसे मैंने दराज़ से कभी बाहर निकाला ही नहीं, अब भी सुख-चैन की ज़िन्दगी बिता रहा हूँ, हालाँकि मैं उँगली तक नहीं हिलाता और आगे मेरे पोते-पड़पोते भी इसी तरह सुखभोग करते रहेंगे।’

2

इतवार को अँधेरा होते ही एतियन गाँव से खिसक गया। तारों-जड़े निर्मल आकाश से नीचे धरती पर नीली-नीली-सी आभा उतर आई थी। एतियन नहर की तरफ़ चल पड़ा और किनारे-किनारे चलते हुए मारशियन की तरफ़ निकल गया। घूमने-फिरने की यह उसकी प्रिय जगह थी। करीब पाँच मील लम्बा दूबवाला यह रास्ता सीधे-सपाट जलमार्ग के साथ-साथ चलता था और ऐसे लगता था जैसे पिघली चाँदी का कोई अन्तहीन डला हो।

इस रास्ते पर कभी कोई आदमी आता-जाता दिखाई नहीं पड़ता था, लेकिन उस रात किसी को अपनी तरफ़ आते देख वह थोड़ा चकित हुआ। सितारों की फीकी रोशनी में जब तक आमना-सामना नहीं हुआ, वे एक-दूसरे को पहचान नहीं पाए।

‘अरे, तू है !’ एतियन बोला।

सूवारीन ने बिना बोले-चाले सिर हिला-भर दिया। क्षण-भर निश्चल-से खड़े देखते रहे दोनों। फिर अग़ल-बग़ल चलते हुए मारशियन की तरफ़ चल पड़े। अपनी ही उधेड़बुन में थे, जैसे दोनों के बीच मीलों का फ़ासला हो।

'अख़बार में तूने देखा, प्लूकार्ट की कामयाबी के बारे में लेख छपा है।' अन्ततः एतियन ने उससे पूछ ही लिया। 'बेलवील में उस सभा के बाद वे सड़कों पर खड़े उसका इन्तज़ार करते रहे और उसका खूब जयजयकार किया...उसने अपनी जड़ें जमा ली हैं, चाहे गला उसका साथ नहीं देता। अब तो वह जितनी दूर चाहे, जा सकता है।'

इंजिनमैन ने कन्धे उचकाए। डींग हाँकनेवाले उसे फूटी आँख नहीं सुहाते थे—पाजी कहीं के ! राजनीति में उसी तरह कदम रखते हैं, जिस तरह दूसरे लोग वकालत में जाते हैं, ताकि लच्छेदार बातें करके चाँदी काटें।

एतियन ने अब डारविन की बात छेड़ी, जिसके विचारों को यहाँ-वहाँ से उठा लिया करता था—किसी सस्ते-से संस्करण में छपा खुलासा देखा था उसने, जिसमें कोई तारतम्य नहीं था—और इन बातों को पचाए बिना उसने अपने जीवन-संघर्ष का एक क्रान्तिकारी सिद्धान्त गढ़ लिया था—दुर्बल सबल को खाता है, बलवान जनसमूह निर्जीव बूर्जुआ को निगल जाता है। लेकिन यह बात सुनते ही सूवारीन आपे से बाहर हो गया और लगा सोशलिस्टों की मूर्खता का विस्तार से बयान करने जो डारविन को—वैज्ञानिक वैषम्य के इस समर्थक को अंगीकार करते हैं जिसका प्राकृतिक चयन का सिद्धान्त केवल अभिजात वर्ग के दार्शनिकों के लिए ही उपयोगी है। मगर उसका दोस्त अपनी बात पर अड़ा रहा। वह इस सम्बन्ध में उसके साथ विचार-विमर्श करना चाहता था और अपना संशय उसने एक अनुमान के आधार पर प्रकट किया। मान लो, पुराने समाज का अन्त हो जाता है, उसके अवशेष मिट जाते हैं—तो क्या ख़तरा इस बात का नहीं होगा कि ज्यों-ज्यों नया समाज विकसित होता जाएगा, त्यों-त्यों वह धीरे-धीरे उन्हीं ज़ुल्मों का शिकार भी होता जाएगा, उसमें वैसे ही लोग पैदा होते रहेंगे जिनमें कुछ तो रोगी होंगे और कुछ उनसे हृष्ट-पुष्ट होंगे, कुछ धूर्त और चतुर भी निकलेंगे, जो सब कुछ डकारते जाएँगे तथा मन्दबुद्धि और आलसी लोग भी पैदा होंगे जो फिर से दासता के चंगुल में फँस जाएँगे ? इस अनन्त दुख-क्लेश के दर्शन की कल्पना करते हुए इंजिनमैन एकदम चीखते हुए बोला कि मनुष्य जाति के लिए यदि न्याय सम्भव नहीं है, तो ऐसी स्थिति में मानव मात्र को ही मिट जाना होगा। जब तक सड़े-गले समाज अस्तित्व में रहेंगे, तब तक जनसंहार होता रहेगा—तब तक जब तक अन्तिम मानव मिट नहीं जाता। दोनों आदमी पुनः मौन हो गए।

सूवारीन काफ़ी देर तक सिर लटकाए मुलायम दूब पर चलता रहा। अपनी ऊहापोह में इतना खोया था कि पानी के एकदम किनारे तक जा पहुँचा था, बिलकुल उसी तरह जिस तरह छत पर नींद में चलनेवाला आदमी शांतचित्त चलता जाता है। फिर बिना किसी स्पष्ट कारण के वह ऐसे काँपने-थरथराने लग गया जैसे कोई भूत-प्रेत दिखाई पड़ गया हो। उसने सिर उठाकर ऊपर देखा, तो उसके चेहरे पर मुर्दनी छाई थी। उसने एकदम श्लथ स्वर में अपने मित्र से यह बात कही :

'तेरे को बताया था न कि वह मरी कैसे ?'

'कौन ?'

'मेरी पत्नी, पीछे रूस में।'

एतियन ने यों ही सिर हिला दिया। वह चकित था ऐसे आदमी के काँपते स्वर से, इस तरह अचानक किसी पर अपना भेंट प्रकट करने की उसकी विवशता से जो इतना शान्त-गम्भीर बना रहता था, जो अपने आपसे और दूसरों से एकदम विरक्त रहता आया था। वह तो, बस, इतना ही जानता था कि यह ''पत्नी'' कोई रखैल थी और उसे रूस में फाँसी दे दी गई थी।

'हमारा मिशन फ़ेल हो गया था,' सूवारीन ने ऊँचे पेड़ों के नीलवर्णी खम्भों की कतारों के बीच बहकर जाती नहर की श्वेत धारा पर दृष्टि गड़ाए अपनी रामकहानी सुनाई।

'चौदह दिन तक हम एक सुरंग में रेल-पटरी में पलीता लगाने के लिए बैठे रहे। हुआ यह था कि शाही गाड़ी तो नहीं उड़ी, उसकी जगह एक सवारी गाड़ी के परखच्चे उड़ गए...उसके बाद उन्होंने अनुश्का को हिरासत में ले लिया। किसान स्त्री के भेस में हर रात वह हमारे लिए भोजन लेकर आया करती थी। और अनुश्का ने ही फ़्यूज़ में आग दी थी, क्योंकि कोई मरद जाता, तो वह पकड़ाई में आ जाता।...अनुश्का पर मुकदमा चला, तो छह दिन तक मैं भीड़ में छिपकर सब देखता-सुनता रहा...'

उसका गला रुँध गया और वह बुरी तरह खाँसने लगा, जैसे उसका दम घुट रहा हो।

'दो बार मैंने चिल्लाने और भीड़ को चीरकर उसके निकट जाने का जतन किया। लेकिन फ़ायदा भी क्या होता ?—एक आदमी कम होता है, तो एक जंगजू कम हो जाता है, और जब भी उसकी बड़ी-बड़ी आँखें मेरी आँखों से मिलतीं, मैं समझ जाता कि वह मुझे ऐसा करने से मना कर रही है।'

वह फिर खाँसने लगा।

'उस आख़िरी दिन मैं उस चौक में मौजूद था...पानी बरस रहा था और झड़ी में उन अनाड़ी बेवकूफ़ों को कुछ सूझ नहीं रहा था—बाकी चार लोगों को फाँसी लगाने में उन्होंने बीस मिनट लगा दिए थे—रस्सी बार-बार चटक जाती थी और चौथे को ख़त्म नहीं कर पा रहे थे...अनुश्का राह देखती खड़ी थी। वह मुझे देख नहीं पा रही थी और उसकी निगाहें भीड़ में मुझे खोजती फिरती थीं। मैं एक पत्थर के खम्भे पर चढ़ गया और तब वह मुझे देख पाई थी। हम एक-दूसरे को एकटक देखे जा रहे थे। जब वह मर गई, तब भी मुझे आँखें गड़ाए देखे जा रही थी...। इसके बाद मैं वहाँ से चला आया।'

एक बार फिर मौन छा गया। नहर की श्वेत रेखा दूर कहीं खो गई लगती थी। दोनों जने दबे पाँव चलते हुए जैसे एकदम अलग-थलग पड़ गए थे। प्रतीत होता था धुँधली जलरेखा क्षितिज में प्रकाश की क्षीण रेखा की भाँति आकाश के सीने में चुभी थी।

'यह हमें दंड मिला था,' सूवारीन ने कठोर स्वर में कहा। 'हमने आपस में प्यार करके अपराध ही किया था...हाँ, अच्छा ही हुआ कि वह मर गई—उसके रक्त से शूरवीरों

का जन्म होगा और जहाँ तक मेरा ताल्लुक है, मेरा हृदय कायरता से मुक्त है...अहा, कोई भी तो नहीं रहा, न माँ-बाप, न पत्नी, न कोई दोस्त-यार !—ऐसा कोई भी तो नहीं रहा जो उस हाथ को रोक सके जो किसी के प्राण लेने या अपने ही प्राण देने को उद्यत रहता हो !'

एतियन ठिठका। रात की सर्द हवा में उसे झुरझुरी होने लगी थी। उसने कोई तर्क नहीं दिया। बस, इतनी-सी बात कही : 'बहुत दूर निकल आए हैं। लौट चलें ?'

वे मुड़े और धीरे-धीरे ल वोरअ की दिशा में चल पड़े। कुछ कदम चलने के बाद उसने अगली बात कही : 'नए इश्तिहार देखे ?'

कम्पनी ने उसी रोज़ पीले रंग के कुछ बड़े-बड़े इश्तिहार चस्पाँ करवाए थे। उनकी शब्दावली अधिक स्पष्ट और समझौतापरक थी—कम्पनी ने आश्वासन दिया था कि जो मज़दूर अगले दिन कोयला-खान में काम करने जाएँगे, उनकी हाज़िरी की किताब वापस ले ली जाएगी। सब बातों को भुला दिया जाएगा और जुझारू से जुझारू आदमी को भी क्षमा कर दिया जाएगा।

'हाँ, देखे हैं,' इंजिनमैन ने उत्तर दिया।

'क्या समझते हो ?'

'मैं तो समझता हूँ कि किसी के कुछ हाथ-पल्ले नहीं पड़ा...पूरा रेवड़ फिर नीचे उतर जाएगा कोयला-खान में। तुम लोग सबके सब एकदम बुज़दिल हो।'

एतियन ने उत्साहपूर्वक मज़दूरों का पक्ष लिया : अकेला आदमी ललकार सकता है, लेकिन भूख से बिलबिलाती भीड़ असहाय हो जाती है।

वे ख़रामा-ख़रामा चलते हुए ल वोरअ तक आ पहुँचे थे। काला ढ़ेर-सा लगनेवाली कोयला-खान के सामने आकर उसने सौगन्ध खाते हुए यह बात कही कि अब वह कोयला-खान के भीतर काम करने के लिए कभी नहीं जाएगा, मगर जो लोग जाएँगे, उनको माफ़ कर देगा। फिर चूँकि उसके कानों तक भी यह अफ़वाह पहुँची थी कि बढ़इयों को खोल की मरम्मत करने का मौका ही नहीं मिला, इसलिए इस बाबत उसने उससे पूछताछ की। क्या यह सच है ?—क्या मिट्टी का दबाव इतना है कि शाफ़्ट के चारों ओर लगे लकड़ी के खोल के शहतीर-बल्लियाँ इतने टेढ़े हो गए हैं कि कोयला निकालनेवाला पिंजरा पन्द्रह फुट तक उसे खुरचते हुए चला गया ? सूवारीन ने फिर चुप्पी साध ली थी। थोड़ी देर बाद उसने संक्षिप्त-सा उत्तर दिया। बोला कि एक दिन पहले वह काम पर गया था, और यह सब सच है—पिंजरे ने खोल को खुरच डाला था, और उस स्थल को पार करने के लिए ऑपरेटर को पिंजरे की गति को दुगुना करना पड़ा था। मगर जब मालिकान को इस बारे में बताया गया, तो वे क्षुब्ध होकर बोले थे : हमें कोयला चाहिए। खोल को बाद में दुरुस्त करेंगे।

'मान लो, यह टूट जाता है,' एतियन ने कहा। 'एकदम तबाही मच जाएगी।'

सूवारीन की निगाहें अँधेरे में अदृश्य-सी लगनेवाली कोयला-खान पर टिकी थीं। बड़े शान्त भाव से उसने खुलासा किया : 'टूटने की बात है, तो मज़दूरों को अवश्य ही इस बात का ज्ञान होगा, क्योंकि तुम उन्हें फिर से नीचे जाने की सलाह दे रहे हो।'

मोंसू के घंटाघर से नौ बजे की टन-टन सुनाई पड़ी। एतियन ने जब कहा कि वह

सोने जा रहा है, तो सूवारीन ने उसकी तरफ़ हाथ तक नहीं बढ़ाया और कहा : 'ठीक है, अलविदा। मैं जा रहा हूँ।'

'जा रहे हो ?'

'हाँ, मैंने अपनी किताब वापस माँगी है। कहीं और जाऊँगा।'

एकदम अशान्त एवं चकित एतियन ने घूरते हुए उसकी तरफ़ देखा। क्या ! दो घंटे साथ-साथ चलने के बाद वह यह बात अब कह रहा है और वह भी इतने साधारण तरीके से ! इस तरह अलग होने की बात से ही उसका कलेजा ऐंठने लग गया था ! वे एक-दूसरे को भली-भाँति जानते-समझते थे, साथ-साथ काम करते रहे थे दोनों—यह सोचकर ही उसका दिल बैठने लगा था कि फिर कभी मुलाकात नहीं होगी।

'यहाँ से जा रहा है ? कहाँ जाएगा ?'

'कहीं भी—सच्ची, मैं ख़ुद नहीं जानता, कहाँ।'

'लेकिन मुलाकात तो होती ही रहेगी ?'

'नहीं, मेरे ख़याल से नहीं।'

दोनों मौन थे। क्षण-भर एक-दूसरे पर नज़रें टिकाए देखते रहे। किसी को कुछ सूझ नहीं रहा था।

'ठीक है, नमस्कार।'

'नमस्कार।'

एतियन तो गाँव की तरफ़ चल पड़ा और सूवारीन अकेला विपरीत दिशा में नहर के किनारे-किनारे निकल गया। सिर नीचे किए ऐसे चले जा रहा था जैसे कोई हिलती-डुलती छाया रात में चलती है। बीच-बीच में वह ठिठककर दूर से आती घंटे की टन-टन गिनने लगता। घंटे ने जब बारह बजाए, तो नहर से हटकर वह ल वोरअ की ओर चल पड़ा।

उस वेला कोयला-खान खाली थी—केवल फ़ोरमैन ही मिला उसे, जिसकी आँखें नींद से भारी हो रही थीं। जैसा कि कार्यक्रम निश्चित किया गया था, काम फिर से शुरू करने के वास्ते दो बजे से पहले बायलरों के नीचे आग नहीं जलाई जानी थी। वह गया और उसने ऐसे दिखलाया जैसे किसी आलमारी के नीचे अपनी फतूही भूल से छोड़ आया हो। उस फतूही में लिपटे थे कुछ औज़ार : हथबरमा और अनी, मज़बूत आरी, हथौड़ा और छेनी। इन्हें लेकर वह चल पड़ा। लेकिन कपड़े बदलने के ओसारे से निकलकर जाने के बजाय वह उस सँकरे गलियारे की तरफ़ बढ़ गया जो सीढ़ीदार कुएँ तक जाता था। फतूही को बग़ल में दबाए, बिना लैम्प लिये वह सावधानी से नीचे उतरा। एक-एक ज़ीना गिनते हुए वह उतरता जा रहा था। जानता था कि 1,234 फुट पर खोल के पाँचवें खंड पर पिंजरा खुरचते हुए निकला था। जब वह चौवन ज़ीने उतर आया, तो हाथ से टटोलकर देखा, जहाँ शहतीर-बल्लियाँ टेढ़ी हो गई थीं। यह वही स्थल था।

फिर वह उस कुशल कारीगर की तरह जुट गया जो भली-भाँति सोचकर आया हो कि उसे यह काम करना है। सबसे पहले उसने सीढ़ीदार कुएँ की दीवार में एक दिल्ले पर आरी चलानी शुरू की, जिससे उसके बीच और पिंजरे की शाफ़्ट के बीच विवर-सा बन गया। फिर दियासलाइयों की रोशनी में—जिन्हें वह जल्दी-जल्दी जलाता था और

जो उतनी ही जल्दी बुझ भी जाती थीं—उसने देख लिया कि खोल की हालत कैसी है और उसमें किस तरह की मरम्मत की गई है।

जब कैले और वालांसिएन के बीच जहाँ कहीं भी कोयला-खानों के भीतर जानेवाले रास्ते खोदे गए थे, तब भूमि के नीचे स्थायी रूप से संचित विशाल जलराशि को लाँघकर जाने के लिए अजीब-अजीब दिक्कतों का सामना करना पड़ा था। यह जलराशि सबसे निचली घाटियों में मिलती थी जिसका कोई ओर-छोर न था। फूटकर निकलनेवाले सोतों के पानी को रोकने का एक ही उपाय था और वह यह कि लकड़ी के 'केसिंग' बनाकर बैरलों की तरह खड़े कर दिए जाएँ। इस तरह इन झीलों के बीचोंबीच शाफ़्ट खड़ी रहती थी जिनकी अँधेरी रहस्यमयी लहरें लकड़ी के इन केसिंग यानि खोलों पर सिर मारती रहती थीं। जब ल वोरअ कोयला-खान की खुदाई की जा रही थी, तब इस तरह के दो खोल बनाना आवश्यक हो गया था—एक तो ऊपर के तल पर झड़ती रेत और खड़िया मिट्टी के बीच था, जिसमें जगह-जगह दरारें थीं और जो पानी से भरे स्पंज की तरह भरे रहते थे और चाक मिट्टी की पात की बग़ल में थे; और दूसरा खोल निचले तल पर था, यानी कोयले की परतों के ऐन ऊपर, जहाँ पीले आटे जैसी रेत मिलती थी, जो द्रव की तरह बहती रहती थी। और यहीं पर थी वह प्रचंड धारा, वह भूमिगत सागर, जो उत्तरी यूरोप की कोयला-खानों के लिए आतंक था—एक ऐसा सागर जिसमें ज्वार आता था, किश्तियाँ-जहाज़ ग़र्क होते थे, ऐसा सागर जिसके बारे में किसी को कोई जानकारी नहीं थी, जिसकी प्रकृति के बारे में कोई खोजबीन नहीं की गई थी, जिसकी काली लहरें सूर्य के प्रकाश से करीब हज़ार फुट नीचे हरहराती रहती थीं। प्रचंड दबाव के बावजूद ये खोल सामान्यतः टिके रहते थे। मगर एक ही चीज़ थी जिसका भार वे बरदाश्त नहीं कर पाते थे, और वह थी वह मिट्टी जो कोयला-खानों के परित्यक्त गलियारों में धरती के लगातार धँसते रहने से ढीली पड़ती रहती थी। जब चट्टानें गिरती थीं, तो प्रायः उनसे शिग़ाफ़ बन जाते थे जो आहिस्ता-आहिस्ता खोलों की लकड़ियों तक पहुँच जाती थीं और उन पर दबाव डालने लगती थीं जिससे वे शाफ़्ट के भीतर धँस जाती थीं। और यही खतरे का कारण बनता था—भूमि धसकने और बाढ़ आने का ख़तरा हो जाता था, जिससे कोयला-खान में मिट्टी टूटकर गिरने लगती थी और झरनों का पानी भी भरने लगता था।

सूवारीन ने आरी से जो विवर बनाया था, उस पर पैर रखकर देखा, तो खोल के पाँचवें खंड में उसे बहुत बड़ा उभार दिखाई पड़ा। लकड़ियों-तख़्तों के ढाँचे लचक गए थे और कुछेक तो स्कन्ध-स्थल से उखड़ने भी लगे थे। कई जगह जोड़ों से रिसाव हो रहा था, जिसे खान मज़दूर अपनी भाषा में 'पिशु' बोलते थे और यह रिसाव उस डामरवाले सन में पैठता जा रहा था जिससे दरजों-दरारों को भरा जाता था। चूँकि इतना समय नहीं था, सो बढ़इयों ने मात्र एंगलायरन डाल दिए थे—और वह भी इतनी लापरवाही से कि सारे पेंच भी नहीं लगाए थे। सो, स्पष्ट था कि खोलों के पीछे बहती प्रचंड धारा के साथ रेत खिसकती रही थी।

सूवारीन ने हथबरमे से एंगलायरन के पेंच इस तरह ढीले कर दिए कि एक झटके से वे निकल सकते थे। यह पागलपन का और हिमाकत का काम था और ऐसा करते

हुए बीस बार वह लुढ़कते-लुढ़कते बचा था, नहीं तो करीब छह सौ फुट नीचे जा गिरता। जिन लकड़ी के गाइड पर पिंजरे आते-जाते थे, उन्हें मज़बूती से थामे रखकर वह अधर में लटक गया और उन आड़े शहतीरों के सहारे आगे बढ़ा जो थोड़े-थोड़े फ़ासले पर लगे थे—कभी सरक-सरककर चलता, कभी बैठ जाता, कभी झुककर सहारा लेता या कभी घुटने के बल या कोहनी के सहारे टेक लगा लेता और ऐसा करते हुए जैसे मौत को भी धता बता रहा था। यदि हलका-सा झोंका भी आता, तो कलाबाज़ियाँ खाते हुए नीचे गिरने का अन्देशा था। यहाँ भी तीन बार वह गिरते-गिरते बचा, लेकिन ज़रा भी डर नहीं लगा उसे। पहले वह टटोलकर देख लेता, फिर काम में जुट जाता। दियासलाई का तभी प्रयोग करता, जब चिपचिपी लकड़ियों पर रास्ता न मिलता। पेचों को ढीला करने के बाद यह तख़्तों पर जुट गया। यह पहले से भी अधिक जोखिम का काम था। वह उस तख़्ते तक जाना चाहता था जिसके सहारे सारा ढाँचा खड़ा था। उसमें छेद करके उसने आरी से उसे चीरा। ऐसा करने से वह ढीला पड़ गया। इस दौरान छेदों से और दरारों-दरजों से निकलती पतली-पतली जल-धाराओं से उसकी आँखें मुँदने लगी थीं और बर्फीली बौछारों से वह एकदम सराबोर हो गया था। दो माचिसें वह ख़त्म कर चुका था। फिर जो बची थीं, वे भीग गई थीं और एकदम अँधेरा हो गया था—अन्धकार का अगाध गर्त।

इस क्षण के उपरान्त यह उन्मत-सा हो उठा। किसी अपरिचित-अज्ञात का निःश्वास उसे मदोन्मत्त किए दे रहा था। वर्षा से आक्रान्त इस विवर का संत्रास उसे ध्वंस की ओर लिए जा रहा था। वह खोल पर अन्धाधुंध प्रहार करता रहा। जहाँ भी चोट मार सकता था, मारता। कभी हथबरमा चलाता। कभी आरी चलाता। उसकी आँतों को वहीं खींच निकालने को वह तत्पर था, चाहे वे उसके सिर पर ही क्यों न आ गिरतीं। यह सब वह बड़ी उग्रता से कर रहा था, मानो किसी ऐसे जीवित प्राणी की आँतों में छुरा घुमा रहा हो जिससे वह अपार घृणा करता हो। अन्ततः वह ल वोरअ की, इस दुष्टात्मा की हत्या करके ही रहेगा जिसके इतने बड़े उदर में इतना मनुष्य-मांस जा चुका था ! जब वह बिना रुके-थमे हाथ लम्बे करके औज़ार चलाता, या ऐसा करने के लिए रेंगता या ऊपर चढ़ता या नीचे उतरता, तो उसके औज़ार बजने लगते। यह कोई चमत्कार ही था कि वह गिरा नहीं। लगता था, वह रात को विचरनेवाला कोई पक्षी था, जो गिरजे के घंटाघर की कड़ियों के बीच उड़ता फिर रहा हो।

अब उसे अपने आपसे खीज होने लगी। लेकिन फिर शान्त भी हो गया। क्या यह सारा काम एकदम तटस्थ भाव से नहीं किया जा सकता ? फिर साँस लेने के लिए रुका और सीढ़ीदार कुएँ में लौट आया और उस विवर को बन्द करने के वास्ते उसने वही टुकड़ा फिर उस जगह जड़ दिया जिसको उसने आरी से काटा था। बस, इतना ही काफ़ी है—नहीं चाहता था कि तोड़-फोड़ इतनी नुमायाँ हो जाए कि शक का सबब बने और तत्काल मरम्मत करवाना ज़रूरी हो जाए। पशु के पेट में घाव था—अब यह देखना बाकी था कि रात तक वह ज़िन्दा भी रहता है या नहीं; और वह अपना निशान पीछे छोड़े जा रहा है—और भयभीत दुनिया समझ जाएगी कि वह स्वाभाविक मौत नहीं मरा। उसने बड़े इत्मीनान और करीने से अपने औज़ारों को फतूही में लपेटा। फिर धीरे-धीरे सीढ़ी

चढ़ना शुरू किया। यह तो उसके ज़ेहन में ही नहीं आया कि कोयला-खान से निकलने के बाद अपने कपड़े बदल ले, ताकि कोई उसे देख न ले। तीन बज रहे थे। आकर वह सड़क पर खड़ा हो गया और देखता रहा।

ऐन उस बेला एतियन सो नहीं पा रहा था। एकाएक सोने के कमरे के घुप्प अँधेरे में हलकी-सी आहट से वह चौंक गया। बच्चों की हलकी-हलकी साँसें और बोनमोर्त और ला माहूद के खर्राटों की आवाज़ सुनाई पड़ रही थी। उसके साथ पड़े यांलैं की साँस इस तरह चल रही थी, मानो बाँसुरी बज रही हो। पहले तो उसे लगा कि सपना देख रहा है। मगर सोने का मन बना ही रहा था कि एक बार फिर आहट हुई। ऐसे लगता था जैसे गद्दा सरसरा रहा हो, जैसे कोई बिस्तर से चुपके से निकल रहा हो। एकाएक उसे ख़याल आया कि कहीं कैथरीन की तबियत तो नासाज़ नहीं।

'तुम हो ? क्या बात है ?' उसने फुसफुसाकर पूछा।

कोई जवाब नहीं। दूसरों के खर्राटों की आवाज़ ही सुनाई पड़ती रही। पाँच मिनट तक कोई हिल-डुला नहीं। लेकिन एक बार फिर सरसराहट-सी हुई और इस बार उसे यकीन हो गया कि आहट हुई है। वह उठ खड़ा हुआ और हाथों से टटोलते हुए कमरा लाँघकर दूसरी शैया की तरफ़ चला गया। यह देखकर उसे हैरानी हुई कि कैथरीन साँस रोके एकदम चौकस-सी बैठी थी।

'जवाब क्यों नहीं दिया ? क्या कर रही है ?'

अन्ततः वह बोली : 'उठ रही हूँ।'

'इस वक्त ?'

'हाँ, वापस काम पर जा रही हूँ।'

एकदम स्तंभित-सा वह बिस्तर के किनारे बैठ गया। कैथरीन दलीलें देने लगी। बोली कि वह इस तरह बैठी-ठाली रह नहीं सकती—नहीं चाहती कि लोग हमेशा नफ़रत की निगाहों से उसे घूरते रहें—इससे तो बेहतर यह है कि कोयला-खान में काम करने चली जाए, चाहे शावाल की मार ही क्यों न झेलनी पड़े, और अगर माँ वह पैसा नहीं लेगी जो वह घर लेकर आएगी, तो ठीक है, वह इतनी बड़ी तो अब हो ही गई है कि अकेली रहकर गुज़र-बसर कर सकती है।

'अब जा यहाँ से। कपड़े पहनने हैं मुझे। तू कुछ नहीं कहेगा न, क्यों ? कोई बखेड़ा तो नहीं खड़ा करेगा न ?'

मगर वह वहीं बैठा रहा। फिर बाँह से उसने कैथरीन को समेटा और दुख-दया के वशीभूत अपने साथ सटा लिया। रात के कपड़ों में वे उस बिस्तर पर सटे बैठे थे जिसमें से अभी तक गर्माइश नहीं गई थी और एक-दूसरे की निर्वस्त्र देह की लहक-दहक महसूस करते रहे। पहले तो कैथरीन ने अलग होने का प्रयत्न किया। फिर वह फफक पड़ी। उसके गले में बाहें डाल मायूसी से उसके साथ चिपक गई। बिना किसी कामना के वे अपनी उस अभागी प्रीति की दुनिया में डूबने-उतराने लगे जिसमें वे अंजाम तक नहीं पहुँच पाए थे। क्या हमेशा के लिए वह प्यार ख़त्म हो गया ?—क्या अब वह दिन नहीं आएगा जब एक-दूसरे से वे प्यार-मुहब्बत कर सकेंगे, जबकि अब मुक्त हो गए हैं ? वे थोड़ा सुख प्राप्त कर सकते थे यदि लोक-लाज, भय-संकोच को परे रख देते,

जिसके कारण उनका मिलाप नहीं हो पाया था, क्योंकि कुछ ऐसी बातें थीं जिनकी उन्हें भी समझ नहीं थी।

'जा, अपने बिस्तर पर जा,' वह धीरे-धीरे बोल रही थी। 'मोमबत्ती नहीं जलाऊँगी। रोशनी से माँ जाग जाएगी...वक्त हो गया, मुझे जाने दे।'

उसने जैसे सुना ही नहीं। घोर निराशा के वशीभूत उसके साथ एकदम चिपककर बैठा था। अत्यधिक विषाद से उसका हृदय भर आया था। शान्ति की चाहना से अभिभूत हो एक दुर्दमनीय आकांक्षा जाग उठी थी उसके भीतर सुखी जीवन व्यतीत करने की, और कल्पना कर रहा था कि वह विवाहित है, एक छोटे-से, साफ़-सुथरे घर में रहता है, उसे किसी चीज़ की ज़रूरत नहीं है, सिवाय इसके कि दोनों एक साथ जिएँ, एक साथ मरें। मात्र रोटी ही पर्याप्त होगी उसके लिए, और यदि एक जने के लिए ही पर्याप्त होगी, तो वह कैथरीन के लिए होगी। इससे अच्छी बात और क्या हो सकती है ? जीने के लिए और चाहिए भी क्या ?

मगर वह अपनी बाँहों के बन्धन खोल रही थी।

'मुझे जाने दो।'

उसने आवेगपूर्ण स्वर में उसके कान में यह बात कही : 'रुक, मैं भी तेरे साथ चलता हूँ।'

और वह अपनी इस बात से स्वयं ही हैरान रह गया। उसने सौगन्ध खाई थी कि कोयला-खान में कभी नहीं जाएगा—फिर यह कैसे हुआ कि एक क्षण सोचे-समझे बिना ही उसके मुँह से यह बात निकल गई ? वह एकदम स्थिर चित्त हो गया, मन में कोई शक-शुबह न रहा और अपने इस निश्चय पर उस आदमी की तरह अटल रहा जो भाग्यवश बच गया हो, जिसे अपनी यातना से त्राण पाने का कोई रास्ता सूझ गया हो। कैथरीन को यह समझते देर नहीं लगी कि यह शख़्स उसके लिए अपनी कुर्बानी देने को तत्पर है। उसके भीतर यह भय समा गया कि जब यह आदमी कोयला-खान में जाएगा, तो लोग किस तरह इसकी खिल्ली उड़ाएँगे। सो, भयभीत होकर उसने दुहाई देकर उसे रोकना चाहा, तो एतियन ने कान नहीं धरा। सारी बात हँसी में उड़ा दी। बोला कि इश्तिहारों में सबको माफ़ कर देने की बात कही गई है और इतना ही काफ़ी है।

'मैं काम करना चाहता हूँ...यह मैंने खुद सोच-समझकर फ़ैसला किया है...चल, कपड़े बदल, देख कोई खड़कार नहीं होना चाहिए।'

पूरी सावधानी बरतते हुए इन्होंने अँधेरे में ही कपड़े बदले। रात को ही कैथरीन ने चोरी-छुपे काम पर जानेवाले कपड़े तैयार करके रख लिए थे। एतियन ने आलमारी में से फतूही और पतलून निकाली। किसी ने मुँह-हाथ तक नहीं धोया। कहीं चिलमची से खड़कार न हो। सभी सो रहे थे, लेकिन इन्हें उस सँकरे गलियारे से होकर निकलना था जिसमें माँ सो रही थी। वे निकलकर जा ही रहे थे कि एतियन बदकिस्मती से एक कुर्सी से टकरा गए। ला माहूद जाग गई और नींद की खुमारी में अचकचाकर बोली :

'कौन है ?'

कैथरीन साँस रोके खड़ी थी। एकदम काँपने लगी और एतियन के हाथ को कसकर पकड़ लिया उसने।

'कोई नहीं, मैं हूँ,' वह बोला। 'भीतर दम घुटता है—ताज़ी हवा के लिए थोड़ी देर बाहर जा रहा हूँ।'

'अच्छा।'

और ला माहूद फिर नींद में डूब गई। कैथरीन हिलने-डुलने तक से डर रही थी, मगर अन्ततः नीचे उतर गई। मोंसू की एक महिला ने उसे जो रोटी दी थी, उसकी स्लाइस के दो टुकड़े किए। फिर उन्होंने आहिस्ता-से दरवाज़ा बन्द किया और निकल गए।

सूवारीन लाचंताज़ के निकट सड़क के मोड़ पर खड़ा था। आधेक घंटे से वह खान मज़दूरों को कोयला-खान के भीतर जाते हुए देख रहा था—धुँधली-धुँधली-सी परछाइयाँ थीं, जो इस तरह भारी कदमों से चली जा रही थीं जिस तरह कोई रेवड़ चलता है। उन्हें वह गिनता भी उसी तरह जा रहा था, जिस तरह कसाई बूचड़खाने की तरफ़ जानेवाले पशुओं की गिनती करता है, और यह देखकर उसे बड़ा अचरज हुआ कि इतनी बड़ी संख्या में लोग काम करने जा रहे हैं। जब वह निराशा की स्थिति में इस तरह डूब-उतरा रहा था, तब भी उसने कल्पना तक नहीं की थी कि कायरों की संख्या इतनी बड़ी हो सकती है। कतार बढ़ती जा रही थी और सूवारीन सर्दी में ठिठुरते हुए, दाँत भींचे, आँखें खोले मुस्तैदी से खड़ा देखता रहा।

फिर एकाएक चौंका। हालाँकि वह अपने निकट से गुज़रकर जानेवाले चेहरों को पहचान नहीं पा रहा था, फिर भी एक आदमी को उसने चाल-ढाल से ही पहचान लिया। सड़क के बीचोंबीच आकर उसने उसे रोका : 'कहाँ जा रहा है ?'

एतियन हतप्रभ रह गया। जवाब देने की जगह हकलाया : 'अरे ! तू अभी गया नहीं ?'

और उसने कबूल किया कि वह कोयला-खान में वापस जा रहा है। हाँ, उसने ज़रूर यह कसम खाई थी कि वह नहीं जाएगा, लेकिन ज़िन्दगी जीने का यह कोई ढंग नहीं है कि बस हाथ पर हाथ धरे यहाँ-वहाँ खड़े किसी बात का इन्तज़ार करते रहो, जो शायद कहीं सौ साल बाद जाकर परवान चढ़ेगी। और फिर उसने यह भी कबूल किया कि वह कुछ निजी कारणों से ऐसा कर रहा है।

सूवारीन ने लरज़ते हुए उसकी बात सुनी। अब उसने एतियन को कन्धे से पकड़ा और वापस गाँव की तरफ़ धकेला।

'घर जा, सुन लिया ? मैं कह रहा हूँ, घर जा !'

मगर कैथरीन आ गई थी। उसे भी उसने पहचान लिया। एतियन तकरार कर रहा था और कहता था कि वह क्या करता है, इसका फ़ैसला किसी को करने का कोई हक नहीं है। इंजिनमैन ने लड़की से निगाह हटाकर अपने दोस्त पर डाली; फिर एकाएक यह जतलाते हुए पीछे हट गया कि वह हथियार डाल रहा है। जब एक आदमी ने एक स्त्री को अपने दिल में जगह दे दी है, तो उसे सब मिल गया, और अब उसका मरना ही बेहतर होगा। सम्भवतः मास्को में अपनी प्रेमिका के फाँसी पर लटकाए जाने का दृश्य एकाएक उसकी आँखों के सामने कौंध गया था—उसकी देह की अन्तिम आसक्ति का बन्धन टूट चुका था, और अब वह अपने जीवन का और दूसरों के जीवन का निपटारा

करने को स्वतंत्र था। बस, इतनी-सी बात कही उसने : 'तो जा।'

एतियन उद्विग्न-सा वहीं ठिठका रहा। चाहता था कि कोई ऐसा अनुकूल शब्द कहे, ताकि वे इस असमंजस की स्थिति में जुदा न हों।

'तू अब भी जाएगा, क्यों ?'

'हाँ।'

'तो मेरे यार, आ हाथ तो मिला। तेरी यात्रा मंगलमय हो, मन में ऐसी-वैसी कोई बात न रखना।'

सूवारीन ने ठंडा हाथ उसकी तरफ़ बढ़ाया। न दोस्त रहा, न पत्नी रही।

'तो ठीक है, अबके हमेशा के लिए अलविदा !'

'हाँ, अलविदा।'

और सूवारीन अन्धकार में निश्चल-सा खड़ा एतियन और कैथरीन को ल वोरअ में प्रवेश करते हुए देखता रहा।

3

मज़दूरों ने चार बजे कोयला-खान के नीचे जाना शुरू किया। दांसायर स्वयं लैम्परूम में चैकर के दफ़्तर में बैठकर काम पर आनेवाले एक-एक मज़दूर का नाम दर्ज कर रहा था और इसके साथ यह भी सुनिश्चित करता जा रहा था कि हरेक मज़दूर को लैम्प भी दिया जा रहा है। जैसा कि इश्तिहारों में वादा किया गया था, वह हाज़िर होनेवाले सभी लोगों को बिना किसी टीका-टिप्पणी के लेता जा रहा था, लेकिन खिड़की पर खड़े एतियन और कैथरीन पर नज़र पड़ते ही पहले तो चौंका, फिर एकदम लाल-पीला हो गया और उन्हें न आने देने के लिए कुछ बोलने ही वाला था, कि फिर वितृष्णा से हँसते हुए यह कहकर उसने सन्तोष कर लिया : ठीक है, ठीक है, महापुरुष के ग़रूर ने आख़िर शिकस्त तो खाई। कम्पनी में कोई दम है, तभी तो मोंसू का इतना बड़ा हिमायती रोज़ी-रोटी के लिए रेंगते हुए चला आ रहा है ! एतियन कुछ बोला नहीं। बस, लैम्प उठाकर कैथरीन के साथ कोयला-खान में उतरनेवाले रास्ते की तरफ़ बढ़ गया।

मगर कैथरीन को असली डर इस बात का था कि उतरने की पैड़ीवाले कमरे में लोग उसका उपहास करेंगे और गालियाँ भी बकेंगे। संयोग ऐसा हुआ कि ज्यों ही वे भीतर आए, कैथरीन को बीसेक मज़दूरों के बीच शावाल दिखाई पड़ गया, जो खाली पिंजरे की इन्तज़ार में खड़ा था। एकदम उबल नहीं पड़ा। उसकी तरफ़ लपकने को उद्यत हो ही रहा था कि एतियन को देखते ही एकदम सकपका गया। उसे और नहीं सूझा, तो लगा खिल्ली उड़ाने और नाटकीय ढंग से कन्धे उचकाने। ठीक है, अगर यह दूसरा आदमी किसी और के ग़िलाज़त-भरे पलँगपोश पर लुढ़ने-लेटने को तत्पर है, तो उसकी बला से ! समझो, पिंड छूटा ! अगर किसी आदमी को जूठन ही पसन्द है, तो कोई कर भी क्या सकता है ! मगर इस तिरस्कार के पीछे उसका मत्सर ही बोल रहा था, और आँखों में शोले भड़क उठे थे। वहाँ जितने भी लोग थे, उनमें से कोई हिला-डुला तक

नहीं। बस, नज़रें झुकाए कनखियों से दोनों की तरफ़ देखते और फिर उदास हताश-से शाफ़्ट के विवर की तरफ़ नज़रें फेर लेते। हाथों में लैम्प पकड़े पतली फतूहियों में वे सर्द झोंकों से ठिठुरते खड़े थे जो इतने विशाल कमरे को लगातार झकझोड़ रहे थे।

आख़िर, पिंजरा अड़ानियों पर आकर रुका और उन्हें प्रवेश करने की इजाज़त मिली। एतियन और कैथरीन उस छकड़े में ठुँसकर खड़े हो गए जिसमें पहले से ही पियरों और कोयले की कटाई करनेवाले दो मज़दूर मौजूद थे। साथवाले दूसरे छकड़े में शावाल खूब ऊँचा-ऊँचा बोलते हुए बूढ़े मूक से कह रहा था कि मालिकान ने सख़्त ग़लती की जो मौके का फ़ायदा नहीं उठाया और गन्दगी फैलानेवाले कमीने लोगों से पिंड नहीं छुड़ा लिया। मगर बूढ़े साईस ने अपने कुकुर जैसे जीवन को अपनी नियति मानकर समझौता-सा कर लिया था और अपने बच्चों की मौत को लेकर उसका सारा रोष भी तिरोहित हो चुका था। सो, मित्रवत मुस्करा-भर दिया।

पिंजरा चल पड़ा और अँधेरे में वे तेज़ी से उतरते गए। सब ख़ामोश थे। लेकिन अभी दो-तिहाई रास्ता ही तय कर पाए थे कि एकाएक ज़बरदस्त रगड़ की आवाज़ सुनाई पड़ी—जैसे, लोहा झनझनाया हो, और आदमी लुढ़क-पुढ़क गए।

'अरे, यह क्या !' एतियन खीझकर बोल पड़ा। 'हमें भींच डालना चाहते हैं क्या ? यह जो इनका सड़ा-गला खोल है न, वह हम सब लोगों को ले डूबेगा। और इस पर तुर्रा यह कि कहते हैं, मरम्मत करके दुरुस्त करवा दिया है !'

लेकिन पिंजरा इस बाधा को पार कर गया था। अब वह इतनी तेज़ बौछारों के नीचे आ गया था कि पानी के भयंकर वेग को देख मज़दूर एकदम व्यग्र हो उठे। क्या खोल के जोड़ों की दरजों में इतनी दरारें पड़ गई हैं ?

पियरों कई दिनों से काम पर आ रहा था। उन्होंने इसके बारे में उससे दरियाफ़्त किया, मगर वह यह स्वीकार करने को तैयार नहीं था कि वह भी भयभीत है। सोचता था, कहीं ऐसा न हो कि यह समझ लिया जाए कि वह मालिकान के ख़िलाफ़ बोल रहा है। सो, कहता है : 'अजी ! चिन्ता की कोई बात नहीं ! हमेशा ऐसा ही होता है। शायद दरारों को पाटने का मौका नहीं मिला उन्हें।'

बौछारों की मार पड़ रही थी। ये लोग कोयला-खान के पेंदे में अन्तिम पाड़ पर पहुँचे, तो लगा जैसे समुद्र में उठनेवाले सचमुच के भयंकर जलस्तम्भ की ज़द में आ गए हों। किसी भी फ़ोरमैन को यह बात नहीं सूझी थी कि ज़ीनों पर चढ़कर सारी स्थिति का जायज़ा ले—शायद यह सोचकर कि पम्पवाले लोग ही यह काम करेंगे और दरजों की भराई करनेवाले रात को आएँगे, तो सारी जाँच-पड़ताल कर लेंगे। मज़दूर गलियारों में काम शुरू करने की तैयारी कर रहे थे। कोयले की कटाई करनेवालों को काम शुरू करने का हुक्म देने से पहले इंजीनियर ने यह फ़ैसला किया कि वे पाँच दिन तक ज़रूरी मरम्मत, रख-रखाव वग़ैरह का ही काम करेंगे। यहाँ-वहाँ धरती धसक जाने का डर भी था और आने-जानेवाले रास्ते इतने ज़्यादा ख़राब हो चुके थे कि लगातार सौ गज़ के फ़ासले तक शहतीरों-बल्लियों को सुदृढ़ करना ज़रूरी हो गया था। कोयला-खान के पेंदे में एक फ़ोरमैन के अधीन दस-दस आदमियों की टोलियाँ बनाई जा रही थीं और इन टोलियों ने उन जगहों का काम सँभाल लिया था जिन जगहों पर अत्यधिक क्षति हुई

थी। जब सब लोग नीचे आ गए, तो गिनती से पता चला कि कुल 322 मज़दूर काम पर लौटे हैं—यानी कि कोयला-खान में जिन दिनों ज़ोर-शोर से काम होता था, उससे आधी संख्या।

कैथरीन और एतियन को जिस टोली में शामिल किया गया था, उसमें शावाल आख़िरी आदमी था। और यह कोई संयोग नहीं था, क्योंकि पहले तो वह कुछ आदमियों के पीछे छिपकर खड़ा हो गया था और तभी निकलकर आया था जब फ़ोरमैन के पास और कोई चारा न था। इस टोली को करीब दो मील की दूरी पर उत्तरी गलियारे के आख़िर में उस जगह को साफ़ करने के लिए भेजा गया जहाँ ज़मीन धसकने से 'अठारह-इंची' कोयले की सेम का रास्ता रुका पड़ा था। जाते ही इन्होंने गेंतियों और फावड़ों से चट्टान को तोड़ना शुरू किया। एतियन, शावाल और पाँच दूसरे मज़दूर रास्ता साफ़ करते जा रहे थे और कैथरीन और दो छोकरे मलबा उठा-उठाकर ढलान पर से लुढ़काते जा रहे थे। कोई किसी से बात तक नहीं कर पा रहा था, क्योंकि फ़ोरमैन उनके सिर पर खड़ा था। इसके बावजूद ऐसा दिखाई पड़ता था कि कैथरीन के दोनों प्रेमी एक-दूसरे पर पिल पड़ने को खुजला रहे हैं। हालाँकि शावाल बड़बड़ा रहा था कि इस कुलटा से उसे कोई लेना-देना नहीं है, मगर पुराना आशिक जो था। सो, उसके निकट मँडराता रहा। आँख बचाकर उसके साथ धींगा-धींगी करने को भी आमादा हो जाता। मगर जब नया प्रेमी यह कहकर उसे धमकाता कि यदि कैथरीन के साथ उसने किसी किस्म की छेड़खानी की, तो मार-मारकर लाल-नीला कर देगा, तब कहीं जाकर वह बाज़ आता। उसके बाद खड़े-खड़े वे एक-दूसरे को घूरने लगते और लोग बीच-बचाव करके उन्हें अलग करते।

करीब आठ बजे दांसायर जायज़ा लेने के लिए आया। उसका पारा सातवें आसमान पर था। आते ही लगा फ़ोरमैन को झिड़कने : कोई काम भी तो सही ढंग से नहीं हो रहा। चलते-चलते वह दिखाता जा रहा था कि कहाँ-कहाँ नई बल्लियाँ लगानी पड़ेंगी—एकदम बंटाधार हो गया है ! और यह कहकर वह चलता बना कि इंजीनियर को लेकर अभी आता है। सवेरे से वह नेगरेल की राह देख रहा था और समझ नहीं पा रहा था कि आने में उसे विलम्ब क्यों हुआ।

एक और घंटा बीता। फ़ोरमैन ने सफ़ाई का काम रुकवाकर सबको छत में टेक लगाने के काम पर लगा दिया। यहाँ तक कि कैथरीन और दोनों छोकरे भी मलबा उठाने का काम छोड़कर शहतीर-बल्लियाँ उठाकर लाने में लग गए। कोयला-खान के अन्तिम छोर पर बने इस गलियारे के आख़िरी सिरे पर सीमा-चौकी जैसी यह जगह थी, जिस पर तैनात इस टोली का दूसरी टोलियों के साथ कोई सम्पर्क नहीं था। तीन-चार बार विचित्र-सी आवाज़ें सुन ये लोग मुड़-मुड़कर देखने लग गए थे। लगता था, जैसे दौड़-भाग मची हो : ये कैसी आवाज़ें हैं ?—ऐसे प्रतीत होता था, जैसे रास्ते खाली होते जा रहे हों, जैसे उनके कामरेड ऊपर जा रहे हों और भगदड़ मची हो। मगर आवाज़ें धीरे-धीरे गुम हो जाती थीं और ये लोग फिर से शहतीरों को जड़ने के काम में लग जाते। हथौड़ों के भारी आघात से थोड़ा व्याकुल भी हो उठे थे। अन्ततः इन्होंने मलबा हटाने का काम फिर शुरू किया और ठेले भी चलने लगे।

मगर पहला फेरा लगाने के बाद ही कैथरीन आतंकित होकर दौड़ी-दौड़ी आई। बोली कि ढलान पर तो कोई नहीं है।

'मैंने पुकारा था, लेकिन किसी ने जवाब नहीं दिया। सब निकल गए हैं।'

यह सुनते ही इन्हें ऐसी दहशत हुई कि दसों आदमियों ने अपने-अपने औज़ार वहीं फेंके और भाग खड़े हुए। यह सोचते ही त्रस्त हो गए थे कि वे यहाँ छूट गए हैं, खान के पेंदे में अकेले रह गए हैं और ढुलाई की चौकी से भी इतनी दूर हैं। बस, अपना-अपना लैम्प हाथों में लिये वे एक के पीछे एक, लम्बी कतार में भाग रहे थे—आगे-आगे आदमी थे, उनके पीछे छोकरे थे और उनके पीछे कैथरीन; यहाँ गलियारों का कोई ओर-छोर न था। उन्हें देख वह और भयभीत हो उठा था। माजरा क्या है ? सब लोग कहाँ चले गए ? ऐसी क्या कोई दुर्घटना हुई कि सबके सब ग़ायब हो गए ? चूँकि इन्हें कुछ मालूम नहीं था कि कैसा ख़तरा है, कैसी विपदा इनके सिर पर मँडरा रही है, इसलिए वे और भी त्रस्त हो उठे थे।

अब जब वे ढुलाईवाली चौकी के निकट पहुँचे, तो सैलाब के कारण आगे जाने का रास्ता बन्द मिला। देखते ही देखते इनके घुटने-घुटने पानी चढ़ आया। अब दौड़ भी नहीं सकते थे। सो, डर के मारे पानी को हेलकर आगे बढ़े। अब इन्हें यह चिन्ता हुई कि एक मिनट की भी देरी हुई, तो मौत के मुँह में चले जाएँगे।

'अरे, खम्भा टूट गया है !' एतियन ने चिल्लाकर कहा। 'मैं कहता न था, हम सब लोगों की यहीं नीचे मौत होगी !'

जबसे मज़दूर नीचे उतरे थे, पियरों यह देखकर व्याकुल होने लगा था कि कोयला-खान के इस रास्ते पर पानी तेज़ी से बढ़ता आ रहा है। जिस वक्त वह तथा दो दूसरे मज़दूर छकड़े भरने में लगे थे, वह उचक-उचककर देख लेता था। चेहरा भी मोटी-मोटी बूँदों से सराबोर हो जाता था और ऊपर कहीं होनेवाली तूफ़ान की-सी गड़गड़ाहट गूँजती सुनाई पड़ती थी। लेकिन उसे दहशत तब हुई, जब उसने यह लक्ष्य किया कि नीचेवाली तीस फुट गहरी हौदी भरती जा रही है। पानी तख़्तों-फट्टों पर लपलपा रहा था और लोहे के फ़र्श पर फैलने लगा था—यह इस बात का संकेत था कि रिसकर आनेवाले पानी को पम्प निकाल नहीं पा रहा है। पम्प के हाँफने की आवाज भी सुनाई पड़ रही थी, जो थका-थका-सा साँस ले रहा था। यह देख उसने तत्काल दांसायर को सावधान भी कर दिया था। मगर वह बकते-झकते हुए बोला था कि इंजीनियर को आने दो। दो बार उसने फिर उसे आगाह किया था, मगर क्षुब्ध होकर कन्धे उचकाने के सिवा उसने कोई जवाब नहीं दिया था। पानी बढ़ता जा रहा था—अब वह कर भी क्या सकता था ?

तभी मूक बाताई के साथ आता दिखाई पड़ा, जो घोड़े को काम पर लगाने के लिए ला रहा था। घोड़े को दोनों हाथों से थाम रखा था उसने, क्योंकि उनींदा-सा बूढ़ा घोड़ा अचानक बिदक रहा था और शाफ़्ट की तरफ़ गर्दन लम्बी करके भयभीत होकर ज़ोर-ज़ोर से हिनहिनाने लगता था।

'बूढ़े बादशाह ! क्या बात है ?—क्या तकलीफ़ है आपको ?...अच्छा-अच्छा, बारिश के कारण ? मगर बारिश से आपका क्या लेना-देना ?'

मगर घोड़े की सारी देह काँप रही थी और मूक उसे ज़बरदस्ती खींचते हुए ले जा रहा था।

मूक और बाताई ज्यों ही गलियारे के सिरे पर ओझल हुए, त्यों ही ऊपर कहीं चटकने की-सी आवाज़ हुई और फिर किसी चीज़ के गिरने का शोर देर तक गूँजता रहा। खोल का एक हिस्सा टूट गया था, जो करीब छह सौ फुट नीचे जाते हुए शाफ़्ट से टकराता जा रहा था। पियरों और ढुलाई करनेवाले दूसरे मज़दूर रास्ते से हट गए थे और नीचे जो खाली छकड़ा खड़ा था, वह ओक के तख़्ते गिरने से कुचल गया था। इसके साथ ही ऐसे बौछार पड़ी, जैसे कोई बाँध टूटने से पानी का रेला आया हो। दांसायर ऊपर जाकर जाँच-पड़ताल करना चाहता था। मगर अभी वह बात कर ही रहा था कि एक और टुकड़ा भयंकर वेग से गिरा। आसन्न विपदा देख उसके तो छक्के ही छूट गए और वह इस बुरी तरह से डर गया कि उसने कोताही नहीं की और तत्काल सबको निकल जाने का हुक्म दिया और फ़ोरमैन को भी रवाना कर दिया कि जाकर सब चौकियों में काम करनेवाले लोगों को सावधान करे।

हड़बड़ी में सब भाग रहे थे। प्रत्येक गलियारे से मज़दूरों के रेले के रेले चले आ रहे थे और सब एक साथ पिंजरे में घुसना चाहते थे। सबसे पहले ऊपर जाने की मारा-मारी में वे एक-दूसरे को रौंद डालने में भी गुरेज़ नहीं कर रहे थे। कुछ मज़दूरों ने सीढ़ीदार कुएँ से भाग निकलने का जतन किया, मगर फिर चिल्लाते हुए नीचे उतर आए कि वह रास्ता तो बन्द पड़ा है। जब एक पिंजरा ऊपर उठता, तो नीचे रह जानेवाले मज़दूर तड़फड़ाने लगते : वह तो निकल गया, लेकिन कौन जानता है कि अगला पिंजरा शाफ़्ट को अवरुद्ध करनेवाली बाधा को पार कर भी पाएगा या नहीं। ऊपर टूट-फूट अब भी हो रही होगी, क्योंकि विस्फोटों की दबी-घुटी आवाज़ें रह-रहकर सुनाई पड़ रही थीं—गिरते पानी की गड़गड़ाहट लगातार बढ़ती जा रही थी और इस गड़गड़ाहट के बीच लकड़ी टूटने और कड़कने-चटकने की आवाज़ें भी सुनाई पड़ती थीं। एक पिंजरा तो देखते ही देखते बिगड़ गया। बार-बार टकराने से इस तरह टेढ़ा-मेढ़ा हो गया था कि रेलों पर चल ही नहीं पा रहा था, जो सम्भवतः टूट चुकी थीं। दूसरा पिंजरा इस कदर रगड़ खाते हुए चल रहा था कि लगता था कि केबल ही तोड़ डालेगा। और अभी करीब सौ आदमियों को ऊपर जाना था। सबके सब अधीर होकर छटपटा रहे थे। किसी तरह सब्र किए हुए थे—लहूलुहान, कमर-कमर तक पानी में मौत के साए में साँस लेते हुए। जब तख़्ते गिरे थे, तो दो मज़दूर तो वहीं ढेर हो गए थे। तीसरा मज़दूर पिंजरे के नीचे लटक गया था, मगर उसका हाथ छूट गया और वह करीब डेढ़ सौ फुट नीचे उस हौदी में गिरकर अदृश्य हो गया था।

इस सबके बावजूद दांसायर स्थिति पर नियंत्रण रखने की हर सम्भव कोशिश कर रहा था। हाथ में गेंती लिये वह धमका रहा था कि जो कोई उसके आदेशों का उल्लंघन करेगा, उसका वह सिर फोड़कर रख देगा। सबको कतार में खड़ा करना चाहता था और चिल्ला-चिल्लाकर कह रहा था कि ढुलाई करनेवाले मज़दूर सबसे बाद में जाएँगे, जब बाकी सब लोग जा चुकेंगे। लेकिन कोई भी सुनने को तैयार नहीं था—पियरों को उसने पकड़ रखा था, क्योंकि भय से उसका चेहरा एकदम पीला पड़ गया था और वह इस

फ़िराक में था कि किसी तरह सबसे पहले निकले। जब भी पिंजरा उठता, दनलां पियरों को घूँसों-मुक्कों से खदेड़कर हटाता। मगर भय के मारे उसके अपने दाँत बजबजा रहे थे—एक मिनट में धरती उसे निगल लेगी। ऊपर हर चीज़ बैठती जा रही थी—पानी ऐसे बहकर आ रहा था, जैसे बाढ़ आई नदी टूट पड़ी हो। इसके साथ ही जानलेवा बल्लियों-शहतीरों-तख़्तों की वर्षा-सी हो रही थी। कुछ मज़दूर अब भी गलियारों में से भागते हुए जा रहे थे। यह देख दांसायर इतना डरा कि उसने आव देखा न ताव, कूदकर एक छकड़े में सवार हो गया और पियरों को भी अपने साथ ले गया। पिंजरा ऊपर उठा।

ऐन उसी वक्त वह टोली ढुलाई की पैड़ी पर पहुँची जिसमें एतियन और शावाल शामिल थे। इन्होंने पिंजरे को ऊपर जाते हुए देखा, तो उसकी तरफ़ भागे। लेकिन ऐन उसी वक्त खोल का आख़िरी हिस्सा नीचे गिरा, तो ये लोग झट पीछे हट गए : शाफ़्ट अवरुद्ध हो गई थी और पिंजरा अब नीचे नहीं आ पाएगा। कैथरीन सिसकियाँ भर रही थी और शावाल था कि इतनी गालियाँ बक रहा था कि उसका गला ही रुँध गया था। वहाँ बीसेक जन थे—क्या ये ग़लीज़ किस्म के लोग इस तरह इन्हें मँझधार में छोड़ जाएँगे ? बूढ़ा मूक घोड़े को धीरे-धीरे वापस लिवा लाया था और उसे लगाम से थामे हुए था। दोनों—बूढ़ा मूक और बाताई—द्रुत वेग से आती बाढ़ को स्तंभित-से खड़े देख रहे थे। पानी उनकी जंघाओं तक आ गया था। एतियन के दाँत कटकटाने लगे थे। उसने चुपचाप कैथरीन को उठाकर गोद में ले लिया। बीस के बीस आदमी ऊपर की तरफ़ देखते हुए हाय-तौबा मचा रहे थे, बीस के बीस आदमी मूर्खों की तरह लगातार शाफ़्ट पर—उस विवर पर टकटकी लगाए खड़े थे जिसमें से नदी निकल रही थी और जहाँ से अब कोई मदद नहीं मिल सकती थी।

ऊपर, दांसायर पिंजरे से निकल ही रहा था कि क्या देखता है कि नेगरेल दौड़ा आ रहा है। दुर्भाग्य की बात कि सुबह जब वह बिस्तर में से निकल ही रहा था कि मदाम हेनबो ने उसे रोक लिया था। बोली थी कि ज़रा दुल्हन के उपहारों की सूची तो देख लो। तब दस बज रहे थे।

'माजरा क्या है ?' उसने दूर से चिल्लाते हुए पूछा।

'कोयला-खान तबाह हो गई,' चीफ़ फ़ोरमैन ने जवाब दिया।

और हकलाते-हकलाते उसने सारे संकट के बारे में बताया। इंजीनियर को विश्वास नहीं हुआ और खड़ा कन्धे उचकाता रहा : जाने दे, खोल इस तरह बैठ नहीं जाता ! क्यों बात का बतंगड़ बना रहा है ? चल, चलकर देखते हैं।

'नीचे अब कोई आदमी तो नहीं है, क्यों ?'

दांसायर को कुछ सूझ नहीं रहा था। नहीं, कोई नहीं है। कम-से-कम वह तो यही समझता है कि नीचे एक भी आदमी नहीं है। फिर भी, हो सकता है, कुछ आदमी पीछे छूट गए हों।

'अरे !' नेगरेल चिल्लाया। 'कमबख़्त, तू फिर ऊपर क्यों आया ? अपने आदमियों को इस तरह मँझधार में छोड़कर आते हैं !'

उसने खड़े-खड़े हुक्म दिया कि लैम्पों की गिनती करो। सवेरे 320 लैम्प जारी किए

गए थे, और अब 255 का हिसाब था। लेकिन कई मज़दूरों ने स्वीकार किया कि वे अपने लैम्प नीचे ही छोड़ आए हैं; भगदड़ के कारण वहीं गिर पड़े। इन्होंने हाज़िरी लगाने की कोशिश की, लेकिन पूरी गिनती कर पाना असम्भव था : कुछ मज़दूर तो चले गए थे, और कुछेक को अपने नाम सुनाई नहीं पड़े। कोई निश्चय से बता नहीं पा रहा था कि कितने मज़दूर लापता हैं। बीस भी हो सकते हैं, चालीस भी हो सकते हैं। इंजीनियर, बस, एक बात भली-भाँति जानता था : नीचे खान में कुछ आदमी छूट गए हैं। जब शाफ़्ट के मुहाने पर झुककर देखने की कोशिश करते, तो पानी की तेज़ रफ़्तार और गिरते तख़्तों-शहतीरों के शोर-शराबे के बीच उनके चीखने-चिल्लाने के स्वर भी सुनाई पड़ते थे।

नेगरेल ने पहले तो मोंस्यो हेनबो को सन्देशा भिजवाया, फिर कोयला-खान के इलाके में आने-जाने की मनाही कर दी। मगर तब तक काफ़ी देर हो चुकी थी—जो खान मज़दूर टूटते-फटते खोल के शोर-शराबे से डरकर ग्राम 240 की तरफ़ भागे थे, उन्होंने हूल-पुकार मचाकर परिवारों को आगाह कर दिया था; और औरतों के, बूढ़ों के, बच्चों के झुंड के झुंड चीखते-चिल्लाते हुए, सुबकते हुए टीले से उतर-उतरकर आ रहे थे। उन्हें खदेड़कर पीछे हटाना पड़ा। सुपरवाइज़रों को यह आदेश दिया गया कि किसी को भी नज़दीक न फटकने दिया जाए, ताकि बचाव के काम में कोई अड़चन पैदा न हो। नीचे से जो लोग बचकर आए थे, उनमें से कई वहाँ मौजूद थे और जिस भयावह विवर में से बड़ी मुश्किल से जान बचाकर निकले थे, उसमें पता नहीं कैसी ख़ौफ़नाक कशिश थी कि वहीं स्तम्भित-से खड़े देखे जा रहे थे—यहाँ तक कि कपड़े बदलने की भी सुध-बुध नहीं थी उन्हें। औरतें बावली हुई जा रही थीं और उन्हें घेरकर खड़ी थीं, उनसे हाथ जोड़-जोड़कर आदमियों के नाम पूछती थीं। क्या फलाँ-फलाँ आदमी नीचे है ?—फलाँ-फलाँ ?—और फलाँ-फलाँ ? वे हकलाते हुए कहते—हमें कुछ मालूम नहीं। काँप-काँप जाते थे—कभी बावलों की तरह सिर मार देते या हाथ हिला देते, मानो अपनी आँखों के आगे किसी भयावह साए को झटक देना चाहते हों। भीड़ बढ़ती जा रही थी। सड़कों पर से विलपने के स्वर उभर रहे थे। और कचरे की टेकरी के ऊपर बूढ़े बोनमोर्त की मड़ैया में एक आदमी ज़मीन पर बैठा था—वह और कोई नहीं, सूवारीन था, जो अभी गया नहीं था और सारी स्थिति का जायज़ा ले रहा था।

'नाम बताओ ! नाम बताओ उनके !' आँसुओं से भीगे स्वरों में औरतें विलप रही थीं।

नेगरेल कुछ क्षणों के लिए प्रकट हुआ और संक्षिप्त-सा उत्तर दिया उसने।

'ज्यों ही उनके नाम हमें मालूम होंगे, हम बता देंगे। लेकिन उम्मीद है, सबको बचा लिया जाएगा...मैं नीचे खान में जा रहा हूँ।'

भीतर ही भीतर घुटती हुई भीड़ प्रतीक्षा में खड़ी देखती रही। नेगरेल ने जैसा कहा था, वैसा ही किया। हिम्मत से काम लेते हुए शान्तिपूर्वक वह नीचे जाने की तैयारी करने लगा। उसने पिंजरे को केबल से हटाने और उसकी जगह डोल बाँधने का आदेश दिया। वह यह भी जानता था कि पानी से लैम्प भीग जाएगा, सो उसने एक और लैम्प डोल के नीचे बँधवाया, जहाँ वह सुरक्षित रह सकता था।

फ़ोरमैन भयभीत थे। ज़र्द चेहरों पर मुर्दनी छाई थी और वे डरते-काँपते हुए सारी तैयारी में जुटे थे।

'दांसायर, तू मेरे साथ नीचे चलेगा,' नेगरेल ने कठोर स्वर में आदेश दिया।

लेकिन जब उसने देखा कि सभी डरे हुए हैं, जब लक्ष्य किया कि चीफ़ फ़ोरमैन ऐसे लड़खड़ा रहा है, जैसे उसका दम निकला जा रहा हो, तो उसने इशारे से उसे एक तरफ़ हट जाने को कहा।

'न, सोचता हूँ, तुम लोग बाधा उत्पन्न करोगे...बेहतर है, अकेला ही जाऊँ।'

वह सँकरे डोल में बैठ गया, जो केबल के साथ झूल रहा था। उसके एक हाथ में लैम्प था, और दूसरे हाथ में उसने सिग्नल वाली डोरी पकड़ रखी थी। इंजिनमैन को उसने हुक्म दिया : 'चलो !'

इंजिन ने ड्रम को घुमाना शुरू किया और नेगरेल उस अगाध गर्त में उतर गया जिसमें से उन अभागों की चीख-पुकार अब भी सुनाई पड़ रही थी।

ऊपर का हिस्सा पुख़्ता था। उसने यह भी देख लिया कि खोल का ऊपरवाला खंड अच्छी हालत में है। शाफ़्ट के मध्य झूलते हुए उसने दीवारों पर रोशनी डाली : दरजों में इतने ज़्यादा शिग़ाफ़ नहीं थे कि लैम्प परेशान करता। लेकिन जब वह हज़ार फुट नीचे खोल के अधोभाग में पहुँचा, तो पानी की तेज़ धार से डोल भर गया और, जैसा कि पहले से वह जानता था कि ऐसा होगा, लैम्प भी बुझ गया। वहाँ से आगे वह नीचे लटकते लैम्प की रोशनी की मदद से उतरता गया, जो उसके आगे-आगे अँधेरे में रास्ता दिखा रहा था। इतनी हिम्मत से नीचे उतरकर आने के बावजूद सारी विभीषिका को अपनी आँखों से देख वह काँप उठा और चेहरे पर हवाइयाँ उड़ने लगीं। तख़्तों के कुछ ही हिस्से बचे थे और जो तख़्ते अभी खड़े रह गए थे, वे और उनके पुश्ते, सारे के सारे टूटने को थे। उनके पीछे बड़े-बड़े गड्ढे-से बन गए थे और उनमें से ढेरों आटे जैसी पीली महीन रेत निकलकर आ रही थी : इसके साथ ही उस वेगवती नदी का जल (वह ऐसा भूमिगत सागर था, जिसमें रहस्यमय तूफ़ान आते थे और किश्तियाँ- जहाज़ डूब जाते थे) इस प्रचंडता के साथ बह रहा था, मानो किसी सँकरे जलद्वार से निकलकर आ रहा हो। वह और नीचे उतरा और उत्तरोत्तर चौड़े होते जा रहे खालीपन में खो गया और झरनों से फूटते पानी के ज़बरदस्त थपेड़ों में फिरकी की तरह घूमने-डोलने लगा। उसके नीचे लटकते लैम्प के लाल सितारे जैसा प्रकाश इतना मद्धम था कि नीचे की खिसकती-हिलती परछाइयाँ ऐसे लगती थीं, जैसे किसी नष्ट हो गई पुरातन नगरी के गलियाँ-चौक हों। ऐसी जगह आदमी जितना भी प्रयत्न करे, उसका कोई उद्यम सफल नहीं हो सकता। वह तो फँसे लोगों को बचाकर लाने की उम्मीद लेकर आया था। जितना अधिक नीचे उतरता जा रहा था, उतनी ही ऊँची चीख-पुकार सुनाई पड़ने लगी थी। एक जगह उसे रुकना पड़ा, क्योंकि आगे बाधा आ गई थी : पिंजरे के गाइड से उखड़े फट्टे और कुएँ से उखड़े तख़्ते—इन सबने मिलकर पम्प को सहारा देनेवाली लकड़ियों के साथ गुलझट्टी-सी डालकर रास्ता रोक रखा था। वह विषण्ण-सा देख ही रहा था कि चीख-पुकार अचानक थम गई। सम्भवतः द्रुतवेग से बढ़ते पानी के कारण वे लोग गलियारों में भाग गए थे—या ऐसा भी हो

सकता है कि पानी ने हमेशा के लिए उनके मुँह बन्द कर दिए हों।

नेगरेल को विवश होकर हार माननी पड़ी। उसने डोल को ऊपर उठाने का संकेत किया। लेकिन फिर रुकने को कहा। वह इस शशोपंज में पड़ गया था कि अचानक यह दुर्घटना हो कैसे गई। कारण उसकी समझ में नहीं आ रहा था। वह सारे मामले की तह में जाना चाहता था। उसने खोल के उन हिस्सों पर नज़र डाली जो अब भी अपनी जगह पर स्थिर थे। दूर से ही यह देखकर चौंका कि लकड़ी पर जगह-जगह चोटें और खरोंचे-सी लगी हैं। पानी की बौछारों से उसका दूसरा लैम्प भी टिमटिमाने लगा था। लकड़ी को उसने उँगलियों से छूकर देखा; झट समझ गया कि ये खरोंचें और चोटें बरमा और आरी चलने से बनी हैं—ज़रूर ही किसी शैतान की करतूत है, जिसकी मंशा तबाही मचाने की थी। स्पष्ट था कि इस महाविपदा के पीछे कोई साज़िश थी। वह मुँह बाए देख ही रहा था कि बाकी सारा काठ और उनको सहारा देनेवाले शहतीर-तख़्ते वगैरह भड़भड़ा कर गिरे और वह उनकी ज़द में आते-आते बचा। उसका हौंसला पस्त हो गया। जिस भी आदमी की यह करतूत थी, उसके बारे में सोचते-सोचते उसके रौंगटे खड़े हो गए, और पाप के प्रति अपनी धर्मभीरुता ने उसे सुन्न करके रख दिया, मानो वह आदमी हकीकत में इस वक्त भी अपने जघन्य पाप का दंड भोगने के लिए आस-पास ही कहीं अँधेरे में मँडरा रहा होगा। वह एकदम चिल्ला पड़ा। सिग्नल की डोरी को उसने ज़ोर-ज़ोर से झटकाया—क्योंकि अभी-अभी उसने देखा था कि करीब तीन सौ फुट के फ़ासले पर खोल का ऊपरवाला हिस्सा डोलने लगा था—और फिर दरजों-दरारों में से पानी की धाराएँ फूट निकली थीं। बस, कुछ ही घंटों की बात थी; बचा-खुचा खोल भी टूटकर गिरेगा और सारी शाफ़्ट बैठ जाएगी।

ऊपर मोंस्यो हेनबो व्यग्रता से नेगरेल की राह देखता खड़ा था।

'बता, क्या हुआ ?'

लेकिन इंजीनियर के गले से आवाज़ नहीं निकल रही थी। लगता था, अब बेहोश हुआ अब कि हुआ।

'ऐसा हो नहीं सकता। पहले ऐसी घटना कभी नहीं घटी...सारा जायज़ा लिया तूने ?'

नेगरेल ने उसकी तरफ़ इस तरह कनखियों से देखते हुए हामी भरी, जैसे उसे सावधान कर रहा हो। बहुत-से फ़ोरमैन वहाँ मौजूद थे। उनके सामने उसने कुछ बताना उचित नहीं समझा। सो, मामा को वह कोई तीस हाथ परे ले गया, लेकिन महसूस किया कि थोड़ा और परे जाना चाहिए। सो, उसे थोड़ा और आगे ले गया और वहाँ जाकर भी उसने फुसफुसाते हुए सारी बात बताई कि यह तोड़-फोड़ की साज़िश है और यह भी बताया कि किस तरह आरी और बरमे से कटे तख़्ते-शहतीर देखकर आया है। फिर बोला कि कोयला-खान का गला कट गया है और वह अन्तिम घड़ियाँ गिन रही है। मैनेजर के चेहरे पर हवाइयाँ उड़ने लगीं। सहज ही इस वहशी कर्म और भयंकर अपराध की विकरालता पर चुप्पी का पर्दा डालने की ख़ातिर उसने भी अपना स्वर धीमा कर लिया। मोंसू के दस हज़ार मज़दूरों के सामने क्या फ़ायदा मन का भय प्रकट करने का—यह बाद में भी देख लेंगे। दोनों जन फुसफुसाते हुए बातचीत करते रहे।

यह सोच-सोचकर हक्के-बक्के रह गए थे कि किसी ने नीचे जाने, अधर में लटकने और बीसगुनी जोखिम उठाते हुए यह पैशाचिक कृत्य करने की हिम्मत जुटाई थी। समझ नहीं पा रहे थे कि इसी तरह विनाश करने के लिए शैतान का जिगरा कैसे हुआ, और जिस तरह जेल की सौ फुट ऊँची खिड़कियों से फ़रार होनेवाले कैदियों के किस्सों पर विश्वास कोई नहीं करता, उसी तरह सारे सबूत मिलने के बावजूद इन्हें भी यकीन नहीं हो रहा था।

जब मोंस्यो हेनबो लौटकर फ़ोरमैन के पास आया, तो इतना उत्तेजित था कि उसका चेहरा ऐंठ रहा था। एकदम निराश-हताश होकर उसने हुक्म जारी किया कि कोयला-खान के सारे इलाके को तत्काल ख़ाली करवाया जाए। शोक और विषाद में डूबे लोग चुपचाप हटने लगे। चलते-चलते मुड़-मुड़कर कनखियों से उस ईंट की विशाल इमारत को देखते जाते थे जो खाली तो हो गई थी, मगर अभी तक सिर उठाए खड़ी थी और अब कोई ताकत ऐसी नहीं थी जो इसे बचा सके।

मैनेजर और इंजीनियर सबसे आख़िर में पैड़ीवाले कमरे से निकले, तो भीड़ चिल्ला-चिल्लाकर दुहाई देने लगी : 'नाम बताओ ! नाम बताओ ! हमें नाम बताओ !'

स्त्रियों में अब ला माहूद भी आकर खड़ी हो गई थी। उसके ज़हन में वे आवाज़ें गूँज रहीं थी जो रात को सुनाई पड़ी थीं। उसकी बेटी और एतियन दोनों इकट्ठे निकलकर गए थे और दोनों इस वक्त कोयला-खान में होंगे। पहले तो वह चिल्ला-चिल्लाकर बोलती रही कि उनका यही इलाज था, कोयला-खान के भीतर मरने के ही काबिल थे, हृदयहीन कायर कहीं के, और दौड़ी-दौड़ी आई थी और अब सबसे आगे खड़ी सिहर-सिहर जाती थी। उसके मन में अब कोई शंका नहीं थी; उसके आस-पास जो नाम लिये जा रहे थे, उनसे बहुत कुछ प्रकट हो गया था। हाँ, कैथरीन भी नीचे थी, और एतियन भी गया था; एक आदमी ने उन्हें देखा था। लेकिन दूसरे आदमियों के बारे में निश्चय से कोई कुछ बता नहीं पा रहा था। नहीं, फलाँ-फलाँ नहीं, लेकिन फलाँ-फलाँ तो होगा, और हो सकता है शावाल भी हो। मगर कोयला-खान में काम करनेवाले छोकरे ने विश्वासपूर्वक कहा कि वह उसके साथ ऊपर आ गया था। ला लवाक और ला पियरोन का कोई स्वजन ख़तरे में नहीं था, इसके बावजूद दूसरों की तरह वे भी हंगामा करते हुए, चीखते-चिल्लाते हुए विलाप कर रही थीं। जो लोग सबसे पहले निकलकर आए थे, उनमें ज़कारी भी था, और हालाँकि उसे कोई गति नहीं व्यापती थी, फिर भी, इस वक्त पत्नी और माँ से लिपटकर रोए जा रहा था। माँ के साथ खड़ा वह भी उसकी तरह ही सिहर-काँप रहा था और अप्रत्याशित रूप से उसके हृदय में अपनी बहन के लिए दर्द और सहानुभूति जाग उठी थी। वह तब तक यह बात मानने को तैयार नहीं था कि उसकी बहन नीचे खान में है, जब तक कि आधिकारिक रूप से कम्पनी के लोग इसकी पुष्टि नहीं कर देते।

'नाम बताओ ! नाम बताओ ! मेहरबानी करके नाम बताओ उनके।'

नेगरेल के छक्के ही छूट रहे थे। वह ऊँचे स्वर में सुपरवाइज़रों से बोल रहा था :

'इन्हें चुप रहने को बोलो ! इनकी चीख-चिल्लाहट किसी की जान भी ले सकती है। हमें किसी नाम की जानकारी नहीं है।'

तब तक दो घंटे बीत चुके थे। ये लोग इतने घबरा गए थे कि किसी को दूसरी शाफ़्ट यानी पुरानी रकैयार शाफ़्ट की सुध लेने की बात तक सूझी नहीं थी। मोंस्यो हेनबो इस शाफ़्ट के लोगों को बचाने के उपायों की घोषणा करने जा ही रहा था कि तभी यह ख़बर आई कि पाँच मज़दूर पुराने बेकार पड़े सीढ़ीदार कुएँ के सड़े-गले ज़ीनों के रास्ते बाढ़ के पानी से निकलकर आ गए हैं। जब बूढ़े मूक का नाम लिया गया, तो लोगों को बड़ा ताज्जुब हुआ, क्योंकि किसी को भी मालूम नहीं था कि वह कोयला-खान के नीचे मौजूद था। मगर बचकर निकलकर आनेवाले मज़दूरों की व्यथा-कथा ने लोगों को रुलाकर रख दिया : पन्द्रह कामरेड उनके पीछे आने से रह गए हैं, ज़मीन धसकने से वहीं फँस गए हैं और उन्हें बचाना असम्भव है, क्योंकि रकैयार में अभी से तीस फुट से ज़्यादा पानी भर चुका है। इन लोगों के नाम सभी जानते थे और चारों तरफ़ आहत लोगों का हाहाकर सुनाई पड़ रहा था।

'इनके मुँह बन्द करवाओ !' नेगरेल एक बार फिर आवेश के स्वर में बोला। 'और इन्हें पीछे हटाओ ! ठीक है, सौ गज़ पीछे ! यहाँ ख़तरा है। इन्हें पीछे धकेल दो पीछे !'

इन सारे बदकिस्मत लोगों के साथ इन्हें ज़ोर-ज़बरदस्ती से पेश आना पड़ रहा था। वे इस बात से व्याकुल थे कि कहीं कोई और आफत न आ जाए—इन्हें इसलिए खदेड़ा जा रहा था, ताकि जो मौतें हुई हैं, उन पर पर्दा पड़ा रहे—और फ़ोरमैन को यह बात बतानी पड़ी कि यह शाफ़्ट सारी कोयला-खान के इलाके को लील जाएगी। यह सुनते ही उन्हें लकवा मार गया और वे एक-एक कदम पीछे हटते चले गए। मगर उन्हें नियंत्रण में रखने के लिए आदमियों की संख्या दुगुनी करनी पड़ी। तो भी, वे अवश-से फिर आगे आ जाते, जैसे कोई चीज़ इन्हें इधर खींच रही हो। सड़क पर करीब एक हज़ार लोग धक्का-मुक्की कर रहे थे, जो न केवल गाँवों से, बल्कि मोंसू से भी दौड़े आए थे। और कचरे की टेकरी पर भूरे-भूरे-से बालों और छोकरियों जैसी शक्ल-सूरतवाला आदमी सिगरेट पर सिगरेट फूँके जा रहा था। एक क्षण के लिए भी उसने अपनी धुँधली दृष्टि से कोयला-खान को ओझल नहीं होने दिया।

सब बिटर-बिटर देखते खड़े थे। दोपहर हो आई थी, और हालाँकि किसी ने भी कुछ खाया-पिया नहीं था, फिर भी कोई वहाँ से टला नहीं। रतुआरे-से बादल धुँधले-धूसर आकाश में मटरगशती-सी करते डोल रहे थे। रासनर के बाड़े के पीछे से एक बड़ा कुत्ता भीड़ की गरमाहट-भरी गन्ध से उत्तेजित होकर लगातार भौंके जा रहा था। भीड़ धीरे-धीरे निकट के मैदान में फैल गई थी और करीब सौ गज़ के फ़ासले पर लोग कोयला-खान को घेरे खड़े थे। उस विशाल रिक्त स्थान के केन्द्र में खड़ी थी ल वोरअ। न कोई जीवित प्राणी था वहाँ, न कोई ध्वनि सुनाई पड़ती थी—रेगिस्तान ही रेगिस्तान था; खुली खिड़कियों और दरवाज़ों से भीतर का खालीपन उजागर हो रहा था। कोई भूली-भटकी पिंगलवर्णी बिल्ली इस वीरानी के संकट को भाँप सीढ़ी से कूदी और अदृश्य हो गई; बायलर की आग स्पष्टतया अभी-अभी बुझने को थी, क्योंकि ईंट की ऊँची चिमनी में से हलका-हलका धुँआ काले-मैले बादलों की तरफ़ उठ रहा था, और इस बीच हेडफ्रेम पर बैठा हवा का रुख बतानेवाला मुर्ग़ा झंकारते

हुए घर्रा रहा था—जो कि उन विशाल इमारतों की एकमात्र उदास कूक थी जो मरने को अभिशप्त थीं।

दो बजे तक स्थिति में कोई बदलाव दिखाई नहीं पड़ा। तत्काल दौड़कर आनेवाले मोंस्यो हेनबो, नेगरेल और कुछ इंजीनियर—फ्राक-कोट और काले टोपोंवाले इन लोगों की टोली भीड़ के सामने खड़ी थी। ये लोग वहीं डटे थे। एकदम थककर चूर, उत्तेजित और विह्वल थे, क्योंकि इतनी बड़ी विपदा से निपटने में अपने-आपको असमर्थ पाकर बेजार हो चुके थे। कभी-कभार फुसफुसाते हुए एक-दूसरे से बात ज़रूर कर लेते थे, ऐसे जैसे किसी मरणासन्न व्यक्ति की शैया के निकट खड़े हों। ऊपर का खोल पूरी तरह टूटने के कगार पर था। एकाएक ढहने की धमाकेदार और कड़कड़ाती लम्बी आवाज़ सुनाई पड़ी और फिर गहरी ख़ामोशी छा गई। घाव अभी फैल रहा था : पहले तो धरती नीचे धसकी थी, अब वह ऊपर से भी बैठने लगी थी। नेगरेल एकदम व्याकुल-व्यग्र हो उठा था। उसने सारी स्थिति का फिर से जायज़ा लेने की ठानी और उस भयावह खोखल की तरफ़ लपकने ही वाला था कि दूसरे लोगों ने दौड़कर उसे कन्धों से दबोच लिया। क्या फायदा ?—वह कुछ भी तो नहीं कर पाएगा। लेकिन एक पुराना मज़दूर घेरा तोड़कर कपड़े बदली करनेवाले ओसारे की तरफ़ भागा, मगर फिर बड़े इत्मीनान के साथ लौट आया—वह तो अपने साबो लेने गया था।

तीन बज गए। तब भी कुछ नहीं हुआ। पानी बरसने से लोग भीग रहे थे, लेकिन कोई वहाँ से एक इंच भी पीछे नहीं हटा। रासनर का कुत्ता फिर भौंकने लगा था। तीन बजकर बीस मिनट पर पहला झटका आया और ज़मीन हिल गई। ल वोरअ काँप उठी। पुख़्ता थी और मुस्तैदी से खड़ी थी। मगर पहले झटके के तत्काल बाद दूसरा झटका आया और मुँह बाए खड़े लोगों के कंठों से चीखें निकल गईं : अलकतरे की छतवाले जिस ओसरे में कोयले की छँटाई हुआ करती थी, वह दो बार डगमगाया और भयंकर धड़ाके के साथ धराशायी हो गया। बोझ इतना अधिक था कि उसके भार से ढाँचे की कड़ियाँ जब टूट-टूटकर आपस में टकराईं, तो चिंगारियाँ निकलने लगीं। तब भी धरती हिल रही थी। धरती के भीतर ज़मीन बैठी, तो एक के बाद एक झटका आया; जैसे ज्वालामुखी फटने से गड़गड़ाहट हो रही हो। दूर खड़े कुत्ते का भौंकना तो बंद हो गया था, मगर दर्द के मारे उसका चीखना बन्द नहीं हुआ, मानो उन झटकों की सूचना दे रहा हो जिनके आने की पहले से भनक पड़ गई थी उसे। जब भी वहाँ खड़ी औरतों और बच्चों के, सारी भीड़ के पैरों तले ज़मीन काँपती, वे चीत्कार करने लग जाते। दस मिनटों के भीतर ही हेडफ्रेम की स्लेट की छत भी बैठ गई और पैड़ीवाले कमरे में और इंजिनवाले कमरे में दरारें पड़ गईं। फिर शोर थम गया, ज़मीन का धसकना भी रुक गया और एक बार फिर गहरा सन्नाटा छा गया।

इस लुंज-पुंज हालत में ल वोरअ करीब एक घंटे तक खड़ी रही। लगता था जैसे किसी बर्बर सेना ने इसे गोलों का निशाना बनाया हो। कहीं कोई रोना-धोना सुनाई नहीं पड़ता था। देखनेवाले लोगों की फैलती भीड़ मुँह बाए खड़ी थी। कोयले की छँटाईवाले ओसारे की कड़ियों के अम्बार के नीचे चकनाचूर टिलटर और टूटे-मुड़े हॉपर पड़े थे।

मगर जहाँ कभी पैड़ी थी, उसमें मलबे के ढेर लगते जा रहे थे—धराशायी दीवारों के मलबे पर ईंटें अब भी बरस रही थीं। लोहे के जिन पाड़ों पर गड़ारियाँ लगी थीं, वे टेढ़े होकर नीचे झुकते-झुकते शाफ़्ट के भीतर चले गए थे। एक पिंजरा अब भी लटक रहा था और केबल का टूटा सिरा उससे झूल रहा था। ठेले, लोहे के फ़र्श और सीढ़ियाँ-ज़ीने, सब गड्डमड्ड हो गए थे। संयोग से लैम्परूम अछूता रह गया था, और बाईं ओर बजते छोटे-छोटे लैम्पों की कतारें दिखाई पड़ रही थीं। ध्वस्त कमरों के पीछे ईंट की बनी नींव पर इंजिन मज़बूती से खड़ा था : उसके ताँबे के अंश चमचम करते चमक रहे थे, और स्टील के कल-पुर्ज़े कभी नष्ट न होनेवाली मांस-पेशियों की तरह लगते थे। हवा में उठी लम्बी कनेक्टिंग रॉड को देखकर लगता था, जैसे वहाँ पौढ़े किसी आत्मविश्वासपूर्ण दैत्य का बलि घुटना हो।

इस विराम की घड़ी के उपरान्त मोंस्यो हेनबो को थोड़ी आशा बँधी। धरती को जितना खिसकना था, अब खिसक चुकी—सोचता था कि इंजिन और इमारत के जो हिस्से रह गए हैं, उन्हें सम्भवतः बचा लिया जाएगा। इसके बावजूद, उसने किसी को कोयला-खान के निकट फटकने नहीं दिया। यही उचित समझता था कि अभी आध घंटे तक कोई कार्रवाई न की जाए। मगर यह प्रतीक्षा असह्य होने लगी थी, क्योंकि आशा ने अन्देशा और अधिक बढ़ा दिया था, और सबके दिल धुक-धुक कर रहे थे। एक काला बादल आया था और क्षितिज में फैल गया था, जिससे साँझ थोड़ा जल्दी उतर आई थी—यानी धरती के नीचे झंझावात आने से जो विध्वंस हुआ था, उस पर अशुभ सूर्यास्त होने जा रहा था। ये लोग सात घंटों से वहाँ खड़े थे, कोई हिला-डुला तक न था, और न किसी ने अन्न-जल ग्रहण किया था।

तभी, इंजीनियर फूँक-फूँककर आगे जाने को तत्पर हो ही रहे थे कि एकाएक धरती आख़िरी बार हिली और सब लोग सिर पर पैर रखकर भागे। धरती के नीचे विस्फोट हो रहे थे—मानो कोई विकराल तोपखाना अगाध गर्त में गोले बरसा रहा हो। ऊपर जो इमारतें बच गई थीं, वे लरज़ती हुई धराशायी होने लगीं। पहले भँवर-सा आया और कोयला छाँटनेवाले ओसारे को और पैड़ी को लील गया। उसके बाद बायलर हाउस में दरारें पड़ीं और देखते-देखते वह भी अदृश्य हो गया। फिर जिस वर्गाकार मीनार में पानी निकालनेवाला पम्प हाँफ रहा था, वह मुँह के बल गिरा—ऐसे जैसे तोप के गोले से कोई आदमी कटकर गिरता है। इसके बाद यह भयानक दृश्य उपस्थित हुआ—ईंट के चबूतरे पर बैठा इंजिन अपने अंग पसार जैसे मौत से लड़ने को तत्पर था। पहले वह हिला-लड़खड़ाया, फिर उसने विशाल घुटने जैसी अपनी कनेक्टिंग रॉड उठाई, मानो उठकर खड़ा होना चाहता हो, लेकिन उसकी तो मौत आई थी—वह टुकड़े-टुकड़े होकर मटियामेट हो गया। केवल सौ फुट ऊँची चिमनी अभी खड़ी थी, जो तूफ़ान में फँसे जहाज़ के मस्तूल की तरह झूल रही थी। इन लोगों ने समझ लिया कि यह भी टूटकर धूल में मिल जाएगी। मगर अचानक ऐसा हुआ कि पूरी की पूरी चिमनी एकदम डूब गई, जैसे धरती ने उसे अपने गर्भ में समेट लिया हो, जैसे विशाल मोमबत्ती पिघल गई हो; कहने को उसका एक इंच हिस्सा भी धरती के ऊपर दिखाई नहीं पड़ता था—यहाँ तक कि उसकी तड़ित-संवाहक छड़ भी दिखाई नहीं पड़ रही थी।

सब ख़त्म हो चुका था; अपनी कन्दरा में बैठकर मनुष्य मांस का भक्षण करनेवाला पशु अब हाँफ नहीं रहा था। देखते ही देखते ल वोरअ का ज़र्रा-ज़र्रा अगाध गर्त में समा गया था।

भीड़ चीखती-चिल्लाती हुई खिंड गई थी। कुछ स्त्रियों ने भागते हुए अपनी आँखों को ढाँप लिया था। यह विभीषिका मरदों को ऐसे बुहारकर ले गई थी, जैसे सूखे पत्तों के ढेर हों। वे चिल्लाना नहीं चाहते थे। इसके बावजूद जो विशाल विवर बन गया था, उसे देखकर वे चीखने लग गए थे। कंठ भर्रा गए थे। बाहें फटकारते हुए भागे जा रहे थे। इस बुझे ज्वालामुखी का पचास फुट गहरा और कम-से-कम एक सौ तीस फुट चौड़ा गह्वर सड़क से नहर तक बन गया था। इमारतों के ग़ायब होने के बाद कोयला-खान का सारा अहाता भी बैठ गया था : भीमकाय पाड़, पैदल पुल और उनके जंगले, ठेलों की पूरी कतार, पटरी पर चलनेवाले छकड़े, ये सब तो गए ही, लकड़ी का कोई हिसाब नहीं था—कटे शहतीरों का जंगल का जंगल तिनकों की नाईं नीचे धँस गया था। इस गह्वर के पेंदे में कड़ियों का, ईंटों का, लोहे का, पलस्तर का, मात्र घालमेल ही दिखाई पड़ता था—ऐसा मलबे का ढेर, जिसे देखकर दहशत हो, जिसे इस महाविपदा ने राख में मिलाकर रख दिया था। और यह गर्त चौड़ा ही होता जा रहा था और खेतों तक जा पहुँचा था। एक शिग़ाफ़ तो रासनर के घर तक चला गया था, जिससे उसके मकान के मोहरे में दरार पड़ गई थी। तो क्या गाँव भी इस गर्त में ग़र्क हो जाएगा ? लोग इस भयंकर झुटपुटे में त्राण पाने के लिए इस धूसर आकाश के नीचे कहाँ तक भागेंगे, जो सारे ब्रह्मांड को नष्ट कर डालने को तत्पर था ?

नेगरेल छटपटाते हुए चिल्ला रहा था। मोंस्यो हेनबो जुगुप्सा के मारे ज़ार-ज़ार रोने लगा था। अभी इस विभीषिका का अन्त नहीं हुआ था। नहर का एक किनारा टूट गया था। हरहराता हुआ पानी निकलकर इस शिग़ाफ़ में ऐसे भरने लगा, जैसे बाढ़ का पानी भरता है—बिल्कुल उसी तरह, जिस तरह कोई महाजलप्रपात घाटी में गिरता है और अदृश्य हो जाता है। कोयला-खान इस नदी को पीती जा रही थी। यह बाढ़ ऐसी थी जिसमें कोयला-खान के गलियारे बरसों तक डूबे रहेंगे। देखते ही देखते गह्वर पानी से भर गया और जिस जगह कभी ल वोरअ खड़ी थी, उस जगह अब मटमैला पानी ठाठें मार रहा था—एक ऐसी झील बन गई थी जिसके तल में शापग्रस्त नगर सोए होते हैं। एकदम भयावह सन्नाटा छा गया था। धरती की आँतों में गड़गड़ करके गिरते पानी की आवाज़ के अलावा दूसरी कोई आवाज़ सुनाई नहीं पड़ती थी।

इस मरहले पर सूवारीन कचरे की थरथराती टेकरी पर उठ कर खड़ा हो गया। उसने ला माहद को और ज़कारी को इस विपदा में रोते-बिलखते हुए देखा था, जिसका आघात नीचे कोयला-खान में तड़पते बदकिस्मत इंसानों के दिलों पर पड़ रहा होगा। सुवारीन ने अपनी अन्तिम सिगरेट उछाली और काली रात में उतर गया और एक बार पलटकर भी पीछे नहीं देखा उसने। दूर कहीं उसकी परछाईं सिमटते-सिमटते अन्धकार में विलीन होती जा रही थी। वह ऐसी जगह जा रहा था जिसका कोई अता-पता नहीं था। बड़े इत्मीनान से विध्वंस की दिशा में चल पड़ा था—किसी भी ऐसे स्थल की ओर, जहाँ शहरों और मनुष्यों के परखच्चे उड़ा देने के लिए डायनामाइट उपलब्ध होगा।

निश्चय ही वह उस दिन उस जगह उपस्थित रहेगा जहाँ मरणासन्न बूर्जुआ के एक-एक कदम के नीचे की धरती भक से उड़ती नज़र आएगी।

4

ल वोरअ जिस दिन ध्वस्त हुई थी, उसी रात मोंस्यो हेनबो पैरिस के लिए रवाना हो गया था। इससे पहले कि डायरेक्टरों को अख़बारों से इस विनाशलीला की ख़बर लगे, वह स्वयं उन्हें सारी स्थिति से अवगत कराने को उत्सुक हो उठा था। अगले दिन वह लौटकर आया था, तो उसका चित्त एकदम शान्त था और आते ही उसने सारा कामकाज इस तरह सँभाल लिया था, जिस तरह कोई कुशल प्रशासक सँभालता है। स्पष्ट था, कि वहाँ जाकर वह कोयला-खान की तबाही की ज़िम्मेदारी से पल्ला झाड़ आया था और ऐसा प्रतीत होता था कम्पनी की नज़रों से वह गिरा नहीं था—वस्तुतः चौबीस घंटे बाद ही उसे 'लिजियन आव ऑनर' नियुक्त करने के फ़रमान पर दस्तख़त भी हो गए थे।

इस तरह मैनेजर तो बच गया, मगर इस भयंकर आघात से कम्पनी बुरी तरह से लड़खड़ा गई। इसलिए नहीं कि मात्र कुछ लाख फ्रां का नुकसान हुआ था, बल्कि इसलिए कि जो गहरा घाव लगा था, कोयला-खान जिस तरह ज़बह हो गई थी, उससे कम्पनी अपने अन्धकारमय भविष्य से चिन्तित हो उठी थी। कम्पनी इतनी त्रस्त थी कि सारे मामले को ही दबा देना चाहती थी। जिस किसी ने भी यह घिनौनी हरकत की थी, उसको उछालने का क्या फ़ायदा ? यदि वे अपराधी को पकड़ भी लेते हैं, तो उसे शहीद का दर्जा क्यों दें ? क्यों उसे एक ख़ौफ़नाक हीरो की शक्ल में प्रतिष्ठित करें और दूसरे लोगों के दिमाग़ में फ़ितूर डालकर आगज़नी तथा हत्याएँ करनेवालों की पूरी फ़ौज ही खड़ी कर लें ! तो भी, मुजरिम कौन है, इसका इन्हें गुमान तक नहीं हुआ। फिर यह बात भी वे स्वीकार करने को तैयार नहीं थे कि इस किस्म की करतूत करना किसी एक आदमी के बलबूते की बात हो सकती है। सो, कम्पनी इस निष्कर्ष पर पहुँची कि हो न हो, इस जुर्म में बहुत सारे लोग शरीक होंगे, और यथार्थतः यही धारणा थी, यही चिन्ता उन्हें सताने लगी थी कि उनकी कोयला-खानों पर इस तरह का ख़तरा हमेशा-हमेशा मँडराता रहेगा। मैनेजर को यह आदेश दे दिया गया था कि वह इसकी जड़ तक जाने के लिए जासूसों का लम्बा-चौड़ा जाल बिछाए और फिर चुपचाप एक-एक करके उन सभी ख़तरनाक लोगों को बरख़ास्त करता जाए जिन पर इस जुर्म में शरीक होने का सन्देह हो। राजनीतिक विवेक का तकाज़ा था कि इस तरह सारी कार्रवाई को लोगों की बरख़ास्तगी तक ही सीमित रखा जाए।

तुरत-फुरत केवल एक ही व्यक्ति को बरख़ास्त किया गया, और यह गाज गिरी चीफ़ फ़ोरमैन दांसायर पर। जबसे ला पियरोन के घर पर कांड हुआ था, उसी दिन से उसे नौकरी में रखना एक तरह से दुष्कर हो गया था। अब दलील यह दी गई कि संकट की वेला में उसने ऐसा आचरण किया, कप्तान होकर भी उसने कायरता दिखाई कि अपने आदमियों को मँझधार में छोड़ आया। उसकी बरख़ास्तगी कोयला-खान मज़दूरों को खुश करने की चतुराई भी थी, क्योंकि वे सब दांसायर से ख़ार खाते थे।

यह सारी चतुराई बरतने के बावजूद, यह अफ़वाह भी थी, और डायरेक्टरों को एक अख़बार को स्पष्टीकरण के लिए चिट्ठी भी भेजनी पड़ी थी जिसमें इस बात का खंडन किया गया था कि बारूद के बैरल में हड़तालियों ने पलीता लगाया था। हड़बड़ी में जाँच-पड़ताल करके सरकारी वक़ील ने अपनी रपट पहले ही जारी कर दी थी, जिसमें यह निष्कर्ष निकाला गया था कि खिसकती मिट्टी के दबाब से खोल स्वतः फटा, और कम्पनी ने भी इस मामले में मौन रहना ही उचित समझा और इसके साथ अपना दोष भी स्वीकार करने में कोताही नहीं की कि इसका कारण गलत निरीक्षण भी था। तीसरे दिन के बाद तो पैरिस के अख़बारों में इस अनर्थ के बारे में सनसनीख़ेज ख़बरें धड़ाधड़ छपने लगी थीं; लोग भी केवल कोयला-खान के पेंदे में मारे गए मज़दूरों की ही बातें करते और हर सुबह छपनेवाले समाचारों को बड़ी उत्सुकता से पढ़ते। मोंसू में भी ल वोरअ का ज़िक्र छिड़ते ही बुर्जुआ लोगों के चेहरे पीले पड़ जाते और ज़बान तालू से जा लगती। हालत यह थी कि निडर से निडर आदमी भी इस आख्यान के बारे में कुछ कहने से कतराता था जो चर्चा का विषय बना हुआ था। सारे देहाती इलाके को बलि का बकरा बने उन मज़दूरों से हमदर्दी थी—ध्वस्त कोयला-खान को देखने के लिए जत्थों के जत्थे, पूरे के पूरे परिवार आने लगे थे और उन भग्नावशेषों को देखकर सिहर उठते थे जिनके भारी बोझ के नीचे बदनसीब मज़दूर दब गए थे।

ऐसे में दनलां को डिवीज़न इंजीनियर नियुक्त कर दिया गया था और उसने ऐसी वेला में कार्यभार सँभाला था जब चारों तरफ़ तबाही ही तबाही दिखाई पड़ती थी। उसका पहला काम था नहर को मोड़कर वापस उसकी मुख्य धारा में डालना, क्योंकि ज्यों-ज्यों समय व्यतीत हो रहा था, पानी के प्रचंड वेग से नुकसान बढ़ता ही जा रहा था। कोई छोटा-मोटा काम न था। सो इसके लिए दनलां ने तत्काल सौ आदमी लगाकर बाँध बनवाना शुरू कर दिया था। शुरू में जो अवरोध खड़े किए गए, दो बार उन्हें पानी का वेग बहाकर ले गया। अब पम्प लगाए जा रहे थे। इतना गुरु-गम्भीर काम था—विनष्ट भूमि का रफ़्ता-रफ़्ता पुनः उद्धार करना जबर्दस्त संघर्ष ही तो था !

मगर कोयला-खान में दबे मज़दूरों को बचाने के मामले को लेकर लोग अत्यधिक चिन्तित थे। आख़िरी कोशिश कर देखने का काम नेगरेल के ज़िम्मे लगाया गया था और इस काम में खुशी-खुशी हाथ बँटाने के लिए आगे आनेवाले लोगों की कमी नहीं थी—उनमें भाईचारे की भावना इतनी प्रबल थी कि खान मज़दूर ख़ुद-ब-ख़ुद दौड़े आ रहे थे। हड़ताल की बात को बिसरा दिया था इन लोगों ने, पगार की भी परवाह नहीं की थी। अगर पाई-पैसा नहीं मिलता, तो भी कोई हरज नहीं, क्योंकि उनके कामरेड मौत के मुँह में पड़े थे और उनके लिए ये लोग जान पर भी खेलने को तैयार थे। अपने औज़ार लेकर हाज़िर हो जाते थे और अधीर होकर पूछते फिरते थे कि बताओ, कहाँ खुदाई करनी है। इनमें बहुतेरे मज़दूर तो ऐसे थे जिनके मन से अभी दुर्घटना का खौफ़ गया नहीं था। उसका स्मरण करके ही थर-थर काँपने लगते थे, पसीने छूटने लगते थे, रात-दिन उसी के डरावने सपने देखते-देखते विचलित हो उठते थे, फिर भी बिस्तर से उठकर आ जाते थे। धरती के वक्ष को चीर डालने का ख़ब्त-सा सवार था इन लोगों पर, मानो बैर बिसाने को छटपटा रहे हों। दुर्भाग्य से, समस्या यह उठ खड़ी

हुई और ये लोग फ़ैसला ही नहीं कर पा रहे थे कि काम को सरंजाम कैसे दें : करें भी, तो क्या करें ? नीचे कैसे जाएँ ? किस जगह से चट्टानों को तोड़ने का काम शुरू करें ?

नेगरेल को यकीन था कि अब तक एक भी आदमी जीवित नहीं बचा होगा। पन्द्रह आदमी निश्चय ही ख़त्म हो गए होंगे—या तो डूब गए होंगे या साँस घुट गई होगी उनकी। मगर जब खानों में दुर्घटनाएँ होती हैं, तो हमेशा यह क़यास कर लेने का दस्तूर होता है कि दब जानेवाले आदमी अभी जीवित हैं। सो, इसी बात को ध्यान में रखते हुए उसने बन्दोबस्त करना शुरू किया। नेगरेल के सामने पहली दिक्कत यह पेश आई कि पता नहीं लग रहा था कि उन लोगों ने कहाँ शरण ली होगी। फ़ोरमैन से और दूसरे जिन भी अनुभवी या पुराने लोगों से उसने सलाह-मशविरा किया, सभी का यही कहना था : इस प्रकार के संकट में ये लोग एक गलियारे से दूसरे गलियारे में चले गए होंगे और वहाँ से चलते-चलते ऊँचे स्थलों तक पहुँच गए होंगे, इसलिए निस्संदेह वे किसी ऊपरवाले रास्ते के सिरे पर फँसे होंगे। बूढ़े मूक ने भी कुछ इसी तरह की जानकारी दी थी और उसने जो अस्पष्ट-सा ब्यौरा दिया था, उससे वे इस नतीजे पर पहुँचे थे कि जब भगदड़ मची होगी, तो वे छोटी-छोटी टोलियों में बँट गए होंगे और हर तले के गलियारों में यहाँ-वहाँ कोई-न-कोई छूट भी गया होगा। मगर जब यह सवाल उठा कि किस किस्म की कार्रवाई की जा सकती है, तो फ़ोरमैन एकमत न हो सके। चूँकि ऊपर से जो गलियारा सबसे निकट था, वहाँ तक का फ़ासला भी करीब-करीब पाँच सौ फुट था, और ऐसी जगह पर सुरंग बनाने की बात सोची भी नहीं जा सकती थी। इसका मतलब यह था कि अब मात्र रकैयार के रास्ते का विकल्प ही उनके पास था। वही ऐसा स्थल था जहाँ से इस खान के नीचे जाने का रास्ता बनाया जा सकता था। दिक्कत यह थी कि पुरानी कोयला-खान में भी पानी भर गया था, इसलिए उसके बीच और ल वोरअ के बीच सम्पर्क साधने का कोई रास्ता नहीं बनाया जा सकता था, और अब जल-स्तर के ऊपर जिन स्थलों से वहाँ पहुँचा जा सकता था, वे थे छोटे-मोटे कुछ गलियारे जो पहले लदानवाली चौकियों से निकलते थे। चूँकि पम्पों से पानी निकालते-निकालते बरसों लग सकते थे, इसलिए यह सोचा गया कि सबसे अच्छा उपाय तो यह होगा कि इन गलियारों में पहुँचा जाए और यह पता लगाया जाए कि क्या वे पानी में डूबे उन मार्गों तक जाते हैं या नहीं जिनके नितान्त परले छोर पर, जैसा कि इन लोगों का कहना था, संकट में पड़े लोगों ने शरण ली होगी। फिर भी, तर्कसंगत निर्णय पर पहुँचने से पहले सोच-विचार की आवश्यकता थी, ताकि कोई असाध्य अड़चनें न आएँ।

इसके बाद नेगरेल ने अभिलेखागार में दोनों कोयला-खानों के पुराने नक्शे निकलवा कर झड़वाए और उनका अध्ययन करके यह पता लगाने की कोशिश की कि वे कौन-से स्थल हैं जहाँ से तलाश-तहकीकात शुरू की जा सकती है। इस खोजबीन से वह शनैः-शनै उत्साहित होता चला गया और, हालाँकि मनुष्यों और स्थितियों के प्रति उसमें हास्यास्पद उपेक्षा की वृत्ति थी, फिर भी वह लगन से जुट गया था। जब उन्होंने रकैयार में उतरने का प्रयास किया, तो पहली यह दिक्कत पेश आई कि शाफ़्ट के मोहरे को साफ़ करना ज़रूरी था, पेड़ों को काटना और झाड़-झंखाड़ को भी हटाना था। इतना

ही नहीं, सीढ़ी की मरम्मत भी करनी थी। यह सब काम करने के बाद टोह शुरू हुई। इंजीनियर ने दस आदमियों के साथ नीचे उतरकर आदेश दिया कि खान के कुछ ख़ास हिस्सों पर अपने औज़ारों से ठकठकाएँ। एक-एक आदमी ने एकदम ख़ामोश रहकर कोयले की दीवार के साथ कान सटाकर सुनने की कोशिश की कि शायद कहीं दूर से आनेवाली कोई आहट सुनाई पड़ जाए। लेकिन जिन गलियारों तक वे जा पाए थे, वहाँ यह करके भी इन्होंने देख लिया था और कोई नतीजा नहीं निकला था। जवाब में हलकी-सी आहट तक सुनाई नहीं पड़ी थी। इससे समस्या और गम्भीर हो गई : कोयले की परत के किस स्थल से कटाई शुरू करें, किस दिशा में जाएँ, क्योंकि देखने में ऐसा प्रतीत होता था कि वहाँ कोई मौजूद नहीं था। फिर भी, वे इतने उत्सुक-उत्साहित थे कि ताबड़तोड़ टोह लेने में लगे रहे।

पहले दिन से ही ला माहूद सुबह-सवेरे रकैयार आने लगी थी। सुरंग के सामने एक कड़ी पर आकर बैठ जाती और साँझ तक वहाँ से हिलती नहीं थी। जब भी कोई आदमी बाहर आता, वह उठकर खड़ी हो जाती और आँखों से पूछती : कुछ पता नहीं चला ? नहीं, कुछ पता नहीं चला। और पुनः वहीं बैठकर चुपचाप राह देखती रहती। चेहरा जैसे एकदम मुर्दा हो गया हो।

यांलै ने जब देखा कि उसकी माँद पर हमला होने जा रहा है, तो वह उस भयभीत जानवर की तरह वहाँ मँडराता रहा जिसे ख़दशा हो गया हो कि उसकी माँद में पड़े लूट-खसोट के माल का भेद खुलने को है : इसके साथ ही, चट्टानों के नीचे दबे उस नाटे सिपाही का भी उसे ध्यान आया और डरा कि कहीं उसकी चिरनिद्रा में विघ्न न पड़े। मगर कोयला-खान के उस हिस्से में तो पानी भर गया था और फिर ये लोग भी बाईं ओर पश्चिमी गलियारे में टोह ले रहे थे। पहले-पहल फ़िलोमेन भी ज़कारी का साथ देने के लिए आ जाया करती थी, क्योंकि ज़कारी खोजी दस्ते में शामिल था। मगर अकारण ही वहाँ ठिठुरते रहने से अघा गई थी और अब दिन-भर गाँव में ही पड़ी रहती थी और इस बात से उसे कोई सरोकार नहीं था कि वहाँ क्या हो रहा है। सुबह से रात तक, बस, खाँसती-खँखारती रहती। मगर, इसके विपरीत, ज़कारी वहाँ से हिलता ही नहीं था। उसका बस चलता, तो दाँतों से धरती को खोद-खोदकर जहाँ कहीं भी उसकी बहन होती, उसको निकालकर ले आता। नींद में बड़बड़ाता रहता—देखता कि कैथरीन भूखी-प्यासी रहने से सूखकर काँटा हो गई है और उसे लगता कि वह चीखते-चीखते मर्माहत होकर रुँधे गले से मदद के लिए गुहार कर रही है। दो बार उसने पूछे बिना एक जगह खोदना भी शुरू कर दिया था। कहता था कि मुझे मालूम है, यही जगह है। मगर इंजीनियर ने उसे नीचे जाने की इजाज़त नहीं दी, और वहाँ से जब उसे खदेड़ने की कोशिश की गई, तब भी वह टस से मस नहीं हुआ। वह तो कुछ कर गुज़रने को छटपटा रहा था। सो, माँ के पास भी निठल्ला होकर बैठना उसे असह्य हो जाता और लगातार चक्कर पर चक्कर लगाता रहता।

यह तीसरा दिन था। नेगरेल को कोई उम्मीद दिखाई नहीं पड़ती थी। सो, उस साँझ उसने खोज-बीन का काम स्थगित करने का निश्चय किया। दोपहर को नेगरेल और उसके आदमी भोजन करने के उपरान्त अन्तिम प्रयास करने के लिए आए, तो यह

देखकर चकित रह गए कि ज़कारी कोयला-खान के भीतर से निकलकर दौड़ा आ रहा है। चेहरा उसका एकदम सुर्ख था और उछलते-कूदते हुए चिल्ला रहा था :

'कैथरीन नीचे है ! मेरी आवाज़ सुनकर उसने जवाब दिया ! जल्दी करो, परमात्मा का वास्ता है, जल्दी करो।'

वहाँ भी गार्ड तैनात था। इसके बावजूद वह चुपके से ज़ीना उतर गया था और दृढ़ता से बोला था कि गियोम के पहले गलियारे में उसे खटखटाहट सुनाई पड़ी।

'लेकिन उस जगह तो हम दो बार टोह ले चुके हैं,' नेगरेल बोला, क्योंकि उसे ज़कारी की बात पर विश्वास नहीं हो रहा था। 'लेकिन फिर देख लेते हैं।'

ला माहूद उठकर खड़ी हो गई थी। उसे नीचे जाने से बलात रोका गया। वह शाफ़्ट के किनारे खड़ी विवर के अन्धकार में झाँकती रही।

नीचे नेगरेल ने स्वयं काफ़ी देर रुककर तीन बार खटखटाहट की। फिर सब लोगों को एकदम चुप रहने का आदेश देकर उसने कोयले की दीवार के साथ कान लगाकर सुनने की कोशिश की। कोई आहट सुनाई नहीं पड़ती थी। उसने सिर हिलाया। बेचारे को ज़रूर ही वहम हो गया होगा। ज़कारी ने एकदम उफनते हुए एक बार फिर खटखटाया और इस बार भी उसे जवाब में खटखटाहट-सी सुनाई पड़ी, तो उसकी आँखे चमकने लगीं और आह्लाद के मारे उसका अंग-प्रत्यंग फड़कने लगा। इसके बाद दूसरे लोगों ने भी बारी-बारी से खटखटाकर देखा : एकदम लहक उठे—सभी को दूर से आती कोई आहट सुनाई पड़ी थी। इंजीनियर अचम्भे से देखे जा रहा था। एक बार फिर उसने दीवार के साथ कान लगाकर सुना, और इस बार आख़िर हवा के झोंके-सी हलकी आहट सुनाई पड़ी। यह बड़ी मुश्किल से सुनाई पड़नेवाला, रह-रहकर आनेवाला स्वर था—कोयला-खान में काम करनेवाले मज़दूरों का बिलकुल वैसा ही जाना-पहचाना संकेत था जो तब देते थे, जब ख़तरे में पड़ते थे। कोयला भी स्फटिक की तरह दूर की ध्वनियों का वाहक होता है।

वहाँ खड़े इंजीनियर ने अनुमान लगाकर बताया कि उनके बीच तथा कामरेडों के बीच की कोयले की दीवार करीब डेढ़ सौ फुट मोटी हो सकती है। मगर प्रतीत तो यही होता था कि वे हाथ बढ़ाकर उनका हाथ थाम सकते हैं। बस, वे खुशी के मारे उछल पड़े। अब नेगरेल के सामने तत्काल काम शुरू करने का आदेश देने के अलावा और कोई विकल्प न था।

ज़कारी ऊपर आया, तो माँ को देख दौड़ा गया और दोनों गले लग गए।

'इतनी ज़्यादा उम्मीद मत कर, रे !' ला पियरोन निष्करुण स्वर में बोली। उस दिन वह जिज्ञासावश ही रकैयार की तरफ़ चली आई थी। 'अगर कैथरीन वहाँ न हुई, तो तुम लोग और ज़्यादा दुखी होओगे !'

यह सच भी था। हो सकता है, कैथरीन किसी दूसरी जगह हो।

'अपना मनहूस मुँह बन्द रख,' ज़कारी आपे से बाहर हो गया। 'वहीं है वह, मुझे मालूम है, वहीं है।'

ला माहूद वहीं बैठी थी—एकदम नीरव एवं शान्त-स्थिर। राह तक रही थी।

ज्यों ही मोंसू के लोगों को भनक पड़ी, वे फिर उमड़ पड़े। देख तो कुछ सकते नहीं

थे, लेकिन डटे रहे। अन्ततः विवशतया तमाशबीनों को पीछे हटाना पड़ा।

नीचे कोयला-खान के भीतर वे लोग दिन-रात जुटे रहे। इंजीनियर को इस बात का ख़दशा था कि कहीं कोई बाधा न आ जाए। इसलिए उसने आदेश दिया कि गियोम में तीन सुरंगे बनाई जाएँ जो उन जगहों तक निकलें जहाँ लोगों के फँसे होने की सम्भावना थी। सँकरी सुरंगों के सिरे पर सिर्फ़ एक आदमी ही कटाई कर सकता था। सो, हर दो घंटे बाद आदमी की बदली की जाने लगी। कोयले की टोकरियों में भर-भरकर आदमी हाथों-हाथ बाहर ले जाते और सुरंग की खुदाई जितनी आगे बढ़ती थी, यह मानव शृंखला भी उतनी ही लम्बी होती जा रही थी। शुरू-शुरू में काम फुर्ती से हुआ। पहले दिन इन्होंने बीस फुट से भी लम्बी सुरंग बना ली।

ज़कारी ने ऐसी जुगत भिड़ाई कि कोयला काटनेवाले जिन होशियार मज़दूरों को लगाया गया, उनमें वह भी शामिल हो गया। यह काम मिलना गौरव की बात थी और इसके लिए ज़बरदस्त होड़ लगी थी। सो, जब दो घंटे की निश्चित अवधि के बाद उसकी जगह दूसरा आदमी आने लगता, तो वह क्षुब्ध हो उठता। दूसरे कामरेडों की बारी आती, तो वह उन्हें झाँसा देने की कोशिश करता और हाथ से गेंती छोड़ता नहीं था। नतीजा यह हुआ कि ज़कारी की सुरंग दूसरे लोगों की सुरंगों से गहरी होती चली गई—वह इतनी ताकत लगाकर कोयला काटता था कि खान के मुहाने तक उसकी हँफनी सुनाई पड़ती। लगता जैसे उसके फेफड़ों के भीतर कोई भट्ठी धधक रही थी। आख़िर, जब वह कीच और कालिख़ से लबरेज़ बाहर आता, तो वहीं गिर पड़ता और इन लोगों को उसे कम्बल में लपेटकर ले जाना पड़ता। इसके बावजूद, अभी पूरी तरह सँभल भी नहीं पाया होता कि उठकर सुरंग पर पिल पड़ता और एक बार फिर जद्दोजहद शुरू हो जाती—चोट पर चोट मारता जाता, दम साधे हाँफता-कराहता और इससे भी अधिक उसकी झुंझलाहट का प्रचंड रोष सिर चढ़ बोलता। सबसे बड़ी दिक्कत यह पेश आ रही थी कि वे ज्यों-ज्यों आगे बढ़ते जा रहे थे, कोयला कठोर होता जा रहा था, और चोट मारते-मारते दो बार उसकी गेंती टूट चुकी थी। इससे वह एकदम क्षुब्ध हो उठा था, क्योंकि पहले जैसी तेज़ गति नहीं रख पा रहा था। फिर बला की तपिश थी, और ज्यों-ज्यों हाथ-हाथ-भर आगे बढ़ता जाता था, यह तपिश भी बढ़ती जाती थी और सँकरी सुरंग के अन्तिम छोर पर और भी असह्य हो उठी थी, जहाँ हवा एकदम ठहरी हुई थी। हाथ से चलनेवाला एक वेंटिलेटर ज़रूर लगा दिया गया था, मगर वह किसी काम का न था। तीन बार अचेत और बेदम हो गए मज़दूरों को विवशतया ऊपर लाना पड़ा था।

नेगरेल अपने मज़दूरों के साथ वहीं खड़ा रहता। इसके लिए रोटी-पानी भी वहीं आ जाता और बीच-बीच में वह कोट लपेटकर वहीं पुआल के ढेर पर कुछ घंटे नींद ले लेता। नीचे फँसे बदकिस्मत लोगों की याचना के कारण ही इनके हौंसले बुलंद थे, उनकी खटखटाहट उत्तरोत्तर साफ़ सुनाई पड़ने लगी थी और इसके साथ ही इनकी गति भी तीव्र हो जाती थी। उनकी ठकठकाहट अब इन्हें एकदम साफ़ सुनाई पड़ने लगी थी, उतनी ही साफ़ जितने साफ़ काँच के हारमोनिका से निकलनेवाले विशुद्ध नाद-स्वर होते हैं। यही इनका मार्गदर्शन कर रहे थे और इन्हीं स्वच्छ-निर्मल स्वरों के सहारे ये उसी तरह आगे बढ़ रहे थे, जिस तरह युद्धभूमि में सैनिक गरजती तोपों की तरफ़ कूच करते

हैं। जब भी कोई मज़दूर अपना काम करके हटता, नेगरेल नीचे जाता, दीवार पर खटखटाता और कान लगाकर सुनने की कोशिश करता। और अभी तक हर बार द्रुत और तत्काल जवाब मिलता। निस्संदेह अब वे सही दिशा में अग्रसर हो रहे थे, लेकिन गति एकदम मंथर थी। वक्त रहते वहाँ पहुँच ही नहीं पाएँगे। यह सच था कि पहले दो दिन वे 43 फुट तक कटाई करने में कामयाब हो गए थे, मगर तीसरे दिन किसी तरह सोलह फुट ही काट पाए थे और चौथे दिन तो दस फुट भी नहीं। कोयला और अधिक सघन होता जा रहा था—इतना कठोर कि दिन में छह फुट तक से थोड़ा-सा ही आगे बढ़ पाते। नौवें दिन भगीरथ प्रयत्न करने के बावजूद करीब एक सौ छह फ़ुट ही जा पाए थे और अनुमान था कि अभी साठ फुट से अधिक का फ़ासला तय करना बाकी था। वह बारहवाँ दिन था उन फँसे लोगों का—अर्थात् बारह दिनों को 24 घंटों से गुणा करें, तो ये लोग इतने घंटे उस बर्फ़ीले अन्धकार में बिना रोटी-पानी और आग के गुज़ार चुके थे। बचाव कार्य में लगे लोग इस भयावह स्थिति के बारे में सोचते, तो आँखे डबडबाने लगतीं और काम करते-करते बाँहे अकड़ जातीं। यह सम्भव ही प्रतीत नहीं होता था कि मनुष्य इससे अधिक समय तक जीवित रह सकता है। पिछले एक दिन से, दूर सुनाई पड़नेवाली ठक-ठक भी हलकी पड़ती जा रही थी और यह सोच-सोचकर ये लोग त्रस्त हो उठे थे कि किसी वक्त यह खटखटाहट भी बन्द हो सकती है।

ला माहूद अब भी नियम से आती और शाफ़्ट के मुहाने पर आकर बैठ जाती। एस्तेल को गोद में लिये रहती, क्योंकि बालिका को सुबह से रात तक अकेला घर में छोड़कर आ नहीं सकती थी और बीच-बीच में जिज्ञासा भी करती रहती कि कितनी प्रगति हुई है और उनकी आशाओं-निराशाओं की सहभागी बनती। जो लोग वहाँ इन्तज़ार में खड़े रहते, वे भी, यहाँ तक कि मोंसू जैसी दूर-दराज़ की जगह पर भी लोग आशा-निराशा के सागर में डूबते-उतराते रहते और लगातार इन्हीं लोगों के बारे में चिन्ता करते रहते। सारे इलाके के लोगों का हृदय कोयला-खान में फँसे लोगों के हृदय के साथ धड़क रहा था।

नौवें दिन जब दोपहर को भोजन की वेला हुई ये और ज़कारी को काम बन्द करके बाहर आने के लिए पुकारा गया, तो उसने कोई जवाब नहीं दिया। लगता था, उस पर भूत सवार था और कोयला काटते हुए अबातबा बोलता रहता था। नेगरेल थोड़ी देर के लिए कहीं गया हुआ था और उसे अनुशासन में रखना दूभर हो रहा था। उस वक्त वहाँ एक फ़ोरमैन और तीन खान मज़दूर ही मौजूद थे। ज़कारी सम्भवतः धीमी, टिमटिमाती रोशनी से क्षुब्ध हो उठा था, क्योंकि इस कारण वह जल्दी-जल्दी हाथ नहीं हिला पाता था। ऐसे में उसने मूर्खता यह की कि लैम्प खोल दिया—हालाँकि ऐसा न करने की सख़्त हिदायत थी, क्योंकि मीथेन निकल रही थी और तंग सुरंगों के भीतर गैस जमा होती जा रही थी और उसके निकलने का कोई रास्ता नहीं था। अचानक गड़गड़ाहट हुई और सुरंग के भीतर से ज्वाला ऐसे निकली जैसे छर्रों से भरी कोई तोप छूटती है। गलियारों के एक सिरे से लेकर दूसरे सिरे तक एकदम आग भड़क उठी थी और हवा ने भी बारूद को फैलाने का काम किया था। यह धधकती ज्वाला फ़ोरमैन

को और तीनों मज़दूरों को बहाकर ले गई, और शाफ़्ट में से निकलते हुए बाहर अपने साथ पत्थर-ढेले, टूटी लकड़ियाँ ले आई। तमाशबीन भाग खड़े हुए। ला माहूद भयभीत एस्तेल को छाती से लगाए उठकर खड़ी हो गई।

नेगरेल और दूसरे लोग लौटे, तो तैश में आ गए। धरती पर पैर पटक-पटककर मारते रहे—उस अप्राकृतिक माँ की छाती पर जो क्रूर कर्म करने पर आमादा होती है, तो किसी की परवाह नहीं करती और अकस्मात सोचे-समझे बिना अपनी सन्तान का संहार करने लगती है। अरे ! वे अपना सर्वस्व न्योछावर कर रहे थे, अपने कामरेडों को बाहर निकालने का जतन कर रहे थे और इसका फल यह मिला कि और लोगों की जानें चली गईं ! तीन घंटे की लम्बी मशक्कत के बाद भारी जोखिम उठाकर जब अन्ततः वे गलियारों में प्रविष्ट हो पाए, तो इस विभीषिका के शिकार लोगों को निकालकर लाने का दुखदायी काम करना पड़ा। हालाँकि न तो फ़ोरमैन और न ही तीनों मज़दूरों में से कोई मारा गया था, मगर वे भयंकर रूप से घायल हो गए थे और उनसे जली त्वचा की सड़ांध आने लगी थी। शोले उनके भीतर चले गए थे और कंठ से काफ़ी नीचे तक जल गए थे और चीख-चीखकर बोल रहे थे, गिड़गिड़ाते थे कि हमें इस यंत्रणा से छुटकारा दिलाओ। ये जो तीन खान मज़दूर थे, उनमें एक तो वह था जिसने हड़ताल के दौरान गस्तां-मारी के पम्प को गेंती मारकर तोड़ा था। बाकी दोनों मज़दूरों के हाथों पर और उँगलियों पर खरोंचों और घावों के वे निशान अब भी मौजूद थे जो सिपाहियों पर ईंटें मारने से आए थे। जिस वक्त इन तीनों को उठाकर ले जाया जा रहा था, लोगों को कँपकँपी होने लगी थी और इनके प्रति सम्मान जताने की खातिर इन्होंने सिर से टोपियाँ उतार ली थीं।

ला माहूद इन्तज़ार में खड़ी थी। अन्ततः ज़कारी का शव भी निकाला गया। कपड़े उसके जल गए थे और देह एकदम काली, कार्बन का पिंड-सी बन गई थी, जो पहचान में नहीं आ रही थी। सिर ग़ायब था। विस्फोट में चिन्दी-चिन्दी हो गया था। और जब इन विकराल अवशेषों को स्ट्रेचर पर रखकर वे ले जाने लगे, तो ला माहूद यंत्रवत पीछे चल पड़ी। पपोटे जल रहे थे, लेकिन आँखों में आँसू नहीं थे। सोती एस्तेल को गोद में लिये करुणा की मूर्ति-सी बनी चलती जा रही थी और हवा में केश उड़ रहे थे। गाँव पहुँचे, तो फ़िलोमेन क्षण-भर तो स्तब्ध रह गई। लेकिन आँखों से जैसे सोते फूट पड़े और इससे तत्काल उसका जी हलका हो गया। माँ पहले ही वापस रकैयार के लिए चल पड़ी थी। बेटे को घर ले आई थी। अब लौटकर वहाँ बेटी की राह देखेगी।

तीन दिन और बीते। सभी कठिनाइयों के बावजूद, मज़दूरों को निकालने का काम इन कठिन परिस्थितियों में फिर आरम्भ कर दिया गया था। भाग्य से मीथेन के विस्फोट से रास्तों को क्षति नहीं पहुँची थी, लेकिन भीतर का वायुमंडल इतना झुलस गया था, इतना भारी और दुर्गन्ध से भर गया था कि अतिरिक्त वेंटिलेटर लगाने पड़े। बीस-बीस मिनट के अन्तराल पर कोयला काटनेवालों की बदली की जाने लगी। वे आगे बढ़ते जा रहे थे। उनके बीच और कामरेडों के बीच करीब छह फुट का फ़ासला ही रह गया था। लेकिन अब इस काम में कतई उत्साह नहीं रहा था उनका। खोद भी रहे थे, तो, बस, प्रतिशोध की ख़ातिर, क्योंकि उधर से आनेवाली आवाजें अब बन्द हो चुकी थीं।

पहले जो साफ़-साफ़ लय के साथ धीमे संकेत आते रहते थे, अब सुनाई ही नहीं पड़ते थे। फँसे लोगों को निकालने का वह बारहवाँ और उस महाकाल का पन्द्रहवाँ दिन था, और सुबह से ही उस दिन मौत का सन्नाटा तारी था।

इस नई दुर्घटना से मोंसू के लोगों का कुतूहल और बढ़ गया था। ये लोग इतने उत्साह से लोगों को वहाँ लाकर दिखाने में लगे थे कि ग्रेग्वार परिवार ने भी इनका अनुसरण करने की ठानी। सैर-सपाटे की तैयारी होने लगी और यह तय पाया गया कि ग्रेग्वार अपनी बग्घी में ल वोरअ जाएँगे और लूसी और ज़न मदाम हेनबो की बग्घी में। दनलां इन्हें अपनी सारी गतिविधियों का दर्शन कराने ले जाएगा और फिर वे रकैयार के रास्ते लौटेंगे जहाँ नेगरेल इन्हें बताएगा कि गलियारों में खुदाई कहाँ तक हो चुकी है और अब क्या उम्मीद है। यह सब देखने-भालने के बाद ये लोग रात का भोजन एक साथ करेंगे।

जब करीब तीन बजे ग्रेग्वार दम्पती और उनकी बेटी सेसील नष्ट कोयला-खान पहुँची, तो मदाम हेनबो पहले ही वहाँ मौजूद थी। नीले परिधान में सज-सँवरकर आई थी और फरवरी महीने की फीकी धूप से बचने की खातिर छाता लगा रखा था। आसमान एकदम साफ़ था और हवा में वसन्त ऋतु की उष्मा आ गई लगती थी। मोंस्यो हेनबो दनलां के साथ खड़ा था और नहर को बाँधने के लिए जो काम आवश्यक था, उसके बारे में दनलां उसे ब्योरा दे रहा था। लेकिन निकट खड़ी मदाम हेनबो अनमनी-सी सुन रही थी। ज़न हमेशा अपने साथ स्केच पैड रखती थी और इस प्रकरण की विभीषिका से प्रेरित होकर रेखांकन करती जा रही थी। लूसी भी उसकी बग़ल में नष्टप्राय रेल कार पर बैठी थी और फूली नहीं समाती थी और यह सब उसे ''विलक्षण'' लग रहा था। नहर का बाँध अभी अधूरा था, जिस कारण उफनता पानी बाहर निकलकर डूबी कोयला-खान के विशाल गह्वर में भरता जा रहा था। लेकिन उसके खाली होने में भी देर नहीं लगती थी; धरती पानी पीती जा रही थी और वह देखते ही देखते उतर जाता था, जिससे उसके नीचे भयावह ध्वंसावशेष दिखाई पड़ने लगते थे। उस रमणीय दिन कोमल आकाश तले यह गह्वर गन्दी हौदी-सा लग रहा था—मानो किसी विनष्ट नगरी के खंडहर हों जो कीचड़ में धँस गए हों।

'क्या यही सब देखने को हर कोई दौड़ा आ रहा है ?' मोंस्यो ग्रेग्वार ने हताशा और अचरज के स्वर में पूछा।

स्वस्थ-नीरोग सेसील का चेहरा दमक रहा था। स्वच्छ, शुद्ध वायुमंडल में आकर वह आह्लादित हो हँस-खेल रही थी। मगर मदाम हेनबो नाक-भौं सिकोड़ते हुए बोली :

'कैसे कहूँ, कितनी बदसूरत है यह जगह !'

दोनों इंजीनियर हँसने लग गए। इन लोगों को इधर-उधर घूमाकर इनमें दिलचस्पी पैदा करना चाहते थे। बताते जा रहे थे कि पम्प कैसे काम करते हैं और खंभे गाड़नेवाले कारीगर का नाम कैसा होता है। लेकिन महिलाओं को असुविधा होने लगी थी। यह जानकर वे लरज़ उठी थीं कि पम्प बरसों चलेंगे—शायद छह-सात बरस तक—तब कहीं जाकर शाफ़्ट का फिर से निर्माण होगा और कोयला-खान से पानी निकाला जा सकेगा। नहीं, बोलीं कि हम इन बातों से अपना मन ख़राब नहीं करना चाहतीं : अगर दहशत

पैदा करने वाले ये नज़ारे देखती रहेंगी, तो रात की नींद हराम हो जाएगी।

'अब चलो यहाँ से,' मदाम हेनबो ने अपनी बग्घी की तरफ़ लपकते हुए कहा।

ज़न और लूसी नहीं जाना चाहती थीं। क्या ? इतनी जल्दी ! अभी तो मेरा स्केच भी पूरा नहीं हुआ ! वे रुकना चाहती थीं—बाप रात को भोजन के वक्त ले आएँगे। अकेला मोंस्यो हेनबो पत्नी की बग्घी में जाकर बैठ गया था, क्योंकि नेगरेल से कुछ बातें पूछना चाहता था।

'तो ठीक है, आप लोग चलिए,' मोंस्यो ग्रेग्वार ने कहा। 'हम पीछे-पीछे आते हैं। थोड़ी देर के लिए गाँव जाना चाहते है !...'

वह मदाम ग्रेग्वार और सेसील के पीछे बग्घी पर सवार हो गया। जब दूसरी बग्घी नहर के किनारे भागी, तो इनकी बग्घी ने पहाड़ी का रुख किया।

इस सैर-सपाटे, इस हवाखोरी के बाद लगे हाथों वे थोड़ी दान-दक्षिणा का काम भी करना चाहते थे। ज़कारी की मौत को लेकर दुखी माहूअ परिवार के प्रति उनमें दया-ममता जाग उठी थी, क्योंकि सारे इलाके में इनकी चर्चा थी। बाप के लिए, उस दस्यु के लिए, सिपाहियों के हत्यारे के लिए, उनके मन में कोई सहानुभूति नहीं थी, जिसे जंगली जानवर की तरह गोली मारनी पड़ी थी—लेकिन माँ की दुर्दशा से, उस स्त्री की बदहाली से उनका दिल पसीज गया था जिसने मरद खोने के बाद थोड़ी देर पहले अपना बेटा भी खो दिया था और जिसकी बेटी भी शायद इस वक्त धरती के नीचे लाश की शक्ल में पड़ी होगी। इसके साथ ही पंगु दादा भी था, एक बालक भी था जो कोयला-खान धसने से लँगड़ा हो गया था, और फिर वह बालिका भी थी जो हड़ताल के दौरान भूखी-प्यासी मर गई थी, हालाँकि इस परिवार को जिस विपदा का सामना करना पड़ा था, वह कुछ-कुछ इनकी औंधी खोपड़ी का ही नतीजा था। फिर भी ग्रेग्वारों ने अपनी दानशीलता दिखाने, भूल-चूक माफ़ कर देने की इच्छा से प्रेरित होकर अपने हाथों से उन्हें कुछ देने का फ़ैसला किया। बग्घी की सीट के नीचे सावधानी से बँधे दो पैकेट रखे थे।

एक बुढ़िया ने कोचवान को माहूअ परिवार का घर दिखाया—जो दूसरे ब्लॉक में सोलह नम्बर का मकान था। लेकिन जब ग्रेग्वार पैकेट लेकर बग्घी से उतरे और जाकर दरवाज़ा खटखटाया, तो कोई जवाब नहीं मिला। किवाड़ पर भी दस्तक दी। फिर भी कोई जवाब नहीं। मकान किसी निर्जन जगह की तरह गूँज गया था, जैसे मातम के कारण सर्दी और अन्धकार में डूबा कोई घर खाली पड़ा हो, जिसमें रहनेवाले कब के इसे त्यागकर चले गए हों।

'घर के भीतर कोई नहीं है,' सेसील निराश स्वर में बोली। 'कितनी ग़लत बात है ! अब हम इस सबका क्या करेंगे ?'

अचानक साथवाले मकान का दरवाज़ा खुला और ला लवाक निकलकर आई।

'ओह, माफ़ करें, साहेब जी, मेम साहब जी ! माफ़ करें मिस...शायद आप लोग मेरी पड़ोसिन से मिलने आए हैं। वह घर पर नहीं है। रकैयार गई है...'

ताबड़तोड़ बोलते हुए वह सारा किस्सा बयान करती जा रही थी। बार-बार एक ही बात कहती थी कि पड़ोसियों का धर्म है एक-दूसरे की मदद करना, और फिर

उसने यह भी जतला दिया कि वह लेनोर और आरी की देखभाल करती है, ताकि ला माहूद रकैयार जा सके। पैकेटों पर नज़र पड़ते ही वह लगी अपनी ग़रीब विधवा बेटी का किस्सा बयान करने और उसकी दुर्दशा का रोना रोने। यह सब करते हुए उसकी लोलुप आँखें चमक उठी थीं। फिर तनिक झिझकते हुए कहती है : 'चाबी मेरे पास है। अगर साहेब जी और मेम साहेब जी भीतर जाना चाहते हैं...बाबा भीतर है।'

ग्रेग्वारों ने विस्मय से उस स्त्री की तरफ़ देखा। क्या !—बाबा भीतर है ? लेकिन दस्तक देने पर भी कोई नहीं बोला। सो रहा है क्या ? और अन्ततः ला लवाक ने जब दरवाज़ा खोला, तो सारा दृश्य देख वे दहलीज पर ही जड़ हो गए।

सामने बोनमोर्त बैठा था। एकाकी। ठंडी अंगीठी के आगे कुर्सी में धँसा, फैली-फैली आँखों से निहारे जा रहा था। कभी कुकु क्लाक और देवदार का चिकना फ़रनीचर इस कमरे की शोभा हुआ करता था। उनके न रहने से अब वह बड़ा-बड़ा लगता था। कच्चे हरे रंग से पुती दीवारों पर सम्राट और साम्राज्ञी की तस्वीरें ही टँगी रह गई थीं, जिनके गुलाबी होंठों पर परोपकार का वैसी ही स्मिति का मुलम्मा चढ़ा था, जैसा कि शासकों के चेहरों पर हुआ करता है। बूढ़ा हिला-डुला तक नहीं, न ही खुले दरवाज़े से अचानक आनेवाली रोशनी में उसने पलक तक झपकाई। उसकी हालत किसी मूढ़ जैसी थी। प्रतीत होता था, भीतर आनेवाले इन लोगों की तरफ़ उसने ध्यान ही नहीं दिया था। नीचे उसके पैरों के निकट राखवाली रकाबी पड़ी थी—मानो वह कोई बिल्ला हो और यह जगह निश्चित कर दी गई हो कि यहीं पर वह खाएगा-पिएगा और गन्दगी करेगा।

'अगर यह आदमी ठीक से व्यवहार नहीं करता, तो इसकी तरफ़ ध्यान ही न दीजिए,' ला लवाक ने अनुग्रहपूर्वक यह बात कही। 'प्रतीत होता है, इसके भेजे में कोई चीज़ चटक गई है। दो हफ़्तों से इसने मुँह तक नहीं खोला।'

उसी क्षण बूढ़े बोनमोर्त को इतनी ज़ोर की खाँसी छिड़ी कि खाँसते-खखारते हुए लरज़-लरज़ गया। लगता था यह आवाज़ उसकी अँतड़ियों में से निकलकर आ रही थी। खाँसते-खाँसते उसने रकाबी में मोटा काला बलग़म थूक दिया। इस धूल मिले कोयले के मिश्रण से रकाबी की राख गीली हो गई, जैसे कोयला-खान का सारा कोयला ही उसके कंठ से निकल आया था। लेकिन तत्काल ही वह एकदम निश्चल होकर बैठ भी गया, उसका हिलना-डुलना तक बन्द हो गया। हाँ, लम्बे अन्तराल के बाद थूकने को मन हुआ, तो उसकी देह में थोड़ी जुम्बिश हुई।

यह सब देखकर ग्रेग्वार परिवार व्याकुल हो उठा। जुगुप्सा के मारे मितली होने लगी। फिर भी, स्नेहवश कुछ उत्साहजनक शब्द बोलने पड़े।

'क्यों जी,' बाप ने कहा। 'ज़ुकाम लग गया है क्या ?'

बूढ़े की दृष्टि दीवार पर टिकी थी। मुड़कर देखा तक नहीं उसने। एक बार फिर घोर सन्नाटा छा गया।

'यहाँ कोई नहीं, जो तेरे को एक प्याली बढ़िया-सी चाय बनाकर दे ?' यह बात माँ ने कही।

उसी मौनभाव से वह अविचल बैठा रहा।

'पापा, तुम तो जानते ही हो,' सेसील धीरे-से बोली। 'किसी ने हमें बता दिया था कि यह अपाहिज है, लेकिन यह बात हम भूल ही गए...'

वह एकदम लज्जित होकर चुप हो गई। पहले उसने दमपुख़्त का बर्तन और वाइन की दो बोतलें मेज़ पर रखीं और फिर दूसरा पैकेट खोलना शुरू किया। उसमें एक अदद जूतों का बहुत बड़ा जोड़ा निकाला। वे बाबा के लिए तोहफ़ा लाए थे। एक-एक हाथ में एक-एक जूता पकड़े जब उसकी नज़र बूढ़े के सूजे पैरों पर गई, तो एकदम घबराकर देखने लग गई, क्योंकि यह शख़्स तो कभी पाँव-पाँव चल ही नहीं सकेगा।

'ठीक है, बाबा ! थोड़ी देर से आए, हैं न ?' बाप ने दिलासा-सा देते हुए कहा। 'कोई बात नहीं, किसी-न-किसी दिन काम आ ही जाएँगे।'

बोनमोर्त ने यह बात न सुनी, न कोई जवाब दिया। उसका भयंकर चेहरा शिला की तरह भावशून्य और कठोर बना रहा।

सेसील ने चुपचाप जोड़ा दीवार के साथ टिका दिया। हालाँकि उसने सावधानी से उन्हें रखा था, फिर भी जूते के कील फ़र्श पर खड़खड़ाए और लगता था उस कमरे को इस जोड़ी की शक्ल में कोई अद्भुत वस्तु मिल गई थी।

'अजी, बेकार ही आप लोग उम्मीद करते हैं कि यह आदमी आपका धन्यवाद करेगा,' एकाएक ला लवाक बोल उठी, जिसकी लोलुप दृष्टि गहरे ईर्ष्याभाव से उस जोड़ी पर अटकी थी। 'बुरा न मानना मेरी बात का, यह तो ऐसे हुआ, जैसे किसी बत्तख को कोई ऐनक देने लगे।'

और उसकी ज़बान चलती रही। उसकी बड़ी इच्छा थी कि वह ग्रेग्वारों को अपने ठिकाने पर लिवा ले जाए, और समझती थी कि दया करके ये लोग उसे भी कुछ थमा जाएँगे। अन्ततः उसे एक बहाना सूझा। बताने लगी कि आरी और लेनोर कितने अद्भुत बालक हैं—इतने सुन्दर-सलोने, इतने प्यारे, इतने सयाने कि कुछ भी पूछो उनसे, तो नन्हे फ़रिश्तों की तरह झट जवाब देते हैं। साहेब जी और मेम साहेब जी जो भी पूछेंगी उनसे, वह सब बता देंगे।

'बेटे, एक क्षण ज़रा इधर तो आ,' बाप ने कहा, क्योंकि ख़ुश था कि इसी बहाने इस जगह से खिसकने का मौका मिल रहा है।

'एक मिनट में आई,' सेसील बोली।

वह बोनमोर्त के पास अकेली खड़ी थी। काँपती-लरज़ती, मगन-सी ऐसे देखे जा रही थी, जैसे इस बूढ़े को कहीं देखा है : कहाँ देखा है कोयले से गुदे इस चौड़े-चकले कलौंस चेहरे को ? और एकाएक उसे स्मरण हो आया—वह चीखते-चिल्लाते लोगों से घिर गई है और उसकी गर्दन पर निष्ठुर हाथ कसते जा रहे हैं। हाँ, यही वह आदमी था। इसे पहचानती है वह ! घुटने पर टिके उसके हाथों को वह एकटक देखे जा रही थी, जो दीन-हीन मज़दूर के हाथ थे, जिसकी सारी ताकत उसकी कलाइयों में सिमट आती है, वे हाथ थे जो इस उम्र में भी इतने मज़बूत हैं। प्रतीत होता था, बोनमोर्त आहिस्ता-आहिस्ता उठने की कोशिश कर रहा था। उसकी मौजूदगी का उसे अहसास हो चला था और लगता था जैसे अपनी इस दुर्बल अवस्था में भी वह उसका जायज़ा

ले रहा था। गाल एकदम सुर्ख़ हो उठे थे, मुँह ऐंठता जा रहा था, जिसमें से काली राल की पतली धार टपक रही थी। दोनों एक-दूसरे को जैसे मंत्रमुग्ध-से घूर रहे थे—सेसील थी एक खिलती कली, चंचल-चपल और जैसी कि उसके वर्ग की बान थी, लम्बे समय तक निष्क्रिय रहने और सुख-सुविधा का जीवन व्यतीत करने से एकदम प्रसन्नवदन; और बोनमोर्त था कि जलोदर के कारण ऐंठा-अकड़ा हुआ और लहू-पानी एक करनेवाले पस्त हिम्मत जानवर की तरह अत्यन्त घिनौना, जो बाप से लेकर बेटे तक सौ साल की कमरतोड़ मेहनत-मशक्कत और भूख बरदाश्त करने से तबाह-बरबाद हो चुका था।

दस मिनट बाद, जब सेसील इतनी देर तक बाहर नहीं निकली, तो हैरान-परेशान ग्रेग्वार दम्पती माहूअ के घर आए, तो उनकी चीख़ें ही निकल गईं। उनकी बेटी फ़र्श पर पड़ी थी। गला घुट जाने से चेहरा उसका एकदम नीला पड़ गया था। ग्रीवा पर किसी दानव के चंगुल के लाल-लाल निशान दिखाई पड़ते थे। बोनमोर्त निर्जीव टाँगों पर खड़ा रहने में असमर्थ लड़खड़ाकर उसकी बग़ल में गिरा पड़ा था और उठने की सकत नहीं थी उसमें। उसकी उँगलियाँ पंजे की शक्ल में अब भी मुड़ी थीं और वह फैली-फैली क्षीण आँखों से ग्रेग्वारों को घूर रहा था। गिरने से उसकी रकाबी भी फूट गई थी और राख के साथ गदला काला खँखार सारे कमरे में फैल गया था; भारी-भरकम जूतों का जोड़ा जस का तस दीवार के साथ रखा था।

यह जान पाना मुमकिन न था कि वास्तव में यह सब हुआ कैसे। सेसील क्यों उसके निकट गई ? बोनमोर्त जैसा आदमी तो अपनी कुर्सी से हिल-डुल तक नहीं सकता था। फिर उसने सेसील की गर्दन पर हाथ कैसे डाला ? एक बार जब सेसील उसके चंगुल में आ गई होगी, तो स्पष्ट है, वह उसके साथ बे-रहमी से चिपट गया होगा, उसकी गर्दन दबोचकर उसे चीखने-चिल्लाने तक नहीं दिया होगा और उसके साथ ही ज़मीन पर गिर पड़ा होगा और तब तक इसे छोड़ा नहीं होगा जब तक उसका दम नहीं निकल गया होगा। पास-पड़ोस के घरों के बीच की पतली दीवारों में कोई आहट, कोई कराहट तक सुनाई नहीं पड़ी थी। एकमात्र कैफ़ियत यह थी कि इसे अचानक पागलपन का दौरा पड़ा होगा, और न जाने क्या बात हुई होगी कि लड़की की गोरी-चिट्टी ग्रीवा देखकर अचानक हत्या करने को उतारू हो गया होगा। यह ऐसा हिंस्र कृत्य था कि विश्वास ही नहीं होता था कि इस जैसा अपाहिज आदमी ऐसा करने पर तुल सकता है, जो एकदम सीधा-सादा मानुस था, आज्ञाकारी जन्तु की भाँति ही आचरण करता था और कोई नई बात बताओ, तो मुँह फेर लेता था। ऐसी क्या कड़वाहट थी जो उसके अचेतन मन में धीरे-धीरे आई होगी और उसकी अँतड़ियों से उठती हुई उसके मस्तिष्क तक पहुँची होगी ?

इस दारुण कृत्य ने उन्हें इस निष्कर्ष पर पहुँचने को बाध्य किया कि इसे मालूम ही नहीं होगा कि वह क्या करतूत कर रहा है और फिर यह भी कि यह जुर्म एक ख़ब्ती के हाथों हुआ।

ग्रेग्वार परिवार के घुटने ही टूट गए थे। ग़म और सोग के मारे सिसकते-सिसकते उनके गले रुँध गए। उनके कलेजे का टुकड़ा, इतनी मन्नतों के बाद मिली बेटी, जिस पर वे अपनी दौलत लुटाते थे, जब सो रही होती थी, तो दबे पाँव जाकर निहारते रहते

थे, जिसे इतना खिलाने-पिलाने के बाद भी उनका मन नहीं भरता था, जिसे गुदाज देखने को तरसते रहते थे ! उनकी तो दुनिया ही लुट गई—उसके बिना अब जीकर भी क्या करेंगे ?'

ल लवाक बेतहाशा चीखती जा रही थी।

'हे ईश्वर, इस बूढ़े हरामी ने यह क्या कर डाला, रे ! किसी ने सोचा तक न होगा कि ऐसी वारदात हो जाएगी, रे ? अरे, ला माहृद तो साँझ से पहले लौटकर नहीं आएगी, रे ! कहो, तो दौड़कर जाऊँ, उसे बुला लाऊँ ?'

सेसील के माँ-बाप तो मरे पड़े थे। कोई क्या जवाब देता।

'बुलाकर लाना ही ठीक होगा...मैं जा रही हूँ।'

मगर जाने से पहले एक बार फिर जूतों पर उसकी नज़र जा टिकी। सारा गाँव दहल गया था और घर के बाहर भीड़ लगने लगी थी। ज़रूर ही कोई-न-कोई जूता उठाकर चम्पत हो जाएगा—और फिर माहूअ के घर में कोई मरद भी तो नहीं बचा जो इसे पहनता। बस, चुपके से चली और जोड़ा उठाकर ले गई। बूतलू के नाप के होंगे।

रकैयार में हेनबो दम्पती और नेगरेल देर तब ग्रेग्वारों की राह देखते रहे। इंजीनियर कोयला-खान के भीतर से निकल आया था और उन्हें सारी स्थिति के बारे में बता रहा था : साँझ तक उम्मीद है कि खान में फँसे मज़दूरों तक वे पहुँच जाएँगे, मगर अंदेशा इस बात का था कि लाशों के सिवा और कुछ हाथ नहीं लगेगा, क्योंकि मौत का सन्नाटा जस का तस बना हुआ था। ला माहृद एकदम पीली पड़ गई थी और इंजीनियर के पीछे एक कड़ी पर बैठी सब सुन रही थी। तभी ला लवाक दौड़ी-दौड़ी आई उसने और सारी बात बताई कि बुढ़ऊ ने अभी-अभी कैसा करिश्मा किया है। ला माहृद ने बेताबी से और खीज से कन्धे उचकाए। लेकिन उठकर उसके साथ घर लौट गई।

मदाम हेनबो को तो ग़श ही पड़ गया। यह कैसा ग़ज़ब हो गया ! बेचारी सेसील—आज कितनी ख़ुश नज़र आ रही थी, घंटा-भर पहले किस तरह उछलती-कूदती फिरती थी ! मोंस्यो हेनबो एक मिनट के लिए पत्नी को बूढ़े मूक की मड़ैया में ले गया। अनाड़ियों की तरह उसने पत्नी के वस्त्र ढीले किए और उसकी खुली चोली से उठती कस्तूरी मुश्क से व्याकुल हो उठा। मदाम हेनबो के चेहरे से आँसू ढुलक रहे थे। उसने नेगरेल को अंक में भर लिया, जो सेसील की मौत से एकदम स्तंभित रह गया था, जिसकी मौत ने उसके विवाह के सारे मनसूबों पर पानी फेर दिया था। मोंस्यो खड़ा देखे जा रहा था, दोनों एक-दूसरे को सांत्वना दे रहे थे। इससे थोड़ी राहत मिली उसे। इस त्रासदी ने सारा मामला तय कर दिया था। अपने भाँजे को वह बरदाश्त कर लेगा, बजाय इसके कि उसकी जगह कोचवान ले।

5

कोयला-खान के इस चबूतरे की तलहटी में फँसे असहाय लोग दहशत के मारे चीखने-चिल्लाने लगे थे। अब पानी इनकी कमर तक आ गया था। प्रचंड धारा के कोलाहल ने इन्हें सुन्न करके रख दिया था और खोल के आख़िरी हिस्सों को ढहते देख

इन्हें लगने लगा था कि अन्त निकट है। मगर जिस डर के मारे वे उन्मत्त हो उठे थे, वह था अस्तबल में बन्द घोड़ों का हिनहिनाना—लगता था जैसे ज़बह होते जानवर की भयावह और अविस्मरणीय मरणांतक बिलबिलाहट हो।

मूक ने बाताई को खोल दिया था। यह बूढ़ा घोड़ा खड़ा-खड़ा थर्रा रहा था और चढ़ते पानी को फटी-फटी आँखों से निहारे जा रहा था। लदानवाला चबूतरा द्रुत वेग से भरता जा रहा था और मेहराब के नीचे बलते तीन लैम्पों की लाली में वे हरिताभ-से जल को बढ़ते हुए एकटक देखे जा रहे थे। तभी बाताई की त्वचा को एकाएक बर्फीले पानी का स्पर्श हुआ, तो वह उन्मत्त-सा होकर सरपट भागा और ढुलाईवाले गलियारे में कूदकर अदृश्य हो गया।

जब यह जानवर इस तरह भागा, तो मनुष्य पीछे कैसे रहते। वे भी भाग खड़े हुए।

'यहाँ बेकार हिलगने का क्या फ़ायदा,' मूक ने ज़ोर से बोलते हुए कहा। 'चलो, रकैयार की तरफ़ से निकलने की कोशिश करते हैं।'

अब इन लोगों के भीतर इस आशा ने ज़ोर मारा कि यदि रास्ता बन्द हो जाने से पहले किसी तरह निकटस्थ चबूतरे पर पहुँच गए, तो उस रास्ते से निकला जा सकता है। बस, बीस के बीस जन एक-दूसरे को धकियाते-ठेलते हुए वहाँ से चल पड़े। लैम्पों को इन लोगों ने ऊपर तक उठा लिया था, ताकि पानी पड़ने से बुझ न जाए। भाग्य से यह गलियारा थोड़ा ढलान पर था। करीब दो सौ गज़ फ़ासले तक बाढ़ के पानी को हल करते हुए ये लोग चलते रहे। इतने त्रस्त थे कि जिन अन्धविश्वासों को ये लोग बिसरा बैठे थे, वे फिर इनके सिर चढ़ बोलने लगा। हर कोई धरती माँ का आह्वान कर रहा था, क्योंकि समझता था कि धरती प्रतिकार करने पर तुल गई है और इस खान से रक्त बह रहा है, क्योंकि उसकी एक धमनी कट गई है। एक बूढ़ा मज़दूर हकलाते-हकलाते भूली-बिसरी प्रार्थना के बोल बोलता जा रहा था और अँगूठा दिखाते हुए कोयला-खान की दुष्टात्माओं को तुष्ट करने के प्रयास में लगा था।

लेकिन पहले चौराहे पर ही ये लोग आपस में बहस करने लगे। साईस कहता था कि बाईं ओर चलो। कुछ लोग हठ करने लगे कि दाईं ओर का रास्ता छोटा है, उधर चलो। एक मिनट इसी में व्यर्थ चला गया।

'तो जाओ, मरना चाहते हो, तो मरो—मेरी बला से।' शावाल क्रूर स्वर में चिल्लाया। 'मैं तो इसी रास्ते से जाऊँगा।'

वह बाईं ओर मुड़ा, तो दो आदमी उसके पीछे हो लिये। बाकी लोग बूढ़े मूक के पीछे चल पड़े थे। मूक की ज़िन्दगी ही रकैयार की तलहटी में बीती थी। इसके बावजूद, उसे थोड़ी झिझक हो रही थी। नहीं जानता था कि किस दिशा में जाए। सब शशोपंज में थे, यहाँ तक कि ज़माने से यहाँ काम करनेवाले मज़दूर भी सुरंगों की भूलभूलैया में रास्ता नहीं ढूँढ़ पा रहे थे जो उनके देखते-देखते उलझे लच्छे जैसी हो गई लगती थीं। हर दुराहे पर वे ठिठककर खड़े हो जाते और मुँह बाए देखने लगते। लेकिन इधर या उधर, किसी तरफ़ जाने का तो फ़ैसला करना ही था।

एतियन कैथरीन के कारण सबसे पीछे छूट गया था, क्योंकि यह लड़की थकन और डर के मारे सुन्न हुई जा रही थी। एतियन का वश चलता, तो वह शावाल के साथ

दाईं ओर ही गया होता, क्योंकि समझता था कि शावाल ने सही रास्ता चुना था। फिर भी, वह शावाल के रास्ते पर नहीं गया। ऐसा करने में यह जोखिम भी थी कि शायद यहाँ से कभी बाहर निकलकर ही नहीं जा पाएगा। अलबत्ता यह टोली टूटती-बिखरती चलती चली गई। कुछ लोग अपनी राह हो लिये, और केवल सात जन ही रह गए जो बूढ़े मूक के पीछे-पीछे चल रहे थे।

कैथरीन को लड़खड़ाते देख एतियन बोला, 'मेरे गले में बाँहें डाल दे। उठाकर ले चलूँगा।'

'न, न, रहण दे,' वह बोली। 'अब तो एक कदम नहीं चला जाता। बेहतर है मर जाऊँ, टंटा ख़तम हो।'

बाकी लोगों से ये दोनों करीब पचास गज़ पीछे थे और कैथरीन के नाँह-नुकर करने के बावजूद एतियन उसे गोद में लेने ही जा रहा था कि सुरंग का रास्ता अचानक बन्द हो गया : एक बड़ी चट्टान खिसककर आ गिरी थी और बाकी लोगों से वे एकदम अलग-थलग पड़ गए थे। पानी चट्टानों के साथ लपलपा रहा था और चारों तरफ़ से धरती धसक रही थी। यह देख वे तत्काल पीछे भागे। अन्ततः इन्हें इस बात की सुध-बुध न रही कि जा किधर रहे हैं। लगता था अन्त वेला आ गई है। अब रकैयार के रास्ते से भी निकलने की आस छोड़ देनी पड़ेगी। अब एक ही अवलम्ब था और वह यह कि ऊपर के चबूतरों पर चले जाएँ। पानी उतर गया, तो वहाँ से उद्धार हो सकता है।

अन्ततः एतियन समझ गया कि वे गियोम में खड़े हैं।

'ठीक है,' वह बोला। 'अब समझ में आई सारी बात कि हम लोग कहाँ हैं। अरे, हम तो सही रास्ते पर हैं।...अच्छा जाने दे...सुन, क्यों न सीधे चलकर जाएँ, चिमनी में से चढ़कर निकल जाएँगे।'

पानी छाती-छाती तक आ गया था और अब वे सँभल-सँभलकर चल रहे थे। जब तक रोशनी का सहारा था, उम्मीद का दामन वे नहीं छोड़ेंगे। इसलिए तेल बचाने के लिए इन्होंने एक लैम्प बुझा दिया। सोचते थे कि बाद में इस लैम्प का तेल निकालकर बलते लैम्प में डाल लेंगे। अभी वे चिमनी तक पहुँचे ही थे कि पीछे आहट सुन चौंक पड़े और मुड़कर देखने लगे। क्या दूसरे लोग भी रास्ता बन्द देखकर इधर लौट आए हैं ? परे कहीं से ज़ोर-ज़ोर से हाँफने की आवाज़ सुनाई पड़ी, तो समझ नहीं पाए कि यह कैसा तूफ़ान है जो झाग उड़ाता निकट आता जा रहा है। मगर तब तो उनकी चीखें ही निकल गईं जब इनकी नज़र अँधेरे में किसी सफ़ेद-सफ़ेद और भारी-भरकम चीज़ पर पड़ी जो शहतीरों के साथ उनकी तरफ़ बढ़ती आ रही थी।

यह तो बाताई था जो ढुलाईवाले चबूतरे से निकलने के बाद अँधेरे गलियारों में बेतहाशा भागता फिरा था। प्रतीत होता था, धरती के नीचे की इस नगरी के तमाम रास्तों से परिचित था जहाँ वह ग्यारह बरसों से रहता आ रहा था और उसकी आँखें भी इस अनन्त रात्रि को भेदने में समर्थ हो गई थीं जहाँ इसका जीवन व्यतीत हुआ था। इन सँकरे गलियारों में, जिनमें उसकी भारी-भरकम देह मुश्किल से समा पाती थी, सिर नीचे किए, सुम पटकते हुए वह सरपट भागता फिरा था। एक रास्ते से निकलकर दूसरे

रास्ते पर आता, एक चौराहा पार करके दूसरे चौराहे पर आता और बेझिझक दौड़ता रहा। जा कहाँ रहा है ?—सम्भवतः उधर, जिधर उसकी तरुणावस्था की नगरी थी और स्कार्प के तट की पनचक्की थी जहाँ उसका जन्म हुआ था, जहाँ शायद वह प्रचंड सूर्य था जो किसी बहुत बड़े लैम्प की भाँति बलता रहता था। वह जीना चाहता था, उसकी पशु-स्मृति जाग उठी थी, धरती पर एक बार फिर साँस लेने की आकांक्षा उसे उस विवर की ओर खींचे लिए जा रही थी जहाँ से उष्मा भरी हवा की तरफ़, प्रकाश की तरफ़ रास्ता जाता था। और विद्रोह करने के वृत्ति ने उसकी सन्तोष-वृत्ति को बुहारकर रख दिया था जिसके सहारे वह जीवन जीता आया था—कोयला-खान ने पहले उसकी बीनाई छीनी थी, अब उसकी हत्या करने को तत्पर थी। उमड़ता हुआ पानी उसकी जंघाओं पर लपलपा रहा था, पुट्ठों को डस रहा था। पानी में वह जितना ही आगे बढ़ता, गलियारे और सँकरे होते जाते, उनकी छतें और नीची होती जातीं, दीवारें और भींचने लगतीं। फिर वह दौड़ता ही रहा था, चाहे उसके जिस्म को रगड़ भी लग जाती थी, शहतीरों से छिल जानेवाला मांस उनके साथ लटकता रह जाता था। प्रतीत होता था कोयला-खान इसे हर तरफ़ से दबोचती जा रही थी, शिकंजा कसती जा रही थी, इसका दम घोंटकर इसे मारे डाल रही थी।

बाताई जब नमूदार हुआ, तो एतियन और कैथरीन ने देखा कि वह चट्टानों के बीच फँस गया है। वह लड़खड़ाकर गिरा था और उसकी अगली दोनों टाँगें टूट गई थीं। ऐसे में पूरी ताकत लगाकर वह घिसट-घिसटकर थोड़ा और आगे आया। लेकिन इतना भिंच गया था कि वहाँ से निकलकर आना दुश्वार हो गया और धरती ने उसे जकड़ लिया, उसका दम घोंटकर रख दिया। उसकी लहूलुहान गर्दन आगे निकली थी और व्याकुल आँखें कोई दरार खोज रही थीं। पानी तीव्रता से उसके ऊपर उफन रहा था और वह उसी तरह हींस-हिनहिना रहा था और वैसी ही मरणान्तक गुहार कर रहा था जैसी हाँक कभी अस्तबल में मरते दूसरे घोड़ों के मुँह से निकला करती थी। एकदम टूटे, ठाड़े-से और दिन के उजाले से इतनी दूर कोयला-खान की भीतरी गहराइयों में छटपटाते इस बूढ़े घोड़े की अन्तकाल की प्राणपीड़ा देखी नहीं जाती थी। विपदा में पड़े इस जानवर की चिल्लाहट लगातार सुनाई पड़ रही थी। जब उसकी अयाल पानी में डूबी, तो उसके ऊपर उठे खुले मुँह से आवाज़ और भर्रा गई थी। अन्ततः एक बार फिर गड़गड़ाहट हुई, जैसे भरते बैरल से दबी-दबी-सी आवाज़ निकलती है और उसके बाद गहरा सन्नाटा हो गया।

'हाय ! मेरे को ले चल यहाँ से !' कैथरीन सिसक उठी। 'मुझे डर लगता है। मेरे को यहाँ से ले चल, ले चल मेरे को।'

कैथरीन ने मौत के दर्शन किए थे। ध्वस्त चबूतरे ने, पानी में डूबती कोयला-खान ने—उसे इतना त्रस्त नहीं किया था जितना कि घोड़े की मृत्यु के समय गले की घरघराहट ने। वह अब भी उसे सुनाई पड़ रही थी, अब भी उसके कानों में गूँज रही थी, उसकी देह का ज़र्रा-ज़र्रा, रोआँ-रोआँ लरज़ रहा था।

'मेरे को ले चल यहाँ से ! मेरे को ले जा यहाँ से !'

एतियन उसे थामकर लिये जा रहा था। लेकिन चिमनी में चढ़ते-चढ़ते पानी भी

उनके कन्धों तक आ गया था। एतियन ने उसे सहारा दिया, क्योंकि कैथरीन में इतनी ताकत नहीं बची थी कि लकड़ियों को पकड़ सके। तीन बार एतियन को लगा कि वह उसकी पकड़ से फिसल रही है और नीचे अतल सागर में जा पड़ेगी जिसकी उफनती लहरें उनके नीचे उठ-गिर रही थीं। जब वे पथ पर पहुँचे और वह स्थल सूखा मिला, तो कुछ देर इनको जान में जान आई। लेकिन पानी वहाँ भी पहुँच गया और वे थोड़ा और ऊपर चढ़ने को मजबूर हो गए। घंटों वे ऊपर, और ऊपर चढ़ते गए और बाढ़ का पानी एक रास्ते से दूसरे रास्ते तक इनका पीछा करता रहा जिससे वे वहाँ से भी ऊँची जगह पर चढ़ने को विवश हो जाते। छठे रास्ते पर इन्हें थोड़ी राहत मिली, तो इनके भीतर आशा का संचार हुआ—वे समझ बैठे कि पानी चढ़ना बन्द हो गया है। मगर तभी पानी और तेज़ी से उमड़ता हुआ आया और इन्हें सातवें और आठवें रास्ते पर शरण लेनी पड़ी। ऊपर, बस, एक ही रास्ता बचा था अब, और जब वहाँ पहुँचे, तो पानी को पोटा-पोटा चढ़ते देख और व्याकुल होने लगे। यदि यह पानी रुकता नहीं है, तो क्या फेफड़ों में पानी भर जाने से छत के साथ भिंचकर वे भी बूढ़े घोड़े की मौत मरेंगे ?

क्षण प्रति क्षण धरती धसक रही थी और उसका कड़कना सुनाई पड़ता रहता था। तब सगरी कोयला-खान एकदम लरज़ जाती और उसे लील जानेवाला बाढ़ का ज़बर्दस्त प्रवाह उसकी सँकरी अँतड़ियों को फाड़ने लगता। ऐसी दशा में हवा भी गलियारों के कोनों-बखरों में भरने लगती और उसका दबाव इतना बढ़ जाता कि ढहती चट्टानों और बहकर आई मिट्टी में ज़बर्दस्त विस्फोट हो जाता। यह भीतरी जलप्रलय का भयावह कोलाहल था—जैसे प्रागैतिहासिक काल में उथल-पुथल हो रही हो जब बाढ़ का पानी धरती को मथता रहता था और पर्वत-पहाड़ दफ़न होते रहते थे।

निरन्तर होनेवाली इस उथल-पुथल से कैथरीन इतनी हिल गई थी, इतनी त्रस्त हो गई थी कि दोनों हाथ जोड़कर बार-बार एक ही बात बोलती थी : 'मैं मरना नहीं चाहती...मैं मरना नहीं चाहती...'

उसे ढाढ़स बँधाने की ख़ातिर एतियन उसे यह कहकर आश्वस्त करता कि पानी अब और नहीं बढ़ रहा। छह घंटों से ये लोग दौड़-भाग कर रहे थे—इसी आस में जी रहे थे कि किसी वक्त भी मदद करनेवाले पहुँच सकते हैं। उसके मुख से 'छह घंटे' तो निकल गया था, लेकिन कितना समय बीत गया है, वास्तव में वह भी नहीं जानता था, क्योंकि उनका समय-बोध पूरी तरह तिरोहित हो चुका था। सच पूछो तो, गियोम को लाँघते-लाँघते ही पूरा दिन निकल गया था।

दोनों भीतर तक बुरी तरह भीगे हुए थे। ठिठुरते-ठिठुरते वहीं टिक गए। कैथरीन ने बिना किसी लाज-संकोच के कपड़े उतारकर निचोड़े। ऐसा करके उसने पतलून और फतूही फिर पहन ली, ताकि पहने-पहने ही वस्त्र सूख जाएँ। कैथरीन नंगे पैरों थी और एतियन के पैरों में साबो थे। सो, उन्हें उतारकर उसने कैथरीन को ज़बरदस्ती पहनाए। अब बाट जोहने के सिवा और कोई उपाय न था। सो लैम्प की बाती इन्होंने इतनी नीचे कर दी कि टिमटिमाहट-भर रह गई। लेकिन जब पेट में मरोड़ उठे, तब जाकर इन्हें लगा कि अब तो भूख सताने लगी है—अभी तक इन्हें यह सुध नहीं थी कि वे जीवित भी

हैं या नहीं। जब यह आफ़त आई थी, तब तक इन्होंने कुछ खाया-पिया नहीं था और इनके पास जो सैंडविच थी, वह भी भीगकर एकदम मलीदा हो गई थी। कैथरीन ने झिड़का, तब कहीं जाकर एतियन ने एक टुकड़ा उठाया। इस तरह जब पेट में कुछ गया, तो वह निढाल होकर ठंडी ज़मीन पर पड़कर नींद लेने लगी। एतियन सो न पाने के कारण उद्विग्न हो रहा था और हाथों में सिर थामे बैठा उसे निहारे जा रहा था।

इस तरह पता नहीं कितने घंटे बीत गए, इसका भान एतियन को हो ही नहीं सकता था। बस, इतना भर जानता था कि सामने की चिमनी के विवर में वह पानी, वह काली-काली बाढ़, बाढ़रूपी जानवर की पीठ उनकी तरफ़ बढ़ती ही आ रही है। आरम्भ में वह एकदम पतली रेखा सरीखी लगती थी, जैसे कोई साँप लचकता हुआ आ रहा हो। फिर उसने फूलकर कुलबुलाती रेंगती रीढ़ का-सा रूप धारण कर लिया और देखते ही देखते वह उन तक पहुँच गई थी और सोती हुई लड़की के पैरों के पास लपलपा रही थी। एतियन चिन्तित हो उठा, लेकिन उसे जगाने से झिझका। क्या इस तरह सोती हुई लड़की के आराम में खलल डालना, बेखबरी के आलम में पड़ी इस लड़की को बेदार करना निष्ठुरता नहीं होगी जिसकी गोद में पड़ी वह स्वच्छ समीर और धुपैली ज़िन्दगी के सपने देख रही है ? फिर ऐसे में यहाँ से निकलकर जा भी कहाँ सकते थे ? जब मस्तिष्क पर ज़ोर डाला, तो उसे स्मरण हो आया कि खान के इसी भाग में वह ढालवीं जगह है जहाँ से ऊपर के ढुलाईवाले चबूतरे की तरफ़ रास्ता जाता है। बाहर जाने का यही तो रास्ता था। ठीक है, अभी सोती रहे, इसे जगाना उचित नहीं। बस, बैठा-बैठा चढ़ते पानी को देखता रहा। सोचता था कि जब पानी और निकट आएगा, तो उठकर आगे चल देंगे। अन्ततः उसने हौले से उसे गोद में उठाया, तो वह एकदम दहल गई।

'हाय, यह सच है...हाय, फिर आ गया !'

उसे सब याद हो आया था। मौत को इतने निकट पा उसने रोना शुरू कर दिया।

'न, न, चुप हो जा,' वह बोला। 'हम बच जाएँगे। ईमान से, हम बच सकते हैं।'

उस ढालवीं जगह तक पहुँचने के लिए इन्हें झुक-झुककर चलना पड़ा, जिस कारण वे फिर कन्धों तक भीग गए। इसके बाद फिर चढ़ाई शुरू होती थी जो पहले से भी ख़तरनाक थी और यह रास्ता सौ गज़ से भी लम्बा था और शहतीर-बल्लियों से अटा पड़ा था। पहले तो इन्होंने एक केबल को खींचकर नीचे से एक ठेले को वहीं रोकने की कोशिश की, क्योंकि जब ऊपर जाएँगे, तो उधर से यदि ठेला आ गया, तो इन्हें कुचलकर रख देगा। लेकिन केबल टस से मस नहीं हुई; कल-पुर्ज़ों में कोई ख़राबी थी। फिर भी, इन्होंने यह जोखिम उठाई, क्योंकि जो केबल अड़चन पैदा कर रही थी, उसे इस्तेमाल करने की इन्हें हिम्मत नहीं हुई और चिकनी लकड़ियों से रगड़ खाकर नाखून भी टूटने लगे थे। एतियन उसके पीछे-पीछे चला और घायल हाथों की वजह से जब भी कैथरीन फिसलने लगती, वह नीचे से सिर लगाकर उसे थाम लेता। अचानक आगे एक जगह टूटी कड़ी आड़े आ गई। मिट्टी गिरी थी—ज़मीन धँस जाने से आगे ऊपर जाना मुहाल था। किस्मत से उस स्थल पर एक दरवाज़ा था जिसमें से निकले, तो आगे एक राह दिखाई पड़ी। सामने ही एक लैम्प टिमटिमा रहा था। देखते ही वे भौंचक

रह गए। कोई आदमी आवेश में आकर चिल्लाया :

'लो, मैंने तो मूरखताई की ही, मुझसे भी बड़े मूरख चले आ रहे हैं।'

इस आदमी को इन्होंने पहचान लिया। वह शावाल था। ढालवें रास्ते पर ज़मीन धँसने से रास्ता बन्द हो गया था। वह आगे नहीं जा पाया था। जो दो आदमी उसके साथ हो लिये थे, वे रास्ते में ही ढेर हो गए थे, क्योंकि उनके सिर फट गए थे। शावाल की कोहनी पर भी चोट आई थी, मगर उसने हिम्मत से काम लिया था। घुटनों के बल रेंगते हुए वह गया था और लैम्प लेकर उनकी जामातलाशी ली थी और सैंडविच निकाल ली थीं। लेकिन वहाँ से खिसकने ही वाला था कि उसके पीछे की ज़मीन बैठ गई थी और गलियारा बन्द हो गया था।

ये लोग हौले-हौले ऊपर आ रहे थे। इन्हें देखते ही शावाल ने तहैया किया कि अपने खाने-पीने की चीज़ों में से कोई चीज़ इन्हें नहीं देगा। पहले इनको जान से मार डालेगा ! लेकिन ज्योंही उसने इन दोनों को पहचाना, झाग की तरह बैठ गया। फिर घृणापूर्वक उनकी तरफ़ देखते हुए उसने अट्टहास किया।

'अरी, तू है, कैथरीन ? इतनी जल्दी अघा गई इस आदमी से और अब अपने मरद के पास लौटकर आना चाहती है। क्यों, है न यही बात ? ठीक, एकदम ठीक। चल, दोनों मिलकर नई ज़िन्दगी शुरू करेंगे।'

उसने ऐसे जतलाया जैसे एतियन को तो उसने लक्ष्य ही न किया हो। कैथरीन उसके साथ खड़ी थी। उसकी रक्षा के निमित्त उसने उसे अपने साथ सटा लिया। लेकिन यह ऐसी स्थिति थी जिसमें से निकलने का कोई रास्ता नहीं था। सो, जिस तरह घंटा-भर पहले दोस्तों की भाँति अलग हुए थे, उसी तरह उसने शावाल से पूछा : 'पीछे देखा तूने ? चबूतरों के रास्तों से निकलकर हम बाहर नहीं जा सकते क्या ?'

शावाल को अब भी ठीठी सूझ रही थी।

'क्यों नहीं, क्यों नहीं, चबूतरों के रास्ते क्यों नहीं जा सकते ! वे भी बैठ गए हैं। हम दो दीवारों के बीच फँसे हैं, सचमुच की चूहादानी में...लेकिन तू इसी रास्ते से लौटकर जा सकता है, मेरा मतलब है अगर तू तैरना अच्छी तरह जानता है, तो !'

यह सच भी था। पानी चढ़ता आ रहा था और उसकी लपलपाहट सुनाई पड़ रही थी। पीछे जाने का रास्ता तो कट ही गया था। शावाल ने ठीक ही कहा था—यह चूहादानी ही तो थी, यानी ज़मीन ज़बरदस्त धसकी थी और गलियारे का एक हिस्सा दोनों सिरों से बन्द हो गया था। अब निकलकर जाने का कोई रास्ता नहीं था, तीनों कैद हो गए थे।

'ठहरेगा क्या ?' शावाल ने व्यंग्य के स्वर में पूछा। 'अरे, मैं तो यही समझता हूँ कि इसके अलावा तू और कर भी क्या सकता है, और अगर मेरे को परेशान नहीं करेगा, तो तेरे साथ कनाम तक नहीं करूँगा। अभी दो आदमियों के लिए जगह है यहाँ...देखते हैं, हममें से पहले किसकी हवा सरकती है—अलबत्ता मदद आ जाए, तो बात न्यारी है, मगर कोई उम्मीद दिखाई नहीं देती।'

एतियन ने कहा : 'अगर हम दीवारों पर ठकठकाएँ, तो हो सकता है, वे सुन लें।'

एतियन ने वही बलुआ पत्थर उठाया जिसे दीवार पर मार-मारकर शावाल छिजा चुका था। पीछे वहाँ तक गया, जहाँ तक जा सकता था और दीवार पर ठकठकाता रहा, बिलकुल उसी तरह, जिस तरह मुसीबत में फँसे खान मज़दूर लगातार ठकठकाया करते हैं। फिर उसने दीवार के साथ कान लगाकर सुनने की कोशिश की। लगातार बीसेक बार उसने ऐसा किया। जवाब में आहट तक सुनाई नहीं पड़ी।

इस बीच शावाल अपना सारा सामान आराम से सजाता रहा। पहले उसने अपने तीनों लैम्पों को दीवार के साथ टिकाया : केवल एक ही बल रहा था, बाकी लैम्पों को बाद में इस्तेमाल करेंगे। फिर उसने बाकी दो सैंडविच लकड़ी के कुन्दे पर रखीं—यह था उसका भोजन—अगर सावधानी से काम लिया, तो यह दो दिन तक चल सकता था। उसने मुड़कर देखा : 'सुन, कैथरीन, भूख लगे, तो आधा हिस्सा ले सकती है।'

लड़की मौन रही। दो मर्दों के बीच फँसी थी और ख़्वारी हो रही थी।

और इस तरह एक साथ इनका विकट जीवन आरम्भ हुआ। ज़मीन पर कुछ ही कदमों के फ़ासले पर वे बैठे थे, मगर शावाल ने और एतियन ने मुँह तक नहीं खोला। फिर शावाल ने एक बात कही, तो एतियन ने अपना लैम्प बुझा दिया। इतनी रोशनी किए रखने की क्या ज़रूरत है ? इसके बाद दोनों मौन हो गए। कैथरीन का पहला प्रेमी जिस तरह घूर रहा था, उससे परेशान हो वह एतियन के निकट लेट गई थी। समय बीत रहा था। लगातार चढ़ते पानी की हलकी-हलकी मरमराहट उनके कानों में पड़ रही थी। बीच-बीच में ज़बरदस्त झटके आते और दूर कहीं विस्फोट होता, तो प्रतीत होता कि खान बैठती जा रही है। जब लैम्प का तेल चुक गया, तो उसे बालने के लिए इन्होंने दूसरा लैम्प खोलने की सोची, तो मीथेन के डर के मारे वे क्षण-भर पसोपेश में पड़ गए। मगर फिर यह सोच हुई कि अँधेरा ढोने से बेहतर तो यही होगा कि एकबारगी धमाका हो और इनकी चिन्दी-चिन्दी उड़ जाए। मगर विस्फोट हुआ नहीं। वहाँ मीथेन थी ही नहीं। वे पसर गए। समय बीतने लगा।

किसी आहट से चौंककर एतियन और कैथरीन ने सिर उठाकर देखा। शावाल भोजन करने की तैयारी में था : सैंडविच तोड़कर उसने दो हिस्सों में बाँट दी थी और एक हिस्से को धीरे-धीरे चबा रहा था, ताकि एकबारगी सारी की सारी मुँह में डालने की तृष्णा न हो। भूख तो इन्हें भी सता रही थी, सो उसकी तरफ़ देखा किए।

'सच्ची, तू नहीं खाना चाहती ?' उसने कैथरीन को छेड़ने की ग़र्ज़ से यह बात कही। 'तेरे को भूख तो लगी ही होगी।'

कैथरीन ने इस डर से आँखें नीची कर लीं कि कहीं फिसल ही न जाए। पेट में इतने ज़ोर से मरोड़ उठा था कि आँसू आ जाने से उसकी पलकों में सूजन आ गई थी। लेकिन जानती थी कि यह शख़्स चाहता क्या है। दिन सवेरे-सवेरे वह इसके गिर्द हो गया था, क्योंकि उसे दूसरे पुरुष के साथ देख पहले की तरह उसकी कामेच्छा जागृत हो उठी थी। जिस तरह घूरते हुए उसे आकृष्ट कर लेने की कोशिश में था, उस नज़र में जो ज्वाला थी, उससे वह भली-भाँति परिचित थी—वह ईर्ष्या की अग्नि थी। तब वह घूँसे-मुक्के मार-मारकर उसे बेहाल कर दिया करता था और यह तोहमत भी लगाया करता था कि उसकी माँ ने घर में जिस मेहमान को ठहरा रखा है, उसके साथ उसके

नाजायज़ ताल्लुकात हैं। और वह फिर ऐसा नहीं होने देना चाहती थी। और इस बात से त्रस्त थी कि अगर वापस इस मरद के पास जाती है, तो दोनों आदमी इस सँकरी सुरंग में, जहाँ मौत इनके सिर पर मँडरा रही है, एक-दूसरे की जान के ग्राहक बन जाएँगे। हे प्रभु ! ये लोग क्या दोस्तों की तरह रहते हुए आसन्न मृत्यु को गले नहीं लगा सकते ?

एतियन को भूखों मरना स्वीकार था, लेकिन शावाल से एक लुक्मा भी माँगना गवारा नहीं था। सन्नाटा और भी भारी पड़ने लगा था और ऐसे लगता था जैसे दीर्घकाल से यहाँ बैठे हों और समय अत्यन्त धीमी गति से, तिल-तिल करके व्यतीत हो रहा हो। एक दिन बीत चुका था इन्हें यहाँ कैद हुए। दूसरा लैम्प भी मद्धम पड़ता जा रहा था। सो, तीसरा लैम्प भी बाल लिया था।

शावाल ने दूसरी सैंडविच भी खानी शुरू की और लगा बड़बड़ाने : 'आ जा, री ! मूढ़मते !'

कैथरीन लरज़ गई। एतियन ने उसकी तरफ़ से मुख मोड़ लिया था, ताकि उसके कारण यह लड़की संकोच में न पड़े। लेकिन जब वह हिली-डुली तक नहीं, तो धीमे से कहता है : 'जा री, छुकरिया।'

जिन आँसुओं को उसने रोक रखा था अभी तक, वे धार बनकर फूट पड़े। देर तक रोती रही। उठकर खड़ी होने के लिए कुव्वत नहीं थी। इतना भी एहसास नहीं था उसे कि भूखी है या नहीं। सारी देह पीड़ा से कसमसा रही थी। एतियन उठकर खड़ा हो गया था और चहलकदमी-सी करने लगा था। बीच-बीच में व्यर्थ ही दीवार पर ठकठकाकर देख लेता। इस बात का बड़ा आक्रोश था उसे कि जीवन की अन्तिम घड़ियाँ ऐसे प्रतिद्वन्द्वी के निकट भिंचकर बितानी पड़ रही थीं जिससे वह अपार घृणा करता था। वहाँ तो इतनी भी जगह नहीं थी कि कोई थोड़ा हटकर अपना वायु ही निकाल सके ! छह कदम ही चलकर जाता और मुड़ता, तो उस आदमी से जा टकराता ! और कैथरीन, यह निरीह लड़की ! उसके लिए यहाँ रसातल में आकर भी मरने-मारने को उद्यत हो रहे थे ! यह लड़की उसी के पल्ले पड़ेगी जो जीवित बच जाएगा—अगर वह पहले गया, तो यह शख़्स इसे फिर उठाकर ले जाएगा। कोई हल नहीं था। समय धीरे-धीरे व्यतीत हो रहा था। इस तरह एक ही जगह पर मिल-जुलकर बैठना ही जुगुप्सा का सबब था। वह और भी भयावह हो उठा था जब उनके श्वास-निःश्वासों से और एक-दूसरे की उपस्थिति में ही मल-मूत्र त्यागने से वायुमंडल और दूषित होने लगा। दो बार उसने चट्टानों पर धावा बोला था, मानो घूँसों से ही इन्हें चकनाचूर करके रख देगा।

एक दिन और बीतने को था और शावाल कैथरीन के संग बैठ अपनी आधी और आख़िरी सैंडविच उसके साथ मिल-बाँटकर खा रहा था। कैथरीन के गले से कौर नहीं उतर रहा था और शावाल था कि एक-एक गस्से के एवज़ में उसे चूम लेता था। और ईर्ष्यावश उसने यह भी ठान लिया था कि तब तक प्राण नहीं छोड़ेगा, जब तक एक बार इसे भोग नहीं लेता—और वह भी एक पुरुष की आँखों के सामने। वह क्लान्त-श्रान्त थी और उसके आगे हार बैठी थी, लेकिन जब वह उसे आग़ोश में लेने

को तत्पर हुआ, तो वह हुज्जत करने लगी : 'छोड़ न, हड्डियाँ तोड़ डालेगा क्या ?'

एतियन ने थर्राकर मुँह शहतीरों की तरफ़ कर लिया था, ताकि अपनी आँखों से यह सब होते हुए न देखे। लेकिन फिर एकदम मुड़ा और उनकी तरफ़ बेतहाशा दौड़ते हुए आया।

'ओय, छोड़ दे इसे।'

'ओय, तेरे को क्या लेना-देना है, रे ?' शावाल बोला। 'यह मेरी लुगाई है—मेरी मिल्कियत है—हैगी या नहीं ?'

और गीदड़भभकी के साथ उसने लड़की को खींचकर अपने साथ सटाया और लाल मूँछों से उसके होंठों का चुम्बन लेते हुए कहा : 'हमें परेशान मत कर। चलता-फिरता नज़र आ !'

एतियन के होंठ एकदम सफ़ेद पड़ गए थे। आवेशपूर्वक चिल्लाया : 'इसे छोड़ दे, नहीं तो तेरी गिच्ची दबा दूँगा, समझे !'

एतियन का लहज़ा ही ऐसा था कि शावाल को समझते देर नहीं लगी कि किसी भी बात की नौबत आ सकती है। सो, उछलकर खड़ा हो गया। मौत तो आस-पास मँडरा ही रही थी। तत्काल इसका या उसका अन्त तो होना ही था। पुराना कुश्तमकुश्ता यहाँ धरती के नीचे फिर शुरू होने जा रहा था, जहाँ कुछ ही देर में वे साथ-साथ मौत की नींद सो जाएँगे हमेशा-हमेशा के लिए। और उस जगह इतनी गुंजाइश भी तो नहीं थी कि घुमाकर मुक्का-घूँसा मारते। ऐसा करते तो मुट्ठियाँ छिल न जातीं।

'होशियार !' शावाल चीखते हुए बोला। 'अबके तेरे को कच्चा ही चबा जाऊँगा।'

यह बात उसके मुँह से निकलने की देर थी कि एतियन पर भूत सवार हो गया। आँखों के आगे लाल कोहरा-सा छा गया और ख़ून में जो उबाल उठा, तो गला रुँध गया। उसे हत्या करने की ख़लिश होने लगी, इतना मजबूर हो गया कि ज़ब्त नहीं कर पाया—बिलकुल वैसे ही लाचार हो गया जैसे बलग़मी झिल्ली फटने से गले में ख़राश होने पर कोई बार-बार खाँसने को लाचार हो जाता है। कुछ ऐसी ही दशा हो रही थी उसकी, और विरासत में इसे जो कलंक लगा था, उसके वशीभूत वह एकदम आपे से बाहर हो गया। दीवार से उसने सलेटी चट्टान में से भारी-सी पटिया उखाड़ी, उसे दोनों हाथों से उठाकर ऊपर ले गया और दसगुनी ताकत के साथ उसे शावाल के सिर पर दे मारा।

शावाल को कूदकर पीछे हटने का अवसर नहीं मिला। वह लड़खड़ाते हुए मुँह के बल गिरा। चेहरा उसका कुचला गया था और खोपड़ी फट गई थी। भेजा था कि गलियारे की छत से जा टकराया था और घाव से जामुनी-से रंग की धार इस तरह निकली जिस तरह सोते से जलधार फूटती है। देखते ही देखते नीचे रक्त का जो डबरा-सा बन गया था, उसमें लैम्प का धुआँता सितारा प्रतिबिम्बित होने लगा। काली आकृतिवाली छाया से अवरुद्ध गुफा एकदम पट गई थी। ज़मीन पर पड़ी देह ऐसे लगती थी जैसे कोयले के चूरे के ढेर में काला कूबड़-सा निकला हो।

एतियन झुका-झुका फैली-फैली आँखों से उसे देखे जा रहा था। तो, सचमुच, यह करिश्मा हो गया था ? उसने हत्या कर डाली थी ? भौंचक-सा देखे जा रहा था और

उसे अपनी वह सारी जद्दोजहद याद हो आई, उसके रग-रेशे में जो विष घुला था, जो दारू उसके पूर्वजों की नसों में इकट्ठा होता रहा था और जो उसे विरासत में मिला था, उससे त्राण पाने के असफल संघर्ष का स्मरण हो आया उसे। हालाँकि उसके भीतर भूख के अतिरिक्त और कोई नशा नहीं था, लेकिन बहुत पहले उसके पूर्वजों ने जितना नशा किया था, वही पर्याप्त था। हत्या के त्रास से उसके रौंगटे खड़े हो गए थे, मगर शिक्षा-दीक्षा से घुट्टी में मिली जुगुप्सा के बावजूद, आह्लाद से उसका हृदय ज़ोर-ज़ोर से धड़कने लगा—जो कि अन्ततः भूख शान्त हो जाने का पाशविक उल्लास था। और फिर उसे गर्व हुआ, वैसा ही गर्व जैसा किसी शक्तिशाली व्यक्ति को होता है। उस ठिंगने सिपाही की छवि उसके सामने आकर खड़ी हो गई जिसके गले में छुरा घोंपा गया था, जिसे एक बालक ने मार डाला था। अब उसने भी हत्या की थी।

मगर कैथरीन एकदम तनकर खड़ी हो गई थी और चिल्ला पड़ी थी : 'ओय-होय, यह तो मर गया !'

'तेरे को अच्छा नहीं लगा क्या ?' एतियन ने निष्ठुर स्वर में पूछा।

वह हाँफते हुए बड़बड़ा रही थी। लड़खड़ाते हुए उसकी बाँहों में समा गई।

'ओह, मेरे को भी मार डाल !—दोनों मर जाएँ !'

कैथरीन उसे कन्धों से थाम उससे लिपट गई और उसने भी उसे अंक में भर लिया, और दोनों यही उम्मीद करने लगे थे कि वे भी मौत की नींद सो जाएँगे। लेकिन मौत को इतनी जल्दी नहीं थी, सो वे अलग हुए। कैथरीन ने अपनी आँखों को ढाँप लिया और एतियन उस मरदूद को घसीटते हुए परे ले गया और ढलान से नीचे ठेल दिया, ताकि उस सँकरी जगह पर पड़ा न रहे जिस जगह पर दोनों को रहना था। यदि लाश पैरों में पड़ी रहती, तो इनका जीना हराम हो जाता। लेकिन उस वक्त वे एकदम डर गए जब लाश के डूबने और ऊपर उठने की आवाज़ उनके कानों में पड़ी। क्या, गड्ढा पानी से भर गया ? और तब इन्होंने लक्ष्य किया, पानी चढ़ते-चढ़ते गलियारे तक आ गया था।

और इसके बाद एक नई जद्दोजहद शुरू हुई। इन्होंने आख़िरी लैम्प भी बाल लिया था और उसके मन्द पड़ते प्रकाश में देख रहे थे कि किस तरह बाढ़ का पानी लगातार, अनवरत, अविरल बढ़ता आ रहा है। पानी पहले इनके टखनों तक आया, फिर घुटनों तक लपलपाने लगा। ढालवें गलियारे के सबसे ऊँचे स्थल पर इन्हें कुछ ही घंटों की मोहलत मिली, मगर बाढ़ का पानी बढ़ते-बढ़ते इनकी कमर तक आ गया। वे आले जैसी जगह पर खड़े थे और पीठ चट्टान के साथ टिकी थी और पानी को लगातार चढ़ते हुए देखे जा रहे थे। पानी मुँह तक आया नहीं कि किस्सा ख़त्म हुआ। लैम्प इन्होंने ऊपर टाँग दिया था, उसकी पीली लहक तेज़ी से उठती छोटी तरंगों पर पड़ रही थी, जो फीकी पड़ती जा रही थी और प्रकाश का अर्द्धवृत्त मात्र दिखाई देता था और वह भी हौले-हौले मन्द पड़ता जा रहा था, मानो उसे बाढ़ के साथ फैलता अन्धकार लील रहा हो। फिर एकाएक वे अँधेरे में डूब गए—तेल की अन्तिम बूँद के साथ बाती फड़फड़ाकर बुझ गई। एकदम पूरी रात—धरती की अँधेरी रात घिर आई थी जिसमें वे सो जाएँगे और फिर सूर्य के प्रकाश के कभी दर्शन नहीं कर सकेंगे।

'भट्ठा गुल !' एतियन धीरे से बड़बड़ाया।

कैथरीन ने उसके पीछे आश्रय ले लिया था, मानो एकाएक उसे लगा था कि अँधेरा उसे खाने को आ रहा है। हौले से वह खान मज़दूरों की यह कहावत बोलती है :

'मौत लैम्प को बुझा देती है।'

मगर इनकी सहज वृत्ति ने इन्हें इस संकट से जूझने की प्रेरणा दी। वे जीवित रहने की बलवती आकांक्षा से अनुप्राणित हो उठे थे। एतियन ने लैम्प की कंटिया ली और उससे शिला को ताबड़तोड़ खुरचना शुरू किया और फिर कैथरीन भी नाख़ूनों से उसके साथ जुट गई। इस तरह इन्होंने छोटे-से आले जैसी जगह बना ली और वहाँ चढ़कर टाँगें नीचे लटकाईं और उकड़ूँ-से होकर बैठ गए, क्योंकि सिर उठाकर बैठने की जगह थी ही नहीं। पानी में एड़ियाँ सुन्न होती जा रही थीं। लेकिन पानी था कि निष्ठुरता से और तीव्र वेग से बढ़ता ही आ रहा था और ठिठुरन टखनों में, फिर पिंडलियों में और फिर घुटनों में भी होने लगी थी। आले में बैठने की जगह हमवार नहीं थी, और फिर गीली और फिसलनी भी इतनी थी कि मज़बूती से टिककर इस तरह बैठे कि फिसल न पड़ें। अन्त सन्निकट था—इस तरह कितनी देर तक टिके रह सकते थे उस ताक पर जहाँ हिल-डुल भी नहीं सकते थे ? एकदम अशक्त हो गए थे। भूख के मारे भी बिलबिलाहट होने लगी थी। यहाँ न रोशनी है, न रोटी। सबसे ज़्यादा तकलीफ़देह तो अँधेरा था जिसमें खड़ी मौत को वे देख नहीं पा रहे थे। घोर सन्नाटा तारी था। पानी से भरी कोयला-खान भी नीरव थी। अपने नीचे अब इन्हें केवल समुद्र ही महसूस होता था जिसका मौन प्रवाह गलियारों की गहराइयों से ऊपर उठता आ रहा था।

अन्धकार में समय बीत रहा था और इसका कोई हिसाब वे रख नहीं सकते थे, क्योंकि इनका समय-बोध उत्तरोत्तर गड़बड़ाता जा रहा था। इनकी यातना ऐसी थी कि समय भारी पड़ना चाहिए था, लेकिन उसे जैसे पंख लग गए थे। समझ रहे थे कि कुल दो दिनों से और एक रात से ही यहाँ कैद हैं, लेकिन वास्तविकता यह थी कि तीसरा दिन बीतने को था। उद्धार की सारी उम्मीदों पर पानी फिर गया था। किसी को भनक तक न होगी कि ये लोग यहाँ फँसे हैं। सम्भवतः इस जगह तक कोई पहुँच ही नहीं सकता था। और फिर बाढ़ के पानी से इनकी जान बच भी जाती है, तो भूख इन्हें निगल जाएगी। इन्होंने अन्तिम बार ठकठकाकर संकेत करने की सोची, लेकिन पत्थर तो नीचे पानी में ही छूट गया था। फिर इनकी गुहार कौन सुनेगा ?

कैथरीन ने चारों तरफ़ से निराश होकर सिर दीवार के साथ टिका लिया था। लेकिन एकाएक वह चौंकी।

'सुन !' वह बोली।

एतियन पहले तो यह समझा कि लगातार बढ़ते पानी की हलकी आवाज़ सुनकर ही उसने ऐसा कहा है। इसलिए उसे शान्त करने के लिए वह भी झूठ-मूठ यह बात कहता है : 'मैं हूँ। टाँगें हिला रहा था।'

'नइ, नइ, यह नहीं...वो उधर !'

और उसने कोयले की दीवार के साथ कान सटा दिया। एतियन समझ गया और उसने भी ऐसा किया। कुछ क्षण साँस रोक वे सुनते रहे। फिर दूर कहीं एकदम

हलकी-हलकी, थोड़ा रुक-रुककर आनेवाली आहट सुनाई पड़ी। लेकिन तब भी इन्हें विश्वास नहीं हुआ—समझे कि हमारे कान बज रहे हैं, या यह भी हो सकता है कोयला चटक रहा हो। फिर इनके हाथ में भी ऐसी कोई चीज़ नहीं थी कि ठकठका कर जवाब देते।

एतियन को तत्काल यह बात सूझी।

'तेरे पैरों में साबो है ! उतारकर एड़ियों से ठक-ठककर।'

कैथरीन ने वैसा ही किया और उसी तरह ठकठकाया जिस तरह खान मज़दूर ऐसी हालत में किया करते हैं। फिर कान लगाकर सुना, तो दूर कहीं तीन बार ठक-ठक की आवाज़ सुनाई पड़ी। इस पर इन्होंने फिर ठकठकाया और उधर से भी दस-बारह बार वैसा ही हुआ, और हर बार जवाब में ठक-ठक की आवाज़ सुनाई पड़ी। वे एकदम रो पड़े। एक-दूसरे को बाँहों में भर लिया, हालाँकि ऐसा करते हुए सन्तुलन खो देने का भी डर था। इनके कामरेड, आखिर, वहाँ मौजूद हैं, वे आ रहे हैं। इन्हें ऐसा लगने लगा कि जान बचानेवाले, बस, चट्टान में उँगली डालेंगे और इन्हें निकालकर ले जाएँगे। इनके भीतर प्रीति और प्रसन्नता की ऐसी हिलोर उठी कि प्रतीक्षा करने की यातना का, सहायता के लिए व्यर्थ ही गुहार करने का और उसका कोई जवाब न मिलने का जो रोष था, वह सब एकदम तिरोहित हो गया।

'मैंने सिर पीछे टिकाकर अच्छा किया न ?' कैथरीन आह्लादित स्वर में कह रही थी।

'अरी, तेरे कान बड़े पतले हैं !' वह बोला। 'मेरे को तो कुछ सुनाई ही नहीं पड़ा।'

इसके बाद इन्होंने बारी-बारी से ठकठकाना शुरू किया। एक ठक-ठक करता, तो दूसरा कान लगाकर सुनने की कोशिश करता, और ज़रा भी आहट सुनाई पड़ती, तो तत्काल उसका जवाब देने को तत्पर रहता। जल्दी ही इन्हें गेंतियों-फावड़ों की ध्वनि भी सुनाई पड़ने लगी। वे लोग इनकी तरफ़ ही रास्ता बनाने में लगे हैं। वे लोग कोई गलियारा खोल रहे हैं। एक-एक आवाज़ इन्हें सुनाई पड़ रही थी। लेकिन जल्दी ही इनकी ख़ुशी जैसे हवा हो गई। एक-दूसरे से मन का डर छिपाने के लिए चाहे कितना ही हँसते, सब बेकार था। धीरे-धीरे वे फिर निराशा में डूबने-उतरने लगे। पहले तो लम्बी-चौड़ी बातों में लगे रहे : लगता है वे लोग रकैयार की तरफ़ से आ रहे हैं, और जिस गलियारे को खोल रहे हैं, वह खान के नीचे से होकर निकलता है; हो सकता है एक से अधिक गलियारा खोल रहे हों—इन्हें लग रहा था कि तीन आदमी कुदाल-फावड़े चला रहे हैं। फिर धीरे-धीरे इनकी बतकही भी कम होने लगी, और अन्ततः जब हिसाब लगाया कि इनके बीच और इनके कामरेडों के बीच बहुत बड़ी चट्टानें हैं, तो दोनों एकदम मौन होकर बैठ गए। चुपचाप बैठ जैसे सोच रहे हैं, हिसाब लगा रहे हैं कि इतने बड़े खंड की कटाई करने में एक आदमी को कितने दिन लगेंगे। समय रहते कोई भी हम तक पहुँच नहीं पाएगा। तब तक तो दस बार हमारी मौत हो चुकी होगी। और जैसे-जैसे इनकी वेदना गहरा रही थी, वैसे-वैसे आपस में बात करने की हिम्मत भी इनकी जा रही थी। जब उधर से कोई आवाज़ सुनाई पड़ती, तो अनमने-से साबो ठकठकाकर जवाब देते, मगर आशा का दामन छूट रहा था और चूँकि जवाब तो देना ही होता था,

इसलिए यंत्रवत जवाब दे भी देते, ताकि उन्हें पता चलता रहे कि वे अभी जीवित हैं।

एक दिन बीता, फिर दो दिन बीते। छह दिनों से वे कोयला-खान के पेंदे में बैठे थे। पानी घुटनों तक आकर रुक गया था—न बढ़ रहा था, न घट रहा था, और ऐसा प्रतीत होता था कि बर्फीले पानी में टाँगें गलती जा रही हैं। एक-आध घंटे के लिए टाँगें ऊपर उठा भी लेते थे, मगर इस तरह बैठना इतना असुविधाजनक हो जाता और टाँगों में ज़बरदस्त मरोड़ पड़ने लग जाते कि विवशतया इन्हें फिर से पैर नीचे लटकाने पड़ते। दस-दस मिनट बाद इन्हें फिसलनवाली सतह से पीछे सरकना पड़ जाता। कोयले के नुकीले कोर पीठ में चुभते थे और गर्दन भी झुकाकर रखनी पड़ती थी, क्योंकि डर इसी बात का था कि कहीं सिर ऊपर टकराकर फूट न जाए। फिर ऐसा करने से गर्दन भी बुरी तरह दुखने लगती थी। पानी हवा को पीछे धकेलता रहता था, इसलिए जिस आले जैसी जगह पर वे टिके हुए थे, वहाँ की हवा का घनत्व और बढ़ जाता। लगता कि उधर कहीं से दबे-दबे स्वर आ रहे हैं। कान भी बजने लगे थे। प्रतीत होता था, कहीं ज़ोर-ज़ोर से घंटा बज रहा है, जैसे निरन्तर ओलावृष्टि हो रही है और कोई रेवड़ बेतहाशा भागा जा रहा है।

पहले तो कैथरीन भूख के मारे छटपटाती रहती थी। कमज़ोर और जकड़े हाथों से कंठ पकड़कर एकदम हाँफने लगती थी और हृदय विदीर्ण करनेवाली तीव्र वेदना से घंटों लगातार कराहती रहती थी, मानो उसके पेट को चिमटे नोच रहे हों। एतियन भी इसी यातना से गुज़र रहा था और विह्वल होकर अँधेरे में हाथ-पैर मार रहा था। तभी काठ का कोई सड़ा-गला कुन्दा उसकी उँगलियों को छू गया। उसे उठाकर नाखूनों से उसका रेशा-रेशा करके एतियन ने मुट्ठी-भर यह पदार्थ कैथरीन को दिया, तो वह भूखों की तरह खा गई। इस तरह दो दिन इन्होंने कीड़ों से खाई इस लकड़ी से गुज़ारा किया, और पूरी की पूरी लकड़ी उदरस्थ कर गए। फिर जब वह भी न रही, तो घोर निराशा में इन्होंने दूसरी लकड़ियों को छीलना-छीजना शुरू किया। मगर वे इतनी कठोर थीं कि छीले छिलती नहीं थीं, उनके रेशे ही अलग नहीं हो पाते थे और इसी में इनकी उँगलियाँ और नाख़ून बुरी तरह छीज गए थे। इससे इनकी यंत्रणा और बढ़ी और जब अपने वस्त्रों को चबाकर खाने की कोशिश की और चबा नहीं पाए, तो और क्षुब्ध हो उठे। एतियन की चमड़े की पेटी ने थोड़ी राहत दी। चमड़े को वह दाँतों से काट-काटकर उसे देता और वह चबा-चबाकर मलीदा-सा बनाती और किसी तरह उसे हलक से उतारती। ऐसा करने से जबड़े हिलते रहते, मुँह हिलता रहता और आभास होता कि कुछ खा रहे हैं। और जब चमड़े की पेटी भी खत्म हो गई, तो इन्होंने फिर से वस्त्रों को लिया और घंटों उन्हें चूसते-चुघलाते रहे।

लेकिन पेट में उठते ये भयानक मरोड़ जल्दी ही शान्त हो गए और भूख की जगह अब भीतर ही भीतर हलकी-सी वेदना ने ले ली और ऊर्जा का शनैः-शनैः ह्रास होने लगा। ये लोग कभी के मौत के मुँह में चले गए होते यदि आवश्यकतानुसार पानी न मिलता रहता। बस, थोड़ा झुकते और चुल्लू-भर पानी पी लेते, और बार-बार ऐसा करते, क्योंकि भीतर इतनी तीव्र प्यास भड़कती थी कि यह सारा जल भी उस आग को बुझाने के लिए पर्याप्त नहीं था।

सातवें दिन कैथरीन पानी पीने के लिए झुकी ही थी कि हाथ से कोई चीज़ टकराई।

'देख, देख, यह क्या है ?'

एतियन ने अँधेरे में हाथ से महसूस करना चाहा।

'कह नहीं सकता—रोशनदान को ढकनेवाली कोई चीज़ लगती है।'

कैथरीन ने पानी पिया, लेकिन जब दुबारा पानी में हाथ डाला, तो वह ''चीज़'' उसके हाथ से फिर टकराई, तो कैथरीन की चीख ही निकल गई।

'दैया रे, यह तो वो है !'

'कौन ?'

'व-वो, वही—उसकी मूँछें थीं।'

यह शावाल का शव था जिसे बाढ़ का पानी ठेलते-ठेलते ढलान तक ले आया था और अब इनके निकट आ गया था। एतियन ने हाथ डाला, तो शावाल की मूँछें और टूटी नाक का स्पर्श हुआ, तो भय और जुगुप्सा से उसकी सारी देह लरज़ गई। कैथरीन को इतनी ज़ोर से मितली हुई कि मुँह में जितना भी पानी था, उसे तत्काल उगल दिया। उसे लग रहा था कि वह ख़ून पी गई है, और सामने जितना भी गहरा पानी है, वह सारा का सारा एकदम उस आदमी का खून ही है।

'रुक,' एतियन बोला। 'मैं इसे परे ठेल देता हूँ।'

उसने लाश को पैर मारकर ठेला, तो वह परे चली गई। लेकिन देखते ही देखते फिर उनकी टाँगों के साथ आकर टकराने लगी।

'मरदूद ! दफ़ा भी हो यहाँ से !'

और तीसरी बार भी लाश नहीं टली, तो एतियन हिम्मत हार बैठा। कोई धारा बार-बार लाश को इधर ही ठेल देती थी। शावाल वहाँ से टलना नहीं चाहता था। उनके साथ, उनके निकट रहना चाहता था। एकदम वीभत्स प्राणी था और वहाँ का जो वायुमंडल पहले ही दुर्गन्धयुक्त था, उसे अपनी उपस्थिति की वबा से उसने और भी दूषित कर दिया था। दिन-भर इन्होंने पानी नहीं पिया, संघर्ष करते रहे। समझते थे कि इससे तो मौत ही भली। मगर अगले दिन जब प्यास के मारे जान पर आ बनी, तो वही पानी पीने को मजबूर हो गए। हालाँकि जब प्यास लगती और लाश को परे ठेलना पड़ता, लेकिन पानी पी ही लेते। इसकी खोपड़ी बेकार ही फोड़ी। यदि इन्हें यह मालूम होता कि ज़बरदस्त डाह का मारा वह फिर इनके बीच आ धमकेगा, तो ऐसा कभी न करते। मरकर भी आख़िरी दम तक इनका पिंड नहीं छोड़ेगा, ताकि दोनों का मेल न होने पाए।

एक दिन और निकल गया। फिर एक दिन और। पानी में जब भी हिलोर होती, एतियन उस आदमी की हलकी थपथपाहट-सी महसूस करता जो उसके हाथों मारा गया था—बस, लगता था किसी पड़ोसी का हलका-सा टहोका-भर था जो अपनी उपस्थिति दर्ज करवा रहा था। और जब ऐसा होता, एतियन दहल जाता। उसकी छवि—उसकी फूली-फूली, हरी-हरी-सी देह, उसके भ्रष्ट चेहरे की लाल-लाल मूँछें उसे हरदम दिखाई पड़ती रहतीं। फिर वह भूल जाता कि क्या हुआ—उसने नहीं मारा इस शख़्स को, शावाल तैर रहा है और उसे काट खाने को आ रहा है। कैथरीन भी ज़ार-ज़ार आँसू बहाते हुए

लगातार लरज़ती रहती, शान्त होने का नाम न लेती और रोना बन्द करती, तो एकदम सुन्न-सी बैठ जाती और बिसूरती रहती और उसके बाद गहरी नींद में खो जाती। एतियन उसे जगाता रहता। वह एक-आध बार बड़बड़ाती और आँखें भी न खोल पाती और तत्काल फिर नींद में डूब जाती। एतियन को डर लगा रहता कि ऐसा न हो कहीं गिर पड़े और डूब जाए, इसलिए उसे कमर से थामे रखता। अब वही अपने काम्रेडों की ठकठकाहट का जवाब देता। गेंतियाँ चलने की आवाज़ें और निकट आती जा रही थीं जो इसे पीठ के पीछे सुनाई पड़ती रहती थी। लेकिन स्वयं एतियन की भी शक्ति क्षीण होने लगी थी, इतनी कि अब ठकठकाने को भी मन न करता। सोचता कि उन लोगों को यह तो पता चल ही गया होगा कि हम लोग यहाँ हैं—इसलिए इतनी ज़हमत क्यों उठाए। अब उसे इस बात की भी कोई चिन्ता नहीं थी कि वे लोग आते हैं या नहीं। अनन्त काल तक राह देखते-देखते वह इतना सुन्न हो गया था कि घंटों याद ही न रहता कि किसकी राह देख रहा है।

हाँ, सन्तोष की बात इनके लिए यह थी कि पानी उतरने लगा था और शावाल का शव बह गया था। इन लोगों को यहाँ से निकालने का काम शुरू हुए नौ दिन हो चले थे और अब पहली बार उस गलियारे में वे थोड़ा चल-फिर सकते थे। मगर एक एक भयंकर विस्फोट हुआ और वे मुँह के बल गिरे। अँधेरे में हाथ-पैर मारते हुए वे निकट आए और एक-दूसरे के साथ चिपक गए। एकदम भयाक्रान्त हो उठे थे। कुछ सोच ही नहीं पा रहे थे और समझते थे कि फिर कोई आफत आई है। कोई आहट तक सुनाई नहीं पड़ रही थी। गेंतियों की आवाज़ भी बन्द हो गई थी।

गलियारे के कोने में एक साथ बैठे देख ही रहे थे कि कैथरीन की अचानक हँसी निकल गई।

'बाहर मौसम कितना सुहाना होगा...चल, बाहर चलते हैं।'

एतियन इस पागलपन का पहले तो विरोध करता रहा। उसके होश-हवास ठिकाने थे, मगर फिर वह भी इसी रौ में बह गया और असलियत को उसने भी भुला दिया। इनकी सारी चेतना व्यामोह में पड़ गई थी, विशेषकर कैथरीन तो होश-हवास खो बैठी थी और ज्वर के कारण व्याकुल थी, क्योंकि तरसती थी कि कोई कुछ मुँह से बोले, कोई चेष्टा करे। कानों में जो भिनभिनाहट होती रहती थी, वह अब पानी की कलकल में, पक्षियों के कलरव में परिवर्तित हो गई थी, नथुनों में कुचली दूब की तीव्र सुवास बस गई थी और आँखों के सामने बड़ी-बड़ी बासन्ती चित्तियाँ तैरने लगती थीं जो इतनी बड़ी थीं कि उसे लगने लगता कि वह खुले आसमान के नीचे घामवाले दिन नहर के निकट किसी गेहूँ के खेत में खड़ी है।

'ओह, बड़ी गर्मी लग रही है !...मेरे को थाम ले न, थाम क्यों नहीं लेता ? आ, हमेशा के लिए एकम-एक हो जाएँ, हमेशा-हमेशा के लिए !'

एतियन ने उसे बाँहों में भर लिया और वह देर तक उसके साथ चिपकी रही और कन्यासुलभ आह्लादित लहज़े में अपना हृदय खोलती रही।

'कितने शौदाई हैं हम दोनों, इतनी देर इन्तज़ार ही करते रहे ! मैं तो एकदम राज़ी थी लेकिन तूने तो ध्यान ही नहीं दिया, तू खिंचा-खिंचा रहा...और फिर याद है तेरे को

उस रात की बात, हमारे ही घर में, जब हमें नींद नहीं आ रही थी, और हम पड़े रहे थे, एक-दूसरे की तरफ़ देखा तक नहीं, एक-दूसरे की साँसें गिनते रहे, एक-दूसरे के निकट जाने को तरसते रहे...'

कैथरीन की तरह एतियन भी उल्लास से भर गया और अपने और उसके मौन अनुराग के क्षणों को स्मरण करते हुए उसके साथ चुहल करने लगा।

'तूने एक बार मेरे को झाँपड़ मारा था न, हाँ-हाँ, मारा था—मेरे दोनों गालों पर !'

'वो इसलिए कि मैं तेरे को प्यार करती थी,' वह बुदबुदाते हुए बोल रही थी। 'अरे, मैं तो तेरे बारे में कुछ सोचना ही नहीं चाहती थी, मैं दिल ही दिल में कहती थी—खेल खत्म हो गया—लेकिन अपने दिल की गहराइयों में मैं जानती थी एक-न-एक दिन हम दोनों का मिलन होगा...बस, मौका मिले, किस्मत थोड़ा साथ दे, क्यों यही बात है न ?

एतियन की देह में बर्फ़ीली दहशत दौड़ गई और वह इस सपने को झकझोड़कर परे कर देना चाहता था। मगर हौले से उसने यह बात कही : 'कोई खेल खत्म नहीं हुआ। थोड़ी खुशी नसीब हो, तो खेल फिर से शुरू हो जाता है।'

'तो इस बार तू मेरे को अपने पास रख लेगा ? इस बार हमेशा-हमेशा के लिए ?'

वह संज्ञाहीन-सी होकर झुक गई। उसमें इतनी दुर्बलता आ गई थी कि स्वर हौले-हौले मन्द पड़ता जा रहा था। त्रस्त होकर एतियन ने उसे सीने से लगा लिया।

'तकलीफ़ हो रही है ?'

वह चौंककर उठ बैठी।

'नहीं, बिलकुल भी तो नहीं...क्यों ?'

मगर इस सवाल ने उसका सपना भंग कर दिया। फैली-फैली आँखें उसने अँधेरे में गड़ा रखी थीं। हाथ फटकारते हुए फिर से सुबकने लग गई।

'हे ईश्वर ! हे प्रभु ! कितना अँधेरा है !'

एकदम अन्तर्धान हो गए थे गेहूँ के वे खेत, दूब की वह सुवास, पक्षियों का वह कलरव, वह सुनहरी धूप और बाकी रह गई थी ध्वस्त एवं बाढ़ के पानी से भरी यह कोयला-खान, सड़ांध भरा अँधेरा, टपकती हुई यह मनहूस गुफ़ा, जिसमें इतने दिनों से वे कष्ट भोग रहे थे। सोचने-समझने की उसकी कुव्वत भी जाती रही थी, जिससे उसे और दहशत हो रही थी। बचपन का जो अन्धविश्वास था, उसकी बात फिर याद आ गई थी और आँखों के सामने वह काला-कलूटा आदमी, वह मृत बूढ़ा मज़दूर प्रकट हो गया जो कोयला-खान में लौटकर बदचलन छोकरियों की गर्दन मरोड़ा करता था।

'सुन, यह आवाज़ सुनी तैंने ?'

'न, मुझे तो कोई आवाज़ सुनाई नहीं पड़ रही।'

'अरे, वह काला-कलूटा आदमी है यह...देख-देख ! वो रहा...धरती ने अपनी नसों का सारा ख़ून बहा दिया है बदला लेने के वास्ते, हमने धरती की धमनी जो काटकर रख दी है, और वहाँ खड़ा देख रहा है वह काला आदमी ! देख, देख, तेरे को दिखाई देगा...अँधेरे से भी काला-कलूटा...उइ, मेरे को डर लग रहा है, मुझे डर लगता है, मेरे को डर लगता है !'

काँपत-काँपते वह मौन हो गई। फिर अत्यन्त धीमे स्वर में पुनः बोलती है :

'नहीं, यह तो कोई और है !'

'और कौन ?'

'वही, जो हमारे साथ था, जो मर-खप गया।'

शावाल की आकृति बार-बार उसके सम्मुख आकर खड़ी हो जाती थी। मर्माहत-सी वह बोलती रही कि साथ-साथ रहने से कैसा दुखदायी जीवन बीता उनका—सिर्फ़ एक बार ही प्यार से बोला था—ज्यां-बार में—बाकी सारे दिन किस तरह पत उतरवाते हुए, मार खाते हुए बीते, जब घूँसे पर घूँसे मारकर उसे बदहाल कर दिया करता था, और फिर चुम्बनों की मार मारते-मारते जान ही ले लेता था।

'मैं तेरे को बोलती हूँ न, वह आ रहा है, वह अब भी हम दोनों को प्यार नहीं करने देगा !...फिर रिस कर रहा है...इसे भगा यहाँ से, मेरे को थाम ले, मेरे को थाम ले, अच्छी तरह !'

वह उसके साथ एकदम चिपक गई। उसके होंठों को पा बड़ी उत्कटता से अपने होंठों को उसके होंठों के साथ भींचती चली गई। अन्धकार तिरोहित हो गया। उसे फिर से सूर्य के दर्शन हुए और एक बार फिर वह खिल गई, बिलकुल उसी तरह, जिस तरह कोई शान्त-स्थिरचित्त प्रेमिका खिल उठती है। अपनी देह के साथ तार-तार हुई फतूही और पतलून में कैथरीन की नग्न देह का स्पर्श पा एतियन का पुरुषत्व फिर जागा और उसने उसे सीने के साथ भींच लिया। और अन्ततः यह उनकी सुहागरात बन गई यहाँ, इस मकबरे की तली में, इस कीच की सेज पर। इनके भीतर एक उत्कट आकांक्षा यह जागी थी कि तब तक प्राण नहीं त्यागेंगे, जब तक सुख-सम्भोग का—जिजीविषा का और अन्तिम बार सृष्टि-सुख भोगने की अदम्य चाह का आनन्द नहीं उठा लेते। बाकी सब बातों को विस्मृत करके, मौत को भी धत्ता बताते हुए वे प्रेम-प्रणय में डूब गए।

इसके उपरान्त किसी का कोई अस्तित्व नहीं था। एतियन ज़मीन पर बैठा था, तब भी उसी कोने में, और कैथरीन की निश्चल देह को उसने अपने घुटनों पर डाल रखा था। समय बीत रहा था। काफ़ी देर तक वह यही समझता रहा कि लड़की सो रही है। फिर उसका स्पर्श करके देखा, तो उसकी देह ठंडी पड़ गई थी, प्राण निकल गए थे। इसके बावजूद वह हिला-डुला तक नहीं इसी चिन्ता से कि कहीं जाग न जाए। यह कल्पना करते हुए उसका हृदय उमड़ आया कि वह पहला आदमी है जिसने इस स्त्री को भोगा है और वह गर्भ से भी हो सकती है। फिर वह दूसरे सपने भी देखता रहा—उसके साथ जाने की आकांक्षा के, बाद में साथ-साथ जीवन व्यतीत करने के सुख के—लेकिन वे इतने धुँधले थे कि उसकी प्रतिच्छाया ने उसके चेहरे का स्पर्श तक नहीं किया—बिलकुल वैसे ही जैसे निद्रा की रमक का स्पर्श होता है। उसकी शक्ति भी क्षीण होती जा रही थी और चेष्टा भर करने की ही सामर्थ्य बची थी—हौले से हाथ उठाकर वह अपने आपको आश्वस्त करता है कि बर्फ़ की तरह कठोर यह लड़की, निद्रामग्न किसी बालिका की नाईं यह लड़की वस्तुतः वहाँ विद्यमान है। सब कुछ विलीन होता जा रहा था। अन्धकार भी लुप्त हो गया था। वह स्वयं भी कहीं नहीं था—दिक्काल से परे था। यह सच था कि उसके सिर के निकट कोई चीज़ बज रही थी—कोई प्रहार थे जो निकट आते-आते और भी आहत कर रहे थे—उसमें इतना आलस्य आ गया था

कि उठकर जवाब देने की भी सकत नहीं थी, इतना क्लान्त-श्रान्त और शिथिल हो गया था और अब उसे इतनी भी सुध नहीं थी कि प्रतीति हो कि यह आवाज़ कैसी है। बस, यही कल्पना करता रहा कि कैथरीन उसके सामने चल-फिर रही है और उसके साबो की हलकी खटर-पटर उसके कानों में गूँज रही है। दो दिन बीत चले थे और वह हिली-डुली तक नहीं थी। उसकी देह पर वह यंत्रवत हाथ फेरता रहा—उसकी शान्त सौम्य आकृति से आश्वस्त होकर।

तभी एतियन को झटका लगा। कहीं से लोग पुकार रहे थे। पैरों के निकट पत्थर-ढेले लुढ़क रहे थे। जब एक लैम्प दिखाई पड़ा, तो उसकी रुलाई फूट पड़ी। उसकी झपझपाती आँखें रोशनी पर जाकर टिक गईं। उसे देख-देखकर उसका जी नहीं भरता था, अन्धकार को दूर करने में असमर्थ वह इस ललछौंही लौ को देखते-देखते उल्लसित हो उठा था। मगर उसके कामरेड उसे उठाकर ले जा रहे थे और उसके भिंचे दाँतों के बीच चम्मच से शोरबा डाल रहे थे और वह गटकता जा रहा था। ये लोग जब रकैयार के गलियारे तक आए, तब कहीं वह एक आदमी को पहचान पाया—और वह था इंजीनियर नेगरेल जो उसके सामने खड़ा था। और ये दोनों व्यक्ति—एक विद्रोही कामगार और दूसरा शक्की मिज़ाजवाला मालिक—जो एक-दूसरे को फूटी आँख नहीं सुहाते थे, गलबहियाँ डाल भीतर की सगरी मानवता के भावोद्रेक का प्रदर्शन करते हुए सिसक-सुबक रहे थे। यह अभिव्यक्ति थी तीव्र विषाद की, पीढ़ियों के दुख-दारिद्रय की, व्यथा की गहराइयों की जिसमें जीवन धँस सकता है।

बाहर शोकाकुल ला माह्द कैथरीन की मृत देह के निकट बैठी चीख-चीखकर आर्तनाद कर रही थी। कई लाशें ऊपर लाई जा चुकी थीं और उन्हें धरती पर कतार में लिटा दिया गया था। एक शव शावाल का था जिसके बारे में इन्होंने समझ लिया था कि वह ज़मीन धँसने से कुचला गया है। फिर एक छोकरा था और कोयले की कटाई करनेवाले दो मज़दूर भी थे जो इसी दशा को प्राप्त हुए थे—भेजे उनके निकल गए थे, और शव पानी में पड़े-पड़े फूल गए थे। भीड़ में खड़ी स्त्रियाँ एकदम बौरा गई थीं और अपने वस्त्रों को चीरते-फाड़ते हुए मुँह नोच रही थीं। अन्ततः जब एतियन को लेकर वे ऊपर आए—इससे पहले इन्होंने उसको लैम्पों के प्रकाश का आदी कर लिया था और थोड़ा खिला-पिला भी दिया था—तो वह लाश-सा लगता था और उसके बाल एकदम धौले हो गए थे। इस बूढ़े आदमी को देखते ही लोग सहम गए थे। ला माह्द भी रोना-धोना छोड़ मुँह बाए फटी-फटी आँखों से उसे निर्निमेष देखे जा रही थी।

6

सवेरे चार बजे का समय था। पौ फटने की वेला में अप्रैल की ठंडी रात में हलकी-हलकी कुनकुनाहट-सी आने लगी थी और पूरब में भोर की लालिमा के साथ निर्मल आकाश में तारे मद्धम पड़ते जा रहे थे। अँधेरे में डूबे, गहरी नींद में खोए सारे देहाती इलाके में धीमी-धीमी रोल-चोल होने लगी थी, बिलकुल वैसी ही जैसी जाग से पहले अस्पष्ट-सी सुरसुराहट होने लगती है।

एतियन जल्दी-जल्दी वनदाम की तरफ़ चला जा रहा था। मोंसू के अस्पताल में छह सप्ताह गुज़ारकर आया था। हालाँकि अभी तक उसका वर्ण हल्दी जैसा था और एकदम दुबला भी गया था, तो भी उसे लगा था कि उसमें इतनी ताकत है कि वह जा सकता है। सो, अब वह यहाँ से जा रहा था। कम्पनी को अब भी अपनी कोयला-खानों के बारे में खतरा नज़र आता था और वह एक-एक करके मज़दूरों को वह बरख़ास्त करती जा रही थी। एतियन को भी कम्पनी ने आगाह कर दिया था कि अब वह उसे नौकरी में नहीं रख पाएगी। फिर भी कम्पनी ने सौ फ्रां की शक्ल में उसे मदद देने की पेशकश की थी और अपना कर्तव्य समझते हुए यह यह नेक सलाह भी दी थी कि अब वह कोयला-खानों में काम न करे, क्योंकि इतनी ताकत उसके शरीर में नहीं है। लेकिन उसने सौ फ्रां लेने से इनकार कर दिया था। प्लूकार्ट का पहले ही जवाब आ गया था—उसने चिट्ठी में लिखा था कि वह पैरिस आ जाए, और चिट्ठी के साथ उसने राह ख़र्च भी भेज दिया था। उसका चिरस्वप्न पूरा हुआ था। कल अस्पताल से आया था और रात उसने बां ज़्वाइयो में विधवा डेज़ीर के यहाँ बिताई थी और पौ फटने से पहले ही जाग गया था। मारशियन से आठ बजे की रेलगाड़ी पकड़ने से पहले वह, बस, एक काम कर लेना चाहता था—अपने कामरेडों से अन्तिम बार भेंट करने को व्यग्र था।

प्रभात-वेला में सड़क पर अरुणाई फैलने लगी थी। एतियन क्षण-भर ठिठका। वसन्त ऋतु के आगमन के साथ निर्मल बयार में साँस लेना कितना सुखकर था। दिन सुहावना होगा। हौले-हौले उजाला हो रहा था और सूर्योदय के साथ धरती पर जीवन अँगड़ाई लेने लगा था। फिर धरती पर अपनी छड़ी ज़ोर-ज़ोर से टकोरते हुए वह चल पड़ा। सामने विशाल समतल भूमि रात के कुहासे में से प्रकट हो रही थी। एतियन किसी से मिलकर नहीं आया था। ला माहूद एक बार अस्पताल आई थी और उसके बाद सम्भवतः फिर आ नहीं पाई थी। लेकिन इतना तो जानता ही था कि सगरा ग्राम 240 अब ज्यां बार में काम करने लगा था और ला माहूद भी वहीं जाने लगी थी।

धीरे-धीरे निर्जन सड़कों पर लोगों का आना-जाना शुरू हो गया था; पीले चेहरोंवाले खान मज़दूर चुपचाप चलते हुए उसके निकट से गुज़र रहे थे। बताते थे कि कम्पनी अपनी जीत का अनुचित लाभ उठा रही है। जब ढाई महीने की हड़ताल के बाद भूख के हाथों पस्त आदमी कोयला-खानों में लौटे, तो झख मारकर उन्हें शहतीर-बल्लियाँ लगाने के लिए पगार की पृथक प्रणाली को स्वीकार करना पड़ा—परोक्ष रूप से पगार में कटौती करने की यह प्रणाली पहले से भी घृणित लगती थी, क्योंकि उस पर उनके कामरेडों के बहाए खून के धब्बे लगे थे। इनकी मेहनत के एक घंटे की पगार से इन्हें वंचित किया जा रहा था और न झुकने का जो इन्होंने प्रण किया था, उससे इन्हें विरत किया जा रहा था। अपनी प्रतिज्ञा से फिरने की मजबूरी ने इनके मुँह में कड़वाहट भर दी थी। सब तरफ़ काम-काज फिर से शुरू हो रहा था—मीरू में, मादलेन में, क्रेवकर में, ला विक्तुआर में—और सुबह की धुँध में हर तरफ़ अँधेरी सड़कों पर खदबदाते रेवड़, सिर नीचे डाले मनुष्यों की कतारें उन जानवरों की तरह चलती जा रही थीं जिन्हें बूचड़खाने की तरफ़ हाँका जा रहा हो। वे झीने कपड़ों में ठिठुरते, सीने पर बाँहें रखे, नितम्ब डुलाते घिसटते हुए से चल रहे थे। कुर्ते और फतूही के बीच पीठ पर बँधी ब्रिके

के साथ चलते हुए उन्हें देखकर ऐसा लगता था, जैसे इनके कूबड़ निकल आए हों। और इस हुजूम की वापसी में, इन काली, ख़ामोश परछाइयों में, जो न कभी हँसती-खिलखिलाती थीं, न आँखें उठाकर ऊपर देखती थीं, कोई भी देख सकता था कि किस तरह इन लोगों ने अमर्ष से दाँतों को भींच रखा है, किस तरह घृणा से इनके हृदय भारी हैं, और मात्र पेट की मजबूरी के कारण वीतराग हो गए हैं।

एतियन कोयला-खान के जितने निकट पहुँचता जा रहा था, उतने ही अधिक ऐसे चेहरे दिखाई पड़ने लगे थे। सब अलग-अलग चलते नज़र आते थे, और जो साथ-साथ चलते थे, वे भी कतार बनाकर एक-दूसरे के पीछे-पीछे चलते थे—अभी से क्लान्त-श्रान्त, दूसरों से और अपने से भी ऊबे हुए। उसे एक अत्यन्त बूढ़ा दिखाई पड़ा जिसके पीले मस्तक में उसकी आँखें भखते अंगारों की तरह दमक रही थीं। एक और आदमी, जो जवान था, ज़ोर-ज़ोर से हाँफ जा रहा था, मानो अवरुद्ध तूफ़ान का उच्छ्वास हो। कई मज़दूरों ने अपने साबो हाथों में ले रखे थे और भारी ऊन के मौज़ोंवाले पैरों की आहट मुश्किल से सुनाई पड़ती थी। अन्तहीन प्रवाह था, मान मर्दन कर देनेवाली हार थी, पिटी फ़ौज की जबरी वापसी थी जो सिर नीचे किए चली जा रही थी और भीतर ही भीतर कसमसा रही थी कि एक बार फिर मौका मिले, तो इन्तकाम लें।

जब एतियन पहुँचा, तो ज्यां-बार में अन्धकार छँटने लगा था। पाड़ों पर टँगी लालटेंने प्रभात वेला के उजाले में दमक रही थीं। अँधेरी काली इमारतों के ऊपर भाप का एग्ज़ास्ट ऐसे लगता था, जैसे हलकी किरमिजी रंगतवाला कोई सफ़ेद पंख हो। एतियन कोयले की छँटाईवाले ओसारे की सीढ़ियाँ चढ़कर खान में उतरनेवाली चौकी तक चला गया।

मज़दूरों का नीचे खान में जाना शुरू हो गया था। कपड़े बदली करनेवाले ओसारे से निकल-निकलकर आ रहे थे। क्षण-भर वह इन आवाज़ों और आवाजाही के हंगामे के बीच निश्चल-सा खड़ा रहा। छकड़ों की गड़गड़ाहट से लोहे का फ़र्श काँप रहा था, ड्रम घूम रहे थे और केबलें खुलती जा रही थीं। इसके साथ ही चारों तरफ़ मेगाफ़ोनों की आवाज़ें गूँज रही थीं, घंटे-घंटियाँ बज रहे थे और सिग्नल ब्लॉक में घन घनघना रहे थे। एतियन एक बार फिर उस राक्षस के सम्मुख खड़ा था जो मनुष्य-मांस का भक्षण कर रहा था—पिंजरे आ-जा रहे थे और आदमियों की पूरी लादी को उस अतिलोलुप दैत्य की भाँति भकोसते जा रहे थे जिसका पेट कभी भरने को नहीं आता। जबसे वह दुर्घटना का शिकार हुआ था, तभी से कोयला-खान को देखते ही उसे दहशत होने लगती थी। नीचे गोता लगाते पिंजरों को देख उसके भीतर हौल उठा। बरदाश्त नहीं हुआ, तो वहाँ से लौट पड़ा।

मगर घने अन्धकारवाले उस लम्बे-चौड़े कमरे में दम तोड़ती लालटेनों की मन्द-मद्धम रोशनी में उसे एक भी परिचित चेहरा दिखाई नहीं पड़ा। हाथों में लैम्प थामे, नंगे पैरों जो मज़दूर वहाँ खड़े थे, फटी-फटी, व्याकुल आँखों से उसकी तरफ़ देख रहे थे और फिर नज़र झुका असहज-से होकर वहाँ से चल देते थे। पूरी सम्भावना थी कि वे एतियन को जानते-पहचानते थे, और उससे उन्हें कोई गिला-शिकवा भी नहीं था। इसके विपरीत, ऐसा प्रतीत होता था कि वे उससे भय खाते थे और यह सोच-सोचकर

संकुचित हो उठते थे कि शायद कायरता दिखाने के लिए वह इनकी भर्त्सना कर रहा है। उनके इस रवैए से इसे लगने लगा कि उसका कलेजा चाक-चाक हो जाएगा; भूल गया कि इन्हीं दरिद्र लोगों ने उस पर पत्थर बरसाए थे और एक बार फिर वह इन्हें हीरो की भूमिका में खड़ा करने का, जनता का, उस प्राकृतिक शक्ति का नेतृत्व करने का सपना देखने लगा जो अपना ही पोषण करती है।

एक पिंजरे में आदमी सवार हुए और अदृश्य हो गए, और जब कुछ और लोग आए, तो एकाएक उसकी नज़र पड़ी हड़ताल के दौरान अपने नायब पर जिसने प्रतिज्ञा की थी कि मर जाएगा लेकिन हार नहीं मानेगा।

'अरे, तू भी !' वह विषण्ण स्वर में धीरे से बोला।

आदमी का चेहरा फक पड़ गया और उसके होंठ काँपने लगे। फिर दलील देने के लहज़े में बोला : 'और क्या उम्मीद करता है तू ? घर में लुगाई है।'

नई टोली में आनेवाले एक-एक आदमी को वह पहचानता था, जो कपड़े बदली करने के ओसारे से निकलकर आ रहे थे।

'अरे, तू भी ! तू भी ! तू भी !'

सबको कँपकँपी हो आई। रुँधे गले से हकलाते हुए बोले : 'मेरी माँ है...मेरे बच्चे हैं...दाना-पानी तो चाहिए न...'

पिंजरा अभी लौटकर नहीं आया था और वे उदास-खिन्न से खड़े इन्तज़ार कर रहे थे, अपनी हार से इतने दुखी कि एक-दूसरे से आँख चुरा रहे थे और एकटक शाफ़्ट की तरफ़ देखने लगते थे।

'ला माहृद का क्या हुआ ?' एतियन ने पूछा।

कोई जवाब नहीं। एक ने हाव-भाव से जतलाया कि आती ही होगी। बाकी लोगों ने दयावश हाथ उठाए : आह ! बेचारी ! कितनी बदनसीब है ! फिर अटूट सन्नाटा छा गया। एतियन ने जब विदा लेने के लिए हाथ बढ़ाया, तो उन्होंने तपाक से उसे थामकर हिलाया और ऐसा करते हुए बिना कुछ कहे घुटने टेकने का अपना क्षोभ प्रकट कर दिया और प्रतिशोध की अपनी उत्कट आकांक्षा भी व्यक्त कर दी। पिंजरा आ गया था। वे उसमें प्रवेश करके नीचे धँस गए। गह्वर इन्हें लील गया।

पियरों आ गया था। फ़ोरमैन का खुला लैम्प उसकी चमड़े की टोपी के साथ जुड़ा था। पिछले सप्ताह से ढुलाई चौकी पर मज़दूरों की टोली उसके मातहत काम कर रही थी। उसे देखते ही मज़दूर एक तरफ़ हट गए, क्योंकि इस शख़्स पर रुतबे का नशा चढ़ा था। हालाँकि एतियन को देख पियरों ख़ुश नहीं हुआ, फिर भी, उसके निकट चला गया; जब एतियन ने बताया कि वह तो जा रहा है, तब कहीं पियरों की जान में जान आई। दोनों खड़े बतियाते रहे। उसकी पत्नी अब ला प्रोग्रे की इंचार्ज हो गई थी—भला हो इन महानुभावों का जो उसे बड़ा आदर-मान देते हैं ! मगर वह बूढ़े मूक पर बरस पड़ा और लगा उसकी लानत-मलामत करने कि उसने निश्चित समय पर कूड़ा-कचरा ऊपर नहीं भिजवाया। बूढ़े ने सब सुन लिया। कन्धे झुके थे। इस फटकार से इतना क्षुब्ध हुआ कि नीचे जाने से पहले उसने एतियन का हाथ पकड़कर उसी गर्मजोशी से हिलाया जिस गर्मजोशी से दूसरों ने हिलाया था और देर तक उसे पकड़े रहा—दबे-घुटे

क्षोभ से ओत-प्रोत और भविष्य में विद्रोह करने के लिए तत्पर। अपने हाथ में काँपते इस बूढ़े हाथ ने, जिस बूढ़े ने अपने बच्चों की मौत के लिए इसे क्षमा कर दिया था, एतियन को इस तरह हिलाकर रख दिया कि वह चला, तो उसे जाते हुए देखता रहा और मुँह से एक शब्द नहीं बोला।

'आज ला माहूद नहीं आएगी क्या ?' एक क्षण के बाद उसने पियरों से पूछा।

पहले तो पियरों ने ऐसे जतलाया जैसे वह समझ नहीं पाया, क्योंकि दुर्भाग्य के बारे में बात भी करो, तो वह पीछे पड़ जाता है। सो, कुछ आदेश जारी करने के बहाने उसने चलते-चलते यह बात कही : 'क्या बोला तू ? ला माहूद ? लो, वो रही।'

सचमुच, ला माहूद कपड़े बदली करनेवाले ओसारे से निकलकर आ रही थी। हाथ में लैम्प था। देह पर पतलून और फतूही थी और सिर पर कसी हुई टोपी। कम्पनी ने रू-रिआयत बरतते हुए, जैसे परोपकार की भावना से द्रवित होकर ही, घोर विपदा की मारी इस दुखियारी को चालीस की उम्र के बावजूद कोयला-खान में काम करने की इजाज़त दे दी थी। चूँकि ला माहूद को ढुलाई के काम में लगाना उन्होंने उचित नहीं समझा था, सो उसे छोटा-सा वेंटिलेटर चलाने में लगा दिया था जो हाल ही में उत्तरी गलियारे में तारवारे के नीचे लगाया गया था। यह नरक जैसी जगह थी जहाँ गन्दी हवा निकालने की कोई व्यवस्था नहीं थी। दस घंटे लगातार आग उगलती सुरंग के अन्तिम छोर पर चक्का घुमाते-घुमाते इसकी पीठ दुहरी हो जाती थी। सौ डिग्री से भी ऊपर रहनेवाले तापमान में देह सिंक जाती थी। इस काम के लिए उसे तीस सू मिलते थे।

ला माहूद मर्दाना वस्त्रों में बड़ी दयनीय लग रही थी। उसकी छातियाँ और पेट पहले से भी कहीं ज़्यादा फूले हुए थे, जैसे कोयला-खान के भीतर की गर्मी ने यह कहर ढाया हो। ला माहूद की यह दुर्दशा देख एतियन को ऐसा सदमा लगा कि हकलाने लग गया। कहना तो यह चाहता था कि वह जा रहा है और उससे आख़िरी बार मिलने आया है, लेकिन मुँह से एक बोल नहीं फूटा।

ला माहूद सुन नहीं रही थी, लेकिन उसकी तरफ़ देखे जा रही थी और अन्ततः कहती है : 'एतियन, मेरे को यहाँ पाकर तेरे को हैरानी हो रही है न, क्यों रे ?...सच है कि मैंने ज़रूर यह धमकी दी थी कि मेरे परिवार का जो भी आदमी फिर से कोयला-खान में जाएगा, तो मैं उसका गला ही घोंट दूँगी। फिर भी मैं यहाँ हूँ—मुझे तो अपना ही गला दबा लेना चाहिए था—क्यों, दबा लेना चाहिए था न ?...अरे, बहुत पहले मैंने यह सब कर दिया होता, अगर उस बूढ़े आदमी का और घर में बच्चों का ख़याल न आता !'

और वह धीमे, थके स्वर में बोलती जा रही थी। बता रही थी कि कोई बहाना नहीं ढूँढ़ रही, वह तो फ़कत असलियत बयान कर रही है—वे लोग भुखमरी के कगार पर जा पहुँचे थे और अन्ततः यहाँ आने का फ़ैसला इसलिए करना पड़ा, ताकि गाँव छोड़कर न जाना पड़े।

'बाबा कैसे हैं ?'

'बिलकुल पहले की तरह सीधा-सादा, साफ़-सुथरा।...लेकिन भेजा चटक गया है...तेरे को मालूम ही होगा, वह काम करने पर उसे माफ़ कर दिया उन्होंने। उसे

पागलखाने में डालने की बात की जा रही थी, लेकिन मैं अड़ गई–सूप में कोई चीज़ डालकर उसे मीठी नींद सुला देते...फिर भी, उसने जो किया, उससे हमें बड़ा नुकसान हुआ है। अब उसे पेंशन नहीं मिलेगी–एक शरीफ़ज़ादे ने मेरे को बतलाया कि उसे पेंशन देना अनैतिक होगा।'

'यांलैं काम करने जाता है ?'

'हाँ, उसी आदमी ने उसे कोयला-खान के ऊपर का काम दिलवा दिया है। बीस सू पाता है...छोड़, मेरे को कोई गिला-शिकवा नहीं, मालिक लोगों ने मेरे साथ थोड़ा अच्छा ही व्यवहार किया है...जैसा कि अपने मुँह से बोलते हैं...छोरे के बीस सू और तीस सू मेरे, कुल होते हैं पचास। अगर घर के छह प्राणी न होते, तो इन्हीं में गुज़ारा हो जाता। और बदकिस्मती की बात यह कि चार-पाँच बरस इन्तज़ार करनी पड़ेगी, तब कहीं जाकर लेनोर और आरी नीचे कोयला-खान में काम करने लायक होंगे।'

एतियन का हृदय वेदना से उमड़ पड़ा।

'वे भी !'

ला माह्द के पीले गाल सुर्ख हो गए और आँखों से जैसे अंगार निकलने लगे। मगर कन्धे झुक गए, मानो नियति के बोझ तले दब गए हों।

'तू क्या समझता है ? दूसरों की तरह इन्हें भी खटना पड़ेगा... दूसरे सब लोगों ने नीचे जाकर अपनी जान गँवाई है, अब इनकी बारी है।'

वह चुप हो गई। इन्होंने कुछ ट्रामवालों का रास्ता रोक रखा था जो ठेलों को धकेलते हुए आ रहे थे। प्रभात-वेला धूल-धूसरित बड़ी-बड़ी खिड़कियों में से प्रवेश करने लगी थी और धौले-से उजाले से लालटेनों की रोशनी धुँधलाती जा रही थी। तीन-तीन मिनट बाद इंजिन गड़गड़ाने लगता, केबलें खुलने लगती और पिंजरे मनुष्यों को निगल जाते।

'चलो, चलो रोटखाव्यो, जल्दी करो।' पियरों चिल्ला-चिल्लाकर बोल रहा था। 'लादो, नहीं तो आज सारा काम पूरा नहीं होगा।'

वह ला माह्द को घूर रहा था, लेकिन उसने उसकी तरफ़ ध्यान ही नहीं दिया। तीन पिंजरे जा चुके थे। अब एकाएक जैसे जागकर एतियन की पहली बात याद करके बोली : 'तो, तू जा रहा है ?'

'हाँ, आज सवेरे।'

'तेरा जाना ठीक ही है। अच्छा है, कहीं और सींग समाएँ, तो वहाँ जाना ही अच्छा होता है...और अच्छा हुआ, तेरे से मुलाकात हो गई। कम-से-कम तेरे को यह तो विश्वास हो जाएगा कि मेरे दिल में तेरे लिए कोई गाँठ नहीं। आह, उन सारी मौतों के बाद ऐसी हालत था कि मैं तेरी जान ले लेती, लेकिन थोड़ा समय बीतने के बाद आदमी सोच-समझ लेता है कि असल में किसी का कोई दोष नहीं होता...न, न, तेरा दोष नहीं, दोष सबका है।'

अब वह शान्तचित्त होकर अपने मृत स्वजनों की बात करने लगी–अपने मरद के बारे में, ज़कारी के बारे में, कैथरीन के बारे में, और उसकी आँखें भर आई जब उसने अलज़ीर का नाम लिया। उसी तरह विवेक से काम ले रही थी, जैसे लिया करती थी

और एकदम सोच-समझकर बात कर रही थी। इतने असहाय लोगों को मौत के घाट उतारना आगे चलकर बूर्जुआ के लिए शामत का सबब बनेगा। एक न एक दिन उन्हें अपनी करनी का फल मिलेगा, क्योंकि चिट्ठा तो बाँटना ही पड़ता है न ! ग़रीब-गुर्बा को हाथ तक नहीं हिलाना पड़ेगा—सब कुछ अपने आप ध्वस्त हो जाएगा, और सिपाहियों ने जिस तरह मज़दूरों पर गोलियाँ बरसाई थीं, उसी तरह वे मालिकों पर भी बरसाएँगे। किस्मत के भरोसे जीने की जो सदियों पुरानी वृत्ति थी उसकी, और अनुशासन के बारे में जो पुश्त-दर-पुश्त धारणा बद्धमूल हो चुकी थी और जिस कारण वह झुकने को विवश हुई थी, उसमें अब आमूलचूल परिवर्तन आ गया था—उसे विश्वास था कि अन्धेर और जुल्म के हालात अब ज़्यादा देर तक बने नहीं रहेंगे, और यदि ईश्वर का अस्तित्व नहीं भी है, तो दरिद्रनारायण का प्रतिकार करने के लिए उसकी जगह कोई दूसरा प्रकट हो जाएगा।

ला माहूद मृदु-मन्द स्वर में बोल रही थी और संशय से इधर-उधर देख रही थी। पियरों इधर लपकते हुए आ रहा था। सो, स्वर ऊँचा करते हुए बोली : 'ठीक है, अगर तू जा रहा है, तो ऐसा कर, घर से अपना माल-असबाब उठा ले...अभी दो कुर्ते, तीन रुमाल और पुरानी पतलून तेरी रखी है।'

उसने हाथ झटककर मना कर दिया कि ये चीज़ें लेने नहीं आएगा। ये सारे कपड़े कबाड़ियों के यहाँ जाने से किसी तरह बचे रह गए थे।

'नहीं, उनके लिए परेशान होने की ज़रूरत नहीं। बच्चे इनका इस्तेमाल कर सकते हैं...पैरिस जाकर कुछ ले लूँगा।'

दो पिंजरे और नीचे उतर गए थे। सो, पियरों ने सीधे-सीधे ला माहूद को सम्बोधित करने का निश्चय किया।

'कैसा रहेगा उधर जाना ? तेरी इन्तज़ार में खड़े हैं। अभी बतकही ख़त्म नहीं हुई तुम लोगों की !'

मगर ला माहूद ने उसकी तरफ़ पीठ मोड़ ली। कौन होता है यह, इतना बेचैन हो रहा है, यह गाँ गाँठनेवाला ! नीचेवाले लोगों से क्या वास्ता इसका ! उतरने-चढ़नेवाली चौकी पर काम करनेवाले उसके आदमी उससे ख़ार खाते थे। और ला माहूद हाथ में लैंप पकड़े वहीं डटी रही, हालाँकि मौसम खुलने के बावजूद सर्द हवा के झोंकों से ठिठुर रही थी।

न तो ला माहूद को और न ही एतियन को कुछ सूझ रहा था। एक-दूसरे की तरफ़ देखे जा रहे थे। दिल इतना भरा था कि चाहते थे कि कुछ कह-सुनकर जी हलका कर ले।

अन्ततः बात करने के निमित्त ही वह बोली : 'ला लवाक पेट से है। लवाक अभी जेल में है। सो, इस दौरान बूतलू ने उसकी जगह ले ली है।'

'अरे, हाँ ! बूतलू तो रहेगा ही।'

'और सुन, तेरे को बताया नहीं ?—फ़िलोमेन गई।'

'गई ?'

'हाँ, पा-दे-काले के किसी खान मज़दूर के साथ चली गई। डर था कि कहीं अपने दो बिलूंगड़ों को मेरे मत्थे न मढ़ जाए, लेकिन छोड़कर नहीं गई, अपने साथ ही ले

गई...क्यों, ठीक हुआ न ?—ऐसी औरत थी जो हमेशा ख़ून थूकती रहती थी और हरदम लगता रहता था कि किसी वक्त भी दम तोड़ सकती है !'

क्षण-भर अपने में ही खोई रही, फिर धीरे-धीरे बोलने लगी : 'मेरे बारे में क्या-क्या बातें नहीं की उन्होंने...याद है तेरे को, बकते रहते थे कि हम साथ सोते हैं...हे ईश्वर, माहूअ के मरने के बाद अगर थोड़ी जवान होती, तो यह बात समझ सकती थी—लेकिन मुझे खुशी है इस बात की कि ऐसा हुआ नहीं, नहीं तो अफ़सोस ही रहता !'

'हाँ, अफसोस ही रहता,' एतियन भी सहज स्वर में बोला।

ये उनके अन्तिम शब्द थे। पिंजरा उसकी इन्तज़ार में खड़ा था और कोई नाराज़ होकर उसे बुला रहा था और धमका भी रहा था कि नहीं आएगी, तो जुर्माना भरना पड़ेगा। वह चलने को तैयार हुई। एतियन से हाथ मिलाया। एकदम अभिभूत होकर उसे देखे जा रहा था—किस तरह लुट गई है, उजड़ गई है यह औरत, चेहरे पर राख बरस रही है, नीली मर्दानी टोपी के नीचे से धौली पड़ती लटें किस तरह बिखरी हैं, इतने बच्चे पैदा करने के बाद इसकी देह सूती पतलून और फतूही में कितनी बेडौल लगती है। और अन्तिम बार ला माहूद से हाथ मिलाते हुए एतियन को वैसा ही दर्द महसूस हुआ, जैसा कि अपने कामरेडों का देर तक चुपचाप हाथ पकड़ रखने से महसूस हुआ था उसे—इस वायदे के साथ कि उस दिन फिर मिलेंगे, जिस दिन हम एक बार फिर जद्दोजहद शुरू करेंगे। सारी बात भली-भाँति समझ गया था। शांतचित्त होकर जिस निष्ठा का उसने संबल पकड़ा था, वह उसकी आँखों की गहराई में चमक रही थी। इस समय तो अलविदा—अगली बार—जादू वही जो सिर चढ़कर बोले।

'ऐसी रोटखावी पहले किसी ने देखी है कभी ?' पियरों चिल्ला रहा था।

ला माहूद रेलपेल में चार अन्य व्यक्तियों के साथ छकड़े में सवार हुई। डोरी खींचकर 'गोश्त का सिग्नल' दिया गया। पिंजड़ा चला और अँधेरे में उतर गया और पीछे तेज़ गति से चलती केबलें रह गईं।

एतियन कोयला-खान से निकल आया। नीचे छँटाईवाले ओसारे में एक प्राणी दिखाई दिया जो कोयले की मोटी परत पर टाँगे फैलाए बैठा था। यह यांले था, जिसे कोयले के बड़े-बड़े ढेले ''साफ़ करने'' के लिए लगाया गया था। कोयले का बड़ा-सा पिंड टाँगों के बीच रखकर हथौड़े से पत्थर-ढेले अलग कर रहा था; कोयले की धूल में उसका चेहरा-मोहरा इस तरह गिलेफा गया था कि एतियन उसे पहचान ही न पाता यदि यह लड़का अपनी बन्दर जैसी थूथनी न उठाता और उसके खड़े कान और सब्ज़-सी आँखें उसे दिख न जातीं। वह मुँह बनाते हुए हँस पड़ा और हथौड़े की एक ही चोट में कोयले के पिंड को तोड़ा और काली धूल की बदली में अदृश्य हो गया।

एतियन जब बाहर निकलकर आया, तो थोड़ी दूर सड़क पर चलता गया। अपनी ही उधेड़बुन में था। दिमाग़ में तरह-तरह की बातें उठ रही थीं। फिर ताज़ी हवा और खुले आसमान को लक्ष्य किया, तो लम्बी-लम्बी साँसें लेने लगा। क्षितिज में सूर्य अपने पूरे प्रताप के साथ उदय हो रहा था और सारा देहात हुलसते हुए बेदार होने लगा था। पूर्व से पश्चिम तक विशाल धरती पर स्वर्णराशि बिखर गई थी। जीवनदायिनी ऊष्मा अपने यौवन पर थी जिसमें स्पन्दित हो उठे थे धरती के नाद-निनाद, पक्षियों का कलरव,

नदियों और वनों की मरमराहट। जीना भी कितना सुखकर होता है; पुरानी दुनिया फिर से वसन्त ऋतु का स्वागत करने को लालायित थी।

और इस तरह आशा का दामन पकड़े एतियन ने अपनी चाल और धीमी कर ली। दाएँ-बाएँ अवलोकन करते हुए नई ऋतु के उल्लास का पान करते हुए डग भरता जा रहा था। उसने अपनी स्थिति पर विचार किया और कोयला-खान की गहराई में उसे जो कठोर अनुभव हुए थे, उनसे अपने भीतर एक नई ऊर्जा की अनुभूति होने लगी। उसकी शिक्षा-दीक्षा सम्पूर्ण हो गई थी। वह पूरी तरह लैस होकर, क्रान्ति का एक सजग सिपाही बनकर निकला था जिसने इस समाज को देखने-परखने के बाद उसे ख़ारिज करके उसके विरुद्ध युद्ध का बिगुल बजा दिया था। प्लूकार्ट से भेंट-मुलाकात होने की बात सोचकर ही वह फूला नहीं समा रहा था और उसकी तरह ही नेता की पदवी पाने की आकांक्षा से—जिसकी बातें जनता-जनार्दन ध्यानपूर्वक सुनती-गुनती है—अनुप्राणित हो वह सोचता जा रहा था कि किस तरह, वह भी भाषण करेगा और एक-एक शब्द को किस तरह सोच-समझकर मुँह से निकालेगा। वह काफी देर तक इन्हीं विचारों में खोया रहा। सोचता जा रहा था कि अपने कार्यक्रमों का किस तरह विस्तार करेगा, क्योंकि जिन बूर्जुआ संस्कारों ने उसे अपने वर्ग से ऊपर उठाया था, उन्हीं के कारण उसके मन में बूर्जुआ वर्ग के प्रति और घृणा भर दी थी। वह महसूस कर रहा था कि उन मज़दूरों-कामगारों को गौरवान्वित करना चाहिए जिनकी मुफ़लिसी की दुर्गन्ध ने उसे व्याकुल कर रखा है। उन्हें दिखाए कि केवल वही लोग महान हैं, वे ही निर्मल-निर्दोष हैं और वे लोग ही अभिजात वर्ग के आधार हैं, शक्ति हैं, जिससे मानवता का पुनः संस्कार हो सकता है। वह कल्पना करने लगा कि वह वक्ताओं के मंच पर खड़ा है और जनता उसकी जयजयकार कर रही है—बशर्ते कि जनता ही उसे फाड़ खाने को उद्यत न हो जाए।

अपने ऊपर चंडूल के स्वर ने उसे आकाश की ओर देखने को बाध्य किया। रात के कोहरे का अन्तिम अंश छोटे-छोटे अरुणाभ बादलों में परिवर्तित होता जा रहा था, जो अब पिघल-पिघलकर निर्मल नील वर्ण का रूप धारण करते जा रहे थे और ऐसे लगते थे मानो सूवारीन और रासनर के चेहरे हों। हाँ, इसमें कोई सन्देह नहीं—जब प्रत्येक व्यक्ति सत्ता को हथियाने के लिए भागता है, तो सब खंड-खंड हो जाता है। उदाहरण के लिए, उस प्रसिद्ध 'इंटरनेशनल' को ही देखो जिसे विश्व को पुनर्जीवन प्रदान करना चाहिए था, वही अब नपुंसक संस्था बन गई है। हालाँकि उसकी इतनी बड़ी सेना है, फिर भी अन्दरूनी झगड़ों-टंटों के कारण छिन्न-भिन्न हो गई। डारविन कैसे सही था ? क्या यह दुनिया मात्र समरभूमि है, जिसमें बलवान निर्बल को इसलिए निगलता है कि मानवजाति के सौन्दर्य और सातत्व को अक्षुण्ण रखा जा सके ? यह प्रश्न उसे बराबर व्याकुल करता रहा, हालाँकि वह समझता था कि इसे उसने वैज्ञानिक पद्धति से हल कर लिया है। मगर एक लुभावनी योजना ने उसका सन्देह-निवारण कर दिया—वह जनता के सामने खड़ा होकर अपने पहले ही भाषण में अपने पुराने मंतव्य का प्रतिपादन करेगा। अगर एक वर्ग को दूसरे वर्ग को निगलना ही है, तो क्या यह जनता का वर्ग नहीं होना चाहिए जो अभी सबल है, जो रास-रंग से क्लान्त मध्यम वर्गों को फाड़कर खा जाएगा ?

नया रक्त नए समाज का निर्माण करेगा। और इस बर्बर आक्रमण की आस में, जो प्राचीन क्लान्त-श्रान्त राष्ट्रों को पुनरुज्जीवित करेगा, आसन्न क्रान्ति में उसकी आस्था एक बार फिर जागी—जिसका स्वरूप वास्तविक होगा, जिसके सूत्रधार कामगार होंगे—जिसकी ज्वाला की लपटें म्रियमाण शताब्दी को उसे नीललोहित रंग में रंग देंगी जो इस वक्त क्षितिज में फैलने लगा है।

वह चलता जा रहा था, कल्पना की उड़ानें भरते हुए, सड़क पर पड़े रोड़ों को छड़ी से पीटते हुए। जब भी नज़र उठाकर ऊपर देखता, उसे कोई-न-कोई परिचित-सा स्थल दिखाई पड़ जाता। उदाहरण के लिए, उसे स्मरण हो आया कि फ़ुर्श-ओ-ब में ही उसने उस दिन भीड़ का नेतृत्व सँभाला था जिस दिन उन्होंने कोयला-खानों को ध्वस्त किया था। आज वही कमरतोड़, जानमारू श्रम फिर से शुरू हो रहा है जिसकी वाजिब उजरत भी नहीं मिलती। उसे लग रहा था कि वहाँ से धरती से दो हज़ार फुट से अधिक नीचे से लगातार पड़ते भारी प्रहारों की आवाज़ उसके कानों में पड़ रही है। ये काम करनेवाले उसके वही काले-कलूटे कामरेड हैं जिन्हें थोड़ी देर पहले ही कोयला-खान में उतरते देखा था उसने, जो खून के आँसू पीकर गेंतियाँ-हथोड़े चला रहे हैं। सच है कि इन्हें हार का मुँह देखना पड़ा है, रणभूमि में ये लोग अपनी मान-मर्यादा और मृतक छोड़ आए हैं, मगर ल वोरअ में चली गोलियों की याद पैरिस को भुलाए नहीं भूलेगी, क्योंकि साम्राज्य का ही रक्त इस असाध्य घाव से बहता रहेगा; और हालाँकि औद्योगिक संकट समाप्तप्राय है, हालाँकि कल-कारखाने एक के बाद एक करके खुलते जा रहे हैं, तो भी युद्ध का बिगुल बज चुका है और शान्ति की कोई गुंजाइश नहीं है। खान मज़दूर उठ खड़े हुए हैं और उनका महत्त्व उजागर हो गया है; अपनी ताकत इन लोगों ने पहचान ली है और इंसाफ़ की गुहार लगाकर इन लोगों ने सारे फ्रांस के मज़दूरों को झकझोड़कर रख दिया है। इनकी पराजय ने किसी को चिन्तामुक्त नहीं किया; मोंसू के बूर्जुआ को इस विजय में बहुत बड़ा ख़तरा यह दिखाई देता है कि हड़तालें ज़रूर रंग लाएँगी, इसलिए डरे-डरे-से रहते हैं और देख रहे हैं कि कहीं ऐसा तो नहीं कि इस भयंकर ख़ामोशी के पीछे उनकी पराजय छिपी हो। उन्हें साफ़-साफ़ लगने लगा है कि क्रान्ति तो बारम्बार होगी ही—क्या पता अगले ही दिन आम हड़ताल हो जाए, कामगार एकजुट हो जाएँ और इमरजेंसी फंड से इन्हें रोटी-पानी मिलने लगे और ये लोग महीनों टस से मस न हों। इस बार भी तो इस जीर्ण-शीर्ण समाज को झटका लगा है, और उन्हें यह समाज अपने पैरों के नीचे चटकता हुआ सुनाई पड़ने लगा है और ये लोग इतना तो समझ ही गए हैं कि अभी और झटके, कई झटके लगनेवाले हैं और ये झटके तब तक लगते रहेंगे, जब तक कि पुरानी ढाँचा डगमगाकर धराशायी नहीं हो जाता और उसी तरह गहरी खाई में डूब नहीं जाता जिस तरह ल वोरअ कोयला-खान डूबी है।

एतियन बाईं ओर मुड़ा और ज़्वाज़ेल सड़क पर आ गया। उसे याद आ रहा था कि हुजूम को गस्ताँ-मारी पर चढ़ाई करने के लिए उसने किस तरह रोका था। वहाँ से दूर झिलमिलाती धूप में अनेक खानों के हेडफ्रेम दिखाई पड़ते थे—दाईं ओर मीरू थी, मादलेन और क्रेवकर उसके अगल-बग़ल। हर तरफ़ काम की गहमागहमी थी। जिन गेंतियों-फावड़ों के बारे में वह समझ रहा था कि वे पृथ्वी की अँतड़ियों पर चल रहे हैं,

अब जाकर उसे लगा कि उनकी आवाज़ तो बाहर सपाट धरती पर एक सिरे से दूसरे तक गूँज रही है। एक प्रहार, फिर दूसरे प्रहार पर प्रहार—खेतों के नीचे से, सड़कों के नीचे से, धूप में खिले-खिले-से गाँवों के नीचे-से—उस भूमिगत कारागार के वे सारे अनाम कामगार, जो विशाल चट्टानों-शिलाओं के नीचे इतनी गहराई में काम करते हैं, उनके बारे में कुछ जानोगे, तभी तो आप उनकी दर्दनाक आहों का मर्म जान पाओगे। और अब उसे लग रहा था कि सम्भवतः हिंसा से अन्ततः किसी कार्य की सिद्धि नहीं होती। वे कटी केबलें, उखड़ी रेल-पटरियाँ, वे ध्वस्त लैम्प—किस काम आए ? यह थी सारी उपलब्धि उन तीन हज़ार लोगों की जो विनाश पर तुल गए थे और देहात के आर-पार बेतहाशा दौड़ते फिरते थे। अब यह बात भी कुछ-कुछ उसकी समझ में आने लगी थी कि कानूनी कार्रवाई एक दिन और भयावह सिद्ध होगी। अब जब उसके भीतर से कटुता का बुख़ार निकल गया था, उसकी विवेकबुद्धि जाग उठी थी। हाँ, ला माहूद की विवेकबुद्धि ने ही उसे सही तरीके से सोचने-समझने की सामर्थ्य प्रदान की थी—अगली बार वे सही तरीके अपनाएँगे : ठंडे दिमाग से सारा बन्दोबस्त करेंगे, एक-दूसरे को अच्छी तरह समझने की कोशिश करेंगे, और जब भी कानून इजाज़त देगा, यूनियन बनाएँगे, फिर एक दिन जब कन्धे-से-कन्धा मिलाकर चलने कि स्थिति में आ जाएँगे, और जान जाएँगे कि कुछ हज़ार निखट्टुओं के सामने उनकी संख्या लाखों की है, तब सत्ता को हथिया लेंगे और मालिक बन जाएँगे। अहा ! तब देखना, सत्य और न्याय का साम्राज्य स्थापित होगा। वह जो खा-खाकर अघाया, दुबककर बैठा देवता है न, वह विकराल बुत है न, जो दूर किसी अज्ञात स्थल पर अपने डेरे के भीतर छिपकर बैठा है और उन दीन-दुखियों के मांस से अपना पेट भरता है जिन्होंने उसे कभी देखा तक नहीं, वह बिन आई मौत मारा जाएगा।

लेकिन एतियन वनदाम सड़क से उतरकर राजमार्ग पर चल पड़ा था। दाईं ओर मोंसू दिखाई पड़ता था जो पहाड़ी के पीछे ओझल होता जा रहा था। सामने ही ला वोरअ के ध्वंसावशेष थे, वह अभिशप्त गह्वर था जिसके पानी को निकालने के लिए अब भी दिन-रात तीन-तीन पम्प लगे थे। क्षितिज में दूसरी कोयला-खानें भी दिखाई पड़ रहीं थीं—ला विक्तुआर, सैं-तोमा, फ़त्री-कांतेल—और उत्तर में धमन-भट्ठियों की ऊँची-ऊँची बुरजियाँ, जो सुबह-सवेरे के निर्मल आकाश में धुआँ उगल रही थीं।

'अगर मुझे आठ बजे गाड़ी पकड़नी है, तो जल्दी-जल्दी चलना चाहिए—अभी चार मील का पैदल रास्ता बाकी है।'

और उसके पैरों के नीचे अब भी गेंतियों-फावड़ों के प्रहार ताबड़तोड़ पड़ रहे थे। एतियन के सारे कामरेड वहाँ थे—उसे लग रहा था कि सबके सब इधर कान लगाए उसके कदम-कदम की आहट सुन रहे हैं। अरे, चुकन्दर के खेत के नीचे कहीं वह ला माहूद तो नहीं, जिसकी पीठ दुहरी हुई जा रही है और वेंटिलेटर के शोर के साथ हाँक रही है ? उसे लग रहा था कि वह बाकी लोगों की भी शिनाख़्त कर सकता है—बाईं तरफ़, दाईं तरफ़ और आगे गेहूँ के खेतों के नीचे, बाड़ के नीचे, छोटे-छोटे झाड़ों के नीचे हाड़ तोड़ते इंसानों को। अप्रैल महीने का सूर्य आकाश में ऊँचा उठ आया था और अपनी ऊर्जा से इस संकुल धरती को उष्मा प्रदान कर रहा था। धरती की जीवनदायिनी

कोख से जीवन का उत्स हो रहा था, कलियाँ कुसुमित होकर पत्तियों का रूप धारण करने लगी थीं, धरती को फोड़कर निकलनेवाली दूब से खेत लरज़ रहे थे। चहुँ दिशाओं में बीज फूलने-फलने लगे थे और धरती की कोख से उचक-उचककर उष्मा और प्रकाश को सोख लेने को तत्पर थे। वनस्पतियों में छलकते रस-सत्व की धीमी सुरसराहट-भर सुनाई पड़ती थी, बीजों का गुंजार गहरे चुम्बन के अनुवाद की भाँति व्याप्त था। कामरेड भी मानो बारम्बार तथा भीषण वेग से प्रहार करते हुए धरती का वक्ष फाड़कर ऊपर उठने का प्रयास कर रहे थे। प्रातःकालीन सूर्य की करुणामय किरणों के नीचे सारे देहात में यही घोष गूँज रहा था। मनुष्य प्रकट हो रहे थे—एक काली, प्रतिशोध को आतुर सेना कुंडों में हौले-हौले अंकुरित हो रही थी, आगामी शताब्दी की फसल के लिए कल्ले फूट रहे थे। और यह अंकुरण चंद रोज़ में धरती का सीना फाड़ डालेगा।

●●●